전정판

행정학강의

행정학 강의에 대한 논제와 해설

권기헌 저

박영사

전정판 저자서문 ●────

행정학강좌 : 행정학강의에 대한 논제와 해설

2016년 1월 다보스 포럼은 새로운 4차 산업혁명의 시작을 선언했다. VUCA(Volatility, Uncertainty, Complexity, Ambiguity), 즉 변동성, 불확실성, 복합성, 모호성으로 대변되는 4차 산업혁명은 실체를 보거나 만질 수 없어 정책적 불안감이 더욱 커지고 있다. 아울러 기후변화로 인한 자연재난까지 지구 곳곳을 강타하고 있다. 지구온난화에 대응하기 위한 국제협력은 현실에서 잘 작동되지 않은 채 기후변화로 인한 재난의 강도는 점점 더 심해지고 있다. 우리나라 역시도 그 예외가 아니다. 열대성 폭염과 더불어 시도 때도 없는 장마와 태풍, 폭우와 폭풍으로 인해 강릉, 속초 등은 물바다가 되고, 시내 곳곳에서 산사태가 일어나는 사상 초유의 사태가 이어지고 있다. 이러한 여파의 일환으로 곡물, 채소, 과일 등 일반 시민들의 생활 물가는 급등하는 등 국민들의 시름과 피로감은 날로 깊어만 간다.

한편, 사람들은 이제 무한경쟁의 신자유주의와 성장일변도의 자본주의 논리에 싫증내고 있다(이것은 선거표심으로도 반영되고 있다). 성장제일주의에 기초한 자본주의의 극심한 폐해 속에서 나타난 양극화 현상, 중산층의 붕괴, 비정규직·중소기업·빈곤층 등 신자유주의의 전 지구적 무한경쟁 속에서 탈락한 패자(敗者)가 우리 사회의 불안 요인으로 떠오르면서, '자본주의4.0'이라는 '대화와 타협', '소통과 배려', '사랑 나눔', '따뜻한 자본주의'가 강조되는 '자본주의4.0'이라는 새로운 성찰적 패러다임이 부상하고 있다.

행정학은 두말할 것도 없이, '진공속의 학문'이 아니다. 현실 사회속의 맥락과 상호 소통하는 학문이다. '소용돌이의 장'이라는 환경과 현실을 투영하여 새로운 산출로 엮어내는 '정상과학'의 학문이다.

현대행정학은 사회와의 교류, 개방체제를 강조한다. 그동안 행정학이 조직, 인사, 재무 등 정부 내부의 효율적 관리를 중심으로 엮어졌다면, 현대행정학은 국정거버넌스로서 기업 또는 시민사회와의 소통과 협치를 강조하는 국정관리학이라고 할 수 있다. 관료제의 비능률의 타파하고 새로운 혁신을 창출하는 일 역시 중요한 행정학의 영역임에는 틀림없으나, 개방체제로서의 현대행정학은 행정현상을 보다 민주적으로 해석하는 일, 조직 내부와 외부의 민주성을 증진시키는 일, 시민참여와 정보공개 혹은 행정책임과 행정통제 등을 통해 관료제의 재량을 보다 민주적으로 통제하는 일, 그리하여 정부관료제의 민주화 뿐만 아니라 정부와 시장 그리고 시민사회 전체의 민주성과 신뢰성, 사회적 자본과 성찰성을 강화시키는 일에 많은 관심이 있다.

그리하여, 본 서에서 주안점을 두는 현대행정학은 다음과 같은 행정학의 근본적 질문을 염두에 두고 집필되었다.

1) 정부 내부 운영의 비능률을 타파하고 정부 운영의 효율성을 극대화시킬 수 있는 조직원리 및 운영방안은 무엇인가?
2) 이를 위해 가장 적합한 조직형태(관료제 vs. 전자정부)는 무엇이며, 관리방안(인사, 조직, 재무, 정보체계)은 무엇인가? 그리고 이러한 방안들은 지식정보사회에 부응하기 위해 어떠한 방향으로 진화되어야 하는가?
3) 정부관료제를 민주적으로 통제할 수 있는 방안은 무엇인가? 조직 내부적으로 민주성과 투명성을 제고하는 방안은 무엇인가? 그리고 조직 외부적으로 시민들의 정책참여를 강화함으로써 신뢰성 및 성찰성을 제고하는 방안은 무엇인가?
4) 정부는 어떤 정책 및 행정서비스를 통해 우리 사회를 보다 신뢰받고 성숙한 공동체(신뢰성과 성찰성)로 만들 수 있을 것인가?

특히 1)과 2)가 행정학의 전통적 효율성 영역이라며, 3)과 4)는 행정학의 또 다른 축으로서의 민주성과 성찰성을 규정하며, 효율성 못지 않게 중히 다루어야할 부분이라고 생각된다. 이렇게 볼 때, 본서에서 서술하는 현대행정학은 정부의 인사, 조직, 재무, 정보체계 등 정부 내부 운영원리의 효율성 실현을 위해 연구하는 학문인 동시에 시민의 행정통제, 민주주의와 관료제, 전자민주주의, 뉴거버넌스, 사회적 자본 등 정부 운영의 민주성과 투명성, 신뢰성과 성찰성 강화를 위해 노력하는 학문이라고 하겠다.

행정학강의를 준비하면서 저자는 이 책에서 특히 다음 사항에 주안점을 두었다.

첫째, 기존에 필자가 저술한 행정학의 제3부에 담긴 내용을 대폭 축소조정하여 행정학 수험생들의 부담을 덜고자 했다. 즉, 행정학 과정에 제시된 인사, 조직, 재무, 정보체계에 충실하는 한편, 현대행정학의 주요이론들은 뉴거버넌스, 신제도주의, 갈등관리, 미래예측과 함께 최근 대두되고 있는 정부4.0, 사회적 자본, 딜레마이론, 시차이론, 성찰적 정책모형에 대해 논의하였다.

둘째, 각장의 시작되는 학습목표에 고시에 자주 출제되는 주요 논제에 대해 지적하는 한편 각장 말미에 그 장과 관련되는 고시출제경향을 서술하고 출제문제에 대한 고득점 핵심 포인트를 정리해두었다. 이를 통해 고시를 준비하는 수험생들이 행정학 이론을 공부하면서 실제 출제문제와 연결하여 학습할 수 있도록 하였다.

셋째, 각장 말미에 각장의 핵심내용을 정리하는 한편 핵심질문을 추가함으로써 학습효과성을 올릴 수 있도록 배려하였다. 이는 각장 마다 쉼터를 제공하여 생각해보기/정리해보는 공간이 되도록 하였다.

넷째, 효율성 못지않게 민주성과 성찰성에 대한 강조를 좀 더 일관성 있게 정비하였다. 현대행정이념에서부터 미래의 바람직한 정부상에 이르기까지 민주성, 신뢰성, 성찰성을 강조하였다.

다섯째, 행정이념을 본질적 행정이념과 수단적 행정이념으로 양분하고 이들이 행정관의 변천과 함께 어떠한 강조점의 변화 양상을 보였는지에 대해서 논술하였다. 특히 행정이념과 충돌과 극복이라는 문제를 출제경향과 고득점 핵심 포인트에서 강조하여 서술하였다.

여섯째, 정책이론에서는 정책모형에 대해서 강조하였다. 특히 정책결정모형에서의 합리모형, 점증모형, 만족모형, 혼합탐사모형, 최적모형, Allison모형, 쓰레기통모형과 Kingdon의 정책흐름모형, Sabatier의 ACF모형과 함께 Ostrom의 IAD모형, Birkland의 정책학습모형, Zahariadis의 다중흐름모형(Multiple Stream Model), Schneider, Ingram & deleon의 사회적 구성(Social Construction)모형, 복잡계 모형과 카오스 이론, 성찰적 정책모형 등 정책학의 최신모형에 대해서도 강조하여 서술하였다.

일곱째, 인사이론에서 최근 새정부에서 강조하고 있는 전략적 인적자원관리, 대표관료제, 인사제도의 다양성관리(유연근무제, 가족친화적 편익프로그램, 선택적 복지(맞춤형복지)제도) 등 최신제도 및 동향을 추가 서술하였다. 재무이론에서도 국가예산제도 개혁, 다년도 예산제도, 복식부기 발생주의 회계방식 등에 대한 강조와 함께 고시문제로 출제된 바 있었던 성인지예산제도, 예산국민감시제도, 조세지출예산제도, 예비타당성조사, 예산성과금제도, 총사업비제도 등 최근동향에 대해서도 추가적으로 논술하였다. 특히 성인지예산제도, 예산국민감시제도는 예산의 효율성을 넘어 양성평등 및 재원배분의 합리성을 추구하는 더 큰 개념, 즉 단순한 재정적 효율성을 넘어 민주성, 투명성, 성찰성과 같은 더 큰 개념을 지향하고 있다는 점을 강조하였다.

여덟째, 공공서비스의 전달에 대해서는 독립적인 장으로 추가하였다. 여기에서는 최근 공공서비스의 개념 및 특징과 함께 공공서비스 전달주체 및 전달방식의 변화에서 정부와 민간의 공동생산 및 공동공급 경향에 대해서 논술하였다. 협력적 거버넌스의 강조와 함께 신공공서비스론, 민영화, 민자조달방식(수익형 민자사업(BTO), 임대형 민자사업(BTL)) 등에 대한 서술이 추가되었다.

마지막으로, 전자정부와 정보체계는 기존의 정보체계를 넘어 전자정부 및 지식정부이론을 추가하였다. 특히 전자정부이론은 스마트 혁명에 기초한 최근동향을 추가하였다. 최근 스마트폰, 모바일기기, 태블릿PC에 기초한 정보서비스와 트위터, 페이스북 등 SNS에 기반한 소셜네트워크가 융합하면서 진화하고 있는데 이러한 최근동향과 함께 4차 산업혁명에 대해서도 논술하였다. 이는 특히

제14장 현대행정학의 주요이론에서 비교 논의되는 정부4.0과 함께 비교해 보는 것도 중요하리라 생각된다.

본서는 총 2부로 구성되어 있다.

제1부에서는 행정학 총론(Overview)에 대해서 논의한다. 행정학이론, 행정의 개념 및 목표, 행정의 동태적 과정, 행정의 주요 변수, 행정이론의 전개, 행정이념 등에 대해서 검토한다.

제2부에서는 동태적 행정과정(Process)에 대해서 논의한다. 국가목표-정책결정-조직화-동작화-환류 및 학습이라는 동태적 과정을 거치면서, 행정인-행정구조-행정환경이라는 3대 행정변수가 상호 역동적으로 교호작용하는 것에 대해서 검토한다. 또한 이 부분에서는 전통적 행정이론에서 다루게 되는 정책, 인사, 조직, 재무, 정보체계, 인간관, 사기, 동기부여, 의사전달, 정책홍보, 리더십, 행정통제 및 행정책임, 행정개혁 및 정부혁신에 대한 주제들을 학습하기로 하되 현대적 의미의 동태성을 고려하여 논의하기로 한다. 아울러 미래의 바람직한 정부상에 대한 검토와 함께 현대행정학의 주요이론을 논의한다. 현대행정학의 주요이론에서는 거버넌스, 신제도주의, 갈등관리, 미래예측과 함께 정부4.0, 사회적 자본, 딜레마이론, 시차이론, 성찰적 정책모형 등 행정학의 최신경향을 중요하게 다루고자 하였다.

첫째, 국가목표에서는 목표의 개념과 기능, 정책의 개념과 기능, 기획의 개념과 기능 등에 대해서 검토한다.

둘째, 정책결정에서는 정책형성, 정책집행, 정책평가, 정책변동 등 정책이론에 대해서 검토한다.

셋째, 조직화 부분에서는 국가목표를 조직화하는 단계로서의 인사, 조직, 재무, 정보체계 등 행정집행수단적 요소들에 대해서 학습한다.

넷째, 동작화 부분에서는 인간관, 사기, 동기부여, 의사전달, 정책홍보, 변혁적 리더십 등 행정목표를 조직화한 뒤, 이를 실제로 움직이게 하고 동작화 하는 조직의 핵심 요소들에 대해서 학습한다.

다섯째, 환류 및 학습 부분에서는 행정통제, 행정책임, 행정개혁, 정부혁신 등 행정의 동태적 과정에서 마지막으로 환류하고 통제하는 부분과, 이를 통해 행정이 더 나은 행정조직, 절차, 행태를 갖추기 위한 행정개혁과 정부혁신에 대해서 학습하기로 한다.

여섯째, 미래의 바람직한 정부상에서는 미래 행정의 바람직한 목표 구현을 위한 현대적 제도들에 대해 종합적으로 검토한다. 먼저 바람직한 정부상으로서 기업가적 정부, 성과중심 정부, 고객중심 정부, 뉴거버넌스 정부를 살펴보고, 미래의 바람직한 정부상에서 요구하는 정부혁신 제도들에 대해서 학습하기로 한다. 이러한 제도에는 규제총량제도·규제영향분석제도 등 규제개혁, 팀제·책임운영기관·총액인건비제도·경력관리제도·고위공무원단제도 등 인사 및 조직관리, 중기재정계획·총액배분자율편성·성과관리제도·디지털예산회계·복식부기-발생주의·산출예산제도·다년도 예산제도 등 예산 및 재무관리, 시민헌장제도·정보공개제도 등 행정서비스 질 향상, PCRM과 정책홍보제도·정책실명제·정책품질관리제도 등 시민사회와의 협치 강화를 위한 제반 정부혁신 제도들을 포함한다.

마지막으로, 현대행정의 주요이론에서는 거버넌스, 신제도주의, 갈등관리, 미래예측에 대해서 다루는 한편 정부4.0, 사회적 자본, 딜레마 이론, 시차이론, 성찰적 정책모형 등 행정학의 최신경향을 중요하게 학습하기로 한다. 이어서 요약 및 결론에서는 관점과 시각, 이슈 및 함의에 대해서 정리한다.

행정고시 수험생들에게 전하고 싶은 이 책의 공부방법은 다음과 같다.

먼저, 저자서문과 제1부 제1장 행정이론의 개관을 숙독하여 이 책의 전체 구성요지와 맥락을 이해하길 권한다. 현대행정학의 구성과 현대행정의 동태적 이해가 반영된 논의의 틀을 통해 이 책의 근저를 관통하는 논리의 흐름과 철학의 맥락을 이해하길 바란다. 이후, 제1부 제3장 현대행정이념을 정독하여 현대행정학을 관통하는 이념의 계보에 대해 파악하길 바란다.

둘째, 이 책의 부와 장마다 소개되는 학습목표와 장 말미에 제시된 요약 및 결론을 발췌하여 숙독하길 권한다. 특히 학습목표에서 제시되는 핵심용어(Key Word)와 요약결론에서 제시되는 논리의 정리(Wrapping Up)를 따로 모아 이해하길 권한다.

셋째, 각장 말미에 제시되는 고시 기출문제와 답안해설의 예시를 통해 답안작성요령을 숙지하는 한편 각장마다 제시되는 이론과 출제문제를 연계해서 학습하길 권한다. 이를 통해 이론과 사례를 연계하고 실전에 대비하는 역량을 비축하길 권한다.

넷째, 제2부 제13장에서 제시되는 미래의 바람직한 정부상을 숙독하여 거시적인 정부 구조와 정책과제들에 대해 파악하길 권한다.

마지막으로, 제2부 제14장에서 제시되는 현대행정학의 주요이론을 숙지하여 행정학의 최근동향에 대해서도 정리해 두길 바란다.

이 책을 쓰는데 도움을 주신 많은 분들에게 감사의 뜻을 전하고 싶다. 정신적으로나 학문적으로 많은 가르침과 은혜를 베풀어 주신 성균관대학교 행정학과의 허범 교수님, 김현구 교수님, 김광식 교수님 그리고 유민봉, 김성태, 박재완, 공동성, 이숙종, 이명석, 김근세, 문상호, 정문기, 박형준, 배수호, 박성민, 조민효, 전희정, 남태우, David O. Kasdan, 정규진 교수님께 감사의 말씀을 올린다. 또한, 책이 완성되기까지 많은 도움을 아끼지 않은 성균관대학교의 이종구, 김태진, 이현철, 서인석, 하민지, 주희진, 조일형, 임다희, 오정민, 이대웅, 손주희, 조동익, 탁성숙, 김세운, 정혜린, 정인호, 이다솔, 김광민, 이주현, 장정연에게 실로 깊은 고마움을 전한다. 이 책의 출판과정에서 행정학의 출제경향과 이를 파악하는데 많은 도움을 주고 책의 편제를 최근경향을 반영하여 새롭게 구성하는데 많은 조언을 해준 정경호 강사께도 깊은 감사의 마음을 드린다.

이 책의 출판을 기꺼이 맡아주신 박영사의 안종만 회장님, 세심하게 원고를 숙독하고 좋은 편집을 위해 많은 수고를 아끼지 않았던 박영사 편집진들께도 깊은 감사의 마음을 전한다.

2018년 10월
성균관대학교 행정학과 연구실에서
권 기 헌

Contents

차 례 •————

CHAPTER 09 전자정부와 정보체계 ································· 484

PART

3 요약 및 결론 – 논점 및 함의 –

PART
01

행정학총론

Theory Overview

행정학은 정부에 관한 학문이다. 전통적 행정학은 행정이론을 토대로 정부의 인사, 조직, 재무, 정보체계 등 정부 내부 운영원리의 효율성을 연구하는 학문이었지만, 현대행정학은 정부운영시스템에 대해 연구하는 정부학이며, 동시에 지식정보사회에서의 국가혁신에 대해 성찰하는 국정관리학이다. 즉, 효율성 못지않게 민주성과 성찰성이 강조되는 학문이다. 따라서 현대행정학은 관료제이론, 인사행정론, 조직행정론, 재무행정론 등 기존의 행정학의 전통이론뿐만 아니라 최근에 제시된 거버넌스, 신제도주의, 미래예측, 갈등관리, 전자정부에 대해서도 잘 다룰 필요가 있다.

현대사회는 대단히 빠른 속도로 변화하고 있으며, 그 속도는 시간이 갈수록 더욱 가속화되고 있다. 특히, 정보가 중요해지고, 가치가 다원화되며, 세계화와 국지화 경향이 병존하고 있다. 이러한 흐름 속에서 미래에 대한 변화의 속도와 불확실성의 정도는 급증하고 있다. 현대행정이론은 이러한 시대이념과 변화에 부응할 수 있는 새로운 패러다임을 제공해 줄 수 있어야 한다. 그래서 전통적 행정이론과 현대적 행정요구 사이에 생기는 이론적 갭을 매울 수 있어야 한다.

이러한 시각에서 먼저 제1부에서는 행정학총론(Overview)에 대해서 논의한다. 여기에서는 행정학이론, 행정의 개념 및 목표, 행정의 동태적 과정, 행정의 주요 변수, 행정이론의 전개, 현대행정이념 등에 대해서 학습하기로 한다.

CHAPTER

행정이론의 개관 01

Theory
Overview

KEY POINT

　제1장에서는 행정학이론에 대하여 개관한다. 행정의 의의 및 개념, 행정과 경영의 관계, 현대행정의 동태적 이해, 논의의 틀에 대해서 검토한다.

　먼저, 행정의 의의 및 개념에서는 행정법학적 개념과 행정학적 개념의 차이를 보고, 현대행정개념에 대해서 학습한다. 행정과 경영의 관계에서는 행정과 경영의 관계를 보는 시각, 유사성, 차이점, 행정과 경영의 상호관계에 대해서 학습한다. 현대행정의 동태적 이해에서는 국가목표, 정책결정, 조직화, 동작화, 환류 및 학습에 이르는 동태적 과정에 대해서 검토하고, 본 서에서 접근하는 현대행정학 논의의 시각 및 분석의 틀에 대해서 검토한다.

　제1장의 키 포인트는 행정의 개념을 이해하는 것이다. 협의와 광의를 구분하기 바란다. 행정학의 이론적 계보인 정치행정이원론, 일원론, 새이원론, 새일원론에 따라 행정관리론, 정치기능론, 행정행태론, 발전기능론 등으로 정리할 수 있다는 점을 파악해 두면 좋을 것이다. 행정과 경영의 관계는 자주 출제된 문제이다. 유사점과 차이점을 정리해두고 국정관리론(뉴거버넌스)의 대두와 함께 강조되는 최근경향에 대해서도 파악해 둘 필요가 있다. 즉, 신공공관리론(NPM)의 등장과 함께 국가경영이 강조되면서 양자의 유사점이 부각되는 한편 뉴거버넌스의 등장으로 인해 민주성, 공공성이 강조되면서 양자의 차이점 역시 부각되고 있다. 이어서 현대행정의 동태적 과정에서도 파악하길 바란다.

제 1 절 행정의 의의

1. 행정의 개념

행정(行政: *public administration*)이란 무엇일까? 행정의 개념을 명확하게 정의내리는 것은 매우 복잡한 일이고, 행정에 대한 연구가 시작된 이래 많은 학자들이 자신들의 관점에 따라 제각기 정의를 내렸다. 그러나 이러한 다양한 개념정의들 간에는 일정 부분 공통적인 개념적 요소들이 포함되므로 이를 통해 개략적인 행정개념을 도출해 볼 수 있다. 행정을 가장 쉽고 좁게 이해하고자 한다면 '정부가 하는 일'이라고 볼 수 있겠다. 한 예로 D. Easton(1953)의 시스템모형을 통해 '정부가 하는 일'에 대해 생각해보자. '요구(*demand*)'와 '지지(*support*)'로 이루어지는 '투입(*input*)'을 통해 정부 안에서 전환의 과정을 거쳐 정책으로 '산출(*output*)'된다. 국민들의 요구와 지지로 행정작용이 일어나는데 이때 정부 내부에서는 인사, 조직, 재무, 정보체계라는 부문별 시스템을 동원하여 대국민서비스를 위한 행정활동이 일어나게 된다. 여기에서 행정의 범위는 투입에 대응한 정부 안에서의 전환과정과 산출(정책)로 이어지는 정부의 업무처리과정이라 이해할 수 있겠다.

하지만 행정을 넓게 본다면, 정부라는 전통적인 행정의 주체에서 범위를 넓혀 공공기관을 포함한 공공부문에서 실행하는 업무처리과정을 의미한다. 전통적으로는 입법부(국회)에서 하는 작용과 사법부(법원)에서 하는 업무와 구별하여 행정부(정부)에서 하는 업무를 의미하였으나, 최근 들어 공기업과 기타 공공기관 등에서 하는 업무처리작용을 의미하는 방향으로 개념이 넓어지고 있다.

위에서 살펴본 행정의 정의들은 대부분 행정의 주체가 누구인가에 따른 것이다. 그러나 1980년대 이후 신공공관리론(NPM)과 함께 기존의 정부 이외 다양한 주체가 등장함에 따라 정부 이외의 주체가 하는 활동도 행정의 범주에 포함되었고 전통적인 주체에 따른 구분은 그 의의를 상실하였다. 따라서 새로운 관점에서 행정을 정의하려는 시도가 나타났고 그 결과로 '활동내용 및 성격'에 초점을 맞춰 행정을 이해하기 시작하였다. 최근 행정의 개념은 '공공서비스를 제공하는데 필요한 제반활동과 다양한 생산자·공급자'에 관해 정의되고 있다.

이러한 흐름에 따라 저자는 행정이란 '정치권력을 배경으로 하여 정책을 형성하고 이를 합리적으로 집행하는 협동적 집단행동(*collective action*)'이라고 정의하고자 한다. '정치권력'이 개념요소로 들어간 것은 행정과정에서 나타나는 다양한 행위자 간의 활동들이 정치적인 성격을 강하게 띠고 있고 합리적인 협상과 조정 등을 통해 공공서비스를 산출해내는 것을 특징으로 하고 있기 때문이다. 이에 대해서는 뒤편에서 더 자세히 다루어질 것이다.

우선, 다음에서는 전통적인 입장으로서 행정법학적 관점과 행정학적 관점으로 구분하여 살펴보기로 한다.

1) 행정법학적 개념

행정개념을 정의하기 위한 행정법학적 접근은 실질적 개념설과 형식적 개념설 두 가지로 대별되고 있다. 실질적 개념설은 활동의 내용이나 성질이 공익이나 공적 문제와 관련이 되어 있으면 행정으로 보는 입장이고, 형식적 개념설은 기관이나 주체를 중심으로 국가기관이 수행하는 활동을 행정으로 보는 입장이다. 즉, 형식적 개념설로 하면 행정을 좁게 해석하는 것이고, 실질적 개념설로 하면 행정을 넓게 해석하는 것이 된다. 형식적 개념설에 의하면 행정기관의 권한에 속하는 모든 작용이 행정에 포함되며 성질상 입법작용으로서의 '행정입법(대통령령, 총리령, 부령의 제정 등)'과 사법작용으로서의 '행정심판'도 행정에 속하게 된다. 이에 반해 실질적 개념설에 따르면 행정입법은 입법작용, 행정심판은 사법작용으로서 행정에서 제외된다. 오늘날은 활동의 내용과 성질을 중시하는 실질적 개념설이 지배적인 입장이다.

2) 행정학적 행정개념

행정학적 행정개념은 그 범위를 어떻게 정하느냐에 따라 광의의 개념과 협의의 개념으로 대별될 수 있다. 광의의 개념은 인간의 합리적인 의사결정과정을 중심으로 행정을 정의한 것으로 이를 따를 경우 공행정과 사행정이 모두 여기에 포함된다. 반면에 협의의 행정은 행정부 내의 합리적인 의사결정과정으로 행정의 개념을 정의한 것으로 이에 의하면 행정부에 의한 공행정이 행정의 개념에 해당된다.

행정연구접근법의 변천을 토대로 볼 때, 행정학적 행정개념은 행정관리론, 정치기능론, 행정행태론, 발전기능론 등으로 변천되어 왔다.

행정관리론은 행정학 성립기에 활동한 W. Wilson, L. D. White 등 정치행정 이원론자들의 입장으로서 행정이란 이미 수립된 정책을 구체화하는 것으로 본다. 이 입장은 행정과 경영을 동질적인 것으로 본다.

정치기능론은 M. E. Dimock, P. H. Appleby 등 정치행정 일원론자들의 입장으로서 행정이란 이미 수립된 정책의 구체화에 한정하지 않고 적극적으로 정책결정기능까지 포함하는 것으로 본다.

행정행태론은 H. A. Simon 등 새 이원론의 입장으로 행정이란 합리적인 의사결정을 위한 인간들의 협동적 집단행동이라고 파악하면서 행정의 사실적 측면을 강조한다. 행정과 경영을 동질적인 것으로 파악하는 행정관리설과 유사하지만, 이 둘간의 차이점은 행정행태설은 행정원리의 과학적 규명을 강조한다는 점이다. 행정행태설은 행정의 본질은 의사결정과정으로 보고, 행정의 개념은 행정(의사결정체계)에 내포된 협동적 집단행동(*collective action*)에 초점을 둔다.

발전기능론은 M. Esman, E. Weidner 등 발전행정론자들의 입장으로 1960년대 이후 신생국의 국가발전을 뒷받침하기 위한 이론으로 등장하였다. 이 입장은 행정이란 국가의 발전목표를 형성하고 집행하는 적극적 기능으로 이해하면서 행정의 개념을 행정우위론적 새일원론의 입장에서 파악한다(박동서, 1993: 40).

3) 주요 학자들의 정의

행정의 정의는 학자들에 따라 매우 다양하지만 행정의 특징 중 어느 것을 강조하느냐에 따라 몇 가지로 범주화할 수 있다. 오석홍(2011: 88-93)의 분류에 따르면, 집행기능·수단성의 강조를 중점으로 정의한 W. Wilson과 J. Pfiffner & R. Presthus, 관리작용의 강조를 중점으로 정의한 L. D. White와 C. Hood, 협동적 행동의 합리성·능률성의 강조를 중점으로 정의한 D. Waldo, 관료제에 의한 행정의 강조를 중점으로 한 J. W. Fesler, 의사결정의 강조를 중심으로 한 H. A. Simon, 행정의 정치적·정책적 역할의 강조를 중심으로 한 W. Sayre, 환경과의 연계 강조를 중심으로 한 I. Sharkansky, 행정인의 행태 강조를 중심으로 한 M. Lipsky, 행정의 목표·고객지향적 사업의 성취·민주행정의 강조를 중심으로 한 P. H. Appleby, '완전행정'의 정의로서 C. Hood, 마지막으로 종합적 정의를 시도한 F. Nigro & L. Nigro 등이 있다.

이들 중 몇 가지 정의만 살펴보면, 우선, 협동적 행동의 합리성과 능률성을 강조하면서 행정을 정의한 D. Waldo는 "행정은 협동적 인간행동의 한 국면이며, 국가업무에 적용된 관리의 과학과 기술이다. 행정은 합리적 행동이며 합리적이라고 하는 까닭은 공적인 것이라고 규정되는 목표의 성취를 극대화하기 위해 입안한 것이기 때문이다"라고 하였다. 또, 의사결정을 강조하며 정의한 H. A. Simon은 "행정과정은 의사결정과정이며 조직은 조직구성원인 개인으로부터 자율적 의사결정권의 일부를 가져가고 조직의 의사결정과정으로 이를 대체한다고"고 하였다. 그리고 행정의 정치적·정책적 역할을 강조한 W. Sayre는 "행정은 정치과정 가운데 하나이며 궁극적으로 정치이론상의 문제이다"라고 정의하였다. 그리고, 행성환경과의 연계를 강조한 개방체세론적 관점으로 행정을 정의한 I. Sharkansky는 "환경, 투입, 처리과정, 산출, 그리고 환류는 연관되고 교호작용하며 이러한 요인들의 전체와 교호작용이 행정체제"라고 하였다. 다소 생소한 정의로서 '완전행정'을 언급한 C. Hood는 "완전행정은 정책집행을 완벽하게 할 수 있도록 자원의 가용성과 정치적 수용성이라는 외부 요인들이 행정과 결합한 상태"라고 하였다. 마지막으로 종합적 정의를 시도한 F. Nigro & L. Nigro는 "행정은 공적 상황에서의 협동적·집단적 노력이며, 행정부·입법부·사법부 간에 모두 나타나며, 정치과정의 일부이고, 사행정(私行政)과는 구분되며, 서비스 공급은 많은 민간 집단 및 시민들과 연계하여 이루어진다"라고 하였다.

2. 현대행정개념의 재정립

행정개념의 변천은 정치와 행정의 관계, 행정을 과학에 중점을 두는지 혹은 기술에 중점을 두는지에 따른 과학성과 기술성의 관계에 따라 변천되어 왔다. 즉, 전통적 행정학은 행정을 정치로부터 구별되는 정치행정 이원론에 초점을 두고 행정을 과학의 원리로 파악하였지만, 현대행정학은 행정을 정치와 구별되는 작용으로 보지 않고(즉 행정을 단순히 정책집행에만 국한하지 않고 정책형성까지도 포함하여 정치작용과 구별하지 않고), 과학성과 기술성의 관계에서도 행정이란 과학성과 기술성을 동시에 지닌 실체로 파악하고 있다. 이러한 관점에서 행정의 개념을 정의하면, 행정이란 "행정부가 정치권력을 배경으로 공익을 실현하기 위해 정책을 형성하고 집행하는 협동적 집단행동"이라고 정의할 수 있다.

1990년대 이후 인터넷 기술의 급속한 발전(정보화), 시민사회의 성장(민주화), WTO 체제의 출범과 신자유주의 물결의 확산(세계화) 등의 급진전으로 현대행정의 특성도 변화되고 있다. 전통적 행정학의 조직모형인 관료제에 대한 Post-관료제 모형으로서의 전자정부가 등장하고, 국가(정부)에 의한 일방적 통치가 아닌 국가(정부)-시장(기업)-시민사회(NGO)들 간의 신뢰와 협동을 강조하는 거버넌스가 강조되고 있다. 이와 함께 국가혁신을 강조하는 국가경영의 개념도 급속도로 확산되고 있다.

현대행정은 1980년대 신공공관리(NPM)의 등장, 1986년 미국 노동성의 초우량관리(HPM: High Performance Management)의 대두, 1993년 미국 클린턴 행정부의 NPR(National Performance Review)에 의해 주창된 기업가적 정부(*businesslike government*) 및 뉴거버넌스(*new governance*)로의 발전 연장선상에서 행정의 개념을 파악한다.

현대행정은 행정을 일방적 통치(*governing*)가 아닌 국정관리(*governance*)로 파악하며, 정부 관료제의 비능률을 타파하기 위해 민간경영 관리기법(*management*)을 도입하고, 가격·경쟁·유인 등을 강조하는 시장메커니즘에 의한 국가경영 개념을 강조한다. 하지만 현대행정이 단순한 신공공관리(NPM)만을 추구하는 것은 아니다. 행정에 민간경영 관리기법을 도입하는 NPM적 요소와 함께 참여 및 민주적 가치를 강조하는 뉴거버넌스적 요소를 함께 강조한다. 이는 현대행정이 국가혁신과 국정관리를 추구하면서 효율성 못지않게 민주성과 성찰성을 고려한다는 것을 의미한다.

제 2 절   행정과 경영(공행정과 사행정)

　행정과 경영의 관계는 매우 중요하게 다루어진다. 행정(공행정)과 경영(사행정)은 같은가?, 다른가? 공행정의 권력작용이나 공익이라는 가치 부분을 제외한다면 조직, 인사, 재무라는 본연의 임무는 동일하다. 특히 1980년대 이후 NPM(신공공관리)가 행정에 도입되면서 행정과 경영의 관계는 더욱 밀접해 졌다고 할 수 있다. 하지만 여전히 행정은 공익이라는 국민에 대한 가치를 다루고 있고, 경영은 사익이라는 고객에 대한 영리를 다루고 있다는 가치와 목적 부분은 차이가 있다.[1] 이런 관점에서 행정과 경영의 관계를 고찰해 보기로 하자.

1. 행정과 경영의 관계를 보는 시각

1) 초기 이론의 전개

　행정학이 태동하던 시기에는 행정과 경영의 유사성에 초점을 두고 정치와의 차별성을 강조하는 공사행정 일원론(정치행정 이원론)의 입장이었다. 이 입장은 행정관리론의 관점에서 공행정을 단순한 기술적 과정으로 파악하여 공행정과 사행정이 차이가 없는 것으로 보았다. 이러한 입장을 대변하여 1887년 W. Wilson은 행정영역이 정치영역으로부터 분리되어 기업을 경영하는 관리적 기술방식으로 능률성을 극대화하여야 한다고 주장하였다. 이 외에도 Goodnow, White, Gulick, Urwick 등의 학자들도 공사행정의 유사성을 강조하면서 이러한 입장에서 동조하였다.

　이러한 초기의 공사행정 일원론은 1929년 세계대공황과 제2차 세계대전을 거치면서 비판받기 시작하였다. 뉴딜정책의 시행 그리고 전시(戰時)체제 하에서 행정의 역할이 소극적으로 단순한 정책의 집행에 머무르는 것은 행정의 본래적 목적인 공익을 실현하기 어렵기 때문이었다. 즉, 정치기능론의 관점에서 공행정은 정책집행기능 외에 정책결정기능까지 포함하여 사행정과 비교되는 정치성과 공공성을 가진다고 보았다. 이러한 공사행정 이원론(정치행정 일원론)은 M. E. Dimock과 P. H. Appleby에 의해 주장되었다.

　공사행정 이원론(정치행정 일원론)의 지지에 힘입어 세계대공황과 제2차 세계대전이라는 위기상황에서 적극적 역할을 수행했던 행정의 관점은 1940년대 들어 행정행태론의 등장으로 비판받게 되었다.

---

1 윤우곤(1998)은 행정을 '공행정'과 '사행정'으로 구분하고 목적을 기준으로 비영리적인 공공서비스 조직은 공행정의 영역, 영리를 목적으로 하면 사행정의 영역으로 보았다. 이 기준에 의할 때 경영은 사(私)행정에 포함된다.

행태론의 과학화에 대한 집념이 행정의 '관리'에로의 회귀를 촉진하였는데 이른바 행정행태론의 등장이다. 이를 공사행정 새 일원론(정치행정 새 이원론)이라고 한다. 행정행태론은 공행정과 사행정의 차이는 상대적이고 양적인 차이에 불과하며 질적인 차이는 없다고 하면서 결국 '행정은 관리이며 과학'이라고 보았다. 대표적인 학자로 Simon과 Dahl을 들 수 있는데 Simon은 전통적 행정학이 주장한 행정의 원리들을 비판하였고, Dahl은 행정은 행정행태의 이해를 통해 과학화될 수 있다고 주장하였다. 이러한 주장들은 행정의 과학화를 촉진시켰고 "행정=관리=경영"에 관한 전문학술지가 Cornell 대학 경영·행정대학원에서 1955년 출간되기도 하였다(윤우곤, 1998).

그 뒤 발전행정론이 등장하면서 공사행정 새 이원론(정치행정 새 이원론)이 대두되었다. 발전행정론은 행정우위론적 관점에서 행정이 사회 전반에 필요한 다양한 필요(needs)에 대해 스스로 찾아내고 결정하는 정치적 과정에도 참여함으로써 국가의 발전과 국민의 안녕을 적극적으로 실현하는 능동적 행위자가 되어야 한다고 주장하였다.

2) 최근의 경향: 국정관리론의 대두

1980년대 NPM의 대두, 1990년대 뉴거버넌스의 대두로 인하여 행정과 경영의 구분을 어렵게 하여 행정과 경영의 차이는 상대적인 것으로 만들고 있다. 현대행정은 1980년대 신공공관리(NPM)의 등장, 1993년 미국 클린턴 행정부의 NPR(National Performance Review)에 의해 주창된 기업가적 정부(businesslike government) 및 뉴거버넌스(new governance)로의 발전 연장선상에서 행정의 개념을 파악하는바, 행정과 경영의 차이는 상대적인 것으로 본다. 다만, NPM의 경우 행정에의 경영관리기법의 도입을 강조하지만 뉴거버넌스의 경우 NPM적 요소의 도입을 인정하면서도 경영기법의 무조건적 도입을 경계한다는 측면에서 차이가 난다. 특히 뉴거버넌스적 사고는 NPM의 한계로 지적되는 1) 조직 문제해결역량(institutional memory) 저하문제, 2) 고객과 시민의 본질적 차이, 3) 민간위탁, 외부발주, 민영화의 심화로 정부의 문제해결능력 약화, 4) 행정의 민주성·형평성 등을 어떻게 확보할 것인가? 하는 문제들을 지적하면서, 정부혁신을 위한 근본적인 고민과 성찰을 주문하고 있다. 또한 뉴거버넌스는 NPM적 요소의 시장중심의 거버넌스와 민주적 참여 및 의견수렴을 강조하는 시민사회중심의 거버넌스의 조화를 통해 기존의 NPM에서 강조하는 효율성 못지않게 민주성과 성찰성을 중요한 공익의 가치로 제기하고 있다.

2. 행정과 경영의 유사점

1) 목표달성을 위한 수단성·봉사성

행정이나 경영 모두 실현하고자 하는 목표의 성격은 다르지만 이러한 목표를 달성하기 위한 수단이라는 점에서 유사하다. 또 행정은 국민에게, 경영은 고객에서 봉사한다는 점에서도 유사하다.

2) 관료제적 성격

관료제를 대규모의 조직구조로 이해할 경우 행정과 경영조직은 모두 관료제적 성격을 띠고 있다. 민간조직도 대규모화됨에 따라 관료제적 성격을 갖게 되며, M. Weber는 관료제가 공·사조직 어디에나 보편적으로 존재한다고 주장하였다.

3) 협동적 집단행동

행정과 경영은 모두 부여된 목표의 달성을 위한 협동적 집단행동이 나타난다. 각 영역의 구성원들은 각자가 속한 근무지에서 맡은 바 임무를 수행함에 있어 대화, 협의, 조정 등의 협동·협업을 통해 조직에서 부여한 목표를 효율적으로 달성하기 위한 집단적인 행동을 한다는 점에서 유사하다.

4) 관리기술

행정과 경영은 모두 목표달성과정에서 능률성을 강조하므로 적용되는 관리기술은 동일하다. 조직화하는 방법, 통제하는 방법, 조정(통합)하는 방법 등의 관리기술은 행정과 경영의 영역에서 모두 중요하게 사용된다는 점에서 유사하다.

5) 관리적 성격

행정은 경영에 비하여 권력성 측면이 강하게 나타나기도 하지만 관리적 성격도 중요한 요소이다. 행정학의 발전과정에서 볼 때 대략 1950년 경까지 본질적으로 공행정은 행정과 유사하게 "관리"로 인식되었다(윤우곤, 1998). 특히 최근 행정학에서 강조되는 성과관리, 지식관리, 혁신관리 등 관리적 요소들은 조직관리적 성격을 강하게 띠고 있는바, 이러한 관리적 성격 측면에서도 행정과 경영은 유사성을 지닌다.

3. 행정과 경영의 차이점

1) 목표(공익성)

행정은 공익을 추구하는 데 반해, 경영은 영리를 목표로 한다. 행정은 공익에서 파생되는 목표의 추상성과 모호성 그리고 다양성으로 인해 정책형성 및 정책집행과정에서 갈등을 내포한다.

2) 권력성

행정은 전 국민을 상대로 하며 또한 권력을 내포하고 있어 남용될 가능성이 높으므로 시민권의 옹호를 중요한 정치이념으로 하고 있는 민주국가에서는 법령의 적용을 엄격히 받게 된다. 또한, 법령의 내용에 있어서도 경영에 비하여 많은 양의 세밀한 규정의 적용을 받는다.

3) 형평성

민주국가의 행정은 고도의 합법성을 요청하며 이는 법 앞에 평등을 요청하고 있는데 경영의 경우는 이러한 원칙의 적용을 받지 않는다. 경영의 경우에는 시장에서의 가격원리에 의해 경쟁 (*competition*)의 개념이 강조하는 데 반해, 행정의 경우에는 공공서비스의 공평한 배분이라는 관점에서 형평성(*equity*)이 매우 중요한 개념이다.

4. 결어: 행정과 경영의 상호관계[2]

오늘날 행정과 경영의 구별은 절대적·질적 차이가 아니라, 상대적·양적 차이에 불과하다. 또한 국가의 문화적, 역사적 배경과 시대적 변천에 따라 그 정도에 차이가 난다. 구별의 상대화가 초래된 배경에는 NPM의 대두, 뉴거버넌스의 등장, 민간위탁·외부발주·책임운영기관과 같은 성과관리 및 정부혁신론의 대두 등을 들 수 있으며, 이와 함께 일반적 요소로서 사기업의 거대화, 대규모 기업체의 출현, 기업의 사회적 책임성, 제3섹터의 대두 등의 요인들을 들 수 있다.

후진국의 경우 경영의 행정에의 예속현상이 강하게 나타난다. 그러나 선진국의 경우 양자의 수평적, 협력적 관계가 강하게 나타난다. 따라서 양자는 절대적·질적 차이라기 보다는 상대적·양적 차이로서 상호 예속관계보다는 상호 긴밀한 협조관계로 나아가야 할 것이다. 특히 최근 현대행정에서 국가혁신론 및 뉴거버넌스의 강조로 인해 국가경영의 관점에서 정책네트워크에 입각한 국정

---

2 윤우곤(1998)은 "행정(공행정)"이 "경영"보다 국가·사회적 차원에서 더 상위의 목적이나 정책을 정립하고 집행하는 기능을 가지고 있다고 보고 행정(공행정)과 경영은 목적과 수단의 연계관계에 있다고 본다.

관리의 개념이 중시되는바, 이러한 관점에서 행정과 경영의 상호관계도 상대적인 협력관계로 접근하는 것이 바람직할 것이다.

제 3 절 행정과정의 동태적 이해

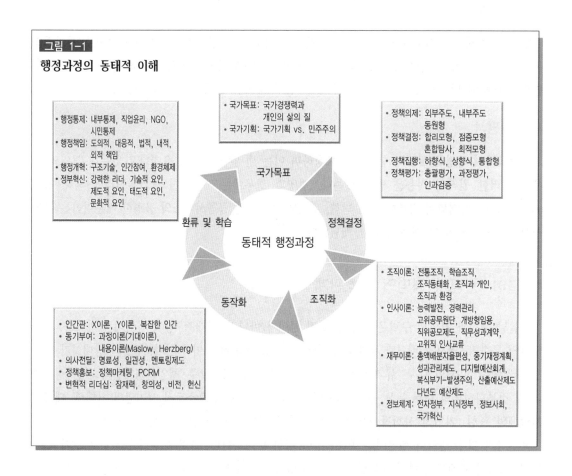

1. 행정과정의 의의

현대행정은 동태적 과정으로 이루어진다. 즉, 행정은 행정의 주요 기능 수행과 관련되는 일련의 과정으로 이루어진다. 행정은 행정인, 행정구조, 행정환경이 상호 동태적 과정을 거치면서 이루어진다(박동서, 1993: 46-52; 65). 행정환경은 법, 제도, 정책뿐만 아니라, 정치, 경제, 문화적 흐름과 이슈를 모두 포괄한다. 행정의 동태성은 환경변화가 행정의 구조와 행태에 영향을 미치고 상호작용하는 것이다. 환경변화는 법과 제도를 매개로 조직·인사·재무 등의 구조변동을 유발하고, 문화에 충격을 가함으로써 행정인의 인식과 태도를 변화시킨다.

행정의 역할과 기능을 어떠한 것으로 보느냐에 따라 학자들은 제각기 여러 가지 과정론을 제시하고 있으나,[3] 현대행정기능의 동태성·개방성·거시성 등을 고려할 때 본서에서는 동태적 행정과정을 1) 국가목표, 2) 정책결정, 3) 조직화, 4) 동작화, 5) 평가(환류 및 학습) 등 5단계로 구분하고자 한다(〈그림 1-1〉 참조).

행정의 동태적 모형에 의하면 행정과정을 이해하기가 쉬워진다. 즉, 행정이란 국가목표를 설정하고 정책결정(정책기획)을 통해 이를 명시화하고, 이를 달성하기 위해 조직화(조직, 인사, 재무, 정보체계)하며, 조직화된 부분이 실제 행동으로 동작화(*activating*)될 수 있도록 다양한 동기부여의 수단(인간관, 동기부여, 의사전달, 정책홍보, 변혁적 리더십)을 강구하며, 최종적으로 이를 평가하고 환류하여 실패된 부분은 학습하는 환류 및 학습(행정통제, 행정책임, 행정개혁, 정부혁신)으로 구성된다.

2. 전통적 행정이론과의 차이

1) 정치행정 이원론과의 구별

정치행정 이원론 시대의 행정과정은 정책결정은 제외되므로 국가발전을 위한 목표, 정책결정, 기획은 배제되었으며, 환류의 기능도 제외되었다. 그리고 나머지 작용도 국가발전 및 국정관리를 위한 기능과는 내용면에서 상당히 다른 것이었다.

2) 정치행정 일원론과의 구별

정치행정 일원론은 행정을 정치와의 연장선상에서 파악하고는 있으나, 행정의 목표설정 및 정책결정의 적극적 기능에 대해서는 간과하고 있으며, 행정의 동태적인 면과 환경적인 면이 경시되었다.

3) 행정행태론과의 구별

행정행태론은 행정을 의사결정체계로 파악하고 논리적 실증주의를 강조하면서 정책의 적실성(*relevance*)과 참여(*action*)의 측면을 경시하였다.

---

3 예컨대, 한국행정학을 동태적 과정으로 파악하여 한국행정이론의 초석을 다진 것으로 평가되고 있는 박동서(1993: 46-52)에서는 행정과정을 목표의 설정, 정책결정, 기획, 조직화, 동작화, 평가, 시정조치 등 7단계로 구분하고 있다.

4) 발전행정론과의 구별

발전행정론은 행정목표, 정책결정 등 미래 국가발전을 위한 가치적인 측면과 동태적인 측면을 강조하고 있다는 점은 평가할 수 있으나, 행정을 계층제 중심의 Top-Down체계로 파악하고 권위주의와 획일주의 그리고 중앙집권주의를 초래했다는 비판을 받는다.

1990년대 이후 정보기술의 발달과 시민사회의 성숙 그리고 거버넌스의 강조 등 현대행정의 변화된 모습에 따라 이제는 국가혁신과 뉴거버넌스가 강조되고, 이에 따라 시민의 행정참여, 민주적 통제, 수평적이고 유기적인 협력네트워크 하에서 민주성과 성찰성이 중요한 개념으로 부각되고 있다.

3. 동태적 행정과정의 내용

1) 국가목표

국가목표는 목표의 개념과 기능, 정책의 개념과 기능, 기획의 개념과 기능 등을 포함한다. 이 단계는 행정과정 전(全) 과정에 있어서 초석(礎石)을 놓는 단계이므로 매우 중요하다. 사회적으로 바람직한 미래를 만들어가는 것이 행정의 목표라는 점을 감안할 때 목표의 설정과 이를 위한 올바른 정책의 채택, 기획 등은 행정과정의 전체에 영향을 미치게 된다.

2) 정책결정

두 번째 행정과정으로서의 정책결정은 정책형성, 정책집행, 정책평가, 정책변동 등을 포함한다. 일반적으로 정책결정은 정책과정상 한 단계를 의미하지만 여기에서는 정책과 관련되는 모든 과정을 함축적으로 표현한 의미로 사용하기로 한다.

3) 조직화

조직화는 조직이론·인사행정·재무행정·정보체계에 대한 일반이론들을 포함한다.

첫째, 조직이론에서는 어떻게 지식정보사회에서의 변화되는 시장의 빠른 속도와 불확실성에 대응하는 조직으로 발전시킬 것인가에 대한 논의로서, 조직화의 원리, 계층제로 대변되는 관료제와 Post-관료제 모형으로 제시되는 새로운 형태의 조직(비전구동형 조직, 팀 조직, 네트워크 조직, 프로세스 조직 등)에 대해서 다루게 된다.

둘째, 인사행정에서는 어떻게 지식정보사회에서의 유능한 인재를 충원하고 교육시키고 능력을 지속적으로 계발할 것인가에 대한 논의로서 엽관제와 실적제, 직위분류제, 직업공무원제도, 성과관리와

BSC, MBO, 책임운영기관, 고위공무원단제도 등에 대해서 다루게 된다.

셋째, 재무행정에서는 지식정보사회에서 변화된 환경에 맞게 예산의 신축성과 탄력성을 부여하면서도 동시에 어떻게 책임성과 통제성을 확보할 수 있을 것인가에 대한 논의로서 품목별 예산과 성과주의 예산, PPBS, ZBB, 현금주의와 발생주의, 단식부기와 복식부기 예산제도 등에 대해서 다루게 된다.

이러한 조직, 인사, 재무행정이론들을 검토함에 있어 유념해야 할 중요한 질문은 행정의 공익성과 안정성을 유지하면서 동시에 신축성과 탄력성을 부여할 것인가, 신축성과 탄력성을 통해 효율성을 부여하면서도 동시에 어떻게 민주적 통제를 확보할 수 있을 것인가 하는 것이다.

4) 동작화

동작화에서는 인간관, 사기, 동기부여, 의사소통, 정책홍보, 변혁적 리더십 등에 대해서 다루게 된다. 여기에서는 조직목표의 효과적 달성을 위해 어떻게 하면 과학적 관리와 인간적 참여를 조화시킬 수 있을까 하는 것이 중요한 질문이다. 이를 위해 제시되는 구체적인 질문들은 다음과 같다.

① 인간관은 어떻게 이해해야 하며, 조직구성원의 사기와 동기부여는 어떻게 작동되는 것인가?
② 정책홍보는 어떻게 활용되어야 하며, 하의상달과 수평적 의사소통의 활성화를 위한 방안은 무엇인가?
③ 조직의 하부(일선직원)와 바깥(시민사회)을 유기적으로 엮어서 조직의 창의성을 극대화할 수 있는 변혁적 리더십은 어떤 방향으로 작동되어야 하는가?

5) 평가(환류 및 학습)

평가는 행정집행결과의 효과성·능률성·형평성·대응성 등에 대해서 모니터링하고 이를 통해 환류 및 학습이 이루어지는 과정이다. 여기에서는 행정책임·행정통제·행정개혁·정부혁신이 매우 중요한 주제로 부각된다. 특히 정책 및 행정의 성공과 실패에 대한 사례의 축적을 통해 DB를 구축하고, 정부의 체계적 지식관리를 통해 조직학습이 이루어짐으로써 문제해결능력과 정책결정능력을 최적화하는 조직관리가 필요하다.

제 4 절   논의의 틀

　행정학은 정부에 관한 학문이다. 행정학은 행정이론을 토대로 정부의 인사, 조직, 재무, 정보체계 등 정부 내부 운영원리의 효율성 실현에 대해 연구하는 학문이다. 현대행정학은 정부운영시스템에 대해 연구하는 정부학이며, 동시에 지식정보사회에서의 국가혁신에 대해 성찰하는 국정관리학이다. 현대행정학은 관료제이론, 인사행정론, 조직행정론, 재무행정론 등 기존의 행정이론뿐만 아니라 최근에 제시된 국가혁신이론, 미래예측이론, 거버넌스이론, 갈등관리이론, 전자정부이론, 지식정부이론 등을 토대로 정부운영의 효율성, 합법성뿐만 아니라, 민주성, 신뢰성, 성찰성을 연구하는 학문이다.

　현대행정학은 동태적 과정으로 이루어진다. 국가목표-정책결정-조직화-동작화-환류 및 학습이라는 동태적 과정을 거치면서, 동시에 행정인-행정구조-행정환경이라는 3대 변수가 끊임없이 상호작용과정을 거치면서 전개되지만, 현대행정학은 궁극적으로 우리 사회 내에 존재하는 국민 개개인의 인간 존엄성 실현을 목표로 한다. 따라서 현대행정학은 정부 내부 운영원리의 효과성과 능률성 제고를 통해 정부경쟁력(정부)을 강화하고, 이를 통해 국민(시장 및 시민사회)들에게 최고 만족의 정부서비스를 제공함으로써 국가경쟁력과 삶의 질의 향상을 목표로 하지만, 또한 동시에 국가경쟁력과 삶의 질 제고라는 수단적 가치를 통해 우리 사회에 존재하는 구성원들 개개인의 인간 존엄성(인권, 정의, 형평) 실현을 궁극적 목표로 한다(성찰성).

　이렇게 볼 때, 현대행정학이 지향하고자 하는 근본적 질문들은 다음과 같이 명확하게 정리할 수 있다.

① 정부 내부 운영의 비능률을 타파하고 정부 운영의 효율성을 극대화 시킬 수 있는 조직원리 및 운영방안은 무엇인가?
② 이를 위해 가장 적합한 조직형태(관료제 vs 전자정부)는 무엇이며, 관리방안(인사, 조직, 재무, 정보체계)은 무엇인가? 그리고 이러한 방안들은 지식정보사회에 부응하기 위해 어떠한 방향으로 진화되어야 하는가?
③ 정부 관료제를 민주적으로 통제할 수 있는 방안은 무엇인가? 조직 내부적으로 민주성과 투명성을 제고하는 방안은 무엇이며, 조직 외부적으로 시민들의 정책참여를 강화함으로써 민주성 및 투명성을 제고하는 방안은 무엇인가?
④ 정부는 어떤 정책서비스를 통해 우리 사회의 신뢰성과 성찰성을 제고할 수 있는가?

현대사회는 대단히 빠른 속도로 변화하고 있으며, 그 가운데 미래의 단절(*discontinuity*)과 불확실성(*uncertainty*)의 정도는 더욱 더 증대되고 있다. 현대사회의 이러한 시대적인 흐름에 현대정부가 제대로 대응하려면, 현대행정이론은 시대의 새로운 흐름에 부응할 수 있는 새로운 제도와 개념, 이념과 가치, 즉 패러다임을 제공해 줄 수 있어야 한다. 본서에서는 전통적 행정과정에서 다루는 인사, 조직, 재무, 정보체계와 함께 현대행정이론의 주요 이론으로서 거버넌스, 신제도주의, 갈등관리, 미래예측, 전자정부를 다루고자 한다.

본서는 총 2부로 구성되어 있다.

제1부에서는 행정학이론에 대해서 논의한다. 여기에서는 행정학이론, 행정의 개념 및 목표, 행정의 동태적 과정, 행정의 주요 변수, 행정이론의 전개, 행정이념 등에 대해서 검토한다.

제2부에서는 동태적 행정과정에 대해서 논의한다. 여기에서는 국가목표-정책결정-조직화-동작화-환류 및 학습이라는 동태적 과정을 거치면서, 행정인-행정구조-행정환경이라는 3대 행정변수가 상호 역동적으로 교호작용을 하는 과정에 대해서 검토한다. 또한 여기에서는 국가목표, 정책, 인사, 조직, 재무, 정보체계, 인간관, 사기, 동기부여, 의사전달, 정책홍보, 변혁적 리더십, 행정통제 및 행정책임, 행정개혁 및 정부혁신 등 행정학의 주요 내용을 학습하게 된다. 아울러 미래의 바람직한 정부상에 대한 검토와 함께 현대행정이론의 주요 이론인 거버넌스, 신제도주의, 갈등관리, 미래예측, 전자정부에 대해 학습하고자 한다.

첫째, 국가목표에서는 목표의 개념과 기능, 정책의 개념과 기능, 기획의 개념과 기능 등에 대해서 검토한다.

둘째, 정책결정에서는 정책형성, 정책집행, 정책평가, 정책변동 등 정책이론에 대해서 검토한다.

셋째, 조직화 부분에서는 국가목표를 조직화하는 단계로서의 인사, 조직, 재무, 정보체계 등 행정집행 수단적 요소들에 대해서 학습한다.

넷째, 동작화 부분에서는 인간관, 사기, 동기부여, 의사전달, 정책홍보, 변혁적 리더십 등 행정목표를 조직화한 뒤, 이를 실제로 움직이게 하는 조직의 핵심 요소들에 대해서 학습한다.

다섯째, 환류 및 학습 부분에서는 행정통제, 행정책임, 행정개혁, 정부혁신 등 행정의 동태적 과정에서 마지막으로 환류하고 통제하는 부분과, 이를 통해 행정이 더 나은 행정조직, 절차, 행태를 갖추기 위한 행정개혁과 정부혁신에 대해서 학습하기로 한다.

여섯째, 미래의 바람직한 정부상(像)에서는 미래 행정의 바람직한 목표 구현을 위한 현대적 제도들에 대해 종합적으로 검토한다. 먼저 바람직한 정부상(像)으로서 기업가적 정부, 성과중심 정부, 고객중심 정부, 뉴거버넌스 정부를 살펴보고, 미래의 바람직한 정부상에서 요구하는 정부혁신제도들에 대해서 학습하기로 한다. 이러한 제도에는 규제총량제도·규제영향분석제도 등 규제개혁, 팀제·책임운영기관·총액인건비제도·경력관리제도·고위공무원단제도 등 인사 및 조직관리, 중기재정계획·총액배분자율편성·성과관리제도·디지털예산회계·복식부기-발생주의·산출예산제도·다년도 예산제도 등 예산 및 재무관리, 시민헌장제도·정보공개제도 등 행정서비스 질 향상, PCRM과 정책홍보제도·정책실명제·정책품질관리제도 등 시민사회와의 협치 강화를 위한 제반 정부혁신 제도들을 포함한다.

마지막으로, 현대행정의 주요 이론에서는 뉴거버넌스, 신제도주의, 갈등관리, 미래예측, 전자정부에 대해 학습하기로 한다. 이어서 요약 및 결론에서는 관점과 시각, 이슈 및 함의에 대해서 정리한다.

핵심 Point !

◎ 행정의 개념

- 정치권력을 배경으로 국가목표를 설정하고 이를 합리적으로 동작화하기 위한 협동적 집단행동 (collective action)

- 정치권력을 배경으로 한다는 점에서 정치행정 일원론의 관점에서 파악하며, 국가목표를 통해 사회변화를 이룬다는 관점에서 발전행정의 동태성이 중요함

◎ 현대행정의 개념: 1990년대 이후 인터넷 기술의 급속한 발전(정보화), 시민사회의 성장(민주화), WTO 체제의 출범(세계화) 등의 급진전으로 현대행정의 특성도 변화되고 있는 바, 국가(정부)에 의한 일방적 통치가 아닌 국가(정부)-시장(기업)-시민사회 (NGO)들 간의 신뢰와 협동에 기초한 수평적 네트워크를 강조하는 뉴거버넌스 가 강조되고 있음

◎ 행정과 경영(공행정과 사행정)

- 공행정이란 국가 또는 공공기관이 공익이나 공적목표를 달성하기 위하여 행하는 행정을 의미 하고, 사행정은 기업이나 민간기관이 영리추구를 위하여 행하는 경영을 의미

- 행정의 본질은 조직의 목적달성을 위한 인적·물적 자원의 효율적 이용이라고 할 때, 공행정과 사행정은 본질적으로는 동일

- 특히 1980년대 NPM의 대두, 1990년대 뉴거버넌스의 대두로 인하여 행정과 경영의 구분은 점점 약화되고 있음

◎ 행정의 동태적 과정

- 현대행정은 동태적 과정으로 이루어진다. 즉, 행정은 행정의 주요 기능 수행과 관련하여 행정 인, 행정구조, 행정환경이라는 3대 변수가 상호동태적 과정을 거치면서 이루어짐

- 동태적 행정과정: 5단계

▶ 국가목표(국가기획)

▶ 정책결정(정책이론)

▶ 조직화(조직·인사·재무·정보)

▶ 동작화(인간관·동기부여·의사전달·정책홍보·리더십)

▶ 환류 및 학습(행정통제·행정책임·행정개혁·정부혁신)

◪ 조직이론에서는 어떻게 지식정보사회에서의 변화되는 시장의 빠른 속도와 불확실성에 대응하는 조직으로 발전시킬 것인가에 대한 논의로서, 계층제로 대변되는 관료제와 Post-관료제 모형으로 제시되는 새로운 형태의 조직(비전구동형 조직, 팀 조직, 네트워크 조직, 프로세스 조직 등)에 대해서 검토함

◪ 인사이론에서는 어떻게 지식정보사회에서의 유능한 인재를 충원하고 교육시키고 능력을 지속적으로 계발할 것인가에 대한 논의로서 엽관제와 실적제, 직위분류제, 직업공무원제도, 성과관리와 BSC, MBO, 책임운영기관, 고위공무원단제도 등에 대해서 검토함

◪ 재무이론에서는 지식정보사회에서 변화된 환경에 맞게 예산의 신축성과 탄력성을 부여하면서도 동시에 어떻게 책임성과 통제성을 확보할 수 있을 것인가에 대한 논의로서 품목별 예산과 성과주의 예산, PPBS, ZBB, 현금주의와 발생주의, 단식부기와 복식부기 예산제도 등에 대해서 검토함

◪ 정보체계에서는 지식정보사회에서 변화된 환경에 맞게 현대행정체제를 뒷받침해 줄 정보체계와 전자정부에 대한 논의로서 지식정보사회에 대한 이해, 지식정보사회의 국가행정논리, 지식정보사회의 국가정책논리, 지식정보사회와 국가혁신논리, 현대정보체계의 과제 등에 대해서 검토함

◎ 행정의 개념은 무엇인가? 행정법학적 입장과 행정학적 입장으로 구분할 때 행정의 개념은 어떤 차이가 있는가?

◎ 행정의 개념은 행정관리론, 정치기능론, 행정행태론, 발전기능론, 국가경영론 등으로 변천되어 왔다. 이들을 주장한 학자들과 주요 내용을 각각 설명하라.

◎ 행정과 경영의 관계를 행정이론의 발달사의 관점에서 정리해보자. 이들은 정치행정 이원론, 정치행정 일원론, 새 이원론, 새 일원론을 거치면서 어떻게 변해왔는가?

◎ 행정과 경영의 유사점과 차이점을 말하고, 최근 현대행정에서 행정과 경영의 상호관계에 대해서 설명하라.

◎ 행정의 동태적 과정을 5단계로 구분하여 정리해보자.

◎ 조직이론, 인사이론, 재무이론, 정보체계의 핵심테마들은 무엇인가? 각각 정리해보자.

제1장 행정이론의 개관은 내용이 중요함에도 불구하고 문제로 직접 출제되는 경우는 매우 드물다. 하지만 매우 중요하다. 어떤 문제가 출제되더라도 행정이론의 궤적(족보)를 알아야 고득점이 가능하기 때문이다. 특히 문제의 제기나 본론의 구성에 있어 이론의 바탕을 알고서 쓰는 경우와 그렇지 않는 경우는 답안의 수준이 천지차이이다. 특히 최근에는 고전적 이론에 대한 검토와 재구성을 통해 새롭게 제기된 이론이 많아지기에 더욱 그렇다.

따라서 본 장의 내용을 학습하는데 있어서 유념할 것은 이 책의 다른 장에서 다루는 내용들과 연결지어 질문하고 답을 구하는 노력을 기울이길 바란다. 예컨대 본 장에서 다루는 내용은 뒤에서 다루게 될 행정이념이나 현대적 행정이론들과 연계하여 공부하면 더욱 좋을 것이다. 비록 최근의 학문적 논의나 참신한 정책들이 제기된다고 할지라도 결국은 본 장에서 살펴본 이론들의 문제의식과 전제를 비판하고 보완·발전시키는 과정의 산물이라는 점도 간파하길 바란다.

기출문제로 제시된 공익의 경우도 기존의 행정학 책에서 다루지 않았던 개념 혹은 행정이념으로 접근하게 되면 상당히 당황스러운 문제가 된다. 그러나 행정이 '공공'을 기반으로 하는 정부의 관리라는 기초개념을 염두에 두고 본 장에서 다루는 행정이론의 전개(갈등과 보완 그리고 새로운 대안)과정을 적용하여 살피면 침착하게 논리적으로 접근할 수 있을 것이다. 예컨대, 본 문제의 공익의 경우에도 과정설과 실체설에 대한 개념은 적어주되, 본 장에서 다루는 행정과 경영의 관계라든지, 전통적 행정이론과 대비되는 동태적 행정이론의 관점에서의 공익의 문제를 짚어준다면 더욱 좋은 접근이 될 수 있을 것이다.

〈지문 1〉 양극화 문제는 우리만이 아니라 세계경제의 공통된 현안이다. 세계화와 사회 정책의 후퇴로 다시 불안의 시대가 다가온다는 경고가 제기되고, 세계경제가 미세조정을 넘어 근본적인 재검토에 들어갔다는 진단이 나오는 것도 이 때문이다. 이런데도 여전히 시장에 맡기기만 하면 만사형통이라는 낡은 언설이 우리 경제 담론을 지배한다는 비판도 있다. 낡은 패러다임으로 새로운 경제틀을 짤 수 없는 것이다. 정부와 시장이 변화한 상황을 정확하게 읽고 새로운 발상을 하지 않으면 안 된다. 성장과 복지를 양자택일의 문제로 보는 것은 20세기적 사고일 뿐이다. 지금 세계가 고민하는 것은 성장(효율)과 안정(형평)의 조화이고, 그를 위한 다양한 실험들이 전개되고 있다.

〈지문 2〉 공공성의 본질은 전체 사회를 위해 손해나거나 돈벌이가 되지 않는 일을 감당하고, 사회 약자의 편에 서며, 불특정 다수의 이익을 생각하고, 장래의 이익을 위해 현재의 이익을 희생하는 자세라고 할 수 있다. 이러한 공공성이 견고하게 터전을 닦고 자리를 잡을 때에 시장의 논리가 활성화될 수 있는 것이다.

(1) 위의 두 지문을 활용하여 최근 공공성에 대한 관심이 높아지고 있는 배경을 설명하고, 공공성 제고를 위해 적극적으로 추구해야 할 행정이념과 가치를 제시하시오.
(2) 효율성과 공공성이 충돌하는 구체적인 정책사례를 선정하여 이 양자 간의 갈등을 해결하기 위한 전략을 제시하시오.

답안작성요령

핵심개념

본 문제의 핵심개념인 '공공성(publicness)'이란 '사회일반의 많은 사람들과 관계되는 성질'로 정의할 수 있다. 조금 더 구체적으로 논의하자면 공공성은 곧 '공익', 즉 사회전체의 이익을 추구하는 성질로 볼 수 있다.

문제(1)에서 묻고 있는 최근 공공성에 대한 높아진 관심의 배경은, 효율성을 강조하는 신자유주의의 대두로 인한 공공성이 상대적으로 약화되었으나, 이러한 효율성의 추구는 양극화, 복지의 축소와 같은 결과를 초래하였고 공공성의 담보없이는 시장효율성마저도 유지될 수 없다는 사례에 대한 학습 혹은 교훈으로부터 대두된 것으로 볼 수 있다. 예컨대, 최근의 '월가를 점령하라! Occupy the Wallstreet'의 사태에서 보여지듯이 신자유주의가 심화됨에 따라 양극화가 심화되고 그에 따른 부작용이 속출하고 있다. 대기업들이 SSM 진출을 통해 골목상권까지 침범하는 등 공공성에 대한 고려없는 행태들은 더 큰 사회적 부작용과 비용을 초래한다는 측면에서 효율성에도 저해되는 것이다. 경제민주화의 논의도 이러한 배경에서 출발하고 있는 것이다. 따라서 효율성의 논리에 의해 희생되어왔던 공공성의 회복을 위한 논의가 활발해지고 있다는 점을 명시해주어야 한다.

이어 공공성 제고를 위해 적극적으로 추구해야 할 행정이념과 가치로는 합법성, 효과성, 능률성, 대응성 등 수단적 행정이념의 논의에 그치는 것이 아니라, 민주성, 대표성, 책임성, 공정성, 정의, 인간의 존엄성 등 본질적 행정이념적 차원에서 공공성의 개념을 접근할 필요가 있다.

사례를 통한 효율성과 공공성 간의 갈등해결 전략

방송통신융합 사례: 방송통신융합 사례의 쟁점은 방송의 공공성과 산업적 효율성이라는 가치의 충돌이라고 할 수 있다. KBS와 같은 기존의 지상파 방송의 입장에서는 방송의 공공성을 들어 엄격한 진입, 편성 및 운영의 규제를 주장한다. 사회적, 문화적, 도덕적 가치를 중시하고 정치세력 간 균형을 통한 중립성을 확보하기 위함이다. 이에 반해 TV, 라디오의 방송프로그램뿐만 아니라 데이터, 멀티미디어서비스를 제공하는 KT나 SKT와 같은 통신사업자의 입장에서는 신기술을 활용하여 방송망과 통신망이 융합되는 것이 사업다각화에 유리하며, 따라서 경제적, 산업적 발전이라는 측면에서 효율성과 시장원리를 주장한다(권기헌, 2013: 456-460). 따라서 이 두 가치는 무조건적인 하나의 포기가 아닌 함께 조화를 이루면서 합의점을 찾아야 한다. 즉, 방송·통신융합의 공익성·공공성 측면과 산업적 효율성 측면의 줄다리기 속에서 최선의 접점을 찾는 것, 그것이 정치행정기능의 기본원칙이자 가치이다.

문제(2)에서 물어보듯이 양자 간의 갈등해결 전략으로는 가치 간 우선순위를 선정하는 것이 필요하다. 가치의 성격에 따라 목적적 가치가 수단적 가치를 우선한다는 사실에 기반하여 논술할 필요가 있다. 더불어 가치의 중요도에 따라 배점을 다르게 하는 가중치부여에 의한 가치갈등을 조정하는 방법의 활용을 서술하면 더 좋은 답안이 될 것이다.

고득점 핵심 포인트

본 문제는 행정의 지도원리이면서 정책가치로서 공공성에 대한 인식수준, 이해, 적응능력을 측정하기 위한 문제다. 최근 공공성에 대한 관심이 높아지고 있는 배경을 논리적으로 밝히고, 공공성 제고를 위해 적극적으로 추구해야 할 행정이념과 가치가 무엇인지 체계적으로 제시하여야 한다. 또한 구체적인 정책사례를 선정하여 효율성과 공공성의 갈등을 해결하기 위한 전략을 제시할 수 있어야 한다(자료: 2011년도 행정고시 강평(한세억)에서 수정).

고시예상문제 최근 새정부의 출현과 함께 다양한 정책기조들이 제시되고 있다. 그중에서도 특별히 강조되는 대목은 '창조경제'라는 화두이다. 박근혜 정부는 창조경제를 통해 과학기술과 ICT 기반을 통한 이종산업 간의 융합, 이로 인한 새 부가가치 창출, 일자리·성장동력을 강조하고 있다. 그리고 창의적 아이디어의 사업화를 위한 인프라 구축 및 생태계 조성이 중요하며, 창조경제를 성공시키기 위해 융복합을 막고 있는 규제완화와 창의인력 양성·연구개발 투자확대 등 장기적 로드맵이 필요하다고 강조한다.

(1) 창조경제의 개념 및 특징에 대하여 설명하시오.
(2) 창조경제의 특징 및 한계에 대하여 설명하시오.
(3) 창조경제의 사례를 제시하고 사례가 지니는 함의를 설명하시오.

답안작성요령

핵심개념

문제(1)은 '창조경제'의 핵심개념을 묻고 있다. 여기서 창조경제란 아이디어와 지식이 창조되고 순환되는 지식생태계, 창조성을 갖춘 인적 자본, 연관산업 융합에 부응하는 생태계 혁신, 기업가 정신 및 창업에 우호적인 환경, 소통과 신뢰에 기반하는 사회적 자본 등 제반요소를 갖추어 창조와 혁신이 일상화되는 경제를 의미한다. 한마디로 창조성이 주로 가치와 부를 창출하는 경제를 말한다(최계영, 2013).

✋ 창조경제의 특징 및 한계

문제(2)에서는 창조경제가 가지는 이전 정책과의 차별적 특징을 비판적 관점에서 논리적으로 서술하는 것이 필요하다. 창조경제의 특징으로는, 첫째, 사람중심의 경제이다. 이는 이익창출을 목표로 하는 기존의 경제개념보다 한 차원 높은 목표를 의미한다. 둘째, 성장과 복지가 동시에 이루어질 수 있는 독특한 융합체계의 특성을 들 수 있다. 셋째, ICT와 기초과학의 융합을 바탕으로 한 혁신이다. 넷째, 탑다운(Top-Down)방식이 아닌 위로의 혁신(Bottom-Up)접근방식이 강조된다. 반면, 한계점으로는 창조경제 정의가 모호하다는 점과 창조산업 범위의 불명확, 창조경제 지수의 한계, 지식재산 축적의 미흡한 점 등을 지적할 수 있다.

✋ 창조경제사례

창조경제 정책의 사례로서 싱가포르 성공사례를 들 수 있다. 싱가포르는 전통적인 제조업만으로는 성장의 한계를 벗어나기 어렵다고 판단하고 제조업 중심의 발전전략을 재검토하고 신경제로의 이행이라는 새로운 방향을 모색하였으며, 그 결과 (1) 문화예술–르네상스 도시 프로젝트, (2) 디자인을 통한 부가가치 창출, (3) 미디어 융합(미디어21계획) 정책을 실시하였다. 이처럼 싱가포르의 창조경제 프로젝트가 단기적인 관점이 아닌 장기적인 관점에서 진행된다는 점과 단계적으로 프로젝트가 진행된다는 점을 토대로 한국에서의 적용가능성 및 함의를 서술하는 것이 좋을 것이다.

✋ 고득점 핵심 포인트

최근에 강조되고 있는 핵심 정책기조로서 '창조경제'에 대하여 얼마나 인지하고 있는지 묻는 문제이다. 따라서 창조경제가 강조되게 된 배경을 함께 기술해주고, 도출된 핵심개념 및 특징에 대하여 명료하게 서술하는 것이 필요하다. 예컨대, 위의 사례처럼, 창조경제를 창조적 문화도시 프로젝트로 접근할 것인지, 성장과 복지가 동시에 이루어지는 사람중심의 경제로 접근할 것인지, ICT와 BT(Bio Tech), NT(Nano Tech), ST(Space Tech) 등의 융복합을 중심으로 부가가치를 창출하는 개념으로 접근할 것인지를 정하여 맥락에 맞는 사례와 추진전략을 서술하는 것이 좋을 것이다.

CHAPTER

행정이론의 전개 02

Theory
Overview

KEY POINT

　제2장에서는 행정이론의 전개에 대해서 검토하며, 구체적으로 정치와 행정의 관계, 과학성과 기술성, 행정변수 등에 대해서 학습한다.

　먼저, 정치와 행정의 관계에서는 정치와 행정의 관계에 입각한 행정이론의 전개를 살펴보는데, 정치행정 이원론, 정치행정 일원론, 새 이원론, 새 일원론에 대해서 학습한다. 과학성과 기술성에서는 과학성을 강조한 정치행정 이원론 시대의 이론, 기술성을 강조한 정치행정 일원론 시대의 이론, 과학성에 대한 재집념으로 나타난 새 이원론, 기술성에 대한 재강조로 나타난 새 일원론에 대해서 학습한다. 행정변수에서는 행정변수를 사람, 구조, 환경으로 보고, 과학적 관리법, 인간관계론, 행정행태론, 행정생태론, 비교행정론, 신행정론, 공공선택론, 현대행정에서의 방법론의 다양화 등에 대해서 학습한다.

　제2장의 키 포인트는 행정이론의 계보를 이해하는 것이다. 정치행정 이원론, 정치행정 일원론, 새 이원론, 새 일원론은 행정학의 줄기를 파악하는데 핵심이므로 암기하길 바란다. 또한 행정변수별로 전개된 행정이론의 발달과정을 정리해두고 현대행정에서의 방법론의 다양화에 대해서도 파악해 두길 바란다.

제 1 절 행정이론의 전개: 정치와 행정의 관계[1]

1. 정치·행정 이원론(과학성 강조)

행정학 성립초기에 정치와 행정을 구분하려는 입장을 정치·행정 이원론이라고 한다. 행정학의 탄생으로 간주하는 최초의 논문을 W. Wilson의 1887년 "The Study of Administration"(행정의 연구)로 보았을 때, 이 시기부터 1930년대 후반 정치·행정 일원론이 나오기까지의 시기를 행정학 이론 발달사에서 정치·행정 이원론이라고 한다. W. Wilson은 그때까지 행정의 연구가 독자성을 인정받지 못하고 정치 속에 내포되는 것으로 간주되어 왔던 것을 처음으로 행정의 독자성을 주장하였다.

정치·행정 이원론은 행정을 정치적 성격이 없는 순수한 관리현상으로 파악하였는데 W. Wilson은 "행정의 연구"에서 '행정의 분야는 관리의 분야이며, 행정은 정치의 고유영역 밖에 존재하고 행정문제는 정치문제가 아니다'라고 주장하였고, L. D White는 행정이란 권력현상이 아니라 관리현상이라는 전제 하에 행정에 관한 연구는 관리적 측면에서 이루어져야 한다는 점을 "행정학의 입문"에서 강조하였다. Goodnow는 Wilson의 정치·행정 이원론을 구체화 시켜 정치를 국가의지 표명으로, 행정을 국가의지의 집행으로 정의하고, 정당은 정치와 행정의 제도적 분리를 보완하는 것이라고 주장하였다.

정치·행정 이원론이 대두된 배경은 다음과 같다.

첫째, 1880년대 당시에 기승을 부리던 엽관주의(*spoils system*)를 극복하기 위해 반-엽관주의(*anti-spoils*)의 사명을 띠고 미국의 인사법(1883년 Pendleton법 제정)이 통과되었던 때이다. 따라서 그 당시의 큰 관심은 어떻게 하면 엽관(*spoils*)을 방지하고 실적주의(*merit system*)를 확립하느냐 하는데 있었다. 엽관주의의 문제점인 행정의 낭비와 비능률을 타파하고 행정의 전문성과 중립성을 확보하기 위해서는 부패된 정치로부터 행정을 분리시켜 실적주의를 확보할 필요성이 있었기 때문이다.

둘째, 당시의 민간의 경영합리화 운동인 F. W. Taylor의 과학적 관리론은 행정을 정치적으로 중립적인 비권력적 관리현상으로 이해하는데 기여하였다.

셋째, 행정기능의 양적 확대와 질적 전 문화에 대응하고, 행정의 능률성을 확보하기 위한 행정의 개혁

---

1 제2장 행정이론(정치와 행정, 과학성과 기술성, 행정변수)을 정리함에 있어 주로 참고한 서적은 다음과 같다. 박동서 (1978, 1993), 백완기(1987), 이종수·윤영진 외(2002), 유민봉(2006) 등.

운동(1906년 뉴욕시 시정연구회, 1910년 Taft위원회)이 광범위하게 전개되었다.

정치·행정 이원론이 행정에 미친 영향은 다음과 같다.

첫째, 학문적인 측면에서 독자적인 과학으로서 행정학 성립·발전에 기여하였다.
둘째, 인사제도 측면에서 엽관주의의 폐해를 극복하고 직업공무원제와 실적주의 확보를 위한 이론적
　　　근거를 제공하였다.
셋째, 행정의 관리와 기업경영의 동질성을 강조하는 공·사행정 일원론의 성립에 기여하였다.

쉬어가는 코너

행정학의 아버지, 윌슨의 이야기

윌슨Woodrow Wilson은 미국 행정학의 아버지라고 불린다. 당시 상황은 엽관주의 아래서 충원되는 관료들은 정당소속의 정치인들이었다. 행정의 전문성이나 효율성과는 거리가 멀 수밖에 없었다. 따라서 윌슨은 엽관주의의 폐해를 극복할 수 있는 방안에 대한 고민을 하게 되었다.

엽관주의의 폐해를 극복할 수 있는 행정원리는 무엇일까? 어떠한 방식으로 정책을 결정하는 것이 민주적일까? 미국은 어떤 방식으로 정책결정을 하고 있는가? 좀 더 민주적인 정부운영 사례로는 무엇이 있을까? 행정의 본질을 무엇이며, 행정은 정치와 어떤 관계인가? 행정을 정치의 부속품으로 볼 수 있는가?

윌슨은 행정의 본질을 무엇으로 볼 것인지에 대해 숙고했다. 이 질문은 행정이 본질적으로 관리의 영역인가 정치의 영역인가 하는 문제로 바꿔서 생각해 볼 수 있다. 윌슨에게 행정연구Administration는 정부Government가 무엇을 잘, 그리고 성공적으로 할 수 있는지를 연구하는 것이며, 또한 어떻게 하면 정부Government가 돈과 비용을 덜 들이면서 효율적으로 정부가 해야 할 일을 잘 해낼 수 있을까를 규명하는 것이었다.

그 결과 윌슨은 정치로부터 독립한 행정학의 독자성을 주장하였다. 이를 초기 전통적 행정학의 '정치행정 이원론'이라 부른다.

자료: 저자의 졸저, 『행정학 콘서트』, 23쪽.

2. 정치·행정 일원론(기술성 강조)

루즈벨트 대통령이 야심적으로 추진한 New Deal 정책 이후 1930년대 후반부터 Gaus, Dimock, White 등 여러 학자들이 정치·행정 이원론에 회의를 느끼고 정치·행정 일원론을 주장하였다. 특히 대표적인 연구는 P. H. Appleby의 『*Policy and Administration*』(『정책과 행정』, 1949)이다. 이와 같이 1930년대 후반부터 일원론이 대두된 이유는 다음과 같다

첫째, New Deal 정책결정에 참여한 학자들의 경험결과 행정부의 정치적 기능을 이원론으로 정당화할 수 없었다. 본래 이원론도 다분히 반-엽관주의(*anti-spoils*)라고 하는 정책적인 의도를 지니고 제기된 것이었는데, 이제 이미 엽관주의(*spoils*)도 극복된 것이므로 더욱 이원론을 고집할 필요도 없게 된 것이다.
둘째, 시장실패현상을 해결하기 위하여 행정부의 적극적 개입이 불가피하였다.
셋째, 행정의 고도 전문화, 기술화 및 위임입법의 증가로 인하여 행정의 재량권과 준(準)입법권, 준사법권이 증대되었다.

정치와 행정이 분리될 수 없는 근거는 다음과 같이 여러 관점에서 찾을 수 있다.

첫째, 정치와 행정은 모두 정치권력을 내포하고 있다.
둘째, 행정은 넓은 의미의 정치과정 속에 내포되어 있다.
셋째, 행정은 재량권, 예산권, 준입법권 등 정책결정기능과 정치적 기능을 내포하고 있다.

쉬어가는 코너

애플비의 이야기

애플비P.Appleby는 미국 루즈벨트 대통령 시절에 많은 활동을 한 행정관료이자 행정학자이다. 애플비가 목격한 당시 미국의 새로운 흐름들은, 한마디로 요약하면, 국가 행정부의 역할 증대였다. 이전까지 정부는 철저하게 의회와, 나아가서는 정치와 분리되어야 한다고 여겨졌고, 실제 그런 방향성을 추구해 갔다. 이를 정치행정이원론이라고 한다. 쉽게 설명하면 정책결정은 의회에서 하고 행정은 의회에서 결정한 정책들을 집행만 하면된다는 이론이다.

초기 미국행정에서는 이것이 통했다. 이때까지만 해도 행정부의 업무는 상당히 단순했고 관계적으로도 복잡하게 얽혀있지 않았기 때문이다. 그런데 시대는 변하였다. 국가의 개입이 증대되었고, 사회의 각종 문제를 해결하기 위해 고차원적이고 전문적인 일이 많아졌다. 애플비의 고민은 여기서 비롯되었다.

이미 행정관료들이 정책형성을 하고 있다는 것이 곳곳에서 발견되고 있다. 그런데 그렇게 되면 기존의 정치행정 이원론은 어떻게 정당화될 수 있을까? 이론은 언제나 현실을 반영해야 하지 않는가? 이를 넘어서게 되면 그 이론은 더 이상 이론으로서의 가치가 없는 것 아닌가….

문제의 근본부터 다시 생각해 볼 필요가 있겠다. 정치행정 이원론의 근거는 행정과 정치가 엄밀히 다른 존재의 것들이라는 점. 그래서 둘의 기능도 달리하는 것이고…. 그런데 과연 행정과 정치가 정말로 다른 성질의 것일까?

애플비는 1949년 그의 저서, 『정책과 행정』Policy and Administration에서 이러한 문제, 즉 정치와 행정에 대한 관계를 진지하게 고민하고 있다. 이러한 고민에 대한 그의 답은 현실에서 정치와 행정의 관계는 정합적, 연속적, 순환적이기 때문에 양자를 구별하는 것은 적절치 않고 결합적 관계를 형성해야 한다는 것이었다. 이를 정치행정 일원론이라고 부른다.

자료: 저자의 졸저, 『행정학 콘서트』, 52쪽.

쉬어가는 코너

루즈벨트의 이야기

루즈벨트Franklin D. Roosevelt는 1930년대 대공황의 경제위기를 타개하기 위해 뉴딜정책을 추진했다. 당시 미국은 1776년 건국 이후 처음 겪는 심각한 경제위기 상황이었다.

루즈벨트 이전까지는 정부의 시장 개입은 시장자본주의 경제원리에 반하는 것으로 생각했다. 하지만 루즈벨트는 정부의 개입을 강조하여, 자유방임주의에서 벗어나, 때론 계획경제에 의해 국가경제를 활성화시킬 필요가 있다고 보았다. 이에 따라 미국 국민을 위한 뉴딜정책을 제안한 것이다.

세계적인 대공황 이 난국에 뭘 해야 하고, 어떻게 해야 하나? 실업을 극복하는 방법에는 무엇이 있을까? 금융기관의 연쇄도산을 막기 위한 방법은 무엇일까? 지금까지의 균형재정정책은 적절한 것일까? 적자재정이 미국 경제에 악영향을 끼치진 않을까? 정부의 시장경제 개입은 어느 정도 까지가 적절한 것일까? 일련의 정책효과성을 높이는 방법에는 무엇이 있을까? 국민들의 막연한 두려움을 해소하는 방안은 무엇일까?

루즈벨트 대통령은 국민들에게 국가의 현재 상황을 솔직하게 전달하고, 희망의 메시지를 지속적으로 전달하고자 노력했다. 루즈벨트의 리더십은 국민적 위기상황에서 경제위기 극복, 사회정의 실현, 그리고 민주주의 수호라는 명확한 목표를 설정하고, 구성원들에게 자발적인 의지와 욕구를 끊임없이 불러일으킨 변혁적 리더십Transformational Leadership으로 평가받을 수 있다.

자료: 저자의 졸저, 『행정학 콘서트』, 43쪽.

3. 새 이원론(행정행태론): 과학성에의 재집념

1930년대 후반에 일원론이 제기된 후 행정권의 강화가 지속적으로 이루어지고 있어 누구나 일원론의 입장을 부정하지는 못하고 있었으나, 1940년대 후반에 H. A. Simon이 중심이 되어 논리적 실증주의에 입각한 새 이원론을 제기하였다. H. A. Simon의 유명한 저술『*Administrative Behavior*』(『행정행태론』, 1945)가 새 이원론의 대표적 저술이다.

여기서 중요한 것은 새 이원론이 행정의 정책결정기능을 부정하는 것은 아니고, 행정의 과학화를 위하여 논리적으로 가치판단적인 것과 사실판단적인 것을 구분하여, 행정연구의 과학화를 위해서는 사실판단적인 명제만 연구대상으로 삼아야 한다는 주장이라는 점이다. 즉, 과거의 이원론이 정치와 행정을 명확하게 이분법적으로 구분한 것이었다면, 새 이원론은 정치와 행정이 그 성격상 구분될 수 있는 것은 아니나, 행정의 본질은 '의사결정체계'라고 보고 행정연구의 과학화를 위해서는 사실명제만을 연구대상으로 삼아야 한다는 점에서 구분하였다는 점이다.

쉬어가는 코너

사이먼 이야기

사이먼Herbert A. Simon은 매우 포괄적인 분야의 사회과학을 연구한 학자다. 사이먼이 행정학을 공부할 때는 정치행정 이원론, 즉 정치와 행정은 분리되어야 한다고 주장하는 이론이 강조되는 시점이었다. 이 이론에 따르면, 행정부는 정책결정에는 참여할 수 없고 정책결정이 완료되었을 때 집행만을 담당하는 것으로 간주하게 된다. 그런데 이 원리가 과연 과학일까? 사이먼은 이러한 원리 자체가 과연 과학일까 하는 문제를 숙고하기 시작했다. 이러한 사이먼의 고민과 문제의식은 바로 여기에 있었다.

그렇다면 행정이란 실용적 도구일 뿐인가? 학문으로의 가치는 없을까?

과학적이라고 하는 이론들이 가장 효율적이라면 왜 일관된 법칙이 존재하지 않을까? 아직 그것을 찾아가는 과정인가?

사람마다 가질 수 있는 생각이 다르다는 것은 인간의 주관성이 가변적이고 항상 합리적이지만은 않다는 의미가 아닐까? 그렇다면 가변적인 가치문제보다는 실존하는 대상의 측정 가능한 사실만을 연구하는 것이 옳지 않을까?

사이먼은 1947년 그의 저서, 『행정행태론』Administrative Behavior을 통해, 이러한 고민에 대한 해답을 제시하였다. 그의 해답의 키워드는 정치행정 새 이원론이다. 행정행태주의의 중심은 가치명제와 사실명제가 분리되어야 한다는 점이다. 즉, 인간의 주관이 개입되는 가치명제는 배제하고 사실명제만을 대상으로 과학적 방법에 의하여 검증을 거쳐 과학적 원칙을 도출함으로써 과학화를 시도하려고 했다. 이러한 그의 접근은 후에 정책결정모형으로서의 만족모형과 조직모형을 탄생시켰고, 그러한 공로의 일환으로 그는 노벨경제학상을 수상하게 되었다.

자료: 저자의 졸저, 『행정학 콘서트』, 61쪽.

4. 새 일원론(발전행정론): 기술성의 재강조

1960년대 M. J. Esman, E. W. Weidner 등에 의하여 발전행정론이 등장하면서 후진국의 경제·사회발전을 위하여 행정이 정치를 영도해 가야 한다는 새 일원론이 등장하였다. 과거의 일원론이 정치우위에 입각한 정치와 행정의 불가분한 관계를 강조한 것이었다면, 새 일원론은 행정우위에 입각한 행정영도론이라는 점에서 구분된다. 즉, M. J. Esman, E. W. Weidner 등은 행정과 정치와의 관계에서 전통적인 정치우위론을 뒤집어 행정우위론을 주장하였다(행정영도론). 이러한 주장을 하는 이유는 개도국에 있어서 빠른 발전은 필요하고 이러한 발전을 담당할 조직력이 경영인이나 정치인에게서 찾을 수 있는 것은 아니며 기댈 수 있는 것은 행정관료조직밖에 없다는 것이다.

F. W. Riggs는 이러한 주장에 대해 행정이 우월한 입장에서 정치를 영도해 가는 경우 권력자에게 가장 중요한 책임성과 정통성의 문제가 발생한다고 주장한다. 후진국의 경우 관료주의는 또 하나의 중요한 가치인 시민의 자유와 권리를 침해하기 쉽다는 우려점이 있다는 것이다. 따라서 신생국의 경우 신중히 정치와 행정의 관계를 검토할 것을 조언하고 있다(박동서, 1993: 73-78).

쉬어가는 코너

와이드너 이야기

와이드너E. W. Widner는 발전행정론이라는 행정학의 중요한 패러다임을 이끌어간 학자다. 그는 행정학자로서 1946년에 학문적 활동을 시작했는데, 이때가 바로 제2차 세계대전이 끝난 후 미국과 소련이라는 강대국이 냉전체제 하에서 서로 경쟁하던 시기였다. 이 시기 와이드너는 미국의 정치체제와 행정제도들이 신생국들에게 잘 적용될지에 대한 회의를 느끼기 시작했다.

미국이나 유럽 국가들에서는 잘 시행되고 효과가 잘 나타나던 정책들을 동아시아 후진국에서 시행하면 왜 결과가 다르게 나타나는 것일까?

이러한 고민들을 반영해서 와이드너가 제시한 핵심 키워드가 발전행정론이다. 와이드너의 발전행정은 발전을 성립하기 위해 행동을 계획하고, 변화에 대한 적응능력을 키우는 것을 의미한다. 그의 이론의 핵심은 지향된 성장Directional Growth을 위해 체제변화System Change가 동반되어야 하고, 그러한 변화는 체계적Systematic이고 계획적Planned으로 실행되어야 한다는 것이다.

발전행정이론으로 실제 개도국에서 출발하여 OECD에 가입한 선진국이 된 유일한 나라가 우리나라다. 특히 최근 우리나라는 전자정부 분야에서 UN평가 세계 1위를 달성하면서 많은 아시아, 아프리카, 남미의 부러움을 받고 있기도 하다. 우리가 개발원조ODA의 대상으로부터 출발하여 이젠 세계 개도국들에게 많은 개발원조ODA를 시행하는 나라가 되었으니, 그 점은 우리 모두 뿌듯하게 생각해도 될 것 같다.

다만, 우리나라는 정작 발전의 목적은 잊은 것은 아닌지 하는 반성과 성찰이 필요하다. 왜냐하면 사회 전반에 걸친 균형적 성장은 너무 오랜 시간이 필요하고 경제적 기반이 전무하였으며, 발전을 추진할 집단도 사실상 관료조직 외에는 대안이 없었기 때문에 이에 대한 충분한 고려가 이루어지지 못하였기 때문이다. 이는 앞으로 우리가 해결할 과제라고 할 수 있겠다.

자료: 저자의 졸저, 『행정학 콘서트』, 70쪽.

제 2 절   행정이론의 전개: 과학성과 기술성

1. 의 의

행정학의 성격을 논할 때 행정학이 과학이냐 기술이냐의 논쟁은 오랫동안 계속되어 왔다. 하지만, 행정학은 과학성과 기술성의 양면을 모두 지니고 있다. 행정학에서 기술성이나 전문성을 강조했던 D. Waldo(1965)도 과학성을 부인하지는 않았으며, 동시에 과학성을 강조했던 H. Simon(1968)도 행정학의 기술성을 인정했다.

오늘날 사회과학 연구에서 과학적 연구방법만을 고집하거나 과학적 지식만이 유용하다고 고집하는 사람은 없을 것이며, 동시에 과학적 지식에는 전혀 기반을 두지 않고 기술만을 강조하는 사람도 없을 것이다(이종수·윤영진 외, 2002: 144-145; 박동서, 1993: 79-84).

따라서 행정학을 연구함에 있어 과학성과 기술성은 모두 고려되어야 하는 중요한 특성이다. 다만, 시대적 배경과 정책적 상황 그리고 구체적인 사례의 맥락성을 고려하여 비중이 다르게 적용된다. 이하에서는 과학성과 기술성의 내용을 간단히 살펴보고 두 이념이 더욱 강조되던 시대별로 이론적 발달사를 나누어 학습하기로 한다.

2. 과학성과 기술성의 내용

1) 과학성의 행정학적 내용

과학의 3대 속성은 1) 경험성, 2) 객관성, 3) 재생가능성이다. 과학성이란 개념은 왜(*why*)를 중심으로 인과성, 경험성, 객관성, 재생가능성을 강조한다. 행정학의 과학성 문제는 행정현상과 관련하여 어느 정도 타당한 이론적 체계를 구축할 수 있는가에 관한 것이다. 또한 이는 행정현상을 어느 정도 정확히 기술(*describe*)하고 설명(*explain*)하고 예측(*predict*) 할 수 있느냐에 관한 것이다. 따라서 과학으로서의 행정학 연구는 행정현상의 여러 가지 변수 간의 관계를 논리적·실증적으로 구성하는 경험적 이론화의 작업에 역점을 둔다.

행정학의 과학성 문제는 인간행태에 대한 과학적 연구를 강조하던 행태주의 연구경향에 의해 주요하게 제기된 것인데 주요 주장은 다음과 같다. 행태주의는 제도나 구조보다 인간의 행태에 더 큰 관심을 갖게 되었다. 또한 가치와 사실을 엄격히 구분하고 연구방법에서 과학적 조사연구의 엄격한 기준을 적용했다. 또한 이론이나 모델을 구성할 때, 논리적 치밀성, 개념의 조작적 정의, 가설의 경험적 검증, 자료의 수량적 처리 등을 강조하였다.

2) 기술성의 행정학적 내용

기술성을 D. Waldo는 'art' 또는 'professional'이라는 용어로 지칭한다. 행정학의 기술성은 행정의 활동 자체를 처방하고 치료하는 행위를 지칭한다. H. Simon은 'practice'라는 용어로 지칭하는데, 정해진 행정목표를 어떻게 하면 효율적으로 성취하는가의 방법을 의미한다. 또한, 행정학에서 기술성이란 어떻게(*how*)를 중심으로 실용성·실천성·처방성·명령성을 강조한다(백완기, 1987: 75).

3. 행정이론의 발달: 과학성 vs 기술성

1) 과학성의 강조: 정치행정 이원론

19세기 말부터 1930년대 초반까지는 행정학에서 정치행정 이원론이 강조되던 시기이다. 정치행정 이원론은 행정으로부터 정치적인 것, 정책결정적인 것이 배제되고 난 후 행정을 거의 전적으로 관리로만 생각하던 시대의 산물이다.

대표적 학자는 Luther Gulick, L. Urwick 등이며, POSDCoRB로 지칭되는 행정의 원리는 기획, 조직화, 인사, 명령, 조정, 보고, 예산 등에 있어서 행정의 원리를 구현하려고 노력했다. 이는 또한 조직의 5대 원리인 분업, 조정(통합), 계층제, 통솔의 범위, 명령통일의 원리로 표현되기도 했다.

하지만, 이 당시에 제기된 과학이라고 하는 것은 과학적인 방법에 의한 검증을 거치지 않았기 때문에 후일 행정행태주의를 주장한 H. Simon 등의 학자에 의해 비판을 받게 된다.

2) 기술성의 강조: 정치행정 일원론

과학성이 무너지고 기술성이 강조된 것은 정치행정 일원론이 대두된 1930년대 후반부터이다. 이의 근본원인은 그때까지 무시되었던, 행정의 정책결정기능 및 이에 내포되는 가치관의 영향, 자유의사로 인한 인간행태의 동태성 및 복합성에 있다(박동서, 1978: 81). 정치와 행정이 불가분의 관계를 맺게 되는 한 정치는 필연적으로 가치판단의 문제를 내포하게 되므로 이를 연구해서 과학화한다는 것은 거의 불가능하기 때문이다.

이러한 입장의 학자로서는 P. H. Appleby, M. E. Dimock 등을 들 수 있다.

3) 과학성에의 재집념: 신 이원론(행정행태론)

초기의 과학성에 대한 신봉이 정치행정 일원론자들에 의하여 무너지자 거의 때를 같이하여 1940년대 후반부터 제기된 행정행태론은 과학성을 재강조한다. H. Simon는 『*Administrative Behavior*』(『행정행태론』, 1945)에서 초기의 소위 과학적 원리의 과학성에 대한 비판을 하고, 그것은 원리라기 보다는 검증되지 않은 속설(*proverb*)에 지나지 않는다고 비판한다.[2]

H. Simon은 행정현상 중에서 의사결정(*decision making*)이 가장 중요한 연구대상이라고 지적한다. 그는 논리실증주의(*logical positivism*)에 따라 가치와 사실을 논리적으로 분리하여, 사실에 대하여 엄격한 과학적 방법에 의하여 검증을 거쳐 과학적 원칙을 도출함으로써 과학화를 시도하려고 하였다. 대표적인 학자로는 H. Simon이 있다.

4) 기술성의 재강조: 신 일원론(발전행정론, 신행정론)

1960년대 발전행정론이 대두되면서 기술성의 재강조가 나타난다. 후기행태주의와 1970년대 신행정이론도 이러한 경향을 보인다. 행정학이 '실험식의 과학'에만 집착하는 것에 대해 비판하면서 행정학에서 가치문제, 문제해결 지향성, 처방성, 실천성 등을 강조하고, 이에 따라 기술성이 재강조된 것이다. 과학성 위주의 행정행태론은 실험실에 안주하면서 현실문제를 해결할 수 없는 적실성이 결여된 학문이라고 비판한다. 이러한 경향은 정책지향적 연구를 강조하고 있으며, 정책학의 발전에 기틀을 제공하게 되었다. 대표적인 학자로는 M. Esman, E. Weidner, D. Waldo 등이 있다.

---

2 H. Simon은 초기의 행정학자들이 내세웠던 원리들은 과학적이 아니라 과학적 방법을 통한 검증을 거치지 않은 피상적이며, 단순한 속설(proverbs)이라고 비판하였다.

왈도 이야기

왈도D. Waldo는 신행정학을 주도한 학자이다. 왈도가 경험한 1960년대 미국의 정치환경은 실로 소용돌이의 시대였다. 베트남 전쟁의 실패, 인권운동과 그 소요, 그리고 존슨 행정부의 '빈곤과의 전쟁'과 같은 소용돌이치는 정치적 환경과 학원 소요사태, 도시문제에 대한 광범위한 우려, 폭력문제에 대한 관심의 고조 등을 겪었다. 그야말로 격변의 시대, 소용돌이의 사회였다. 연일 대학에서는 인권문제, 참여문제, 소수민족문제 등에 대한 학원소요가 끊이질 않았다.

한 번은 왈도교수가 자신의 연구실에서 창밖으로 제자들이 경찰차에 잡혀가는 모습을 보면서 심각한 자기반성을 하게 되었다.

내 제자들이 경찰에 머리를 찢기며 잡혀가는 동안 나는 학자로서 무슨 일을 했던가? 내 제자들이 인권, 참여, 정의를 위해 피를 흘리며 희생되는 동안 나는 기껏 통계학을 이용한 논문 한 편 더 쓰기에 급급했던가?

행정학이 좀 더 사회의 근본적인 문제에 대한 처방을 내리려면 보다 근본적인 패러다임의 전환이 필요한 것은 아닐까?

미래에 대한 열망은 사라지지 않는다. 빈곤은 사라지지 않았고, 도시슬럼문제도 해결되지 않고, 흑인과 백인은 평등해 지지도 않았다. 왜 이런 현상들은 도대체 왜 연이어 일어나는가? 왜 우리 사회의 근본문제들은 해결될 기미를 보이지 않는 것인가? 나는 도대체 행정학자로서 그동안 무엇을 했는가?

왈도는 자숙의 시간을 가지면서 시대적 소용돌이에 맞서 앞으로 행정학이라는 학문이 어떻게 변화해야 하고, 또 나아가야할 방향은 무엇인지 모색하기 시작했다. 자신의 생각을 정리한 발제문을 동료 교수들에게 돌린 왈도는 자신과 생각을 같이하는 학자들을 한자리에 모았다. 마침내 1968년 9월, 본인의 주관 하에 50명의 소장학자와 실무가들과 미노부룩에 모여서 회의를 개최하게 되는데, 이를 일컬어 행정학의 새로운 조류, 신행정학New Public Administration 운동이라고 부른다. 여기에서 그들은 행정의 적실성, 참여, 변화, 가치, 사회적 형평성, 적극적 행정인 등에 기초한 행정학의 새로운 가치지향을 정립하였다.

자료: 저자의 졸저, 『행정학 콘서트』, 91쪽.

4. 결어: 과학성과 기술성의 관계

과학성의 계속적인 진전에 따라 기술성의 영역이 적어지겠으나, 인간의 사회생활에 있어 기술성이 완전히 배제될 수는 없을 것이며, 따라서 양자는 공존, 상호 보완작용을 하게 된다.

과학성과 기술성 중 어느 것을 더 중시하느냐의 문제는 학문이 처한 사회적 맥락과 관련된다. 결국 학문의 유용성이란 그 사회가 안고 있는 문제를 해결하는 데 어느 정도 유용한 지식을 제공하느냐에 달려 있기 때문이다.

사회현상은 다원적인 인과관계가 있어서 정확하게 그것을 밝혀내기가 어렵다. 특히 행정학이 응용과학이라는 점을 인식한다면, 행정학의 과학성과 기술성에 대한 지나친 논의는 큰 의미가 없다. 따라서 행정학은 과학성과 기술성을 사회적 현실과 정책적 맥락에 맞게 적절히 활용해야 하며, 이는 행정학이 추구하고자 하는 목표를 달성하는 데 유용하게 이용되어야 할 것이다.[3]

제3절   행정이론의 전개: 행정변수

1. 의 의

행정변수란 행정행위를 유발시키며 행정현상에 영향을 미치는 대내외적인 변수를 말한다. 이는 행정목표의 달성이나 사회문제의 해결에 있어 성패를 좌우하는 요인이라는 의미이다.

행정변수에는 보통 행정인, 행정구조, 행정기능, 가치관과 태도, 문화, 행정환경 등이 다양하게 제시되고 있으나, 이를 집약하면 행정의 3대 변수는 행정인, 행정구조, 행정환경이라고 할 수 있다 (박동서, 1978: 65; 95-98).

이하에서는 행정의 3대 변수 중 어떠한 것을 중요시하느냐에 따라 행정이론의 전개를 논의하면서, 행정이론과 행정변수와의 관계에 대해서 학습하고자 한다.

2. 과학적 관리론(구조)

1) 성립배경

과학적 관리론은 19세기 말부터 20세기 초에 걸쳐 미국에서 산업혁명에 의한 대량생산체제로 들어섬에 따라 노동의 생산성과 조직의 능률성 향상을 위해 개발된 이론이다. 행정을 관리기술체제로 파악하는 이른바 정치행정 이원론 시대의 이론이다.

2) 주요 내용

1903년 F. W. Taylor는 '과학적 관리'(*scientific management*), 즉 시간 및 동작연구(*time and motion study*)를 통해 '단 한 가지 최선의 방법(*a single best method*)'을 발견하여 작업을 수행할

---

3 이는 실용학문으로서의 정책학이 문제지향성, 맥락지향성, 연합학문성을 지향하는 것과 유사한 문제라고 할 수 있다.

수 있도록 설계하였다. 또한 경제적 성과급을 통해 근로자에게 동기부여를 하면 조직의 생산성이 향상될 수 있으며, 이는 궁극적으로 조직과 노동자 모두에게 좋은 일이라고 보았다.

3) 기여와 한계

과학적 관리론이 행정이론 발달에 기여한 점은 다음과 같다.

첫째, 생산성 증대를 위한 구체적이고 과학적인 방법의 제시를 하였다.
둘째, 직무분석(*job analysis*)을 위한 기초를 제공하였다.
셋째, 금전적 보상의 중요성을 부각시켰다.
넷째, 조직연구에 과학적 방법의 적용 등을 통해 행정학 발전에 기여하였다.

그러나 과학적 관리론은 몇 가지 한계점을 갖고 있는데, 이는 다음과 같다.

첫째, 인간을 경제적인 이익만을 추구하는 존재로 이해하였다(X이론적 인간관).
둘째, 노사 양측으로부터 불만을 자아내게 되었다.
셋째, 조직구성원들의 인간적·정서적 측면을 고려하지 못했다.
넷째, 비공식집단, 커뮤니케이션, 민주적 리더십의 역할 등의 중요성을 간과하는 한계를 드러냈다.

3. 인간관계론(사람)

1) 의의(Hawthorne 실험)

F. W. Taylor의 과학적 관리론이 조직의 비인간화를 초래했다는 비판을 받게 되었고, 특히 미국 정부가 설치한 Hoxie위원회에서도 과학적 관리론은 이익분배의 불공평성과 경영의 독재성 그리고 인간성의 파괴를 가져온다는 혹독한 지적이 제기되기에 이르렀다.

이에 E. Mayo, F. Roethlisburger, W. Dickson 등 하버드 경영대학원의 교수팀들이 서부 전력회사의 호손 공장에서 공장의 생산성을 결정하는 진정한 요인이 무엇인지를 규명하기 위해 인간관계에 대한 실증적 연구를 전개하였는데, 1924년과 1927~1932년에 실시된 연구로서 이를 Hawthorne 실험이라고 한다.

2) 주요 내용

인간관계론를 태동시킨 호손 실험에서 내린 결론은 다음과 같다.

첫째, 근무의욕은 생리적·경제적 요인에 의해서만 자극을 받는 것이 아니고, 사회적·심리적 요인도
　　　크게 작용한다.
둘째, 비경제적 보상도 생산성을 향상시키는 데 크게 작용한다.
셋째, 대인관계와 비공식적인 자생집단을 통한 소외감의 배제가 중요하다.
넷째, 개인의 사회적·심리적 욕구충족을 통한 만족감을 갖게 하는 것이 생산성 향상에 중요한 영향을
　　　미친다.
다섯째, 경쟁에 의한 생산보다는 협동에 의한 생산이 더 중요하다.

3) 기여와 한계

인간관계론이 행정이론 발달에 기여한 점은 행정의 인간화와 민주화이다(Y이론적 인간관). 특히
조직이론의 발달 측면에서 조직 내 인간의 가치를 발견하고 개인의 참여를 유도하여 조직성과를
높이는데 기여하였다. 고전적 조직이론에서 도외시한 조직 내 개인의 사회적 관계를 인정하고, 이
를 조직활동의 중요한 요소로 간주한 점은 인간관계론의 업적이라 할 수 있다.

그러나 인간의 심리적 성격과 조직 내 사회적 관계를 지나치게 중요시한 나머지 여전히 환경과
의 관계를 제대로 취급하지 않았고, 인간의 자율성과 창의성에 역점을 두기보다는 고전적 조직과
마찬가지로 조직의 성과 또는 개인의 생산성에 주된 관심을 기울였다는 태생적인 한계를 벗어나지
못했다(이종수·윤영진, 2002: 385-386).

4. 행정행태론(사람)

1) 의　의

행정행태주의(*behavioral science approach*)는 기존의 행정학자들이 제도나 법률에 대한 연구에
그치는 것을 지적하고, 행정연구의 주요 본질은 정치행정 제도 내의 행정인의 행위나 활동이어야
한다고 보았다.

2) 주요 내용

행정행태주의는 논리실증주의를 강조하던 H. A. Simon이『*Administrative Behavior*』(『행정행태

론』, 1945)을 발표한 이후 행정학 분야에서도 크게 발전되었다. 그는 행정현상에 대한 경험적 연구와 방법론적 엄격성을 통해 행정학의 과학화를 기할 수 있다고 보았고, 행정현상을 의사결정과정으로 파악하고 의사결정에 있어서의 제한된 합리성(bounded rationality)과 만족모형(satisfying model) 등 행정연구의 과학화에 많은 기여를 하였다.

행정행태론은 사회현상도 자연과학과 마찬가지로 엄밀한 과학적 연구가 가능하며, 사회현상을 관찰가능한 객관적 대상으로 보고 인간의 주관이나 의식을 배제해야 한다고 보며, 인식론적 근거로서 논리실증주의(logical positivism)를 주창한다.

또한, 특정 질문에 따른 반응을 통해 파악해 볼 수 있는 태도, 의견, 개성 등도 행태에 포함시키고, 이러한 행태의 규칙성, 상관성 및 인과성을 경험적으로 입증할 수 있다고 보며, 가치와 사실을 명백히 구분하여 가치중립성을 지키고 있다.

또한, 개념의 조작적 정의를 통해 객관적인 측정방법을 사용하며 자료를 계량적인 방법에 의해 분석할 것을 강조한다.

D. Easton은 행태론적 접근방법의 8가지 전제를 제시하고 있다.

① 규칙성(regularity): 정치행정행태에는 일정한 규칙이 있으며, 따라서 그것은 이론화가 가능하다.
② 입증(verification): 이론화는 사실을 경험적으로 연구함으로써 입증되어야 한다.
③ 계량화(quantification): 사실을 경험적으로 연구하기 위해서는 자료의 계량화와 측정이 필요하다.
④ 기술(technique): 정확한 분석과 이론의 개발을 위해서는 사회과학 연구방법론적 기술이 필요하다.
⑤ 가치(value)와 사실(fact)의 구분: 과학적 연구에는 가치판단이 배제되어야 하며 사실의 경험적 연구에 한정되어야 한다.
⑥ 체계화(systematization): 검증된 가설은 명제이며, 명제가 축적되면 법칙과 이론이 된다. 지식의 체계화가 이론이며, 따라서 체계화는 연구에서 중요하다.
⑦ 과학적 이론(scientific theory): 순수한 과학적 이론을 발전시키는 것이 행태론의 목적이다.
⑧ 연합학문 접근(interdisciplinary approach): 순수한 과학적 이론을 발전시키기 위해서는 종합과학적 접근이 필요하다.

3) 기여와 한계

행정행태론은 비과학적인 가치를 배제하고 행정연구의 과학화에 공헌하였지만, 1960년대 후반 이후 비판을 받기 시작했는데, 이는 연구방법의 한계에 대한 비판에서 비롯한다.

① 기술에 지나치게 치중: 행정행태론은 연구방법과 기술에 지나치게 급급한 나머지 행정학의 본질(substance)을 오히려 놓쳤다는 비판이다.
② 가치판단배제의 비현실성: 행정학의 궁극적 과제가 인간사회의 개선에 있는 것이라면 행정연구의

대상에서 가치판단을 배제하는 것이 얼마나 적절한 것인가에 대한 비판이다.
③ 연구대상과 범위의 지나친 제약: 행정행태론은 논리적 실증주의의 방법론에 치중한 나머지 경험적 보수주의에 빠지게 되었다는 비판이다.

5. 행정생태론(환경)

1) 의 의

생태란 유기체와 환경과의 상호관계를 말하며, 행정학에서 생태론적 접근방법(*Ecological Approach*)은 1940년대와 50년대에 이르러 미국의 행정학 연구에 있어서 보다 넓은 시야와 과학화가 요구됨에 따라 나타난 행정과 환경의 상호작용을 강조하는 연구방법론이다.

행정현상은 진공 속에서 이루어지지 않는다. 생태론은 행정현상을 사회적·문화적 환경과 관련시켜 이해하려고 하는데, 이는 서구 행정제도가 신생국에서 제대로 작동되지 않는다는 사실을 설명하려는 노력의 결과로 나타나게 되었다. 즉, 신생국의 행정환경이 서구 국가들과 상이하기 때문에 같은 제도들이라 하더라고 환경과의 상호작용이 다르게 나타남에 따라 제도가 제대로 작동하지 않는다는 것이다. 따라서 행정현상을 설명하고 이해하기 위해서는 각 사회의 환경적 요인을 고려해야 하며, 구조적, 인간적 변수만으로는 부족하다는 것을 주장한다.

2) 주요 내용

정치학 및 문화인류학 등에서 발전된 생태론을 행정학에 도입한 것은 1947년 J. M. Gaus이다. 그는 행정에 미치는 환경적 요인으로서 인구, 장소, 과학적 기술, 사회적 제도, 욕구와 이념, 재난, 가치관 및 태도 등 일곱 가지를 들고 있다.

F. Riggs(1964)는 농업사회와 산업사회라는 비교행정연구모형을 제시하면서 행정의 환경변수로서 정치체제, 경제체제, 사회구조, 의사전달, 이념적 요인 등 다섯 가지를 들었다.

3) 기여 및 한계

행정연구에 있어서 행정생태론의 공헌은 다음과 같다.

첫째, 행정을 문화적 환경적 맥락 속에서 접근함으로써 행정행태의 특징을 보다 더 생생하게 파악할 수 있게 해 주었다.
둘째, 행정의 문화적 환경적 차이에 따라 달라지는 행정의 특수성을 파악하게 해 주는 중요한 지적 도구를 제공해 주었다.
셋째, 행정연구에 있어서 연합학문적 접근에 따른 종합과학적 연구의 중요성을 제시해 주었다.

하지만 행정생태론은 아직 행정을 환경적 요소에 의해 영향을 받는 문화결정론적 시각에 빠져 있어 행정의 적극적이고 주체적인 역할을 경시했고, 행정이념 및 엘리트 역할에 따른 미래지향적 사회변동의 기능을 무시했다는 비판을 받고 있다.

6. 비교행정론(환경)

1) 의 의

비교행정론은 생태론에 이어 1950년대 행정의 과학화에 대한 요청으로 등장하게 된 비교론적 연구방법으로서, 대표적인 학자로는 F. W. Riggs가 있다. 비교행정이란 보다 체계적인 지식을 창출할 목적으로 서로 상이한 문화적 환경적 맥락 하에서 조직, 관리 그리고 정책의 유사점과 차이점을 비교 분석하는 학문분야라고 정의할 수 있다.

2) 주요 내용

Heady(1962)는 비교행정의 주요한 이슈를 5가지로 제시하였는데, 1) 정부행정체계의 비교기준, 2) 문화적·환경적 제약을 넘어서는 보편타당한 과학적 지식의 도출, 3) 개발도상국가의 행정능력 발전을 위한 주요 전망, 4) 범문화적이고 전 세계적으로 공유할 수 있는 적절한 행정구조와 운영방법, 5) 비교행정이 미래의 행정체제를 변화시킴에 있어 줄 수 있는 정책적 함의 및 시사점 등으로 설명하고 있다.

3) 기능 및 한계

비교행정은 행정의 관심범위를 확장하였고 서로 다른 국가의 행정현상을 비교연구함으로써 행정의 과학화에 기여하였다. 그러나 비교행정 역시 생태주의적 접근과 유사하게 인간 및 이념의 독립변수적 중요성을 무시하였고, 선진국 우위의 편견을 가졌다는 비판을 받았다. 또한 적극적 사회변동에 대한 설명이 부족하며, 지나치게 정태적 접근을 취했다는 비판을 받았다.

쉬어가는 코너

리그스의 이야기

리그스F. Riggs는 개발도상국의 비교행정연구에 관심을 두었다. 리그스는 한 사회의 상황은 그 사회를 둘러싼 환경적인 조건과 밀접한 연관성을 가지고 있고, 이러한 환경적 요소는 사회를 작동하게 하는 행정과도 불가분적인 연관관계가 있다고 보고 다음과 같은 고민을 하게 되었다.

행정현상은 진공Vacuum 속에서 이루어지지 않는다. 행정은 사회문화적Socio-cultural 환경의 산물이다. 그렇다면 국가마다 행정현상은 그 환경(맥락)에 따라 달리 나타나지 않을까? 그리고 이러한 행정현상을 좀 더 과학적으로 잘 설명하려면 비교분석적인 접근이 필요하지 않을까?

비교는 어떻게 해야 '잘'하는 것일까? 비교를 잘하기 위해서는 프레임Frame이 필요하다. 프레임은 원래 영화를 찍을 때 순간을 담아낼 수 있도록 가로와 세로로 구성된 틀을 말한다. 이러한 개념적 비교 프레임을 이용해서 프리즘적 관점Prismatic Society에서 행정현상을 바라보아야 한다고 주장하며, 프리즘 모형을 써서 사회를 그 발전 정도에 따라 구분하였다.

리그스이론의 핵심은 결국 비교행정을 어떻게 해야 하느냐에 관한 것이다. 그리고 행정현상을 바라볼 때 우리가 생태주의적인 관점Ecological Perspective을 견지해야 한다는 것이다. 즉, 선진국과 개발도상국의 비교는 동일한 틀로 바라볼 수 없다는 것이다. 그는 사회의 발전과정을 3단계로 나누고, 태국과 필리핀과 같은 개발도상국의 연구를 통해 프리즘 사회Prismatic Society에 대한 이론과 살라 모형Sala Model을 개발하였다.

자료: 저자의 졸저, 『행정학 콘서트』, 79쪽.

7. 신행정론(후기행태주의의 대두)

1) 의 의

후기행태주의는 1960년대 미국사회의 월남전 실패, 흑인폭동, 소수민족 문제, 루터 킹 목사와 로버트 케네디 암살 등으로 인한 혼란을 해결하지 못하는 학문의 무력함에 대한 반성으로 나타났다.

행정행태주의는 연구대상의 실증적 연구를 통해 사실의 경험적 분석에는 강하지만 사회가 안고 있는 문제점을 개선하기 위한 규범적 처방 혹은 정책적 지향이 약한 점이 한계였다. 1969년 D. Easton은 미국 정치학회에서 '정치학의 새로운 혁명'(*new revolution in political science*)이라는 기조연설에서 1) 적절성(*relevance*)과 2) 실행(*action*)을 제시하였다. 적절성이란 사회과학자가 연구하는 문제가 사회개혁과 관련된 적절한 것이어야 하고, 실행이란 연구성과가 정책을 통해 실행되어야 한다는 것이다. 이것은 종래의 행태주의에서 소홀히 했던 가치문제, 처방, 사회적 형평성 등을 강조한 것이다.

행정학에서는 1968년 미국 미노브룩(Minnobrook) 회의에서 왈도(D. Waldo) 교수의 주도 하에 새로운 행정학의 방향모색과 제시로 태동하게 되었다.

2) 주요 내용

신행정학은 전통적 행정학의 능률지상주의를 탈피하고, 논리실증주의와 행정행태주의를 비판하면서, 참여(*participation*) 및 고객중심의 행정(*customer-oriented administration*), 가치지향적 관리(*action-oriented administrator*), 사회적 형평(*social equity*), 비계서적 조직(*non-hierarchical organization*)을 강조하는 개방체제이론이다.

(1) 참여 및 고객중심의 행정

행정조직의 국민에 대한 봉사와 고객지향적 행정을 강조하면서, 시민에 대한 대응성의 향상을 주장한다. 이를 위해 시민참여의 확대, 행정의 분권화, 고객과 행정의 관계를 동료처럼 인간화하기 위한 태도변화 노력 등을 제시한다.

(2) 가치지향적 관리

참여 및 고객중심의 행정 실현을 위해 관료의 책임성을 강조한다. 사회정의에 민감하고 감수성 있는 가치지향적 관리를 양성하는 교육훈련을 주장한다.

(3) 사회적 형평

행정조직은 사회적 불평등을 제거해야 할 의무가 있으므로 부유층이나 대집단 대신 사회적으로 불리한 소외계층을 위하여 보다 나은 행정서비스를 제공함으로써 사회적 형평을 실현해야 한다는 것을 강조한다.

(4) 비계서적 조직

전통적 조직이론에 반발하여 조직을 통한 인간의 성장·발전욕구의 충족 등을 목표로 제시한다. 이를 위해 조직발전에 있어서 조직구성원들의 참여를 강조한다. 또한, 미래의 환경변화에 대응하는 다양한 형태의 조직을 제시하였는데, TFT(Task Force Team: 임시조직)과 같이 임무가 끝나면 해체되는 조직, Project 조직과 같이 다양한 이해관계와 전문가들이 함께 참여하여 한 조직만으로는 해결이 어려운 문제를 한정된 시간 안에 해결하는 형태의 조직을 제시한다.

(5) 개방체제이론

개방체제는 불확실성(*uncertainty*)으로 특징지워지는바, 신행정론은 이 개방성이 최대한 확보되어야 한다고 주장하고, 조직의 참여자들에 대한 감수성훈련 등 조직발전(*organization development*)을 강조한다. 대표적인 학자로는 D. Waldo(1971), H. G. Frederickson(1980), V. Ostrom(1971) 등이 있다.

3) 기여 및 한계

신행정론은 우리나라와 같이 정치적 책임한계가 불분명하고 관료제에 대한 민주적 통제가 취약한 국가에서는 관료들의 가치지향적 행동을 지나치게 강조할 경우 정치적 안정성, 행정의 통일성이 희생될 수 있다. 또한 조직에의 충성을 지나치게 경시하고 직업적 충성을 강조하는데, 이는 조직에의 소속감 결여를 초래할 수 있다.

신행정론은 기존의 모든 행정이론을 완전히 부정하는 하나의 확립된 이론체계라기 보다는 기존이론과 상호보완의 관계에 서서 기존이론의 문제점을 지적해 주는 하나의 반대가설(*anti-thesis*) 수준이라 할 수 있다. 신행정론이 제시한 개념, 접근방법, 지향정신은 공공선택이론, 신공공관리론 등 1970년대 이후 후기산업사회의 행정이론의 형성과 발달에 크게 기여하였다.

8. 공공선택론(Public Choice)

1) 의 의

경제학적 모형을 통해 정부활동이나 정치적 배분의 결정을 설명하려는 단순한 시도는 오래되었다. 그러나 공공선택론이 행정학에 본격적으로 도입된 것은 1960년대 초반부터이다(오석홍, 2013). 특히, Vincent Ostrom & Elinor Ostrom(1972)은 경제학에서 Buchanan과 Tullock 등에 의하여 확립된 공공선택이론을 행정학에 도입하였고, D. Mueller(1979)는 '비시장적 의사결정에 관한 경제학적 연구'라고 정의하였다.

합리적 선택이론의 경제학적 모형을 기초로 하고 있지만, 전통적인 관료제적 행정관을 비판하면서 정치적 입장과 공공재의 선택을 중요시하는 민주적 행정관을 제시하였다(이종수·윤영진, 2002: 165-168).

2) 기본가정과 특징

(1) 방법론적 개인주의(methodological individualism)

방법론적 개인주의란 행정연구를 할 때 분석의 단위를 개인에 맞추어 연구하는 것을 말한다. 이에 의하면 모든 사회적 사실이나 집단의 속성을 지칭하는 용어는 개인의 속성을 묘사하는 용어로 정의될 수 있다. 따라서 사회적 구조나 제도는 원칙적으로 개인수준의 이론에 의하여 설명될 수 있다는 것이다. 집합체(*collectivity*) 그 자체로서는 선택도 하지 못하고 행동도 하지 못하므로, 마치 집합체들이 그렇게 할 수 있다고 가정해서 분석하는 것은 과학적 규준(*scientific canon*)에 어긋난다고 본다(소병희, 1996: 271).

(2) 합리적인 이기주의(rationalistic assumption)

공공부문의 정책결정과정에 참여하는 개인은 자기이익을 극대화하려고 하며, 정치인은 득표의 극대화, 시민은 개인적 효용의 극대화, 관료는 예산의 극대화를 추구한다.

(3) 집합적 결정중시(collective decision-making)

가급적 많은 사람이 참여하는 집합적 정책결정으로 많은 정보의 제공, 설득과 합의, 정치적 합의 등 민주주의적 방식에 의해 의사결정의 정치적 비용을 최소화시키는 것이 가장 바람직하다고 본다.

(4) 시민 개개인의 선호와 선택의 존중

공공선택론은 공공서비스의 생산과 공급의 기준이 시민 개개인의 선호 또는 선택이 되어야 한다고 본다. 그러므로 행정은 시민의 요구와 필요에 맞게 공공서비스를 제공하여야 하며 이 과정도 효율적으로 운영되어야 한다고 주장한다.

(5) 중첩적인 조직장치의 강조(multiple arrangement)

공공선택론에서는 전통적인 정부관료제 조직이 공공서비스의 생산과 공급에 바람직한 제도적 장치가 되지 못하며 정부실패를 초래하는 원인으로 본다. 따라서 분권화되고 협동화된 다원조직제를 선호하며 이러한 체제는 준시장적 구조를 통해 작동되어야 한다고 본다(오석홍, 2013). 정부의 각 수준에 맞는 분권적이고 중첩적인 다양한 제도적 장치가 마련되어야 한다.

대표적 학자로는 Vincent Ostrom & Elinor Ostrom(민주행정 패러다임, 1972), A. Downs(정책결정의 공공선택론, 1960), Niskanen(예산극대화모형, 1971) 등이 있다.

3) 기여 및 한계

공공선택론은 정부관료제에 의한 정부실패 등의 개념을 제시함으로써 신공공관리(NPM)의 이론적 기초를 제공하였으며, 개인(공무원)이 선택하는 상황에서의 개인과 제도적 틀(*institutional arrangement*)과의 상호작용을 강조함으로써 신제도주의 연구에 많은 기여를 하였다. 또한 공공선택론은 시민들의 다양한 요구와 선호에 민감하게 대응할 수 있는 제도적 장치의 마련에 관심을 나타내고 있어 민주행정의 구현이라는 점에서 높이 평가될 수 있다.

그러나 효용극대화를 추구하는 개인에 대한 가정은 비현실적이며, 자유시장의 논리를 공공부문에 도입하려고 하나 시장실패를 가져왔다는 고유한 한계가 있고, 행정과 시장은 엄연히 차이가 있으므로 NPM적 접근을 정부부문에 그대로 적용하기에는 많은 문제점이 있다.

9. 신공공관리론(New Public Management)

1) 의 의

1980년대 이후 신공공관리론(NPM: New Public Management)은 민간기업의 시장주의(경쟁원리와 고객중시)와 관리주의를 결합한 이론으로서, 공공선택이론(*public choice theory*), 신제도주의이론(*new institutional theory*), 주인-대리인이론(*principal-agent theory*), 비용거래이론(*transaction-cost theory*) 등을 기초로 특히 효율성에 초점을 둔 '시장적 정부모형'을 강조하는 이론이다.

2) 주요 내용

(1) 신공공관리론의 주요 원리

신공공관리론(NPM: New Public Management)은 '방향잡기'의 관점에서 국가중심 거버넌스의 한 형태이며(Rhodes, 1996), 이는 Osborne과 Gaebler의 '기업가적 정부'(*businesslike government*; *en-trepreneurship government*) 모형을 통해 그 주요 내용을 살펴볼 수 있다.

첫째, NPM은 공공부문에 시장원리인 '경쟁'(*competition*)을 도입하고 관료적 형식주의에서 벗어나 사명감(*mission*)을 가지고 고객을 최우선시하는 기업가적 정신을 정부에 도입해야 함을 강조한다.

둘째, NPM은 고객지향적 정부로서 경쟁의 원리에 입각해 최선의 서비스를 고객에게 효율적으로 제공하여 행정의 효과성과 능률성을 극대화 할 수 있는 길을 제시한다.

셋째, NPM은 정부운영에 시장원리가 도입되고 경쟁(*competition*), 권한위임(*empowerment*), 책임(*accountability*) 및 성과(*performance*)확보 등을 강조한다.

(2) 신공공관리론과 뉴거버넌스

신공공관리론과 뉴거버넌스는 몇 가지 유사한 측면이 있지만 다음과 같이 뚜렷하게 구분되는 차이를 보이고 있다.

첫째, NPM은 경쟁의 원리를 중시하지만, 뉴거버넌스는 시장주의에 입각한 경쟁보다는 신뢰를 기반으로 조정과 협조가 이루어진다는 점을 들 수 있다.

둘째, NPM은 행정기능의 상당부분이 민영화, 민간위탁 등을 통해서 국가로부터 민간에게 이양되었다. 그러나 뉴거버넌스에서는 국가의 역할을 부정하기 보다는 민간의 힘을 동원하고, 공동체 구성원들의 적극적 참여에 의한 공적 문제 해결을 중시한다.

표 2-1 전통적 행정과 신공공관리의 비교

기 준	전통 행정(관료제 정부)	신공공관리(기업가적 정부)
정부역할	• 노젓기(rowing) 역할	• 방향잡기(steering) 역할
정부활동	• 직접 해줌(service)	• 할 수 있도록 해줌(empowering)
서비스 공급	• 서비스의 독점적 공급	• 서비스 제공에 경쟁 도입
관리방식	• 규칙중심 관리	• 임무중심 관리
예산제도	• 투입중심 예산	• 성과연계 예산
행정가치	• 관료중심	• 고객중심
	• 지출지향	• 수익창출
	• 사후치료	• 예측과 예방
행정주체	• 집권적 계층제	• 참여와 팀워크
행정방식	• 명령과 통제	• 협의와 네트워크 형성
주요 운영기제	• 행정메커니즘	• 시장메커니즘

자료: Osborne and Gaebler(1992).

셋째, NPM은 국민을 공리주의에 입각하여 국정의 대상인 '고객'으로 보지만, 뉴거버넌스는 시민주의에 바탕을 두고 덕성을 지닌 '시민'으로 본다.

넷째, NPM은 시장논리에 따라 행정의 생산성이나 효율성을 중시하지만 뉴거버넌스는 구성원 간의 참여와 합의를 중시하므로 행정의 민주성 등에 초점을 두게 된다. 또한 NPM은 행정의 경영화에 의한 정치행정 이원론의 성격이 강하지만 뉴거버넌스는 담론이론 등을 바탕으로 한 다양한 구성원의 참여를 중시하므로 행정의 정치성(일원론)을 중시한다고 볼 수 있다. 즉, 이러한 차이의 원인은 뉴거버넌스가 절차적 민주성의 확보 및 시민중심적 거버넌스의 참여·네트워크를 중시하기 때문이라고 힐 수 있다(권기헌, 2007a; 2007b).

그러나 신공공관리론과 뉴거버넌스 모두 정부역할 축소, 방향잡기의 강조, 행정과 민간의 구분의 상대성, 민관협력 등을 인정한다는 점에서는 이질적이거나 대조적이지는 않다. 정부의 기능을 방향잡기에 국한시키려는 의도나 민영화 등 시장주의적 개혁이 결과적으로 서비스 연계망을 엄청나게 확대시켰다는 점 등을 볼 때 신공공관리론은 뉴거버넌스의 토대가 되었다고 볼 수 있다.

3) 기여 및 한계

신공공관리론은 기업가적 관리기법 및 시장주의적 개혁을 도입함으로써 새로운 정부혁신의 기풍을 진작시켰다는 점에서 많은 의의를 지니지만, 행정의 경영화를 지나치게 강조한다는 비판도 많이 받고 있다.

첫째, 고객(*customer*)과 시민(*citizen*)의 차이에 대한 비판이다. 경영학의 고객과 행정학의 시민은 민주주의의 주체성 및 철학적 근원이 다른 것임에도 불구하고, 신공공관리론은 행정에서의 고객주의에 지나치게 치중했다는 비판이다.

둘째, 민주적 국정관리(*democratic governance*)에 대한 통찰의 부족이다. 신공공관리는 정부의 축소 및 관료에 대한 비판의 논거를 제시함으로써 민주적 정부의 정체성을 무시하고 행정과 경영을 지나치게 동일시했다는 비판이다.

셋째, 민주행정의 책임성(*accountability*)에 대한 고찰의 결여이다. 신공공관리는 시장과 민간부문의 경영기법을 도입함으로써 민간위탁, 민영화, 책임운영기관 등에 지나치게 의존함으로써 정작 국가행정을 책임질 정부의 문제해결능력과 위기관리능력 등 총체적 조직학습메모리(*institutional learning memory*)를 저하시키고 공동화 정부(*hollow government*)를 초래할 우려를 낳고 있다는 비판이다.

10. 뉴거버넌스(New Governance)

1) 의 의

세계적인 정부혁신 논의와 노력들이 진행되면서, 전통적인 국가(정부), 시장(기업), 시민사회(NGO)라는 3분법의 경계가 점차 희석화되고 있고, 각 부문의 독자적인 기능과 역할이 강조되기보다는, 상호간의 협력과 경쟁을 강조하면서 새로운 대안들을 모색하는 경향이 등장하고 있다. 이런 대안적인 논의 중의 하나가 뉴거버넌스(*new governance*)이론이라고 할 수 있다(Salamon, 2002: 9-19).

2) 주요 내용

뉴거버넌스의 개념은 논자에 따라 달리 접근될 수 있는 다양한 어의를 총칭하고 있다. 논의를 가장 단순화 시켜보면 국가중심적 거버넌스는 계층제 중심의 거버넌스이고, 신공공관리론은 계층제 중심의 운영에 관리주의적 기법(민간경영기법과 민간위탁관리)과 시장주의적 요소(가격, 경쟁, 유인)들을 도입한 것이라면, 뉴거버넌스는 계층제 중심의 수직적 모형보다는 네트워크 중심의 수평적 모형을 강조한다. 또한, 뉴거버넌스는 시장 및 시민사회와의 신뢰와 협동에 기초한 보다 많은 참여와 조정, 연결 및 네트워크를 강조하는 개념이다. 이러한 뉴거버넌스 이론모형은, G. Peters와 J. Pierre 그리고 Rhodes의 언어를 빌리자면, 시장과 시민사회와의 보다 많은 협력과 조정("*concert and coordination*")과 연결("*bargaining and networking*")을 강조한다(G. Peters and J. Pierre, 2006: 5; G. Peters, 1995; G. Peters & J. Pierre, 2005; Rhodes, 1990, 1996).

J. Kooiman(2003) 역시 뉴거버넌스의 의미를, 계층제를 강조하는 계층제 거버넌스 및 공사협력(민관협력)을 강조하는 협력 거버넌스와 대비하여(이들을 배제하는 것은 아니지만), 다양한 행위자들 간의 신뢰와 협동을 바탕으로 참여와 네트워크에 기초한 문제해결방식을 강조하는 자치 거버넌스 혹은 네트워크 거버넌스의 의미로 접근하고 있다. 이때 뉴거버넌스는 계층제 중심의 명령이나 통제에 기초한 '소수의 관료지배'에 의한 조정방식도 아니고, 시장중심의 가격이나 경쟁에 기초한 '보이지 않는 손'에 의한 조정방식도 아닌, 신뢰와 협동에 기초한 참여와 네트워크에 의한 조정과 문제해결방식을 강조하는 개념이다.

최근에 이러한 뉴거버넌스 개념은 자치 거버넌스(*self-governace*, Kooiman, 2003; J. Newman, 2001), 자기조직적 네트워크(자기생명적, 자기형성적, 자기진화적 네트워크, Rhode, 1996; Ilya Prigogine, 1984), 자기조정 네트워크(G. Peters & J. Pierre, 2005) 등 다양한 형태의 네트워크 거버넌스로 지칭되고 있다.

3) 기여 및 한계

다원화, 복잡화 되어 가는 현대사회에 있어서 정책과정에서 이해집단의 목소리는 점점 커져가고 있으며, 정책집행에 있어서는 과거 전통적 행정학에서 추구하던 효과성, 능률성뿐만이 아니라, 민주성, 신뢰성, 성찰성까지 고려해야 시대적 배경을 고려할 때 뉴거버넌스가 지니는 의의는 매우 크다고 할 수 있다.

거버넌스이론의 성립 이전, 정책실패의 원인은 정부 내부의 문제로 인식되었고 상의하향(*top-down*)방식의 정책결정이 주류를 이루었다. 그러나 뉴거버넌스이론의 등장은 정책과정이 정부의 범위를 넘어서 시장-시민사회 등 사회 전 범위에 광범위하게 퍼질 수 있는 기초를 마련하였으며, 신공공관리(NPM)의 국가중심, 시장중심 거버넌스를 넘어서서 시민사회 거버넌스의 개념을 포함하고 신뢰와 협동에 기초한 네트워크적 문제해결을 강조한다는 점에서 뉴거버넌스이론은 매우 중요한 이론적 의의를 가지고 있다고 할 것이다.

그러나 뉴거버넌스 개념을 우리나라에 그대로 적용하기에는 아직 한계가 있다. 우리나라의 역사적 맥락을 살펴볼 때, 뉴거버넌스의 이념이 정착하기에는 국가적 인식과 제도 및 분위기가 완전치 못하다고 할 수 있다. 한국의 정부는 신공공관리(NPM)의 대두로 그 외형을 축소하고, 정부부문의 기능을 이양하는 데는 많은 시간과 비용을 투자했지만, 민주성을 확보하고, 국민의 의사를 적극적으로 반영하는 데는 상대적으로 소홀해 온 것이 사실이다. 이러한 점을 보완하기 위해서는 시민사회의 활성화를 위한 비정부조직(NGO)의 강화나 시장기능의 자율적인 작동을 촉진시켜야 한다. 같은 맥락에서 정부와 시민사회 간에 신뢰(*trust*)가 구축되어야 한다. 사회구성원들 사이에 높은 신뢰적 관계가 구축되면 정부의 감시비용을 크게 줄이는 동시에, 자발적 순응을 확보할 수 있는 것이다. 즉, 시민단체와 국회, 정부, 정당, 기업, 언론 등이 서로 등권과 공영의 정신을 토대로, 경쟁과 협력 그리고 창조적 긴장관계를 적절하게 유지함으로써, 국가경영자산으로서의 신뢰를 강화시켜 나가야 할 것이다.

11. 요약 및 결론: 방법론의 다양화

제2장에서 우리는 행정이론의 발달과정을 과학적 관리론, 인간관계론, 행정행태론, 행정생태론, 비교행정론, 신행정론, 공공선택이론, 신공공관리론, 뉴거버넌스 등으로 나누어 살펴보았다.

행정변수를 중심으로 분류하면, 과학적 관리론(구조), 인간관계론(사람)과 행정행태론(사람), 행정생태론(환경)과 비교행정론(환경) 등 구조-사람-환경으로 나눌 수 있으며, 공공선택이론의 등장과 함께 행정학에 경제학이론이 도입되면서 방법론의 다양성의 시대에 들어선 것으로 이해할 수 있다. 특히 신공공관리론은 민간기업의 시장주의와 관리주의의 도입을 강조함으로써 행정이론의 효율성 측면에 많은 기여를 하였으며, 이와 함께 최근에는 뉴거버넌스 연구, 신제도주의 이론 및 정책네트워크 분석도 행정 및 정책과정에서의 다양한 이해관계자와 행위자들 간의 상호 역동적인 동태성을 분석하는 데 중요한 연구방법론으로 제시되고 있다.

따라서 이제는 어느 한 연구방법론을 고집하기 보다는 뉴거버넌스 연구, 신제도주의 이론, 정책네트워크 분석 등 다양한 형태의 연구방법론을 통해 행정과정에서의 정책집행과 행정행태를 분석함으로써 인과적 추론의 과학적 타당성과 행정연구의 정책적 적실성을 제고하는데 노력을 기울이고 있다. 이러한 연구동향을 간략히 언급하면 다음과 같다.

① 뉴거버넌스 연구(*new governance study*): 국가통치체제 전반을 연구대상으로 하여, 정책이 진화해 가는 구조와 과정을 고려하고, 그러한 구조와 과정의 설계 및 운영방법, 정책과정 참여자의 다양한 역할 분석에 초점을 둔다.
② 신제도주의 이론(*neo-institutional theory*): 다양한 종류의 제도를 분석대상으로 하여, 집행주체의 분석, 집행주체와 대상집단과의 관계 분석에 초점을 둔다.
③ 정책네트워크 분석(*policy network analysis*): 다양한 이해관계자 등 집행체제의 다양성과 복잡성을 이해하기 위한 도구로서, 정책참여자 간의 패턴화된 상호작용을 다루는 데 정책네트워크 분석에 초점을 둔다.

이러한 현대행정이론의 분석방법들은 1) 참여자들의 다양성, 2) 역동적이고 동태적 과정, 3) 정책 및 행정문제의 복잡성, 4) 제도와 행태의 상호작용, 5) 정책네트워크의 중요성 등을 강조하는 공통점이 있다.

◎ 행정이론의 전개: 정치와 행정의 관계

　　◗ 정치·행정 이원론(과학성 강조)

　　▶ 정치·행정 이원론은 행정을 정치적 성격이 없는 순수한 관리현상으로 파악

　　▶ 행정학을 주창한 W. Wilson은 1887년 "행정의 연구"에서 그 당시 기승을 부리던 엽관주의의 폐해로부터 행정연구의 독자성을 주장

　　▶ 대표적 학자는 W. Wilson, Gulick, Urwick, Goodnow 등

　　◗ 정치·행정 일원론(기술성 강조)

　　▶ New Deal 정책을 거치면서 정치와 행정의 밀접한 연계를 목격하였고 이때는 이미 엽관주의의 폐해로부터도 독자성을 이루었으므로 1930년대 후반부터 정치행정 일원론 대두

　　▶ 대표적 학자는 P. H. Appleby, Dimock 등

　　◗ 새 이원론(행정행태론): 과학성에의 재집념

　　▶ 1930년대 후반에 일원론이 제기된 후 행정권의 강화가 지속적으로 이루어지고 있어 누구나 일원론의 입장을 부정하지는 못하고 있었으나, 1940년대 후반에 H. A. Simon이 중심이 되어 가치명제와 사실명제의 분리를 주장하는 새 이원론 제기

　　▶ H. A. Simon의 유명한 저술 『Administrative Behavior』(행정행태론, 1945)가 새 이원론 대표적 저술

　　▶ 새 이원론은 행정연구의 과학화를 위하여 논리적으로 가치판단적인 것과 사실판단적인 것을 구분하여, 행정연구의 과학화를 위해서는 사실판단적인 명제만 연구대상으로 삼아야 한다고 주장(이를 논리실증주의라고 함)

　　◗ 새 일원론(발전행정론): 기술성의 재강조

　　▶ 1960년대 M. J. Esman, E. W. Weidner 등에 의하여 발전행정론이 등장하면서 후진국의 경제·사회발전을 위하여 행정이 정치를 영도해 가야 한다는 입장이 나옴(행정영도론)

　　▶ 대표적 학자는 M. J. Esman, E. W. Weidner 등

◎ 행정이론의 전개: 과학성과 기술성

　　▶ 행정학은 학문으로서 이론성과 과학성은 추구되어야 하나, 현실문제를 해결하는데 필요한 처방성과 기술성 역시 중요

▶ 과학성과 기술성 중 어느 것을 더 중시하느냐의 문제는 학문이 처한 사회적 맥락과 관련되므로 사회적 현실과 정책적 맥락에 맞게 적절히 활용될 필요가 있음

◎ 행정이론의 전개: 행정변수

　◘ 과학적 관리론(구조)

▶ 1903년 F. W. Taylor의 '과학적 관리'(scientific management)에 의해 제창

▶ 생산성 증대를 위한 구체적이고 과학적인 방법의 제시를 하였으며, 금전적 보상의 중요성을 강조함

　◘ 인간관계론(사람)

▶ 1928년 E. Mayo, F. Roethlisburger, W. Dickson 등 하버드 경영대학원의 교수팀들이 미국 호손 공장에서 공장의 생산성을 결정하는 진정한 요인이 무엇인지를 규명하는 과정에서 인간관계론 제창

▶ 생산성 증대를 위해서는 사회적·심리적 요인도 중요하며, 특히 인간관계와 비공식적인 자생집단을 활용하는 것이 중요하다고 강조함

　◘ 행정행태론(사람)

▶ 논리실증주의를 강조하던 H. A. Simon에 의해 제창

▶ 사실명제와 가치명제를 엄격히 구분하여 사실명제에 대한 과학적 연구를 해야 하며, 행정현상에 대한 경험적 연구와 방법론적 엄격성을 통해 행정학의 과학화를 강조함

　◘ 행정생태론(환경)

▶ 1940년대와 1950년대에 이르러 미국이 제2차 세계대전 이후 신생국의 행정현상을 연구하면서 환경에 대한 보다 넓은 시야와 과학화가 요구됨에 따라 나타났으며, 1947년 J. M. Gaus에 의해 제창

▶ 행정에 미치는 환경적 요인으로서 인구, 장소, 과학적 기술, 사회적 제도, 욕구와 이념, 재난, 가치관 및 태도 등 일곱 가지를 제시

　◘ 비교행정론(환경)

▶ 행정생태론에 이어 1950년대 행정의 과학화에 대한 요청으로 등장

▶ 비교행정이란 보다 체계적인 지식을 창출할 목적으로 서로 상이한 국가의 문화적 환경적 맥락 하에서 행정현상과 정책현상을 비교론적으로 연구하는 학문분야임

　◘ 신행정론(후기행태주의의 대두)

▶ 1968년 미국 미노브룩(Minnobrook)회의에서 왈도(D. Waldo) 교수의 주도 하에 새로운 행정학의 방향 모색을 계기로 행정학에서의 후기행태주의(신행정학)가 태동

▶ 1960년대 후반 미국사회의 월남전 실패, 흑인폭동, 소수민족 문제, 마틴 루터 킹 목사와 로버트 케네디 암살 등으로 인한 미국의 사회적 혼란을 해결하지 못하는 학문의 무력함에 대한 반성으로 등장

▶ 참여(participation) 및 고객중심의 행정(customer-oriented administration), 가치지향적 관리(action-oriented administrator), 사회적 형평(social equity), 비계서적 조직(non-hierarchical or ganization), 개방체제이론(open-system theory) 등을 강조함

- 공공선택론(Public Choice)
▶ Vincent Ostrom & Elinor Ostrom(1972)은 경제학에서 Buchanan과 Tullock 등에 의하여 확립된 공공선택이론을 행정학에 도입
▶ 합리적 선택이론의 경제학적 모형에 기초하여 많은 이론적 공헌을 하였으며, 이러한 경험모형을 토대로 전통적인 관료제적 행정의 비합리성을 비판
▶ 정부관료제에 의한 정부실패 등의 개념을 제시함으로써 신공공관리(NPM)의 이론적 기초 제공함
- 신공공관리론(New Public Management)
▶ 1980년대 이후 신공공관리론(NPM: New Public management)은 민간부문의 시장주의(경쟁원리와 고객강조)와 민간기업의 관리기법을 도입한 이론
▶ NPM은 정부운영에 경쟁원리를 도입하고 이에 입각해 최선의 서비스를 고객에게 효율적으로 제공하여 행정의 효과성과 능률성을 극대화시킬 것을 강조
▶ NPM은 정부운영에 시장원리를 도입되고, 경쟁(competition), 권한위임(empowerment), 책임(accountability) 및 성과(performance) 확보를 강조
- 뉴거버넌스(New Governance)
▶ 뉴거버넌스는 정부-시장-시민사회의 신뢰와 협동에 기초한 네트워크적 문제해결을 강조
▶ NPM과 뉴거버넌스의 차이: 신공공관리론(NPM)이 계층제 중심의 운영에 관리주의적 기법(민간경영기법과 민간위탁관리)과 시장주의적 요소(가격, 경쟁, 유인)를 도입한 것이라면, 뉴거버넌스는 네트워크 중심의 문제해결을 강조
▶ 한국적용의 한계: 정부-시장-시민사회의 신뢰를 토대로 네트워크를 강조하는 뉴거버넌스 개념을 우리나라에 그대로 적용하기에는 한계가 있으며, 이를 위해서는 먼저 정부와 시장과 시민사회 간에 신뢰(trust)가 구축되어야 하며, 시민사회의 활성화를 위한 비정부조직(NGO)의 강화나 시장기능의 자율적인 작동기능이 좀 더 축적되어야 함

- 요약 및 결론: 방법론의 다양화
▶ 행정이론의 발달과정을 행정변수를 중심으로 분류하면, 과학적 관리론(구조), 인간관계론(사람)과 행정행태론(사람), 행정생태론(환경)과 비교행정론(환경) 등 구조-사람-환경으로 나눌 수 있으며, 이들은 상호 변증법적으로 행정이론의 발달에 기여해 왔음
▶ 1970년대 이후 공공선택이론의 등장과 함께 행정학에 경제학이론과 제도주의이론이 도입되면서 방법론의 다양성의 시대에 들어감
▶ 신공공관리론은 민간부문의 시장주의와 민간기업의 관리기법을 도입함으로써 행정이론의 효율성 측면에 많은 기여를 하였으며, 이와 함께 최근에는 뉴거버넌스 연구, 신제도주의이론 및 정책네트워크 분석도 행정 및 정책과정에서의 다양한 이해관계자와 행위자들 간의 상호 역동적인 동태성을 강조함으로써 행정이론의 민주성 측면에 많은 기여를 하였음
▶ 따라서 이제는 어느 한 연구방법론을 고집하기보다는 거버넌스 연구, 제도주의이론, 정책 네트워크 분석 등 다양한 형태의 연구방법론을 통해 행정과정에서의 정책 및 행태를 분석할 필요가 있음

핵심 Question!

Theory Overview

◎ 행정이론의 전개를 정치와 행정의 관계의 관점에서 정리해보자. 정치·행정 이원론, 정치·행정 일원론, 새 이원론(행정행태론), 새 일원론(발전행정론)의 주요 학자들과 내용에 대해서 간략히 설명하라.

◎ 행정이론의 전개를 과학성과 기술성의 관계의 관점에서 정리해보자. 이들은 정치·행정 이원론, 정치·행정 일원론, 새 이원론(행정행태론), 새 일원론(발전행정론)의 변천에 따라 강조점이 어떻게 달라지는지 간략히 설명하라.

◎ 행정이론의 전개를 행정변수의 관점에서 정리해보자. 과학적 관리론(구조), 인간관계론(사람), 행정행태론(사람), 행정생태론(환경), 비교행정론(환경), 신행정론(후기행태주의), 공공선택론(Public Choice), 신공공관리론(New Public Management), 뉴거버넌스(New Governance)의 주요 학자들과 내용에 대해서 간략히 설명하라.

◎ NPM과 뉴거버넌스의 차이를 간략히 설명하라.

◎ 뉴거버넌스가 한국에 제대로 정착하기 위해서 선행되어야 할 조건들은 무엇인가?

◎ 1970년대 이후 공공선택이론의 등장과 함께 행정학에 경제학이론과 제도주의이론이 도입되면서 방법론의 다양성의 시대에 들어갔다. 방법론의 다양성이라는 관점에서 뉴거버넌스 연구, 신제도주의이론, 정책 네트워크 분석의 핵심 내용에 대해서 간략히 정리해보자.

행정이론의 전개는 행정학 연구에 대한 주요 접근법과 관련된다. 행정이론에서는 먼저 정치와 행정의 관계를 중심으로 정치행정 이원론, 정치행정 일원론, 새 이원론, 새 일원론에 대해서 정리해 둘 필요가 있다. 또한, 전통적 접근(과학적 관리법과 인간관계론, 행태론, 생태론, 신행정론, 체계적 접근방법 등)과 이러한 전통적 접근이 가져온 정부실패를 극복하기 위해 등장한 정부혁신적 관점의 접근(공공선택론, 신제도주의, 신공공관리론, 신공공서비스론, 뉴거버넌스론), 비판적 행정학의 접근 등에 대해서도 잘 정리해 둘 필요가 있다.

먼저, 행정학의 주요 접근법에 대한 내용과 특성들을 숙지할 필요가 있다. 행정학 접근법에서 이론의 전개 양상에 대한 맥락을 짚어야 하며, 행정이론사적 관점에서의 주요 접근법이 내포하고 있는 의미와 영향력에 대해서도 잘 검토해두길 바란다. 또한 행정이론과 실제 행정현상에 대한 접목을 통해 발생할 수 있는 문제점 등에 대해서도 숙지해 둘 필요가 있으며, 이를 위해서는 주요 이론들에 대한 비판적인 접근이 필요하다.

다음으로, 과거부터 정부혁신과 관련하여 정부는 작은 정부의 지향, BSC의 도입, 민간조직의 조직관리기법의 적용 등 다양한 노력을 경주하고 있다. 이러한 관점에서 우리나라 중앙정부나 지방자치단체가 실시하고 있는 정부혁신과정과 결과에 대해서 공공선택론, 신공공관리론, 신공공서비스론, 뉴거버넌스론 등 관련 이론을 적용하여 문제점과 향후 바람직한 개혁방향에 대해 논의할 수 있어야 한다.

크게 대별하면 공공선택론과 신공공관리론은 시장원리나 민간관리기법의 도입을 통한 작은 정부를 지향한다. 이는 경제학/경영학적인 접근이다. 적은 비용으로 보다 많은 서비스를 지향하는데 성과를 낸 것도 사실이나 여기에 대해서는 몇 가지 비판이 따른다는 점을 인식할 필요가 있다. 이름하여, 1) 고객과 시민의 차이에 대한 의미 간과, 2) 행정과 경영의 차이에 대한 의미 간과, 3) 정부의 문제해결능력 감소 및 조직 메모리(institutional memory)의 저하, 4) 공동정부(hollow government)의 초래, 5) 국정관리의 책임성(accountability) 문제 등이다. 이러한 비판에 대한 보완책으로 등장한 것인 신공공서비스론(new public service)과 뉴거버넌스론(new governance)이다. 이들은 신공공관리론이 가져온 경영학적 접근과 민주성에 대한 가치를 보완하기 위해 애쓰고 있다. 공공서비스를 시장에만 의존하기 보다는 다양한 이해관계자들 간의 합의를 중시하며, 경우에 따라서는 정부, 정부-민간의 협력적 공급, 민간자치 등의 다양한 옵션을 두고 정책사안별로 접근할 것을 강조한다. 또한 공동체의 가치문제를 중시하며, 이를 위해 공동체에 참여하고 있는 이해관계자들 간의 합의에 바탕을 둔 방향설정을 강조한다. 특히 뉴거버넌스 혹은 네트워크 거버넌스는 정부-시장-시민사회 간의 신뢰와 협동을 강조하며, 협력적 네트워크에 기반한 문제해결을 중시한다. 따라서 이러한 핵심내용을 토대로 정리해 둔다면 이 장에서 나오는 문제 혹은 응용문제를 해결하는데 많은 도움이 될 것으로 본다.

행정학에서 지배적이었던 관료제적 패러다임이 정부실패(government failure)의 주된 원인으로 간주됨에 따라, 1970년대 후반부터 이를 극복하기 위한 대안적 패러다임들이 등장하기 시작했다. 예컨대, 신공공관리론(new public management theory)과 신공공서비스론(new public service theory) 등이 그것이라 할 수 있다[2012년].

(1) 기존 관료제적 패러다임에 가해진 비판에 대해 기술하시오(10점).
(2) 신공공관리론적 패러다임이 한국 행정에 끼친 영향에 대해 설명하시오(20점).
(3) 신공공서비스론적 관점에서 한국 행정의 개혁방향을 논하시오(20점).

답안작성요령

🔆 핵심개념

본 문제는 정부실패에 근거하여 등장한 신공공관리론과 신공공서비스론에 대하여 묻고 있다. 먼저 신공공관리론이란 비시장적 영역인 정부부문에 시장적 이념을 도입하고자 한 일련의 흐름을 의미한다. 다음으로 신공공서비스론이란, 시민사회와의 대화와 담론에 기반한 시민중심의 행정운영 패러다임을 의미한다.

🔆 기존 관료제적 패러다임의 한계

문제(1)에서는 현대사회에서 제기되고 있는 관료제의 한계에 대해 논할 필요가 있다. 비판은 다음과 같다. ① 공급자 중심의 행정서비스로 인한 다양한 수요의 미반영 ② 지나친 분업화와 공식화로 인한 낮은 대응성 ③ 부처이기주의 및 관료행태로 인한 조직 비대화 문제

🔆 한국 행정에 끼친 신공공관리론적 패러다임의 영향

문제(2)에서는 신공공관리론적 패러다임의 영향에 대한 서술뿐만 아니라 나타난 한계 또한 같이 논하여주는 게 필요하다. 신공공관리론은 한국 행정에 경쟁·성과·고객의 개념을 본격적으로 반영하기 시작하였지만, 한편으로는 이에 따른 공공성 가치의 침식, 지나친 경영논리의 강조, 민주성의 침해문제 등이 한계로 지적되고 있다.

🔆 신공공서비스론적 관점에서 한국 행정의 개혁방향

문제(3)에서는 신공공서비스론이 가지는 차별적 특징을 기반으로 한국 행정의 개혁방향을 논술하는 것이 좋다. ① 정책결정과정에서의 시민참여의 필요성 ② 정책집행과정에서 민관 공동생산(협력적 거버넌스)의 도입 ③ 정책평가과정에서 시민참여에 기반한 평가 및 다면적 책임의 제도화 등을 들 수 있을 것이다. 이와 같은 특징을 근거로 하여 개혁방향으로서 제도적 방안에 대한 탐색이 필요하다.

본 문제는 최근 학계에 많은 관심을 불러일으키고 있는 신공공서비스론을 어느 정도 알고 답을 하느냐가 점수를 얻는데 중요한 부분이다. 신공공관리론적 접근에 의한 행정개혁이 많은 경우 효과를 발휘하지 못했음을 지적하고(시민과 고객의 차이, 책임운영기관의 경영성과 실패 등), 행정과 경영에는 본질적 성격의 차이가 존재한다는 점을 강조하면서 경영적 관점을 넘어서 민주적 공공관리를 위해 시민의 참여, 담론기능의 활성화, 공동체의 강조, 공공가치의 중요성을 바탕으로 한 행정개혁이 중요함을 강조할 필요가 있다(자료: 2011년도 행정고시 강평(박형준)에서 재수정함).

CHAPTER
03
현대행정이념

Theory
Overview

KEY POINT

　제3장에서는 현대행정이념에 대해서 검토하는데, 구체적으로 행정이념의 의의, 본질적 행정이념, 수단적 행정이념, 행정관의 변천과 행정이념, 행정이념 간 충돌과 극복, 현대행정이념의 우선순위에 대해서 학습한다.

　먼저 행정이념의 의의에서는 행정이념의 개념 및 중요성을 검토하고, 본질적 행정이념과 수단적 행정이념에 대해 살펴본다. 본질적 행정이념에서는 행정이념의 본질적 요소를 구성하고 있는 공익성, 민주성, 형평성, 신뢰성, 성찰성 등에 대해서 살펴보고, 수단적 행정이념에서는 행정이념의 수단적 가치를 구성하고 있는 합법성, 능률성, 효과성, 가외성 등에 대해서 살펴본다. 행정관의 변천과 행정이념에서는 근대 입법국가 시대, 정치행정 이원론과 정치행정 일원론 시대, 발전행정 시대, 신행정 시대, 신공공관리 시대, 뉴거버넌스 시대로 나누어서 행정이념의 변천을 검토한다. 행정의 지향점이 이념 간의 충돌은 심각한 문제를 야기한다. 행정이념의 충돌과 극복방안을 살펴본 후, 마지막으로 현대행정이념의 우선순위에 대해 학습하기로 한다.

　제3장의 키 포인트는 현대행정이념의 우선순위를 파악하는 것이다. 행정이념이란 행정의 방향을 설정하는 가이드 역할을 하므로 행정학에서 가장 중요하다고 볼 수 있다. 자주 출제되는 주제이다. 행정이념의 충돌과 극복방안, 예컨대 효율성과 민주성, 효율성과 공공성 혹은 신뢰성, 성찰성의 충돌문제와 해결방안에 대해서도 숙지하길 바라며, 현대행정이념의 우선순위에 대해서도 파악해 둘 필요가 있다.

제 1 절   행정이념의 의의

1. 의 의

　행정이념이란 행정이 지향하고자 하는 기본방향이다. 이는 행정의 최고가치 이념으로서 바람직한 행정의 지침이며, 모든 행정활동의 이상으로 제시되는 규범이다. 또한 바람직한 행정활동의 판단기준이 된다. 하지만, 행정이념은 시대에 따라 고정불변인 것은 아니며, 시대와 국가의 변천, 정책적 맥락에 따라 강조점이 달라진다.

2. 필요성

　행정활동에서 행정이념이 강조되는 이유는 다음과 같다.

　첫째, 행정이념은 행정관료들에게 행정이 추구하는 최고의 가치를 제시한다.
　둘째, 행정관료들이 당면한 문제해결의 지도원칙을 제시한다.
　셋째, 행정활동의 효과를 분석·평가할 수 있는 기준을 제시한다.
　넷째, 당시의 사회와 국가의 지배적 가치를 제시한다.

제 2 절   본질적 행정이념

　행정이념은 본질적 행정이념과 수단적 행정이념으로 나눌 수 있다. 이 중 본질적 행정이념은 시대의 변화에도 불구하고, 용어와 강조점의 차이는 있지만, 변하지 않는 행정의 본질적인 가치이며, 수단적 행정이념은 행정의 본질적 가치를 보조해 주는 수단적 가치이다. 본질적 행정이념은 행정을 통해 달성해야 하는 본질적, 궁극적 가치를 의미하고, 이러한 본질적 행정이념에는 공익성, 민주성, 형평성, 신뢰성, 성찰성 등을 들 수 있다.

1. 공익성

1) 의 의

공익이란 행정이념의 최고가치이며, 행정인의 활동에 관한 최고의 규범적 기준이다. 개인의 이익보다도 사회 전체의 이익을 우선적으로 고려하는 것을 의미한다.

이러한 공익이 등장하게 된 배경은 다음과 같다.

첫째, 정치행정 일원론[1]의 대두로 인해 바람직한 정책결정을 위한 기준으로서의 공익의 본질에 대한 탐구가 필요하였다.

둘째, 현대행정국가의 등장으로 행정이 양적·질적으로 확대되면서 행정관료의 재량권이 확대되었고, 사회적인 가치나 자원의 배분을 고려하는 데 있어 재량권 행사의 기준으로서 공익이 중요시 되었다.

셋째, 이후 1960년대 신행정론의 등장으로 행정의 규범적 성격과 행정인의 적극적 역할이 강조되었으며, 행정에 의한 사회적 형평 내지 사회정의(공익)의 실현이 중요시 되었다.

2) 공익의 본질

공익의 본질이 무엇인가에 대해서는 두 가지 입장이 대립하고 있는데, 공익이란 개개인들의 이익을 초월한 사회 전체적인 관점에서 요구되는 도덕적·규범적인 것으로서 실체가 뚜렷하게 존재한다는 실체설의 입장과 공익이란 실체가 존재할 수 없고 사익을 조정하는 과정을 거쳐 점증적으로 형성되는 과정설의 입장이 있다.

(1) 실체설(적극설)

㈎ 의 의

공익은 사익을 초월한 도덕적 규범적인 것으로서 실체가 뚜렷하게 존재한다고 본다. 공익과 사익은 구별되고 사익을 초월하며, 그것이 행정활동에 대하여 구체적인 지침이 될 수 있다고 본다. 학자들마다 다양하게 규정하고 있으나, 공통적으로 공익이 사익의 단순한 합계가 아닌 실체적 개념이고 공익의 존재를 선험적으로 인정하고 있다. 자연법, 정의, 선, 공통으로 가지고 있는 가치 등으로 표현된다. 대표적인 학자는 Plato, Rousseau, Rawls 등을 들 수 있다.

---

1 정치행정 일원론 이전의 정치행정 이원론 시대에는 공익을 고려할 필요가 없었다. 왜냐하면, 사회적 가치나 자원의 배분, 즉 공익과 관련되는 중요한 활동들은 정치의 역할이었고 행정은 정치적 과정에 의해 결정된 대로 분배하면 되었기 때문이다. 그러나 정치행정 일원론 시대에서는 정치적 과정에 행정이 관여하게 되면서 공익이라는 가치도 고려해야만 되었다.

⑷ 학 설

주요 학설로는 정책결정의 윤리적 기준으로서, '최대다수의 최대행복'을 전제로 이익을 받는 국민의 범위가 넓을수록 공익을 확보하게 된다는 공리설과, 다수의 이익이 증진되었다 하더라도 소수가 불이익을 받으면 진정한 공익이 아니라는 정의설 등이 있다.

⑸ 비 판

공익은 규범적 가치이므로 개인 간의 차이가 존재하는 것은 불가피하며, 실제 공익을 결정하는데 있어서 누가 결정하느냐에 따라 내용이 달라지며, 소수의 관료가 공익을 결정하므로 비민주적이고 국민의 투입기능을 약화시킬 우려가 있다.

(2) 과정설

㈎ 의 의

공익이란 실체가 존재할 수 없고 사익을 조정하는 과정을 거쳐 점증적으로 형성된다는 입장이다. 공익과 사익을 구별할 수 없으며 공익이란 수많은 사익 간의 갈등을 조정·타협하는 과정에서 산출될 수밖에 없다는 견해이다.

과정설은 다원화된 선진국에서 일어나는 복잡한 이익의 조정·타협과정을 거쳐 점증적으로 정책이 결정되는 과정을 전제로 하는 모형이다. 따라서 공익이란 실체가 존재할 수 없고 소수의 관료가 공익을 일방적으로 결정할 수 없다고 본다. 또한 공익에 대한 역할이 소극적이라고 주장하여 소극설이라고도 한다.

㈏ 비 판

과정설은 공익을 선험적인 것으로 보지 않고 다양한 이해관계의 민주적 조정·통합과정을 거치는 것으로 인정하므로 다원적 민주주의에 도움을 준다. 그러나 다양한 이해관계의 경합이 자동적으로 조정되어 공익이 된다는 기계적 관념을 가지고 있으며 조직화 되지 못하는 소수의 의견은 반영할 수 없게 되고, 변화나 혁신의 추구가 불가능하다는 한계를 지니고 있다.

3) 공익의 기능

공익이라는 가치가 행정에서 어떠한 기능을 하게 되는지 간략하게 살펴보면 다음과 같다.

첫째, 공익은 정책이나 프로그램을 평가하는 기준의 역할을 한다. 따라서 공익이 일반인의 이해관계와
　　　대립하는 경우 정책결정단계나 정책집행단계에서 실패하는 경우가 최근에 많이 발생한다.
둘째, 실체설의 주장에 따르면 공익이 실체가 있는 것으로 인정하며, 공익은 조직화 되지 않은 이익이
　　　나 잠재적 이익을 고려하게 된다.

셋째, 과정설의 주장에 따르면 공익을 다양한 이해관계의 타협과 조정의 산물로 인정하며, 현대사회의 다양하고 복잡한 이해관계들이 상호 조정·타협될 수 있는 공통기반을 마련해 준다.

넷째, 공익은 국가의 권력행위의 정당성을 부여하는 기능을 한다. 즉, 행정관료가 공익에 저해되지 않는 범위의 정책을 수행하는 경우 일반 국민은 이에 순응한다.

4) 현대사회에서의 공익과 정의

행정이념인 공익과 정의는 시대상황에 맞게 변화되었듯이, 변화와 속도, 지식과 정보의 시대인 현대지식정보사회에서 역시 이 두 개념은 시대상황과 맞게 변화되어야 할 것이다.

현대사회의 중심은 정보와 속도이다. 정보의 선점이 경제적 부를 축적하게 하고 정보를 선점하는 사람이 다른 사람보다 앞서가는 사람이 된다. 이러한 시대에서 공익은 정보의 공유와 관련지어 생각할 수 있으며, 정의는 정보 접근의 평등성과 이용의 자유성과 많이 연계되어 있다. 정보의 공유(공익)를 위해 보장되어야 하는 것이 정보 접근의 자유성과 평등성(정의)이므로 양자는 서로 구별하여 생각할 수 없고, 정보의 공유는 대다수의 사람들이 정보기술을 이용한 상호작용을 통하여 정보의 확산을 통해 이루어진다. 이러한 정보 접근의 평등성을 보장하기 위해서는 J. Rawls 정의의 제1원리와 제2원리는 새롭게 정의되어야 할 것이다. 정의의 제1원리는 모든 사람이 다른 사람의 자유와 상충되지 않는 범위 내에서의 정보의 접근을 인정하는 것으로 해석될 수 있으며, 제2원리는 정보의 접근에 있어서 그 기회를 균등하게 인정하는 것으로 해석될 수 있을 것이다.

2. 민주성

1) 의 의

민주성이란 대외적으로는 국민주권주의에 기초한 민본행정과 위민행정 그리고 책임행정을 통해 민주화를 확보하는 것이고, 대내적으로는 행정의 분권화와 행정관료의 자아실현을 통한 행정의 인간화를 구현하는 것을 의미한다.

2) 대두배경

1930년대에 이르러 종래의 능률성이라고 하는 것이 지나치게 기계적으로 해석되었으며 목적을 잃은 감이 있다는 점이 지적되었으며, 이의 시정을 위해서는 무엇을 위한 능률이냐 하는 점에서 이의 민주화·사회화·인간화를 주장하기 시작하였다(M. E. Dimock, The Frontiers of Public Administration, 1936; 박동서, 1978: 88). 즉, 행정을 정치에서 설정해 준 정책의 구체화만 하는 데 초점을 두었던 정치행정 이원론 시대에는 과정의 능률화만으로 충분하였으나, 목표설정 자체까지 담당하게 된 정치행정 일원론 시대의 행정으로서는 과정의 능률화만으로 부족한 것이며, 누구를 위한, 그리고 무엇을 위한 것이냐 하는 것에 관심을 가지고 행정을 하지 않으면 안 되게 되었기 때문이다.

하지만, 최근 들어 전자정부 시대의 도래에 따라 다양성·창의성·실용성이 강조되고 있으며, 이에 따라 민주성에 있어서도 참여성(*participation*)·숙의성(*deliberation*)·합의성(*consensus*)이 하위요소로서 강조되고 있다. 시민사회의 발전에 따라 다양한 개인이나 집단들이 정책과정에의 참여 및 이를 제도적으로 보장해 줄 것을 요구하고 있으며, 특히 최근 들어 인터넷과 전자정부의 발전은 참여성(*participation*)을 가능케 해주는 기회를 제공해 주고 있다. 즉, 인터넷 시대에는 행정이념에 있어 효율성과 참여성을 동시에 추구하는 것을 가능케 해 주고 있는 것이다. 또한 각 정책참여자 간에 상대방을 존중하는 토론문화가 성숙되어 민주적인 절차와 자유로운 분위기 속에서 서로의 이해관계를 협의해 나가는 것이 정책과정의 투명성 확보와 정책집행의 순응성 확보에 매우 중요한 절차적 타당성의 요건으로 등장하고 있다. 하버마스[2]의 담론의 장에서 강조되는 것과 같은 협의성, 숙의성(*deliberation*)이 중요하게 대두되고 있는 것이다. 더 나아가, 우리는 민주화 이후의 민주화 시대에 살면서 다양한 이익결집과 이익표출이 과잉분출되는 시대에 살고 있다. 이런 때일수록 행정학의 측면에서는 정책이해관계자들의 다양한 이해관계가 서로의 협의를 통해 상생의 결과를 얻을 수 있도록 하는 정책적 가치가 중요해진다. 즉, 참여성(*participation*)·숙의성(*deliberation*)·합의성(*consensus*)이 그 어느 때보다도 행정과정의 민주적 절차 확립에 있어서 중요지고 있으며, 이에 따라 행정이념의 민주성도 강조되고 있는 것이다.

3) 민주화 방안

(1) 대외적 민주화

공무원 개인은 공무원은 국민전체에 대한 봉사자라는 민주적 공직관에 입각한 행정윤리의 확립이 필요하다. 대외적 민주화 방안들은 다음과 같다.

첫째, 행정으로 인하여 피해를 입은 당사자들을 구제하기 위한 행정심판, 행정소송 등 행정구제도의 실질적 확립이 필요하다. 또한 옴부즈만 제도의 확립이 필요하다.

둘째, 현대행정의 목적은 국민의 요구에 즉시 대응하고, 그 책임성을 담보하는 대응성과 책임성의 확보에 있다. 따라서 총체적 정책품질관리 등으로 국민의 정책서비스에 대한 만족도를 높이는 것이 중요하다.

셋째, 지방자치제의 실시에 따라 해당 지역의 결정에 있어 해당 지역의 주민의 참여를 담보함으로써, 행정기관의 주요 기능들을 주민지향적인 것으로 전환해야 할 것이다.

---

2 위르겐 하버마스(Jürgen Habermas, 1929 ~)는 독일비판사회학파의 거두로 탈현대, 탈주체화를 강조하며 상호간의 의사소통을 통한 협의적이고 숙의적인 민주주의를 구축할 것을 주장하였다. 주요 저서로 『이데올로기로서의 기술과 과학』(1968), 『사적(史的) 유물론의 재건을 위하여』(1976) 등이 있다.

(2) 대내적 민주화

대내적 민주화란 공무원의 인간적 가치를 존중하는 인간중심의 관리방안을 의미한다. 대내적 민주화 방안들은 다음과 같다.

첫째, 동기부여에 있어서 공무원 제안제도, 고충처리제도, 공무원 노조 등 공무원의 의견이 전달, 반영될 수 있도록 하여야 한다. 직무보다는 인간관계나 구성원의 인간적 욕구를 중시할 필요가 있다.

둘째, 인사관리에 있어서도 Y이론적 관리방식, 즉 인간적인 가치나 자아실현 욕구를 중시해야 한다.

셋째, 조직관리에 있어서는 탈관료제적 모형을 이용하고 수평적, 민주적 조직을 확대해야 한다.

넷째, MBO, 직무성과계약제 등을 활용함에 있어 부하직원의 참여를 확대할 필요가 있다. 공무원의 능력발전은 행정능률의 확대와 함께, 공무원의 자아실현의 충족에 기여해야 한다는 조직인간주의의 원칙을 기억할 필요가 있다.

3. 형평성

1) 의 의

사회적 형평에 대한 개념은 정의하기 어려우나, 신행정론자 Frederickson에 의하면 형평이란 공공서비스의 평등성, 정책결정과정에서의 책임성, 시민요구에의 대응성을 의미한다고 정의한다.

사회적 형평은 실체적 성격보다는 윤리적 성격을 가지고 있고, 그것의 내용은 도덕적 영역에 속한다. 또한 사회적 형평은 가치중립적 개념이라기보다는 사회가 나아가야 할 이상적인 방향의 제시와 관련된 가치주의나 인본주의를 기본이념으로 한다는 것이 특징이다.

2) 등장배경

사회적 형평성은 1960년대 후반 신행정론의 등장과 함께 강조되었다. 신행정론은 당시 미국사회가 직면하고 있던 사회문제인 월남전의 실패, 인종문제, King 목사와 R. Kennedy 법무장관의 암살, 소수민족 문제, 기성세대와 신세대의 단절 등으로 인해 의미 있는 참여(*participation*), 사회적 형평성(*social equity*), 적극적 행정인(*proactive administrator*) 등을 강조한 후기행태주의이다.

3) 형평성의 근거와 기준

사회적 형평성의 기준에는 일반적으로 욕구이론, 실적이론, 평등이론이 있는데, 욕구이론은 수평적 공평, 실적이론은 수직적 공평, 평등이론은 양자의 절충적 입장을 취한다.

(1) 욕구이론: 수평적 공평

사회주의자의 지지를 받는 욕구이론의 기본입장은 동일한 것은 동일하게 다루어져야 한다는 수평적 공평에 입각하고 있다. 이러한 욕구이론의 예로는 연금제도, 보험제도, 실업수당제도 등이 있다.

욕구이론은 재화나 가치는 한정되어 있는데 인간의 욕구는 무한하다는 점을 간과하고 있고, 욕구에 대한 개념이 곤란하다는 문제점이 있다. 그럼에도 불구하고 인간의 기본욕구나 최저의 평등은 확보되어야 하므로 인간의 최저생활 확보를 위해서는 유용한 기준을 제공해 준다.

(2) 실적이론: 수직적 공평

자유주의자들이 지지하는 실적이론은, 모든 사람에게 동일한 기회가 주어진 경우 그 다음의 실적의 차이와 능력의 차이로 인한 상이한 배분은 정당한 것이며, 중요한 것은 기회균등이 보장되었느냐 하는 것이 진정한 형평의 기초라는 것이다. 이러한 실적이론의 예는 독점규제, 시장개입 정책, 경제규제 정책 등이 있다.

그러나 실적이론은 현실적으로 사회구성원이 자신의 기여만큼 반대급부를 받지 못하고, 능력을 발휘할 수 있는 기회의 균등도 주어지지 못하고 있다는 점을 설명하지 못하는 한계가 있다.

(3) 평등이론: J. Rawls 정의론

평등이론은 욕구이론과 실적이론의 절충적 성격을 가지는 이론으로, J. Rawls의 정의의 개념에 기초한다.

평등에는 절대적 평등과 상대적 평등이 존재한다. 절대적 평등은 인간의 존엄성, 인간으로서의 가치 등에 중점을 두는 반면, 상대적 평등은 각자의 후천적 능력과 실적 및 기여도에 중점을 둔다.

J. Rawls는 정의를 관념에서 출발하는 것으로 보지 않고, 현실 속의 개인들이 이루어낸 최소한의 합의로 보고, 이러한 합의과정을 거쳐 두 가지의 원칙을 도출한다. 이는 "모든 사람은 다른 사람의 유사한 자유와 상충되지 않는 한도 내에서 최대한의 기본적 자유를 누릴 수 있는 평등한 권리가 인정되어야 한다"는 정의의 제1원리(절대적 평등의 원리 인정)와 "사회적 경제적 불평등은 차등의 원리와 공정한 기회균등의 원리에 의해서만 분배 및 재분배 되어야 한다"는 정의의 제2원리(상대적 평등의 적용 원리)로서 절대적 평등과 상대적 평등을 조화시켜 새로운 평등이론을 제시한 것이다. 이처럼 형평과 정의는 공익성과 불가분의 관계를 맺으면서 본질적 행정이념을 구성하고 있다.

4. 신뢰성

1) 의 의

신뢰성이란 정부의 정책 등 행정활동이 국민에게 믿을 만한 것으로 비쳐 행정의 예측성을 높이고, 정부와 국민 간의 일체감을 이루는 것을 의미한다. 현재의 행정은 국민에 대한 신속한 서비스와 복지를 중시하고 있는바, 행정의 신뢰성은 행정의 민주화, 인간화를 이룩하고 진정한 의미의 능률성과 효과성을 가져올 수 있는 중요한 행정이념이라 할 수 있다.

거버넌스 시대에서는 투명하고 윤리적인 국가를 전제조건으로 하므로 신뢰성의 확보가 무엇보다도 중요하다. 지식정보화 사회의 도래와 함께 정보네트워크 사회의 진전으로 상호협력이 증대되었고, 이러한 상호협력의 증대의 전제조건은 신뢰이므로, 신뢰의 확보는 사회과학에 있어서 매우 중요한 개념이다. 지식정보화 사회는 신뢰와 투명성을 전제로 이루어질 수 있는 사회이다. 따라서 행정에 대한 신뢰 및 투명성 확보와, 정부-시장-시민사회 상호간의 신뢰구축이 지식정보 사회의 기본전제라 할 것이다.

2) 중요성: 국가자산으로서의 신뢰

신뢰는 그동안 이론적으로 문화적인 측면에서 접근되었지만, 지금은 그 자체가 정치경제적 실체로 간주되고 있는 국가자산(*national capital*)이다. 신뢰는 정치행정학 연구의 오랜 주제로 되어 왔으나 최근 다시 중시되고 있다. 참여적인 시민문화(*civic culture*)가 민주주의 제도를 뿌리내리게 하고, 반대로 민주주의 제도가 시민문화를 확산시키게 된다는 것이 주된 연구결과이다(Almond and Verba, 1963).

그 뒤 미국의 위기와 관련하여 강대국의 흥망에 대한 Kennedy와 Nye의 논쟁이 제기되면서, 신뢰를 포함한 문화의 실체적 존재가 다시금 부각되게 되었다. P. Kennedy(1987)는 제조업 중심의 경제력과 군사력 등의 경성권력(*hard power*)을 중심으로 볼 때 미국이 세계패권 국가에서 퇴조한다고 분석한 반면, J. Nye(1990)는 경성권력 외에 문화력(신뢰)과 기술력 등의 연성권력(*soft power*)이 21세기에는 더 중요하게 되어, 미국이 계속 세계 강대국으로 남게 될 것으로 분석함으로써, 국가자산으로서의 신뢰의 개념을 부각시켰다.

3) 기능: 신뢰의 확립과 뉴거버넌스

Fukuyama(1998)는 신뢰가 이데올로기 종언 이후의 가장 중요한 요소가 됨을 주장하면서, 한국과 일본의 향후 발전이 신뢰의 차이로 인해 다르게 나타날 것으로 예측하였으며, 미국 하버드 대학의 Jane Fountain 교수는 각국의 첨단산업단지의 성공모델을 연구하면서 지역의 대학, 기업, 정부 간 신뢰 및 네트워크 형성이 가장 중요한 독립변수라는 점을 강조하여 신뢰의 개념을 부각시켰다.

따라서 신뢰의 확립은 뉴거버넌스와 국가혁신의 중요한 주제로 대두된다. 국가혁신을 위해서는 정부, 정책, 기업, 시민단체, NGO, 제3섹터 등에 대한 종합적인 신뢰가 확보되도록 해야 하며, 이를 위해서는 이들에 대한 민주적 통제가 활발하고, 정보공개를 통해 투명성이 확보되며, 부패척결을 통해 깨끗한 국가와 기업 및 사회가 이루어져야 한다.

5. 성찰성

1) 의 의

행정은 궁극적으로는 인간의 존엄성(*human dignity*) 향상을 위한 것이다. 국가경쟁력과 삶의 질의 제고를 통해 궁극적으로 국가구성원들의 인간 존엄성(*human dignity*: 인권, 정의, 존엄) 향상을 위한 것이다. 이를 위해 대외적으로는 주권국가로서 인정을 받아야 하고, 대내적으로는 법과 질서의 유지, 경제생활의 향상, 사회복지의 향상, 환경 및 쾌적한 삶의 실현, 문화국가의 건설 등의 기능을 수행해야 한다. 이는 A. Maslow(1954)가 제시한 인간욕구의 5단계를 국가 정책에 적용한 것과도 같다. 즉, 1) 생리적 욕구(*physiological needs*: 보건, 위생), 2) 안전적 욕구(*security needs*: 치안, 국방), 3) 사회적 욕구(*social needs*: 사회, 복지), 4) 자기존중(*self-esteem*: 외교, 통일), 5) 자아실현(*self-actualization*: 신뢰, 문화) 등의 기능을 현대행정은 수행하는 것이다.

2) 현대행정이념의 3단계 차원

현대행정이념의 구조를 3단계로 나눈다면 효율성-민주성-성찰성의 3차원으로 이루어져 있다.

첫째, 행정은 효과성과 능률성을 통해 정부 내부 업무의 생산성을 강화한다. 이는 비유하자면 A. Maslow가 제시한 생리·안전적 욕구(*physiological & security needs*)에 해당한다. 개인의 발전을 위해서도 자신의 경쟁력을 바탕으로 자아실현 욕구를 추구하듯이, 행정도 정부 내부의 비능률이 먼저 타파되지 않고서는 고객지향적 정부, 민주적 정부가 될 수 없을 것이다.

둘째, 정부 생산성을 제고하는 이유는 민주적 정부를 구현하는데 있다. 이는 비유하자면 A. Maslow가 제시한 사회적 욕구(*social needs*)에 해당한다. 정부 생산성을 제고하는 이유는 근본적으로 국민에 대한 질 높은 공공서비스를 민주적으로 제공하기 위함이다. 고객지향형 정부, 민주적 정부, 국민 대응성이 높은 정부, 정책과정의 투명성과 참여가 활성화된 정부는 모두 정부-국민 인터페이스 강화를 통해 민주성이 제고된 정부를 의미한다.

셋째, 정부 생산성을 제고하는 이유는 민주성 강화를 통해 궁극적으로 성찰성을 실현하는데 있다. 이는 비유하자면 A. Maslow가 제시한 자기존중·자아실현(*self-esteem & self-actualization*)에 해당한다. 정부 생산성을 제고하는 이유는 본질적으로 우리 사회 공동체를 보다 신뢰받고 성숙한 사회로 만들기 위함이다. 즉, 생산성(효율성)은 민주성 그리고 더 나아가 성찰성을 위해 존재하는 기반조건이다.

3) 내 용

인간은 인격적으로 존엄성을 가진 존재이고, 행정의 목표는 이러한 인간의 존엄성 실현에 있다. 성찰성은 인간의 존엄성 실현과 신뢰받고 성숙한 공동체 실현과 관련된 개념이다. 즉, 성찰성은 1) 행정이 인권, 정의, 형평 등으로 표현되는 인간의 존엄성에 대한 실현 여부에 기여하는 정도에 대한 판단을 의미하며, 2) 우리 사회를 좀 더 신뢰받고 성숙한 공동체로 구현하는 데 기여하는 정도에 대한 판단을 의미한다.

모든 행정은 사회구성원들과 사회전체의 질적 향상을 위해 이루어지는 것이므로 당위성을 지향한다. 하지만 행정의 구체적 내용에 따라 차이가 날 수 있다. 성찰성의 정도는 인간의 존엄성 실현과 바람직한 공동체 실현에 있어서 해당 구체적 행정활동이 직접적 또는 간접적으로 얼마나 영향을 미쳤는가에 따라 결정된다.

4) 측정지표

성찰성은 당위성을 포함하고 있으므로 그 내용이 추상적이다. 따라서 성찰성을 측정하는 것은 어렵다고 할 수 있고, 한두 가지의 측정지표로서는 측정이 불가능하다는 어려움이 있다.

성찰성은 인간의 존엄성 실현과 신뢰받고 성숙한 공동체 실현에 당해 정책이 얼마나 기여했는가에 대한 판단을 토대로 측정된다. 성찰성 판단기준에 참고가 되는 행정이념으로는 적합성, 적정성, 대응성 등을 들 수 있다.

적합성(*appropriateness*)이란 행정의 목표 및 활동이 얼마나 시대적 요구·선호·가치에 부합하는가에 대한 판단기준이며, 적정성(*adequacy*)은 행정에 있어서 행정의 처방시점(*timing*)과 처방의 정도(*degree*)가 얼마나 적정했는가를 측정하는 기준이다. 또한 대응성(*responsiveness*)은 행정이 어느 정도 수혜집단의 요구·선호·가치 등을 반영하고 있는가를 판단하는 기준을 말한다.

제3절 수단적 행정이념

수단적 행정이념이란 행정이 추구하는 본질적 행정이념의 달성을 보조해 주는 수단적 가치이다. 이는 실제 행정과정에서 구체적 지침이 되는데, 이러한 수단적 행정이념으로는 합법성, 능률성, 효과성, 가외성을 들 수 있다.

1. 합법성

1) 의 의

합법성이란 법에 근거를 두고 법에 의하여 공익을 실현해야 함을 의미한다. 행정의 법치주의로서 이러한 합법성의 원리는 행정인의 자의적인 행정활동을 막아주는 동시에, 보편적 공익실현의 보조적 가치수단이 된다.

2) 배 경

합법성은 행정국가 이전의 시대인 입법국가 시대에서 중요한 행정이념으로 인식되고 있었다. 자유민주주의적 근대 입법국가 시대에서는 국민의 의견을 대표하는 의회가 제정한 법에 의하여 행정권의 자의적인 발동을 억제함으로써, 국민의 권리와 자유를 보장하고 법적 안정성과 장래의 예측 가능성을 확보하는 데 중점이 있었다.

3) 합법성의 한계와 새로운 이념으로서의 합법성

사회가 급속하게 변화하고 이러한 변화에 대응하기 위한 행정권의 양적·질적 확대는 의회민주주의의 위기를 가져왔다. 이는 행정의 재량권 확대와 의회의 위임입법의 증대를 통해 알 수 있다.
합법성을 지나치게 강조할 경우 행정의 창의성이 질식되고, 행정재량권의 지나친 확대는 재량권의 남용으로 국민의 자유나 권리를 침탈할 가능성이 높다. 따라서 획일적으로 합법성을 강조하는 것보다는, 상황에 따라 적정한 행정재량권을 부여하는 법의 적합성을 강조하는 것이 현대의 새로운 이념으로서의 합법성으로 요구된다 하겠다.

2. 능률성

1) 의 의

능률성이란 투입(*input*)에 대한 산출(*output*)의 비율을 의미한다. 행정에서의 능률성은 최소의 투입으로 최대의 산출을 달성할 수 있는 행정관리의 운영원리를 말하며, 이러한 능률성은 효과성과 함께 공익을 실현하는 수단적 행정원리이다.

2) 배 경

현대행정국가의 등장으로 행정기능이 확대·강화됨에 따라, 막대한 예산이 필요하게 되었으며 이는 조세부담의 증가로 이어졌다. 국민은 적은 세금으로 많은 서비스를 원하므로, 이는 행정에 있어서 제한된 자원의 경제적 이용을 요청하게 되었다. 또한 1880년대 당시에는 엽관주의의 폐해(행정의 비능률, 무능, 부패)로 인해 과학적 관리운동이 전개되던 정치행정 이원론의 시기였다. 이러한 당시의 시대적 흐름은 행정을 정치에서 엄격히 분리하여 과학적이고 능률적으로 행정목표를 실현하고자 하는 능률성의 행정이념을 요구하였다.

3) 유형: 기계적 능률과 사회적 능률

기계적 능률이란 정치와 행정을 분리하고 행정을 경영과 동일하게 여겼던 정치행정 이원론과 과학적 관리론 시대의 산물이다. 이는 기계적·물리적·금전적 측면만을 강조하는 능률을 의미한다. 이러한 기계적 능률관은 행정을 기업현상과 동일하게 가치중립적·기술적인 수단관념으로만 이해하고 목표가치에 비중을 두지 않음으로써, 공행정의 독자성과 특수성을 고려하지 못하였다.

사회적 능률이란 M. E. Dimock이 제안한 것으로 정치행정 일원론과 인간관계론을 배경으로 주장된 개념이다. 사회적 능률이란 가치와 능률을 조화시키려는 것으로, 기계적 능률에 비해 상대적·인간적·민주적 능률을 중시하는 개념이다.

하지만 사회적 능률은 기계적 능률을 토대로 제고될 수 있기 때문에 행정의 사회적 목적(공익) 실현은 기계적 능률성의 제고를 통한 생산성의 향상 없이는 기대하기 어렵고, 또한 사회적 목적(공익) 실현이 없다면 기계적 능률은 존재의의가 저하된다. 따라서 기계적 능률성과 사회적 능률성은 대조를 이루는 것처럼 보이지만, 서로 상치되는 개념이 아니라 서로 보완되는 개념이라고 할 수 있다.

4) 능률성 이념의 한계

행정에서 능률성을 최대한으로 달성하기 어려운 이유는 행정의 공익 실현에는(영리추구와는 달리) 투입과 산출을 계량적으로 측정할 수 있는 통일된 산출물 단위가 없으며, 능률의 지나친 강조는 공무원의 인간적 가치를 무시하는 기계적 능률만을 강조할 우려가 있기 때문이다.

따라서 공행정 영역에서는 수단적인 능률성보다 상위이념이라고 할 수 있는 민주성, 공익성, 형평성 등이 본질적 행정이념으로 고려되어야 하므로, 어디까지나 본질적 행정이념이 전제되지 않은 능률성의 무차별적 행정적용에는 한계를 두어야 한다.

3. 효과성

1) 의 의

행정의 효과성이란 목표달성도(*degree of goal achievement*)를 의미하며, 행정 내부 과정에서의 경제성(투입 대 산출)을 의미하는 능률성과는 달리, 외부와의 관계까지를 포함한 개념이다.

2) 배 경

1960년대 발전행정론에서 특히 강조된 이념이다. 발전행정론은 행정을 통한 발전과 변화에 초점을 둔 행정이론이다. 발전과 변화를 창조하기 위해서는 미래의 바람직한 상태를 창조해야 하는데, 이를 위해서는 미래의 동태적인 가치가 함유된 효과적인 행정목표가 강조되는 것이다.

3) 효과성 평가모형

(1) 목표모형

효과성은 조직의 성공도를 측정할 수 있는 유일한 기준이며, 목표의 측정이 가능하다고 보는 고전적인 입장이다. 이는 외부환경과의 관련성을 고려하지 않는 폐쇄적인 모형으로서, 대표적인 예로는 MBO가 있다.

(2) 체제모형

목표달성만이 조직의 유일한 기능은 아니라는 현대적인 개방체제 입장이다. 이는 조직의 기능은 목표달성뿐만이 아니라, 적응기능, 체제유지 및 통합기능 등이 종합적으로 이루어져야 한다는 개방적인 모형으로서, 체제적 관점에서 환경에 대한 조직의 생존과 적응을 중시하는 조직발전(OD) 등이 대표적인 예에 속한다.

4) 효과성 이념의 한계: 효과성 측정의 어려움

행정의 효과성은 행정목표의 무형성과 유동성 등으로 인하여 측정이 용이하지 않다. 행정목표가 무형성이 높다는 것은 실제 행정운영은 유형목표 혹은 하위목표에 의존할 수밖에 없고, 이러한 과정에서 목표와 수단의 도치현상(수단의 목표화)이 발생하게 된다.

또한 효과성만을 강조하여 행정목표(유형목표)의 계량화에 치우치게 되면 계량화할 수 없는 질적 행정목표(무형목표)는 망각세계에 들어가게 되고 목표의 왜곡이 발생하게 된다. 예컨대 교육정책에 있어서 졸업생수, 취업자수, 합격자수가 강조되는 반면에, 교육의 진정한 내용이 등한시되는 것과 같다. 또한 공무원 개인들의 성과관리에 있어서도 계량화 할 수 있는 목표에 치우치게 되면 계량화로 표현될 수 없는 질적 목표에 대해서는 등한시 될 수밖에 없다. 이것은 성과관리의 근본적 문제점이기도 하다.

4. 가외성

1) 의 의

현대사회에 있어 예측하지 못한 행정수요가 발생하는 경우 정부 내 여러 기관들은 상호의존성을 가지면서 이를 중첩적으로 관리하며(중첩성), 행정부 내의 한 기관이 작동되지 않는 경우 동일한 기능을 할 수 있는 다른 기관이 작동되지 않는 기관의 임무를 수행할 필요가 많아졌다(등전위현상).

가외성은 능률성의 저해요인으로 파악되었으나, 현대에 들어 장기적·거시적·체제적 관점이 강조되면서 행정의 안정성과 신뢰성 확보가 제기됨으로써 그 중요성이 높아지게 되었다.

가외성은 초과분, 잉여분으로 무용하고 불필요한 것으로 보이지만, 현대사회에서 예측하지 못한 행정수요가 발생한 경우 적응의 실패를 예방함으로써 행정과 조직에 대한 신뢰성을 제고시킨다.

2) 복잡계 조직이론과 가외성

현대조직이론은 전통적 행정조직인 계층제적 패러다임에 대해서 비판한다. 이는 조직에 관한 두 가지 중요한 관찰에서 기인하는데, 첫째, 조직체계는 상호 긴밀히 연계되어 있다는 점이다. 더 복잡한 문제일수록 상호 결합된(coupled) 형태의 조직들이 문제해결에 나서야 한다. 둘째로, 조직체계는 현대사회의 이러한 상호 연결된 복잡성에 대응하여 개발되어야 한다는 점이다. 조직체계의 한 하위체계의 실수가 즉시 전후방 및 상하 관련된 체계들에게 파급효과를 가져오게 된다. 체르노빌 사건이나 Three Mile Island 핵발전소 사건에서 보듯이, 한 개의 조그마한 실수가 예기치 못한 다차원적 연쇄반응으로 이어지면서 심각한 결과를 초래하기 때문에, 현대조직은 가외성(redun−

dancy)의 형태를 고려한 새로운 형태로 조직되어야 하며, 학습(*learning*)이 일어날 수 있는 시스템을 조직 내부에 장착시키지 않으면 안 된다.

3) 효율성과 가외성의 관계

현대행정은 자원의 절약과 효율의 확보를 중요시 한다. 외면상으로는 효율성과 가외성은 서로 상충되는 것으로 보이지만, 효율만을 강조하는 능률지상주의는 또 다른 비효율을 초래할 수 있고, 비효율이라고 생각되는 가외성이 효율에 도움을 줄 수 있다. 따라서 효율성과 가외성을 서로 대치되는 것으로 보기 보다는 양자를 조화시켜 가는 것이 필요하다 할 것이다.

제 4 절   행정관의 변천과 행정이념

행정이념은 고정불변의 것이 아니고 시대의 변화 및 국가가 처한 맥락에 따라 행정이념 역시 변화한다. 이러한 변천을 살펴보면 다음과 같다(박동서, 1978: 85-93).

1. 합법성: 근대 입법국가 시대

1880년대에 행정학이 탄생되기 진 자유민주의의적 근대 입법국가 시대에는 시민권의 신장과 자유권의 옹호를 위해 행정의 안정성과 예측가능성이 중요시 되었고, 행정이념은 합법성이 강조되었다.

2. 능률성: 정치행정 이원론과 정치행정 일원론 시대

19세기 후반에 이르러 행정국가화되고, 이에 따라 행정기능이 양적으로 확대, 질적으로 심화됨에 따라 행정부의 예산은 급속하게 팽창하게 되었다. 이러한 상황의 진전은 결과적으로 행정에 능률성을 새로운 행정이념으로 요청하게 되었다. 더욱이 시기적으로 정치행정 이원론이 지배하고 과학적 관리법이 도입되어 행정의 과학화를 추구하던 시대였으므로, 행정이란 설정된 목표를 어떻게 하면 비용을 적게 들이고 달성하는가 하는 능률성의 이념이 강조되었다.

하지만 투입(*input*) 대 산출(*output*)의 비율로 표현될 수 있는 이러한 능률성의 개념도 기계적 능률성과 사회적 능률성으로 나누어진다. 1887년 Wilson의 *The Study of Administration* 이후

기술적 행정학과 정치행정 이원론의 시대에는 기계적 능률성이 강조되었으나, 1930년대 경제대공황 발생 이후 기능적 행정학과 정치행정 일원론 시대에는 사회적 능률성이 강조되었다. 행정을 정치에서 설정해 준 정책의 구체화에만 초점을 두었던 정치행정 이원론 시대에는 과정의 능률화에 만족하였으나, 목표 및 정책결정 자체까지 담당하게 된 정치행정 일원론 시대에는 과정의 능률화만으로는 부족하고 누구를 위한 행정이냐 하는 것까지 관심을 확장하게 되었다(박동서, 1978: 88-89).

3. 효과성: 발전행정 시대

1960년대에 접어들어 발전과 변화가 관심을 끌면서 발전행정론이 대두되자 행정이념에 있어서도 효과성이 강조되기 시작하였다. 1960년대 발전행정의 주요 관심사인 발전과 변화라고 하는 것은 현재와 다른 바람직한 상태로의 전환을 요청하며, 행정을 통한 미래 변화를 창조하는 것이 요청되므로, 행정이념도 정태성을 띤 이념보다는 동태적인 새 이념이 요구되었다. 이때 효과성은 행정의 목표달성도(*degree of goal achievement*)를 의미하며, 능률성은 목표를 성취하는 과정에서의 경제성(투입 대 산출)을 의미하고, 효과성과 능률성을 통합한 개념이 효율성(생산성)이다.

4. 참여 및 사회적 형평성: 신행정론 시대

1960년대 후반 신행정론이 대두되면서 행정에 있어서의 적절성(*relevance*)과 행동(*action*)이 강조되고, 이러한 후기행태주의는 문제지향성과 맥락지향성을 강조하는 정책학의 발달로 이어졌다. 따라서 이러한 신행정론 시대에는 효율성(생산성)과 함께 참여 및 사회적 형평성이 강조되었다.

5. 효율성(생산성): 신공공관리 시대

1980년대 영국의 대처 수상, 미국의 레이건 대통령 등 신보수주의 정권의 등장과 함께 공공부문의 개혁의 이론적 도구로서 신공공관리론(NPM)이 대두되었다. 신공공관리론은 공공부문의 방만한 운영과 비능률을 타파하기 위해 공공부문의 축소, 민간위탁·민영화·외부발주 등 민간관리개념을 도입하고 시장주의 기법을 도입하면서, 효율성(생산성)의 개념이 강조되었다.

6. 민주성(신뢰성): 뉴거버넌스 시대

1990년대 이후 월드 와이드 웹(WWW)의 등장과 함께 인터넷 시대가 본격적으로 개막되고,

WTO 출범과 함께 신자유주의(NL)의 무한경쟁 물결이 전 세계를 휩쓸게 된다. 이러한 정보화와 세계화의 물결로 인해 미국 클린턴/앨고어 행정부에서는 NPR(국가성과위원회)을 중심으로 정부재창조 및 NII(국가정보기반)에 토대를 둔 정부혁신을 강조하게 된다. 시장주의에 기반을 둔 효율성과 대비되는 참여·신뢰·네트워크를 강조하는 뉴거버넌스의 개념이 강조되기 시작하였다. 명령·질서·통제에 기반을 둔 계층제 거버넌스와 고객·경쟁·유인을 강조하는 NPM적 거버넌스와 대비되는 참여·신뢰·네트워크를 강조하는 뉴거버넌스가 등장하게 되었다. 즉, 1990년대 이후 뉴거버넌스 시대에는 효율성(생산성)과 함께 민주성, 신뢰성, 성찰성의 개념이 강조되기 시작한 것으로 요약할 수 있다.

제 5 절 요약 및 결론: 현대행정이념의 우선순위

19세기 근대 입헌국가 시대에서는 합법성이, 20세기 현대행정국가 시대에서는 능률성이 강조되었지만, 21세기 현대행정에서는 인터넷 등 정보기술의 발달과 신자유주의 물결, 시민사회의 성장과 국민들의 참여욕구의 분출로, 효율성(생산성), 민주성(참여성), 성찰성(신뢰성) 등이 강조되고 있다.

현대사회는 대단히 빠른 속도로 변화하고 있으며, 그 속도는 시간이 갈수록 더욱 가속화되고 있다. 특히, 정보가 중요해지고, 가치가 다원화되며, 세계화와 국지화 경향이 병존하고 있다. 이러한 흐름 속에서 변화의 바람이 거세게 불고 있다. 급변하는 현대사회에 대응하기 위해서는 조직에서의 신축성 확보와 인사 및 예산에서의 신축성 확보는 조직생존의 기본조건이 되었다. 조직에서의 팀제·학습조직·프로세스 조직·네트워크 조직, 예산에서의 중기재정계획·총액배정자율배분(Top-Down) 예산제도·성과관리·디지털예산회계제도의 도입, 그리고 인사에서 고위직 개방형 임용·고위직 인사교류·직위공모·직무성과계약제 등 고위공무원단제도의 도입은 신축성 확보를 위한 대표적 제도라고 할 수 있다. 신축성과 가외성은 효율성을 위한 제도이지만, 이와 함께 강조되는 것이 민주적 통제이다. 신축성과 융통성에는 꼭 행정책임이 전제되어야 하기 때문이다. 따라서 현대행정의 핵심과제는 어떻게 하면 한편으로는 신축성과 효율성을 강화하면서, 다른 한편으로는 신뢰성과 민주성을 확보할 것인가 하는 양대 이념축의 조화에 있다.

21세기 행정 화두는 다양성, 창의성, 실용성이다. 다양성과 창의성을 토대로 실용성을 추구해야 한다. 지금 우리는 디지털 돌풍 속에 살고 있다. 디지털 기술은 시간(*time*), 속도(*speed*), 불확실성(*uncertainty*)이라는 속성을 지니고 있다. 시공의 압축혁명 속에서 생각의 속도로 움직이는 디지털

신경망 조직(최고의 업그레이드된 전자정부)을 만들고, 조직구성원과 최고 책임자의 문제해결역량을 향상(*upgrade*)시키지 않으면 살아남지 못하는 시대에 살고 있다. 즉, 변화와 속도의 시대이다.

디지털과 속도 그리고 변화의 시대에 절실히 요구되는 것은 문제해결 접근방식이다. 과거 발전행정 시대의 전통적 행정학이 엄격한 계층제의 원리를 토대로 상의하향(Top-Down) 형태의 국가능률지상주의를 추구하였다면, 전자정부 시대의 현대행정학은 신뢰와 네트워크의 정신을 토대로 거버넌스 형태의 참여와 민주성 그리고 성찰성을 지향한다.

현대행정학의 궁극적 목적은 인간 존엄성을 실현하는데 있다. 즉, 인간의 존엄(*human dignity*)을 실현하고, 인간의 가치(*human value*)를 고양시키는데 있다. 효율성(*efficiency*)과 민주성(*democracy*)을 토대로 성찰성(*reflexivity*)인 인간의 가치(인권, 정의, 형평)를 추구하는 학문이 행정학이다. 이는 행정학의 효율성-민주성-성찰성 차원이라고 부를 수 있다.

현대행정학은 궁극적으로 우리 사회 내에 존재하는 국민 개개인의 인간 존엄성 실현을 목표로 한다. 이 과정에서 행정학은 국가경쟁력과 삶의 질을 향상시키려는 수단적 목표를 지니며, 이를 위해 정책결정하고 기획하고 집행하며, 평가하고 학습하는 학문이다. 즉, 현대행정학은 정부 내부 운영의 효율성(효과성, 능률성)을 토대로 시민의 정책참여와 민주통제를 통해 민주성(참여성, 숙의성, 합의성)을 강화하며, 더 나아가 우리 사회 공동체 구성원들의 신뢰성과 성숙성을 지향하는 성찰성 구현을 목표로 한다. 정부운영의 효율성 극대화, 민주적 가치의 증대, 그리고 이를 통해 보다 신뢰받고 성숙한 국가 공동체의 구현, 이것이 현대행정이념의 목표이자 지향점이다.

핵심 Point !

◎ 행정이념: 행정이 지향하고자 하는 최고의 가치이념

◎ 본질적 행정이념

　▣ 공익성: 행정이념의 최고 가치

　▶ 실체설(적극설)

　● 공익이란 사익을 초월한 도덕적 규범적인 것으로서 실체가 뚜렷하게 존재한다고 봄

　● 자연법, 정의, 선, 이데아 등으로 표현됨

　● 대표적인 학자는 Plato, Rousseau, Rawls 등

　▶ 과정설(소극설)

　● 공익이란 실체가 존재할 수 없고 사익을 조정하는 과정을 거쳐 점증적으로 형성된다고 봄

　● 다원화된 선진국에서 일어나는 복잡한 이익의 조정과정을 설명하는 모형

　● 점증모형 혹은 다원주의모형이라고 할 수 있음

　▶ 공익과 정의: 공익과 정의의 관점은 상호 밀접히 연계되어 있음

　● J. Rawls의 정의의 원칙

　　- 정의의 제1원리: "모든 사람은 다른 사람의 유사한 자유와 상충되지 않는 한도 내에서 최대한의 기본적
　　　자유를 누릴 수 있는 평등한 권리가 인정되어야 한다"

　　- 정의의 제2원리: "사회적 경제적 불평등은 차등의 원리와 공정한 기회균등의 원리에 의해서 분배 및 재
　　　분배 되어야 한다"

　▣ 민주성

　▶ 민주성이란 대외적으로는 국민주권주의에 기초한 민본행정(민주화)를 의미하며, 대내적으로는 조직인의
　　자아실현을 통한 행정의 인간화를 구현하는 것을 의미

　▶ 최근 인터넷의 발달과 시민사회의 진전에 따라 다양한 개인이나 집단들이 정책과정에의 참여 및 이를 제
　　도적으로 보장해 줄 것을 요구하고 있으며, 이에 따라 참여성(participation), 숙의성(deliberation), 합의
　　성(consensus)과 같은 민주성의 원리가 강조되고 있음

- ▫ 형평성
- ▸ 형평성은 정부서비스가 시민 혹은 주민들에게 균형있게 배분되는 것을 의미
- ▸ 사회적 형평성은 1960년대 후반 신행정론의 등장과 함께 강조
- ▸ 형평성의 기준
- • 욕구이론: 수평적 공평-동일한 것은 동일하게 다루어 져야 한다는 원리
- • 실적이론: 수직적 공평-모든 사람에게 동일한 기회가 주어진 경우 그 다음의 실적의 차이와 능력의 차이로
  인한 차등적 배분은 정당하다는 원리
- • 평등이론: J. Rawls 정의론
- ▫ 신뢰성
- ▸ 신뢰성이란 정부의 정책 등 행정활동이 국민에게 믿을 만한 것으로 비쳐 행정의 예측성을 제고함
- ▸ 뉴거버넌스 시대에서는 투명하고 윤리적인 국가를 전제조건으로 하므로 신뢰성의 확보가 무엇보다도 중요
- ▸ 국가자산으로서의 신뢰: 신뢰는 그동안 이론적으로 문화적인 측면에서 접근되었지만, 지금은 그 자체가
  정치경제적 실체로 간주되고 있는 사회적 자산(social capital)으로서 중요성 강조
- ▸ 신뢰의 확립과 뉴거버넌스
- • 신뢰의 확립은 뉴거버넌스의 중요한 전제조건임
- • 정부-시장-시민사회의 신뢰와 협동을 전제로 네트워크 방식의 문제해결을 추구하는 뉴거버넌스를 위해서
  는 사회적 자산으로서 신뢰의 축적이 필요(이를 위해서는 시민과 NGO에 의한 민주적 통제 및 정보공개를
  통한 투명성 확보가 필요)
- ▫ 성찰성
- ▸ 성찰성은 행정의 당위성에 해당함
- ▸ 정부 생산성을 제고하는 이유는 민주성 강화를 통해 궁극적으로 국가(사회 공동체)의 성찰성을 실현하는데 있음
- ▸ 성찰성의 측정
- • 개인적 차원에서는 시민들의 인간의 존엄성 실현에 얼마나 기여했는가
- • 공동체 차원에서는 신뢰받고 성숙한 공동체 실현에 당해 행정(정책)이 얼마나 기여했는가에 대한 판단을
  토대로 측정
- ◎ 수단적 행정이념: 본질적 행정이념을 실현하는데 도와주는 보조적 역할을 하는 행정이념
  - ▫ 합법성
  - ▸ 법에 의하여 공익을 실현해야 한다는 법치주의에 근거하는 행정을 의미
  - ▸ 행정국가 이전의 시대인 입법국가 시대에서 특히 중요한 행정이념
  - ▸ 합법성의 재조명: 현대행정국가의 등장에 따라 기계적 합법성보다는 실질적 맥락(합목적성)과 법의 적합성
    을 고려한 합법성이 요구되고 있음
  - ▫ 능률성
  - ▸ 투입(input)에 대한 산출(output)의 비율을 의미

- ▶ 유형
  - ● 기계적 능률
  - ● 사회적 능률
- ◗ 효과성
- ▶ 목표달성도(degree of goal achievement)를 의미
- ▶ 1960년대 발전행정론에서 특히 강조된 이념
- ▶ 효과성 측정의 어려움: 행정목표의 무형성과 유동성 등으로 인하여 측정이 용이하지 않음
- ◗ 가외성
- ▶ 현대사회에 있어 예측하지 못한 행정수요가 발생하는 경우 정부 내 여러 기관들은 상호의존성을 가지면서 이를 중첩적으로 관리할 필요성이 증가되면서 강조됨
- ▶ 복잡계 조직이론과 가외성
  - ● 현대조직체계는 상호 긴밀히 연계되어 있으며, 더 복잡한 문제일수록 상호 결합된(coupled) 형태의 조직들이 문제해결에 나서야 함
  - ● 한 개의 조그마한 실수가 예기치 못한 다차원적 연쇄반응으로 이어지면서 심각한 결과를 초래하기 때문에 가외성(redundancy)의 중요성 증대
- ▶ 효율성과 가외성과의 관계
  - ● 효율성과 가외성은 서로 상충되는 것으로 보이지만, 효율만을 강조하는 능률지상주의는 또 다른 비효율을 초래할 수 있음
  - ● 따라서 효율성과 가외성을 서로 대치되는 것으로 보기 보다는 양자를 조화시켜야 함
- ◎ 행정이념의 변천
  - ◗ 합법성: 근대 입법국가 시대
  - ▶ 1880년대에 행정학이 탄생되기 전 자유민주의의석 근대 입법국가 시대에는 법치주의가 중요
  - ▶ 시민권의 신장과 자유권의 옹호를 위해 행정의 안정성과 예측가능성이 중요
  - ◗ 능률성: 현대행정국가 시대(정치행정 이원론과 정치행정 일원론 시대)
  - ▶ 19세기 후반과 20세기 초반에 이르는 행정국가시대에는 능률성이 강조
  - ▶ 정치행정 이원론의 시대에는 기계적 능률성이 강조되었으나, 1930년대 경제대공황 발생 이후 정치행정 일원론 시대에는 사회적 능률성이 강조
  - ◗ 효과성: 발전행정 시대
  - ▶ 1960년대에 접어들어 발전행정론이 대두되자 행정이념에 있어서도 효과성이 강조
  - ▶ 효과성은 행정의 목표달성도(degree of goal achievement)로서 국가발전 목표를 달성한다는 동태적인 개념
  - ◗ 참여 및 사회적 형평성: 신행정론 시대
  - ▶ 1960년대 후반 신행정론이 대두되면서 행정에 있어서의 적절성(relevance)과 행동(action)이 중요해 졌으며, 이에 따라 참여와 사회적 형평성이 강조

- ◘ 효율성(생산성): 신공공관리 시대
  - ▸ 1980년대 영국의 대처수상, 미국의 레이건 대통령 등 신보수주의 정권의 등장과 함께 신공공관리론(NPM)이 등장
  - ▸ 신공공관리론은 공공부문의 방만한 운영과 비능률을 타파하기 위해 공공부문의 축소, 민간위탁·민영화·외부발주 등 효율성(생산성)의 개념이 강조
- ◘ 민주성(신뢰성): 뉴거버넌스 시대
  - ▸ 1990년대 이후 월드 와이드 웹(WWW)의 등장과 함께 인터넷 시대가 본격적으로 개막되고, WTO 출범과 함께 신자유주의(NL)의 무한경쟁 물결이 전 세계를 휩쓸게 되면서 뉴거버넌스가 등장
  - ▸ 정부에 대한 요구는 증대되는 상황에서 정부의 재정은 약화되어 정부 혼자서는 사회의 문제해결에 한계를 느끼게 되었는 바, 정부-시장-시민사회가 신뢰와 협동을 기초로 네트워크 방식에 의한 문제해결의 필요성이 증대하였음
  - ▸ 명령·질서·통제에 기반을 둔 계층제 거버넌스와 고객·경쟁·유인을 강조하는 NPM적 거버넌스를 넘어 참여·신뢰·네트워크를 강조하는 뉴거버넌스가 강조됨
  - ▸ 따라서 1990년대 이후 뉴거버넌스 시대에는 효율성(생산성) 못지않게 민주성, 신뢰성, 성찰성의 개념이 강조되기 시작함

◎ 현대행정이념의 우선순위
  - ▸ 19세기 근대 입헌국가 시대에서는 합법성이, 20세기 현대행정국가 시대에서는 능률성과 효과성이 강조되었지만, 21세기 지식정보사회에서는 인터넷 등 정보기술의 발달과 신자유주의 물결, 시민사회의 성장과 국민들의 참여욕구의 분출로 새로운 거버넌스 시대에 돌입하고 있으며, 이에 따라 행정이념에 있어서도 가외성, 신뢰성, 성찰성 등이 강조되고 있음
  - ▸ 정부 운영의 효율성 극대화, 민주적 가치의 증대, 그리고 이를 통해 보다 신뢰받고 성숙한 국가공동체의 구현, 이것이 현대행정이념의 지향점이라고 할 수 있음
  - ▸ 따라서, 본질적 행정이념으로서의 성찰성(당위성), 민주성, 신뢰성과 함께 수단적 행정이념으로서의 효율성, 가외성 등이 잘 조화를 이루도록 해야 함

핵심 Question !

◎ 행정이념의 개념은 무엇인가?

◎ 본질적 행정이념이란 무엇인가? 본질적 행정이념에는 어떤 것들이 있는지 설명하라.
- 공익성의 개념은 무엇인가?
- 공익의 실체설(적극설)과 과정설(소극설)의 개념은 무엇인가?
- J. Rawls가 제시한 정의의 원칙은 무엇인가?
- 민주성의 개념은 무엇인가? 대외적인 민주성과 대내적인 민주성을 구분하여 설명하라.
- 형평성의 개념은 무엇인가? 형평성의 기준으로서 욕구이론과 실적이론을 설명하라.
- 신뢰성의 개념은 무엇인가? 뉴거버넌스 시대의 등장에 따른 신뢰의 중요성을 설명하고, 신뢰의 확립과 뉴거버넌스의 관계를 설명하라.
- 성찰성의 개념은 무엇인가? 성찰성 측정이 어려운 이유를 설명하라.

◎ 수단적 행정이념이란 무엇인가? 수단적 행정이념에는 어떤 것들이 있는지 설명하라.
- 합법성의 개념은 무엇인가?
- 능률성의 개념은 무엇인가? 기계적 능률과 사회적 능률을 구분하여 설명하라.
- 효과성의 개념은 무엇인가? 효과성 측정이 행정에서 어려운 이유를 설명하라.
- 가외성의 개념은 무엇인가? 복잡계 조직이론의 등장에 따른 가외성의 중요성을 설명하고, 효율성과 가외성과의 관계를 설명하라.

◎ 행정이념의 변천을 시대의 변천에 따라 간략히 정리해보자. 근대 입법국가 시대, 현대행정국가 시대(정치행정 이원론과 정치행정 일원론 시대), 발전행정 시대, 신행정론 시대, 신공공관리 시대, 뉴거버넌스 시대에 따라 가장 강조되었던 행정이념은 무엇인가?

◎ 현대행정이념의 우선순위에 대해서 설명하고, 본질적 행정이념과 수단적 행정이념의 조화문제에 대해서 설명하라.

행정이념들은 우선순위를 엄격히 구별할 수 있는 것이 아니며 경우에 따라 서로 보완하는 역할을 수행하기도, 혹은 대립하는 역할을 수행하기도 한다. 또한 행정이념은 언제나 같은 가치로서 받아들여지는 것이 아니라 역사적·정치적·상황적 요인에 따라 평가의 기준이 달라지기도 한다. 이에 본 장과 관련된 출제문제들은 다양한 행정이념들의 관계에 대하여 묻는 것과 국가의 발전과정에서 우선시되던 행정이념의 변화에 대하여 묻는 질문들이 주를 이룬다. 예컨대 과거에는 능률성이 강조되는 행정이었다면, 최근에는 점차 세계화, 정보화, 다변화 및 시민사회가 성장함에 따라 이와는 다른 행정이념이 강조되고 있다. 따라서 이러한 새로운 행정환경 속에서 행정이념들의 우선순위를 재정립하고 이에 걸맞는 국가의 역할을 모색하는 방안을 찾는 문제가 꾸준하게 출제되고 있다.

본 장을 학습하는 데 유의할 점은 각각의 행정이념 상호 대립적인 개념으로 이해하거나 혹은 단편적이고 독립적으로 이해해서는 안 된다는 점이다. 예컨대 과거에는 무엇보다 능률성이 강조되어 온 반면 최근의 행정에서는 사회적 형평성이나 민주성 등의 행정이념이 강조되고 있는데, 그렇다고 해서 능률성이 경시되는 것은 아니라는 것이다.

따라서 문제를 해결하는 데 있어서 어떠한 사회적 환경 및 가치의 변화로 인하여 해당 행정이념이 강조되는지에 등 일련의 과정 속에서 이해하는 노력이 필요할 것이다. 이를 현대행정의 맥락성(contextuality)이라고 한다. 이를 위해서는 미국의 행정과정 및 우리나라의 행정역사를 깊이 이해하고 이러한 사례를 들어 정리한다면 보다 높은 점수를 얻을 수 있을 것이다.

행정이념들은 서로 조화를 이루기도 하고, 때로는 갈등을 일으키기도 한다. 이와 관련하여 다음의 물음에 답하시오[2008년].

(1) 합법성과 민주성의 의미를 설명하시오.
(2) 구체적인 사례를 통하여 합법성과 민주성의 조화관계를 설명하시오.
(3) 구체적인 사례를 통하여 합법성과 민주성의 갈등관계를 설명하고, 그 사례에 대한 갈등 해소방안을 제시하시오.

답안작성요령

핵심개념

이 문제는 현대사회에서 발생가능한 행정이념 간 갈등과 우선순위에 대해서 묻는 질문이다. 행정이념은 정부가 실제 행정활동을 함에 있어서 준수해야 할 가장 근본적인 가치이다. 합법성과 민주성, 능률성과 형평성 등 실제 행정활동에 있어서 모순 및 갈등이 생기는 경우가 비일비재하므로 서로 다른 두 가지 이념(합법성, 민주성)을 정부가 어떻게 조화를 시키면서 정책을 추진할 것인지는 매우 중요한 문제이다.

합법성과 민주성이 조화를 이룬 사례로는「부패방지 및 국민권익위원회의 설치와 운영에 관한 법률」을 통해 국민의 고충과 관련된 다양한 권익보호활동을 함으로써 민주성을 증진하는 사례를 들 수 있고, 합법성과 민주성이 충돌을 일으킨 사례로는 한미 FTA와 미국산 쇠고기 파동을 그 예로 들 수 있다.

합법성과 민주성의 의미

민주성은 민주주의 정치체제에서 국민의 의사와 요구를 충실히 반영하는 민주행정을 이루기 위해 행정이 추구하는 본질적 행정이념이며, 합법성은 법치주의 행정을 통해 민주성 등을 포함하는 본질적 행정이념들의 달성을 도와주는 수단적 이념이라고 볼 수 있다.

민주성의 경우 국민과의 관계에서 대외적 민주화(행정심판제도와 옴부즈만제도, 정책품질관리를 통한 책임성 확보, 지방자치제의 충실한 이행)와 대내적 민주화(공무원제안제도와 고충처리제도, MBO, 직무성과계약제 등 인사관리 및 조직관리를 시행함에 있어서 수평적, 민주적 제도의 구현)에 대한 논의가 있어야 한다. 합법성은 기계적 합법성의 한계와 행정작용의 법률적합성을 강조하는 개념으로의 변화에 대한 논의가 있어야 한다(본 서 제3장 현대행정이념 참조).

합법성과 민주성의 관계에 대한 사례

합법성과 민주성의 조화 사례로는 민주성 증진을 위한 국민의 참여와 권리구제에 대해 법적 규율을 하고 있는 내용을 담고 있는 것이 좋은 예가 되겠다. 예컨대,「부패방지 및 국민권익위원회의 설치와 운영에 관한 법률」에는 '국민고충처리위원회'를 설치하여 국민의 고충과 관련된 다양한 권익보호활동을 하고 있으므로 합법성을 통한 민주성을 증진하는 좋은 사례이다.

합법성과 민주성의 갈등 사례로는 미국산 쇠고기 파동을 예로 들 수 있다. 한·미 FTA는 합법적인 권한을 가진 정부의 행정활동이지만 국민의 기본권과 관련된 중요한 사안을 여론의 충분한 수렴과정 없이 일방적으로 추진되었다는 비판을 받고 있다. 촛불집회 등으로 국민의 반대의사가 분명히 드러났음에도 불법집회라고 규정하고 합법성을 우선시하여 강제진압 등의 방법으로 국민의 의사를 묵살한 사례로 볼 수 있다. 따라서 이 사례는 형식요건으로서 수단적 법의 집행이라고 하지만 결과적으로 민주성을 정면으로 위배함으로써 수단(합법성)과 본질(민주성)이 도치되는 현상을 초래한 사례라고 하겠다.

✋ 합법성과 민주성의 갈등 해소방안

합법성과 민주성의 갈등해소를 위해서는 정부 내부적으로는 공무원제안제도와 고충처리제도, 공무원노조, MBO, 직무성과계약제 등을 통해 인사관리 및 조직관리를 시행함에 있어서 수평적, 민주적 제도를 구현하는 한편 정책조정기능의 강화, 정책을 지휘하는 고위공무원들의 변혁적 리더십 확보, 내부 구성원 간 의사소통의 활성화가 필요하다고 하겠다. 정부 외부적으로는 행정심판제도와 옴부즈만제도 등 더 많은 법적·제도적 창구를 마련할 필요가 있다. 또한, 서울시의 천 만상상 오아시스, 국민신문고, 전자정부와 같은 제도를 활용하여 합법적인 테두리 내에서 국민과의 소통 강화와 참여촉진을 통해 행정의 대응성과 민주성을 증진되어야 한다(김판석 외, 2013, 「테마 사례행정분석」: 69-75에서 수정).

✋ 고득점 핵심 포인트

합법성과 민주성이라는 두 행정이념을 상호관계에 대하여 적절한 사례를 제시하는 것이 중요하다. 정책이념들 간에 우선순위가 있으며 이러한 가운데 발생할 수 있는 갈등을 어떻게 해소하고 조화를 이룰 것인지에 대한 논리적 근거가 제시되어야 한다.

행정이념인 합법성과 민주성은 대부분의 경우 합법성은 민주성을 담보하기 위한 최소한의 기본적인 하한선으로 기능할 때 조화로운 관계를 가진다. 그러나 법적 규정이나 절차가 국민의 요구나 수요의 반영을 제한하는 경우 갈등이 발생하게 되고, 이런 상황에서 상충하는 갈등을 해소하기 위한 방법 중 하나는 현대행정이념의 우선순위를 정하는 것이다. 본 문제는 적절한 사례로서 이러한 논점을 강조하고, 이를 논리적으로 뒷받침하는 것이 관건이라 하겠다.

고시기출문제 최근 정부규모를 둘러싼 논의가 활발히 전개되고 있다. 이는 시장-정부 간의 관계에서 정보의 기능과 역할에 관련된 쟁점이며, 정부기능의 관리활동으로서 행정이 지향하는 가치와 불가분의 관계를 지닌다. 행정이 추구하는 주요 가치로서 능률성(efficiency)과 형평성(equity)을 정부활동의 범위 혹은 정부기능의 다양성과 관련하여 논의하고, 실제 행정에선 나타날 수 있는 구체적인 사례를 제시하시오[2007년].

답안작성요령

✋ 핵심개념

본 문제는 현대사회에서 발생가능한 행정이념 간 갈등과 우선순위에 대해서 묻는 질문이다. 행정이념은 정부가 실제 행정활동을 함에 있어서 준수해야 할 가장 근본적인 가치이다. 합법성과 민주성, 능률성과 형평성 등 실제 행정활동에 있어서 모순 및 갈등이 생기는 경우가 비일비재하므로 서로 다른 두 가지 개념(능률성, 형평성)을 정부가 어떻게 조화를 시키면서 정책을 추진할 것인지는 매우 중요한 문제이다. 특히 본 문제의 쟁점은 정부활동의 범위 혹은 정부기능의 다양성과 관련하여 논의하는 것이다. 이러한 사례로는 공기업 민영화, 공무원 조직의 규모확대 등을 들 수 있다.

🌱 공기업 민영화의 사례

공기업 민영화는 정부서비스의 일정부분을 정부가 직접 운영하는 대신 시장의 기능을 통하여 능률성을 추구하기 위한 것이다. 이는 정부기능의 다양성과 관련이 있다. 현대사회에서 행정수요는 급증하는 대신 정부의 재정능력은 떨어지고 있어 다양한 방식의 공공서비스 전달개념이 필요한데, 그 중의 한 방식이 민영화이다. 이러한 민영화 방식은 재정적 이점, 시장기능의 자율성 복원과 같은 유용성이 있으나, 공공성을 지니는 정부의 행정서비스가 단순히 경제논리로 전락할 수 있으며, 이로 인해 소외될 수 있는 국민이 생길 수 있다는 점에서 형평성과 충돌할 수 있다. 예컨대 KTX를 민영화하면 서비스 품질은 향상될 수 있으나, 가격이 급상승하여 일반 시민들은 이용하기가 어렵게 될 수 있다. 시민은 경영학에서 말하는 고객과는 다르므로 민주행정에 반할 수 있는 것이다.

🌱 공무원 조직의 규모확대 사례

참여정부는 정부위원회 등을 확대하면서 국가균형발전위원회 등을 통해 우리 사회의 소외된 지역의 균형발전을 도모하고자 하였다. 하지만 이러한 정책방향은 형평성에는 도움이 될지 모르지만 큰 정부를 초래하여 행정의 능률성에는 저해된다는 주장도 많이 제기되었다.

🌱 능률성과 형평성의 조화

능률성과 형평성을 조화시키는 일은, 위의 사례에서도 보듯이, 쉽지 않다. 또한 어느 한 이념이 더 우선적으로 적용하기도 쉽지 않다. 하지만, 위 공기업 민영화 사례에서 보듯이, 민영화를 하는 경우에도 형평성이 심각하게 저해되지 않도록 새로운 규제기구 설립을 통해 서비스의 품질, 가격규제, 고객의 권익보호를 위한 조치가 필요할 것이다. 또한, 공기업 민영화는 민영화된 이후에도 책임성과가 민간기업과는 달리 불분명한 경우가 많이 있다. 따라서 i) 민간기업과 동일한 기업경영체제의 도입, ii) 내부 경영시스템을 이윤목표 달성에 적합하게 설계하거나 직원의 성과를 최대한 객관적으로 평가할 수 있는 회계, 재무 등 정보시스템 마련이 필요할 것이다.

🌱 고득점 핵심 포인트

행정이념은 정부가 추구하는 최고의 지도이념이나, 그 추상성이 높아서 어느 하나의 측면이 무조건 옳다는 식의 정답을 내리는 것은 피해야 한다. 따라서 어느 것이 공익(public value)에 더 합당한지는 정책사안별로 다를 수 있다. 따라서 맥락지향적 접근이 필요하다. 위의 민영화 사례에서 보듯이 능률성을 추구하는 경우에도 형평성 등 공공가치의 책임성이 심각하게 훼손되지 않도록 보완적 조치를 해야 할 것이다.

2

PART
02

동태적 행정과정

Dynamic Process

현대행정학은 동태적 과정으로 이루어진다. 국가목표-정책결정-조직화-동작화-환류 및 학습이라는 동태적 과정을 거치면서, 동시에 행정인-행정구조-행정환경이라는 3대 변수가 끊임없이 상호작용과정을 거치면서 전개된다. 또한 현대행정학은 궁극적으로 우리 사회 내에 존재하는 국민 개개인의 인간 존엄성 실현을 목표로 한다. 이 과정에서 행정학은 국가경쟁력과 삶의 질을 향상시키려는 수단적 목표를 지니며, 이를 위해 정책결정하고 기획하고 집행하며, 평가하고 학습하는 학문이다.

제2부에서는 동태적 행정과정(Process)에 대해서 학습한다. 여기에서는 전통적 행정이론에서 다루게 되는 정책, 인사, 조직, 재무, 정보체계, 인간관, 동기부여, 의사전달, 정책홍보, 변혁적 리더십, 행정통제 및 행정책임, 행정개혁 및 정부혁신에 대한 기본적인 사항들에 대해서 학습한다.

첫째, 국가목표에서는 목표의 개념과 기능, 정책의 개념과 기능, 기획의 개념과 기능 등에 대해서 검토한다.

둘째, 정책결정에서는 정책형성, 정책집행, 정책평가, 정책변동 등 정책이론에 대해서 검토한다.

셋째, 조직화 부분에서는 국가목표를 조직화하는 단계로서 인사, 조직, 재무, 정보체계 등 행정집행 수단적 요소들에 대해서 학습하게 된다.

넷째, 동작화 부분에서는 인간관, 동기부여, 의사전달, 정책홍보, 변혁적 리더십 등 행정목표를 조직화한 뒤, 이를 실제로 움직이게 만드는 동작화하는 요소들에 대해서 학습한다.

다섯째, 환류 및 학습 부분에서는 행정통제, 행정책임, 행정개혁, 정부혁신 등 행정의 동태적 과정에서 마지막으로 환류하고 통제하는 부분과, 이를 통해 행정이 더 나은 조직, 절차, 행태를 갖추기 위한 행정개혁과 정부혁신에 대해서 학습한다.

여섯째, 미래의 바람직한 정부상에서는 미래 행정의 바람직한 목표 구현을 위한 현대적 제도들에 대해 종합적으로 학습한다. 먼저 바람직한 정부상으로서 기업가적 정부, 성과중심 정부, 고객중심 정부, 뉴거버넌스 정부를 살펴보고, 미래의 바람직한 정부상이 요구하는 정부혁신제도들에 대해서 학습한다.

마지막으로, 현대행정학의 주요 이론에서는 뉴거버넌스, 신제도주의, 갈등관리, 미래예측, 전자정부에 대해 학습하기로 한다.

CHAPTER

국가목표 **04**

Dynamic
Process

KEY POINT

현대행정은 동태적 행정과정을 거쳐 실현된다. 동태적 행정과정의 첫 출발점은 국가목표 및 정책결정이며, 이를 실현하기 위해 조직·인사·재무 등 조직화와 인간관·동기부여·리더십 등 동작화, 그리고 행정책임·행정통제·행정개혁·정부혁신 등 환류 및 학습이 필요하다. 미래지향적 국가목표를 설정하고 이를 정책기획하고 정책결정하게 되면, 조직화 하는 단계에서 인사, 조직, 재무, 정보체계 등을 통해 인력, 조직, 자원, 기술 등을 동원하여 행정집행을 위한 조직화를 하고 실제로 효과적인 행정집행이 이루어지게 하기 위한 동작화를 하게 되는데, 이때 국가목표 및 정책결정은 동태적 행정과정의 첫 출발점으로 작용하는 것이다.

제4장에서는 동태적 행정과정의 첫 단추로서 매우 중요한 의의를 갖는 국가목표 및 국가정책의 기초이론에 대해서 학습한다. 먼저, 국가목표에서는 목표의 개념, 기능, 유형, 변동, 조직목표와 행정환경, 한국행정과 목표변동 등에 대해서 학습한다. 또한 국가정책의 이론적 기초에서는 정책의 개념, 특성, 구성, 유형, 정책환경, 정책과정, 정책기획 등에 대해서 학습한다.

제4장의 키 포인트는 동태적 행정과정의 첫 단계인 국가목표와 정책기획의 기초에 대해서 이해하는 것이다. 특히 이 장에서는 행정목표의 무형성, 목표와 수단의 도치현상, 한국행정과 목표변동, 정책기획에 대해서 요점을 잘 파악해 둘 필요가 있다.

제 1 절 국가목표

1. 의 의

국가목표란 국가가 실현시키고자 하는 바람직한 미래의 상태(*a desired future state*)를 의미한다. 행정은 궁극적으로는 국민의 복지향상을 위한 것이다. 국가경쟁력과 삶의 질의 제고를 통해 궁극적으로 국가구성원들의 인간 존엄성(*human dignity*: 인권, 정의, 존엄) 향상을 위한 것이다. 이를 위해 대외적으로는 주권국가로서 인정을 받아야 하고, 대내적으로는 법과 질서의 유지, 경제생활의 향상, 사회복지의 향상, 환경 및 쾌적한 삶의 실현, 문화국가의 건설 등의 기능을 수행해야 한다. 이는 A. Maslow가 제시한 인간 욕구의 구조를 국가정책구조에 적용한 것과도 같다. 즉, 1) 생리적 욕구(*physiological needs*: 보건, 위생), 2) 안전적 욕구(*security needs*: 치안, 국방), 3) 사회적 욕구(*social needs*: 사회, 복지), 4) 자기존중(*self-esteem*: 외교, 통일), 5) 자아실현(*self-actualization*: 신뢰, 문화) 등의 기능을 수행하는 것이다.

2. 기능 및 필요성

행정목표의 기능 및 필요성은 다음과 같다.

첫째, 행정에 대한 지침(*guideline, framework*)을 제공한다. 즉, 행정의 방향을 설정하고 구성원의 집행 활동에 대한 지침을 제공한다.

둘째, 행정의 정당성(*legitimacy*)에 대한 근거를 제공한다. 목표는 조직의 존재와 활동을 정당화시키는 근거를 제공하고, 모든 조직의 존재와 활동은 목표가 있음으로써 합리화되고 정당화 될 수 있다.

셋째, 행정의 성과(*performance*), 효과(*effectiveness*)를 측정하는 기준을 제공한다. 목표는 조직구성원이나 외부인에게 조직의 성패, 즉 효과성과 능률성을 측정하는 기준을 제공한다. 목표의 이와 같은 기능을 더욱 개발한 것이 목표에 의한 관리(MBO) 및 직무성과계약제이다. MBO와 직무성과계약제는 조직원 상호간의 참여를 통한 목표설정과 이에 따른 평가가 상호간의 의사전달, 이해의 증진, 목표에 대한 적극적인 태도, 조직원 능력의 활용 및 관리의 혁신을 위해 제안된 제도이다.

3. 행정목표의 유형

행정목표를 형성하는 방법으로는 부임하는 즉시 결정·공표하는 유형과 반대로 오랫동안 결정을 하지 않고 끄는 유형이 있다. 그러나 너무 즉시 공표하는 것과 너무 늦게 지연하는 것은 바람직하지 못하다. 왜냐하면 첫째로 어떠한 조직의 목표이든 이를 결정하는 변수에는 행정인, 조직구조, 환경 간의 상호작용으로 되는 것이며, 행정의 경우는 일반 조직과 달리 더욱 조직구조나 환경의 영향을 받으므로 즉시 공표하는 것은 바람직하지 못하기 때문이다. 둘째로, 행정목표를 즉시 공표하게 되면 조직구성원들 사이에 행정목표를 두고 심한 갈등을 일으켜 목표달성이 어려워지기 때문이다. 따라서 상관의 의도, 부하의 참여, 의사전달, 일선기관의 참여를 거쳐 대상이 되는 지역사회 및 이해관계자 또는 고객과의 접촉을 거친 후, 자신의 생각을 가미하여 결정 형성하도록 하는 것이 바람직한 목표형성방법이다.

이와 같이 여러 사람의 참여, 의사전달을 통하여 목표를 형성하는 것이 바람직함에도 불구하고 실제 현실에서는 잘 실현되지 않는데, 이는 행정조직의 목표관이 민주주의(참여성)에 입각하지 않고, 고전적 능률주의에 입각하고 있어 조직구성원을 목표달성을 위한 수단으로 보기 때문이다.

행정목표의 유형은 공식성, 기능성, 계층성, 목표의 수를 기준으로 구분할 수 있다.

1) 공식성

공식성을 기준으로 행정목표를 분류하면 공식적 목표와 실질적 목표로 구분할 수 있다. 공식적 기준은 행정조직이 법령이나 직제에 의해 공식적으로 추구하는 목표로서 선언적 문장의 형식을 가지며 정부조직법 등에 의하여 표방된다. 실질적 목표는 행정조직의 구성원이 현실적으로 추구하는 목표로서 운영목표·비공식적 목표라고 부르기도 한다. 공식적 목표와 실질적 목표는 일치되는 것이 바람직하지만 많은 경우 차이를 보인다. 그러므로 행정조직의 효과적 관리를 위해서는 공식적 목표와 실질적 목표에 대한 명확한 이해가 필요하다고 할 것이다.

2) 기능성

A. Etzioni는 기능성을 기준으로 목표를 질서목표, 경제목표, 문화목표로 구분하였다. 질서목표는 교도소와 같은 강제적 조직이 내세우는 목표로서 조직으로부터 일탈자를 격리하거나 일탈행위를 통제하려는 목표이다. 경제목표는 기업과 같은 영리적 조직이 추구하는 목표로서 재화와 서비스를 산출하려고 하는 목표이다. 문화목표는 대학과 같은 규범적 조직이 내세우는 목표로서 문화적 가치를 유지 발전시키는 목표를 갖는다.

3) 계층성

행정목표는 계층별을 기준으로 상위목표와 하위목표로 구분할 수 있다. 상위목표는 조직상위층의 목표로서 기본적·일반적·종합적인 성격을 가지고 무형목표에 속하며 주로 가치문제를 다룬다. 하위목표는 조직의 하위층의 목표로서 상위목표의 수단이 되는 것으로, 구체적이고 미시적·운영적인 성격을 가진다. 하위목표는 유형목표에 속하며 단기적 문제이므로 계량화가 가능하며 업적평가의 기준으로 사용된다. 행정목표는 목표·수단의 연쇄관계를 형성한다. 즉, 특정한 목표는 보다 상위의 목표에 대해서 달성수단이 된다.

4) 목표의 수

행정목표의 수를 기준으로 복수목표와 단일목표로 구분할 수 있다. 복수목표는 행정의 합리성과 효과성 확보에 저해가 되므로 가급적 목표의 수를 줄여야 할 것이지만, 국민의 이해관계, 의견대립, 가치판단 등이 개제되므로 목표의 다원성(복수목표)이 불가피하다. 복수목표의 장점은 특정 목표의 달성이 다른 목표의 달성에 기여하는 부수효과가 얻어질 수 있고, 인간의 다원적 욕구를 충족시킬 수 있으며 가외성 확보가 가능하다. 그러나 모순되는 목표 간에 갈등을 초래하고 구성원들의 능력이 분산되는 단점이 있다. 이에 반해 단수목표는 기업이 이윤을 추구하는 경우와 같이 하나의 목표를 추구하는 것이며, 목표 간의 갈등이나 대립현상은 상대적으로 적다. A. Etzioni는 복수목표 조직은 단수목표 조직보다 더 효율적이라고 주장하는데, 따라서 행정조직의 경우 일반적으로 상위목표를 2~3개 조정하고 전체적인 국가목표에 부합되도록 하는 것이 바람직하다고 하겠다.

4. 목표의 변동

1) 목표변동의 의의

행정은 동태적으로 변화하므로 행정이 추구하는 목표 역시 고정되어 있는 것이 아니며, 행정인, 행정구조, 행정환경의 변화 등으로 인하여 목표의 재검토가 필요하게 되는데, 이러한 현상을 목표의 변동이라 한다.

2) 목표변동의 유형

목표의 변동에는 목표의 전환, 승계, 다원화, 확대가 있다.

(1) 목표의 전환

목표의 전환은 종국적 가치가 수단적 가치로 전환되는 것이며 목표를 왜곡하는 현상을 의미한다. 이와 같은 목표전환이 일어나는 이유는 다음과 같다.

첫째, 무형적 목표의 추상적·개괄적 성격으로 행정인은 측정이 가능한 유형적 목표들을 중시하게 되어 상위목표를 등한시하는 목표왜곡현상이 나타나게 된다.

둘째, 관료제에 있어서 법규의 준수는 목표달성의 수단임에도 이에 대해 지나치게 집착함으로써, 그 자체가 목적이 되고 이에 따라 수단-목표의 도치현상("수단의 목표화")이 발생하게 된다.

셋째, 조직의 최고 관리자나 소수의 권력자가 권력을 장악한 후에 조직의 본래 목표를 추구하기보다, 목표를 전환시켜 자신의 권력이나 지위를 강화시키는 데 조직을 이용하는 현상이 나타난다. '과두제의 철칙'도 이러한 현상의 결과이다.

(2) 목표의 승계·다원화·확대

목표의 승계는 처음에 설정한 조직의 목표가 달성되었거나 혹은 달성될 수 없을 경우 조직이 새로운 목표를 찾아서 계승하는 것을 말한다. 승계의 예로는 우리나라의 1988년 이후의 올림픽 조직위원회와 2002년 월드컵 조직위원회를 들 수 있다.

목표의 다원화는 조직의 종래의 목표에 질적으로 새로운 목표를 추가하는 것을 말한다. 목표가 추가되는 경우 새로 추가되는 목표가 원래의 목표와 대립되는 현상을 초래하기도 한다.

목표의 확대란 목표 자체를 양적으로 더 크게 늘려 확대시키는 것을 말한다. 목표의 확대는 목표의 다원화와 양적 정도의 차이가 있을 뿐 엄격한 구별은 힘들다.

5. 조직목표와 환경의 관계

목표의 변동이란 행정의 동태성으로 인하여 행정이 추구하는 목표 역시 고정될 수 없으므로, 행정환경에 변화가 있으면 이로 인해 목표를 재검토하는 것이다. 행정환경은 경쟁관계와 협력관계로 나눌 수 있다.

1) 경쟁관계

경쟁관계는 2개 이상의 조직이 제 3 자의 선택에 영향을 미치기 위하여 호소하거나 조건을 제시하는 관계이다. 경쟁은 조직이 일방적 자의적으로 목표를 설정하는 것을 방지하며, 일방적 자의적으로 선정된 목표의 시정을 촉구하게 된다.

2) 협력관계

협력관계는 조직목표와 환경 사이의 흥정(*bargaining*), 적응적 흡수(*co-optation*), 연합(*coalition*)

관계를 말한다. 흥정이란 두 개 이상의 조직이 서비스 제공을 위한 합의를 교섭하는 것을 의미한다. 적응적 흡수란 조직이 존립을 위하여 지도층이나 의사결정기구에 외부로부터 새로운 구성원을 흡수하는 것을 말한다. 이러한 적응적 흡수현상은 조직의 목표달성과정이나 조직의 성격 자체에 결정적 영향을 미친다. 연합이란 공동의 목적을 위하여 조직이 다른 조직과 연합하는 것을 말하며, 장래활동을 위한 공동결정을 말한다.

6. 한국행정과 목표의 변동

1) 목표의 무형성(Invisibility)

행정은 국가경쟁력과 삶의 질의 제고를 통해 궁극적으로 국가구성원들의 인간 존엄성(*human dignity*) 향상을 위한 것이다. 이를 위해 대외적으로는 주권국가로서 인정을 받아야 하고, 대내적으로는 법과 질서의 유지, 경제생활의 향상, 사회복지의 향상, 환경 및 쾌적한 삶의 실현, 문화국가의 건설 등의 기능을 수행해야 한다. 이러한 행정목표들은 매우 높은 무형성을 가지고 있다. 행정목표의 무형성이 높다는 것은 실제에 있어서는 유형목표 또는 하위목표에 의존할 수밖에 없고, 이런 과정에서 목표의 변동현상이 생길 가능성이 높다는 것을 의미한다.

2) 목표의 과다측정(Overmeasurement)

행정목표의 무형성과 유형목표에의 의존경향은 과다측정의 경향으로 인해 발생하기도 한다. 오늘날 정부가 대외적인 정책홍보를 강화하고 대내적으로 감사활동을 강화하게 됨에 따라, 행정의 효과성을 계량화로 측정하는 성과관리현상이 증대되었다. 이처럼 행정의 계량화 경향이 심화되면 계량화 할 수 없는 무형목표는 성과측정이 불가능하게 되고, 그 결과 목표의 왜곡현상이 발생할 우려가 있다. 이는 행정에 있어서 성과관리의 무분별한 도입의 문제점이라고 할 수 있다.

제 2 절　국가정책의 이론적 기초: 정책의 특성, 유형, 과정

1. 정책의 개념

정책의 개념에 대해 학자들은 다양한 정의를 내리고 있다. H. Lasswell은 정책이란 "사회변동의 계기로서 미래탐색을 위한 가치와 행동의 복합체"이며, "목표와 가치 그리고 실제를 포함하고 있는 고안된 계획"이라고 정의하였다. 그런가 하면 D. Easton은 정책을 "사회전체를 위한 가치들의 권위적 배분"이라고 정의하고 있다. Yehezkel Dror은 "정부기관에 의하여 결정된 미래의 활동지침"이라고 정의하고 있다. 많은 학자들의 다양한 정의에도 불구하고 이들 사이의 공통된 요소는 정책이란, 1) 정책목표와 2) 정책수단에 대해 3) 공식적 기본지침으로써 4) 권위 있는 정부기관이 내린 결정이라는 것이다.

2. 정책의 특성

1) 목표지향성

정책은 어떠한 사회를 어떻게 만들겠다고 하는 것을 결정해 놓은 것이기 때문에, 바람직한 상태를 실현하려고 하는 목표지향성을 내포하고 있다.

2) 수단지향성

정책은 어떠한 사회를 어떻게 만들겠다고 하는 것을 결정해 놓은 것이기 때문에, 정책에는 만들고자 하는 사회를 실현할 구체적인 수단이 내포되어 있다.

3) 미래지향성

정책은 바람직하지 않은 사회문화, 구조, 가치, 규범, 행태 등을 더 바람직한 사회문화, 구조, 가치, 규범, 행태로 바꿈으로써, 미래의 바람직한 사회상태를 창출하겠다는 미래지향적 성격을 강하게 지니고 있다.

4) 문제지향성

정책은 바람직하지 않은 사회상태를 바람직한 사회상태로 만듦으로써, 사회가 당면하고 있는 문제를 해결하려는 문제지향성을 가지고 있다.

5) 인과성

정책은 사회가 직면하고 있는 문제를 해결하기 위한 수단이다. 따라서 정책수단을 원인으로 보면 정책의 실행결과 개선 또는 해결되는 사회상태는 정책결과라고 할 수 있다.

3. 정책의 구성요소

1) 정책목표

(1) 의 의

"정책을 통하여 이룩하고자 하는 바람직한 상태"를 정책목표라고 한다. 정책목표는 미래성과 방향성을 가지고 있다. 즉, 시간적으로 보아서 미래에 도달하고자 하는 상태이며, 그대로 방치할 경우 도달할 수 없는 상태를 정책을 통해서 실현코자 하는 발전지향적 방향성을 가진다. 또한 정책목표는 무엇이 바람직한 상태인가를 판단하는 가치판단에 의존하기 때문에, 주관적이며, 타당성이나 규범성을 지니고 있다.

(2) 기 능

정책목표는 크게 두 가지 기능을 가지고 있다. 첫째는 이것이 달성되어 정책효과를 가져와서 사회의 상태를 바람직한 방향으로 변화시키는 기능이며, 이것은 정책목표가 지니는 본래적 또는 1차적 기능이라고 볼 수 있다.

정책목표가 지니는 두 번째의 기능은 정책에 관련된 전반적 과정이나 활동에서 길잡이 역할을 하게 된다. 이러한 정책목표의 기능으로서 다음 세 가지가 강조된다.

첫째, 정책목표는 정책결정과정에 있어서 대안선택의 기준으로서의 역할을 한다. 목표달성의 정도가 대안선택에 있어서 가장 중요한 선정기준이다.

둘째, 정책목표는 정책집행과정에서의 활동지침으로서의 역할을 한다.

셋째, 정책목표는 정책평가과정에서 중요한 평가기준으로서의 역할을 한다.

정책목표는 정책결정을 비롯하여 정책집행, 정책평가 등 정책과정 전반에 핵심 지침으로 기능한다는 것을 알 수 있다. 따라서 적합하고 적정한 정책목표의 수립이야말로 정책과정에 있어서 가장 중요한 제1차적인 과제라 할 수 있다.

2) 정책수단

정책수단은 정책목표 달성을 위한 수단이다. 정책수단은 정책의 실질적 내용으로서 가장 중요한 정책의 구성요소가 된다.

정책수단은 국민들에게 직접적인 영향을 미치기 때문에, 이를 둘러싼 이해관계자의 갈등은 치열하다. 따라서 정책수단의 선택은 정책결정에서 가장 중요한 측면이 되고, 또 이러한 이유 때문에 정책수단은 효과성, 능률성만이 아니라 공평성, 대응성 등 여러 가지 평가기준도 만족시켜야 하는 것이다.

3) 정책대상

(1) 의 의

정책대상집단이란 정책의 적용을 받는 집단이나 사람들을 의미한다. 정책에 의하여 영향을 받는 사람들 혹은 정책집행의 대상이 되는 집단을 말한다.

(2) 특 징

정책과정에 영향을 미치는 정책대상집단은 다음과 같은 특징을 지닌다.

첫째, 대상집단의 규모에 따라 정책결과가 달라진다. 정책대상집단의 규모가 작으며 격리되어 있는 경우에는 그 정책에 대한 정치적 지지를 얻기가 용이하며, 따라서 그 정책이 이룩하고자 하는 목표의 달성이 용이하다.

둘째, 대상집단의 조직화 정도에 따라 정책결과가 달라진다. 정책대상집단이 조직화 되어 있을수록 정책과정에 영향을 크게 미치게 된다. 우리나라의 공정거래법이 제정되는 데 오랜 시일이 소요되었을 뿐만 아니라, 독과점규제 정책이 실효성이 낮다는 비판을 받는 것은 이 정책의 대상집단인 대기업들이 전국경제인연합회와 같은 조직을 중심으로 조직화가 잘 되어 있는 데에도 그 원인이 있다.

셋째, 대상집단의 과거 경험에 따라 정책결과가 달라진다. 정책대상집단이 과거에 정책의 영향을 받은 경험이 있느냐 하는 문제와 어떠한 반응을 보였느냐 하는 문제가 정책의 성패에 영향을 미치게 된다.

넷째, 대상집단의 변화강도에 따라 정책결과가 달라진다. 정책대상집단을 변화시키려는 정도나 강도가 높을수록 정책의 효과적인 집행이 어렵다.

(3) 정책목표-정책수단-정책대상집단에 관한 사례분석

정 책 사 례

8.31 부동산 정책사례

1. 정책목표
8.31 부동산 정책의 목표는 다음과 같다.
① 서민계층의 주거를 안정시키고 주택 마련 실현
② 부동산 부문에 집중된 인적·물적 자원을 생산적 부문에 투입해 자원배분의 왜곡 개선

③ 고용근로자의 주거안정의 확보를 통한 임금안정과 기업경쟁력 확보 근로자들의 건전한 근로
의욕 고취와 기업가 정신확보

④ 부동산 거품제거로 금융기관의 부실화를 방지하고 국가의 건실한 경제기반의 확보

2. 정책수단

(1) 수요 측면에서 '투기 수요 억제를 위한 세제합리화'

구 분	현 행	개 선 안
주 택	• 기준금액 9억원 초과(인별합산) • 인원: 4만명 • 세액: 900억원	• 기준금액 6억원 초과(세대별 합산) • 세대: 1만 6,000세대(전체 970만 세대의 1.6%) • 세액: 2,300억원
비사업용 토지	• 기준금액 6억원 초과(인별합산) • 인원: 3만명 • 세액: 3,100억원	• 기준금액 3억원 초과(세대별 합산) • 세대: 1만 1,000세대 • 세액: 4,400억원

(2) 공급 측면에서의 '공급확대 및 주택공급의 공공성 강화'

① 주택공급은 앞으로 5년간 연간 300만평씩 1,500만평의 공공택지공급

② 강남지역은 송파·거여지구를 포함한 200만평의 국·공유지를 택지지구로 개발, 5만호(중
대형 2만호)의 주택을 공급

③ 김포 신도시, 양주 옥정지구 등 개발 중인 4~5개 택지지구 주변 1,000만평을 확대 개발,
14만호의 주택을 공급

④ 주택공영개발방식을 확대하는 한편 분양가 안정을 위해 원가연동제와 채권입찰제 도입

3. 정책대상집단

8.31 부동산 정책이 영향을 미치는 정책대상집단은 다음과 같이 구분된다

① 고가 주택이나 다주택을 보유하는 자: 종합부동산세 과세의 강화

② 무주택자 및 서민: 주택공급의 공급확대 및 공공성 강화

자료: 최홍석 외, 2004: 258.

4. 정책효과: 정책산출, 정책성과, 정책영향

1) 정책산출

정책산출(*policy output*)은 정책의 집행으로 나타나는 일차적인 결과이다. 즉, 영세민복지 프로그램에 의하여 수혜를 받는 인원이나 범죄예방 프로그램에 의하여 적발된 범법자의 수 등과 같이 단기적이고 구체적인 산물이다. 이는 계량적 측정이 비교적 용이하여 정책을 평가하기에 쉽다.

2) 정책성과

정책성과(*policy outcome*)란 정책대상자들에게 일어난 변화이다. 성과는 산출보다 다소 계량화하기가 어려운 효과이며, 장기적인 효과이다. 예를 들어 영세민복지 프로그램의 집행으로 영세민들의 영양상태가 좋아졌거나, 프로그램 대상자들의 자활의욕이 높아진 것은 영세민복지 프로그램의 성과라 할 수 있고, 범죄예방 프로그램으로 연간 각종 범죄발생건수가 감소한 것은 범죄예방 프로그램의 성과라 할 수 있다.

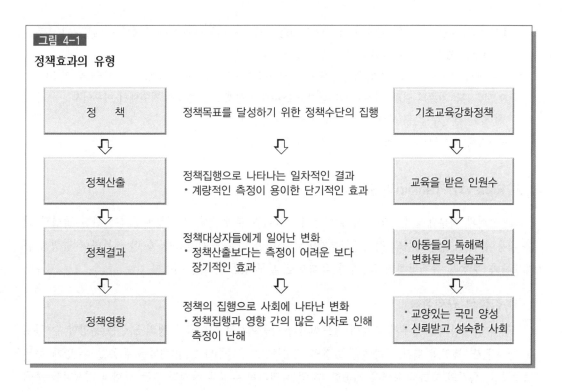

그림 4-1

정책효과의 유형

정 책	정책목표를 달성하기 위한 정책수단의 집행	기초교육강화정책
정책산출	정책집행으로 나타나는 일차적인 결과 • 계량적인 측정이 용이한 단기적인 효과	교육을 받은 인원수
정책결과	정책대상자들에게 일어난 변화 • 정책산출보다는 측정이 어려운 보다 장기적인 효과	• 아동들의 독해력 • 변화된 공부습관
정책영향	정책의 집행으로 사회에 나타난 변화 • 정책집행과 영향 간의 많은 시차로 인해 측정이 난해	• 교양있는 국민 양성 • 신뢰받고 성숙한 사회

3) 정책영향

정책영향(*policy impact*)은 정책의 집행으로 사회에 나타난 변화이다. 예로서 영세민복지 프로그램으로 사회적 복지수준이 향상되거나 생활만족도가 높아졌다든지, 범죄예방 프로그램으로 질서의식이 회복되고 치안상태가 그 이전보다 좋아져 야간에도 마음 놓고 외출할 수 있게 된 것 등은 정책영향이라고 할 수 있다(노화준, 1995: 10) 정책영향은 성과보다 더 오랜 후에 나타나는 효과이다. 일반적으로 정책의 집행과 정책의 영향 간에는 많은 시차가 있을 뿐만 아니라, 양자의 인과관계의 규명에도 많은 어려움이 있으므로 정책영향의 측정에는 많은 어려움이 있다(정정길 외, 2005: 56-69).

5. 정책의 유형

1) T. Lowi의 분류

T. Lowi는 정책의 유형을 다음과 같이 분류하였다.

① 분배정책: 국민에게 재화, 권리나 이익·서비스를 산출하여 제공·분배하는 정책으로, 대부분이 급부정책이다. 예로는 사회간접자본의 건설, 보조금 지급정책이 있다.
② 규제정책: 개인이나 집단에게 일정한 자유나 권리의 행사를 제한하는 정책으로, 강제성을 가진다.
③ 재분배정책: 기존의 권리·의무관계의 변경을 초래하는 정책으로, 형평성 차원에서 이루어지는 누진세 제도, 실업수당 등 사회보장정책이 여기에 해당된다.
④ 구성정책: 정부체제의 구조와 유지·운영에 관련된 정책으로 정부기관의 설립 또는 개편이 그 예이다.

2) Ripley와 Franklin의 분류

분배정책과 재분배정책은 앞에서 살펴본 T. Lowi의 분배정책 및 재분배정책에 관한 설명과 같은 내용이다. 그러나 그들의 정책유형분류에서 특이한 점은 규제정책을 좀 더 세분하여 경쟁적 규제정책과 보호적 규제정책의 두 가지 유형으로 분류하고 있다는 것이다.

(1) 경쟁적 규제정책

경쟁적 규제정책은 정부가 특정의 철도회사나 항공회사로 하여금 특정의 노선을 운항할 수 있도록 한다든가, 특정의 회사로 하여금 특정의 케이블TV 주파수나 DMB채널을 운용할 수 있게 하는 경우처럼, 특정의 재화나 용역을 제공할 수 있는 권리를 수많은 잠재적 또는 실제적 경쟁자들 중에서 선택, 지정된 소수의 전달자에게만 제한시키는 규제정책을 말한다.

(2) 보호적 규제정책

보호적 규제정책은 최저임금제 및 최대노동시간의 제한, 가격통제 등과 같이 여러 사적 활동에 대해 특정의 규제를 설정하여, 공중을 보호하고자 하는 것을 목적으로 하는 정책들을 의미한다.

3) Almond와 Powell의 분류

G. Almond와 G. Powell은 체제이론에 입각하여 정치체제의 산출활동의 기능적 특성을 중심으로, 추출정책, 분배정책, 규제정책, 상징정책 등의 네 가지로 분류하였다.

(1) 추출정책

조세와 병역 등과 같이 국내 및 국외 환경으로부터 물적·인적 자원을 추출해내는 산출활동으로 이루어지는 정책을 의미한다.

(2) 분배정책

분배정책은 추출정책과는 반대로 사회의 개인과 집단에게 교육, 보건, 위생, 오락 등과 같은 경제적 재화와, 용역과 지위, 신분, 공동체에의 소속감, 안전 등과 같은 여타의 가치들을 분배해 주는 산출활동으로 이루어지는 정책을 말한다.

(3) 규제정책

규제정책은 형벌, 의무, 면허 등과 같이 특정의 인간행동을 규제하는 산출활동으로 이루어지는 정책을 의미한다.

(4) 상징정책

상징정책은 정치체제가 국내외 환경으로 하여금 여타 정책에 보다 효과적으로 순응하도록 하기 위해, 정책체제의 정당성에 대한 심리적 신뢰감을 증진시키는 산출활동으로 이루어지는 정책을 의미한다. 그 예로는 국경일의 제정 및 준수, 정치적 마크나 배지의 착용 등이 있다.

6. 정책과 환경

1) 정책과 환경의 상호관계

정책은 정치체제의 산출물이다. 또한 정치체제는 모든 정책활동의 주체이다. 정치체제는 사회문제가 환경으로부터 투입되면 이 중 일부를 정책문제로 전환시키고, 이 정책문제를 다시 정책으로 전환시키며, 정책을 집행하여 정책결과를 환경에 내보낸다.

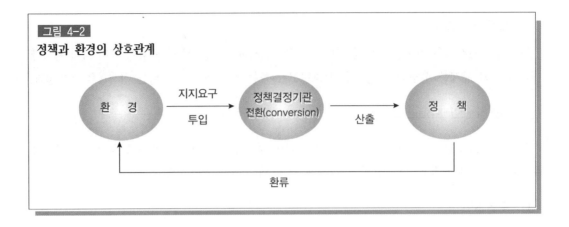

그림 4-2

정책과 환경의 상호관계

환　경 → 지지요구 투입 → 정책결정기관 전환(conversion) → 산출 → 정　책

환류

2) 정책체제모형과 구성요소

정책체제(*policy system*)는 개방체제로서 환경(*environment*)과 상호작용하면서, 환경으로부터 요구와 지지, 반대와 저항, 무관심 등의 투입(*input*)을 받아, 체제 내부의 목표와 구조, 문화와 규범 그리고 자원 등을 통하여 정책을 만들고(*policy making process*), 이를 체제 밖의 환경으로 산출(*output*)함으로써, 전체 체제의 목표달성을 위해 기능해 나간다. 그리고 정책, 법률, 규제, 서비스, 보상 등 다양한 형태로 나타나는 산출은 환경과 상호작용함으로써 문제를 해결하거나 변화를 유도해 나간다. 또한, 그 결과는 차기 정책결정에 대한 투입요소로 환류(*feedback*)되어 들어간다(권기헌, 2008).

(1) 정책환경(policy environment)

정책환경이란 정책체제를 둘러싸고 체제와 부단히 상호작용하는 일체의 외부적 요소들을 의미한다. 정책체제의 환경으로는 자연환경과 사회환경, 유형의 환경과 무형의 환경은 물론, 국제적 환경과 국내적 환경 등 다양한 환경들이 직접 혹은 간접적으로 정책체제에 대해 영향을 미치게된다. 이러한 환경의 성격은 궁극적으로 어떤 사회문제와 관련하여 정책체제에 투입되는 각 요소들의 특성을 좌우하게 된다.

(2) 정책투입(input): 요구와 지지

요구란 정부에 의해 해결되기를 바라는 국민들의 바램이며, 지지란 정부가 추진하는 정책과 각종 행정수행에 국민들이 지지하고 순응한다는 것을 의미한다. 일반적으로 정치체제의 민주화 정도가 높고, 국민의 정치적 수준이나 경제적 발전의 정도가 높은 곳에서 정책체제에 대한 국민적 요구의 정도가 높은 것으로 나타난다. 반면에 정치체제가 권위적이고 국민의 의식수준과 정치경제적 발전정도가 낮은 곳에서는 국민들의 정부나 정책체제에 대한 요구 정도도 낮은 것이 보통이다. 이러한 정책투입은 예컨대 주 5일 근무제도를 도입하라, 핵폐기물 처리장을 다른 지역으로 옮겨라, 정부의 대미정책이나 대북정책을 지지한다 혹은 반대한다는 등 수많은 요구와 지지 혹은 반대의 형태로 정부를 향해 투입되고 있다.

(3) 정책결정기관(policy making system): 전환과정

정책결정기관은 환경으로부터 제기된 요구가 정책결정기관으로 투입되면, 기관 내부에서는 이를 정책으로 결정하여 이를 다시 환경으로 내보내는 기능을 한다. 정책결정기관은 환경으로부터 투입된 요구와 지지를, 정책결정기관의 이념과 문화, 정책담당자, 자원동원 가능성과 가치판단, 해당되는 문제와 관련된 이해관계집단의 태도 등 다양한 요소를 고려하여 최종적으로 결정함으로써, 투입된 요구와 지지에 대한 정부의 공식적 지침을 결정하게 된다. 이렇게 정부의 공식적 지침으로 산출된 것이 정책이다.

(4) 정책산출(output): 정책

정책산출이란 환경으로부터 투입된 요구와 지지가 정책담당기관의 정책결정과정을 거쳐 최종적으로 나타난 결과물로서, 정책, 법률, 서비스, 규제, 보상 등 다양한 내용으로 나타난다. 최종 산출물은 예컨대 조세정책, 의약분업정책 등으로 나타난다.

(5) 환류(feedback)

환류란 정책이 집행되는 과정에서나 집행된 이후 그 결과가 다음 시기의 요구나 지지로 투입되어 들어가는 것을 의미한다. 예컨대, 의약분업정책이 집행되는 과정에서 반대에 부딪혀 정책을 수정하거나 중단하라는 요구가 다시 정부의 해당 정책결정기관으로 되돌아가는 것을 의미한다. 전북 부안군 위도에 핵폐기물 처리장을 건설하겠다는 정부의 정책결정이 집행되기도 전에 부안군민들의 반발로 정책수정의 위기에 처했었던 것이나, 새만금간척지 조성공사가 집행과정에서 야기된 환경단체 등의 반대로 몇 차례 공사중단을 겪어야 했던 것은 정책이 집행되는 과정에서 야기된 환류 때문이었다.

3) 환경의 내용

(1) 정치·행정적 요인

환경을 구성하는 정치·행정적 요인으로는, 정치행정이념, 정치행정체제, 정치행정문화, 정치체제의 권력구조 등이 있다. 예컨대, 정치행정이념은 일반적으로 정치행정체제가 지향하는 최고가치 혹은 지도정신으로서, 국가사회의 지배적인 가치관을 반영하며 정책과정의 모든 단계에서 적용될 가치기준의 역할을 한다.

(2) 사회·경제적 요인

Gaus는 생태적 요소들이 어떻게 정부기능에 영향을 미치는가를 이해하기 위해서는 환경을 면밀히 관찰해야 한다고 주장했다(Gaus, 1947). 요컨대, 사람과 장소, 물리적 기술, 사회적 기술, 욕구와 아이디어 그리고 재난 등이 사회적 요인으로 작용한다는 것이다. 또한 현대사회에서 경제활동을 영위하기 위한 경제적 요소들에 대한 상이한 이해관계는 여러 집단 간의 갈등을 유발시키며, 정책에 영향을 미치는데 1960년대에 비로소 이러한 영향관계가 연구되기 시작하였다. 대표적으로 다운스와 로빈슨(Dawson & Robinson, 1963)은 정치적 요인들이 비해 사회·경제적 요인들이 정책에 더 강한 영향을 미친다고 주장하기도 하였다.

정 책 사 례

IMF와 경제정책 변화

1. 사례요약

정부는 1997년 11월 23일 국제통화기금(IMF) 실사단의 방한에 맞춰, 강만수 차관을 단장으로 7개 팀으로 구성된 실무대책반을 구성, 구제금융신청에 따른 대책 마련에 나섰다.

또 내년도 경제성장률을 4~5%대로 하향 조정하고, 재정지출 축소와 함께 국제수지 적자폭을 1백억 달러 이하로 줄이는 등 1998년 경제운용계획을 작성하는 작업에 착수했다.

정부는 이와 함께 IMF 협상에 관한 폭넓은 의견수렴을 위해, 학계, 언론계 인사로 자문위원회를 구성, 이번 주 중 첫 회의를 갖기로 했다.

임창렬 부총리는 이날 "IMF가 통상적으로 자금지원에 부과하는 건전재정 유지 등 거시정책조건들을, 이미 우리가 상당부분 스스로 추진 중이기 때문에, 특별히 과도한 추가부담은 없을 것"이라고 말했다.

그러나 IMF는 한국정부에 구제금융지원의 대가로, 부실금융기관의 대폭적인 정리 등 강도 높은 자구책을 요구할 것이라고 IMF본부가 위치한 워싱턴 소식통들이 밝혔다.

자료: 조선일보 1997. 11. 24.

2. 쟁점 및 시사점

위 정책에 따른 쟁점 및 시사점을 살펴보면 다음과 같다.

첫째, IMF 구제금융체제 하에서 한국은 엄청난 사회적, 경제적 변화를 겪게 되었고, 이는 정책환경으로부터의 요구와 지지를 통하여 정책에 매우 큰 영향을 미치게 된다.

둘째, 이는 경제사회적 요인이 정책에 어떤 영향을 미치는지를 잘 보여주는 사례이다.

셋째, IMF 구제금융으로 인한 경제적 변화, 사회적 변화 그리고 그에 따른 정책의 변화를 간략히 예시하면 다음과 같다.

(1) 경제적 변화

① 마이너스 성장 지속

② 기업들의 잇단 부도와 구조조정으로 고용사정 악화

③ 금리 상승: 외환위기 직전 14%였던 시장금리가 IMF 지원금융 이후 20~30%로 상승

(2) 사회적 변화

① 소득감소와 생활고 가중

② 실업 증가와 함께 가계소득이 크게 감소: 1998년 3/4분기 도시근로자 가구당 월평균 실질 소득이 전년동기 대비 20%가 감소

③ 부익부 빈익빈 현상 심화: 도시근로자 가구 상위 20%계층의 소득은 증가하였으나, 하위계 층으로 갈수록 소득의 감소폭이 크게 나타남

(3) 사회경제적 변화에 따른 정책의 변화

① 외환시장의 안정을 위한 금융정책 실시

② 금융, 기업, 노동, 공공부문의 4대 구조개혁 정책의 실시

(3) 물리적 요인

물리적 요인으로는 지리적 특성과 인구통계학적 요소를 들 수 있다. 지리적 특성은 기후, 지세(地勢) 그리고 천연자원으로 대표되며, 이러한 변수는 국가사회의 각종 국가정책에 대한 여유나 압박과 같은 영향을 미친다. 또한 국가가 수립하는 대부분의 정책들은 인구통계적인 요소를 기본으로 하여 계획 및 실행되기 때문에 인구규모, 인구구조, 인구분포 등은 정책체제에 영향을 미치는 요인으로 작용한다고 할 수 있다.

7. 정책과정

1) 정책과정의 본질

정책이 산출되고 실행되는 데 거쳐야 할 일정한 단계적 절차를 정책과정이라고 한다. 여기서 정책은 정책의제설정에서부터 정책결정, 정책집행, 정책평가에 이르기까지 일련의 복잡하고 동태적인 과정을 밟게 되며, 정책과정은 이러한 일련의 연속순환과정을 거친다.

정책과정은 정책연구를 위해 정책을 중심으로 하여 만들어진 것으로, 정책결정자가 합리적 정책과정을 운영하기 위해 필요한 지식을 얻는 것을 목적으로 한다. 또한 정책과정에서 정책목표의 합리적 달성을 위한 합리적 측면과 참여자들의 이해관계와 관련된 정치적 측면이 모두 포함된다.

정책을 연구하는 많은 학자들에 의하면 정책과정의 구체적 단계에 대해서는 다양한 견해가 존재한다.

2) 정책과정의 단계

(1) 제1단계: 정책의제형성단계(agenda setting stage)

정책의제형성단계는 문제정의, 정책요구, 의제설정 등 세 단계로 구체화된다. 정책과정의 첫 단계는 공공이 관심을 가지는 문제가 인식되고 이슈가 형성되는 문제정의 및 이슈형성단계(*problem definition or issue formation*)이다. 공공에 의해서 특정한 문제가 인식되는 것은 곧 이슈형성을 의미하기 때문에 문제인식(정의)과 이슈형성은 분리해서 생각할 수가 없다. 그리고 문제에 대한 인식과 이슈의 형성이 이루어지지 않는 경우 정책과정은 진전되지 않는다. 다시 말해서 문제나 이슈가 있는 곳에 이를 해결하기 위한 정책이 있게 마련이다. 문제인식과 이슈형성단계는 다음 단계인 정책요구단계(*policy demand stage*)로 이어진다. 어떤 사회적 문제가 양적으로나 질적으로 극도의 상태에 달해 국가사회가 혼란에 빠질 경우, 사람들은 이를 문제로 인식함과 동시에 이슈로 삼아 정부로 하여금 이 사회적 문제를 해결할 수 있는 정책요구를 하게 된다. 정부에 대한 정책요구는 정부의 대응으로 이어지는데 이는 곧 의제설정단계(*agenda setting stage*)이다. 의제란 정책요구에 대해 정부차원에서 다루기로 결정한 의제나 이슈를 의미한다. 모든 정책요구가 정책의제가 되는 것은 아니다. 어떤 정책요구는 의제가 되기도 전에 사라지는가 하면 어떤 것은 수정된 형태로 겨우 의제가 되기도 한다.

(2) 제2단계: 정책결정단계(policy making stage)

정책결정단계는 정책의 채택단계와 정책의 합법화단계로 세분화된다. 먼저 정책채택단계는 정책문제를 해결하기 위해 적절한 정책대안을 선택하는 단계이며, 다음에 선택된 정책대안에 합법성을 부여하는 단계가 바로 정책의 합법화단계이다.

표 4-1 정책과정에 관한 다양한 견해

일반적 구분	Lasswell	Dror	Jones	Anderson
① 정책의제 ② 정책결정 ③ 정책집행 ④ 정책평가	① 정보수집, 처리 ② 동원 ③ 처방 ④ 행동화 ⑤ 적용 ⑥ 종결 ⑦ 평가	① 초정책결정단계 ② 정책결정단계 ③ 정책결정 이후 　단계	① 정책의제설정단계 ② 정부 내 행동단계 ③ 정부가 문제를 해결 　하는 단계 ④ 사업을 재검토하여 　필요한 조치를 취하는 　단계	① 정책의제설정단계 ② 정책대안작성단계 ③ 정책대안채택단계 ④ 정책의 집행단계 ⑤ 정책의 평가단계

(3) 제3단계: 정책집행단계(policy implementation stage)

정책목표를 달성하기 위해서는 결정된 정책이 집행되어져야만 한다. 정책의 집행에는 재정적 자원, 집행을 위한 법, 집행에 필요한 인원 그리고 구체적인 계획이 필요하다. 정책집행은 산출과 영향을 가져온다.

(4) 제4단계: 정책평가단계(policy evaluation stage)

정책평가단계는 정책의 성공과 실패를 판단하는 정책의 산출, 성과와 영향에 주로 초점을 맞춘다. 정책이 사회전체의 개선에 어떠한 역할을 하였는가를 알아보기 위해서 여러 가지 질문을 하게 된다.

첫째, 애당초 정책이 의도하였던 목표가 달성되었는가이다. 이 질문은 정책의 효과성과 관련된 질문이다.
둘째, 정책목표의 달성을 위해 투입되었던 비용은 무엇인가인데, 이는 정책의 능률성에 관한 질문이다.
셋째, 정책의 영향이 모두에게 골고루 돌아갔는가에 대한 것인데, 이는 형평성에 관한 질문이다.

이러한 세 가지 질문들 외에 대응성, 적합성, 적정성 등 평가질문은 다양하게 제시될 수 있다.

(5) 제5단계: 정책환류단계(policy feedback stage)

정책환류란 일반적으로 정책영향에 대한 평가결과가 다시 환경이나 정책결정과정에로 유입되는 것을 말한다. 정책영향에 대한 평가결과로 정책이 효과적이지 못해 실패한 것으로 판단될 경우, 이와 같은 정책은 종결되거나 대폭적으로 수정된다. 그리고 정책종결이나 대폭 수정에 대한 요구가 환경을 거쳐 정책결정과정에로 유입되는 것을 정책환류라고 한다

3) 정책과정의 참여자

정책과정은 정치체제의 핵심적 활동으로서 정책과정에서 나오는 산출물은 국민에게 영향을 미친다. 정책이해관계인들이 자신의 이해를 반영하기 위해 이 과정에 참여하는 것은 민주정치체제에서 당연한 일이다.

정책의 각 과정에는 정책과정을 주도적으로 이끌거나 또는 정책과정에 개입하여 직·간접적인 영향을 미치는 개인이나 집단이 있다. 이들을 정책과정의 참여자라고 한다. 정책의 과정은 정치적 성격이 매우 강하다. 따라서 정책과정에 참여하여 영향력을 행사하는 참여자들은 국가의 권력구조, 정치문화 또는 정책내용에 따라 그 유형이 매우 다양하다. 그러나 일반적으로 정책과정의 참여자는 헌법적, 법적 권한을 가진 의회, 대통령, 행정부, 사법부 등과 같은 공식적 참여자와, 정당·이익집단·NGO·일반국민·전문가 및 학자·언론기관 같이 법적 권한을 갖고 있지 않는 비공

그림 4-3

정책과정의 참여자

공식적 참여자	비공식적 참여자
정책과정에서의 참여가 법적, 제도적으로 보장된 자들을 의미	정부조직 밖에 있으면서 정책과정에 직·간접적으로 참여하는 자들을 의미
1. 의회 2. 대통령 3. 행정기관 4. 사법부	1. 정당 2. 이익집단 3. NGO 4. 일반국민 5. 전문가 및 학자 6. 언론기관

식적 참여자 등 크게 두 가지 유형으로 구분된다.

4) 정책과정의 권력모형에 대한 분류

(1) 정책결정을 보는 두 시각: 합리적 결정 vs 정치적 결정

(개) 합리적 결정

정책결정을 보는 두 시각으로서 정책을 합리적 결정으로 보는 시각과 정치적 결정으로 보는 시각이 있다. 먼저 정책을 합리적 결정으로 보는 시각은, 정책결정은 권력적 요소가 배제된 합리적이고 분석적인 노력의 결과로서, 정책목표를 달성하는 최선의 정책대안을 탐색하고 선택하는 데 필요한 전문성에 따라 정책이 결정되는 것으로 보는 것이다. 또한, 이 시각은 정책결정을 설정된 정책목표를 가장 잘 달성할 수 있는 합리적 정책수단을 선택하는 기술적 결정으로 보는 시각이다. 정책학이론에서 다루는 정책결정론, 정책분석론, 정책집행론, 정책평가론의 주요 초점은 이러한 합리적 시각에 기초하여 정책의 과학적 정책결정역량을 강화하는데 있다.

(내) 정치적 결정

정치적 결정으로 보는 시각은 정책결정을 정책참여자들의 정치적인 게임의 산물로 보는 것으로, 정치적인 자원 또는 권력의 크기에 따라 우월한 정치권력을 가진 참여자의 의도대로 정책이 결정된다고 본다. 정책결정의 대부분은 다양한 이해관계자들의 상호조정에 의해서 이루어진다는 점에서 본질적으로 정치적 결정이라고 보는 것이다. 정책참여자들은 권력의 원천에 따라 정책과정에

112 제 2 부 동태적 행정과정

> **그림 4-4**
>
> **정책과정의 권력모형 분류기준**
>
> > • **국가주도형 vs 민간주도형**
> > 국가주도형: 국가론(웨버주의론), 국가조합주의 모형
> > 민간주도형: 이익집단론 혹은 다원주의론
> > 혼합모형: 하위정부모형, 정책네트워크(이슈네트워크), 신다원주의론
>
> > • **소수 vs 다수(정책과정의 참여자 수)**
> > 소수: 엘리트론
> > 다수: 다원주의론

영향력을 행사하는 전략이 달라지는데, 공식적인 지위를 가지고 있는 참여자, 경제력을 바탕으로 한 참여자, 전문성을 가진 참여자가 있다. 또한 정치적 상호작용의 양상은 정책참여자들이 가진 권력의 크기에 따라 달라진다. 정치적 게임의 양상은 우월한 참여자의 일방적인 지배에 의한 결정 (*domination*)과 대등한 참여자들 간의 타협에 의한 결정(*compromise*) 등으로 나타난다.

(2) 정책과정의 권력모형 분류기준

정책과정의 권력모형에는 엘리트이론, 다원주의론, 하위정부 모형, 정책네트워크(이슈네트워크), 조합주의론 등이 포함되는데, 이들의 분류기준을 살펴보면 다음과 같다.

(가) 국가주도형 모형 vs 민간주도형 모형

국가주도형 모형에는 국가론(웨버주의론), 국가조합주의 모형이 있고, 민간주도형 모형에는 이익 집단론 혹은 다원주의론이 있으며, 국가와 민간의 혼합모형으로는 하위정부모형, 정책네트워크(이 슈네트워크), 신다원주의론이 있다.

(나) 소수 vs 다수: 정책과정 참여자의 수

정책과정은 소수에 의해 지배된다고 보는 엘리트이론과, 정책과정에 참여하는 집단은 매우 다양 하고 광범위하다고 보는 다원주의론으로 나뉜다.

5) 정책과정의 권력모형에 대한 유형

(1) 엘리트이론(elite theory)

(가) 고전적 엘리트이론

19세기 말부터 고전적 엘리트 이론가들은 전통적인 자유민주주의론에 대해 비판을 제기하였다.

그림 4-5

엘리트이론의 전개과정

엘리트이론의 전개과정			
1. 고전적 엘리트이론	**2. 1950년대 미국의 이론**		**3. 신엘리트이론**
• 과두제의 철칙론 제시	• 밀즈(Mills)	• 헌터(Hunter)	• 바흐라흐(Bachrach) • 바라츠(Baratz)
• Mosca(모스카) • Pareto(파레토) • Michels(미헬스)의 고전적 엘리트이론	• 지위접근법 (미국 전국적 차원의 정책과정 분석)	• 명성접근법 (미국 애틀란타시 정책과정 분석)	• 다원주의에 대한 비판적 관점 • 무의사결정론
사회는 지배계급-피지배계급 구분 엘리트들은 동질적이고 폐쇄적 엘 리트들은 자율적 타구성원에게 책 임없음	미국사회 권력엘리트 정부-군-기업 복합체 (milltary-industry Complex)	애틀란타에서 가장 영향력 있는 것으로 명성이 나있는 40명을 뽑아내어 분석, 이들이 여러 가지 모임을 통해서 애틀란타 시의 정책의 기본방향을 결정, 이들보다 하위층에 있는 자들이 이를 뒷받침하고 집행	무의사결정이란 정책과정(특히 정책의제 설정단계)에서 지배적인 엘리트집단의 이 해관계와 부합하는 문제만 논의할 목적으 로 지배집단의 이익에 명시적, 잠재적으 로 도전이 될 수 있는 문제를 거론조차 못하게 억압하고 방해하는 결정을 의미

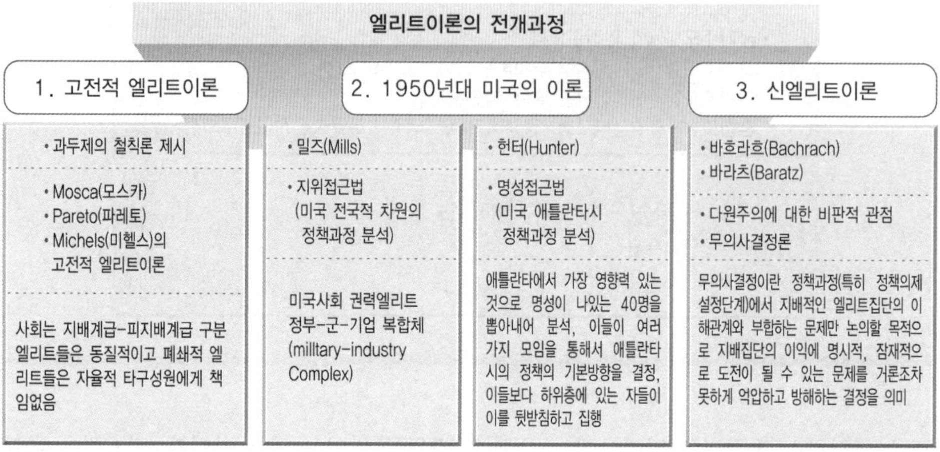

고전적 엘리트이론은 어느 조직체나 어떠한 사회에서도 집단이 구성되면 거기에는 소수의 엘리트에 의한 지배체제, 즉 과두지배체제가 필연적으로 대두될 수밖에 없다는 소위 '과두지배의 철칙론'을 제시하였다.

⑷ 1950년대 미국의 엘리트이론

Mills와 Hunter로 대표되는 1950년대의 엘리트이론은 미국사회에 있어서 지배엘리트의 구체적인 존속형태와 정치기능을 실증적으로 분석하는 데 초점이 있다.

고전적 엘리트이론
- Mosca(모스카), Pareto(파레토), Michels(미헬스)의 엘리트이론 -

① 한 사회는 사회를 지배하는 지배계급인 엘리트계급과 피지배계급인 대중계급으로 구분된다.

② 엘리트들은 동질적이고 폐쇄적이다. 엘리트들은 비슷한 사회적 배경, 가치관, 이해관계를 가지고 있으며, 서로를 잘 알고 있어서 엘리트로서의 응집성과 집단의식이 강하다.

③ 이상의 이유들 때문에 엘리트들은 자율적이며, 다른 계층에 대해 책임을 지지 않는다. 중요한 정치적 문제는 대중들의 이익이나 사회전체의 이익과는 상관없이 자신들의 이해관계를 고려하여 해결하게 된다.

표 4-2	1950년대 미국의 엘리트이론	
Mills(밀즈)		Hunter(헌터)
지위접근법 (미국 전국적 차원의 정책과정 분석)		명성접근법 (애틀란타시의 정책과정 분석)
미국사회의 권력엘리트는 정부-군-기업복합체(military-industry Complex), 즉 미국사회의 권력엘리트는 거대기업체의 간부, 군의 장성, 정치집단의 정치가 등 세 영역에서 최고정상에 있는 인사들로 구성되어 있으며, 이들은 사실상 미국최고의 정책결정 수준을 좌우한다고 분석		인구 50만 명인 조지아주의 애틀란타시를 대상으로 애틀란타에서 가장 영향력 있는 것으로 명성이 나있는 40명을 뽑아서 분석했는데, 이들이 여러 가지 모임을 통해서 애틀란타시의 정책의 기본방향을 결정하고, 이들 보다 하위층에 있는 자(중견공무원, 신문의 컬럼니스트, 각종 사회단체의 책임자들)들이 이를 뒤받침하고 집행해 나간다고 분석

(다) 신엘리트론

R. Dahl 등의 다원주의자들에게 엘리트이론이 비판받게 되자, 다원주의에 대한 비판적 관점에서 제기된 것이 무의사결정론을 핵심으로 한 신엘리트론이다.

Bachrach(바흐라흐)와 Baratz(바라츠)는 R. Dahl의 실증적 접근방법이 단순한 명성에 의하여 엘리트의 권력행사를 파악하려 한 Hunter의 방법보다는 우수하지만, 엘리트에 의한 권력행사에 다른 하나의 측면을 고려하고 있지 못하다고 비판한다.

정책결정에 영향을 미치는 정치권력은 두 가지 얼굴(*two faces of power*)을 지니고 있다고 주장하면서, 밝은 측면의 얼굴은 정책문제를 해결하기 위한 정책결정에서 영향력을 행사하고, 어두운 측면의 얼굴은 정책결정과정에 선행하는 정책문제의 채택과정에서 영향력을 행사한다는 것이다.

이렇게 엘리트들에게 안전한 이슈만을 논의하고 불리한 문제는 거론조차 못하게 봉쇄하는 것을 무의사결정(*non-decisionmaking*)이라고 부른다.

Bachrach(바흐라흐)와 Baratz(바라츠)는 무의사결정이론(1962)을 제시하면서 다음 사항들을 강조하였다.

첫째, 정책문제채택과정에서 기존세력에 도전하는 요구는 정책문제화하지 않고 억압을 당한다.
둘째, 정책결정과 집행과정에서도 무의사결정이 일어난다. 정책문제채택과정에서 개혁요구세력이 주장하는 논리를 기존세력이 저지하지 못했을 경우에, 정책결정과정에서 고려되는 정책대안의 범위나 내용을 수정시키려고 노력한다. 여기에서도 실패한 경우에는 정책집행과정에서 집행을 저지하기 위해 배정되는 예산이나 인력을 최소화하려고 노력한다.

따라서 무의사결정이란 정책과정(특히 정책의제설정단계)에서 지배적인 엘리트집단의 이해관계와 부합하는 문제만 논의할 목적으로, 지배집단의 이익에 명시적, 잠재적으로 도전이 될 수 있는 문제를 거론조차 못하게 억압하고 방해하는 결정을 의미한다. 즉, 사회 내에서 기존의 이익배분상태의 변화에 대한 요구가 표명되기도 전에 억압하거나, 정책결정의 단계에 이르러서도 형식적 대안을 채택하도록 압력을 행사하고, 이것이 실패하는 경우에는 정책집행단계에서 각종 불응전략을 통해 정책의 성공을 좌절시키는 현상을 말한다. 예컨대 과거의 노동억압적 노사관계정책, 환경규제정책, 부유세 신설문제 등이 이에 해당한다.

(2) 다원주의이론(pluralism)

㈎ 이익집단론과 다원주의론

초기의 이익집단론과 이를 좀 더 정책과정의 권력모형으로 발전시킨 다원주의론으로 나눌 수 있다.

① 이익집단론

Bentley(벤틀리)와 Truman(트루만)의 이익집단론이 다원주의의 초기적 이론의 틀을 갖추고 있는바, 민주사회에서는 이익집단들의 요구에 따라 정책을 결정하고 집행하는 것이 가장 민주적이라고 주장하였다. 특히 다양한 이익집단의 주장과 요구에 부응할 수 있는 두 가지 제도적 메커니즘으로 인해 이익집단의 요구와 이를 통한 민주주의의 실현은 균형있게 진행된다고 주장한다.

㉠ 잠재집단

잠재집단은 실질적으로 조직화되어 있지는 않지만 공유된 이해관계를 가지고 있기 때문에, 만약 특수이익을 가진 지배적인 집단이 자신들의 이익을 침해할 가능성이 있는 경우 조직화될 수 있는 상태의 집단을 말한다. 이러한 잠재집단의 조직화 가능성 때문에 실제로 압력행사를 하지 않더라도, 특수이익집단들은 잠재이익집단들의 이익을 보장하게 된다는 것이다.

㉡ 중복회원이론

이익집단의 구성원은 하나의 집단에만 소속되는 것이 아니라 여러 집단에 소속되므로 일정 집단의 특수이익을 극대화하기 위하여 다른 집단의 이익을 크게 손상시키지는 못한다는 것이다.

② 다원주의론

다원주의론의 일반적인 전제는 권력이 소수의 지배집단에 집중되어 있는 것이 아니고 널리 분산되어 있으며, 관심을 가진 이해관계세력은 영향력의 행사에 동일한 정도의 접근가능성을 가지고 있다는 것이다. 그리고 정부는 매우 소극적인 역할을 수행한다고 본다. 다원주의론은 미국 엘리트론의 방법론이 지닌 문제점을 지적하면서, 구체적인 현실의 정책결정에 대한 경험적인 연구를 통해, Mills와 Hunter로 대변되는 엘리트이론의 주장을 반박한 R. Dahl에 의해 본격적으로 전개되었다. R. Dahl은 『Who Governs?』라는 그의 유명한 저서에서, 1780년대부터 1950년대까지 약 170년간 미국의 New Haven(뉴 헤이븐)이라는 도시를 중요 정책결정사항들을 경험적으로 조사하여, 다음의 두 가지 측면에서 이 도시가 과두적인 사회에서 다원주의 사회로 변화하여 왔다고 주장하였다.

그림 4-6

다원주의론의 발전과정

다원주의론의 발전과정

1. 이익집단론	2. 다원주의론	3. 신다원주의론
・벤틀리(Bentley) & 트루만(Truman) ・다원주의의 초기의 이론적 틀 - 민주주의 사회에서는 이익집단의 요구에 따라 정책을 결정하고 집행하는 것이 가장 바람직함 1. 잠재집단 특수이익을 가진 지배적 집단이 자신의 이익을 침해당할 우려가 있을 때 조직화될 수 있는 집단 2. 중복회원 이익집단의 구성원은 한 집단에 소속되어 있는 것이 아니라 여러 집단에 소속	・다알(R. Dahl) ・일반적 전제 - 권력이 소수의 지배집단에만 집중되어 있는 것이 아니라, 널리 분산되어 있으며 관심을 가진 이해집단들은 영향력 행사에 동일한 접근가능성을 가짐 - 정부는 매우 소극적 역할을 수행	・고전적 다원주의에 대한 비판 - 자본주의 국가에서는 기업집단에게 특권을 부여할 수밖에 없는 점 인정 - 정부는 중립적 조정자가 아니라 전문화된 체계를 갖추고 능동적인 기능을 수행하는 적극적인 존재 - 민주사회의 핵심적 동력: 사회에 존재하는 여러 이익집단 간의 정치적 이익의 조정과 극복

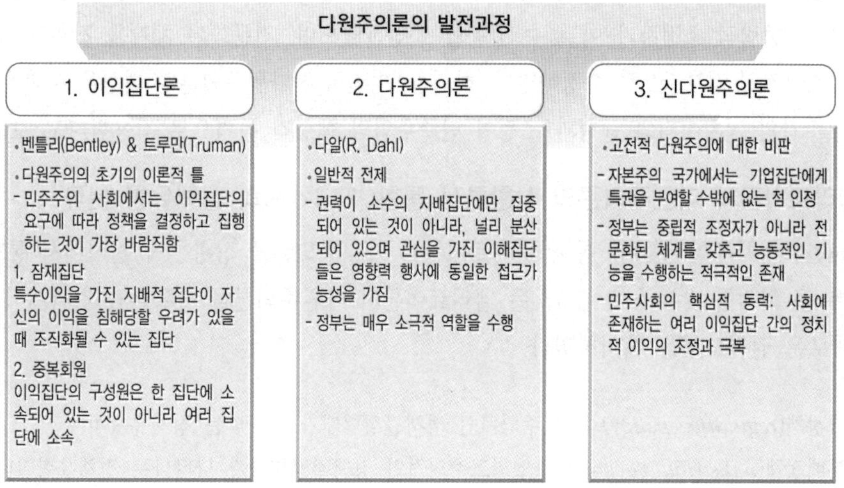

첫째, 정책영역별로 영향력을 행사하는 엘리트들이 각기 다르다. 정치적 자원의 배분이 누적적인 것이 아니라 분산되어 있기 때문이다.

둘째, 엘리트집단 전체가 대중의 요구에 민감하게 움직인다. 초기이익집단론자인 Truman이 주장하는 잠재이익집단론과 동일하다.

다원주의론
- 다원주의론의 주요 특성 -

① 경험적 연구결과에 따르면 서구 민주정치체제에서는 권력이 다양한 세력에 분산되어 있다.

② 이익집단들 간의 영향력에 차이가 있음을 인정하지만, 중요한 것은 이들이 정부의 정책과정에 동등한 접근기회를 가지고 있다는 점이다.

③ 이익집단들 간에 영향력의 차이는 있지만, 전체적으로 균형을 유지하고 있다고 본다.

④ 이익집단들 간에 상호 경쟁적이지만, 기본적으로는 게임의 규칙을 준수해야 한다는 데 합의를 하고 있다.

⑤ 정책과정의 주도자는 경쟁하는 이익집단들이며, 정부의 역할은 갈등적 이익을 조정하는 심판자(umpire)의 역할을 수행한다고 본다.

(나) 신다원주의론(neopluralism)

고전적 다원주의에 대한 비판을 수용하여 새로운 다원주의 관점으로 제시된 것이 신다원주의이다. 특히 신다원주의는 자본주의 국가에서는 기업집단에 특권을 부여할 수밖에 없는 특성이 있음을 인정한다. 정부가 중립적 조정자가 아닐 수 있음을 인정하였으며, 전문화된 체제를 갖추고 능동적으로 기능하는 적극적인 정부관으로 수정하였다. 하지만, 여전히 신다원주의론의 핵심은 사회에 존재하는 이익집단들 간의 정치이익의 균형과 조정이 민주주의의 핵심적 동력으로 작용한다고 보는 것이다.

(3) 엘리트이론과 다원주의론의 상황론적 통합: T. Lowi의 정책유형 분류

T. Lowi가 정책유형 분류를 통해 엘리트이론과 다원주의론을 상황론적 견지에서 통합하려 한 것은 매우 큰 의의를 갖는다. T. Lowi는 엘리트이론과 다원주의론을 상황론적 견지에서 통합하는 제3의 새로운 권력모형을 제시하였다.

① 규제정책(*regulative policy*): 다원주의적인 정책결정행태가 나타나는 정책유형이다.
② 재분배정책(*redistributive policy*): 엘리트주의적인 정책결정행태가 나타나는 정책유형이다.
③ 배분정책(*distributive policy*): 다원주의나 엘리트 모형이 적용되지 않는 형태의 정책유형이다.

(4) 하위정부모형(subgovernment model)

(가) 의 의

하위정부모형(*subgovernment model*)은 정부의 전문관료, 의회의 국회의원, 이익집단의 대표로 구성된 삼자연합이 특정 정책영역에서 정책결정을 지배한다고 보는 이론이다. 하위정부모형은 비공식참여자로 분류되는 이익집난과 공식적인 참여자인 관료조직 그리고 의회의 상임위원회 간의 연계적인 활동을 통한 정책의 결정과 집행에 주목하는데, 이 모형은 정책과정 참여자들 간의 상호작용과 영향력관계를 동태적으로 묘사하고 있는 점에서 그 의의를 찾을 수 있다.

(나) 특 징

하위정부모형(*subgovernment model*)의 특징은 다음과 같다.

첫째, 정책영역별로 이익집단, 의회의 상임위원회, 해당 관료조직이 하위체제를 형성하여 정책의 주요 내용과 성격에 결정적인 영향을 미친다고 본다.
둘째, 철의 삼각(*iron triangle*)과 하위정부(*subgovernment*)라는 개념과 거의 동일한 의미를 지니고 있으나, 철의 삼각이라는 개념이 부정적인 의미를 담고 있는 반면, 하위정부는 보다 중립적인 의미를 가지고 있다.
셋째, 특정 정책영역에서 지배적인 참여자들은 그들의 이해관계에 따라 특정 정책문제를 보다 능률적으로 처리하기 위해 상호간에 밀접한 접촉을 유지하고 있다는 것이다.

표 4-3 하위정부모형, 정책공동체, 이슈네트워크 간의 비교

유 형	참여자수	주된 참여자	상호의존성	참여배제성	관계지속성
하위정부모형	제한	정부관료, 국회 상임위원회, 관련 이익집단 (철의 삼각 동맹)	높음	높음	높음
정책공동체	광범	정부관료, 국회, 이익집단, 전문가집단	비교적 낮음	비교적 낮음	비교적 낮음
이슈네트워크모형	매우 광범	정부관료, 국회, 이익집단, 전문가집단, 기업가, 로비스트, 언론인 등 다수관심집단	낮음	낮음 (개방성)	낮음 (유동성)

(5) 정책네트워크모형(policy network model)

정책네트워크모형은 공식적인 참여자들만이 아니라, 다양한 집단들 간의 상호작용과정이 전개되는 비공식적 장에서의 논의가 정책과정과 산출에 영향을 미치고 있다는 점에 착안한다. 다양한 참여자들 간의 관계를 포괄한 정책과정의 동태성을 설명하기 위한 새로운 모형의 필요로 인해 등장한 것이 정책네트워크모형이다. 이는 위에서 살펴본 엘리트주의나 다원주의의 편협한 주장에 대한 대안으로 인식되고 있다.

1960년대에 등장한 하위정부모형, 그리고 이에 대한 비판으로 Heclo에 의해서 1970년대 후반에 제기된 이슈네트워크론이 정책연구에 있어서 네트워크 분석의 기원이 되었다. 먼저, 하위정부모형은 해당 관료조직, 의회의 상임위원회, 특정 이익집단 간의 상호작용 유형으로 정의되는데, 폐쇄적이고 안정적인 네트워크의 일종이다. 이슈네트워크는 해당 관료조직, 의원, 기업가, 로비스트, 학자, 언론인 등을 포함하는 특정 영역에 이해관계나 관심을 가지는 사람들 간의 의사소통 네트워크를 의미하는데, 개방적이고 유동적인 네트워크의 일종이다. Rhodes(로즈)를 중심으로 한 영국의 학자들은 폐쇄적이고 안정적이며 지속적인 네트워크인 정책공동체와, 개방적이고 유동적인 네트워크인 이슈네트워크로 정책네트워크의 유형화를 시도하였다.

8. 기획(Planning)

1) 기획의 의의

Y. Dror(1963)는 기획(planning)이란 "보다 나은 수단으로 목표를 달성키 위해 장래의 행동에 관한 일단의 결정을 준비하는 과정"이라고 보았다. 즉, 특정한 목표를 달성하기 위하여 최상의 이용가능한 미래의 방법 및 절차를 의식적으로 개발하며 준비하는 과정이다. 기획과 구별해야 하는

개념으로 정책과 계획이 있다. 기획이란 바람직한 장래의 변화를 합리적으로 도모하는 시도라고 하는 점에서는 정책 또는 계획과 유사하다고 볼 수 있다. 그러나 정책학자들은 기획이 정책을 실행하기 위해 사전적으로 정해지는 일정한 지침 또는 방향의 역할을 한다는 점에서 정책과 구별하고 있으며, 계획(*plan*)이란 기획을 통해 나타나는 일정한 결과물이라는 점에서 차이가 있다고 보는 것이 일반적인 견해이다.

2) 기획의 특성

기획은 설정된 장래의 목표를 달성하기 위한 방법과 전략을 제시하는 것이므로 목표지향성과 미래지향성을 지니며, 행동을 전제하는 점에서 행동지향적 성격을 가진다. 또한, 기획은 목표를 달성하기 위한 수단이므로, 대체가능한 여러 대안 중에서 최적의 수단을 선택하는 합리적인 의사결정과정이다. 그리고 기획도 의사결정형태의 하나이므로 정책결정과정과 유사한 1) 문제의 정의 및 목표의 설정 2) 대안의 탐색개발 3) 대안의 미래예측 4) 대안의 비교평가 5) 대안의 선택 등의 일반적 단계를 거친다.

3) 기획의 중요성

기획은 바람직한 사회적 상태를 실현하기 위한 첫 단계로서 청사진을 제시하는 것이므로 매우 중요하다. 따라서 기존의 수단적·기계적 기획관[1]의 한계를 극복하기 위해 창조적·규범적 기획관[2]으로 전환되었다. 기획이 중요한 이유를 간략하게 서술하면 다음과 같다.

첫째, 기획을 통해 정책목표는 명확해지고 미래를 예측하고 대비할 적절한 전략을 세울 수 있다.
둘째, 정책집행과정에서 발생하는 시행착오를 줄이고, 한정된 자원을 효율적으로 사용할 수 있게 하므로 비용 및 인력 등을 절약할 수 있다.
셋째, 기획을 통해 전문화 되어 있는 행정기능을 목표달성에 적합하게 조정할 수 있고, 기획을 통해 조직활동이 세부적으로 결정되므로 효과적인 행정통제를 가능하게 한다.

기획은 행정의 목표와 수단을 합리적으로 연결하므로, 행정의 효율성을 높일 수 있다. 또한 기획은 장래를 예견하고 능동적으로 대처하는 행위이므로, 변화와 개혁을 유도하고 촉진시키는 계기를 마련한다.

---

1 전통적 기획이론으로서의 수단적·기계적 기획관은 행정행태론과 같은 접근방법에서 강조하였으며, 목표설정이나 가치판단 등의 기능을 배제하는 기획관이었다. 반면, 창조적·규범적 기획관은 목표나 가치에 대한 판단기능이 기획에서도 필요하며 매우 중요하게 다루는 신행정론에서 강조하는 기획관이다. 창조적·규범적 기획관은 문제의 정의에도 관심을 가지게 되므로 제3종 오류를 방지할 수 있게 되는 장점이 있다.
2 Erich Jantsch(1970), From Forecasting and Planning to Policy Sciences, Policy Sciences 1: 31-47.

4) 기획의 유형

기획은 다양한 기준으로 유형구분이 가능하지만 여기에서는 이념기준, 성격기준, 중요도와 범위기준으로 나누어 살펴보기로 한다.

(1) 기획의 이념기준: George & Wilding

조지와 윌딩(V. N. George & P. Wilding)은 기획의 4가지 이념모형을 제시하였다. 첫째, 시장자유주의 모형은 자유와 개인주의를 존중하며 국가기획은 불필요하거나 무용(無用)하다고 본다. 둘째, 소극적 집합주의 모형은 시장자유주의의 기본적 이념에는 동의하나 사회문제의 해결을 위해 자유가 침해되지 않는 일정한 한도 내에서의 기획을 수용한다. 셋째, 사회민주주의 모형은 평등을 강조하면서 국민적 최저(national minimum) 또는 점진적 개혁을 지지하며, 기획의 적극적인 역할을 강조하였다. 넷째, 마르크스주의 모형으로서 자본주의제도를 부정하며 국가기획을 적극적으로 활용하여 공익을 가장 잘 실현할 수 있다고 보았다.

(2) 기획의 성격기준: Hudson

허드슨(Hudson)은 기획의 성격에 따라 총괄적(synoptic), 점진적(incremental), 교류적(transactive), 창도적(advocacy), 급진적(radical) 기획의 다섯 가지로 구분하였다. 총괄적 기획은 개도국이 주로 많이 활용하며 합리적·종합적 접근방식을 취하고 국제기구들의 원조계획에 따른 자문활동 등의 형태로 구현된다. 점진적 기획은 주로 선진국에 적용되며, 교류적 기획은 대면접촉을 통해 수립되는데 인간의 존엄성과 같은 상위 차원의 가치를 고려하는 특징을 가진다. 창도적 기획은 사회적 약자에 대한 보호를 위해 많이 사용되며 약자에 대한 구제절차를 중시하고, 급진적 기획은 단기간 내에 구체적인 성과를 낼 수 있다는 특징을 지닌다.

(3) 기획의 정향기준: Russel L. Ackoff

애코프(Ackoff)는 기획의 정향에 따라 기획의 종류를 4가지로 구분하였다. 첫째, 무위주의(inactivism)는 현상유지적이고 국가의 인위적 개입에 반대하며, 변화를 원하지 않고 수단의 선택에 대해서는 관심을 가지는 조작적 기획이 나타난다. 둘째, 반동주의(reactivism)는 전통과 역사를 중시하여 과거로 회귀하려는 특성을 가진다. 이러한 정향에서는 권위적·집권적·온정적이며 수단과 단기목표에 관심을 가지는 전술적 기획이 나타난다. 셋째, 선도주의(preactivism)는 더 나은 미래를 지향하며 작위의 오류를 선호하는 특성을 가지며 계량적이고 과학적이다. 또, 이상화가 아니라 최적화를 추구하는 전략적 기획이 나타난다. 넷째, 능동주의(proactivism)는 제3종 과오를 방지하고자 하며 문제 자체의 정의를 바르게 하는 것을 중시한다. 또 상호작용을 통한 학습과 적응능력의 향상에 관심을 가지며, 최적화가 아니라 이상화를 추구하는 규범적 기획이 나타난다.

(4) 기획의 차원기준: E. Jantsch

E. Jantsch 정책연구에 있어서 미래라는 화두는 더욱 더 중요하게 다가간다. E. Jantsch(1970: 33-37)는 그의 혁신적인 논문, "From Forecasting and Planning to Policy Sciences"에서 미래예측과 정책기획이 정책연구에 핵심적인 역할을 담당해야 한다고 주장하면서, 관리과학이나 체제분석이 아닌 정책분석은 국가의 미래를 조망하고 기획하고 설계하는 국가의 최상위 차원의 창조행위가 되어야 한다고 역설한다. 즉, 그는 정책분석(가치분석, 당위성: *ought to*)-전략분석(체제분석, 실현성: *can*)-운영분석(관리분석, 능률성: *will*)의 3단계로 이루어진 계층적 차원을 제시하였다. E. Jantsch는 인간의 합리적인 창조행위 혹은 내면의 창조의지가 국가적인 혁신으로 이어질 수 있다는 믿음에 기초하여, 인간(*decisionmaking*), 정책기획(*planning*), 미래예측(*forecasting*) 등의 단계를 거쳐 국가혁신(*innovation*)으로 이어질 수 있다고 보았다. 이처럼 미래예측과 정책연구는 정책의 미래지향적 본질에 있어서나, 정책학 연구의 본류에 서 있는 학자들의 견해에 있어서나 매우 밀접한 관련이 있음을 알 수 있다.

5) 기획의 절차

(1) 미래의 예측 및 목표의 설정

미래예측의 방법으로는 첫째, 담당자나 기관장이 직관 및 통찰력 등 초합리적인 것에 의존하여 예측하는 방법과 둘째, 전문가들에 의한 예측으로서 정책델파이 및 브레인스토밍을 사용하는 방법과 셋째, 이론모형에 의한 계량적 방법이 있다.

(2) 정보의 수집 및 분석

기획대상에 관련된 정보와 지식을 수집하고, 해결대상문제와의 상호관련성을 분석하는 단계이다. 관련된 사항의 정보를 분석하는 데 있어 제일 중요한 문제는 정확한 데이터를 수집하고 분석하는 것이다.

(3) 대안의 작성 및 평가

기획은 구체적인 활동의 순서를 사전에 설정하는 것이므로, 정책과 달리 가용자원이 실제로 동원 배분되어야 하는 것이다. 또 하나의 문제는 이러한 대안의 평가에 있어 자칫하면 측정이 가능하고 쉬운 양적인 것에 치우쳐 보다 중요한 질적인 것이 경시되기 쉽다는 것이다. 그러므로 질적인 것이 경시되지 않았는지 특별한 유의를 할 필요가 크다(박동서, 1978: 184).

(4) 선 택

기획의 선택단계에서 중요한 것은 누구의 이익을 위한 것인가 하는 것의 고려이며, 공익은 이러한 점에서 행정이념으로써 기획을 지도하는 가치기준이 된다. 기획은 장래에 관한 것이므로 미래예측이 100% 정확하다고 말할 수 없다. 따라서 기획이 처음과 달리 수정이 불가피한 경우도 많다.

6) 국가기획과 민주주의

국가기획은 민주주의의 자유이념이나 자유경쟁을 중심으로 하는 시장경제체제와 공존할 수 있는가 하는 문제를 가지고 Hayek와 Finer가 논쟁을 한 바 있다. 양 입장의 주요 주장들을 간략하게 소개하기로 한다.

(1) 반대론

Hayek은 『노예에로의 길』(The Road to Serfdom, 1944)에서 기획을 반대하였다. 자본주의 국가가 기획을 도입하는 경우 도덕적으로는 정부의존적 사고가 확대되고, 정치적으로는 시민사회의 자율성이 축소되고, 경제적으로는 시장의 성장잠재력 마비를 초래한다고 주장하였다. 이는 기본적으로 정부의 기능은 국민의 행복증진이라는 적극적 기능이 아니라, 정부실패에 국한되어야 한다는 최소국가론적인 시장주의 사고를 전제로 한 것이다.

(2) 찬성론

Finer는 『반동에로의 길』(The Road to Reaction, 1945)에서 다수가 공인하는 결함은 건전한 구제책이 강구되어야 하고, 자본주의의 폐단과 결함을 시정하기 위한 민주적 기획론을 주장하였다. Finer는 Hayek의 이론을 이론적 측면에서 반박하고, 자유와 국민의 권리를 보장하는 민주적 기획이 가능하다고 주장하면서, 국가기획의 불가피성과 타당성을 역설하였다.

국가기획과 민주주의의 문제는 흑백론으로 접근할 문제는 아니라고 본다. 복잡성과 다양성을 특징으로 현대사회에서 기획을 배제한다는 것도 불합리한 일이거니와 기획이 내포하고 있는 비민주적 요인들에 대한 경계를 게을리하지 않는 것이 중요할 것이다. 기획과 행정이 내포하고 있는 재량적 요인들에 대한 시민의 참여 및 행정통제를 효과적으로 작동시키면서 국정관리에 대한 성찰적 접근을 한다면 얼마든지 기획에 의한 바람직한 미래사회의 형성, 그리고 인간의 존엄을 담보하는 미래사회의 실현을 기대할 수 있을 것으로 판단한다.

핵심 Point !

Dynamic Process

◎ 국가목표: 국가가 실현시키고자 하는 바람직한 미래의 상태(a desired future state)

   ◘ 기능 및 필요성

   ▶ 행정에 대한 지침(guideline, framework)

   ▶ 행정의 정당성(legitimacy)에 대한 근거

   ▶ 행정의 성과(performance)측정의 기준

   ◘ 유형

   ▶ 공식성

   ▶ 기능성

   ▶ 계층성

   ▶ 목표의 수

◎ 목표의 변동: 행정인, 구조, 환경의 상호작용에 따라 목표변동이 가능함

   ◘ 목표의 전환

   ◘ 목표의 승계·다원화·확대

◎ 목표와 환경의 관계

   ◘ 경쟁관계

   ◘ 협력관계

   ▶ 흥정(bargaining)

   ▶ 적응적 흡수(co-optation)

   ▶ 연합(coalition)

◎ 한국행정과 목표의 변동

   ◘ 목표의 무형성(invisibility) ⇒ 목표와 수단의 도치현상 발생

   ◘ 목표의 과다측정(over-measurement) ⇒ 목표의 왜곡현상 발생

◎ 국가정책의 이론적 기초: 정책의 특성 및 유형

◎ 정책의 개념: 1) 정책목표와 2) 정책수단에 대한 3) 공식적 기본지침으로서 4) 권위 있는 정부기관이 내린 결정

◎ 정책의 특성
  ▫ 목표지향성
  ▫ 수단지향성
  ▫ 변동대응성
  ▫ 문제지향성
  ▫ 인과관계성

◎ 정책의 구성요소
  ▫ 정책목표
  ▫ 정책수단
  ▫ 정책대상(집단)

◎ 정책효과
  ▫ 정책산출: 정책의 집행으로 나타나는 일차적인 결과
  ▫ 정책성과: 정책대상자들에게 일어난 중기적 변화
  ▫ 정책영향: 사회에 나타난 장기적 변화

◎ 정책의 유형
  ▫ T. Lowi의 분류
  ▸ 분배정책: 국민에게 재화, 권리나 이익·서비스를 산출하여 제공·분배하는 정책
  ▸ 규제정책: 개인이나 집단에게 일정한 자유나 권리의 행사를 제한하는 정책
  ▸ 재분배정책: 사회의 기득권적인 권리·의무관계의 변경을 초래하는 정책
  ▸ 구성정책: 정부체제의 구조와 유지·운영에 관련된 정책
  ▫ Ripley와 Franklin의 분류
  ▸ 분배정책: 국민에게 재화, 권리나 이익·서비스를 산출하여 제공·분배하는 정책
  ▸ 재분배정책: 사회의 기득권적인 권리·의무관계의 변경을 초래하는 정책
  ▸ 경쟁적 규제정책: 규제정책이나 특정의 재화나 용역을 제공할 수 있는 권리를 부여
  ▸ 보호적 규제정책: 공중을 보호하고자 하는 것을 목적으로 행하는 일반적인 규제정책
  ▫ Almond와 Powell의 분류
  ▸ 추출정책: 물적·인적 자원을 추출해 내는 정책
  ▸ 분배정책: 개인과 집단에게 경제적 재화와 용역 등을 분배해 주는 정책
  ▸ 규제정책: 특정의 인간행동을 규제하는 정책
  ▸ 상징정책: 정책체제의 정당성에 대한 심리적 신뢰감을 증진시키는 정책

◎ 정책과정: 정책의제설정에서부터 정책결정, 정책집행, 정책평가에 이르기까지 일련의 복잡하고 동태적인
　　　　　 연속순환과정

　　▣ 제1단계: 정책의제형성단계(Agenda Setting stage)

　　▣ 제2단계: 정책결정단계(Policy Making stage)

　　▣ 제3단계: 정책집행단계(Policy Implementation stage)

　　▣ 제4단계: 정책평가단계(Policy Evaluation stage)

　　▣ 제5단계: 정책환류단계(Policy Feedback stage)

◎ 정책기획(Policy Planning): 특정한 목표를 달성하기 위하여 최상의 이용 가능한 미래의 방법 및 절차를
　　　　　　　　　　　　　 의식적으로 개발하는 과정

　　▣ 기획의 특성

　　▶ 목표지향성

　　▶ 미래지향성

　　▣ 기획의 유형: 기간, 대상, 빈도, 고정성을 기준

　　▣ 기획의 절차

　　▶ 미래의 예측 및 목표의 설정

　　▶ 정보의 수집 및 분석

　　▶ 대안의 작성 및 평가

　　▶ 최적 대안의 선택

◎ 국가기획과 민주주의

　　▣ 반대론: Hayek 『노예에로의 길』(1944)

　　▶ 국가기획을 도입하는 경우 도덕적으로는 정부의존적 사고가 확대되고, 정치적으로는 시민사회의 자율성이
　　　축소

　　▣ 찬성론: Finer 『반동에로의 길』(1945)

　　▶ 자유와 국민의 권리를 보장하는 민주적 기획이 가능

핵심 Question !

Dynamic Process

◎ 국가목표의 기능과 유형을 설명하라.

◎ 목표의 전환과 목표의 승계·다원화·확대에 대해서 설명하라.

◎ 목표와 환경의 관계를 설명하되, 특히 흥정(bargaining), 적응적 흡수(co-optation), 연합(coalition)에 대해서 언급하라.

◎ 한국행정과 목표의 변동에 대해서 설명하되, 목표의 무형성(invisibility)과 목표의 과다측정 (over-measurement)으로 인해 생기는 폐단에 대해서 언급하라.

◎ 정책의 개념은 무엇인가?

◎ 정책의 특성은 무엇인가?

◎ 정책의 구성요소는 무엇인가?

◎ 정책의 효과를 단기, 중기, 장기로 나누어서 설명하라.

◎ 정책의 유형분류를 설명하되, T. Lowi, Ripley와 Franklin, Almond와 Powell 분류를 각각 간략히 언급하라.

◎ 정책과정을 5단계로 나누어서 설명하라.

◎ 정책기획(Policy Planning)이란 무엇이며, 어떤 절차를 밟는가?

◎ 국가기획과 민주주의에 대한 Hayek와 Finer의 찬반논쟁을 설명하되, 본인의 견해에 대해서도 언급하라.

행정학은 현대사회가 처한 다양한 문제를 해결하는 것을 목표로 하고 있다. 제3장의 행정이념에서도 보았듯이 사회에는 다양한 이념들이 존재하며 당면한 사회문제를 해결하기 위해 이러한 이념들이 상호 보완적이기도, 혹은 대립적이기도 하면서 적용된다. 특히 본 장의 국가목표의 경우 단순하게 이론적 개념을 묻기보다는 수험생의 향후 공직자로서의 역할과 자질을 묻는 문제가 출제되고 있다. 즉, 기본적인 행정개념 및 이론뿐만 아니라 이를 활용하여 현재 당면하고 있는 다양한 행정문제 및 이슈의 변화에 얼마나 잘 대응하는 것인지 확인하고자 하는 문제가 출제되고 있다.

또한 본 장은 이러한 현실적인 답안을 요구하는 것과 같이 개념뿐만 아니라 실제사례를 들어 이에 적용하여 설명하는 문제가 출제되는 경향이 있다. 따라서 교과서 외에 신문, 잡지, 학술지 논문 등 최근의 이슈화되고 있는 과제 및 이에 대한 해결방안에 대하여 끊임없이 고민하면서 행정의 국가목표가 무엇인지를 살펴보는 노력도 필요하다고 할 것이다. 예컨대, 이 장에 실린 양극화, 경제민주화, 창조경제, 공공성의 본질, 효율성과 공공성의 충돌, 정의로운 국가 등에 관한 개념들도 현대사회의 자본주의가 지닌 맹점을 간파하면서 정부가 접근해야 할 논리에 대해 정리해 줄 것을 요구하고 있는 것이다.

다원화된 사회에서 공익과 사익(개별이익)은 서로 일치하기도 하지만 충돌하기도 한다. 예컨대, 기업가 집단과 노동자 집단의 이해대립, 의사집단과 약사집단의 이해대립, 지역과 지역 간의 이해대립 등으로 인해 사회적 갈등이 심화되기도 한다[1999년].

(1) 공익이란 무엇인가를 정의하고 공익의 기능을 설명하시오.
(2) 공익과 사익의 관계를 논평하시오.
(3) 과정설의 입장에서 볼 때, 다양한 개별이익들 가운데에서 공익이 형성되는 방식을 설명하시오.
(4) 정부의 중재가 실패하여 중재안이 수용되지 못할 때, 정부가 공권력을 행사하는 것이 개인주의에 입각한 오늘날의 민주정부에서도 정당한가를 논평하시오.

답안작성요령

👆 핵심개념

　공익이란 행정이념의 최고가치이며, 행정인의 활동에 관한 최고의 규범적 기준이다. 개인의 이익보다도 사회전체의 이익을 우선적으로 고려하는 것을 의미한다. 행정의 과정성에서 국가목표는 공익이라고 할 수 있다. 공익에 대한 견해는 실체설과 과정설로 나뉜다. 실체설은 공익은 사익을 초월한 도덕적 규범적인 것으로서 실체가 뚜렷하게 존재한다고 본다. 이에 반해 과정설은 실체가 존재할 수 없고 사익을 조정하는 과정을 거쳐 점증적으로 형성된다는 입장이다.

　공익의 기능으로는 1) 공익은 정책이나 프로그램을 평가하는 기준의 역할을 한다. 2) 따라서 공익은 국가의 권력행위의 정당성을 부여하는 기능을 한다. 3) 실체설이 경우 공익은 실체가 있는 것으로 인정하며, 공익은 조직화되지 않은 이익이나 잠재적 이익까지도 고려하는 기능을 한다. 4) 과정설의 경우 공익은 다양한 이해관계의 타협과 조정으로 산물로 인식하기에 이때의 공익은 현대사회의 다양하고 복잡한 이해관계들이 상호조정 및 타협할 수 있는 공통분모적인 역할을 하게 된다(본 서 제3장 공익 참조바람).

　공익과 사익의 관계 역시도 실체설에서는 공익은 사익을 초월한 도덕적 규범적 실체로 보나 과정설에서는 공익은 사익을 조정하는 과정을 거쳐 점증적으로 형성되는 것으로 본다. 따라서 공익과 사익의 관계에 대해서는 공익은 사익추구의 원리가 자기의 역할을 다하지 못하거나, 또는 문제해결에 있어서 결함을 드러낼 때에 그것을 보완하는 의미로 나타나게 되는 것이기에 상호보완적 관계로서 논평할 필요가 있다.

👆 과정설에서 본 공익형성방식

　문제(3)에 대해서는 공익과정설로서 이익집단론적 과정설과 정책결정과정설을 비교 설명할 필요가 있다. 이익집단론적 과정설은 공익은 집단이익의 합계로서 모든 이익들이 공익이 될 수 있다는 주장이다. 즉, 공익은 이익집단들이 정책결정과정에서 비용과 편익을 조정·타협하는 과정에서 결정된다고 주장한다. 공익의 내용(실체)보다는 공익이 결정되는 과정을 중시하기 때문에 과정설 입장에서의 공익형성방식이다. 이는 서구 다원주의에서 발생한 관점으로서 서구 다원주의적 민주주의 기초철학이다. 반면에 정책결정과정설은 실체설 입장에서의 공익형성방식이다. 이는 객관적으로 존재하는 공익을 발견하는 과정으로서 정책결정방식을 통해 지도자(정책엘리트)가 공익의 내용을 결정하고 창조하는 것이 필요하다고 본다. 이익집단론적 과정설이 서구 다원주의적 정책과정을 중시한 입장이라면 정책결정과정설은 정책엘리트의 역할을 강조한 입장이라고 할 수 있다.

🖐 정부의 공권력 행사의 정당성 여부

문제(4)에서는 정부의 공권력 행사의 정당성 여부에 대해 부정하는 입장(부당설)과 찬성하는 입장(정당설)의 개념 및 근거를 제시하고 개인의 견해를 논리적으로 논평하여야 한다. 부당설은 개인주의적 공익관에 입각한 견해로서 개인의 공익을 무시하는 공익은 있을 수 없다는 주장이다. 반면에 정당설은 사익이란 공동체의 존재를 전제로 하므로 공동체의 생존과 공동체 유지에 위반되는 집단(개인)의 이익은 희생될 수 있어야 한다는 견해이다.

🖐 고득점 핵심 포인트

본 문제의 고득점을 위해서는 먼저, 공익에 대한 다양한 개념과 유형에 대하여 기술하고 이에 근거하여 공익의 기능을 논하여야 한다. 또한 문제에서 개인의 주장 및 의견을 물어보므로 먼저 공익과 사익의 관계, 과정설의 이론, 정부의 공권력 행사의 정당성여부에 대한 이론적 논의를 구체적으로 기술하고 이를 근거로 활용하여 견해를 기술하여야 한다 (자료: 고시계 편(2013); 행시 2차 기출해설과 예상논점-행정학).

현대사회는 복잡하게 전개되면서 다양한 이해관계가 충돌하고 있다. 즉, 복잡성, 다양성, 역동성이 현대의 특징이다. 과거 발전행정론적 개발독재의 시대에 엘리트론적인 정책결정(실체설)이 용인되었다면, 현대사회가 발전하고 민주화가 진전될수록 실체설보다는 과정설 입장에서 이익집단론적 과정설 혹은 개인의 이익에 기초한 공익이 더 타당성을 얻고 있다고 볼 수 있다. 따라서 정부의 공권력 행사 역시도 남용되어서는 안 되고, 공동체의 생존에 위반되는 최소한의 집단(개인)의 행위에 한정되어야 한다는 논리가 더 설득력 있을 것으로 생각된다.

CHAPTER
05

Dynamic
Process

정책이론: 정책형성, 정책집행, 정책평가, 정책변동

KEY POINT

국가행정은 국가목표-정책결정-조직화-동작화-환류 및 학습의 동태적 행정과정을 거치면서 역동적으로 실행된다. 이 장에서는 조직화에서의 조직, 인사, 재무, 정보체계가 나오기 이전까지의 정책이론에 대해서 간략히 검토하고자 한다. 제5장에서 다루는 정책이론은 정책형성, 정책집행, 정책평가, 정책변동을 포함한다.

첫째, 정책형성에서는 정책의제설정(사회문제-정책문제)-정책분석과정(정책문제-정책목표-정책대안의 탐색 개발-정책대안의 결과 예측-정책대안의 비교 평가)-정책결정모형(최적대안의 선택)을 학습한다.

둘째, 정책집행에서는 의의, 필요성, 대두배경, 접근방법, 정책집행에 영향을 미치는 요인에 대해서 학습한다.

셋째, 정책평가에서는 의의, 중요성, 유사개념, 유형, 총괄평가의 목적과 내용, 과정평가의 목적과 내용, 정책평가의 논리, 준실험의 논리와 약점, 진실험의 논리와 강점, 평가결과의 활용방법에 대해서 학습한다.

넷째, 정책변동에서는 의의, 네 가지 유형(정책지지연합모형, 패러다임변동모형, 정책흐름모형, 이익집단 위상변동모형), 네 가지 유형 간의 관계에 학습한다. 이러한 논의를 하는 과정에서 적절한 정책사례를 함께 토론함으로써, 정책이론과 실제의 접목 및 실사구시적 이해도를 높이고자 한다.

제5장의 키 포인트는 정책이론에 대해서 파악하는 것이다. 행정학에서도 정책학의 문제가 자주 출제된다. 특히 정책결정모형에서의 합리모형, 점증모형, 만족모형, 혼합탐사모형, 최적모형, Allison모형, 쓰레기통 모형과 Kingdon의 정책흐름모형, Sabatier의 ACF모형에 대해서도 잘 정리해 두길 바란다. 또한 이

장에서는 Ostrom의 IAD모형, Birkland의 정책학습모형, Zahariadis의 다중흐름모형(Multiple Stream Model), Ingram, Schneider & Deleon의 사회적 구성(Social Construction)모형, 복잡계 모형과 카오스이론, 성찰적 정책모형 등 정책학의 최신모형에 대해서도 서술하였으니 함께 학습해 두길 바란다.

제1절 정책형성[1]

1. 정책의제설정

1) 의 의

정책의제설정(*agenda setting*)이란 정부가 정책적 해결을 위하여 사회문제를 정책문제로 채택하는 과정 또는 행위, 즉 사회문제가 정책문제로 전환되는 과정이나 행위를 의미한다. 정책의제채택은 정책과정의 출발점으로 정책의 형성과 집행에 우선하는 가장 기초적인 것이다. 또한 무수한 사회문제들 중에서 일부분만이 정책의제로 채택되고, 나머지는 방치된다는 점에서 어떠한 사회문제가 어떻게 정책의제로 채택되느냐 하는 것은 매우 중요한 관심의 대상이 아닐 수 없다.

2) 정책의제설정모형

Cobb & Elder는 정책의제채택의 주도집단을 기준으로 3가지 유형을 분류하였다.

(1) 외부주도형

외부주도형이란 정부바깥에 있는 집단이 자신들에게 피해를 주고 있는 사회문제를 정부가 해결해 줄 것을 요구하여, 이를 사회쟁점화하고 공중의제로 전환시켜 결국 정부의제로 채택하도록 하는 의제설정유형이다. 외부주도형은 다원화되고 민주화된 선진국 정치체제에서 많이 나타나는 유형이다. 따라서 언론, 정당, NGO의 역할 등이 중요하다.

---

1 이 장에서의 정책이론은 저자의 졸저, 『정책학: 현대정책이론의 창조적 탐색』(박영사, 2008)의 내용을 축약적으로 정리한 것임을 밝혀둔다.

(2) 동원형

외부주도형과 정반대로 정부지도자에 의하여 주도되는 유형이다. 이것은 주로 정치지도자의 지시에 의하여 사회문제가 바로 정부의제로 채택되고, 일반대중의 지지를 얻기 위해 정부의 PR활동을 통해 공중의제로 확산시키는 정책의제설정유형이다. 동원형은 정부의 힘이 강하고 민간부문이 취약한 후진국에서 많이 나타나는 유형이다. 예를 들면, 우리나라 박정희 대통령에 의한 새마을운동의 주도가 여기에 해당된다.

(3) 내부접근형

내부접근형은 정부기관 내의 관료집단이나 정책결정자에게 쉽게 접근할 수 있는 사람들이 최고 정책결정자에게 은밀히 접근하여 정부의제화 하는 경우를 말한다. 사회문제가 정책담당자들에 의해 정책의제로 채택되나 공중의제화는 억제되는 정책의제설정유형이다. 내부접근형은 선진국의 경우 특수 이익집단이 비밀리에 정부의 혜택을 보려는 외교·국방정책 등에서 나타나며, 후진국의 경우에는 관료들이 주도하는 경제개발계획 등에서 흔히 나타난다.

3) 정책의제설정을 좌우하는 요인

(1) 주도집단과 참여자

(가) 대통령 등 공식적 참여자

주도집단이 정부 내의 정책결정자인 경우 정부의제화는 거의 자동적으로 달성된다. Kingdon의 분석에 따르면 다원적인 미국에서도 정책의제설정은 대통령과 행정부의 지도자 그리고 의회의 유력한 지도자들이 가장 중요한 역할을 하는 것으로 밝혀졌다.

(나) 외부주도집단

외부주도집단의 정치적 힘에 따라서 정책의제설정이 좌우된다. 즉, 집단의 규모, 응집력, 재정력, 구성원의 정치적 지위 등의 정치적 자원이 많을수록 정부의제화 하기 쉽다.

(2) 정치적 요소

(가) 정치체제의 구조

정치체제가 얼마나 중앙집권화가 되어 있느냐에 따라 주도집단의 변화가 생기게 된다. 즉, 후진국에서는 중앙집권의 정도가 높으며, 따라서 외부주도형보다는 동원형이나 내부접근형으로 정책의제설정이 이루어진다.

(나) 정치적 이념

정치적 이념, 가령 경제성장주의인가 자유민주주의인가에 따라 정책의제설정이 좌우된다. 우리나라의 경우 1960년대 이후 1980년대까지 정치이념을 지배하고 있는 경제성장제일주의가 수출문제, 외자도입문제 등이 쉽게 정부의제로 채택되었으나, 환경문제나 노동문제, 복지문제 등은 정부의제로서 공식적으로 검토되지 않았을 뿐 아니라 공중의제로서 언론이 크게 취급하지 못하도록 하였다(정정길 외, 2005).

(다) 정치적 사건

정치적 지도자의 변동은 정책의제설정에 커다란 영향을 미치고, 이러한 변동을 일으키는 정치적 사건이 정책의제설정에 큰 영향을 미친다. J. Kingdon에 의하면 하나의 사회문제가 정책의제화 하는데 점화역할(*triggering point*)을 하는 것으로, 정치적 사건(*political event*)과 극적 사건(*dramatic event*)을 들고 있다. 우리나라의 경우 제5공화국 출범으로 인한 과외금지와 같은 극단적인 정책은 정치적 사건으로 인한 정책의제이고, 미국의 9.11테러로 인한 미국의 비자정책이나 안보정책의 변화는 극적인 사건으로 인한 정책의제의 변화이다.

(3) 문제의 특성

(가) 문제의 중요성

사회문제의 중요성이 클수록 정부의제로 채택될 가능성이 크다. 사회문제로 인한 피해자의 수가 많거나 피해의 강도가 크거나 피해의 사회적 의미가 중대한 것이면, 그 문제는 중대한 또는 심각한 문제로 볼 수 있다. 이를 Cobb과 Elder는 사회적 유의성(*social significance*)이라고 부르고 있다.

(나) 문제의 외형적 특성

문제가 단순하여 쉽게 해결될 수 있으면 복잡한 것보다 정부의제가 될 가능성이 커진다. 또한 문제가 구체적일수록 정부의제화가 쉽다.

(다) 문제의 내용적 특성

사회문제의 내용 자체가 어떠한가에 따라 정책문제로 채택되는 가능성과 그 채택과정이 달라질 수 있다. Lowi는 정책을 규제, 배분 그리고 재분배정책으로 나누고 정책의 유형에 따라 정책결정의 유형 등이 달라짐을 지적하고 있다.

(라) 선례와 유행성

비슷한 선례가 있는 문제는 상례화된 절차에 따라 쉽게 의제로 채택되고 해결책이 강구된다. 외국이나 타 정부의 것도 이러한 선례가 될 수 있다. 또한 일종의 유행(*trend*)이 되어 있는 문제들은 정부의제화가 쉽게 될 수 있다.

(마) 극적 사건과 위기

문제를 극적으로 부각시키는 사건, 위기, 재난은 정치적 사건과 더불어 문제를 정부의제화시키는 양대점화장치(*two triggering points*)이다.

2. 정책결정

1) 정책결정의 본질

사회에는 무수히 많은 문제가 흐르고 있다. 그러나 모든 사회문제가 정부기관이 의지를 갖고 해결하고자 하는 정부의제가 되는 것은 아니다. 사회문제의 흐름 중에서 일정한 점화계기(*triggering event*: 극적인 계기 혹은 정치적 사건)를 통해 정책이슈로 형성되며 정책의제가 된다. 정책의제설정단계에서 정부의제로 채택된 정책문제를 바람직한 상태로 해결하기 위해, 정부는 정책목표를 세우고 정책수단을 강구하게 되는데, 이때 정책목표-정책수단의 여러 형태의 조합을 우리는 정책대안이라고 부른다. 정부가 이러한 여러 스펙트럼으로 형성된 정책대안을 개발하고, 비교분석하여 평가를 통해 정책선택을 하게 되는 일련의 활동 또는 행위를 '정책결정'이라고 한다.

2) 정책결정모형

(1) 합리모형

(가) 합리성의 의미

합리모형의 내용을 살펴보기에 앞서, 합리모형에서 말하는 합리성이란 무엇인지 먼저 살펴보아야 한다. 합리성(*rationality*)이라는 개념 자체는 다양한 용례로 쓰이고 있다.

① 기술적 합리성과 경제적 합리성

기술적 합리성(*technical rationality*)은 일정한 수단이 목표를 얼마만큼 잘 달성하는가, 즉 목표와 수단 사이에 존재하는 인과관계의 적절성을 의미한다. 달리 표현하면 수단의 효과성(*effectiveness*) 곧, 수단의 목표달성 정도를 의미한다.

경제적 합리성(*economic rationality*)은 목표달성뿐만 아니라 비용의 절약도 포함하게 되어 능률성(*efficiency*)과 동일한 뜻으로 쓰인다. 따라서 보다 적은 비용으로 보다 많은 결과를 얻을 때 그 값이 커지면 경제적 합리성이 높은 것이다. 기술적 합리성(효과성)과 경제적 합리성(능률성)은 합리적 결정의 단계 중 대안의 비교평가단계에서 중요한 기준 역할을 하게 된다(정정길, 2004: 480-482).

② 실질적 합리성과 절차적 합리성

실질적 합리성(*substantive rationality*)은 완전분석적 합리성으로서 주어진 목표와 제약조건 하에서 목표달성을 위한 최적 수단의 선택 정도를 의미하며, 선택의 과정보다는 선택의 결과에 초점을 맞춘다.

절차적 합리성(*procedural rationality*)은 추론이라고 불리는 특별한 사유과정(*peculiar thinking process called reasoning*)으로서, '정책대안을 선택하기 위하여 사용된 절차가 인간의 인지능력과 한계에 비추어 보았을 때 얼마나 합리적이었는지의 정도'를 의미한다.

(나) 합리모형의 내용

합리모형은 인간의 이성과 합리성에 기초하여 정책을 결정한다는 모형이다. 합리모형은 정책결정자가 합리적 의사결정단계들을 하나하나 의도적으로 밟으며, 합리적·분석적으로 정책을 결정한다고 주장한다.

(다) 합리모형의 약점

합리모형의 약점을 크게 세 가지로 하여 살펴보면 다음과 같다.

첫째, 실제에서의 정책결정은 합리모형에서 주장하는 합리적 분석적 결정이 아니라, 직관, 습관 등의 방법에 의하여도 이루어진다는 것이다.

둘째, 합리모형은 바람직하게 정책결정을 할 때 필요한 지식이나 논리를 제공하는지 의문이 든다는 점이다. Lindblom과 Braybrooke과 같은 점증주의자들은 합리모형이 불가능한 일을 정책결정자에게 강요함으로써 바람직한 정책결정에 도움을 주지 못한다고 주장한다.

셋째, 합리모형에는 매몰비용과 관련된 한계가 있다는 약점이 있다. 합리모형에 입각하여 정책결정을 한 기존의 정책이나 사업에 이미 많은 자원이 투입이 된 경우, 더 합리적인 대안이 있어도 과거에 이미 투자된 비용 때문에 합리적인 새로운 대안을 채택하기보다는 기존의 정책을 계속 채택하거나 일부의 내용만을 수정하여 채택하는 것이 일반적인 현실이다(노시평, 2001).

(2) Simon의 만족모형

(가) 만족모형의 내용

H. Simon은 의사결정(정책결정)의 인지과정(*cognitive process*)을 연구대상으로 하여 의사결정자가 최적(*optimum*)의 대안이 아니라, 만족할 만한(*satisficing*)[2] 대안을 선택하게 되는 것을 설명하고 있다. 그는 합리모형에서 가정하는 의사결정자를 경제인(*economic man*)이라고 부르고, 자신이 제시하는 합리성의 제약을 받는 의사결정자를 행정인(*administrative man*)이라고 부르면서, 다음과 같은 주장을 하였다(정정길, 2004: 487).

첫째, 경제인은 목표달성의 극대화를 도모한다. 다시 말해서 모든 가능한 대안 중에서 최선의 대안을 선택한다. 그러나 행정인은 만족하는 것으로 그친다. 즉, 만족할 만한(*satisfactory*) 또는 그 정도면 괜찮은(*good enough*) 대안을 선택한다. 그러므로 행정인은 모든 대안을 검토하지 않고, 만족할 만한 대안만 찾으면 선택한다.

---

2 Satisficing=satisfying+sufficing, 즉 '그 정도면 충분하다, 충분히 만족스런 수준이다'라는 의미의 합성어이다.

둘째, 따라서 실제의 의사결정자는 모든 대안을 탐색하지 않고, 몇 개의 대안만을 탐색한다. 이때 대안의
탐색은 무작위적(*random*)이고 순차적인(*sequential*)으로 이루어진다. 대안의 결과 예측은 만족
할 만한 결과를 가져오는 대안을 찾을 때까지 계속된다.

셋째, 경제인은 복잡하고 동태적인 상황을 있는 그대로 모두 고려하여 대안의 미래예측을 시도하지만,
행정인은 불확실성이나 불충분한 정보·자료 때문에 대안의 결과를 정확하게 예측할 수 없음을
알고 있다. 따라서 복잡한 상황을 단순화시키고(*simplify*), 또 그가 가장 적절하고 중요하다고 생
각하는 요소들만을 고려하여 대안의 결과를 예측하려고 한다.

(나) 만족모형의 평가

Simon의 주장은 합리모형에 대한 심각한 도전으로서는 최초이며, 인간의 인지능력이라는 가
장 기본적인 요소에서 출발했기 때문에 그 영향이 컸다. 처방적·규범적 모형인 합리모형과 달리,
의사결정이 실제로 이루어질 때 일어난 현상을 정확하게 설명하여 실증적 연구를 제안한 이론적
공헌은 매우 큰 것이었다. Lindblom의 점증주의와 회사모형-조직모형도 Simon의 영향을 크게
받았다.

Simon의 만족모형이 지니는 약점을 살펴보면 다음과 같다.

첫째, 일반적 의사결정에서는 무작위적으로 대안을 고려하고 만족할 만한 대안이 있으면 대안의 탐색
이 중단된다는 Simon의 주장이 옳지만, 중대한 의사결정에는 이러한 식의 의사결정보다 분석적
결정이 이루어질 가능성이 크다.

둘째, 만족여부는 기대수준에 달려 있는데, 이 기대수준 자체가 극히 유동적이므로 어느 것이 만족할
만한 대안인지를 객관적으로 판단하기 어려운 때가 많다. 조직 내에 속해 있는 개개인마다 각자
의 지식, 경험, 시간적·환경적 제약을 받으므로 대안선택의 만족화 기준이 다를 수 있다.

(3) 점증모형

(가) 의 의

점증모형(또는 점증주의)은 현실에서 이루어지는 정책결정의 실상을 가장 정확하게 기술하여 많
은 사람들에게 알렸다는 점에서 큰 공헌을 한 정책결정의 한 가지 유형이다. 점증주의를 주장한
학자는 Lindblom과 Wildabsky 등이다.

(나) 내 용

점증주의는 '현존의 정책에서 소폭적인 변화만을 가감한 것을 정책대안으로 하여 정책을 결정하
는 방법'을 말한다. Lindblom은 정책결정자의 분석능력 및 시간이 부족하고 정보도 제약되어 있
으며, 대안비교의 기준으로 이용할 가치기준마저 불분명한 상태에서는 현재의 정책에서 소폭적인
변화만을 대안으로 고려하여 정책을 결정한다고 주장한다. 또한 시간이 흐름에 따라 환류되는 정

보를 분석하여 잘못된 점이 있으면 수정·보완하는 방식으로 분할적·연속적 정책결정을 하는 것이 바람직한 정책결정방법이라고 주장하였다.

(다) 점증주의의 장점과 약점

점증주의를 주장한 Lindblom이나 Wildabsky는, Simon의 인간능력의 제한과 Dahl 등의 정치학자들의 사상에서 나온 다원론이라는 서로 다른 두 개의 기본사상을 성공적으로 결합하여, 정교한 논리를 전개하여 합리적, 분석적 정책결정의 논리가 지닌 약점을 빈틈없이 지적한 공헌이 있다(정정길, 2004: 502).

점증주의가 갖는 약점을 살펴보면 다음과 같다.

첫째, 현존정책에서 소폭의 변화만을 고려한다고 하였는데, 얼마만큼의 변화를 소폭의 변화($increment$)로 볼 것이냐 하는 것이다.

둘째, 정책의 부분 부분을 분산적으로 결정하기 때문에 결정에 필요한 정보가 적어도 되고 지적 작업도 쉽게 진행되는 장점이 있는 반면, 상호 모순되고 충돌하는 정책들이 하나의 상위정책에 포함되어 정책의 일관성을 잃게 될 수 있다.

셋째, 기존의 정책을 존중하고 근본적인 변혁을 하지 않음으로써 정치적 갈등을 줄이고 정책의 안정성을 도모한다는 장점이 있으나, 이와 동시에 반혁신적 보수주의의 강화라는 결함을 갖고 있다. 모든 이해관련자의 정치적 자원이 비슷하게 배분되어 있는 정치적으로 다원적인 사회가 아닌, 정치적 강자에 의한 지배가 이루어지는 사회라면, 점증주의에 입각한 정책결정으로 기존 정책을 계속 옹호할 경우 계속해서 약자의 희생이 있게 될 것이다.

표 5-1 합리모형·만족모형·점증모형 비교

	합리모형	만족모형	점증모형
의 의	인간의 이성과 합리성에 기초하여 정책을 결정	Simon & March: 합리모형의 현실적 한계를 비판하며 등장	Lindblom & Wildavsky (점진적인 정책결정): 정책실현의 부분적인 변화 도모
내 용	문제에 대한 완전한 이해, 문제와 목표의 정확한 정의 가능, 해결을 위한 모든 대안 파악, 명확한 대안 선택 기준 적용, 충분한 자원, 합리적 최적 대안 선택	제한된 합리성(bounded rationality), 만족스러운 대안의 선택(최상의 기준이 아닌 만족화 기준)	사회적 합리성 강조(좋은 정책은 사회에 기초한 정책), 정책은 현재 문제에 대한 개선에 중점을 두는 치유적 목적 가짐
비 판	인간의 문제해결능력 한계, 불완전 정보, 시간적·경제적 비용, 가치와 사실의 분리 불가능.	만족화 기준의 적절성, 실증분석으로서는 이론적 기여가 인정되나 규범적 기준으로서는 한계가 있음. 대안 선택 시 지나치게 주관적일 수 있음	안정된 사회에서만 적용, 혁신에 대한 방해(부분적 변화), 안이한 정책결정 조장, 보수주의(기득권자)에게 유리한 유형, 정책결정의 기본방향 및 기준 결여

(4) 혼합탐사모형(mixed-scanning model)

㈎ 의 의

A. Etzioni는 정책결정과정에서 근본적 정책결정과 점증적 정책결정 두 가지 다 필요하다고 판단하고, 합리모형과 점증모형의 단점을 극복하고 장점을 취하는 혼합탐사모형을 대안으로 내세웠다(오석홍 외, 2000: 271-272).

㈏ 혼합탐사모형의 내용

A. Etzioni는 정책결정을 크게 두 가지로 나누었는데, 근본적(*fundamental*) 결정과 세부적(*detailed*) 결정이 그것이다.

근본적(*fundamental*) 결정은 합리모형의 포괄성이 지니는 장점을 취하고, 대안의 결과 면에서는 중요한 것만 대강 예측하므로 합리모형의 단점을 극복한다. 세부적(*detailed*) 결정은 근본적 결정의 테두리 안에서 소수의 대안만을 집중적으로 정밀하고 깊이 있는 검토를 하기 때문에 합리모형의 장점을 취하고 있다.

㈐ 혼합탐사모형의 평가

혼합탐사모형은 정책결정의 범위와 영향이 다양하다는 것을 인식하고, 합리모형과 점증모형의 약점을 극복하고 장점을 부각시킴으로써, 정책환경에 대하여 신축적으로 반응할 수 있도록 하였다. 그러나 기존 모형을 이용하여 현실적 설명력만 높였을 뿐이며, 혼합탐사모형이 실제로 어떻게 운영될 수 있는지에 대하여서는 제시하지 못하였다. 또한 근본적인 결정에서 세부적인 결정으로 넘어가야 하는 때와 방법에 대하여 확실하게 언급하지 않았다(정정길, 1999: 494-499).

표 5-2   혼합탐사모형의 내용

	대안범위	예측방법
근본적 결정	중요한 대안을 포괄적으로 모두 고려 (포괄적 합리모형)	중요한 결과만 개괄적 예측, 미세한 세목은 무시 (합리모형의 지나친 엄밀성을 극복)
세부적 결정	근본적 결정 테두리 내에서 소수 대안만 고려 (점증주의)	여러 가지 결과의 세밀한 분석 (포괄적 합리모형)

미국의 재난관리 절차와 정보시스템을 활용한 재난관리

1. 사례개요
1) 주정부 차원의 방재관련 조직

미국의 재난재해관리는 원칙적으로 주정부의 책임 하에 이루어진다. 하지만 재난재해의 상황이 연방정부가 개입하여야 할 경우에는 이를 효율적으로 운영하기 위하여, FEMA는 미국 전역을 10개의 광역구역(Section)으로 구분하고, 각 구역에 지역사무소(Regional Office)를 설치하여 운영함으로써 지역의 요구를 수렴하고 지역의 특성에 따라 차별화된 활동을 수행하고 있다

2) 미국에서의 재난대응의 전개과정
(1) 지역단계(Regional-Level)의 재난수습활동

지역단계에서의 재난수습활동은 1단계로 지방정부 수준의 조치를 취하며, 지방정부 수준에서 수습이 어렵다고 판단될 경우에 주지사는 주의 비상사태 또는 재해를 선포하고 필요 시 FEMA의 지부에 예비재해평가(PDAS: Preliminary Damage Assessments)를 요청한다. 이에 따라 FEMA 지부는 예비재해평가를 실시하여, 이 평가를 근거로 대통령이 해당 주에 대한 연방정부의 지원이 필요하다고 결정하면 사전준비된 연방대응계획(FRP)에 따라 재해재난에 대한 연방정부의 지원이 개시된다.

(2) 국가단계(National-Level)의 재난수습활동

재난의 규모가 국가적인 규모일 때에는 사전에 수립되어진 연방재난관리계획(FRP)에 의해 재난유형별 연방수준의 조치와 함께, 주요 연방부처의 「분야별 비상지원기능」을 가동하게 된다. 또한 FEMA는 재난관리지원팀(EST)을 설치하여 현장활동을 지원하게 되며, 연방정부에서는 중앙안전대책위원회(CDRG)를 소집하여 연방차원의 재난수습활동을 결정하게 된다.

2. 쟁점 및 시사점

지난 2003. 9. 12~13일 태풍 '매미'(maemi)가 우리나라를 강타하여 많은 인명·재산피해가 발생하였다. 수 조원이 넘는 재산피해는 물론이고, 100여명이 넘는 사망자를 내었다.

우리나라에 태풍이 상륙한지 1주일 후에 미국에서는 허리케인 이사벨이 동부해안인 노스캐롤라이나와 버지니아주의 해안에 상륙하였다. '이사벨'은 '매미'에 비교도 안 될 정도로 강한 허리케인이었지만, 인명이나 재산피해는 그다지 크지 않았다. 이것이 가능했던 이유는 미국에서 추진한 재난관리시스템 덕분이었는데, 이는 Etzioni가 제시한 혼합탐사적 접근방법의 유용성을 잘 보여주고 있다. 즉, 조직의 차원에서나 재난대응 관리차원에서 중요한 근본적 결정은 포괄적으로 연방정부차원에서 다루어지고, 세부적 부분은 지역단계에서 다룸으로써 효과적인 관리와 대응이 가능하였다는 평가이다.

(5) 최적모형(optimal model)

(개) 의 의

A. Etzioni와 마찬가지로 Y. Dror도 합리모형과 점증모형 양자 모두에 불신을 품고, 일면 양자를 종합하면서 많은 새로운 요소들을 가미하여 규범적 최적모형(*optimal model*)을 제시하였다.

Y. Dror는 최적모형은 경제적 합리모형과 함께 초 합리모형을 융합한 것이라고 설명하고 있다. 초 합리모형은 인간의 직관(*intuition*)이나 영감(*inspiration*)에 기초한 판단을 뜻한다. 이러한 초 합리성은 합리적 과정의 역할을 보완하는 것으로, 한정된 자원, 불확실한 상황, 지식의 결여 등이 합리성을 제약할 때와 새로운 대안 창안 등을 이유로 초 합리성에 의존할 수밖에 없을 때 사용된다.

(내) 내 용

Y. Dror는 넓은 의미의 정책결정을 크게 세 단계로 나누고, 이들을 다시 세분하여 18개 국면으로 나누었는데, 첫째 단계는 초 정책결정, 둘째 단계는 정책결정, 셋째 단계는 정책결정 이후 단계이다. 그 중에서도 초 정책결정단계는 Dror 자신이 스스로 지적하다시피 최적모형의 가장 큰 특징이며, 많은 사람들이 무시하고 있는 것을 강조한 Dror모형의 가장 큰 공헌이기도 한다.

초 정책결정은 '정책결정에 대한 정책결정'으로, 정책결정체계를 하나의 전체로서 관리한다. 즉, '정책결정을 어떻게 해야 할 것인가에 대한 결정'이며, 이때의 목표는 보다 바람직한 정책을 결정하기 위한 전략을 결정하는 것이다.

(대) 정책결정의 단계

① 초 정책결정(meta-policymaking)

초 정책결정

초 정책결정 가치의 처리 → 현실의 처리 → 문제의 처리 → 자원의 조사·처리 및 개발 → 정책시스템의 설계·평가 및 재설계 → 문제·가치 및 자원의 할당 → 정책결정 전략의 결정

초 정책결정단계는 정책결정에 대한 정책결정의 단계이다. 이 단계에서는 7가지 하위단계를 거치게 된다.

② 정책결정(policymaking)

정책결정

정책결정 자원의 재배정 → 조작적 목표의 설정과 우선순위 결정 → 주요 가치들의 설정과 우선순위 결정 → 좋은 대안을 포함한 주요 정책대안의 마련 → 다양한 대안의 중요한 편익과 비용에 대한

예측→다양한 대안에 대한 예측된 편익과 비용을 비교분석→최선에 대안에 대한 편익과 비용을 평가하고 이 대안이 좋은가 또는 나쁜가에 대한 결정

정책결정단계는 개별적인 정책을 결정하는 단계이다. 여기서도 초 정책결정단계와 동일하게 7가지 하위단계를 포함한다.

③ 정책결정 이후 단계(post-policymaking)

정책결정 이후 단계

정책결정 이후 단계 정책집행에 대한 동기유발→정책의 집행→정책이 집행되고 난 후 정책의 평가→커뮤니케이션과 환류

정책결정 이후 단계는 정책을 집행하는 단계이다. 정책집행의 동기유발이란, 집행을 하기 위해서는 동기유발이 필요한데, 그 수단은 공식적 승인, 집행에 필요한 자원의 배분, 강력한 추진 등을 말하며, 이때 동기부여를 좌우하는 것은 정치권력이다. 정책의 집행은 집행과정 중 현장에서 작업을 하고 많은 하위정책을 결정하게 되는 것이며, 정책결정의 평가는 정책의 집행 때부터 그 집행이 끝날 때까지 이루어지는 것을 말한다. 정책평가 결과를 환류하여, 다른 단계들의 개선에 사용하는 커뮤니케이션과 환류를 마지막으로 거친다.

㈑ 최적모형의 평가

최적모형은 정책결정단계 속에 초 정책결정과 정책결정 후기 단계를 포함시킨 것은 높이 평가받을 만하다. 정책결정의 여러 국면과 이러한 국면 속의 정책결정들 간의 관계를 정책결정과정 속에서 체계화하고, 정책결정이론과 정책결정의 지적 측면을 정책과정 속에 포함시켜 하나의 정책학 패러다임을 형성하였다.

종합하여 평가하자면, Y. Dror의 최적모형은 불완전 분석적 합리모형에 가깝다. '최적'의 의미가 불분명하다는 점이 한계로 남지만, 정책결정단계를 체계화하고 초 정책결정의 창의성 강조 및 정책결정에 대한 정책결정(정책설계)을 강조한 점은 매우 큰 공헌으로 평가된다.

표 5-3 혼합탐사모형·최적모형

	혼합탐사모형	최적모형
특징 및 내용	• A. Etzioni • 합리모형과 같이 유토피아적, 이상적인 것도 아니며, 점증모형처럼 보수적 모형도 아니다(A. Etzioni). • 근본적이고, 상위적 정책결정에 대한 정책결정체제의 노력과 시간 투입의 정도가 문제 - 이 판단은 국가전체 차원에서 결정 - Etzioni는 이를 범사회적 지도체제라 함 (※ 국가혁신 로드맵에 해당되는 개념)	• Y. Dror • 합리모형과 점증모형의 비판으로 등장 - 초 합리성 강조: 합리성뿐만 아니라, 직관, 판단 등의 초 합리성 강조, 정책결정역량 향상을 위해 체계적 학습, 독창성, 창의성 고취 및 인력개발의 중요성 강조 - 위험최소화 전략 vs 혁신전략: 정책결정자는 양자 중 더 바람직한 것을 결정해야 함(전자: 점증모형, 후자: 합리모형)
장 점	• 합리모형과 점증모형의 단점을 상호보완적으로 통합하는 역할 - 합리모형의 이상적 합리성의 현실화 - 점증모형의 보수성 극복	• 초 합리성(직관, 판단, 창의성)의 강조 • 초 정책결정의 강조 - 초 정책결정, 정책결정, 정책결정 이후의 단계 구별 - 국가의 상위정책(초 정책결정) 강조
비 판	• 기존 모형의 혼합에 지나지 않음 • 근본적 결정과 세부적 결정을 구분할 수 있는 기준 제시하지 못함	• 초 합리성에 대한 구체적 기준, 달성방법 불분명 • 초 합리성과 합리성과의 관계 모호성

(6) 쓰레기통 모형(garbage can model)

(개) 의 의

쓰레기통 모형은 조직의 구성단위나 구성원 사이의 응집성이 아주 약한 혼란상태에서 이루어지는 정책결정의 특징적 측면을 강조하는 모형이다. 이러한 혼란상태를 조직화된 무정부상태(*organized anarchies*)라고 M. Cohen, J. March, J. Olsen 등은 지적하고 있다. 이러한 혼란상태에서는 합리모형은 물론이고, 조직모형보다도 훨씬 더 불합리하게 정책결정이 일어나게 되는데, 이 불합리성을 강조하기 위해 마치 쓰레기통에 마구 던져 넣은 쓰레기들이 뒤죽박죽으로 엉켜 있는 것과 같다고 하여 붙인 이름이다. 극도로 불합리한 집단적 정책결정에 관한 대표적인 모형이다(정정길 외, 2005: 541).

(내) 내 용

① 쓰레기통 모형의 기본적인 전제

㉠ 문제성 있는 선호(problematic preferences)

쓰레기통 모형에서 말하는 세 가지 전제 중 첫째는, 정책결정에 참여하는 사람들의 선호가 문제가 있다는 것이다. 문제성 있는 선호라는 것은, 정책결정에 참여하는 자들 간에 무엇을 선택하는 것이 바람직한지에 대해서 합의가 없고, 참여자들 중 어느 개인 한 사람을 두고 볼 때 스스로 자신이 무엇을 좋아하는지조차 모르면서 정책결정에 참여하는 경우가 있음을 말하는 것이다(정정길 외, 2005: 542).

ⓒ 불명확한 기술(unclear technology)

쓰레기통 모형의 두 번째 전제조건은 불명확한 기술이다. 여기서 기술이라는 것은 목표와 수단 사이에 존재하는 인과관계를 의미한다. 이러한 목표와 수단 사이에 존재하는 인과관계가 명확하지 않아 조직은 시행착오를 거침으로써 이를 파악한다. 수단이 원인이 되어 결과로 목표가 나타나는 관계를 기술적 타당성(*technical validity*)이라고 부른다. 비록 결정에 참여하는 정책결정자가 목표를 명확히 알아도 이를 실행할 구체적인 수단을 잘 모르고 있는 경우가 많다.

ⓒ 수시적 참여자(part-time participants)

쓰레기통 모형의 세 번째 전제조건은 수시적 참여자이다. 동일한 개인이 시간이 변함에 따라 어떤 경우에는 결정에 참여했다가, 어떤 경우에는 참여하지 않는다. 또한 집단 성원 중 문제의 성격에 따라, 어떤 문제에 대해서는 적극적으로 참여하는가 하면, 그렇지 않은 경우도 있다(안해균, 1997: 384-385).

② 정책결정의 네 가지 요소

쓰레기통 모형에서 정책결정에 필요한 구성요소로는, 1) 해결을 요하는 문제, 2) 문제의 해결책, 3) 정책결정의 참여자, 4) 정책결정의 기회 등 네 가지가 있는데, 이러한 정책결정요소들이 서로 다른 시간에 통(*can*) 안에 들어와서, 우연히 한 곳에서 동시에 만날 때 비로소 결정이 이루어진다고 본다.

㉠ 문제(problem)

정책결정이 이루어지려면 우선 문제가 있어야 한다. 일상생활에서 발견되는 무수한 사회문제가 여기에 해당할 수 있는데, 이때 중요한 것은 언제부터 문제로 나타나는가, 문제해결에 드는 자원은 어느 정도인가, 문제가 정책결정 기회에 접근할 수 있는 제도적 장치는 어떠한가 등이다.

㉡ 해결책(solution)

정책결정이 이루어지기 위해서는 문제의 해결책이 있어야 하는데, 현실로는 해결책이 먼저 발견되고, 이것이 오히려 해결해야 할 문제를 찾으려고 하는 경우가 많다.

㉢ 참여자(participants)

정책결정이 이루어지기 위해서는 참여자가 있어야 하는데, 이들은 문제와 해결책을 알고 있는 경우도 있고 모르는 경우도 있다. 참여자들은 정책결정의 전 과정을 계속하여 참여하는 것이 아니고, 자신의 시간 여유, 관심도, 문제의 성격 등에 따라 참여하기도 하고 않기도 한다(박성복·이종렬, 1993: 385-386).

② 기회(opportunity)

정책결정 기회라는 것은 개인의 경우에는 결정을 하는 순간, 집단의 경우에는 정책결정을 하기 위하여 회의를 가지는 것을 말한다. 즉, 참여자들에 의해서 여러 가지 문제와 해결책이 통 속에 뒤섞이게 되는데, 이때 상호관련되는 요소끼리 만나게 되는 계기가 정책결정의 기회이다.

③ 정책결정요소들 간의 상호관계

쓰레기통 모형의 가장 큰 공헌 중 하나는 정책결정의 네 요소가 서로 아무런 관계없이 독자적으로 움직일 수 있음을 분명히 밝힌 것이다. 마치 네 줄기의 강물이 따로 흘러가듯이 네 가지의 독자적인 흐름(*stream*)이 있다는 것이다. 정책결정에 쓰레기통의 모형을 가장 설득력 있게 제시한 J. Kingdon의 연구내용을 중심으로 검토하기로 한다. J. Kingdon은 문제의 흐름(*problem stream*), 해결책의 흐름(*policy stream*), 참여자 및 기회의 흐름(*politics stream*)을 3P로 보고, 3P가 하나로 결합되는 것을 '정책의 창'(*policy window*)이 열린다고 표현하였다.

㉠ 문제의 흐름

사회문제가 등장했다고 해서 즉시 이 문제를 해결하기 위한 정책결정 기회를 만들어 정책결정을 하는 것은 아니다. 정책결정 기회와는 별개로 문제는 자체적으로 흐른다. 정책결정 기회를 만나려면 정책이 의제화 되어야 하고, 해결책이 준비되어 있어야 한다. 그런데 정책의제설정은 여러 가지 요인에 의해 영향을 받으므로 정부의제로 성립되는 것이 매우 어렵고, 무엇보다도 상당한 시간이 소모되므로, 이 동안 사회문제는 결정기회를 만나지 못하고 혼자서 흘러가는 것이다.

㉡ 해결책의 흐름

사회문제가 심각해지면 정책의제가 설정되기 전에 정책공동체에서 여러 가지 정책대안이 마련되고 이에 대한 비교·평가가 이루어진다. 즉, 전문가들은 문제에 대비한 해결책을 준비한 후 문제가 정책의제화되어 정책결정의 기회가 올 때까지 기다리는 것이다. 그 동안 해결책은 혼자 흘러간다.

㉢ 참여자의 흐름

문제가 제기되어 정책결정의 기회가 오면, 참여할 정책결정자들은 정책의제화되기 전까지는 문제에 대해서 모르고 있거나, 정책결정의 순간까지 해결책을 모르고 있는 경우가 많다. 문제, 해결책, 참여자가 각각 독자적으로 흘러가는 것이다.

㉣ 기회의 흐름

정부의 정책을 결정하는 기회는 무수히 많다. 대통령이나 장관이 결재를 하거나 국무회의를 개최하는 것 등이 이에 해당한다. 그러나 기회가 있어도 사회문제가 정책의제화하지 않았거나, 또는 해결책으로서의 정책대안이 마련되어 있지 않으면, 문제해결을 위한 결정을 하지 못한다. 따라서 실제로 정책이 이루어지는 경우는 이러한 네 가지 요소가 하나로 만나 교차할 때이다.

㈐ 평 가

쓰레기통 모형은 정책결정의 네 요소가 서로 아무런 관계없이 독자적으로 움직일 수 있음을 분명하게 밝힌 점이 장점으로 평가된다. 기존 이론들이 조직화된 무정부상태를 단지 병리적인 현상으로 인식했으나, 이 모형은 이를 긍정적 측면에서 체계적 분석을 시도했다. 조직적 혼란상태의 결정 상황에 대한 체계적 분석을 시도하고 있다. 조직적 혼란상태는 오늘날 공공조직이나 교육기관 등에서 쉽게 발견할 수 있는 것인 만큼, 현실의 결정문제를 좀 더 적실성 있게 분석할 수 있다. 특정 사회 내의 신념체계와 가치체계가 바뀌거나, 정치체제가 바뀌는 과도기적 상황 속에서 나타나는 혼란상태, 또는 변동상태에서의 정책결정을 논리적으로 설명하고 있어 그 실용성을 인정받고 있다.

(7) Allison모형

㈎ 의 의

1971년에 쓰여진 『The Essence of Decision』(정책결정의 본질)에서, G. Allison은 세계의 이목을 집중시켰던 쿠바 미사일 사건에 대해 세 가지의 상이한 이론모형, 즉 합리적 행위자 모형, 조직과정모형, 관료정치모형을 적용하여 정교한 분석을 하고 있다. G. Allison은 국가외교·군사문제를 다루는데 있어서, 기존의 분석가들이 사용한 합리모형은 이론적 기초가 불분명하다고 지적하고, 보다 더 체계적인 연구를 위해 합리모형을 구체화할 필요가 있다고 주장한다. 또한 이들이 정부정책을 예측하고 설명하는 데 사용한 합리모형은 관료조직 및 정치적 변수를 고려하지 않은 약점이 있으므로 이를 보완하고, 외교안보문제 분석에 있어서 설명력을 높이기 위해, 두 가지 대안적 모형인 조직과정모형과 관료정치모형을 제시하고 있다(오석홍 외, 2000: 233).

㈏ 내 용

Allison 모형은 3가지 세부모형으로 설명된다.

① 합리적 행위자 모형(rational actor model)

합리적 행위자 모형에 의하면 정부활동은 중앙집권적인 통제권과 완벽한 정보 및 가치극대화를 추구하는 합리적 정책결정자에 의해서 선택된 행위로 간주된다. 합리적 행위자 모형의 기본분석단위는 국가 또는 정부에 의해서 채택되어진 정책이다. 이러한 정책은 그 국가의 전략적 목표나 목적을 극대화하도록 의도되어진다. 합리적 행위자 모형의 근간을 이루는 몇 가지 기본개념을 살펴보면, 첫째, 행위의 주체인 국가 혹은 정부는 단일의 합리적인 정책결정자(unitary actor)로 간주한다. 이들 정책행위자는 일련의 구체화된 목표와 그것에 대한 잠재적 대안, 그러한 대안으로부터 초래되는 결과에 대한 개별평가를 내릴 수 있다고 본다. 둘째, 행동은 국가가 처해있는 전략적 문제에 대한 대응으로 간주되며, 국제 전략시장에서 발생하는 위협과 기회는 관련국가로 하여금 특정 조치를 취할 인센티브를 제공해 준다. 셋째, 특정 문제를 다루는 정부대표자의 활동은 바로 국가가 그 문제의 해결책으로 채택한 내용이 된다. 마지막으로, 정부활동은 단일행위자(개인, 정부, 국가 등)의 합리적 선택으로 간주된다.

② 조직과정모형(organizational process model)

조직과정모형에서는 정부를 나름대로의 독자적 영역을 가진 느슨하게 연결된 조직체들의 거대한 집합으로 이해하고 있다. 따라서 정부활동은 지도자의 합리적 의도적 선택에 의해서가 아니라, 정형화된 행동유형에 따라 움직이는 대규모 조직이 낳은 산출물로 이해된다.

광범위한 문제에 효율적으로 대응하기 위해 각각의 조직은 특정 영역에 대한 관할권을 가지고 있으며, 따라서 조직들 간의 관계는 반 독립적($semi-autonomous$)이다. 정부정책이란 이들 여러 조직의 상반된 대안이 최고정책결정자의 조정을 거쳐 반영된 것에 불과하다고 주장한다.

조직의 산출물은 주로 표준운영절차(SOP)를 거쳐 만들어지기 때문에, 급격한 정부정책의 변화를 기대하기는 어려우며, 대신 조직학습과정을 통해 점진적 변화가 일어날 수 있다고 본다.

③ 관료정치모형(bureaucratic politics model)

Allison의 세 번째 개념모형인 관료정치모형은, 앞서 언급한 두 모형과는 상당히 다르다. 첫째, 오직 한 가지 전략적 문제에만 관심을 쏟는 단일행위자를 가정하는 합리적 행위자 모형과는 달리, 관료정치모형은 여러 다양한 문제에 관심을 갖는 다수의 정치적 행위자를 상정하며, 이들의 전략적 목표는 일관된 것이 아니라, 국가·조직·개인목표를 모두 고려하여 결정된다. 정치적 게임은 최고정책결정자와 상당한 권력을 보유한 해당 부서의 장에 의해서 이루어지는데, 이들은 각자 상당한 재량권을 가지고 있다. 이들의 상이한 관점을 조정하기 위해서는 정치가 필수적이다. 정책이란 특정 대안에 대한 옹호자와 반대자가 사용하는 권력과 정치적 수완에 의해서 결정된다고 본다. 관료정치모형에 의하면, 한마디로 정책이란 정치적 게임의 결과로 간주된다.

㈐ 평 가

Allison 모형은 기존의 집단적 정책결정에 대한 이론과 모형들을 종합·정리한 것으로 평가된다. Allison 모형은 원래 쿠바 미사일 사건과 같은 국제정치적 사건과 위기적 사건에 대응하는 정책결정을 설명하기 위한 모형으로 작성되었으나, 일반정책의 경우에도 적용가능하고, 또 한국의 경우에도 많은 적용가능성을 가진 것으로 평가된다. 우리나라의 정책결정은 1980년 중반까지 대통령의 영향력이 지나치게 압도적이어서 미국에서는 쉽게 적용되는 Allison 모형의 설명력이 상당히 약했으나, 1980년대 중반 민주화가 진행된 이후부터의 정책결정모형을 설명하는데, Allison 모형의 적용가능성은 점차 높아지고 있는 것으로 평가되고 있다(정정길 외, 2005: 553-555).

〈 Allison 모형의 사례 〉 쿠바 미사일 위기

1. 합리적 행위자 모형 관점

합리적 행위자 모형은 소련의 쿠바 영내로의 미사일 배치에 대한 미국의 해안봉쇄라는 대응을 단순히 주어진 목표에 대한 가치극대화의 측면에서 설명하려고 한다. 쿠바 영내에서 소련의 미사일이 배치되고 있다는 통보를 받은 Kennedy 대통령은 안전보장이사회의 집행위원회(EXCOM)를 소집하고, 이러한 국가적 위기문제를 해결하기 위한 모든 가능한 대안을 신속히 제시해 줄 것을 요청했다. 이 모임을 통해 여섯 가지 종류의 대안이 제시되면서, 각 대안에 대한 찬반논의가 이어졌다.

① 첫 번째 대안: 소극적 방관
② 두 번째 대안: UN이나 미주기구에 의한 쿠바사찰, Kennedy 대통령과 Khrushchev와의 직접 면담을 통한 외교적 해결
③ 세 번째 대안: Castro와의 은밀한 교섭
④ 네 번째 대안: 쿠바 영내로의 침공인데, 미사일의 제거뿐만 아니라 Castro를 권좌에서 축출
⑤ 다섯 번째 대안: 국지적 공습(surgical strike)인데, 정밀한 공격으로 소련이 배치할 미사일 기지를 사전에 제거하는 것
⑥ 여섯 번째 대안: 간접적 군사행동으로서 해안봉쇄

여섯 가지 정책대안 중, 여섯 번째 대안이 다른 대안과는 달리 예상되는 손실보다는 이익이 훨씬 큰 것으로 평가를 받았다. 모든 것을 고려해 볼 때, 해안봉쇄야말로 합리적 관점에서 미국이 취할 수 있는 유일한 선택이었다는 것이 Allison의 첫 번째 주장이다. 즉, 합리적 행위자 모형의 설명력은 쿠바 미사일 위기사례에서 상당부분 설명력이 확보되었다.

2. 조직과정모형 분석

Kennedy 대통령의 쿠바에 대한 10월 22일자 해안봉쇄령은 같은 해 10월 14일 U-2정찰기가 쿠바 영내의 미사일 기지사진을 제공함으로써 단행되었다. 그러나 Allison은 만일 9월 19일에 소집된 미 첩보회의에서 "소련은 쿠바 영내로 공격용 미사일을 반입하지 않을 것이다"라는 결론을 내리지 않았더라면, 더 빨리 발견할 수 있었을 것으로 추정한다.

그렇다면 미국의 첩보활동은 왜 실패하였는가? 첩보국은 주로 네 가지 종류의 정보원을 가지고 있었는데, 엄청난 정보를 처리하는 데 소요되는 시간상의 제약 때문에 정책결정을 내릴 시점에 이런 모든 정보를 활용할 수가 없었다. 후에 미사일 기지 건설정보가 계속 들어옴에 따라, 쿠바 서쪽 상공에 대한 특별비행을 지시하는 결정도 CIA와 미 공군 간의 비행을 둘러싼 관할권 싸움 때문에, 10일이나 지연되었다. 또한 대안 채택과정을 보면 EXCOM에서는 대안의 윤곽만 설정하고, 세부적 사항은 당해 업무를 수행하는 기관에 의해서 구체화되었다.

정책대안 중 대통령의 선호에도 불구하고 공습이 기각된 이유를 조직과정모형의 관점에서 파악할 수 있다. 쿠바 영내에 설치된 미사일이 이동식으로 분류되어, 공습을 통한 제거가 어렵다는 주장이 미 공군에 의해서 제기되었으며, 이것이 정책결정의 제약여건으로 작용한 것이다.

3. 관료정치모형 분석

관료정치모형에 입각해서 세 가지 측면으로 고찰해 보면, 첫째, 쿠바의 미사일기지 발견에 얽힌 정치화 과정을 분석해 볼 수 있다. 쿠바 영내의 미사일 기지설치는 Kennedy 행정부에 불리한 사건이어서 CIA 책임자의 보고를 일축하였다. 둘째, 미사일 기지발견에 따른 이슈의 정치화 과정을 살펴본다. 쿠바 미사일 위기라는 이 문제에 대해 Macnamara 국무장관, Robert Kennedy(대통령 동생, 법무장관), Sorenson 안보담당 특별보좌관이 핵전쟁의 위험성을 줄이기 위해 외교적 해결이라는 온건한 입장을 표명했으나, 대통령의 Khrushchev에 대한 배신감 때문에 온건론자의 주장을 받아들이지 않았다. 마지막으로, 대안 선택과 관련된 정치를 분석해보면, 처음에 국지적 공습을 선호하던 대통령이 국무장관과 법무장관 등의 반대주장을 받아들여, 해안봉쇄대안을 최종적으로 채택하게 되었다.

쉬어가는 코너

앨리슨 이야기

앨리슨은 1962년 10월, 쿠바 미사일 위기사건을 토대로 정책결정의 앨리슨모형을 창시한 학자이다. 쿠바 미사일 위기사건은 핵무기로 무장한 미국과 소련이 세계를 핵전쟁의 위기로 몰고 갈 사건이었고, 인류 전체 생명을 담보로 한 도박이었다. 당시 케네디 대통령은 즉각 미국 군사안보회의를 소집하고 백악관 지하벙커에 비상준비체제에 돌입했다. 이후, 미소 핵무기가 대치하는 세계 초유의 긴장된 몇 시간이 흐른 뒤 소련 핵항공모함들은 미국과의 직접적인 군사적 충돌을 피해 뱃머리를 돌렸다. 그 후 곧바로 흐루시초프는 쿠바의 미사일 기지를 폐쇄하였고, 이렇게 13일간 위기 상황은 종식되었다.

엘리슨G. Allison은 쿠바 미사일 사태의 이러한 의문점들에 대해 고민하게 되었고 이를 학술적으로 풀고자 했다.

소련은 왜 쿠바에 공격용 전략 미사일을 배치했을까? 미국은 왜 소련의 쿠바 항로에 해상봉쇄선을 설치하는 것으로 응수했던 것일까? 소련은 왜 결국 미사일을 철수했을까?

엘리슨은 개념적 틀 또는 안경을 바꾸어 끼면 세상이 분명히 달라 보인다는 점을 증명하려 했고, 세 가지의 정책결정모형을 제시하였다. 그것이 바로 유명한 엘리슨 Ⅰ, Ⅱ, Ⅲ모형으로서 합리적 행위자 모형, 조직과정모형, 관료정치모형이다. 간략히 살펴보면, 합리적 행위자 모형Model Ⅰ은 정부를 잘 조정된 유기체로 간주하고, 조직과정모형Model Ⅱ은 정부를 반독립적인 하위조직들이 느슨하게 연결되어 있는 집합체로 간주하며, 관료정치모형Model Ⅲ은 서로 독립적인 정치적 참여자들의 개별적 집합체로 간주하는 것을 의미한다.

앨리슨모형에서 키워드는 정책결정의 본질Essence of Decision이다. 엘리슨은 정책결정의 틀과 과정은 일종의 동심원을 그리고 있는 것으로 볼 수 있다고 했다. 제1모형은 큰 틀을 그리고, 그 틀 속에서 제2모형은 정보와 대안과 행동을 생산하는 조직의 절차를 그리고, 제3모델은 정부를 이루는 핵심 인사들이 그들의 서로 다른 인식과 원하는 바가 어울리며 빚는 정치적 과정의 세부를 그려 넣게 된다. 즉, 이 모형은 우리에게 정책학적

제 2 절   정책집행

1. 의 의

정책집행이란 일련의 전체 정책과정 가운데 정책결정과 정책평가단계 사이에서 이루어지는 실천적 단계로서, 정책내용을 구체화하기 위한 실현활동으로 이해할 수 있다. 즉, 정책내용을 구체적으로 실현하는 활동 또는 과정을 정책집행이라 할 수 있다.

2. 정책집행에 관한 접근법

1) 고전적 하향적 접근법

고전적 정책집행론은 정책결정과 정책집행은 엄격히 구분된다는 입장으로, 결정된 정책내용이 집행현장에서 그대로 집행되는 것을 성공적·효율적 집행이라 간주한다. 이러한 입장은 안정되고 구조화된 정책상황을 전제로 하기 때문에 정책목표가 명확하여 집행과정에서 수정의 필요성이 적고, 따라서 집행자의 재량권을 인정하지 아니하며 기계적이고 충실한 집행만을 강조한다. 따라서 집행의 충실성과 정책결과 그 자체만이 정책평가의 중요한 기준이 된다.

이러한 고전적·하향적 접근법은 효과적 정책집행을 위한 이상적 조건으로서, 다음과 같은 다섯 가지 사항을 제시하고 있다.

첫째, 정책결정의 내용은 타당한 인과이론에 바탕을 둔 것이어야 한다. 이러한 타당성이 결여되면 아무리 대상집단의 순응이 확보되어 충실히 정책이 집행된다 하더라도 정책이 지향하는 정책목표가 달성될 수 없다.

둘째, 정책내용으로서 법령은 명확한 정책지침을 갖고 있어야 하며, 정책목표의 우선순위가 명료해야 한다.

셋째, 유능하고 헌신적인 집행관료가 정책집행을 담당하여야 한다.

넷째, 정책에 대해 조직화된 이익집단, 유권자 집단 및 통치권자의 강력한 지지를 받아야 한다.

다섯째, 정책환경은 안정적이어서, 집행과정 동안 법령에 규정된 목표의 우선순위가 변하지 않아야 하며, 상충되는 정책이나 사회경제적 상황의 변화에 의해 기존의 정책이 현저하게 달라지지 않아야 한다.

2) 현대적 상향적 접근법

현대적 정책집행론은 정책결정과 정책집행은 엄격히 구분되기 어렵고 오히려 집행과정에서 최종적인 정책결정이 이루어진다는 입장이다. 또한 결정된 정책내용이 집행현장에서 수시로 수정될 수 있고 또 바람직하게 수정되어 집행되는 적응적 집행을 성공적인 집행으로 간주한다. 이러한 입장은 유동적이고 동태화된 오늘날의 정책상황을 전제로 하기 때문에 정책목표가 불명확하여 집행과정에서 수정이 불가피하고, 따라서 집행자의 재량권을 인정해야 한다는 것이다. 즉, 기계적이고 충실한 집행보다는 환경에의 적응성이 정책평가의 중요한 기준이 된다.

3) 통합적 접근법

기존의 집행연구는 집행이 무엇이며, 왜, 어떻게 변화하는가에 대해 우리에게 많은 지식을 제공하여 주었지만, 집행결과에 독립변수들이 미친 독특한 영향을 자세하게 규명해 주지는 못하였다. 이에 1980년대 중반 이후 하향적 접근과 상향적 접근이 지닌 각각의 장·단점을 보완하고자 하는 학문적 노력이 등장하게 된다. 이를 주도한 학자들로는 Sabatier(1986), Elmore(1985), Winter(1986), Berman(1980) 등이 있다.

Sabatier(1986)는 정책문제와 관련된 다양한 공·사적 집행관련자들을 분석단위로 한 상향식 접근방법과, 사회경제적 조건 및 법적 수단이 집행자들의 행태를 일정한 방향으로 제약하는 데 초점을 맞춘 하향식 접근방법의 종합을 시도하였다.

Elmore(1985)는 전방향적 접근방법(하향적 접근방법)과 후방향적 접근방법(상향적 접근방법)은 상호가역적인 논리로서, 양 접근방법의 적절한 통합이 필요하다고 주장하였다.

Winter(1986)는 두 접근방법에서 취사선택된 변수들의 조합이 정책집행의 성과를 만족스럽게 설명할 수 없다고 지적하면서 새로운 접근을 주장하였다. Winter는 정책집행 성과를 결정하는 주요 변수로서 1) 정책형성과정의 특성, 2) 조직상호 간의 집행행태, 3) 일선관료의 행태, 4) 집행대상집단의 행태 등 4가지 변수를 종합적으로 고려하는 통합모형을 제시했다.

Berman(1980)은 정책집행의 문제는 정책과 그것을 둘러싼 제도적 환경의 상호작용에 의하여 발생된다고 이해하며, 집행의 제도적 환경을 크게 거시집행구조와 미시집행구조로 구분하였다. 중앙정부는 실질적인 집행현장의 조직들에 영향을 미쳐 정책이 의도한 결과를 가져올 수 있도록 해야 하고, 집행현장의 조직들은 그들 나름대로의 정책을 설계해서 자신들의 환경에 적합하게 집행해야 한다. 이때, Berman은 전자를 거시적 집행구조라 하고, 후자를 미시적 집행구조라 하였다.

제 3 절 정책평가

1. 정책평가의 의의

정책평가란 정책이나 사업의 집행결과가 처음에 의도한 정책목표를 실현하였는가, 당초 사회문제가 되었던 정책문제의 해결에 기여하였는가, 그리고 집행결과 어떤 파급효과와 부차적 효과를 야기했는가를 체계적으로 조사·분석하고 평가하는 활동을 의미한다. Hatry & Winnie는 "특정한 정부의 사업이 국민에게 미친 모든 장·단기적 효과에 관한 정보를 제공하기 위해, 특정한 정부사업을 체계적으로 검토하는 것"이라고 정의하고, D. Nachmias는 "진행 중인 정책이 달성하고자 하는 목표와 관련하여 그것이 대상집단에 미친 효과를 객관적, 체계적, 실증적으로 검토하는 것"이라고 정의하고 있다.

2. 정책평가의 유형

1) 평가대상에 따른 분류: 총괄평가와 과정평가

(1) 총괄평가

정책결과를 평가대상으로 한 것이 총괄평가이며, 집행과정을 평가대상으로 한 것이 과정평가이다. 총괄평가는 정책집행이 끝날 때에 내리는 평가이며, 과정평가는 집행의 도중에 이루어지는 평가이다.

(2) 과정평가

정책효과 혹은 정책결과의 종류에 따라 1) 정책산출평가(*policy output*), 2) 정책성과평가(*policy outcome*), 3) 정책영향평가(*policy impact*)로 구분할 수 있다. 가장 단기간에 나타나는 효과로써 예컨대 프로그램의 직접적인 물적·인적 산물을 의미하는 것이 정책산출이며(예컨대, 건설된 저수지 시설), 정책성과는 정책산출을 통해 얻는 효과를 의미한다(예컨대, 저수지를 통해 얻게 되는 쌀의 증산효과). 마지막으로 정책영향은 정책성과가 다른 부문에 미치는 영향까지 고려된 효과를 의미하는 것

표 5-4	정책평가의 유형: 총괄평가와 과정평가
총괄평가 (summative evaluation)	• 정책집행 후에 과연 의도했던 정책효과가 발생했는지를 확인·검토하는 것 • 정책효과와 부수효과나 부작용까지 포함하여 정책이 사회에 끼친 영향이나 충격을 확인하려는 사실판단적인 활동
과정평가 (process evaluation)	• 정책집행과정에 나타난 집행계획·집행절차·투입자원·집행활동 등을 확인·검토하는 것

이다(예컨대, 쌀의 증산으로 인한 쌀값의 하락이나 재배면적의 변동, 부작용 기타 외부효과 등).

2) 정책평가의 주체에 따른 분류: 내부평가와 외부평가

(1) 내부평가(inside-evaluation)

정책의 결정·집행을 담당하고 있는 사람들이나(이 경우에는 자체평가, *self-evaluation*), 이들이 소속한 조직의 다른 구성원이 행하는 평가를 말한다. 평가에 전문성과 경험을 활용할 수 있고, 평가결과의 활용이 용이하지만 평가공정성 유지가 곤란하다.

(2) 외부평가(outside-evaluation)

정책의 결정·집행의 담당기관이 아닌 제3자가 수행하는 평가를 말한다.

3) 정책평가의 단계에 따른 분류: 예비평가와 본 평가

예비평가는 정책평가의 소망성과 실현가능성을 개략적으로 검토하는 평가성 검토(*evaluabillty assessment*: 평가성 사정이라고도 함)를 말하며, 본 평가는 예비평가 결과 본격적인 평가가 필요하다고 판단된 사업을 대상으로 총괄평가, 과정평가 등을 수행하는 것을 말한다.

3. 정책평가의 논리

1) 과학적 정책평가방법의 유형

과학적 정책평가방법은 크게 두 가지로 나누어지는데, 실험적 방법과 비실험적 방법이 그것이다. 실험적 방법은 진실험과 준실험으로 나뉘며, 비실험적 방법은 실험을 사용하지 않은 통계적 방법을 말한다.

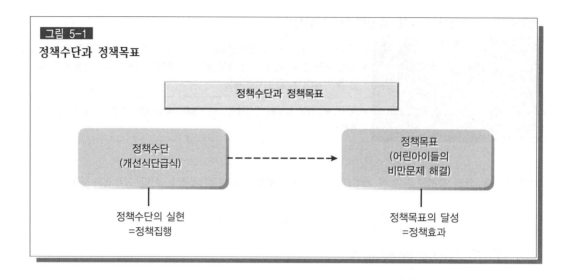

그림 5-1

정책수단과 정책목표

정책수단과 정책목표

정책수단
(개선식단급식) → 정책목표
(어린아이들의
비만문제 해결)

정책수단의 실현
=정책집행

정책목표의 달성
=정책효과

2) 정책목표 – 정책수단의 인과관계

총괄평가의 목적은 본질적으로 정책목표와 수단 사이에 존재하는 인과관계를 검증하려는 것이다. 다시 말해 정책이 집행된 후에 소기의 효과가 발생했는가의 여부를 평가하는 데 있다고 할 수 있다. 정책은 일반적으로 정책목표와 이를 달성하기 위한 정책수단으로 구성되어 있다. 정책을 집행한다는 것은 정책수단을 실현한다는 의미이다. 그러므로 정책집행이 소기의 효과를 가져왔는가를 판단한다는 것은, 정책수단이 실현되었을 때 소기의 효과를 가져왔는가를 판단하는 것과 같은 의미이다.

3) 사회실험(social experiment)

(1) 실험의 기본개념

실험은 반드시 실험집단(*experimental group*)과 이에 비교되는 통제집단(*control group*)을 보유한다. 그래서 실험대상을 의도적으로 두 집단으로 나누고, 실험집단에게는 일정한 처리(*treatment*)를 가하고 통제집단에게는 처리를 가하지 않게 하여 일정한 시간이 지난 후에 양 집단이 나타내는 결과변수상에서의 차이를 처리의 효과라고 판단하는 것이 실험의 기본논리이다(정정길 외, 2005: 804).[3]

최근 사회적으로 문제가 되고 있는 어린아이들의 비만문제 해결을 위해, 실험적으로 한 초등학교의 6학년 아이들의 급식에서 영양사가 특별히 마련한 개선식단을 급식에 사용하기로 했다고 하자. 이때 반드시 실험집단과 비교집단(통제집단)을 확보해야 한다. 그래서 실험 후 두 집단을 비교

---

[3] 여기에서 실험에 대한 기본적인 설명은 정정길 외(2005: 804-810)의 설명 논리를 유추·활용하였음.

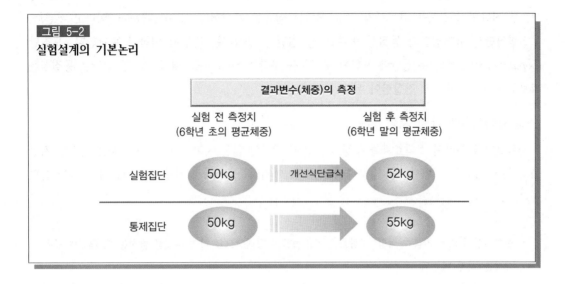

그림 5-2
실험설계의 기본논리

결과변수(체중)의 측정

실험 전 측정치 (6학년 초의 평균체중)		실험 후 측정치 (6학년 말의 평균체중)
실험집단	50kg → 개선식단급식	52kg
통제집단	50kg →	55kg

했을 때 나타나는 결과변수상의 차이를 실험의 효과라고 판단하는 것이 기본적인 실험적 방법의 논리이다. 이때 개선식단을 사용하게 될 A초등학교를 실험집단으로, 그 주위에 있는 B초등학교를 비교집단으로 하여, B초등학교 6학년 학생들에게는 평소와 다름없는 식단대로 급식을 실시하고 1년 후의 몸무게를 측정하였더니, 실험집단은 2kg의 증가로 나타나고, 비교집단은 5kg의 증가로 나타났다면, 개선식단의 효과는 3kg 비만감소로 판단하는 것이 기본논리이다(〈그림 5-2〉 참조).

① 실험대상(*subjects*): 전국의 초등학교 학생들이 된다. 정책의 경우에는 정책대상집단(*policy target group*)이 여기에 해당된다.
② 처리(*treatment*): 개선식단이 바로 이것이 되는데, 정책의 경우에는 정책수단의 실현(또는 정책의 집행) 또는 정책내용의 실현이 여기에 해당된다.
③ 처리효과(*treatment effect*): 개선식단의 효과로서 결과변수의 변화로 나타낸다. 정책의 경우는 정책결과, 즉 정책목표의 달성이 여기에 해당되고, 이는 결과변수의 변화로서 측정된다.
④ 결과변수(*outcome variable*): 개선식단으로서 체중감소를 가져온다고 생각하고 있으므로 체중이 결과변수이다. 정책의 경우는 정책목표를 나타내는 지표가 된다. 이 결과변수를 흔히 실험 전에 측정하고, 실험 후에도 측정하는데, 전자를 실험 전 측정치(*pre-test score*), 후자를 실험 후 측정치(*post-test score*)라고 부른다(정정길, 2004: 151).

(2) 진실험과 준실험

실험집단과 통제집단의 동질성을 확보하고 행하는 실험을 진실험(*true experiment*)이라고 부르고, 두 집단의 동질성을 확보하지 않고 행하는 실험을 준실험(*quasi−experiment*)이라고 부른다.

실험집단과 통제집단의 동질성 여부는 양 집단을 구성하는 방법에 의하여 판단한다. 모집단(*population*)으로부터 두 집단에 포함될 구성원을 무작위(*random*)로 결정하면 두 집단은 동질성을 확보하게 되고, 따라서 진실험이 된다.

(3) 사회실험에 대한 저항

사회실험을 통하여 정책효과를 추정하는 것에 대하여 많은 저항이 있다. 평가자는 이러한 저항을 충분히 파악하고 해결책을 강구하여야 한다. 여기서는 몇 가지 자주 대두되는 문제점을 살펴본다.

① 실험대상이 되는 것을 기피함: 사람들은 자기들을 실험대상으로 하여 무엇을 밝히는 데 대하여 좋은 감정을 갖지 않는다.
② 전문성에 대한 민감한 반응: 사람들은 최상의 서비스를 원한다. 다시 말해서 실험설계에서처럼 어떤 프로그램에서는 어떤 종류의 서비스가 제공되고, 또 어떤 프로그램에서는 다른 서비스가 제공되는 경우를 인정하지 않는다는 뜻이다.
③ 과다한 시간과 노력: 모든 평가연구가 어느 정도 시간과 노력을 필요로 하지만, 특히 사회실험은 다른 연구설계보다 더 많은 시간과 노력이 든다. 간단한 통계적 방법을 비롯하여 사전사후설계나 유사비교 집단설계와 같은 비실험적 방법에 비해서 재원과 인력 그리고 시간이 많이 소요된다.

제 4 절   정책변동

정책변동은 정책환경의 변화와 이로 인한 정치체제에 대한 투입의 변화, 그리고 투입을 정책으로 변환시키는 전환과정에 의해 유발된다. 정책변동모형은 이러한 정책변동의 요인과 과정을 설명하고 있다. 여기에서는 Sabatier의 정책지지연합모형, Hall의 패러다임변동모형, Kingdon의 정책흐름모형, Mucciaroni의 이익집단 위상변동모형을 살펴보기로 한다.

1. 정책지지연합모형(Advocacy Coalition Framework)

Sabatier와 Jenkins-Smith는 정책지지연합모형(ACF: Advocacy Coalition Framework)을 제시하고 있다. Paul Sabatier는 특정한 정책을 둘러싼 지지연합들이 비교적 안정적이며, 이들 지지연합이 외부요인의 영향으로 인해, 혹은 그 외의 요인으로 인해 재편성될 수 있다는 것에 착안하여 정책변동모형을 설명하였다. 그러면 이렇게 재편성된 지지연합들에 의해서 정책변동이 일어날 수 있다는 것이다.

Sabatier 모형은 다음과 같은 특징을 가지고 있다.

첫째, 정책변화과정에 10년 이상이라는 장기간이 걸린 정책의 변동을 설명하는데 유리하다.

둘째, 정책하위체제(*policy sub-system*)라는 분석단위에 초점을 두고 정책변화를 이해한다. 이것은 종래의 정책변동을 정부기관, 국회 상임위원회, 이익집단의 상호작용으로 보는 견해에서 더 나아가, 정책의 진행과정에 중요한 역할을 하는 언론인, 시민단체, 정책연구자 등 중개인의 역할을 포함한다.

셋째, 다양한 수준의 정부 하에서 일하는 모든 행위자들을 정책하위체제로 본다.

넷째, 정책하위체제 내부에는 신념체계(*belief systems*)를 공유하는 정책지지연합이 있으며, 이 지지연합들이 신념체계에 입각한 정책을 추진하기 위해 노력하는 과정에서 정책변동이 생긴다고 본다.

P. Sabatier가 제시한 정책변동의 요인에는 ① 외부요인, ② 내부요인, ③ 정책학습이 있다. 정책지지연합의 주요 구성요소는 다음의 〈그림 5-3〉에 잘 나타나 있다.

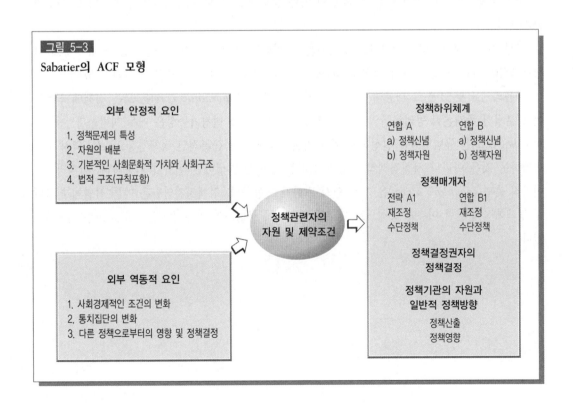

그림 5-3

Sabatier의 ACF 모형

외부 안정적 요인
1. 정책문제의 특성
2. 자원의 배분
3. 기본적인 사회문화적 가치와 사회구조
4. 법적 구조(규칙포함)

정책관련자의 자원 및 제약조건

외부 역동적 요인
1. 사회경제적인 조건의 변화
2. 통치집단의 변화
3. 다른 정책으로부터의 영향 및 정책결정

정책하위체계

연합 A	연합 B
a) 정책신념	a) 정책신념
b) 정책자원	b) 정책자원

정책매개자

전략 A1	연합 B1
재조정	재조정
수단정책	수단정책

정책결정권자의 정책결정

정책기관의 자원과 일반적 정책방향

정책산출
정책영향

1) 외부요인

외부요인은 외부 안정적 요인(*stable external parameters*)과 외부 역동적 요인(*dynamic external events*)으로 다시 구분된다. 전자에는 정책문제의 특성, 자원의 배분, 기본적인 사회문화적 가치와 사회구조, 법적 구조 등이 포함된다. 이러한 안정적인 변수들은 변화가 불가능하지는 않으나 그 속도가 느리고 거의 변화하지 않는다. 그러면서 정책하위체제가 선택 가능한 정책대안의 범위를 한정하고, 정책하위체제들의 자원과 신념체계에 영향을 미친다. 이에 반해 외부 역동적 요인으로는 사회경제적 조건의 변화, 선거 등을 통한 통치집단의 변화, 다른 정책으로부터의 영향 및 정책결정 등이 있다. 이는 정책하위체제에 단기간에 큰 영향을 미친다고 볼 수 있다. 정책의 핵심적인 내용의 변화는 이러한 역동적인 요인에 의해 초래되는 것으로 설명되어진다.

2) 내부요인

내부요인에는 우선 정책체제 내부를 구성하는 정책행위자들(*policy actors*)이 이루는 몇 개의 지지연합과 그들이 갖고 있는 정책에 관한 상이한 신념과 자원이 있다. 정책지지연합은 그들의 신념을 정책 또는 프로그램을 통해 실현하기 위해 노력하며, 이들의 정책변동능력은 보유하고 있는 자금, 전문지식, 지지자, 법적 권한 등 자원의 양에 달려있다. 물론 보유자원의 양은 시간의 흐름에 따라 변화한다.

한편 정책지지연합의 신념체계도 변화되는데, 변화의 용이성에 따라 규범핵심(*normative core*), 정책핵심(*policy core*), 이차적 측면(*secondary aspect*) 등의 계층적 구조로 구성되어 있다.

다음의 〈표 5-5〉에 그 내용이 정리되어 있다. 규범핵심(*normative core*)은 모든 정책에 적용되는 근본적인 존재론적 공리로서의 성격을 가지고 있으며, 그 변경가능성은 매우 희박하다. 정책핵심(*policy core*)은 규범핵심을 달성하기 위한 기본전략에 관한 근본적인 정책입장으로서, 역시 쉽게 변화하는 것은 아니나 사회경제적 상황의 심각한 변화가 발생하면 변화가 가능하다. 마지막으로 이차적 측면(*secondary aspect*)은 가장 쉽게 변화가 가능하다. 정책지지연합은 이들 신념체계 중에서 정책핵심에 관한 이슈를 중심으로 합의를 형성하여 구성되어 있는 것으로 Sabatier는 설명하고 있다.

표 5-5 정책지지연합의 신념체계의 구조

	규범핵심	정책핵심	이차적 측면
특 징	• 근본적, 규범적, 존재론적인 공리	• 규범적 공리를 달성하기 위한 기본적인 전략에 관한 근본적인 정책입장	• 정책핵심을 집행하기 위하여 필요한 도구적 결정과 정보탐색
적용범위	• 모든 정책영역에 대하여 적용함	• 관심 있는 특정 정책영역에 적용함	• 관심 있는 정책영역에 특별함
변화가능성	• 매우 어려움, 종교 개종과 비슷함	• 어려움: 심각한 변혁이 일어나면 변화가능	• 보통 쉬움: 가정 행정적이고 법적인 정책결정의 주체임
예 시	• 사람의 성격 • 다양한 가치, 아름다움, 자유, 건강	• 근본적인 정책갈등 방향: 환경보호와 경제개발 • 정책도구에 관한 기본적 선택: 강제, 유인, 설득	• 행정규칙, 예산배분, 경정 해석에 관한 결정 • 프로그램 실적에 관한 정보

지지연합들 간의 대립과 갈등을 중재하는 제3자를 Sabatier는 정책중재자 혹은 정책매개자 (*policy broker*)라고 하는데, 정치인과 관료, 시민단체들 모두 정책중재자가 될 수 있다. 또한 정책중재자의 중재과정을 통하여 정부프로그램이 나오며, 거기에서 정책산출이 나오고 정책 임팩트 (*impact*)를 가져온다고 하였다. 이러한 비교적 안정적인 지지연합이 외부요인의 영향을 받거나 그밖의 이유로 재편성될 수 있으며, 다수파에서 소수파가 될 수 있다는 것이다. 지지연합이 재편성될 때 정책변동이 일어나는 것은 당연하다고 볼 수 있을 것이다.

3) 정책학습(Policy-Oriented Learning)

P. Sabatier는 정책변동에 영향을 미치는 제3의 요인으로서 정책학습을 들고 있는데, 이는 내부요인에 속한다고도 할 수 있겠다. 정책지지연합의 신념체계의 변화를 가져오는 정책학습은 경쟁하는 지지연합들 사이에 어느 정도의 갈등이 존재하거나, 지지연합들 사이에 논쟁을 촉진하는 공개적인 논의가 있을 때 가능하다. 정책학습은 지지연합 내에서도 이루어질 수 있겠으나, 다른 지지연합으로부터의 학습도 가능하다. 외국의 전례나 경험으로부터 과거의 경험, 역사로부터도 학습 가능한 것이다.

P. Sabatier 정책지지연합모형은 지지연합들 간의 상호작용에 의해 정책의 변화가 발생하고, 정책학습이 신념체계의 수정과 정책변화를 초래한다는 점을 설명한다. 이러한 점을 미루어보았을 때 장기간에 걸친 정책변화를 설명하는데 있어서 유용한 모형이라고 할 수 있겠다.

사바티어의 이야기

사바티어Paul Sabatier는 ACF(Advocacy Coalition Framework: 정책지지연합) 모형을 제시한 학자이다. 사바티어는 현대사회의 복잡한 정책현상을 정책단계모형Stage Model과 같은 단선적인 구조로 설명하기에는 한계가 있다고 주장했다. 따라서 그는 정책집행과정 전반에 대한 체계적인 이해를 돕기 위한 입체적 개념틀이 필요하다고 생각했다.

다양한 행위자가 참여하고 있는 정책이 오랫동안 표류하고 있다가 집행되기도 하고 사라지기도 하는데, 사바티어는 어떤 요인들에 의해 이러한 일들이 발생하는지가 궁금했다. 바로 이것이 사바티어의 고민이었다.

현실적으로 보통 중요한 정책사안에는 수백 명의 행위자가 개입되고 정책과정도 10년 이상 진행되는 것들도 많다. 또한 한 정책안에서 여러 개의 정책 프로그램이 함께 진행되기도 한다. 과연 전통적인 정책과정이론은 이러한 현실적인 정책현상을 제대로 설명하고 있는가? 과연 정책현상은 의제설정 → 정책결정 → 정책집행 → 정책평가처럼 단선적인 구조로 진행되는 것인가? 그리고 정책과정에서 진행되는 다양한 관계자 그룹들 간의 갈등양상이나 이해관계 혹은 이념 등을 잘 반영하여 설명하고 있는가?

사바티어는 그의 저서 『정책과정이론』Theories of the Policy Process에서 이러한 고민에 대한 해결책을 제시하고 있다. 그는 정책형성과정을 연합 간의 게임과 협상과정으로 보고, 신념체계를 공유하는 지지연합이 변화됨으로써 정책변동이 발생한다고 설명하였다. 정책지지연합에 영향을 주는 요인들을 외부적 요인과 내부적 요인으로 나누고, 외부적 요인은 안정적 요인과 역동적 요인으로 분류하였다. 또한, 내부적 요인을 구성하는 신념체계를 규범핵심, 정책핵심, 이차적 측면으로 나누고, 이러한 신념과 자원이 정책연합의 응집성에 매우 중요하다고 보았다. 또한 그는 정책학습의 중요성도 강조하였다. 이를 정책지지연합모형ACF: Advocacy Coalition Framework이라고 한다.

자료: 저자의 졸저, 『행정학 콘서트』, 168쪽.

2. 패러다임변동모형(Paradigm Shift Model)

1) 개 념

패러다임변동모형은 정책의 변동이 한 사회의 패러다임의 변화에 의해 함께 일어난다는 내용을 담고 있다. Paul Sabatier는 핵심적인 신념(규범핵심, 정책핵심)의 변동이 쉽지 않아 근본적인 정책변동은 잘 이루어지지 않는다고 주장하는데 반해서, Peter Hall은 패러다임 변동에 의한 근본적인 정책변동이 가능하다고 설명한다.

Hall은 '정책목표', '정책수단', '정책환경'의 3가지 변수를 포함하는 과정으로 정책형성을 설명하고, 정책목표와 정책수단에 있어서 급격한 변화를 가져오는 정책변동을 패러다임 변동으로 개념화하여 설명하였다.

2) 내 용

Peter Hall은 패러다임변동모형을 설명하면서, 1970년부터 1989년까지의 영국의 경제정책이 어떻게 Keynesianism(케인즈주의)에서 Monetarism(통화주의)으로 전환했는지를 살펴본다. Hall은 정책변동을 정부예산을 조정하는 것처럼, 정책목표나 수단의 근본적인 변화는 없이 정책수단의 수준만이 바뀌는 1차적 변동, 거시적인 정책목표에는 변화가 없으나 정책수단을 변경하는 2차적 변동, 정책환경, 정책목표 및 정책수단이 급격히 변동한 3차적 변동을 들고 있는데, 여기서 이 3차적 변동을 설명하는 틀로서 Hall은 패러다임변동모형(*paradigm shift model*)을 들고 있는 것이다.

Hall은 1차적, 2차적 변동은 기존의 정책 패러다임에 영향을 미치지 않는 일반적인 정책형성의 경우를 의미하며, 이 경우에는 정책패턴의 연속성이 유지된다고 하였다. 즉, 1차적 변동은 점증주의적 성격을 지니는 것이며, 2차적 변동은 새로운 정책수단의 개발을 의미한다. 그러나 3차적 변동은 기존의 정책패턴의 연속성이 보장되지 않는 단절적인 변동인 동시에, 정책 패러다임의 변화가 초래되는 급격한 변동을 나타낸다고 하였다(정정길 외, 2005: 854).

Hall은 이러한 패러다임 변동이 급작스러운 것이 아니라 점진적인 과정을 거친다고 설명하고 있다. 그 과정으로는 ① 패러다임 안정기, ② 변이의 축적기, ③ 실험기, ④ 권위의 손상기, ⑤ 경합기 그리고 ⑥ 새로운 패러다임의 정착기로 이행된다. 단계별로 이를 살펴보면, 우선 하나의 패러다임이 새로이 형성되었을 시기에는 일정기간 안정기를 누리게 된다. 그러다가 기존의 패러다임으로 설명될 수 없는 요소들이 등장하고, 이러한 변이요소들의 축적이 이루어진다. 그러면 기존의 패러다임의 정확성이나 지적 능력에 손상을 가져오는데, 이를 치료하기 위한 수단으로 새로운 정책대안을 탐색하는 등 기존의 정책에 변화를 시도하는 실험기를 거치게 된다. 그러다가 실험이 실패로 나타나면 기존의 패러다임은 더 큰 손상을 입고, 기존의 것을 대체할 만한 새로운 패러다임이 나타나면 이들 간에는 경합이 발생한다. 경쟁하는 패러다임 중에 권위를 얻게 되는 패러다임이 등장하면, 새로운 이 패러다임에 맞추어서 조직과 정책과정의 SOP도 재정비하고, 권위를 안정시키게 된다.

Hall은 기본적으로 정책결정자들이 정책문제의 본질을 파악하고, 정책목표와 이를 달성하기 위한 정책수단을 구체화하는데 있어서 일정한 사고와 기준의 틀 속에서 행동한다고 보았는데, 이러한 사고의 틀을 정책 패러다임(*policy paradigm*)이라고 불렀다.

여기서 한 가지 특이한 점은 Hall도 Sabatier와 같이 정책변동과정에서의 정책학습의 중요성을 강조한다는 것이다. 또한 사회적 학습으로서의 정치와 권력투쟁으로서의 정치가 서로 얽혀 있다는 사실을 강조하고 있다. 여기서 이러한 Hall의 모형은 정책문제의 흐름, 정책대안의 흐름, 정치의 흐름을 강조하면서, 세 가지 흐름의 연계를 통해 정책의 변동을 설명하는 Kingdon의 정책흐름모형과도 어느 정도 일맥상통한 점이 있다는 것을 알 수 있다.

3. 이익집단 위상변동모형(Reversals of Fortune Model)

1) 개 념

정책결정은 특정 이익집단의 사적 이익(*private interest*)과 사회전체의 공적 이익(*public interest*) 간의 선택의 문제로 나타난다. 이때 정책의 내용은 사적 이익을 추구하는 이익집단의 위상이 정책 과정에서 어떠한 위치를 차지하고 있느냐에 따라 달라질 수 있다. 그리고 이 위상이 변동되면, 정책의 내용도 변동될 수 있다.

Mucciaroni는 1995년 발간된 『위상의 반전: 공공정책과 이익집단』이라는 저서에서, 이익집단의 위상이 어떻게 변화하며, 그에 따라 정책변동이 어떻게 이루어지는가를 고찰하고 있다. Mucciaroni 는 이익집단의 위상변동을 설명하는 틀로서, 이슈맥락(*issue context*)과 제도맥락(*institutional context*)이라는 두 가지 개념을 사용한다.

2) 내 용

(1) 이슈맥락(issue context)

이슈맥락은 정책의 유지 또는 변동에 영향을 미치는 정책요인을 말한다. 이는 이념, 경험, 환경 적 요인을 망라한 것으로, 정책이슈 맥락에서의 정책정당성에 따라 정책의 유지 또는 변동에 영향 을 미친다는 정책이슈 측면에서의 분석이다. 이때 이슈맥락에서의 선호가 특정 이익집단의 이익 또는 주장을 옹호하는 것인가 아니면 반대하는 것인가에 따라 이익집단의 위상이 달라지고, 이에 따라 정책변동의 내용이 달라진다.

(2) 제도맥락(institutional context)

제도맥락은 입법부나 행정부의 지도자들을 포함한 구성원들이 특정한 정책이나 산업에 대하여 지니고 있는 선호나 행태를 포괄적으로 지칭한다. 대통령이나 의회지도자 등 정치체제 구성원들의 선호나 행태가 특정 이익집단의 이익과 주장에 대해서 호의적인가를 의미한다.

Mucciaroni는 특히 의회의 상임위원회의 위상과 정치적 리더십에 대해서 많은 관심을 표명하 였다. 1980년대까지 소득보상적 농업정책이 상승세를 탔을 뿐만 아니라 1990년대에 들어와서 시 장배분적 농업자립정책으로 전환해야 한다는 주장이 강하게 제기되었음에도 불구하고, 소득보상 적 농업정책의 현상유지가 가능했던 것은 의회 상하 양원의 농업위원회의 강력한 뒷받침이 있었던 까닭이라고 보고 있다. 반대로 Mucciaroni는 의회의 다수의원이 소극적이었음에도 불구하고, 세 제개혁과 규제완화가 가능했던 것은 Ford, Cater 및 Reagan 등의 역대 대통령과 하원 세입위원

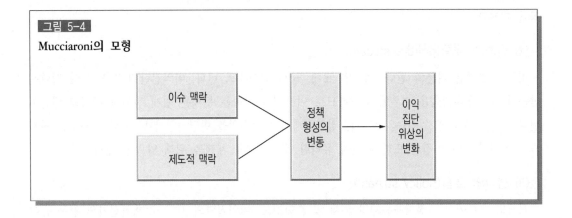

그림 5-4

Mucciaroni의 모형

이슈 맥락
제도적 맥락
→ 정책 형성의 변동 → 이익 집단 위상의 변화

회 위원장의 강력한 리더십 덕택이었다고 주장했다.

4. 정책흐름(Policy Stream)모형

1) 개 념

J. Kingdon의 정책흐름모형은 서로 무관하게 자신의 규칙에 따라 흘러 다니는 정책문제의 흐름, 정치의 흐름, 정책대안의 흐름 등 세 가지의 흐름이 결합하여 정책의제설정이 이루어진다는 것이다.

Kingdon의 정책흐름모형은 원래 정책의제설정을 위한 모형으로서 제시된 것이나, 근래에 와서 Kingdon 모형을 정책형성·정책집행·정책평가에 적용하기도 하며, 정책변동을 설명하는데 활용하기도 한다. Kingdon에 의하면 1) 지표의 변동, 위기 또는 재난, 환류 등으로 이루어지는 정책문제의 흐름과 2) 정권의 교체, 국회의석의 변화, 국민적인 분위기, 이익집단의 압력 등으로 구성되는 정치의 흐름과 3) 정책체제의 분화과정, 정책혁신가의 활동, 이익집단의 개입 등으로 이루어지는 정책대안의 흐름이 결합하여 정책의제설정이 이루어진다고 보나, 이 세 가지 흐름 중 2개 또는 3개가 결합할 때 정책변동이 이루어진다는 것이다(유훈, 1997: 18-19).

2) 내 용

(1) 문제의 흐름(problem stream)

문제의 흐름에서는 흘러 다니는 문제 중에서 어떤 문제가 정책결정자의 관심을 끌게 되는가 하는 점에 초점을 두고 있다. 어떤 문제가 정부의 관심대상이 되느냐의 여부는 정책결정자의 인지수단과 문제정의방법에 달려 있으며, 구체적으로 지표(*indicator*), 사건이나 위기, 환류 등이 크게 영향을 미친다.

(2) 정치의 흐름(politics stream)

정치의 흐름은 여론의 변화, 정권의 교체, 국회 의석수의 변화, 이익집단의 압력 등에 영향을 받는다. 즉, 정치인들은 여론에 민감하므로 여론에 부합하는 문제는 쉽게 정치적 관심의 대상이 된다. 정권의 교체와 의석수의 변화는 정책의제의 우선순의를 변경시킬 뿐만 아니라 새로운 의제를 등장시키며, 이익집단 또한 자신에 유리한 정책문제의 채택을 위해 압력을 행사한다.

(3) 정책의 흐름(policy stream)

정책의 흐름에서는 정책공동체의 존재 및 분화정도, 이익집단의 개입, 정책혁신가의 활동 등이 영향을 미친다. 즉, 많은 대안들이 정책공동체(*policy community*) 내에서 논의되고 제시되므로, 정책공동체가 분화되어 있을수록 더욱 다양한 대안의 흐름이 가능해진다. 단, 정책공동체 내의 대안들 중 극히 일부만 고려의 대상이 되고 대부분은 탈락한다. 이때, 정책혁신자(*policy entrepreneur*)는 자신들이 선호하는 정책대안이 채택될 수 있도록 적극적으로 활동함으로써 정책대안의 흐름에 영향을 미친다. 더불어 이익집단들도 역시 자신들에 유리한 정책대안의 채택을 위해 영향을 미친다.

(4) 문제–정책–정치흐름의 결합

J. Kingdon에 의하면 정책문제, 정책대안, 정치흐름 등은 서로 아무런 관련이 없이 자신의 고유한 규칙에 따라 흘러 다닌다. 그러나 이 세 개의 흐름이 극적 사건(*dramatic event*)과 정치적 사건(*political event*)에 의해 만나는 경우가 있다. 극적 사건이나 정치적 사건의 발생이 점화장치(*triggering device*) 역할을 하게 되어, 세 개의 흐름이 결합하는 현상을 Kingdon은 정책의 창(*policy*

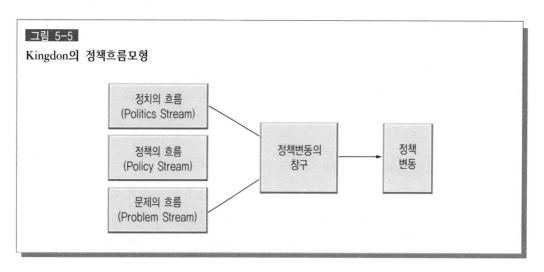

그림 5–5

Kingdon의 정책흐름모형

window)이 열릴 것으로 표현했다. 즉, 정책의 창은 정책참여자들이 자신들의 이해관계가 걸린 문제에 정부의 관심을 집중시키거나, 그들이 옹호하는 정책대안을 관철시키는 기회를 의미한다.

쉬어가는 코너

킹돈 이야기

킹돈John Kingdon은 정책흐름모형의 창시자이다. 이는 의제설정, 정책결정, 정책변동 등 다양한 정책학의 영역에서 영향력 있게 거론되는 모형이다. 그의 고민은 다음과 같다.

정책은 과연 단선적 형태로 순차적인 과정을 거쳐 결정될까?
왜 어떤 문제는 사건이 터지자마자 바로 정책이 강구되면서 왜 어떤 문제는 그대로 방치되는 것일까?

킹돈은 이러한 고민을 해결할 수 있는 새로운 정책결정모형을 『문제, 대안, 그리고 정책』Agendas, Alternatives, and Public Policies, 1984이라는 저서에서 소개했다. 이것이 '정책흐름모형'Policy Stream Model이다. 정책흐름모형은 정책문제의 흐름Problem Stream, 정책대안의 흐름Policy Stream, 정치의 흐름Politics Stream의 3P를 중요한 변수로 보고 있다. 문제·대안·참여자·기회 등이 결합되면서 정책의제가 형성된다고 말했는데, 그는 이것을 정책의 창Policy Window이 열리는 것이라고 표현했다. 즉, 점화장치Triggering Device의 역할을 하는 어떤 사건킹돈은 이를 초점사건(Focusing Event)이라고 불렀다이 발생하면 독립적으로 흐르던 세 흐름이 하나로 결합하며, 이로 인해 '정책의 창'이 열린다고 설명했다.

예컨대, 대구 지하철 참사로 인해 수백 명의 인명피해가 발생했고, 그로 인해 우리나라 대중지하철 재난안전대책이 새롭게 강구되었다. 미국의 경우도 9.11테러로 인해 뉴욕의 세계무역센터가 무너지는 극적인 사건이 발생하고 나서 미국의 국토부가 새로 신설되는 등 미국의 재난안전정책이 새로 형성되었음을 보면 킹돈모형을 이해할 수 있을 것이다.

자료: 저자의 졸저, 『행정학 콘서트』, 159쪽.

제 5 절 정책학의 최신모형[4]

1. Ostrom의 IAD모형

1) 개념 및 특징

합리적 선택 신제도주의는 인간의 행위와 사회적 현상을 제도주의적 관점에서 설명하는 이론이다. 이러한 합리적 신제도주의의 분석모형으로 IAD모형이 사용된다. IAD(Institutional Analysis & Development)모형은 엘리노 오스트롬(E. Ostrom)의 2005년 저서 『제도적 다양성 이해』(Understanding Institutional Diversity)를 통해 제시되었다.

제도분석틀(IAD)은 공유자원(*public resource*)에 관한 연구에서 여러 학자들에 의하여 30년이 넘는 기간 동안 다양한 연구분야에서 응용 및 사용되면서 핵심적인 이론의 틀로 발전하였다. 이 분석틀은 정치, 경제, 인류, 지리, 법, 사회심리학 분야에서 제도가 행위자가 직면한 제도와 그 결과에 어떻게 영향을 미치는지를 분석하는 데 필요한 통합적 분석틀을 제공하며(Kiser & Ostrom, 1982), 그에 대한 공헌으로서 오스트롬은 2009년 노벨경제학상을 수상하였다.

Ostrom(2006; 3)은 제도가 인간의 일상생활에서 반복적·체계적 상호작용을 조직화하려는 하나의 처방이라고 강조하였다. 이러한 의미에서 현실적이고 구체적인 인간행태를 살펴보기 위해 주변의 제도적 환경을 포함하여 행위에 영향을 미치는 행동의 장(場)에 대한 구조화된 상황을 제시할 필요가 있다고 할 수 있다. 즉, 제도적 분석은 다양한 종류의 제도들을 개선시키는 데 많은 관심이 집중되어 있다는 점에서 현실적합성이 있고, 효율성을 높이는 제도설계(*institutional design*)에 대한 진화적인 관점을 중시한다. 따라서 제도분석틀은 사회현상을 좀 더 정확하게 이해하고, 구체적인 해결책을 찾을 수 있다는 것이 가장 큰 장점이다(Ostrom, 1990; Gellar, Oakerson, and Wynne, 1990).

IAD모형과 ACF모형을 비교하여 분석해 보는 것도 유익하리라 생각된다. 앞서 정책변동모형에서 살펴보았듯이, ACF(Advocacy Coalition Framework: 정책지지연합모형)는 기존의 정책과정연구의 한계를 보완하기 위해 Sabatier와 Jenkins-Smith(1988)에 의해 만들어진 모형이다. 기존의 정책과정모형이 인과관계를 반영한 모형이 아니라는 비판과 정책과정 전반에 걸쳐서 일어나는 정책학습에 대한 고려가 미흡하다는 지적을 토대로, ACF는 우리 사회에서 다양하게 발생하는 정책갈등의 양대 진영 간 정책경합과정을 입체적 수준에서 분석하는 틀을 제공한다는 특색이 있다. 선형

---

4 본 절에서 논의한 최신모형은 저자의 졸저, 정책학 강의(박영사, 2013)에서 재인용함.

적 정책순환의 단계를 통합하고, 정부하위체제 내부에서 경합하는 신념과 자원의 대립양상을 분석할 수 있도록 도와준다(Jenkins-Smith and Sabatier, 1993; Elliott and Schlaepfer, 2001; Weible, 2005).

IAD모형과 ACF모형은 둘 다 의제설정, 정책결정, 정책집행, 정책평가로 이어지는 정책의 선형적 진행에 대해 의문을 제시하지만, 정책과정의 선형적 진행에 대해 의견을 달리 한다. IAD모형의 경우에는 의사결정의 물리적 속성, 공동체 속성, 규칙적 속성을 분석하며, 운영적(*operational*) 차원, 집합적(*collective*) 차원, 헌법적(*constitutional*) 차원[5]을 입체적으로 분석하는 다층적 거버넌스(*multi-level governance*) 접근을 취한다. 이에 반해 ACF모형은 각 단계별로 발생하는 행위자 혹은 행위진영의 신념과 자원을 중점적으로 분석하면서 이들이 10년 이상 장기간에 걸쳐 벌이는 정책대립의 양상구조에 주목하였다. 또한 외부역동적 변수, 외부안정적 변수, 내부의 신념체계와 정책학습이라는 요소들을 통해 입체적으로 분석하였다.

다만, IAD모형의 경우에는 진영 간 대립이라는 분석의 틀 보다는 행위의 장(場)에서 발생하는 개인의 의사결정에 영향을 미치는 3가지 속성들을 분석변수로서 제시했다는 점을 주목할 필요는 있을 것이다. 하지만, 양 모형은 정책의 설명력을 제고하는 데 경합적으로 검증되는 도구/모형으로 활용될 수 있으므로 사회과학의 발전에 많은 도움을 줄 수 있으리라 생각된다.

2) 방법 및 절차

IAD 모형의 기본적인 구조는 다음과 같다.

Ostrom이 제시하는 제도분석틀의 구성요소는 크게 외부적 요인에 의한 변수(*exogenous variables*), 행위의 장(*action arena*), 상호작용(*interaction*), 평가기준(*evaluative criteria*)으로 구성된다.

사회현상에 관련되는 여러 가지 생물물리적/물리적 특성(*biophysical attributes*), 공동체 특성(*community attributes*), 규칙적 특성(*rules/institutions*) 등 3가지 주요 변수들이 행위의 장(*action arena*)에 영향을 주고, 끊임없는 상호작용을 통해 개인들의 의사결정결과(*outcome*)에 영향을 미친다(Ostrom, 2005).

그리고 이러한 의사결정결과에 대한 평가기준(*evaluative criteria*)은 상호활동과 결과의 패턴을 설명함으로써 그 시스템의 실행을 판단하며, 그 결과들은 다시 개인들과 행위상황으로 피드백 되어 3가지 외부적 요인에 의한 변수의 일부에 영향을 준다.

여기서 생물물리적/물리적 특성이란 사회현상과 관련된 여러 자연적 조건을 의미한다. 즉, 개인

---

5 Ostrom(1990; 109)이 제시한 바는 다음과 같다. 첫째, 실행규칙 운영수준으로 일상적으로 이루어지는 개인들의 상호작용의 현상이 발생하는 수준, 둘째, 운영수준에 영향을 미치는 규칙을 제정하고 공식적인 정책으로 나타나 활동에 영향을 미치는 수준, 셋째, 헌법선택 수준은 집단선택 수준에서 행위자들의 권한과 자격에 대한 보다 근본적인 규칙을 제정하는 수준을 의미한다. 따라서 사람들의 선택과 행동이 이루어지는 수준별로 이들 세 수준의 규칙들과 관련된 분석의 차원을 고려할 수 있다.

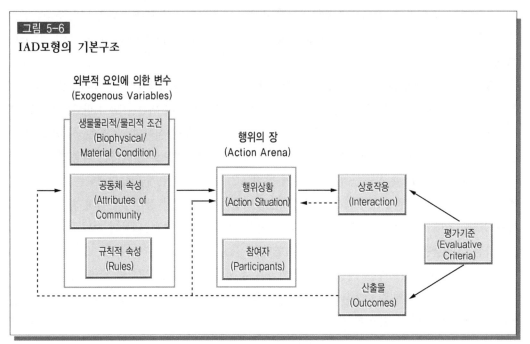

그림 5-6

IAD모형의 기본구조

외부적 요인에 의한 변수
(Exogenous Variables)

생물물리적/물리적 조건
(Biophysical/
Material Condition)

행위의 장
(Action Arena)

공동체 속성
(Attributes of
Community)

규칙적 속성
(Rules)

행위상황
(Action Situation)

참여자
(Participants)

상호작용
(Interaction)

평가기준
(Evaluative
Criteria)

산출물
(Outcomes)

자료: Elinor Ostrom, 2005: 15; Ostrom, Gardner, and Warker, 1994: 37.

들의 상호작용의 재화나 서비스(*goods*)의 조건으로 공공재, 공유재, 사적재, 요금재가 포함되며, 이 재화는 배제성과 경합성을 기준으로 분류된다. 공동체 특성이란 개인 및 집단의 공통된 특성인 규범이나 가치를 의미하며, 공동체에서 허락한 행동가치들, 이해수준, 선호에 있어서 균등의 범위, 공동체의 규모와 구성, 기본적 자산의 불공평한 범위 등이 포함되어 있으며, 특히 문화(*culture*)가 공동체의 공유된 가치에 적용됨을 설명할 수 있다. 규칙적 특성이란 구성원들의 행동을 실제 제약하는 규칙이나 정책을 의미하며, 참여자의 범위, 자격, 권한, 결집절차, 보상함수 등을 규정한다. 행동의 장의 참여자들은 이 세 가지 변수들의 영향을 받아 특정 사안에 대한 결정을 내리게 된다 (김경동, 2011: 24; 김관보·이선영, 2010: 269; 김태영·김봉준, 2010: 303).

〈 분석기법 활용사례 〉 IAD모형: 수자원 지방정부 간 갈등 분석

1. 개요 및 자료

홍성만 등(2004)은 제도분석틀(IAD)을 활용하여 수자원을 둘러싼 지방정부 간 갈등의 조정과 협력과정을 분석하였다. 분석틀을 통하여 수자원이용에서의 갈등 및 분쟁해결에 영향을 미치는 제도적 규칙을 탐색하고 수자원분쟁의 합리적인 해결방향에 대하여 논하였다. 주요 분석대상은 용담댐 용수배분을 둘러싸고 대립, 조정, 협력, 합의형성과정에 참여하였던 직·간접적인 정책참여자의 활동, 관련 법규, 이해당사자의 행동 등이며, 자료수집방법으로는 주로 기존의 국내외 연구문헌과 관련 당사자들이 작성한 각종 내부자료를 이용하였다.

2. 방법 및 절차
1) 외부적 요인에 의한 변수
(1) 물리적 특성 및 자원 성격
용담댐 용수배분을 둘러싸고 갈등을 보인 이 지역의 물리적 조건은 다음과 같다.

첫째, 금강수계로서 유황이 매우 불안정하다.
둘째, 홍수가 발생하는 지역이다.
셋째, 일정한 기득수리권이 형성되어 있었다.
넷째, 용수수요가 급증하고 그만큼 많은 오염원을 가진 지역이었다.

이와 같은 금강수계의 수자원은 전형적인 공유자원의 성격을 가지고 있다. 즉, 용담댐 용수이용과 관련해서는 금강수계 수자원의 잠재적 사용자를 이용해서 일방적으로 배제하기가 곤란한 비배제성의 성격과 전북지역 주민의 용수의 사용량이 증가함에 따라 대전·충청권 지역에서 사용할 수 있는 용수의 양이 감소하는 편익감소성이라는 특성을 지닌 것이다.

(2) 공동체의 특성
용담댐 용수이용을 둘러싸고 나타나는 지역공동체 수준에서의 주요 이해구조를 살펴보면 다음과 같다. 먼저, 직접적인 이해관계를 가진 주요 분쟁당사자로서 전라북도와 대전·충청권 지방자치단체를 들 수 있다. 다음으로 각 지역 현안에 관심을 가지고 이에 적극적으로 참여한 각 지역주민, 지역사회단체 및 NGO들도 간접적인 참여당사자이다. 마지막으로 수질관련 권한과 책임을 가진 환경부와 각 유역의 환경관리청도 간접적인 당사자이며, 용담댐 용수배분과 관련한 행위상황에서 수자원의 이용설정에 대한 권한을 가진 주체인 건교부와 수자원공사도 수자원의 배분을 실질적으로 집행하는 주체로서 책임을 가진 당사자이다. 주요 이해당사자들의 입장은 다음의 〈표 2〉와 같다.

2) 제도적 규칙 분석
수자원이용을 둘러싸고 벌어진 지방정부 간의 갈등 및 분쟁의 양상을 가장 단순화하면 갈등 및 분쟁의 지속과 갈등 및 분쟁의 해결이라는 양상으로 표현할 수 있다. 헌법적 선택규칙은 전라북도와 대전·충청남북도의 지자체와 같은 분쟁당사자들에게 상호작용의 기반을 제공하였고, 이에 근거한 집합적 선택규칙은 당사자 간의 협력적 상호작용을 유도하였으며, 이를 통한 구체적인 운영규칙의 작동을 통해 분쟁을 해결할 수 있었다.

(1) 헌법적 선택규칙

용담댐 용수배분 분쟁상황에 영향을 주는 제도로서의 헌법적 선택규칙은 첫째, 『금강수계 물관리 및 주민지원 등에 관한 법률』을 들 수 있다. 둘째, 댐 사용권설정 및 댐관리의 틀을 규정할 수 있는 『댐건설 및 주변지역지원 등에 관한 법률』을 들 수 있다. 셋째, 금강수계 수자원의 효율적 이용 및 수질개선을 위하여 유역 내 광역자치단체 및 물 관련 기관의 물관리 업무를 합리적, 체계적으로 협의조정하도록 하고 있는 『물관리정책 조정위원회에 관한 규정』을 들 수 있다. 넷째, 댐건설 시 의무적으로 수행하도록 규정하고 있는 『환경영향평가법』을 들 수 있다.

(2) 집합적 선택규칙

표 1 용담댐 용수배분 관련 갈등당사자 및 주요 참여자의 입장

주요 참여자	주요 입장	비 고
충청남도	• 전주권의 생·공용수 공급은 반드시 필요한 수량에 한정할 것 • 전주권 장래 인구추정 및 용수수요량의 면밀한 재검토가 요구됨 • 기존 수리권을 인정하는 물이용계획이 되어야 함	
충청북도	• 전주권 용수부족문제에 대해 학술적 증명이 필요 • 용담댐 상류상원보호구역 지정 등 수질보전대책 • 용수부족이 명확하면 최소의 생활용수에 한하고 대청호수계 방류량 유지	
대전광역시	• 용수배분 및 인구재조사와 수리권보장 • 댐 하루 방류량 조정(5.4 → 12.4) • 대청호 및 금강수계 수질보전대책 촉구	충남대 환경문제연구소에 용역의뢰
전라북도	• 정부(건교부)의 당초 용수배분계획(91년)은 지켜져야 함 • 용담댐이 존재하는 한 전북권 생·공용수는 충분히 공급되어야 함	전라북도 애향운동본부 외
대전·충청권 시민단체	• 용담댐 물배분의 합리적 재조정 요구 • 전주권에 필요한 용수에 나머지 수량 대청댐에 방류 • 민관합동조사단 구성 요구	용담댐 물배분을 위한 대전·충남대책 위원회
전라북도 시민단체	• 수질보완 없이는 담수 중지할 것	용담댐 맑은 물담기 도민대책위원회
외부 용역기관	• 2021년 전주인구 과다추정 주장(충남대 환경문제연구소) • 용담댐과 대청댐 연계운영방안연구(대한토목학회) • 용담댐 용수의 합리적 이용 및 재분배연구용역실시(욱사 화랑대연구소)	
건교부	• 장래의 전주권 용수수요와 댐지정의 제여건을 고려해 댐규모 조정 불가 • 용담댐설계는 대청댐과 연계운영 전제로 용수배분 및 홍수조절계획 • 오염물 처리비용은 원이낮 부담원칙에 따라 발생지역에 부담	
수자원공사	• 국가 주요 사업으로서 용담댐과 대청댐을 연계운영하는 방안 검토 • 용수공급과 관련하여 금강수계위원회 제도적으로 운영	금강수계관리위원회 수질개선기획단

갈등상황에서 분쟁당사자의 행위에 영향을 주는 대표적인 집합적 선택규칙으로서는 "금강수계 물관리 대책협의회 운영규정"을 들 수 있다. 협의회의 주요 기능을 보면, 금강수계 물관리 종합대책 및 대규모

개발사업 시 사전 협의, 상·하류지역 간 물 관련 이해 및 현안문제 협의·조정, 기타 금강수계 수자원이용 및 수질보전에 필요한 사항 협의 등과 같이 유역 내 광역자치단체 및 물 관련기관의 물관리업무에 대한 협의·조정에 관한 결정의 큰 틀을 규정하고 있다는 점에서 집합적 선택규칙의 성격을 가진다.

(3) 운영적 선택규칙

용수이용 갈등상황에서 집합적 선택규칙에 근거하여 구체적으로 그 해결책의 모색을 유도한 운영규칙으로는 첫째, 금강수계 물관리협의회의 합의를 통해 구성된 "공동조사위원회 구성·운영에 대한 협약서"를 운영규칙의 범주로 파악할 수 있다. 협약서에는 용담댐 및 금강 상·하류 수질보전, 수 환경 및 생태계조사, 용담댐 용수의 합리적인 이용 및 배분에 대한 현장조사와 대책을 상호협의하며 이에 필요한 사업을 공동추진한다는 내용과 이의 운영적 차원의 규칙이 있다. 둘째, "공동조사위원회 운영규정"을 운영규칙으로 파악할 수 있다. 여기에는 용담댐 수몰지역 내 저장물 처리 및 환경기초시설설치 추진상황 점검과 기타 수질보전 및 상류지역 생태계조사를 위한 제반활동, 용담댐 용수의 합리적 이용 및 배분을 위한 조사용역, 금강 상·하류의 수질보전대책을 위한 금강수 환경 및 생태계조사 등 실질적으로 수행해야 할 기능들이 명시되어 있다.

3) 조정·중재활동 및 상호작용 패턴

용담댐 용수배분을 둘러싸고 전라북도와 대전·충청지역 간의 분쟁양태는 다음과 같이 정리할 수 있다. 첫째, 초기의 집합적 선택규칙이 형성되기 이전에는 극단적인 대립양상으로 갈등이 전개되었고 이에 따라 비협력적인 행동이 나왔으며 분쟁은 지속되었다. 또한 이러한 행동의 결과는 수질개선기획단이나 감사원과 같은 제3자의 조정 및 중재활동을 낳도록 하였다. 둘째, 헌법적 선택규칙과 이들 기관의 조정 및 중재활동에 따라 집합적 선택규칙이 형성되었고, 이에 따라 분쟁당사자의 행동은 비조건적 협력행동이 나타났으며 이를 통해서 분쟁해결방식의 형식에 합의를 형성할 수 있었다. 그러나 분쟁이 약화되기는 하였지만 여전히 분쟁의 쟁점내용에 대한 합의를 형성하지 못해 분쟁은 지속되었다. 셋째, 집합적 선택규칙에 근거한 지속적인 토론을 통한 운영규칙의 마련과 이의 변화는 핵심적 쟁점사안과 지엽적 쟁점사안을 분리하여 협력하는 등 조건적 협력행동을 낳았고, 이를 통해 쟁점의 내용에 합의를 형성할 수 있었고 결국에는 용담댐 용수배분 분쟁의 종결이라는 결과를 낳았다.

3. 분석결과 및 함의

앞서 제시한 연구의 분석결과 및 함의는 다음과 같다.

첫째, 합의내용이 조건적 혹은 탄력적일수록 갈등 및 분쟁사안의 수용가능성을 높일 수 있다.

둘째, 분쟁의 해결과정에서 나타나는 합의형성도 분쟁해결의 형식에 대한 합의가 선행되고, 그것이 충족될 때 분쟁쟁점의 내용에 대한 합의가 이루어지는 것과 같이 일정한 단계를 거쳐서 나타날 수 있다.

셋째, 수자원정책 거버넌스가 변화하는 현실에서 IAD모형(제도분석틀)이 갈등 및 분쟁해결과정을 이해함에 유용성이 있음을 확인할 수 있다. 특히 행위의 장에서 이루어지는 물리적 특성, 공동체 특성, 규칙적 속성이 헌법적 차원, 집합적 차원, 운영적 차원의 다차원을 걸치면서 분석될 수 있음을 보여주었다.

2. Birkland의 정책학습모형

1) 개념 및 특징

정책학습은 일반적으로 정책과 관련된 이해관계자들이 정책문제를 지각하고 해석하고 정의하는 과정에서 경험으로부터 학습을 하고, 교훈과 지식을 습득하며, 믿음과 지각을 변화시켜 좀 더 세련된 정책을 산출해 나아가는 과정으로 이해할 수 있다. Birkland의 정책학습모형은 자연재해나 테러 같이 급격하고, 국민들의 관심이 초점이 되는 재난상황에서 나타나는 정책변동과정에 대해 설명하는 모형 중 하나이다. Birkland는 정책실패와 정책학습에 대해 재난을 사례로 연구하면서 초점사건(*focusing event*)을 매우 중요하게 다뤘다(Birkland, 2006: 15). Birkland는 초점사건들이 현재 시행되고 있는 정책이나 시스템에 대한 문제점을 적나라하게 드러내주기 때문에 정책참여자들의 비상한 관심을 받는다고 주장한다. 특히 정책실패 촉발로 대중과 정책과정참여자들에 의해 관심이 집중된 재난은 사건의 본질과 무관하게 실패가 강조될 수밖에 없으며, 정책변화에 관한 강력한 요구가 유발되어 기존 정책의 수정·보완을 위한 정책학습으로 이어진다고 주장하였다(Birkland, 1997: 137-138).

Birkland는 정책학습을 구체적으로 정의하면서 그의 모형에 도입했다는 점에서도 학술적 기여도를 인정받고 있다. 그는 정책학습의 유형을 수단적 정책학습, 사회적 정책학습, 정치적 정책학습 등 세 가지로 구분하였다.

첫째, 수단적 정책학습은 정책개입 또는 정책설계에 대한 구체적 모습의 형태로 나타나며, 입법 및 규제 등의 정책변화와 관련한 언론보도, 토론기록, 의회청문회 등을 통해 분석될 수 있다.

둘째, 사회적 정책학습은 정책에 대한 근본적인 접근방식과 정부조치의 적정성에 대한 사회적 여론의 인지구조 변화를 의미한다. 사회적 학습이 발생하면 정책목표 또는 정책범위의 변화를 포함하여 정책 재정의가 발생한다고 보았다.

셋째, 정치적 정책학습은 정책변화 지지자와 반대자가 새로운 정보에 순응하고자 자신들의 전략과 전술을 바꾸는 것과 관련된 학습이다. 정치적 정책학습으로 정책아이디어 또는 문제에 관한 지지도의 유발 정도와 관심도가 달라질 수 있다.

이처럼 Birkland 모형은 현대사회의 재난사건과 같은 큰 사회적 초점사건이 발생하였을 때 정책의 변동과정에 대해 그 사건에 대한 의제, 그 사건의 대상집단과 정책결정집단(정부) 사이에서 벌어지는 상호작용과정의 과정을 집중적으로 분석하면서, 정책의 변화양상을 초점사건의 전후 발생하는 정책학습과 연계하여 분석하는 분석도구를 제공해 주었다는 데에서 큰 의의를 찾을 수 있다. 즉, Birkland 모형이 유사한 다른 이론모형들과 비교했을 때 가지는 특성은 그 유용성에 있어서 이슈의 촉발과 집단동원의 원리, 정책아이디어에 대한 토론의 장 형성, 정책의 채택과 사건으로 인한 학습효과 등을 설명할 수 있다는 점이다.

Birkland 모형은 현대의 자연재해나 테러와 같은 위험사회의 재난을 분석대상으로 집중하고 재난이라는 정책실패를 다루었다는 점에서 주목할 만한 모형이다. 대형재난이 발생하면 정부로서는 정책실패라는 비난을 받을 수밖에 없기 때문에 우선 정부의 규범적 관점에서 연구주제의 중요성을 지닌다.

앞서 정책변동모형에서 살펴보았듯이, Kingdon은 교통 및 보건정책 분야를 대상으로 한 연구에서 Cohen, March, Olsen이 개발한 '쓰레기통 모형'(*garbage can model*)을 수정하여 '정책흐름모형'(*policy stream model*)을 제시하였다면, Birkland는 이를 다중흐름(*multiple stream*)으로 발전시키고, 정책흐름에서 발생하는 극적 사건(*dramatic event*) 혹은 정치적 사건(*political event*)과 같은 점화장치(*triggering device*)를 좀 더 정교하게 분석도구로 발전시켜서 초점사건(*focusing event*)으로 재정리하였다고 볼 수 있다. Kingdon 모형에서는 극적 사건과 같은 점화장치가 교통 및 보건정책의 의제설정(*agenda setting*) 혹은 정책변동(*policy change*)에 있어서 중요한 분석변수 중의 하나로 다루어졌다면, Birkland 모형에서는 초점사건의 전후에 발생하는 재난사건 전개의 흐름을 좀 더 집중적으로 다룸으로써 초점사건과 정책변동을 보다 본격적으로 자리매김하고 있다고 하겠다.

2) 방법 및 절차

Birkland의 사건중심 정책변동모형은 초점사건(*focusing event*)의 발생, 의제에 대한 관심 증가(*increased agenda attention*), 집단동원(*group mobilization*), 아이디어 논쟁(*discussion ideas*), 신규정책 채택(*new policies adopted*), 사회적 학습(*social learning*) 등으로 구성된다. 분석모형을 각 단계별 요소에 따라 설명하면 다음과 같다.

첫째, 사회적 주목을 받는 초점사건이 발생하면 언론, 정부, 의회, 시민단체들은 사회적 사건의 의제에 대한 관심이 증가할 것이다.

둘째, 정책의제에 대한 관심이 증가하면 대통령, 정부, 의회, 정책공동체 등 사회 내의 다양한 집단들이 관련 의제에 관한 기존의 정책실패에 대한 변화와 문제해결을 요구하고 동원될 것이다. 그러나 집단동원이 이루어지지 않으면 학습이 거의 이루어지지 않거나 또는 전혀 없을 것이다.

셋째, 새롭게 발생한 정책의제 해결을 위해 집단이 동원되면 동원된 집단들은 다양한 정책아이디어를 제시할 것이다. 초점사건에서 나타난 기존의 정책에 대한 실패를 진단하고 이의 해결을 위해 정책개발 및 수정을 위해 격렬한 아이디어 논쟁이 이어질 것이다. 그러나 이들 집단에 의한 아이디어 논쟁이 일어나지 않으면 새로운 정책은 채택되지 않으며, 그럼에도 불구하고 새로운 정책이 채택되었다면 이는 학습 없는 미신적 학습 또는 모방학습일 것이다. 그러나 미신적 학습의 경우라도 미래 정책결정을 위한 학습누적은 가능할 것이다.

넷째, 동원된 다양한 집단들에 의한 아이디어 논쟁의 결과로 정책실패가 파악되고, 이를 개선하기 위하여 규제적이건 법적이건 새로운 정책변화가 나타날 것이다. 정책변화가 이루어지지 않았더라도 정치적 또는 사회적 학습은 가능할 것이다.

다섯째, 정책변화가 일어나 신규정책이 채택되면 수단적 학습 또는 사회적 학습이 가능하게 된다. 그리고 이전 사건들로부터 경험이 축적되어 새로운 초점사건의 발생 시 정책의제에 대한 관심증가로 이어질 것이다.

〈 분석기법 활용사례 〉 Birkland모형: 대구 지하철 화재사건의 분석

1. 개요 및 자료

이종열·손영배(2012)는 우리나라에서 단일 화재사건 사고로 가장 많은 피해자를 낸 대구 지하철 화재사건에 대한 정책변동과정에 대해, Birkland 모형을 바탕으로 하여 단계별로 살펴봄으로써, 어떠한 학습과정이 이루어졌는가에 대해 분석하였다.

2. 방법 및 절차

(1) 초점사건의 발생 및 의제에 대한 관심 증가

대구 지하철 화재사건이 발생 후 언론에서는 이를 특기(特記)하여 공중파 3사에서는 사건발생 4일 후까지 전체 보도 중 50% 이상을 대구 지하철 화재사건 보도에 쏟았다. 또한 대구광역시에서는 중앙정부에 해당 지역을 특별재난구역으로 설정해 달라는 요청까지 했으며, 중앙정부에서는 특별지원단을 구성하여 파견하기도 했다. 의회에서는 재해대책특별위원회를 열어 이러한 책임자들에게 수습을 추궁하였다. 대통령은 국가가용자산의 총동원을 지시하기도 하였다. 이를 종합한 내용은 〈표 1〉에 나와 있다.

표 1 정책의제에 대한 집단의 관심 증가 유형

관심 증가 대상		관심 증가 유형
뉴스미디어		보도횟수 증가, 원인 및 문제해결의 다양한 대안제시
정 부	지방 정부	직원비상소집, 현장지휘소설치, 사고대책본부구성, 특별재난지역선포요청, 언론활동강화(간담회, 담화문, 브리핑)
	중앙 정부	행정자치부소방국장 현장급파, 대책회의 개최, 중앙특별지원단 파견, 감사원 감사
의 회		긴급현안보고, 임시국회개원(재해특별위원회 및 상임위원회 개최), 감사원 감사의뢰, 국가재해·재난방지 종합안전대책수립촉구결의안 채택, 진상조사단 구성
대통령		조의표명, 국가가용지원 총동원지시, 사고수습적극지원 약속, 특별재난지역선포, 사건현장방문, 간담회 개최, 재난전담기구설치 약속(정책대안제시)

(2) 집단의 동원

위와 같은 폭발적인 사회적 관심을 바탕으로, 대구 지하철 화재사건에 대한 다양한 여론이 형성되었고, 그러한 여론형성은 자연스레 정치적 이슈로 확장되었다. 정당에서도 진상조사단이 구성되고, 대통령의 지시로 재난관리시스템기획단이 구성되는 등 사건의 해결을 위해 여러 가지 전문적인 동원집단들이 구성되었다. 사회적으로 구성된 동원집단의 유형은 〈그림 1〉과 같다.

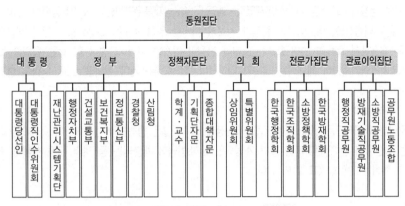

그림 1 동원집단의 유형

(3) 아이디어 논쟁

대구 지하철 화재사건을 통해 과거에 이슈화 되지 못했던 의제까지 재조명 받게 되었다. 수많은 동원집단에서 각각 의제에 대해 논쟁이 이루어져 〈그림 2〉와 몇 가지 핵심의제로 정리되었다.

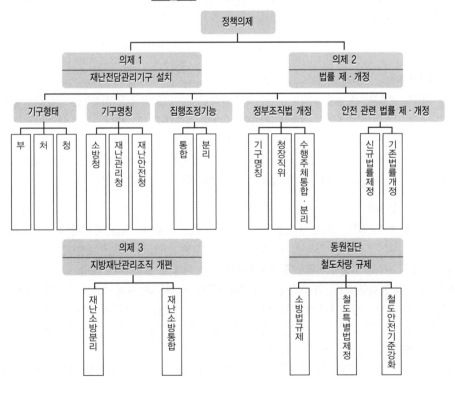

그림 2 핵심논쟁 정책의제

이러한 논쟁이 치달아 가면서 몇 가지 대립의제가 발생하였다. 가장 핵심적이던 것은 의제 1에서의 재난관리기구의 명칭과 그 수장의 보임문제였다. 행정·기술·방재공무원집단과 소방직공무원집단이 둘의 관료이익을 두고 대립하였는데, 이러한 문제가 서로의 이익을 위해 소모적 논쟁으로 치닫자 객관적 시선을 위해 전문가집단에서 토론이 벌어졌으나, 오히려 논쟁이 가속화 되었다. 결국 이 둘은 합의를 보지 못하고 재난관리시스템기획단이 해체되는 결과가 일어났다. 그 후 뒤늦게야 합의를 보고, 나머지 법안이 개정되었다.

(4) 신규정책 채택

대구 지하철 화재사건은 위와 같이 격렬한 논쟁의 결과, 많은 정책변화가 일어났다. 정부조직이 개편된 것은 물론 재난관리 및 안전기본법 또한 개정되었고, 소방법이 개편되는 등 여러 가지 실제적 변화가 일어났다. 그 변화는 간략히 〈표 2〉와 같다.

표 2 학습에 의한 정책변화 근거

입법추진(법률 제·개정)	정부조직 개편	보호적 규제정책 시행
• 재난 및 안전관리기본법 제정 • 철도안전법 제정 • 다중이용업소에 대한 특별법 제정 • 소방4대기본법분법 제정 • 정부조직법 개정 • 공연법 개정	• 소방방재청 개청 • 행정자치부 내 안전정책관 신설 • 행정자치부 내 민방위재난통제본부 폐지	• 철도안전법 • 소방법 • 공연법 • 다중이용업소에 대한 특별법

(5) 사회적 학습과 수단적 학습

대구 지하철 화재사건은 높은 미디어의 관심과 더불어 그 책임소재와 같은 사회적인 이슈들에 대해 여러 가지 논의가 많이 이루어졌다. 그러한 과정에서 다양한 정책의제들이 나왔고, 그에 대한 아이디어 논의와 정책변화가 굉장히 다양하게 이루어져 정책결정집단들의 학습이 이루어진 사건이었다. 특히 현재 상황의 정책적 문제점을 확인하고 그에 대해 수정을 가하여 수단적 학습이 이루어졌고, 결정과정에서의 집단이기주의 같은 저해요소 등 정치적 문제들에 대한 사회적 학습 또한 이루어졌다.

3. 분석결과 및 함의

대구 지하철 화재사건은, Birkland 모형에서 언급되는 학습인 정책적 학습 중 수단적 학습과 정치적 학습이 모두 이루어졌다. 대구 지하철 사건을 분석하며 살펴본 Birkland 모형은 초점사건이 일어나고 그에 대한 사회적 관심을 통해서 어떻게 정책이 변동되는지에 대해 잘 설명해주고 있다.

Birkland 모형은 이렇게 재난이 일어났을 때, 정책이 어떻게 변동되는지에 대해서 그 변동과정을 통해 우리에게 예측가능한 모델을 제시해 주고 있다. 우리는 이러한 모형들을 활용해 정책학의 가치인 인간의 존엄성 실현과 그보다 직접적으로는 변동과정에서의 불필요한 소모적 논쟁이나 부수적 문제들을 줄이고 보다 좋은 정책을 만드는 데 활용할 수 있을 것이다.

즉, Birkland 모형은 초점사건의 발생이 정책학습에 미치는 동태적 영향을 분석함으로써 새로운 정책이 채택되는 과정을 설명하는 모형이라 할 수 있다. 국민의 요구와 지지 외에 정책형성에 영향을 미치는 요인을 탐구하고 그 요인이 정책으로 형성되는 과정을 분석하였다는 점에서 중요한 의의를 갖는 모형이라 평가할 수 있다.

3. Zahariadis의 다중흐름모형(Multiple Stream Model)

1) 개념 및 특징

Zahariadis의 다중흐름모형은 Kingdon의 정책흐름모형[6]을 수정·발전시킨 정책변동모형이다. Zahariadis는 영국, 프랑스의 민영화정책에 대한 사례연구를 통하여 Kingdon의 정책흐름모형인 문제의 흐름(*problem stream*), 정치의 흐름(*politics stream*), 정책대안의 흐름(*policy stream*) 등 세 가지 흐름 간 개념 경계의 모호함을 보다 명료화, 구체화시키면서 의제설정부터 정책결정단계까지 포괄하는 정책형성과정에 관한 일반화를 시도하였다.

2) 방법 및 절차

Zahariadis의 모형 역시 Kingdon의 모형과 같이 정책문제의 흐름(*problem stream*), 정치의 흐름(*politics stream*), 정책대안의 흐름(*policy stream*)이 서로 독립적으로 사회에 흐르고 있고 정책선도자(*policy entrepreneur*)에 의하여 그것들이 결합(*coupling*)될 때 정책의 창(*policy window*)이 열려 정책변동이 일어난다고 보았다. 하지만 Kingdon은 이러한 정책의 창이 우연한 계기로 열린다는 주장과 달리, Zahariadis는 정책선도자의 문제선호에 의하여 그 결합이 촉진될 수 있다고 주장하였다. 이에 따라 Zahariadis 모형은 정책문제, 정치, 정책대안의 흐름과 정책의 창, 그리고 정책선도자의 5가지 요소로 구성된다는 점이 그 특징이다(Zahariadis, 2007).

첫째, 정책문제의 흐름은 지표(*indicators*), 초점사건(*focusing events*), 환류(*feedback*), 문제의 양(*load*)을 통해 정책결정자가 문제를 인식하게 된다. 지표는 어떠한 상황의 존재와 규모뿐만 아니라 변화의 범위를 평가하는 데 사용된다. 초점사건은 사람들의 관심을 곧바로 사로잡는 재난이나 사고 등을 의미한다. 환류는 정책결정이 된 이전 프로그램을 통하여 이루어지는 정책학습에 의해 다시 정책에 영향을 미친다고 보는 것이다. 정책결정가가 어떠한 문제를 인지하는 요인은 정책참여자들의 문제상황을 어떻게 이해하고 규정하는지에 관한 것을 의미한다. 문제의 양

---

6 Kingdon의 모형을 설명하는 데 있어 다소 명칭의 혼선이 있다. Sabatier와 Zahariadis 등 국외 연구에서는 Kingdon의 모형을 다중흐름모형(Multiple Streams Model)으로, 국내의 연구들은 대체로 정책흐름모형이라는 명칭을 사용한다(유훈, 2002; 신순우, 2001; 이병길, 1992; 배용수·주선미, 2004).

(load)은 많은 어려운 문제들이 정책결정자의 주의를 끌고 있는 것을 의미한다.

둘째, 정치의 흐름은 국가의 분위기, 이익집단의 활동(*pressure group campaign*), 정부 혹은 국회의 변화(*administrative or legislative turnover*)로 구성된다. 국가의 분위기는 꽤 많은 사람들이 때때로 분위기에 휩쓸리거나 공통된 여론에 의하여 사고하는 경향을 말한다. 이익집단의 활동으로 정치인들은 그들의 지지나 반대에 민감하다. 정부 혹은 국회의 변화가 정당 이데올로기(*party ideology*)의 변화를 유인하여 정책변동을 일으킬 수 있다.

셋째, 정책대안의 흐름은 다른 두 흐름과는 독립적이며 정책대안이 기술적 실행가능성(*technical feasibility*)과 가치수용성(*value acceptability*), 통합(*integration*)에 의하여 정책대안이 선정된다고 본다. 정책공동체들의 통합정도는 분위기(*mode*), 접근성(*access*), 능력(*capacity*), 규모(*size*)에 따라 구분되며 대안에 영향을 미친다.

이러한 세 가지 흐름들은 서로 독립적으로 사회에 흐르고 있다가 우연히 정책의 창(*policy windows*)이 열리게 된다(Kingdon, 1995: 165-179). 이때 정책기업가(*policy entrepreneurs*)는 그들의 정책선호에 따라 정책의제를 공론화하고 정치적 환경을 주도하면서 자신들에게 유리한 정책대안을 결합(*coupling*)시키려 한다.

〈 분석기법 활용사례 〉 Zahariadis의 다중흐름모형: KT 민영화정책의 결정과정 분석

1. 개요 및 자료

배용수·주선미(2004)는 민영화정책의 결정과정에서 나타나는 다양한 요인과 요인 간 상호작용, 복잡성, 동태성을 분석하기 위하여 'KT 민영화정책'에 Zahariadis 모형을 적용한 사례연구를 실시하였다.

2. 방법 및 절차

연구의 시간적 범위는 1998년 2월 말부터 2002년 8월 말까지 KT 민영화에 대한 재논의와 민영화 완료의 기간으로 한정하였다.

(1) 문제의 흐름

우리나라는 1997년 IMF 외환위기를 겪게 되면서 국가 재정수입을 확대할 필요가 있었다. 이에 따라 공기업 중 수익성과 안정성이 높던 KT의 해외매각을 통하여 외화보유고를 늘리려고 민영화정책을 추진하게 되었다. 또한 20세기 후반 정보통신기술의 발달로 통신분야의 표준화에 대한 WTO나 IMF 등의 국제기구들의 압력이 강해졌다. 특히 무역장벽의 해체를 통한 경쟁과 규제완화 등 정부개혁에 대한 요구가 커졌다. 이러한 문제의 흐름은 KT 민영화 문제를 압박하게 되었다.

(2) 정치의 흐름

공기업의 민영화는 김대중 대통령의 정치이념에 의한 선거공약에 해당되었다. 특히 대통령중심제인 한국의 경우 다양한 전문가집단이 시장주도형 국정운영에 대한 요구가 높아지면서 정부 및 여당은 신자유주의적 작은 정부를 지향하면서 공공기관 구조조정 등의 정책을 추진하게 되었다. 이러한 정치의 흐름 역시 KT 민영화 문제를 추진하는 데 정치적 배경으로 작용하게 되었다.

(3) 대안의 흐름

기술적 실행가능성(technical feasibility)은 KT의 성장성과 수익성을 기준으로 판단할 수 있다. 당시 KT의 성장성과 수익성은 높았으나, 외환위기로 인하여 국내 증시상황의 악화 등으로 KT에 대한 저평가 경향이 나타나면서 기술적 실행가능성은 낮았다. 그러나 경제위기가 극복세를 보이면서 증시상황의 호전세로의 변화로 기술적 실행가능성 또한 높아졌다.

유례없는 공기업의 해외매각이라는 민영화 정책대안은 민영화를 통한 KT 경쟁력 강화라는 측면과 재정경제부의 공익성 유지라는 가치가 충돌하였다. 이에 따라 정책대안의 흐름이 원활하지 못하다가 2000년 이후 가치수용성(value acceptability)이 제고되었다.

(4) 정책의 창과 정책선도자

김대중 정부에 출범한 기획예산위원회는 공공부문 개혁을 주도하였으며 특히 공기업 민영화에 대한 선도적 역할을 하였다. 민영화를 추진하기 위한 계획이 수립되고 관계부처의 협조와 정부지도층의 확고한 의지로 인하여 정책의 창이 열리면서 투자자친화적인 정부정책이 가능했다. 그러나 민영화 추진 초기에는 KT 민영화의 방법에 대하여 공익성 등 가치수용성이 낮아 문제의 흐름과 정치의 흐름이 정책대안의 흐름과 완전한 결합이 이루어지지 않았다.

그러나 2006년 6월 이후 정치·경제적 상황의 호전 속에 KT의 민영화 방침이 확정되면서 다시 한 번 정책변동의 기회가 생기게 되었고, 증시상황 또한 좋아지면서 가치수용성의 제고로 인한 세 가지 흐름의 완전한 결합이 나타나 최종적 정책결정이 이루어졌다.

3. 분석결과 및 함의

KT 민영화정책의 경우 그 필요성에 대한 인식 차원에서 문제의 흐름이 흐르고 있었던 상황에서 IMF 외환위기라는 초점사건(focusing event)이 발생하면서 정부와 국회의 이념과 전략의 변화와 국제기구의 압력이라는 정치의 흐름이 KT 민영화를 압박하는 요인으로 작용하였다. 또한, KT 민영화의 중요한 기준인 기업성장성과 수익성 측면에서 기술적 실행가능성과 가치수용성의 제고라는 정책대안의 흐름이 원활해진 점이 KT 민영화 방향으로의 정책전환에 유리하게 작용하였다. 여기에 기획예산처라는 정책선도자의 역할이 작용하면서 이러한 흐름들이 결합하게 되어 정책의 창이 열리고, 그 결과 정책의 변동이 일어났다.

종합적으로 Zahariadis의 다중흐름모형은 Kingdon의 정책흐름모형을 좀 더 명료하게 기준을 세분화한 공헌이 있다고 할 수 있다. 특히 이 사례에서 보듯이, Zahariadis의 다중흐름모형은 KT 민영화정책의 결정과정 및 변동과정을 설명하는 분석모형으로서의 중요한 기여를 하고 있다고 평가된다.

4. 사회적 구성(Social Construction)모형

1) 개념 및 특징

사회적 구성주의는 실제라는 것은 사회 속에서 사람들 간의 관계에 의해 형성된다고 믿는 것이며, 사람들 간의 관계와 그 속에서 만들어진 실제에 대한 의미를 해석하는 데 주안점을 두는 관점이다. 따라서 실제는 우리의 인식과 동떨어져서 존재한다기보다는 우리가 그것을 어떻게 인식하느냐에 따라 달라질 수 있다고 가정한다(김명환, 2005). 이러한 사회적 구성주의는 정책학에 접목시키면 정책대상집단이 어떻게 형성되느냐에 따라 정책이 달라질 수 있음에 주목할 수 있다(Schneider & Ingram, 1993).

Schneider & Ingram은 '대상집단의 사회적 구성주의'(*social construction of target population*) 개념을 소개하면서, 정책입안자들은 정책의 대상집단을 긍정적 또는 부정적 측면에서 사회적으로 구성하고, 이러한 구성의 번영과 지속을 위해 혜택 또는 제재를 한다고 설명하였다. 이에 기초한 사회적 구성이론에서는 사회문제가 가치중립적이거나 객관적인 현상이 아니라 주관적이며 해석적인 사회적 관계의 결과물이라고 가정한다. 따라서 사회적 구성이론은 모든 사회적·정치적 상황을 간단한 경험적·객관적 분석으로 단순화시키는 기존 방법론을 지양한다. 대신에 사회적 구성이론에서는 상황의 다양성을 중요하게 다룬다. 즉, 사회적 구성이론은 현실의 사회문제를 설명하기 위해서 이미지, 고정관념, 사람·사건에 대한 가치 등에 관한 해석이 이루어져야 한다고 주장한다.

이러한 관점에서 Ingram, Schneider & deleon(2007)이 제시한 사회적 구성모형은 사회적 구성을 포함한 대상집단의 성격규정, 정책의 정치적 속성들(수혜 또는 부담), 정책논리, 정책이 대상집단에 적합한 행동을 취하도록 동기부여를 하기 위한 도구들, 정책을 정당화하거나 설명하기 위한 논리적 근거들 및 정책 속에 내포된 메시지들 등 정책설계에 담겨 있는 요소들을 제시하였다.

2) 방법 및 절차

(1) 사회적인 맥락 분석

정책은 반드시 특정한 맥락에 적합하게 설계되어야 한다. 모든 사회현상은 맥락 속에 머물며 그 안에서 의미를 부여 받기 때문이다. 그렇기에 그 당시 사람들이 사는 방식, 신념, 가치관을 고려하여 그 속에서 정책을 설계해야만 한다. 사회적 구성주의 관점에서는 주관적으로 사회현상에 대해 해석하고, 그것의 맥락적 특성과 설계가능성과의 상호작용을 통해 정책설계가 이루어진다(김명환, 2005: 43-44). 즉, 다양한 입장과 측면에서 사회현상을 통찰하고 당시의 사회적 맥락과 결부시켜 정책의 필요성을 고찰해본 후 정책설계를 시작하는 것이다.

(2) 대상집단 분류와 사회적 구성

대상집단은 정책의 구체적인 수혜 또는 제재를 받을 개인들의 집합이다. 정책결정자는 그 정책으로 인하여 영향을 받게 될 대상집단에 대해 본인들의 인식에 따라 혜택을 제공하며, 또 다른 집단에게는 부담을 주는 정책결정을 하게 된다.

정책결정자는 해당 정책의 수혜그룹(수혜집단 혹은 의존집단)과 비수혜그룹(주장집단 혹은 이탈집단)을 구분하여 이해하는데(문상호·권기헌, 2008: 110), 정치권력(*political power*)은 다른 집단과 쉽게

그림 5-7

정책대상집단의 사회적 형성(Social Construction)모형

사회적 형상(Social Image)

		긍정적	부정적
정치적 권력 (Political Power)	높음	수혜집단 (Advantaged)	주장집단 (Contenders)
	낮음	의존집단 (Dependents)	이탈집단 (Deviants)

자료: Ingram, Schneider & deLeon(2007: 102)와 이영범 외(2008: 6)에서 재구성.

연합을 형성할 수 있는지, 얼마나 많은 자원을 보유하고 동원할 수 있는지, 집단의 구성원들이 높은 전문성을 가지고 있는지의 여부로 결정되며, 사회적 형상(*social Image*)은 대상집단에 대한 긍정적 혹은 부정적 인식을 나타낸다. 이들의 사회적 구성이란 대상집단을 어떠한 틀 안에서 인식하고 특정 짓는다는 것인데, 중요한 점은 대상집단의 사회적 구성을 통하여 어떤 집단에 대한 인식이 사회적으로 만들어지며, 그러한 인식이 정책설계에 반영된다는 것이다. 한편, 특정 대상집단은 하나 이상의 형태로 인식될 수도 있으며, 대상집단의 사회적 구성은 고정되어 있는 것이 아니라 계속 변한다(Schneider & Ingram, 1993: Ingram, Schneider & deLeon, 2007). 따라서 대상집단에 대해 사회적 인식이 어떻게 형성되느냐 하는 방향에 따라 정책설계도 달라진다.

(3) 정책도구, 정책논리, 정책메시지

정책도구는 행위자 또는 대상집단에 동기부여를 제공하기 위하여 정책결정자와 행정가에 의하여 고안된 도구이다. 정책도구는 혜택에 대한 정책적 도구와 부담에 대한 정책적 도구, 또는 문제해결을 위한 도구로 구분된다. 즉, 지정된 상황 아래에서 어떠한 행동을 허락, 혹은 금지시키는 것이다. 다음으로 정책결정의 주요 사항을 나타내는 정책내용과 핵심요소의 배열 속에서 정책에 내포된 논리를 찾아볼 수 있다(Ingram & Schneider, 1991: 336). 대상집단에 따라 어떠한 정책적 도구가 공급되느냐에 따라서 정책논리가 다르게 형성될 수 있다. 마지막으로 정책메시지는 대상집단의 사회적 구성이 정부가 어떤 정책을 가지고 무엇을 해야 하는가, 어떤 종류의 태도가 민주사회에 적합한가 등에 관한 메시지를 의미한다.

(4) 정책설계

정책설계는 누구의 입장에서 누구의 이익을 보다 반영할 것인가와 직결되어있다는 점에서 정치적이다. 또한 정책설계는 핵심적인 아이디어들을 규정하고 쟁점사항들을 분리하고 정리하여 하나의 틀을 형성하는 과정이다(김명환, 2005: 41). 따라서 대상집단을 인식하고 혜택정책의 경우에는 수혜집단, 부담정책의 경우에는 이탈집단에 그 인식이 가중되는 경향이 높은데, 이는 논쟁을 불러일으키기 쉽고, 이러한 논쟁을 통하여 대상집단에 대한 사회적인 인식이 변화하고 이로 인해 정책 또한 역동적으로 변화한다고 할 수 있다. 또한 이러한 과정을 통해서 정책은 계속해서 순환적으로 변화가 이루어지게 되는 것이다.

〈 분석기법 활용사례 〉 사회적 구성모형: IPTV도입 정책형성과정에서의 대상집단의 사회적 구성(형성)이론에 관한 연구

1. 개요 및 자료

이영범·허찬행(2008)은 Ingram과 Schneider(2007)가 제시한 사회적 구성(형성)이론(social construction theory)에 근거하여 우리나라 IPTV도입 정책과정을 분석하였다. 이를 통해 사회적 구성이론의 우리나라 정책사례에의 적용가능성을 검토하고 이론의 적용가능성을 높이기 위한 시사점을 도출하는 것을 부차적인 목적으로 하고 있다.

2. 방법 및 절차

그림 1 문제분석방법 및 분석의 틀

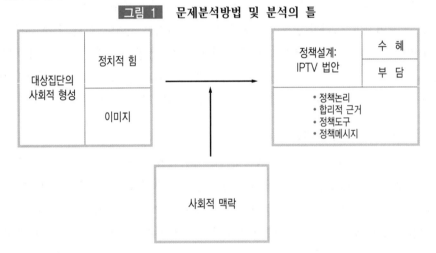

정책설계에는 어떤 대상집단의 이익이 보다 많이 반영되었는가에 따라 수혜나 부담집단으로 구분될 수 있다. 과거 또는 현재의 정책설계는 오랜 시간동안 정책결정자들이 대상집단, 그리고 그들에 대한 이익이나 제재의 배분을 규정하기 때문이다. 이때 정책설계는 사회적 맥락 속에서 다른 요인들과 함께 존재한다. 또한 대상집단은 정책논리, 합리적 근거, 정책도구, 정책메시지와 같은 정책설계의 다른 측면을 통해서 영향을 받는다.

IPTV도입 정책은 정책결정주체가 정부에서 입법을 담당하는 국회로 넘어갔고, 따라서 국회의 입법과정

을 통하여 정책설계에 관하여 파악할 수 있다. 보다 구체적으로는 명문화된 법률이라는 텍스트, 그리고 실질적인 논의의 결과인 회의록을 통하여 대상집단의 사회적 형성에 대하여, 그리고 정책설계와의 관련성을 파악할 수 있다.

이때의 대상집단은 보다 구체적으로 유료방송시장에서의 시장지배적 사업자로서 새로운 시장참여를 받아들이고 경쟁해야 하는 케이블TV사업자와, 신규로 시장에 진입하고자 하는 시장지배적 기간통신사업자인 KT라는 대상으로 모아진다.

정책은 참여대상집단 간 서로 다른 신념체계, 경험, 결과에 대한 기대에 바탕으로 두고 경쟁하고, 이때 정치는 특정 형상 이미지(constructions)와 그들의 영향력(consequence)의 채택을 얻기 위해 투쟁을 지속하는 과정으로 볼 수 있다. IPTV도입 정책 역시도 이러한 참여대상집단 간의 신념체계, 경험, 결과에 근거한 이해관계, 그리고 그에 따른 사회적 형성 이미지와 영향력의 경합과정으로 분석할 수 있다.

3. 분석결과 및 함의

사회적 구성모형에 의하면, 정책결정자는 대상집단의 힘과 이미지에 대한 인식에 따라 대상집단을 유형화하며, 이에 따라 정책설계 시 편익과 부담을 차별적으로 적용한다는 것이다. 해당 연구에서 이러한 논의를 IPTV정책 도입과정에 적용해 본 결과, 국회 방송통신특별위원회라는 IPTV 정책결정의 주된 행위자는 KT로 대표되는 통신사업자를 수혜집단으로 인식하여 IPTV 사업자로써의 선정이라는 편익을 제공하였고, 반면 케이블TV로 대표되는 방송사업자를 이탈집단으로 인식하여 멀티미디어 TV시장에서 KT라는 거대 기업과 경쟁하도록 하는 부담을 지웠음이 나타났다. 다만, 수혜집단과 이탈집단의 힘과 이미지에 대한 구체적 분석결과, KT는 긍정적 이미지로 수혜집단이 된 것이 아니라, 케이블TV사업자들의 부정적 이미지가 정책결정자들에게 워낙 강하게 인식되어, 그 반사이익으로 정책의 수혜를 받았음이 나타났다.

그림 2 대상집단의 사회적 구성

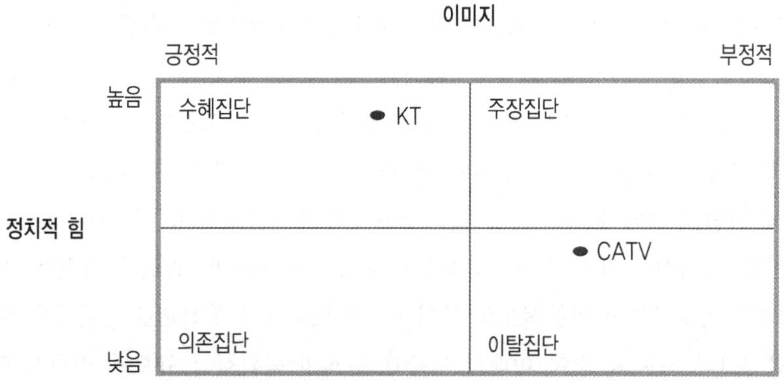

이미지

	긍정적		부정적
높음	수혜집단	● KT	주장집단
정치적 힘			● CATV
낮음	의존집단		이탈집단

자료: 이영범·허찬행(2008), "IPTV도입 정책형성과정에서의 대상집단의 사회적 형성과 정책설계에 관한 연구: 국회방송통신특별위원회 논의를 중심으로," 한국행정학회, 하계학술 대회 발표논문집.

이처럼 사회적 구성모형은 정책결정자의 대상집단에 대한 인식에 따른 사회적 구성을 주요한 분석도구로 삼는다. 정책은 참여대상집단 간 서로 다른 신념체계, 경험, 결과에 대한 기대에 바탕으로 두고 경쟁하고, 이때 정치는 특정 형상 이미지(constructions)와 그들의 영향력(consequence)의 채택을 얻기 위해 투쟁하는 과정이다. 사회적 구성모형은 정책대상집단을 하나의 사회적 인식과 분리된 객관적 실체로 보는 게 아니라, 정책결정자는 대상집단의 힘과 이미지에 대한 인식에 따라 대상집단을 유형화하며, 이에 따라 정책 설계를 하며, 그에 따른 정책결과의 함의를 논의한다는 점에서 매우 의미 있는 분석모형이라고 하겠다.

5. 복잡계 모형과 카오스이론

1) 개념 및 특징

사회과학 연구에 있어서 복잡성(*complexity*) 또는 복잡계(*complex systems*)의 개념은 Flood(1987)가 문제해결을 위한 인식론적인 틀로서 처음으로 소개하였다(Food and Carson, 1988: 19). Food에 의하면 복잡성이란 체계 또는 시스템 속에서 상호작용하는 연관된 구성요소들 간의 특성들의 총합으로 우리가 지각적으로 이해하는 상태이다. 복잡계는 단순한 복잡함을 의미하는 것이 아니라 함께 엮임으로써 혼란스러워 보이지만 질서정연한 상황이 복잡한(*complex*) 것을 의미한다(김기형, 2009: 26; 김민석, 2010: 176). 복잡계 사고에서 전체와 부분은 상호작용을 하는 비선형의 관계로서 이해되고 안정과 불안정이 서로 모순되며 미래 예측과 통제가 어렵다는 시각을 가지고 있다. 복잡계의 상호작용은 국지적으로 이루어지며 부분에서 전체의 일관된 행동패턴을 발현시켜주는 것으로 단순한 기계적 사고와 차이가 있다.

복잡계적 사고의 등장은 사회네트워크가 복잡해지고 역동적으로 작용함에 따라 증가하는 사회현상의 예측 불확실성을 극복하고자 하는 노력의 일환으로 볼 수 있다. 이러한 복잡계 개념의 기원은 첫째, 현상에 영향을 주는 변수의 종류와 수가 많아짐에 따라 복잡함이 증가하였고, 둘째, 현상에 개입하는 각 변수에 따른 각각의 인과관계에 대한 이해 부족에 따른 예측의 부정확성 문제, 셋째, 정보기술의 발달로 인해 현상에 개입하는 각 변수들의 상호작용이 확대되어 현상이 더욱 복잡해졌기 때문이다. 복잡성은 대상의 정보정확성에 따라 감소하지만, 관련된 행위자들의 규모와 범위가 커짐에 따라 상호작용이 역동적으로 확대 변화되므로 비선형적으로 증가하게 된다. 특히 현상의 복잡성은 〈그림 5-8〉과 같이 미래의 예측과 통제의 불확실성 규모와 범위가 확대되어지는 것을 보여준다.

복잡계의 특성은 창발성이다. 창발성은 복잡해 보이는 현상 속에 질서를 부여하는 성질의 발현으로 현상의 구성요소들이 자발적 상호작용을 통해 새로운 질서를 만들어내는 것을 의미한다. 즉, 창발현상이 보이는 시스템을 복잡계로 설명할 수 있다. 〈그림 5-9〉는 앞서 설명한 창발의 개념화를 잘 보여준다.

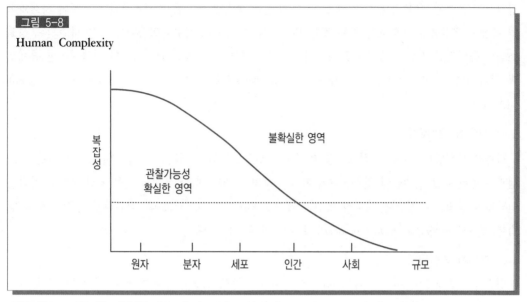

그림 5-8

Human Complexity

복잡성

불확실한 영역

관찰가능성
확실한 영역

원자　　분자　　세포　　인간　　사회　　규모

자료: Yaneer Bar-Yam(2002), Complexity rising: From human beings to human civilzation, a complexity profile, p. 9, 재인용.

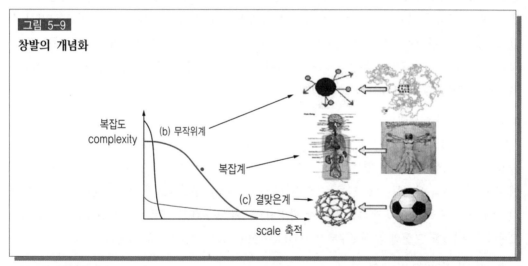

그림 5-9

창발의 개념화

복잡도
complexity

(b) 무작위계

복잡계

(c) 결맞은계

scale 축적

자료: 삼성경제연구소(2010. 6).

2) 방법 및 절차

(1) 복잡계 모형을 이용한 연구방법 및 절차

복잡계 모형을 통한 연구방법은 정성적인 방법과 정량적인 방법으로 나누어 볼 수 있다. 우선정성적인 방법은 '은유적 분석'이라고 할 수 있는데 복잡한 이론을 직관적으로 활용하여 사회과학의 복잡한 현상을 이해하고자 하는 것을 의미한다. 다음으로 정량적인 분석방법은 다수의 구성요소들의 동태적인 변화를 해석적 모형이나 계산적 모형으로 모형화하여 컴퓨터 시뮬레이션 함으로써 의미 있는 값이나 패턴을 찾아내는 것을 말한다(윤영수·채승병, 2005: 246-250; 이승재, 2009: 140-142).

㈎ 정량적 분석방법

정량적 분석방법으로는 분석대상을 미시적 구성요소들의 관계에 초점을 맞추느냐 아니면 시스템과 관련된 주요 변수들에 맞추느냐에 따라 구분될 수 있으며, 은유적 분석을 통한 얻어진 결과를 연역적인 방법으로 접근한 해석적 방법론/해석모형(*analytical model*)과 컴퓨터를 통한 계산적 방법론/계산모형(*computational model*)으로 나누어 볼 수 있다.

① 행위자 기반모형

행위자 기반모형(*agent-based model*)은 행위자 수준에 초점을 맞추어 작은 복잡계를 구현하는 계산모형이다. 즉, 상호작용하는 많은 행위자들로 이루어진 작은 가상세계가 곧 행위자 기반모형이다(유인준, 2006). 그 예로서 다중행위자모형을 들 수 있다. 다중행위자모형은 단위 셀공간을 이동할 수 있는 다수의 행위자를 가지며, 행위자들은 외부의 통제를 따르지 않고 현재의 상황에 따라 프로그램된 규칙에 의하여 자발적(*autonomy*)으로 행동하며, 행위자들끼리 사회적 작용을 가질 수 있고, 또한 외부환경이나 다른 행위자들의 자극에 반응(*reactivity*)할 수 있으며, 내재된 목표를 가지고 주도적으로 행동하는 특성을 가지고 있다. 이러한 분석방법을 도와주는 소프트웨어로는 SWARM/REPAST/NETLOGO 등이 있다.

② 복잡네트워크 모형

다음으로 복잡네트워크 모형은 복잡네트워크로 어떤 사람이 인간관계의 중심성에서 다른 사람들에게 강한 영향을 끼치고 있는가 하는 중심성 문제와 사람과 사람의 관계가 어떻게 맺어지는지에 대한 연결성의 문제를 주로 다루는 것이다(유인준, 2006). 구성요소의 수가 매우 많아지고 연결의 밀도나 강도 그리고 동태적인 특성이 반영됨으로써 복잡해진 네트워크의 관계를 규명하려는 모형이다. 이러한 모형의 분석도구로는 PAJEK/CFinder/NetMiner 등이 있다.

③ 시스템 다이나믹스 모형

시스템 다이나믹스는 시스템의 변화를 야기하는 요인들 간의 상호관계를 현실적으로 묘사하여 성장이나 변화패턴을 추정하는 방법이다. 복잡한 시스템의 동태적 특성, 의사결정, 시간지연 등이 상호연결 및 피드백 구조를 가지고 시나리오별로 결과를 신속히 예측하여 효율적인 전략 수립 및 수행이 가능하고 결과에 대한 원인을 추적하여 최적의 의사결정을 지원하는 방법론이다. 분석 소프트웨어로는 Stella & Ithink/PwerSim/VenSim 등이 있다.

표 5-6 복잡계 방법론의 분류

		분석의 기법	
		계산적 방법론	해석적 방법론
분석의 초점	시스템의 미시적 메커니즘	행위자기반모형 예) 다중행위자모형, 복잡네트워크모형	합리적 선택모형 예) 게임이론적 모형
	시스템 변수	매크로 시뮬레이션 예) 시스템 다이나믹스	해석적 매크로모형 예) 비선형 시계열모형

자료: 윤영수·채승병, 2005: 248.

(나) 정성적 분석방법

정성적 분석방법은 합리적 선택모형은 문제의 명확화, 동태적 가설의 수립, 모델의 구축과 검증, 정책평가의 절차로 이루어지며, 진화게임이론 등으로 발전하여 동태성이 접목되었다. 해석적 매크로 모형은 특정 시간에서 균형상태의 조건이나 시스템 변수를 추적한다. 시계열의 안정성 확인, 선형모형 적용, 유효성 검증, 혼돈성 확인, 원시데이터와 대리데이터에 대해 비선형 모형 적용, 유형성 검증, 예측의 절차로 이루어진다.

위와 같은 방법들은 모든 연구대상과 내용에 적합성을 지는 것은 아니므로 연구목적과 분석대상의 특성에 맞추어 선별적으로 활용해야 한다는 것을 유념할 필요가 있다(허영주, 2011: 17).

(2) 카오스이론을 이용한 연구방법 및 절차

카오스이론과 복잡계 모형은 비슷한 개념이나 다소 다른 개념이다. 〈그림 5-10〉에서 보듯이 카오스이론은 사회의 역동적인 변동과정을 통해 기존의 복잡계 질서가 어떻게 카오스로 전환되고 카오스로부터 어떤 새로운 질서가 창조되는지의 과정을 보여주고 있다.

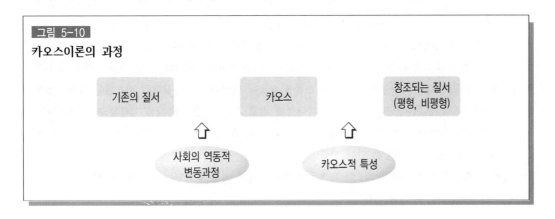

그림 5-10
카오스이론의 과정

카오스이론에서 중요하게 사용되는 개념 혹은 분석특징은 자기조작화, 공진화, 비선형성, 창발성, 비평형상태, 편차증폭 순환고리, 분산구조, 계층성과 자기유사성 등으로 볼 수 있다(이광모, 1988; 이광모·최창현, 2002).

첫째, 자기조직화는 네트워크 구성요소의 상호작용과정에서 구성요소들은 스스로 자신들을 생산해 냈던 것과 똑같은 네트워크를 생산해내는 개념을 말한다. 따라서 카오스이론에서는 질서와 조직화가 사실상, 자기조직화의 과정을 거쳐 무질서와 혼돈으로부터 자생적으로 발생할 수 있다고 본다. 이 개념은 자기조직화가 원활하게 일어날 수 있도록 조건을 만들어주는 것이 정책실패를 줄일 수 있다고 본다.

둘째, 공진화는 시스템을 구성하는 각 개체들이 끊임없이 서로에게 적응하면서 변화해 가는 과정을 의미한다. 이러한 공진화의 핵심개념은 전후 인과과정으로 적자생존의 진화로 보지 않고 개체가 전체를 진화시키고 전체가 개체를 진화시키는 상호공생진화에 관심을 두고 있다. 다시 말해서 지속적인 상호관계 속에서 서로 의존하는 종들이 함께 진화한다는 설명이다. 따라서 카오스이론에서는 여러 가지 패러독스를 무시하거나 예외적인 현상으로 여기지 않고 오히려 중요한 하나의 원리로 간주하고 있다.

셋째, 비선형성은 카오스이론의 관점에서 보면 투입된 것보다 결과는 더욱 크며, 미래에 대한 예측은 근본적으로 불가능하다는 것이다. 따라서 정책결과는 초기조건의 극도의 초기치민감성으로 인하여, 또는 비선형관계와 순환고리에 의해 조그만 초기조건의 차이가 걷잡을 수 없이 증폭되어 다른 결과를 나타내게 되고, 이것이 소위 "혼돈"인 것이다.

넷째, 창발성이다. 체제 내의 독립적인 행위자(구성요소)들 간의 상호작용으로 창발성이 발생되는데, 이는 단순한 개별적 행동의 집합으로 이해할 수 없는 특징을 갖게 된다. 체제의 이러한 창발적 특징은 미시적 수준에서는 구분이 안 되며, 거시적 수준에서 구분되는 것이다. 자기조직화의 창발성은 외부로부터 강요되는 것이 아니라, 체재 자체에 기능하는 내재적인 것이며 자연스러운 자생적 개념인 것이다.

다섯째, 비평형상태이다. 이 세상에는 평형상태만이 유일한 현상은 아닌 것이며, 비평형상태도 있는 것으로 본다. 성공적인 비평형시스템은 안정적, 불안정적 평형을 동시에 지니고 평형으로부터 멀리 떨어진 상태를 유지하면서 조직을 계속 비평형의 영역에 머무르게 해야 한다는 것이다.

여섯째, 편차증폭 순환고리이다. 이는 어떤 하나의 큰 변화가 더욱 큰 변화를 유발하게 되고, 작은 변화는 더 작은 변화를 촉발시키는 현상을 보여줌으로써 시스템의 변동을 성명하는 데 매우 유용한 원리이다.

일곱째, 분산구조이다. 분산구조란 어느 시스템에 요동이 일어나면 평형상태의 시스템은 안정구조가 깨어지면서 임계순간 또는 분기점에 다다르게 되고, 이 분기점에서 다음 상태를 미리 예측하는 것은 불가능하며, 모든 가능성이 열려있는 상태이다. 즉, 조직이 쇠할 수도 흥할 수도 있는, 언제라도 상대방으로 변할 수 있는 상태인 것이다.

여덟째, 계층성과 자기유사성이다. 이 특징은 부분과 전체가 서로 닮아있는 구조를 뜻하며, 프랙탈 구조를 지향하는 것이 특징이다.

〈 분석기법 활용사례 〉 카오스이론: 새만금 사업의 적용

1. 새만금 사업의 진행과정

김태영(2005)은 카오스이론을 활용하여 관광정책 이해관계자의 갈등관리방안에 관한 연구를 새만금 사업을 중심으로 한 바 있다.

새만금 사업은 1987년 처음으로 계획되기 시작하여 1991년에 기공된 세계 최대규모의 간척사업으로서, 간척사업으로 생긴 시화호의 오염 때문에 국민의 관심(사업반대운동)을 끌기 시작하였다(1996년 방류). 이후 1998년 김대중 정부의 출범과 함께, 환경운동단체들은 새만금 사업 백지화를 위한 운동을 벌이기 시작하였다.

이러한 운동에 대응하기 위해 1999년 1월 유종근 전북지사는 새만금 사업의 전면 재검토를 위해 민관이 함께 참여하는 공동조사단 구성을 제의하였으며, 1999년 5월 '새만금 사업 환경영향 민관공동조사단'이 발족하였다.

정부와 환경단체들이 각각 추천한 전문가들이 경제성분과, 수질분과, 환경분과로 나뉘어 1년 이상 연구했지만, 이들의 철학, 이론, 방법론, 모든 것이 달랐기 때문에 연구는 제대로 이루어지지 못하였다. 특히 경제성분과는 결론도출방법에 대한 합의를 이루지 못한 채 편익과 비용을 찬반 입장을 가진 연구자들이 따로 분석하여 공동조사단이 파행되는 원인을 제공하였다. 공동조사단 안에서 찬반 입장이 극도로 대립되어 합의된 결론을 얻지 못한 채, 공동조사단장은 2000년 8월 보고서를 정부에 제출하였다.

이후 환경단체의 새만금 사업 반대 운동과 '전북지역'의 찬성 운동이 격렬하게 대립하였으며, 대통령자문 지속가능발전위원회의 토론회, 언론의 집중보도, 종교인들의 '새만금 생명평화운동' 등 격렬한 환경갈등과 녹색정치가 2001년 5월까지 계속되었다.

2001년 5월 25일 김대중 정부는 "새만금 사업을 계속 추진하되 수질이 나쁜 만경유역의 개발은 수질개선이 이루어진 후 순차적으로 개발하겠다"라고 결정하였다. 이에 새만금 생명평화연대는 "새만금 시국선언"을 발표하고 끝까지 싸울 것을 결의하였다. 참여정부 출범 이후 성직자들의 3보 1배로 새만금 문제는 다시 사회적 문제로 부각되어 새만금 추진측 전북도민과 반대 단체들 사이의 격렬한 사회갈등이 재연되었다.

이 가운데 갯벌을 살리면서 간축규모의 축소, 전북 경제발전 대안수립 등의 새만금 사업 대안논의가 진행되어 왔으며 법원의 '새만금 공사 중지 가처분 승인'으로 새만금 사업문제는 사법부, 행정부, 국회, 전북도민, 시민이 모두 참여하는 최고의 환경갈등 사안으로 확산되었다.

거시적 관광정책환경에서 새만금 사업은 지속적인 경기침체, 집단이기주의, 환경보전 등의 요인들이 영향을 미쳐 미시적 관광정책환경인 건교부, 환경부, 문화부, 전라북도, 농촌기반공사, 환경단체, 전문가, 지역주민 등의 이해관계자의 갈등을 증폭시켜 혼돈의 상황에 직면해 있다. 다시 말하면 정부는 국토균형발전 및 경제력의 한 단계 도약을 위한 돌파구로서 확고한 개발의지를 가지는 반면에 환경단체는 해수유통과 갯벌 보호라는 자연환경훼손 방지의 절대적인 입장을 표명하고 있으며, 지역주민은 지역경제의 활성화는 기대하지만 반대 급부는 최소화하려는 지역이기주의에 물들어 있는 상태였으니 다양한 이해관계자의 요구가 섞여 있는 상태였던 것이다.

2. 새만금 사업의 이해관계자 갈등 분류

(1) 가치관 갈등

새만금 사업의 가치관 갈등은 갯벌 가치에 대한 논쟁을 중심으로 진행되어왔다. 생태계의 보고로 알려진 갯벌은 그 무엇과도 바꿀 수 없다는 게 사업 반대측의 입장이다. 반면 사업 찬성측은 새만금 지역을 간척하더라도 새로운 갯벌이 생겨날 것이며, 생태계는 새로운 환경에 잘 적응할 것이라고 주장한다. 갯벌 가치 외에도 담수호의 수질과 그 자체의 필요성에 대해서도 논란이 있었다. 사업 반대측에서는 수질 및 갯벌을 보전하기 위해서는 해수유통이 반드시 필요하다는 입장이다. 반면, 사업을 찬성하는 측에서는 농업용수를 공급하고 홍수를 방지하기 위해서는 오히려 담수호가 도움이 된다는 입장을 견지했다(김종호 등, 2004).

(2) 이해관계 갈등

갯벌의 상실로 인해 직간접적 피해를 받는 어민들과 간척사업을 통해 전북발전의 활성화를 기대하는 전북도민들 간의 내부적인 이해갈등이 있었다. 사업 찬성하는 주민들을 비롯해 정부측은 이미 합당한 보상절차를 모두 거쳤다고 주장했으나, 보상대상 주민들의 입장은 달랐다. 보상액의 크기는 어장소유 혹은 어선소유 등이 기준이었다. 하지만 어장소유자들 중 많은 비중이 외지 사람인 경우가 많았고, 평생을 어업에 종사해온 사람들이 일정액의 보상금을 받았다 하더라도 자신들 삶의 방식을 바꾸기는 어려운 상태였다(문경민, 2000).

(3) 사실관계 갈등

사업 반대측에서는 갯벌의 생태적, 경제적 가치로 보아 보전이 바람직하다는 입장이다. 이는 1997년 "Nature"지에 갯벌이 농지에 비해 100배 이상의 가치가 있다는 Constanza의 논문 등에 기인한 것이다. 이들은 또한 새만금 갯벌의 오염물질 정화효과가 하수처리장 40개소 건설에 버금간다며 갯벌 보존을 주장했다.

반면 사업을 찬성하는 측에서는 농지도 생태적, 경제적으로 탁월한 가치가 있음을 주장했다. 그리고 갯벌이 농지보다 100배 이상의 가치가 있다는 외국 전문잡지는 해석상 오류를 범했으며, 갯벌 정화효과도 단순계산에서 비롯된 것이라며 맞섰다(박재근, 2004).

경제성 평가 외에 담수호 수질에 대해서도 논쟁이 있었다. 사업 반대측에서는 오염물질의 대량유입으로 새만금의 제2의 시화호가 될 것이라는 우려는 표명했다. 하지만 사업 찬성측에서는 농업용수에 적합한 수질기준은 충족시킬 수 있다는 입장으로 맞섰다(새만금 사업 환경영향 공동조사단, 2000).

(4) 구조적 갈등

사업 반대측에서는 새만금 사업이 정치적 결정에 의해 시작되었다고 평가했다. 여러 차례 대선에서 호남유권자들을 의식하여 정치권이 경쟁적으로 새만금 사업을 대선공약으로 내세웠다는 것이다. 따라서 사업의 경제성이나 환경성에 대한 적정한 평가 없이 공약사업의 추진이 진행되었다고 주장하였다(문경민, 2000). 반면 사업 찬성측에서는 환경영향평가 및 보상 등 적합한 모든 절차를 거쳤다는 입장이다. 그리고 환경영향평가가 이루어진 당시 사회적 여건과 현재의 사회적 여건이 달라졌다는 점은 인정하지만, 당시로서는 최선을 다했다는 것이다(박재근, 2004).

3. 새만금 사업의 카오스이론 적용

새만금 사업의 이해관계자 갈등은 〈표 1〉에서 보듯이 카오스적 상황을 띄고 있다. 먼저, 새만금 사업

이해관계자 갈등의 카오스적 상황은 시화호 사업 등의 초기조건을 간과한 것이 주요 원인으로 볼 수 있으며, 이후 국민의 정부 출범에 따른 정책환경의 변화에 따라 이해관계자 갈등은 증폭하게 된다.

또한 이해관계자 간의 갈등해결을 위해 '민간공동조사단'의 발족 이후 공진화 현상을 보였으며, 정부제출 보고서에 이미 갈등이 내재되어 있었기 때문에 편차순환고리에 의해 이해관계자 갈등은 극대화된다.

이에 따라 갈등, 갈등 + 합의, 합의라는 상황의 가능성이 열리게 되었으며 정부의 개입으로 갈등은 갈등과 합의의 공전인 비평형상태로 1차적 해결을 이루게 된다. 이후 성직자의 3보 1배는 다시 갈등을 증폭하게 되며 다시 정부의 개입으로 현재 공진화의 상태에 머물고 있다.

표 1 새만금 사업의 카오스적 상황

카오스적 상황	일 자	주요 내용
질서	1987	새만금 사업의 계획시작
질서	1991	새만금 사업의 기공(대규모 농지 및 담수호 조성이 목적)
비선형성	1996	시화호의 오염으로 환경단체들이 새만금 사업의 환경, 오염성 제기
편차증폭 순환고리	1998	국민의 정부 출범 이후 새만금 사업 백지화 운동 시작
공진화	199. 5	공사 중단 및 '새만금 사업 환경영양 민관공동조사단' 발족
편차증폭 순화고리	2000, 8	2000년 공동조사단이 작성한 보고서를 정부에 제출
분산구조	2000. 8~ 2001. 5	환경단체와 종교인 등의 반대, 전북지역 등의 찬성으로 갈등 양분
갈등의 1차적 해결	2001. 5	'새만금 사업을 계속 추진하되 수질이 나쁜 만경유역의 개발은 수질개선이 이루어진 후 순차적으로 개발하겠다'고 결정
편차증폭 순환고리	2003. 3	전북 부안에서 청와대까지 성직자들의 새만금 갯벌살리기 3보 1배
공진화	2005. 2	새만금 공사 중지 가처분 승인 후 환경단체와 농림부 각각 항소

자료: 김태영(2005: 107-130).

새만금 사업 이해관계자 갈등의 증폭은 갈등의 다음 가능성을 위한 과정이다. 첫째, 갈등의 다음 가능성에 도달하기 위해서는 갈등이 분산구조에 이르러야 하기 때문이다. 둘째, 갈등의 증폭은 통제되거나 제거되어야 할 요소가 아니며 다음 가능성을 위한 과정이라 할 수 있다.

뉴턴적 패러다임에서 이해관계자의 갈등은 의견불일치, 대결국면, 격화국면, 진정국면, 갈등해소의 제과정을 거치게 되는 것과 마찬가지로 카오스적 패러다임에서도 이해관계자의 갈등은 갈등의 발생, 갈등의 심화, 갈등의 혼돈상황, 갈등 혹은 갈등과 합의의 공존(비평형상태) 혹은 합의의 제 과정을 거치게 되는 것이다.

〈그림 1〉은 새만금 사업에 카오스이론을 적용한 모델로서 다음과 같이 설명될 수 있다. 최초 이해관계자의 합의상태에서 비선형성을 통해 이해관계자의 갈등이 발생하게 된다. 이해관계자의 갈등은 관광정책환경의 불확실성이 편차증폭 순환고리를 일으켜 증폭되며, 내부적으로는 공진화, 자기조직, 자기유사성의

과정을 거치게 된다. 이후 분산구조에 의해 이해관계자들이 개별이익을 추구할 시 이해관계자 갈등이 나타나게 되며, 개별이익과 전체이익을 동시에 추구할 시에는 이해관계자의 갈등과 합의가 공존하는 비평형 상태, 전체이익을 추구할 시에는 이해관계자의 합의가 도출되는 것이다. 그리고 이 과정은 지속적으로 반복되게 된다.

결론적으로 새만금 사업 이해관계자 갈등은 카오스이론적 상황을 보이고 있으며 갈등의 1차적 해결이 갈등과 합의의 공존상태였다. 카오스이론에 따르면 안정적, 불안정적 평형을 동시에 지니고 조직을 비평형에 머무르게 하는 것이 성공적인 비평형시스템이라고 한다. 이에 따라 비평형상태가 불확실한 관광정책환경에서 더욱 적응력이 높다고 보이며, 이해관계자 갈등은 갈등과 합의의 공존상태가 지속되는 것이 바람직하다고 할 수 있다.

그림 1 새만금 사업에서 카오스이론의 적용모델

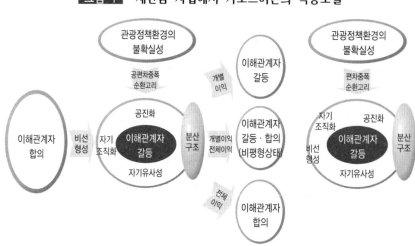

4. 분석결론 및 함의

정책연구에서 카오스이론의 도입은 사회과학 분야에서도 비교적 늦게 출발하였으나 질서에서 카오스로 전환되고, 카오스 가운데에서 질서를 발견하며, 또한 카오스로부터 질서로 전환되는 과정에 대한 이해와 설명을 높일 수 있다.

또한, 급속한 변화를 겪고 있는 사회에서 일반적으로 직면하는 혼란과, 불안정, 그리고 불균형의 증폭으로 흔히 빠지게 되는 혼돈상태를 예견하고, 사전에 예방하며, 또한 새로운 질서를 창조하기 위해서는 새로운 정책적 시각이 요구되는데 카오스이론은 이러한 새로운 정책적 시각을 제시해 줄 수 있는 이론으로서 각광을 받고 있다.

해당 연구에서는 관광정책환경의 불확실성과 이해관계자 갈등과의 연관성을 파악하였으며, 이해관계자 갈등의 해결과정과 카오스현상의 진행과정을 비교하여 이해관계자 갈등관리에 카오스이론이 적용가능함을 밝혔다. 구체적으로는 최근의 관광정책 주요 이슈인 새만금 사업의 갈등사례를 카오스이론에 적용하여 새만금 사업의 진행과정과 카오스현상과의 연관성을 파악하였으며, 카오스이론을 통해 이해관계자의 갈등을

관리할 수 있다는 가능성을 마련하였다.

　그러나 카오스이론이 자연과학인 수학, 물리학, 기상학에서 출발하였기 때문에 아직 사회과학에서는 초기단계의 연구가 진행되고 있으며, 특히 정책과 관련된 카오스이론의 연구부재로 인해 카오스이론의 적용에 한계 또한 아직은 존재한다고 하겠다. 향후 더 많은 관심과 적실성 있는 연구가 이뤄질 필요가 있다고 사료된다.

6. 성찰적 정책모형

1) 개념 및 특징

　한국정책학은 한국의 정책 현실이 효율성-민주성-성찰성으로 발전하자 이에 발맞추어 정책대상의 이해관계를 맥락적으로 수용하는 '성찰성'에 기초하여 정책대상집단이 충분히 수용할 수 있는 정책을 수립할 수 있는 노력도 함께 진행되고 있다. 이러한 배경 하에서 제시된 것이 성찰적 정책모형이라 할 수 있다.

　정책을 분석하는 데 있어 정책분석의 기준은 가장 먼저 성찰성(당위성)을 고려하고, 실현성과 효율성의 순서로 분석할 것이 요구되고 있다(허범, 1982: 275-291; 허범, 1988: 78; 강근복, 2002: 154-156; 권기헌, 2008: 244-247). 이와 같은 정책분석에서 최우선적인 기준이 되는 성찰성(당위성)은 정책이 인간의 존엄성을 실현하는 데에 기여하는 정도와 우리 사회가 신뢰받고 성숙된 공동체로 구현되는 데 기여하는 정도를 통해 판단할 수 있다.

　인간의 존엄성은 인권, 정의, 존엄의 가치를 포함하는 H. Lasswell이 창시한 정책학 패러다임의 최고지상의 가치이기에, 성찰성(당위성)은 정책의 최상위 가치에 대한 분석기준이라고 할 수 있다. 정책의 민주적 가치가 꽃핀 개념이 성찰성이다. 이는 특정 정책이 인권, 정의, 형평 등으로 표현되는 인간의 존엄성에 대한 실현 여부에 기여하는 정도에 대한 판단과 우리 사회를 좀 더 신뢰받고 성숙된 공동체로 구현하는 데 기여하는 정도에 대한 판단을 포함한다.

　인간은 인격적으로 뿐만 아니라 육체적으로 존엄성을 가진 존재이다. 따라서 인간은 수단이나 도구와 같은 비인격적인 존재로서가 아니라 존엄성을 가진 존재로서 인정하고 인간의 존엄성에 기여하는 정책이 필요하다. 또한 이러한 인간의 존엄성은 인간의 기본적 권리(자유와 평등: 자유권적 기본권과 사회권적 기본권)를 보장받을 때 확보될 수 있으므로 인간의 기본적 권리를 보장하는 정책대안이 바람직하다고 볼 수 있다.

　사회에 해악을 끼칠 의도로 정책결정이 이루어지는 경우는 없을 것이기 때문에 '정책'이라는 이름으로 결정이 이루어질 때에는 어떤 의미로든 당위성이 포함되어 있다. 하지만, 정책에 따라서는,

의도적이든 의도하지 않았던, 그 정책에 내포된 성찰성(당위성) 가치의 정도가 분명히 차이가 나기 때문에, 우리는 이러한 정책의 상위 차원의 가치에 대해 좀 더 명확하게 분석함으로써 정책판단의 질적인 근거를 향상시킬 수 있을 것이다. 최근 정부3.0에서는 단순한 혁신(*innovation*)보다는 올바른 방향으로의 변혁(*transformation*)이 강조되고 있다.[7] '일을 잘하는 것'(*do things right*)보다는 '올바른 방향의 일을 하는 것'(*do the right things*)가 강조되고 있다. 이런 관점에서도 바람직한 사회공동체의 구현을 위한 성찰성(당위성)에 대한 담론 및 그에 따른 분석기준에 대한 논의는 더 확장될 필요가 있다고 사료된다.

정책의 성찰성(당위성) 차원의 평가는 사실상 쉽지 않다. 왜냐하면 정책의 최상위 가치를 표현하는 이 차원은 매우 추상성이 높기에 어떤 한두 가지의 측정지표로 대변될 성질의 것이 아니기 때문이다. 최근 문상호·권기헌(2009)는 한국적 맥락의 정책수용성을 연구하면서 성찰적 정책모형의 유용성을 고찰하고, 성찰적 정책모형의 분석기준으로서 세 가지 기준을 제시한 바 있다.

2) 방법 및 절차

성찰적 정책모형을 통한 정책분석은 다음의 세 가지 기준에 기초를 두고 있다(문상호·권기헌, 2009: 13).

(1) 정책대상집단의 수요에 기반한 정책설계인가?

성찰적 정책의 조건 가운데 제1조건은 정책이 '수요'의 측면에서 요구되는 것이다. 즉, 정책을 설계함에 있어 정책대상집단 전체가 해당 정책을 필요로 하고 있는지, 혹은 일부만 필요로 하고 나머지는 미온적인 태도인지, 혹은 반대 입장을 가지고 있는지에 대한 '정책수요조사'가 이루어져야 한다.

(2) 정책동기의 공익성과 정책의 수혜로부터 소외된 집단에 대한 '소통'과 '배려'가 있는가?

성찰적 정책의 제2조건은 '공급'의 측면이다. 정책의 공급동기가 대상집단의 삶을 질을 개선시키기 위한 목적인지, 또는 정책공급자가 정책의 결과로서 정치적 목적이나 이해관계를 위한 것인지의 개연성을 살피고, 공급자가 공공에 대하여 형평적인 유익을 구하는 조정자 역할을 하는지 판단하는 것이다. 즉, 정책공급자의 동기와 의도가 규범적이고 합목적적인지 판단하고, 정책의 혜택에서 배제된 계층이나 사회적 비용부담계층과의 소통과 배려가 이루어지는지를 파악하고자 하는 것이다.

(3) 정책대상집단의 자각적 시민의식의 성숙과 민주적 정책네트워크 참여가 이루어지는가?

성찰적 정책의 마지막 제3조건은 정책대상집단이 고양된 인간의 존엄성과 성숙된 공동체의식을

---

7 정부3.0에 대해서는 저자의 졸저, 행정학 강의(박영사, 2013) 참조바람.

바탕으로, 납득할 만한 절차적 합리성을 지녔다면 정책을 수용할 의지를 가지고 있는지를 판단하는 것이다.

성찰적 정책의 제1조건과 제2조건을 만족할 경우, 정책대상집단 전체가 반대집단(veto그룹) 없이 정책을 조화롭게 수용하려는 성숙한 시민의식을 갖추었는지를 파악해야 한다. 또한 정책대상집단이 자신을 정책 거버넌스에 속한 책임 있는 파트너로 인지하고 있는지 살펴야 하는데, 이는 정부가 시민사회와 소통하고, 자발적인 참여가 이루어지도록 유도하고 있는지와 큰 관련이 있다. 이것은 자각된 시민의식을 바탕으로 신뢰와 참여를 통한 거버넌스의 형성이라는 틀 아래에서 판단할 수 있다.

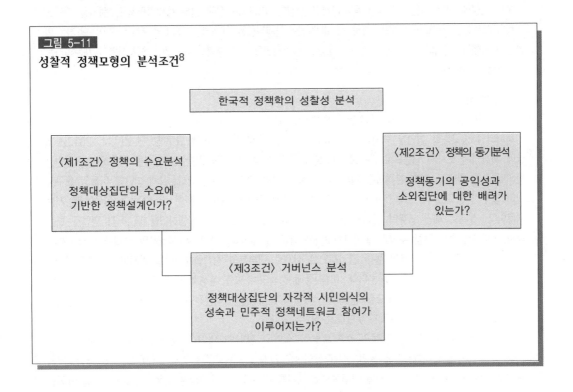

그림 5-11
성찰적 정책모형의 분석조건[8]

한국적 정책학의 성찰성 분석

〈제1조건〉 정책의 수요분석

정책대상집단의 수요에 기반한 정책설계인가?

〈제2조건〉 정책의 동기분석

정책동기의 공익성과 소외집단에 대한 배려가 있는가?

〈제3조건〉 거버넌스 분석

정책대상집단의 자각적 시민의식의 성숙과 민주적 정책네트워크 참여가 이루어지는가?

8 문상호·권기헌, 『한국 정책학의 이상과 도전-한국적 맥락의 정책수용성 연구를 위한 성찰적 정책모형의 유용성에 관한 고찰』, 「한국정책학회보」 제18권, 2009, p. 16.

〈 분석기법 활용사례 〉 성찰적 정책모형을 활용한 택시의 대중교통화 사례 분석

1. 개요 및 자료

택시 대중교통화는 지난 2012년 11월, 국회 국토해양위원회 상임위원회에서 통과된 '대중교통의 육성 및 이용촉진에 관한 법률' 개정안에 포함되었던 사안이다. 이 법률은 택시업계 종사자들의 근로상황과 소득을 고려하여, 택시를 대중교통의 영역에 포함시켜 버스, 지하철과 마찬가지로 국고로 택시업계 종사자들을 지원하고, 일반 버스와 마찬가지로 고속도로와 일반 도로상의 버스전용차선을 이용하도록 허용하는 내용을 담고 있다. 이 법안에 대하여 이해관계에 놓여 있는 버스업 종사자들은 강력히 반발하며 파업까지 예고하였으며, 정부 주무부서인 국토해양부에서도 반대 의견을 내놓았다. 대중교통을 비롯하여 택시를 이용하는 입장에 있는 시민들의 경우 택시업계의 사정이 어렵다는 점에 일부 동의하면서도, 택시를 대중교통화하기보다는 지하철이나 버스 이용 시 발생하는 문제점들을 해소하는 데에 주력하는 것이 낫다는 의견을 제시했다. 이 법안은 결국 2012년 12월에 통과되었으나, 대통령이 거부권을 행사하면서 재논의하는 방향으로 전환되었다.

2. 방법 및 절차

1) 정책대상집단의 수요에 기반한 정책설계인가?

택시의 대중교통화 법안은 택시업계 종사자들이 수년 전부터 강력하게 요구해왔던 것이다. 2012년 6월에 택시업계 노사가 합동으로 대규모 집회를 가지면서 택시의 대중교통수단 인정을 비롯하여 요금인상 등의 요구를 하였다. 이후 본격화된 택시 대중교통화 법안 관련 논의에 따라, 실제 법안에 이들의 요구사항이 일부 반영되었다. 그러나 이와 같은 논의과정에서 정책에 대한 정확한 수요조사가 이루어졌는지는 의문이다. 실제로 해당 법률이 통과되더라도, 택시업계 구조상 국고를 지원하였을 때 직접 영업을 하는 택시운전기사들에게 직접 수혜가 돌아가기보다는, 적자가 발생하고 있는 택시회사의 손실을 충당하거나, 노조쪽으로 흘러들어갈 확률이 높아 결과적으로 실제로 대부분의 정책집행대상을 차지하는 택시영업자들에게는 실효성이 없다는 것이 중론이다. 이를 통해 정책의 수요를 분석해 보면, 택시의 대중교통화 법안은 일부 정책집행대상에게만 필요한 정책이며, 나머지 대상자들은 미온적인 태도를 지니고 있다는 점에서 성찰적 정책의 제1조건이 충족되지 못했다고 볼 수 있다.

2) 정책동기의 공익성과 정책의 수혜로부터 소외된 집단에 대한 '소통'과 '배려'가 있는가?

이 정책에 있어서 이해관계에 놓인 정책대상집단은 크게 (1) 택시업계 종사자 (2) 버스 및 대중교통업계 종사자로 볼 수 있으며, 그 외에 간접적으로 택시를 비롯하여 대중교통을 이용하는 고소득층을 제외한 대다수의 (3) 국민, (4) 정책집행을 담당하는 국토해양부, 그리고 (5) 정당과 국회의원이다.

(1) 정책동기의 공익성

택시 대중교통화 법안은 당초 명분이 열악한 환경의 택시영업자들의 어려움을 해소시키는데 있었다. 그러나 성찰적 정책의 〈제1조건〉에 대한 검토에서 실질적으로 택시영업자들의 환경개선에 효과적이지 못하며, 정책수요 역시 일부 정책대상집단만이 가지고 있고, 나머지 대상집단은 미온적인 태도를 보이고 있다는 점에서 공급자들이 정책을 입안하는 데 있어 공익성을 충족시키지 못한다고 할 수 있다.

한편, 이 법률이 국회 국토해양위원회에서 통과되고 본 회의에 상정될 준비를 하던 시기는 2012년 11월, 즉 대통령 선거를 앞둔 시기였다. 택시업계 종사자들은 택시의 대중교통화를 비롯한 집회 등에서 택시업계 종사자 25만명과 그 가족들을 합치면 약 100만명이 되며, 이는 대통령 선거에 있어 매우 큰 영향력을 행사할 수 있음을 공공연하게 표명해 왔다. 즉, 국회의원을 비롯한 정치관계자들에게 있어서 택시 대중교통화 법안은 자신들이 속한 정당의 대통령 후보를 당선시키기 위한 표를 얻을 수 있는 일종의 기회였던 셈이다. 여당과 야당은 이와 같은 이유에서 대중교통화 법안에 대해 찬성하는 입장을 표했다고 볼 수 있으며, 해당 법안이 포퓰리즘에 입각한 정책이라는 비판과 함께 법안 상정을 대통령 선거 이후로 연기해야 한다는 주장에 부딪히기도 했다.

결과적으로 해당 법안의 동기는 공익의 추구보다 대통령 선거에 임박한 국회의원들이 자신의 당 후보를 지지하는 표를 얻기 위한 일종의 포퓰리즘의 일환으로 보아도 무방할 것으로 분석된다. 즉, 성찰적 정책의 제2조건을 충족시키지 못한 것이다.

(2) 주장집단과 이탈집단에 대한 소통과 배려

Ingram, Schneider와 deLeon(2007)의 사회구성이론에 비추어 보았을 때, 위의 정책대상집단 가운데 주장집단에는 (2) 버스 및 대중교통업계 종사자와 (3) 국민이, 이탈집단에는 (4) 국토해양부가 해당하는 것으로 판단할 수 있다.[9]

주장집단인 버스 및 대중교통업계 종사자, 특히 버스업 종사자들의 경우 택시가 대중교통화 될 경우 버스전용차선을 이용한다는 문제점 외에도, 재원은 한정되어 있는데 대중교통의 범주에 들어가는 교통수단이 늘어날 경우, 버스에 대한 국고지원이 줄어든다는 이유에서 반대를 하였다. 이는 결과적으로 정책의 간접적 대상인 국민들의 대중교통 이용료의 상승을 초래할 것이므로 바람직하지 않다는 것이 주장집단의 반대 근거라고 할 것이다. 이와 같은 주장을 고려해 볼 때 이 정책의 입안과정에서 버스업 종사자들뿐만 아니라 국민들에게도 간접적으로 피해가 발생할 수 있다는 것을 전혀 고려하지 못하였음을 시사한다. 또한 법안이 국회 국토해양위에서 통과된 이후 본 회의에 상정될 준비를 하는 과정에서도 버스업과 충분한 소통과 배려가 이루어지지 못하여 지속적으로 강력한 항의를 받았다. 또한 정책을 실제로 집행하는 기관인 국토해양부와의 소통도 제대로 이루어지지 않았고, 결과적으로 정책집행기관의 반대에 부딪히는 결과를 초래하였다.

3) 정책대상집단의 자각적 시민의식의 성숙과 민주적 정책네트워크 참여가 이루어지는가?

(1) 자각적인 시민의식의 성숙도

이는 버스업 종사자와 택시영업 종사자로 구분하여 살펴볼 수 있겠다. 먼저 정책대상집단 가운데 주장집단인 버스업 종사자들의 경우, 성숙된 시민의식을 갖추고 있었던 것으로 분석된다. 당초 버스업계는 국토해양 위에서 택시 대중교통화 법안이 통과되고 본 회의에서도 통과될 것으로 예상되자 전국적으로 파업할 것을 선언하였다. 그러나 파업으로 인해 피해를 겪게 되는 것이 국민들 상당수라는 점을 고려, 파업을 철회하고 정상적으로 운행하기로 결정하였다. 이것은 자신들의 이해관계에 앞서 국민 전체의 편익이라는 공익성을 감안한 결과로 해석할 수 있다.

반면 택시영업 종사자들의 경우, 해당 법안이 행정부에 의해 거부되자 파업을 예고했고, 예정대로 실시하였다. 교통수단의 문제는 시민들의 편익과도 밀접한 연관이 있는데, 이와 같은 파업행위는 자신들의 이익이 관철되지 않은 것에 대한 반발로써 공익을 저해할 소지가 다분하다. 이를 통해 택시업 종사자들의

---

9 정책을 집행하는 기관인 국토해양부는 법안이 통과되고 행정기관의 수장인 대통령의 거부권 행사가 없다면 통과된 것에 따라 의무를 이행해야 한다. 그러나 국토해양부는 동 사안에 대해 부정적 입장을 표출하였기에 이탈집단의 범주에 속한다고 볼 수 있다.

시민의식은 다소 미성숙되었다고 판단할 수 있다.

(2) 민주적인 정책네트워크 참여의 활성화

택시의 대중교통화 법안은 정책수요집단 가운데 일부의 적극적인 의사표명과 국회의원의 이해관계가 합치함에 따라 형성된, 충분한 정책적 숙의 없이 계획된 정책이라고 볼 수 있다. 또한 정책형성과정에서 정부, 기업, 시민이 함께 참여하는 거버넌스 체계는 제대로 형성되지 않았던 것으로 분석된다. 이번 정책에 있어 정부는 입법 자체에 부정적인 입장을 표명했으며, 시민의 경우도 마찬가지로 정책대상집단인 택시업 종사자들에 대한 불만으로 인해 법안에 대해 미온적이거나 부정적인 반응을 보였다. 여기에 주장집단에 해당하는 버스 및 대중교통업 종사자들과의 소통 역시 부재하였으며, 수혜집단 내 일부의 주장을 받아들인 소수의 정책공급자(정당과 국회의원)의 이해관계에 의해 입안되었다는 점에서 결과적으로 성찰성이 매우 부족한 정책임을 알 수 있다.

3. 분석결과 및 함의

분석결과로 나타난 함의는 다음과 같다.

첫째, 택시 대중교통화 법안은 정책의 설계과정에 있어서 충분한 수요조사가 이루어지지 못하였다.

둘째, 택시 대중교통화 법안은 정책공급자가 공익성보다 공급자들의 이해관계를 바탕으로 하여 설계된 것으로 분석된다.

셋째, 택시 대중교통화 법안은 정책설계과정에서 주장집단을 비롯하여 수혜대상에서 배제되는 집단들과 충분한 소통과 배려가 이루어지지 않아 강한 반발을 사게 되었다.

넷째, 택시 대중교통화 법안의 입안과정에서 일부 정책대상집단의 경우 성숙한 시민의식을 보였으나, 반대로 시민의식이 미성숙한 부분 역시 존재하며, 정부와 시민들이 정책설계과정에 적극적으로 참여할 환경이 조성되지 못했다.

마지막으로, 현재 법안이 정부의 거부권이 행사된 상황이므로, 정책의 설계과정에서 정책수요조사를 비롯한 성찰성을 향상시킬 수 있는 다양한 노력을 통해 궁극적으로 국민들의 삶의 질을 향상시킬 수 있는 정책이 될 수 있도록 충분히 재논의를 거칠 필요가 있을 것으로 판단된다.

제 6 절   요약 및 결론: 정책이론의 현대적 재조명

우리는 위에서 정책과정을 정책형성-정책집행-정책평가-정책변동으로 나누어서 살펴보았다. 마지막으로 이하에서는 Lasswell 정책학의 현대적 재조명 및 향후 과제를 간략히 고찰하면서 마무리하기로 한다.

1. Lasswell 정책학의 현대적 재조명

정책학은 학문 태동 자체가 윤리적인 학문이다. 우리 사회에 존재하는 근본적인 문제해결을 통해 인간의 존엄성을 실현하는 학문이다. H. Lasswell은 "인간이 사회 속에서 봉착하는 근본적인 문제"를 해결하기 위해서는, 좁은 의미의 실험실 과학을 벗어나 탈실증주의적인 문제해결지향이 필요하다고 강조하였다. 그는 또한 역사적 맥락, 세계적 관점, 사회과정모형의 관점에서 맥락지향적 학문을 제안하였다.

경제정책, 산업정책, 복지정책 등 분과학문 차원에서 정책이라는 단어를 많이 사용하고 있고, 정책의 성공과 실패라는 관점에서 정책학이라는 용어를 무의식적으로 사용하는 경우도 많이 있지만, 우리가 정책학이라고 할 때의 정책학은 본질적으로 H. Lasswell과 D. Lerner, Y. Dror 등이 주도하여 발전시켜온 독특한 학문체계를 의미한다. 즉, 인간 존엄성의 실현을 위하여 정책과정과 정책내용의 연구에 문제지향적, 맥락지향적, 그리고 연합학문지향적 접근을 적용하는 학문을 의미하며, 이 개념에서 벗어난 정책학의 개념은, 그것을 무엇으로 부르는가에 상관없이, 정통적인 정책학으로 볼 수 없다(허범, 2002: 1; Brunner, 1996: 65-66).

이러한 관점에서 현대의 정책학이 과연 얼마나 Lasswell과 그의 동료들이 추구하였던 정책학의 이상에 부합하는 학문체계인가 하는 문제에 대해서는, 우선 비판적 진단이 앞설 수밖에 없다(허범, 2002: 305; Ascher, 1986; Brunner, 1991). 정책학은 우리 사회의 근본적인 문제에 대해서 과연 얼마나 고민하는 학문체계를 제안하고 있는가, 또 정책학은 과연 얼마나 맥락지향적 방법을 통해 좁은 의미의 인과관계를 넘어서는 탈실증구조의 맥락지향적 학문체계를 제안하고 있는가 하는 문제는 우리 정책학도의 큰 숙제로 남아있는 것이다.

따라서 이런 관점에서 정책이론을 정립하고자 할 때, 제일 우선적으로 고려해 보아야 할 것은 정책학의 이상과 목적론적 구조를 다시금 분명하게 세워야 한다는 것이다. 이런 맥락에서 허범 교수(2002: 308)는 민주주의 정책학과 탈실증주의의 접목이야말로 분명히 하나의 중대한 학설사적 전환이 될 것으로 내다보았다(DeLeon, 1994: 82; Torgerson, 1985: 241; Throgmorton, 1991: 153, 174-175). 민주주의 정책학과 탈실증주의의 접목, 인간 존엄성의 실현을 지향하는 정책윤리 분석에 대한 관심 제고, 근본적으로 중요한 문제의 탐색과 함께 가치비판적 정책설계이론과 방법의 강조가 우선 주목받아야 할 것이다. 도구적 합리성, 기술관료적 지향성, 분석적 오류를 넘어선 민주주의 정책학, 좁은 의미의 인과구조를 넘어선 탈실증주의 정책학, 정책연구와 정책형성에서 '참여와 숙의'(*deliberation*), '토론과 논증'(*argumentation*)이 강조되는 실천적 참여정책분석(*participatory policy analysis*)과 함께 토의민주주의(*deliberative democracy*)가 신장되어야 할 것이다(DeLeon, 1990; Durning, 1993; Forester, 1993, 1999; Fischer, 1998; Hajer, 1993; Roe, 1994).

라스웰의 이야기

라스웰H. Lasswell은 정책학을 창시한 학자다. 현대적 정책학은 1951년에 발표된 라스웰의 '정책지향성'The Policy Orientation이란 논문에서 시작되었다고 할 수 있다. 라스웰은 연구방법론에 있어서는 행태과학적 접근에 깊은 뿌리를 두었으나, 계량화만 강조하는 실증주의적 학풍으로는 당시 미국이 직면한 근본적인 문제, 예컨대 인권의 문제, 소외된 자들의 문제, 사회변동과 혁명, 혹은 체제질서 차원의 문제들을 해결하기 어렵다고 보았다.

라스웰을 더 큰 충격에 빠뜨린 세기적인 사건이 발생하게 되는데, 그건 1945년 8월 미국의 트루만 대통령이 내린 일본 히로시마와 나가사키에 대한 원폭투하명령이었다. 그야말로 한 국가의 정책결정을 보고 크나큰 충격과 실존적인 고민에 빠졌던 것이다.

한 국가의 선택이 그 국가를 위해선 최선이라 할지라도 인류의 삶 자체를 위협한다면 그것은 과연 바람직한 일일까? 정책결정이 인간을 위한 결정이 될 순 없을까?

그러려면 어떻게 해야 하나? 국가이익과 민족이익을 위한 정책결정을 넘어 인간의 존엄성을 위한 학문체계를 세울 순 없을까? 단순한 권력자를 위한 제왕적 정책학을 넘어선 민주주의 정책학이란 불가능한 것일까? 인간의 존엄이라는 가치를 근본이념으로 삼는 학문체계의 구성은 어떻게 해야 할 것인가?

라스웰은 1951년, '정책지향성'The Policy Orientation이라는 논문에서, 이러한 고민을 토로하고 있다. 이러한 고민에 대해 그가 찾은 해답은 인간의 존엄성을 구현하는 민주주의 정책학의 창시였다. 즉, 그는 민주주의 정책학에서 인간의 존엄성의 실현이 학문의 궁극적 목표가 되어야 하며, 이러한 윤리와 가치문제를 정책연구에서 적극적으로 다루어야 한다고 주장했다.

자료: 저자의 졸저, 『행정학 콘서트』, 101쪽.

2. 정책이론의 정향과 과제

이상의 논의를 종합해 보면 정책학이 지향해야 할 이론적 정향과 과제는 다음과 같이 추출할 수 있다. 정책이론의 정향은 규범·인식과 처방·역량이라는 양대 축에서 재조명될 필요가 있으며, 이를 방법론 측면에서 지원해 주어야 한다.

첫째, 정책이론은 먼저 거버넌스의 정책역량(*capacity to govern*)이라는 측면을 중요하게 다루어야 한다. 이는 정책이론의 규범성·인식론을 뒷받침하는 하부구조의 역할을 하게 된다. 이는 국가혁신론과도 불가분의 연관관계를 맺고 있는데, 국가혁신론은 정부혁신론을 핵심개념(*core concept*)으로 해서 국가전체에 혁신을 확산시키는 전략적 접근을 취하며, 이는 정부조직의 일하는 시스텀(제도), 기술(IT), 절차(과정), 행태(태도) 등의 혁신을 통해 이루어지는 정부혁신을 중심으로 국가혁신을 국가 전반에 확산시키는 것을 말한다. 이러한 제도적 접근은 제도의 내용에 해당하는 정책혁신과 결부되어야만 비로소 원래 의도한 '인간의 존엄성 실현'이라는 국가혁신의 목적은 완성될 수 있다.

둘째, 정책이론은 Lasswell이 강조한 민주주의 정책학과 탈실증주의의 접목을 기초로 해야 한다. 민주주의 정책학은 체계질서 차원에서 근본적으로 중요한 문제의 탐색과 해결을 중시하고 궁극적으로는 인간의 존엄성의 실현을 지향한다. 탈실증주의는 좁은 의미의 실험실 과학을 넘어서서 해석과 논증, 사례와 실용까지를 고려한 과학의 합리성을 강조한다(허범, 2002: 308). 현대정책이론은 사회과학의 실사구시적 전통을 기반으로 우리 국가사회에 존재하는 실천적 문제해결을 지향하며, 국가혁신·거버넌스·전자정부 등의 이론적 토대를 응용하는 연합학문적 접근을 지향하며, 시민사회의 도래에 따라 강조되는 참여성·숙의성·합의성에 기초한 민주지향성을 지향한다. 정책이론의 이러한 민주성 강조는 뉴거버넌스의 민주성 강조, 전자정부 패러다임의 민주성 강조와 맥이 닿아 있다.

셋째, 정책이론은 참여, 조정, 연결을 중심개념으로 하는 뉴거버넌스 접근방식을 토대로 수립되어야 한다. 즉, 정부관료제의 내부 비효율성과 경직성을 타파하기 위해 새로 도입된 신공공관리론(NPM)의 관리주의 요소에다가, 경쟁, 고객, 가격체제, 유인체제 등을 활용하는 시장주의 요소(시장중심 거버넌스 기법)의 도입, 이와 더불어 참여와 연결, 신뢰와 협동, 조정과 네트워크를 강조하는 시민사회 요소(시민사회중심 거버넌스 정신)을 중시하는 뉴거버넌스적 문제해결방식과 밀접한 연관관계를 갖고 있다.

넷째, 정책이론의 정부모형은 전자정부, 지식정부 등 Post-관료제 모형에 기초한다. 즉, Post-관료제의 모형에서 대두되고 있는 전자정부의 일하는 시스템 혁신과 참여지향적 민주성 개념, 그리고 더 나아가 전자정부의 열린 의사소통 및 담론형성의 정책기제를 통해 우리 사회를 좀 더 신뢰받고 성숙한 사회로 업그레이드시키는 성찰성 개념은 정책이론의 정신에서도 그대로 이어진다. 즉, 정책이론은 궁극적으로 개인의 자유와 창의, 신뢰와 등권이 실현되는 사회적 꿈과 비전(Habermas가 그의 "Unfinished Project"에서 강조했던 바로 그 Social Vision and Dream)을 지향하며, 정책이론은 정부혁신이라는 수단적 개념을 통해 개인의 자아실현과 자아완성의 가능성이 열려 있는 사회의 실현을 지향한다.

마지막으로, 정책이론은 정책윤리와 정책토론을 강조한다. 학문으로서의 정책학의 태동은 정책의 윤리성에 대한 특별한 관심에서 출발한다. 정책학은 윤리적 학문이며 이것이 정책학의 정체성을 구성하는 본질이다. Lasswell이 소망하는 정책학의 이상도 "인간의 존엄성을 보다 충실하게 실현하는 것"이었으며, 그가 정책학의 주창을 통하여 진정으로 의도하였던 것은 과학적 방법을 통하여 인도주의적 이상을 구현할 수 있는 당위적 학문을 성립시키는 것이었다. 이를 Forester(1999)는 '숙의적 정책분석'(*deliberative policy analysis*), DeLeon(1994)는 '참여적 정책분석'(*participative policy analysis*), Hajer(1993)는 '정책담론'(*policy discourse*), Fischer와 Forester(1993)는 '정책논증'(*policy argumentation*), Roe(1994)는 '해석학적 정책분석'(*interpretative and narrative policy analysis*)이라고 불렀다. 이것은 허범(2002: 307-308)에서 정확하게 강조되듯이, 민주주의 정책학과 탈실증주의의 접목을 위한 중요한 방향설정이 될 것이다. 정책윤리에 대한 강조는, 참여, 토론 그리고 합의에 기초한 숙의 민주주의(*discursive democracy*)의 신장과 함께, 인간의 존엄성의 실현을 위한 중요한 방향설정이 될 것이다. 즉, 정책이론은 인간의 인권과 존엄, 그리고 개인의 자아실현을 지향하며, 사회구성원의 자아실현을 통해 정책이론의 목적구조는 완성될 수 있을 것이다.

핵심 Point !

Dynamic Process

◎ 정책형성에는 정책의제설정과 정책결정모형이 있음

◎ 정책의제설정: 정부가 정책적 해결을 위하여 사회문제를 정책문제로 채택하는 과정

◎ 정책의제설정모형(Cobb & Elder)

- ▪ 외부주도형: 정부바깥에 있는 사회집단들의 요구에 의해 사회쟁점화되고 공중의제로 전환되어 결국 정부의제로 채택하도록 하는 유형

- ▪ 동원형: 외부주도형과 정반대로 정부지도자에 의하여 주도되는 유형

- ▪ 내부접근형: 정부기관 내의 관료집단이나 정책결정자에게 쉽게 접근할 수 있는 사람들이 최고정책 결정자에게 은밀히 접근하여 정부의제화 하는 유형

◎ 정책의제설정을 좌우하는 요인(J. Kingdon)

- ▪ 주도집단과 참여자: 주도집단으로는 대통령과 행정부의 지도자 그리고 의회의 유력한 지도자들이 매우 중요한 역할을 함

- ▪ 정치적 요소: 정치체제(집권화 vs 분권화), 정치이념(자유주의 vs 사회주의), 정치사건(정권교체) 등은 정책의제설정에 매우 중요한 영향을 미침

- ▪ 문제의 특성: 문제의 중요성(유의성), 문제의 단순성(구체성), 정책문제의 유형(규제정책 vs 재분배 정책) 등은 정책의제설정에 매우 중요한 영향을 미침

- ▪ 선례와 유행성: 비슷한 선례가 있는 문제는 비교적 쉽게 의제로 채택

- ▪ 극적 사건과 위기: 극적 사건과 위기(재난)는 정치적 사건과 더불어 문제를 정부의제화시키는 양대 점화장치(two triggering points)

◎ 정책결정모형

- ▪ 합리모형: 인간의 이성과 합리성에 기초한 모형

- ▪ 만족모형: 최적(optimum) 대안이 아니라, 만족할 만한(satisficing) 대안을 선택한다는 모형

- ▪ 점증모형: 현존의 정책에서 소폭적인 변화만을 가감한 것을 정책대안으로 하여 정책을 결정하는 모형

- ▣ 혼합탐사모형(Mixed-Scanning Model): 근본적(fundamental) 결정과 세부적(detailed) 결정으로 나누어서 결정하는 모형
- ▣ 최적모형(Optimal Model): 경제적 합리모형과 초 합리모형을 결합한 모형
- ▣ 쓰레기통 모형(Garbage Can Model): 1) 문제, 2) 해결책, 3) 기회, 4) 참여자 등 네 가지가 우연히 한 곳에서 동시에 만날 때 비로소 정책결정이 이루어진다고 보는 모형
  - ▶ 문제의 흐름(Problem Stream)
  - ▶ 해결책의 흐름(Policy Stream)
  - ▶ 참여자의 흐름(Politics Stream)
  - ▶ 기회의 흐름
- ▣ Allison모형
  - ▶ 합리적 행위자 모형(Model Ⅰ): 정부를 잘 조정된 유기체로 간주
  - ▶ 조직과정모형(Model Ⅱ): 정부를 반독립적인 하위조직들이 느슨하게 연결되어 있는 집합체로 간주
  - ▶ 관료정치모형(Model Ⅲ): 서로 독립적인 정치적 참여자들의 집합체로 간주

◎ 정책집행
- ▣ 고전적 하향적 접근법: 정책집행 성공의 5대 조건
  - ▶ 타당한 인과이론
  - ▶ 명확한 정책지침
  - ▶ 유능하고 헌신적인 집행관료
  - ▶ 통치권자의 강력한 지지
  - ▶ 안정적 정책환경
- ▣ 현대적 상향적 접근법
- ▣ 통합적 접근법
  - ▶ Sabatier(1986)
  - ▶ Elmore(1985)
  - ▶ Winter(1986)
  - ▶ Berman(1980)

◎ 정책평가
- ▣ 총괄평가와 과정평가
- ▣ 내부평가와 외부평가
- ▣ 예비평가와 본 평가

◎ 정책평가의 논리: 인과관계에 대한 검증
- ▣ 실험적 방법
  - ▶ 진실험
  - ▶ 준실험

- ◻ 비실험적 방법

◎ 정책변동
- ◻ 정책지지연합모형(ACF: Advocacy Coalition Framework): Sabatier와 Jenkins-Smith
- ▶ 정책변동의 요인
- ● 외부요인
- ● 내부요인
- ● 정책학습
- ▶ 정책 하위체제(policy sub-sytem)라는 분석단위에 초점을 두고 정책변화를 이해
- ▶ 정책 하위체제 내부에는 신념체계(belief systems)를 공유하는 정책지지연합이 있으며, 이 지지연합들이 신념체계에 입각한 정책을 추진하기 위해 노력하는 과정에서 정책변동이 발생
- ◻ 패러다임변동모형(Paradigm Shift Model): Peter Hall
- ▶ 정책의 변동은 한 사회의 패러다임의 변화에 의해 함께 일어남
- ▶ P. Sabatier는 핵심적인 신념(규범핵심, 정책핵심)의 변동이 쉽지 않아 근본적인 정책변동은 잘 이루어지지 않는다고 주장하는데 반해서, Peter Hall은 패러다임 변동에 의한 근본적인 정책변동이 가능하다고 봄
- ◻ 이익집단 위상변동모형(Reversals of Fortune Model): Mucciaroni
- ▶ 이슈맥락(issue context)과 제도맥락(institutional context)을 통해 정책변동 설명
- ▶ 제도맥락은 대통령이나 의회지도자 등 정치체제 구성원들의 선호나 행태가 특정 이익집단의 이익과 주장에 대해서 호의적인가를 의미하는데, 이는 이슈맥락보다 더 비중있게 작용
- ◻ 정책흐름(Policy Stream)모형: J. Kingdon
- ▶ 정책문제의 흐름, 정책대안의 흐름, 정치(참여자 및 선택)의 흐름 등 세 가지의 흐름이 결합하여 정책변동이 일어남
- ▶ 극적 사건이나 정치적 사건의 발생이 점화장치(triggering device) 역할을 하게 되어, 세 개의 흐름이 결합하는 현상을 Kingdon은 정책의 창(policy window)이 열린 것으로 표현함

◎ 정책학의 최신 모형
- ◻ IAD(Institutional Analysis & Development)모형
- ◻ Birkland모형
- ◻ Zahariadis의 다중흐름모형(Multiple Stream Model)
- ◻ 사회구성(Social Construction)모형
- ◻ 복잡계 모형과 카오스이론
- ◻ 성찰적 정책모형

◎ 정책형성이란 무엇이며, 어떤 요소들로 구성되어 있나?

◎ 정책의제설정이란 무엇이며, 어떤 요소들로 구성되어 있나?

◎ Cobb & Elder가 제시한 3가지 정책의제설정모형을 설명하라.

◎ J. Kingdon이 정책의제설정을 좌우하는 요인을 주도집단과 참여자, 정치적 요소, 문제의 특성으로 나누어 설명하라.

◎ 정책결정모형에서 합리모형, 만족모형, 점증모형을 비교 설명하라.

◎ 정책결정모형에서 혼합탐사모형과 최적모형을 비교 설명하라.

◎ 정책결정모형에서 쓰레기통 모형과 Allison모형을 비교 설명하라.

◎ 정책집행에서 고전적 하향적 접근법이 강조하는 정책집행의 다섯 가지 성공조건을 설명하라.

◎ 정책집행에서 현대적 상향적 접근법의 내용을 간략히 설명하라.

◎ 정책집행에서 통합적 접근법을 제시하는 Sabatier(1986), Elmore(1985), Winter(1986), Berman(1980)의 모형을 간략히 설명하라.

◎ 정책평가란 무엇이며, 어떤 유형이 있는지를 설명하라.

◎ 정책평가의 논리를 설명하라.

◎ 정책변동에서 P. Sabatier가 제시한 정책지지연합모형(ACF: Advocacy Coalition Framework)을 설명하라.

◎ 정책변동에서 J. Kingdon이 제시한 정책흐름(Policy Stream)모형을 설명하라.

◎ 정책학의 최신모형으로서 IAD(Institutional Analysis & Development)모형, Birkland모형 사회구성 (Social Construction)모형, 복잡계 모형(카오스모형, 창발적 진화모형)에 대하여 간략하게 개념과 특징에 대하여 설명하라.

정책이론은 정책일반이론, 각론으로서 정책결정, 정책분석, 정책평가 등 광범위하게 다루어진다. 특히 시대적·맥락적 상황에 따라 강조되는 부분에 대한 문제가 출제되는 경향이 높기 때문에, 이러한 특성이 보다 초점을 두고 준비하는 것이 유리할 것으로 보인다.

먼저 정부규제에 대한 이론과 관점 등에 대해 학습하고 이해도를 높이는 것이 좋다. 정부규제는 과거부터 정부가 사회적 공익을 추구하기 위한 수단으로서 활용하여 왔으며, 새로운 정부가 출범할 때마다 정부규제에 대한 논의는 항상 활발하게 이루어져 왔다. 이러한 정부규제와 관련하여 Wilson의 규제정치이론의 주요 내용과 의미에 대해서는 반드시 숙지할 필요가 있다. Wilson의 규제정치이론은 규제정책뿐만 아니라 실제 정책사례를 적용하여 정책의 편익과 비용, 관련 이해관계자들의 행위패턴 등에 대한 다각적이고 입체적 분석이 가능하기 때문에 다른 정책사례 분석에서도 유용하게 활용될 수 있기 때문이다. 아울러 정부규제에 대한 논의의 타당성과 현실적합성을 높이기 위해서는 규제와 관련한 법령에 대한 이해가 수반되어야 한다.

다음으로 정책과정 전반에 관련되는 정책참여자들과 관련한 현상에 주목할 필요가 있다. 현대정책은 과거 정부 주도의 일방향적 추진이 아니라 다양한 정책참여자들의 의견을 수렴과 합의의 과정을 중요시하고 있다. 정책참여자의 정책과정 참여는 정책의제설정단계에서부터 정책집행 및 평가단계에 이르기까지 나타날 수 있다. 따라서 각 단계별 정책참여자들과 관련한 정책이론과 현실 사례의 적용에 대한 문제가 자주 출제되는 경향이 있다. 그리고 보다 구체적으로 다양한 정책참여자들 간의 정책갈등과 관련한 문제가 지속적으로 부각되고 있다.

예를 들어 사례에 대한 정책갈등문제의 원인과 해소방안, 정책참여자들의 양태에 대한 문제는 출제의 단골 메뉴이다. 이에 대한 충분한 논의가 이루어지기 위해서는 정책갈등에 대한 원인과 조정 메카니즘에 대한 이론적 이해가 선행되어야 한다. 또한 우리나라 정책과정에서 예상되는 정책갈등의 문제점을 적시하고 이를 해소하기 위한 효과적인 방안제시능력을 배양할 필요가 있다. 정책갈등 해소방안의 하나로서 정책 네트워크에 대한 이론적 배경에 대해서도 충분히 숙지할 것을 권한다. 예컨대 정책갈등의 패턴을 보면 정책실패로 나타나는 경우에는 네트워크 구조가 매우 폐쇄적인 반면 정책성공으로 갈수록 네트워크 구조가 개방적이고 열린 의사소통의 형태를 지니게 된다. 따라서 정책갈등을 잘 해결·관리하려면 정책네트워크의 구조도 철의 삼각모형이나 하위정부모형보다는 정책공동체 혹은 이슈네트워크의 구조가 될 수 있도록 할 필요가 있으며, 정책참여자들 간의 충분한 참여·숙의가 잘 이루어질 수 있도록 해야 한다는 점도 강조할 필요가 있다.

정책학은 인간의 존엄성을 실현하려는 윤리적 가치를 표방하면서 출발한 학문적 패러다임이다. 이에 따라 정책분석에서는 정책의 당위적 측면(당위성, 성찰성)이 먼저 분석되고, 실현성과 능률성 분석이 뒤따라야 한다. 분석의 어려움이나 계량화의 한계를 들어 생산성 범주에 속한 효과성과 능률성 분석이 편향되게 다루어져서는 안 된다.

(1) 위 제시문의 맥락을 배경으로 정책분석의 허구성의 개념을 설명하시오.
(2) 위험도 평가/비용편익분석의 한계를 설명하시오.
(3) 정책분석의 허구성에 대한 사례를 제시하며 논하시오.

답안작성요령

핵심개념

정책분석의 허구성 개념을 설명하기 전에 우선 정책분석의 의미와 필요성, 무엇을 기준으로 정책분석을 실시해야 하는가 부터 접근해야 한다. 즉, 정책을 분석할 때 경제적 효과성 및 비용 대비 능률성 기준뿐만 아니라, 절차적 민주성과 당위적 측면이 중요하게 분석되어야 함에도 불구하고 현재의 많은 정책분석에서는 이러한 측면은 무시된 채 경제적 효과성이나 능률성만이 중시되고 있음을 설명하고, 이는 많은 대형국책사업의 실패로 이어지고 있음을 적시해야 한다.

비용편익분석의 한계

비용편익분석은 특정 사업의 편익과 비용을 계량화하여 사업의 타당성을 분석하는 기법으로 널리 사용되고 있다. 이는 객관적인 기준에 따라 해당 사업의 성공과 실패를 예측할 수 있고 그 타당성을 부여할 수 있다는 점에서 장점을 가지나, 공공부문에 이를 적용할 때에는 민간영역에서의 적용보다 더 많은 것을 고려해야 한다. 예컨대 공공부문의 경우에는 민간사업에 비해 수요예측에 대한 불확실성이 더 높은게 일반적이다. 또한 비용편익분석의 B/C 비율은 조그만 가정의 변화에도 민감하게 수치가 부풀려 질 수 있어 정치적 압력의 대상이 되기도 한다. 청주 국제공항의 실패사례 등과 같은 많은 국내의 공항사업의 부실도 이러한 결과에 따른 실패이다.

따라서 민간부문에서와 달리 공공부문에 비용편익분석을 적용할 때 추가로 고려해야 하는 점을 설명하고 그 과정에서 나타나는 문제점을 지적하여야 한다. 이때 추가로 고려해야 하는 점은 정부사업이 민간영역의 사업에 비하여 가지는 특수한 성격을 나열하며 설명해야 한다. 월미은하레일/공항철도 실패사례는 이러한 공공부문의 특수성을 잘 보여주고 있으며, 이러한 고려없이 추진되어 실패를 초래한 대표적 사례들이다.

월미은하레일/공항철도 사례

각각의 사업의 주요 내용에 대하여 알아야 한다. 특히 두 사업 모두 사전에 정책분석단계를 거쳤음에도 불구하고 정책이 실패한 원인에 초점을 맞추어 왜 이러한 실패가 발생하게 되었는지를 논리적으로 풀어나가야 한다. 월미은하레일은 정책결정 오류, 안전시설 설치 관련 확인부실, 관리부실, 설계대비 시공불일치, 각종 개발사업의 타당성 용역 추진 체계 개선' 등 5가지 등이 지적받았다. 특별히, '정책결정 오류'로는 관광전차 종류를 선정할 때 정책결정에 중요한 경제성 및 수익성이 1차 용역과 2차 용역 결과에서 서로 상반됨에도 이에 대한 실질적인 비교검토가 없이 그대로 수용했다는 것이다.

공항철도 사례는 예측수요 실패에 기인한 대표적인 정책분석 실패사례이다. 2007년 공항철도를 이용한 승객수는

1만 3천명이다. 이는 민간투자자들에게 최소 운영수입 보장을 위한 협약수요(21만명)의 6.3%에 불과했다. 2008년 역시 1만 7천명으로 7.3%에 머물렀다. 2031년이 된다 해도 지금 상태라면 32.7%에 머물 것으로 예측되고 있다. 이처럼 월미은하레일과 공항철도 사례는 비용편익분석에 대한 의존에 머물러 현재의 결과를 초래한 정책분석의 허구성을 보여주는 대표적인 정책분석 실패사례로 남겨지게 되었다.

🖐 고득점 핵심 포인트

정책분석은 정책을 실시하는 과정에서 반드시 이루어져야 하는 중요한 과정이다. 하지만 이러한 비용편익 분석위주의 정책분석의 결과가 예상치 못한 결과나 원치 않는 결과를 초래하는 사례가 발생하는 경우가 있기 때문에 왜 이러한 문제가 발생하였는지에 대한 근본적인 고찰이 필요하다. 이러한 고찰에서 비롯된 개념이 '정책분석의 허구성'이다. 따라서 정책을 분석하는 기준에 대하여 명확히 제시하여 그 기준들이 제대로 적용되고 있는가를 논리적으로 추론해 나간다면 좋은 점수를 받을 수 있을 것이다. 또한 비용편익분석과 같은 양적 자료에만 의존하지 말고 사업의 타당성과 당위성을 면밀히 분석하는 등 정책분석의 다층적 접근에 대한 강조가 필요하다는 점을 강조할 필요가 있다.

고시기출문제 정부규제에 대해 대상집단들이 인지하는 비용과 편익의 분포에 따라 다양한 규제상황을 아래의 4가지로 유형화할 수 있다. 이러한 규제상황 유형에 따라 정부규제의 특성과 관료의 행태가 다르게 나타날 수 있다[행시 52회(2008년)].

	인지된 비용이 넓게 분산	인지된 비용이 좁게 집중
인지된 편익이 넓게 분산	①	②
인지된 편익이 좁게 집중	③	④

(1) 위의 4가지 규제상황의 특성을 해당되는 규제사례를 들어 설명하시오.
(2) 위의 4가지 규제상황에서 특징적으로 나타나는 관료행태를 설명하시오.

답안작성요령

🖐 핵심개념

문제(1)의 질문은 Wilson의 규제정치모형을 묻고 있다. Wilson의 규제정치모형은 정부규제로부터 각 이익집단이 감지하는 비용과 편익을 기초로 2X2 방식의 도표로서 정치상황을 구분한 것을 의미한다.

🖐 규제의 유형 및 사례

윌슨은 정부규제로부터 감지되는 비용과 편익의 분포에 따라 네 가지 유형으로 규제정치를 구분하였다. ① 대중정치는 비용과 편익이 쌍방 모두 이질적인 불특정 다수에게 미치는 경우로서 다음 표에서 보듯이 낙태사례를 들 수 있다.

② 기업가정치는 비용은 좁게 집중되나 일반시민들에게 편익이 넓게 분포되는 경우로서 환경오염규제를 들 수 있다.
③ 고객정치는 비용은 작고 이질적인 불특정 다수인이 부담하나 편익은 동질적인 소수인에 귀속되는 경우로서 수입규제를 그 사례로 들 수 있다. ④ 이익집단정치는 비용과 편익이 모두 소수의 동질적인 집단에 국한되는 경우로서 의약분업규제를 그 사례로 들 수 있다.

🔆 사례를 통해 본 규제상황의 유형별 특성과 행정관료의 행태

규제상황유형	사 례	규제상황의 특성	행정관료의 행태
대중정치	낙태사례	• 비용과 편익의 인지된 비용이 넓음 • 공익단체의 역할과 사회적 이슈화가 중요	• 사회적 갈등의 양산을 우려 • 소극적 규제행태
기업가정치	환경오염 규제	• 오염업체에 비용이 좁게 집중, 일반시민에게 편익이 넓게 분포 • 정책선도자의 역할 중요	• 비용부담자인 소수의 집단의 행정관료 포획으로 인한 느슨한 정책집행 야기
고객정치	수입규제	• 편익이 귀속되는 동질적 소수집단의 적극적 주장 • 정치적 연합조직을 통한 규제기관에 영향력 행사	• 소수의 집단의 적극적 로비로 인한 행정관료의 포획가능성이 가장 큼
이익집단정치	의약분업 규제	• 비용과 편익이 모두 동질적 소수에 국한 • 쌍방이 모두 조직적 힘을 바탕으로 이익확보를 위한 대립	• 행정관료의 특정 집단 포획가능성이 가장 낮음

자료: 고시계 편(2013), 행시2차 기출해설과 예상논점-행정학.

🔆 고득점 핵심 포인트

규제를 통해 비용을 부담하는 집단의 범위와 편익을 수혜하는 집단의 범위에 따라 다른 정치적 상황이 전개될 수 있다. 행정학/정책학은 맥락지향적 정책분석이 중요하며, 사회적 구성에 따라 정책대상집단의 성격이 규정된다고 보고 있다. 따라서 효율적인 정부규제와 그에 따른 정치적 상황에 대한 대안을 수립하기 위해서 규제정책모형의 학습이 요구된다는 점을 강조하는 것이 고득점 전략의 핵심 포인트라고 하겠다.

CHAPTER

조직이론 **06**

Dynamic
Process

KEY POINT

    현대행정은 동태적 행정과정을 거쳐 실현된다. 동태적 행정과정의 첫 시발점은 국가목표 및 정책결정이며, 이를 실현하기 위해 조직·인사·재무 등 조직화와 인간관·동기부여·리더십 등 동작화, 그리고 행정책임·행정통제·행정개혁·정부혁신 등 환류 및 학습이 필요하다. 앞에서 우리는 미래의 바람직한 상태의 실현을 의미하는 국가목표 및 국가정책의 기초이론에 대해서 살펴보았으며, 조직, 인사, 재무 등 조직화가 나오기 이전까지의 정책이론에 대해서 살펴보았으므로, 이 장에서는 조직화의 첫 시발점인 조직이론에 대해서 학습하고자 한다.

    제6장에서 다루는 조직이론에서는 시대별로 전개되어온 조직이론의 변천에 대해 먼저 살펴보고, 조직을 보는 관점을 정리한 다음, 급변하는 현대행정환경에 대한 기민한 대응성 확보를 위한 조직의 동태화 방안에 대해서 학습한다. 산업사회의 관료제 모형과 정보사회의 조직모형을 대비하여 검토한 다음, 마지막으로 조직의 적응성과 생산성을 높이기 위한 방안으로서 전자정부와 조직혁신방안에 대해 학습하기로 한다. 즉, 조직이론은 구체적으로 조직이론의 전개, 조직을 보는 관점, 조직의 동태화, 산업사회와 관료제 모형, 정보사회와 조직의 변화방안, 전자정부와 조직의 혁신방안 등의 순서로 공부하기로 한다.

    제6장의 키 포인트는 조직이론에 대해서 파악하는 것이다. 행정학은 역시 조직, 인사, 재무에 대해서 파악해 두는 것이 핵심이다. 그 중 조직이론은 자주 출제되는 분야이다. 공기업, 민영화의 형태, 민자출자방식(BTL, BTO, BOT), 제3부문조직, 조직의 동태화방안, 조직혁신방안 등은 잘 숙지해 둘 필요가 있다.

제 1 절   조직이론의 전개

Katz and Kahn(1966)의 견해처럼 조직은 분명 환경과 상호작용하는 개방체제(*open system*)이다. 그러나 1920년대 구조론적 관점, 1940년대 이후 행태론적 관점 그리고 최근의 상호작용을 강조하는 입장에 따라서 조직관의 견해는 변천해왔다. 또한 공공조직인지 민간조직인지에 따라 추구하는 목표가 다름으로 인해 조직을 바라보는 관점도 달라질 수 있다.

하지만 공공부문의 조직이든 민간부문의 조직이든 조직이론의 양대 핵심요인은 효율성과 신축성이다. 구조론적 관점이나 행태론적 관점에서 조직을 바라보던 시대에는 Max Weber가 제시한 관료제를 기본구조로 하여, 외적 환경변수는 주어진 것으로 보고 조직구성원에 대한 동기부여와 통제를 통해 조직효율성을 높이려는 시도가 있었다. 그러나 주어진 것으로 보았던 환경변수가 정보기술의 발달, 시민의 의식수준의 변화 등 조직생산성에 직결되는 환경변수의 중요성이 대두되면서, 조직이 환경과 상호작용하는 하나의 유기체제로 인식되기 시작하였다. 이는 효율성의 극대화는 물론 변화하는 환경에의 적응성, 즉 신축성 확보가 중요해졌음을 의미한다. 여기에서는 조직이론의 전개를 조직구조론적 관점, 조직행태론적 관점, 조직체제론적 관점으로 나누어 정리하고, 1990년대 이후 급변하기 시작한 지식정보사회의 조직이론에 대해서 살펴보기로 한다.

1. 조직구조론적 관점

1) 개   관

조직구조란 어느 정도 짜임새 있게 구체화된 행위양식(*pattern*)을 의미하며, 이러한 행위양식에 의해 공식성, 조정과 통합, 명령과 보고, 상호작용의 관계가 형성된다. 이러한 구조적 특징들은 합법적 권위의 부여, 합리성을 갖춘 기능의 조정과 통합, 전문화와 분업화에 의한 효율극대화와 같은 관료제의 특성과 일치한다.

따라서 여기에서는 먼저 조직구조론적 관점에서 당시 조직구성원을 바라보는 관점이었던 과학적 관리론과 H. Fayol이 제시한 산업관리론을 살펴보고, Gulick, Urwick의 POSDCoRB를 중심으로 한 행정관리론과 Weber의 관료제 모형에 대해서 살펴본다.

2) 이 론

(1) 과학적 관리: F. W. Taylor

관리분석(*managerial analysis*)의 개척자라고 할 수 있는 F. Taylor는 과학조사, 연구실험 등을 통해 조직의 능률성과 생산성을 향상시킬 수 있다고 보았다. 그는 시간연구(*time study*), 동작연구(*motion study*)의 결과를 활용하여, 직공의 선발, 훈련, 업무를 능률적으로 수행하는 최선의 방법 등을 과학적으로 발견할 수 있다고 주장했다. Taylor는 과학적 관리의 4대 원리로서, 1) 진정한 과학의 발전, 2) 직공의 과학적 선발, 훈련, 보상, 3) 관리자와 직공 간의 친밀한 협동, 4) 관리의 책임성 확보를 위한 분업화 등을 든다. 또한, 개개의 작업을 가장 단순한 요소동작(*elementary motion*)으로 분석하고, 이를 시간연구, 동작연구에 의해서 표준화하고, 적정과업량을 부과해야 하며, 조직구성원의 동기부여를 위해서는 성과에 대한 보상과 같은 경제적 유인(*economic incentives*)이 중요하다고 보았다. 이는 합리적·경제적 인간관에 바탕을 둔 것으로 조작과 통제에 의한 조직관리로 볼 수 있다.

쉬어가는 코너

테일러 이야기

테일러F.W. Taylor는 1911년 자신의 경영 경험을 토대로 『과학적 관리법』The Principles of Scientific Management을 발표한 과학적 관리법의 창시자이다. 과학적 관리법의 개발은 그가 작업현장에서 작업조장으로 있을 때의 고민에서 시작되었다.

제품의 생산속도를 높이기 위해서는 어떻게 해야 하지? 노동자들의 근무태만의 근본적인 원인은 무엇에 있을까? 그리고 그것을 해결하기 위한 최선의 대안은 무엇일까?
그리고 그러한 대안은 노동자와 경영자 모두를 만족시킬 수 있을까?

테일러는 이러한 고민에 대한 해답을 과학적 관리법에서 찾고자 했다. 과학적 관리법은 조직에서 일상적으로 행해지는 작업의 흐름을 과학적으로 접근하여 생산성을 향상시키는 원리를 정립한 것이다. 즉, '경영학의 아버지'로도 불리는 테일러는 산업혁명 이후 공장생산에서 주먹구구식으로 이루어지는 관행을 타파하고, 작업현장을 과학적으로 관리해야 한다는 논리를 펼쳤다.

이러한 테일러의 과학적 관리법은 직무를 전문화하고 일의 능률성을 극대화시키는 효율적인 관리방법으로 평가받고 있다. 더 나아가 성과급제도, 시간연구·동작연구를 통한 직무에 대한 연구, 과학적인 선발과 훈련 등은 현대 인사 및 조직관리 분야의 발전에 기여한 것으로 평가되고 있다. 때문에 현대사회 속에서 그의 업적은 '테일러리즘'이라 하여 높게 평가받고 있다.

자료: 저자의 졸저, 『행정학 콘서트』, 33쪽.

(2) 산업관리론: H. Fayol

H. Fayol은 Taylor와 달리 프랑스의 최고경영자로서 최고관리자의 관점에서 관리의 문제를 취급하였다. Fayol은 산업조직의 기본적인 활동을 1) 기술적 활동, 2) 상업적 활동, 3) 재정적 활동, 4) 안전활동, 5) 회계활동, 6) 관리활동으로 구분하며 관리활동을 가장 중요한 것이라고 보았다. 계획, 조직화, 명령, 조정, 통제를 요소로 하는 조직의 관리는 분업, 권한과 책임, 규율, 명령통일, 전체이익에 대한 개인이익의 승복, 직원에 대한 보상, 계층제, 사다리식 연쇄, 집권화, 질서, 직원 임기의 안정성, 솔선수범, 단결심을 원칙으로 하여 실행되어야 한다고 주장하였다.

(3) 행정관리론(POSDCoRB): L. Gulick & L. Urwick

행정원리론자 혹은 행정관리학파로 불리는 많은 학자들 중 Gulick과 Urwick은 능률적인 조직관리에 필요한 여러 가지 원리를 강조하였다. 이들은 관리의 기능을 분업과 조정으로 보아 조정에 필요한 통솔범위, 명령일원화, 동질성 등을 강조하였으며, 최고관리자의 업무를 POSDCoRB (Planning, Organizing, Staffing, Directing, Coordinating, Reporting, Budgeting)로 규정하였는데, 이는 기업은 물론 정부조직에 이르기까지 광범위하게 적용되기 시작하였다.

(4) 관료제 모형: Max Weber

Weber는 조직을 사회관계의 특수한 형태로 간주했다. 그는 권위의 정당성을 기준으로, 조직의 지배유형을 1) 전통적 지배, 2) 카리스마적 지배, 3) 합법적 지배로 나누고, 근대관료제는 이 중 합법적 지배에 해당한다고 보았다. Weber는 근대관료제가 1) 분업의 원리, 2) 계층제의 원리, 3) 법령에 의한 규제, 4) 공식주의적인 비정의성, 5) 전문성 및 직무에의 전념을 특징으로 하므로, 현대사회의 복잡한 조직에 가장 효과적으로 적용될 수 있는 조직형태라고 주장했다.

2. 조직행태론적 관점

1) 개 관

조직행태론적 관점은 고전적 조직이론을 합리적이고 능률적인 관리에만 초점을 맞추어 조직 내 인간을 도외시 하고, 조직의 비인간화, 인간성의 파괴를 가져온다는 점에서 비판하고, 인간의 행태나 인간관계에 대해 관심을 가지며 등장한 이론이다. 여기에는 E. Mayo를 중심으로 한 초기인간관계론과, 이를 토대로 더욱 발전시킨 후기인간관계론(C. Argiris, D. McGregor, R. Likert)에 대해서 살펴본다.

2) 이 론

(1) 인간관계론

㈎ 의 의

E. Mayo, F. Roethlisburger 등 하버드 대학의 경영학자들이 조직의 생산성을 결정하는 진정한 요인이 무엇인지 규명하기 위해 조직 내 인간의 특성과 인간관계에 초점을 맞추어 Hawthorne 실험에서 실증적 연구를 하였는데, 그 결과물이 인간관계론이다.

㈏ 내 용

인간관계론은 한 조직 내에 있는 사람들의 태도·가치관·감정 등 인간의 사회심리적 측면을 중시한다. 이는 조직 내의 사람들이 어떻게 서로 교호작용(交互作用)을 하며, 또 조직에 영향을 미치는가 하는 것을 이론화한 것이다. 이 이론은 사람은 경제적인 욕구보다는 심리적인 만족을 더 추구하는 심리적 존재(心理的 存在)이며, 합리적으로 행동하기보다는 감정의 논리에 의해 비합리적으로 행동하는 경우가 더 많다고 본다. 따라서 조직이 바라는 행동의 유인(誘因)을 위해서는 경제적 요소가 아니라 사회심리적 요소를 작동시키는 것이 더 효과적이라는 점을 강조한다.

인간관계론의 밝힌 연구결과를 간략하게 요약하면 다음과 같다.

첫째, 조직의 생산성은 단순한 생리적, 경제적 요인에 의해서만 자극을 받는 것이 아니라, 사회적, 심리적 요인에 의해서도 영향을 받는다.

둘째, 조직의 구성원은 많은 경우 비공식집단의 구성원으로도 행동하며, 집단규범의 설정과 시행에 있어서 비공식리더가 중요한 역할을 담당한다.

셋째, 따라서 조직의 목표를 효과적으로 달성하기 위해서는 조직구성원의 사회적, 심리적 욕구충족을 통한 만족감과 비공식적인 자생집단을 통한 소외감의 배제가 중요하다. 또한 경쟁에 의한 생산보다는 협동에 의한 생산이 더 중요하다고 보았다.

(2) 후기인간관계론

㈎ 의 의

인간관계론이 조직 내 인간의 사회적 관계(social relationship)의 중요성을 발견한 이론이라면, 후기인간관계론은 인간관계론의 연구결과를 기초로 하여 조직목표의 효과적인 달성을 위해 조직구성원들을 활용할 여러 가지 방법을 강구하는 데 관심을 기울였다. 그리하여 인간을 합리적 존재가 아닌 사회적 존재로 인식해야 하며, 의사결정 등 조직의 주된 활동에 개인을 참여시켜야 한다는 결론을 내리게 되었다.

(나) 내 용

① C. Argiris: 미성숙-성숙이론

Argiris는 조직이론에 자아실현적 인간의 개념을 도입하고, 고전적 조직이론은 이러한 성숙한 개인을 수용할 수 없기 때문에 비판을 받아야 한다고 했다. 따라서 조직행태를 분석하기 위해서는 개인, 소규모 비공식집단 및 공식조직에 관한 요인들을 동시에 고려해야 하며, 성숙한 개인을 수용할 수 있는 조직이 되기 위해서는 조직에 대한 개인의 몰입도, 신축성, 개방성, 책임성 등이 강조되어야 한다고 주장했다.

② D. McGregor: X-Y이론

McGregor는 조직이론은 인간의 본질에 관한 기본적 가정을 반영한 것이라고 보았다. 전통적 조직이론은 인간은 일과 책임을 싫어하고 지시받기를 오히려 선호하므로, 조직의 목표달성을 위해서는 엄격한 감독과 통제와 강제가 필요하다고 보았다(X이론). 하지만 인간은 일을 즐기고 업적에 대해 상당한 자기통제를 행사할 수 있으므로, Y이론에서는 조직의 목표달성을 위해서라도 참여와 자율적 통제가 필요하다고 본다(Y이론).

③ R. Likert: 관리체제이론

Likert는 조직이론에 있어서 참여관리를 강조하였다. 구성원의 참여를 통해 조직의 효과성을 제고할 수 있다고 주장하고, 조직 내 모든 상호관계에서 각 구성원들이 자신의 개인적 가치를 확립하고 유지할 수 있도록 조직은 참여관리의 지원적 풍토를 확립해야 된다는 점을 강조했다.

3. 조직체제론적 관점

1) 개 관

조직체제론적 관점의 출발점에 대한 의견의 일치가 있는 것은 아니지만 대체로 1960년대 이후로 보고 있다. 이 시기에는 수많은 이론들이 동시다발적으로 나타나서 조직현상을 설명하는 데 많은 도움을 주면서도 혼란을 야기하였다. 조직이론의 발달은 환경과의 관계에서 성격과 내용이 변화해 왔는데, 따라서 이러한 혼란의 근본적인 요인은 환경의 변화에 있다고 할 수 있다.

조직체제론적 관점에서는 폐쇄적인 전통적 조직이론의 관점을 탈피하여 변화하는 환경에 적합한 조직형태로서의 개방체제적 입장을 취한다.

2) 이 론

(1) 구조적 상황적응이론

현대적 조직이론은 조직을 환경의 변화에 적용해 가는 실체로 간주한다. 조직의 환경에 대한 적합성을 강조한 구조적 상황적응이론은 구조적 특성이 환경에 부합해야만 생존 발전할 수 있다는 주장이다.

㈎ T. Burns와 G. M. Stalker의 환경과 구조에 관한 연구

Burns와 Stalker는 조직환경을 정태적 환경, 변화하는 환경, 혁신적 환경으로 구분하여, 이러한 환경에 적합한 조직구조를 기계적 조직과 유기적 조직으로 나누었다. Burns와 Stalker는 조직구조는 조직이 활동하는 환경의 동태적 성격에 따라 변화되어야 한다는 점을 강조한다.

㈏ P. R. Lawrence와 J. W. Lorsch의 분화와 통합에 관한 연구

Lawrence와 Lorsch는 조직이 효과적이기 위해서는 조직의 내적 기능이 조직의 업무, 기술, 구성원들의 요구, 또는 외부환경과 일치되어야 하며, 환경의 변화에 따라 적절한 조직구조가 선택되고 그에 따라 조직의 효과성 여부가 결정된다고 한다. Lawrence와 Lorsch는 조직이 분화된 업무를 수행하는 하위체제로 구성되어 있으며, 이는 효과적인 업적을 달성하도록 통합되어야 한다는 점을 강조한다.

㈐ 조직전략이론과 고객서비스이론

조직과 환경과의 관계를 중요시 하는 조직이론은 이후에 많은 발전을 거듭하여 조직전략이론이나 고객서비스이론으로 발전했다. 조직전략이론은 구조적 상황적응이론과는 달리 환경과의 관계에서 조직의 주체적인 역할을 강조하며, 고객서비스이론은 환경에서 가장 중요한 부분을 차지하고 있는 고객과의 관계를 개선함으로써 조직목표를 달성해야 한다는 점을 강조한다.

(2) 조직경제학이론

㈎ 주인-대리인이론(principal-agent theory): Donaldson, Perrow

주인-대리인이론은 조직을 주인과 대리인 간의 상반되는 이해관계를 토대로 하는 '계약관계'로 상정한다. 예를 들면 조직의 주인인 주주는 이익의 극대화를, 조직의 대리인인 고용된 CEO는 자신의 보수 및 명예의 최적화를 추구한다. 따라서 조직의 주인과 대리인 사이에는 이해관계의 충돌로 인해 '대리비용'이 발생할 수밖에 없으며, 비대칭적 정보(assymetric information)로 인해 근본적인 감시(monitoring)가 어렵다는 점을 주장한다. 이에 따라 효율적인 계약관계 유지를 위해서는 정보의 균형화, 성과중심의 대리인 통제, 인센티브의 제공에 의한 '대리손실의 최소화'가 관건이라고 하였다.

(나) 거래비용이론(transaction cost theory): Williamson

거래비용이론은 거대조직이 출현하는 이유는 조직구조의 효율성 때문인데, '거래비용의 최소화'가 바로 조직구조 효율성의 핵심이라고 보았다. 거래비용에는 통제비용, 거래관계 유지비용, 정보비용 등 경제적 교환과 관련된 모든 비용이 포함된다. 거래비용이론은 '조직 내 거래비용'을 최소화하기 위한 효율적인 조직형태로서 일의 흐름에 따라 편제된 수평적 조직구조를 강조한다.

(3) 신제도주의 조직이론

신제도주의 조직이론은 배태성, 사회적 정당성, 제도적 동형화 등의 개념들을 통해 조직을 이해하고자 하였는데 주요 강조점을 살펴보면 다음과 같다.

(가) 제도적 환경과 배태성(embeddedness)

조직은 항상 사회문화적 개념이나 신념, 가치체계 등 제도적 환경과 부합되도록 조직구조가 적응되어야 하는 압력을 받는다. 이를 신제도주의 조직이론에서는 제도적 환경과 배태성(*embeddedness*)이라고 개념화한다. 여기에서 배태성이란 "어떤 현상이나 사물이 발생하거나 일어날 원인을 속에 가진다"는 의미로서, 침윤(점차 배어들어가 퍼짐) 또는 착상이라고도 불린다. 즉, 개인의 행위가 고립된 상태에서 선택되는 것이 아니라, 조직적 관계에 의하여 영향받으며 조직적 관계 속에서 지속적으로 맥락지어진다는 것을 의미한다.

(나) 제도의 채택과 사회적 정당성(legitimacy)

신제도주의 조직이론은 조직은 생존하기 위하여 합리성과 효율성보다는 사회규범적 환경에 순응함으로써 정당성(*legitimacy*)을 확보하는 것이 더욱 중요하며, 조직에 새로운 제도적 형태나 관행이 채택되는 이유는 그 조직이나 참여자들의 사회적 정통성(*legitimacy*)을 제고시켜주기 때문이라고 주장한다(*logic of social legitimacy*, Campbell).

사회적 과정이나 책임이 사람들의 사고와 행동에 있어서 하나의 규칙과 같은 지위를 획득하게 되는 과정을 제도화라 하는데, Meyer와 Rowan은 공식적인 조직구조가 조정과 통제를 통하여 기술적 합리성을 달성하지 못한 경우에도 조직구조가 계속 유지되는 이유를 '정당성의 확보'에서 찾았다.

(다) 제도적 동형화(institutional isomorphism)

조직들은 시간의 경과로 사회적·문화적·인습적 신념 등의 제도화의 반복에 의해 제도적 동형화(*institutional isomorphism*)를 추구하게 된다고 한다. 조직이 동질화되는 과정을 나타내는 개념이 조직의 동형화인데, 이는 조직의 장(*fields*) 안에 있는 한 조직단위가 동일한 환경조건에 직면한 다른 조직단위들을 닮도록 하는 제약적인 과정을 의미한다. 이때, 조직의 장(*organizational fields*)이란 유사한 재화와 서비스를 생산하는 조직들의 총체로서, 동질적인 제도적 삶이 인지될 수 있는 분석단위를 의미한다.

이처럼 신제도주의 조직이론에서는, 1) 개별조직(관료제) vs 조직의 장(*fields*), 2) 배태성(*embeddedness*), 3) 제도 채택과 사회적 정당성(*legitimacy*), 4) 제도적 동형화(*institutional iso-morphism*), 5) 조직의 장(*fields*)이라는 개념틀을 통해 제도적 맥락과 조직의 변화과정의 동태성을 설명한다.

(4) 카오스이론

카오스 현상이란 MIT 대의 Lorentz 교수가 제시한 나비효과(*butterfly effect*)나 비선형적 변화(*nonlinear change*)를 원인으로 하는 질서나 규칙이 없는 혼돈상태를 지칭한다. 예측할 수 없는 무질서 속에서 질서 혹은 패턴을 발견하려는 노력이 카오스(*chaos*) 혹은 혼돈이론(*chaos theory*)으로 발전되었다. 즉, 혼돈 속에서 규칙적인 불규칙성을 찾아내는 것이 이 이론의 중요한 연구대상이다.

조직이론에 접목된 카오스이론은 조직환경을 "조직생태계"로 인식하고, 조직생태계 전체를 하나의 진화하는 체제로 생각하며, 자기조직화(*self-organizing*), 창발성(*emergency*), 공진화(*coevolution*)의 개념을 도입하여, 조직은 구성요소 간의 상호작용에 의해 그 질서와 규칙을 만들어 간다고 설명한다. 특히 현대조직체제는 비선형과 복합성을 특징으로 비평형상태에 있으므로, 조직관리자는 비선형관리에 익숙해져야 한다고 주장한다. 조직관리자는 동태성과 불확실성을 토대로 한 비평형상태를 본질로 보고, 조직은 늘 이러한 비선형적 환경에 동태적으로 기민하게 대응하여 혁신을 지속적으로 창출해야 한다는 점을 강조한다.

4. 지식정보사회의 조직이론

1) 지식정보사회의 도래

컴퓨터, 광섬유, 인터넷(WWW: World Wide Web) 등 정보통신기술의 발달로 인한 정보화의 진전, 신자유주의 물결과 WTO체제 출범으로 인해 세계화가 전개된 1990년대 이후를 지식정보사회라고 한다. 지식정보사회는 대량생산-대량소비, 획일화-표준화, 집권주의-권위주의를 특징으로 하는 산업사회와는 달리, 다품종 소량생산, 다양성-창의성, 분권주의-평등주의를 특징으로 한다. 또한 지식정보사회에서는 변화의 속도가 빨라 불확실성은 더욱 가중되고 신축성이나 유연성에 대한 요구가 커지고 있으며, 조직이론도 이러한 사회의 변화에 적응하려고 노력하고 있다.

2) 조직이론의 변화

(1) 조직구조의 변화

시간, 속도, 불확실성(*time, speed, uncertainty*)을 특징으로 하는 지식정보사회의 환경에 신속하게 적응하기 위해, 조직은 유연성과 신축성을 극대화시킬 수 있어야 한다. 또한 정보기술의 발달로 인해 조직은 전통적인 계층제를 완화하는 형태의 수평화된 팀 조직 또는 환경의 변화에 유연하고도 신속하게 적응할 수 있는 네트워크화 조직으로 변화되고 있다.

(개) 전자정부(electronic government)

전자정부는 업무의 효율성(생산성), 민주성(참여성), 성찰성(신뢰성)을 지향한다. 업무의 효율성 차원에서의 전자정부는 다음의 네 가지 요소를 추구한다. 즉, 정보기술을 활용하여 1) 국민의 편의가 극대화되는 정부(*one stop · non stop · any stop government*), 2) 문서감축 등 업무처리의 비용절감이 이루어지는 종이 없는 사무실(*paperless · buildingless government*), 3) 부정부패 방지 및 업무과정의 투명성을 지향하는 깨끗하고 투명한 정부(*clean & transparent government*), 4) 지식관리가 활성화되고 정책역량이 극대화되는 디지털 신경망 정부(*digital nervous government*)이다. 또한 전자정부는 이러한 정부 내부의 비능률 타파 및 효율성 극대화를 토대로, 전자정부 내의 정책참여기능 등을 활용하여 정부 외부(시민·고객)와의 인터페이스를 강화하고 민주성(참여성)을 제고하며, 더 나아가 전자정부 내의 담론형성기능 등을 활용하여 보다 신뢰받고 성숙한 사회공동체 구현을 위한 성찰성(신뢰성)을 제고하는 기능을 하게 된다.

(나) 기업가적 정부(entrepreneurship government)

신속한 행동, 창의적인 탐색, 더 많은 신축성, 직원과 고객과의 밀접한 관계 등을 강조하는 조직형태이다. 거대한 규모를 유지하면서도 행동을 제약하는 경직적인 구조와 절차에 얽매이지 않고, 모든 기회를 추구하는 더욱 유연하고 신축적인 조직이 되어야 한다는 것이다. 1993년에 클린턴·앨고어 정부의 NPR에 의해서 제시된 기업가적 정부에서 그 전형을 찾을 수 있으며, 조직의 성과와 경쟁, 고객과 유인을 강조한다.

(다) 공동정부(hollow government)

정부가 공급하는 행정서비스의 생산 및 공급업무를 제3자에게 위탁하게 되면 정부의 기능은 현저하게 줄어들게 되며, 결과적으로 정부는 기획, 조정, 통제, 감독 등의 중요한 업무만을 수행하게 되는 형태를 공동정부라고 한다. 이러한 조직은 본부에서는 중요한 조직기능인 기획, 조정, 통제, 감독 등의 기능만을 수행하고, 생산, 제조 등의 현업활동은 직접적으로 수행하지 않는 공동조직에서 유래되었다. 이러한 원리가 정부조직에 적용되었을 때 이러한 정부형태는 대리정부(*proxy government*), 제3자 정부(*third-party government*), 계약정부(*contract government*) 등으로 일컬어진다.

(2) 조직행태의 변화

조직행태와 조직구조는 상호의존적으로 변화하기 마련이므로, 지식정보사회의 등장은 조직구조뿐만 아니라 조직 내의 개인 및 집단의 행태에도 커다란 영향을 미쳤다. 아직 조직행태에 미친 정보화의 영향을 이론적으로 명확하게 밝혀내지는 못하고 있지만 조직이론가들에 의해 논의되고 있는 내용을 정리하면 다음과 같다(이종수·윤영진, 2005: 347-348).

① 전통적으로 안정적인 환경에 놓여 있는 조직은 다른 조직과의 상호협력을 미덕으로 간주했는데, 정보화의 영향으로 조직 간 또는 조직 내 개인 간 경쟁을 가속화시켰다.
② 조직의 업무를 수행하는 인력의 구성이 전문성을 갖춘 집단과 임시적 또는 계약직 근로자집단으로 이원화 되는 추세이고, 인력의 유동화로 충성심에서의 변화나 동기유발의 기본 패러다임이 바뀌게 되었다.
③ 경직적이고 강한 문화를 지닌 조직문화에서 참여지향적이며 부드러운 조직문화로 변화해 가고 있다.
④ 계층제적 조직구조가 수평적 네트워크 구조로 바뀌면서, 조직 내 개인의 자율성과 창의성 발휘의 기회가 현저하게 상승되었다.

5. 요약 및 결론

우리는 앞에서 산업시대의 비인간적 인간관과 기계적 조직관을 가진 과학적 관리론과 사회적 인간관과 유기체적 조직관을 가진 인간관계론 및 후기인간관계론, 다양성·창의성·복합성·불확실성의 지식정보사회에 적응하려는 다양한 조직이론을 살펴보았다. 이처럼 조직이론의 시대적 변화는 시대별 조직관의 변화의 결과이자, 조직환경의 변화에 대한 적응의 결과이다.

종래의 조직모형은 관리·능률중심의 경직된 계층제적인 조직구조와 통제·상의하달식의 대민행정 등의 모습으로서, 급변하는 지식정보사회의 환경변화에 대응하는 데 한계가 있다. 지금까지 조직의 주된 '논의의 틀'이 윌슨-웨버(Wilson-Weber)식의 기계적 능률주의 패러다임이었다면, 앞으로 지식정보사회가 요구하는 조직 패러다임은 인간적 개방체제 패러다임이 되어야 한다.

현대조직이론은 생산수단으로서의 인간이 아니라, 생산의 주체로서 인간을 발견하여야 하는 민주적·사회적 인간관을 요구하고 있다. 지식정보사회와 거버넌스 시대는 교양과 덕성을 갖춘 성찰하는 시민이 주체가 되어 자유롭게 자아실현을 추구하며, 인권·정의·형평 등 인간의 존엄성(*human dignity*)이 강조되는 보다 인간적인 사회를 지향할 것을 요구하고 있다. 이러한 시대에 조직은 완전성을 향한 인간의 욕구가 인정되는 인성개발의 장으로서 새로운 의미를 지니게 되며, 동등한 가치를 가진 조직구성원의 참여와 합의를 기반으로 하는 주체의 장으로서, 함께 발전하고 함께 나누는 나눔의 장으로서 거듭날 수 있어야 할 것이다.

조직인간주의를 표방하는 현대행정이론가들은 현대사회에서 대규모 관료제도는 조직구성원의 성장과 학습과정을 억제하고, 복잡한 인간문제를 해결하는 데 비효율적이라고 비판하며, 현대조직의 효과성은 산출물에 대한 평가보다는 개인과 조직 간의 통합정도에 의존한다고 주장하고 있다. 이들이 '조직인간주의'를 위해 제안하고 있는 다음과 같은 몇 가지 가정과 원칙들은 인간주의의 실현과 미래 조직관리를 위해 주목할 필요가 있다.[1]

① 인간은 완전성을 향한 꾸준한 경향이 있다.
② 평등한 기초 위에서 인간의 존엄성이 보호되고, 인성이 개발되어야 한다.
③ 조직구성원들은 정책을 결정하고 통제하는 데 합의의 근원이 되어야 한다.
④ 조직의 변화는 대안에 대한 충분한 인식과 참여자에 의한 합의의 결과로 이루어져야 한다.
⑤ 조직의 이익은 근본적으로 조직구성원들의 이익이므로, 이는 가급적 공평하게 배분되어야 한다.

제 2 절   조직을 보는 관점

1. 조직의 개념

조직이란 무엇인가에 대한 개념정의는 학자에 따라 조금씩 다르지만 가장 보편적인 요소들을 바탕으로 정의하면, 조직은 조직을 둘러싼 환경과의 상호작용을 하면서, 공동의 목표를 구성원들의 분업과 협력을 통해 합리적으로 달성하기 위한 총체적 수단이라고 할 수 있다. 이러한 개념요소에 내포된 특성들을 간략히 살펴보면, 첫째, 특정된 목표를 이룩하기 위한 수단적인 성격을 갖는다는 것, 둘째, 목표를 달성하기 위하여 합리적인 활동을 하게 된다는 것, 셋째, 분업의 원칙에 따라 편성되며, 넷째, 하나의 체제로서 환경과 상호작용을 한다는 것, 마지막으로, 규모가 크므로 대인관계에 있어서 비정의성(非精誼性) 및 보편성(普遍性)의 원칙에 따른다는 것이다(박동서, 1978).

---

1 이러한 이념들은 행정학의 이론발달사에서 큰 줄기를 이루는 '인간중심주의'의 철학과 많은 관련이 있다. 인간주의를 근간으로 하는 조직원리는 멀리는 메이요(E. Mayo) 등의 호손(Hawthorn)실험에 기초한 인간관계이론, 버나드(C.I. Barnard)의 조직의 권위와 수용범위(zone of acceptance) 연구, C. Argiris D. McGregor, R. Likert 등의 후기 인간관계이론, 사이먼(H. A. Simon)의 조직사회학, 그리고 '인간' 그 자체를 중시한 신행정이론 등에 기초하고 있다. 또한, 개인과 조직의 통합, 관리자와 피고용인과의 공동협동, 권력의 공유, 동의에 의한 권위, 그리고 민주적 의사결정 등을 강조한 포이엣(Mary P. Follet)의 조직철학과도 많은 관련성이 있다.

2. 조직관과 변수

현대생활은 사회조직을 중심으로 이루어지므로 어떠한 분야에서 사회현상을 연구하든 조직의 문제가 주요 관심과 연구의 대상이 되는데, 이때 기본적인 문제의 하나가 조직을 어떠한 것으로 보느냐 하는 것이다. 조직관은 첫째, 구조 위주로 연구하던 시대의 산물인 고전적 관료제 모형과, 둘째, 행태론이 지배하던 시대의 의사결정모형, 셋째, 상황론 이후의 체제모형 등으로 구분할 수 있다.

이러한 조직의 변수는 사람·조직(구조)·환경 등 세 가지를 들 수 있는데, 사람으로는 직원의 가치관·태도·성격·지식·기술 등이, 조직(구조)으로는 직책·법제·규범·역할 등이, 환경으로는 그 조직이 처한 정치·경제·사회문화 등이 고려될 수 있다.

3. 조직의 유형

조직의 유형은 학자마다 각각 상이한 기준을 적용하여 다양한 형태로 구분되고 있지만, 이러한 분류는 부분적이며 총망라적·종합적일 수는 없다. 하지만 이론적 편의성과 분석수단으로서의 필요성에 의해 몇 가지 중요한 유형을 살펴보기로 한다.

1) Daft의 조직유형

(1) 기계적 구조(machanistic structure)

기계적 구조는 고전적이고 전형적인 관료제 조직이며 높은 공식화와 표준화를 추구한다. 조직의 내적 통제 및 조정, 안정화, 능률화, 합리화에는 유리하나 좁은 통솔범위와 낮은 팀워크, 경직성, 비민주성이 단점으로 지적된다.

(2) 기능구조(functional structure)

기능구조는 조직의 전체업무를 공통기능별로 부서화한 조직으로서 수평적 조정의 필요성이 낮을 때 효과적이며 전문성 제고와 규모의 경제구현은 장점이나 기능 간 수평적 조정이 곤란하다는 점이 단점으로 지적된다.

(3) 사업구조(divisional structure)

사업구조는 산출물에 기반을 둔 조직구조이며 각 부서는 자기완결적 기능단위로서 부서 안에서 기능 간 조정이 용이하다. 그러나 타(他) 부서와의 조정이 곤란하여 사업영역 간 갈등이 발생하는 단점이 있다.

(4) 매트릭스 구조(matrix structure)

매트릭스 구조는 기능구조와 사업구조를 결합한 구조로서 기능구조의 전문성과 사업구조의 신속한 대응성을 결합한 조직이다. 기능구조와 사업구조의 단점을 해소하기 위한 구조이나 이중적 권한구조로 인해 책임한계가 모호하고 조직할거주의와 심리적 갈등을 유발하기도 한다.

(5) 수평구조(horizontal structure)

수평구조는 조직구성원을 핵심업무과정 중심으로 조직화한 구조로서 수직적 계층과 부서 간 경계를 제거하여 개인을 팀 단위로 모아(팀 조직) 의사소통과 조정을 용이하게 한다.

(6) 네트워크 구조(network structure)

네트워크 구조는 조직의 기능은 핵심역량 위주로 하고 여타 부수적인 기능은 외부기관들과 연계하여 수행(아웃소싱)하는 유기적인 조직을 말한다.

(7) 유기적 구조(organic structure)

유기적 구조는 가장 유기적이고 동태적인 조직이며 학습조직이 대표적이다. 이 조직은 낮은 표준화와 비공식적이고 분권적인 의사결정, 구성원의 참여를 중요시 한다.

2) A. Ezioni의 조직유형

에치오니(A. Etzioni)는 '지배와 복종의 관계'(*compliance structure*)에서 조직의 구성원들이 관여·참여하는 태도와 그 복종관계를 유지시키는 권력의 형태를 근거로 조직을 3가지, 즉 강제적, 조직·공리적, 조직·규범적 조직으로 분류하였다(이종수, 2009).

(1) 강제적 조직

강제적(강압적) 조직은 강제를 주된 통제수단으로 하며, 대부분의 조직구성원들이 고도의 소외의식을 지니는 조직을 말한다. 이 조직에서 복종의 구조는 '소외적·굴종적 복종'이며, 교도소·강제수용소·포로수용소 등의 조직이 여기에 속한다.

(2) 공리적 조직(功利的)

공리적 조직은 그 구성원들의 대부분이 보수·상여금(賞與金) 등에 대하여 이해득실을 따져 조직에 참여하기 때문에 실리적 조직(實利的組職) 또는 보수적 조직(*remunerative organization*)이라고도 부른다. 이 조직에서 복종의 구조는 '타산적 복종'이며, 대부분의 민간기업체·경제단체·이익집단 등이 이 유형의 조직에 속한다.

(3) 규범적 조직

규범적 조직은 권위·위신·존경 등의 규범적 상징이나 애정·관용 등의 사회적 상징을 원천으로 이루어진 규범적 권력을 통제수단으로 하기 때문에 조직구성원들은 조직에의 높은 귀속감(歸屬感)과 적극적인 관여의 태도를 보인다. 이 조직에서 복종의 구조는 '도덕적 복종'이며, 이러한 유형의 조직으로는 종교단체, 자발적 사회단체, 이데올로기적 정치조직 등을 들 수 있다.

3) R. Likert의 관리체제 유형

R. Likert는 지도과정·동기부여·의사전달과정·교호작용 및 영향관계·의사결정·목표설정·통제과정 등을 기준으로 4가지 조직유형으로 구분하였고 체제 1과 체제 2를 권위형 체제(*authoritative system*)라 부르고, 체제 3과 체제 4를 참여형 체제(*participative system*)로 규정했다(이종수, 2009).

(1) 수탈적 조직(체제 1)

착취형(*exploitative system*)에서 관리자는 부하직원을 신뢰하지 않으며 관리층과 부하 간의 접촉이 단절되어 있다. 이 체제에는 관리수단으로 두려움·위협·처벌 등을 사용하고 생리적 욕구와 안전 욕구 등을 충족시켜 주며 이에 따른 경제적 보상을 제공한다. 또, 하향적 의사전달이 보편적이고, 목표설정과 의사결정과정에서 부하들의 참여가 배제되며, 통제과정이 고도로 집권화되어 있고, 비공식조직이 조직의 목표에 저항한다는 등의 특징을 지닌다.

(2) 온정적 조직(체제 2)

온정적 권위형(*benevolent authoritative system*)에서 관리자는 다소 온정적인 신뢰를 부하직원에게 베풀지만 관리층과 부하 간의 접촉은 제한되어 있다. 이 체제에서는 관리수단으로 보상과 처벌 및 처벌의 위협이 사용되고 생리적·안전 욕구뿐만 아니라 자아실현의 욕구도 충족시켜 준다. 또한, 상향적 의사전달이 보편적이고, 목표는 상급 관리층에서 설정하고 하급계층에서는 정해준 범위 내에서만 의사결정을 할 수 있다. 통제과정은 집권화되어 있으나 약간의 위임이 행해지고, 비공식집단은 조직의 목표에 부분적으로 저항한다는 등의 특징을 지닌다.

(3) 협동적 조직(체제 3)

협동적 조직형(*consultative system*)에서 관리자는 부하직원을 상당히 신뢰하지만 완전히 신뢰하는 것은 아니며 관리층과 부하 간의 접촉이 비교적 원활하다. 이 체제에서는 관리수단으로 경제적 보상, 약간의 참여, 간헐적인 처방이 사용되고, 경제적 욕구, 자아실현 욕구, 새로운 경험을 얻으려는 욕구 등을 충족시켜 준다. 의사전달과정은 쌍방적이고, 목표 및 주요 정책은 최고관리층에서 주로 결정하되 구체적인 결정은 하급계층에서 이루어지며, 통제과정이 상당부분 하급계층에 위임되고, 비공식조직은 조직의 공식적 목표를 지지하거나 약간의 저항을 할 수 있다는 등의 특징을 지닌다.

(4) 참여적 조직(체제 4)

참여집단형(*participative group system*)에서 관리자는 부하를 완전히 신뢰하고 관리층과 부하 사이에 심리적 거리감이 없이 접촉이 원활하고 빈번하다. 이 체제에서는 관리수단으로 경제적 보상의 결정, 조직목표의 설정, 업무의 개선, 업적 평가에 대한 구성원의 참여가 조장되고, 경제적 욕구, 자아실현의 욕구 등을 충족시켜 준다. 또한 쌍방적 의사전달과 수평적 의사전달이 원활하고, 최고관리층과 부하들이 서로의 목표를 통합시켜 설정하고 의사결정권이 각 계층에 분산되어 있으나 전체적으로 통합되며, 통제과정에 대한 책임이 널리 확산되어 있고, 비공식조직은 조직의 공식적 목표를 지원한다는 등의 특징을 지닌다.

4) D. Katz와 R. L. Kahn의 조직유형

카츠(D. Katz)와 칸(R. L. Kahn)은 조직의 기본적 기능에 초점을 두고 조직의 유형을, 생산적 또는 경제적 조직(*productive or economic organizations*), 유지기능적 조직(*maintenance organizations*), 적응적 조직(*adaptive organizations*), 관리적 또는 정치적 조직의 네 가지로 나누었다(이종수, 2009).

(1) 생산적·경제적 조직

생산적·경제적 조직은 사회를 위해 부(富)를 창조하고 재화를 생산하며 서비스를 제공하는 조직의 유형을 말한다. 기업조직이 이 유형에 속한다.

(2) 사회화 조직

사회체제가 와해되지 않도록 규범적 통합기능을 수행하는 조직을 말한다. 학교와 교회가 이 유형에 속한다.

(3) 적응적 조직

사회의 유지발전을 위해 지식을 창출하고 이론을 구성·검증하는 기능을 수행하는 조직을 말한다. 대학과 연구기관이 이 유형에 속한다.

(4) 관리적·정치적 조직

정치적 조직은 사회 속에서 사람·자원 및 하위체제의 통제·조정·재결에 관한 기능을 수행하는 조직을 말한다. 국가·노동조합·압력단체 등이 이 유형에 속한다.

5) Blau & Scott의 조직유형

P. Blau와 W. R. Scott은 조직활동의 주된 '수혜자가 누구인가'(*who benefits or cui bono*)를 기준

으로 하여 수혜자 집단을 네 가지 범주[2]로 구분하고 이에 따라 조직유형을 구분하였다(오석홍, 2013).

(1) 호혜적 조직(mutual-benefit associations)

호혜적 조직은 조직의 구성원이 주된 수혜자(受惠者)가 되는 조직을 말한다. 호혜적 조직은 명칭 그대로 조직구성원들 서로 간에 혜택을 주고받는 조직이므로 일명 공익단체라고도 부른다. 정당·노동조합·공제조합·직업단체 등이 이에 속한다. 이 유형의 조직에서 가장 중요한 것은 어떻게 민주주의적으로 운영하느냐 하는 점이다. 만약, 조직구성원들이 소극적 태도 내지 무관심으로 일관할 경우 과두제로 운영될 위험이 있기 때문이다.

(2) 기업조직(business concerns)

기업조직은 기업을 소유한 소유자들이 주된 수혜자가 되는 조직을 말한다. 이 조직은 경쟁적인 환경 속에서 조직의 능률을 극대화하는 것에 중점을 두며 제조회사, 은행, 보험회사 등이 여기에 속한다.

(3) 봉사조직(service organizations)

봉사조직은 고객집단이 주된 수혜자가 되는 조직을 말한다. 이 조직은 고객에 대한 전문적인 봉사와 서비스에 중점을 두며 사회사업기관, 병원, 학교 등이 여기에 속한다.

(4) 공익조직(commonweal organizations)

공익조직의 주된 수혜자는 국민 일반이며, 이 조직은 국민에 의한 외적 통제가 가능하도록 민주적 장치를 잘 운용하는 것에 중점을 두며 각종 행정기관, 군대, 경찰 등이 여기에 속한다.

6) H. Mintzberg의 조직성장경로모형

Mintzberg는 조직의 유형을 구분하는 기준으로 조직의 구성부분, 조정기제, 상황적 요인을 제시하고 이에 따라 다섯 가지의 유형으로 나누었다. 이러한 유형들은 어느 부문이 강조되는가에 따라 상황적응적으로 결정된다고 하였다.

우선, 조직의 기본적인 다섯 가지 부분은 작업계층(핵심운영층), 전략경영층(최고관리층), 중간관리층(중간계선), 기술전문가층(기술구조), 지원스텝[3]으로 이루어진다. 그리고 조정기제는 상호조절, 직접적 감독, 작업과정의 표준화, 산출의 표준화, 작업기술의 표준화가 사용되며, 마지막 기준으로 상황적 요인은 조직의 존속기간, 규모, 기술, 환경, 권력체제 등이 포함된다(오석홍, 2013).

---

2 분류기준으로서의 공식조직에 관련된 수혜자 집단의 범주는 다음과 같다. 첫째, 조직의 구성원 또는 하급참여자, 둘째, 조직의 소유주 또는 관리자, 셋째, 고객, 그리고 마지막으로 국민 일반(public-at large)이다.

3 전략경영층(strategic apex)은 조직의 전략을 형성하고 나아갈 방향을 결정하며 조직 전반에 대해 책임을 지는 최고관리층이며, 중간관리층(middle line)은 최고관리층과 핵심 운영부문을 연결하는 중간관리자로서 핵심 운영부문을 감독하고 작업에 필요한 자원을 공급한다. 핵심 운영층(operating core)은 제품이나 서비스를 산출하는 기본적인 작업계층이며, 기술전문가층(techno structure)은 산출과정과 제품 및 산출물을 검사하고 업무를 설계하며, 지원스텝(support staff)은 핵심운영부문을 간접적으로 지원하는 막료집단을 말한다.

(1) 단순구조(simple structure)

단순구조는 전략경영층의 역할이 강조되는 유형으로서 조정은 직접적인 감독에 의하고, 조직의 존속기간은 단기이며 소규모 조직이다. 낮은 분화(전문화)·낮은 공식화·높은 집권화·높은 융통성(유기적) 등의 특성을 가진다.

(2) 기계적 관료제 구조(machine bureaucracy)

기계적 관료제 구조는 기술전문가층의 역할이 강조되는 유형으로서 조정은 업무(작업)의 표준화를 통해 이루어지며, 조직의 존속기간은 장기이고 대규모 조직이다. 높은 분화(전문화)·높은 공식화·제한된 수평적 분권·경직성 등의 특성을 가진다. 이러한 구조에는 행정부 조직이나 교도소와 같은 조직이 있다.

(3) 전문적 관료제 구조(professional bureaucracy)

전문적 관료제 구조는 작업계층(핵심운영층)의 역할이 강조되는 유형으로 조정은 기술의 표준화를 통해 이루어지며, 조직의 존속기간과 규모는 다양하다. 높은 분화(전문화)·낮은 공식화·수평적 & 수직적 분권 등의 특성을 가진다. 이러한 구조에는 종합대학이나 종합병원과 같은 조직이 있다.

(4) 사업부제 구조(divisionalised form)

사업부제 구조는 부서 장으로 구성되는 중간관리층의 역할이 강조되는 유형으로 조정은 산출표준화를 통해 이루어지며, 조직의 존속기간은 장기이고 대규모 조직이다. 적당한 분화(전문화)·높은 공식화·제한된 수직적 분권 등의 특성을 가진다. 이러한 구조에는 기업의 팀 조직이나 지방캠퍼스가 있는 대학 등이 있다.

(5) 애드호크라시(adhocracy)

애드호크라시는 가장 유기적인 조직으로서 융통성이 큰 구조이다. 이 구조는 조정이 상호조절에 의해 이루어지고 지원참모의 역할이 중시된다. 주로 신생조직에서 많이 발견되며 전문가로 구성되어 있기 때문에 전문화 수준이 높고 공식화 수준은 낮다. 이러한 구조에는 연구소와 같은 조직이 포함된다.

4. 조직구성의 5대 원리

1) 분업의 원리

업무를 나눔에 있어 업무의 내용이 동질적이면 하나로 묶고, 이질적이면 서로 나눈다는 원리를 분업의 원리라고 한다. 이는 F. Taylor의 과학적 관리론의 산물인데, 인간을 동질화·기계화하여 일의 흥미를 잃게 한다는 점에서 인간관계론이나 행정행태론에 의해서 비판받았다.

2) 조정·통합의 원리

공동의 목표를 달성하기 위하여 하위체제 간의 노력의 통일을 기하기 위한 과정을 조정이라고 한다. 조정이 없으면 어떤 사회나 행정부나 기업이든 존립 자체가 위협을 받기 때문에, Mooney는 조정의 중요성을 강조하여 이를 조직의 제1원리라고 하였다.

3) 계층제의 원리

권한과 책임의 정도에 따라 직무를 등급화 함으로써, 상하계층 간에 직무상 지휘, 감독관계에 서게 하는 것을 계층제의 원리라고 한다.

이는 하의상달과 권한위임의 통로가 확실하며 지휘감독을 통한 질서와 통일이 확보될 뿐만 아니라, 갈등의 상위자에 의한 해결 및 조정이 가능하다는 장점이 있는 반면에, 상하 간의 권력 불균형은 근무의욕을 저하시키고 의사전달을 지연·왜곡할 뿐만 아니라 조직의 경직성마저 초래한다는 단점을 지니고 있기도 하다.

4) 통솔의 범위

통솔의 범위란 한 사람의 상관이 몇 사람의 부하를 직접 적절하게 감독할 수 있는가를 의미하는데, 계층제가 수직으로서의 조직의 깊이를 나타내는데 비해, 이는 수평으로서의 조직의 폭에 관한 원리이다. 통솔의 범위는 직무의 성질, 시간적 요인, 공간적 요인, 인적 요인에 따라 달라진다.

5) 명령통일의 원리

명령통일의 원리의 원래 의미는 조직구성원은 누구나 한 사람의 상관하고만 의사전달하는 것을 의미하였으나, 이는 현실적용상의 한계가 있어 여러 사람의 상관과 의사전달을 하되, 그들 간에 갈등이 있어 조정이 안 될 때에는 한 사람의 상관의 명령에 따라야 한다는 것으로 의미상 수정이 이루어졌다.

5. 공식적 조직과 비공식집단

1) 의 의

공식적 조직이란 정부의 조직관계·법령·직제에 규정된 것을 의미하며, 따라서 일정한 목표를 달성하기 위하여 인위적으로 만들어진 공식적 분업체제를 의미한다. 우리가 흔히 접하는 정부부처나 국회의 위원회 등 행정기관들이 대부분 여기에 포함된다.

공식적 조직과 대조되는 개념으로, 공식적 조직의 비정의성, 지연성, 일반성의 한계 때문에 조직 내에서 자연발생적으로 일부 조직인들 간에 맺어지는 집단을 의미한다. 이는 조직의 계층에 따라 수평적 단위 내 집단, 수평적 단위 간 집단, 수직적 단위 내 집단, 수직적 단위 간 집단으로 나눌 수 있고, 귀속성과 실적성에 따라 전부 귀속성을 띤 경우, 전부 실적성을 띤 경우, 귀속성과 실적성을 모두 공유한 경우로 나눌 수 있다.

비공식집단은 1930년대 인간관계론 대두 이후 그 중요성이 인식되기 시작하였다. E. Mayo 등 인간관계학자들은 Hawthorne 실험을 통해 조직생산성은 물질적 보상뿐만 아니라, 조직 내 비공식집단을 중심으로 한 인간관계에 의해서도 크게 영향을 받는다는 점을 주장했다. 또한 H. Simon 등 행정행태학자들은 비공식집단과 의사결정, 조직의 권위수용성, 갈등의 순기능적 해결 등을 강조하였다.

2) 공식적 조직과 비공식집단의 차이점

공식적 조직은 외면적, 인위적, 공식적, 능률적, 전 구성원의 조직이라면, 비공식집단은 내면적, 자생적, 비공식적, 정의적, 일부 구성원의 조직이라는 면에서 차이가 있다.

3) 비공식집단의 순기능과 역기능

비공식집단은 정의성이나 귀속감 등 공식적 조직이 소홀하기 쉬운 점을 보완하여 공식적 조직의 능률을 높여주는 역할을 한다는 순기능이 있는 반면에, 분파의식의 증대로 조직구성원의 갈등을 초래하고 의사결정을 지연시키는 역기능을 초래하기도 한다.

한국 행정조직 내에서 비공식적 집단은 순기능보다는 역기능을 더 많이 나타낸다. 예를 들면, 비공식집단이 공식적 조직과의 경쟁상대자 또는 지배자가 된다거나, 파벌형성의 수단으로 사용되기도 한다. 때로는 공식적 조직보다 비공식집단에 대한 소속감이 더 크게 형성되어 조직목표나 조직능률에 오히려 역기능적인 작용을 하기도 한다.

4) 비공식집단의 긍정적 활용

공식적 조직의 책임자는 비공식집단을 외면하거나 불순한 것으로 보고 억제하는 정책을 쓸 것이 아니라, 공식적 조직의 목표수행에 순기능적으로 작용할 수 있도록 활용할 필요가 있다. 즉, 조직 책임자는 조직 내의 비공식집단의 실태를 파악하고, 이들의 목표가 공식적 조직의 목표와 일치하게끔 의사소통의 노력을 해야 한다. 비공식집단의 구성기준·목표·기능 등이 바람직하지 못할 때에는 참여·설득·의사전달의 비강제적인 방법부터 시작하여 그 추이를 지켜보면서, 지도자의 격리·격하·전보 등의 단계적인 조치를 취하는 방법을 선택하는 것이 바람직할 것이다.

5) 결 어

비공식집단은 대개의 경우 공식적 조직 내에 자연적·필연적으로 발생하여 존속하기 마련이다. 이처럼 비공식적집단이 필연적인 존재라면 우리는 그것의 장점은 살리고 단점은 보완하여 순기능적으로 활용하는 방안을 모색해보는 것이 합리적인 선택이 될 것이다. 이를 위해서는 공식적 조직의 지도자가 비공식집단에 대한 긍정적 인식을 형성하고, 조직 내 비공식집단의 실태를 파악하여 이들과 교류하고 대화하며, 공식적 조직의 의사를 전달하여 공식적 조직의 목표실현에 기여하는 방향으로 활동할 수 있도록 설득하는 온정적 권위주의형 리더십이 필요하다 하겠다.

6. 조직과 개인

1) 조직과 개인의 의의

조직이란 인간이 모여 구성하는 사회적 유기체이므로, 조직현상을 연구하는 사람들은 조직 속에서 활동하는 인간에 주의를 기울이고 인간의 행태를 파악하기 위해 노력하게 된다. 조직 내에 인간이 가지는 속성을 어떻게 이해하느냐에 따라 조직을 구성하는 다른 모든 요인에 대한 판단과 실천적 처방이 좌우되므로, 조직 내의 개인에 관한 연구는 전반적 조직이론의 전제가 된다.

2) 조직과 개인의 관계

조직의 목표와 개인의 욕구가 일치·조화되고, 조직의 합리성과 인간의 행복이 가능한 한 서로 조화될 수 있도록 하는 것이 이상적이다. 하지만 현실적으로 조직과 개인은 갈등·대립·상충관계를 빚는 경우도 많이 있다. A. Etzioni(1961)는 상하 간의 복종관계(*compliance*)를 중심으로, 조직의 유형을 1) 강제적 조직(*coercive organization*), 2) 공리적 조직(*utilitarian organization*), 3) 규범적 조직(*normative organization*)으로 나누었는바, 개인과 조직의 관계는 이에 따라 1) 소외적 관계, 2) 타산적 관계, 3) 도덕적 관계로 분류될 수 있다.

3) 요약 및 결론

산업사회에서 대규모 관료제는 양적 성장을 목표로 하는 합법적·표준적·획일적 패러다임이었으므로, 조직의 구성원인 개인은 조직의 주체라기보다는 조직의 목표를 달성하기 위한 수단으로 간주되었다. 이러한 특성을 지닌 조직은 조직목표의 능률적 달성에만 초점이 맞추어져 있으므로, 조직구성원의 성장과 학습을 통한 자아실현이나 개인적 성취에는 소홀했던 것이 사실이다.

그러나 다양성·창의성·평등성에 기초한 거버넌스 시대는 교양과 덕성을 갖춘 성찰하는 시민사회가 중요한 주체 역할을 하는 사회이다. 지식정보사회에서는 개인이 자유롭게 자아실현을 추구하며, 인권·정의·형평 등 인간의 존엄성(*human dignity*)이 강조되는 보다 인간적인 사회를 지향하고 있다. 이러한 시대에 조직은 완전성을 향한 개인의 자아실현을 중요하게 생각하며, 동등한 가치를 가진 개인들의 신뢰와 등권을 중요하게 생각한다. 또한, 조직은 개인들의 인성개발의 장으로서의 의미를 지니게 되며, 조직구성원들의 참여·합의를 기반으로 하는 주체의 장으로서의 의미를 지니게 된다. 요컨대, 지식정보사회에서 조직과 개인의 관계는 함께 학습하고 함께 성장하는 공존과 공영의 관계로서 새로운 의미를 부여하는 것이 바람직하다 할 것이다.

7. 조직과 환경

1) 조직과 환경의 관계

조직의 환경이란 조직을 둘러싸고 조직에 영향을 미치는 모든 외부조건을 총칭하는 것이다.

1940년대 이전까지 종래의 조직이론은 조직을 폐쇄체제로서 인식하여 조직에 대한 환경의 영향을 배제하고 조직의 내부문제만을 연구대상으로 하였다. 그러나 1950년대 생태론·체제론 이후 조직과 환경은 끊임없이 상호작용하면서, 지식·정보·에너지를 교환하는 상호작용관계에 있다는 인식의 전환을 토대로 조직을 개방체제로 파악하게 되었고, 환경과의 동태적 관계 속에서 조직현상을 거시적 개방체제로서 연구하려는 이론이 발달하게 되었다.

2) 환경이 조직에 미치는 영향

조직에게 영향을 미치는 환경은 흔히 일반적 환경과 구체적 환경으로 구분[4]되며 여기에서는 조직에 실제적으로 영향을 미치는 조직 외적 현상으로서 일반적 환경에 대해 살펴보기로 한다.

(1) 조직환경의 변화: F. E. Emery & E. L. Trist(1965)

일반적 환경에 대한 분류유형 중 가장 일반적으로 인용되는 Emery & Trist(1965)는 조직환경의 변화를 정적-동적, 임의적-격동적 수준에 따라 다음과 같은 네 단계로 구분하였다.

(개) 제1단계: 정적-임의적 환경(placid, randomized environment)

이 단계는 환경의 여러 요소 간의 변화가 적고 요소의 구조에 치우침이 없으며, 골고루 안정적으로 분산되어 있다. 따라서 조직은 환경에 대응하기 위한 특별한 전략이 없다. 이러한 환경의 예로는 아메바가 처해 있는 환경, 태아가 처해 있는 환경, 유목민들이 처해 있는 환경 등이 있다(이종수, 2009).

(내) 제2단계: 정적-집약적 환경(placid, clustered environment)

이 단계는 환경의 여러 요소는 정태적이고 일정하게 정해진 방식으로 조직화된 환경을 말한다.

---

4 오석홍(2013: 120)은 일반적 환경이란 환경적 요소들을 모두 포괄하는 개념이고 구체적 환경이란 조직 간의 관계에 의해 형성되거나 그와 결부되는 환경적 요인만을 포함하는 개념으로 정의한다.

조직은 주요 전략적 계획을 수립하고 자원을 배분하여 능력발전을 촉진시키는 방향으로 대응하는 것이 바람직하다. 이러한 환경의 예로는 식물의 환경, 유아의 환경, 농업·광업 등 1차 산업의 환경 등이 있다(이종수, 2009).

(다) 제3단계: 교란-반응적 환경

이 단계는 동태적 환경으로서 복수의 체제가 상호작용하면서 경쟁하는 것이 주요한 특징이다. 조직은 다른 환경체제를 흡수($co-optation$)해 버리거나, 환경체제에 적응($adaptation$)하는 두 가지 전략이 있을 수 있다. 유아기를 벗어난 사람들이 다른 사람들과 연관을 맺으면서 살아가는 환경이 좋은 예가 될 수 있다(이종수, 2009).

(라) 제4단계: 격동의 장(fields of turbulence)

이 단계는 혼란스러운($chaotic$) 환경으로서 매우 복잡하고 동태적이며, 매우 불확실한 특징을 가진다. 환경이 조직의 예측능력을 훨씬 앞질러서 변화해가므로, 경쟁자의 도전에 대응하기 위한 연구·개발의 필요성이 높아진다.

(2) 환경의 변화에 대한 조직의 대응: Selznick(1957)

(가) 적응적 변화(adaptation)

조직이 변화하는 환경에 적응함으로써 그 안정과 발전을 유지하는 것을 말한다.

(나) 적응적 흡수(co-optation)

조직이 위협을 회피하기 위하여 조직의 지도층과 정책결정지위에 외부환경으로부터 새로운 요소를 흡수하는 것을 말한다. 적응적 흡수는 조직이 자신의 안정 유지와 발전을 위하여 그 주위의 저항세력을 무마하는 수단으로 흔히 사용되는데 이 대응방법은 복잡하게 다원화된 사회 속에서 이질적인 요소들을 통합하는 데 기여할 뿐 아니라 복잡한 관계로 얽혀진 조직들이 다 같이 수용하고 지지할 수 있는 목표나 정책을 찾는데 기여하는 수단이 된다.

(3) 환경에 대한 조직의 대응전략: Scott(1992)

(가) 완충전략

조직의 능력을 넘어서는 다양하고도 상충적인 요구들이 갑작스레 밀려온다면 조직의 자원은 곧 소진되어버릴 것이다. 따라서 이를 막기 위한 완충장치의 대표적인 것들은 다음과 같다.

① 비축($stock-filing$): 환경이 불확실하여 이에 대비하여 자원이나 산출물을 비축하는 것을 말한다.
② 예측($forecasting$): 환경변화의 규칙성을 찾아내고 이를 예측하여 적응하는 것이다.
③ 성장($growth$): 가장 일반적으로 사용되는 것으로, 조직이 기술적 핵심을 확장하여 보다 강해지고 외부환경에 대하여 보다 강력한 수단을 가지려는 시도를 의미한다.

④ 형평화(*leveling*): 환경에 적극적으로 대응하여 투입이나 산출요인의 변수를 감소시키거나 여러 집단의 대립되는 요구를 균형화 하는 적극적인 전략이다

⑤ 분류(*coding*): 환경의 요구가 투입되기 전에 그 중요성과 시급성을 분류하고 이를 처리할 부처를 결정하고 신설하는 것을 말한다.

(나) 연결전략

완충전략은 환경의 영향을 최소화 하는 소극적인 전략이므로 조직의 취약성을 근본적으로 해결하지는 못한다는 한계가 있다. 그리하여 조직 간 연결을 통하여 환경을 구성하는 외부집단과의 관계를 자신이 원하는 방향으로 재편성하기도 하는데 이를 연결전략이라고 한다.

① 권위: 중앙조직이 권위적 위치에 있어 외부조직을 통제하는 식의 관계를 형성하는 전략이다.
② 경쟁: 조직 간 세력이 균형적일 때 경쟁을 통하여 문제해결능력을 향상시키는 것을 의미한다.
③ 계약: 조직 간에 자원교환을 협상하여 합의하는 것이다. 정부조직이 사무를 민간단체에 위탁하는 계약을 체결하는 것이 그 예이다.
④ 합병: 여러 조직이 자원을 통합하고 연대하는 것을 말한다. 예를 들면 기업합병이 있다.

3) 조직이 환경에 미치는 영향

조직은 환경의 영향을 받기도 하지만, 조직과 환경은 서로 영향을 주고받는 상호 동태적 의존관계이다. 행정조직은 계획적·의도적으로 사회변동을 유도하기도 하며, 이 경우 조직은 사회변동 담당자로서의 역할을 할 수도 있다. 특히 1950년대 생태론·체제론 이후 조직과 환경은 끊임없이 상호작용하면서, 지식·정보·에너지를 교환하는 동태적 상호작용관계에 있다는 개방체제적 인식이 확산되고 있다.

8. 제3부문 조직

1) 공공서비스 주체의 범주에 대한 이해

공공서비스 제공과 관련된 사회의 영역을 순수한 공적 업무를 수행하는 정부부문(제1섹터)과 이윤추구를 목표로 하는 민간부문(제2섹터)을 일직선상의 양 끝에 두었을 때, 이 스펙트럼의 중간에 위치하는 부문을 제3섹터나 제3부문 조직이라고 한다.

2) 책임운영기관(Executive Agency)

(1) 의 의

책임운영기관이란 정부가 수행하는 사업 중 공공성을 유지하면서도 경쟁원리를 도입하여 운영

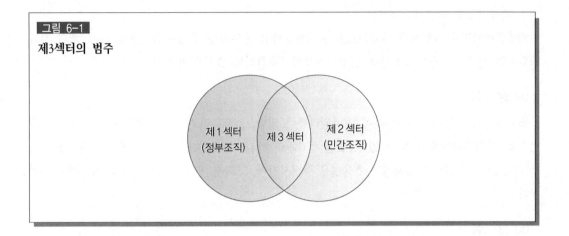

그림 6-1
제3섹터의 범주

제1섹터
(정부조직)

제3섹터

제2섹터
(민간조직)

하는 것이 바람직한 사업에 대해 책임운영기관장에게 운영 및 예산의 자율성을 부여하고 그 운영성과에 대해 책임을 묻는 제도를 말한다.

책임운영기관은 관료제의 계층제적 조직구조와 경직적 운영방식으로 발생하는 단점을 극복하고, 공공서비스를 탄력적이고 국민중심적으로 제공되도록 변화시켜 효율적 자원관리를 이룩하려는 데 목적이 있다.

(2) 배 경

책임운영기관은 민간기업의 방식을 도입하고 정책결정과 집행기능을 분리하는 조직이원화 전략을 사용하며, 운영 및 예산사용에 대하여는 재량권을 부여하고 책임을 강조하는 신공공관리론(NPM)의 조직원리에 따라 등장하였으며, 이는 성과중심 정부 실현의 한 방안이다.

'책임운영기관의 설치·운영에 관한 법률'에 근거하여 1999년부터 시범사업이 실시되었으며, 당초 국립영상간행물제작소, 국립중앙극장, 국립의료기관 등 10개 기관이 지정되었으나, 현재 확대 운영되고 있다.[5]

(3) 특 징

책임운영기관은 공익적인 측면 때문에 민영화하기 어려운 기능을 정부가 직접 수행하기 위하여 조직의 이원화 전략을 취한다. 즉, 정책결정과 집행, 통제와 서비스를 구분한 뒤, 이 중 집행과 서

---

5 책임운영기관과 유형분류(책임운영기관의 설치·운영에 관한 법률)
  〈사무 성격에 따른 분류〉
  (1) 기업형 기관: 특별회계 운영 ① 재정수입 중 자체수입의 비율이 2분의 1이상인 기관 ② 자체수입의 비율이 2분의 1미만인 기관 중에서 자체수입의 성격, 자체수입 확대의 잠재성 등을 고려하여 책임운영기관운영위원회가 기업형 기관으로 운영할 필요가 있다고 심의·의결한 기관
  (2) 행정형 기관: 일반회계 운영 ① 사업적·집행적 성질의 행정서비스를 제공하는 기관 ② 성과측정이 가능한 사무를 주로 수행하는 기관

비스 제공기능을 담당하게 된다.

책임운영기관은 기관장만 계약직으로 공개채용하고 공무원을 그 소속직원으로 하며, 매년 성과계획서와 성과보고서를 작성하여 행정자치부평가위원회의 평가를 받는다.

(4) 장 점

책임운영기관제도는 공공부문에 경쟁원리를 도입함으로써, 기관운영의 효율성을 증진시킬 수 있으며, 재정자립도를 높일 수 있다. 또한 성과관리방식의 채택을 통해 기관운영의 자율성을 확보할 수 있고, 정책집행의 신축성과 효율성을 증진시키며, 고객에 대한 서비스 품질의 향상에도 기여한다.

(5) 단 점

책임운영기관은 결정기능과 집행기능이 이분화 되어 정책집행과정의 경험이 정책결정과정으로 반영되는 환류의 흐름이 방해되고, 거래비용이 확대될 수 있다. 또한 이 제도 성공의 전제요건인 객관적인 성과평가제도가 마련되지 않는다면 책임성 확보에도 문제가 발생할 수 있다. 공적 분야에 시장원리를 도입한 것이므로 공공서비스가 지녀야 할 덕목인 형평성과 안정성이 저하될 가능성이 있다.

(6) 개선방안

(가) 기관장 임명의 공정성

우선 기관장을 채용함에 있어 정실을 배제하고 실적에 근거한 공개채용을 원칙으로 해야 한다. 또한 기관장에 대한 책임기준을 명확히 하여, 일정한 성과를 달성하는 경우 강력한 인센티브를 보장해 주어야 한다.

(나) 자율성 확대와 합리적 통제

조직 및 인사관리에 자율성이 확대되어야 하고, 조직에 대한 평가는 각 소속중앙행정기관에 설치된 운영심의회와 행정자치부에 설치된 평가위원회가 이중으로 평가하는 등 성과평가체제가 이

기업형 기관(14개)	행정형 기관(24개)
국립재활원, 국립목포병원, 국립서울병원, 국립나주병원, 국립공주병원, 국립부곡병원, 국립춘천병원, 국립마산병원, 경찰병원, 국립중앙과학관, 대산지방해양항만청, 국립자연휴양림관리소, 국립과천과학관, 특허청	경인지방통계청, 동북지방통계청, 호남지방통계청, 동남지방통계청, 충청지방통계청, 국방홍보원, 국립중앙극장, 한국정책방송원, 해양경찰정비창, 국립국제교육원, 항공기상청, 국토지리정보원, 울산지방해양항만청, 국립과학수사연구원, 국립종자원, 국립현대미술관, 국립축산과학원, 국립산림과학원, 국립수산과학원, 국립원예특작과학원, 통계개발원, 국립문화재연구소, 한국농수산대학, 국립생물자원관

〈기관의 지위에 따른 분류〉
(1) 소속책임운영기관: 중앙행정기관의 소속기관으로서 책임운영기관으로 설치된 기관
(2) 중앙책임운영기관: 정부조직법 제2조 제2항의 규정에 의한 청으로서 책임운영기관으로 설치된 기관

원화되어 있으므로 합리적 개선방안이 필요하다.

예산 및 회계관리에도 자율성이 확대되어야 한다. 현재는 이용 및 전용범위를 매 회계연도마다 중앙행정기관의 장과 기획예산처 장관이 협의하여 결정하는 등 책임운영기관의 예산 및 회계관리의 자율성이 부족하다는 문제가 있는바, 합리적 개선방안이 필요하다.

(다) 고객 대응성 제고

책임운영기관제도는 고객의 수요에 부응하는 공공서비스를 효율적으로 제공하기 위한 제도이다. 따라서 성과의 향상 정도를 지속적으로 체크할 뿐만 아니라, 고객만족 행정구현을 위한 기관 자체의 개편과 구성원의 인식제고 노력이 필요하다 할 것이다.

3) 정부위원회

(1) 개 념

정부위원회는 단독제 조직에 대응하는 조직구조로서, 계층제 조직의 경직성을 완화하고 민주적 결정을 촉진하기 위하여 대등한 지위를 가진 복수위원들 간의 합의를 통해 정책을 결정하고 집행하는 합의제 행정기관을 가리킨다.

(2) 등장배경

전통적 행정학 시대에는 물질의 양적 생산의 증대가 시장과 정부의 목표였으므로 능률성이 강조되었다. 이 시대에는 표준화되고 획일적이며 중앙집권적이고 권위적인 관료제가 목표달성에 타당한 조직형태였다.

하지만 최근의 거버넌스 시대에는 정책결정과정에서 정부위원회에 대한 의존도가 높아지고 있다. 아직 학문적으로 합의가 이루어져 있지는 않지만 거버넌스는 다양한 주체 간의 대화, 협상, 조정을 통한 타협과 동의에 더 큰 가치를 두고 있다(이명석, 2002). 정부와 시민사회 간의 상호작용적 관점에서 '함께 방향잡기'(*co-steering*), '함께 규제하기'(*co-regulation*), '함께 안내하기'(*co-guidance*) 등이 거버넌스, 특히 뉴거버넌스 논리의 핵심(Kooiman, 1993)이라고 할 때, 정부위원회는 국가와 사회체제 내의 다양한 행위주체들이 자율성을 가지면서 수평적 네트워크를 구축하는 국정운영방식을 구현하는 데 기여할 수 있다(오석홍, 2002).

(3) 유 형

(가) 자문위원회

자문위원회는 특정의 개인 또는 조직전체의 자문에 응하는 합의제 조직인데 헌법·법률·대통령령에 근거하여 설립되고, 결정은 정치적 영향력은 있으나 법적 구속력은 갖지 못한다. 자문위원회의 위원은 대외활동이 많은 인사보다는 연구에 많은 시간을 할애할 수 있는 인사가 적합하며, 자료

수집과 분석을 위한 충분한 보조인원이 필수적이다. 그 예로 정부혁신위원회, 정책기획위원회, 국가균형발전위원회, 세계화추진위원회, 21세기위원회 등을 들 수 있다.

(내) 조정위원회

조정위원회는 상이한 여러 의견이나 입장을 조정·통합하여 합의에 도달하려는 목적으로 설치된 합의제 조직인데, 결정은 법적 구속력을 갖는 경우와 갖지 않는 경우가 있다. 우리나라의 중앙노동위원회와 중앙환경분쟁조정위원회의 결정은 법적 구속력을 갖는 경우이고, 중앙수산조정위원회의 결정은 법적 구속력이 없는 경우이다.

(대) 행정위원회

행정위원회는 행정관청으로서의 성격을 가진 합의제 조직이며 법률에 의해 설립되며, 정책결정 및 집행에 대한 권한과 책임을 가지고 결정은 법적 구속력을 가진다. 행정위원회는 상설사무기구가 있고, 상임위원이 배치되어 있으며 독립성을 가진다는 특징이 있다. 그 예로 소청심사위원회, 국세심판소 등을 들 수 있다.

(4) 장 점

(개) 행정의 전문성 제고

정부위원회는 그 분야의 전문가를 구성원으로 하므로 정부위원의 선정이 공정하게 이루어진다는 전제가 성립한다면, 민간의 전문적인 지식과 경험을 활용할 수 있어 행정의 전문성을 제고할 수 있다.

(내) 행정의 민주성 도모

정부위원회는 시민과 시민대표 등 정책대상집단의 참여와 통제와 합의에 기초하여 정책을 결정한다. 이는 국민투표나 국민소환처럼 간접민주주의의 한계를 보완할 수 있는 직접민주주의 수단의 하나가 될 수 있다.

(대) 행정의 합리성 도모

정부위원회의 합리적이고 합목적적인 역할수행을 위해서는 다양한 부처 또는 부서의 대표자가 참여하게 되고, 위원회와 행정부서 간 업무의 협조가 필요하므로 부처 간 교류증진, 부처 간 할거주의 타파에 기여할 수 있다. 또한 조직 간 연계와 상호학습의 과정에서 학습조직이론 현실화의 한 방안이 될 수 있다.

(5) 단 점

(개) 거래비용의 증대

위원회 조직에는 많은 의사주체가 참여하므로 많은 의사결정점(*veto point*)이 있게 된다. 이는 정책과정이 보다 복잡해짐을 의미하므로 이에 따른 조정비용과 감독비용과 같은 거래비용이 증가하게 된다.

(나) 책임성 확보 곤란

위원회 조직은 기본적으로 여러 사람이 합의를 거쳐 결론을 도출해야 하므로 회의시간의 연장, 회의개최빈도 증가와 같은 의사결정의 신속성을 저해하는 요인 또한 증가하게 된다. 또한, 정책결정의 적시성이나 능률성이 저해될 수도 있으며, 구성원 간의 권한이 동등하고 다원적이어서 책임의 소재가 불분명해질 수 있다.

(6) 우리나라 정부위원회 조직의 개선방안

(가) 현 황

최근에는 행정에 대한 시민의 참여욕구가 신장되고, 사회가 복잡해지고 변화의 속도가 빨라지며, 이해관계가 다양해짐에 따라 행정의 전문성에 대한 요구가 증대되었다. 정부위원회는 이러한 행정환경의 변화에 적응하기 위한 필요성에서 설립되기 시작한 제3부문 조직형태 중의 하나이다.

정부위원회는 다수의 시민단체·전문가 등으로 구성되며 자문이나 조정역할 등을 수행하면서, 행정에 전문성·민주성·합리성을 강화시키는 역할을 수행할 수 있어야 한다.

(나) 문제점

① 행정위원회의 행정기구화

행정위원회는 관청적 성격을 갖고 있어서 일단 생겨나면 사무실과 공무원들이 파견되어 행정기구화 하는 예가 많다. 뿐만 아니라 위원회가 설치되어 있지만 정작 중요한 결정은 사실상 공무원에 의하여 이루어지는 경우가 많다는 문제점이 있다(이종수, 2003).

② 자문위원회의 형식화

자문위원회는 논란이 있는 대규모 정부사업에 대한 정당성 확보와 책임회피수단으로 활용하는 측면이 강하다. 예를 들면 김대중 정부의 동강 댐이나 새만금 간척사업 등에서 보듯이 논란이 되는 문제를 위원회를 통하여 활용하고자 했다.

③ 한시적 위원회의 항구화

부처의 권력을 증대시키려는 목적과 뚜렷한 종결메커니즘의 결여를 원인으로 하여 위원회의 정비가 제대로 이루어지지 않고 있으며, 일 년에 한 번도 회의를 하지 않는 '식물위원회'가 과다하게 존재하고 있다.

④ 위원회 위원의 복수위원회 겸직

정부위원회는 정부부처의 기관장 독단에 의해 정책이 좌우되는 것을 막고, 정책과정에 시민·시민단체·전문가의 참여를 촉진하여 행정의 전문성과 민주성을 살리려는데 그 취지가 있다. 그러나 각 부처의 세 불리기 경쟁이나 책임회피수단으로의 활용을 원인으로 하여 정부위원회는 우후죽순으로 늘고 있는데, 전문가의 인력풀은 그 수요만큼 존재하지 않아 한정된 민간전문가나 교수들이 복수의 위원회에 중복 참여하고 있다는 문제점이 있다.

⑤ 정부부처와 위원회 간 기능갈등

정부위원회들이 정치적인 명분론 하에 관련 부처와의 업무조율이나 기능조정을 명확히 하지 않은 상태에서 성급하게 난립되고 있고, 정부부처와 위원회 간에 기능분배에 대한 갈등이 있어, 정책과 행정의 전문성과 민주성에 정부위원회가 얼마나 기여하고 있는지에 대해 많은 논란이 있다.

㈐ 개선방안

① 행정위원회의 독립성 확보

행정위원회는 업무수행상 독립성, 전문성, 합의성이 특히 필요한 경우에 설립되는 것이지만, 현실적으로 정치적, 사회적 관심과 영향이 큰 경우에는 위원장 및 위원의 임명에서부터 자체의 결정에 이르기까지 외부의 영향을 배제하기 곤란하다(이종수, 2003).

행정위원회 독립성의 전제인 인사상 공정성과 중립성을 확보할 수 있도록 위원의 임기보장과 신분보장 강화, 상급관청의 지휘감독권 배제조치가 필요하다. 또한 행정위원회가 업무상의 독립성을 확보하며 제 기능을 다할 수 있도록 행정부서는 간섭과 통제를 줄이고, 대신에 관련 정보나 기술 등을 제공하는 등의 협조를 제공하는 형태의 역할분담 및 관계정립이 필요하다.

② 자문위원회의 형식화 방지

자문위원회의 형식화를 방지하고 책임소재를 분명히 하기 위해서는 임무와 권한의 확립이 우선되어야 한다. 기존의 자문위원회는 단순한 조언, 충고 등을 통한 절차적인 정당성의 확보를 위해서 운용되어온 면이 없지 않다. 따라서 실질적인 영향력을 가질 수 있도록 정부 각 기관들이 일정 부분 위원회의 자문에 따르도록 의무적 장치를 마련하되 관여의 정도와 범위를 명확하게 규정하여야 할 것이다.

③ 위원회 일몰제의 정상적 시행

1998년 기능을 다한 위원회는 자동폐기토록 한 '위원회 일몰제'가 도입되었음에도 불구하고, 우리나라의 정부위원회는 설립은 쉬우나 관리나 폐지는 어려운 것이 현실이다. 이런 폐단을 시정하고 정부위원회의 취지와 목적을 살리기 위해서는 위원회 일몰제의 정상적 활용으로 불필요한 식물위원회나 서류위원회의 존속을 방지해야 한다.

④ 인적 자원의 합리적 충원

정부위원회 활동의 정상화를 위해서는 장기적 관점을 가지고 분야별 전문가를 폭넓게 발굴하려는 노력을 기울일 필요가 있다. 우리나라처럼 단기간에 명망가 위주의 위원회를 만들 경우 위원회는 관료조직의 들러리라는 상징적 의미를 가질 수밖에 없다. 따라서 전문가 인력풀이 확대되어야 한정된 분야의 소수시민사회단체 소속인사만이 여러 위원회에 중복 참여하는 폐단을 없앨 수 있을 것이다.

⑤ 위원회에 대한 시민참여의 확대

정부위원회 구성원에 일정 비율 이상의 시민대표 혹은 정책이해관계집단의 참여와 합의를 기초로 운영함으로써, 정책과정에 시민의 참여와 책임성을 제고하고 행정의 민주성을 강화할 필요가 있다.

4) 공기업

(1) 개 념

공기업(*public enterprise*)이란 국가 또는 지방자치단체가 공공복리의 증진을 위해 기업적으로 운영하는 조직이다. 공기업은 정부에서 결정 또는 승인한 재화·용역을 생산하기 위해 정부주관으로 운영하는 조직으로서, 정규적인 정부조직들보다는 큰 자율성을 누린다(오석홍, 2002).

(2) 이 념

공공성·민주성·기업성·능률성의 확보가 공기업의 4대 운영이념이다. 즉, 공기업은 이윤의 극대화가 일차적 목적이 아니라 국민들의 필수적 행정수요에 맞는 공익증진이 목표가 되어야 하고 (공공성), 공공성 확보를 위하여 민주적 규제와 관리가 필요하며(민주성), 그러나 일정한 수익을 창출해야 하며(기업성), 이를 위해서는 경영과 관리의 합리성(능률성)을 추구해야 한다.

(3) 등장배경

Friedman 교수(1962)는 공기업의 핵심적 등장배경을 제2부문(시장)의 실패라고 보고, 공기업은 이에 대한 보완책으로 등장한 공·사 영역이 혼합된 제3부문 조직 중의 하나라고 설명하고 있다.

공기업의 등장배경을 구체적으로 살펴보면, 수도·전력·통신 등은 사업의 초기비용(*set up cost*)이 지나치게 많이 들기 때문에, 시장에 맡겨놓으면 수지타산이 맞지 않아 공급에 차질을 빚을 수도 있고, 설령 공급되더라도 높은 요금으로 소수만이 이를 사용하게 될 수도 있으므로 이에 공익성을 보장하기 위하여 국가가 공기업을 통해 이를 공급하는 것이다.

우리나라의 경우는 한국전력공사처럼 해방 후 일본인 소유였던 국가기간산업을 국가가 관리하기 위해서, 경제개발시절 포항제철처럼 경제안정과 경제성장을 전략적으로 주도하기 위하여 공기업이 활용되었다. 뿐만 아니라 담배나 인삼처럼 전매사업을 수행하는 공기업을 통해 재정적 수입을 확보하기도 한다.

(4) 종　류

(가) 정부기업

국가로부터 독립된 법인격이 없으며, 정부행정기관과 같은 법의 적용을 받고 같은 정부 조직원리에 의해서 운영되는 공기업을 말한다. 직원은 공무원의 지위를 누리게 되어 근무조건이 일반 공무원과 동일하고, 국회로부터 예산의결을 얻어야 하며 필수감사대상기관이다. 그 예로 정보통신부(체신사업), 조달청(조달사업)이 있다.

(나) 공사형 공기업

공사형 공기업은 국가 또는 공공단체와는 독립된 법인격을 가지며, 자본금 전액을 정부가 투자한다. 임원은 정부에서 임명하고 직원은 공무원은 아니지만 준공무원의 지위를 누린다. 정부투자기관관리기본법에 의하여 예산이 운영되며, 감사원의 감사를 받는다. 대한석탄공사나 대한주택공사를 그 예로 들 수 있다.

(다) 주식회사형 공기업

회사법에 의해서 설치되어 독립된 법인격을 갖고, 정부와 민간의 공동출자기관이다. 임원은 주주총회에서 선발되고 직원은 준공무원의 지위를 누린다. 정부투자기관관리기본법에 의하여 예산이 운영되며, 감사원의 감사를 받는다. 그 예로 민영화되기 전 한국전력공사, 국정교과서를 들 수 있다.

(5) 공기업의 문제점

(가) 기회주의적 유인 및 정치화

공기업은 지배구조형성의 토대가 되는 재산권과 소유주체가 명료하게 정의되어 있지 않다. 이 때문에 공기업은 "주인 없는 기업" 또는 "주인 없는 대리인"이라고 불리기도 한다.

소유권이 약화되어 있는 공기업의 소유구조적 특징으로 인하여 공기업의 관리자들에게는 재산가치를 유지·관리·증식하려는 동기나 유인이 결여되어 있다. 뿐만 아니라, 공기업 종사자들은 자기이익 추구의 수단으로 공기업을 활용하기도 한다.

공기업은 임명권자에게 책임을 지는 임명직 경영인에 의해 운영되므로, 의사결정과정에서 정치적 개입의 가능성이 열려 있다. 따라서 서비스 공급에 관한 제반결정이 경제적 타당성이 결여된 채, 정치적 동기에 의해 이루어지는 문제가 발생하게 된다.

(나) 경쟁 및 시장규율의 결여

공기업은 일반적으로 독점적 시장구조를 형성하고 있으며, 정부로부터 재정지원을 받는 경우가 많아서 경쟁 및 시장규율이 결여되어 있다. 그럼에도 불구하고 수익을 내지 못할 경우에도 기업의 존립에 위협을 받지 않으므로 경영효율화에 대한 동기부여가 잘 이루어지지 않는다. 또한 법적 독점에 의해 영업상 지위가 보호되고 안정된 시장이 확보되기 때문에 기술혁신이나 원가절감에 대한 동기 또한 부족하다. 따라서 종업원들의 안일한 근무자세, 방만한 기업문화, 경영진의 능력부족과 같은 X-비효율성[6]이 발생할 수 있다.

(다) 가격기능의 부재

공기업의 경우 시장을 통한 가격기능이 실질적으로 거의 작동하지 않으므로, 이로 인해 초래되는 비효율을 막을 수 없다.

(6) 우리나라 공기업의 민영화

(가) 공기업의 한계와 민영화의 필요성

공기업은 국민의 대리인인 정부가 다시 대리인에 의한 경영을 하기 때문에 주인 없는 경영이 되어 방만해지기 쉽고 그것이 비효율을 가져오는 가장 큰 문제점인 것으로 지적되고 있다. 공기업이 얼마나 비효율적인지를 수치로 측정하기란 쉽지 않다. 공기업의 특성상 독과점체제를 보장받고 정부의 보조를 받아가며 이익을 올리고 있는 공기업이 있는가 하면, 공공성을 강조하는 요금체계 때문에 손실을 입기만 하는 공기업도 있기 때문이다. 결국 정부가 수행하는 공공사업 중 기업성을 지닌 사업을 수행하기 위해 만들어진 제3부문 조직 중의 하나인 공기업이 그 이념을 제대로 수행하지 못하고, 시장의 체질을 약화시키거나 비효율의 온상이 되고 있는 현실을 타개하기 위한 방안으로 민영화가 제기된 것이다.

(나) 공기업 민영화 정책의 의의

공기업 민영화 정책은 공기업의 공적 소유권이나 정부의 규제활동을 민간부문으로 전환시키기 위해 정부가 취하는 일련의 활동을 말한다. 공기업 민영화 정책은 1) 소유구조의 개선, 2) 경쟁요소의 도입, 3) 정부규제의 완화 등 세 가지 측면에서 합리적으로 진행되어야 한다.

첫째, 민영화는 소유권의 변화를 의미한다. 이때 완전 사적 소유권과 완전 공적 소유권 중에서 하나를 선택하기보다는, 부분적 민영화 방안을 택하여 기업이윤 극대화와 사회후생 극대화 사이에 조화점을 모색하는 것이 바람직하다.

둘째, 민영화는 경쟁요소의 도입을 의미한다. 민영화의 결과 공기업의 독점과 공공소유를 줄이면 경쟁상황이 되고, 비효율을 제거하고 성과를 높이려는 인센티브도 높아진다.

---

6 미국의 경제학자 Harvey Leibenstein(1978)은 X-효율성 이론에서 전통적으로 경제학에서 강조되어온 자원배분의 효율성보다는 조직운영의 효율성이나 개인의 열성이 경제적 성과의 차이에 더 크게 작용한다고 주장한다. 즉, 마지 못해 일하거나, 열심히 일할 필요가 없는 조직에서 낮은 성과를 내는 것을 'X-비효율성'이라고 하는데 조직운영에 비능률적인 요소가 있거나, 독점기업처럼 최선을 다할 이유가 없는 조직에서 나타나는 현상이다. 경쟁이 없고, 성과를 객관적으로 측정하기 어려운 공공조직은 X-비효율성이 커질 위험이 다분하다.

셋째, 민영화는 종전의 공적 소유를 대신할 수 있는 새로운 규제장치의 등장을 의미한다. 새로운 규제
 장치의 큰 줄기는 규제완화이다. 완화된 제도 자체가 시장구조를 경쟁체제로 전환시키고, 효율
 성을 향한 인센티브가 될 수 있어야 하는 것이다.

(다) 공기업 민영화 정책의 발전방향

공기업 민영화 정책은 경영의 투명성, 성과성, 책임성 등을 보장하는 기조 위에서 경쟁이 촉진하
는 방향이 되어야 한다(이두한, 1999: 14-15).
 정책의 개선방향은 다음과 같이 생각해 볼 수 있다.

첫째, 선진국의 경험을 보거나 우리 경제의 재벌구조를 감안하면 대규모 공기업의 민영화에 있어 가장
 중요한 점은 기업가치 극대화이다. 규제법령, 시행령 등 간섭의 근거를 제거하고, 이사회 기능의
 활성화, 상장 등을 통하여 경영진을 견제, 감시하는 투명한 지배구조를 확립하여, 책임 있는 경영
 체제를 구축하도록 정책을 추진해야 할 것이다(소유구조의 개선).
둘째, 경쟁촉진을 위하여 민영화 이후 가격규제 등 공익적 규제장치를 개발하여 경쟁이 존재하지 않는
 부분에 경쟁요소를 도입할 필요가 있다(경쟁요소의 도입).
셋째, 기존의 공·사 이원화된 집행체제를 민간부문 일원적 집행체제로 전환하는 한편, 공기업 부문의
 경쟁을 촉진하고 정부규제를 완화할 필요가 있다(정부규제의 완화).

5) NGO

(1) NGO의 개념

비정부조직(NGO: Non-Governmental Organization)은 공익추구라는 조직목표를 달성하기 위해
시민의 자발적 참여에 의해 결성되는 제3부문 조직이다. 최근에 시민사회의 성장으로 공공부문에
있어서 정부활동에 대한 감시와 통제의 역할에 대한 관심이 높아지면서 NGO의 역할과 중요성이
커지고 있다.
 비정부조직은 자발성과 비영리성, 자치적 조직, 지속적 조직과 같은 특성을 지니며 유사개념으
로는 비영리단체(NPO: Non-Profit Organization), 자원조직, 제3영역, 그림자국가 등이 있다(오
석홍, 2013).

(2) NGO의 등장배경

(가) 정부와 시장의 한계

정부와 시장에 의한 공공서비스의 생산 및 공급이 정부실패, 시장실패로 인해 그 한계를 드러내
자, 이를 보완하기 위해 제3부문으로서의 NGO가 등장하게 되었다.

(나) 시민사회의 성숙

산업사회의 물질적 욕구의 충족 및 민주화의 성장에 따라 시민들의 의식수준이 상승하게 되어, 개인의 다양한 요구와 이익이 분출되었다. 또한, 인터넷의 발달에 기인한 정보화 사회의 빠른 진전으로 의사표현의 통로와 방법이 많아지게 되었다. 정부와 시장에 의해 대변되지 못하는 이러한 각계각층의 요구들을 대표하고, 그들의 이익을 표출하고 보호받기 위해 NGO가 등장하게 되었다.

(3) NGO와 정부의 관계

NGO는 정부 또는 행정과 다양한 부분에서 관계를 가지고 상호작용하게 되는데 정부에 대해 어떤 입장을 취하는가에 따라 갈등형과 협력형으로 구분되며 이 유형에 대해 정부가 어떤 입장을 취하는가에 따라 4가지 관계유형으로 나누어지는데 간략히 살펴보면 다음과 같다(오석홍, 2013: 828).

(가) NGO의 역할유형

① 갈등형(비판형)

기존의 제도나 정부정책을 변동시키기 위해 정부의 정책이나 활동을 비판하며 대립적 행동을 하는 유형으로서, 노동단체, 인권단체 등이 있다.

② 협력형(지지형)

공공문제의 해결이나 서비스 제공을 위해 정부와 협력적 관계를 유지하는 유형이다. 적십자사와 같이 인도주의적 활동을 하는 단체들이 주로 이러한 유형에 속한다.

(나) 정부와의 관계유형

이러한 두 가지 유형의 NGO의 활동에 대해 정부가 어떤 대응을 하는가에 따라 양자의 관계를 다음의 4가지로 유형화할 수 있다.

첫째, 포용적 관계는 갈등형 NGO의 요구를 정부가 적극적으로 수용하는 경우 포용적 관계가 형성된다.
둘째, 갈등적 관계는 갈등형 NGO의 주장을 정부가 수용하지 않을 경우 갈등적 관계가 형성된다.
셋째, 협조적 관계는 협력형 NGO의 요구를 정부가 수용하고 지원하는 경우 협조적 관계가 형성된다.
넷째, 지배적 관계는 협력형 NGO를 정부가 지배적 위치에서 통제하는 경우 형성된다.

(4) NGO의 역할 및 한계

(가) 역 할

NGO는 행정과정에서의 다양한 시민들의 참여를 촉진하여 행정의 효율성을 높이거나, 정부와의 파트너십을 형성하고 민주성의 향상 및 거버넌스적 행정에 기여하는 등 여러 가지 긍정적 역할을 한다.

첫째, NGO는 국가권력이나 시장에 대한 비판·감시를 하는 통제기능을 수행한다.

둘째, 공공서비스의 생산과 제공을 한다. 사회적 수요는 있으나, 영리단체나 정부에 의하여 생산되지 않고 있는 공공서비스의 생산을 통해 정부나 시장의 부족한 부분을 보완한다.

셋째, 민주적 토론과 학습의 장을 마련한다. 시민단체활동에 시민이 참여하는 과정에서 공적인 문제와 관련하여 토론하고 학습하는 장을 제공함으로써, 민주적 덕성 및 태도의 함양을 통한 성찰적 시민의 양성에 기여한다.

넷째, 정부정책에 대한 시민의 의견전달 및 반영을 통해 정책과정의 민주성 제고에 기여한다.

다섯째, 시민단체가 가진 전문성을 살려 정책과정에 참여함으로써 정책의 효율성을 제고할 수 있다.

(나) 한 계

NGO의 한계 및 문제점을 NGO 자체의 문제점과 정부 측면의 문제점으로 나누어서 살펴보면 다음과 같다.

① NGO 자체의 문제점

㉠ 영향력의 불균형

규모가 큰 NGO와 작은 NGO는 정책과정에서의 영향력 관계가 불균형하여, 정책과정에서 일반시민 혹은 규모가 작은 NGO의 의견보다는 규모가 큰 NGO의 의견이 "과다대표"되는 문제가 있다.

㉡ 대표성의 문제

시민의 자발적인 참여가 미흡하고, 조직의 형성과 운영이 집권적이고 권위적인 경우가 많다. 따라서 조직의 의사가 시민의 의사를 반영하지 못하고, 임직원 및 상위관계자들의 의사만을 반영하는 문제가 있다.

㉢ 독립성의 문제

NGO는 시민들의 참여가 미흡하여 회비의 납부에 의한 재정충당이 부족한 상황이므로, 재원 측면에서 정부와 기업에 대한 재정적 의존도가 심한 편이다. 이와 같은 정부·기업과 비정부조직 간의 경제적 연결고리는 정부와 기업에 대한 진정한 비판과 압력단체로서의 NGO의 기능을 약화시키게 된다.

㉣ 전문성의 부족

NGO는 조직, 인력, 재원, 운영 측면에서 아직 미성숙한 상태이다. 그 결과 전문적인 역량이 부족하게 되어 원래의 역할수행에 미숙함을 보이는 한계를 나타내기도 한다.

② 정부 측면의 문제점

㉠ NGO에 대한 시각과 인식

정부부처에서는 아직도 비정부조직을 정책과정에 있어 함께 나아가야 할 동반자나 협력자로 인식하기보다는 정책과정의 불평제기자 정도로 인식하고 있다는 데 문제가 있다.

ⓒ 구색 맞추기용 수단으로 인식

특정 정책에 대한 지지 확보를 위해 형식적으로 NGO를 동원하여 정책과정에 참여시키고, 외형적인 구색 맞추기용으로 인식하는 경향이 강하다. 또는 정책에 대한 책임회피의 수단으로 이용하는 경우도 많다.

(5) NGO의 개선방향

NGO의 개선방향을, 위에서 살펴본 문제점에 대응하여, NGO 자체의 과제와 정부 측면의 과제로 나누어서 살펴보면 다음과 같다.

㈎ NGO 자체의 과제

① 대표성과 독립성의 확보

NGO가 본래의 역할에 제대로 수행하기 위해서는 시민들의 자발적인 참여가 많아져야 하며, 경제적·정치적 독립성이 전제되어야 한다. 따라서 시민들의 참여를 제고시키기 위한 홍보활동 및 교육활동을 강화하고, 이를 통해 회비에 의한 재정충당이 가능해지도록 함으로써 정부 또는 기업의 지원 때문에 예속되는 현상이 발생하지 않도록 해야 한다.

② 전문성 제고를 통한 역량 강화

NGO가 정부로부터 진정한 파트너로 인정받기 위해서는 해당 영역의 정책에 대한 대안을 제시할 수 있는 전문성을 확보하고 있어야 한다. 그러기 위해서 NGO는 해당 분야의 전문직 자원봉사자의 활동을 유인할 수 있어야 하고, 전문성 확보를 위한 내부교육도 진행해야 한다. 뿐만 아니라 관련 NGO 간의 연대와 정부와 민간의 정책전문가들끼리의 네트워크 형성을 통한 교류확대 등의 시도가 필요하다.

③ 투명성과 책임성 확보

NGO가 일정의 특혜를 받으며 활동하면서 시민에 대한 대표성, 정책역량에 대한 전문성, 재정에 대한 투명성, 조직의 운영과 의사결정과정에서의 민주성에 대한 의심을 받는다면, 정부와 시민으로부터 외면받게 될 것은 자명한 일이다. 따라서 NGO 스스로도 활동이나 운영상의 정보를 공개하는 등 투명성을 입증할 수 있어야 할 것이다.

㈏ 정부 측면의 과제

① 진정한 동반자로 인식

정부는 NGO를 바라볼 때 잔소리가 많은 시어머니 같은 존재로 보는 관점에서 벗어나, 정부실패의 치유와 정책역량 강화를 위한 진정한 파트너로 보는 인식의 전환이 필요하다. 정부와 NGO 등의 정책네트워크는 성공적인 행정을 위해 필수적인 거버넌스 시대의 대세이기 때문이다.

② 지원방식의 변화

NGO가 건전하게 성장하여 제 역할을 잘 해낼 수 있는 방향으로의 지원방식 변화가 필요하다. 본질에 충실한 NGO만이 생존할 수 있도록 최소한의 제도적 장치를 통한 관리가 필요하며, 재정적 지원을 할 때도 일방적 지급방식이 아닌 활동의 성과와 연계하는 등 인센티브식 지원이 바람직하다. 이와 함께, 최대한 활동의 독립성을 보장해야 한다.

(6) 결 어

지식정보사회로 향하고 있는 이 시대에 현대행정은 거버넌스를 표방하고 있다. 복잡성과 다양성과 불확실성을 더해가는 시대상황에서 현대행정은 보다 전문적이고 민주적인 방향으로 나아가야 한다. NGO는 본래의 기능을 제대로 발휘한다면 행정에 민주성과 전문성에 긍정적으로 기여하는 데 많은 역할을 할 수 있다. NGO 실패라고 불리는 부작용이 나타나고 있기는 하지만, 이를 포기하거나 방치할 수 없는 이유가 여기에 있다. 따라서 정부와 NGO는 서로의 존재와 역량을 인정하고 상호의존적이고, 발전적인 관계구축을 통해 효과적인 정책네트워크를 만들어 나가야 하며, 각자의 핵심적인 역량을 강화하기 위한 자발적이고 지속적인 노력을 계속해야 할 것이다.

6) 요약 및 결론

인간은 사회적 동물이다. 인간의 사회생활의 장(場)이 조직이라고 할 수 있다. 행정학의 차원에서 다루는 조직은 특정 목표를 합리적으로 실현하는 수단인데, 분업의 원칙에 따라 편성되고 비정의성 및 보편성을 띤다.

조직을 설명하기 위한 변수로는 사람·조직·환경 등 세 가지를 들 수 있는데, 조직관은 구조에 중심을 두던 관료제 모형과 사람에 중심을 두던 행태론 모형, 환경에 중심을 두던 체제론 모형의 순으로 발전되어 왔다.

A. Ezioni는 조직을 강제적 조직, 공리적 조직, 규범적 조직으로 나누었고, R. Likert는 수탈적 체제, 자비적 체제, 협동적(자문적) 체제, 참여적 체제로, D. Katz와 R. L. Kahn은 생산적 조직과 적응적 조직, 정치적 조직으로 유형화 했다.

조직은 분업의 원리, 조정·통합의 원리, 계층제의 원리, 통솔의 범위, 명령통일의 5대 원리에 의하여 구성된다. 이러한 원리에 의해서 구성된 조직은 외면성, 인위성, 공식성, 능률성을 지니는 공식적 조직이고, 공식적 조직 내부에는 내면성, 자생성, 비공식성, 정의성을 지니는 비공식적 집단이 존재한다. 비공식적 집단은 공식적 조직과 갈등관계를 형성할 수도 있고 조화관계를 형성할 수도 있는바, 조직지도자의 관심과 포용을 통해 공식적 조직의 목표달성에 순기능을 발휘할 수 있도록 활용할 필요가 있다.

단순한 산업시대에는 행정수요도 단순했고, 조직의 전통적 5대 원리에 근거한 단일적이고 계층적인 관료제 조직으로 이에 부응할 수 있었다. 그러나 새로 도래한 지식정보사회에서는 행정수요가 복잡·다양하고 참여에 대한 욕구와 관심이 증대되어 기존의 조직으로는 이에 대응할 수 없으므로, 이를 보완하기 위해 기존의 정부조직에 자율성을 부여한 책임운영기관, 민주성을 추가한 형태의 정부위원회, 기업성을 추가한 공기업의 새로운 제3부문 조직이 등장하였다. 또한 NGO는 민간부문의 제3부문 조직으로서, 행정에 전문성과 민주성을 더해주며 정부와의 거버넌스 파트너로서의 역할을 하고 있다.

현대조직이론은 유기체적 개방체제모형을 요구하고 있다. 현대사회는 점점 다변화되고 그 속도도 빨라지고 있다. 지금까지의 경직된 조직구조와 사고로는 이러한 빠른 사회변화에 적절히 대응하기 어렵다. 기존의 과업이나 조직을 중요시하는 행정체제는 일관된 목표수립과 집행은 용이하게 할 수 있었으나, 변화과정의 사회체제에서 다양한 시민의 요구는 충족시키지 못하고, 특정 집단의 특정 요구만을 충족시키는 불균형을 조장할 가능성이 있다.

지식정보사회의 다원화·세계화·지방화의 추세에 조직이 제대로 대처하기 위해서는 변화에 효과적으로 대응할 수 있는 유연한 조직모형에 관한 연구가 필요하다. 또한, 거버넌스의 참여 및 네트워크 추세에 조직이 제대로 대처하기 위해서는 정책네트워크 강화를 통해 다양한 참여의 확대가 이루어질 수 있는 분권적 조직모형에 대한 연구가 필요하다.

이는 조직동태화의 개념을 지식정보사회라는 시대적 환경의 역동성에 적용시킨 것으로 이해할 수 있는데, 이러한 조직형태에 부응하는 모형으로서는 팀 조직, 프로젝트 조직, 프로세스 조직, 네트워크 조직, 학습조직, 비전구동형 조직, 매트릭스 조직 등이 있다. 제3절에서는 이러한 개념의 조직의 동태화를 학습하기로 한다.

제3절 조직의 동태화

1. 조직동태화의 의의

1) 개 념

조직의 동태화란 경직된 수직적 구조의 조직을 유연한 수평적 구조의 변혁적 조직으로 전환시켜 문제해결중심의 협력체제를 구성함으로써, 변화하는 환경에 신축성 있게 적응하고 계속적으로 새로운 행정수요를 충족시키는 조직으로의 동태적 변화를 의미한다.

A. Toffler(1970)는 이러한 조직형태를 유동성 조직(*adhocracy*)이라고 지칭하였는데, 이는 한시적 조직으로서 관료제를 대체하는 임시적·역동적·유기적 조직의 형태를 의미하였다. 또한 W. Bennis(1966)는 이러한 조직형태를 "다양한 전문적 기술을 가진 집단이며, 해결해야 할 문제를 중심으로 조직된 적응력이 강하고 임시적인 조직체제"라고 정의하였다.

조직이론의 발달과정에 있어서 조직의 동태화 개념이 중요하게 부각된 것은, 조직이론의 상황론과 체제론이 등장하면서 조직과 환경의 동태적 맥락이 중요한 변수로 등장했기 때문이다. 조직구조론이 구조적 측면을 강조하고, 조직행태론이 행태적 측면을 강조했다면, 조직체제론은 환경의 동태성을 강조하고 있다.

2) 필요성

C. Argyris(1957)는 조직의 3대 목표를 1) 외부환경에의 적응, 2) 조직목표의 추구, 3) 내부체제의 유지를 들고 있는데, 지식정보사회의 급변하는 환경 속에서 조직이 생존하고, 목표를 달성하기 위해서는, 빠른 속도의 환경변화에 신축성 있게 적응해야 하고, 이를 위해 조직은 동태화 해야만 한다.

2. 조직동태화의 효용과 한계

1) 효 용

조직의 동태화 방안으로 제시되는 유동성이 강한 조직들은 다양하며 변화가 심하고 불확실성이 큰 환경에 신축성 있게 적응하는데 유리하므로, 조직의 초기발전단계나 개혁·혁신 실행에 특히 효과적이다. 뿐만 아니라 전문화되고 이질적인 여러 전문지식이나 기술들을 통합하는 데에도 유리한 조직형태이다.

2) 한 계

조직의 동태화 방안으로 제시된 유동성이 강한 조직은 상위자와 하위자 간의 명확한 구분과 계층이 없다는 구조적 특성 때문에, 책임의 소재가 불명확하고 갈등이 불가피하여 조정과 통합 및 의사소통비용이 과다하게 든다는 한계가 있다. 또한 구성원들은 유동적이고 불안정한 업무환경에 적응해야 하므로 심리적 불안감을 갖게 된다.

3. 조직동태화의 방향

1) 구조적 측면: 신축성과 융통성 확보

조직의 동태화의 가장 큰 목표는 신축성과 융통성의 확보라고 할 수 있다. 이를 위해서는 고도의 전문적 지식을 가진 사람들을 구성원으로 한다는 특성상 의사결정이 분권적이어야 하고, 업무에 있어서 고도의 수평적 분화가 이루어져야 한다. 또한 개념상 전문성과 자율성이 존중되어야 하므로, 공식적이지 않은 비정형적 업무처리가 허용되도록 하고 규칙과 규제가 거의 없도록 해야 한다. 조직의사결정권의 수평적 분화나 규칙과 규제의 완화 등은 모두 조직의 신축성과 융통성의 확보를 목표로 한다.

2) 행태적 측면: 신뢰성과 민주적 운영

조직과 개인의 관계는 서로에게 도움을 주고받으며, 함께 발전하는 관계라는 인식의 변화가 필요하다. 즉, 개인(행정인)은 사회변동에 적응할 수 있는 새로운 지식·기술을 습득하고 발전지향적·성취지향적 가치관을 확립하여, 문제해결능력·위기관리능력·정책결정능력을 갖추어야 하는 한편, 조직은 상벌이 아닌 능력발전의 목적에 입각한 근무성적평정제도와 교육훈련을 실시하고 정실이 아닌 실적 중심의 인사행정을 실시해야 한다.

3) 관리적 측면: 창조성과 변혁적 관리

인간관에 있어서 통제중심의 X이론에서 자율통제와 계획중심의 Y이론으로의 변화가 필요하다. 이러한 관점의 변화와 함께 목표관리제도, 제안제도, 조직발전 등의 제도들을 통해 구성원의 참여를 보장하는 가운데, 자유로운 상향식 의사전달을 할 수 있는 조직문화의 변화를 도모해야 한다. 이를 위해서는 강력한 의지를 가지고 변화를 이끌어갈 수 있는 변혁적인 리더십이 필요하다.

위에서 살펴본 것처럼 지식정보사회에서 동태화된 조직은 구조상 수평적이고 분권적이며 다원화되어야 한다. 또한 업무수행의 기준과 절차는 합법적이기보다는 상황적응적이어야 한다. 그러나 현재 우리의 정부조직을 보면 아직도 권위주의적, 집권적, 수직적 구조이고 계층의식·파벌의식이 있어 전문가와 임시조직이 효율성을 발휘하기 어려워 조직의 동태화가 저해되고 있는바, 다음에서는 시대적 요청인 조직의 동태화가 어떤 조직의 형태로 실현될 수 있는지에 대하여 살펴보도록 한다.

4. 조직동태화와 다양한 조직형태

지식정보사회의 빠른 환경변화에 신축성 있게 적응하고, 조직이 동태화 하기 위해서 제시된 조직의 대표적 유형들을 간략하게 살펴보면 다음과 같다.

1) 팀 조직

팀 조직이란 상호보완적 기능을 가진 소수의 사람들이 공동의 목표를 달성하기 위하여 상호책임을 공유하고, 문제해결을 위해 공동의 접근목표를 설정하는 조직을 말한다. 환경변화에 따른 신속한 대응을 위한 동태적 조직으로 제시된 유형이 팀(team) 조직이다. 팀 조직의 예로는 올림픽조직위원회가 있으며, 2009년 국가정보원 조직개편에도 팀제가 적용된 바 있다.

2) 프로젝트 조직

프로젝트 조직이란 임시적 성격을 가진 프로젝트를 해결하기 위해 프로젝트 관리자를 선정하여 과제를 해결하고, 팀이 해체되면 원 소속에 복귀하는 형식으로 임시차출되는 것이다. WTO 무역협상단을 예로 들 수 있다. 프로젝트 조직은 팀 조직에 비해 규모도 작고 더 한시성을 띠게 된다.

3) 프로세스 조직

프로세스 조직이란 리엔지니어링에 의하여 기존 경영조직을 근본적으로 다시 생각하고 재설계하여 획기적인 경영성과를 도모할 수 있도록 프로세스(process)를 기본단위로 설계된 조직을 말한다. 여기서 프로세스란 일정한 투입물(input)을 측정가능한 산출물(output)로 전환하는 부가가치가 있는 일련의 활동을 말한다. 프로세스 조직의 대표적인 예로는 기업체에서 식료사업 프로세스 조직을 들 수 있다.

4) 네트워크 조직

네트워크 조직이란 환경이 제공하는 복잡한 문제를 해결하기 위하여 수직적, 수평적으로 개인, 조직 간의 관계를 네트워크로 형성한 조직을 말한다. 조직과 조직 간의 네트워크 형식을 빌려 조직의 비용절감과 조직효율성을 극대화한다. 미국 DHL은 네트워크 형태로 운영된다.

5) 학습조직

학습을 새로운 형태의 노동으로 생산적인 활동의 핵심으로 보는 학습조직은 지식을 창출·획득·확산하는 데 능숙한 조직, 새로운 지식과 통찰력을 반영하여 행동을 수정하는데 능숙한 조직,

그리고 잘못된 지식을 폐기하는 데 능숙한 조직을 말한다. 학습조직의 대표적인 예로는 3M을 들 수 있다.

6) 비전구동형 조직

비전구동형 조직이란 상급자의 명령에 의한 조직운영이 아니라, 상·하급자 상호간의 대화와 질문을 통한 업무의 계획 및 조정으로 미래의 비전을 지향하는 것을 목적으로 하는 조직형태이다. 비전구동형 조직이론은 정보혁명으로 인해 기업을 둘러싼 환경변화 속도가 빨라지고, 기술과 시장수요의 세분화가 진행되고 있는 현대사회에서 피라미드형 조직으로는 그 변화를 감당할 수 없어, 그 대안으로 제시되었다. 미국 디지털 이큅먼트(DEC)사의 컨설턴트 찰스 사베지가 제창하였으며, 일본의 쓰보타 도모미라는 학자가 『멀티미디어 조직혁명』(1994)에서 발전시킨 개념이다.

비전구동형 조직은 다수의 조직원들이 공통의 목표를 공유하며 역할분담을 통해 이를 실현하려 노력한다. 쌍방향으로 정보전달이 이루어지며 생성된 정보는 전원이 공유하고 조직원들 각각의 개성을 존중한다. 이와 대조되는 명령구동형 조직은 소수의 지배자층이 다수의 사람들을 명령·통제·제어한다. 정보는 상위층에서 독점하며 조직원들을 조직의 틀에 맞춘다.

7) 매트릭스 조직

매트릭스 조직은 행렬조직 또는 복합조직이라 불리며, 인사·예산·회계 등의 전통적·기능적 조직과 과제별 프로젝트팀을 결합시킨 조직이다. 이는 역동성, 신축성은 없으나 안정성을 가진 기능적 조직과, 역동성·신축성·전문성을 가진 프로젝트팀의 장점을 입체적으로 살리는 데 목적이 있다.

매트릭스 조직에서는 일상적인 행정적 사항은 종적으로 기능조직관리자의 명령에 따르게 되며, 프로젝트에 관해서는 횡적인 프로젝트 관리자의 명령을 따라야 한다. 즉, 조직구성원이 종적·횡적으로 이중의 상사를 가지며, 이중의 명령체계 속에 존재한다.

매트릭스 조직은 한시적 사업에 신속하게 대처할 수 있고, 인적 자원의 경제적 활용을 통해 융통성과 창의성을 발휘할 수 있는 장점이 있는 반면에, 구조의 이중성으로 책임이나 권한관계가 불명확해질 수 있고, 권력투쟁과 갈등발생의 문제가 발생할 수 있다는 단점이 있다.

5. 요약 및 결론

지식정보사회에서 조직의 동태화 방안으로 제시된 유동성이 강한 조직은 구조상 수평적이고 분권적이며 다원화된 조직이다. 또한 업무수행의 기준과 절차는 합법적이기보다는 상황적응적인 조직이다. 그러나 현재 우리의 정부조직을 보면 아직도 권위주의적, 집권적, 수직적 구조이고, 계층의식·파벌의식이 있어 전문가와 임시조직이 효율성을 발휘하기 어려워 조직의 동태화가 저해되고 있다.

산업시대의 단순하고 안정적인 행정환경 하에서는 관료제가 적합한 조직형태였지만, 지식정보사회처럼 시간·속도·불확실성을 특징으로 하는 동태적이고 유동적인 행정환경에 적용하기 위해서는 조직의 동태화는 조직의 생존과 발전을 위해 필수적인 것이다. 제4절에서는 먼저 산업시대의 관료제 모형을 살펴보고, 이어서 조직의 동태화라는 일반적인 개념이 지식정보사회라는 시대적 요청에 부응하여 어떤 형태의 조직으로 발전되었는지에 대해 학습하도록 한다.

제 4 절   산업사회와 관료제 모형

1. 관료제의 의의

관료제의 개념은 구조적 측면과 기능적 측면으로 나누어서 정의할 수 있다. 관료제의 개념을 구조적 측면에서 정의하면, 많은 분량의 업무를 법령에 따라 비정의적으로 처리하기 위하여 구성된 대규모의 분업체계로, 기능적 측면에서 정의하면 임무를 합리적으로 수행하는 대규모 조직체로 정의할 수 있다.

2. Weber의 관료제 이론

1) 근대관료제: 합법성

M. Weber는 대중산업사회의 능률적이고 이상적인 조직의 구조를 선험적으로 이론화 하였는데, 그래서 Weber의 관료제를 이념형이라고 부르기도 한다. 이념형은 현존하는 관료제의 속성을 일반화해서 정립한 것이 아니라, 관료제의 가장 특징적인 것만 추상화해서 정립한 것을 의미한다. M. Weber는 이러한 이념형의 입장에서 권위의 정당성을 기준으로 세 가지 지배유형, 즉 1) 전통적 지배로서 정당성의 근거가 전통에 있는 것, 2) 카리스마적 지배로서 정당성의 근거가 개인의 비범한 카리스마에 있는 것, 3) 합법적 지배로서 정당성의 근거가 조직의 법령에 있는 것 등 세 가지 유형을 제시하면서, 근대적 관료제는 합법적 지배에 의한 법령에 기초하고 있다고 강조하였다.

2) 보편성과 합리성

Weber는 권한과 책임의 정도에 따라 조직의 직무를 등급화 하고, 상하계층 간에 직무상 지휘, 감독관계가 되는 계층제의 형태로 조직의 구조를 만들어야 한다고 했다. 이러한 계층제의 구조 하에서 권한관계·업무수행방식·관리방법 등은 모두 문서와 법령에 의해 공식적으로 이루어지므로, 구성원 간의 관계는 공식적·비정의적으로 이루어지는 경향이 있다.

Weber 이론의 2대 특성은 보편성과 합리성이다. 즉, 1) 관료제는 보편적이다. 대량 구성원을 포함하고 질서정연한 운영에 의해 조직력이 발휘되는 대규모 조직이면 관료제 구조가 존재하게 된다. 2) 관료제는 합리성을 추구한다. 관료제는 최고의 능률을 발휘하는 조직이라는 것이다.

쉬어가는 코너

웨버 이야기

웨버M. Weber는 행정학의 관료제 모형을 창시한 학자이다. 그는 1864년 독일에서 태어났는데, 그가 살았던 시기에 독일은 산업화의 물결이 거세게 몰려와 농업경제가 붕괴하고 대량생산이 이뤄지고 있었다. 웨버는 이러한 배경 속에서 산업시대에 맞는 조직의 원리가 무엇인지 고심하기 시작했다.

산업화를 통해 대량생산이 이뤄지고, 공식조직이 등장하고 있는 이 시점에 과연 전통적 조직원리는 타당한 것일까? 사회는 새로운 조직을 필요로 하고 있는 것이 아닐까? 새로운 조직원리가 있다면 어떠한 구조를 가져야 하며, 그 원리는 무엇인가?

산업혁명이 진행되는 근대사회에서 그가 찾은 해답은 이제 과거와는 다른 조직원리가 요청된다는 것이었다. 즉, 산업화로 인해 변화된 사회구조 속에서 조직의 기본원리는 능률성을 향상시키기 위한 제도, 즉 합리화라는 방향으로 전환되어야 한다고 주장했다.

웨버의 이와 같은 주장의 키워드는 관료제였다. 웨버는 관료제야말로 최고의 합리성을 갖는다고 주장했다. 그는 산업화 이후 변화된 사회구조에서는 조직의 모든 사람이 전문화된 기술과 지식에 의해 임용되고 승진되며, 엄격한 규칙과 규율의 통제를 받으면서 분업화된 자기직무를 함으로써 최고의 능률을 올릴 수 있는 조직, 즉 근대적 관료제가 가장 합리적인 조직이라고 생각한 것이다.

자료: 저자의 졸저, 『행정학 콘서트』, 15쪽.

3. 근대관료제의 특징

M. Weber는 조직이 바탕으로 삼는 권한의 유형을 전통적 권한(*traditional authorities*), 카리스마적 권한, 법적·합리적 권한으로 구분하였는데 근대관료제는 법적·합리적 권한에 기초를 둔 것

제 6 장 조직이론

255

으로 다음과 같은 특징을 지닌다.

첫째, 법규에 의해 권한과 관할을 엄격히 구분되는 분업의 원리에 기초한다.
둘째, 상명하복(上命下服)에 의해 규율되는 계층제의 원리를 근간으로 한다.
셋째, 공식적인 문서에 따라 업무가 처리되며, 법령에 의해 규제되므로 법적 안정성과 예측성이 높다.
넷째, 개인적인 고려나 특별한 사정에 대한 배려 없이 공평무사하게 업무를 수행한다.
다섯째, 업무에 대한 지식을 가진 전문적인 관료가 업무를 담당하며, 직무에의 전념을 요구한다.

4. Weber 이론의 비판 수정

Weber 이론에 대한 비판과 수정을 살펴보면 다음과 같다.

1) 1930년대 수정이론: 보완적 수정

1930년대 조직행태학자들은 Weber 이론은 근대관료제의 합법성을 강조한 결과 다음을 간과하고 있다고 비판한다. 관료제가 기계적인 합리성을 지나치게 강조한 결과, 1) 비공식적인 면과 비합리적인 면을 등한시 하고(Blau), 2) 관료제의 역기능을 간과하고 환경을 고려하지 않은 단점이 있다고 비판했다(Merton).

2) 1960년대 수정이론: 전면적 수정

1960년대 발전행정학자들은 국가의 성장과 발전을 위하여 정부의 적극적 역할이 요구되던 발전행정 시대에는, 합법성을 강조하는 관료제의 특성이 조직의 목표달성에 오히려 장애가 되고 있음을 지적한다. 1930년대의 수정이론이 보완적 수정이라면, 1960년대의 수정이론은 전면적 수정에 해당한다.

발전행정이론학자들은 다음과 같은 점에서의 수정을 제시했다.

첫째, 조직에 있어서 합법성을 넘어선 합목적성과 민주성의 개념이 도입되어야 한다.
둘째, 법령에 묶인 행정이 아니라 변화와 가치를 추구하는 행정이 필요하다.
셋째, 계층제의 엄격한 적용보다는 넓은 의미의 조정과 통합이 고려된 조직형태가 필요하다.
넷째, 조직에서 소극적 역할에 그치던 관료에게 전문적 능력뿐만 아니라, 넓은 이해력이나 발전지향적 자세의 적극적 역할이 필요하다는 점을 강조하였다.

이처럼 변화·가치·발전을 강조하는 발전행정이론은 현대행정에 있어서도 많은 교훈을 주고 있으며, 미래·변화·속도를 강조하는 국가혁신이론(혁신관리·성과관리·지식관리·갈등관리)과 정책네

제 2 부 동태적 행정과정

트워크 이론에 계승되어 지속적으로 발전되고 있다.

5. 관료제의 병리 및 역기능

1) 관료제 병리에 대한 연구모형

관료제는 법에서 규정된 대로 업무를 분배하며, 법에서 규정된 방식으로 형식적이고 공식적으로 업무를 수행하며 법에 따라 상관이 부하직원을 지시 통제하는 조직모형이다. 이러한 관료제는 업무를 표준화 하여 능률적으로 업무를 처리하는 등 산업화 시대와 같은 비교적 단순한 행정환경 하에서는 법적 안정성을 지니며 조직능률성을 제공해 주었다. 하지만 관료제는 본래 의도된 것과 다른 변화가 조직의 기능에 야기되어 조직의 목표수행에 지장을 초래하는바, 먼저 관료제의 병리에 대해 지적하는 학자들의 연구모형을 살펴보면 다음과 같다.

① Merton 모형: 최고관리자의 관료에 대한 지나친 통제가 관료들의 경직성을 초래하여 관료제의 병리현상을 가져오게 된다는 모형을 제시한다.
② Selznik 모형: 권한의 위임과 전문화가 조직 하위체계 이해관계의 지나친 분극을 초래하여 관료제의 병리현상을 가져오게 된다는 모형을 제시한다.
③ Gouldner 모형: 관료들이 규칙의 범위 내에서 최소한 행태만을 추구하여 무사안일주의를 초래하여 관료제의 병리현상을 가져오게 된다는 모형을 제시한다.

2) 관료제 역기능

엄격한 계층제 원리를 근간으로 하는 관료제는 지식정보사회에서 진행되는 시장과 기술의 빠른 변화 속도에 대응하는 데에는 많은 한계를 가지고 있다. 또한 대규모 조직의 분업체제에서 오는 관료제 특유의 역기능을 발생시킨다. 이러한 역기능을 정리하면 다음과 같다(박동서, 1978: 208-210).

(1) 서면주의(red tape)

관료제의 사무처리는 모두 서면으로 하게 되어 있어 불필요하거나 번거로운 문서작성절차 등을 거치게 되는 번문욕례(繁文縟禮)를 초래하며, 조직에 있어서 형식주의가 발생한다.

(2) 수단의 목표화

관료가 맡고 있는 직책은 관료제가 추구하는 공익이라는 목표의 수단에 지나지 않는데, 이를 수행하는 과정에서 수단 자체가 목표화하게 된다. 더 나아가 관료의 직급인상, 기구확대 등 관료적 이익의 신장을 목표화하는 행태도 나타나게 된다.

(3) 무사안일주의

관료들은 새로운 일을 찾아 적극적으로 미래지향적 가치창출을 위해 모험을 무릅쓰고 노력하는 게 아니라, 현실적으로 상관이 지시한 일에 영합하고 소극적으로 처리하는 행태를 의미한다.

(4) 귀속주의(ascription)

관료들이 공정한 기준에 의해 업무를 처리하기보다는 출신지역, 출신학교 등과 같은 귀속적인 기준에 의해 인사나 업무를 처리하는 행태를 의미한다.

(5) 할거주의(sectionalism)

관료들이 자기가 소속하고 있는 기관, 국, 과만을 종적으로 생각하고, 타국, 타과에 대한 배려가 없어 결과적으로 조정·협조가 어려워지는 관료의 협소한 행태를 의미한다.

(6) 상관의 권위에 대한 의존

관료들은 상관의 권위에 무조건적으로 의존하는 경향이 있다. 상명하복(上命下服)에 의해 업무를 수행하는 관료제의 특성에 기인하는 폐해라고 볼 수 있다.

(7) 전문화로 인한 무능(trained incapacity)

관료제는 고도의 전문가를 요청하게 되며 이러한 전문가는 극히 한정된 분야의 전문성을 지니고 있어, 종합적 이해의 신축성이 적어지므로 새로운 환경에 적응하지 못하는 경직성을 띠게 된다. 이를 훈련된 무능(*trained incapacity*)이라 하며 관리자로서의 무능을 드러내는 현상을 의미한다. 정부조직에 고위공무원단제도가 도입되고 부처 간 순환보직을 강조하는 이유도 현대행정에서 필요한 넓은 안목을 키움으로써 부처 간 할거주의를 극복하고, 행정의 조정과 통합기능을 강화하려는 것이다.

(8) 변화에 대한 저항(resistance to change)

관료제는 기본적으로 보수성을 갖게 되며 변화와 혁신에 대해 저항하는 행태를 지니게 된다. 현대지식정보사회는 변화와 속도를 기본속성으로 하는데, 이러한 관점에서 관료제는 현대사회의 변화 속도에 부적절한 조직형태이며, 이에 따라 여러 형태의 조직모형이 제시되고 있다.

(9) 무능한 관료의 승진(피터의 원리: Peter's principle)

조직의 규모가 커짐에 따라 승진의 기회가 확대되고 무능한 사람들이 높은 자리를 차지하게 되어 조직의 능률성이 떨어지는 현상으로 되풀이되는 승진으로 인해 공무원이 무능력수준까지 승진한다는 원리이다.

⑩ 관료들의 세력팽창욕구(Parkinson's law)

관료제는 자기세력의 보존 및 확장을 도모하려 하기 때문에 업무량과는 상관없이 기구와 인력이 팽창하는 것을 말한다. 파킨슨은 이 법칙을 '상승하는 피라미드의 법칙'(*the law of rising puramid*)이라고 명명하였다.

6. 관료제와 민주주의

1) 문제의 소재

행정권의 비대화 현상, 행정재량권의 확대, 그리고 이로 인한 관료제의 비대화는 민주주의의 원리 구현에 상반된다는 것이다. 또한, 현대행정에서는 증대해 가는 행정권에 비해 민주적 통제수단은 미약한바, 이에 따라 행정책임이 강조되고 있다.

2) 이론적 관계

민주주의는 공동의 목적을 위해 국민들이 참여, 숙의, 합의해 가는 민주적 과정을 강조하는 개념이라면, 관료제는 민주사회의 공동목적을 수행하는 조직기제로서의 수단이 된다.

3) 관료제의 민주주의에 대한 효용, 비효용, 대책

(1) 효 용

관료제는 1) 임용절차의 기회균등을 강조하고, 2) 실적주의에 입각한 법 앞에 평등을 강조하며, 3) 사회의 민주적 목표를 수행하는 수단이라는 의미에서 보면, 관료제는 민주주의에 기여하는 측면이 있다.

(2) 비효용

Blau는 "민주제와 관료제가 현 사회 내에 공존한다는 것은 패러독스이다"라고 단적으로 지적한다. 계층제 원리에 입각한 관료제는 1) 권력의 불균형을 초래하고, 2) 과두제의 철칙이 강화되고, 3) 조직의 대규모 관료제화는 조직 내의 민주주의를 봉쇄하는 측면이 강해 관료제는 민주주의에 저해가 될 수 있다.

(3) 바람직한 관계 정립 및 발전방안

관료제의 목표가 국민의사(공익)의 실현이라고 할 때, 민주주의는 국민의사의 수렴과정을 통해 행정목표를 제시하고, 관료제는 이를 실행하는 역할에 충실하는 것이 바람직하다. 관료제의 민주주의에 대한 역기능을 방지하기 위해서는 조직 외부의 민주적 통제수단을 강화해야 할 뿐만 아니라, 관료조직의 민주화와 조직 내부의 행정윤리 확립을 통해 조직 대내외적인 민주주의를 활성화하려는 노력이 필요하다.

7. 관료제와 전자정부

전자정부는 관료제 모형의 대안으로 제시된 현대적 의미의 정책결정 메커니즘이다. 전자정부는 정부 내에 산재해 있는 지능(*intelligence*)을 한 단계 향상(*upgrade*)시킴으로써, 정부 내부의 문제해결능력과 정책결정역량을 제고시킨다. 또한 전자정부는 정보와 지식의 공유와 학습을 강조함으로써 정부 내외의 혁신활동을 지원해 주는 역할을 하므로, 효율성과 생산성을 추구한다. 또한 정부 외부와는 다양한 이해관계자들이 참여할 수 있는 공론의 장을 제공해 줌으로써 참여성, 숙의성, 합의성 등 민주성을 제고하고, 더 나아가 보다 신뢰받고 성숙한 사회공동체를 구성하는 데 필요한 신뢰성과 성찰성을 제고시키는 뉴거버넌스 형태의 정부조직모형이다.

제 5 절 정보사회와 조직의 변화방안[7]

1. 문제의 제기

1) 현행 행정조직의 한계

지식정보사회에서는 새로운 조직형태가 요구된다. 관료제·계층제 형태의 행정조직은 빠른 속도의 지식정보사회에서 부적합하기 때문이다. '급속한 사회변화·국민요구의 다양성·국제사회의 경쟁·정보기술의 발달'이라는 외부환경에 적응하고, 대국민 서비스 향상을 목표로 하는 미래행정에서 관료제·계층제와 같이 집권적인 스타일의 조직은 비효율적이고 변화에 신속한 대처가 불가능하다. 막스 웨버(Marx Weber) 역시 관료제의 발전은 독특한 사회현상이지 시공을 초월한 개념으로 정당화하지 않았다는 점에서 조직의 변화는 시대의 변화와 관련된다고 할 수 있다.

---

7 이 절의 내용은 저자의 졸저, 『전자정부론』(박영사, 2007: 519-550)의 내용을 토대로 정리되었다. 상세한 내용은 『전자정부론』(박영사, 2007)을 참조하기 바람.

2) 조직개편의 필요성

지식정보사회에서의 사회변화에 적절히 대응하고, 시대요구에 부응하는 행정을 수행하기 위해서는 정보시대에 적합한 조직구성이 요구된다. 이는 조직의 동태화라는 환경적 역동성을 지식정보사회에 적용했을 때 필요한 조직형태에 대한 논의라고 볼 수 있다.

(1) 외부환경 변화에 의한 필요

행정조직의 개편을 요구하는 외부환경의 변화는 다음과 같다.

① 사회의 불안정성
② 급속한 사회변화
③ 국가 간 경쟁의 심화
④ 국민욕구의 다양화
⑤ 정보기술의 발달
⑥ 서비스 중심 행정으로의 전환요구

이러한 환경변화로 인해 요구되는 정부의 능력과 조직의 특성은, 1) 자율적이고 유연한 조직, 2) 낮은 계층구조, 3) 정보의 공유, 4) 지속적 학습능력, 5) 조직 간 네트워크 관리 등이다(〈그림 6-2〉 참조).

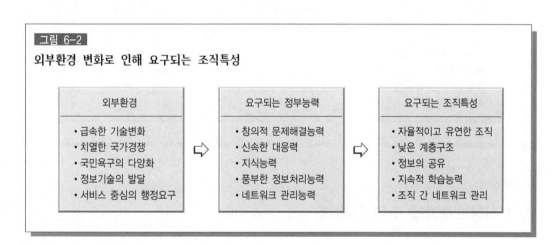

그림 6-2
외부환경 변화로 인해 요구되는 조직특성

외부환경	요구되는 정부능력	요구되는 조직특성
• 급속한 기술변화 • 치열한 국가경쟁 • 국민욕구의 다양화 • 정보기술의 발달 • 서비스 중심의 행정요구	• 창의적 문제해결능력 • 신속한 대응력 • 지식능력 • 풍부한 정보처리능력 • 네트워크 관리능력	• 자율적이고 유연한 조직 • 낮은 계층구조 • 정보의 공유 • 지속적 학습능력 • 조직 간 네트워크 관리

(2) 내부환경 변화에 의한 필요

외부환경뿐만 아니라 조직 내부환경의 변화도 조직개편의 중요한 요인이 된다. 수직적 관계를 중시하던 전통적인 가치관은 붕괴되고, 개인의 자율성과 일의 의미를 중시하고 수평적·인간적 관계를 추구하는 시대상황에서, 규모확대에 따른 관료화는 국가경쟁력 향상과 국민위주의 행정실현에 최대장애물이 되는 것이다.

새로운 조직을 필요로 하는 내부환경요인의 변화는 다음과 같다.

① 전통적 유교가치관의 붕괴
② 개성을 중시하는 풍토
③ 관료주의 메커니즘에 따른 조직병리현상의 심화
④ 행정의 질 추구
⑤ 조직의 팽창과 관리비용의 증대

이런 변화에 효율적으로 대처하기 위해서는, 1) 분권화, 2) 유연한 조직, 3) 다기능화, 4) 자기관리조직, 5) 계층단축, 6) 참모조직의 축소 등의 조직특성이 요구되고 있다(〈그림 6-3〉 참조).

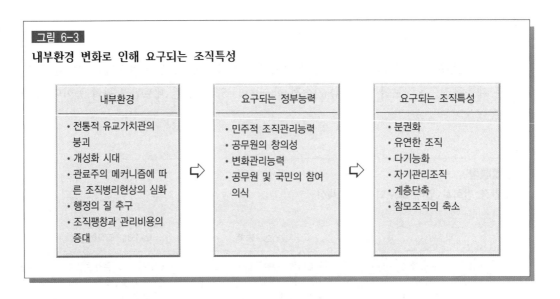

그림 6-3

내부환경 변화로 인해 요구되는 조직특성

내부환경	요구되는 정부능력	요구되는 조직특성
• 전통적 유교가치관의 붕괴 • 개성화 시대 • 관료주의 메커니즘에 따른 조직병리현상의 심화 • 행정의 질 추구 • 조직팽창과 관리비용의 증대	• 민주적 조직관리능력 • 공무원의 창의성 • 변화관리능력 • 공무원 및 국민의 참여의식	• 분권화 • 유연한 조직 • 다기능화 • 자기관리조직 • 계층단축 • 참모조직의 축소

2. 지식정보사회의 조직변화방향

정보사회에 대응하기 위한 조직변화의 필요성을 위에서는 내부요인과 외부요인으로 나누어서 살펴보았다. 이러한 행정환경의 변화에 대응하기 위해 조직은 어떤 방향으로 변화해 나가야 할 것인가? 여기서는 조직구조적인 측면과 직무구조적인 측면으로 나누어 조직의 변화방향을 검토해

보고자 한다.

1) 조직구조 측면

(1) 높은 관리계층에서 낮은 관리계층

전통적인 조직에서 계층수가 많아진 이유는 다음과 같다. 첫째, 분업화 원리에 의하여 수평적으로 세분화된 기능들을 전체로 통합하기 위해서는 조직계층도 수직적으로 세분화하지 않을 수 없었다. 둘째, 직책과 직위가 분리되지 않고, 모든 보상이 승진과 연계된 기존 인사시스템 하에서는 종업원의 동기부여수단으로 승진만이 가장 강력한 도구였으며, 이를 위하여 조직의 계층만을 늘리게 되었다. 높은 관리계층구조를 통해 최고경영자로부터 일선 근로자까지 안정적이고 체계적인 관리를 유지할 수 있었던 것이다. 그러나 이와 같은 높은 관리계층은 의사결정을 지연시키고, 계층 간 정보의 흐름을 단절하고 왜곡시키는 요인이 된다. 또한, 의사결정자와 외부환경과 고객 사이의 거리를 멀게 하여 현장감 있는 환경변화를 이해할 수 없게 하며, 따라서 환경을 무시한 그릇된 의사결정을 내리게 된다.

(2) 높은 공식화에서 자율적 합의중시

공식화는 작업자들로 하여금 임의로 작업수행을 하지 못하도록 하고, 일정한 방향으로 사람들의 행동양식을 규정하여 안정된 작업결과와 질서를 유지시킬 수 있었다. 또한 공식화는 업무상 책임에 대한 명백한 증거자료를 제공하고, 책임을 명확히 하여 구두 의사소통에서 발생되는 업무상 혼선과 망각에 따른 손실을 최소화하였다. 그러나 이러한 공식화가 과도해지면서, 형식주의와 문서만능주의가 만연되고 사고의 경직화가 초래된다.

(3) 수직적 관계에서 수평적 관계

기존의 조직은 수직적 관계를 중시하는 조직이었다. 수직적 관계조직에서는 상사 주도의 조직운영에 초점이 주어졌다. 또한 자신이 소속한 부문의 이익이 전체 이익보다도 우선시된다. 왜냐하면 어느 한 부서에 소속된 조직구성원은 바로 수직적 계층라인을 통하여 명령과 지시를 받고, 또 직속의 상사가 부하직원의 모든 행동을 규제하고 평가하여 보상을 제공하는 권한을 가지고 있기 때문이다. 그러나 미래 조직에서는 수평적 관계를 중시한다. 상사와 부하의 관계보다 동료 간의 관계가 강조되고 의사결정라인도 대폭적으로 단축된다.

(4) 권한의 집중에서 권한의 위임

미래형 조직에서는 일선 담당자 혹은 팀에게 최고경영층 혹은 상위관리자가 수행하였던 상당한 권한을 위임하게 된다. 사실상 오늘날 조직환경은 너무도 복잡하고 급변하여 한두 사람이 모든 문제를 파악하여 합리적인 판단을 내리는 것은 불가능하다. 따라서 그 문제를 가장 잘 알고 있고 직접 다루는 곳에서 올바른 판단을 내릴 수 있어야 한다.

(5) 내부통제에서 네트워크화

모든 기능을 내부통제 하에 둔다는 것은 때로는 비효율성을 초래한다. 이제는 조직 내부에서 핵심기능만을 보유하고, 나머지 부가적인 기능을 더 잘하는 외부의 조직이나 유리한 조건으로 생산할 수 있는 조직에 아웃소싱(*outsourcing*)함으로써 경영효율성을 극대화할 수 있다. 이를 위해서는 외부조직과의 긴밀한 네트워크 관리가 요구된다.

(6) 기능단위에서 프로세스 단위로 조직화

부서 간의 벽을 허물고 고객요구에 대응하여 보다 신속하게 업무를 처리하기 위해서는 보다 프로세스 지향적이라야 한다. 고객에서부터 시작하여 고객에서 끝나는 프로세스를 얼마나 고객의 요구에 맞도록 설계하고 운영하는가가 향후 경쟁력의 핵심이 될 것이다. 고객이 요구하는 것을 가장 이상적으로 실현시킬 수 있는 프로세스 단위로 조직을 설계하면 조직은 보다 간단하고 유연해진다.

2) 직무구조 측면

(1) 분업화에서 다기능화

전통적 조직에서는 직무담당자가 분업화의 원리에 입각하여 세분화된 과업을 수행하게 됨으로써, 매우 한정된 범위의 일을 수행하였다. 그러나 미래 조직에서는 소수의 인원으로 구성된 팀이 여러 기능이 혼재된 업무를 담당하게 됨으로써, 그만큼 한 사람이 처리하여야 할 일의 종류가 많아졌다. 이러한 다기능화는 미래 조직의 직무구조가 지니는 중요한 특징 중의 하나로서, 단위조직의 업무처리의 유연성을 증대시키고 개인의 능력을 향상시킴으로써 성취감을 느끼게 해준다.

(2) 직위지향에서 가치지향

전통적 조직에서는 모든 직무구조가 계층체계를 이루고 있으며, 직무의 계층구조는 직위체계와 일치한다. 따라서 조직구성원들이 현재의 직무로부터 한 차원 높은 수준의 직무를 담당하기 위해서는 승진을 통한 직위의 변화가 있어야 가능하다. 미래 조직에서는 직무구조가 권한계층을 따라 수직적으로 설계되는 것이 아니라, 직위체계와는 무관하게 수평적으로 설계된다. 다시 말해서 직무의 가치가 직위체계와는 무관하게 모든 구성원에게 공평하게 부여된다. 따라서 높은 수준의 직무를 수행하기 위해서는 승진을 통해서가 아니라 스스로의 능력을 키움으로써 가능해진다. 각 개인이 수행한 직무가치의 크기에 의하여 보상이 결정되기 때문에, 미래 조직의 구성원들은 자신의 직무수행의 가치를 보다 높이려고 노력할 것이다. 예를 든다면, 프로축구의 공격수는 일년 동안 보다 많은 골을 넣기 위하여 땀을 흘리는데, 이는 코치나 감독이 되기 위해서라기 보다는 골을 많이 넣음으로써 선수로서 명예와 보상을 얻고자 하기 때문이다.

(3) 일상적인 일에서 비일상적 일로의 전환

전통적인 조직은 비교적 예측가능하고 안정적인 상황에서 설계된 조직이었기 때문에, 부서마다 차이는 있지만 대체로 일선 근로자들은 일상적인 일을 수행하였다. 그러나 정보화 기술과 자동화 기술로 단순반복적인 일들이 기계로 대체되어 가는 과정 속에서, 사람들은 기계가 할 수 없는 창의적이고 도전적인 일을 수행하도록 요구될 것이다.

(4) 재량권이 없는 직무에서 자율적인 직무로 전환

미래 조직에서는 계층구조가 낮아지고 분권화됨에 따라, 위에서 시키는 일만 하는 직무로부터 자기판단과 자기책임 하에 직무를 수행하는 직무구조의 변화가 발생된다. 권한과 책임은 서로 같은 맥락에서 이해되어야 한다. 권한이 부여될수록 그만큼 작업결과에 대한 책임도 높아진다.

3. 지식정보사회에서의 새로운 행정조직

지식정보사회에서의 조직변화방향에 부합하는 새로운 조직모형들을 살펴보면 다음과 같다.

1) 비전구동형 조직

쓰보타 도모미(坪田知己)는 피라미드(계층제) 조직인 '명령구동형 조직'의 한계를 지적하면서 새로운 미래 조직인 '비전구동형 조직'을 제시하고 있다. 원래 비전구동형 조직이론은 정보혁명으로 인해 기업을 둘러싼 환경변화 속도가 빨라지고, 기술과 시장수요의 세분화가 진행되고 있는 현대사회에서 피라미드형 조직으로는 그 변화를 감당할 수 없어, 그 대안으로 미국 디지털 이큅먼트(DEC)사의 컨설턴트 찰스 사베지(Charles M. Savage)가 제창하였다.

21세기의 기업조직은 지금까지 해 온 것처럼 상급자의 지시에 따라 하급자가 기계의 부품처럼 움직이는 명령구동형으로는 살아남을 수 없다. 비전구동형 조직의 핵심은 상급자의 명령에 의한 조직운영이 아니라 상·하급자 간의 조화와 균형이다. 즉, 상급자의 일률적 명령에 의한 하급자의 획일적 행동보다는 상호간의 대화와 질문을 통한 업무의 계획 및 조정으로 미래의 비전을 지향하는 것을 그 목적으로 하고 있다. 이에 관해서는 '명령구동형 조직'과 '비전구동형 조직'의 차이점을 비교하면 좀 더 명확히 이해될 수 있다(〈표 6-1〉 참조).

(1) 비전의 의의

비전구동에서 비전은 보이지 않는 것이다. 이 보이지 않는 것을 볼 수 있는 사람이 조직을 이끌어 가는 능력을 가진 사람이다. 기업에서 일하는 것을 단지 보수를 받는 것으로만 생각한다면 그들에게 비전을 이야기할 필요가 없다. 비전은 마땅히 그렇게 되어야 할 모습이고, 조직구성원들이

표 6-1	정책과정에 관한 다양한 견해	
구 분	명령구동형	비전구동형
이미지	소수의 사람이 다수의 사람들을 다수의 사람들이 공통의 목표를 갖고	다수의 사람들이 공통의 목표를 갖고 역할분담을 통해 이를 실현하려 한다.
주 역	지배자	전원
정보전달목적	컨트롤(제어)	커뮤니케이션(협조)
정보전달형식	1대 다수(브로드캐스팅)	쌍방향, 대화형(인터액션)
인텔리전스	지배자가 점유	전원이 공유
사 람	틀에 맞춘다	본래의 특징 = 개성을 존중

자발적으로 이러한 비전을 가질 때, 비로소 창의와 정열이 생기는 것이다.

(2) 두 조직의 운영수단

명령구동형 조직에서는 'Command & Control'이 중요한 운영수단이고, 비전구동형 조직에서는 'Focus & Coordinate+Question'이 중요한 핵심이다. 비전구동형 조직을 운영할 경우 각각의 구성원이 행동을 하기 전에 의논을 통해 비전에 대한 의견일치가 필요하고, 합의된 의견을 도출하기 위해 질문이 중요하다. 경영자는 직원에게 비전을 거꾸로 듣고, 직원은 경영자에게 비전을 구한다. 경영자의 일방적인 비전을 직원에게 강요하거나, 경영자의 비전과 직원의 비전이 각자 따로 논다면 비전구동형 조직의 힘은 크게 쇠퇴한다.

〈그림 6-4〉는 비전구동형 조직모형을 보여주고 있다. 이 그림에서 보는 바와 같이, 직원 α씨는 고객 B의 테스크 팀과 프로젝트 C팀에 들어갈 수도 있다. 이 조직도는 α씨가 어느 자리에 얽매어 있지 않다는 것을 보여준다. α씨는 중앙의 원탁에 있으면서 전자네트워크를 통해 고객 B와 회의하기도 하고 프로젝트 C의 협의에도 참가한다는 것이다.

비전구동형 조직이 실현하려고 한 것은 부문이나 권한의 벽을 허물고, 지식과 사고의 공유를 통해 문제가 발생하면 기민한 대처를 한다는 것이다. 비전구동형 조직에서 중심에 있는 원은 전원이 대등한 관계에 서 있다는 것을 말한다. 주위의 작은 원은 고객이나 프로젝트에 따른 부문의 수평적인 업무추진팀이 형성되는 것을 표시하고 있다.

(3) 비전구동형에 대한 평가와 한계

사베지의 원탁형 아이디어는 조직운영에 많은 시사점을 주고 있다. 그러나 그 밑바탕에 '비전구동'이라는 사고가 없다면, 이러한 원탁형 조직모형도 형태만 그럴듯할 뿐 현실적인 조직운영과는 동떨어질 위험이 있다. 예컨대, 현장의 판단이 경영목표로 확대 해석되어 결과적으로는 독단이 자

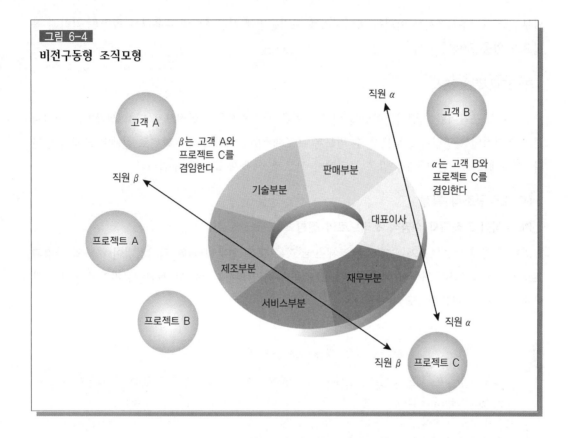

그림 6-4

비전구동형 조직모형

고객 A

β는 고객 A와
프로젝트 C를
겸임한다

직원 β

프로젝트 A

프로젝트 B

직원 α

고객 B

α는 고객 B와
프로젝트 C를
겸임한다

기술부분

판매부분

대표이사

제조부분

재무부분

서비스부분

직원 α

직원 β

프로젝트 C

행될 염려도 있다. 따라서, 이러한 형태의 조직모형을 제대로 평가하기 위해서는, 다음과 같은 현실적 한계성을 바르게 감안할 필요가 있다.

첫째, 비전을 일치시키기 위한 커뮤니케이션에 너무 시간을 빼앗겨 실행이 늦어질 수 있다.
둘째, 역피라미드이든 비전구동형이든 권한을 현장에서 일하는 사람에게 부여한다는 사고방식이지만, 경험이 적은 직원에게는 곤란할 것이다.
셋째, 관리자가 아무리 개방적으로 의견을 교환하고 싶어도 실제로는 바쁘다는 이유로 별 효과가 없을 수 있다.
넷째, 계층제의 기존 기득권층에서 이러한 형태의 조직구성을 실행할 의지가 있는지도 중요한 변수이다.

상명하복이 일상화되어 있는 보수적인 행정조직모형에서는 특히 이러한 문제점이 부각될 것이다. 다만, 이러한 조직모형은 변화하는 환경에 적절히 대응할 수 있다는 점에서 앞으로 연구·검토할 가치는 크다고 하겠다. 행정자치부나 국방부와 같은 안정과 질서를 중시하는 부서에서는 힘들겠지만, 시장상황에 급변하고 있는 지식경제부나 많은 창의성과 아이디어를 요하는 기획재정부 등 일부 경제기획부서에서는 이러한 아이디어를 조직운영에 부분적으로 수용하는 방안을 고려해 볼 필요가 있을 것이다.

2) 프로세스 조직

프로세스 조직이란 리엔지니어링에 의하여 기존 경영조직을 근본적으로 다시 생각하고 재설계하여 획기적인 경영성과를 도모할 수 있도록 프로세스(*process*)[8]를 기본단위로 설계된 조직을 말한다. 프로세스 조직은 다음과 같은 특징에서 관료제·계층제 조직과 구별된다.

(1) 조직구조적 특징

㈎ 수직적 조직에서 수평적 조직으로의 전환

과거 수직적 계층구조와는 달리 프로세스 조직은 모든 업무에 대한 의사결정이 하나의 완결된 프로세스를 담당하는 팀에서 이루어져서, 그만큼 종래의 의사결정을 담당하던 관리자의 규모는 작아지고 조직의 계층구조도 낮아진다.

프로세스 조직의 핵심요소

① 일 중심보다는 프로세스 중심으로 조직화: 기능부서에 의한 것이 아니라 3~5개 정도의 핵심프로세스 중심으로 성과목표와 함께 조직을 구축한다. 각각의 개별 프로세스에 책임자를 임명한다.

② 플랫화: 감독자 수를 줄이기 위해 세분화된 직무를 통합하고 고객에게 가치를 주지 못하는 활동이나 직무는 과감하게 정리한다. 전체 프로세스를 완수하기 위한 팀수는 가능한 적게 한다.

③ 경영관리의 핵심은 팀제: 팀제를 조직의 근간으로 한다. 하나의 팀이 자기관리하게 하여 타인에 의한 감독역할을 제한한다. 측정가능한 공통의 목표를 부여한다.

④ 고객이 성과결정 변수: 주가나 수익성이 아닌 고객만족도가 성과의 측정변수이다. 고객이 만족하면 주가와 수익은 자동적으로 오르게 된다.

⑤ 팀 성과에 대한 보상: 성과에 대한 평가와 보상시스템은 개인별 기준이 아니라 팀별로 한다.

⑥ 기업 외부고객과의 접촉극대화: 조직구성원으로 하여금 기업 외부고객들과 직접적이고 정규적으로 만나게 한다.

⑦ 구성원 교육과 정보공유: 목적에 맞게 사용할 수 있는 교육방법을 통해 스스로 의사결정을 하게 하며 조직 내 모든 정보를 공유하게 한다.

자료: 임창희, 「한국형 팀제를 넘어서」, 삼성경제연구소, 1998.

---

8 여기서 프로세스란 일정한 투입물(input)을 측정가능한 산출물(output)로 전환하는 부가가치가 있는 일련의 활동을 말한다.

(나) 프로세스팀의 활용

프로세스팀은 하나의 전체 프로세스를 수행하기 위하여 함께 작업하는 사람들의 집합을 말한다. 이러한 단위작업을 수행하기 위한 조직 최소단위의 프로세스팀은, 종래의 기능별·부처별로 독립된 업무를 수행하였던 과거 조직에 비해, 서로 다른 업무를 종합적으로 수행하는 조직원들로 구성된다.

정 책 사 례

밀워키 보험사(Milwauke Mutual Insurance)의 프로세스팀

밀워키 보험사는 75년간 꾸준히 성장해온 보험사였다. 1990년 이전에는 손해율이 업계 평균보다 더 높았으나, 현재는 손해율이 많이 개선되었고, 1991년 이래 주가는 160% 이상 상승하게 되었다. 또한 인건비가 36%에서 5.2%로 줄어들고, 선발비용과 훈련비용을 크게 감소함으로써 현저한 생산성 향상을 실현할 수 있었다.

밀워키사(社)가 위와 같은 큰 성과를 이룩할 수 있었던 것은, 바로 프로세스 중심의 팀제 개편과 완벽한 패키지로 이루어진 '자율팀'에 있었다고 할 수 있는데, 그 내용은 다음과 같다.

1. 원스탑 서비스(One-stop Service): 고객중심의 운영

밀워키는 기존에 보험의 서비스 절차가 복잡하고 비효율적인 것에 주목하여 고객의 불만을 해소하기 위해, 한 팀이 한 지역의 고객에 대해 보험증권 체결에서부터 처리까지 완벽한 서비스를 맡도록 하였다. 그 팀은 보험계약체결자(생활설계사), 심사자, 보험금처리자(지급자)로 구성되었고, 중앙 본사에서 하던 고객서류 파일링은 각 팀에서 하게 하였다. 그 결과, 고객이나 대리점 문의에 시간이 단축되고, 즉각적으로 응답할 수 있게 되었다. 또한, 보험증권은 부서별로 옮겨 다니지 않아도 되며, 부서의 계층도 12개에서 4개로 줄었다.

2. 팀의 자율성 보장

팀은 자율적으로 휴가일정, 근무시간, 대리점과의 관계유지, 가격결정, 보험상품믹스 등에 대한 결정을 책임질 수 있도록 하였다. 그 결과, 감독지위에 있던 사원들은 팀 중심의 마케팅 직책으로 재배치되어 관리직이 3분의 2로 줄었다. 또한, 자율성이 증가함에 따라 일에 대한 성취도의 증가로 직무성과 수치가 증가하고, 결과적으로 작업의 능률과 생산성의 향상을 이룰 수 있었다.

자료: 인터넷 서강대 홈페이지(인적자원관리, www.sogang.ac.kr).

(다) 확인·통제로부터 지원기능으로 스태프기능 변화

전통적 조직원리는 실행·계획·통제·점검부문을 분리하여 상호견제 및 통제를 통한 낭비제거와 효율성 증대를 목적으로 삼았다. 그러나 프로세스 조직은 비교적 독립적이고 자기완결적 사업을 담당하므로, 과거 조직처럼 확인·통제의 문제가 심각하지 않게 되어 스태프의 기능은 지원기능이 주가 된다.

(2) 조직운영적 특징

㈎ 복잡한 프로세스에서 단순한 프로세스로의 전환

프로세스 조직에서는 한 팀 혹은 한 사람이 종합적 업무를 처리하므로, 과거 조직에서의 복잡한 결재라인과 의사전달과정이 단순해진다.

㈏ 단순과업에서 복잡과업으로의 전환

전통조직에서는 단순·반복과업이 주종을 이루었지만, 프로세스 조직은 종합성을 요구하므로 복잡과업으로 전환하게 된다.

㈐ 훈련에서 교육으로의 전환

전통적 조직에서의 단순·반복적 업무수행을 위해서는 업무숙달을 위한 훈련(*training*)이 요구되지만, 프로세스 조직에서는 다차원적·종합적 업무수행을 위한 판단력·통찰력·이해력이 요구되므로, 업무수행자에 대한 종합적 의미에서의 교육이 더욱 중요하게 된다.

이러한 특징을 가진 프로세스 조직은, 1) 국민요구에 대한 신속한 대응, 2) 관리 간접인원의 축소, 3) 행정능력의 획기적 향상, 4) 국민에 대한 수준 높은 서비스, 5) 행정의 질 향상이라는 효과를 기대할 수 있다. 이 조직모형은 경영조직이론에서 처음 대두된 것이지만, 행정을 일종의 국가경영이라고 볼 때 행정조직에서의 적용가능성도 진지하게 고려해 볼 필요가 크다고 하겠다.

3) 네트워크 조직

네트워크 조직이란 환경이 제공하는 복잡한 문제를 해결하기 위하여 수직적, 수평적, 공간적으로 개인, 집단, 조직 간의 관계 메커니즘을 가진 조직을 말한다. 기존의 대규모 계층구조는 다양화·세분화된 국제사회의 경쟁에서 그 가치를 상실하였고, 비대화된 조직규모는 관리비용의 증가와 조직의 경직화 등 조직실패(*organization failure*)현상을 초래하였다. 그리고 정보통신기술의 발전과 국제화의 진전으로 인해 네트워크 조직의 필요성이 대두되었다. 이러한 네트워크 조직의 특성은 다음과 같다.

(1) 조직구조적 특성

㈎ 수평적 통합화

기존의 계층제는 수직적 네트워크에 치중하였으나, 네트워크 조직에서는 조직 내부뿐만 아니라 외부조직과도 수평적 연계관계를 구축한다.

(나) 간소한 조직

네트워크 조직은 소규모 조직을 지향한다. 즉, 행정에 있어서 국가의 개입이 꼭 필요한 일부 사업에만 국한하고, 민간부문이나 민·관 공동영역의 확대를 통해 행정조직을 소규모화하고 각 부문 간의 수평적 네트워크 체계를 구축함을 그 특징으로 한다.

(다) 네크워크 관리

조직과 조직 간의 네트워크를 관리할 수 있는 연계자의 역할이 강조된다.

(라) 다양한 의사소통경로

조직 내부 또는 각 조직 간의 유연한 의사소통시스템이므로, 다양한 의사소통경로의 구축을 그 특징으로 한다.

(마) 적극적 외주화(outsourcing)

국가행정은 꼭 필요한 부문에 국한하고 적극적 외주를 통해 자치단체, 민간부문, 제3섹터의 영역을 확대시킨다.

(2) 조직운영적 특성

(가) 분권화된 관리

네트워크의 본질은 단위관리자가 상급자의 눈치를 살피지 않고, 스스로 의사결정을 하고 그에 대한 책임을 지는데 있다. 그러므로 기존의 관리방식과는 달리 네트워크 운영주체의 권한이 강화된다.

(나) 신뢰관계

네트워크 형성과 유지를 위해서는 네트워크 주체 간의 신뢰가 바탕이 되어야 한다.

(다) 장기적 관점

단기적 효과성 추구보다는 네트워크 주체 간의 상호이해와 적응을 통한 장기적 관점의 네트워크를 지향한다.

정 책 사 례

DHL의 네트워크 조직

미국의 법률가 Dalsey, Hillblom, Lynn 세 사람의 이름 첫 글자를 따서 설립된 DHL은 1969년 세계 최초로 국제 간 항공 특급송배달 업무를 시작한 회사이다. DHL은 전 세계 227개국을 연결하는 자체 네트워크를 통해 신속, 정확, 안전을 모토로 발송인의 책상에서 수취인의 책상까지(Desk-To-Desk), 서류 및 소화물, 중대형 화물을 특급으로 배달하는 국제항공 특급송배달 서비스를 제공하고 있다. DHL의 경영이념은 우수한 품질과 보다 저렴한 가격으로 최상의 서비스를 고객에게 제공함으로써, 서류, 소화물 및 중대형 화물의 특급송배달업계에서 명실상부한 세계 최고의 위상을 유지하는 것이다. 전 세계 227개국, 90,000여 도시에 걸쳐 가장 광범위한 네트워크를 가진 세계 최대의 국제항공 특급송배달 회사인 DHL은, 종업원 수와 대 고객서비스 수준 그리고 서비스 가능지역에 있어서 세계 최고이다.

- 서비스 가능국가: 227개국
- HUBS: 32개
- 장비 및 차량: 12,200대
- 종업원 수: 53,000명
- 전 세계 사무소: 2,380개
- 비행기 수: 292대

자료: 안동대학교 홈페이지(www.andong.ac.kr).

그림 6-5

DHL의 네트워크 조직

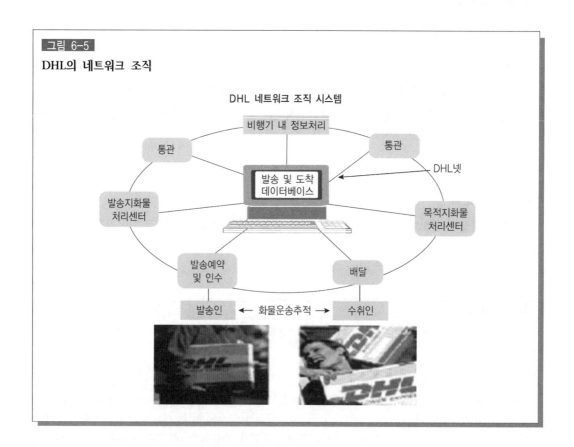

4) 학습조직

학습을 새로운 형태의 노동으로 생산적인 활동의 핵심으로 보는 학습조직은 지식을 창출·획득·확산하는 데 능숙한 조직, 새로운 지식과 통찰력을 반영하여 행동을 수정하는데 능숙한 조직, 그리고 잘못된 지식을 폐기하는 데 능숙한 조직을 말한다. 이러한 학습조직의 특성은 다음과 같다.

(1) 지속적 변화중시

전통적 조직에서는 한 번 습득한 기술이나 능력은 오랜 기간 조직의 경쟁력을 보장하였으며, 일례로 산업화에 성공한 서구 선진국들은 현재까지도 강대국으로서의 지위를 유지하고 있다. 하지만 정보사회에서의 환경의 급변은 조직의 새로운 기술과 관리능력의 습득을 요구하게 되었다.

(2) 지식의 고가치성 부각

정보가 가장 중요한 자원으로 부각되는 정보사회에서의 조직은 전문화된 지식을 과업과 연계시켜 조직화·통합화시키는 것이 경쟁력을 결정하는 가장 중요한 요소로 부각되고 있다.

(3) 학습의 강조

미래 정보사회에서 조직의 생존과 경쟁력을 유지하기 위해서는 변화의 흐름을 인식하여 지속적 학습을 통한 새로운 지식의 습득이 요구된다.

요컨대, 이러한 학습조직의 등장배경은 현대사회가 정보사회로 변화되고 있음을 근원으로 삼는다. 즉, 미래 조직에서는 조직구성원의 학습능력, 참여와 창의성 발현을 통한 경쟁력의 향상이 조직의 유지와 경쟁력 향상에 중요한 요인으로 작용하게 되므로, 이와 같은 학습조직의 필요성이 대두된 것으로 볼 수 있다.

정 책 사 례

3M의 학습조직

미네소타에 본사를 둔 3M은 매출액의 7~8%를 연구개발비로 투입하고 있으며, 해마다 100여 종 이상의 신제품이 개발된다. 이처럼 3M은 대기업이면서도 언제나 기업가 정신이 넘쳐 흐르는데, 쉴새없이 첨단에 도전하면서 끊임없이 신제품과 새로운 시장을 창조하여 지속적인 성장의 길을 걷고 있다.

이런 3M의 저력은 3M의 학습조직, 즉 조직의 학습때문이라는 것을 발견할 수 있다. 이러한 학습조직을 가능하게 한 요소는 3M의 기업문화 중에 하나인 실패의 자유다. 3M의 리비오 데지모니 회장도 "3M에서는 실패할 자유가 있다. 다른 기업은 몰라도 3M만은 실패가 결코 죽음이 아니라는 분위기를 만드는 게 중요하다"고 말하고 있다.

개인은 회사에서 자신의 아이디어를 연구할 수 있으며(개인학습), 이런 아이디어가 제품개발에 생산성이 있다고 판정되면, 회사에서는 그 개인의 아이디어를 위해 여러 부서에서 각 책임담당자들을 지원하는 등 인력 및 자원을 공급해 준다. 이러한 협동된 연구성과는 성공이든 실패든 여러 수단을 통해서 기업 각각 부서마다 회람되고 학습되어진다(조직학습).

이처럼 3M은 거대규모의 다국적 기업이면서도, 그 기업을 움직이는 원동력은 창의적인 개인들과, 학습하는 조직을 통하여 오늘날의 모습으로 성장하였다

자료: 김주연, 2000.

5) 팀 조직

환경변화에 따른 신속한 대응, 관료주의 병리현상의 타파, 업무수행자의 자질 및 행동변화를 위해 제시되는 또 하나의 조직유형이 팀(team) 조직이다. 팀 조직이란 상호보완적 기능을 가진 소수의 사람들이 공동의 목표를 달성하기 위하여 상호책임을 공유하고, 문제해결을 위해 공동의 접근목표를 설정하는 조직을 말한다. 이러한 정의에 따른 진정한 팀이 되기 위해서는 다음의 다섯 가지 기본요건이 충족되어야 한다.

(1) 소수의 인원

팀은 과업의 특성에 따라 인원수를 차별적으로 운영할 수 있지만, 대체로 6~12명 정도의 소수의 사람들로 구성되어야 한다. 이는 구성원들 간의 긴밀한 상호작용을 가능하게 하고, 팀 조직의 유연성을 보장한다는 점에서 중요한 의미를 갖는다.

(2) 상호보완적 능력

팀은 보완적인 기능과 능력을 가진 사람들로 구성되어야 한다. 팀의 업무수행 결과가 상승효과(synergy effect)를 가지기 위해서는 문제해결에 필요한 다양한 기능을 가진 사람들로 구성되어야 한다. 이는 팀이 결과를 창출할 수 있는 능력을 스스로 보유토록 하는 역할을 한다. 팀의 효과를 제고하기 위해 요구되는 기능으로서는 기능별 전문성, 문제해결 및 의사결정능력, 대인관계기술 등을 들 수 있다.

(3) 공동의 목표

목표는 구성원들을 하나의 방향으로 결집시켜주는 역할을 한다. 팀 조직에서는 상위조직의 전략과 전체 목표를 염두에 두고, 팀 구성원들 간의 협의를 통해서 목표가 설정되어야 한다. 이때 팀의 목표는 업무수행에 지침이 될 수 있도록 구체적이어야 하며, 팀원들이 자신의 존재에 대해 자부심을 가질 수 있도록 의미 있는 목표가 되어야 한다.

(4) 공통 접근방법

팀이 효과적으로 기능하기 위해서는 업무의 배분과 작업방법, 일정계획, 문제해결방법 등과 같은 제반 업무수행방식에 대한 합의가 필요하다. 이는 팀원들 간의 잠재적인 불만을 방지하는 역할을 한다. 팀 내 공통의 접근방법은 주요 과업의 수행이나 문제해결과정을 통해 개발되며, 이는 팀의 업무수행방식에 대한 규범으로서의 역할을 한다.

(5) 공동 책임감

팀은 구성원들 간의 긴밀한 상호작용과 협조를 통한 업무수행을 그 근간으로 하고 있으므로, 이러한 팀의 취지가 업무수행결과에 대한 평가에 반영되어야 한다. 즉, 팀의 업무결과에 대해서는 팀 전체가 공동으로 책임의식을 가져야 한다. 이러한 공동 책임감은 팀 구성원들 간에 상호신뢰의 형성과 협조정신을 배양하는 역할을 한다. 따라서, 전통적 조직에서의 리더십이 지시적·하향적이었다면, 팀 조직에서는 후원적·참여적 성격을 띠며, 정보의 흐름도 개방적·공유적인 형태가 되는 것이다. 이러한 팀 조직과 전통적 조직과의 차이점을 정리하면 〈표 6-2〉와 같다.

표 6-2 전통적 조직과 팀 조직의 차이

구 분	전통적 조직	팀 조직
조직구조	수직적 계층(부·과)	수평적 팀
조직화의 원리	기능단위	업무 프로세스 단위
직무설계	분업화(좁은 범위의 단순과업)	다기능화(다차원적 과업)
관리자의 역할	지시-통제	코치-촉진자
리더십	지시적·하향적	후원적·참여적

4. 결론: 평가 및 행정조직 개혁방향

1) 평 가

팀 조직·네트워크 조직·프로세스 조직·학습조직 등 네 가지의 미래 조직모형(포괄적 개념의 비전구동형 조직 제외)을 살펴보면, 나름대로의 장·단점을 가지고 있다. 이러한 장·단점이 파악되어야 미래 조직에 대한 구체적 개념정리가 가능할 것이다.

팀 조직의 장점은 특정 과업의 수행방법을 제시하여 주며, 고성과를 위한 단위조직의 운영방안을 구체적으로 제시하여 준다. 그러나 전체적 조직 측면에서 각각의 팀을 어떻게 조직화하고 통합할 것인가에 대한 구체적 방법을 제시하는 데는 한계점을 갖고 있다.

따라서 팀 조직의 한계를 극복하기 위해서는 네트워크 조직의 기본원리를 보완함으로써, 팀과 팀 사이의 조직화를 효과적으로 달성할 수 있을 것이다. 네트워크 조직의 장점은 집단 혹은 조직 간 관계양식과 외부조직과의 조직화 방법을 제시하여 준다. 그러나 단위조직을 어떻게 운영할 것인가에 대한 구체적인 방안 제시에는 미흡하다. 이러한 단위조직의 운영에 대해서는 팀 조직의 원리를 적용하고, 조직수준에서의 조직설계방안에 대해서는 프로세스 조직의 방안을 보완하는 것이 바람직하다.

결론적으로 이들 조직모형은 상호배타적이 아니라 상호보완적이며, 기존의 조직이나 상위조직에 대해서도 보완적인 성격이 강하다는 것을 의미한다. 이러한 내용을 정리하면 〈표 6-3〉과 같다.

표 6-3 미래 조직모형의 장단점 비교

구 분	장 점	단 점	보완사항
팀 조직	• 특정과업 수행방법 제시 • 고성과를 위한 방법 제시 • 단위조직 운영방안	• 전체 조직 내에서의 통합문제 미흡	• 네트워크 조직의 기본원리 적용
네트워크 조직	• 집단 혹은 조직 간의 관계양식 제시 • 외부자원의 조직화 방법 제시	• 특정 집단 혹은 조직 내 운영방안에 대한 제시 미흡	• 팀 조직 기본원리 적용 • 프로세스 조직의 기본원리 적용
프로세스 조직	• 국민가치의 조직내부화 • 조직화의 기본원리 제시	• 프로세스 팀 간의 통합문제	• 네트워크 조직의 기본원리 적용
학습조직	• 비가시적 내부능력의 체계적 관리방안 제시 • 예측 불가능한 환경에 대한 적응방법 제시	• 구체적 조직설계기준 제시 미흡 • 구체적 조직유형 제시 미흡	• 조직구조의 형태를 제시한 이론들과의 통합화

2) 행정조직의 개혁방향

팀 조직·네트워크 조직·프로세스 조직·학습조직 등 미래 조직모형은 고유의 특성과 장점을 가지고 있는 반면 한계도 있다. 따라서 미래 정보사회에서 요구되는 조직모형에 대한 탐색은 이러한 장단점을 여하히 유기적으로 보완할 것인가 하는 문제로부터 출발해야 할 것이다.

우선, 지금까지 논의한 네 가지 형태의 미래 조직모형은, 장단점의 차이는 다소 있겠지만, 대부분 미래 조직에서 요구되는 특성(예컨대, 분권화 및 수평적 관계, 간소하고 유연한 조직, 그리고 가치지향적이며, 다기능화 등)을 가지고 있음을 주목할 필요가 있다(〈표 6-4〉 참조). 또한 이러한 조직들은 미래 조직에서 요구되는 개인과 관리자의 특성 변화 - 예컨대, 창의성, 자율성, 미래지향성, 그리고 비전제시자 및 정보공유의 특성 - 에도 비교적 잘 부응하고 있다(〈표 6-5〉 참조).

이러한 미래 정보사회에서의 조직 및 조직구성원의 특성 변화 요구에 부응하기 위하여 창안된

표 6-4 미래 조직에서 요구되는 조직구성원의 특성

구 분	전통적 조직	미래 조직
개인 특성	• 성실성 • 명령수용적 • 과거지향적 • 내부지향적 • 자기고집적 • 위험회피적	• 창의성 • 자율적 • 미래지향적 • 국민지향적 • 학습지향적 • 위험선호적
관리자의 역할	• 지시적 • 관리·통제 • 정보독점 • 권력추구 • 지시·통제자	• 참여적·설득적 • 코치·후원 • 정보공유 • 권한위임 • 비전제시자·후원자

표 6-5 미래 조직의 특성

구 분	전통적 조직	미래 조직
조직구조적 특성	• 높은 관리계층 • 수직적 관계 • 권한의 집중 • 내부통제화 • 과·부 단위 • 기능별 조직화 • 계획·통제중심의 스태프기능 • 비대한 관료조직	• 낮은 관리계층 • 수평적 관계 • 분권화 • 네트워크화 • 팀 단위 • 프로세스에 따른 조직화 • 지원중심의 스태프기능 • 간소하고 유연한 조직
직무구조적 특성	• 단순직무(분업화) • 직위지향적 • 일상적·지시적 • 낮은 책임 • 단순한 난이도	• 다차원적 직무(다기능화) • 가치지향적 • 비일상적·도전적·자율적 • 높은 책임 • 높은 난이도

위의 네 가지 조직들을 행정조직과 연계시켜 보면, 팀 조직은 개인(조직구성원)지향의 조직형태가 되며, 네트워크 조직은 공존지향형의 조직, 프로세스 조직은 고객(국민)지향적인 조직, 학습조직은 지식지향적인 조직이 될 것이다. 따라서, 정보사회에서의 행정방향을, 1) 국민위주의 행정, 2) 자기 혁신을 위한 행정, 3) 공·사 공존을 위한 행정이 되어야 할 것으로 볼 때, 이러한 네 가지 형태의 조직들은 이러한 방향에 부합하는 기능을 갖고 있다고 볼 수 있다.

그러나 개개의 장점만이 단일의 행정방향들에 부합될 뿐 국가행정의 전체목표를 수행하기에는 나름대로의 한계성을 지니고 있다는 점에서는 각 조직의 유기적 통합이 필요한데, 이러한 통합의

방향은 다음과 같이 생각해 볼 수 있다.

즉, 기본적으로 미래 조직의 구축방향은 대국민과의 관계에 있어서 프로세스 형태의 기능을 활용하여 고객지향이 되게 하고, 내부의 조직원리는 네트워크 형태를 통해 수평적·협력적 기능분화가 이루어지도록 할 필요가 있다. 또한, 한시적인 업무나 특정한 과업을 위해서는 팀 조직의 형태를 탄력적으로 도입하는 한편, 지식정보사회에 적용하기 위해 지식과 정보를 끊임없이 흡수하는 학습조직이 되어야 할 것이다(〈그림 6-6〉 참조).

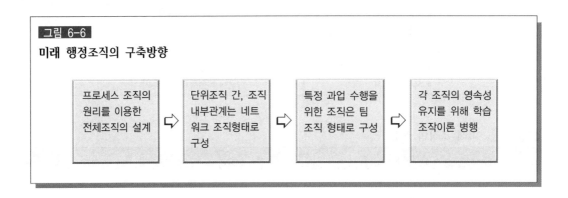

그림 6-6

미래 행정조직의 구축방향

| 프로세스 조직의 원리를 이용한 전체조직의 설계 | ⇨ | 단위조직 간, 조직 내부관계는 네트워크 조직형태로 구성 | ⇨ | 특정 과업 수행을 위한 조직은 팀 조직 형태로 구성 | ⇨ | 각 조직의 영속성 유지를 위해 학습 조작이론 병행 |

창조적 파괴와 관료제 혁신방안

① 조직구조 파괴: 행정조직의 리스트럭처링(Restructuring)
  ☞ 조직규모의 다운사이징(Downsizing)
② 업무처리과정의 파괴: 행정업무의 리엔지니어링(Reengineering)
  ☞ 행정업무처리과정의 혁신
③ 인사 파괴: 민간기업 인사제도의 벤치마킹(Benchmarking)
  ☞ 공무원 충원 및 인사제도의 개혁
④ 행태 파괴: 창조적 파괴의 날 등의 제도 도입
  ☞ 공무원 의식개혁

자료: 쓰보타 도모미, 1994.

제 6 절　전자정부와 조직의 혁신방안

1. 전자정부와 정부혁신

생산성 높고 투명한 정부, 민주주의를 실현하는 정부, 국가사회에 존재하는 의사소통의 활성화를 통해 진정한 신뢰사회를 구현하는 정부로의 혁신을 이루기 위해서는 전자정부의 구축이 필수적이다.

전자정부는 국가경쟁력을 확보하고 고객인 국민과 기업에게 양질의 서비스를 제공하며, 정부의 생산성과 투명성 제고에도 필수적인 역할을 한다. 따라서 전자정부의 구현은 정보기술을 이용한 정부혁신(*government reinvention*)이면서, 고객지향적인 열린정부(*open government*)의 실현수단이 된다.

전자정부는 리엔지니어링(BPR: Business Process Reengineering)을 통한 관료제의 간소화, 업무 표준화를 통한 정보의 공유 및 학습, 그리고 정보의 공개적 접근과 같은 고객에 대한 대응성을 높이는 차원에서의 정부혁신이 병행될 때 제대로 진가를 발휘한다.

2. 정부혁신과 조직혁신의 필요성

정부혁신은 정부의 조직, 인사, 예산, 업무 프로세스를 혁신하는 동시에, 법과 제도는 물론 관행과 문화까지 새롭게 바꾸는 것으로, 끊임없이 최적의 대안을 찾아내는 유연한 시스템을 구축하는 것을 포함한다. 정부혁신을 위해서는 효율적 정부구축을 위한 성과주의 행정시스템을 구축하고, 정부기능과 조직을 재설계함으로써 정부부처 간 기능의 중복이나 혼재를 방지하며, 보다 실질적이고 신축성 있도록 일하는 방식을 체계화하는 것이다. 이를 위해서는 조직구성원의 학습능력, 참여와 창의성 발현을 통한 경쟁력의 향상과 더불어, 지속적 학습과 새로운 지식의 습득이 가능한 조직으로의 변화가 필요하다. 또한 조직의 효율성 제고를 위해 팀제나 성과급체계, 개방형 인사제도 등의 조직제도적 혁신이 필요하다.

3. 조직혁신(OI: Organization Innovation)

조직혁신은 조직의 핵심적 임무에 있어서 독창적이고 근본적인 변환을 의미한다(Behn, 1997). 이는 공공부문에 있어서도 마찬가지다. 조직혁신을 위해서는 정부조직의 구조적 개편 및 통합, 팀제 도입 등 조직의 신축성과 동태성을 높이기 위한 유동적인 조직형태의 도입, 정부의 성과향상을 위한 표준운영절차의 개선이나 BPR(Business Process Reengineering) 등 절차적 제도혁신, 새로운 행정관행을 정립하고 바람직한 조직문화를 형성하며, 조직구성원의 태도변화에 직접적인 영향을 미치는 리더십의 변화 등 행태적 측면의 혁신과 함께 조직구조 및 기술 차원에서의 종합적 혁신이 필요하다.

1) 조직혁신의 과정

Davis(1982)는 혁신의 과정으로 고려(*consideration*), 설계와 개발(*design and development*), 실행(*implementation*), 지속(*continuation*)을 들고 있다. Roberts(1999)는 혁신을 새로운 아이디어의 창출에서 실행에 이르는 과정으로 보아, 성공적인 혁신과정에서 중요한 요소로 아이디어의 시작(*idea initiation*), 아이디어의 설계(*idea design*), 아이디어의 실행(*idea implementation*)을 든 바 있다.

조직혁신을 위한 과정은 크게 조직진단으로부터 시작해서, 문제의 인식, 조직구조 및 설계, 조직변경 실행, 정착의 단계를 거친다. 이 과정에서 조직구성원의 참여를 유발시키기 위해서는 변혁적이고도 강력한 리더십이 필수적이며, 저항에 대한 근본적인 해결과 혁신에의 자발적 참여를 이끌어내는 일이 무엇보다도 중요하다. 이를 통해 혁신적 조직문화가 정착될 수 있으며, 조직문화가 바뀌기 위해서는 미시적으로 조직발전(OD)의 차원에서 접근할 필요성이 있다.

2) 조직혁신기법

(1) Benchmarking

특정 분야에서 뛰어난 예를 찾아 성과에 차이를 가져오는 근본적인 원인을 분석하고, 그들의 프로세스를 도입하거나 조직성격에 맞게 변화시킴으로써 혁신을 추구하는 기법이다.

(2) Restructuring

광범위한 사업을 추진하고 있는 현대정부조직에 있어 그 필요성이 중요해지는 개념이다. 민간부문에서는 불필요한 부문의 매각이나 퇴출, 제거 등을 통해 조직효율성을 높이는 기법을 말한다. 정부부문에서는 비대해진 정부부문이라 할지라도 민간부문에 영향을 미치는 경우가 많고, 상호관련성 또한 무시할 수 없으므로, 단지 효율성만을 고려하여 구조조정해서는 안 될 것이다. 따라서 정부부문의 민영화라든지 민간위탁 등은 가외성을 고려하고, 정부조직의 학습메모리 강화라는 측면을 고려하여 이루어져야 한다.

(3) Reengineering and BPR

리엔지니어링은 비용, 품질, 서비스, 속도 등 최종산출물에 이르기까지 업무 프로세스의 재설계나 근본적인 변화를 통해 조직효율성과 생산성을 높이는 것이다. 효과적인 리엔지니어링을 위해서는 먼저 철저한 직무분석이 이루어져야 한다. 이를 통해 직무의 재설계와 업무의 조정이 이루어지기 때문이다. 그런데 직무분석은 조직구조의 재설계와 맞물려 수행되는 경우가 많다. 결국 겉모양만 그럴듯한 프로세스 리엔지니어링은 큰 효과를 거두기 어렵다는 것이다.

(4) TQM(Total Quality Management)

품질개선은 기업에 있어서는 생존의 문제다. 기능적 품질뿐만 아니라, 궁극적으로는 고객을 만족시키는 품질이어야 한다. 따라서 여기에서 품질이란 생산공정에서의 품질뿐만 아니라, 디자인에서부터 그 후 모든 공정에 이르기까지의 품질을 의미한다. 품질만족의 대상에 대해서도 과거에는 최종소비자만을 만족대상으로 삼고, 내부고객이나 협력업체는 희생시키는 경우가 많았다. 그러나 지금은 그래서는 지속적인 품질만족은 이룰 수가 없다. 최종소비자와 내부고객, 협력업체를 동시에 만족시킴으로써, 장기적이고 근본적인 품질만족을 실현해야 되는 것이다.

정부조직에 있어서도 마찬가지다. 정부에게 있어 상품은 바로 정책이다. 정책의 품질이 그 정책의 성공여부를 판단하는 기준이 되는 것이다. 정책의 품질을 높이기 위한 정책 전 과정에서의 품질관리가 필요하고, 고객인 정책대상집단에 대한 만족을 이끌어내기까지 모든 과정을 포함한다. 정책품질의 만족의 대상도 정책대상집단뿐만 아니라, 조직 내부 구성원과 협력부처에 이르기까지 확대되어야 한다.

4. 조직발전(OD: Organization Development)

1) 조직발전의 의의

(1) 개 념

Warner Burke(1982)는 조직발전을 "행동과학의 이론, 연구, 기술을 활용하여 특정 조직의 문화를 변화시키는 계획적인 과정이다"라고 하여, 변화대상으로서 문화를 강조하였으며, Wendell French(1999)는 조직발전을 "외부 혹은 내부 컨설턴트 혹은 혁신촉진자의 도움을 받아 특정 조직 내부의 문제해결을 위한 역량과 조직의 외부환경상의 변화에 대처할 능력을 개선하려는 장기적인 노력"이라고 하였다.

조직발전의 개념 확립에 선구적 역할을 했던 Richard Beckhard(1969)는 조직발전을 "행동과학 지식을 활용하여 조직의 '과정'에 대해 계획적으로 개입함으로써 조직효과성과 안정성을 증진시키려는 활동이며, 이는 조직의 상위계층으로부터 전체조직 차원에서 계획적으로 관리하는 활동"이라고 정의한다. 또한, Michael Beer(1980)는 "조직의 구조, 과정, 전략, 사람, 문화 간의 동질성을 높이고, 새롭고 창의적인 해결책을 개발하여 조직의 자기혁신능력을 창출을 목적으로, 자료의 수집에서부터, 진단, 실천계획, 개입 및 평가에 이르기까지 전체적으로 수행되는 과정"이라고 하였다.

따라서 조직발전이란 조직의 전략, 구조, 과정을 계획적으로 개발하고, 개선하며, 강화하기 위하여 행태과학을 전 조직차원에 적용하여, 조직의 업무수행의 효과성과 궁극적으로 생산성의 향상을 도모하는 활동이라고 할 수 있다.

(2) 특 징

㈎ 조직의 문제해결방법에 적용

조직발전은 조직과 주변 환경 간의 관계를 분석하고 개선하는 방법을 모색함으로써, 조직의 전략상의 변화를 지원하기 위해 조직의 커뮤니케이션 방식과 문제해결방법 등을 모색하는 것을 주된 내용으로 한다. 이는 조직의 인력개발 측면에 초점을 두는 HRD(Human Resource Development)와는 다른 것이다.

㈏ 행태과학의 응용

조직발전은 동기부여, 리더십, 커뮤니케이션, 집단역학, 직무설계와 같은 미시적인 조직행태론 분야의 지식과 기술같은 행태과학의 응용이라는 특징을 갖는다. 이는 H. Simon의 행정행태론에서 출발하여 1960년대 말 행정행태주의(신행정학)에서 강조된 개념이다. 따라서 조직구성원의 인간적 및 사회적 성격을 중시하는 것이며, 경제적, 기술적, 재무적 측면에 초점을 두는 컨설팅, 기술혁신, 운영관리 등과는 다른 개념이다.

㈐ 계획된 변화(planned change)

조직혁신은 대개 의도적이고 계획적이다. 따라서 계획된 변화에 대한 조직차원, 집단차원, 개인차원의 저항이 발생하기 마련이고, 이러한 저항을 극복하고 긍정적 태도를 형성함으로써 성공적 변화를 가져오기 위해서는 조직발전을 통한 행태적 변화가 요구된다. 따라서 조직개편에 의한 통폐합의 경우 문화적응훈련(*cross-cultural training*) 등이 필요하게 된다.

2) 조직발전과 조직문화

R. T. Golembiewski(1969)는 공공부문에 있어 조직발전의 저해요인으로, 1) 다양한 이익집단

의 정치적 개입, 2) 강조되는 목표의 차이와 보상구조의 문제, 3) 부처 간 혹은 부서 간의 경쟁구도와 동맹, 4) 경력직과 임명직 관료의 권위성 등을 든다. 이로 인해 조직의 상위계층에서부터 혁신에 부정적이게 되며, 권한의 위임이 잘 이루어지지 않고 인센티브 구조가 바뀌는 것을 방해하는 등 지배적인 조직문화가 유지되어, 새로운 조직문화 형성이나 발전이 민간부문보다 더 어려워진다고 보았다.

이는 조직문화의 형성을 위해서는 조직책임자의 강력한 의지와 변혁적 리더십이 얼마나 중요한지를 보여주는 단적인 예라고 할 수 있다. 조직경영진의 리더들이 변화와 혁신에 솔선수범하지 않고서는 조직구성원의 태도변화를 기대할 수 없기 때문이다. 이는 리더십의 문제, 조직구성원들의 태도변화와 더불어, 동기부여의 문제, 조직의 사기문제와도 직결되는 것이다.

또한, 새로운 조직문화의 형성은 조직구성원 개개인의 태도변화가 수반되어야 가능하므로, 조직발전을 위한 교육이나 커뮤니케이션 기법, 권한위임과 참여증진, 갈등관리 및 스트레스 해소, 협상관리 등 조직발전을 위한 도구들이 중요성을 갖는 것이다. 따라서 혁신적인 조직문화를 형성하기 위해서는 조직책임자의 강력한 의지 및 변혁적 리더십, 조직구성원들의 태도변화, 그리고 이를 위한 조직발전을 위한 교육이나 커뮤니케이션 기법, 권한위임과 참여증진, 갈등관리 및 스트레스 해소 등 조직발전을 위한 도구들이 함께 병행되어야 한다.

지식정부의 관점에서 볼 때, 전자정부의 구현은 단지 새로운 정보기술이나 네트워크의 도입으로 끝나지 않는다. 정부조직 전 부문에 걸쳐 조직혁신이 발휘되고, 이를 통해 새로운 지식과 아이디어가 창출-축적-공유-학습되는 것을 요구하는 것이다. 이를 위해서는 조직책임자의 변혁적 리더십과 조직구성원들의 태도변화, 그리고 혁신적인 조직문화의 정착이 필요하며, 이를 위해 조직발전기법들이 필요한 것이다.

3) 조직발전의 주요 기법

(1) 감수성훈련(sensitivity training)

낯선 사람들로 구성된 소집단이 외부환경으로부터 차단된 상황에서 서로간의 비정형적 접촉으로 인해타인을 이해하고 자신의 태도를 평가·개선하여 대인적인 수용능력을 제고하는 훈련이다.

(2) 관리망훈련(managerial grid training)

감수성훈련을 R. Blake와 J. Merton이 개인에서 조직전반으로 확대·발전시킨 장기적·포괄적 접근법으로 개인과 집단의 관계와 조직의 효율화를 추구하려는 것이다.

(3) 팀 빌딩기법(team building)

감수성훈련의 한계를 극복하기 위해 D. Mcgregor가 고안한 기법으로 수직적 계층제는 자율적

집단형성을 어렵게 하므로 응집력 있는 집단을 형성시켜 구성원 간 의사소통을 원활히 하고 자율적·협동적·수평적 인간관계를 지향한다.

(4) 외부상담 및 개입전략

조직의 문제를 외부 전문상담가가 상담하며 또한 상담자가 조직에 참여하여 갈등당사자들의 문제를 공개적으로 해결하도록 유도한다(Argyris).

5. 요약 및 결론

민간부문이든 공공부문이든 어떤 조직에 있어서도 혁신의 주체는 사람이다. 이는 혁신의 촉진자 역할을 하는 리더(*leader*)와 리더를 따르는 조직구성원(*follower*), 그리고 이들로 인해 형성되는 조직문화가 조직혁신에 있어 얼마나 중요한지를 말해주는 것이다. 선진 조직운영절차와 기법이 도입되더라도, 이를 실질적으로 다루는 주체인 사람이 변하지 않고서는 그 효과는 발휘되지 않는다.

따라서 지식정보사회에서 정부가 지향하는 정부혁신모델인 전자정부나 지식정부, 기업가적 정부, 성과중심 정부, 고객중심 정부, 뉴거버넌스 정부로의 혁신이 제대로 이루어지기 위해서는 정부조직 내 조직구성원 개개인으로부터 변화가 일어나야 한다. 이는 현대행정에 있어서 조직행태적 측면의 재조명이라고 할 수 있다. 과거 인간관계론자들이나 행정행태론자들에 의해 발전되어온 조직행태론이 동기부여나 리더십 커뮤니케이션 등 미시적 차원에서의 연구가 주를 이루었던 것이라면, 이제는 조직전체적인 문화적 토대가 조직발전의 핵심적 요소라는 인식이 필요하다. 개인의 업무성과 향상만이 목적이 아니라, 자발적인 혁신의 주체로 거듭나도록 전략적으로 접근할 필요가 있는 것이다.

이를 위해서는 조직책임자는 조직혁신의 촉진자로서의 역할이 요구되며, 조직구성원의 모범이 되는 솔선수범과 혁신의 비전창출, 창출된 비전의 공유, 자율적 분위기 조성을 통한 조직구성원의 창의성 발현, 이를 지속적으로 관리하며 가속화시킬 수 있는 강력하고도 지속적인 변혁적 리더십이 필요하다. 또한, 조직구성원들 스스로 자발적인 혁신 마인드를 갖고 태도를 변화시키며, 이것이 문화로 정착되도록 하기 위해 다양한 조직발전(OD)기법들이 활용되어야 한다. 여기에 조직혁신을 위한 조직발전, 조직발전을 위한 태도변화기법 개발의 중요성이 있다.

핵심 Point !

Dynamic Process

◎ 조직을 보는 관점
- ◘ 조직의 개념: 일정한 환경 하에서 특정한 목표를 달성하기 위한 관리체계
- ◘ 조직관과 변수
- ▶ 구조론이 지배하던 시대의 산물인 고전적 관료제 모형
- ▶ 행태론이 지배하던 시대의 의사결정모형
- ▶ 상황론 이후의 체제모형
- ◘ 조직의 유형
- ▶ A. Ezioni: 강제적 조직, 공리적 조직, 규범적 조직
- ▶ R. Likert: 약탈적 조직, 자비적 조직, 자문적 조직, 참여적 조직
- ▶ D. Katz와 R. L. Kahn: 생산적 조직, 사회화 조직, 적응조직, 정치적 조직

◎ 조직구성의 5대 원리
- ◘ 분업의 원리
- ◘ 조정의 원리
- ◘ 계층제의 원리
- ◘ 통솔의 범위
- ◘ 명령통일의 원리

◎ 공식적 조직과 비공식집단
- ◘ 비공식집단은 1930년대 인간관계론 대두 이후 중요성 인식
- ◘ 공식적 조직과 비공식집단의 차이점: 법률적, 외면적, 공식적 vs 자생적, 내면적, 비공식
- ◘ 한국행정 내의 비공식집단: 순기능보다는 역기능(경쟁상대자 혹은 파벌형성의 수단)
- ◘ 비공식집단의 활용이 필요
- ▶ 의사소통을 통해 순기능적으로 유도
- ▶ 참여·설득의 비강제적인 방법부터 시작하여 지도자의 격리·전보 등의 단계적인 조치

◎ 조직과 개인

- 조직이란 인간이 모여 구성하는 사회적 유기체

- 조직과 개인의 관계: 조직의 합리성과 인간의 발전이 서로 조화되는 관계가 이상적

- A. Etzioni의 조직유형

  ▶ 강제적 조직(coercive organization) ⇒ 소외적 관계

  ▶ 공리적 조직(utilitarian organization) ⇒ 타산적 관계

  ▶ 규범적 조직(normative organization) ⇒ 도덕적 관계

- 다양성·창의성에 기초한 지식기반사회에서는 개인이 자유롭게 자아실현을 추구

- 조직과 개인의 관계 역시 어느 일방적인 관계보다는 함께 학습하고 성장하는 관계로 재조명될 필요

◎ 조직과 환경

- 조직과 환경과의 관계: 조직과 환경은 끊임없이 상호작용하는 동태적 개방체제

- 환경의 변화에 대한 조직의 대응: Selznick(1957)

  ▶ 적응적 변화(adaptation)

  ▶ 적응적 흡수(co-optation)

- 환경에 대한 조직의 대응전략: Scott(1992)

  ▶ 완충전략: 비축, 예측, 성장

  ▶ 연결전략: 외부집단과의 관계 재편성

◎ 조직이론의 전개

- 조직구조론적 관점

  ▶ 과학적 관리(F. W. Taylor): 시간연구(time study), 동작연구(motion study)

  ▶ 산업관리론(H. Fayol): 프랑스의 최고경영자로서 최고관리자의 관점

  ▶ 행정관리론(POSDCoRB): L. Gulick & L. Urwick

  ▶ 관료제 모형(Max Weber):

  • 분업의 원리

  • 계층제의 원리

  • 법령에 의한 지배

  • 비정의성

  • 직무에의 전념

- 조직행태론적 관점

  ▶ 인간관계론: E. Mayo, F. Roethlisburger 등 하버드 대학의 호손 실험

  ▶ 후기인간관계론

  • C. Argiris: 미성숙-성숙이론: 조직이론에 자아실현적 인간의 개념을 도입

  • D. McGregor: X-Y이론: 강제적 제재 vs 자율적 통제

  • R. Likert: 관리체제이론: 조직이론에 있어서 참여관리를 강조

◘ 조직체제론적 관점(1960-1980)
▸ 구조적 상황적응이론: 조직의 구조적 특성이 환경에 부합해야만 생존 발전
● T. Burns와 G. M. Stalker의 환경과 구조에 관한 연구
● P. R. Lawrence와 J. W. Lorsch의 분화와 통합에 관한 연구
▸ 조직경제학이론
● 주인-대리인이론(Principal-agent theory): Donaldson, Perrow
● 거래비용이론(Transaction cost theory): Williamson
▸ 신제도주의 조직이론의 강조점
● 제도적 환경과 배태성(embeddedness)
● 제도의 채택과 사회적 정당성(legitimacy)
● 제도적 동형화(institutional isomorphism)
▸ 카오스이론의 핵심개념
● 조직환경을 "조직생태계"로 인식
● 자기조직화(self-organizing), 창발성(emergency), 공진화(coevolution)의 개념 도입
◘ 지식정보사회의 조직이론(1990-)
▸ 전자정부(Electronic Government): 정보기술을 활용하여 유연하고 신속한 의사결정을 추구하는 조직형태
▸ 기업가적 정부(Entrepreneurship Government): 유인, 경쟁, 학습 강조
▸ 혼돈정부(Chaos Government): 카오스이론(chaos theory), 비선형동학(nonlinear dynamics), 또는 복
                        잡성이론(complexity theory) 등을 정부조직에 적용한 조직형태
▸ 공동정부(Hollow Government): 현업활동은 제3자에게 위탁하는 형태의 정부

◎ 관료제 모형
  ◘ Weber의 관료제 이론
  ▸ 근대관료제: 법령에 의한 지배
  ▸ 보편성과 합리성
  ◘ Weber 이론의 비판 수정
  ▸ 1930년대 수정이론: 보완적 수정: 조직행태론자, Blau, Merton
  ▸ 1960년대 수정이론: 전면적 수정: 발전행정론자
  ◘ 관료제의 병리
  ▸ Merton 모형: 최고관리자의 관료에 대한 지나친 통제가 관료들의 경직성을 초래
  ▸ Selznik 모형: 권한의 위임과 전문화가 조직 하위체계 이해관계의 지나친 분열을 초래
  ▸ Gouldner 모형: 관료들이 규칙의 범위 내에서 최소한 행태만을 추구
  ◘ 관료제 역기능: 서면주의, 수단의 목표화, 무사안일주의, 귀속주의, 할거주의, 상관의 권위에 대한 의존,
                전문화로 인한 무능, 변화에 대한 저항

- 관료제와 민주주의
  - 효용: 관료제는 사회의 민주적 목표를 수행하는 수단
  - 비효용: 관료제는 권력의 불균형을 초래
  - 바람직한 관계 정립: 대외적으로는 민주적 통제수단을 강화, 대내적으로는 참여와 의사소통 강화
- 관료제와 전자정부: 전자정부는 관료제 모형의 대안으로 제시

◎ 제3부문 조직

- 책임운영기관(Executive Agency)
  - 정부가 수행하는 사업 중 공공성을 유지하면서도 경쟁원리를 도입하여 운영하는 것이 바람직한 사업을 대상으로 책임운영기관장에게 운영 및 예산의 자율성 부여
  - 장점: 공공부문에 경쟁원리를 도입 ⇒ 기관운영의 효율성 증진
  - 단점: 공공서비스의 형평성과 안정성 저하
  - 개선방안: 기관장 임명의 공정성, 자율성 확대와 합리적 통제, 고객대응성 제고
- 위원회
  - 유형: 자문위원회, 조정위원회, 행정위원회
  - 장점: 행정의 전문성, 민주성, 합리성 제고
  - 단점: 거래비용의 증대, 책임성 확보 곤란
- 공기업
  - 이념: 공공성·민주성·기업성·능률성의 확보
  - 종류: 정부기업, 공사형, 주식회사형
  - 문제점
    - 유인체계의 부족 및 정치화
    - 경쟁 및 시장규율의 결여
    - 가격기능의 부재
- NGO
  - 개념: 시민의 자발적 참여에 의해 결성되는 제3부문 조직
  - 역할: 행정과정에서의 다양한 시민들의 참여를 촉진하여 정부와의 파트너십을 형성
  - 한계: 대표성의 문제, 독립성의 문제, 전문성의 부족
  - 발전방향
    - 대표성과 독립성의 확보
    - 전문성 제고를 통한 역량 강화
    - 투명성과 책임성 확보

◎ 조직의 동태화

- 개념
  - 변화하는 환경에 신축성 있게 적응하기 위한 조직의 구조적/동태적 변화

- ▸ 조직의 동태화 방안으로 제시된 유동성이 강한 조직은 구조상 수평적이고 분권적이며 다원화된 조직
- ◘ 필요성: 시간·속도·불확실성을 특징으로 하는 동태적이고 유동적인 행정환경에 적응하기 위해서는 조직의 동태화 필요
- ◘ 효용: 변화가 심하고 불확실성이 큰 환경에 신축성 있게 적응하는데 유리
- ◘ 한계: 책임의 소재가 불명확하고 갈등이 불가피하다는 단점
- ◘ 조직동태화의 방향
- ▸ 구조적 측면: 신축성과 융통성 확보
- ▸ 행태적 측면: 신뢰성과 민주적 운영
- ▸ 관리적 측면: 창조성과 변혁적 관리
- ◘ 조직동태화와 다양한 조직형태
- ▸ 팀 조직
- ▸ 프로젝트 조직
- ▸ 프로세스 조직
- ▸ 네트워크 조직
- ▸ 학습조직
- ▸ 비전구동형 조직
- ▸ 매트릭스 조직
- ◎ 전자정부와 조직의 혁신방안
- ◘ 전자정부와 정부혁신: 밀접한 관계
- ◘ 정부혁신과 조직혁신: 정부혁신을 위해 조직의 제도적 혁신 필요
- ◘ 조직혁신(OI: Organization Innovation)
- ▸ Benchmarking
- ▸ Restructuring
- ▸ Reengineering and BPR
- ▸ TQM(Total Quality Management)
- ◘ 조직발전(OD: Organization Development)
- ▸ 조직의 문제해결방법에 적용
- ▸ 행태과학의 응용
- ▸ 계획된 변화(Planned Change)
- ▸ 조직발전과 조직문화: 조직발전을 위한 교육이나 커뮤니케이션 기법, 권한위임과 참여증진, 갈등관리 및 스트레스 해소 등 조직발전을 위한 기법들이 필요

핵심 Question !

Dynamic Process

◎ 조직이란 무엇이며, 조직을 보는 관점은 어떻게 변해왔는지, 구조론, 행태론, 상황론으로 나누어서 정리해보자.

◎ A. Ezioni가 제시한 조직의 유형을 설명하고 이에 따른 조직과 개인의 관계를 설명하라.

◎ 조직구성의 5대 원리가 무엇인지 설명하라.

◎ 공식적 조직과 비공식집단의 바람직한 관계를 설명하고, 비공식집단의 활용방법을 언급하라.

◎ 조직과 개인의 관계를 설명하고, 다양성·창의성에 기초한 지식기반사회에서 필요한 관계 정립에 대해서 논의하라.

◎ 조직과 환경의 관계를 설명하고, 환경에 대한 조직의 대응전략을 언급하라.

◎ 조직이론의 전개를 조직구조론적 관점, 조직행태론적 관점, 조직체제론적 관점, 지식정보사회의 조직이론으로 나누어서 정리해보자.

◎ 조직구조론적 관점에서 F. W. Taylor가 제시한 과학적 관리법의 장단점을 설명하라.

◎ 조직행태론적 관점에서 인간관계론을 설명하고, 후기인간관계론과의 차이점을 언급하라.

◎ 조직체제론적 관점에서 주인-대리인이론을 설명하라.

◎ 조직체제론적 관점에서 신제도주의 조직이론의 특징을 설명하라.

◎ 조직체제론적 관점에서 카오스이론의 특징을 설명하라.

◎ 관료제 모형의 병리현상을 설명하고, 관료제와 민주주의의 바람직한 관계에 대해 논의하라.

◎ 제3부문 조직으로서 책임운영기관(Executive Agency)의 장단점에 대해서 설명하라.

◎ 제3부문 조직으로서 위원회 조직의 장단점에 대해서 설명하라.

◎ 제3부문 조직으로서 공기업의 문제점과 대응방안에 대해서 설명하라.

◎ 제3부문 조직으로서 NGO 조직의 문제점과 발전방안에 대해서 설명하라.

◎ 조직의 동태화 방안에 대해서 논의하라.

◎ 조직의 혁신방안과 조직발전(OD)기법에 대해서 설명하라.

　조직이론은 행정학 중에서 출제빈도가 아주 높은 영역이다. 조직이론은 행정학의 각론들 중에서도 핵심적인 분야이며, 고전적 조직이론의 계보, 관료제와 이후의 조직관리적 측면의 효과성, 효율성을 강조한 조직유형 등에 이르기까지 출제범위가 광범위하다.

　고전적 조직관, 인간관계론, 신공공관리, 뉴거버넌스에 이르는 조직이론의 발전적 계보는 각 단계의 세부적인 내용을 숙지하는 것도 중요하지만, 발전의 맥락을 정확하게 알고 있는 것이 중요하다. 각 단계별 학파들의 등장배경과 주요 내용, 특성 및 한계점 등을 확인하고, 조직이론의 발전적 맥락에서 차지하는 중요성에 대한 이해가 요구된다.

　관료제는 행정조직의 기본적인 형태로 꾸준하게 출제되어 왔으며, 관료제 자체에 대한 이해도 중요하지만, 관료제로 인해 발생된 다양한 조직관리와 조직유형과의 비교적 관점에서의 접근이 보다 더 중요하다. 예를 들어 관료제의 대안적 형태로서 대두되는 조직형태들(팀, 매트릭스, 프로젝트, 네트워크 조직) 간의 주요 특성을 중심으로 명확하게 구별할 수 있어야 한다. 이를 위해서 관료제의 주요 내용과 특성 및 문제점에 대한 명확한 이해가 선행되어야 하며, 비교적 관점에서 다양한 조직유형이 내포하고 있는 특성과 장단점을 정확하게 구분하고, 우리나라 정부조직에의 적용 시 예상되는 문제점 및 개선방안 등에 대한 논의를 할 수 있어야 한다.

　또한 최근 중앙정부–지방정부 간 의사소통을 원활히 하고 행정의 유연성과 효율성을 높이기 위한 동적인 조직유형으로서 네트워크 조직에 주목할 필요가 있다. 현대정책이 정부 주도로만 이루어질 수 없고 다양한 정책참여자들의 의견의 수렴과정을 필요로 하기 때문에, 관료제(계층제)의 선택적 대안의 하나로서, 네트워크 조직(네트워크 거버넌스 혹은 뉴거버넌스라고 하기로 한다)의 의의와 특성, 성격유형, 장단점을 제시할 수 있어야 한다. 그리고 우리나라의 맥락적 상황에 비추어 공공부문에 적용가능하게 나타날 수 있는 네트워크의 유형과 중요성에 대한 논의도 중요하다.

　또 한편으로 공공부문에서 팀제 도입과 위원회 제도의 개념 및 의의, 기능, 문제점에 대해서도 중요하게 살펴볼 필요가 있다. 즉, 조직의 목표의 효율적인 달성을 위한 조직변화와 혁신적 측면의 논의는 앞으로도 계속 강조될 가능성이 높기 때문이다. 그리고 외부변화에 유연하게 대응할 것을 주문하고 있는 조직의 동태화(조직혁신) 및 그 주요 방안으로서 강조되고 있는 조직신뢰 및 조직문화의 개념, 기능, 유형에 대해서도 정리해 두고, 이들이 한국정부의 조직혁신에 적용 시 예상되는 문제점과 해결방안에 대해서도 정리해 두길 권한다.

오늘날과 같이 복잡하고 급격하게 변화하는 환경에서 조직문화의 특성과 강도는 조직효과성을 결정하는 주요 요인으로 여겨지고 있다. 이에 공공부문에서도 조직문화를 조직관리의 중요한 수단으로 인식하는 경향이 확산되고 있다[2007년].

(1) 조직관리 측면에서 조직문화의 의미와 기능을 설명하시오.

(2) 조직문화의 유형을 구분하여 그 특성을 기술하고, 각 유형에 따른 효과적인 조직관리 방안을 논하시오.

답안작성요령

✋ 핵심개념

문제(1)은 조직관리 측면에서 조직문화의 의미와 기능을 묻고 있다. 조직문화란 조직 내 구성원들이 상호간의 학습 과정을 통하여 폭넓게 공유되는 신념, 가치관, 행위규범, 행동양식 등을 말한다. 또한 조직문화의 기능은 영역에 따라 대내적, 대외적으로 구분하여 설명할 수도 있고, 역할에 따라 순기능, 역기능으로 구분하여 설명할 수도 있다. 핵심은 조직관리의 신(新)핵심동력으로서 조직문화의 기능에 중점을 두고 서술할 필요가 있다.

문제(2)는 조직문화의 유형에 따른 효과적인 조직관리방안에 대해 묻고 있다. 조직문화의 유형은 Quinn과 Kimberly의 경쟁가치접근을 이용하여 조직의 유연성 여부와 내외부 초점에 따라 위계문화(내부과정), 합리문화(합리적 목표), 발전문화(개방체제), 집단문화(인간관계)로 구분한 바 있다. 이러한 각 유형의 특성에 적합하게 수직적 위계질서(위계문화), 과업지향의 인센티브(합리문화), 고객지향 마인드(개방체제-발전문화), 조직구성원 자유재량권 확대(인간관계-집단문화) 등으로 조직관리방안을 제시할 수 있다(자료: 고시계, 2013에서 수정).

✋ 조직문화의 유형 예시

딜과 케네디(T. Deal & A. A. Kennedy, 1982)는 조직활동 관련 위험 정도와 의사결정 전략에 대한 피드백의 속도에 따라 거친 남성문화, 일 잘하고 노는 문화, 사운을 거는 문화, 과정문화로 구분하고 있다.

위 험 \ 피드백	빠 름	늦 음
많 음	거친 남성문화 (the tough guy, macho culture) ex) 건설, 영화, 스포츠 산업 등	사운을 거는 문화 (bet your company culture) ex) 석유탐사회사, 비행기제도회사 등
적 음	일 잘하고 잘 노는 문화 (work hard/ play hard culture)	과정문화 (the process culture) ex) 은행, 보험회사, 정부, 공기업체 등

해리슨(R. Harrison)은 조직구조의 중요한 두 변수인 공식화와 집권화의 2가지 차원에 의해서 구분하고 있다.

공식화＼집권화	높 음	낮 음
높 음	관료조직문화 (bureaucratic culture) - 역할지향	행렬조직문화 (matrix culture) - 성취지향
낮 음	권력조직문화 (power-oriented culture) - 권력지향	핵조직문화 (atomized culture) - 지원중심

 고득점 핵심 포인트

　　조직문화의 의미와 기능을 설명함에 있어 조직문화의 유형을 구분하고, 유형별로 효과적인 조직관리 전략이 다르게 도출될 수 있음을 강조할 필요가 있다. 또한 조직문화 유형의 특성과 효과적인 관리방안을 제시함에 있어서도 한국행정의 조직문화가 가지고 있는 특성을 반영하고, 긍정적 의미의 강한 조직문화를 형성하는 방향을 언급할 필요가 있다(자료: 고시계, 2013, 행정학 기출해설과 예상논점에서 수정함). 예컨대, 한국행정은 위계문화와 집단문화가 강하므로 수직적 위계질서를 무시하는 조직관리는 위험할 수 있다는 점과, 인간관계를 고려한 조직관리가 필요하다는 점을 언급할 필요가 있을 것이다. 하지만, 한국행정 역시 일방적으로 규정지을 수 없고, 시간적 흐름에 따라 바뀌어가고 있으므로 조직문화의 맥락성을 고려한 조직관리 전략이 필요하다는 것도 중요한 논점이다.

고시기출문제 　공무원 행태에 대한 다음 제시문을 읽고 물음에 답하시오[행정고시, 2017년].

> ● 이전에 정부의 정책을 적극적으로 추진해오던 관료들이 새 정부의 기조에 맞춰 주요 정책의 방향을 선회하는 일이 빈번하게 발생하고 있다. 이에 대해, 직업 관료들은 '영혼 없는 공무원'이라는 자조의 목소리가 나오기도 한다.
> ● 하지만, 관료제 하에서 정해진 규칙과 절차에 따라 주어진 업무를 전문성에 입각하여 추진하는 것은 직업 관료의 역할이다. 이런 측면에서 공무원은 영혼이 없어야 한다.

(1) 위에서 제시된 상반된 입장이 나타나게 된 원인과 배경에 대해 설명하시오. (20점)
(2) 위와 같은 서로 다른 입장에서 관료들이 선택할 수 있는 가치 판단의 기준을 행정이론에 근거하여 설명하시오. (20점)
(3) 두 가지 입장 중 하나를 선택해서 자신의 주장을 정당화하시오. (10점)

답안작성요령

 핵심개념

　본 문제는 '영혼 없는 공무원'과 책임을 지고 가치문제를 피하지 않는 '적극적 행정인'에 대한 대립적 문제에 대해서 묻고 있다. 행정학이 추구하는 본질적 이념은 '공공성'(publicness)이다. 이는 곧 '공익', 즉 사회전체의 이익을 추구하는 성질로 볼 수 있다.

D. Waldo는 신행정학을 주창하면서 행정의 '자아상'(self-image)을 비판한 바 있으며, 현대행정학의 창시자 W. Wilson은 '행정은 국가의 양심이다'라고 말했다. 또한 H. Lasswell은 정책학 패러다임을 주창하면서 행정은 사회의 '근본적 문제'를 해결할 수 있어야 한다고 했다.

관료행태의 무책임성 배경

(1) Weber의 관료제 모형의 책임성 구현: Weber의 관료제 모형의 원래 취지는 법적 책임을 명확히 한다는 점에 있는 바, 최근 들어 관료제의 본질적 취지가 희석되고 있음
(2) 관료제의 병폐: 서면주의, 수단과 목표의 도치현상, 무사안일주의, 귀속주의, 할거주의, 상관의 권위에만 의존하는 행태, 전문화로 인한 무능, 변화에 대한 저항

관료행태의 무책임성 원인

(1) 한국 조직문화의 문화유전자: 권위주의, 가부장주의 등
(2) NPM의 한계적 부작용: 민영화, 민간위탁 등으로 인한 정부의 책임성 희석, 공동화된 정부(hollow government)의 문제점
(3) 정책평가제도의 실효성 확보 실패: 현대사회에 존재하는 복합구조의 '큰 문제'해결을 위해서는 정책평가제도 및 일하는 방식의 변화가 필요하나 현재 정책평가는 개별부처 위주의 단선적 구조로 되어 있음
(4) 부처이기주의 및 협업구조의 실패: 좋은 거버넌스 실현을 위해서는 협업(collaboration)이 요구되는 바, 부처간 책임 떠넘기식 행태가 문제임(사례: 미세먼지, 가습기살균제 등 정책조정실패)

행정이론적 근거

(1) 정치행정이원론 vs. 정치행정일원론

주지하듯이 정치행정이원론은 행정의 정치로부터의 독립성을 강조하면서 행정은 가치문제에 중립해야 한다고 주문한다. 즉, 제시문의 두 번째 입장을 지지한다. 하지만, 이것은 당시의 시대배경인 공무원의 정실임용(nepotism)과 엽관제(spoils system)에 대한 반발로서 등장하게 된 주장이다. 그 뒤 정치행정일원론이 등장하면서 P. Appleby와 같은 학자는 행정은 가치문제를 배제할 수 없으며 배제해서도 안 된다는 주장을 펼치게 된다. 즉, 공무원의 정책작성행위는 이미 가치배분을 내포하고 있으며, 따라서 공무원은 보다 적극적으로 가치문제를 실현해야 한다고 주장했다.

(2) 신행정학과 정책학의 탄생

이러한 정치행정일원론의 주장에 더욱 뒷받침을 해준 이론은 신행정학과 정책학이다. D. Waldo는 1960년대말 미국 시대상황, 즉 월남전 패망, 소수민족의 문제, 흑백갈등, 사회적 형평의 붕괴 등을 개탄하면서, 행정이 그동안 한 일은 무엇인가?라는 근본적인 문제를 제기한 바 있다. 정책학의 창시자 H. Lasswell 역시 행정과 정책은 그 사회의 근본적인 문제를 탐구하면서 보다 적극적으로 정책대안을 제시해야 한다고 주장했다.

(3) NPM과 뉴거버넌스

행정의 가치중립성을 주장하는 NPM을 넘어 1990년대 이후 본격 등장한 뉴거버넌스는 행정의 민주성을 주장한다. 즉, 행정은 관료제 내부의 관리를 넘어 시장과 시민사회와의 적극적 네트워크를 형성하면서 사회문제해결에 임해야

한다는 것이다.

🔖 고득점 핵심 포인트

이처럼, 본 문제는 행정과 공무원의 복지부동, 즉 철학이 없는 자세를 비판하고 있다. 저출산 고령화, 청년실업, 비정규직의 확대, 양극화의 심화 등 민생문제가 고조되고 있는 현실속에서 공무원이 철학과 가치관을 갖고서 행정의 실행체제에 임하지 않으며 이러한 사회의 근본문제(mega problem)는 조금도 해결될 기미를 보이지 않을 것이다. 주지하는 바와 같이 이러한 '사악한 문제'(wicked problem)는 한 부처의 노력만으로 이루어질 수 없는 복합구조의 인과관계를 지니고 있다. 저출산 문제만 하더라도 보건복지부, 고용노동부, 여성가족부, 국무조정실 등 복합적 부처의 이해관계를 갖고 있는 바, 공무원들이 보다 적극적인 협업구조를 갖고서 풀어나가야 할 문제인 것이다.

최근 우리 사회의 문제점들이 보다 복합구조의 '큰 문제'들이 되어가고 있는 바, 이러한 상황에서 공공성에 대한 관심이 높아지고 있는 배경을 논리적으로 밝히고, 공공성 제고를 위해 또한 '큰 문제' 해결을 위해 적극적으로 추구해야 할 행정이념과 공무원의 자세가 무엇이지 체계적으로 제시해야 한다면 높은 점수를 받을 수 있을 것이다.

CHAPTER

인사이론 07

Dynamic Process

KEY POINT

현대행정은 동태적 행정과정을 거쳐 실현된다. 동태적 행정과정의 첫 시발점은 국가목표 및 정책결정이며, 이를 실현하기 위해 조직·인사·재무 등 조직화와 인간관·동기부여·리더십 등 동작화, 그리고 행정책임·행정통제·행정개혁·정부혁신 등 환류 및 학습이 필요하다. 앞에서 우리는 미래의 바람직한 상태의 실현을 의미하는 국가목표 및 국가정책이론에 대해 살펴보고, 조직화의 첫 단계인 조직이론에 대해 살펴보았으므로, 제7장에서는 조직에서 인력을 효율적으로 배치 운용하는 문제인 인사이론에 대해서 학습하고자 한다. 구체적으로 인사행정의 의의, 제도적 기관, 담당기관, 인사행정의 동태적 과정 등에 대해서 학습한다.

인사행정에 있어서 목차의 구성은 개념이해 → 제도적 기반 이해 → 인사행정 과정별 이해 순으로 구성되어 있다. 기초 개념과 제도적 기반(엽관주의, 실적주의, 직업공무원제, 계급제, 직위분류제 등)을 이해한후, 인사행정의 동태적 과정(인력관리계획, 인력구조, 채용선발, 능력발전, 동기부여, 평가환류 등)에 대해서 학습하기로 한다.

행정의 3대 변수는 인간, 조직, 환경인데 이 중 인간에 관하여 다루는 것이 인사행정이다. 행정조직과환경이 이상적인 행정목표의 달성을 위하여 최적인 상태로 있다고 하더라도, 행정과정에서 주체적 역할을하는 인간(행정인)이 소극적으로 행동하고 목표달성에 무관심하다면 행정목표의 성공적 달성은 결코 이루어질 수 없을 것이다.

제7장의 키 포인트는 인사이론에 대해서 파악하는 것이다. 조직, 인사, 재무 중 인사이론 역시 행정학에서 자주 출제되는 분야이다. 인사행정의 동태화 과정, 엽관제와 실적제, 직업공무원제도, 경력개발제도(CDP), 고위공무원단제도(SES), 직무성과평가제도, 전략적 인적자원관리, 대표관료제, 인사제도의 다양성 관리(유연근무제, 가족친화적 편익프로그램, 선택적 복지(맞춤형복지)제도 등 최신제도 및 동향 등에 대해서도 잘 숙지해 둘 필요가 있다

제 1 절 인사행정의 의의

1. 인사행정의 개념

1) 개 념

인사행정이 무엇인가에 대해 다양한 견해가 제시되고 있다. 우선, 여러 학자들의 정의를 간단히 살펴보면, 인사행정이란 "정부활동의 수행에 필요한 인적 자원의 효율적 관리 활동"(이종수·윤영진, 2002: 471) 또는 "공무원 각자가 맡은 직무를 성공적으로 수행할 수 있도록 지원하는 활동"(유민봉, 2005: 451) 등으로 정의한다.

이와 조금 다르게 정의하는 경우도 있는데, 최근에 이르러 공공부문에 민간기업 경영기법을 도입하려는 경향이 증대되면서, 인사행정을 '공공인사관리'(*public personnel management*)로 지칭하는 경우가 많아졌고, 더 나아가 인적자원에 대한 좀 더 적극적인 시각을 강조하기 위하여 '인적자원관리'(*human resource management*)로 지칭하기도 한다. 인적자원관리(*human resource management*)란 "사람에 관련된 관리의 일부분으로서, 인적자원의 획득, 개발, 동기부여 및 지속화 과정 등을 통하여 하나의 조직에 대하여 사람들이 기여하는 것을 극대화하기 위해 고안된 활동들의 연속체"를 의미한다(정용덕, 2006: 647).

이를 종합적으로 볼 때, 인사행정이란 "행정목표를 달성하기 위해 가장 효율적인 인적 자원의 충원·배분·관리를 연구하는 학문"이라 할 수 있다.

조직은 전문화의 원리에 따라 분화된 직무들이 상호유기적 연관성을 갖고 하나로 조정 통합되어 목표의 달성을 위해 동작하는 체제이다. 이러한 조직체제를 움직이는 주체는 결국 사람으로서, 조직목표의 달성은 개별 행정인의 직무전념 정도에 따라 성공적으로 수행 여부가 결정된다. 따라서

인적 자원을 어떻게 효율적으로 충원, 배분, 관리하는가 하는 인사행정은 매우 중요한 영역이다.

2) 인사관리와의 차이

민간기업도 인적 자원의 효율적 관리를 위해 인사관리를 하고 있으며 인사행정과 유사한 점이 매우 많다. 그러나 근본적으로 정부활동의 공공성으로 인해 다음과 같은 차이가 발생한다. 첫째, 인사행정은 행정의 공공성으로 인해 봉사성을 추구한다. 둘째, 인사행정은 행정의 독점성으로 인해 능률성 추구에 한계가 있다. 셋째, 법령제약성으로 인해 담당공무원들에 대한 법적 규제가 강하다. 넷째, 정치적 환경 속에서 작동하게 되므로 정치적 압력에 노출되어 있다.

2. 인사행정의 목표

인사행정은 정부가 추구하는 행정의 목표달성에 기여한다. 행정목표는 시대와 상황에 따라 변화하나 우리나라 정부는 인간의 존엄성 향상을 위해 국가경쟁력과 삶의 질의 제고를 추구한다. 또한 이러한 목표를 위해 정치발전(민주화), 경제발전(성장), 사회발전(사회복지 및 삶의 질), 안보발전(통일) 등을 하위목표로 추구한다. 이러한 목표를 성공적으로 달성하기 위해 인사행정도 인적 자원의 효율적 관리라는 수단을 통해 전체 목표달성에 기여하고자 하는 목표를 지닌다.

3. 인사행정의 과정

인사행정이 이루어지는 과정에 대한 전반적인 흐름을 개괄적으로 살펴보면 다음과 같다. 인사행정의 과정은 순차적·획일적으로 이루어지는 것은 아니다. 업무가 이루어지는 과정에서는 여러 기능이 동시에 수행되거나 동태적으로 순환되는 경우도 많기 때문에, 이러한 인사행정의 과정들은 동태성·순환성의 맥락에서 이해되어야 한다.

첫째, 인력관리계획(*manpower planning*)의 작성이다. 이 단계는 정부 각 조직 내에 필요로 하는 인력의 수요를 파악하고 적절하게 배치하기 위해 예측하고 기획하는 단계이다. 여기에서는 현재 정부의 수행업무량 증가·감소는 물론이고, 장래의 인력 수요와 공급에 대한 예측도 포함시켜야 한다. 이러한 미래예측기법에는 정책분석론에서 제시하는 기법, 예를 들면 시계열 분석, 횡단면 분석 등 회귀분석기법과 브레인스토밍, 정책델파이 등의 기법 등이 있다.

둘째, 인력구조(*manpower structure*)의 형성이다. 이 단계는 인력관리계획이 수립되고 난 후 인사기관에서 정부수행 업무의 증감 예측을 바탕으로, 직무분석과 직무평가를 통해 인력구조를 형성하는 단계이다. 여기에서는 공직분류의 체계와 공직분류의 방법 등을 검토한다.

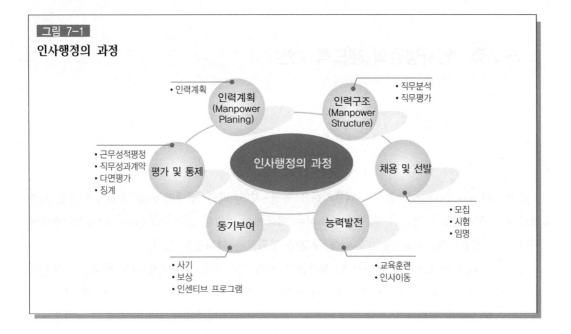

그림 7-1

인사행정의 과정

셋째, 채용(*recruit*) 및 선발(*selection*)이다. 이 단계는 우수한 인적 자원을 모집·충원하는 단계이다. 특히 지식정보사회에 부응하는 정부혁신을 실현하기 위해 창의적이고 우수한 인재를 등용하여 정부 각 기관에 적재적소로 배치함으로써 정부혁신의 효과를 높이도록 해야 한다. 여기에서는 모집, 시험, 임용 등을 검토한다.

넷째, 능력발전(*capacity development*)이다. 정부업무의 효율적인 수행을 위해서는 우수인재를 선발한 뒤에도 사회변화의 빠른 변화 속도에 부응하는 지속적인 능력발전과 교육훈련이 필요하다. 공무원의 총체적 능력은 임용 당시의 능력과 능력발전(능력발전=근무경험+교육훈련)의 총합이다(공무원의 능력=임용능력+능력발전). 여기에서는 교육훈련과 근무경험(인사이동: 순환보직·전직전보)으로부터 오는 능력발전을 검토한다.

다섯째, 동기부여(*motivation*)이다. 일의 성과는 능력(임용능력+능력발전)×근무의욕이다. 따라서 공무원 개개인이 얼마나 자신이 맡은 업무를 열정적으로 수행하는가 하는 문제인 근무의욕 고취는 매우 중요한 문제이다. 여기에서는 사기, 보상, 직무성과계약, 인센티브 프로그램 등을 검토한다.

마지막으로, 평가(*evaluation*) 및 환류(*feedback*)이다. 공무원의 각자 수행한 업무에 대한 성과를 객관적으로 평가하고, 이에 대한 적절한 통제를 하는 단계이다. 객관적이고 공정한 평가와 통제가 잘 이루어질 수 있도록 제도적 장치를 정비하고 운용할 필요가 있다. 여기에서는 근무성적평정, 다면평가제도 등을 검토한다.

1. 초기 인사행정제도

1) 엽관주의

엽관주의(*spoils system*)는 공직의 임용기준을 혈연·지연·학연·정당관계 등 귀속적인 것을 기준으로 삼는 인사제도를 말한다. 학자에 따라서는 미국에서 발달한 엽관주의(*spoils system*)와 영국에서 발달한 정실주의(*patronage system*)를 구분해 정의하는 학자들도 있다.[1]

엽관주의(*spoils system*)가 나타나게 된 계기는 17세기 이후 유럽 전역으로 퍼진 민주주의 사상에 많은 영향을 받아 19세기 초 자유민주주의가 정착되어 가던 영국과 미국에서 관료기구와 국민과의 동질성을 확보하기 위한 수단으로 발전하였다. 영국에서의 정실주의는 국왕이 자신의 정치세력을 확보하고 반대세력을 회유하기 위한 수단으로 발달하였고, 미국에서는 1829년 잭슨 대통령이 취임하면서 자신의 정치적 지지자들에게 공직을 개방하여 정치적 보상을 해줌으로써 엽관주의적 인사행정이 활발하게 이루어졌다(이종수·윤영진 외, 2012).

엽관주의(*spoils system*)의 발전은 정당에 의한 정치적 영향력이 컸던 입법국가 시대의 행정에 대한 특징을 잘 보여준다. 당시 행정은 행정업무가 매우 단순하여 전문적인 직업공무원이 필요하지 않았기 때문에 정당원의 행정참여가 크게 행정업무 수행에 차질을 주지 않았다.

이러한 엽관주의(*spoils system*)는 국민의 정치적 의사를 결집하고 표출하는 정당의 이념 구현에 충실하게 함으로써 국민의 요구에 민감하게 반응하고 대응하는 행정의 민주화에 공헌하며, 특권적 정부관료제 내에 국민이 참여하게 됨으로써 행정에 대한 민주적 통제가 가능하게 된다. 또한, 정치적 지도자의 정책이나 공약을 이행하기에 매우 용이하므로 정치적 책임성 제고에도 기여하는 바가 크다. 그러나 이러한 장점에도 불구하고 몇 가지 부정적인 측면이 있다. 가장 큰 문제점으로 비판받는 것은 정치적·행정적 부패의 만연이었다. 당시, 정치적 전리품으로 공직에 임용된 사람들은 다음 선거가 치러지기 전까지 자신의 자리에서 사리사욕(私利私慾)을 채우기에 급급하였고, 행정에는 관심이 없었다. 정치적 대가(代價)로 임명되었기 때문에 행정의 전문성은 확보되지 않았고 선거마다 교체되는 빈번한 자리에서 안정적이고 장기적인 안목을 가지고 정책적 활동이나 행정이 이루어질 수 없었다. 또한 정치적 지지자들에 대한 보상을 주기 위한 위인설관(爲人設官)현상이 나타나

---

[1] 엽관주의는 미국에서 발전된 것으로 임용의 기준을 정치적 신념 또는 정당관계를 기준으로 하는 인사제도를 말하며, 정실주의는 영국에서 발전된 것으로 인사권자의 개인적인 신임이나 친분관계를 기준으로 하는 인사제도를 의미한다.

예산낭비를 초래하였고 공정한 인사행정이 이루어지지도 않았다.

엽관주의는 공직에의 임용기준이 기본적으로 정치적인 성격을 띠고 있다. 이는 정치적인 입장을 가지고 임용해야 할 직위에 적용되어야 본래의 취지를 잘 살릴 수 있음을 의미한다. 따라서 정치적 임용이 필요한 행정수반의 행정적 활동에 대한 보좌(보조)적 역할을 하는 고급의 계선 및 막료기관의 구성에 적용되어야 할 것이다. 이를 위해 현재 대부분의 국가에서는 엽관주의적 인사제도의 장점을 살리고 단점을 보완하기 위해 실적주의적 인사제도를 조화롭게 운용하고 있으며 두 제도 사이의 적절한 균형을 이루는 것이 중요하다.

2) 실적주의(Merit System)

실적주의(*merit system*)란 공직의 임용기준을 실적, 즉 개인의 능력·자질에 두는 인사제도를 의미한다. 엽관주의(*spoils system*)가 가진 한계가 드러나고, 행정의 전문화가 진행됨에 따라 더 이상 엽관주의 제도로는 행정의 수행이 어려워지게 됨으로써 나타나게 되었다.

미국의 실적주의는 1881년 가필드 대통령의 암살과 1883년 연방공무원법인 펜들턴법(Pendleton Act)의 제정을 계기로 실적주의 인사제도가 확립되었다.[2] 그 뒤 1939년 제정된 해치법(Hatch Act)도 실적주의(*merit system*)의 확립에 크게 공헌했다.[3] 영국의 실적주의는 1853년 발표된 〈노스고트와 트레벨리언 보고서〉(*northcote and trevelyan reports*)[4]와 이 보고서를 토대로 하여 제정된 1855년, 1870년 추밀원령에 의해 제도적 기초가 확보되었다.

실적주의(*merit system*)가 가진 유용성은 첫째, 공정한 인사처리가 가능하고, 둘째, 행정의 능률성 제고에 기여하며, 셋째, 행정의 정치적 중립성 유지가 보다 용이해진다는 점이다.

하지만, 실적주의에 지나치게 집착하게 되면 인사행정을 소극적·경직적으로 만들고, 강력한 신분보장으로 인해 직업공무원들에 대한 정치적 지도자들의 통제력 확보를 어렵게 한다는 실적주의의 한계도 있다.

실적주의(*merit system*)가 제대로 운용되고 유용하게 정착되기 위해서는 첫째, 독립적인 인사기관이 수립되어야 하고, 둘째, 직위분류제가 우선적으로 정착되어 있어야 하며, 셋째, 자격과 능력에 입각한 공개경쟁시험에 의해 선발되어야 한다.

엽관주의와 실적주의는 각각 운영상 장단점이 있으므로 두 제도의 장점을 얼마나 잘 조화시켜 행정의 목표달성에 기여하도록 하는 것이 가장 중요하다. 이것은 인사행정의 신축성(탄력성)과 공정성(안정성)의 조화문제이기도 한다. 이를 위해 양 제도를 조화롭게 운용하는 방안을 대략 제시해 보면 다음과 같다. 첫째, 정책의 큰 변동을 가져올 때에는 이에 이념적으로 동조하는 고급공무원이

---

2 주요 내용은 첫째, 공개채용경쟁시험의 원칙 및 공무원 정치활동 금지, 둘째, 독립적 인사위원회 설치 등이었다.
3 주요 내용은 공직에 대한 정당의 지배와 공무원의 정치활동 금지였다.
4 주요 내용은 첫째, 공개채용시험에 의해 공무원을 채용할 것, 둘째, 시험을 관장할 독립적인 중앙인사위원회를 설치할 것 등이었다.

많이 필요하게 되므로 평상시보다 훨씬 많은 엽관주의에 의한 임명이 요구된다. 이렇게 함으로써 인사관리의 신축성과 탄력성을 확보하여 필요한 인재를 적절한 곳에 배치할 수 있게 되어 정책의 효율성과 민주성을 담보할 수 있다. 둘째, 공무원의 계층구조상으로 살펴보면, 상위직의 경우는 집권자와 정치적 이념을 공유하는 것이 정책의 추진에 유리하기 때문에 엽관주의가 바람직하고, 단순근로직 등의 하위직이나 특별한 신임을 필요로 하는 직위 등은 그 업무의 성격상 공개경쟁이 어렵거나 불필요하여 엽관주의가 적합한 경우도 있다. 반면, 절대다수를 점하는 직업공무원들은 실적에 의해 임용하는 것이 행정의 공정성과 안정성, 능률성과 계속성 확보에 유리하다.

오늘날 대부분의 국가에서는 엽관주의(*spoils system*)와 실적주의(*merit system*)의 양 제도를 적절하게 혼합해 운용하고 있다(이종수·윤영진, 2002: 480).

3) 직업공무원제(Career Civil Service System)

직업공무원제(*career civil service system*)란 젊고 유능한 인재가 공직에 들어와서 국민에 대한 봉사를 보람 있는(*worth while*) 생애라고 생각하며, 공직을 일생의 본업(*life work*)으로 하여 일할 수 있도록 계획한 인사제도를 말한다.

일반적으로 직업공무원제도가 실적주의적 요소를 많이 가지고 있는 것은 맞지만 동일한 것은 아니다. 실적주의에 의한 임용이 이루어진다고 해서 직업공무원제도가 반드시 운용되고 있는 것은 아니며, 역으로, 직업공무원제도가 확립되었다고 해서 반드시 실적주의에 의한 임용이 이루어지고 있다고 말할 수는 없다. 두 제도가 언제나 함께 도입되고 운용되는 것은 아니며, 현재 우리나라에서는 실적주의가 직업공무원제도와 맞물려 운용되고 있다.

현재 유럽에서는 직업공무원제(계급제)를 약화시키고 점차 개방형(직위분류제)을 채택하는 경향이 있으며, 미국에서는 개방형(직위분류제)을 약화시키고 점차 폐쇄형의 직업공무원제(계급제) 성격을 가미하여 양자는 점차 상호접근해가고 있다.

직업공무원제는 다음과 같은 유용성을 가지고 있다. 첫째, 공직에 대한 자부심과 일체감을 강화함으로써 공무원들의 사기를 높일 수 있다. 둘째, 장기적인 근무에 따른 행정의 안정성과 일관성을 유지할 수 있다. 셋째, 공무원의 폭넓은 능력발전을 가능케 함으로써 고급공무원의 양성에 유리하다는 것 등이다.

그러나 직업공무원제는 폐쇄적 임용제도를 채택하고 있으므로 공직분위기가 침체되고 공무원의 질적 수준의 저하를 초래할 위험이 있고, 공무원 집단의 보수주의화와 관료주의화를 조장하는 단점도 있다(이종수·윤영진, 2002: 476-477).

직업공무원제가 올바르게 정착하기 위해서는 다음과 같은 전제조건이 갖추어져야 한다(박동서, 1992: 87-88). 첫째, 공무원에 대한 높은 사회적 평가가 있어야 한다. 둘째, 젊고 능력 있는 인재들이 높은 상위직까지 일생을 근무하면서 승진하도록 해야 한다. 셋째, 훈련·승진·전직을 통한 다양한 능력발전의 기회가 지속적으로 제공되어야 한다. 넷째, 보수는 민간부문의 보수와 비교할 때 적절한 균형이 이루어지도록 지급하여야 한다. 다섯째, 장기적인 시각에서 공무원에 대한 인력기획이 수립되어야 한다.

우리나라 공무원의 97% 이상이 국가공무원법의 직업공무원제 규정을 적용받는다는 점에서 우리나라는 직업공무원제가 상당히 정착되어 있다고 말할 수 있다. 더구나 2급(이사관)까지 공무원 신분을 보장하고 있고, 1급(관리관) 이상은 신분보장의 범위에서 벗어나 있긴 하지만 1급 보직의 상당수에 2급 공무원이 승진 임용되고 있다.

그러나 직업공무원제가 실제 운용되는 과정을 살펴보면 다음과 같은 문제점을 지적할 수 있다 (유민봉, 2005: 461-462). 첫째, 공무원 인사의 공정성이 확보되지 않고 있다. 공무원 인사에 대한 만족도 조사에서 보통의 수준에 머물고 있는 것으로 조사되고 있다. 따라서 실적주의 원칙을 기초로 직업공무원제를 확립할 때 인사제도가 보다 합리적이고 공정하게 관리될 수 있을 것이다. 둘째, 공직에 대한 국민의 불신이 매우 크다는 것이다. 유능한 인재를 충원하기 위해서는 공무원에 대한 좋은 평가가 있어야 하는데, 부정부패의 온상으로 지목되고 있는 현실에서는 제대로 된 충원이 이루어지기 힘들다. 따라서 깨끗한 공직자의 이미지를 세우고 공직에 대한 국민의 신뢰를 회복하는 것이 중요하다. 셋째, 우수인재 확보를 위한 적극적인 노력이 부족하다. 민간부문의 적극적이고 공격적인 임용방법을 벤치마킹하여 민간보다 우수하고 최소한 대등한 능력을 가진 인재를 유인할 수 있도록 해야 한다.

2. 공직의 분류제도

1) 의 의

공직의 분류는 인적 자원을 체계적이고 효율적으로 관리하기 위해 필요하다. 인사행정에서의 공직은 직무와 계급으로 구성되는데, 이 중 직무(task)를 중심으로 하는 것이 직위분류제라 하고, 계급(rank)을 중심으로 하는 것이 계급제라고 한다.

2) 계급제

(1) 의 의

계급제는 사람의 자격·능력을 기준으로 하여 계층을 만드는 인사원리를 말한다. 이 제도는 주로 농업사회로부터 오랜 관료제 전통을 지닌 한국·일본·영국·독일 등이 운용하고 있다. 사람을 중심으로 계급을 나누는 전통은 일찍이 조선시대 관료들을 관품으로 나눈 데에서부터 그 유래를 찾아볼 수 있다. 현행 우리나라의 군대에서 사용되는 계급도 전형적인 계급제의 한 형태이다. 계급제

하에서 사람의 특성, 즉 학력이나 경력 등에 의해 부여된 계급은 사람에게 늘 붙어 다니게 되는데, 이는 사람이 어떤 일을 수행하는가에 따라 변하는 것이 아니라 오히려 그 계급이 어떤 일을 할 수 있는가를 결정지어 주게 된다(유민봉·박성민, 2013).

(2) 장점과 단점

계급제가 가진 특징으로는 첫째, 일반행정가의 원리(*generalist*)가 강조되고, 둘째, 계급 간의 차별이 두드러지며, 셋째, 고급계급의 엘리트화가 나타나며, 넷째, 폐쇄형 충원(*closed career*)이 이루어고, 다섯째, 강한 신분보장이 된다는 것 등이 있다. 이러한 특징을 가진 계급제는 다음과 같은 장단점이 있다. 우선 장점을 보면 첫째, 여러 형태의 직무를 경험할 수 있어 일반행정가(*generalist*)의 양성에 유리하다. 둘째, 공무원의 시야가 넓어지며, 조정이 용이하다. 셋째, 인사행정의 융통성을 기할 수 있다. 넷째, 강한 신분보장이 되므로 공무원 신분보장에 있어서 안정성이 있다는 것 등이다. 다음으로 단점으로는, 첫째, 다양한 업무를 담당하게 되므로 특정 분야의 전문가(*specialist*) 양성이 곤란하다. 둘째, 인사행정 기준의 설정이 객관적이지 못할 위험이 있다. 셋째, 인력수급 계획수립이 과학적이지 못하다. 넷째, 실적주의의 확립에 저해요인으로 작용할 수 있다는 것 등이다.

(3) 영국과 우리나라 실제 운용 현황 비교

(가) 영 국

전통적으로 계급제를 채택해 온 영국은 1996년부터 공무원을 고위공무원단(SCS: Senior Civil Service)[5]과 비고위공무원단으로 단순히 구분하고, 책임도(*responsibility level*)를 기준으로 기존의 공무원 계급과 유사한 8개의 등급 수준을 개별 공무원에 부여함으로써 계급제적 특성을 약화시키고 직위분류제적 요소를 강화했다.

(나) 한 국

한국은 해방 이후 계급제에 직위분류제 요소를 가미해서 공직체계를 분류하고 있다. 현재 일반직의 직급구분인 1급에서 9급까지를 각각 완전한 하나의 계급으로 볼 수는 없으나 9급과 8급, 7급과 6급, 5급과 4급 그리고 3급에서 1급까지의 구분이 4대 계급과 유사하게 적용되기 때문이다. 5급 이상은 고급공무원으로 간주하여 고급계급의 엘리트화를 추진하며, 보수나 교육면에서 특별한 관리를 하고 있다.

---

5 현재 우리나라에서도 지난 2006년 7월부터 고위공무원단(SES: Senior Executive Service)이 출범하였다.

3) 직위분류제

(1) 의 의

계급제가 사람의 자격과 능력을 기준으로 하여 계급으로 분류한 것인 반면, 직위분류제는 직무(직책)를 기준으로 직무의 난이도와 책임도에 따라 직위를 분류하는 것이다. 현행 우리나라 국가공무원법에 명시적으로 규정되어 있다. 한편, 민간부문에서는 과학적 관리론과 밀접한 관계를 가지면서 발전된 반면, 공공부문에서는 실적주의의 강조와 '동일업무 동일보수'라는 보수의 형평성 요구가 직위분류제 출발의 시발점이라고 할 수 있다(Hays & Reeves, 1989). 산업화된 미국과 이의 문화적 영향을 받은 캐나다, 필리핀, 중남미 국가 등이 대표적으로 이 제도를 채택하고 발전시켰다.

(2) 주요 개념

직위분류제는 직위를 기본단위로 하여 이를 수직·수평으로 배열하여 구조화하는데, 이때 여러 가지 기술적인 용어가 등장한다. 현재 우리나라 국가공무원법에는 직위, 직급, 등급, 직렬, 직군, 직류의 용어를 사용하고 있다. 이 용어의 개념을 간략히 설명하면 다음과 같다.

① 직위(position): 한 사람이 담당할 수 있는 직무와 책임으로서 ○○실장·○○국장·○○과장·○○계장 등으로 불리는 1인의 자리이다.

② 직급(class): 직무의 종류가 유사하고, 책임과 난이도의 정도도 유사한 직위의 집단이다. 관리관·이사관·서기관·행정사무관 등이 그 예이다.

③ 등급(grade): 직무의 종류는 다르지만, 책임의 정도가 유사한 직위의 횡적 군이다. 우리나라에서는 '계급'이라고 부르는 개념이다.

④ 직렬(series): 직무의 종류가 유사하나 곤란도와 책임도가 상이한 직급의 군이다. 행정·감사·전산 직렬 등이 있다.

⑤ 직군(occupational group): 직무의 종류가 광범위하게 유사한 직렬의 군이다. 현재는 행정과 기술의 2가지 직군이 있다.

⑥ 직류(sub-series): 동일한 직렬 내에서의 담당분야가 동일한 직무의 군이다. 행정직렬 내의 일반행정·재경·법무 직류 등이 있다.

(3) 수립절차

직위분류제는 철저한 계획과 합리적인 과정을 거쳐 수립되어야 하며 특히 분류과정이 핵심으로서 직무분석과 직무평가를 위한 고도의 기술성과 전문성이 요구된다. 제도적으로 정착시켜 운용하기 위한 절차를 간략히 살펴보면 다음과 같다. 우선, 준비과정으로서의 계획과 절차의 결정과 분류담당자의 결정이 있어야 한다. 다음으로, 각 직위의 직무와 책임의 내용을 명시한 직무기술서(*job description*)를 작성한다. 직무기술서를 바탕으로 직무를 그 종류에 따라 직렬·직군으로 결정하는 것을 직무분석(*job analysis*)이라 한다. 직무분석이 직무를 종류별로 분류하는 것이라면, 다음 단계인 직무를 비중 및 상대적 가치에 따라 횡적으로 분류하는 것을 직무평가(*job evaluation*)라고 한다. 직무평가가 끝난 다음에는 직무분석과 직무평가에 따라 결정된 직급의 직무와 책임의 내용을 명시한 직급명세서(*job specification*)[6]를 작성하는데, 이는 채용·승진·보수 등 인사행정의 기준으로도 사용된다. 마지막 단계로서 직위분류표에 수많은 직위를 하나하나 직급 및 등급에 배치하는 정급(定級)이 이루어진다. 이런 절차를 거쳐 직위분류제가 수립된 이후에도 끊임없이 동태적으로 변화하는 조직의 환경에 대응하기 위해 직위분류의 내용도 그에 따라 수시로 수정·변경하면서 유지·관리해 나가야 한다.

(4) 유용성과 한계

직위분류제의 유용성을 살펴보면 다음과 같다(박동서, 1990: 143-144). 첫째, 채용, 승진, 전직 등의 인사배치에서 좀 더 적합한 기준을 제공한다. 둘째, 교육훈련의 수요를 쉽게 파악할 수 있고, 직무급의 수립에 용이하다. 셋째, 근무성적평정의 기준설정에 유익하다. 넷째, 조직관리의 합리성을 기할 수 있다. 이는 횡적으로 직책의 한계와 종적으로 지휘감독관계가 분명하여 권한과 책임의 한계를 명백하게 할 수 있기 때문이다.

그러나 직위분류제는 다음과 같은 한계가 있다. 첫째, 특정 직무에 대한 전문적인 능력을 요구하므로 일반행정가의 양성은 곤란하다. 둘째, 한 직무에만 집중하게 되므로 인사행정의 경직화를 초래한다. 셋째, 신분보장면에서 계급제와 비교하여 안정성이 떨어진다. 넷째, 정치적인 교류와 상호조정·넓은 시야가 필요한 고위직에는 적용이 어렵다.

(5) 우리나라 분류체계의 문제점과 개선방향

우리나라의 공직분류는 계급제적 요소를 기본으로 직위분류제를 가미하는 혼합형이다. 따라서 기본적으로 계급제의 문제점이 대부분 나타나고 있다. 우리나라의 현행 공직분류체계상 나타나는 문제점을 간략하게 정리하면 다음과 같다. 첫째, 일반행정가의 원리를 바탕으로 채용하기 때문에 전문성이 결여될 소지가 있다. 둘째, 외부인사에 대한 충원이 제한되어 공직의 활성화 및 대응성이 저하된다. 셋째, 동일계급 내에서도 직무수행 곤란도·책임도가 상이함에도 불구하고 동일한 대우를 받음으로써 형평성 문제가 제기되고 있다. 따라서 이와 같은 문제점을 해결하기 위해서는 계급

---

6 직무분석에 대해 직무분석을 직위분류의 하위개념으로 이해하는 일반적 견해와 다르게 광범위한 개념으로 이해하는 유민봉·박성민(2013: 119)은 직무기술서(Job Description)가 등급결정 이전에 직무분석에만 기초하여 직무명, 주요 임무, 감독, 책임, 근무환경 등을 기술한 것이며, 직급명세서(Job Specification)는 직무분석 및 직무평가를 마치고 직급에 관한 위의 내용에 그 직급이 요구하는 최소자격요건을 추가적으로 명시한 것이라고 한다.

제를 기본원리로 하되, 직위분류제 도입을 위한 기초 작업과 적용의 범위를 점진적으로 확대하는 방향으로 나아가는 것이 바람직하다 할 것이다. 좀 더 구체적으로 살펴보면, 첫째, 계급 간·직렬 간 형평성을 유지하고, 둘째, 계급제적 특성으로 인해 나타나는 전문성의 저하를 제고하여야 하며, 셋째, 폐쇄형 충원으로 인한 경직적인 인사관리와 활용을 탄력적으로 운용할 수 있도록 해야 한다. 이를 위해서 공직 내부·외부와의 인사교류를 확대하여 국민의 요구에 대한 대응성을 높이고 행정의 전문성도 제고시키는 방안을 적극적으로 검토하여야 하며, 이를 위해 도입된 개방형 임용과 공모직위, 직무성과계약제 등등 최신방안들이 효과적으로 잘 운용될 수 있도록 꾸준한 관리와 유지 노력을 기울여야 할 것이다.

3. 인사행정기관

1) 의 의

현대국가는 법치주의 행정으로서 자의성을 줄이고 예측성을 높이기 위해 가능한 한 법령에 규정되고 그 내용에 따라 행정이 이루어지게 함으로써 자유재량을 최소화하는 것이 바람직하다. 현재 우리나라는 1949년 제정되어 몇 차례의 개정을 거친 국가공무원법, 1963년 공무원훈련법, 직위분류법(1973년 폐지되었다가 1981년 국가공무원법 개정 시 한 개의 조항으로 부활됨), 지방공무원법 등이 인사행정 법령으로 시행되고 있다. 이러한 법령에 규정되어 있는 인사기관에는 정부 전체의 인사행정을 통합적으로 주관하는 중앙인사기관과 각 부처의 인사행정을 관장하는 부처인사기관 및 지방정부의 인사사무를 관장하는 지방자치단체의 인사기관이 있다(박동서, 1992).

2) 중앙인사기관

(1) 성 격

중앙인사기관의 성격과 유형은 각 나라마다 다르게 나타나지만, 일반적으로 독립성과 합의성이라는 특징을 기준으로 '위원회형'과 '부처형'으로 구분한다. 독립성이란 임원의 신분보장, 자주적인 조직권, 독립적인 예산권을 유지하는 것을 의미하며, 합의성이란 의사결정구조가 기관장의 단독적 의사결정방식을 택하는가, 집단적 의사결정방식을 택하는가 하는 것을 뜻한다. 인사기관이 독립성을 갖는 경우에는 일반적으로 합의제를 취하고 있다. 이외에 집권성은 인사기능이 중앙인사기관에 집중되어 있는 정도를 의미하는데 인사기관의 유형인 '위원회형'이나 '부처형'과는 별개로 생각할 수 있다. 원래 인사행정은 참모적 기능으로서 각 부처에 분산되어 있었으나, 엽관주의의 폐해가 극심하고 인사권자의 자의에 의한 인사행정이 자행됨에 따라 인사기능을 중앙정부의 권한으로 집권화시키게 되었다.

(2) 조직형태

중앙인사기관의 조직형태는 여러 기준에 의해 다양하게 분류할 수 있을 것이나, 일반적으로는 독립성과 합의성을 기준으로 하여 〈표 7-1〉과 같이 분류할 수 있다.

표 7-1 중앙인사기관의 조직형태

기 준	합의성	단독성
독립성	독립합의형	독립단독형
비독립성	비독립합의형	비독립단독형

(가) 독립합의형(위원회형)

위원회 형태(*commission-type*)로도 불리며, 엽관주의의 폐해를 방지하고 인사행정의 정치적 중립성과 안정성을 보장하기 위해 고안된 조직형태이다. 일반적으로 일반 행정부처에서 분리되어 있으며, 행정수반으로부터도 독립된 지위를 가진 합의체로 구성된다. 엄격하게 임기의 보장을 받는 위원들은 정치적 중립을 보장하기 위해 정당의 추천을 받은 인사로 구성되거나, 지나친 당파적 갈등을 피하기 위해 초당적 인사들로 구성되기도 한다.

그러나 독립성과 합의성을 모두 갖춘 위원회는 거의 찾아보기 힘들며 현재 위원회형의 공통된 특성은 기관의 독립성보다는 결정방식의 합의성에서 찾을 수 있다(유민봉·박성민, 2013: 144). 이러한 형태의 예로는 1978년 설립된 실적제도보호위원회(Merit System Protection Board)와 일본의 인사원이 있다(강성철 외, 1996: 95).

(나) 비독립단독형(부처조직형)

부처조직형태(*executive-type*)로도 불리며, 행정부에 속하는 부처 중 하나로 편성되고 행정수반에 의해 임명된 기관장에 의해 관리되는 형태를 말한다. 우리나라의 과거 총무처와 같이 이러한 중앙인사기관은 일반적으로 행정부의 한 부처로 행정부에 속해 있다.

이러한 형태의 예로는 1978년 미국의 인사관리처(Office of Personnel Management)와 일본 총무청의 인사국 등이 여기에 속한다.

(다) 우리나라의 조직형태

우리나라는 1999년 5월 대통령 직속의 합의제 인사기관인 중앙인사위원회가 설치됨에 따라, 기존의 비독립단독형 인사기관인 행정자치부와 함께 복수형 중앙인사기관 체제를 유지한 바 있다. 2004년 3월 11일에 정부인사기능을 통합하는 내용을 담은 정부조직법과 국가공무원법이 개정·공포되면서 2004년 6월 12일부터 중앙인사기관은 중앙인사위원회로 일원화되었다가, 그 뒤 2008년 정부조직재편법에 따라 행정안전부로 다시 통합되었고 2013년 2월부터 안전행정부로 명칭이 변경되었다.

(3) 기 능[7]

인사기관이 하는 일은 인사에 관한 정책과 지침을 개발하고, 직무를 분석하고 평가하며, 공무원을 채용하고 배치하는 일에서부터 보수의 책정, 사기의 관리, 근무성적평정, 교육훈련, 고충처리, 근무규율에 이르기까지 그 범위가 매우 광범위하다(Stahl, 1976: 450-453).

우리나라의 중앙인사기관인 대통령 직속의 중앙인사위원회는 행정부의 인사행정에 대한 기본정책 수립, 고위직 공무원의 임용심사, 공무원 처우개선 및 개방형 직위의 제도운영 및 인사·감사업무를 담당한다. 중앙인사기관이 하는 기능을 살펴보면 다음과 같다(이종수·윤영진, 2005: 439-440).

⑺ 준입법기능

법률의 범위 내에서 인사행정 전반에 관한 인사규칙을 제정한다. 우리나라의 경우 대통령 직속의 중앙인사위원회는 대통령령 또는 행정자치부령을 통해, 행정자치부는 직접 부령을 통해 준입법적 기능을 수행한다.

⑷ 집행기능

집행기능이란 실질적인 인사행정, 즉 분류·임용·훈련·승진·연금 등의 인사사무를 인사 법령에 따라 수행하는 구체적인 인사행정사무를 의미한다. 우리나라의 경우 인사집행기능은 상당히 집권화되어 있기 때문에 각 부처 인사행정의 자율성이 상대적으로 낮은 실정인바, 정치체제의 분권화와 더불어 인사행정도 분권화를 지향하는 노력이 필요하다.

⑸ 준사법기능

준사법기능은 위법 또는 부당한 처분에 대한 공무원으로부터의 소청을 재결할 수 있는 권한을 인사기관에 부여하는 것을 의미한다(박동서, 1992: 113). 우리나라는 중앙인사위원회에 5인으로 구성된 독립적인 소청심사위원회가 있어 공무원의 징계처분 및 기타 그 의사에 반하는 불리한 처분에 대한 소청을 처리하고 있다. 여기서 내리는 결정은 합의제로 하며 결정의 결과는 처분행정청을 기속한다.

⑹ 감사기능

감사기능은 감사라는 수단을 통해 각 부처 인사기관을 통제하는 기능이다. 우리나라의 경우 감사의 결과 위법 또는 부당한 사실이 발견되면 관계기관장에게 시정을 촉구하고, 관계 공무원을 징계처분할 수 있도록 하는 권한을 중앙인사기관에 부여하고 있다.

---

[7] 유민봉·박성민(2013: 144)은 위원회형 인사기관의 기능으로 ① 자문기능 ② 집행기능 ③ 감사기능 ④ 심사기능 ⑤ 정책결정기능으로 나눈다.

3) 부처인사기관

부처인사기관은 정부 각 기관의 인사업무를 담당하는 부서이다. 우리나라의 각 부처에는 부처장과 직결되어 있는 총무과가 인사행정의 주축을 이루고 있으며, 각 부처마다 징계위원회와 공무원교육훈련기관이 인사기능의 일부를 담당하고 있다.

4) 지방자치단체

우리나라 지방자치단체에서도 인사업무를 총무과에서 주로 담당하고 있다. 그리고 지방자치단체의 부단체장을 위원장으로 하는 인사위원회가 있으며, 지방공무원의 징계 기타 그 의사에 반하는 불이익처분에 대한 소청을 심사·결정하기 위해, 각 시·도에 지방공무원 소청심사위원회 및 교육소청심사위원회를 두고 있다.

제 3 절 인력관리계획 및 인력구조

1. 인력관리계획(Manpower Management Planning)

1) 의 의

인력관리계획이란 정부조직의 현재 인적 자원에 대한 정확한 분석을 통해 행정수요를 직급별·직종별로 예측하고, 부족한 인력을 적절하게 충원할 수 있는 인력공급과 관리계획을 수립하는 것을 말한다. 이는 현행 법령상 공무원임용령(제8조)에 따라 소속장관은 효율적인 인적자원관리를 위해 소속공무원의 채용·승진·배치 및 경력개발 등이 포함된 인력관리계획을 의무적으로 수립하도록 명시되어 있다.

이러한 인력관리계획은 장기적인 안목으로 정확하게 설계되고 시행되어야 하는데 그 이유를 간략히 살펴보면 다음과 같다. 첫째, 인력관리계획을 통해 조직의 전략적 방향을 설정할 수 있으며 인적 자원의 역량을 조직의 전략적 방향에 집중시킬 수 있다(유민봉·박성민, 2013: 208-209). 둘째, 조직의 성과를 효율적으로 달성하기 위해서 유능한 인력을 확보할 수 있는 토대를 제공한다. 인력관리계획이 결여된 충원정책은 인사권자의 재량에 의존하는 정도가 높고, 낭비의 소지가 있으며 정치적 영향력의 배제 또한 어렵게 한다. 셋째, 유능한 인력의 확보와 적절한 시기의 충원은 궁극적으로 인적자원의 효율적 관리를 가능케 하며 이를 통해 조직의 목표달성과 성과 제고를 이룰 수 있다.

2) 과 정

인력관리계획의 과정은 학자마다 다양하게 제시되고 있다. 오석홍(1990: 687)은 인력수요예측, 인력공급계획, 시행, 평가단계로, 민진(2005)은 행정인력관리의 첫 단계로 행정인력관리계획을 들면서 행정인력의 수요예측과 공급예측, 소요예측 및 수급조절을 다루고 있다. 이하에서는 Klingner(1980)가 제시하는 목표설정부터 평가까지의 8단계에 따라 살펴보기로 한다(Klingner, 1980; 이종수·윤영진, 2005: 442-444에서 재인용).

첫 번째 단계는 조직목표설정이다. 이 단계에서는 조직관리자들이 실현가능한 장래의 사업계획 목표를 설정한다. 두 번째 단계는 인력 총수요 예측단계로서 정부의 목표에 따라 이를 달성하기 위한 인력규모를 예측한다. 여기에는 예산변동에 기초하여 인력수요를 비례적으로 추산하는 점증주의 방법과 회귀분석 등의 계량적 기법을 활용한 예측기법들이 제시되고 있다. 세 번째 단계는 인력 총공급 예측으로서, 기준시점에서 현재 인력을 파악하고 유동인력을 예측해야 한다. 유동인력은 퇴직예측, 채용예측 및 조정예측(승진, 전보 등)을 의미하며, 예측에 사용되는 방법으로는 추세분석법, 시계열분석법 등이 있다. 네 번째 단계는 실제 인력수요결정이다. 앞선 단계에서 예측된 총수요와 총공급을 비교해 실제 인력수요를 결정하는 단계이다. 다섯 번째는 인력확보방안 결정단계이다. 여기에서는 실제 인력수요를 기초로 어떻게 필요한 인력을 확보할 것인가에 대한 방안을 결정한다. 여섯 번째는 앞에서 결정된 방안에 따라 실제 인력을 모집하고 선발하는 실행단계이다. 인력확보방안을 실행에 옮기는 단계로서 채용·교육훈련 및 인사이동 등이 해당된다.

3) 통제자료 준비

인사관리자는 인사관리 정보체제와 관련해 통제자료(control data)를 준비해야 한다.

4) 평가 및 환류

통제자료를 기초로 인력관리기능의 정확성과 효과성을 평가하여, 다시 인력관리계획과정 등에 환류해야 한다.

2. 인력구조(Manpower Structure)

1) 공직분류의 체계

공직분류란 정부에서 일하는 공무원을 채용과 대우 등의 기준에 의해 분류하는 것을 의미한다. 오늘날 행정기능이 양적·질적으로 확대 심화됨에 따라, 정부의 규모도 커지고 공무원의 수도 많아지게 되어 공직분류의 중요성은 더욱 커지고 있다. 최근 2013년 12월 국가공무원법의 개정으로 공직분류가 간소화되었다.

(1) 경력직

경력직 공무원은 실적과 자격에 따라 임용되고 그 신분이 보장되며 평생 동안(근무기간을 정하여 임용하는 공무원의 경우에는 그 기간 동안을 말한다) 공무원으로 근무할 것이 예정되는 공무원(국가공무원법 제2조 제2항)을 말하며 경력직 공무원은 다시 일반직, 특정직의 두 가지로 나뉜다.

(가) 일반직

일반직 공무원은 기술·연구 또는 행정 일반에 대한 업무를 담당하는 공무원(국가공무원법 제2조 제2항)으로서 1급부터 9급까지의 계급으로 구분하며, 직군(職群)과 직렬(職列)별로 분류한다. 다만, 고위공무원단에 속하는 공무원은 그러하지 아니하다(국가공무원법 제4조 제1항).

(나) 특정직

특정직 공무원은 법관, 검사, 외무공무원, 경찰공무원, 소방공무원, 교육공무원, 군인, 군무원, 헌법재판소 헌법연구관, 국가정보원의 직원과 특수 분야의 업무를 담당하는 공무원으로서 다른 법률에서 특정직 공무원으로 지정하는 공무원을 말한다(국가공무원법 제2조 제2항).

(2) 특수경력직

경력직 공무원을 제외한 나머지 공무원으로서 실적주의와 직업공무원제의 획일적 적용을 받지 않는 공무원을 말한다. 그러나 국가공무원법에 규정된 보수와 복무규율의 적용을 받으며, 정무직·별정직으로 구분되며 기존의 계약직과 고용직은 2013년 12월 법률 개정으로 삭제되었다.

(가) 정무직

정무직은 선거로 취임하거나 임명할 때 국회의 동의가 필요한 공무원 또는 고도의 정책결정 업무를 담당하거나 이러한 업무를 보조하는 공무원으로서 법률이나 대통령령(대통령비서실 및 국가안보실의 조직에 관한 대통령령만 해당한다)에서 정무직으로 지정하는 공무원을 말한다(국가공무원법 제2조 제3항). 정무직 공무원에는 국무총리, 국무위원, 대통령실장, 국무총리실장, 처(處)의 처장, 부·처의 차관·차장, 청장(통계청장·기상청장, 국가행정기관이 아닌 청(廳)의 장은 제외), 감사원의 원장·감사위원·사무총장, 국가정보원의 부장·차장, 국회의 사무총장·차장, 헌법재판소의 재판관·사무처장, 중앙선거관리위원회 상임위원·사무총장, 국민권익위원회위원장 및 부위원장, 서울특별시장, 광역시장, 도지사, 차관급 이상의 보수를 받는 비서관 등이 해당된다.

(나) 별정직

별정직은 비서관·비서 등 보좌업무 등을 수행하거나 특정한 업무 수행을 위하여 법령에서 별정직으로 지정하는 공무원(국가공무원법 제2조 제3항)으로서 관리관급 이하의 특정 업무 담당공무원인 국회전문위원, 감사원 사무차장, 국가정보원 기획조정실장 등이다.

2) 공직분류의 방법[8]

(1) 계급제

계급제는 사람의 자격·능력을 기준으로 계급(rank)을 중심으로 공직의 계층적 구조를 형성하는 것을 말하며, 한국·일본·영국·독일 등이 운용하고 있다.

(2) 직위분류제

직위분류제는 직무(직책)를 기준으로 직무의 난이도와 책임도에 따라 직위를 분류하는 것으로 현행 우리나라 국가공무원법 제21조부터 제24조까지 명시적으로 규정되어 있다. 이 제도는 미국과 이의 문화적 영향을 받은 캐나다, 필리핀, 중남미 국가 등에서 운용하고 있다.

제4절   채용 및 선발

효과적인 인적자원관리의 3대 요소는 고급인력의 채용 및 선발(공직충원), 적실성 높은 교육훈련, 높은 근무의욕의 고취 등이라고 할 수 있다. 채용은 우수한 지원자를 확보하는 모집에서부터 시작되는데, 이를 위해 소극적 모집과 적극적 모집활동이 이루어진다. 모집을 통해 지원자를 확보한 후 유능한 인재들을 선별하기 위한 절차로서 일반적으로 시험의 방법이 치러지고 이후 면접을 통해 최종적으로 선발된다.

공직충원의 방법에는 신규임용, 외부임용, 내부임용 등이 있는데, 최근에는 외부임용의 중요성

---

8 이에 대한 자세한 설명은 제2절 인사행정의 제도적 기반에서 상세히 서술하였다.

이 커지면서 개방형 임용제도, 개방형 직위제도(직위공모제) 등의 방법이 많이 이루어지고 있다.

1. 신규임용제도

1) 모집(Recruit)

모집은 공직을 희망하는 자에게 공직에 대한 정보를 제공하고 유능한 지원자들을 임용절차로 유도하는 과정을 말한다. 우리나라 정부는 과거 지나치게 모집공고만 내고 지원자들을 기다리는 소극적인 모집태도를 취해 왔기 때문에 실질적으로 고급인력의 확보에 어려움이 많았고, 민간부문의 적극적 마케팅에 밀려 공직에 대한 관심과 홍보가 많이 부족한 탓에 유능한 인재의 확보가 어려웠다. 그러나 최근 공직에 대한 사회적 평가가 매우 상향되었고 정부의 모집활동도 적극적 모집으로 변화됨에 따라 우수하고 창의적인 고급인력의 확보가 보다 용이해지고 있다. 정부가 현재 시행하고 있는 적극적 모집의 형태로는 첫째, 단순한 공고 위주가 아니라 공직취업설명회를 적극 실시하고, 둘째, 고등학교와 대학교 등 교육기관에 현직 공무원이 출강(出講)하여 공직에 대한 거리감을 줄이고 있다. 그러나 적극적 모집에 있어서 지원자격에 대한 제한과 특정 자격을 가진 지원자에 대한 우대조치로 인해 갈등이 발생하는 경우도 있으며 우리나라의 현실상 학력의 상향평준화 경향(대학원 이상 고학력자의 지원)과 각종 우대조치(저소득층, 고졸 학력, 여성채용목표제, 농어촌 지역 출신)로 인한 역차별의 문제도 발생하고 있기 때문에 신중한 접근이 필요한 부분도 있다.

2) 시험(Test)

시험은 지원자의 직무수행에 필요한 지식, 기술, 능력을 측정하는 표준화된(*standardized*) 도구로서 신규임용에서 가장 결정적인 역할을 한다. 시험도 측정도구의 하나이므로 신뢰성과 타당성을 갖추어야 하며 이를 통해 공정성이 확보되는 것이 가장 중요하다. 만약, 눈금표시를 하여 사람의 가슴둘레를 잰다고 할 때, 고무줄에 표시된 눈금에 의한 측정은 쓸모가 없을 것이며, 힘이나 온도 변화에 의해 영향을 덜 받는 줄자가 더 유용한 측정도구라고 할 수 있을 것이다(유민봉·박성민, 2013: 273). 이외에도 2차적인 조건으로서 객관성과 난이도 등에 의해서도 시험의 효용성이 검증될 수 있다.

(1) 신뢰성(reliability)

신뢰성은 일반적으로 측정도구로 나타난 결과의 일관성을 의미한다. 따라서 시험의 경우에는 시험결과로 나온 성적의 일관성(*consistency*)을 의미한다. 이는 시간이나 장소의 변화에 상관없이 여러 번의 반복적 시험에서도 동일한 결과치 혹은 유사한 결과치가 나와야 한다는 것을 뜻한다.

신뢰성을 검증하는 방법에는 대표적으로 재시험법, 동질이형법, 이분법 등이 있다.

- 재시험법(test-retest): 시험의 종적 일관성을 조사하는 것이다.[9] 시험을 본 수험생에게 일정한 시간이 지난 뒤에 다시 같은 문제로 시험을 보게 하여 두 점수 간의 일관성을 검토하는 것이다.
- 동질이형법(equivalent forms): 시험의 횡적 일관성을 조사하는 것이다. 문제의 수준이 비슷한 동질의 두 개 시험유형(A, B)을 개발하여 동일 통제집단을 대상으로 시험을 보게 한 후 A와 B의 성적 간 상관관계를 분석하는 방법이다.
- 이분법(split-half): 하나의 시험지 내에서 문항만을 두 집단으로 나누어 이들 문항집단 간의 성적을 상호비교하는 것이다. 이 방법의 가장 일반적인 형태는 문제의 문항을 무작위로 배열한 뒤 짝수 항 전체의 점수와 홀수 항 전체의 점수 간에 상관관계를 조사하는 것이다.

(2) 타당성(validity)

타당성이란 시험이 측정하고자 하는 것을 실제로 얼마나 정확하게 측정했는가를 말한다. 타당성의 중요한 특성은 측정결과만으로는 측정도구의 타당성을 알 수가 없다는 것이다. '얼마나 정확하게 측정했는가'를 알려면 측정결과를 비교할 수 있는 기준이 있어야 한다. 시험의 경우 기술이나 학업능력의 측정만으로는 부족하며 시험이 예측하고자 하는 기준, 즉 직무수행 실적과 같은 정보가 필요하다(유민봉·박성민, 2013: 276).

시험에서 가장 일반적으로 사용되는 타당성의 유형으로는 기준타당성과 내용타당성이 있고, 추가적으로 구성타당성을 검토하기로 한다.

(개) 기준타당성(criterion validity)

가장 먼저 개발되고 가장 일반화된 타당성의 개념으로 측정의 가장 궁극적인 목적달성과 관련되며, 이는 시험성적과 시험으로 예측하고자 했던 기준 사이에 얼마나 밀접한 상관관계가 있는가를 말한다. 이는 시험이라는 예측치와 직무수행실적이라는 기준의 상관계수로써 측정되며 예측치는 시험점수가 되고 직무수행실적은 근무실적, 이직률, 결근율 등을 사용한다(유민봉·박성민, 2013: 277). 자료수집의 시차에 따라 동시적 타당성 검증과 예측적 타당성 검증의 두 종류로 구분한다.

- 동시적 타당성 검증(concurrent validation): 동시적 타당성 검증은 시험성적과 근무실적에 대한 자료를 동시에 수집하여 상관관계를 검토하는 것이다. 시험성적과 근무실적을 동시에 얻는 방법은 현재 근무하고 있는 재직자에게 시험을 실시하는 것이다.

---

9 종적 일관성이란 서로 다른 시점에서의 측정결과가 안정된 값을 가지는 것을 의미한다. 횡적 일관성이란 동일시점에서 동질적인 둘 이상의 집단을 대상으로 같은 측정도구를 사용하여 얻은 측정결과가 일관된 값을 가지는 것을 의미한다.

• 예측적 타당성 검증(predictive validity): 예측적 타당성 검증은 시험합격자를 대상으로 시험성적과 근무실적을 시차를 두고 수집하여 비교하는 것이다. 시험합격자를 대상으로 하기 때문에 근무실적은 일정 시간을 기다려야 한다.

(나) 내용타당성(content validity)

기준타당성은 상관계수에 의한 통계적 처리를 하므로 기준치의 설정이 분명하게 가능한 경우에 검증해 볼 수 있다. 그러므로 이러한 조건이 확보되지 못하는 경우에 직무수행에 필요한 지식·기술·태도 등을 측정해 보는 것이 내용타당성이다. 내용타당성은 직무에 숙련된 전문가 집단이 시험의 내용이 직무수행에 얼마나 적합한지를 판단하게 된다. 즉, 시험의 내용이 실제 직무에 대한 내용을 얼마나 정확하게 평가하였는지를 나타내는 것이다. 예를 들어, 행정학 시험문제에 대해 행정학 교수들을 모아 문제를 검토하게 하는 것은 내용타당성을 검증하는 것이라고 할 수 있다. 다시 말해, 해당 직무에 정통한 전문가들을 통해 시험의 내용과 직무의 내용을 고려해 시험의 내용타당성을 검증하는 것이다.

(다) 구성타당성(construct validity)

구성타당성은 내용타당성에서와는 달리 전문가의 판단에만 의존하지 않고, 행태과학적 조사를 통한 검증절차를 거치는 것을 의미한다. 구성타당성은 개념의 추상성이 아주 강해 단순한 판단만으로는 검증이 불가능한 인간의 특성을 측정하고자 할 때 사용되는 개념이다. 예컨대, '창의력'을 측정하고자 하는 경우 추상적으로 구성된 능력요소(*traits*)들, 즉 '민감성, 이해성, 도전성' 등을 제대로 측정해 주었는지의 정도를 의미한다.

이들을 종합적으로 정리하면, 기준타당도는 '능력과 실적'이라는 기준에 초점을 둔 개념이고, 내용타당도는 능력이나 실적과 연결된다고 전문가들이 제시한 '내용적 능력요소'(지식·기술·태도 등)에 초점을 두며, 구성타당도는 직무수행과 관련된다고 믿는 '개념구성적(가설적) 구성요소'에 초점을 둔다.

(3) 신뢰성과 타당성의 관계

신뢰성은 시험 그 자체의 문제인 반면, 타당성은 시험과 기준과의 관계이다. 신뢰성이 높다거나 낮다는 결과의 의미는 시험 자체가 믿을 수 있는지의 문제일 뿐 임용된 이후의 근무실적이나 근무태도 등의 기준과는 별개의 문제이다. 그러나 신뢰성이 있어야 타당성을 검증해 볼 수 있다는 점에서 신뢰성은 타당성의 전제조건이라 할 수 있다. 따라서 신뢰성은 타당성의 필요조건이므로 신뢰성이 우선적으로 검증되지 않는다면 타당성은 아무리 높게 나왔다고 하더라도 의미가 없다.

(4) 객관성

객관성이란 채점자와 시험환경 등 시험 외적인 요소와 관련된 것으로서 흔히 채점의 객관성이 문제시된다. 수험환경은 응시자들의 대부분이 표준화된 조건 하에서 시험을 치르게 되지만 채점은 주관적인 판단이 개입될 소지가 있기 때문에 응시자나 외부인의 감시가 어렵다. 따라서 채점의 객관성을 확보하기 위해서는 주관이 개입되지 않도록 객관식 시험을 치르거나 OMR카드에 답을 기입하는 방법 등이 있다. 현재 공직의 임용은 5급 공채에서는 1차 필기시험에서 객관식 문항으로 채점이 되며, 2차 필기시험에서 논술을 통해 치러지는데 2차 시험에서 답안채점의 객관성 확보가 중요하다. 반면, 7급과 9급 공채시험의 경우에는 1차, 2차가 필기시험이며 3차에서만 면접시험으로 치러지므로 상대적으로 객관성이 확보되기 쉽다고 할 수 있다.

(5) 난이도

난이도란 시험의 내용이 얼마나 어려운가 또는 평이한가에 대한 정도를 의미하는 것이다. 시험의 난이도는 응시자의 능력이나 지식을 상대적인 우열로 가리기 위한 것이며 난이도의 적정한 조정이 이루어지면 시험의 타당도 또한 높아진다. 예를 들어, 시험이 너무 어려워 모두 나쁜 점수를 받는다면, 다시 말해 직무수행에 필요한 지식은 충분한 사람에게 그보다 더 많은 지식이 있어야 풀 수 있는 문제를 내어 직무수행에 필요한 지식이 없는 사람과 같이 불합격하게 하는 것은 난이도 조정에 실패한 것이며 그 역(逆)의 상황도 마찬가지이다.

3) 임명(appointment)

시험에 의해 선발된 사람은 일정 기간 시보로 임명되어 시보기간 중의 근무성적을 참작하여 정규 공무원으로 임명되게 된다. 시보기간은 직급에 따라 차이를 두며, 시보 공무원은 신분보장이 되지 않아 임명권자가 일방적으로 해임하더라도 소청 등의 구제수단이 없다.

2. 내부임용제도

1) 승 진

승진이란 현재 공무원이 맡은 직위에서 한 단계 높은 직위로 직급이 올라가는 것을 말한다. 승진을 할 경우 책임이 무거워지고, 문제해결이나 예산에 대한 결정을 스스로 내려야 하는 권한이 많아지며, 감독해야 할 부하의 수가 늘어난다. 이러한 책임과 의무의 증가에 비례하여 여러 가지 유형적·무형적 보상이 수반된다.

2) 배치전환(전직·전보)

배치전환은 동일계급이나 등급 내의 인사이동으로서 전직, 전보, 인사교류, 전출입, 파견근무 등을 포함한다. 전보란 직무의 내용이나 책임이 유사한 동일한 직렬과 직급 내에서 직위만 바꾸는 것으로 시험이 필요 없다. 반면, 전직은 등급은 동일하지만, 직무의 내용이 다른 직위로의 이동으로서 직렬을 달리 하므로, 전직 시험이 필요하다.

3. 외부임용제도

1) 개방형 인사제도(Open Career System)

(1) 의 의

개방형 인사제도는 공직의 모든 계급이나 직위를 불문하고 신규채용이 허용되는 인사체제이다. 공직의 개방에 따라 외부 전문가나 경력자에게 공직의 문호를 개방하여 새로운 지식과 기술, 참신한 아이디어를 받아들임으로써, 공직의 침체를 막고 공직의 새로운 기풍을 진작시켜 정부의 혁신성을 높여주는 의의를 갖는다.

(2) 유용성

㈎ 전문성의 제고

폐쇄형 인사체제 하에서 일어나는 획일적 채용과정을 통해서는 확보하기 어려운 외부 전문가들을 임용할 수 있으므로 조직의 전문성 제고가 가능하다.

㈏ 전문성의 축적

외부 전문가들의 전문성이 관료제 내부에서 발휘되고, 이를 학습하는 과정에서 노하우가 전수되고 환류됨으로써, 외부의 전문성이 관료제 내부에 축적되는 효과를 기대할 수 있다.

㈐ 자연스러운 인사교류

정부 타 부처의 전문가가 임용될 경우, 자연스럽게 부처 간 인사교류가 이루어지게 되고, 이를 통해 상호협력과 조정이 용이해지게 된다.

(3) 문제점

㈎ 직업공무원제와의 충돌

개방형 인사제도는 직업공무원제에서는 인정되기 어려운 파격적인 공개모집을 하는 바, 직업공무원제와의 충돌로 인한 개방형 인사제도의 문제점을 살펴보면 다음과 같다.

① 직업공무원의 사기 저하

직업공무원제 하에서는 한정된 조직 내부의 인원을 승진시키는데, 개방형 인사제도에 의한 임용이 이루어질 경우 승진의 기회가 축소되어 사기의 저하를 가져올 수 있다.

② 젊은 인재 유치 저해

직업공무원제는 폐쇄형 인사체제 하에서 젊고 유능한 인재가 평생 공무원을 할 것이라는 기대를 가지게 하는 것이 주요 내용인데, 개방형 인사제도는 여러 부분에서 예상치 못한 외부 전문가들이 임용되므로 젊고 유능한 인재가 공직에 흥미를 잃을 가능성이 크다.

③ 정치적 중립 저해

개방형 인사제도 하에서는 직업공무원제에서와 같은 공개경쟁시험 등을 통한 선발이 아니기 때문에, 개인적인 친분이나 정치적 신념 등이 개입된 주관적 기준에 의한 임용이 이루어질 가능성이 있다.

④ 행정의 일관성 문제

개방형 인사제도의 경우 직업공무원제 하에서처럼 신분보장이 되지 않아 한시적 임명이 많아지게 되므로, 특정 정책이나 행정의 운용상 인사교체가 빈번히 일어남으로써, 안정성·일관성을 유지하기가 어렵다. 또한, 특정 정책이나 행정을 하는 도중에 담당자가 바뀌어 버리는 경우 이에 대한 책임을 누구에게 물어야 하는지 분명하지 않은바, 책임성 문제가 나타날 수 있다.

(나) 조직문화와의 충돌

개방형으로 임용된 외부 인사는 자칫하면 기존 내부 관료들로부터 무시되거나 배척을 받아 능력을 제대로 발휘할 수 없는 경우가 발생할 우려가 있다. 특히 폐쇄적인 조직문화를 오래 유지해 왔던 우리나라의 현실상 조직문화와의 충돌문제는 더욱 심각하게 나타날 수 있다.

(4) 요약 및 결론

개방형 인사제도는 공직 내부에서의 임용이 주로 이루어지는 계급제적 특성이 강한 우리나라의 직업공무원제도 하에서 나타나는 부정적인 병폐, 즉 경쟁부재로 인한 무사안일, 전문성 저하 등을 없애기 위해 정부혁신의 관점에서 도입되었다.

1999년 11월 개방형 인사제도 도입 당시 38개 기관, 129개 직위에 불과하던 개방형 직위는 2011년 12월 기준으로 40개 기관, 246개 직위(고위공무원단 165개, 과장급 81개)로 확대 운영되고 있다. 공직에 개방형 직위제도가 도입된 이후 공직사회에는 경쟁과 변화의 물결이 급속히 확산되고 있고, 각 부처에서도 성과중심의 운영체제 도입을 경쟁적으로 추진하고 있음을 볼 때, 개방형 인사제도는 우리나라의 행정 패러다임을 변화시키는 촉매제 역할을 할 수 있다.

이러한 관점에서 2010년 8월 12일 정부가 발표한 '공무원 채용제도 선진화 방안'에 포함되어 있는 개방형 직위 확대 방향은 매우 바람직하다고 할 수 있다. 즉, 현행 개방형 직위를 1) 실·국장에서 과장급까지 확대하고, 2) 2013년에 과장급 직위의 10%인 343개를 개방형 직위로 만들고, 3) 우수한 개방형 직위 임용자 경력직 특채를 확대하겠다는 내용을 확정·발표하였는 바, 이는 우리나라 공무원 인사제도에 개방성과 경쟁성 요소를 대폭 확대하겠다는 취지로 이해될 수 있는 바람직한 개선방향이라고 하겠다. 그러나 아직도 일부 직위에 있어서는 민간수준과의 보수격차, 임기만료 후의 신분불안 등으로 인해 민간 우수인재의 응모율이 저조하거나 공직에 들어왔다가도 적응하지 못하는 경우가 빈번한 바, 향후 직무성과급제도의 도입 및 성과가 우수한 자에 대한 특별채용 확대 등의 제도보완을 통해 장기적인 안목에서 극복해 나갈 필요가 있을 것이다.

2) 직위공모제도(Job Posting)

(1) 개 념

직위공모제도는 정부 내 인력을 효율적으로 활용하기 위하여 결원발생 시 정부 내 공개모집을 통하여 적격자를 선발임용하는 제도를 말한다. 이는 내부인력시장제도(*inner human resource market*)[10]의 한 예로서, 직원은 희망부서 지원권한을, 실·국장은 선발권한을 갖는 인력배치방안을 의미한다.

(2) 도입경과

2000년 3월에 "부처 간 인사교류 활성화 추진계획"이 대통령에게 보고되고, 그 해 7월 직위공모제 운영방안을 각 부처 의견을 수렴하여, 11월에 '공무원 직위 공모에 관한 규정'(대통령훈령)이 제정되었다.

(3) 적용대상 직위

직위공모제도의 적용대상 직위는 1~3급에 상당하는 일반직·별정직(개방형 직위 제외)이며, 4급 이하에 대하여는 소속장관이 준용가능하다.

(4) 유용성과 한계

직위공모제도의 도입은 인사권의 분권화를 통한 성과의 증진에 기여한다. 국장급 이상 고위공무원 인사에 있어 능력과 실적 중심의 공정하고 객관적인 인사가 가능해지고, 부처 간, 중앙-지방 간 인사교류를 확대하여 전문분야에 대한 인력 풀(*pool*)을 확대하므로 상호이해·정책협조의 강화가 용이해진다.

---

10 내부인력시장제도(Inner Human Resource Market)란 해당 직원이 희망근무부서를 지원하고, 부서의 장이 지원자 중 최적격자를 임용하는 제도로서 유능한 하위실무직원을 상위요직 및 주요 핵심 보직으로 발탁할 수 있는 제도를 말한다.

제 2 부 동태적 행정과정

그러나 연공서열에 의한 승진 및 임용이 아직 잔재하고 있으므로, 재직공무원의 사기저하가 나타날 소지가 있고, 배타적 조직문화가 강한 우리나라에서는 조직문화와의 충돌가능성이 크다.

(5) 요약 및 결론

우리나라는 그동안 폐쇄적인 인사제도를 운용해 왔고, 배타적 조직문화 또한 개방형 인사제도의 도입을 어렵게 해왔다. 직위공모제 또한 개방형 인사제도의 한 형태로서 비록 완전한 개방형은 아니지만, 내부적인 제한을 없애고 능력과 실적 위주로 인재를 발굴하여 적재적소에 배치하고자 하는 시도로서, 행정의 전문성과 민주성을 제고할 수 있다.

직위공모제도는 자신이 원하는 일을 할 수 있도록 하여 직무전념도를 높이고 근무불만을 최소화하는 등 행정의 효율성을 높일 수 있으며, 다양한 구성원의 의견과 취향에 맞게 직무를 배치해 주는 제도로서 행정의 민주성 차원에서도 그 의의가 크다고 할 수 있다. 하지만, 우리나라의 조직문화에서는 연공서열에 의한 승진 및 임용이 아직 잔재하고 있어 조직문화와의 충돌가능성이 있는 바, 향후 이러한 문제점은 고위공무원단제도의 효율적 운영과 관련해서도 심도 있게 고려해야 할 대목이다.

제 5 절   능력발전

1. 교육훈련을 통한 능력발전

1) 의 의

교육은 개인의 능력을 종합적으로 개발하는 것이며, 훈련은 개인이 맡은 직무수행에 부족한 능력을 보완하는 것을 말한다.

공무원 선발과정에서 체크할 수 있었던 것은 어디까지나 일을 성공적으로 수행할 수 있을 것이라는 가능성에 지나지 않으므로, 이제 선발된 사람을 대상으로 실제 직무를 수행하는데 필요한 구체적인 지식과 기술 그리고 태도를 배양하도록 해야 한다.

2) 교육훈련의 목적

교육훈련의 목적은 직무수행능력을 향상시킴으로써 정책역량과 관리역량의 제고를 통해 행정의 효율성, 민주성, 성찰성을 강화시키는 것이다.

3) 교육훈련의 중요성

(1) 조직차원

㈎ 생산성 향상

교육훈련으로 인한 직무수행능력 향상은 업무의 정확성 및 국민만족도 등을 높임으로써 생산성과 민주성이 향상될 수 있다.

㈏ 조직분위기 혁신

교육훈련을 통한 외부 조직이나 기관에 대해 탐방하는 등의 방법으로 새로운 문화를 배우고 접촉할 기회가 많아지므로, 개인의 자아실현과 함께 조직문화나 분위기를 혁신하는데 긍정적 기여를 할 수 있다.

(2) 개인차원

㈎ 직무만족도

직무수행에 대한 능력의 배양을 통해 자신감을 고취시켜 근무의욕을 높일 수 있다.

㈏ 경력발전

현대적 의미에서 개인의 장기적인 목표 또는 경력목표달성에 기여할 수 있으며, 교육훈련 중 위탁교육으로 학위취득을 하는 경우 자아실현 및 경력발전에 있어 긍정적 효과를 기대할 수 있다.

4) 교육훈련의 수요

교육훈련의 수요는 직무가 요구하는 자격(지식·기술·태도)과 이들 요소에 대하여 공무원이 갖고 있는 상태의 차이로서 정의된다. 이러한 훈련수요는 크게 지식기술과 태도(가치관)로 나눌 수 있다 (박동서, 1978: 410).

교육훈련의 수요 = 직무가 요구하는 자격 − 공무원의 현재자격
(Training Objectives) (Job Requirement)　 (Present Job Skill)

5) 교육훈련의 종류

교육훈련 수요조사가 끝나면 교육훈련 프로그램을 개발하게 된다. 교육훈련 프로그램은 교육훈련 대상자의 지식, 기술, 태도, 가치관, 대인관계 등의 변화를 유도하기 위한 계획이다. 효과적인 교육훈련 프로그램을 개발하기 위해서는 프로그램의 목표를 명확히 설정하고, 프로그램의 내용을 결정하며, 교육훈련의 유형과 종류를 선정하여야 한다(유민봉, 2005: 482).

교육훈련의 유형과 종류를 정리하면 다음과 같다.

(1) OJT(On-the-Job Training)

일상업무를 하면서 훈련하므로 훈련이 현실적이고 실시가 용이하며 교육비용이 절감되고 교육자와 피교육자 간의 의사소통이 용이하고 협동정신이 촉진된다. 그러나 업무와 훈련 모두를 신경써야 한다는 것이 피교육자에게 심리적 압박으로 작용될 수 있으며 다수의 구성원을 한꺼번에 훈련시킬 수 없다.

평상시 근무하면서 일을 배우는 직장 내 훈련인 OJT로는 다음과 같은 프로그램들이 있다.

① 인턴십(*internship*): 조직의 전반적인 구조·문화·과정에 대한 이해와 함께 간단한 업무를 경험할 수 있는 기회를 부여한다. 인턴은 제한된 기간 동안 임시로 고용되는 것이다.

② 직무순환(*job rotation*): 여러 분야의 직무를 직접 경험하도록 하기 위하여 계획된 순서에 따라 직무를 순환시키는 실무훈련이다.

③ 실무지도(*coaching*): 일상 근무 중에 상관이 부하에게 직무수행에 관련된 기술을 가르쳐 주거나 질문에 답해 주는 각종 지도역할을 말한다.

④ 임시배정(*transitory experience*): 특수직위나 위원회 등에 잠시 배정하여 경험을 쌓게 함으로써 앞으로 맡게 될 임무에 대비케 하는 방법이다. 승진이 예정된 사람에게 사전 교육시키는 법으로 사용될 수 있다.

(2) OFFJT(OFF-the-Job Training)

현장업무에서 벗어나 전문적인 기관에서 예정된 계획에 따라 실시하며 많은 직원들에게 동시에 교육을 할 수 있다는 점과 업무의 부담에서 벗어나 교육에만 집중을 할 수 있다는 장점이 있지만 업무의 공백이 발생하며 추상적인 교육내용을 현장에 활용할 수 있는 정도가 미약하며 교육비용이 많이 발생한다.

교육훈련만을 목표로 특별한 장소와 시설(교육원)에서 훈련되는 OFFJT로는 다음과 같은 프로그램들이 있다.

① 강의(*lecture*): 다수의 인원을 대상으로 똑같은 정보를 가장 효율적으로 전해줄 수 있는 대표적인 방법이다.

② 시청각 교육(*case study*): 실제 조직생활에서 경험한 사례나 가상의 시나리오를 가지고 문제해결 방식을 찾는 교육훈련이다.

③ 역할 연기(*role playing*): 실제 근무상황을 부여하고 특정 역할을 직접 연기하도록 하는 교육훈련이다.

④ 감수성 훈련(*sensitivity training, t-group training*): 지식기술의 변화가 아니라 태도와 가치관의

변화를 통해 대인관계기술을 향상시키려는 것이 주된 목적이다. 서로 모르는 사람 10명 내외로 소집단을 만들어 1일 또는 2일 합숙을 하면서 서로 허심탄회하게 자신의 느낌을 말하고, 다른 사람이 자신을 어떻게 생각하는지를 귀담아 듣는다. 이 방법은 훈련을 진행시키기 위한 전문가의 역할이 상당히 중요하다. 인위적인 개입이 없이 자연스럽게 감정을 주고받을 수 있도록 분위기를 만들어 주어야 하기 때문이다. 이 훈련을 통해 타인에 대한 편견을 줄이고 개방적 태도를 취하는 교육효과를 가져올 수 있다.

2. 인사이동을 통한 능력발전

인사이동은 현 직위에서 다른 직위로 옮겨가는 모든 유형의 직위 변동을 의미한다. 여기에는 승진, 배치전환(전직·전보), 고위직 인사교류 등이 포함된다. 인사이동은 전통적으로 통제의 가장 강력한 수단이었으나, 이제는 통제가 아닌 개인의 능력향상을 위한 발전적 개념으로 받아들일 필요가 있다(박동서, 1990: 286).

1) 승 진

승진은 직급상의 직위 상승이다. 이는 또한 공무원 능력발전의 강력한 수단이 된다. 정부차원에서 승진제도는 1) 공무원의 능력을 적절하게 평가해서 적재적소에 배치하고, 2) 개개 공무원의 기대충족을 통해 효율적인 인력관리에 기여한다. 개인차원에서 승진제도는 1) 개인의 성공에 대한 기대감을 충족시키고, 2) 공무원 개인의 능력발전을 도모하는 유인을 제공한다.

2) 전직·전보

(1) 의 의

전직·전보는 직위의 책임도나 보수액에는 변동에 없는 직위의 수평적 이동을 의미하며, 직위의 책임도나 보수액이 상승하는 수직적 이동을 의미하는 승진과는 구별된다.

전보는 동일한 직급·직렬 내에서 직위만 변동되는 보직 변경을 의미하며, 시험을 거칠 필요가 없다. 전직은 직급 수준은 동일하나 직렬을 달리하는 직위로 이동을 하는 것이므로, 전직시험을 거쳐야만 한다.

(2) 이용방법

㈎ 소극적·징계적 용도

전직·전보는 공무원의 불법행위나 비도덕적 행위 등을 했을 때 징계수단으로도 사용되며, 부정·부패의 방지를 위해서 사용되기도 한다.

⑷ 적극적·합리적 용도

전직·전보는 보직 부적응에 대한 해소와 인간관계 개선을 위해서 사용되며, 공무원의 종합적인 능력발전을 위해서도 유용하다.

(3) 종래의 문제점

㈎ 행정의 전문성 저하

일반행정가를 중요시하는 계급제적 관료제 하에서 빈번한 전직·전보로 인해 직무에 대한 많은 노하우(*know-how*)를 축적할 시간적 여유가 부족하여 전문성이 저하될 수밖에 없었다.

㈏ 비합리적 인사

인사권자가 개인적인 신임을 기준으로 독단적 인사를 행사하는 수단으로 사용되는 측면도 있었다.

(4) 합리적 운용방안

종래의 잘못된 이용방법을 바로 잡고 행정의 효율성·민주성을 달성할 수 있도록 하는 방법으로 전직·전보를 활용해야 한다. 합리적 운용방안을 몇 가지 제시하면 다음과 같다(박동서, 1978: 441).

㈎ 능력발전 수단으로 활용

공무원의 능력향상을 위하여 한 기관에서만 장기 근무하는 것보다는 때로는 다른 기관과의 교류를 통하여 광범한 경험을 쌓는 것이 좋다.

㈏ 행정조직상의 변혁

행정조직이 변혁되거나 또는 갑자기 어느 부문의 직무량이 급증하는 경우 이에 대처하기 위하여 전보를 이용한다.

㈐ 인간관계의 개선

어떤 공무원이 유능은 하나 다른 동료들과 원만한 인화관계를 조성하지 못하는 경우 전보를 이용한다.

㈑ 권태방지

하위직의 경우 똑같은 일을 몇 년이고 하면 다양성이 없어 권태감을 느끼게 되어 사기와 능률이 저하되는 경우가 있게 되는데, 이런 경우 전보수단을 이용한다.

㈒ 우선순위에 따른 인력배치

정부의 정책상 우선순위가 높은 순으로 필요한 우수인력을 분배하여 최선의 정책효과가 나올 수 있도록 하는 것이 필요한데, 이러한 방향으로 전보수단을 이용할 필요가 있다.

(5) 요약 및 결론

전직·전보는 긍정적인 측면이 있음에도 부정적으로 종래 주로 사용되어온 것이 사실이므로, 이 제도의 취지를 살려 인사행정상 올바르게 활용할 필요가 있다. 동일한 직무에 오래 있음으로 인해 발생할 수 있는 권태방지, 조직 부적응 문제, 일괄적 임명배치에서 오는 능력과 직무 불일치, 신축적 인력운용 필요 등을 위해 전직·전보를 적극적·합리적 수단으로 활용해야 한다. 합리적 운용방안으로는 첫째, 순환보직제도를 확립하고, 둘째, 수시로 전보하지 말고 일정 기간 정기적으로 하는 것이 필요하며, 마지막으로, 일단 보직을 주었으면 원칙적으로 2년 내지 3년 정도는 이동 없이 직무를 수행하도록 해줌으로써, 인력관리의 신축성·융통성과 함께 공직의 전문성과 안정성도 확보하도록 노력해야 한다.

3) 고위직 인사교류

정부는 부처 간의 고위직 인사교류를 통해 부처이기주의와 특정 이익집단의 영향에서 벗어나 국가전체적인 관점에서 국정과제를 추진할 수 있는 기반을 조성하고 우수인력을 전 정부적 차원에서 효율적이고 균형적으로 활용하는 방안을 추진하고 있는바, 이러한 고위직 인사교류제도는 매우 중요한 의미를 지닌다. 현대사회에 있어서의 정책실패는 부처 간 할거주의 및 협소한 시각으로 발생하는 경우가 많으며, 공직사회의 고위직으로 올라갈수록 정책문제를 거시적·균형적 시각에서 해결할 필요가 많아졌으며, 이러한 의미에서 고위직 인사교류제도는 매우 중요한 의의를 지닌다.

고위직 공무원에 대한 인사교류방안은 2003년 9월 중앙부처 간, 중앙·지방 간, 정부·민간 간 인사교류 활성화 방안에 대한 국무회의 보고에서 고위공무원에 대한 인사교류방안이 제시되면서 본격적으로 추진되었고, 2004년 1월 2일 대상직위가 확정되어 2004년 1월 20일부터 국장급 교류가 시작되었으며, 2006년 7월 고위공무원단제도가 시행되면서 개방형 인사제도와 직위공모제도, 직무성과계약제 등을 통합 시행하고 있다.

3. 전보제한 및 경력개발제도를 통한 능력발전

1) 의 의

경력개발제도(CDP: Career Development Program)는 개인이 한 조직에 임용되어 퇴직하기까지의 경력(*career*) 또는 보직을 체계적·합리적으로 관리함으로써 공무원의 능력발전을 도모하고자 하는 인사관리제도이다.

2) 배 경

1990년대 이후 공공부문에서 경력개발제도가 주목된 배경은 대체로 세 가지 측면에서 설명할 수 있다(이종수, 2002: 152-153).

(1) 환경적 측면

환경적 측면에서 조직과 개인의 결합이 중시되고 노동시장의 유연성이 확대되고 있으며, 전략적 인재양성이 강조되고 있다.

(2) 조직적 측면

조직적 측면에서 구성원의 직무역량을 극대화하는 체계적인 인력관리시스템을 구축할 필요성도 제기되었다(김판석, 2002). 조직구성원의 경력개발을 체계적이고 합리적으로 관리함으로써 궁극적으로 조직전체의 생산성을 향상시킬 수 있게 된다.

(3) 개인적 측면

개인적 측면에서 급변하는 사회환경의 변화에 따라 개인의 능력이 매우 중요시되고 자기개발 욕구가 점차 증가되는 시점에 있어 공무원도 예외일 수는 없다. 개인의 능력이 곧 사회적·경제적 자산과 긴밀한 비례관계를 가지고 있어 자기개발에 많은 노력을 기울이는 것이 시대적 추세이다.

3) 경력개발제도의 내용

경력개발제도를 구성하는 핵심적인 두 가지 구성요소는 공무원 개인이 설정하는 '경력목표'(*career goal*)와 조직이 설계하는 '경력경로'(*career path*)이다. 이 둘을 잘 결합시키고 운용하기 위한 수단으로 최소임기제와 교육훈련, 경력개발센터, 전문보직관리와 직위공모제 등이 있다.

(1) 경력목표

경력목표란 개인의 적성·관심·소질에 따라 개인이 설정한 직무상의 지표이다.

(2) 경력경로

경력경로란 목표직위에 도달하기까지 옮겨 다녀야 할 직위의 순차적 배열이다.

(3) 최소임기제

조직 내에서 구성원의 수평적 보직순환과 수직적 성장의 적정성을 확보하기 위해 필요한 요소이다. 최소임기를 보장하는 것은 각 직위에 있어서 전문지식과 노하우(*know-how*)를 축적할 수 있는 최소한의 시간을 보장함으로써 잦은 보직순환에서 오는 전문성의 저하를 방지하고자 하는 것이다.

(4) 교육훈련

조직의 경력발전활동으로 가장 중요한 것은 구성원에게 적시에 타당한 능력발전 기회를 제공하는 것이다(강성철 외, 1996: 265).

(5) 경력개발센터

공무원들을 위해 우호적인 입장에서 능력개발과 경력발전을 위한 정보제공, 상담 등을 하고 필요한 경력개발 워크숍을 주도할 경력개발센터가 필요하다(Hays and Kearney, 1995: 519).

(6) 전문보직관리·직위공모제

전문성이 특히 요구되는 직위를 대상으로 전문가를 공모하여 임용하고, 선발된 공무원의 전보를 제한하여 전문성을 유지·확보하는 제도이다.

4) 경력개발제도의 원칙

(1) 자기주도(상향식)의 원칙

조직구성원 스스로가 적극적인 정보수집을 통해 경력목표와 경려개발계획을 작성하고 능동적으로 학습을 실시할 수 있도록 하는 것을 원칙으로 한다.

(2) 인재육성책임의 원칙

경력개발은 상사와 부하의 공동책임 사항이고, 상급감독자는 소속직원에 대한 육성의 역할을 수행해야 하며, 인사부서는 경력개발활동을 돕는 지원시스템을 구축해야 한다.

(3) 분야별 보직관리의 원칙

각 부처의 조직을 수 개의 전문분야와 공통분야로 구분하고, 공무원의 경력, 전공, 적성 등을 종합적으로 고려하여 전문분야를 지정한다. 보직관리는 원칙적으로 개인별 전문분야 내에서 이루어지도록 한다.

(4) 직무와 역량중심의 원칙

직급이 아닌 직무중심의 경력계획을 세우고, 직무에서 요구되는 역량과 개인보유역량 간의 적합 여부 판단 및 필요역량 개발에 중점을 둔다.

(5) 개방성 및 공평성의 원칙

경력개발의 기회는 모든 직원에게 공평하게 제공되어야 하며, 보직이동의 기회도 역량을 갖춘 직원들에게 공정한 경쟁을 통해서 제공되어야 한다.

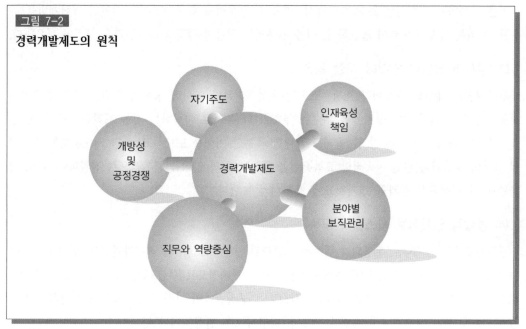

그림 7-2

경력개발제도의 원칙

자기주도

인재육성
책임

개방성
및
공정경쟁

경력개발제도

분야별
보직관리

직무와 역량중심

자료: 안정행정부 정부인사포털.

5) 경력개발제도의 한계 및 해결방안

경력개발제도는 최소임기제의 도입을 전제로, 개인의 능력발전을 체계적·합리적으로 관리함으로써 인력관리의 전문성을 강화하는 제도이다. 그러나 몇 가지 문제점이 있는데, 이를 간단히 살펴보고 해결방안을 제시해보기로 한다.

(1) 경력개발 프로그램에의 지나친 의존

경력개발은 인적자원 관리부서나 경력전문가의 책임이라는 그릇된 인식 하에 경력개발을 전적으로 이들에게 맡겨 의존하려는 경향이 생길 수 있으며, 이들에 대한 불신은 물론 경력개발 프로그램에 대한 조직구성원의 불신문제로 악화될 수 있다.

이를 극복하기 위해서는 경력개발의 최종적 책임은 자신이며, 인사담당자나 상사는 각 구성원으로 하여금 가장 적합한 경력목표와 경력경로를 설정하도록 지원하는 역할을 수행하는 것임을 구성원들에게 명확하게 인식시키는 것이 필요하다.

(2) 순환보직의 문제

보직경로와 관련하여 순환보직을 적용하는 경우 특정 직위의 임기가 너무 적으면 담당업무의 전문성 부족으로 인한 효율성 저하가 야기될 수 있고, 인수인계 업무 과다와 같은 부수적인 부작용도 발생할 수 있다.

이를 극복하기 위해서는 조직의 안정성, 연속성, 전문성을 확보하면서도 개인의 경력개발을 유도할 수 있는 방안의 마련이 필요하며, 이를 위해서는 직급별 적정 전보제한기간 설정이 필요하다.

(3) 상사의 유능한 인재에 대한 욕심

경력개발시 개인의 적성이나 희망, 조직의 육성계획뿐만 아니라 상사의 의견도 매우 중요하게 작용하는 것이 현실인데, 상사들은 우수한 부하가 타 부서로 이동하는 것을 꺼리는 경우가 많다.

이를 극복하기 위해서는 경력개발제도에 대한 충분한 이해를 도모하고, 해당 제도운영에 있어서의 상사의 역할과 관련된 지속적인 교육훈련을 통해 이들의 인식을 근본적으로 전환해야 하며, 상사평가 시 직원육성 성과를 평가지표에 포함시켜야 한다.

(4) 통합적 인사정보 시스템의 구축

경력개발제도가 제대로 운영되기 위해서는 관련된 많은 정보들, 즉 직무관련정보, 인사평가정보, 승진 및 직무이동정보, 교육정보, 경력상담정보 등이 체계적으로 수집·활용되는 등 통합적인 정보시스템의 구축이 필요하다. 또한, 이러한 시스템이 구성원들이 자신의 경력욕구를 표현하고 상담할 수 있게 하는 경력개발의 촉진제 역할을 담당하도록 활용되어야 한다.

(5) 인기직위 편중현상

공직자들이 승진을 위한 경력개발을 목적으로 계획을 세우고 경력경로를 구성하게 될 경우, 특정 직위로의 편중현상이 나타나게 되어 개인의 경력희망을 모두 수용할 수도 없을 뿐만 아니라, 조직 내 구성원 간의 갈등을 야기할 우려가 있다.

이러한 문제를 극복하기 위해서는 경력개발에서 가장 중요한 목적은 조직구성원의 경력 및 능력개발이며, 승진은 그 과정에서 고려되는 부차적인 요인임을 인식하도록 할 필요가 있다.

제 6 절　동기부여

1. 사기와 동기부여

1) 의　의

사기(morale)와 동기부여(motivation)는 상호의존적인 관계가 있다. 사기가 높을 경우 동기부여는 잘 될 수 있으나, 사기가 낮을 경우 반대의 현상이 나타난다. 역으로, 동기부여가 잘 될 경우

사기는 높으며, 동기부여가 잘 되지 않으면 사기는 낮다.

동기부여이론은 인간의 욕구(*needs*)를 중심으로 설명된다. A. Maslow는 생리, 안전, 인정, 자기존중, 자아실현의 다섯 가지 욕구로 구분하며, F. Herzberg는 이를 위생요인과 동기요인이라는 개념을 사용하여 Maslow의 이론을 수정한다.[11]

2) 측정수단

사기는 유형적인 것이 아니므로 측정이 어렵다는 문제가 있지만, 측정수단을 살펴보면 다음과 같다.

(1) 실적(생산성)

개인의 실적(*achievement*)을 기준으로 사기를 측정하는 방법이 있다. 그러나 이 방법을 사용할 때 문제되는 것은 직무의 상당 부분이 실적을 측정하거나 평가하기 매우 어려운 추상적인 부분이 포함되어 있어 계량적으로 포착되기 어려운 점이 있다.

(2) 출퇴근과 이직률

개인의 출근 및 퇴근 상황을 관찰하거나 이직률을 조사하여 계량적 방법을 통해 통계를 냄으로써 사기를 측정해보는 방법이 있다. 우리나라는 대체로 이직률이 낮지만, 기준은 각국의 상황에 따라 다르게 설정해야 하며, 변동폭이 측정기준으로 사용된다.[12]

(3) 사기조사(morale survey)

직원들에게 사기와 관련된 질문을 하여 사기를 측정하는 방법이다. 면접이나 조사표를 통해 수행할 수 있으며, 감독자의 주관적인 판단을 통해서도 사기를 측정한다.

우리나라의 경우 각급 기관별로 본격적인 사기조사를 목적으로 하지는 않으나 복합적인 질문을 통해 이를 측정하는 예가 많으며, 간접적으로는 고객만족도를 통해 이를 측정하는 경우도 있다.

3) 사기앙양 수단

(1) 고충처리(grievance)

(개) 의 의

고충이란 스스로 통제할 수 없는 근무조건·인사관리·신상문제에 대해 조직구성원이 표시하는 불만이며, 고충처리란 공무원이 제기하는 고충을 심사하고 정부가 그 해결책을 강구하는 제도를

---

11 위생요인은 보수와 인간관계를 포함한 작업환경에 관련된 것들이며, 위생요인이 충족되지 않으면 불만이 생기게 되고, 충족된다고 하더라도 동기부여로 바로 이어지지는 않는다. 반면, 동기요인은 일의 성취나 자아실현 등 일에 직접 관련된 것들이며, 충족될 경우 동기부여로 이어진다. 자세한 내용에 대해서는 제2부 제10장 동기부여를 참조할 것.
12 미국은 20%를 상회하는 경우가 많고, 우리나라는 5%선을 기준으로 본다.

말한다. 이는 공무원 직무수행의 불만해결이라는 점에서 사기앙양의 수단이 된다.

(나) 필요성

① 사기앙양의 수단

고충처리는 공무원이 직무를 수행함에 있어 불만요인을 제거함으로써, 직무만족도를 높이고 근무의욕을 높이게 된다.

② 하의상달의 촉진

고충처리를 위해서는 상급자 또는 상위 관리자층의 관심과 의사소통이 필요하게 되므로, 부하가 근무를 함에 있어 겪는 각종 어려움들을 상위층에 전달하는 하의상달의 수단이 된다.

(다) 해결방법

고충이란 언제나 있을 수 있는 것이라는 시각에서, 이것이 사기에 좋지 못한 영향을 주는 것을 방지하는 방법을 살펴보면 다음과 같다(박동서, 1978: 403-404).

첫째, 책임있는 지위에 있는 사람에게 쉽게 전달될 수 있는 길을 마련해 두는 것이다.

둘째, 고충이 표시되는 경우, 감독자는 그것을 부하가 공식적으로 제기하기 전에 조속히 기술적·비공식적으로 당사자 간에 해결하도록 하는 것이 좋다.

셋째, 위와 같은 방법으로 해결되지 않는 경우, 공식적 방법을 채택하게 되는데 고충을 표현하는 공무원의 직속상관을 거쳐 계급을 따라 기관장에게 제기하게 되어 있다.

넷째, 이러한 경우를 위해 독립인사기관 같은 곳에 공정한 고충처리위원회를 설치하여 비밀을 유지하며 처리하게 하는 것이다.

(라) 제도의 성공조건

고충처리제도가 성공적으로 운용되기 위해서는 다음 4가지 조건이 필요하다.

첫째, 제도운영에 일관성이 있어야 한다.

둘째, 처리절차는 신속하게, 심사는 신중하게 진행되어야 한다.

셋째, 고충심사를 청구하는 공무원이 보복의 위협을 받지 않도록 보호해야 한다.

넷째, 처리절차는 관계자들이 승복할 수 있는 공정성을 지녀야 한다.

(2) 제안제도

(가) 의 의

제안제도는 행정의 효율성·민주성 등의 제고에 기여할 수 있는 공무원의 창의적인 발상이나 의견을 내도록 장려하고, 이를 받아들여 행정과 정책에 반영하고 제안자에게 그에 상응하는 보상을 제공하는 제도이다. 이는 궁극적으로 개인의 근무의욕 고취 및 사기앙양에 도움을 준다.

(나) 근거법령

제안제도의 유명무실화를 바로잡기 위해, 2006년 6월 제안규정의 전면적 개정이 이루어졌는데 주요 내용을 간추리면 다음과 같다.

정 책 사 례

2006. 6. 15. 제안제도 관련규정 전면 개정(대통령령 제19527호)

① 제안심사 기간을 1개월 이내로 단축
② 채택제안의 관리기간은 3년, 불채택제안은 2년으로 정함
③ 불채택제안에 대하여 재심사를 요청할 수 있는 절차 마련
④ 특별승진 및 승급 부여가 곤란한 제안자에 대한 인사상 인센티브 부여 근거 마련
⑤ 제안부상금을 최고 600만원에서 800만원으로, 상여금을 최고 1,000만원에서 3,000만원으로 상향조정
⑥ 직무와 관련이 없는 발명·고안 등의 경우 개인의 지적재산권 보호

(다) 기대효과

제안제도를 실시함으로써 기대할 수 있는 효과는 직원의 참여를 적극적으로 유도하며, 조직 내 커뮤니케이션을 향상시키며, 생각하는 습관을 길러주고 문제해결능력을 향상시키며, 조직의 부가가치 창출 및 상사로부터 인정받는 기회를 제공하게 된다.

① 직원의 참여 유도

제안제도의 가장 바람직한 형태는 직원들이 자발적으로 참여하는 형태이다. 이러한 제안제도는 전 직원의 참여를 유도하기 위한 가장 좋은 제도이다.

② 조직 내 커뮤니케이션 향상

제안을 통해서 얻을 수 있는 것이 상하 좌우간 커뮤니케이션이다. 제안이란 말 자체가 자신의 생각을 상대방에게 물어보는 것이다. 나의 생각을 물어보면 상대방은 반드시 답변을 하게 되어서 자동적으로 커뮤니케이션이 된다. 이러한 커뮤니케이션을 통해서 활발한 조직분위기를 만들고, 이러한 분위기는 곧 성과로 직결될 수가 있다.

③ 생각하는 습관

제안은 생각을 기본으로 하고 생각은 습관을 만든다. 평소의 생각을 제안서에 작성을 하면, 자신

의 생각이 정리가 되고 그 표현을 통해서 바른 생각을 했는지 아닌지 점검이 가능하다. 이러한 점에서 제안제도는 직원들의 생각을 키울 수 있는 유용한 방법이다.

④ 문제해결능력 향상

제안을 통해서 얻는 최상의 것이 문제해결능력이다. 제안은 문제를 해결하는 데 필요한 수단이다. 이를 위해서는 제안의 대상을 찾아야 하는 게 우선이다. 그에 따라 대상을 파악하고 어떻게 풀어나갈 것인가를 생각하게 된다. 또 문제의 급소는 어디이며, 어떻게 하면 효율적으로 풀어나갈 수가 있을까 라고 연구하게 된다. 이러한 흐름에 따라 문제를 파악하고 분석하며 해결할 수 있는 총괄적인 능력을 키우게 된다.

⑤ 조직의 부가가치 창출

조직이 부가가치를 창출하기 위해서는 생산성 증대를 얻어야 한다. 제안내용으로 자주 나타나는 것이 원가 절감 및 품질 향상, 매출 증대, 생산성 향상 등이다. 그러므로 제안제도를 통해서 조직은 경쟁력을 얻게 되고 이를 통해서 부가가치를 얻게 되는 것이다.

㈐ 제안활성화 방안

① 제안활성화 의미

제안은 시스템적인 활동이다. 제안이 활성화되기 위해서는 활성화를 이루는 요소들이 유기적으로 연계되어야 한다. 제안활성화의 5대 요소는 참여, 활기, 양질, 효과, 일상화 등이다.

즉, 제안자가 자기 일처럼 적극적으로 참여해야 하고, 매일 매일 제안이 제출됨으로써 활기있는 제안이 되어야 하며, 개인이나 조직에 도움이 되어야 하며, 숙원과제나 효과가 큰 실효적인 제안이 창출될 필요가 있다. 마지막으로 제안이 업무 속에서 일상화가 되어야 한다.

② 제안활성화 방법

제안이 활성화되기 위해서는 제안의 주인공들인 제안자 및 심사자들이 즐겁고 재미있게 참여를 하여 성과를 도출하도록 해야 한다. 이를 위해서는 제안활동을 효과적으로 추진하기 위한 제안운영시스템을 잘 구축하고 운영해야 한다.

2. 공무원의 행동과 권리

1) 공무원의 행동의 가치기준: 공익

공익에 대한 정의는 매우 다양하다. 그 개념이 모호하고 이상적이기 때문에 공무원에게 구체적인 행동의 기준을 제시하지 못한다는 과정설과, 공익은 분명히 인식이 가능한 행동결정의 유용한 안내자역할을 한다는 실체설이 대립하고 있다.

그러나 공익의 실체가 있건 없건 간에 이는 공무원의 행동에 있어 가장 중요하게 고려되어야 할 최고의 가치임에는 틀림이 없으며, 기준으로 사용되기 위해 논의를 종합하여 정의를 내린다면, 공익이란 '바람직한 사회를 위해 추구되어야 할 모든 구성원들을 위한 이익'이라고 할 수 있다.

2) 공무원 노동조합

(1) 의 의

공무원 노동조합은 공무원의 근무에 대한 전반적인 조건의 개선과 복지의 향상을 위해 법령상 허용된 공무원들이 조직하는 단체나 집단을 말한다. 공무원 노동조합은 구성원인 공무원의 근무조건과 지위에 관한 사항의 개선 및 복지향상을 목적으로 설립되지만 이 외에도 공무원 사이의 협력과 행정조직 내부의 발전도 함께 도모하는 부수적 목적도 함께 가진다. 공무원 노조의 활동으로는 오락과 친목활동, 상조(相助)활동, 교육 및 홍보활동, 대표활동 등이 있는데 이 중 가장 많은 쟁점이 있는 활동은 대표활동과 관련된 단체교섭, 단체행동이라는 수단이다(오석홍, 2013: 219).

공무원 노동조합은 다음과 같은 효용을 가진다(이달곤·김판석·김행범, 2012: 604-614).

첫째, 공무원들의 이익을 대변함으로써 사기 증진에 기여하고, 둘째, 쌍방 간의 의사통로를 확보할 수 있으며, 셋째, 행정의 대내적 민주화를 달성할 수 있고. 넷째, 행정발전과 직업윤리를 확립할 수 있다.

이러한 효용에도 불구하고 몇 가지 한계점이 있는데 다음과 같다(오석홍, 2013: 220).

첫째, 노사갈등으로 인해 행정서비스의 중단이 우려되고, 둘째, 공무원 노조의 이기적 활동으로 인해 조직생산성 저하나 공익이 침해될 수 있으며, 셋째, 구성원에 대한 무조건적 보호는 실적주의 인사관리를 저해하고, 넷째, 노조운영상 문제점으로 무임승차, 획일적인 대안추구, 의심스러운 혜택의 문제로 인해 공무원들의 참여의욕 저하, 노조활동력의 약화 등의 폐단이 나타날 수 있으며, 다섯째, 과잉활동이나 불법적 탈선으로 인해 불법집회 또는 정치적 간여 등의 유혹에 빠질 위험도 있다.

(2) 공무원 노동조합의 성공조건

공무원 노조가 소기의 목적을 달성하기 위해 제대로 활동하고 바람직하게 운용되기 위해서는 행정체제의 내적·외적 지원과 지지가 필수적이다. 따라서 이러한 전제조건들에 대해 간략히 알아보기로 한다(오석홍, 2013: 221).

우선, 사회 전반적으로 자유민주주의적 사고가 정착되어 있어야 한다. 공무원도 국민의 한 사람으로서 누려야 할 권리를 제한하지 않아야 한다는 사고가 전제되고, 이러한 바탕 위에 공익에 관한 업무를 담당하는 한도 내에서 일정한 제약이 가해지는 것은 수용하도록 하여야 한다. 둘째, 법령상 명문(明文)으로 공무원 노조가 허용되어야 한다. 셋째, 정부의 관리층과 공무원 노조 사이에 서로 보완적·협조적인 관계가 성립되어 노사 파트너십이 형성되어야 한다. 넷째, 공무원들의 공무원 노조의 필요성을 인식하고 적극적으로 구성하려는 동기가 있어야 한다.

(3) 우리나라 도입 현황

우리나라의 공무원 노동조합은 사실상 노무에 종사하는 공무원에 한하여 허용되어오다 1999년 6급 이하 공무원들의 공무원직장협의회 구성이 허용되었고, 2003년경 '사실상' 공무원 노조가 활동을 시작하였다. 이후 2005년 1월 27일에 공포된 "공무원의 노동조합 설립 및 운영 등에 관한 법률"이 제정되었다. 현행 법령상 6급 이하 일반직 공무원과 이에 상당하는 공무원, 특정직 공무원 중 6급 이하의 일반직 공무원에 상당하는 외무·외교정보관리직 공무원, 기능직 공무원, 그리고 6급 이하 일반직 공무원에 상당하는 별정직 및 계약직 공무원의 노조활동은 합법화되었으며, 다만 태업·파업과 같은 단체행동권은 금지되어 있다.

그러나 동 법률에서는 위와 같은 공무원에 해당하더라도 다른 공무원에 대하여 지휘·감독권을 행사하거나 다른 공무원의 업무를 총괄하는 업무에 종사하는 공무원, 인사·보수에 관한 업무를 수행하는 공무원 등 노동조합과의 관계에서 행정기관의 입장에서 업무를 수행하는 공무원, 교정·수사 또는 그 밖에 이와 유사한 업무에 종사하는 공무원, 업무의 주된 내용이 노동관계의 조정·감독 등 노동조합의 조합원의 지위를 가지고 수행하기에 적절하지 아니하다고 인정되는 업무에 종사하는 공무원은 노동조합에 가입할 수 없다.

(4) 공무원 단체활동에 대한 찬반논쟁

㈎ 긍정적 입장

공무원 노조에 대해 긍정적인 견해를 가지는 입장에서는 공무원들의 행정과정 참여를 확대함으로써 합리적 정책결정을 할 수 있으며, 사회적 욕구 충족을 통한 공무원들의 사기진작과 행정능률의 향상을 도모할 수 있고, 올바른 직업윤리의 확립과 자질향상에 기여할 수 있다고 본다. 또한 자율적인 내적 통제효과를 기대할 수 있는 기제로도 작동할 수 있다고 본다(C. Friedrich). 이 외에도, 오석홍(2013)은 정부업무 불가결성의 한계, 공익추구 책무의 오해, 효과적인 압력수단의 필요성, 조직관리상의 효용, 실적체제의 성숙, 금지조항의 실효성에 대한 도전 등을 들고 있다.

㈏ 부정적 입장

공무원 노조에 대해 부정적인 견해를 가진 입장에서는 공무원들이 단체행동권을 행사할 경우 행정서비스의 중단으로 인해 공익침해나 국민의 권리침해가 우려되고, 공무원 조직의 권익을 주장하여 행정목표의 달성을 등한시하는 문제가 발생할 소지가 있으며, 노조의 연공서열 주장으로 실적제와의 충돌이 발생할 수도 있다. 또, 협상과 타협문화가 아직 정착되지 않은 우리나라에서는 자치단체장이 공무원 노조에 포획될 가능성이 있다고 본다. 오석홍(2013: 224)은 ① 주권과 공익에 대한 침해, ② 업무의 불가결성과 독점성, ③ 공무원이 누리는 특혜(특권), ④ 법치주의에 대한 침해, ⑤ 실적주의에 대한 침해, ⑥ 우리나라의 특별한 여건[13] 등을 들고 있다.

(5) 개선방향

공무원 노동조합이 가질 수 있는 문제점을 해결하고 바람직한 방향으로 나아가기 위한 방안으로는 다음과 같은 것들이 있다.

첫째, 공무원 단체 허용범위의 재인식을 통해 합리적 기준을 설정하여, 어느 정도까지 노동 3권을 인정할 것인가를 정해야 한다.

둘째, 공무원 자신들의 인식 전환이 필요하다. 공무원으로서 마땅히 누려야 할 권리가 침해받았다면 이를 회복하기 위한 적극적인 자세를 가지고 노동조합을 통해 이를 주장하는 것은 바람직하다. 그러나 사익이나 노동조합의 이익을 위해 노동조합을 이용하는 등의 비윤리적 행태는 보이지 않도록 해야 할 것이다.

셋째, 정부와 공무원 단체 간 상호인정과 신뢰가 있어야 한다. 서로를 배타적으로 대하고 대화와 조정·협력이 없다면 올바른 행정과정이 진행될 수 없다. 행정에 있어서의 중요한 주체인 만큼 상호인정하고 신뢰하며, 행정목표달성을 위해 같이 노력하는 동반자로서 긴밀한 유대관계를 지속해 나가야 할 것이다.

넷째, 협의와 타협문화가 정착되어야 한다. 현대행정은 뉴거버넌스 패러다임을 요청하고 있다. 뉴거버넌스 패러다임 하에서 행정의 각 주체들이 각자의 위치에서 최선을 다하고, 필요한 경우 정보공유, 지식교환 등을 통해 서로 협의·협력하고, 갈등이 생길 경우 타협과 배려로 해결함으로써 보다 신뢰받고 성숙한 사회를 만들기 위해 노력해야 할 것이다.

3. 보 상

1) 보 수

(1) 의 의

보수는 공무원이 근로한 대가로 정부로부터 받는 금전적 보상이다. 보수는 민간부문에서 흔히 사용하는 임금과 유사한 개념이다(유민봉, 2001: 393).

---

13 이에 대해 오석홍은 ① 미성숙된 노사관계로 인해 공무원 노조의 기득권 옹호가 감축관리 등 개혁추진을 방해할 수 있다는 것, ② 단체행동으로 인해 조직 내 위계질서 등 기강이 문란해질 수 있다는 것, ③ 공무원 노조의 활동에 대해 아직 국민적인 정서가 부정적이라는 것, ④ 남북분단이라는 긴장상태에서 공무원의 단체행동권의 행사는 위험하다는 것 등을 들고 있다.

(2) 보수의 특징

공무원 보수는 법령을 근거로 정부의 정책에 따라 결정되고, 노력과 능력에 따라 지급할 것을 원칙으로 한다(이종수·윤영진, 2005: 485).

우리나라 공무원 보수의 특징을 살펴보면 다음과 같다.

첫째, 공무원 보수의 전체 수준은 민간부문의 일반의 보수수준에 비추어 낮다.

둘째, 보수의 책정면에서 근로의 대가로서의 보수는 동일노동·동일급여가 원칙이지만, 정부의 업무는 사기업에서는 볼 수 없는 직무가 많기 때문에 시장가격의 적용이 곤란한 부분이 많이 존재한다.

셋째, 공무원은 일반적으로 노동권의 제약을 받고 있기 때문에 보수수준 등 급여에 관하여 권리를 주장하는 등의 의사표현을 하지 못하므로 보수결정에 있어 불리한 위치에 있다.

(3) 보수체계

현행 우리나라 공무원의 보수는 기본급인 봉급과 48여 종의 수당 등으로 구성되어 있다.

(4) 우리나라 공무원 보수의 문제점과 개선방안

⑺ 보수수준의 적정화

만성적 박봉이 우리나라 공무원의 여타 권리에 대한 지나친 제한과 결합되면서 공무원의 사기저하는 물론이고 부패의 소지를 제공하는 부작용을 초래했다.

따라서 예산, 직업공무원제적 가치의 확립 정도, 다른 보상체계와의 연계성 등에 대한 면밀한 검토를 기초로, 공무원 처우를 개선하기 위한 종합적 계획을 수립하여 공무원 보수수준에 대한 단

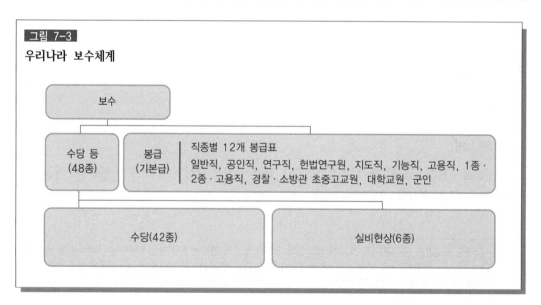

그림 7-3

우리나라 보수체계

보수

수당 등 (48종)

봉급 (기본급)

직종별 12개 봉급표
일반직, 공인직, 연구직, 헌법연구원, 지도직, 기능직, 고용직, 1종·2종·고용직, 경찰·소방관 초중고교원, 대학교원, 군인

수당(42종)

실비현상(6종)

계적 개선작업을 지속적으로 추진해 나갈 필요가 있다.

(나) 보수체계의 합리화

우리나라의 경우 지나친 연공서열 중심의 보상체계가 공직사회의 활력을 떨어뜨리고, 직무의 특성과 성과에 따른 공정한 보상문화의 정착을 막아온 문제점이 있었다.

따라서 민간과 경쟁하여 우수인력을 공직으로 유치하고 공직사회의 성취동기를 강화하여 생산성을 높이기 위해서는 업무특성을 고려하면서 능력과 실적을 제대로 반영할 수 있는 생산적이고 합리적인 보수체계를 위한 노력이 필요하다.

(다) 보수체계의 투명화

우리나라 공무원 보수체계는 기본급보다 수당의 비중이 높았고, 수당의 종류가 너무 많고 복잡해 투명성이 떨어진다는 지적이 많았다. 따라서 공무원의 보수를 기본급 위주로 단순화·투명화함으로써 복잡한 보수체계에서 비롯된 행정비용의 낭비를 막고 공무원 보수에 대한 국민적 이해를 높일 필요가 있다.

정부는 공무원 보수구조를 투명화, 단순화를 목표로 2007년부터 총액인건비제도를 시행하고 있다. 총액인건비제도는 각 부처의 업무특성에 적합하게 인건비 총액범위 내에서 조직, 정원, 예산, 보수를 자율적으로 운영할 수 있는 제도인데, 인건비 중 자율항목인 시간외 근무수당과 연가보상비 등의 절감액이나 인력운영에 있어서 각종 비용의 절감을 통해 조성된 재원으로 성과상여금을 확대 지급하거나 부족한 인력을 늘리고, 직급을 상향시켜 주는 것 등을 골자로 하고 있다. 이는 공무원 보수구조를 투명화, 단순화 하는데 많은 기여를 할 것으로 생각된다. 또한 총액인건비 예산제도가 도입됨에 따라, 중앙정부차원에서 관리할 필요가 있는 항목만 수당규정에 남겨두고, 유사한 각종 수당을 통폐합하는 방법으로 수당체계도 단순화할 계획이다.

2) 연 금

(1) 연금의 의의

연금은 장기간에 걸쳐 충실히 근무한 대가의 일부분을 거치시켰다가, 퇴직 후에 금전적으로 보상받는 공무원에 대한 사회보장제도의 하나이다. 즉, 연금은 현대민주국가에서 근로의 대가로 받아야 할 보수의 일정 부분을 퇴직 시까지 유예시켜 놓았다가, 국가의 보조와 합쳐 퇴직 후 생활의 안정을 위해 되돌려주는 '거치된 보수'(deferred compensation)이다.

(2) 연금의 기능

(가) 사회보장

공무원이 퇴직 이후 오는 생활의 불안정을 해소하기 위해 정부와 본인의 기여분을 합해 대비하게 하는 기능을 한다.

(나) 사기앙양

연금으로 인한 경제적인 뒷받침이 있게 되므로 심적 안정을 가질 수 있으며, 근무의욕과 사기앙양에 도움이 된다.

(다) 직업공무원제 확립

연금은 일정 기간의 장기 복무를 전제로 하기 때문에 평생 공직에 몸담아 봉사할 생각을 가진 인재들을 확보하고 근무하게 하는 직업공무원제와 잘 부합한다고 할 수 있다.

4. 인적자원의 활용과 생산성 향상의 수단

1) 직무성과계약(Job Performance Agreement)

(1) 의 의

(가) 개 념

장·차관 등 기관의 책임자와 실·국장, 과장 간에 공식적인 성과계약을 체결하여 성과목표 및 지표 등에 관하여 합의하고, 당해 연도의 "직무성과계약"에 의해 개인의 근무성적을 평가하고, 평가결과를 성과급, 승진 등에 반영하는 인사관리시스템이다.

성과계약은 효율성에 기초한 산출·성과에 대한 계약이다. 성과계약의 궁극적인 목적은 계약을 관리의 주요 방식으로 활용하여 비용을 절감하고, 조직의 효율성과 대응성을 향상시키는데 있다.

성과계약에 바탕을 둔 관리는 투입이 아니라 산출·성과를 중점적인 대상으로 하고 있으므로, 투입에 대한 통제는 완화되고 성과의 측정이 강조되게 된다. 따라서 투입에 있어서 담당자는 보다 많은 재량권을 가지고 업무를 수행할 수 있고, 대신 성과에 대한 책임을 져야 한다.

(나) 배 경

직무성과계약제를 도입하게 된 배경은 다음 세 가지로 정리될 수 있다.

첫째, 종래의 성과평가시스템이 산출물(*output*)에 대한 평가에 치중한 측면이 있어 고객에게 미치는 최종결과(*outcome*)를 제대로 평가하기 어려웠다는 점을 들 수 있다.

둘째, 평가가 어려운 질적인 부분에도 성과평가를 위한 노력이 있어야 한다는 인식이 증대되었다는 점이다.

셋째, 기존 목표관리제(MBO)가 유명무실해짐에 따른 대체제도의 필요성이 부각되었다는 점이다.

(2) 기존 제도와의 비교

(가) 목표관리제(MBO)

상·하급자 간에 합의를 통해 목표를 설정한다는 점에서 목표관리제(MBO)와 유사하나, 직무성과계약은 구체적인 계약이 체결된다는 점과 성과계약이 하향식으로 체결된다는 점에서 차이가 난다.

(나) 균형성과지표(BSC)

직무성과계약은 개인의 성과평가제도라는 점에서 조직 전반의 성과관리방법인 균형성과지표(BSC)와 구분된다.

(다) 정책평가

직무성과계약은 개인의 성과에 대한 평가를 주로 하는 것으로서 각 부처 전반의 정책에 대하여 성과를 평가하는 정책평가와는 구분된다.

(라) 성과감사

직무성과계약은 개인과 체결한 성과계약에 대하여 평가하고 결과에 따라 상벌을 하는 것으로서, 감사원에서 정책, 사업 또는 기관운영에 대해 실시하는 성과감사와는 다르다.

(3) 직무성과계약(job performance agreement)의 성공요인

직무성과계약제의 성공요인들을 살펴보면 다음과 같다(Merchant, 1989; 최창수, 2003: 19-40).

첫째, 성과측정치는 조직의 목표와 일치해야 한다.
둘째, 성과측정치는 관리자가 통제가능해야 한다.
셋째, 성과측정치는 검증가능하고 객관적이어야 한다.
넷째, 성과표준은 사전에 설정되고 동기부여를 할 수 있도록 도전적이어야 한다.
다섯째, 보상은 조직이 감당할 수 있는 수준이면서, 동시에 계약당사자에게 의미가 있는 것이어야 한다.
여섯째, 보상의 내용은 계약당사자들이 이해하기 쉽도록 단순 명료해야 한다.

(4) 직무성과계약제의 구성요소

직무성과계약제를 구성하고 있는 단계는 전략기획 → 목표설정 → 중간점검 → 평가의 4가지로 구분할 수 있다.

(가) 전략기획

전략기획단계는 직무성과계약제가 거시적 차원에서 고객지향성을 추구하는 성과를 관리하도록

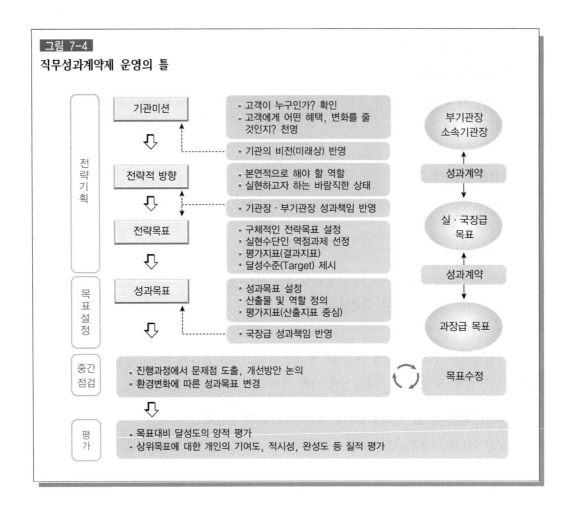

그림 7-4

직무성과계약제 운영의 틀

전략기획

기관미션 → · 고객이 누구인가? 확인 · 고객에게 어떤 혜택, 변화를 줄 것인지? 천명

· 기관의 비전(미래상) 반영

전략적 방향 → · 본연적으로 해야 할 역할 · 실현하고자 하는 바람직한 상태

· 기관장 · 부기관장 성과책임 반영

전략목표 → · 구체적인 전략목표 설정 · 실현수단인 역점과제 선정 · 평가지표(결과지표) · 달성수준(Target) 제시

목표설정

성과목표 → · 성과목표 설정 · 산출물 및 역할 정의 · 평가지표(산출지표 중심)

· 국장급 성과책임 반영

중간점검 · 진행과정에서 문제점 도출, 개선방안 논의 · 환경변화에 따른 성과목표 변경

평가 · 목표대비 달성도의 양적 평가 · 상위목표에 대한 개인의 기여도, 적시성, 완성도 등 질적 평가

부기관장 소속기관장 → 성과계약 → 실 · 국장급 목표 → 성과계약 → 과장급 목표

목표수정

기관의 임무, 전략방향 및 전략목표를 설정하는 단계이다.[14]

(나) 목표설정

목표설정단계는 전략목표별로 실·국장이 책임질 성과목표를 설정하여 성과계약을 체결하는 단계이다. 성과목표 내에서 과장이 수행할 목표를 다시 설정하며, 성과지표는 주로 산출지표 중심으로 구성하되, 정량적 지표도출이 곤란한 경우에는 정성적 지표(상위목표에의 기여도, 목표의 중요성·난이도) 등을 설정한다.

(다) 중간점검

중간점검단계는 업무의 진행과정에서 나타나는 문제점에 대해 모니터링하는 단계이다. 개선방

---

14 전략목표(strategic goals)는 기관전체의 성과를 핵심적으로 표현한 것이며, 전략목표를 실현하기 위해서는 역점과제(Key Task)가 필요하다. 역점과제(Key Task)는 성과목표이다.

안에 대해 논의하고 환경변화에 따른 성과목표의 변경도 이루어진다.

㈜ 평 가

평가단계는 이미 작성된 성과지표에 따라 목표대비 달성도의 양적 평가를 하며, 상위목표에 대한 개인의 기여도, 적시성, 완성도 등 질적 평가도 함께 이루어진다.

(5) 직무성과계약제의 유용성

직무성과계약을 통한 행정이 이루어질 경우 여러 가지 유용한 점들이 있는데 개인적 측면과 조직적 측면에서 간단히 살펴보기로 한다.

㈎ 개인적 측면

① 업무의 방향성 · 책임성 제고

상하급자 간에 직접 목표의 설정에서부터 대화와 조정이 가능하며, 하급자의 동의에 의해 목표가 정해지고 성과지표 등을 작성하게 되므로 업무의 방향이 분명해지며, 책임성을 강화할 수 있다.

② 성과와 보상의 연계 강화

목표관리제(MBO)에서 가장 제대로 확보되지 못한 것이 평가와 보상의 연계라 할 수 있다. 이는 조직문화의 영향을 많이 받기 때문이기도 하지만, 목표의 설정과 성과에 대한 보상을 분명하게 연결하지 않아서이기도 하다. 직무성과계약제도 하에서는 계약 시에 구체적인 목표를 설정하고 성과지표를 작성하여 그에 따른 보상까지 결정되므로, 성과와 보상의 연계가 강화될 수 있다.

㈏ 조직적 측면

① 조직목표 달성도 파악

상하급자 간에 합의한 목표의 내용이 명확하므로 중간점검이나 최종평가 등에서도 목표달성 정도를 쉽고 정확하게 파악할 수 있고, 그에 따른 적절한 조정과 지시 및 감독을 하여 바르게 고칠 수 있다.

② 협력 및 신뢰 구축

정치적으로 결정된 목표나 비전에 따라 조직의 목적을 달성하기 위해서는 조직구성원 전체의 참여와 노력이 필요하고, 이를 위한 논의 및 합의과정에서 목표달성과정에서 나타날 수 있는 문제들에 대한 토론이 이루어지고, 각자가 달성해야 할 목표들이 정해진다는 점에서 조직구성원의 협력과 신뢰를 구축할 수 있다(박해욱, 2004: 70-71).

(6) 직무성과계약제의 한계

직무성과계약제(*job performance agreement*)는 여러 가지 유용한 점들을 가지고 있지만, 다음에서 보는 바와 같이 몇 가지 한계점도 지닌다.

㈎ 개인적 측면

① 명확한 목표설정과 성과측정 곤란

직무성과계약은 목표의 설정과 목표달성이라는 성과 여부를 명시하여야 한다. 그러나 공공부문이 가진 내재적 한계로서 평가에 있어 측정이 곤란한 부분이 분명히 존재하는 바, 이러한 분야에서는 어떻게 목표를 설정하고 성과지표를 작성하여 평가를 할 것인지가 여전히 문제점으로 남게 된다.

② 주인-대리인(principal-agent) 문제

상·하급자의 계약체결 시 하급자의 능력에 대한 정확하고 완전한 정보를 상급자가 가지고 있지 못하다면, 하급자가 제시하는 목표에 따라 계약이 주로 체결되고 상급자는 이끌려가는 현상이 나타날 우려가 있다. 즉, 목표설정에 있어 정보 비대칭성(*information asymmetry*)으로 인해 목표의 설정이 적절하게 된 것인지를 판단하는 데 어려움이 따를 것이고, 목표의 달성에 필요한 예산에 있어서도 이러한 문제는 발생할 소지가 있다.

㈏ 조직적 측면

① 조직문화와의 충돌

기존의 목표관리제가 그러했던 것처럼, 직무성과계약에 있어서도 연공서열제적 문화로 인해 하급자가 직속상관보다 더 훌륭하거나 큰 성과를 낼 수 있는 계약내용을 체결하지 못하고, 강압적으로 조직목표를 대신 개인목표로 설정해 버리는 현상이 나타날 우려가 있다.

② 상위목표의 경시가능성

목표를 설정할 때에 성과의 측정이 용이하고 분명하게 드러나는 목표만을 선호하는 경향이 나타날 우려가 있다. 성과가 가시적으로 잘 드러나야만 측정과 평가·보상문제에 있어 걸림돌이 발생할 소지가 적기 때문이다. 따라서 개인의 목표설정이 대부분 가시적이고 잘 드러나는 목표에만 편중되어, 정책과 행정이 근본적으로 추구하는 공익, 인간의 존엄성 실현과 같은 상위가치들의 실현을 위한 상위목표들을 설정하는 개인이 거의 없어지는 심각한 상황도 나타날 수 있다.

(7) 직무성과계약제 도입사례

직무성과계약제는 2006년 현재 중앙인사위원회, 보건복지부, 특허청 등을 포함한 중앙정부 4급 이상 공무원에게 적용되어 운용되고 있다. 행정자치부는 2006년 7월 31일 성과주의 확대 차원에서 직무성과계약제를 지방으로 확대하는 방안을 추진하고 있으며, 부산시에서는 2007년부터 시장-부시장-실·국장-과장으로 연결되는 4급 이상 공무원에 대해 직무성과계약제를 도입한다고 발표하였다. 특허청은 효율적인 제도운영을 위해 '직무성과관리시스템'을 구축하였으며, 직무성과관리시스템을 통해 직무성과계약 내용은 물론, 추진실적, 목표대비 달성률 등을 분기별, 월별 등으로 확인할 수 있다.

2) 고위공무원단(SES: Senior Executive Service)

(1) 의 의

고위공무원단(SES: Senior Executive Service)이란 정부의 실·국장급 공무원을 개방과 경쟁을 통해 역량을 강화하고 능력을 발전시켜, 범정부적 시야의 글로벌 스탠다드를 갖춘 국가 핵심인력으로 양성하고자 하는 인사관리제도이다. 이는 정부의 주요 정책결정 및 관리에 있어서 핵심적 역할을 담당하는 실·국장급 공무원을 범정부적 차원에서 적재적소 활용하고, 개방과 경쟁을 확대하며 성과관리를 강화함으로써, 정부의 정책관리능력을 획기적으로 업그레이드 하려는 취지에서 도입되었다(황인수 외, 2004: 11).

(2) 도입배경

정부는 실·국장급 공무원을 범정부적 차원에서 적재적소에 활용하고, 직무와 성과중심의 인사관리로 정부의 경쟁력을 제고하기 위해, 고위공무원단제도를 2006년 7월 정식으로 출범시켰다. 고위공무원단제도를 도입하게 된 배경은, 과거 공무원 인사체제의 문제점을 해소하고 변화하는 사회의 흐름에 능동적이고 적극적으로 대처하고, 인사행정 운용의 적실성을 높이기 위해서이다. 즉,

정부의 상위직 1~3급 공무원을 중·하위직 공무원과 구분하여 정부 전체적 차원에서 통합관리하고, 개방성·이동성·성과성 등의 인사운영원칙을 통하여 고급인력의 경쟁력과 생산성을 높이기 위함이다.

㈎ 고위공무원의 체계적 육성

고위공무원이 국정운영의 핵심이고 매우 중요한 국가정책적 결정에 관여함에도 불구하고 그 동안 체계적으로 육성·관리되지 못했다.

㈏ 부처이기주의 폐해

과거 부처이기주의 조직문화가 팽배해 있어 폐쇄적인 고위직 임용으로 거시적인 안목이 필요한 고위공무원의 시야가 매우 협소하였다. 이는 각 부처 간 협의가 잘 이루어지지 않게 만듦으로써 많은 거래비용과 행정낭비를 초래하였다.

㈐ 전문성 제고 기회 부족

계급제적 특성이 강한 우리나라 직업공무원제 하에서는 잦은 순환보직이 이루어지므로 업무수행의 전문성을 제고할 기회가 매우 부족하였다.

이제까지의 인사개혁 추세가 개방형 직위제도, 직위공모제도 등을 통해 직위분류제적 요소를 강화시키는 방향이었던 점을 감안할 때, 고위공무원단제도를 통해 육성하고자 하는 고위공무원은 전문성과 일반관리자(통합성)의 성향을 겸비한 이른바 '전문화된 일반행정가'(*specialized generalist*)라고 할 수 있다(남궁근·박천오 외, 2005: 197).

(3) 제도의 핵심요소

고위공무원단제도의 핵심요소는 다음과 같다.

첫째, 개방형 직위제도·직위공모제를 통한 고위직의 개방과 경쟁을 제고하는 것이다.
둘째, 역량평가제, 교육훈련, 최소보임기간 설정 등을 통한 고위공무원의 능력발전을 도모하는 것이다.
셋째, 직무성과계약을 통한 고위공무원의 성과제고 및 책임확보이다.
넷째, 고위직 인사교류를 통한 통합적인 시각을 가진 고위공무원의 양성이다.

따라서 고위공무원단제도는 기존에 개별적으로 운용되던 가) 직위공모제 나) 개방형 임용 다) 고위직 인사교류 라) 직무성과계약제 등 4가지의 제도들을 통합적 시각에서 운용함으로써, 고위공무원들의 개방과 경쟁, 능력발전, 성과제고, 통합적 시각을 향상시키기 위한 취지에서 도입된 것이다.

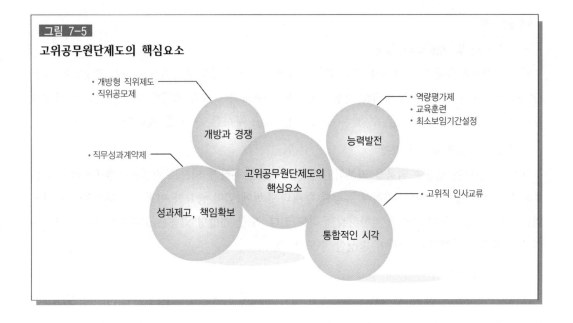

그림 7-5

고위공무원단제도의 핵심요소

- 개방형 직위제도
- 직위공모제

- 역량평가제
- 교육훈련
- 최소보임기간설정

개방과 경쟁

능력발전

- 직무성과계약제

고위공무원단제도의
핵심요소

- 고위직 인사교류

성과제고, 책임확보

통합적인 시각

(4) 유용성 및 한계

㈎ 유용성

① 고위공무원의 체계적 관리

고위공무원은 국가운영 전반에 있어 매우 중요한 정책적 결정과 임무를 수행하므로, 고위공무원단으로 통합하여 집중적이고 체계적으로 관리하는 것이 바람직하다. 고위공무원단에 소속된 공무원은 각종 인사시스템에 의해 관리되며, 개별적·맞춤식 교육훈련을 통해 유능한 인재로 더욱 육성될 수 있고, 직무성과급 등의 다양한 인센티브를 통해 동기부여함으로써 능력발전을 제고하도록 할 수 있다.

② 고위공무원의 전문성 제고

고위공무원단 소속공무원은 최소보임기간을 보장받게 되어, 특정 직무에 대한 전문적인 지식과 능력을 축적할 수 있는 시간이 주어지므로 전문성을 제고하는 데 도움이 된다. 과거에는 고위공무원의 경우 잦은 순환보직으로 인해 특정 정책을 시행하는 데 있어 많은 어려움이 있었다.

③ 정부 생산성 및 책임성 제고

고위공무원단의 운영으로 고위공무원들의 능력이 최대한 발휘될 수 있고, 효과적이고 생산적인 다양한 정책이 시행될 수 있으며, 엄격한 인사관리와 성과관리를 통해 공직의 책임성을 확보하는 데에도 유용할 것이다.

(나) 한 계

① 조직문화 및 제도와의 갈등

기존의 한국행정 문화나 폐쇄형 임용체계, 계급제적 공직체계와 조화되지 못하여 발생하는 갈등과 충돌이 우려된다. 계급의 폐지로 인한 연공서열 문화와의 갈등과 조직의 특수한 문화적 경향이 강한 부처에서 여전히 발생할 수 있는 부처이기주의도 무시할 수 없을 것이다.

② 직업공무원제 요소의 약화

고위공무원단은 개방형 임용을 기본적인 임용체계로 운용하게 되므로 직업공무원제에서의 신분보장과 서로 상충하게 된다. 따라서 유능한 인재의 충원에 있어 중요한 이점인 신분보장이 약화될 위험이 있고, 공무원의 사기를 저하시킬 우려도 있다. 또한 개방형 임용은 고위공무원과 부하공무원의 일체감을 저해하여 저항이 발생할 수도 있다.

③ 정실임용 가능성

고위공무원단은 부처 내 인사권의 자율성을 더욱 확대하기 때문에 장관에 의한 정치적 정실임용의 우려가 있다. 이러한 정실임용은 실적주의를 저해하는 요소이므로, 실적이 아닌 정실에 의한 엽관제적 임용이 나타날 경우 고위공무원단제도 도입의 취지가 퇴색될 위험이 있다.

(5) 해결방안

고위공무원단제도가 위에서 살펴본 한계를 극복하고 제대로 정착하기 위해서 가장 중요한 것은 관련 주체들의 인식변화와 정착 노력일 것이다. 제도의 취지와 내용이 아무리 바람직하고 이상적이라 하더라도, 구성원들의 동의와 참여, 협력과 자발적 실행이 없다면 무용지물이나 마찬가지이다.

(가) 점진적 제도 변화

공직문화는 오랜 기간 형성되어 온 것으로 쉽게 변할 수 있는 것이 아니다. 새로운 제도의 도입에 따른 변화에 대한 저항을 최소화하기 위해서는, 급진적이지 않고 점진적으로 구성원들에게 이해를 시키고 수용하도록 하는 노력이 필요하다.

(나) 객관성·투명성 확보

직무평가의 객관성·투명성을 확보함으로써, 능력 있는 공무원이 보다 책임 있고 중요한 직위를 맡아 직무를 수행할 수 있도록 하여야 한다. 동기부여를 위한 제도의 도입이 오히려 정실임용과 주관적인 평가 등에 의해 사기저하로 이어지는 일은 없어야 한다.

(다) 성과와 적절한 보상의 연계

미국, 영국 등의 고위공무원단제도가 기대했던 만큼의 성과를 내지 못한 대표적인 이유 중 하나는 성과와 적절한 보상이 연계되지 못해서였다. 성과를 강조하고, 이에 대한 적절한 보상이 이루어져야 제도의 취지에 맞게 운용될 수 있다.

3) 총액인건비제도

(1) 의 의

총액인건비제도는 각 부처별 인건비 예산의 총액만을 관리하고, 총액인건비 내에서 조직·정원, 보수, 예산을 각 기관특성에 맞게 자율적으로 운영하되, 그 결과에 책임을 지는 제도이다. 각 기관은 총액인건비 내에서 조직·보수제도를 성과향상을 위한 인센티브로 활용할 수 있으며, 이를 통해 성과중심의 정부조직 운영이 가능하게 된다.

(2) 도입배경

지식정보화 사회의 도래로 중앙집권적인 행정이 국민의 요구와 사회적 변화에 신축적으로 대응하지 못함에 따라, 정부혁신의 한 과제로서 분권화가 추진되고 있으며 인사관리 측면에서도 예외는 아니다. 이러한 분권화 경향은 각 부처, 기관별로 최고관리자에게 최대한의 재량과 권한을 위임하여 자율적이고 융통성 있는 인사관리를 하게 하고, 대신 책임을 지우는 분권화가 최근 세계 각국의 인사개혁 주요 특징이다.

1990년대 이후 영미계 국가는 물론 북유럽 국가에서도 총액인건비제도를 채택하고 있으며, 핀란드와 스웨덴은 모든 정부의 부처와 집행기관에 대하여 총액인건비제도를 도입하였고, 덴마크의 경우 제한된 수의 중앙부처에 대해서만 도입하고 있다(김상묵·남궁근, 2005).

우리나라의 경우에는 참여정부에 들어서서 2005년 3월 관련 규정을 개정하고 2005년 7월부터 행정자치부, 기획예산처 등에서 시범실시하였으며, 2007년부터 전 부처를 대상으로 본격 실시하고 있다. 즉, 각 부처의 업무특성에 적합하게 인건비 총액범위 내에서 조직, 정원, 예산, 보수를 자율적으로 운영할 수 있는 총액인건비제도가 시범운영을 거쳐 전면시행되고 있다. 중앙인사위원회의 경우 시간외 근무수당 인정시간을 월 67시간에서 50시간으로 낮추고 연가보상비를 3일씩 절감하여, 절감된 인건비로 인력 6명을 증원하여 운영한 사례가 있다.

(3) 제도의 기본 방향

(가) 조직관리 측면

자체 인력을 탄력적으로 운영할 수 있도록 총 정원 및 포괄적 정원관리 기준범위 내에서 신축적인 인력조정이 가능하도록 자율성을 부여한다.

(나) 인사관리 측면

인사관리 측면에서는 부처자율적 채용권 확대와 함께, 이에 따른 각종 협의사항을 축소·폐지한다.

㈐ 보수관리 측면

보수관리 측면에서는 성과관리와 연계, 각 부처별 보수수준 및 보수체계의 차별화를 허용한다.

㈑ 예산관리 측면

예산관리 측면에서는 총액인건비 범위 내에서 잉여인건비 사용에 대한 부처의 재량권을 확대한다.

(4) 제도의 세부내용

㈎ 총액인건비제도의 범위

총액인건비는 현행 예산과목상 인건비뿐만 아니라, 인건비성 경상경비 등을 포함한다. 다만, 인건비성 경상경비는 시범실시 단계별로 적용범위를 확대한다.

㈏ 총액인건비의 결정방식

안전행정부는 분야별·부처별로 중기 정부인력규모를 산정하여 '정부인력운영계획'(5년)을 수립하고, '국가재정운용계획'과 함께 국무회의 토론을 거쳐 다음 연도 인건비 규모를 결정한 후, 기획재정부는 이에 맞추어 부처별로 인건비 예산을 배정한다.

㈐ 자율성의 구체적 범위

① 조직관리 측면

안전행정부는 국가공무원 총 정원 및 각 부처 정원 상한만 관리하고 정원규모 및 계급별·직급별 정원은 부처에서 자율적으로 결정한다. 다만, 상위직 남설을 방지하기 위한 최소한의 방안으로 각 부처의 3급 국장급 이상 직위를 직제에 규정하고, 과장급(4·5급) 정원의 적정성을 관리한다.

② 보수관리 측면

인건비를 기본항목, 성과향상 항목, 업무수행지원 항목, 복지항목 등 4가지 분류체계로 구분한다. 성과향상 항목의 지급대상, 지급요건 결정권한 및 업무수행지원 항목 중 월정 직책급과 각종 보수성 경비는 조직자율성 강화(팀제 활성화) 취지에 부합하도록 각 부처별 자율성을 부여한다.

③ 인사관리 측면

모든 직급의 특별채용시험 실시권을 각 부처에 위임하되, 공개채용 및 공개채용 직렬로의 특별채용에 대하여는 안전행정부와 사전 협의해야 한다.

④ 예산관리 측면

총액인건비 범위 내에서 인건비 운영 중 발생한 잉여인건비 사용에 대한 부처재량권을 확대하고, 부처인건비 운영평가 결과 인센티브로 증액된 인건비 사용에 대해서도 부처자율권을 부여한다. 다만, 사업비에서 인건비로의 이용·전용 및 예비비 사용을 엄격히 제한한다.

⑤ 부처책임성 확보방안

위와 같은 자율성이 각 부처에 부여되는 대신, 이에 대한 책임을 확보하기 위한 방안으로는 다음과 같은 것들이 있다.

첫째, 정부 전체의 조직, 인사 운영방침에 부합하는 방향으로 사전에 제도운영에 필요한 최소한의 지침을 제시하고, 사후 운영실태의 적정성·타당성을 평가한다.

둘째, 제도운영의 성패를 가늠할 수 있는 평가체제를 구축하여 정기적인 평가를 하고, 이를 다음 연도 인건비 예산에 반영한다. 이 경우 제도운영 우수기관에는 인센티브를 부여하고, 운영부진기관에 대해서는 예산삭감을 한다.

셋째, 통합국정평가제도(IPSES)와 연계하여 각 부처 운영성과를 평가하고, 매년 지침 통해 평가지표 및 방법을 제시한다. 부처는 자체평가를 실시한 후, '인적자원관리협의체'에서 상위평가를 실시한다.

4) 전자인사관리시스템(PPSS: Personnel Policy Support System)

(1) 의 의

전자인사관리시스템(PPSS: Personnel Policy Support System)이란 전자정부 하위시스템의 하나로서, 인사관리분야에 적용된 전자적 인사관리시스템이다. 정부의 인적자원관리 수준 향상을 위해 개발하여 전 중앙부처에 보급을 완료한 전자적 인사관리시스템이다.

(2) 추진배경

전자인사관리시스템(PPSS)의 추진배경을 살펴보면 다음과 같다.

첫째, 인사정책을 개발하는 데에는 많은 현황자료나 통계자료가 필요하고, 최신자료를 확보하는 것이 중요하다.

둘째, 범국가적인 고급인재정보의 효과적인 활용을 위해서는 다양한 방식으로 검색을 할 수 있어야 하며, 각종 자료집, 보고서 발간 등의 업무를 수행하기 위해서 최신자료를 다양하게 산출할 수 있어야 한다.[15]

셋째, 대부분의 경우 시스템이 소수의 인사담당자들에게만 서비스를 제공함으로써, 네트워크상의 데이터베이스가 가질 수 있는 장점의 상당 부분을 충분히 활용하지 못하고 있다.[16]

---

15 정책홍보가 최근 매우 중요한 의미를 가지게 되었는데, 이를 인사정책상 제대로 활용하기 위해서는 자료의 수집, 홍보자료의 제작·배포에 있어 다양한 정보를 끌어올 수 있는 데이터베이스가 필요하다.
16 기존의 시스템에서는 인사관리와 급여관리가 분리되어 있거나, 조직관리와 연계가 되어 있지 않은 경우도 많이 있었다.

전자인사관리시스템은 이러한 필요성에 의해 개발된 전자정부시스템이다. 이는 인적자원의 효율적 관리와 정부부문의 경쟁력 제고를 위한 사업으로서, 참여정부의 전자정부 로드맵 31대 과제의 하나로 추진되었다.

(3) 특성 및 내용

종전 인사관리시스템과는 달리 단순한 데이터베이스 관리수준을 넘어 정부인사의 모든 과정을 업무재설계(BPR: Business Process Reengineering)를 통해 분석·재설계한 후, 서류 없이 전자적으로 처리하도록 자동화한 시스템이다.

전자인사관리시스템은 부처단위의 인사업무시스템과 정책결정지원시스템의 두 부분으로 나누어진다.

부처단위의 인사업무시스템은 일상의 업무처리를 전자화하는 업무처리시스템과 기관장이나 부서장에게 인사관련 주요 정보를 요약하여 제공해 주는 관리정보시스템(MIS: Management Information System)의 기능을 함께 수행한다.

정책결정시스템은 전체 정부 차원의 인사관련 정보를 요약하여 제공하는 의사결정지원시스템(DSS: Decision Support System) 기능을 가지고 있다.

(4) 유용성

㈎ 인사정책의 실효성 제고

인사정책 수립과정에서 필요한 많은 자료를 체계적으로 수집하여 축적·관리함으로써, 최신 자료에 의한 대안을 구성할 수 있고 대안 간의 비교 분석도 정교하게 가능해진다.

㈏ 인사관리의 투명성 제고

개인의 인사기록이 체계적으로 관리되어 개인의 경력·능력에 대한 정보가 빠르고 신속하게 업데이트됨으로써 승진·전보 시 적격자 선정이 이루어지고, 인사관리에 있어서 투명성과 공정성을 확보할 수 있다.

㈐ 인사운영의 효율성 제고

인사업무는 현재 문서에 의한 처리로 자료관리 및 검색에 많은 시간이 낭비되고 있는 바, 전자인사관리시스템의 도입과 보급으로 필요한 정보를 데이터베이스에 접속해서 바로 얻을 수 있기 때문에 신속하고 정확한 정보를 바탕으로 효율적인 인사업무를 수행할 수 있다.

㈑ 인사행정의 개방성 제고

인사기록카드는 현재 인사담당자 등 특정 소수에게만 접근이 허용되어 정보의 정확성에 대한 본인의 확인도 불가능한데, 전자인사관리시스템(PPSS: Personnel Policy Support System)이 도입되면서 일반시민과 공무원 개인에게 일정 부분에 대해서는 접근이 허용되어 개방적인 인사행정서비스가 가능하다.

5) 품질관리서클(Quality Circles)

(1) 의 의

작업과정에서 드러나는 문제점을 식별·분석·해결하기 위해 정기적으로 만나서 서로 관련된 유사한 작업을 수행하는 소규모 집단을 말한다.

(2) 구성 및 운용방법

(가) 구 성

품질관리서클은 6명에서 12명의 직원으로 구성되고, 제1선 감독자에 의해 이루어지며, 작업부서 바깥의 전문가도 참여한다.

(나) 운 용

품질관리서클은 통상 일주일에 한 번씩 정기적으로 모임을 갖는다. 일반적으로 서클은 브레인스토밍에 의해 문제를 선정하며, 이때 평가나 비평없이 주제들을 모아 목록을 만들어 검토한 후, 하나의 문제를 선정하고 분석하여 해결책을 발전시킨다. 분석단계에서는 관련 자료와 정보를 수집한 뒤, 문제의 원인과 가능한 해결책을 식별한다.[17] 해결책이 정해지면 관리층에 정식으로 보고하고, 관리층은 해결책을 수용하여 서클구성원들과 함께 시행한다(이종수·윤영진 외, 2005: 495-496).

(3) 학습조직과의 연계

품질관리서클은 학습조직 및 학습동아리와 연계될 때 활성화될 수 있다. 정부에서는 최근 정책품질관리제도 활성화를 위해 학습조직 우수시범부서를 선정하고, 이를 토대로 학습조직을 활성화시키고 있다. 교육인적자원부가 시범부서로 지정되었는데, 여기에서는 일선 직원들이 자체적으로 교육정책에 대한 품질관리와 학습조직을 구성하여 학습모임을 활성화시킨다. 직급 여부를 떠나 직장별로 자기직장에 대한 애착과 자기직장에서 산출되는 정책에 대한 학습 및 이를 통한 장기적인 품질개선을 위한 노력은 매우 긍정적으로 평가되어야 할 것이다.

6) 직무개선(QWL: Quality of Work-Life)

(1) 이론적 배경

직무개선을 통한 인간문제를 해결하고자 노력한 행정학이론의 출발점은 1930년대 인간관계이론에서 찾을 수 있다. E. Mayo 등 인간관계학자들은 Hawthorne 실험을 통해 직무환경이 직무성

---

17 각 해결책은 소망성과 실현가능성을 기준으로 하여 검토한다.

과에 미치는 영향에 대해서 제시하였으며, 그 뒤 조직인간주의를 제시한 학자들도 조직발전과 개인실현의 중요성을 주장하였다. 또한 F. Herzberg(1968)는 동기부여이론에서 위생요인과 동기요인으로 분리하고, 직무환경과 같은 위생요인이 충족되지 않았을 때에는 직무성과 제고가 불가능함을 강조하였다.

(2) 직무품질 판단기준

직무품질을 판단하는 기준은 다음과 같다(Walton, 1975).

㈎ 적절하고 공정한 보상

작업에 대한 보상은 관련 직무의 일반적 기준에 부합되어야 하며, 다른 직무의 보수와 적절한 균형을 유지해야 한다.

㈏ 안전하고 건강한 작업조건

작업조건은 근로자의 건강을 해치지 않도록 작업환경을 안전하고 청결하게 유지해 주어야 하며, 작업시간은 적정 근로시간을 준수하여야 하며, 합리적으로 조정되어야 한다.

㈐ 인간능력의 활용 및 발전 기회

직무수행에 있어 상당한 자율성과 자율규제가 허용되고, 광범한 능력의 활용이 허용되어야 하며, 직무는 근로자에게 의미 있는 것이 되어야 한다.

7) 인센티브 프로그램

(1) 의 의

인사행정의 효율적인 운영을 위해서는 적절하고 충분한 인센티브 제도가 뒷받침되어야 한다. 인센티브에는 기존의 경제적인 보상 외에도 다양한 보상이 포함된다. A. Maslow(1954)는 인간은 경제적 보상과 같은 하위욕구를 충족한 뒤에는, 명예, 인정, 실현 등 상위욕구를 추구한다는 욕구단계이론을 제시했는바, 따라서 보상에 있어서도 경제적 욕구 이외에 상위욕구의 충족을 줄 수 있는 다양한 인센티브를 제공할 필요가 있다.

(2) 종 류

㈎ 경제적 인센티브 제도

오늘날 공공기관에서 다양한 형태의 인센티브 제도를 도입하고 있는데, 그 가운데 경제적인 것으로는 성과상여금, 작업량 보너스, 수익분배제도 등이 있다.

성과상여금은 뛰어난 성과를 보인 종업원에게 지급하는 금전적 보상을 말한다. 성과상여금 지급은 성과달성시 혹은 일정 시간이 지난 후일 수도 있다. 작업량 보너스는 작업량에 따라 금전적 보상을 제공하는 것을 말한다. 작업량이 목표치보다 더 많은 경우에 지급하는 보너스나 흔히 사용되는 '초과근무수당' 등이 이에 해당한다 하겠다. 수익분배제도는 특정 집단이 가져온 수익 또는 절약분을 그 구성원들에게 나누어 주는 제도를 말한다.

정책사례

우리나라의 성과상여금제도

1. 의 의
성과상여금제도는 공직사회에 경쟁원리를 도입하여 직무에 전념하게 하고, 공무원의 능력발전 노력을 제고하여 조직의 생산성 향상을 위한 제도이다. 우리나라에서는 김대중 정부 이후 도입되었다.

2. 적용대상 및 현황
성과상여금제도는 보통 연봉제와 함께 도입되며, 현재 중앙행정기관을 중심으로 운영되고 있는데, 적용대상은 모든 공무원 직종의 과장급 이하 공무원이 대상이며, 구체적인 대상을 살펴보면 〈표 1〉과 같다.

표 1 성과상여금제도 적용대상 공무원(2013 공무원수당 등에 관한 규정 제7조의2)

직 종	적용 대상
일반직 공무원	4급(과장급 제외) 이하
외무공무원	직무 등급 6등급 이하 직위 임용공무원
별정직 공무원	4급상당(과장급 제외) 이하
경찰공무원	치안정감 이하
소방공무원	소방정감 이하
연구직·지도직 공무원	3급 과장상당 직위 이하
교육공무원	「공무원 보수규정」 별표 11을 적용받는 공무원과 같은 규정 별표 12를 적용받는 공무원(장학관·교육연구관· 장학사 및 교 육연구사로 한정한다)
군인	소장 이하(「군인사법」 제6조 제7항 제3조에 따른 하사 제외)
군무원	1급 이하
국가정보원 직원	1급 이하 및 전문관
경호공무원	1급 이하

(나) 비경제적 인센티브 제도

비경제적 인센티브 제도의 예를 들면, 제안상 제도, 행태보상제도, 종업원인정제도 등이 있다. 제안상 제도는 조직의 효율성을 높이고 예산을 절약할 수 있는 제안을 한 구성원에게 인센티브를 주는 제도이다. 행태보상제도는 사고 및 결근의 감소 등 관리층이 권장하는 행동에 대해 인센티브를 제공하는 제도를 말한다. 종업원인정제도는 '이 달의 인물' 등과 같이 구성원들에게 특정인을 인식시키고 기억하게 함으로써 '인정·존경의 욕구'를 충족시켜주는 비물질적 인센티브 제도이다.

8) 연봉제

(1) 의 의

연봉제란 개인의 능력, 실적에 대한 평가를 통해 연단위로 임금을 결정하는 임금제도이다. 기존 연공서열 중심의 임금체계에서는 매년 정기승급이 이루어지고, 성과에 관계없이 일정 부분 임금이 상승하였으나, 연봉제 하에서는 능력과 실적에 따라 그 변동폭이 클 수도 있다.

(2) 도입배경

김대중 정부 시 성과급제 도입을 100대 개혁과제로 선정하여 1998년 말 국장급 이상 공무원에게 연봉제를 도입했고, 2000년부터 호봉의 승급 대신 전년도의 성과를 평가하여 연봉을 조정하게 하였다.

외무공무원의 경우 계급제와 이에 기초한 연봉제를 폐지하고, 직무분석을 실시하여 각 직위별 직무값과 성과에 따라 연봉이 결정되는 직무성과급적 연봉제를 2002년부터 도입했으며, 적용대상도 과장급까지로 확대하였다.

(3) 연봉제의 형태

현재 공직사회에는 세 가지 형태의 연봉제가 운영되고 있는데, 고정급적 연봉제, 성과급적 연봉제, 직무성과급적 연봉제가 있고 적용대상 등은 〈표 7-2〉와 〈표 7-3〉에서 보는 바와 같다.

표 7-2 **연봉제의 구분 및 적용대상 공무원 구분표(공무원 보수규정 제33조 관련 표 31)**

구 분	적용대상 공무원
고정급적 연봉제	• 정무직 공무원
성과급적 연봉제	• 공무원별 봉급표 구분표의 별표 3 및 별표 4의 봉급표를 적용받는 공무원(군무원, 국가정보원 직원, 대통령경호실 직원은 제외한다) 중 1급부터 4급까지 또는 1급상당 공무원부터 4급상당 공무원까지(4급 또는 5급의 복수직급 정원에 해당하는 4급(상당) 공무원에 대해서는 과장급 직위에 임용된 경우만 해당한다) • 국립대학의 교원(국립대학의 장은 제외한다) • 임기제 공무원(한시임기제 공무원은 제외한다)
직무성과급적 연봉제	• 고위공무원단에 속하는 공무원(연구직 공무원과 지도직 공무원, 공무원별 봉급표 구분표의 별표 12의 봉급표를 적용받는 별정직 공무원 및 대통령경호실 직원 중 별정직 공무원은 제외한다)

표 7-3 **2013 공무원별 봉급표 구분표(공무원 보수규정 제5조 관련)**

구 분	적용대상 공무원
별표 3	별표 3의2 및 별표 4부터 별표 6까지의 봉급표를 적용받는 공무원을 제외한 일반직 공무원, 1등급부터 6등급까지의 외무공무원, 일반군무원·별정군무원, 일반직 공무원의 계급에 준하여 임용하는 별정직 공무원, 재외공무원(재외무관은 제외한다)
별표 3의2	전문경력관
별표 4	교정·보호·검찰사무·마약수사·출입국관리·철도공안직 공무원(4급 이상인 경우에는 교정·보호·검찰사무·마약수사·출입국관리·철도공안업무에 직접 종사하는 공무원), 감사원 소속공무원 중 감사업무에 종사하는 공무원, 검찰청 소속공무원 중 기술직 공무원(4급 이상인 경우에는 기술업무에 직접 종사하는 공무원), 국가정보원 직원 중 1급부터 9급까지의 특정직 직원, 법원 소속공무원 중 법원사무직·등기사무직·통역직 및 법원경위직 공무원, 헌법재판소 소속공무원 중 헌법재판 지원업무에 종사하는 법원사무직·행정직·법정경위직 공무원, 국회 소속공무원 중 경위직 공무원(경호업무에 종사하는 4급을 포함한다), 경비교도
별표 11	고등학교 이하의 각급 학교에 근무하는 교원, 장학관 및 교육연구관(교육부, 국사편찬위원회, 중앙교육연수원, 국립국제교육원, 교원소청심사위원회, 국립특수교육원, 국립대학교에 근무하는 장학관 및 교육연구관은 제외한다), 교육장, 장학사 및 교육연구사
별표 12	별표 11의 봉급표를 적용받지 않는 교육공무원, 통일교육원·국립외교원·국방대학교·사법연수원·경찰대학·중앙공무원교육원과 그 밖의 공무원 교육훈련기관의 교수·부교수·조교수 및 조교

제 7 절 평가 및 환류

1. 근무성적평정

1) 의 의

근무성적평정이란 개인이 근무하고 있는 조직체에서의 능력, 가치, 근무성적을 정기적으로 감독자가 평가하는 것을 의미한다. 조직의 효과적 운영에 있어서 중요한 문제는 조직구성원의 능력·가치·근무성적을 평가하는 문제이다. 이를 통해 동기를 부여하고 조직의 효율성을 향상시킬 수 있다(박동서, 1978: 422).

2) 용 도

(1) 상벌의 목적

근무성적의 여하가 공무원의 승진·징계에 영향을 준다. 자신이 맡은 바 직무를 얼마나 잘 수행해내는가를 평가하고, 성과가 좋은 공무원에게는 포상을 하고 좋지 않은 공무원에게는 징계를 하는 목적으로 사용된다.

(2) 시험의 타당성 측정

근무성적평정의 결과를 통해 시험으로 선발한 공무원의 경우, 그 시험이 얼마나 타당성이 있는가를 측정해 보는 용도로 사용될 수 있다.

(3) 공무원의 능력발전

공무원 자신의 능력을 평가하여 환류시켜 줌으로써, 직무수행상 자신이 부족한 부분과 잘하는 부분을 제대로 인지할 수 있게 한다. 따라서 단점으로 나타난 부분에는 교육훈련 등으로 제거하도록 하여, 개개인의 능력을 발전시킬 수 있도록 한다.

3) 방 법

근무성적평정방법에는 여러 가지가 있다(박동서, 1978: 425-427).

(1) 도표식(graphic rating scale)

도표식 방법이 가장 많이 이용되고 있으며, 대체로 어느 것이나 평정요소가 한 쪽에 나열되어 있으며, 다른 쪽에 등급을 표시하는 척도가 있다.

도표식의 장점은, ① 작성이 간단하고, ② 평정하는데도 손쉽고, ③ 평정제도를 상벌의 목적에 이용하기 편리한데 있다. 그러나 이 제도가 내포하는 단점은, ① 등급비교의 기준이 명백하지 않고, ② 무엇보다도 제일 중요한 단점은 집중화, 관대화 및 연쇄적 효과(*halo effect*)가 나타나는 점이라고 할 수 있다.

(2) 강제배분법(forced distribution)

근무성적을 공정히 평정하는 경우 대체로 극소수의 사람이 최상·최하의 등급을 받게 되고 대부분의 사람이 중간에 집중하게 되므로, 이것을 도표로 표시하면, 종형(*bell-shaped*)인 정상분포곡선(*normal curve*)이 된다. 따라서 평정을 하는 데 있어 이러한 유형이 되게끔 강제로 분산시키면 어느 정도 사실에 가까운 평정이 될 것으로 간주하는 것이 강제배분법의 근본적인 생각이다.

강제배분법은 평정대상자가 많을 경우에 나타날 수 있는 관대화 경향을 방지하여 평정오차를 제거할 수 있다. 그러나 강제배분 때문에 사실상 탁월한 사람이 없는데도 불구하고 좋은 등급을 제공하는 경우도 발생할 수 있고, 어떤 과의 전 직원이 우수한데도 일정 인원은 가장 나쁜 등급의 평가를 받을 수밖에 없는 불합리한 결과가 발생할 수 있다는 것이 문제이다.

현재 우리나라는 근무성적 평정서상의 평정자와 확인자의 평정과정에는 강제배분법을 적용하지 않고, 근무성적평정위원회에서 기관의 전체 평정대상자를 대상으로 직급별 평정등급 및 평정점을 정할 때 적용하고 있다. 그 배분비율은 평정등급(수·우·양·가)별 2:4:3:1로 정하고 있다.

(3) 목표관리제 평정법(MBO appraisals)

목표관리제 평정법은 상급자와 하급자가 같이 협의하여 실적 기준으로 사용할 목표를 설정하고, 일정 기간 동안 목표의 달성 수준을 평가하여 근무성적평정으로 활용하는 방법이다.

(4) 다면평가법

전방위평정이라고도 하며 과거에는 근무성적을 평가할 때 상위감독자 혹은 관리자만이 평가를 했으나, 최근에는 수직적 구조가 점차 약화되고 조직이 동태화됨에 따라 동료, 부하 또는 민원인 등도 평가를 할 수 있도록 하여 평가의 공정성을 높이고, 보다 폭넓은 개인의 능력을 알아볼 수 있도록 실시되고 있는 방법이다.

다면 평가는 조직구성원의 의사소통을 원활히 하고 팀워크를 발전시키며 상관에 대한 맹목적인 충성논리에서 벗어나 비권위적, 탈관료적 조직문화 정립에 기여한다.

하지만 평가에 시간소모가 많이 되고 절차가 복잡하며 평가에 능력이나 목표의 성취도를 고려하기 보다는 원만한 대인관계를 유지하는 쪽으로 치우칠 우려가 높다.

4) 운영상의 주의점

(1) 작성상의 주의점

(가) 평정요소의 선택

평정요소의 선택 시 어떠한 평정요소를 선택할 것인가 하는 문제는 평정제의 용도와 평정대상자의 직급에 따라 달리하여야 한다. 또한 요소 간의 중첩이 없어야 하고, 평정요소가 구체적으로 관찰할 수 있는 사실로 표현되어야 한다.

(나) 평정요소의 수

평정요소의 수는 기관마다 상이하며, 평정요소의 수는 평정대상자의 직급·이용목적에 따라 달라진다. 대체로 말단근로직의 경우 8, 일반사무·서기직의 경우 9, 감독자·행정관의 경우는 12 등이 평균수치로서 나타나고 있다(J. Tiffin, 1952: 332-333).

(다) 평정요소의 비중

평정기준으로 사용되는 평정요소 간 그 중요도가 다르게 나타날 수 있는데, 이때 어떤 요소에 더 비중을 둘 것인가가 문제된다. 실제 평점에 나타나는 차이 또는 표준편차를 고려하여 정할 필요가 있다.

(라) 등급의 수

등급의 수는 보통 3 내지 5로 하고 있다. 미국은 3등급, 우리나라는 4등급으로 하고 있는데 미국에서는 절대다수가 중간등급에 집중하여 별 차이를 나타내고 있지 못하다. 결국 등급수가 너무 많아도 등급 간에 명백한 구분이 어려워지며, 너무 적어도 충분한 분별이 되지 않는 문제가 있다.

(2) 이용상의 주의점

(가) 표준화

근무성적평정은 여러 사람의 성적을 비교하는 것에 그 목적이 있으므로, 그 중 특정인의 성적이 언제나 타인에 비해 좋게 또는 나쁘게 나타나지 않는가를 조사하여 이들 간의 표준화를 기하도록 해야 하는데, 이러한 방법에는 다음과 같은 방법이 있다.

첫째, 강제배분법을 사용하는 것이다.
둘째, 평균치를 사전에 정해 놓고 거기에 일치시키는 방법이 있다.
셋째, 기관별로 각 평정자·확인자가 평정한 것을 심사하는 합의제의 구성을 통해 조정하는 방법이 있다.

우리나라에서는 이 세 번째 방법, 즉 근무성적평정위원회의 합의제 구성을 통해 조정하는 방법을 사용하고 있다.

㈏ 평정자의 수

평정자의 수를 얼마로 할 것인가에 관한 문제이다. 제1차 평정자에게 평정의 책임을 주고, 제2차 평정자는 제1차 평정의 결과를 확인하게 하는 방법이 있다.

㈐ 대화를 통한 평정

평정자가 평정대상자와 의논하면서 평정하는 것을 의미하며, 특히 성적이 좋지 못한 사람에게는 이를 알려주는 예가 많다.

공개성을 지지하는 이유를 살펴보면 다음과 같다.

첫째, 평정의 목적이 상벌의 목적만이 아니라, 점차적으로 개인의 능력·인품상의 특징을 파악하고, 단점이 있으면 이를 본인에게 알려 주어 시정 및 근무능률의 향상을 기하는 데 있다.
둘째, 평정자의 평정을 공개함으로써 권한의 남용이나 편견 등을 배제하도록 유도할 수 있다.

그러나 공개를 할 경우 오히려 평정자와 평정대상자의 관계가 악화될 우려가 있고, 평정자는 이를 고려해서 더욱 관대하게 평정을 하게 된다는 문제점도 있다.

㈑ 근무성적평가위원회

평가자는 대상공무원이 자신의 근무성적평가에 대해 요청이 있을 경우에는 알려주어야 하며 근무성적평정은 편견과 정실이 개입되기 쉬우므로, 평정대상자가 평정결과에 대해 불만이 있을 경우, 이에 대해 조정을 신청할 수 있는 권리를 줌으로써 평정의 객관성을 기할 수 있도록 해야 한다.

5) 평정오차

(1) 연쇄효과(halo effect)

특정 평정요소의 평정결과가 다른 평정요소의 평정에도 영향을 미치게 되는 현상을 말한다.

(2) 집중화(central tendency)·관대화(leniency tendency)·엄격화(strictness)

집중화현상은 제일 무난한 중간점수로 대부분의 평정이 이루어져 평정대상자의 점수 대부분이 중간에 집중되는 것을 말하고, 관대화현상은 평정자가 평정대상자와의 친분이나 인간적 관계를 고려하여 실제보다 후하게 평정을 하는 것을 말한다. 엄격화현상이란 관대화현상과 반대로 평정대상자의 점수가 열등한 쪽으로 대부분 치우치는 현상을 말한다.

집중화·관대화의 오차를 줄이려면 평정결과를 비공개로 하거나 강제배분법을 실시하는 것이 효과적이다.

(3) 근접효과(recency effect)

근접효과는 평정기간 중에 평정시점에서 가까운 때에 나온 실적이나 사건이 평정에 크게 영향을 미치는 현상을 말한다.

(4) 선입견(personal bias or prejudice)

선입견은 평정대상자의 개인적 특성 혹은 평소의 감정이나 편견 등이 평정과정에 반영되어 평정을 하는 현상을 말한다.

(5) 규칙적 오차(systematic error)·총계적 오차(total error)

집중화·관대화·엄격화 현상이 규칙적으로 나타나면 규칙적 오차, 불규칙적으로 나타나면 총계적 오차이다. 이 현상들이 일괄적으로 나타나면 사후에 조정이 가능하지만, 불규칙적으로 나타날 경우는 조정이 불가능하다.

6) 우리나라의 문제점 및 개선방안

(1) 현　황

현재 우리나라는 연 2회 근무성적평정이 이루어지고 있고 평정결과에 대해 소청할 수 없으며 근무성적평가위원회에 중재를 요청할 수 있을 뿐이다. 평정대상자 범위는 5급 이하 공무원, 연구직 공무원 및 기능직 공무원을 대상으로, 근무실적, 직무수행능력 및 직무수행태도 등을 평가한다.

4급 이상 공무원 및 고위공무원단에 대한 근무성적평정은, 2004년 10월 도입된 직무성과계약제에 의해 이루어지고 있으며, 업데이트가 전 중앙부처로 확대되어 적용되고 있다.

(2) 문제점

우리나라 근무성적평정은 객관성·공정성을 확보하지 못한다는 비판을 많이 받고 있는데, 그 이유를 간단히 살펴보면 다음과 같다.

첫째, 객관적 평가기준이 미비하다. 이에 더하여, 우리나라의 경우 학연·지연·혈연 등 온정주의적 문화가 강하여 더욱 객관적이고 공정한 평정이 어렵다.

둘째, 연공서열위주의 평정이다. 현재 근무성적평정시 평정자는 평정대상자의 실적이나 능력보다는 연공서열을 더 중요시하여, 그에 따라 평정점수를 부여하고 있다.

셋째, 평정결과의 비공개이다. 현재 근무성적평정의 결과는 비공개로 하고 있는바, 상급자와 하급자와의 갈등유발, 관대화 경향 등을 방지하기 위해서라고 하나, 평정자의 주관개입이나 정실평정 등 객관성의 확보가 어려워지는 단점이 있다.

(3) 개선방안

근무성적평정은 공무원의 능력에 대한 평가와 그에 따른 환류를 통한 능력개발(경력개발 프로그램과의 연계 등)에 매우 중요한 척도가 되며, 공직사회 전체의 발전에도 큰 밑바탕을 형성하게 하는 제도이다. 따라서 현재 우리나라 근무성적평정제도의 문제점에 대한 개선방안을 살펴보면 다음과 같다.

첫째, 평정지표의 객관화가 시급하다. 평정요소의 타당성과 객관성을 확보하여 평정자에 의해 발생하는 주관적인 판단이나 오류 등을 줄일 수 있도록 하는 것이 중요하다.

둘째, 실적주의 정착과 직위분류제 요소의 강화가 필요하다. 평정자의 개인적 잘못과 더불어 연공서열을 중시하는 조직문화도 공정하고 객관적인 평정을 방해하는 중요한 요인이다. 그러므로 실적주의 문화의 정착을 위한 조직적인 차원의 노력이 필요하고, 직무중심의 직위분류제 요소를 강화함으로써 평정상 나타나는 주관적 판단의 개입 여지를 최소화할 필요가 있다.

셋째, 평정결과의 공개와 다양한 활용이 필요하다. 평정결과가 공개될 경우, 평정자가 객관적인 평정을 해야 할 책임을 느끼게 하여 자의적인 평정의 소지를 줄일 수 있으며, 평정결과를 과거처럼 징계수단이 아니라 능력발전을 위한 기준 혹은 경력개발제도와의 연계를 통해 보다 진취적인 제도로 활용할 필요가 있다.

넷째, 다면평가제도의 활용이다. 근무성적평정상 나타날 수 있는 평정자의 오류나 잘못을 바로잡고, 공정하고 객관적인 평정이 이루어지도록 보완하는 제도로서 다면평가제도가 있는데, 최근 중요성이 강조되고 있다. 다면평가제도의 적극적 활용을 통해 상위감독자가 발견하지 못한 여러 가지 방면에서 평정대상자가 가진 능력을 알아보는 것이 근무성적평정제도가 가진 능력발전이라는 근본적 취지를 실현시키는 데 있어서 필요하다고 할 수 있다.

2. 다면평가제도

1) 의 의

조직구성원 평가 시 여러 사람을 평정자로 참여시킴으로써, 평가에 참여하는 소수에 의한 주관과 편견을 줄이고 객관성과 공정성을 높이는 제도이다.

2) 내 용

(1) 인사의 공정성 확보

우리나라 인사상 문제점으로 자주 지적되는 혈연, 지연, 학연 등 정실인사를 방지하는 차원에서 필요하다.

(2) 다수의 평가자 참여

다면평가제도에서 평가자로 참여하는 사람은 평정대상자의 상사, 동료, 부하 및 고객 등으로서 다양한 관점에서 평가를 가능하게 한다.

3) 운용 현황

소속기관의 장이 자율적으로 평가방법, 평가절차 및 평가결과의 반영 등을 결정할 수 있고, 4급 이하 중·하위직에 주로 활용한다. 참여정부 출범이래, 2003년 3월 1급 이하 전 공무원의 인사운영에 활용하도록 하였다.

4) 유용성 및 한계

다면평가제도는 다음과 같은 유용한 점이 있다.

첫째, 평가가 객관적이고 공정하게 이루어진다.
둘째, 조직 내외의 모든 사람들과 원만한 인간관계를 증진시키려는 강한 동기부여가 된다.
셋째, 자신의 장·단점을 여러 사람에게서 환류받음으로써 자기역량 강화의 기회가 많아진다.
넷째, 팀워크가 강조되는 현대사회의 새로운 조직유형에 적합하다.

그러나 몇 가지 한계점을 가지고 있는데, 이를 정리하면 다음과 같다.

첫째, 능력보다는 인간관계를 주로 평가하여 인기투표로 전락할 가능성이 있다.
둘째, 부처별, 직급별 특성에 따른 다양하고 적합한 평가는 어렵다.
셋째, 상사와 부하 간의 갈등소지가 있다. 이는 부하들의 평가를 받는다는 권위주의적 사고가 작용할 가능성이 있기 때문이다.
마지막으로, 부처이기주의가 나타날 수 있다. 특히, 통합된 부처의 경우에는 능력보다 출신 부처에 따라 평가하여 감싸주기식 평가가 일어날 수도 있다.

제 8 절 최근의 인사행정 경향

1. 전략적 인적자원 관리(SHRM: Strategic Human Resource Management)[18]

1) 의 의

전략적 인적자원관리란 조직의 목표 및 성과달성을 목표로 개인과 조직이 일체성을 가지고 전략을 수행할 수 있도록 인적자원을 관리하는 방식을 말한다. 따라서 조직의 비전과 목표를 반영하여 관리과정을 설계하고 관리하는 과정이라고 할 수 있다.

2) 특징 및 중요성

전략적 인적자원관리는 분석의 초점이 조직의 전략·성과와 인적자원관리활동과의 연계에 있고, 거시적 관점에서 인적자원관리기능 간 연계 및 수직적·수평적 통합을 통한 전체 최적화를 추구하며, 장기적 관점에서 조직의 전략수립에 관여하여 인적자원을 육성하고, 조직의 목표달성에 적극적·핵심적 역할을 수행한다. 또한, 인사관리(*personnel management*)나 인적자원관리(*human resource management*)가 통제 메커니즘 마련이 역할이었던 것과 달리 전략적 인적자원관리방식은 권한 부여 및 자율성을 확대하여 인적자본의 체계적 육성과 개발이라는 보다 적극적인 역할을 한다는 특징을 가지고 있다.

전략적 인적자원관리는 다음과 같은 중요성을 지닌다(유민봉·박성민, 2013: 205).

첫째, 전략적 인적자원관리를 통해 조직의 성과를 제고할 수 있다. 둘째, 조직의 전략과 인적자원관리기능 간의 유기적 관계를 형성함으로써 자원관리의 효율성 향상을 기대할 수 있다. 셋째, 장기적 관점에서 조직 내 인적자원을 자본화함으로써 지속적인 경쟁우위 확보가 가능해진다.

3) 문제점 및 발전방향

현재 우리나라는 인력관리계획을 도입하여 운영하고 있으나 기본적인 체계만 갖춘 상태로서 향후 개선될 여지가 많이 있다(유민봉·박성민, 2013: 222-223).

첫째, 미국의 인력관리계획 모델을 바탕으로 설계되어 한국 현실과의 괴리가 많이 있다. 미국은 직위분류제에 의해 인사제도가 운영되기 때문에 계급제에 바탕을 둔 우리나라와는 차이가 있다. 따라서

---

18 유민봉·박성민(2013: 203-225)의 내용을 토대로 구성함.

한국형 인력관리계획 모델의 수립이 필요하다.

둘째, 정부 인력관리계획에 대한 부처와 공무원 개인의 인지도 및 이해도가 낮다. 특히 조직의 중장기 비전 및 목표설계에 고위관리직 공무원의 의견이 반영되므로 기관장의 의지와 간부들의 판단, 인사담당자의 경험·전문지식 등이 계획수립과 관리단계에서 최대한 반영되어야 한다.

셋째, 정부의 인력자원관리시스템은 민간부문에 비하여 경직적이며 전략적 마인드가 부족한 상태에서 운영되고 있다. 따라서 민간부문의 노하우에 대한 적극적인 벤치마킹과 학습이 필요하다.

2. 대표관료제(Representative Bureaucracy)

1) 의 의

대표관료제는 사회를 구성하는 모든 주요 집단으로부터 인구비례에 따라 관료를 충원하고 배치함으로써, 정부관료제가 그 사회의 모든 계층과 집단에 공평하게 대응하도록 하는 제도로 정의될 수 있다. 대표관료제는 정부관료제가 그 사회의 인적 구성을 반영하도록 구성함으로써 관료제 내에 민주적 가치를 주입시키려는 의도에서 발달되었다.

D. Kingsley는 1944년 대표관료제라는 용어를 처음 사용했는데, 대표관료제의 구성적 측면을 강조하여, "대표관료제를 사회 내의 지배적인 여러 세력을 그대로 반영하는(*mirror*) 관료제"라고 정의하고 있다(Kingsley, 1944: 282-283). 한편, H. Krantz는 대표관료제의 개념을 '비례대표성'(proportioner *representation*)으로까지 확대하였다. 관료제 내의 출신집단별 구성비율이 총인구 구성비율과 일치해야 할 뿐만 아니라, 나아가 관료제 내의 모든 직무와 계급의 구성비율까지도 총인구 비율에 상응하게끔 분포되어 있어야 한다고까지 주장한다. 즉, 상하직위에서 일정한 비율로 대표될 때 진정한 대표관료제라 할 수 있으며, 만일 하위직에만 집중되어 있다면, '명목상의 차별철폐(*tokenism*)'에 불과하다고 하였다.

대표관료제는 관료의 국민에 대한 대응성과 책임성을 향상시키고, 국가적인 차원에서 인적자원을 효율적으로 관리하게 하며, 차별받는 사회적 소외계층을 사회에 통합한다는 취지에서 민주성과 형평성의 의미를 지닌다(H. Krantz, 1976: 108-115).

2) 배 경

대표관료제는 비대화되어가는 정부관료제의 기능과 규모에 대한 정치적 통제의 필요성과 정치체제를 통한 이익의 반영을 하지 못한 사회적 소외층들에 대한 대표성의 확보를 위해 나타나게 되었다. 구체적으로 등장배경을 살펴보면 다음과 같다.

첫째, 실적주의 한계이다. 지식·기술 등을 배울 수 있는 기회가 사회집단 간에 불평등하게 배분되어 있는 상황에서 실적주의는 결과적으로 소외집단에 대한 차별적인 효과를 가져오게 하는데, 대표관료제는 이러한 실적주의의 폐단을 시정하고 기회균등을 적극적으로 보장한다는 의의가 있다(오석홍, 1993: 325-326).

둘째, 직업공무원제의 한계이다. 오늘날 민주정치제도 아래서 정책형성 및 집행과정에 대한 관료들의 재량권이 확대되고 있는 반면, 직업공무원들의 대표성을 확보할 수 있는 제도적 장치가 효율적으로 작동하지 못하고 있다. 즉, 행정의 전문화로 인해 직업공무원들에 대한 정치적 상관들의 통제가 실질적으로 어려워짐에 따라 관료들의 주관적 책임을 통해 국민의 다양한 요구에 대한 정부의 대응성을 향상시키는 대안이 될 수 있다(이종수·윤영진 외, 2005: 434).

셋째, 사회적 약자의 보호이다. 현대민주주의 체제는 그 규모로 인해 다원주의적 성격을 띨 수밖에 없으나, 다원주의 사회 하에서 관료제는 전문화된 소수고객만을 우대하며 조직화 능력이 부족하고 정치적·경제적 자원을 가지고 있지 못한 소수집단을 차별하게 마련이다(Olson, 1965; Frederickson, 1980: 7; Dahl, 1982: 26). M. Olson은 그의 저서, 『*The Logic of Collective Action*』(1965)에서 다원주의 사회 하에서 소수의 재정력 높고 응집력 있는 집단들이 정책형성과정에서 왜 유리할 수밖에 없는지에 대해 논리적으로 설명하고 있다. 따라서 사회적으로 '불우한 처지에 있는 사람'(*the less advantaged*)을 효과적으로 지원하는 '형평성 지향 관료제'가 필요하다(Hart, 1974: 4). 이러한 취지에 따르면, 자유경쟁원리에서 뒤로 밀려날 수밖에 없는 소수의 집단도 그들의 이익을 대변할 수 있는 실질적 기회를 확보할 수 있다.

3) 대표관료제의 기본전제

(1) 진보적 평등(progressive equity): 적극적 기회균등

개인들 간의 자연적인 불평등을 정부가 보상해 주어야 한다는 사고를 바탕으로 한다.

(2) 소극적 대표성(passive representativeness): 인적 구성의 비례[19]

국가관료제 구성이 그 나라의 사회경제적 인구구성의 특징(계급, 신분, 인종, 성, 종교, 지역 등)을 그대로 관료제의 구성에 반영하는 관료제를 의미한다.

Mosher는 관료들의 출신성분은 단지 상직적일 뿐이라고 말한다

(3) 적극적 대표성(active representativeness): 책임성과 대응성

국가관료제 구성이 그 나라의 사회경제적 인구구성의 특징을 그대로 반영할 뿐만 아니라, 관료들이 자신들의 출신집단이나 계층을 대변하고 정책을 결정하여 출신집단에 책임을 지는 행위까지 하는 관료제를 의미한다.

---

19 이에 대해 Mosher는 관료들의 출신성분은 단지 상징적일 뿐이라고 비판하였다.

4) 대표관료제의 유용성과 문제점

대표관료제는 다음과 같은 점에서 몇 가지 유용한 의미를 가진다. 첫째, 관료제의 대표성 제고이다. 관료제의 인적 구성비율이 사회의 각 집단을 비례적으로 대표하도록 구성한다는 것 자체가 민주적인 가치에 부합되는 의미를 가진다. 둘째, 내부통제의 강화이다. 대표관료제는 국민의 의사를 전달하고 감시할 통제수단을 정부관료제에 내재화 시킬 수 있다. 대표관료제에 의해 선출된 공무원들은 자기 출신집단의 가치와 이익에 대한 책임을 지는 위치에 있기 때문에 서로 견제하여 내부통제를 강화시킬 수 있다. 셋째, 적극적·결과적 기회균등이 보장될 수 있다. 대표관료제는 모든 사회집단의 계층비율에 따라 임용되므로 결과적으로 집단의 이해를 관료제 내에서 표출할 수 있는 균등한 기회를 가지게 되는 것이다. 넷째, 실적주의의 폐단을 시정할 수 있다. 실적주의는 공식적으로는 공직취임의 기회균등을 추구하였으나, 실질적으로 여러 가지 차별이 나타나므로, 이를 시정할 수 있는 수단이 될 수 있다.

반면에 대표관료제는 다음과 같은 문제점 때문에 비판받고 있다. 첫째, 대표의 집단이기주의화이다. 정부관료제가 정책에 영향을 미치는 범위 내에서 공무원들이 출신집단별로 자기편만 드는 '집단이기주의'를 표출할 수 있다. 둘째, 피동적 대표성이 능동적 대표성을 보장한다는 전제의 허구성이다. 공무원의 출신배경만이 그의 가치관이나 직무행태 등 모든 것을 결정하는 것은 아니다. 대표관료제이론은 관료들이 그 출신집단의 가치와 이익을 정책과정에 반영시킬 것이라는 가정에 기반하고 있으나, 임용 전 출신집단에 의해 이루어진 사회화와 임용 후의 직무행태 간의 직접적 연결성이 있는 것은 아니다(이종수·윤영진 외, 2005: 433-434).[20] 셋째, 천부적 자유(natural liberty)의 개념과 상충하게 된다. 개인보다는 집단에 역점을 두는 대표관료제의 원리는 자유주의 원리와 배치되는 면이 있고, 이는 시장에서의 개인적 선택에 대한 인위적 간섭을 초래한다. 넷째, 행정의 전문성·생산성 저하를 가져올 수도 있다. 대표관료제는 능력과 자격을 2차적인 기준으로 삼기 때문이다. 다섯째, 할당제(quota system)와 역차별(reverse discrimination)로 인한 사회분열을 조장할 수 있다. 대표관료제가 주장하는 차별철폐의 추구가 역설적으로 또 다른 차별을 가져올 수도 있다. 대표관료제는 개념상 '할당'(quota)과 연결될 수밖에 없는데, 할당제는 할당의 기준의 모호성 등 여러 가지 문제점을 가지고 있다. 여섯째, 대표관료제 실현에 따르는 기술적 어려움이 있다. 공무원 수의 구성에 있어 인구비례의 정태적 균형을 유지하는 것은 기술적으로 매우 어렵다. 관료조직은 동태적이기 때문에 직원이 끊임없이 들어오고 나가며 내부이동을 하기 때문이다. 따라서 사회집단별 공무원 할당수를 통계학적으로 산정하는 데 오류가 나타날 가능성이 크다. 또한 어떤 사람

---

20 F. C. Mosher(1982: 10-14)는 관료들이 출신집단의 이익을 위해 적극적으로 행동할 것을 기대하는 적극적 측면과, 대표관료제가 사회의 인구구성적 특징을 상징적으로 반영할 뿐이라는 소극적 측면으로 나누고, 대표의 적극적 개념에 대해서는 의문을 제기한다.

이 어떤 사회집단의 소속원인가를 결정하는 것도 쉽지 않은 일이다.

5) 한국에의 적용사례

(1) 의 의

대표관료제가 비록 적극적인 대표기능까지는 수행하지 못한다 하더라도, 특정 집단에 의하여 지배되는 정부관료제보다는 민주적인 정치이념에 더 충실할 것이라는 것은 많은 연구에 의하여 입증되고 있다.

국가마다 시대마다 사회적 차별의 양태가 다르고, 그 결과로 나타나는 사회적 소수집단이 상이하기 때문에, 대표관료제의 적용대상집단은 가변적이라고 할 수 있다. 한국에서 대표관료제를 도입할 수 있는 대상집단으로는 정치·경제적 지역차별로 인한 소외지역 출신자, 농어촌 출신자, 여성, 장애인, 국가유공자 및 중고령자 등이다.

(2) 정책사례

(가) 여 성

여성의 사회적 차별은 한국만의 문제는 아니나 남존여비의 전통적 유교사상과 가부장제도라는 문화적 바탕 위에, 빠른 근대화로 인한 남녀차별적인 구조적 모순까지 더해서, 그 정도가 더 심각하다. 특히 고용영역에서는 여성차별이 더욱 일반화되어 있다.

현재 여성분야에서 제도적인 도입을 살펴보면 1996년 "공무원 여성채용목표제"의 실시를 들 수 있는데, 최근에는 목표인원보다 더 많은 여성들이 공직에 임용되고 있어, 그 의미가 다소 옅어지고 있다.[21]

(나) 장애인

경제적·사회적으로 열악한 위치에 놓여있는 장애인의 복지증진을 위하여 국가에서 실시하는 것이 장애인 정책인데, 1989년 "장애인고용촉진 등에 관한 법률"이 제정된 이래 1999년 "장애인고용촉진 및 직업재활법"에서는 국가와 지방자치단체의 장은 장애인을 소속 공무원 정원에 대하여 다음 각 호의 구분에 해당하는 비율 이상 고용하여야 한다.

1. 2017년 1월 1일부터 2018년 12월 31일까지: 1천분의 32
2. 2019년 이후: 1천분의 34(동법 제27조)

(다) 소외지역 출신자

한국의 특수한 정치적 상황 중 하나가 지역주의인데, 특히 영·호남 간의 지역적 차별이 심각하였다. 영남지역이 대부분의 고위공직과 대통령 등 요직을 차지하게 되어 호남지역에 대한 발전정

---

21 이 사례는 최무현(2001: 152-161)에 토대를 두고 정리되었음.

책이나 지원이 여러 모로 부족하였고, 김대중 정부에서 이를 바로 잡고자 지역적 차별 없는 인사정책을 표방하였으나, 결과적으로 대통령 출신지역인 호남지역 인사가 고위직에 많이 진출하였음이 조사결과 밝혀졌다. 따라서 지역에 따라 고용 및 인사상의 차별현상이 엄존하는 것이 분명한 한국사회에서는 영향력이 큰 핵심 고위직 관료를 중심으로 지역적 배분을 고려하는 대표관료제의 적용은 의미가 있다고 할 수 있다.

출신지역과 관련해서 대표관료제를 적용할 수 있는 또 다른 부분은 낙후된 농어촌 출신자이다. 낙후된 환경에서 성장한 농어촌 출신자에게 일정 비율을 관료임용에서 우선대우해 주는 것을 고려해 볼 수 있을 것이다.

㈜ 국가유공자 및 중고령자

국가유공자의 경우 국가보훈처에서 "국가유공자등 예우 및 지원에 관한 법률"을 통해 국가기관 및 민간기업 취업상의 우선대우를 규정하고 있고, 6급 이하 국가 또는 지방공무원 채용시험 시 각 과목별 득점에서 10% 가산규정을 두고 있다.

중고령자의 경우 1991년 "고령자고용 촉진법"을 제정하고, 국가 및 지방자치단체 등의 장은 그 기관의 적합 직종에 고령자와 준고령자를 우선적으로 채용하여야 하며, 채용 현황을 매년 노동부장관에게 제출하도록 하고 있다. 그러나 고령자의 의무채용을 명시적으로 규정하고 있지 않아 제재수단이 없어 효과성을 의심받고 있다.

6) 요약 및 결론

한국에서 실질적으로 적용된 사례들을 살펴보면, 대체적으로 F. C. Mosher(1982)가 구분한 두 가지 적극적 대표성과 소극적 대표성 중 소극적 대표성만이 나타나고 있음을 쉽게 알 수 있다. 또한, 하위직에 초점을 맞춘 경향도 쉽게 알 수 있다. 외형적으로 보여 지는 숫자만을 맞추는 데 급급하여 상징적 의미는 있을지 모르겠으나, 대표관료제가 궁극적으로 추구하는 적극적 대표성의 구현은, F. C. Mosher(1982: 10-14)도 지적했듯이, 한국적 현실에서 적용이 어려워 보인다.

이러한 점들은 대표관료제가 가지고 있는 본질적 한계를 여실하게 보여주는 것이기도 하고, 우리나라가 본질적으로 대표관료제가 지니는 의미를 실천하려는 고민이 있었는지에 대해 의심스러운 부분이기도 하다. 하지만, 대표관료제가 가지는 본질적 의미인 현대 다원주의 사회의 구조적 한계와 관료제가 지니는 한계로서의 민주성 보완이라는 관점에서, 이상에서 제기된 문제점을 극복하기 위한 꾸준한 고민과 성찰이 필요하다고 하겠다.

3. 인사행정에서의 다양성 관리[22]

1) 의 의

균형인사정책이란 과거로부터 차별적인 인사관행으로 인해 상대적으로 공직에서 소외되었던 여성, 장애인, 과학기술인력, 지방인재 등 소수집단(*minority group*)을 적극적으로 공직에 임용하고 활용하는 인사제도를 의미한다(박홍엽, 2006). 이러한 균형인사정책에 대해 유민봉·박성민(2013)은 협의의 다양성 관리(*diversity management*)의 방안으로서 이해하며 이를 통해 사회적 형평성의 구현이라는 목표를 달성하고자 한다. 균형인사정책에는 가장 잘 알려진 대표관료제를 비롯하여 양성평등정책, 장애인 우대정책, 이공계 인력 우대정책, 지방인재 추천채용 등이 있다. 이와 대조적으로 광의의 다양성 관리는 일과 삶의 균형정책(WLB: Work Life Balance)을 통해 구현되며 개인의 '삶의 질'(QL)과 '근로의 질'(QWL)이라는 핵심가치로 구성되어 있다고 한다. 일과 삶 균형정책에는 유연근무제, 가족친화적 편익프로그램(*family-friendly benefits program*), 선택적 복지(맞춤형복지)제도 등이 있다.

2) 협의의 다양성 관리: 균형인사정책

협의의 다양성 관리는 균형인사정책을 중심으로 이루어지고 있는데 1960년대 차별금지법의 제정으로 활발하게 나타난다. 이러한 정책은 대표적으로 고용기회 균등정책(EEO: Equal Employment Opportunity)과 소수집단 우대정책(*affirmative action*)을 중심으로 시행되었다. 고용기회 균등정책(EEO)은 차별금지와 공정한 기회제공을 목적으로 하며 시민권리법에 근거를 두어 법적 강제력이 매우 강하지만 채용측면에서의 차별금지만을 강조하여 소극적 차별철폐정책의 성격을 가진다. 반면, 소수집단 우대정책(AA)은 인적자원관리의 전 과정에서 차별금지와 차별에 대한 보상을 목적으로 하였고 1961년 케네디 대통령의 행정명령(Executive Order 19025)을 법적 근거로 하여 상대적으로 법적 강제력은 적었으나 자발적 참여에 의한 다양성 확보에 주력하면서 적극적인 차별보상의 성격을 띠고 있다.

3) 광의의 다양성 관리: 일과 삶의 균형정책

협의의 다양성 관리가 외적 다양성을 중시하는 반면, 광의의 다양성 관리는 외적 다양성과 내적 다양성을 함께 고려한다는 점에서 차이가 있다. 이를 통해 '조직효과성'의 전반적인 향상과 '조직구성원의 삶의 질 향상'을 목표로 하여 가치, 선호 그리고 개인적·문화적 배경이 다름으로 인해

---

22 유민봉·박성민(2013, p. 411-443)을 참조하여 구성함.

나타나는 다양한 욕구체계를 어떻게 조화롭게 충족시킬 것인가에 대한 해결책으로 등장하였다.

'일과 삶의 균형'의 개념에 대하여 박천오 외(2012)는 '일과 삶이 다양하게 연결되어 있으며 일과 삶의 영역을 넘나드는 개인이 적절한 균형을 취하면서 두 영역에서 최고의 만족을 느끼는 생활상태'로 정의하고 있다. 이러한 개념정의를 통해 본다면 일과 삶의 균형정책은 개인의 삶의 질과 근로(직장생활)의 질이라는 핵심가치로 구성되어 있다고 볼 수 있다.

일과 삶의 균형정책은 프로그램의 목적에 따라 유연근무제, 가족친화적 편익 프로그램, 선택적 복지(맞춤형 복지)제도 등 3가지로 구분할 수 있다.

4) 한국공직에서의 다양성 관리정책

(1) 협의의 다양성 관리: 균형인사[23]

㈎ 양성평등정책

양성평등정책은 공직사회에서의 성비(性比) 불균형을 해소하기 위해서 양쪽 성 모두 최소채용비율 30%를 설정하여 의무적으로 채용하게 하는 제도를 말한다. 남성이나 여성 한 쪽이 30%에 미달할 경우 합격선 범위 내에서 해당 성(性)의 응시자를 추가로 합격시키는 것이다. 이 정책은 1996년 '여성공무원채용목표제'로 시작되었고 2003~2007년까지 한시적으로 '양성평등채용목표제'로 운용되다가 당시 중앙인사기관이었던 중앙인사위원회가 2007년에 시한을 5년 연장하여 2012년까지 운영되었다.

㈏ 장애인 우대정책

장애인 우대정책은 2000년부터 「장애인 고용촉진 및 직업재활법」에 근거하여 시행된 장애인 의무고용제도와 공무원 임용 시 장애인만이 응시가능하도록 분리하여 실시하는 장애인구분모집제도가 시행되고 있다. 이는 '정부가 모범적 고용주로서 솔선수범하여 장애인 고용을 촉진하고 장애인 공무원이 능력을 충분히 발휘할 수 있도록 각종 인사관리에 있어서 필요한 경우 적극적인 우대정책을 실시하여야 할'[24] 의무가 있기 때문에 도입되었다. 현재 2013년 국가공무원 임용시행계획에서는 행정 5급 공채와 외무 5등급 공채에서는 장애인 구분모집이 없으며, 7급과 9급 공개채용시험에서는 각각 47명(약 7.5%, 총 630명 모집), 139명(약 5%, 총 2,738명 모집)를 채용할 예정이다.

㈐ 이공계 인력우대정책

'이공계 인력'이란 기술직군 및 행정직군 중 최종학력이 이공계 분야이거나 이공계 분야 대학(교) 졸업자 또는 이공계 분야 자격증을 소지한 사람을 말한다. 이공계 인력우대정책의 내용을 2013년 안정행정부 균형인사지침에 따라 구체적으로 살펴보면, 2013년 12월까지 5급 공무원 공개경쟁채

---

23 안전행정부 예규 제5호 「균형인사지침」 2013. 4. 2.을 토대로 서술되었음.
24 안전행정부 예규 제5호 「균형인사지침」 2013. 4. 2. 15쪽.

용, 경력경쟁채용, 계약직 임용 등 채용경로에 관계없이 정부 전체 5급 및 이에 준하는 신규채용 총 인원의 40%(연구직·지도직 제외)를 이공계 인력으로 채용하여야 한다. 또한 민간우수기술인력 유치를 위해 중앙행정기관은 채용계획을 적극적으로 홍보하고 경력경쟁채용·개방형·계약직 임용 등의 채용방법도 적극 활용하도록 하고 있다. 그리고 고위공무원 비율에서도 각 기관의 연도별 임용목표비율을 포함한 중장기 계획을 수립하여 시행할 수 있도록 하고 중앙행정기관장의 이행노력 의무를 규정하고 있다.

㈃ 지방인재 임용확대제

지방인재 임용확대정책은 공무원 임용에 있어서 지역격차 완화를 통한 공직구성의 대표성 확보를 위해 시행되는 제도이다. 우선, 2007년부터 도입된 지역인재 채용목표제는 서울특별시를 제외한 지역에 소재한 소정의 학교를 최종적으로 졸업하거나 재학·휴학 중인 인재를 채용하는 제도를 말한다. 또, 2005년부터 도입된 지역인재 추천채용제는 학교별로 구성된 3인 이상의 추천심사위원회의 의결에 따라 학교장이 안전행정부 장관에게 추천하고 7급의 경우 1년, 9급의 경우 6개월 동안 견습직원으로 근무한 후 채용하게 된다. 이때 특정 지역 해당 학교의 출신비율이 7급 견습직원의 경우 10%, 9급 견습직원의 경우 20%를 넘지 않도록 하여 지역별 균형을 이루도록 의무조항을 규정하였다.

㈄ 기능인재 추천채용제

기능인재 추천채용제란 고등(기술)학교 또는 전문학사를 졸업하거나 졸업예정인 자 중에서 학교장의 추천을 받아 기능직 공무원이 수행하는 기술·기능분야의 인재를 견습직원으로 선발하여 6개월의 견습기간을 거쳐 정식 공무원으로 채용하는 제도를 말한다. 견습과정을 마친 후 근무성적평정에 의해 기능직 기능 9급 공무원으로 임용되며 경력경쟁채용시험과 시보임용이 면제된다.

㈅ 저소득층 공무원 채용

저소득층 공무원 채용제도는 공무원시험령 제2조 및 제20조의 4의 규정에 의해 시험과 임용에 있어 「국민기초생활보장법」에 따른 수급자 또는 「한부모가족지원법」에 따라 보호대상자에 해당하는 저소득층을 우대하는 제도를 말한다. 예를 들어, 9급 공개경쟁시험의 경우 선발예정인원의 100분의 1이상 채용될 수 있도록 시험을 실시하여야 하고 기능직 채용의 경우 연간 신규채용 인원의 1% 이상을 저소득층으로 채용하도록 하고 있다.

(2) 광의의 다양성 관리: 일과 삶의 균형

㈎ 유연근무제

중앙정부 및 지방자치단체에서는 2010년 8월부터 유연근무제가 도입되어 운영되고 있는데, 근무형태(*type*), 근무시간(*time*), 근무장소(*place*), 근무방법(*way*), 근무복장(*dress*) 등 5가지 범주로 구분된다. 근무형태에 관한 방법에는 시간제근무제가 있고, 근무시간에 관한 방법으로는 시차출퇴근제(탄력근무제), 근무시간선택제, 집약근무제, 재량근무제 등이 있으며, 근무장소에 관한 변형근무방법에는 재택근무제, 원격근무제 등이 있다. 또 근무방법의 범주에는 집중근무제(*core-time work*), 근무복장에 관한 방법으로는 유연복장제(*free-dress code*)가 있다(오석홍, 2013: 650-651). 안전행정부는 2011년 7월 유연근무제가 공직사회에 정착할 수 있도록 법적 근거를 마련하고 유연근무제를 신청한 공무원의 보수나 승진 등에 불이익이 없도록 하였다.

(나) 가족친화적 편익 프로그램(family-friendly benefits program)

가족친화적 편익 프로그램이란 조직구성원들이 직장생활에서의 책임과 가정생활에서의 책임을 균형 있게 다할 수 있도록 직장에서 도와주는 편익의 조합으로서 일과 가정의 양립을 지원하기 위해 설계한 복합적 편익 프로그램이다. 이 프로그램은 융통성이 있는 근무시간과 근무장소, 편익선택의 융통성, 가족친화적 휴가제도, 육아지원,[25] 노인부양의 편의 제공 등이 포함되어 있다(오석홍, 2013: 654).

(다) 선택적 복지제도(맞춤형 복지: cafeteria stayle benefits program)

정부가 준비한 여러 가지 복지혜택 중 공무원 개개인이 각자 필요한 복지서비스를 선택할 수 있도록 하는 것을 선택적 복지제도라고 한다. 이는 수요자 중심의 복지제도를 운영함으로써 구성원의 만족도를 높여 조직효율성을 증진시키고자 도입한 제도이다. 구체적으로는 기본항목과 자율항목으로 구분하고 자율항목에는 다양한 종류의 복지서비스 중에서 고를 수 있게 한다. 공무원들에게는 각각 금액으로 환산가능한 점수를 부여하고 점수의 가액에 해당하는 복지메뉴를 구입할 수 있다.

제 9 절 요약 및 결론

동태적 행정과정의 전체 구조에 있어 인사행정은 행정목표를 성공적으로 달성하기 위해서 반드시 필요한 인력관리에 관한 부분이다. 행정의 3대 변수는 인간, 조직, 환경인데, 이 중 인간에 관하여 다루는 것이 인사행정이다. 행정조직과 환경이 이상적인 행정목표의 달성을 위하여 최적인 상태로 있다고 하더라도, 행정과정에서 주체적 역할을 하는 인간(행정인)이 소극적으로 행동하고 능력발전에 무관심하다면 행정목표의 성공적 달성은 이루어질 수 없는 일이다. "인사(人事)가 만사(萬

---

25 이를 위한 제도로서는 부분근무공무원제, 업무대행공무원제, 대체인력뱅크제가 도입되어 있다.

事)"라는 말도 있듯이, 인재를 적재적소에 배치하고 능력을 개발하는 인사행정의 중요성은 아무리 강조해도 지나치지 않을 것이다.

　　제7장에서 검토한 인사행정 목차의 구성은 개념이해 → 제도적 기반 이해 → 인사행정 과정별 이해 순으로 구성되어 있다. 기초 개념을 검토하고, 제도적 기반(엽관주의, 실적주의, 직업공무원제, 계급제, 직위분류제 등)을 검토한 후, 인사행정의 동태적 과정(인력관리계획, 인력구조, 채용선발, 능력 발전, 동기부여, 평가환류 등)에 대해서 검토하였다.

　　지식정보사회에서는 지속적 학습과 새로운 지식의 습득이 강조된다. 전통적 조직에서는 한 번 습득한 기술이나 능력이 오랜 기간 조직의 경쟁력을 보장하였지만, 지식정보사회의 조직에서는 새 로운 기술과 관리능력에 대한 지속적인 학습을 요구하고 있으며, 이에 따라 지식정보사회에서의 정부관료는 환경인지능력, 지식창조능력, 고객만족능력과 더불어 정책역량 강화에 핵심지식을 갖 춘 '지식관료'가 될 것을 요구하고 있다. 이러한 측면에서도 이 장에서 공부한 인적자원의 충원과 관리, 그리고 인적자원의 능력발전과 동기부여의 문제는 현대행정의 있어 매우 중요한 의미를 갖 는다고 하겠다.

핵심 Point !

Dynamic Process

◎ 인사행정의 개념: 인사행정이란 "행정목표를 달성하기 위해 가장 효율적인 인적자원의 충원·배분·관리를
　　연구하는 학문"

◎ 인사행정의 과정
　▪ 인력계획(manpower planning)의 작성
　▪ 인력구조(manpower structure)의 형성
　▪ 채용(recruit) 및 선발(selection)
　▪ 능력발전(capacity development)
　▪ 동기부여(motivation)
　▪ 평가(evaluation) 및 환류(feedback)

◎ 인사행정의 제도적 기반
　▪ 엽관주의(Spoils system)
　▸ 의의: 공직의 임용기준을 혈연·지연·학연 등 귀속적인 것을 기준으로 삼는 인사제도
　▸ 유용성
　● 정당의 이념구현
　● 민주적 통제용이
　● 관료의 특권화 방지
　▸ 한계
　● 행정의 지속성과 전문성 확보가 곤란
　● 공직부패 만연의 위험성
　▪ 실적주의(Merit system)
　▸ 의의: 공직의 임용기준을 실적(능력·자질)에 두는 인사제도
　▸ 유용성
　● 공정한 인사처리

- 행정의 능률성 제고
- 행정의 중립성 유지
  - ▶ 한계: 실적주의에 지나치게 집착하게 되면 인사행정을 오히려 소극적·경직적으로 만듦
  - ▶ 엽관주의(Spoils system)와 실적주의(Merit system)의 조화
- 정책의 큰 변동을 가져올 때에는 엽관주의에 의한 임명이 필요
- 공무원의 계층구조상으로 살펴보면, 상위직의 경우는 집권자와 정치적 이념을 공유하는 엽관주의에 의한 임명이 필요한 반면 절대다수를 점하는 직업공무원들은 실적에 의해 임용
  - ◘ 직업공무원제도(Career civil service system)
  - ▶ 의의: 젊고 유능한 인재가 공직에 들어와 공직을 일생의 본업(life work)으로 하여 일할 수 있도록 계획한 인사제도
  - ▶ 실적주의(Merit system)와의 구별
  - ▶ 유용성
- 공직에 대한 자부심과 일체감을 강화
- 장기적인 근무에 따른 행정의 안정성 유지
- 공무원의 폭넓은 능력발전이 가능
  - ▶ 한계: 공무원 집단의 보수주의화와 관료주의화 조장
  - ▶ 우리나라에서의 문제점과 발전방향
- 공무원 인사의 공정성이 확보되지 않고 있음
- 공직에 대한 국민의 불신이 매우 큼
- 우수인재 확보를 위한 적극적인 노력이 부족

◎ 공직의 분류제도
  - ◘ 계급제
  - ▶ 개념: 사람의 자격·능력을 기준으로 하여 계층을 만드는 인사원리
  - ▶ 특징
- 일반행정가(generalist)의 원리가 강조
- 계급 간의 차별
- 고급계급의 엘리트화
- 폐쇄형 충원(closed career)
- 강한 신분보장
  - ▶ 유용성
- 일반행정가(generalist)의 양성에 유리
- 공무원의 시야가 넓어짐(조정 용이)
- 인사행정의 융통성에 유리

- 공무원 신분보장의 안정성
▶ 한계
- 특정 분야의 전문가(specialist) 양성이 곤란
- 실적주의의 확립에 저해요인
▣ 직위분류제
▶ 개념: 공직을 직무의 난이도와 책임도에 따라 등급(grade)으로 분류
▶ 수립절차
- 계획과 절차의 결정
- 분류담당자의 결정
- 직무기술서(job description): 직무와 책임의 내용을 명시한 직무기술서를 작성
- 직무분석(job analysis): 직무를 종류에 따라 직렬·직군으로 결정
- 직무평가(job evaluation): 직무를 비중 및 상대적 가치에 따라 횡적으로 분류
- 직급명세서(job specification): 직급의 직무와 책임의 내용을 명시한 직급명세서 작성
- 정급: 직위분류표에 수많은 직위를 하나 하나 직급 및 등급에 배치
- 제도의 유지 및 관리
▶ 유용성
- 인사배치에 적합한 기준 제공
- 직무급의 수립에 용이
- 근무성적평정의 기준 설정에 유익
- 조직관리의 합리성
▶ 한계
- 일반행정가의 양성이 곤란
- 인사행정의 경직화를 초래
- 신분보장의 안정성 결여
- 넓은 시야가 필요한 고위직에는 적용 한계
▶ 개선방향: 계급제를 기본원리로 하되, 직위분류제 도입을 위한 기초 작업과 적용의 범위를 점진적으로 확
　　대하는 방향이 바람직함

◎ 인사행정기관
▣ 중앙인사기관
▶ 성격: 독립성, 합의성
▶ 조직형태: 독립합의형, 독립단독형, 비독립합의형, 비독립단독형
▶ 기능: 준입법기능, 집행기능, 준사법기능, 감사기능
▣ 부처인사기관
▣ 지방자치단체

◎ 인력관리계획 및 인력구조

   ◘ 인력관리계획(manpower management planning)

   ▸ 의의: 정부조직의 현재 인적자원에 대한 정확한 분석을 통해 행정수요를 직급별·직종별로 예측하고, 부족
한 인력을 적절하게 충원할 수 있는 인력공급과 관리계획을 수립하는 계획

   ▸ 과정: 조직목표설정-인력규모예측-인력 총공급 예측-실제 인력수요결정-인력확보방안 결정단계-실제
인력모집 및 선발-통제자료 준비-평가 및 환류

   ◘ 인력구조

   ▸ 공직분류의 체계: 경력직(일반직, 특정직, 기능직), 특수경력직(정무직, 별정직, 계약직, 고용직)

   ▸ 공직분류의 방법: 계급제, 직위분류제

◎ 채용 및 선발

   ◘ 신규임용제도: 모집-시험-임명

   ◘ 내부임용제도

   ▸ 승진

   ▸ 배치전환(전직 · 전보)

   ◘ 외부임용제도

   ▸ 개방형 인사제도(Open Career System)

   • 의의: 공직의 개방에 따라 외부 전문가나 경력자에게 공직의 문호를 개방

   • 유용성

    - 전문성의 제고

    - 전문성의 축적

    - 넓은 인사교류

   • 문제점

    - 직업공무원의 사기 저하

    - 젊은 인재 유치 저해

    - 정치적 중립 저해

    - 행정의 일관성 문제

    - 조직문화와의 충돌

   • 결어

    - 개방형 직위제도가 도입된 이후 공직사회에는 경쟁과 변화의 물결이 급속히 확산

    - 개방형 인사제도는 우리나라의 행정 패러다임을 변화시키는 촉매제 역할

    - 향후 직무성과급제도의 도입 및 성과가 우수한 자에 대한 특별채용 확대 등의 제도보완 필요

   ▸ 직위공모제도(Job Posting)

   • 개념: 정부 내 인력을 효율적으로 활용하기 위하여 결원발생 시 정부 내 공개모집을 통해 적격자를 선발
하는 제도(내부인력시장제도; Inner Human Resource Market)

- 적용대상: 1~3급에 상당하는 일반직·별정직(개방형 직위 제외)
- 유용성
  - 국장급 이상 고위공무원 인사에 있어 능력과 실적 중심의 인사가 가능
  - 부처 간, 중앙-지방 간 인사교류를 확대를 통해 정책협조의 강화가 용이
- 한계: 배타적 조직문화가 강한 우리나라에서 조직문화와의 충돌가능성
- 결어
  - 직위공모제는 개방형 인사제도의 한 형태로서 행정의 전문성과 민주성을 제고
  - 하지만, 우리나라의 조직문화에서는 연공서열에 의한 승진 및 임용이 아직 잔재하고 있어 조직문화와의 충돌가능성에 대해서는 향후 개선 필요

◎ 능력발전
  - ▣ 교육훈련
  - ▶ 의의: 개인의 능력을 종합적으로 개발하는 것
  - ▶ 목적: 직무수행능력을 향상시킴으로써 정책역량과 관리역량의 제고
  - ▶ 중요성
  - ● 생산성 향상
  - ● 분위기 혁신
  - ▶ 교육훈련의 수요: 직무가 요구하는 자격-공무원의 현재자격
  - ▶ 교육훈련의 종류
  - ● OJT(On-the-Job Training)
    - 인턴십(internship)
    - 직무순환(job rotation)
    - 실무지도(coaching)
    - 임시배정(transitory experience)
  - ● OFFJT(Off-the-Job Training)
    - 강의(lecture)
    - 시청각 교육(case study)
    - 역할 연기(role playing)
    - 감수성 훈련(sensitivity training)
  - ▣ 고위직 인사교류
  - ▶ 의의: 부처 간의 고위직 인사교류를 통해 부처이기주의 탈피 가능
  - ▶ 2006년 7월 고위공무원단제도가 시행되면서 개방형 인사제도와 직위공모제도, 직무성과계약제도와 함께 통합 시행
  - ▣ 경력개발제도
  - ▶ 의의: 경력(career)을 체계적으로 관리함으로써 공무원의 능력발전을 도모하는 인사제도

▶ 내용
- 경력목표: 개인의 적성·소질에 따라 개인이 설정한 직무상의 지표
- 경력경로: 목표직위에 도달하기까지 옮겨 다녀야 할 직위의 순차적 배열
- 최소임기제
- 교육훈련
- 경력개발센터
- 전문보직관리와 직위공모제
▶ 경력개발제도의 원칙
- 자기주도(상향식)의 원칙
- 인재육성책임의 원칙
- 직무와 역량중심의 원칙
- 개방성 및 공평성의 원칙

◎ 동기부여
▣ 사기와 동기부여
▶ 측정수단
- 실적(생산성)
- 출퇴근과 이직률
- 사기조사
▶ 사기양양수단
- 고충처리(Grievance)
  - 의의: 공무원이 제기하는 고충을 심사하고 정부가 그 해결책을 강구하는 제도
  - 필요성: 사기앙양의 수단, 하의상달의 촉진
  - 성공조건: 제도운영의 일관성, 처리절차의 신속성, 신속과정의 신중성, 처리절차의 공정성
- 제안제도
  - 의의: 공무원의 창의적인 발상이나 의견을 장려하는 제도
  - 기대효과: 직원의 참여 유도, 조직 내 커뮤니케이션 향상, 생각하는 습관, 문제해결능력 향상
▣ 공무원의 행동과 권리
▶ 공무원의 행동의 가치기준: 공익
▶ 공무원 노동조합
- 의의: 공무원의 권리나 근무조건을 개선하기 위한 공무원들의 집단
- 노동삼권: 단결권, 단체교섭권, 단체행동권
- 공무원 단체활동에 대한 찬반논쟁
  - 긍정적 입장: 공무원들의 사기진작과 행정능률의 향상을 도모(C. Friedrich)
  - 부정적 입장: 행정서비스의 중단 우려, 행정목표의 달성 등한시

- 발전방안
- 공무원 단체 허용범위에 대한 합리적 기준이 설정될 필요
- 정부와 공무원 단체 간 상호인정과 신뢰
- 협의와 타협문화의 정착
● 뉴거버넌스 패러다임 하에서는 행정의 각 주체들이 각자의 위치에서 최선을 다할 것을 요구하는 바, 상호 신뢰와 협동정신이 절실히 요청됨

🗀 보수
▶ 의의: 공무원이 근로한 대가로 정부로부터 받는 금전적 보상
▶ 특징
● 공무원 보수의 수준은 민간부문의 일반의 보수수준에 비추어 낮음
● 정부의 업무는 사기업에서는 볼 수 없는 직무가 많아 보수책정에 어려움이 있음
▶ 우리나라 공무원 보수의 문제점과 개선방안
● 보수수준의 적정화: 만성적 박봉은 부패의 소지를 제공
● 보수체계의 합리화: 지나친 연공서열 중심의 보상체계 개선 필요
● 보수체계의 투명화: 기본급보다 수당의 종류가 너무 많고 복잡해 투명성이 떨어지는 문제 개선 필요
▶ 총액인건비제도는 각 부처의 업무특성에 적합하게 인건비 총액 범위 내에서 조직, 정원, 예산, 보수를 자율적으로 운영할 수 있는 제도인데, 이는 공무원 보수구조를 투명화, 단순화하는데 많은 기여를 할 것으로 생각됨

🗀 인적자원의 활용과 생산성 향상의 수단
▶ 직무성과계약(Job Performance Agreement)
● 개념: 장·차관 등 기관의 책임자와 실·국장, 과장 간에 공식적인 성과계약을 체결하는 "직무성과계약"에 의해 개인의 근무성적을 평가하는 인사관리시스템
● 기존 목표관리제(MBO)가 유명무실해짐에 따른 대체제도의 필요성이 부각
● 기존제도와의 차별성
 - 목표관리제(MBO)
 - 균형성과지표(BSC)
 - 정책평가
 - 성과감사
● 성공요인
 - 성과측정치는 조직의 목표와 일치해야 한다.
 - 성과측정치는 관리자가 통제가능해야 한다.
 - 성과측정치는 검증가능하고 객관적이어야 한다.
 - 성과표준은 사전에 설정되고 동기부여를 할 수 있도록 도전적이어야 한다.
 - 보상의 내용은 계약당사자들이 이해하기 쉽도록 단순 명료해야 한다.

- 유용성
  - 업무의 방향성 · 책임성 제고
  - 성과와 보상의 연계 강화
- 한계
  - 명확한 목표설정과 성과측정 곤란
  - 주인-대리인(principal-agent) 문제: 하급자가 제시하는 목표에 따라 계약이 주로 체결되고 상급자는 이 끌려가는 현상이 나타날 우려

▶ 고위공무원단(SES: Senior Executive Service)

- 의의: 정부의 실 · 국장급 공무원을 범정부적 차원에서 적재적소 활용하고, 개방과 경쟁을 통해 역량을 강화하고 능력을 발전시키는 인사관리제도
- 배경
  - 고위공무원의 체계적 육성
  - 부처이기주의 폐해
  - 전문성 제고 기회 부족
- 제도의 핵심요소
  - 개방형직위제도 · 직위공모제를 통한 고위직의 개방과 경쟁을 제고
  - 역량평가제, 교육훈련, 최소보임기간 설정 등을 통한 고위공무원의 능력발전을 도모
  - 직무성과계약을 통한 고위공무원의 성과제고 및 책임확보
  - 고위직 인사교류를 통한 통합적인 시각을 가진 고위공무원의 양성
- 유용성
  - 고위공무원의 체계적 관리
  - 고위공무원의 전문성 제고
  - 고위공무원의 책임성 제고
- 한계
  - 조직문화 및 제도와의 갈등
  - 직업공무원제 요소의 약화
  - 정실임용가능성
- 해결방안
  - 점진적 제도 변화
  - 객관성 · 투명성 확보
  - 성과와 적절한 보상의 연계

▶ 총액인건비제도

- 의의: 총액인건비 내에서 조직 · 정원, 보수, 예산을 각 기관특성에 맞게 자율적으로 운영하되, 그 결과에 책임을 지는 제도 ⇒ 성과중심의 정부조직 운영

- 배경: 우리나라의 경우에는 2005년 3월 관련 규정을 개정, 2007년부터 전 부처를 대상으로 본격 실시
- 제도의 기본방향
  - 조직관리 측면: 총 정원 및 포괄적 정원관리 기준 범위 내에서 신축적인 인력조정이 가능
  - 인사관리 측면: 부처 자율적 채용권 확대
  - 보수관리 측면: 각 부처별 보수수준 및 보수체계의 차별화 허용
  - 예산관리 측면: 총액인건비 범위 내에서 잉여인건비 사용에 대한 부처의 재량권을 확대
- 책임성 확보방안
  - 사전에 제도운영에 필요한 최소한의 지침을 제시하고, 사후 운영실태의 적정성 평가
  - 제도운영의 성패를 가늠할 수 있는 평가체제를 구축
  - 운영 우수기관에는 인센티브를 부여하고, 운영 부진기관에 대해서는 예산삭감
▶ 전자인사관리시스템(PPSS: Personnel Policy Support System)
- 의의: 인사관리 분야에 적용된 전자적 인사관리시스템
- 유용성
  - 인사정책의 실효성 제고
  - 인사관리의 투명성 제고
  - 인사운영의 효율성 제고
  - 인사행정의 개방성 제고
▶ 품질관리서클(Quality Circles): 작업과정에서 드러나는 문제점을 식별·분석·해결하기 위해 정기적으로
　　　　　　　　　　　　　　　만나서 서로 관련된 유사한 작업을 수행하는 소규모 집단
▶ 인센티브 프로그램
- 의의: 인센티브에는 기존의 경제적인 보상 외에도 다양한 보상이 포함
- 종류
  - 경제적 인센티브제도: 성과상여금, 작업량 보너스, 수익분배제도
  - 비경제적 인센티브제도: 제안상제도, 행태보상제도, 종업원인정제도
▶ 연봉제
- 의의: 개인의 능력, 실적에 대한 평가를 통해 연단위로 임금을 결정하는 임금제도
- 형태
  - 고정급적 연봉제
  - 성과급적 연봉제
  - 직무성과급적 연봉제
▣ 평가 및 환류
▶ 근무성적평정
- 의의: 근무성적을 정기적으로 감독자가 평가하는 제도

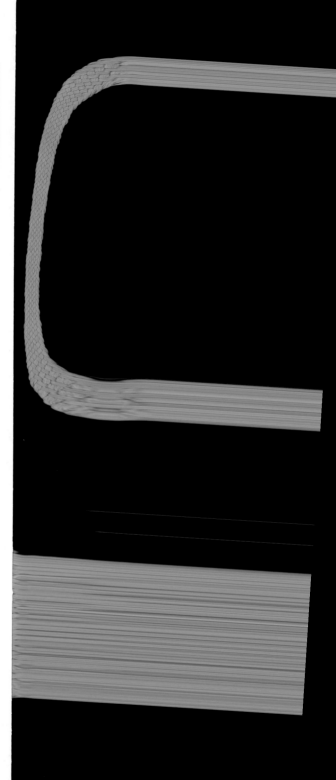

- 용도
  - 상벌의 목적
  - 시험의 타당성 측정
  - 공무원의 능력발전의 도구
- 문제점
  - 객관적 평가기준의 미비
  - 연공서열 위주의 평정
  - 평정결과의 비공개
- 개선방안
  - 평정지표의 객관화
  - 실적주의 정착과 직위분류제 요소의 강화
  - 평정결과의 공개
  - 다면평가제도의 보완적 활용
- ▶ 다면평가제도
- 의의: 인사평가 시 여러 사람을 평정자로 참여시킴으로써 객관성과 공정성을 높이는 제도
- 내용
  - 인사의 공정성 확보
  - 다수의 평가자 참여
- 유용성
  - 평가가 객관적이고 공정하게 이루어짐
  - 원만한 인간관계를 증진시키려는 강한 동기부여
  - 자기역량 강화의 기회가 많아짐
- 한계
  - 능력보다는 인간관계를 주로 평가하여 인기투표로 전락할 가능성
  - 상사와 부하 간의 갈등 소지
  - 부처이기주의가 나타날 우려(통합된 부처의 경우)
◎ 최근의 인사행정 경향
  - ▪ 전략적 인적자원관리(SHRM: Strategic Human Resource Management)
  - ▶ 의의: 조직의 목표 및 성과달성을 목표로 개인과 조직이 일체성을 가지고 전략을 수행할 수 있도록 인적자원을 관리하는 방식
  - ▶ 특징
  - 전략적 인적자원관리를 통해 조직의 성과를 제고가능
  - 조직의 전략과 인적자원관리 기능 간의 유기적 관계를 형성함으로써 자원관리의 효율성 향상 기대
  - 장기적 관점에서 조직 내 인적자원을 자본화함으로써 지속적인 경쟁우위 확보가 가능

▶ 문제점
- 미국의 인력관리계획 모델을 바탕으로 설계되어 한국현실과의 괴리존재
- 정부 인력관리계획에 대한 부처와 공무원 개인의 인지도 및 이해도가 낮음
- 정부의 인력자원관리 시스템은 민간부문에 비하여 경직적이며 전략적 마인드가 부족한 상태에서 운영

◘ 대표관료제(representative bureaucracy)
▶ 의의: 정부 관료제가 그 사회의 인적 구성을 반영하도록 구성함으로써 관료제 내에 민주적 가치를 주입
▶ 기본전제
- 진보적 평등(progressive equity): 적극적 기회균등
- 소극적 대표성(passive representativeness): 인적구성의 비례
- 적극적 대표성(active representativeness): 책임성과 대응성
▶ 유용성
- 관료제의 대표성 제고
- 내부 통제의 강화
- 적극적 기회균등이 보장
▶ 부세점
- 내표의 십빈이시푸의회
- 피동적 대표성이 능동적 대표성을 보장한다는 전제의 허구성
- 천부적 자유(natural liberty)의 개념과 상충
- 행정의 전문성·생산성 저하
- 할당제(quota system)와 역차별(reverse discrimination)

◘ 인사행정에서의 다양성 관리
▶ 협의의 다양성 관리: 균형인사정책
▶ 광의의 다양성 관리: 일과 삶의 균형정책
▶ 한국공직에서의 다양성 관리정책
- 협의의 다양성 관리: 균형인사
  - 양성평등정책
  - 장애인 우대정책
    비공개 인력우대계체
    지방인재 임0획게게
  - 기능인재 수전채용세
  - 저소득층 공무원 채용
- 광의의 다양성 관리: 일과 삶의 균형정책
  - 연근무제
  - 가족친화적 편익 프로그램(family-friendly benefits program)
  - 적 복지제도(맞춤형 복지)

핵심 Question !

◎ 인사행정이란 무엇이며, 어떤 과정들로 구성되어 있나?

◎ 엽관주의(Spoils system)의 개념, 유용성과 한계를 설명하라.

◎ 실적주의(Merit system)의 개념, 유용성과 한계를 설명하고, 엽관주의(Spoils system)와 실적주의(Merit system)의 조화방안을 언급하라.

◎ 직업공무원제도(Career civil service system)의 개념, 유용성과 한계를 설명하고, 우리나라에서의 문제점과 발전방향을 언급하라.

◎ 공직의 분류제도에서 계급제의 개념, 유용성과 한계에 대해서 설명하라.

◎ 공직의 분류제도에서 직위분류제의 개념, 유용성과 한계에 대해서 설명하라.

◎ 인력관리계획의 의의와 과정에 대하여 설명하라.

◎ 개방형 인사제도(Open Career System)의 개념, 유용성을 설명하고, 그 문제점과 개선방안에 대해 언급하라.

◎ 직위공모제도(Job Posting)의 개념, 유용성을 설명하고, 그 문제점과 개선방안에 대해 언급하라.

◎ 고위직 인사교류의 개념과 내용에 대하여 설명하라.

◎ 경력개발제도의 개념과 내용, 발전방안에 대하여 설명하라.

◎ 고충처리(Grievance)의 개념, 필요성, 성공조건에 대하여 설명하라.

◎ 제안제도의 개념과 효과에 대하여 설명하라.

◎ 공무원 노동조합의 찬반논리를 설명하고, 한국에서의 발전방안에 대하여 설명하라.

◎ 우리나라 공무원 보수의 특징과 문제점을 설명하고, 개선방안을 언급하라.

◎ 직무성과계약(Job Performance Agreement)의 개념과 성공조건을 설명하고, 유용성과 한계에 대해서 언급하라.

◎ 고위공무원단(SES: Senior Executive Service)의 개념과 핵심요소에 대해서 설명하고, 유용성과 한계 및 해결방안에 대해서 언급하라.

◎ 총액인건비제도의 개념과 제도의 기본내용을 설명하고, 책임성 확보방안에 대해 언급하라.

◎ 전자인사관리시스템(PPSS: Personnel Policy Support System)의 개념 및 유용성을 설명하라.

◎ 다면평가제도의 개념과 내용을 설명하고, 유용성과 한계에 대해서 언급하라.

◎ 전략적 인적자원관리의 특징과 문제점에 대하여 설명하라.

◎ 대표관료제(representative bureaucracy)의 개념, 유용성을 설명하고 문제점에 대해 언급하라.

◎ 인사행정에서의 협의의 다양성 관리와 광의의 다양성 관리를 균형인사정책과 일과 삶의 균형정책이라는 관점에서 설명하라. 특히 유연근무제, 가족친화적 편익 프로그램(family-friendly benefits program), 선택적 복지제도(맞춤형 복지)의 성공사례를 사례를 들어 설명하라.

인사이론은 다양한 이론과 제도에 대한 문제가 출제되고 있는 중요한 분야로서 크게 두 가지 **유형**으로 범주화할 수 있다. 먼저 인사 관련 주요 이론 및 제도에 대한 기본적인 개념과 의의, 장단점 등에 대해 묻고, 특정 사례나 우리나라의 현실적 맥락을 토대로 답해야 하는 문제유형이다. 다음으로 정부혁신, 행정개혁, 민주성과 형평성 등 최근에 대두되었던 이슈들을 특정 사례와 연관지어 묻는 문제유형이 있다.

먼저 인사이론 혹은 인사제도의 내용에 대해 질문하고, 우리나라에서의 적용 시 나타나는 문제점 및 장단점 등에 대한 문제가 지속적으로 출제되어 왔다. 이 같은 유형은 인사이론에 대한 일정 수준의 지식을 갖추고 있음과 동시에, 우리나라의 제도와의 비교를 통한 본인만의 통찰력을 가지고 있어야 한다. 예를 들어 엽관주의와 실적주의의 대두배경과 주요 내용, 양 제도의 장단점 논의, 우리나라 대통령중심제도 하에서 양 제도가 가지는 함의에 대해 설명할 수 있어야 한다. 그리고 인사제도(순환보직제, 근무성적평정제, 계급제와 직위분류제, 공무원 보수체계)에 대한 개념과 특징에 대한 이해를 높이고, 이를 통해 우리나라 제도에 대한 비판적 사고를 견지할 필요가 있다.

다음으로 인사행정에서 보다 최근의 강조되고 있는 이슈들에 대한 관심과 이해도를 높여야 한다. 따라서 과거 이슈가 되었던 주제뿐만 아니라 최근까지 논쟁의 대상이 되었던 주제를 주시하고 선별하는 노력이 필요하다. 예를 들어 전략적 인적자원관리, 정부혁신 차원으로서 조직문화 개선방안, 개방형 임용제의 확대 등에 대한 의의와 특징, 정부조직 및 인사에 미칠 수 있는 영향력에 대해서는 반드시 고민하고 정리해야 한다.

또한 최근 들어 특정 사례나 지문을 제시하고 이에 해당되는 논의를 요구하는 문제가 자주 출제되고 있다. 이는 해당 지문이나 사례를 통해 질문의 대상이나 요지를 우선적으로 파악할 수 있는지에 대한 능력을 측정하고, 문제에 대한 내용의 이해 정도와 본인의 비판적 사고를 통한 창의적인 대안 제시 여부를 측정하는 문제로서, 이러한 유형의 문제는 향후에도 지속적으로 증가할 것으로 판단되는 바, 이에 대한 각별한 대비가 요구된다고 하겠다.

오늘날 인사행정에서 강조되고 있는 '전략적 인적자원관리(Strategic Human Resource Management)'에 관한 다음 질문에 답하시오[2009년].

(1) 현대 인사행정의 패러다임 변화에 근거한 '전략적 인적자원관리'의 의의와 특징을 설명하시오.
(2) '전략적 인적자원관리'의 개념이 인사행정의 하위활동과정(인적자원의 확보, 개발, 활용, 평가, 보상 등)에 적용된 대표적인 제도 또는 사례를 통해 '전략적 인적자원관리'의 적실성과 한계를 논하시오.

답안작성요령

핵심개념

문제(1)은 '전략적 인적자원관리'의 핵심개념과 특징을 묻고 있다. 전략적 인적자원관리란 조직의 비전, 목표, 내외부 환경을 모두 고려하여 가장 적합한 인력을 개발 관리하여 조직의 목표를 극대화하고자 하는 인사관리를 말한다. 즉, 인사관리가 조직의 전략과 목적을 반영하여 전략기획과정과 잘 연계되어 조직의 목표달성에 공헌하도록 하는 과정이라고 할 수 있다. 따라서 전략적 인적자원관리의 특징은 조직전략과의 연계성, 계획성, 성과지향성을 설명하고 강조할 필요가 있다(이종수, 2009; 김판석 외, 2013).

전략적 인적자원관리의 적실성 및 한계

문제(2)에서는 전략적 인적자원관리의 적실성과 한계를 묻고 있다. 전략적 인적자원관리는 조직의 목표와 인사관리를 통합함으로써 지나치게 조직목표에 집착하여 실제 조직이 처한 상황에 적합한 유연한 인사관리를 저해할 가능성이 있으며, 성과주의 문화가 아직 덜 성숙한 한국의 공공부문 조직의 경우 의도하지 않은 결과를 초래할 수 있음을 한계로 지적할 수 있다. 따라서 행정문화의 변화와 합리적 목표설정을 위한 제도의 개선이 우선되어야함에 대해 설명할 필요가 있다(김판석 외, 2013).

전략적 인적자원관리 사례

전략적 인적자원관리의 사례의 대표적 예로써 직무성과계약제를 들어 적실성과 한계를 설명할 수 있다. 직무성과계약제는 4급 이상 공무원의 성과평가를 위한 제도로서 기관의 책임자와 관리자 간에 성과계약을 맺은 후에 계약에 명시된 성과달성 정도에 따라 인사와 보상에 차등을 주는 제도이다. 따라서 기관장이 기관의 전략과 목표를 기획하는 과정에서 개인의 성과목표에 이를 반영하도록 하면서 목표성과의 평가에 대한 구체적인 계약을 맺고 이를 인사와 보상에 반영하는 제도이다. 이는 조직의 거시적인 목표와 개인의 인적자원관리를 전략적으로 연계한 사례로 전략적 인적자원관리라고 할 수 있다.

직무성과계약제는 개인의 업무책임성을 제고하고 성과와 보상을 연계한다는 측면과 함께 조직목표 달성도 파악이 용이하며, 조직 상하위자 간 협력 및 신뢰 구축이라는 관점에서 유용한 제도이나, 명확한 목표설정과 성과측정이 곤란하며, 주인-대리인 문제의 발생, 연공서열적 조직문화와의 충돌, 가시적인 성과목표에만 편중하는 문제 등 한계점에 대해서도 잘 논술해 주어야 한다(본 서 제7장 본문 참조).

전략적 인적자원관리의 개념을 설명함에 있어 전통적 인적자원관리와의 차이점을 비교하여 설명할 필요가 있다. 즉, 전통적 인사관리는 조직구성원 개인을 비용의 개념으로 조직전략을 수행하기 위한 보조적인 수단으로 보다가, 인사관리에서 구성원 개인을 자원으로 보기 시작하였으며, 현재 조직전략과 인사관리의 통합적인 관점을 지향하는 전략적 인적자원관리로 변화하게 되었음을 강조할 필요가 있다(김판석, 2013; 이종수, 2009; 이진규, 2004).

따라서 전략적 인적자원관리가 강조되게 된 배경을 함께 기술해주고, 즉 변화하는 환경에서 경쟁력을 갖추기 위해 도입되었으며, 전략적 자원으로써 인적자원역량의 중요성, 조직전략과의 연계, 적합성의 강조 등을 통해 조정과 통합을 강조하고 있음을 서술해 주어야 한다. 특히 사례를 통해 전략적 인적자원관리가 전제하고 있는 바와 한국행정 문화에서 나타나는 한계점을 잘 논술해 줌으로써 적실성과 한계를 분명히 제시해 주어야 좋은 답안이 될 수 있을 것이다.

고시기출문제 다음 제시문을 읽고 물음에 답하시오[행정고시, 2017년].

> 새 정부가 들어오면서 일자리위원회가 설치되고, 앞으로도 여러 위원회의 설치가 예정되면서 과거 회자되던 '위원회 공화국'이 재현되는 것이 아니냐는 비판의 목소리가 있다. 그러나 '위원회 공화국'이라는 표현은 다양한 유형의 위원회가 존재함에도 불구하고 모든 위원회를 부정적으로만 보는 시각으로, 문제가 있다는 주장 또한 제기되고 있다.

(1) 정부의 위원회조직에 대한 유형을 권한기준에 따라 분류하되, 구체적인 위원회의 예를 중심으로 설명하시오. (10점)
(2) 위원회조직의 증가는 행정의 효율성과 민주성의 측면에서 어떠한 효과가 있는지에 대해 서술하시오. (10점)
(3) 위원회조직에 대한 부정적 시각을 극복하기 위한 방안에 대하여 서술하시오. (10점)

답안작성요령

👆 **핵심개념**

본 문제는 정부의 위원회조직에 대해 묻고 있다. 위원회조직은 단독제 조직에 대응하는 조직구조로서 계층제 조직이 경직성을 완화하고 민주적 결정을 촉진하는 등 민주성에 부합한다는 장점을 가지고 있으나, '위원회 공화국', 큰 정부의 출현, 재정적자의 증가 등으로 인해 행정의 효율성이 저해된다는 쟁점이 있다.

👆 **위원회조직의 유형**

(1) 자문위원회: 자문위원회는 특정의 개인 또는 조직전체의 자문에 응하는 합의제 조직인데 헌법·법률·대통령령에 근거하여 설립되고, 결정은 정치적 영향력은 있으나 법적 구속력은 갖지 못한다. 그 예로 참여정부 당시의 정부혁신위원회, 정책기획위원회, 국가균형발전위원회와 그 이전 김영삼 정부의 세계화추진위원회, 21세기위원회 등을 들 수 있다.

(2) 조정위원회: 조정위원회는 상이한 여러 의견이나 입장을 조정·통합하여 합의에 도달하려는 목적으로 설치된 합의제 조직인데, 결정은 법적 구속력을 갖는 경우와 갖지 않는 경우가 있다. 그 예로, 우리나라 중앙노동위원회와 중앙환경분쟁조정위원회의 결정은 법적 구속력을 갖는 경우이고, 중앙수산조정위원회의 결정은 법적 구속력이 없는 경우이다.

(3) 행정위원회: 행정위원회는 행정관청으로서의 성격을 가진 합의제 조직이며 법률에 의해 설립되며, 법적 구속력을 가진다. 그 예로, 소청심사위원회, 국세심판소 등이 있다.

👆 위원회조직과 행정의 효율성과 민주성

상기한 바와 같이, 위원회조직은 행정의 민주성 도모에 도움이 된다. 우선 제시문에서 보듯이 일자리위원회의 설치는 지금 현재 우리나라 민생의 어려움과 청년실업 문제 등을 해결하는데 도움이 되므로 국민의 시대요구에 부응한다는 의미에서 민주성에 도움이 된다. 또한 정부위원회는 시민과 시민대표 등 정책대상집단의 참여와 통제와 합의에 기초하여 정책을 결정하는 바, 이런 관점에서도 행정의 민주성 증진에 기여한다.

하지만, 위원회조직은 거래비용의 증대, 책임성 확보 곤란 등 행정의 효율성 확보에 저해요인이 되기도 한다. 즉, 위원회조직에는 많은 의사주체가 참여하므로 많은 의사결정점(veto point)이 있게 되는 바, 이는 정책과정이 보다 복잡해짐을 의미하므로 이에 따른 조정비용과 감독비용과 같은 거래비용이 증가하게 된다. 또한 위원회조직은 기본적으로 여러 사람이 합의를 거쳐 결론을 도출해야 하므로 회의시간의 연장, 회의개최빈도 증가와 같은 의사결정의 신속성을 저해하는 요인 또한 증가하며, 정책결정의 적시성이나 효율성이 저해될 수 있다.

👆 위원회조직의 부정적 시각 극복방안

이처럼, 위원회 조직은 긍정적 시각과 부정적 시각이 공존하는 바, 부정적 시각을 극복하고 발전하기 위한 방안을 제시하면 다음과 같다(권기헌, 행정학: 237-241).

(1) 행정위원회의 독립성 확보: 행정위원회 독립성을 확보할 수 있도록 위원의 임기보장과 신분보장 강화, 상급관청의 지휘감독권 배제 조치가 필요하다. 또한 행정위원회가 업무상의 독립성을 확보하며 제 기능을 다 할 수 있도록 행정부서는 간섭과 통제를 줄이고, 대신에 관련 정보나 기술 등을 제공하는 등의 협조를 제공하는 형태의 역할분담 및 관계정립이 필요하다.

(2) 자문위원회의 형식화 방지: 자문위원회의 형식화를 방지하고 책임소재를 분명히 하기 위해서는 임무와 권한의 확립이 필요하다.

(3) 위원회 일몰제의 정상적 시행: 1998년 기능을 다한 위원회는 자동폐기토록 한 '위원회 일몰제'가 도입되었음에도 불구하고, 우리나라의 정부위원회는 설립은 쉬우나 관리나 폐지는 어려운 것이 현실이다. 이런 폐단을 시정하고 정부위원회의 취지와 목적을 살리기 위해서는 위원회 일몰제의 정상적 활용으로 불필요한 식물위원회나 서류위원회의 존속을 방지해야 한다.

(4) 인적자원의 합리적 충원: 정부위원회 활동의 정상화를 위해서는 장기적 관점을 가지고 분야별 전문가를 폭넓게 발굴하려는 노력을 기울일 필요가 있다. 우리나라처럼 단기간에 명망가 위주의 위원회를 만들 경우 위원회는 관료조직의 들러리라는 상징적 의미를 가질 수밖에 없다. 따라서 전문가 인력풀이 확대되어야 한정된 분야의 소수 시민사회단체 소속인사만이 여러 위원회에 중복 참여하는 폐단을 없앨 수 있을 것이다.

(5) 위원회에 대한 시민참여의 확대: 정부위원회 구성원에 일정 비율 이상의 시민대표 혹은 정책 이해관계집단의 참여와 합의를 기초로 운영함으로써, 정책과정에 시민의 참여와 책임성을 제고하고 행정의 민주성을 강화할 필요가 있다.

본 문제는 정부의 위원회조직 남발 가능성에 대한 위험을 경고하고 있다. 상기한 바와 같이, 위원회조직은 행정의 민주성 도모에 매우 유리한 제도인 반면에 재정적자의 확대, 비효율적 의사결정 구조 등 행정의 효율성을 저해할 수 있는 제도이다. 특히 위원회와 정부부처의 관계 등이 원활하게 조율되지 못할 경우 행정의 거래비용은 더욱 증가할 수 있다. 제시문에서 나온 일자리위원회의 경우에도 청와대의 일자리 수석은 물론이고 정부 실무부서인 기획재정부, 고용노동부 등과의 유기적 관계정립이 요구되고 있다. 청와대와 일자리위원회가 정책의 방향을 잡고, 기획재정부, 고용노동부의 정책집행구조에 대한 명확한 역할분담이 잘 이루어진다면 행정의 효율성과 민주성을 조화시킬 수 있다는 논점을 제시한다면 높은 점수를 받을 수 있을 것이다.

KEY POINT

현대행정은 동태적 행정과정을 거쳐 실현된다. 동태적 행정과정의 첫 시발점은 국가목표 및 정책결정이며, 이를 실현하기 위해 조직·인사·재무 등 조직화와, 인간관·동기부여·리더십 등 동작화, 그리고 행정책임·행정통제·행정개혁·정부혁신 등 환류 및 학습이 필요하다. 앞에서 우리는 미래의 바람직한 상태의 실현을 의미하는 국가목표 및 국가정책이론에 대해 살펴보고, 조직화에서 필요한 조직이론과 인사이론에 대해 살펴보았으므로, 제8장에서는 조직에서 예산을 효율적으로 동원 활용하는 문제인 재무행정에 대해서 학습하고자 한다.

예산은 행정목표의 조직화 과정에서 자원(currency) 역할을 하므로 매우 중요하며, 예산의 효율적 집행(신축성)과 엄격한 통제(책임성)의 적절한 조화가 요구된다. 참여정부의 예산개혁방안 중 하나인 '3+1 국가예산제도개혁' 역시 예산운영의 신축성과 책임성 확보에 그 초점이 있다.

재무행정이론의 목차 구성은 기초개념 이해 → 예산동원과 결정 이해 → 제도적 기반 이해 → 동태적 예산과정 이해 → 국가예산제도 개혁 이해로 구성되어 있다. 먼저, 재무행정의 기초개념에서는 예산의 의의와 성격, 원칙, 종류를 살펴보고, 예산의 동원과 합리모형·점증모형 등의 예산결정이론에 대해서 살펴본다.

재무행정의 제도적 기반에서는 품목별예산, 성과주의예산, 계획예산제도 등 각종 예산제도를 살펴보고, 예산의 편성·심의·집행·결산으로 이루어지는 예산과정에 대해서 살펴본다.

예산집행상의 신축성 확보방안에서는 예산집행의 경직성으로 인해 나타나는 문제점과 한계들을 살펴본 후, 이를 극복하기 위한 신축성 방안들을 살펴보기로 한다.

마지막으로, 예산제도의 전반적인 변화를 위한 일련의 노력으로서 국가예산제도의 개혁에 관한 여러 가지 방안들을 학습한다. 예산제도의 개혁에서는 산출예산제도, 연도말 이월제도, 다년도 예산제도, 복식부기·발생주의 회계방식을 학습한다.

제8장의 키 포인트는 재무이론에 대해서 파악하는 것이다. 예산과 재무이론은 행정학에서 자주 출제되는 분야이다. 예산집행의 신축성 확보, 자본예산제도, 성과주의예산제도, 국가예산제도 개혁, 다년도 예산제도, 복식부기 발생주의 회계방식 등 최신제도 등에 대해 잘 숙지해둘 필요가 있다. 특히 기출문제로 출제되었던 성인지예산제도, 예산국민감시제도, 조세지출예산제도, 예비타당성조사, 예산성과금제도, 총사업비제도 등 최근동향에 대해서도 잘 학습해 둘 필요가 있다.

제 1 절   예산의 기초개념

1. 예산의 의의

예산이란 일정한 회계연도 동안의 정부의 세입과 세출에 관한 예정적 수치·계획이다.[1] 예산결정과정은 관련 집단과의 상호작용이 있는 정치적이고 합리적인 과정이며, 예산집행과정은 효율성과 민주성, 신축성과 책임성의 조화를 토대로 집행되는 정치적·합리적 과정이다.

예산은 주로 국민들의 세금에 의해 조성되며 정부에 의해 집행되므로 정책과 밀접한 관련을 맺고 있다. 윤영진(2012)은 예산의 본질적 모습은 그것으로 추진하는 정책과 사업이라고 보았고 예산결정은 기본적으로 정책·사업에 대한 결정과 금액에 대한 결정 두 가지 차원으로 나누었다.

재정의 동원 및 배분은 행정에 있어 예산이라고 호칭되며, 정부의 예산은 국민이 가장 귀중히 생각하는 재원의 우선순위 분배와 관련된 중요한 문제이다. 따라서 정부의 예산은 경제의 안정, 성장, 소득의 분배 등 중요한 경제적 기능을 하고 있으며, 이는 정치적으로 큰 비중을 차지하게 되므로 책임정치의 핵심을 점하고 있다고 할 수 있다.

---

1 회계연도는 나라마다 차이가 있다. 영국과 일본은 당해 연도 4월 1일에서 차년도 3월 31일까지이고, 미국 연방정부는 10월 1일에서 9월 30일까지이다. 우리나라의 회계연도는 중앙정부와 지방정부 모두 1월 1일부터 12월 31일까지이다.

2. 예산규범: 예산의 기능과 특성

 예산이 국민의 요구와 필요에 따라 적정하게 편성되고 운영되는가에 대한 판단은 매우 중요한 일이다. 윤영진(2012)은 이러한 판단의 기준이 되는 것이 예산규범이라고 하며 이는 당위(*sollen*, *ought to*)의 세계를 지칭하는 것이라고 본다. 예산규범으로서의 예산기능과 원칙들에 대해서 정리해 보기로 한다.

1) 예산(재정)의 기능

 예산(재정)의 기능은 머스그레이브(R. A. Musgrave)가 주장한 3대 기능이 가장 많이 사용되고 있는데 자원배분, 소득재분배, 경제안정화 기능을 들고 있다. 이 기능들은 '바람직한 예산의 편성과 운용' 여부를 판단하기 위한 주요 예산규점이라고 할 수 있다.

 우선 자원배분기능은 자원의 효율적 배분과 관련된 것으로 사회적 최적 수준을 달성하고 있는가에 대한 것이다. 시장에 대한 믿음을 의미하는 '보이지 않는 손'에 의한 최적 자원배분상태는 시장실패라는 결과를 가져왔고 정부의 개입 근거를 제공하였다. 이때 재정은 시장실패를 바로잡고 최적의 자원배분상태를 이루기 위해 시장에 의한 자원배분이 되지 않는 영역에도 투입되었다. 특히, 국방, 치안, 사회간접자본 등 비경합성과 비배제성을 가지는 공공재 영역에서 주로 재정을 통한 공급이 나타났다.

 다음으로 소득재분배기능은 형평성을 기준으로 자원의 배분이 사회구성원 모두에게 고르게 분배되도록 하는 역할을 한다. 이를 판단하기 위해서는 소득분포를 분석해야 하는데 이는 개인이 소유하고 있는 자원(생산요소)의 양과 이 자원에 대한 시장의 평가(한계생산)라는 두 가지 요인에 의해 결정된다. 그러나 이 요인들은 시장경제 하에서 대부분 격차를 심화시키게 되고 정부는 재정을 통해 '평등하게' 다시 분배하기 위한 방안을 강구하고 실행하게 된다. 좀 더 자세히 살펴보면,[2] 세입 면에서 소득세·상속세·증여세 등의 세목에 누진세를 적용하고, 중소기업·농어민 등에게는 조세감면을, 재화에 따라 간접세를 차별적으로 과세하기도 하며, 세출 면에서 최저생활보호, 의무교육지원, 저소득계층지원 등의 사회보장지출을 통해 사회적 약자계층을 지원·보호한다.

 마지막으로 경제안정화기능은 거시적 측면에서 총수요를 조절하여 국가 전체의 경기(景氣)를 조절하는 것을 말한다. 국민경제는 소비와 투자, 정부지출, 순수출로 이루어지는데 만약 경기침체기가 도래하여 실업이 많이 발생할 경우 정부는 지출을 늘려 유효수요를 창출한다. 이 기능의 좋은 예로 1929년 발생한 세계대공황을 들 수 있는데 당시 정부의 수요창출을 위한 대규모 사업들이 시행되어 실업률을 감소시키고 경제를 활성화시킨 전례(前例)가 있다. 이를 재량적 재정정책이라고

---

2 더 자세한 내용은 윤영진(2012: 93~95)를 참조하기 바란다.

하며 케인스이론에 바탕을 둔 보정적 재정정책이 이론적 토대가 되었다(윤영진, 2012: 96).

2) 예산(재정)의 특성

예산은 국민의 세금으로 조성되며 정부에 의해 지출되는 것으로 민간 조직의 재정과 구분되는 특징이 몇 가지 있다. 몇 가지 중요한 차이를 살펴보면 다음과 같다.

첫째, 예산은 희소한 공공재원의 배분에 대한 계획이다. 예산은 정부서비스를 제공하는 방법과 수단, 그리고 정부활동을 효율성과 형평성이라는 측면에서 평가하는 기준을 제시한다.

둘째, 예산이 이루어지는 활동무대는 다양한 주체들 간의 상호작용이 발생한다. 예산은 다양한 이해관계의 조정을 통해 결정되고 예산결정과정은 하나의 정치적 과정이다.

셋째, 예산에는 다양한 형태의 정보들을 창출하는 도구가 된다. 정보를 제공하는 양식에 따라 예산제도는 품목별예산, 성과주의예산, 계획예산, 영기준예산, 자본예산, 산출예산 등으로 발전해 왔다.

넷째, 예산은 정부정책 중 가장 보수적인 영역에 속한다. 매년 일정한 과정을 거쳐 결정·집행되는 의례적 절차가 있으며, 전년 대비 일정 비율의 변화에 국한되는 점증주의모형의 특징이 강하다.

다섯째, 예산은 정부관료들의 책임성을 확보하기 위한 회계도구이다. 또한 예산과정을 통해 정부의 산출물을 평가하고 측정할 수 있다. 따라서 신공공관리론(NPM: New Public Management)의 정부 성과관리 혁신에서는 예산개혁 부문이 매우 비중 있게 다루어진다(이종수·윤영진, 2005: 520-521).

3. 예산의 원칙

예산의 원칙은 예산의 운영상 요구되는 것으로 전통적인 예산원칙과 현대적인 예산원칙으로 나눌 수 있다. 주요 학자로는 A. Schick,[3] F. Neumark, H. Smith가 있으며 다음에서는 Neumark의 전통적 예산원칙과 Smith의 현대적 예산원칙을 살펴보기로 한다.

1) 전통적 예산원칙

전통적인 예산원칙은 입법국가 시대에 행정부에 대한 의회의 통제를 강조하던 때 제시된 원칙으로서 예산심의와 결산심의 등을 통해 국민의 의사를 행정부의 예산에 제대로 반영하는 것을 목적으로 하였다. 다음에서는 F. Neumark의 예산원칙을 중심으로 살펴본다.

---

3 쉬크(Schick, 1966: 243-258)는 1966년 그의 논문 「The Road to PPB: The Stages of Budget Reform」에서 예산의 세 가지 기능으로 '통제(control)', '관리(management)', '계획(planning)'을 제시하였다. 그는 모든 예산제도가 이 기능을 내포하고 있지만 특정 기능을 강조하는 경향이 있는 것도 있으며 품목별 예산제도는 통제기능, 성과주의 예산제도는 관리기능, 계획예산제도는 계획기능을 지향한다고 보았다(윤영진, 2012: 103).

(1) 공개성의 원칙

모든 예산은 공개되어야 한다는 원칙을 말한다. 이는 예산운영의 투명성을 확보하고 국민의 감시를 받도록 하는 것에 그 목적이 있다. 현행 국가재정법 제9조에 명문으로 규정되어 있으며, 매년 「예산개요」와 「결산개요」를 발간하고, 이를 인터넷에 공개하도록 하고 있다. 다만, 국방비·국가정보원 예산 등 국가적 이익이나 안보 등을 이유로 예외적으로 비공개하는 경우도 있다.

(2) 명확성의 원칙

예산구조나 과목은 국민들이 쉽게 이해하도록 명확해야 한다는 원칙을 말한다. 예산이 이해하기 쉽고 분명하게 구분되어 있어야만 국민의 감시와 통제가 적절하게 이루어질 수 있기 때문에 매우 중요한 원칙이라고 할 수 있다. 예외적인 경우로는 항목별로 예산을 구분하지 않는 총액배정예산도 있다.

(3) 사전의결의 원칙

예산은 미리 결정되어 회계연도가 시작되면 바로 집행할 수 있도록 해야 한다는 원칙이다. 헌법 제54조에서 규정하고 있으며 정부는 다음 회계연도 개시 90일 전까지 예산안을 제출하고 국회는 다음 회계연도 개시 30일 전까지 예산안을 의결해야 한다. 예외적인 경우로 국회의 사전의결을 받지 않고 예산을 집행할 수 있는 준예산, 긴급명령 등을 인정하고 있다.

(4) 정확성의 원칙

정부는 국민들에게 필요 이상의 돈을 거두어서는 안 되며, 계획대로 정확히 지출해야 한다는 원칙이다. 회계연도가 끝난 후 집행내역을 정리한 결산과 당초 계획했던 예산이 꼭 일치할 수는 없지만, 가능한 수치의 추계가 정확해야 하고, 수입의 유래와 용도가 분명해야 한다.

(5) 한계성의 원칙

예산은 주어진 목적, 규모 그리고 시간에 따라 집행되어야 한다는 원칙을 말한다. 목적 외 사용이 금지되며, 당초 계획한 금액 내에서 집행되어야 한다. 예외적인 경우로는 이용과 전용, 예비비, 추가경정예산 등이 있다. 또한 회계연도 독립의 원칙을 준수해야 한다. 예외적인 경우로는 이월비, 계속비 등이 있다.

(6) 통일성의 원칙

특정 수입과 특정 지출이 연계되어서는 안 된다는 원칙을 말한다. 국가의 모든 수입은 일단 국고에 편입되고, 여기에서 모든 지출이 이루어져야 한다. 예외적인 경우로는 특별회계와 기금이 있다.

(7) 단일성의 원칙

예산은 가능한 단일 회계 내에서 정리되어야 한다는 원칙을 말한다. 회계장부가 많으면 재정구조와 규모를 파악하기가 어려워지기 때문이다. 예외적인 경우로는 특별회계, 특별기금 등이 있다.

(8) 완전성의 원칙

모든 세입과 세출은 예산에 계상되어야 한다는 원칙으로서 국가재정법 제17조에 예산총계주의라고 규정되어 있다. 이는 징세비를 제외한 조세의 순수입만을 계상하는 순계예산[4]을 사용해서는 안 된다는 원칙이다. 예외적인 경우로서 수입대체경비, 현물출자, 외국차관전대 등의 경우 세입세출 외로 처리할 수 있다(국가재정법 제53조).

2) 현대적 예산원칙(H. D. Smith, 1945)

(1) 행정부 계획과 행정부 재량의 원칙

행정부 사업계획을 반영하고, 총액배정·자율편성을 허용함으로써 행정부의 재량권을 확대하여야 한다는 원칙이다.

(2) 다원적 절차와 시기적 신축성의 원칙

예산집행에 대한 통제를 통한 책임성의 실현도 중요하지만, 환경변화에 대응하는 신축성을 부여하기 위해 다원적 절차와 시기신축성을 허용한다는 원칙이다.

(3) 성과책임의 원칙

예산집행의 통제요소를 줄이고 자율성을 부여하는 대신, 결과에 대한 책임을 부여한다는 원칙이다.

(4) 예산기구 상호성의 원칙(상호학습·교류)

중앙예산기구와 부처예산기구의 상호학습 및 협조교류를 활성화해야 한다는 원칙이다.

(5) 보고와 적절한 수단의 원칙

정부 각 기관의 업무보고를 중시하고, 재정통제 및 신축성 유지를 위한 수단을 준비해야 한다는 원칙이다.

---

[4] 순계예산은 조세의 징수에 필요한 경비를 공제한 예산을 말하며, 예산순계는 각 회계 간 중복분을 뺀 예산을 의미하는 것으로 구별을 요한다.

4. 예산의 종류

1) 세입·세출의 성질에 따른 유형: 일반회계, 특별회계

일반회계란 일반적 국가활동에 대한 세입·세출을 포괄하고 있는 것을 의미하고, 특별회계란 국가가 특정한 사업을 운영하거나, 특정한 자금을 보유하여 운영할 때, 또는 기타 특정한 세입으로 특정한 세출에 충당함으로써, 일반의 세입·세출과 구분하여 정리가 필요할 때 마련하는 예산이다.

2) 예산절차상 특징에 따른 유형: 본예산, 수정예산, 추가경정예산

본예산이란 정기적으로 매년 다음 해의 총 세입·세출을 예산으로 편성하여 정기예산 국회에 다음 회계연도가 시작되기 90일 전에 제출하는 것을 말하고, 수정예산이란 행정부에서 예산안을 국회에 제출하기는 했으나 아직 심의가 끝나기 전에 제출되는 것을 의미한다. 추가경정예산은 일단 통과되고 다음 해의 회계연도가 시작된 후에 제출하는 것을 의미한다.

3) 예산 불성립시 예산집행장치: 준예산, 잠정예산, 가예산

준예산이란 예산이 회계연도 개시일까지 국회에서 통과되지 않은 경우에 일정기간·일정금액을 한정해서 본예산이 통과될 때까지 지출하다가, 예산이 통과되면 효력을 상실하고, 본예산으로 흡수되는 예산방식이다. 잠정예산은 몇 개월의 잠정적인 예산을 편성하여 입법부의 승인을 받는 방식이고, 가예산은 잠정예산의 한 유형으로 기간이 1개월 이내인 예산방식이다.

4) 예산심의절차에 따른 유형: 기금, 정부투자기관예산, 신임예산

기금이란 복잡한 행정환경에서 특수한 정책목적을 실현하기 위하여 탄력적으로 운용할 수 있도록 특정 사업을 위해 보유·운용하는 특정 자금이라고 할 수 있다. 정부투자기관예산이란 정부가 50% 이상을 투자 또는 출자한 법인체인 공기업에 조성되는 자금이다. 신임예산은 입법부가 예산 총액만 결정하고 세부적인 내용은 행정부에 위임하는 예산제도를 말한다. 지출내용과 액수를 미리 추측하기 어려운 전시나 국가의 안전보장상 그 내용을 밝히기 곤란할 경우, 입법부가 총액만 결정하고 예산 각항의 실질적인 부분은 행정부가 결정 지출하는 제도이다.

5) 재정정책지향적인 예산: 조세지출예산, 지출통제예산, 통합예산

조세지출예산은 조세감면의 정치·경제적 효과를 검토하기 위하여 조세감면을 정부의 지출로 파악하는 것을 말하며, 지출통제예산은 총액만을 승인하고 구체적인 항목별 구분 없이 각 부처의 재량으로 행해지는 총액배정예산을 말한다. 통합예산은 공공부문의 모든 기금과 수입, 지출을 망라

하는 예산을 말한다.

제 2 절   예산결정이론

1. 예산동원의 유형

1) 조 세

정부의 예산확보를 위한 가장 보편적인 방법은 조세이다.

2) 신 용

정부가 공공기관으로서 갖고 있는 신용을 근거로 재정상 필요한 자금을 유치하거나, 공채발행을 통하여 민간부문으로부터 얻는 것을 의미한다.

3) 적자재정

정부수입이 지출보다 부족하여 그 예산이 적자인 상태를 말한다. 후진국에서는 경제력, 재정력의 취약성으로 많은 경우 적자재정을 운영하고 있으며, 선진국에서는 경제성장, 경기의 유지, 고용수준의 향상 등을 위해 의도적으로 적재재정을 운영하기도 한다.

2. 예산결정에 관한 이론

1) 점증주의: 정치적 과정에 의한 예산배분

(1) 점증주의의 개념

점증주의(*incrementalism*)란 전년도의 예산액을 기준으로 하여 다음 해의 예산을 배정하는 예산결정방법을 말한다. 점증주의 방식에서는 전년도 예산이 다음 해 예산의 규모와 내용을 결정짓는 가장 중요한 기준이 된다(Wildavsky, 1965: 13).

(2) 점증주의의 전제조건

(개) 권력분산

점증주의는 권력이 분산되어 정치적 과정에 의해 예산의 증감이 작은 폭으로만 변동가능한 여건에서 적용가능성이 높아진다.

(내) 가용재원

가용재원의 여유가 전년도에 비하여 크지 않을 때 점증주의 적용가능성이 높아진다.

(대) 단기주기

예산사이클(회계연도)이 길 때에는 많은 변동이 일어날 수 있으나, 짧을 때에는 변동의 폭이 좁아진다. 미국의 일부 주정부와 같이 예산사이클이 2년인 경우에는 변동의 폭이 클 수 있으나, 1년인 경우에는 점증주의의 타당성이 높아진다.

(3) 점증주의의 장점과 한계

(개) 장 점

점증주의는 다음과 같은 장점을 지닌다.

첫째, 전년도 결정에 의존하기 때문에 규모와 내용에 큰 변화가 없으므로, 다음 연도의 예산에 대한 전반적인 예측가능성이 높다.

둘째, 정책 이해 당사자 간의 협상과 타협을 통한 예산결정이 이루어지게 되므로, 정책과정상 나타날 수 있는 갈등을 최소화할 수 있다.

셋째, 정책 이해 관련 당사자의 이해를 조정하여 합의를 도출하고 예산이 결정되므로, 예산결정의 안정성이 높다.

(내) 한 계

점증주의 모형은 현실설명력이 높지만, 본질적인 문제해결방식은 아니며 보수적이다. 또한 점증주의는 자원이 풍부한 경우에는 이해당사자들의 요구를 대부분 충족시켜 줄 수 있으나, 자원이 부족한 경우 소수기득권층의 이해를 먼저 반영하게 되어 사회적 불평등을 야기할 우려도 있다.

Wildavsky가 주장하는 바와 같이, 실제적으로 점증적인 경우(0~10%)가 많은 것은 사실이지만, 중간적인 경우(11~30%)와 비점증적인 경우(31% 이상)도 적지 않다. 점증주의자들은 점증주의의 실증을 제시할 때 분석단위로써 부처수준을 사용하지만, 같은 부처예산도 사업별로 분석해 보면, 사업에 따라 예산액에 상당한 기복(起伏)이 있으며 점증주의와는 거리가 멀다는 것을 발견할 수 있다.

2) 합리주의: 합리적 분석에 의한 예산배분

(1) 합리주의의 개념

합리주의(*rationality*)란 합리적 분석에 의한 예산결정방법을 말한다. 예산배분의 문제를 해결하기 위해 이론이나 모형을 구성하고, 이에 기초한 계량모형을 통해 최적의 해결방안을 모색한다.

합리주의적 결정이론은 모든 대안에 대하여 완전한 정보를 얻을 수 있다는 것을 전제로 하고 있다. 순수한 합리주의적 예산결정은 다음과 같은 논리적 단계로 이루어진다(Lee, Jr. and Johnson, 1983: 16).

① 조직체의 목표를 우선순위별로 배열
② 목표별로 가능한 대안을 탐색
③ 대안별로 비용과 편익을 비교
④ 목표를 최대한 달성할 수 있거나 비용이 가장 적게 드는 대안 선택

(2) 결정절차

합리주의에 의한 예산배분 결정절차는, 1) 바람직한 목표의 설정, 2) 대안의 모색, 3) 각 대안에 따른 비용과 편익의 예측, 4) 대안의 비교 및 선택의 과정을 거치게 된다. 이러한 과정을 거쳐 과학적 분석과 자원배분의 합리성을 기하여 예산을 편성하는 대표적인 예로는 계획예산(PPBS)와 영기준예산(ZBB) 등이 있다.

(3) 한 계

합리적인 예산결정과정에서 나타날 수 있는 문제점을 몇 가지 살펴보면 다음과 같다.

첫째, 합리주의에서 가정하는 것처럼 모든 정보를 다 파악할 수 없다.
둘째, 과학적 분석과 계량화를 통해 예산을 결정하지만, 공공부문 특성상 공익과 가치가 계량화나 분석하기가 어려운 경우도 많다.
셋째, 경제적 합리성을 너무 많이 강조하게 될 경우 상충되는 이해관계의 조정이나 협상이 없어지게 되므로 정치적 합리성이 무시될 수도 있다.

3) 예산결정이론의 평가

정책결정자는 여러 대안 중에서 국가목표에 가장 적합한 대안을 찾아야 한다. 정부 행정서비스의 수요는 늘고 있지만, 재원부족으로 행정서비스를 줄여야 하는 감축관리시대에 예산결정이론을 재조명해 보는 것은 의미 있는 일이다. Barber(1975)의 실증적 연구에 의하면 점증주의와 합리주

의는 동시에 병존하고 지적하는바, 따라서 점증주의와 합리주의의 문제는 점증주의과 합리주의의 비율적 적용에 관한 문제라고 할 수 있다(Barber, 1975: 138).

제 3 절 예산제도

1. 품목별 예산제도(Line Item Budget System)

1) 의 의

품목별 예산제도(*line item budget system*)는 예산의 편성·분류를 정부가 구입·지출하고자 하는 품목별로 하는 예산편성제도이다. 우리나라의 예를 들면, 예산과목인 장·관·항·세항·목이 있는데, 이 중 목이 품목에 해당하는 것으로서, 급여·연금·수당·여비 등 수십 목으로 나누어져 있다(박동서, 1978: 320).

2) 도입배경

품목별 예산제도는 미국에서 1907년에 뉴욕시에서 행정의 절약과 능률을 증진시키기 위해 처음 도입하였다. 이는 입법부가 행정부를 극도로 불신하고 고도로 통제하여, 행정관료의 자유재량 여지를 최대한 억제하고자 하던 시대의 산물이다.

3) 유용성

(1) 예산집행상 부정 방지

품목별 예산제도는 지출대상을 보수·여비·시설비 등의 품목별로 세분하여 그 지출대상과 금액을 규정함으로써, 예산집행 시 담당관료들의 부정부패 소지를 크게 줄일 수 있다.

(2) 예산심의와 회계검사 용이

정부 전체의 보수·여비·시설비 등 품목별 지출총액을 밝혀줌으로써, 예산안 편성을 용이하게 할 뿐만 아니라, 예산심의와 회계검사를 용이하게 한다.

(3) 행정권의 남용 방지

품목별로 세세하게 지정된 금액으로 인해 예산집행 관료들의 재량 여지가 매우 축소되어, 행정권의 남용이 발생할 우려를 거의 원천적으로 봉쇄하는 효과를 가져 올 수 있다(Schick, 1971: 22-23).

4) 한 계

(1) 조직의 목표 파악 곤란

품목별 예산제도는 조직에 필요한 각 항목에 의한 예산의 배분이 이루어지므로, 그 조직의 목표나 사업계획 등의 파악이 곤란하게 된다.

(2) 경직적 예산운용 초래

품목별로 너무 세세하고 엄격하게 배분된 예산으로 인해, 예산운용상 신축성이 거의 없으며 예산집행상 신축적이고 효율적으로 대처해야 할 상황에 직면하더라도, 이에 대한 적절한 대응을 할 수 없게 된다. 예산의 신축적 운용과 자율적 책임을 중요시하는 최근의 현대행정 환경변화 하에서는 문제점이 있는 예산제도라고 할 수 있다.

2. 성과주의 예산제도(Performance Budget System)

1) 의 의

성과주의 예산제도(PBS)는 투입요소를 중심으로 단위원가(*unit cost*) × 업무량 = 예산액으로 예산책정을 하는 예산제도이다. 즉, 성과주의 예산제도는 각 사업에 대해 성과를 측정할 수 있는 단위, 단위당 원가, 그리고 달성하고자 하는 성과목표(업무량)를 정한 후, 성과목표(업무량)와 단위원가를 곱하여 사업당 예산액을 책정하는 예산제도이다.

Mosher(1954)는 성과주의 예산제도는 활동별(*activity*)로 양적으로 표시한 업무단위를 선정하여 단위원가를 기준으로 예산을 과학적·합리적으로 편성함으로써, 집행성과를 측정·분석·평가할 수 있게 하는 예산제도라고 정의한다(Mosher, 1954: 81-82). Smithies(1955)는 예산이 사용되는 목표를 제시하고 이를 이룩하는데 요청되는 업무단위와 이에 소요되는 단위원가를 제시하는 것이라고 하였다(Arthur Smithies, 1955: 83). Binford(1978)은 성과주의예산을 활동의 성과(*performance of some activity*) 또는 업무량의 달성(*accomplishment of a work load statistic*)과 관련시켜 예산추계를 하는 제도라고 하였다(C. W. Binford, 1978: 113-119). 이러한 논의를 종합해 볼 때, 성과주의예산은 품목별 예산제도 및 계획예산제도(PPBS)와는 구별된다는 것을 알 수 있다.

2) 도입배경

성과주의 예산제도(*performance budget system*)는 1912년 미국 Taft 위원회에서 처음 제시되었고, 1949년의 제1차 후버위원회가 성과주의 예산제도의 개념과 기법을 일반화시킨 뒤, 1955년 제2차 후버위원회가 예산이 프로그램으로 구체화되어야 한다고 주장함으로써, 성과주의 예산제도는 새로운 예산제도로 발전되었다.

우리나라에서는 1961년 국방부에서 도입을 시도하고 농림부와 보사부가 그 뒤를 따랐으나, 성공적으로 제도화하지 못하고 실패하여 1964년부터 중단되었다.

3) 내용 및 특징

성과주의예산은 사업이 제공하는 서비스의 양은 업무측정단위를 기준으로 측정되며 업무측정단위당 원가가 계산되고 단위원가와 예상업무를 예산과 비교하여 사업의 성과를 측정할 수 있기 때문에 성과주의예산이라고 한다. 성과주의예산은 사업을 단위로 예산을 편성하고 성과를 측정하는데, 사업예산의 총액만이 승인되어 집행기관의 자유재량에 맡겨지고 구체적인 지출에 대한 간섭을 배제하고 집행기관은 목표달성의 책임을 지는 것이 성과주의예산의 기본정신이다. 이는 우리나라에서 도입한 총액배정·자율편성(*top-down*) 예산제도의 정신과도 통용되는 부분이다.

하지만 성과주의예산(PBS: Performance Budget System)은 산출(*output*)에 대한 예산편성에 있어서 산출의 총 가치를 측정하기보다는 산출에 투입된 업무단위와 단위원가를 기준으로 예산편성을 하므로 엄밀한 의미의 산출중심 예산제도라고 할 수는 없는 한계가 있었다. 이에 따라 산출의 총 가치를 예상하여 정책의 우선순위를 정하고, 자산의 실시간 감가상각과 동태적 자산측정을 허용하는 산출예산제도(NPBS: New Performance Budget System)로 진화하는 추세이다.

우리나라에서도 재정경제부는 2006년 5월 26일 품목별 예산과목 기준으로 결산하던 방식에서 사업성과(산출물) 중심으로 결산하는 방식으로 개정하는 국가재정운용체제의 변화에 관한 법률을 입법예고함으로써, 산출예산제도에 대한 도입기반을 마련하였다.

2006-2010 예산편성방향(예산결산특별위원회)에 대한 보고안건에 따르면, 현 예산체계는 프로그램 예산체계를 기초로 한다. 이는 정책과 예산의 연계 및 재정성과 제고를 위해 국가의 최소정책단위인 프로그램 중심으로 설정한 예산체계로 이전 개별사업(세세항)과 비목(목-세목)중심으로 편성 및 집행관리되어 정책우선순위에 입각한 전략적 재원배분과 효율적 성과관리의 한계를 극복하고자 하는 것이다. 이러한 관점에서 프로그램 예산체계는 정책과 성과중심으로 재정운용을 선진화하는 기초가 되고 있다(기획예산처, 2006: 9).[5]

더불어, 국가재정운용계획을 공개토론회를 거쳐 5년 단위로 편성하고 있다. 이는 2008년 이명박 정부의 예산안에도 잘 나타나는 데, 국가재정운용계획은 국가의 역할과 지원이 필요한 분야에 중점 지원한다는 것이며, 산출의 총 가치를 예상하여 정책의 우선순위를 정하고, 자산의 실시간

---

5 기획예산처, "2006-2010 국가재정운용계획 수립 추진상황 및 2007년 예산안 편성방향," 예산결산특별위원회 보고자료, 2006. 3.

감가상각과 동태적 자산측정을 측정하는 데 도움이 된다(정부, 2007: 2).[6] 즉, 국가 총 중점사업을 선정함으로써 나타나게 될 영향력을 총체적으로 고려한 후 얻어진다는 측면에서 산출예산제도(*new performance budget system*)의 한 형태로 간주할 수 있다. 이것이 과거 국가발전계획과 다른 점은 과거에는 사업을 결정하는 데 특정 소수의 결정자들 중심으로 이루어졌던 반면, 국가재정운용계획은 관계자 대다수가 참여한 가운데 토의과정을 거쳐 형성된다는 점이다. 이러한 관점에서 새로운 국가재정운용계획제도는 미래의 다양한 가능성을 계획에 반영할 수 있는 미래지향적 제도라는 점에서 의의를 찾을 수 있다.

4) 장점 및 한계

성과주의 예산제도가 가지는 장점과 한계를 살펴보면 다음과 같다.

(1) 장 점

성과주의 예산제도가 가진 장점은 다음과 같다.

첫째, 의원 및 국민들이 정부가 무엇을 얼마만한 돈·세금으로 하고 있는지를 알 수 있어 이해와 지지를 얻는 데 도움이 된다는 것이다.

둘째, 정책별 예산·재원의 배분 및 집행을 합리화 시킬 수 있다.

셋째, 예산집행의 신축성을 높일 수 있다.[7]

넷째, 사업별로 통제가 가능하며, 따라서 행정성과의 향상을 기할 수 있다.

(2) 한 계

성과주의 예산제도가 가진 단점은 다음과 같다.

첫째, 사업별 업무단위가 정해지고 동시에 단가가 계산가능하여야 하는데 실제로 매우 어려운 일이라는 점이다. 정부업무는 업무단위의 선정이 곤란한 경우가 많으며, 단위원가의 산정의 경우 더욱 어려운 경우가 많다.

둘째, 품목별 예산의 장점이 여기서는 단점으로 지적되는데, 세출에 대한 통제가 품목별 예산보다 상대적으로 약화될 수밖에 없다는 점이다.

셋째, 계획예산에 비해 성과주의예산은 무엇을 할 것인가와 같은 정책결정주체의 문제를 초점으로 하는 것은 아니다(박동서, 1978: 324). 다시 말해, 구체적인 개별적 사업만 나타나 있어 전략적인 목표

---

6 정부, "2008년 예산안 개요," 예결산정부시스템 심사정보자료, 2007. 9.

7 이는 기존의 품목별 예산에 의한 경직적 운용에 비해, 성과를 낼 수 있는 단위투입요소별로 묶어 예산이 배정되므로 상대적으로 신축적인 운용이 가능하다는 의미이다.

의식이 결여되어 있고 장기적인 계획과 예산의 연계보다는 단위사업만 중시하는 예산이었다는 것이다.

3. 계획예산제도(Planing Programming Budgeting System)

1) 의 의

계획예산제도(*planing programming budgeting system*)는 장기적인 계획(*planning*)과 단기적인 예산(*budgeting*)을, 실시기획(*programming*)을 통해 유기적으로 연결시킴으로써, 예산배분에 관한 정책결정을 합리적으로 일관성 있게 행하려는 예산제도를 말한다.[8] 계획예산제도는 기본계획을 수립하고 예산을 배정하기 전에, 먼저 부처별로 기본목표를 정하고 그에 따라 중장기 계획을 수립하도록 한다. 그 다음 사업계획을 달성할 수 있는 가능한 대안을 찾아내고 과학적 분석기법들을 동원하여 최적의 대안을 선택한 후 우선적으로 예산을 배정하는 방법이다.

2) 도입배경

계획예산제도(*planing programming budgeting system*)를 도입하게 된 원인을 살펴보면 다음과 같다(박동서, 1978: 326).

첫째, 경제분석의 중요성 증대이다.[9] 거시적 경제이론은 예산 또는 재정을 경제체제와 관련시켜 생각하게 했으며, 미시적 경제이론은 한계효용의 원리를 제공함으로써 경제성을 향상시키는 데 도움을 주었다.

둘째, 새로운 정보기술 및 전자정부의 발전이다. 이러한 변화들은 정책결정에서 객관적 분석의 적용을 확대할 수 있게 하였다. 이는 곧 OR 및 편익-비용분석(*benefit-cost analysis*)을 근간으로 하는 정책분석기술의 발전을 의미하며, 전자정부에 의한 정확한 정보수집·분석·처리기술의 향상이 수반되었다.

셋째, 기획과 예산 간의 일치요구이다. 현대행정 하에서는 행정기능에 있어 발전기획이 매우 중요한 요소로 등장하였고, 이러한 기획이 예산과 연계되어 강력하게 추진될 수 있도록 할 필요성이 요청되었다.

계획예산제도는 미국 케네디 대통령 당시에 국방예산에 처음 도입되었고, 이후 1965년 존슨 대

---

8 계획예산제도(Planing Programming Budgeting System)는 Plan → Program → Program-subcategory → Program-element라고 하는 여러 단계의 사업구조를 가지고 있다.

9 성과주의예산이 도입된 이후 능률성·효과성이 강조되었고, 성과나 생산물에 대한 가치를 평가할 수단이 필요하게 되었다. 이러한 이유로 경제적인 분석(계량분석 등)이 현대행정에 있어 요구되기 시작했다.

통령에 의해 전 연방정부에 적용되었으나, 1971년 9월 닉슨 대통령 시절 미 관리예산처(OMB)의 지시에 의해 공식적으로 종결되었다.

우리나라에서는 1971년 군특명검열단에 PPB위원회가 설치되었고, 1974년 한국군 전반에 적용하기 위한 계획이 수립되고 국방부와 각 군에 추진기구가 설치되면서 본격적으로 시작되었으나, 1975년 미국 닉슨 행정부에서 PPB가 MBO로 대체된 것 등에 영향을 받아 중단되었다(박영희·김종희, 2006: 388-389).

3) 특 징

계획예산제도의 특징은 다음과 같다.

첫째, 계획예산제도는 목표의 구조화, 체계적인 분석, 재원배분을 위한 정보체제 등을 강조하는 예산제도이다. 국가목표를 구조화하기 위한 대안을 체계적으로 분석하여 각 대안의 비용과 편익을 검토한 후 계획을 수립한다(*planning*). 그리고 계속해서 그 계획을 구체화하며(*programming*), 끝으로 구체화된 세부계획에 따라서 재원을 배분한다(*budgeting*)는 것이다.

둘째, 계획예산제도의 중요성을 강조하는 가장 큰 이유는 효과성에 있다. 정부가 정해진 목표를 달성하기 위하여 각종 정책이나 사업을 수행하는 데 절약과 능률을 기하는 것도 중요하지만, 그것보다 예산사업을 수행하여 소기의 목표를 달성하는 효과성이 무엇보다 중요한 것이다. 왜냐하면, 정부 예산운영에서 핵심적인 과제는 자원의 효율적 배분이기 때문이다(신무섭, 2001).

4) 장점 및 한계

계획예산제도의 장점과 한계를 살펴보면 다음과 같다.

(1) 장 점

계획예산제도(*planing programming budgeting system*)가 지니는 장점은 다음과 같다.

첫째, 국가목표를 보다 정확하게 계속적으로 파악할 수 있게 해 준다.
둘째, 국가목표 중 가장 긴급한 것을 파악할 수 있게 된다.
셋째, 국가목표를 실현하는 가장 효율적인 수단의 분석을 가능케 한다. 이러한 장점들이 결국 기획과 예산 간의 유기적인 연관성을 높이고, 궁극적으로 정책의 효율적 달성이 가능해진다.

(2) 한 계

성과주의예산은 행정성·관리성을 띤다면, 계획예산제도는 정책결정주체의 합리성에 초점이 있으므로 보다 근본적이며 정치성을 띤다. 계획예산제도의 한계를 살펴보면 다음과 같다(박동서, 1978: 329).

첫째, 목표설정은 가치판단적인 것이기 때문에 계량화하기가 어렵다는 한계가 있다.
둘째, 관계인의 태도·이해가 필요하며, 특히 예산당국 및 행정공무원의 분석적 능력이 요구된다.
셋째, 집권화에 대한 우려를 들 수 있다. 계획예산은 모든 정보를 최고책임자 주변의 참모들에게 집중
하게 되므로, 집권화에 의해 행정권의 남용이 발생할 소지가 있다.

4. 영기준 예산제도(Zero-Base Budget)

1) 의 의

영기준 예산제도(*zero-base budget*)란 이전 회계연도의 예산에 구속받지 않고 정부의 모든 사업에 대하여 전면적인 검토를 하고 이를 기초로 능률성과 효과성 등을 체계적으로 분석하여 우선순위를 결정하여 그에 따라 예산을 편성하는 제도를 말한다. 미국 관리예산처에서는 영기준 예산제도를 예산요구와 사업계획 시에 모든 사업과 활동을 전면적으로 검토하는 관리과정이라고 정의하고 있다.

2) 도입배경

영기준 예산제도(*zero-base budget*)는 미국에서 1972년 카터 주지사에 의해 조지아주에 우선 도입되었고, 대통령 당선 후 1977년 연방정부의 예산제도로 채택되었다. 우리나라는 1983년도 예산에 이 제도를 적용한 적이 있으나, 현재는 사실상 사용되지 않고 있다.

3) 특 징

영기준 예산제도는 전통적인 예산운영방식이었던 기존 사업의 예산은 인정되고 새로운 사업에 대해서만 엄밀한 사정을 하는 기존의 예산결정방식에서 탈피하여, 기존 사업과 새로운 사업을 구분하지 않고 모든 사업을 엄밀히 분석하고 사업의 정당성을 전면적으로 검토하는 예산제도이다.

영기준 예산편성은 단위사업의 단위(*decision unit*) 선정, 단위사업분석표(*decision package*)의 작성, 단위사업분석표의 우선순위 결정(*ranking*) 순으로 이루어진다. ZBB는 정보들을 정책결정 패키지별로 조직하는데, 핵심은 예산요구서를 작성할 때 '단위사업의 단위'(*decision unit*)를 작성하도록 요구하는 것이다. 모든 부서는 기본수준 패키지,[10] 보통수준 서비스패키지, 개선된 수준 서비스

---

10 패키지(package)란 영기준 예산편성에서 사용하는 단위사업의 한 묶음(grouping)을 말하는 것으로서, 분석가는 사업의 성격에 따라 기본수준, 보통수준, 개선된 수준으로 유형화할 때 사용하는 단위를 의미한다.

패키지라는 세 가지 패키지를 준비해야 한다. 모든 정책결정단위로부터의 패키지들은 수요에 따라 정책의 우선순위가 결정(*ranking*)된다(이종수·윤영진, 2005: 560).

4) 장점 및 한계

영기준 예산제도의 장점 및 한계를 살펴보면 다음과 같다.

(1) 장 점

영기준 예산제도는 다음과 같은 장점을 지닌다.

첫째, 자원의 능률적 배분과 예산절감을 가져올 수 있다.
둘째, 정책결정과 계획기능의 개선에 이바지한다.
셋째, 신속한 예산조정 등 변동대응성의 증진에 기여한다.

(2) 단 점

영기준 예산제도의 단점은 다음과 같다.

첫째, 예산의 빈번한 변경이 오히려 더 많은 비용을 초래할 수 있다.
둘째, 경직성 경비가 많을 경우 효용이 떨어지게 된다.

5. 자본예산제도(Capital Budget System)

1) 의 의

자본예산제도란 예산을 경상예산과 자본예산으로 각각 구분하고, 경상적 지출은 경상적 수입(조세)에 의해 충당하여 균형을 유지하고, 자본적 지출은 자본적 수입으로 충당하되 부족하면 공채발행으로 충당하여 운영하도록 하는 제도를 말한다.

2) 도입배경

자본예산제도는 본래 스웨덴에서 1937년 처음으로 도입되었고, 미국에서는 1930년대 공황을 배경으로 1940년대에 확립되었다. 현재의 우리나라 정부예산에는 일부 자본예산적 요소가 포함되어 있다. 현행 일반회계는 경상예산적 성격이 강한 반면에, 특별회계는 자본예산적 성격이 있기 때문이다. 하지만, 자본예산제도가 정식으로 도입된 것은 아니다.

3) 특 징

자본예산제도는 전통적인 균형예산의 관념에서 벗어나 자본예산의 적절한 운용으로 불경기의 극복 또는 공공사업의 확충을 위하여 공채를 발행하고, 적자예산을 편성하여 경기가 회복된 후에는 흑자예산으로 상환케 하는 제도이다.

자본예산제도는 경제안정·경제성장보다는 도시기반 시설확충·지역개발 등에 더 큰 비중을 두기 때문에, 지방자치단체의 예산제도로 더 적절하다고 보는 견해도 있다(이규환, 2003: 9-10).

4) 장점 및 한계

(1) 장 점

자본예산제도를 활용하면 다음과 같은 장점이 있다.

첫째, 재정의 기본구조를 이해할 수 있게 된다. 인건비와 같은 경상적 지출과 대규모 토목공사와 같은 자본적 지출을 같이 파악할 수 없기 때문이다.

둘째, 불경기의 극복과 일자리 창출이 용이해진다. 자본예산은 자본수입, 공채발행 수입 등과 같은 특정 수입으로 자본지출에 충당하도록 편성되어 있다. 따라서 자본예산은 경제성이 있는 대규모 자본사업을 주된 대상으로 하기 때문에 유효수요를 유발하게 되며, 이로 인해 고용기회가 확대되고 소득원이 창출되는 효과를 가져온다.

셋째, 수익자 부담원칙에 충실하다. 국공채와 같은 자본예산은 투자의 효과가 장기간에 걸쳐 발생하는 사업인 경우 세대 간 부담의 형평을 기하도록 하며, 특히 조세저항이 강할 경우 이를 회피하여 재정력을 확보할 수 있는 수단으로 유용하다

(2) 한 계

자본예산제도가 가진 한계는 주로 자본계정에 대한 잘못된 운용으로 인해 나타나게 되는데 구체적으로 다음과 같은 문제점이 있다.

㈎ 무리한 지출의 정당화 논리

재정적자가 발생한 경우 이를 은폐하고 정당화하는 수단으로 악용될 소지가 있다. 자본계정 자체가 공채의 발행으로 적자재정의 발생을 허용하는바, 이를 부적절하게 사용할 우려가 있다.

㈏ 인플레이션 유발

정치적 필요에 의한 자본계정의 불합리한 남발로 인해 인플레이션 유발이라는 부정적 결과를 초래할 수도 있다.

5) 한국에서의 적용

우리나라 정부예산에는 언급한 바와 같이 자본예산적 요소가 포함되어 있다. 현행 일반회계는 경상예산적 성격이 강한 반면에 특별회계는 자본예산적 성격이 짙다. 특히 공기업 특별회계는 주로 자산의 형성과 운영을 다루고 있어 자본예산과 비슷하다. 또한 자본예산제도의 기본적 재원이 되는 공채를 인정하고 있는 점도 자본예산제도의 한국적 적실성을 어느 정도 인정할 수 있는 부분이다. 또한 2005년 이후 복식부기·발생주의 회계제도의 도입으로 자본예산제도의 기본 전제조건 중 하나를 충족하고 있다(이규환, 2003: 16-17).

따라서 현재 우리나라 예산구조상 자본예산제도의 전면적 도입은 어려우나 부분적으로 여러 가지 비슷한 점들이 많이 있는 바, 향후 자본예산제도의 점진적 도입을 신중히 검토해 볼 필요가 있다.

6. 목표관리제도(MBO: Management by Objectives)

1) 의 의

목표관리제도는 조직의 상하구성원들이 참여의 과정을 통해 조직단위와 구성원의 목표를 명확하게 설정하고, 이에 기초하여 각 조직단위 및 구성원들의 업적을 측정·평가함으로써 성과관리의 효율화를 기하려는 조직관리제도이다. 목표관리제도는 종합적인 조직운영기법으로 활용될 뿐만 아니라 근무성적 평정수단으로, 그리고 예산운영 및 재정관리의 수단으로 다양하게 활용되고 있다.

2) 도입배경

1970년대 초 미국 닉슨 행정부에서 새로운 범정부적 개혁으로서 주창되어 연방정부 전체에 목표관리(MBO)를 적용토록 하였다. 그 후 1974년 닉슨 행정부의 종료와 카터 행정부의 영기준 예산제도(ZBB) 도입으로, 미국 연방정부 전체에 대한 목표관리제의 적용은 종료되었으나, 연방정부 차원에서의 목표관리제 적용은 이 프로그램에 대한 관심을 확산시켜 미국의 지방정부에 신속히 보급되었다(김경한, 2004: 40).

우리나라는 1999년 김대중 정부에서 성과관리의 일환으로 목표관리제를 도입하였으나 사실상 목표관리제(MBO)가 유명무실해짐에 따라, 2004년 10월 노무현 정부에서 직무성과계약제로 대체되었다.

3) 특 징

목표관리 예산제도(MBO)의 특징을 간략하게 살펴보면 다음과 같다(오석홍, 2013).

첫째, 기본적인 지향성은 관리지향적이다.
둘째, 관심대상은 투입, 산출 그리고 효과이며 필요한 핵심정보는 사업의 효율성이다.
셋째, 예산결정에 있어서의 결정방식은 분권적이고 참여적이다.
넷째, 계획의 책임은 집권적인 동시에 분권적이다. 전반적인 조직목표는 집권적으로 설정하지만 구체적인
   세부목표는 하급부하들의 참여를 통해 결정된다. 또한 사업의 집행은 분권적이다.

4) 장점 및 한계

MBO의 장점과 한계를 살펴보면 다음과 같다.

(1) 장 점

MBO의 장점은 부하가 목표결정에 참여할 수 있으므로 참여적 관리를 가능케 하고, 예산 이외의
분야와 연계하여 목표달성을 보다 용이하게 하며, 신축성이 높다는 것이다. 또한, 목표에 의한 관
리는 상향적, 참여적, 자기통제적 관리체계를 수립할 수 있다.

(2) 한 계

Brad(1978: 198-213)는 MBO의 단점으로서, 목표의 정의 곤란, 이윤측정의 어려움, 복잡한 예산
과정, 빈번한 인사이동, 정치상황의 동태성 등을 들고 있다. 즉, MBO의 단점으로는 단기간에 손쉽
게 달성할 수 있는 목표에 치우치기 쉽다는 점과, 이윤을 추구하지 않은 조직이나 계층적 성격이
강한 조직에는 적용하기 힘든 점을 들 수 있다.

7. 총액배분·자율편성(Top-Down) 예산제도

1) 의 의

정치관리예산(BPM: Budgeting Political Management) 또는 표적예산(TBB: Target Based Budget)
등 여러 명칭으로 불리운다.
국가재정운용계획(MTEF)에 의해 미리 정해진 기준지출금액을 기준으로 각 부처의 1년 예산상한
선을 설정하고, 지출상한선 안에서 각 부처가 자율적으로 자신의 예산을 편성하도록 하는 제도이
다. 따라서 국가재정운용계획(MTEF)이 없으면 총액배분·자율편성(*top-down*) 예산제도를 할 수가

414

없으며, 예산의 총액배분·자율편성(*top-down*)이 되지 않으면 국가재정운용계획(MTEF)이 제대로 운용될 수 없다(배득종 외, 2006: 86).

우리나라의 기획재정부에서는 국가재정운용계획을 통해 사전에 제시된 정책우선순위와 분야별 지출한도 내에서 각 부처가 전문성을 살려 자율적으로 예산을 편성하는 제도라고 정의하고 있다.

2) 특 징

(1) 국가의 전략적 정책기획기능 강화

총액배분·자율편성(*top-down*) 예산제도는 종래의 부처별 예산요구를 받아 조정하는 Bottom-Up 방식이 아니라, 지출총액을 먼저 결정하고 분야별, 부처별 지출한도를 설정한 다음 사업별 계수에 착수하는 방식을 취한다. 따라서 지출총액 내에서 우선순위에 의해 부처 내에서 자율적으로 재원을 배분하여 전략적으로 사용할 수 있게 된다.

(2) 부처의 자율과 책임 강조

총액배분·자율편성(*top-down*) 예산제도는 부처에서 예산총액 한도 내에서 자율과 책임을 갖게 된다. 정부 각 부처는 지출총액 내에서 자율적으로 예산의 이용을 할 수 있으며, 이를 위해 전략적으로 계획을 세우고 집행하게 되며 그 성과에 대한 책임을 지게 된다.

(3) 비교우위에 따른 역할 분담

중앙예산기구는 국가 전체의 재원배분 전략을 수립 및 집행하고 개별 사업부처는 세부적인 집행 업무를 담당한다. 비교우위(*comparative advantage*)가 있는 집단이 분업을 하고 서로 교환을 할 때 전체적인 생산성이 훨씬 더 좋아진다.

(4) 관계기관의 참여 강조

총액배분·자율편성(*top-down*) 예산제도를 전략적으로 활용하기 위해 국가재정운용계획을 만드는데, 이때 관계부처, 지방자치단체, 민간전문가의 광범위한 참여와 토론을 거치며 최종적으로 국무위원 토론회에서 결정되는 분권적 절차를 거친다.

3) 한 계

총액배분·자율편성(*top-down*) 예산제도는 2005년도 예산안을 편성할 때부터 적용되었는데, 다음과 같은 사항들이 지적되고 있다(이종수·윤영진 외, 2005: 566-567).

(1) 사회적 합의도출 부재

정책 혹은 부처별 총액을 배정하는 기준에 대한 사회적 합의를 도출하지 못한 상태에서 현재 상황을 균형이라고 전제하고 총액이 배정된 경향이 있다. 거시적 재정구조에 대한 종합 접근이 요구된다고 하겠다.

(2) 성과관리 연계 미비

총액예산 속에 부처별로 자율예산편성은 인정하지만 구체적인 성과를 관리·평가하고 결과에 책임성을 부여하는 성과관리가 병행·연계되지 못했다. 개별 제도들이 별개로 운영되면서 형식은 갖추어도 실제 기대효과를 창출하지는 못하게 된다.

8. 신성과주의 예산제도(NPB: New Performance Budgeting)

1) 의 의

신성과주의 예산제도는 예산부문에서의 성과관리제도이며, 1980년대 중반 이후 선진국들에서는 심각한 경기침체와 재정적자, 그리고 공공서비스에 대한 불만 등으로 정부에 대한 불신과 개혁에 대한 요구가 커지고 있었다. 이러한 맥락에서 OECD 국가들은 신공공관리론(NPM)을 도입하여 개혁을 추진하였으며 이때 예산과 관련된 분야에서도 경쟁·성과·책임을 강조하는 제도를 도입하려는 시도가 있었다. 기존의 투입중심의 예산이 아니라 정부가 산출 또는 성과를 중심으로 예산을 운영하고자 한 것이었다. 이러한 예산분야에서는 노력이 신성과주의 예산제도로 탄생하게 된 것이다.

최근 우리나라에서도 2000년 시범사업을 추진하였고 2007년 국가재정법의 제정과 함께 성과계획서 및 성과보고서 작성의 의무화 등의 명시적 조항을 두고 성과중심의 재정운용을 해오고 있다. 또 지방정부 차원에서는 서울특별시가 본 청에서 2001년부터, 부산광역시에서는 2005년부터 적용해왔다.

2) 성과주의와의 구별

1950년대의 성과주의는 투입(*input*)과 업무량에 대해서만 관심을 가진 반면, 신성과주의에서는 계량화된 산출(*output*)과 성과(*outcome*)까지도 관심을 가진다. 또한 기존의 성과주의가 투입과 산출의 관계(능률성)에 초점을 두었다면, 신성과주의에서는 산출과 성과(효과성)을 중시한다. 기존의 성과주의가 예산이 투입되면 행정과정을 통해 늘 일정한 산출이 나타난다는 단선적인 인과관계에 근거하는 것에 반해, 투입이 의도한 산출이나 성과를 가져오지 않으며 성과는 관리되어야 한다는 복선적인 가정에 근거하기 때문에 산출과 성과에 대한 유인과 처벌에 대한 보상시스템이 함께 설계되며, 성과계약을 통한 책임도 동시에 부여된다.

신성과주의가 성과주의와 구별되는 가장 큰 특징 중 하나는 연계범위이다. 신성과주의는 기존의 성과주의가 재무적 관점에서만 접근했던 것에 반해, 정책, 인사, 조직, 감사 등을 포함한 국정전반에 걸쳐 광범위한 관점에서 접근한다는 특징이 있다. 이로 인해 정부가 수행하는 행정활동에 대한 전체적인 평가가 이루어지게 되며 이러한 평가를 통해 얻어지는 성과정보[11]들은 다시 환류와 학습을 통해 더 나은 성과를 달성하도록 하는 선(善)순환을 주요 목표로 삼는다.

3) 특징 및 절차

(1) 신성과주의의 특징

신성과주의는 정부활동의 성과를 국민(고객)의 관점에서 바라보는 것으로 1993년 미국 NPR(National Performance Review: 국정성과평가)과 GPRA(Government Performance and Result Act: 정부성과결과법)[12]에 그 내용이 잘 나타나 있으며 우리나라의 참여정부부터 진행된 성과관리 예산제도와도 매우 유사하다.

첫째, 예산개혁의 목표는 단순하며, 둘째, 예산서에 담겨질 성과에 대한 정보가 중시되고, 셋째, 결과에 대한 책임이 강조되며, 넷째, 예산의 집행에 있어 재량권과 권한위임이 늘어나게 된다. 마지막으로 발생주의나 복식부기를 적용되므로 성과정보가 적절하게 생산된다는 특징이 있다.

(2) 신성과주의의 운영절차

신성과주의 예산제도의 운영은 목표설정-성과계획서-예산편성 및 집행-성과평가-환류의 단계로 이루어진다. 우선, 목표설정단계에서는 실국에서 상위목표인 전략목표와 하위목표인 성과목표를 설정하며, 두 번째 단계인 성과계획서 단계에서는 목표를 달성하기 위한 방안을 기술하며, 성과를 측정하기 위한 지표 및 측정방법을 설정한다. 세 번째 단계인 예산편성과 집행은 성과계획서를 기초로 하여 사업을 시행하며, 네 번째 단계인 성과평가단계에서는 목표달성도와 성과를 측정하여 성과보고서를 작성한 후 그 결과를 공개하고 조직·인사·예산 등 각 분야에 성과에 대한 정보를 환류한다.

(3) 신성과주의 예산제도에 대한 평가(효과 및 한계)[13]

신성과주의 예산제도는 1990년대 선진국들에서 예산에 대한 자율성과 융통성, 그리고 책임도 함께 부여하여 보다 나은 성과를 만들어내는 정부를 위한 재정개혁의 일환으로 도입되었다. 하지만, 어느 제도나 다 그렇듯이, 신성과주의 예산제도가 긍정적인 측면만을 가진 것은 아니다.

---

11 성과관리예산의 성패를 좌우하는 것은 성과정보(performance information)로서 최근 의사결정기법·정보과학·예산회계제도 등의 발달로 개선된 이용가능한 성과정보를 획득할 수 있어 각국이 성과관리 예산제도의 도입에 박차를 가하고 있다.(노진덕, 2009).

12 미국 예산관리 주무부처인 관리예산처(OMB)는 정부성과결과법에 근거하여 부처별로 전략계획·연간성과계획·연간 프로그램 성과보고서를 작성하도록 하고 있다(노진덕, 2009).

13 더 자세한 내용은 노진덕(2009: 479-480)을 참고하기 바란다.

(가) 효 과

신성과주의 예산제도(성과관리 예산제도)는 성과를 객관적인 지표에 의해 평가하고 평가결과를 차기 예산과정에 반영함으로써 정부예산의 효율성을 증대시킬 수 있다. 또한, 국회의 예산심의과정에서도 예산안과 결산안, 성과보고서가 동시에 제출됨으로써 국회의 재정통제기능이 강화되고, 예산에 관한 정보가 공개됨으로써 국민들의 평가가 용이해지므로 재정민주주의의 구현에도 기여한다. 그리고 프로그램 예산제도·발생주의 회계방식·복식부기·총액배분·디지털예산시스템 등의 제도와 함께 운용되어 전반적인 국가재정시스템의 발전을 도모하고 국정전반의 관리능력을 향상시킬 수 있다.

(나) 한 계

신성과주의 예산제도 공공부문에 성과마인드를 확산시키고 예산절감에 기여하며, 재정운용에 있어 투명성과 책임성을 제고한 측면이 있지만 몇 가지 보완되어야 할 점이 있다.

첫째, 중앙관서에서는 새로운 통제수단으로 인식하여 자발적인 참여가 부족하고 기관별 자체평가위원회도 성과지표 및 목표치에 대한 분석이 미흡하고 관대하게 평가하는 경향이 있다(노진덕, 2009). 예를 들어, 2012 회계연도에 대한 예산정책처의 성과평가[14]에 따르면, 성과보고서의 신뢰성이 미흡하고 성과실적과 예산과의 연계가 부족하며, 성과지표, 성과목표치, 측정산식 등에도 문제가 있는 것으로 나타난다고 지적하고 있으며, 성과보고서상 성과목표를 달성한 것으로 보고된 재정사업 중에서 성과보고서상의 결과와는 달리 사업성과가 실질적으로는 미흡하게 나타나는 사례가 있다고 평가하였다.

둘째, 성과지표의 개발이 부실하며 성과관리에 대한 제도적 장치가 미흡하다. 성과지표의 개발은 성과평가의 핵심적인 요소인데 2006년 기준으로 자체평가의 결과에 의하면 성과지표의 만족도는 56.2%에 불과하다(노진덕, 2009). 또한, 국회예산정책처의 2012년 회계연도 성과평가에 따르면, 현재 성과관리 관련 규정이 미흡하므로 「국가재정법」에 성과관리에 관한 별도의 장(章)을 두어 성과관리제도 전반에 관하여 더욱 구체적으로 규정할 필요가 있다고 지적하고 있다.

셋째, 성과관리 단위(사업량)와 예산체계 단위(금액) 간의 불일치로 성과와 예산을 직접적으로 연계시키는 것이 곤란하다. 기본적으로 정부가 실행하는 사업들이 계량적으로 환산하기 어려운 부분이 많으며 따라서 원가계산이 곤란한 측면이 많다.

---

14 국회예산정책처(http://www.nabo.go.kr) 2013년 7월 NABO보고서 「2012 회계연도 재정사업 성과평가」.

제 2 부 동태적 행정과정

제 4 절   예산과정

1. 예산의 과정

1) 예산과정의 의의

예산과정은 편성·의결·집행·결산 및 회계검사의 네 과정으로 구분된다. 결산은 집행과정의 마감이고, 회계검사과정의 일부분으로 볼 수 있다.

예산안의 편성과 집행은 행정부가, 예산의 심의와 회계검사는 입법부가 맡는 것이 세계적인 추세이다. 국가에 따라서는 회계검사기관이 입법부에 속하지 않고, 행정부에 속하거나 독립적인 위치에 있는 경우도 있다.

예산의 과정은 예산기능의 변화에 의하여 영향을 받는다. 전통적 통제지향의 예산기능 밑에서는 회계책임을 분명하게 하기 위하여 품목을 세분하였으나, 계획지향 예산기능 밑에서는 중장기 국가계획의 수립이 예산편성의 핵심이 되는 것이다. 현대행정 하에서는 계획과 예산의 유기적 연계가 불가분의 관계에 놓이게 되었다.

2) 예산과정의 순기

예산과정의 순기란 예산이 시작되고 종료되기까지 네 과정이 모두 완료되는 기간(3년)을 말한다. 즉, 예산안의 편성과 심의에 1년, 집행에 1년, 결산과 회계검사에 1년이 걸린다. 예산의 편성·심의·집행·회계검사라는 4단계가 일정한 시차를 두고 매년 규칙적으로 반복되므로, 이것을 예산순환이라고도 한다.[15] 1년 중 어느 시점에서 보든지 예산의 네 과정 중 세 과정이 동시에 진행되는 셈이다. 즉, 중앙예산기관은 항상 3개 회계연도의 예산에 관한 업무를 동시에 진행하고 있다.

3) 우리나라의 예산과정

우리나라의 예산과정은 행정부의 예산안 편성 및 국회 제출, 국회의 예산안 심의·확정, 정부부처의 예산집행을 거쳐 국회의 결산 승인으로 종료되며, 이러한 일련의 연속적인 순환과정은 매 회계연도마다 반복적으로 이루어진다.[16] 따라서 특정 연도를 기준으로 보면 당년도의 예산집행과 함께 다음연도의 예산편성, 전년도의 결산이 동시에 이루어지게 된다.

---

15 예산은 지속적인 과정으로 연결되기 때문에 2006년을 기준으로 하면, 2005년도 예산은 결산과 회계검사과정에, 2006년도 예산은 집행과정에, 2007년도 예산은 편성과정에 있게 된다.
16 기획재정부 홈페이지(http://www.mosf.go.kr) 참조.

우리나라의 경우 예산편성권은 행정부에 있으며, 국회는 행정부로부터 제출된 예산안을 심의·확정하고, 정부 각 부처는 국회에서 확정된 예산에 따라 집행한다. 예산집행 결과인 결산은 국회의 결산 심의로 종결된다.

2. 예산의 편성

1) 예산편성의 의의

예산편성이란 다음 연도에 또는 장래 몇 년 동안 정부가 수행하고자 하는 계획과 사업을 구체화하는 과정이다. 예산의 편성과정에서 정부는 사용될 재원을 추정·계산하고, 기존의 사업 가운데 계속할 사업과 새로 착수할 사업을 선정하고, 이에 소요되는 지출규모를 확정한다.

2) 우리나라의 예산편성

국가정책은 궁극적으로 재정활동을 통해서 구현된다. 예산편성도 종전과 같이 사업별로 재원을 배분한다는 소극적인 자세를 벗어나서, 국정목표를 구현해 나가는 중요한 수단으로서의 역할이 강조되고 있다.

예산편성과정은 적정 재정 소요와 이에 따른 재원조달방안을 검토하는 사전 준비단계를 거쳐, 정부 각 부처가 기획재정부에 제출한 요구내용을 사업별, 분야별로 검토하는 과정이다.

(1) 중기사업계획서의 제출

각 중앙관서의 장은 매년 1월 31일까지 당해 회계연도부터 5회계연도 이상의 기간 동안의 신규사업 및 기획재정부장관이 정하는 주요 계속사업에 대한 중기사업계획서를 기획재정부장관에게 제출하여야 한다(국가재정법 제28조). 기획재정부는 이를 토대로 다음 연도의 개괄적인 재정지출 소요를 검토한다.

이 과정에서 전반적인 세입여건과 재원조달방안 등에 대한 점검을 통하여 적정 재정규모가 추산되고, 예산편성의 기본방향이 모색될 뿐만 아니라, 기준 단가의 책정, 예산과목 정리, 사업별 추진실태 및 성과 분석 등 예산편성을 위한 사전 준비와 재정지출의 생산성을 높이기 위한 각종 대안들이 마련된다.

(2) 예산안 편성지침 시달

예산안 편성지침은 다음 해의 국내외 경제전망, 재정운용여건, 예산편성 중점방향, 경비별 예산편성 및 요구지침, 예산요구 시 제출서류 및 작성양식 등이 포함되어 있다. 기획재정부장관은 국무회의의 심의를 거쳐 대통령의 승인을 얻은 다음 연도의 예산안 편성지침을 매년 4월 30일까지 각 중앙관서의 장에게 통보하여야 한다(국가재정법 제29조 제1항). 또한, 기획재정부장관은 제29조 제1항의 규정에 따라 각 중앙관서의 장에게 통보한 예산안편성지침을 국회 예산결산특별위원회에 보고하여야 한다(국가재정법 제30조).

예산안 편성지침은 정부 각 중앙관서가 예산을 요구하는 준거가 되기도 하고, 재정당국으로서는 예산편성의 기본축이 되는 내용이기 때문에, 익년도 예산편성 작업에 있어 가장 중요한 과정이라고 할 수 있다.

(3) 예산요구서의 제출 및 예산편성 준비

각 중앙관서의 장은 제29조의 규정에 따른 예산안 편성지침에 따라 그 소관에 속하는 다음 연도의 세입세출예산·계속비·명시이월비 및 국고채무부담행위 요구서(이하 "예산요구서"라 한다)를 작성하여 매년 6월 30일까지 기획재정부장관에게 제출하여야 한다(국가재정법 제32조 제1항). 이때, 예산요구서에는 대통령령이 정하는 바에 따라 예산의 편성 및 예산관리기법의 적용에 필요한 서류를 첨부하여야 한다(동법 동조 제2항).

이 기간 중 기획재정부에서는 예산편성을 위한 사전 준비가 지속적으로 이루어진다. 대형투자사업 및 주요 재정사업 등에 대한 예산집행 실태를 점검하는 것은 물론, 예산제도 및 재정개혁을 위한 제도개선 과제의 검토 등이 이루어진다.

(4) 사업별 심의 및 예산안 편성

예산안 편성을 위한 사업별, 분야별 구체적인 실무작업은 각 부처가 5월 31일까지 예산요구서를 제출함으로써 본격화된다. 기획재정부는 예산요구서가 접수되면 요구규모를 취합하여 가용재원과 비교·검토한 후, 국정목표와 연계한 중점지원내용 등 분야별 예산편성을 위한 심의방향을 마련한다.

예산안 편성은 한정된 재원을 분야별로 배분하는 과정이므로 사업별 타당성과 함께 정치·사회적 측면도 동시에 고려되어야 한다. 정부에서 마련한 예산안은 통상 8월 말에서 9월 초에 개최되는 당정 협의(정당설명회)를 통하여 각계 각층의 폭넓은 의견을 수렴하게 된다. 당정 협의에서는 조세부담 및 재정규모의 적정성, 분야별·사업별 투자규모, 지역 간 균형발전, 지역주민 여론 등이 종합적으로 검토된다.

(5) 정부 예산안 확정 및 국회 제출

당정 협의를 거친 예산안은 국무회의의 심의를 거친 후 대통령의 승인을 얻어야 한다(국가재정법 제32조). 대통령의 승인을 얻은 후 예산안을 회계연도 개시 120일 전까지 국회에 제출하여야 한다(동법 제33조).[17] 국회제출 시에는 심의자료 부속서류, 소관 예산사항별 설명서 등 국회에서 예산심

---

17 헌법은 회계연도 개시 90일 전까지 국회에 제출하도록 하고 있다(헌법 제54조 제2항).

표 8-1 예산안 편성의 순기

기 간	사 항	비 고
2월 말일까지	• 신규 및 주요 계속사업계획서 제출 (각 부처→ 기획재정부) • 개괄적인 재정규모 추산 및 예산편성을 위한 사전준비(기획재정부)	• 총사업비 500억원 이상인 사업에 대하여는 별도의 타당성 심사
3월 31일까지	• 다음 연도 예산안 편성지침 및 기준 시달 (기획재정부 → 각 부처)	• 예산안 편성의 기본방향 및 주요 비목의 단위·단가
4월 ~ 5월	• 예산집행 실태 점검(기획재정부) • 예산요구서 작성(각 부처)	• 예산안 편성의 기본방향 및 주요 비목의 단위·단가
5월 31일까지	• 예산요구서 제출(각 부처 → 기획재정부)	
6월 ~ 9월	• 분야별 요구수준 분석 및 심의방향 마련 • 사업별 검토 및 예산안 작성 • 예산안 심의(예산심의회 운영)	• 소관 부처의 의견수렴 • 장차관협의 • 시·도지사 협의 • 당정협의(정당설명회) • 대통령보고 • 예산자문회의
9월 말	• 국무회의 심의 및 예산안 확정	
10월 2일까지		• 정당, 언론계, 학계 등과의 정책협의회를 통해 여론수렴

자료: 기획재정부 홈페이지(http://www.mosf.go.kr).

의를 하는 데 필요한 일체의 자료나 통계가 수록된 소정의 법정 서류가 첨부된다.

3. 성과감사(Performance Audit)

1) 의 의

성과감사란 '경제성·능률성·효과성에 대한 검토와 평가를 위주로 특정 사업이나 정책에 대하여 수행하는 감사'를 말한다(공공감사기준 제2조). 세계최고감사기구(INTOSAI)의 성과감사 실행지침에 따르면 성과감사란 '경제성, 능률성, 효과성과 관련이 있는 감사'라고 서술하여 정책, 사업, 조직, 기관운영을 포함하고 있다. 미국감사원(GAO)의 정부감사기준에는 성과감사를 '특정 사업·정책의 성과와 기관운영에 대하여 독립적, 객관적, 체계적으로 검토·분석·평가하는 것'으로 정의하면서, 여기서는 경제성(economy)·능률성(efficiency)·효과성(effectiveness) 감사를 포함한다고 설명한다.

이러한 정의들을 종합하여 볼 때, 성과감사는 '정책, 사업, 기관운영의 성과·산출물에 대해, 경제성·능률성·효과성 등을 독립적, 객관적, 체계적으로 검토·분석·평가하는 감사'로 정의할 수 있다.

2) 도입배경

성과감사는 1960년대 말 미국, 캐나다, 영국, 스웨덴 등에서 최초로 도입되었다. 제2차 세계대전 이후 정부의 기능이 급격히 팽창하자, 기존에 관심이 집중되었던 세금집행의 위법성과 더불어, 정부지출의 효과성 여부에도 눈길을 돌리기 시작한 것이다.

성과감사는 이와 같이 '세금이 국가와 국민을 위해 진정으로 필요한 곳에 올바르게 쓰이고 있는지'를 점검하라는 국민의 요구에 부응하는 제도로서 등장하였다.

우리나라 감사원은 1970년대 계통감사, 1980년대 역점감사로 출발하여, 1985년 이후 성과감사와 개념적으로 유사한 정책개선감사를 도입, 운영하다가, 1993년 합법성 감사의 한계를 극복하고 감사업무를 선진화하기 위해 성과감사를 도입하여 운영하고 있다.[18]

3) 성과감사의 기준(3E)

(1) 기준(3E)

㈎ 경제성(economy: spending less): 비용절감

경제성은 '해당 업무수행을 위해 투입하는 인적·물적자원의 비용을 최소화하는 것'을 말한다. 경제성은 투입단계에서 적게 지출하는 데 초점을 두는 것으로, '절약'의 의미를 갖는다. 만약 감사자가 경제성에 중점을 둔다면 지출을 정확히 정의하는 것이 매우 중요하다.

경제성에 중점을 둔 성과감사에서 관심을 갖는 질문의 예는 다음과 같다.

경제성 성과감사 주요 질문

- 사업에 필요한 물품을 고가구매하지 않았는가?
- 사업을 추진하는 데 보다 적은 인력을 투입해야 하는 것은 아닌가?

그러나 경제성에 너무 신경을 쓰다보면 산출물의 질에 문제가 발생할 우려가 있다. 따라서 경제성은 산출물의 적정한 질의 유지가 전제된 상태에서 확보되어야 한다(김병철, 2006: 52).[19]

---

18 감사원 홈페이지 http://www.bai.go.kr 성과감사 운영매뉴얼 참조.
19 INTOSAI(2003)도 경제성은 적절한 질을 유지하면서 활동에 사용된 자원의 비용을 최소화하는 것을 의미하며, 그 요점은 선택된 수단(means) 또는 설비(equipment) 등 투입요소가 경제적으로 구입되었는지, 인적·물적자원들이 경제적으로 사용되는지, 그리고 건전한 행정원칙과 훌륭한 관리지침에 따라 관리가 되고 있는지 등을 제시한다.

⒁ **능률성**(efficiency: spending well): **자원활용**

능률성은 '산출-투입의 비율을 최대화하는 것'을 말한다. 즉, 주어진 자원으로 최대의 산출을 내고자 하는 것, 또는 동일한 산출을 최소의 자원으로 생산하는 것을 의미한다.

능률성에 초점을 둔 성과감사에서 관심을 갖는 질문의 예는 다음과 같다.

능률성 성과감사 주요 질문

- 더 낮은 생산비용이 드는 다른 방법으로 사업을 추진할 수 있는가?
- 구입 후 활용하지 않고 있는 자원은 없는가?
- 부처 간 공통목적 달성을 위해 잘 협조하고 있는가?

⒂ **효과성**(effectiveness: spending wisely): **목표성취**

효과성이란 '의도한 결과를 달성하는 것'을 말한다. 효과성은 현명하게 지출하는 것 또는 해야 할 일을 하는 것을 의미하기도 한다.

효과성을 중점을 둔 성과감사에서 관심을 갖는 질문의 예는 다음과 같다.

효과성 성과감사 주요 질문

- 궁극적으로 달성하고자 하는 목적을 달성하고 있는가?
- 사업의 대상 집단은 정확히 정의되었는가?
- 사람들은 제공된 사업내용이나 수단에 만족하는가?
- 선택된 수단들은 추구하는 목적 달성에 어느 정도로 기여하는가?

---

(2) 성과감사 기준 특성

성과감사의 기준들(경제성·능률성·효과성)이 가지고 있는 특성들을 구체적으로 살펴보면 다음과 같다(김병철, 2006: 54-55).

⒀ **경제성**

경제성은 투입할 자원의 획득과 관련된 사항으로 관계자에 의한 부조리가 많이 발생할 우려가 높은 분야에 적용하기 쉬운 원칙이다. 정부는 대개 세부적인 집행절차와 기준을 법규나 지침으로 정하여 적용하고 있다. 이것은 관계자로 하여금 실수를 줄이고 차후 책임소재를 분명히 하기 위한 것이고, 따라서 합법성과 관련이 높다.

(나) 능률성

능률성은 획득된 자원을 저렴한 비용으로 산출이나 영향으로 효율적 전환을 했는지에 관한 사항으로 성과관리시스템에 관심을 둔다. 능률성은 효과성과 관련도가 높을 수 있다. 주어진 비용과 대비한 성과를 측정하는 것이므로 능률성이 높아지면 효과성도 높아질 가능성이 있는 것이다. 따라서 효과성을 제고하기 위해서는 성과관리시스템의 능률적인 작동을 담보하는 감사가 필요하다.

(다) 효과성

효과성의 측정은 다소 어려움이 있을 수 있다. 단기적 산출물의 경우에는 어느 정도 측정이 가능할 수 있으나, 대부분 정책의 영향은 장기적으로 나타나는 경우가 많으므로 측정에 시간이 많이 소요되며, 측정방법에 따라 결과가 달라지는 상황도 발생할 소지가 있다. 또한 효과성 감사는 사업 종료 후 실시하는 사후감사이므로, 그 사업에 영향을 미치는 실질적인 시정은 어렵게 될 가능성이 높아 감사의 성과확보에 어려움이 있을 수 있다.

(3) 기준 간 상충 해소

성과감사 시에 경제성·능률성·효과성 등 이념 간 상충문제가 발생할 경우, 어떤 이념을 우선하여야 할 것인가가 문제될 수 있다. 공공감사기준 제15조에서는 이 경우에 법령 또는 제도의 취지, 수감기관의 임무, 감사대상 업무의 목적, 감사대상 업무의 수행여건과 환경, 건전한 관행, 전문가의 의견 등을 고려하여 합리적인 이념을 융통성 있게 적용하도록 하고 있다.[20]

4) 성과감사의 종류

감사원이 행하는 성과감사의 종류를 대상과 시기에 따라 분류하면 다음과 같다.

(1) 성과감사 대상에 따른 분류

(가) 정책감사

정책(*policy*)은 '국민생활의 질을 향상시키기 위하여 사회시스템을 유지하거나 변경시키는데 대한 정부의 결정이나 행위'를 말한다. 그런데 정책 자체의 당·부당에 대하여 성과감사를 할 수 있는지에 대한 문제가 제기될 수 있다. 이는 법령에 명확한 근거가 없는 한 감사대상에서 제외하는 것이 바람직할 것이다. 다만, 정책의 일관성, 정책의 연계성, 정책이 의도한 목표의 달성 정도, 정책결정절차의 적정성과 정책결정에 사용된 기초자료의 적정성 등은 당연히 성과감사의 대상이 된다.

---

20 감사원 홈페이지 http://www.bai.go.kr '성과감사 운영매뉴얼' 인용.

(나) 사업감사

사업(*program*)은 '주어진 정책을 수행하기 위해 서로 연관된 일련의 법률적·재정적 수단'이라 할 수 있다. 사업은 성과감사의 주된 대상이 된다.

(다) 기관감사

기관운영(*management*)은 '기관의 인적·물적·재정적 자원의 운용과 조정에 대한 의사결정 및 활동 또는 규칙'을 의미한다. 기관운영 감사는 내부통제시스템에 대한 평가를 통해 접근가능하다.[21]

(2) 성과감사 시기에 따른 분류

(가) 사전감사(pre-audit)

사전감사는 정책·사업결정과정이나 정책·사업이 집행되기 전 단계에서 이루어지는 타당성 검사이다. 그러나 사업이나 정책의 타당성에 대한 감사는 입법부·행정부의 영역을 침범한다는 비난의 소지가 있고, 사전에 감사원이 개입함으로써 사업이나 정책에 대한 책임성 문제가 제기될 가능성이 있으므로, 감사원의 독립성 확보 차원에서는 바람직하지 않을 수도 있다.

(나) 과정감사(process audit)

사업이나 정책의 추진과정에서 성과감사를 실시하여, 감사결과를 사업이나 정책에 환류시킴으로써, 장래에 발생할 수 있는 문제를 미연에 방지하고, 동일한 문제의 재발가능성을 제거하기 위해 실시된다. 계속사업의 경우 단계별로 사업이 종료된 때에 하는 감사도 여기에 해당한다.

(다) 사후감사(post-audit)

사업이나 정책이 '완전히' 종료된 후에 그 효과를 평가하는 성과감사이다.

5) 요약 및 결론: 성과감사(Performance Audit)와 품질관리(Quality Management)

성과감사는 2003년 8월부터 감사결과를 전면 공개하게 됨에 따라, 감사결과의 객관성, 신뢰성, 타당성을 확보할 수 있도록 품질을 관리하는 것이 매우 중요하게 되었다. 이는 정부의 예산이 어떤 목적으로 어떻게 이용되고 있는가에 대해 알고 싶어하는 국민들의 요구에 대응하는 성과감사의 취지와 목적에 부합하는 매우 바람직한 것이라 할 수 있을 것이다.

예산의 부적절하고 비합리적인 사용에도 불구하고 성과감사가 형식적으로 행해진다면, 이는 감사원의 존재의의를 무색하게 하는 것이라 할 것이다. 따라서 성과감사 자체도 정책품질관리처럼 질적인 관리를 함으로써, 그 의의가 퇴색하지 않도록 할 필요가 있다. 이는 정책의 실패를 미연에

---

21 COSO(Committee of Sponsoring Organization of Treadway Commission)에서 제시한 내부통제시스템(Internal Control System) 모형에 따르면, 내부통제시스템의 구성요소에는 통제환경(Control Enviorment), 위험평가(Risk Assessment), 통제활동(Control Activity), 정보교환과 의사소통(Information & Communication), 모니터링(Monitoring)이 포함된다.

방지하고 환류함으로써, 학습을 통해 보다 더 효율적이고 민주적인 정책이 다시 나올 수 있도록 하는 밑거름이 될 수 있다는 것을 의미한다.

제 5 절 예산집행의 신축성

1. 예산의 이용

예산의 이용(移用)은 예산구조상 정한 장·관·항 간에 각각 상호융통하는 것을 말한다.[22] 이것은 사업계획이나 여건의 변화에 따라 예산집행을 신축적으로 운용함으로써 사업을 보다 효율적으로 추진하고, 예산의 적정한 사용을 도모하기 위한 제도로서, 목적 외 예산사용 금지의 예외적인 조치이다.

이용(移用)은 입법과목, 즉 의회의 의결과목인 장·관·항에 대한 조치이므로 원칙적으로 허용되지 않는다. 각 중앙관서의 장은 세출예산이 정한 목적 이외에 경비를 사용하거나 예산이 정한 각 기관 간, 각 장·관·항 간에 상호이용할 수 없다. 다만 예산집행상 필요에 의하여 미리 예산으로서 국회의 의결을 얻고 기획재정부장관의 승인을 얻으면 가능하다(예산회계법 제36조 제1항). 이 경우에도 공무원의 기본급 및 수당, 기타직 공무원의 보수에 해당되는 비목은 이 비목 외에 다른 비목으로 이용할 수 없다.

2. 예산의 전용

예산의 전용은 행정과목, 즉 행정부의 결정과목인 세항·목 간에 금액을 상호융통하는 것을 말한다.[23] 전용은 행정재량에 맡겨져 있으므로 그 규모가 크고 다양한 편이다.

행정과목은 입법과목의 하위체계로서 세입예산은 목, 세출예산은 세항·세세항·목으로 분류되는데, 일정한 요건 하에서 행정부의 재량에 의하여 사용되는 과목이다.

예산전용의 목적은 예산집행에서의 경직성 문제를 해결하고 집행부서에 신축성을 부여하려는

---

22 세입예산의 관·항·목의 구분과 설정, 세출예산 및 계속비의 장·관·항·세항·목의 구분과 설정, 국고채무 부담행위의 사항구분은 기획예산처장관이 정한다(예산회계법 시행령 제9조).

23 과거의 "재정법"에서는 현재의 이용과 전용을 합하여 유용이라고 하였다. 유용은 공금을 목적대로 사용하지 않고 개인용도 등에 사용한 사실을 의미하는데, 감사에서는 회계직 공무원들이 공금을 횡령하였다가 외부에 알려지기 전에 스스로 횡령한 금액을 보전한 경우를 말한다.

데 있다. 예산의 전용은 그 범위를 너무 축소하면 신축성의 감소로 효율적 사용에 문제가 있고, 그렇다고 너무 확산하면 당초부터 전용을 목적으로 예산을 과다계상하게 되고 예산통제와 예산책임의 확보에 문제가 된다.

3. 예산의 이체

예산의 이체는 정부조직 등에 관한 법령의 재정·개정 또는 폐지로 인하여 그 직무와 권한에 변동이 있을 때 관련되는 예산의 귀속을 변경시키는 것을 말한다. 기획재정부장관은 당해 중앙관서의 장의 요구에 의하여 그 예산을 상호이체할 수 있다(국가재정법 제47조 제4항 2).

4. 예산의 이월

예산의 이월은 세출예산 중 연도 내 미 지출액을 당해 연도를 넘겨 다음 연도의 예산으로 사용하는 것을 말한다. 이월은 회계연도독립의 원칙에 대한 예외로서 한국이나 일본에서 채택하고 있다.
이월을 허용하는 이유는 특정 사업에 대한 예산의 뒷받침이 정지되면 국정의 운영에 지장을 초래하기 쉽고, 또 연도 말에 배정된 예산을 무리하게 사용하는 것을 예방하기 위해서이다. 이월이 되면 당해 사업의 예산은 인정하므로 재차이월은 불가능하다.

1) 명시이월

명시이월은 세출예산 중 경비의 성질상 연도 안에 지출을 미치지 못할 것이 예측되어 미리 국회의 의결을 얻은 경비로서, 다음 연도에 사용할 수 있도록 한 것을 말한다. 이월의 범위는 의결된 바에 한정되어야 하며, 단년도 예산주의(회계연도독립의 원칙)에 대한 예외로서 2년 한도로 지출할 수 있다.

2) 사고이월

사고이월은 연도 내에 지출원인행위를 하였으나 불가피한 사유로 인하여 연도 내에 지출을 하지 못한 경비와, 지출원인행위를 하지 않은 부대경비를 다음 연도에 이월하여 사용하는 것을 말한다. 사고이월이 되기 위해서는 구체적으로 지출의 원인이 되는 계약 또는 기타의 행위가 존재하고 있어야 한다.

5. 계속비

계속비는 완성에 수 년도를 요하는 공사·제조·연구개발사업에 관한 경비의 총액과 연부액을 정하여 미리 국회의 의결을 얻은 범위 안에서 수 년도에 걸쳐서 지출할 수 있는 경비를 말한다.

계속비의 사용기간은 회계연도부터 5년 이내로 한다. 다만, 사업규모 및 국가재원 여건상 필요한 경우에는 예외적으로 10년 이내로 할 수 있다(국가재정법 제23조). 계속비의 연도별 연부액 중 당해 연도에 지출하지 못한 금액은 계속비사업의 완성연도까지 계속 이월하여 사용할 수 있다(국가재정법 제48조 제3항).

계속비제도는 회계연도독립의 원칙에 대한 또 하나의 예외이다. 이것은 이미 착수된 사업이 중도에 중단되어 예산을 낭비하는 일이 없도록 하기 위한 것이다. 단년도 예산제도에서 발생되는 문제점을 해결하기 위한 것이다.

우리나라에서는 건설교통부·정보통신부·과학기술부 등에서 계속비를 많이 활용하고 있고, 주요한 공공사업이나 건설사업은 대부분 이러한 계속비에 의하여 추진되고 있다.

6. 예비비

예비비는 예측할 수 없는 예산 외의 지출 또는 예산초과지출에 충당하기 위하여 예산에 계상되는 것을 말한다(국가재정법 제22조). 예산 외의 지출은 예상편성 당시에는 예측할 수 없었던 사태가 발생하여 경비지출을 필요로 하는 경우를 말한다.

예산초과지출은 어떤 지출항목에 일정한 금액을 계상하였으나, 그 후에 사정의 변경으로 예산액에 부족이 생겨 추가로 경비를 지출하는 것을 말한다. 새로운 사태의 발생이나 사정변경의 정도가 작은 경우에 한하여 예비비로 충당하여야 하며 그 정도가 클 때는 추가경정예산을 편성하여야 한다.

예비비제도는 예기치 못한 긴급한 지출수요가 발생한 경우 예산집행의 신축성을 부여함으로써 예산운용의 효율성을 높이고, 국회의 사후승인을 통하여 집행결과에 대하여 국회가 책임을 물을 수 있는 권한을 제도적으로 보장한 것이다.

예비비의 사용에 대해서는 제한규정이 없어 비교적 자유롭게 사용할 수 있으나, 원칙적으로 다음과 같은 제한이 있다.

첫째, 국회에서 부결한 용도를 위해서는 예비비를 사용하지 말아야 한다.
둘째, 예산의 성립 이전부터 존재하던 사태를 위해서는 예비비를 사용하지 말아야 한다. 이것은 '예측할 수 없는 것'이 아니기 때문이다.

셋째, 국회 개회 중에 많은 금액을 예비비에서 지출하는 것은 삼가야 한다. 개회 중이라도 경미한 예산의 부족은 예비비를 사용해도 되지만, 규모가 큰 경우는 추가경정예산을 제출한 후 의결을 얻어야 한다.

예비비는 기획재정부장관이 관리하는데, 그 사용절차는 "국가재정법"(제51조 및 제52조)에 규정되어 있다. 각 중앙관서의 장이 예비비를 사용하고자 할 때에는 이유·금액 및 관련 기초명세서를 기획재정부장관에게 제출하여야 하고, 기획재정부장관은 예비비사용계획명세서를 작성하여 국무회의의 심의를 거쳐 대통령의 승인을 얻어야 한다.

7. 추가경정예산

추가경정예산은 예산성립 후에 생긴 사유로 인하여 이미 성립된 예산을 변경하는 것을 말한다(국가재정법 제89조 추가경정예산안의 편성). 이것은 본예산의 사항과 금액을 추가하는 것이므로 추가경정예산이 성립되면 본예산과 통산하여 집행한다.

표 8-2　예산집행의 신축성 확보방안

제도 ＼ 항목	개 념 (의 의)	목 적 (필요성)	예산원칙 예외	예산회계 법적근거
이 용	장·관·항 간 상호융통 (국회 및 기획재정부 승인 필요)	여건변화 (적정성)	목적 외 사용금지	제36조 제1항
전 용	세항·목 간 상호융통 (행정부의 재량)	신축성 부여 (융통성)	목적 외 사용금지	제37조
이 체	조직직무·권한변동 시 예산귀속 변경	조직변동 (적정성)	목적 외 사용금지	제36조 제2항
이 월	연도 내 미지출액 다음 연도 이월 사용 (명시이월, 사고이월)	원활한 국정운영 (융통성)	회계연도 독립원칙	제38조
계속비	장기간 계속사업경비·연부액 미리 정하여 국회의결을 얻고 수년도에 걸쳐 지출	효율적 사업집행 (효율성)	회계연도 독립원칙	제22조 제38조
예비비	예측하지 못한 예산 외 지출, 예산 초과 지출 충당	예측할 수 없는 사태 발생(적정성)	한계성의 원칙	제39조 제40조
추가경정예산	예산성립 후 발생한 사유로 인한 지출	예산성립 후에 생긴 사유(융통성)	한계성의 원칙	제33조 제1항

우리나라에서는 '예산성립 후 생긴 사유'에 대해 추가경정예산을 편성할 수 있도록 하였으나, 구체적으로 무엇인지에 관한 규정이 없다. 본래 추가경정예산은 예상하지 못한 사태로 인하여 변경된 예산이 필요할 때 국회에 상정하는 것인데, 거의 매년 1~2회 사용하고 있고 때로는 본예산의 편성이나 심의과정에서 삭감된 부분을 부활시키기 위한 수단으로 이용되기도 하였다.

이상에서 논의한 예산집행의 신축성 확보방안을 정리하면 〈표 8-2〉와 같다.

8. 예산집행 신축성 확보 문제점 및 개선방안

우리나라 예산집행은 신축성을 확보하기에는 근본적으로 예산분류의 기준이 비현실성을 띠고 있고 통제 위주의 성향이 남아 있는 것이 문제점이며, 이는 예산을 집행운영하는 행정인의 낮은 책임성과도 연결되어 있다. 현대행정기능은 복잡화·다양화 되고 있어서 예산집행의 신축성(융통성)이 급속히 확대될 것을 요청하고 있으나, 이러한 신축성의 확대에 비례하여 행정인의 책임성의 향상, 예산행정에 대한 민주적 통제 등이 수반되어야 할 것이다.

다음에서는 이러한 관점에서 예산집행의 신축성(효율성)과 책임성(민주성) 확보라는 대전제를 실현하기 위한 국가예산제도 개혁을 학습하기로 한다.

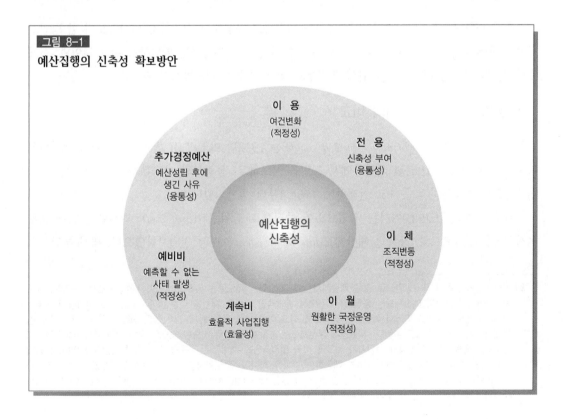

그림 8-1
예산집행의 신축성 확보방안

이 용
여건변화
(적정성)

전 용
신축성 부여
(융통성)

추가경정예산
예산성립 후에
생긴 사유
(융통성)

예산집행의
신축성

이 체
조직변동
(적정성)

예비비
예측할 수 없는
사태 발생
(적정성)

계속비
효율적 사업집행
(효율성)

이 월
원활한 국정운영
(적정성)

제 6 절 예산제도 개혁

예산제도 개혁은 재무행정 부문에서 예산운영의 신축성을 제고하고 시장원리를 적용함으로써 예산의 융통성과 책임성을 확보하기 위한 제도 개혁을 말한다. 먼저, 여기에서는 산출예산제도, 연도말 이월제도을 포함한 예산의 신축성 유지방안, 다년도 예산제도, 복식부기 및 발생주의 예산제도 등을 살펴본 후, 참여정부 들어와 대대적으로 개혁되기 시작한 국가예산제도 개혁에 대해서 살펴보기로 한다. 참여정부에 들어와 흔히 "3+1 개혁"이라고 불리는 국가예산제도 개혁의 4대 구성요소는, 국가재정운용계획(MTEF), 총액배정·자율편성(*top-down*) 예산제도, 성과관리제도(BSC), 디지털예산회계시스템(BAR) 등 4가지인데, 이는 이명박 정부에서도 계승 발전되고 있다.[24]

1. 산출예산제도(Output Budget System)

1) 개 념

산출예산제도는 정부의 산출물별로 예산을 편성하고 운용하는 성과중심 예산제도의 한 방안으로서 최근에 나온 개념이다. 산출예산제도는 성과중심의 재무행정을 확립하기 위한 것이며, 실제 수입 및 지출의 정확한 파악을 위해 복식부기 및 발생주의 회계방식이 사용된다.

2) 성과주의 예산제도와의 비교

성과주의 예산제도(*performance budget system*)는 1912년 미국 Taft 위원회에서 처음 제시되었다. 우리나라에서는 1961년 국방부에서 도입을 시도하고, 농림부와 보사부가 그 뒤를 따랐으나, 성공적으로 제도화하지 못하고 실패하여 1964년부터 중단되었다.

성과주의 예산제도(PBS)에서는 투입요소를 중심으로 단위원가(*unit cost*) × 업무량 = 예산액으로 예산책정을 하였으므로, 품목별 예산제도(*line item system*)보다는 진일보하였으나, 역시 투입요소

---

24 예산운영의 신축성 제고방안으로 같은 맥락에서 논의되고 있는 제도로는 총괄배정예산, 지출통제예산, 운영예산제도 등이 있다. 총괄배정 예산제도는 중앙예산기관에서 총괄적인 규모로 재원을 배분한 후 각 부처로 하여금 재원범위 내에서 사업우선순위를 따라서 예산을 편성하도록 하고 이를 다시 중앙예산기관이 이를 최종 조정하는 제도로서 총액배정·자율편성이라고도 불린다. 지출통제 예산제도는 총괄예산제도와 비슷한 것으로 각 부처가 부서 내의 모든 지출항목을 없애 버리고 부서의 책임자가 필요에 따라 물적자원을 재량으로 전용할 수 있도록 하는 제도이다. 운영예산제도란 기존예산제도에서 행정경비에 해당하는 항목을 하나의 경비(운영경비)로 통합하여 예산을 크게 사업비와 운영비로 구분하여 운영하는 제도로써 운영경비의 상한선 내에서는 관리자가 이를 재량적으로 사용할 수 있어 재정운영의 탄력성을 도모할 수 있게 해주는 제도이다.

의 단위원가를 기준으로 예산배정을 하므로 예산제도의 신축성 확보에는 한계가 있었다.

산출예산제도는 성과주의 예산제도에서처럼 사업성과와 예산을 연계시키지만 투입요소인 예산이 아니라 산출요소인 사업성과를 중심으로 예산을 운영하는 데 초점을 맞춘 것으로, 산출이 가져오는 근원적인 성과, 즉 결과(*output*)를 강조하는 '새로운' 성과주의 예산제도를 말한다(*new performance budget system*). 또한, 산출예산제도에서는 복식부기 및 발생주의 회계원칙을 도입하고, 이를 통해 실제 수입 및 지출의 거래(*transaction*) 마다 디지털예산회계시스템에 의해 자동으로 계상하게 함으로써 각 부처 예산집행의 투명성과 책임성을 확보할 수 있게 해준다.

우리나라에서 재정경제부는 2006년 5월 26일, 품목별 예산과목 기준으로 결산하던 방식에서 사업성과(산출물) 중심으로 결산하는 방식으로 개정하는 국가재정운용체제의 변화에 관한 법률을 입법예고함으로써, 산출예산제도에 대한 도입기반을 마련하였다. 또한, 국가재정운용계획을 공개 토론회를 거쳐 5년 단위로 편성하고 있다. 국가재정운용계획은 국가의 역할과 지원이 필요한 분야에 중점 지원한다는 원칙 하에 산출의 총 가치를 예상하여 정책의 우선순위를 정하고, 자산의 실시간 감가상각과 동태적 자산측정을 측정하는 데 도움이 된다. 즉, 국가 총 중점사업을 선정함으로써 나타나게 될 영향력을 총체적으로 고려한 후 얻어진다는 측면에서 이는 산출예산제도(*new performance budget system*)의 한 형태로 간주할 수 있다.

3) 특 징

산출예산제도는 1990년대 초 뉴질랜드 정부에서 도입된 예산제도로서, 공공부문에서 생산되는 각각의 산출물에 대하여 직·간접적인 인건비, 운영비, 감가상각 등 모든 비용을 계산하여 산출물별로 예산을 편성하고 운용하는 제도이다. 여기에서 산출물이란 정부가 구매하는 재화와 용역을 의미한다.

산출예산제도의 특징을 살펴보면 다음과 같다.

첫째, 각 부문별·사업별로 산출물이 결정되고 결정된 산출물을 중심으로 예산이 배정되고 집행된다.
둘째, 비용을 산정함에 있어 직접비와 간접비를 구분하고 감가상각을 고려하여 모든 비용을 포함한다.
셋째, 예산이 배정된 산출물에 대해 회계연도 이전에 계약대로 생산되고 있는지 회계연도 내에 점검을 받고, 회계연도 종료 후에 최종적으로 실적을 평가받게 된다.

4) 장점과 한계

산출예산제도는 산출물을 구체화하는 과정에서 정책입안, 정책집행 등에 대한 구분이 명확해지므로 정부기능을 정책단위로 바꾸는 것이 용이해지고, 산출물 중심으로 부서의 활동을 구체화하는 과정을 통해 정부기능의 재조정, 민영화 및 민간위탁의 활용이 용이해지는 장점이 있다(장병순,

1998: 111). 또한 산출물을 구체화함으로써 책임관계와 성과관리가 명확하게 이루어지는 장점이 있다. 그러나 이러한 장점에도 불구하고 산출물을 구체화 하는 작업이 어렵고, 민간부문이 아닌 공공부문에서 감가상각을 완벽하게 계산하는 것은 불가능하다는 한계가 있다.

2. 연도말 이월제를 포함한 예산의 신축성 확보방안

예산을 통제하는 데 중점을 두는 경우 급변하는 행정환경에 탄력적으로 적응하기 어렵고, 행정의 융통성, 적응성의 확보가 어려운바, 이에 따라 예산의 신축성은 중요한 개념이다. 예산의 신축성을 확보하기 위한 방안으로는 예산의 이용, 전용, 이체, 이월, 계속비, 예비비 등이 있다.

예산의 이용이란 세출예산이 정한 각 기관 간 또는 장·관·항(입법과목)에 예산액을 상호융통하는 것이며, 예산의 전용이란 세항·목(행정과목) 간의 융통사용을 의미한다. 예산의 이체란 법령의 제정·계정 또는 폐지로 인하여 그 직무와 권한에 변동이 있을 경우 예산집행에 관한 책임소관을 변경시키는 것을 말하며, 예산의 이월이란 연도 내에 사용하지 못한 예산을 다음 연도의 예산으로 넘겨 사용하는 것을 의미한다. 이처럼 예산의 항목 간의 융통이나 연도 간의 융통을 허용하는 제도들은 예산의 신축성 확보에 매우 중요한 제도이다.

계속비란 완성에 수년을 요하는 사업의 경비와 총액, 그리고 연부액을 정하여 미리 국회의 의결을 얻은 범위 내에서 수년도에 걸쳐 지출할 수 있는 경비를 의미하며, 예비비란 예산편성 당시에 예측할 수 없었던 상황이 발생하거나 예산편성 시 일정한 액수를 배정하였으나, 그 후 상황이 변경되어 처음에 배정된 액수보다 더 많은 예산이 필요하게 된 경우 이를 충당하는 경비로서, 이러한 계속비와 예비비 역시 예산의 신축성 확보에 있어 매우 중요한 제도이다.

3. 다년도 예산제도

1) 개 념

다년도 예산제도(*multi-year budget*)란 장기적인 안목에서 정책을 설계하여, 예산을 신축성 있게 운영하기 위해 예산을 단일 연도가 아닌 다년도로 수립하는 것을 말한다. 지출과 수입에 대한 다년도 예산계획은 통상 5년 정도를 대상기간으로 한다. 이 제도는 장기적인 안목으로 예산을 운영하면 정책결정자들이 자원제약을 인식하여 정부지출의 팽창을 억제할 수 있다는 취지에서 도입되고 있다. 우리나라에서도 5년 단위의 다년도 예산계획제도를 도입하고 있다.

2) 의 의

 기존의 1년 단위의 예산회계제도는 회계연도 종료와 개시를 전후로 1년마다 사업이 단절되어 사업의 효율성이 저하되고, 회계연도 내에 예산을 집행하여야 한다는 강박관념을 가지게 하여 불필요한 부문에 예산을 낭비하게 한다. 또한 회계연도 개시 1개월 동안 행정업무가 거의 정지되고, 국회의 예산심의 기간이 충분하지 못하여 예산심의의 부실화를 초래하는 단점이 있었다. 이러한 단점을 보완하기 위해 등장한 것이 다년도 예산제도이다. 결국 다년도 예산제도는 '계속비제도'의 취지를 모든 예산분야로 확대하여 제도화하는 것이며, 이를 통해 예산편성의 업무량을 줄이고, 예산편성업무와 사업집행의 효율성을 제고하며, 정부와 국회가 예산편성에 있어 더 많은 관심을 가지게 할 수 있다.

 우리나라에서는 예산과 계획을 일치시키려는 목적에서 1982년부터 중기재정계획을 시행하고 있었으나, 그간 유명무실화되는 경향이 있었다. 그러나 2006년 5월 재정경제부의 국가재정운용계획 도입과 더불어 5년 단위의 다년도 예산계획제도를 본격 도입하고 있다.

3) 한 계

 우리나라에서 시행하는 다년도 예산제도는, 단년도 예산제도에서 벗어나 예산의 단위기간을 일년에서 다년도로 연장하는 것을 의미하지는 않는다. 정부가 매년 국회로부터 그 다음 회계연도의 지출에 대해 승인을 얻어야 하므로, 지출승인에 있어서는 단년도 예산제도이며 예산계획에 있어서만 다년도 예산계획제도이다. 따라서 우리나라에서 도입한 다년도 예산제도는 재원배분을 최종적으로 확정하여 지출재원을 배정하는 법적인 과정이라기보다는, 재정운영의 효율성과 건전성을 제고하기 위한 일종의 관리도구로서의 성격이 강하다고 볼 수 있다. 이는 다년도 예산제도를 채택한 대부분의 OECD 회원국에 있어서도 마찬가지인데, 이때 다년도 예산제도는 단년도 예산제도를 대체하는 개념이라기보다는, 지출승인 등 예산기능은 단년도 위주의 운영을 견지하되, 이 과정에서 장기 전망의 다년도 시각을 반영하여 단년도 예산제도에 대한 보완적인 성격으로서, 재정운영의 일관성을 확보하자는 취지를 가진다(김종면, 2006: 7-9).

 다년도 예산제도의 취지를 가장 본질적으로 살린 제도는 미국 지방정부에서 시행하고 있는 격년제 예산제도이다. 격년제 예산제도는 다년도 예산제도 중 가장 진화된 형태로서 1년 단위의 회계제도에 대한 대체성이 강한 제도이며, 예산의 편성 및 승인을 격년제로 시행하는 제도이다.

4. 복식부기 및 발생주의 회계제도

1) 의 의

1980년대 이후 세계 선진국들은 다양한 공공부문 개혁 프로그램을 수행하여 오고 있으며, 이들이 지향하는 목표는 공공부문의 효율성, 투명성, 그리고 책임성(accountability)을 증진시키는데 있다. 이와 관련하여 영국, 미국, 뉴질랜드, 호주 등 주요 선진국들은 정부재정관리 개혁의 일환으로 정부예산과 회계에 발생주의 복식부기제도의 도입이 적극적으로 추진하고 있다.

복식부기는 단식부기에 대응되는 개념이며, 발생주의는 현금주의에 대응되는 개념이다. 현금주의(cash basis)는 현금이 유입되면 수입으로, 현금이 유출되면 지출로 인식하는 기준이다. 이에 따라 현금이 수반되지 않는 감가상각비, 미수금, 미지급금 등 비현금 거래는 회계처리대상에서 제외된다. 한편, 발생주의(accrual basis)는 경제주체의 경제적 자원의 변동에 따라 거래가 발생한 시점(transaction)에 자산, 부채, 순자산, 수익, 비용을 인식하는 기준이다. 실제로 회계의 인식기준은 현금주의와 발생주의를 양극단으로 하여, 일련의 연속선상에서 다양한 형태를 발견할 수 있으며, 복식부기는 발생주의에 기초한다.

단식부기는 현금, 채권, 채무 등을 대상으로 발생된 거래의 한쪽 면만을 기록하는 방식으로 전통적으로 정부회계는 이 방식을 채택하여 왔다. 이에 비해 복식부기는 하나의 거래를 거래의 이중성과 대차평균의 원리에 따라, 왼쪽(차변: 자산)과 오른쪽(대변: 부채 및 순자본)에 이중으로 기록하는 회계기록방식을 말한다.

복식부기 회계제도는 경제주체의 재정상태와 운영실적을 거래가 발생한 시점(발생주의)에서 거래의 인과관계를 대차의 평균원리(복식부기)에 의해 계리하는 회계처리방식이다. 여기서 재정상태란 회계연도 말에 자산과 부채 및 순자본에 의해 표시되며, 운영실적이란 회계연도 동안의 수익과 비용에 의해 표시된다.

2) 목 적

복식부기제도의 도입목적을 살펴보면 다음과 같다.

첫째, 재정의 효율성과 건전성을 확보하는 것이다. 복식부기제도는 발생주의 인식기준에 기초하여 예산뿐만 아니라, 예산에 반영되지 않은 경제적 자원변동의 가치를 포함하여, 정부거래를 자산 및 부채의 종합관리를 통해 재정상태와 운영실적을 파악할 수 있다는 점에서 재정의 효율성 및 건전성을 확보할 수 있다. 또한, 미래에 대한 재정예측에 의한 재정의 위기예방을 위한 주요한 수단으로 인식된다.

둘째, 재정의 회계책임성을 보장하는 것이다. 복식부기제도를 통해 목적에 따라 정부의 재정상태를 종합적으로 판단하고 행정활동의 운영성과에 관한 다양하고 유용한 재무정보를 산출하여 이를 지역주민, 공무원, 의원, 투자자 등 관련 정보이용자에게 제공함으로써, 공공회계책임을 실현하는 데 기여한다.

셋째, 정부재정운영의 투명성을 확보하는 것이다. 복식부기제도의 도입을 통해 다양하고 유용한 회계정보를 제공하여, 재정정책의 합리적 결정과 재정운영의 투명성을 제고하는 것이다.

넷째, 국제경쟁력을 확보하는 것이다. IMF, OECD, UN 등 국제기구에서 제시하는 정부재정통계 및 국제회계기준을 준수함으로써, 선진국들의 재정통계의 신뢰확보와 이를 통한 국제경쟁력을 확보하는 데 기여할 수 있다. 그러나 복식부기를 도입하는 경우 현금의 흐름을 파악하기 어렵고, 감가상각이 지나치게 주관적이며 성과의 계량화가 곤란한 데서 오는 한계가 있다.

3) 내 용

우리나라 참여정부 당시 재정경제부는, 1) 단식부기, 현금주의와 같은 현금회계에 민간회계방식의 복식부기, 발생주의 방식을 추가하고, 2) 현행 개별 법령에 따라 보고서를 작성하던 것을 자산부채 성격별로 구분하여 통합결산하는 방식으로 재정상태보고서를 작성하며, 3) 품목별 예산과목기준으로 결산하던 방식에서 사업성과(산출물) 중심으로 결산하게 함으로써 성과관리 재정운영의 기반을 마련한 바 있다. 재정경제부는 2006년 5월 26일 이러한 내용의 정책변경을 담은 국가재정운용체제의 변화에 관한 법률을 입법예고 하였다. 또한, 투명한 정부회계제도 개혁을 위해 복식부기 회계제도 도입을 국정과제로 선정해 몇몇 지자체에서 시범운영을 거쳐 2007년 1월 1일부터 전국 지방자치단체에서 실시되었고, 지방자치단체 내의 시·군은 이 제도에 따른 2006년 회계연도 통합재무보고서를 시범적으로 작성하였다.[25]

2007년 10월 제정된 국가회계법은 새로운 회계제도의 시행을 위해 국가회계법과 국가재정법에 중복·분산되어 있는 결산관련 규정을 체계적으로 정비할 필요에 따라 2008년 12월 31일부로 관련 규정을 최종 정비하였다.[26] 이명박 정부는 이에 근거하여 2009년 1월 1일부터 발생주의·복식부기 회계제도를 시행하고 있다.

2006년 당시 재정경제부가 입법예고한 3가지 방향을 살펴보면 우리나라 국가재정운용제도 개혁의 큰 틀을 살펴볼 수 있다.

첫째, 현행 단식부기, 현금주의 회계에 기업회계와 유사한 복식부기, 발생주의 방식을 추가하였다. 정부의 복식부기, 발생주의 방식의 도입으로, 민간기업의 대차대조표와 같이 재정의 흐름(*flow*)을 파악할

---

25 http://www.kwnews.co.kr/view.asp?aid=207120200133&s=101, 강원일보.
26 발생주의·복식부기 회계제도 시행을 위한 국가회계법률 개정(기획재정부 보도자료; 2008. 9. 8).

표 8-3　단식부기·현금주의와 복식부기·발생주의

구 분	단식부기	복식부기	현금주의	발생주의
기록방식/ 기록시점	수입·지출사실만을 기록 (금전출납부식)	수입·지출을 자산부채와 연계하여 기록	현금출납시점	거래발생시점
비 교	• 단순 • 선출정보가 부정확하거나 누락될 가능성 (수입·지출내역이 자산·부채의 증감과 미연계)	• 복잡 • 선출정보의 신뢰성 및 다양성이 제고 (수입·지출내역이 자산·부채의 증감과 연계)	• 단순 예산회계처리로서 실무자의 이해가 용이 • 형식적 자산·부채 표시 (예 1) 감가상각 인식 안함 (예 2) 회수가 불가능한 채권을 장부에 계속 반영 (예 3) 공사비 지출이 매년 발생해도 건물완공 시점에 자산 인식	• 회계원리에 대한 이해 필요 • 실제 회수지급할 금액으로 자산·부채 표시 (예 1) 사용에 따른 자산의 가치 하락을 인식 (예 2) 채권의 회수가능정보를 장부에 반영 (예 3) 공사비 지출과 비례하여 수시로 자산을 인식

자료: 재정경제부, "발생주의 회계제도 도입에 따른 국가재정운용체제의 변화," 2006. 6. 2.

수 있게 해주는 재무제표의 작성이 가능해지므로, 국가 결산의 투명성과 신뢰성이 높아지게 되었다.

둘째, 현행 세입세출, 기업특별회계, 기금, 계속비, 예비비, 국유재산, 물품, 채권, 채무 등 9종의 결산서로 나누어 있던 보고서가 통합재정보고서로 개편하였다. 통합재정보고서에는 재정상태보고서와 재정운영보고서, 그리고 재정의 상태 및 운영성과 향후 재정전망 등을 담은 재정총평이 포함되며, 개별 법령에 따라 보고서를 작성하던 것을 자산 부채 성격별로 구분하여 통합결산하는 방식으로 재정상태보고서를 작성하게 된다. 81개의 회계·기금이 한 표에 일목요연하게 정리되고, 이를 통해 순자산 및 순부채규모가 산출되어 재정건전성 여부에 대한 국민의 관심을 증가시킬 수 있게 된다.

셋째, 새롭게 도입되는 국가재정운용제도에서는 품목별 예산과목 기준으로 결산하던 방식에서 사업성과(산출물) 중심으로 결산하게 함으로써, 성과관리 재정운영의 기반을 마련하였다. 기존의 세입세출 결산은 단순히 품목별 예산과목 기준으로 결산하였기 때문에 국가사업의 원가를 파악하기 힘들었으나, 새롭게 도입되는 국가재정운용제도에서는 국가가 시행한 사업별로 원가가 집계되어 사업평가를 위한 기반의 구축이 가능해짐으로써, 산출예산제도의 기반을 마련한 것으로 평가된다.

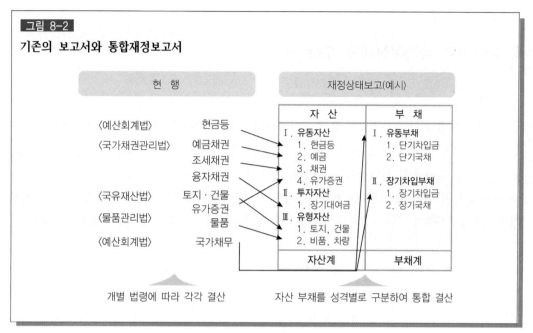

그림 8-2

기존의 보고서와 통합재정보고서

자료: 재정경제부, "발생주의 회계제도 도입에 따른 국가재정운용체제의 변화," 2006. 6. 2.

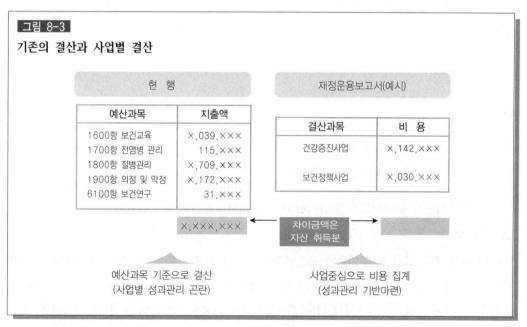

그림 8-3

기존의 결산과 사업별 결산

자료: 재정경제부, "발생주의 회계제도 도입에 따른 국가재정운용체제의 변화," 2006. 6. 2.

제 8 장 재무이론

5. 참여정부 국가예산제도 개혁

1) 의 의

우리나라는 2004년 참여정부에 들어 국가예산제도를 대대적으로 개혁하였다. 예산제도 개혁의 큰 방향은 선진국들이 이미 도입하여 사용하고 있는 지출관리예산제도(PEMS: Public Expenditure Management System)를 받아들이는 것이다.

선진국형 지출관리예산제도(PEMS)의 특징은, 첫째, 정책기획기능은 집권화하고, 둘째, 행정집행기능은 분권화하며, 셋째, 고객(국민)지향적인 예산제도를 갖추기 위해 성과주의를 도입하는 것이다.

정책기획기능을 집권화하기 위해 선진국에서는 중기재정계획(MTEF: Mid-Term Expenditure Framework)과 Top-Down(총액배정·자율편성) 예산제도를 사용하고 있으며, 행정집행기능을 분권화하기 위해 일선 사업부처에 권한을 위임하는 한편, 권한위임에 따른 책임성을 확보하기 위해 성과계약제 등을 도입하고 있다. Top-Down(총액배정·자율편성) 예산제도는 각 부처의 지출상한선을 정한다는 점에서 집권적이지만, 지출상한선 내에서는 부처의 자율권을 인정하는 제도이다. 한국은 참여정부 2004년부터 국가재정운용계획과 Top-Down(총액배정·자율편성) 예산제도를 도입하였다.

2) 주요 제도

국가예산제도 개혁은 흔히 "3+1 개혁"이라고 불린다. 국가예산제도 개혁의 4대 구성요소는, 국가재정운용계획(MTEF: Mid-Term Expenditure Framework), 총액배정·자율편성(*top-down*) 예산제도, 성과관리제도(BSC), 디지털예산회계시스템(BAR) 등 4가지라는 의미에서 따온 이름이다. 다음에서는 이러한 제도들을 살펴보기로 한다.[27]

(1) 국가재정운용계획(MTEF: Mid-Term Expenditure Framework)

㈎ 의 의

재정운용의 기본 틀을 보면 기존의 예산편성은 단년도 위주로 이루어져 예산과 계획(정책)의 연계가 어려우며, 중장기적 시각에서 국가비전과 발전전략을 효과적으로 지원하고 재정건전성을 견지하기가 곤란하다. 또한, 일반회계 이외에 특별회계와 기금이 증설되어 재원배분의 효율이 떨어지고, 재정구조를 이해하기 어려워 투명성이 저하된다는 비판이 제기되었다.

---

27 기획재정부 홈페이지(http://www.mosf.go.kr) 참조할 것.

정부는 예산과 기금을 포괄하는 통합재정기준으로 5년 단위의 국가재정운용계획을 수립하여, 중장기적 시계(*time horizon*)에서 정책에 기초하여 국가재원을 전략적으로 배분하고, 재정건전성을 유지하고 투명성을 제고해 나간다는 계획을 제시하였다. 참여정부는 2004년 중장기 재정지출의 효율성을 극대화하기 위해 종래의 중기재정계획과는 달리, 국가재정운용계획을 단년도 예산 및 기금운용계획의 기본 틀로 의무화하고 확정된 내용을 발표하며 매년 연동계획을 수립하는 방침을 도입하였다.

(나) 배경: 정책과 예산의 일치

우리나라는 1962년부터 경제개발 5개년 계획을 수립하여 국가발전의 비전과 목표를 제시함으로써, 눈부신 경제성장을 이룩한 바 있다. 또한 제5공화국 출범 이후 1982년부터 만성적 재정적자를 해소하고, 중기적 시각에서 재정을 관리하기 위해 중장기 재정운용계획제도를 도입하여 운영해왔다. 그러나 중기재정계획은 매년 연동계획 수립을 전제하고 있지만, 우리나라는 새 정부의 출범 등 특정한 해에만 작성되는 경향이 있었다.

현재까지의 중기재정계획은 개략적인 투자방향을 제시하는데 그쳤으며, 단년도 예산편성 및 기금운용계획 수립과의 연계도 미흡했을 뿐만 아니라 대외적으로 공개되지 않고 내부 참고자료로만 활용됨에 따라 그 실효성도 높지 않았다.

참여정부에 들어와서야 종래 중기계획과는 달리, 재정수지·국가채무 등 총량목표와 구체적인 재원배분계획을 제시하고 단년도 예산 및 기금운용계획의 기본 틀로 활용하고 있다. 또한, 계획의 포괄범위도 넓어져 종래 일반회계 등 예산중심에서 예산과 기금을 망라하는 통합재정기준으로 작성된다. 이러한 차이를 도식화하여 보면 〈표 8-4〉와 같다.

표 8-4 국가재정운용계획의 특징

	종래의 중기재정계획	국가재정운용계획
목 적	재정운용 방향 제시	투자방향 + 총량목표 + 구체적인 자원배분계획
실효성	재정운용 기초자료로 활용	단년도 예산 및 기금운용계획의 틀로 활용 (부처별 지출한도로 활용)
수립방식	재정당국 중심	관계부처, 지자체, 연구소 등 관계자의 폭넓은 참여
법적 근거	임의규정	수립과 국회제출 의무화 추진

(다) 국가재정운용계획: 사례 예시

국가재정운용계획은 재정규모와 구조를 정확하게 파악할 수 있고, 재원배분과 재정수지 관리 등

전략적인 재정운용이 가능하도록 일반회계, 특별회계, 기금을 포괄하는 통합재정기준으로 작성된다. 구체적으로 「2005-2009 국가재정운용계획」에는, 사회복지·보건, 교육, 수송교통·수자원, 농림해양수산, 산업·중소기업, 환경보호, 문화·관광, 국방(일반회계), 공공질서·안전, 통일·외교, 일반 공공행정, R&D, 정보화, 지방재정 확충 및 국가균형발전 등 14개 분야에 대한 향후 5년간 정책방향 및 재원투자 규모 등이 제시되어 있다. 이 중 정부기획예산처에서 발표한 「2005-2009 국가재정운용계획」에서 주요 분야별 재원배분(안)의 예시를 보면 〈표 8-5〉와 같다.

표 8-5 국가재정운용계획: 예시

(단위: 조원, %)

구 분	2005	2006	2007	2008	2009	연평균
사회복지·보건	49.6	54.7	59.6	64.1	70.5	9.2
교 육	27.6	29.1	31.1	33.8	36.3	7.1
수송교통 및 수자원	18.3	17.8	17.8	18.2	19.2	1.3
산업·중소기업	11.9	12.4	12.6	13.0	13.4	3.0
환경보호	3.6	3.8	4.0	4.4	4.9	7.7
공공질서·안전	9.4	10.2	10.6	11.1	11.7	5.7
R & D	7.8	9.0	9.6	10.3	11.1	9.2
지방재정 확충 및 국가균형발전 (균특회계)	5.5	5.9	6.7	7.1	7.8	9.1

* 2005년 추경예산(안) 기준.
자료: 기획예산처, 「2005-2009 국가재정운용계획개요」, 2006.

(라) 국가재정운용계획의 기대효과

① 재정운용의 효율성

중장기적 시계의 국정비전과 정책우선순위를 고려한 전략적 재원배분이 이루어지게 되므로 재정운영의 효율성을 제고할 수 있다.

② 재정운용의 건전성

정책별 배분되는 자원의 양과 비중을 보면서 정책의 방향에 대한 예측이 가능하게 되고, 재정적인 규모·비율 등을 볼 수 있게 되므로 재정운용의 건전성이 확보된다.

③ 재정운용의 투명성

국가재정운용계획은 공개토론회, 국무위원 토론회, 국무회의 보고 등을 통해, 분야별 재원배분 계획이 확정되므로 재원배분의 투명성이 제고될 수 있다.

(마) 재정운용의 연동성

국가재정운용계획상의 분야별 투자규모를 총액배분·자율편성(*top-down*) 예산제도의 부처별 지출한도로 활용하여 단년도 예산 및 기금운용계획과 연계하고, 예산편성 과정에서 부처의 자율성과 전문성이 제고될 수 있도록 제도적으로 뒷받침하며, 5년 단위로 수립된 국가재정운용계획을 경제·사회여건 변화 등을 반영하여 매년 연동·보완해 나갈 필요가 있다.

(2) 총액배분·자율편성(top-down) 예산제도

(가) 의 의

국가재정운용계획(MTEF)에 의해 미리 정해진 기준지출금액을 기준으로 각 부처의 1년 예산상한선을 설정하고, 지출상한선 안에서 각 부처가 자율적으로 자신의 예산을 편성하도록 하는 제도이다. 따라서 국가재정운용계획(MTEF)이 없으면 총액배분·자율편성(*top down*) 예산제도를 할 수가 없으며, 예산의 총액배분·자율편성(*top down*)이 되지 않으면 국가재정운용계획(MTEF)이 제대로 운용될 수 없다(배득종 외, 2006: 86).

우리나라의 기획재정부에서는 국가재정운용계획을 통해 사전에 제시된 정책우선순위와 분야별 지출한도 내에서 각 부처가 전문성을 살려 자율적으로 예산을 편성하는 제도라고 정의하고 있다.

(나) 특 징

① 국가의 전략적 정책기획기능 강화

총액배분·자율편성(*top-down*) 예산제도는 종래의 부처별 예산요구를 받아 조정하는 Bottom-Up 방식이 아니라, 지출총액을 먼저 결정하고 분야별, 부처별 지출한도를 설정한 다음 사업별 계수에 착수하는 방식을 취한다. 따라서 지출총액 내에서 우선순위에 의해 부처 내에서 자율적으로 재원을 배분하여 전략적으로 사용할 수 있게 된다.

② 부처의 자율과 책임 강조

총액배분·자율편성(*top-down*) 예산제도는 부처에서 예산총액 한도 내에서 자율과 책임을 갖게 된다. 정부 각 부처는 지출총액 내에서 자율적으로 예산의 이용을 할 수 있으며, 이를 위해 전략적으로 계획을 세우고 집행하게 되며 그 성과에 대한 책임을 지게 된다.

③ 비교우위에 따른 역할 분담

중앙예산기구는 국가 전체의 재원배분 전략을 수립 및 집행하고 개별 사업부처는 세부적인 집행업무를 담당한다. 비교우위(*comparative advantage*)가 있는 집단이 분업을 하고 서로 교환을 할 때 전체적인 생산성이 훨씬 더 좋아진다.

④ 관계기관의 참여 강조

총액배분·자율편성(*top-down*) 예산제도를 전략적으로 활용하기 위해 국가재정운용계획을 만드는데, 이때 관계부처, 지방자치단체, 민간전문가의 광범위한 참여와 토론을 거치며 최종적으로 국무위원 토론회에서 결정되는 분권적 절차를 거친다.

(대) 기대효과

① 정책의 안정적 추진

정책분야별 지출규모가 국무위원 재원배분회의를 통해 국가의 정책우선순위에 따라 배분됨에 따라 주요 국정과제 사업의 안정적인 추진이 가능하다.

② 정책의 투명성 확보

정책 이해관계자의 의견을 반영하여 사전에 확정된 국가재정운용계획에 기초하여 예산을 편성하게 됨에 따라 국가정책의 투명성과 예측가능성이 제고된다.

③ 낭비적 예산행태 감소

정부 총액한도 범위 내에서 각 부처가 자율적으로 예산을 편성하게 됨에 따라, 예산을 과도하게 요구할 유인이 사라져, 과다요구·대폭삭감이라는 예산결정상의 악순환이 개선될 수 있다.

④ 예산편성의 문제점 개선

총액배분·자율편성(*top-down*) 예산제도에서는 예산편성 시에 일반회계·특별회계·기금까지 포함하여 총액으로 예산을 결정한다. 과거에는 동일 부서 동일 기능이 일반회계, 특별회계, 기금 등으로 분산되어 있으면서도 예산운영은 일반회계 중심으로 이루어졌기 때문에, 부처가 예산운용상의 적자를 은닉하거나 비가시적인 예산팽창수단으로 특별회계와 기금예산 등을 이용할 여지가 많았다.

(라) 한 계

총액배분·자율편성(*top-down*) 예산제도는 2005년도 예산안을 편성할 때부터 적용되었는데, 다음과 같은 사항들이 지적되고 있다(이종수·윤영진 외, 2005: 566-567).

① 사회적 합의 도출 부재

정책 혹은 부처별 총액을 배정하는 기준에 대한 사회적 합의를 도출하지 못한 상태에서 현재 상황을 균형이라고 전제하고 총액이 배정된 경향이 있다. 거시적 재정구조에 대한 종합 접근이 요구된다고 하겠다.

② 성과관리 연계 미비

총액예산 속에 부처별로 자율예산편성을 인정했지만 구체적인 성과를 관리·평가하고 결과에 책임성을 부여하는 성과관리가 병행·연계되지 못했다. 개별 제도들이 별개로 운영되면서 형식은 갖추어도 실제 기대효과를 창출하지는 못하게 된다.

(마) 향후 과제

총액배분·자율편성(*top-down*) 예산제도의 올바른 정착과 운용을 위해서는 예산편성과정에 예산주무부처, 지자체 등 이해당사자의 충분한 참여와 협의를 거쳐야 하며, 총액배분·자율편성 (*top-down*) 예산제도에 대한 교육 및 홍보를 강화하여 인식제고 노력을 해야 한다. 또한, 각 부처의 예산편성·관리에 대한 혁신 노력을 지원하고 예산편성기준 및 지침을 보완하고 발전시켜 나가야 하며, 재정사업의 성과평가를 강화함으로써 지출한도를 결정하고 예산편성 및 집행과의 연계도 강화해야 할 것이다.

(3) 성과관리제도(BSC: Balanced Score Card)

㈎ 의 의

성과관리제도는 재정사업으로 달성하고자 하는 목표와 이를 측정할 수 있는 지표를 사전에 설정하고, 재정집행 결과지표의 목표치와 실적치를 비교·평가하여 그 결과를 재정운용에 환류하는 제도를 말한다.

성과관리제도는 MBO, 직무성과계약제 등 여러 가지 방안이 있을 수 있지만, 이하에서는 재정부문 성과평가와 관련하여, 현재 우리나라가 도입하여 시행하고 있는 BSC(Balanced Score Card)에 대해서 살펴보기로 한다.

BSC(Balanced Score Card)란 "재무적 성과지표와 비재무적 성과지표를 통한 균형적인 성과관리도구"라 정의할 수 있다. Robert Kaplan과 David Norton은 BSC를 혁신적인 관리철학이라 정의한다.

BSC는 1992년 하버드 대학 Kaplan과 Norton이 개발한 성과측정시스템이다. 기존의 성과측정이 주로 재정적 관점에 치중하였음을 지적하고, 이를 보완하기 위한 관점으로 BSC는 고객, 내부 프로세스, 혁신 및 발전효과(학습 및 성장) 등 비재무적 관점을 균형(*balance*) 있게 반영하고 있다고 기술하고 있다. 1996년에의 연구에서는 BSC를 단순한 전술적 또는 성과측정시스템이 아니라, 장기적으로 전략을 수행하기 위한 전략적 관리시스템으로 정의하고 있다(Kaplan & Norton, 1992).

㈏ 도입 현황

BSC는 재무적 관점, 고객 관점, 내부 프로세스 관점, 혁신 및 발전효과(학습 및 성장) 등 비재무적 성과를 균형적으로 강조하는 성과관리시스템으로 그 동안 민간부문에서 강조되어 왔으나, 비재무적 성과를 강조하고 있다는 점에서 다른 성과관리시스템에 비해 공익을 본질적 목표로 추구하고 있는 정부조직에 대한 적용가능성이 상대적으로 높은 것으로 평가되고 있다(김철회 외, 2006: 70).

우리나라는 참여정부에서 정부혁신의 일환으로 공공부문의 성과관리제도를 적극적으로 추진하면서 BSC의 도입이 활성화되었다. 2004년 12월에 해양경찰청이 정부기관 최초로 BSC를 구축한 이래 산업자원부나 국세청, 특허청 등이 선도적으로 BSC를 도입하였다. 이후 BSC를 활용한 성과관리는 중앙부처는 물론 지방자치단체와 공사·공단을 비롯한 공공기관으로까지 확산되었다.

(다) 구성요소

Kaplan & Norton은 기업에 적용되는 BSC 성과지표가 재정, 고객, 내부 프로세스, 혁신 및 발전효과(학습 및 성장) 등 4개의 관점에서 균형을 맞추어 도출되어야 한다고 주장한다. 성과지표를 도출하는 데 있어 기준이 되는 것은 조직이 추구하는 목적(*goals*)이며, 상위개념인 미션(*mission*)과 비전(*vision*) 그리고 이를 뒷받침하는 하위개념이라 할 수 있는 전략(*strategy*) 및 목표(*objectives*) 등의 계층제적 구조로 형성된다(Kaplan & Norton, 1992).[28]

(라) 주요 특징

BSC는 재정적(재무적) 관점, 고객 관점, 내부 프로세스 관점, 혁신 및 발전효과(학습 및 성장)의 관점들을 통합하여 단일 보고서에서 제시함으로써, 각 부문의 상호관계를 파악하고 이해하는 데 도움을 준다. 또한 다양하고 풍부한 정보와 이들의 유기적 관련성을 쉽게 알 수 있게 하여, 정책을 결정하고 문제를 해결하는 능력을 향상시켜 기존 성과측정시스템의 한계를 극복한다. 즉, 조직운영에 필요한 운영측정지표를 한꺼번에 제시하여, 어떤 영역의 개선이 혹시 다른 영역을 희생하며 달성된 것인지를 파악이 가능하여 부분최적화를 방지한다. 또 BSC는 뒤를 돌아보는 것이 아닌 앞을 내다보고 전진할 수 있게 하는 미래성취형을 강조한다.

(마) 정부의 BSC 적용방법론

Kaplan(1999)은 Charlotte시의 적용사례를 통해 공공부문에 대한 BSC의 적용을 시도하였는데, 공공기관에 있어 재무적 지표는 조직의 존재를 정당화하는 가장 적절한 지표라 할 수 없고, 조직의 유권자의 필요를 충족시켜 주었느냐의 여부를 효과적으로 측정할 필요가 있음을 강조하여, 공공기관의 성공 여부에 대한 판단에 있어서는 고객 관점이 중요하다는 점을 지적하였다.

또한 스웨덴의 Olve 외(1999)는 공공기관은 공익성과 기업성을 동시에 추구하기 때문에, 관점의 명칭을 수정하거나 새로운 관점을 추가할 필요가 있음을 강조하였고, Kaplan & Norton(1992)의 BSC 관점을 재정적 관점은 성과초점으로, 고객관점은 관계초점으로, 내부 프로세스 관점은 활동초점으로 명칭을 수정하였다. 이를 표로 간단히 정리하면 〈표 8-6〉과 같다(김철회 외, 2006: 73).

---

28 미션이란 조직의 존재이유에 관한 요약된 언명으로 조직이 추구해야 할 핵심가치를 의미하며, 비전은 조직의 중기적 목표에 대한 외부 관점에서 요약된 언명이라 할 수 있다. 전략과 목표는 미션과 비전을 구체화하는 활동들을 포함하는 수단이다.

표 8-6   Olve 외(1999)의 BSC 관점 수정

Kaplan & Norton(1992)의 BSC 관점		Olve 외(1999) 공공부문 BSC 관점
재정적 관점	재정적 성과가 주주들에게 어떻게 보여지고 있는가?	성과초점 (performance focus)
고객 관점	비전달성을 위하여 고객(이해관계자)에게는 어떻게 보여지고 있는가?	관계초점 (relationship focus)
내부 프로세스	주주와 고객만족을 위하여 어떠한 부문과 과정에 탁월해야 하는가?	활동초점 (activity focus)
혁신 및 발전효과 (학습 및 성장)	비전을 달성하기 위해 변화하고 개선해야 하는 능력을 어떠한 방법으로 배양해야 하는가?	학습 및 성장초점 (future focus)

(ㅂ) 정부의 BSC 적용사례: 국세청

정부부처에서 활용되는 BSC 적용사례로서 국세청의 BSC 운영사례를 살펴보기로 한다. 국세청은 재무적 내부성과에 치우친 기존의 평가방식의 실효성을 제고하기 위해 계량적 성과 외에, 고객, 프로세스, 학습 및 성장관점을 반영하는 균형적 성과평가시스템을 도입하였다. 국세청의 사례에서 볼 수 있듯이, 공공부문의 성과관리는 통합적으로 균형적으로 이뤄져야 할 필요성이 더욱 크다고 할 수 있다. 즉, 개별 정책이나 단위사업에 대해 보다 통합적인 성과측정과 평가가 요구된다. 공공부문의 성과는 정책들 간의 긴밀한 통합조정을 통해 달성될 수 있기 때문이다.

BSC에 의한 성과관리는 계량적 관점에 국한되어 있던 기존의 획일적인 프로세스에서 벗어나, 다차원의 관점에서 성과를 파악할 수 있도록 도우며, 균형적으로 조직 내부활동에 대한 평가를 내릴 수 있도록 해준다. 또한, 과거뿐 아니라 미래에 대한 예측도 가능하게 해주어 효과적인 전략수행을 가능하게 한다.

(4) 디지털예산회계시스템

(가) 의 의

디지털예산회계시스템(BAR: Budget & Accounting Reinvention System)이란 예산의 편성·집행·평가에 있어 성과와 책임을 중요시하는 성과중심형 예산시스템이다. 디지털예산회계시스템은 예산 사용내역을 투명·정확하게 기록하고 측정하여 보고하는 성과관리형이며, 중앙과 지방정부 등을 망라한 국가재정정보를 누구나 쉽게 이용하고 분석·가공할 수 있도록 하는 지능형 통합재정정보시스템이다.[29]

---

29 자세한 내용은 기획재정부 홈페이지(www.mosf.go.kr) 참고.

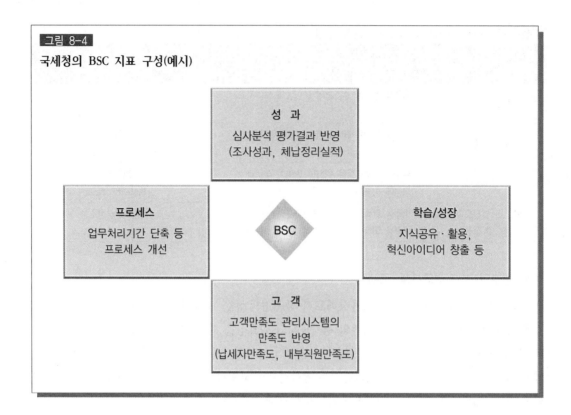

그림 8-4

국세청의 BSC 지표 구성(예시)

성 과
심사분석 평가결과 반영
(조사성과, 체납정리실적)

프로세스
업무처리기간 단축 등
프로세스 개선

BSC

학습/성장
지식공유 · 활용,
혁신아이디어 창출 등

고 객
고객만족도 관리시스템의
만족도 반영
(납세자만족도, 내부직원만족도)

㈏ 특 징

① 재정범위 확대

현행 재정범위는 중앙정부의 일반회계, 특별회계, 기금만으로 한정되어 전체 재정규모의 파악 및 관리가 곤란하며, 국가재정의 최소 40% 이상이 누락되어 있다. 디지털예산회계시스템이 도입되면, 지방정부, 국민연금관리공단 등 산하기관, 한국전력 등 공기업을 포함한 공공부문 전체로 재정범위를 확대하게 된다.

② 성과중심 프로그램

현행 품목별 예산제도는 개별 사업의 성과와 결과보다는 투입과 통제를 중심으로 하는 제도이다. 디지털예산회계시스템이 도입되면, '자율과 책임'의 원리 하에 거시적 성과관리를 기본가치로 하는 프로그램 예산제도를 도입하여 성과중심의 예산회계시스템으로 전환시킬 수 있다.

③ 발생주의·복식부기 회계제도 도입

현행 현금주의·단식부기 회계제도는 수입과 지출의 사실에 국한된 장부기록방식인데 비해, 디지털예산회계시스템에서 도입되는 발생주의·복식부기 회계제도는 수입과 지출 외에 이와 연결되는 자산과 부채의 변동, 원가정보까지를 포함한 과학적인 장부관리방식이다.

④ 통합재정 정보분석시스템 구축

현행 재정시스템은 중앙정부 중심으로 예산과 결산과정에서의 단순 집계·처리기능 위주로 운영되고 있으나, 디지털예산회계시스템이 도입될 경우 모든 공공부문의 정보를 필요한 사람에게, 필요로 하는 시점에, 필요로 하는 내용을 신속하게 집계·분석·가공할 수 있는 통합재정 정보분석시스템이 구축된다.

(다) 기대효과

① 적정한 재정정책

정확한 재정규모와 현황을 파악할 수 있게 되며 이를 토대로 적정한 재정정책을 시행할 수 있으며, 정책 간 재정운용의 효율성 등을 동일한 기준으로 상호 비교할 수 있다.

② 성과중심 예산제도

예산의 기본구조가 정책기능-조직-프로그램 순으로 체계화 되어 정책이 어느 조직에서 어떤 프로그램으로 운용되고 있는지 파악하기가 쉬워지며, 현재 지나치게 세분화된 사업 단위가 하나의 성과목표에 연계된 프로그램으로 통합되어 프로그램 내에서 자율성을 갖고 성과위주로 예산을 집행할 수 있다.

③ 재정위험 예측 가능

복식부기·발생주의 회계제도의 도입으로 재정위험에 대한 총제적인 예측 및 진단이 가능하고, 모든 회계장부가 기록의 이중성 원칙에 따라 자체 검증되어 회계정보의 신뢰성을 확보할 수 있으며, 내부통제기능까지 강화될 수 있다.

④ 정보의 신속 제공

디지털예산회계시스템이 도입으로 각종 재정 및 회계정보를 통합적으로 관리하게 되고, 필요한 사람은 누구나 쉽게 접근하여 이용할 수 있게 되므로, 다양한 정보를 데이터베이스에 접속하여 제공받을 수 있는 업데이트를 통해 최신의 정확한 정보를 구할 수 있으며, 전자적으로 인터넷을 통해 신속하게 볼 수 있게 된다.

이상에서 논의한 참여정부의 '3+1 국가예산제도 개혁'에 대해 정리하면 〈표 8-7〉과 〈그림 8-5〉와 같다.

표 8-7 3+1 국가예산제도 개혁 비교

제도 항목	국가재정운용계획 (MTEF)	총액배분·자율편성 (Top-Down)	성과관리 (BSC)	디지털예산회계 (BAR)
의 의	• 국가재원의 전략적 활용을 위한 중장기적 통합재정운용제도	• MTEF에 의해 정해진 총액배분금액 내에서 각 부처가 자율적으로 예산편성하는 제도	• 사업목표와 성과표의 비교 평가에 의한 결과를 재정운용에 환류하는 제도	• 예산내역 투명성 제고 • 국가재정정보 사용의 용이성 제고 • 지능형 통합재정정보시스템
특 징	• 정책관계자의 폭넓은 참여 • 중기재정계획 수립과 국회 제출 의무화	• 국가의 전략적 정책기획기능 강화 • 부처의 자율과 책임 강조 • 비교우위에 따른 역할 분담	• 재무적 관점 + 비재무적 관점 통합 • 고객 관점 • 내부 프로세스 관점 • 학습 및 성장 관점	• 성과중심 프로그램 • 발생주의·복식부기 자동계상 • 통합재정정보분석시스템 구축
기대효과	• 재정운용의 효율성 • 재정운용의 건전성 • 재정운용의 투명성	• 예산편성의 문제점 개선 • 낭비적 예산행태 감소 • 정책의 안정적 추진	• 다차원적 관점에서 성과 파악 • 조직 내부활동에 대한 균형적 평가 • 미래예측 및 효과적 전략 실행	• 성과중심 예산제도 • 재정위험 예측 가능 • 정보의 신속 제공
향후 과제	• 단년도 예산 및 기금운용계획 연계 • 부처 자율성·전문성 제고를 위한 제도적 뒷받침 필요 • 경제·사회여건 변화를 반영한 연동·보완	• 정책관계자의 충분한 참여와 협의 • 교육 및 홍보 강화 • 예산편성과 집행 연계	• 성과지표 설정타당성 확보 • 성과평가의 객관성 확보 • 성과중심 조직문화 확산	• 국제기준(global standard) 부합 노력 필요 • 공공부문 전체로 재정 범위 확대

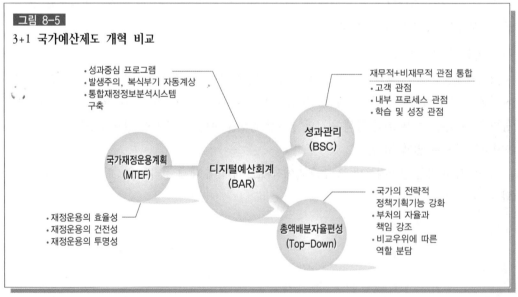

그림 8-5

3+1 국가예산제도 개혁 비교

자료: 안정행정부 정부인사포털.

6. 예산제도 개혁의 최신동향

여기에서는 앞서 참여정부에서 실시되었던 3+1 국가예산제도 개혁에 이어 성인지 예산제도, 예산국민감시제도, 조세지출 예산제도, 예비타당성조사, 예산성과금제도, 총사업비제도 등 예산제도의 최신동향에 대해서 검토하고자 한다.

1) 성인지 예산제도

(1) 의 의

성인지 예산제도는 성 평등한 예산자원의 배분을 위하여 세출예산을 성인지적 관점에서 재분류하는 제도이다. 이는 양성 평등한 사회를 만들어가는 수단으로서 그 의미를 지닌다. 성인지예산은 여성들을 위한 별도의 예산을 책정하려는 목적을 가진 것이 아니며, 그렇다고 여성을 위한 특수 프로그램에 소용되는 재정을 늘리려는 것도 아니다. 성인지예산의 가장 큰 목적은 일반 공공정책 예산의 정책대상이 되는 남성과 여성에게 각각 끼치는 영향과 함의를 규명하려는 것이다. 결국 성인지 예산제도는 기능별 분류위주의 국가재정을 성인지적 관점에서 분석하여, 양성 평등적인 재정 운용을 도모하는 예산제도로 정의할 수 있다. 이는 한정된 재원을 경제적 효율성 측면뿐만 아니라, 양성평등의 관점에서 배분, 집행해야 함을 의미한다. 특히, 여성만을 위한 제도가 아니라 남녀 모두를 위한 제도로서 부당한 성차별을 해소함으로써 추가적인 예산 증가 없이도 보다 합리적인 재원배분을 추구한다는 점이 중요하다.

(2) 필요성과 도입목적

성인지 예산제도는 정부예산이 여성과 남성에게 미치는 영향을 평가하고, 이를 반영함으로써 예산에 의해 뒷받침되는 정책과 프로그램이 성별형평성을 담보하기 위해 필요하다. 이를 통해 예산의 효율성 및 정부재정의 투명성을 제고하고자 하는 것이다.

이와 같은 중요성을 지닌 성인지 예산제도는 세계적으로 양성 평등한 사회를 위한 유용한 수단으로 주목 받고 있다. 특히 저출산·고령화가 급격히 진행되고 있는 우리나라는 양성평등 없이 지속가능한 국가발전을 기대하기 어렵다. 그러므로 성인지 예산제도를 통해 국가재정을 선진화하고, 양성평등 사회를 위한 정책개발에 박차를 가할 수 있다. 1990년도 중반 이후 국제사회에 본격적으로 소개된 성인지 예산제도는 우리나라에서도 2000년도 이후 논의가 구체화되어 2009년 중앙정부에서 시행되었다.

(3) 내 용

현재 전 세계 90여 개 국가들에서 성인지 예산제도와 관련된 제도를 도입하고 있다. 하지만 각

각 다른 도입배경 및 형태를 가지고 있어, 성인지 예산제도를 하나의 통일된 형태로 설명하기는 어렵다. 그러나 주된 분석대상으로 하는 예산의 성격에 따라 크게 2가지 유형으로 나눌 수 있다.

첫째, 여성수혜 및 양성평등을 목적으로 하는 예산으로서의 성인지 예산제도이다. 프랑스 및 저개발 국가들이 이러한 성인지 예산제도 유형을 가지고 있다. 정부 내 여성 및 양성평등 관련 사업의 예산의 규모와 내용, 전체 예산에서 차지하는 비중 등을 주된 분석대상으로 하고 있다.

둘째, 전체 일반예산에 대한 성별수혜 분석으로서 성인지 예산제도는 여성을 대상으로 하는 예산뿐만 아니라 성 중립적으로 보이는 전체 일반예산을 분석한다.

(4) 기대효과

성인지 예산제도는 정부활동의 책임성, 참여, 투명성을 제고시키고, 이를 통해 정부의 거버넌스 방식과 재정관리를 개선하는 순기능을 발휘한다. 아울러 성인지 예산제도는 양성평등을 반영하는 재정사업을 통해 거시경제의 성장과 안정성에 긍정적인 영향을 미칠 것으로 평가된다(Stotsky, 2006: 13).

성인지 예산제도는 남성과 여성의 동등한 참여를 보장하고 여성과 남성의 요구와 관점을 고르게 통합하여 의도하지 않는 성 차별이 초래하지 않도록 하는 것이다. 이는 정책의 공정성을 높일 수 있고 남녀의 차이를 고려하므로 정책이 더 효율적이며 양성 평등한 결과를 기대할 수 있으며, 남성 과 여성이 동등한 수준의 삶의 질을 향유할 수 있도록 할 수 있다.

또한, 성인지예산은 여성인력 양성, 양성평등 프로그램, 여성의 편리를 도모하기 위한 시설 및 기관운영과 시설개선 등 다양하게 적용된다. 여대생의 취업 프로그램 마련, 중소기업의 여성 훈련 지원 사업이나 이공계 대학원 여학생의 연구개발활동 지원 등의 여성과학기술인 육성지원 사업, 한부모가족 자녀 양육비 지원, 여성기업인 육성지원 사업 등 다양한 분야에 지원을 통해 사회적으 로 불리한 입장에 있는 여성을 지원할 수 있다.

(5) 유용성과 한계

성인지 예산제도를 성공적으로 정착시키기 위해서는 그 본질에 대한 보다 깊이 있는 이해와 공 감대가 확산될 필요가 있다. 성인지예산은 예산이 성 중립적이지 않다는 가정에서 출발하여 여성 과 남성의 다른 욕구와 경험, 불평등한 상황을 예산과정에서 고려하여 자원이 성 평등하게 배분될 수 있도록 예산의 배분구조와 규칙을 변화시키는 것을 궁극적인 목적으로 한다. 또한 국가예산에 반영된 정책의 우선순위를 변화시키고자 하는 것이며, 사회의 지배적인 가치에 대해 성찰하고 도 전하는 것이다.

하지만 이는 장기적인 시간과 노력을 필요로 한다. 이미 성 차별적 편견과 관행에 익숙한 공무원들의 사고를 전환시켜 특별한 성 차별문제를 함축하지 않는 것처럼 보이는 주류 예산사업에서 젠더 이슈를 발굴할 수 있는 역량이 축적되어야 하고, 제안된 개선방안에 대한 사회적 합의와 공감대가 형성되어야 한다.

예산이 성 평등하게 집행되어야 한다고 할 때, 성 평등은 그 자체를 자명한 것으로 보이지만, 사실상 무엇이 평등인지는 특정 사회적 맥락 내에서 구성원들 간의 합의에 의해 구성되어야 한다. 따라서, 성인지예산은 특정한 역사적, 사회적 맥락 내의 다양한 주체들 간의 토론과 협력을 통해 새로운 자원배분방식에 대한 합의를 도출해 가는 하나의 지속적이고 장기적인 과정이라는 인식이 확산되어야 한다.

2) 예산국민감시제도(주민참여예산제도)

(1) 의 의

예산국민감시제도란 국민으로 하여금 단순한 납세자가 아니라, 납세자로서의 국민이 주체(주인)적인 관점에서 국민이 참여하여 예산감시활동을 담당하는 제도이다. 오늘날 민주화, 정보화 등의 환경변화를 통해 국민의 활동범위와 활동정도 측면에서 과거에 비해 많이 성장했기 때문에 이제 거버넌스 관점에서 국정운영의 동반주체로서 국민(혹은 시민사회)이 정부의 예산운영의 문제점을 지적하고 모니터링하는 역할을 감당하게 된 것을 말한다. 주민참여예산제도 역시 유사한 취지의 제도이다. 주민참여예산제도는 예산편성권을 지역사회와 지역주민에게 분권화 또는 권한을 이양함으로써 예산편성과정에 해당 지역주민들이 직접 참여하는 것을 법적·제도적으로 보장하는 제도이다. 이는 예산편성과정에 시민참여를 확대함으로써 지방재정운영의 투명성과 공정성 및 효율성을 제고하고, 재정민주주의 이념을 구현하는 데 그 목적을 두고 있다.

(2) 필요성과 도입목적

행정부에 대한 통제와 견제는 원래 삼권분립원칙에 따라 사법부와 입법부가 하는 것이 공식적인 통제방식이다. 그러나 오늘날 행정부는 다양한 분야에서 전문성을 갖게 되었고, 그 활동범위가 광범한 이유로 입법부의 통제는 사실상 약화되어가고 있고, 사법부는 주로 사후적 통제이면서 정치적 문제는 다루기 힘들다는 점 등으로 인해 기존의 방식으로는 행정부에 대한 통제가 쉽지 않다. 이러한 관점에서, 국민과 국민이 참여하는 시민단체가 정부에 대한 감시에 나선다는 것은 매우 의미있는 현상이라 할 수 있다. 주민참여예산제도는 2007년 지방재정법에 법적 근거가 마련되어 거의 대부분 기초자치단체에서 시행하고 있다.

이러한 예산국민감시제도와 주민참여예산제도는 사회적 자본형성을 용이하게 해준다. 사회적 자본이란 사회구성원들 간의 신뢰와 협력, 이를 통해 내재화된 규범 등을 포함하는 개념이며, 따라서 신뢰성·협력·공유·네트워크 등이 강조된다. 특히 이는 정부 혼자만의 힘으로 해결할 수 없는

'사악한 문제'(*wicked problem*)가 많이 발생됨에 따라 정부와 시민사회의 신뢰와 협동을 통한 거버넌스적 문제해결이 중요시 되면서 강조되고 있다.

따라서 예산국민감시제도와 주민참여예산제도는 사회적 자본의 특징인 신뢰성·협력·공유·네트워크의 관점에서 필요성이 제기된다.

첫째, 신뢰성 측면에서 주민참여예산제도가 시행되면 주민자치와 숙의적 민주주의가 가능해지므로 신뢰성이 제고된다.

둘째, 협력·공유의 측면에서 주민참여예산제도는 집단행동의 딜레마 극복과 거래비용 절감을 통해 협력과 공유를 용이하게 한다.

셋째, 네트워크 측면에서 주민참여예산제도는 정부와 시민사회 간의 거버넌스의 구축을 용이하게 한다.

(3) 내 용

정부의 예산은 국민 개개인이 내는 세금으로 편성되는 바, 대중이 관심을 가지고 지켜볼 사항임에도 불구하고 시민들의 관심이 부족하고 참여의 방식이 제한적이다. 이는 예산에 대한 정보가 폐쇄적이며 시민들의 전문성이 부족하기 때문이다. 예산에 대한 시민의 감시가 원활히 이루어지기 위해서는 예산에 대한 정보가 대중에 공개되어야 하고 쉽게 접근이 가능하게 제도화될 필요가 있다.

시민단체가 행정부에 대한 외부감시자로서 예산감시운동을 하는 방식은 다양하다. 시민단체들은 중앙정부와 지방자치단체의 예산과정에 대해 분석하고 지속적인 모니터링을 하기도 하며, 예산편성과 그 집행과정에서 시민참여의 가능성은 확대되고 있다. 납세자인 시민들이 예산분석에 관해 보다 본인들이 관심을 가지고 지켜볼 수 있도록 분석지표를 만들기도 한다. 또한 국민이 참여하는 예산감시운동을 단순한 시민운동이 아니라 법적으로 인정받는 제도로 만들기 위해 노력하고 있으며, 보다 효율적인 예산과정을 위하여 회계제도의 변화에 대한 필요성을 공론화하여 예산제도나 감시제도에 대한 개혁을 이끌어가기도 한다.

또한 시민단체는 운영상의 책임성 문제에 대해서도 문제의식을 가지고 책임성 확보를 위해 다양한 활동을 하고 있다. 일반적으로 어떤 정책을 추진하는 과정에서 심각한 예산낭비가 발생했음에도 불구하고 사후에 그 결과에 대해 담당기관이 책임지는 경우는 드물다. 현실적으로 불법적인 행위가 명백하지 포착되지 않으면 예산낭비에 대해 책임을 물을 수 없기 때문에 다른 책임성 확보 노력이 필요하다. 이에 따라 공식적인 제도로는 납세자소송제도나 주민소환제도 등의 도입이 논의되고 있지만, 한편으로는 여러 시민단체가 주도했거나 계획 중인 '납세자의 친구상', '클린펀드상', '밑빠진 독을 막는 두꺼비상' 등의 프로그램 등도 책임성 확보를 위한 노력으로 볼 수 있다(정창수, 2002).

(4) 기대효과

예산국민감시제도는 선전효과, 외부통제효과, 시민참여 유도효과를 갖는다.

첫째, 선전효과에 의하면, 정부의 예산이 어떻게 쓰이고 있으며 어떤 부분이 문제고 낭비나 불법지출의 여지가 있는지를 대중에게 알림으로써 대중에게 예산과정에 대한 문제의식을 갖게 한다.

둘째, 외부통제효과는 예산지출에 대한 도덕적 해이를 방지하는 목적을 말한다. 시민단체가 특정 기관의 특정 예산집행에 대해 논란을 제기하고 그에 대해 구체적인 비판을 시작하면, 언론이 그에 집중하고 감사원의 감사가 이어지기도 하고 여론이 형성되어 예산을 담당하는 입장에서 상당한 압박으로 작용할 수 있다.

셋째, 지속적인 참여를 유도할 수 있다. 시민들에게 직접 내는 세금이 어떻게 쓰이는지 인식하게 함으로써 시민참여를 유도하고 지속적인 활동을 전개하는 것을 목적으로 한다(정창수, 2002).

(5) 유용성과 한계

예산국민감시제도는 우선 국민이 국정의 주체로서 인식을 재확보한다는 측면에서 근본적 대의를 지닌다. 특히 시민들로 하여금 예산에 참여할 수 있는 기회를 열어주는 것 역시 의미있는 활동이라 할 수 있다. 예산안 분석과 모니터링을 통해 낭비의 논란이 있는 예산을 삭감한다는 측면에서도 유용하며, 성인지예산 분석과 지속가능한 예산분석 등의 지표도 개발하여 그에 근거한 예산분석을 하는 것도 예산절감뿐만아니라 양성평등 및 예산배분의 합리성이라는 관점에서 유용하다고 하겠다.

그러나 예산국민감시제도가 가지는 한계는 다음과 같다.

첫째, 예산감시 시민단체들 간 네트워크가 제대로 운영되지 않는다는 점이다. 지금의 시민단체활동은 시민행동, 참여연대, 경실련 등 주요 단체들을 중심으로 하여 일방적으로 주도하고 다른 작은 시민단체들이 부수적인 역할을 맡는 일방향적 시민운동의 양상을 띠고 있다. 시민단체가 예산감시의 주체로서 보다 원활한 역할을 수행하기 위해서는 정보교환이나 상호협력 측면에서 보다 동등하고 자율적일 필요가 있다.

둘째, 시민단체의 정보화능력이 부족하다. 시민단체들이 평균적으로 바람직하고 가능성 있는 소프트웨어를 구비하고 있음에도 이를 인터넷을 비롯한 정보통신매체를 제대로 활용하지 못하여 그 실행에 있어 효율적이지 못한 상황이다.

셋째, 그 결과로서 온라인활동과 오프라인활동이 불균형을 이루고 있어 시민단체의 예산감시활동이 어느 한쪽으로 치우치게 되어 그 효율성을 저해하고 있다. 인터넷상의 운동만으로도, 오프라인상의 활동만으로도 예산감시 시민운동은 한계가 존재할 수밖에 없다.

넷째, 예산감시를 위한 시민단체들은 정부를 감시하는 역할을 하는 성격이기 때문에 정부의 직접적인 재정지원을 받기가 곤란한 상황이나, 회원충원과 기부의 확대가 제대로 이루어지지 않아 현재 상황으로는 대부분의 시민단체가 그 활동에 있어 재정상의 어려움을 겪고 있다(김동식·황정임, 2011; 정창수, 2002; 이남국, 2005).

마지막으로, 예산감시 시민단체 혹은 주민참여예산제도에 참여하는 시민단체들이 과연 시민사회를 제대로 대표하는가 하는 본질적 문제를 안고 있어, 이러한 시민사회 실패 혹은 대표성 문제에 대해서도 더 많은 고찰이 필요하다고 하겠다.

3) 조세지출예산제도

(1) 개 념

조세지출예산제도란 예산의 기능별 분류에 대응하여 항목별로 추계된 조세지출을 기능별로 분류하여 예산의 형식으로 제출하는 제도이다. 여기서 조세지출은 정부가 받아야 할 세금을 받지 않음으로서 간접적으로 지원하여 주는 조세감면을 말한다.

(2) 필요성과 도입목적

조세지원은 예산이나 금융지원과는 달리 세수의 감소를 통해 실현되므로 규모의 파악과 통제가 매우 어려운 문제가 있다. 특히 조세지원은 다양한 방법을 통하여 방대한 규모로 이루어지고 있음에도 불구하고 체계화된 관리통제를 받은 경험이 없었다. 이것이 지금까지 조세지원이 정책수단으로 적극 사용되어 오면서 별다른 견제없이 그 지원의 규모, 대상, 수준을 팽창시켜 오게 된 주요 원인이 되었다.

이에 따라 기존 지원제도의 실효성에 대하여 각각의 제도별로 실증적이고 객관적인 분석이 정기적으로 이루어질 필요성이 제기되었다. 또한, 지원의 불필요한 적용을 막기 위해서 국가전체의 자원배분의 차원에서 예산, 금융, 조세지원의 합리적 선택이 이루어질 필요성이 제기되었다. 이같은 개선을 위해 종합적이고 현실적인 대안으로 제시되는 것이 조세지출예산제도이다. 우리나라는 2007년 국가재정법상 법적 근거를 가지게 되었고, 2011년 회계연도부터 본격적으로 적용하고 있다.

(3) 내 용

조세지출제도의 내용을 좀 더 분명히 하면 다음과 같다.

첫째, 조세지출예산제도는 조세감면이다. 조세지출은 정부가 받아야 할 세금을 받지 않음으로써 간접적으로 지원하여 주는 조세감면을 말하며, 정부가 조세를 통하여 확보한 재원을 바탕으로 직접 지원하여 주는 예산지출과 대칭되는 개념이다(박상훈, 2012). 다시 말해, 이 제도는 개인이나 기업에게 원칙적으로 부과해야 하는 세금이지만 정부가 비과세, 감면, 공제 등 세제상의 각종 유인장치를 통해 간접적으로 지원해주는 세금감면제도이며, 이는 특례규정에 따른 세금감면을 의미한다.

둘째, 조세지출예산제도는 항목별 분류를 사용한다. 이는 예산의 기능별 분류에 대응하여, 항목별로 추계된 조세지출을 기능별로 분류하여 예산의 형식으로 제출함으로써 이뤄진다. 다시 말하면 국가의 정책목표를 달성하기 위한 유인수단의 하나로서 세금을 비과세·감면할 경우 어떠한 목적으로 어느 부문에 어떤 종류의 조세가 얼마나 감면되고 있는지 그 내용을 일목요연하게 알 수 있도록 일람표를 작성하여 이를 예산서와 함께 국회에 보고하여 그 내용을 예산과 같이 심의하도록 하는 과정이 요구되어지는데, 이 과정을 통해 예산의 효율성이 증진된다고 할 수 있다(박상훈, 2012). 기존의 안일하고 가시적인 예산분류·편성과정의 한계를 벗어나, 목표지향적 시각으로, 더욱 구체적으로 예산을 세부적으로 목표와, 도달방법을 체계적으로 예측 및 선택가능한 수단으로 계획할 수 있게 된 것이다.

(4) 기대효과

조세지출예산제도의 도입으로 인해 기대할 수 있는 긍정적 효과로는 경제의 성장성, 활동성, 투자효과, 수익성, 그리고 안정성 등으로 정리해 볼 수 있다.

첫째, 조세지출예산제도는 기업의 성장성을 제고할 수 있다. 통계결과, 기업의 성장성을 나타내는 자본단위당 조세보조금과 조세혜택비율이 클수록 기업의 자기자본 증가가 큰 것으로 나타났다. 또한 자본단위당 조세보조금과 조세혜택비율은 정비례의 관계에 있는 것으로 나타나, 조세보조금이 클수록, 즉 세금감면의 폭이 클수록, 혜택의 비율 또한 높아지는 것으로 나타났다. 종합하면 조세지원은 기업의 경제적, 그리고 자본의 성장에 도움이 되는 것으로 분석되었다(박종수, 2008). 이렇듯 조세지출예산제도의 도입으로 인하여, 민간기업의 경제적 성장을 기대할 수 있다.

둘째, 기업의 활동성을 측정해본 결과, 자본단위당 조세보조금 및 준조세비용이 높을수록, 해당 기업의 총자산 회전율이 큰 것으로 나타났다. 즉, 조세지출예산제도는 기업의 활동성을 제고하는 것으로 나타났다. 따라서 조세지출예산제도의 도입으로 인한 민간 경제활동의 활동성을 기대할 수 있다.

셋째, 조세부담이 클수록 투자에 부정적인 영향을 미친다(박종수, 2008). 이를 볼 때, 조세지출예산제도의 도입으로 인해, 납세의 부담이 줄어든다면, 투자의 부정적인 영향이 감소할 것으로 판단, 조세감면제도의 도입으로 인한 투자의 활성화를 기대해 볼 수 있다.

(5) 유용성과 한계

조세지출예산제도는 예산의 범위를 기존의 예산상의 지출의 범위에서 더 나아가서 일반적으로 경제분석에도 사용되는 비용의 개념을 적용함으로써 자원배분과정까지 포함하는 것으로 평가할 수 있다. 그러나 이러한 유용성에도 불구하고 현실적으로 그 자체에 다음과 같은 한계가 존재한다.

첫째, 조세지출의 한계는 주로 조세지출의 개념과 조세지출의 포괄범위 문제 및 규모추정상의 문제와
　　관련된 것이다. 어떤 것이 조세지출이며, 또한 그 기준이 되는 정상적 세제란 무엇인지가 분명하
　　지 않으므로 결국 조세지출의 개념이나 범위에는 정치적 판단이나 주관적인 가치판단이 개재되는
　　본질적인 문제가 존재한다는 것이다(박상훈, 2002).
둘째, 조세지출은 직접지출에 비하여 제반경제적 효과를 계측하기가 어려워 각종 조세지출의 연구 분
　　석에 많은 노력과 비용이 요구되므로 또 다른 행정적 비용과 관리가 조세지출예산에 의해 발생한
　　다는 것이다(이만우, 2004).

4) 예비타당성조사

(1) 의 의

예비타당성조사는 철저한 사전적 검토필요성과 기존 타당성조사의 문제점에 대한 해결방안 제시라는 측면에서 의의를 찾을 수 있다. 예비타당성조사는 국가재정법 제38조 및 동법 시행령 제13조의 규정에 따라 대규모 신규사업에 대한 예산편성 및 기금운용계획을 수립하기 위하여 기획재정부장관 주관으로 실시하는 사전적인 타당성 검증·평가로 정의된다.

일반적으로 예산타당성조사는 대부분의 신규사업 타당성과 효율성 검토를 위해 실행된다. 국가직접시행사업, 국가대행사업, 지방자치단체보조사업, 민간투자사업 등 정부의 재정지원이 필요하고 포함되는 모든 사업에 적용된다.

(2) 필요성과 도입목적

예산타당성조사는 대규모 공공투자사업의 신규투자를 우선순위에 입각하여 투명하고 공정하게 결정함으로써 재정의 효율성을 제고하기 위해 필요하다. 이는 예비타당성조사 시행 전 부실한 타당성조사로 다수의 무리한 사업이 추진되어 재정의 낭비와 부실공사로 이어졌기 때문이다. 이를 통해 무리한 예산의 낭비를 방지하고 재정운영의 효율성 제고에 도움이 되는 한편, 수익성이 의문시되는 사업의 실행방지에 기여한다.

우리나라에서 타당성조사는 1970년대부터 사업추진 시 예산편성을 위한 증빙자료로서 작성되었으며, 그 업무는 주로 해당 주무부처에서 맡아왔다. 그런데 1999년부터 예비타당성조사를 기획예산처에서 주관하게 된 이유는 과거 주무부처에서 시행한 타당성조사의 결과에 대한 의구심 때문이었다. 실제 우리나라는 실제 예비타당성조사를 통해, 무분별하게 사용되는 대규모 예산의 억제와 부정확한 자료를 사용한 불명확한 사업 대부분이 사업실행 전 취소되는 효과가 있었다. 또한 이후 2008년 38건의 예비타당성조사 시행에 비해, 2009년에는 62건으로 총 1.6배 증가하였다.

2010년까지 시행된 466건의 보고서 가운데, 307건(66%)가 도로, 철도, 항만, 및 공항 등 교통시설에 대한 조사가 집중되었다(KDI, 2011). 이는 대규모 예산이 집행되는 교통사업에서 안전성 제고와 함께 부실공사를 사전에 방지하는 효과를 가져왔다.

(3) 내 용

예비타당성조사는 다음과 같은 내용으로 이루어진다.

㈎ 수행체계

예비타당성조사는 기획재정부장관의 요청에 의해 한국개발연구원(KDI) 공공투자관리센터(PIMAC)에서 총괄 수행한다.[30] 과제별로 민간전문가, 연구기관, 기타 국책연구기관 등 관련기관 전문가들이 참여하는 조사팀을 구성한다.

㈏ 대상사업 선정과정

예비타당성조사 대상사업 선정은 1년 2차례 수요접수를 받는다. 선정방법은 크게 4가지로, 재정사업평가 자문회의 대상사업, 주무부처의 사업설명회, 정보화추진위 의견수렴, 예산실, KDI, KISTEP 의견수렴 등을 통해 선정된다.

㈐ 대상사업 선정기준

사업계획의 구체성, 사업추진의 시급성, 국고지원의 적합성, 지역균형발전요인, 상위계획과의 부합성, 주무부처의 사업우선순위 등이 선정기준이다.

㈑ 조사방법

① 사업개요 및 기초자료 분석

조사대상 사업의 추진배경, 목적, 경위, 계획된 사업내용 파악 등 제공된 기초자료를 검토하여 조사의 쟁점 도출

② 경제성 분석

대상사업의 국민경제적 효과와 투자적합성을 분석하는 핵심적 조사과정, 비용·편익 분석(*cost-benefit analysis*)을 기본적인 방법으로 채택

③ 정책적 분석

경제적 분석에는 포함되지 않으나 사업수행의 타당성을 평가하는데 중요한 평가항목들을 분석

④ AHP 기법을 활용한 종합적 평가

다기준 분석방법의 일종인 AHP(Analytic Bierarchy Process: 계층화 분석법) 기법을 활용하여 사업시행의 적절성을 계량화된 수치로 도출

---

30 단, 순수국가연구개발사업의 경우에는 한국과학기술기획평가원(KISTEP)에서 총괄 수행.

(4) 기대효과

예비타당성조사를 통해 기대할 수 있는 효과를 살펴보면 다음과 같다.

첫째, 예산낭비 방지 및 재정운용의 효율성을 제고할 수 있다. 즉, 예산편성, 집행 등 정부재정운용과정에서 순기능을 하고, 무리한 사업추진의 방지로 재정의 효율적 운용에 기여한다.

둘째, 예비타당성조사 단계에서 예산당국과 사업추진 주무부처가 공동으로 참여하는 보고서 검토회의 등을 통해 공감대를 확산시키고 정보의 비대칭 문제를 최소화 시킬 수 있다.

셋째, 대상사업의 선정, 조사연구진의 구성, 다양한 표준분석지침의 개발 및 공표와 운영, 중간 및 최종보고서 결과의 공개 노력 등을 통하여 새로운 공적 조사과정을 확립하게 된다.

(5) 유용성과 한계

예비타당성조사의 유용성은 다음과 같다.

첫째, 사업추진과정에서 불필요한 사업비 증액을 억제할 수 있다.

둘째, 무리한 수요예측과 예산낭비사례를 방지할 수 있다. 이는 사업계획과정 중, 예산확보와 빠른 사업실행을 목적으로 지나치게 낙관적인 전망을 바탕으로 타당성 낮은 사업을 무리하게 추진하는 사례가 발생하는 것을 방지한다.

셋째, 다양한 시각과 의견 절충이 가능하다. 예비타당성조사는 한 차례로 끝나지 않는다. 평균 1억원의 비용이 소용되는 예비타당성조사는 단계를 거쳐, 요약 및 절충과 최종보고에 이른다. 이 과정에서 제도운영과 방법에 대한 일부 지역 이해자의 이견과 불만이 제기되고, 평가의 전문성과 객관성의 확립에 대한 의문 또한 제기된다. 사업예산과 집행에 대한, 기획재정부, 사업부처, KDI, 언론 등의 다양한 시각과 입장이 존재하는 만큼, 예비타당성조사 과정을 통해 보다 많은 이를 위한 의견확충과 절충안이 나올 가능성이 높아진다(KDI, 2011).

한편, 예비타당성조사제도는 제도운영의 투명성·객관성을 제고하고, 면제사업의 비중을 축소하는 한편, 평가방식을 개선해 나갈 필요가 있다. 제도운영의 투명성·객관성의 측면에서의 개선사항은 다음과 같다.

첫째, 법적 근거가 미흡하다는 문제가 제기된다. 현행 예비타당성제도는 법률에 명시적인 규정이 없어 법적 근거가 다소 부족하다.

둘째, 대상사업의 선정에서의 문제이다. 외부전문가의 참여 없이 주무부처 및 기획재정부가 협의하여 예비타당성조사 대상 및 면제사업을 결정하므로 객관성이 미흡하다는 지적이 있다. 특히, 공공기관 사업은 다양한 분야에 걸쳐 기술적인 사항을 포괄하는데, 전문성이 부족한 공무원만으로 운용하는데서 한계가 노출된다.

평가방식의 측면에서도 개선의 여지가 있다. 현재는 사업유형에 관계없이 수익성 위주로 타당성 평가를 실시하고 있다. 공공서비스를 제공하는 것을 목적으로 하는 비수익형 사업의 경우에도 공공성 보다 수익성 위주의 평가가 이루어지고 있는 것이다. 따라서 꼭 필요한 일부 공공서비스 제공 사업의 경우에도 수익성 부족으로 타당성이 불인정될 가능성이 있기에 평가방식의 개선에 대해서도 고려될 필요가 있다.

5) 예산성과금제도

(1) 의 의

예산성과금제도란 예산지출을 절약하거나 국고수입을 증대시킨 경우 그 성과의 일부를 기여자에게 인센티브로 지급하는 제도를 말한다. 예산의 비효율성을 해결하고 공유재의 비극을 해결하기 위한 방안으로 예산지출을 절약하거나 국고수입을 증대시킨 경우 기여자에게 인센티브를 지급하는 제도의 도입이 필요하게 되었다. 이러한 논의를 바탕으로 도입된 예산성과금제도는 공무원 개인의 사적인 이익과 정부예산의 효율적 활용이라는 공공의 이익이 서로 양립할 수 있도록 하는 제도라고 할 수 있다(이남국, 2005).

(2) 필요성과 도입목적

우리나라에서 예산성과금이 도입된 시기는 1990년대 후반이다. 이 시기는 우리나라가 외환위기로 인한 경제위기를 경험하면서 경제적 상황뿐만 아니라 정치적 상황 그리고 재정관리시스템까지 뒤돌아보았던 때이다. 우리나라는 이때 경제위기 극복을 위해 재정의 적극적 역할을 강조함으로써 국가부채가 증가하였으며 재정수지도 적자로 전환되었다. 당시 정부는 빠른 시일 내에 적자재정구조를 탈피하고 국가부채의 누적적인 증가를 차단하기 위해 재정건전성의 확보를 도모하였다. 정부는 재정건전성 확보를 위해 예산절약을 강조하였으며, 이를 위해 1998년부터 중앙관서 및 그 소속기관을 대상으로 예산성과금제도를 도입하였다. 정부는 당시 더 이상 막연한 사명감이나 일방적인 강요에 의해서가 아니라 공공조직의 자발적인 노력에 의해 예산을 절감하도록 유인해 내기 위한 목적에서 이 제도를 도입하였다.

(3) 내 용

예산성과금제도는 스톡옵션, 특별상여금 등의 민간의 경영기법을 공공부문에 적용한 것으로 1998년 5월 도입되었고, 1999년 2월 예산회계법 개정과 국가재정법과 그에 따른 예산성과금규정에 그 근거를 두고 있다.

국가 사무와 관련된 예산성과금은 자발적인 노력에 의해 지출이 절약되었거나 특별한 노력으로 수입이 증대된 경우 신청할 수 있다. 신청은 예산성과금규정 제14조의 규정에 따라 지출절약액 또는 수입증대액을 산정하여 자체위원회의 심사를 거쳐 매년 1월 1일부터 1월 31일까지 또는 7월 1일부터 7월 31일까지 기획재정부장관에게 예산성과금 심사를 요청하여야 한다. 중앙관서의 사무를 위임·위탁받아 수행하는 기관의 임직원인 경우, 소관 중앙관서를 거쳐 신청해야 한다. 신청자가 일반국민인 경우, 국민고충처리위원회에 신청해야 하고 소관 중앙관서에서 그 제안을 실행한 후 그 결과를 인정한 경우에 한하여 소관 중앙관서의 장이 기획재정부로 예산성과금을 신청하게 된다. 중앙관서의 장이 신청한 사례는 기획재정부에 외부전문가로 구성된 예산성과금심사위원회에서 창의성, 노력의 정도, 제도성, 파급효과 등을 종합적으로 감안하여 3월말까지 지급대상자 및 지급규모를 결정하고 해당 부처로 그 결과를 통보한다. 지방자치단체 예산성과금운영규칙 개정안에 의해 공무원뿐 아니라 지방예산 절감에 기여한 지역주민에게까지 예산성과금을 확대 지급하고 있다(기획재정부, 2013).

(4) 기대효과

예산성과금제도는 경쟁시장체제와 같은 강력한 인센티브 메커니즘을 공공부문에 도입함으로써 예산낭비 절감효과와 수입증대를 통한 공공부문의 효율성 향상을 도모할 수 있다. 구체적으로, 예산성과금제도의 도입을 통해 과거의 관행적·답습적인 예산집행, 기구와 인력의 방만한 운영, 불필요한 사업의 무리한 추진 등 낭비적인 예산집행이 줄어들게 된다. 또한 안일한 공공부문에 있어 선의의 경쟁풍토를 조성하며 공익과 사익의 조화를 가능하게 한다. 이에 더하여 예산절약에 직접 기여한 공무원에게는 보람과 긍지를 심어줄 뿐 아니라 금전적 보상까지 해줌으로써 사기진작과 복지향상에도 도움을 준다.

(5) 유용성과 한계

예산성과금제도는 행정운영의 능률화와 경제화라는 기본적인 목적을 바탕으로 구체적으로는 지출절약과 수입증대를 가능하게 하는 제도이다. 예산의 낭비를 줄임으로써 예산절약을 가능하게 하여 정부의 재정건전성을 높일 뿐 아니라 공무원의 복지향상에도 기여하는 바가 크다.

하지만 이러한 예산성과금제도의 유용성에도 불구하고 한계점 또한 없지 않다.

첫째, 제안자(기여자)의 범위가 제안제도와 구분되지 않음으로써 제도의 유용성이 절감되는 것을 들 수 있다. 이런 점에서 우리나라에서는 제안의 주체가 누구인가에 대한 관점에서 보면 제안제도와 예산성과금제도의 구분이 불분명하다. 따라서 우리나라의 예산성과금제도도 다른 나라의 경우와 같이 제안제도의 제안자는 개인으로, 예산성과금제도의 제안자는 부서로 정함으로써 양 제도의 구분을 명확히 할 필요가 있다.

둘째, 예산성과금제도의 심사과정의 불공정성 문제를 들 수 있다. 현행 예산성과금제도는 자체 예산성과금심사위원회 구성의 대표성이 부족하고 예산성과금을 지급하는데 있어 평가기준과 결과의 공개가 미흡하다. 이는 결국 공무원들의 예산절감에 대한 유인을 감소시키는 결과를 초래하고, 나아가 예산성과금제도가 당초 기대했던 바대로 효과를 내는데 걸림돌로 작용하게 된다. 마지막으로 예산의 쓰임새와 사업내역이 외부에 자세히 공개되지 않음으로써 발생하는 운영상의 불투명성이 문제점으로 제시되고 있는바, 이 역시 개선될 필요가 있다(이남국, 2005; 곽태원 외, 2000).

6) 총사업비제도

(1) 의 의

총사업비관리제도란 국고지원으로 시행되는 대규모 투자사업의 총사업비를 사업 추진단계별로 합리적으로 조정하고 관리하는 제도이다. 총사업비란 건설사업에 소요되는 모든 경비를 의미한다. 총사업비관리제도 지침에서 규정한 관리대상 사업에는 국가직접시행사업, 국가위탁사업, 국가의 예산 또는 기금의 보조·지원을 받는 지자체 및 공공기관(공공기관이 운영에 관한 법률 제5조에 따른 공기업, 준정부기관, 기타 공공기관), 민간기관의 사업 중 사업기간이 2년 이상으로서 총사업비가 300억원 이상인 토목사업과 총사업비가 100억원 이상인 건축사업(전기·기계·설비 등 부대공사비도 포함)이 있다. 즉, 정부의 예산이 투입된 사업들에 대해서 그 사업비가 잘 운영이 되고 있는지 감시하는 제도라고 할 수 있다.

(2) 필요성과 도입목적

총사업비관리제도가 시행되기 전까지 대형사업의 총사업비는 방만하게 운영되었다. 원래 필요한 액수를 제시를 하면 사업을 시작할 수 없기에 각 부처는 사업비가 많이 안 들어가는 척 위장해서 예산을 확보했으며, 타당성조사 역시 흐지부지되곤 하던 관례가 있었다. 정부에서는 이런 방만한 운영을 바로 잡기 위해서 사업의 진행단계마다 사용되는 사업비를 관리할 제도를 제정할 필요성을 느꼈고, 그 결과 총사업비관리제도를 만들었다. 즉, '국고지원으로 시행되는 대규모 투자사업의 총사업비를 사업 추진단계별로 합리적으로 조정하고 관리함으로써 재정지출의 생산성을 제고하고 시설공사의 품질을 확보하기 위해 1994년부터 '예산회계법시행령'에 근거를 두고 운영하게 되었다.

(3) 내 용

총사업비관리제도는 사업구상 단계, 예비타당성조사 단계, 타당성조사 및 기본계획 수립단계, 기본설계 단계, 실시설계 단계, 발주 및 계획단계, 시공단계, 턴키사업 등에 대한 총사업비관리의 단계를 따른다.

사업구상 단계에서 중앙관서의 장은 유사한 사업을 참고하여 사업의 규모, 총사업비 및 사업기간 등을 적정하게 책정하며, 이때에 향후 설계 및 시공단계에서 총사업비 변경이 최소화될 수 있도록 사업추진의 여러 여건을 고려해서 책정한다.

그 다음 단계는 예비타당성조사 단계인데, 여기서 예비타당성조사란 "대규모 개발사업에 대해 우선순위, 적정 투자시기, 재원조달방법 등 타당성을 검증함으로써 대형신규사업에 신중하게 착수하여 재정투자의 효율성을 높이기 위한 제도"이다. 타당성조사가 주로 기술적 타당성을 검토하는 반면, 예비타당성조사는 경제적 타당성을 주된 조사대상으로 삼는다. 또한 조사기관도 타당성조사의 경우 사업 시행기관이 담당하는 반면, 예비타당성조사는 기획재정부가 담당하게 된다. 중앙관서의 장은 총사업비가 500억원 이상인데, 그 중 300억원 이상 국가에서 지원받은 사업에 대해서 기획재정부장관에게 예비타당성조사를 요청해야 한다. 이때 기획재정부장관은 필요한 경우에 〈예비타당성조사 운용지침〉에 따라 예비타당성조사가 면제되는 사업에 대해서 적정사업규모, 총사업비, 효율적 대안 등을 검토하는 간이 예비타당성조사를 실시할 수 있다.

타당성조사 및 기본계획 수립단계에서는 일단 중앙관서의 장에 의하여 기술, 환경, 사회, 재정, 용지, 교통 등 필요한 요소를 고려하는 타당성조사가 이루어진다.

다음으로는 기본계획을 수립하게 되는데, 이때 도시관리계획, 환경에 미치는 영향 등 다른 법령과의 연계성을 충분히 고려해야 한다. 기본설계 단계에서는 중앙관서의 장은 충분한 용역기간 및 용역비를 부여해야 하며, 이해당사자들의 의견을 수렴하여 예상되는 민원을 최소화하여야 한다. 또한 설계를 할 때 앞서 이루어졌던 타당성조사 등에서 정한 총사업비를 감안한다. 실시설계 단계에서는 이제 합리적인 사유 없이는 사업규모를 변경해서는 안 되며, 환경영향평가, 지자체 협의결과 등을 설계에 반영해야 한다.

또한 설계내용 검토를 1회 이상 실시하고 이를 조달청장에게 적정성 검토를 의뢰한다. 이런 과정으로 확정된 총사업비를 발주 및 계약단계에서 기획재정부장관은 중앙관서의 장과 조달청장에게 통보하며, 조달청장은 공사를 입찰, 발주하며, 시공단계에서는 자연재해처럼 불가피한 경우에 기획재정부장관과 협의하여 총사업비를 조정할 수 있다.

마지막 단계인 〈턴키사업 등에 대한 총사업비관리〉에서 턴키사업이란 설계·시공 일괄입찰방식으로 추진되는 사업인데, 턴키사업의 진행 역시 위의 과정과 거의 동일하다고 할 수 있다. 이 모든 과정에서 발생하는 차이점이나 문제점의 해결은 중앙관서의 장과 기획재정부장관의 협의를 통하여 이루어진다.

요약하자면, 시공의 단계마다 중앙관서의 장이 기본적으로 총사업비가 어떻게 운용되고 있는지 검사를 하고, 이를 다시 한 번 기획재정부장관과 의논해서 효율성과 투명성을 지켜나가고 있다.

(4) 기대효과

총사업비관리제도의 가장 큰 기대효과는 총사업비의 증가를 정부에서 제어할 수 있다는 것이다. 앞서 설명한 8가지의 단계를 통해서 각 단계별로 필요한 사업비만을 도출해내서 최소한의 비용으로 사업을 진행될 수 있게 한다.

또한 예비타당성조사, 타당성조사 등 여러 번의 점검을 통하여 사업의 추진 여부를 결정함으로써 사업착수 이후로 잦은 계획변경을 막을 수 있게 된다. 특히, 기본설계비가 35% 수준으로 상향되어서 총사업비가 증액되는 것을 방지하였다. 기본설계비가 높게 책정되면 사업 초기에 기본설계가 부실하게 이루어져 공사가 시작된 이후 총사업비가 부실한 설계를 보완하기 위하여 증액되는 것을 예방할 수 있기 때문이다.

각 단계별로 면밀히 살펴보기에 항상 책임자가 존재하고 그것이 문서화되면서 담당자들의 책임의식을 강화할 수 있으며, 후에 변동이 생길 시 책임규명을 할 수 있게 되었다.

(5) 유용성과 한계

총사업비관리제도로 인하여 총사업비 증가율은 안정화되었다. 처음 제정된 1994년도부터 2000년까지는 시행착오를 겪으면서 제도를 보완하였고, 그 결과 2000년부터 2008년까지 총사업비 증가율은 0.7%대로 안정화되었다.

하지만 2008년도 금융위기 이후로 총사업비관리제도 운영에도 큰 변화가 생겼다. 당시의 금융위기를 극복하기 위하여 정부 주도의 대규모 사업이 많이 증가하였고 결과적으로 국가의 관리대상이 급증하는 결과를 낳게 되었다.

이러한 변화 속에서 총사업비관리제도는 여러 가지 한계점을 드러내게 되었다.

첫째, 제도의 목적이 단계별로 효율적인 예산책정보다는 예산을 최대한 삭감하는 것에 맞춰지게 되었다는 점이다(이상호, 2005).

둘째, 투자우선순위가 부재하기에 분산투자로 인한 사업기간의 연장과 총사업비 증액의 문제가 개선되지 않는다는 점도 문제이다.

마지막으로 총사업비 관리에 관련된 정보의 체계가 제대로 구축되어 있지 않은 점도 문제점으로 들수 있다(홍승현, 2012).

7. 요약 및 결론

국가예산제도 개혁은 재무행정 부문에서 예산운영의 신축성을 제고하고, 시장원리를 적용함으로써 성과를 중요시하고, 예산의 융통성과 책임성을 확보하기 위한 제도개혁을 말한다.

성과를 중요시하는 예산제도로는 산출예산제도가 있으며, 신축성을 위한 연도말 이월제도와 이용, 이체, 예비비, 계속비 등을 살펴보았다. 또한 단기의 예산집행이 가져오는 한계를 극복하고 중장기적인 예산예측을 위해 다년도 예산제도를 살펴보았으며, 현금주의·단식부기의 단점을 제거하기 위한 방안으로 복식부기 및 발생주의 회계제도를 검토하였다.

참여정부에서는 2004년 이러한 여러 제도들을 통합적으로 운용하기 위한 국가예산제도 개혁이 이루어졌으며, 이는 흔히 "3+1 개혁"이라고 불린다. 국가예산제도 개혁의 4대 구성요소는 국가재정운용계획(MTEF), 총액배정·자율편성(top-down) 예산제도, 성과관리제도(BSC), 디지털예산회계시스템(BAR) 등으로 이루어져 있는데, 이는 이명박 정부에서도 지속적으로 계승 발전되고 있다.

국가예산제도 개혁의 국가재정운용계획(MTEF), 총액배정·자율편성(top-down) 예산제도, 성과관리제도(BSC)는 많은 부분에서 정착되고 있으며, 디지털예산회계시스템(BAR)도 2004년부터 3년간의 준비를 거쳐 2007년부터 가동되고 있다. 디지털예산회계시스템이 구축되면, 나라살림이 보다 짜임새 있고 투명해지며 재정활동 주체별로 재정만족지수가 높아지게 된다.[31] 이와 동시에 중앙재정과 지방재정 간의 평가기준 등 차이점을 최소화하고 예산과 회계 간 연계를 강화하는 방향으로 복식부기·발생주의 회계제도 도입을 추진하고 있다. 지방재정의 경우에는 2007년부터 시행되었고, 중앙재정의 경우 2008년부터 시행되고 있다.

예산은 행정목표의 조직화 과정에서 자원 역할을 하므로 매우 중요하며, 예산의 효율적 집행(신축성)과 엄격한 통제(책임성)의 적절한 조화가 요구된다고 하겠다. 우리나라 정부의 핵심개혁 방안 중 하나인 '3+1 예산개혁' 역시 예산운영의 신축성과 책임성 확보에 그 초점이 있다. 국가예산제도 개혁들이 잘 실행되어 정착될 수 있도록 국가책임자의 강력한 의지와 리더십, 그리고 관련 정책주체들의 적극적인 참여와 합리적 개선 노력이 요구된다고 하겠다.

아울러, 예산제도의 최근동향에서 살펴본 성인지 예산제도, 예산국민감시제도는 예산의 효율성을 넘어 양성평등 및 재원배분의 합리성을 추구하는 더 큰 개념임을 주목할 필요가 있다. 예산국민감시제도 역시 효율성을 넘어 민주성, 투명성, 책임성, 신뢰성, 성찰성과 같은 더 큰 개념을 지향하고 있다. 예비타당성조사, 조세지출예산제도, 예산성과금제도, 총사업비제도 등 경제의 효율성을 강화시키는 제도와 함께 잘 검토해 둘 대목이라 여겨진다.

---

31 디지털회계시스템은 공공부분 재정활동의 정확한 현황을 쉽게 파악할 수 있으며 재정낭비요인을 제거하며 재정관련 정책의 합리적인 결정과 새로운 재정제도의 정착 기반을 제공한다. 또한 재정활동 주체들인 국민, 국회, 각 부처, 재정당국, 정책결정자 등의 만족을 높여준다. 보다 자세한 내용은 디지털예산회계시스템(http://www.digitalbrain.go.kr)을 참고하기 바란다.

핵심 Point !

◎ 예산의 기초개념

■ 예산의 의의: 일정한 회계연도 동안의 정부의 세입과 세출에 관한 계획

■ 예산의 특성

▶ 예산은 희소한 공공재원의 배분에 대한 계획

▶ 예산이 이루어지는 활동무대는 다양한 주체들 간의 상호작용이 발생

▶ 예산은 다양한 형태의 정보들을 창출하는 도구

▶ 예산은 정부정책 중 가장 보수적인 영역

▶ 예산은 정부관료들의 책임성을 확보하기 위한 회계도구

◎ 예산의 원칙

■ 전통적 예산원칙

▶ 공개성의 원칙

▶ 명확성의 원칙

▶ 사전성의 원칙

▶ 정확성의 원칙

▶ 한계성의 원칙

▶ 통일성의 원칙

▶ 단일성의 원칙

▶ 완전성의 원칙

■ 현대적 예산원칙(H. D. Smith, 1945)

▶ 계획과 책임의 원칙

▶ 다원적 절차, 시기신축성의 원칙

▶ 성과책임의 원칙

▶ 상호교류와 학습의 원칙

▶ 신축성 수단구비의 원칙

◎ 예산의 종류
  ▫ 세입·세출의 성질에 따른 유형: 일반회계, 특별회계
  ▫ 예산절차상 특징에 따른 유형: 본예산, 수정예산, 추가경정예산
  ▫ 예산 불성립 시 예산집행장치: 준예산, 잠정예산, 가예산
  ▫ 예산심의 절차에 따른 유형: 기금, 정부투자기관예산, 신임예산
  ▫ 재정정책지향적인 예산: 조세지출예산, 지출통제예산, 통합예산

◎ 예산의 동원
  ▫ 조세
  ▫ 신용
  ▫ 적자재정

◎ 예산결정에 관한 이론
  ▫ 점증주의: 정치적 과정에 의한 예산 배분
  ▫ 합리주의: 합리적 분석에 의한 예산 배분
  ▫ 점증주의와 합리주의의 문제는 점증주의과 합리주의의 비율적 적용에 관한 문제

◎ 품목별 예산제도(Line Item Budget System)
  ▫ 의의: 예산의 편성을 정부가 구입·지출하는 품목별로 하는 예산편성제도
  ▫ 배경: 행정관료의 자유재량 여지를 최대한 억제하고자 하던 시대의 산물
  ▫ 유용성
  ▶ 예산집행상 부정 방지
  ▶ 예산심의와 회계검사 용이
  ▶ 행정권의 남용 방지
  ▫ 한계
  ▶ 조직의 목표 파악 곤란
  ▶ 경직적 예산운용 초래

◎ 성과주의 예산제도(Performance Budget System)
  ▫ 의의: 투입요소를 중심으로 단위원가(unit cost) × 업무량 = 예산액으로 예산책정을 하는 예산제도
  ▫ 특징
  ▶ 성과주의예산은 사업이 제공하는 서비스의 양은 업무측정단위를 기준으로 측정
  ▶ 하지만 성과주의예산은 산출(output)의 총 가치를 측정하는게 아니므로 엄밀한 의미의 산출중심 예산제도
    라고 할 수는 없음
  ▶ 현대재무행정은 산출의 총 가치를 예상하여 정책의 우선순위를 정하고, 자산의 실시간 감가상각과 동태적
    자산측정을 허용하는 산출예산제도(NPBS: New Performance Budget System)로 진화하는 추세
  ▫ 우리나라의 산출예산제도(New Performance Budget System)의 요소
  ▶ 품목별 예산과목 기준으로 결산하던 방식에서 사업성과(산출물) 중심으로 결산

▸ 국가재정운용계획을 5년 단위로 편성할 때 산출의 총 가치를 예상하여 정책의 우선순위 결정

▸ 자산의 실시간 감가상각과 동태적 자산측정을 측정

◘ 장점

▸ 정책별 예산·재원의 배분 및 집행을 합리화

▸ 예산집행의 신축성

▸ 사업별로 통제가 가능하며, 행정성과의 향상

◘ 한계

▸ 사업별 업무단위와 단가측정이 어려움

▸ 세출에 대한 통제가 품목별 예산보다는 상대적으로 약화될 수밖에 없음

▸ 전략적인 목표의식은 결여되어 있음

◎ 계획예산제도(Planing Programming Budgeting System)

◘ 의의: 장기적인 계획(planning)과 단기적인 예산(budgeting)을, 실시기획(programming)을 통해 유기적으로 연결시킴으로써, 예산배분에 관한 정책결정을 합리적으로 실행하는 예산제도

◘ 배경

▸ 경제분석의 중요성 증대

▸ 새로운 정보기술 및 전자정부의 발전

▸ 기획과 예산 간의 일치요구

◘ 특징

▸ 계획예산제도는 목표의 구조화, 체계적인 분석, 재원배분을 위한 정보체제 등을 강조

▸ 계획예산제도의 중요성을 강조하는 가장 큰 이유는 효과성

◘ 장점

▸ 국가목표를 보다 정확하게 파악할 수 있게 해 줌

▸ 국가목표 중 가장 우선적인 것을 파악할 수 있게 됨

▸ 국가목표를 실현하는 가장 효율적인 수단의 분석을 가능케 함

◘ 한계

▸ 목표설정은 가치판단적인 것이기 때문에 계량화하기가 어려움

▸ 예산당국 및 행정공무원의 분석적 능력이 요구됨

▸ 집권화에 대한 우려

◎ 영기준 예산제도(Zero-Base Budget)

◘ 의의: 이전 회계연도의 예산에 구속받지 않고 정부의 모든 사업에 대하여 전면적인 검토를 하는 예산제도

◘ 배경: 우리나라는 1983년도 예산에 이 제도를 적용한 적이 있으나, 현재는 사실상 사용되지 않고 있음

◘ 특징

▸ 사업의 정당성을 전면적으로 검토하는 예산제도

▸ 영기준 예산편성은 단위사업의 단위(decision unit) 선정, 단위사업 분석표(decision package)의 작성,

단위사업 분석표의 우선순위 결정(ranking) 순으로 이루어 짐
- ▶ 영기준 예산편성은 정보들을 정책결정 패키지별로 조직하며, 모든 정책결정 단위 패키지들은 수요에 따라 정책의 우선순위가 결정(ranking)
- ▣ 장점
- ▶ 자원의 효율적 배분과 예산절감
- ▶ 정책결정과 계획기능의 개선에 이바지
- ▶ 신속한 예산조정 등 변동대응성의 증진에 기여
- ▣ 단점
- ▶ 예산의 빈번한 변경이 오히려 더 많은 비용을 초래
- ▶ 경직성 경비가 많을 경우 효용이 떨어지게 됨

◎ 자본예산제도(Capital Budget System)
- ▣ 의의: 예산을 경상예산과 자본예산으로 각각 구분하여 운영하는 제도
- ▣ 배경: 현재의 우리나라 정부예산에는 일부 자본예산적 요소가 포함되어 있음
- ▣ 특징: 경기불황시에는 공채를 발행하고, 적자예산을 편성하여 경기가 회복된 후에는 흑자예산으로 상환케 하는 제도
- ▣ 장점
- ▶ 재정의 기본구조를 이해할 수 있게 해 줌
- ▶ 불경기의 극복과 일자리 창출이 용이
- ▶ 수익자 부담원칙에 충실
- ▣ 한계
- ▶ 무리한 지출의 정당화 논리
- ▶ 인플레이션 유발
- ▣ 한국에서의 적용
- ▶ 현재의 우리나라 정부예산에는 자본예산적 요소가 포함되어 있음
- ▶ 전면적 도입은 어려우나, 향후 자본예산제도의 점진적 도입을 신중히 검토해 볼 필요

◎ 목표관리제도(MBO: Management by Objectives)
- ▣ 의의: 조직의 상하구성원들이 참여의 과정을 통해 조직단위와 구성원의 목표를 명확하게 설정하고, 이에 기초하여 구성원들의 업적을 평가하는 제도
- ▣ 장점: 상향적·참여적·자기통제적 관리체계
- ▣ 한계
- ▶ 단기간에 손쉽게 달성할 수 있는 목표에 치우치기 쉬움
- ▶ 이윤을 추구하지 않은 공조직에는 적용하기 힘듬

◎ 예산과정
- ▣ 신규 사업 및 주요 계속사업 계획 제출

- ◘ 예산안 편성지침 시달
- ◘ 예산요구 및 예산편성 준비
- ◘ 사업별 심의 및 예산안 편성
- ◘ 정부예산안 확정 및 국회 제출

◎ 성과감사(Performance Audit)
- ◘ 의의: 정책, 사업, 기관운영의 성과·산출물에 대해, 경제성·능률성·효과성 등을 독립적, 객관적, 체계적으로 검토·분석·평가하는 감사
- ◘ 배경: 1993년 합법성 감사의 한계를 극복하고 감사업무를 선진화하기 위해 성과감사를 도입하여 운영
- ◘ 성과감사의 기준(3E)
  - ▶ 경제성(Economy: Spending Less): 비용절감
  - ▶ 능률성(Efficiency: Spending Well): 자원활용
  - ▶ 효과성(Effectiveness: Spending Wisely): 목표성취
- ◘ 성과감사의 종류
  - ▶ 성과감사 대상에 따른 분류
    - ● 정책감사
    - ● 사업감사
    - ● 기관감사
  - ▶ 성과감사 시기에 따른 분류
    - ● 사전감사(Pre-Audit)
    - ● 과정감사(Process Audit)
- ◘ 성과감사(Performance Audit)와 품질관리(Quality Management)에서 성과감사는 2003년 8월부터 감사 결과를 전면 공개하게 됨에 따라, 감사결과의 신뢰성과 타당성을 확보할 수 있도록 품질을 관리하는 것이 매우 중요하게 됨

◎ 예산집행의 신축성
- ◘ 예산의 이용: 예산구조상 정한 장·관·항 간에 각각 상호융통하는 제도
- ◘ 예산의 전용: 행정과목, 즉 행정부의 결정과목인 세항·목 간에 금액을 상호융통하는 제도
- ◘ 예산의 이체: 정부조직 등에 관한 법령의 재정·개정 또는 폐지로 인해 관련되는 예산의 귀속을 변경시키는 제도
- ◘ 예산의 이월: 명시이월, 사고이월
- ◘ 계속비: 완성에 수 년도를 요하는 공사·제조·연구 개발사업에 관한 경비의 총액과 연부액을 정하여 미리 국회의 의결을 얻은 범위 안에서 수년도에 걸쳐서 지출할 수 있게 하는 제도
- ◘ 예비비: 예측할 수 없는 예산 외의 지출 또는 예산 초과지출에 충당하기 위한 제도
- ◘ 추가경정예산: 예산성립 후에 생긴 사유로 인하여 이미 성립된 예산을 변경하는 제도

◎ 예산집행 신축성 확보 문제점 및 개선방안
- ◨ 우리나라 예산제도는 아직도 통제 위주의 성향이 남아있는 것이 문제점
- ◨ 현대행정기능은 예산집행의 신축성(융통성)이 급속히 확대될 것을 요청
- ◨ 하지만, 이러한 신축성의 확대에 비례하여, 행정인의 책임성의 향상 및 민주적 통제 필요

◎ 국가예산제도 개혁
- ◨ 산출예산제도
- ◨ 연도말 이월제도
- ◨ 다년도 예산제도
- ◨ 복식부기 및 발생주의 예산제도

◎ 산출예산제도(Output Budget System)
- ◨ 개념: 정부의 산출물별로 예산을 편성하는 제도로서 복식부기 및 발생주의 회계방식이 사용
- ◨ 성과주의 예산제도와의 비교
- ▶ 성과주의 예산제도(PBS)에서는 투입요소를 중심으로 단위원가(unit cost) × 업무량 = 예산액으로 예산책정을 하였으므로, 품목별 예산제도(Line Item System)보다는 진일보한 제도
- ▶ 하지만 산출예산제도는 성과주의 예산제도에서처럼 사업성과와 예산을 연계시키지만, 투입요소인 예산이 아니라 산출요소인 사업성과를 중심으로 예산을 운영하는 데 초점을 맞춘 것으로, 성과주의 예산제도(PBS)보다는 진일보
- ◨ 특징
- ▶ 각 부문별·사업별로 산출물이 결정되고 결정된 산출물을 중심으로 예산이 집행
- ▶ 비용을 산정함에 있어 직접비와 간접비를 구분하고 감가상각을 고려
- ◨ 장점과 한계
- ▶ 산출물을 구체화함으로써 책임관계와 성과관리가 명확하게 이루어지는 장점
- ▶ 그러나 공공부문에서 감가상각을 완벽하게 계산하는 것은 불가능하다는 한계

◎ 연도말 이월제
- ◨ 예산의 신축성 확보의 방안
- ◨ 예산의 이용, 전용, 이체, 이월, 계속비, 예비비

◎ 다년도 예산제도
- ◨ 개념
- ▶ 예산을 신축성 있게 운영하기 위해 예산을 단일 연도가 아닌 다년도로 수립하는 제도
- ▶ 우리나라도 5년 단위의 다년도 예산계획제도를 도입
- ◨ 한계
- • 우리나라에서 시행하는 다년도 예산제도는, 단년도 예산제도에서 벗어나 예산의 단위기간을 일 년에서 다년도로 연장하는 것을 의미하지는 않음

- ▶ 다년도 예산제도를 채택한 대부분의 OECD 회원국에 있어서도 마찬가지임
- ◎ 복식부기 및 발생주의 회계제도
  - ◘ 의의
  - ▶ 복식부기는 단식부기에 대응되는 개념이며, 발생주의는 현금주의에 대응되는 개념
  - ▶ 단식부기는 채권, 채무 등을 대상으로 발생된 거래의 한쪽 면만을 기록하는 방식이며, 복식부기는 왼쪽(차변: 자산)과 오른쪽(대변: 부채)에 이중으로 기록하는 회계기록방식
  - ▶ 현금주의(cash basis)는 현금이 유입되면 수입으로, 현금이 유출되면 지출로 인식하는 기준인데 반해, 발생주의(actual basis)는 경제주체의 경제적 자원의 변동에 따라 거래가 발생한 시점(transaction)에 자산, 부채를 인식하는 제도
  - ◘ 목적
  - ▶ 재정의 효율성과 건전성 확보
  - ▶ 재정의 회계책임성을 보장
  - ▶ 재정의 투명성을 확보
  - ◘ 내용: 우리나라도 2009년 1월 1일부터 발생주의·복식부기 회계제도를 시행
- ◎ 우리나라의 국가예산제도 개혁: "3+1 개혁"
  - ◘ 국가재정운용계획(MTEF: Mid-Term Expenditure Framework)
  - ◘ 총액배정·자율편성(Top-Down) 예산제도
  - ◘ 성과관리제도(BSC)
  - ◘ 디지털예산회계시스템(BAR)
- ◎ 국가재정운용계획(MTEF: Mid-Term Expenditure Framework)
  - ◘ 의의: 국가발전 전략으로서 재정 및 중기재정계획의 역할은 대내외 경제·사회여건 변화에 따라 그 중요성이 점차 증대
  - ◘ 배경: 정책과 예산의 일치
  - ▶ 참여정부 이후 국가재정운용계획은 구체적인 재원배분계획을 제시하고, 예산 및 기금운용계획의 기본틀로써 활용
  - ◘ 기대효과
  - ▶ 재정운용의 효율성
  - ▶ 재정운용의 건전성
  - ▶ 재정운용의 투명성
  - ◘ 국가재정운용계획의 보완: 총액배분·자율편성(Top-down) 예산제도와 연계해야 함
- ◎ 총액배분·자율편성(Top-Down) 예산제도
  - ◘ 의의: 국가재정운용계획(MTEF)에 의해 미리 정해진 기준지출금액을 기준으로 각 부처의 1년 예산상한선을 설정하고, 지출상한선 안에서 각 부처가 자율적으로 자신의 예산을 편성하도록 하는 제도

- ◘ 특징
  - ▶ 국가의 전략적 정책기획
  - ▶ 부처의 자율과 책임 강조
  - ▶ 비교우위에 따른 역할 분담
  - ▶ 관계기관의 참여 강조
- ◘ 기대효과
  - ▶ 정책의 안정적 추진
  - ▶ 정책의 투명성 확보
  - ▶ 낭비적 예산행태 감소
  - ▶ 예산편성의 문제점 개선
- ◘ 발전방안: 총액배분·자율편성(Top-Down) 예산제도의 올바른 정착과 운용을 위해서는 예산편성 과정에 예산주무부처, 지자체 등 이해당사자의 충분한 참여와 협의를 거쳐야 함

◎ 성과관리제도(BSC: Balanced Score Card)
- ◘ 의의: 재정사업으로 달성하고자 하는 목표와 이를 측정할 수 있는 지표를 사전에 설정하여 재정집행의 성과를 관리하는 제도
- ◘ 구성요소(Kaplan & Norton): 재정, 고객, 내부 프로세스, 혁신 및 발전효과(학습 및 성장)
- ◘ 주요 특징
  - ▶ BSC는 재정적(재무적) 관점, 고객 관점, 내부 프로세스 관점, 혁신 및 발전효과(학습 및 성장)의 관점들을 통합
  - ▶ 계량적 관점에 국한되어 있던 기존의 획일적인 프로세스에서 벗어나, 다차원의 관점에서 성과를 파악
  - ▶ 과거 뿐 아니라 미래에 대한 예측도 가능하게 해주어 효과적인 전략수행을 가능

◎ 디지털예산회계시스템
- ◘ 의의: 예산의 편성·집행에 있어 성과와 책임을 중요시하는 지능형 통합재정정보시스템
- ◘ 특징
  - ▶ 재정범위 확대
  - ▶ 성과중심 프로그램
  - ▶ 발생주의·복식부기 회계제도 도입
  - ▶ 통합재정 정보분석시스템 구축
- ◘ 기대효과
  - ▶ 적정한 재정정책
  - ▶ 성과중심 예산제도
  - ▶ 재정위험 예측 가능
  - ▶ 정보의 신속 제공

- ▯ 요약 및 결론
- ▸ 예산의 효율적 집행(융통성)과 엄격한 통제(책임성)의 적절한 조화
- ▸ 국가예산제도개혁의 4대 구성요소는 국가재정운용계획(MTEF), 총액배정·자율편성(Top-Down) 예산제도, 성과관리제도(BSC), 디지털예산회계시스템(BAR)임
- ▸ 국가예산제도 개혁들이 잘 실행되어 정착될 수 있도록 국가책임자의 강력한 의지와 리더십, 그리고 관련 정책주체들의 적극적인 참여와 합리적 개선 노력이 요구

◎ 예산제도의 최신동향
- ▯ 성인지 예산제도
- ▸ 개념: 양성관점에서 평등한 예산자원의 배분을 위하여 세출예산을 성인지적 관점에서 재분류하는 제도
- ▸ 두가지 유형
  - ● 첫째, 여성수혜 및 영성평등을 목적으로 하는 예산으로서의 성인지 예산제도
  - ● 둘째, 전체 일반예산에 대한 성별수혜 분석
- ▸ 기대효과: 정부활동의 책임성, 참여, 투명성을 제고시키고, 이를 통해 정부의 거버넌스 방식과 재정관리를 개선
- ▸ 한계
  - ● 장기적인 시간과 노력 필요
  - ● 공감대 확보 중요
- ▯ 예산국민감시제도
- ▸ 개념: 납세자로서의 국민이 주체적인 관점에서 국민이 참여하여 예산감시활동을 담당하는 제도
- ▸ 필요성
  - ● 주민자치와 숙의적 민주주의가 가능해지므로 신뢰성 제고
  - ● 집단행동의 딜레마 극복과 거래비용 절감을 통해 협력과 공유 용이하게 함
  - ● 정부와 시민사회 간의 거버넌스 구축을 용이하게 함
- ▸ 기대효과: 선전효과, 외부통제효과, 시민참여 유도효과
- ▸ 한계
  - ● 예산감시 시민단체들 간 네트워크가 제대로 운영되지 않음
  - ● 시민단체의 정보화 능력이 부족
  - ● 온라인활동과 오프라인활동의 불균형으로 인한 효율성 저해
  - ● 예산감시를 위한 시민단체들의 재정상의 어려움
  - ● 시민사회에 대한 시민단체의 대표성 의문
- ▯ 조세지출예산제도
- ▸ 개념: 항목별로 추계된 조세지출을 기능별로 분류하여 예산의 형식으로 제출하는 제도
- ▸ 주요 내용: 조세지출예산제도는 조세감면, 조세지출예산제도는 항목별 분류를 사용
- ▸ 기대효과: 기업의 성장성을 제고, 기업의 활동성을 제고, 투자의 활성화를 기대
- ▸ 한계: 조세지출의 개념이나 범위에는 정치적 판단이나 주관적인 가치판단이 개재, 제반경제적 효과계측의 어려움

▫ 예비타당성조사
▶ 개념: 국가재정법 제38조 및 동법 시행령 제13조의 규정에 따라 대규모 신규사업에 대한 예산편성 및 기금운
　　　용계획을 수립하기 위하여 기획재정부장관 주관으로 실시하는 사전적인 타당성 검증·평가제도를 말함
▶ 필요성: 대규모 공공투자사업의 신규투자를 우선순위에 입각하여 투명하고 공정하게 결정함으로써 재정의
　　　효율성을 제고하기 위해 필요
▶ 기대효과
● 예산낭비 방지 및 재정운용의 효율성 제고
● 공감대를 확산시키고 정보의 비대칭 문제 최소화
● 새로운 공적 조사과정을 확립
▶ 유용성 및 한계
● 법적 근거가 미흡하다는 문제가 제기
● 대상사업의 선정에서의 문제
▫ 예산성과금제도
▶ 개념: 예산지출을 절약하거나 국고수입을 증대시킨 경우 그 성과의 일부를 기여자에게 인센티브로 지급하
　　　는 제도
▶ 도입목적: 공공조직의 자발적인 노력에 의해 예산을 절감하도록 유인해 내기 위함
▶ 기대효과: 예산낭비 절감효과와 수입증대를 통한 공공부문의 효율성 향상
▶ 한계
● 제안자(기여자)의 범위가 제안제도와 구분되지 않음으로써 제도의 유용성이 절감문제
● 심사과정의 불공정성
● 운영상의 불투명성
▫ 총사업비제도
▶ 개념: 국고지원으로 시행되는 대규모 투자사업의 총사업비를 사업 추진단계별로 합리적으로 조정하고 관
　　　리하는 제도
▶ 목적: 재정지출의 생산성을 제고하고 시설공사의 품질을 확보하기 위해 도입
▶ 내용: 사업구상 단계, 예비타당성조사 단계, 타당성조사 및 기본계획 수립단계, 기본설계 단계, 실시설계
　　　단계, 발주 및 계획단계, 시공단계, 턴키사업 등에 대한 총사업비관리의 단계 따름
▶ 기대효과
● 총사업비 증가에 대한 정부의 제어 가능
● 계획변경의 최소화 가능
● 책임의식 강화
▶ 유용성 및 한계
● 효율적인 예산책정보다는 예산을 최대한 삭감하는 데 중점
● 투자우선순위가 부재하기에 분산투자로 인한 사업기간의 연장과 총사업비 증액의 문제 개선되지 않음
● 총사업비관리에 관련된 정보의 체계가 제대로 구축되어 있지 않음

◎ 예산이란 무엇이며, 그 특성은 무엇인가?

◎ 예산의 원칙은 무엇인가, 전통적 예산원칙과 현대적 예산원칙을 구분하여 설명하라?

◎ 예산의 종류에 대해서 설명하라.

◎ 품목별 예산제도(Line Item Budget System)의 개념, 유용성, 한계에 대해서 설명하라.

◎ 성과주의 예산제도(Performance Budget System)의 개념, 장점 및 한계에 대해서 설명하라.

◎ 계획예산제도(Planing Programming Budgeting System)의 개념, 장점 및 한계에 대해서 설명하라.

◎ 영기준 예산제도(Zero-Base Budget)의 개념, 장점 및 한계에 대해서 설명하라.

◎ 자본예산제도(Capital Budget System)의 개념, 장점 및 한계에 대해서 설명하라.

◎ 목표관리제도(MBO: Management by Objectives)의 개념, 장점 및 한계에 대해서 설명하라.

◎ 성과감사(Performance Audit)의 개념, 기준 및 종류에 대해서 설명하라.

◎ 예산집행의 신축성을 확보하기 위한 방안에 대해서 설명하라.

◎ 국가예산제도 개혁의 최근동향에 대해서 설명하되, 산출예산제도, 연도말 이월제도, 다년도 예산제도, 복식부기 및 발생주의 예산제도에 대해서 언급하라.

◎ 산출예산제도(Output Budget System)의 개념, 장점 및 한계에 대해서 설명하라.

◎ 다년도 예산제도의 개념, 장점 및 한계에 대해서 설명하라.

◎ 복식부기 및 발생주의 회계제도의 개념 및 장점에 대해서 설명하라.

◎ 우리나라의 국가예산제도 개혁: "3+1 개혁"에 대해서 설명하되, 향후 발전방안에 대해서 언급하라.

◎ 국가재정운용계획(MTEF: Mid-Term Expenditure Framework)의 의의 및 기대효과에 대해서 정리해보자.

◎ 총액배분·자율편성(Top-Down) 예산제도의 개념, 특징 및 발전방안에 대해서 설명하라.

◎ 성과관리제도(BSC: Balanced Score Card)의 개념과 장점에 대해서 설명하라.

◎ 디지털예산회계시스템의 개념과 장점에 대해서 설명하라.

◎ 성인지 예산제도의 개념과 기대효과 및 한계점에 대해서 설명하라.

◎ 예산국민감시제도의 필요성과 한계점에 대해서 설명하라.

◎ 조세지출예산제도의 개념과 장점에 대해서 설명하라.

◎ 예비타당성조사의 개념과 필요성 및 기대효과에 대해서 설명하라.

◎ 예산성과금제도의 도입목적과 장점에 한계점에 대해서 설명하라.

◎ 총사업비제도의 개념과 기대효과 및 한계점에 대해서 설명하라.

재무이론 분야는 크게 세 가지 축으로 구성된다. 각각 예산의 개념과 정의에 관한 이론적 논의, 예산의 편성과 결정에 관한 흐름을 살피는 예산과정론 그리고 예산을 효율적이고 타당성 있게 편성하고 관리하기 위한 각종 제도를 다루는 예산제도론으로 구성된다. 다양한 형태로 출제되는 것 같지만 결국 제시된 세 가지 범주 내에서 논의된다.

우선 예산의 개념과 정의에 관한 이론적 논의와 관련해서는 예산이 갖는 특성을 정책과의 연계를 통해 이해하고 예산을 다루는 기관의 특성에 따라 차별화된 접근이 필요함을 분명히 해야 한다. 예산은 정책의 계수적 표현이라는 비유처럼 예산을 정의하고 그 개념을 밝히는 과정은 정책의 내용과 본질을 이해하는 것이다. 더불어 예산은 누구에 의해 다뤄지는 가에 따라 형식이나 내용에 있어 상이하게 정의된다는 것을 유념해야 한다. 이러한 범주의 문제는 쉽게 이해할 수 있고 학생들의 기본지식도 충분한 편이므로 내용을 기술할 때 일목요연한 틀을 짜는 것이 관건이 된다.

다음으로 예산과정의 문제는 예산이 편성·심사·결정되는 일련의 절차라는 관점 하에서 단계별로 유기적인 이해를 도모해야 한다. 주체를 중심으로 주목해야할 관계를 정리하면 정부처 간(기획재정부와 여타부처), 정부 간(중앙정부와 지방정부), 행정부와 입법부 간(정부부처와 상임위/예결특위)으로 대별된다. 예산과정에 있어서 각 주체들의 역할과 기능에 관한 이해는 기초가 되며 제시된 관계를 중심으로 갈등과 협조의 역동성을 이해하는 것이 중요하다.

마지막으로 예산제도와 관련해서는 최근의 관련 법령 변화나 제도의 명칭 변화를 주의깊게 살펴야 한다. 이 범주의 문제는 특정한 예산제도에 관해 묻는 낮은 배점의 문제나 혹은 총괄적인 범주에서 예산제도의 운영과 변화에 관해 묻는 고배점의 문제가 출제되는 경향이 있다. 특히나 예산의 종류나 특정한 가치를 지향하기 위한 예산제도에 관한 문제가 나올 경우 재무행정의 개괄적인 내용과 이해를 토대로 기술해야 한다. 이 경우 답안의 우수성은 현실의 예산제도를 사례와 연계하여 얼마나 정확하게 이해했는가에 달려있는 바, 최근예산제도의 동향에 대한 파악과 함께 현실사례를 연결지어 답안을 구성하는 연습도 꾸준히 해둘 필요가 있다.

답안작성요령

핵심개념

본 문제는 주민참여예산제도의 필요성을 사회적 자본의 관점에서 논하고, 성공적인 정책방안을 제시하라는 것이 핵심이다. 따라서 먼저 '주민참여예산제도'와의 개념에 대해 명확히 제시해주는 것이 필요하다. 주민참여예산제도는 예산편성권을 지역사회와 지역주민에게 분권화 또는 권한이양함으로써 예산편성과정에 해당 지역주민들이 직접 참여하는 것을 법적·제도적으로 보장하는 제도이다. 이는 예산편성과정에 시민참여를 확대함으로써 지방재정 운영의 투명성과 공정성 및 효율성을 제고하고, 재정민주주의 이념을 구현하는 데 그 목적을 두고 있다.

사회적 자본의 관점에서 바라본 주민참여예산제도의 필요성

이 부분의 내용을 기술할 때는 우선적으로 사회적 자본의 의의와 특징에 대해 명시해주고 이에 근거하여 주민참여예산제도의 필요성을 논리적으로 도출하여야 한다.

사회적 자본이란 사회구성원들 간의 신뢰와 협력, 이를 통해 내재화된 규범 등을 포함하는 개념이며, 따라서 신뢰성·협력·공유·네트워크 등이 강조된다. 특히 이는 정부 혼자만의 힘으로 해결할 수 없는 '사악한 문제'(wicked problem)가 많이 발생됨에 따라 정부와 시민사회의 신뢰와 협동을 통한 거버넌스적 문제해결이 중요시 되면서 강조되고 있다.

따라서 사회적 자본의 특징인 신뢰성·협력·공유·네트워크에 근거한 주민참여예산제도의 필요성을 제시할 필요가 있다. 첫째, 신뢰성 측면에서 주민참여예산제도가 시행되면 주민자치와 숙의적 민주주의가 가능해지므로 신뢰성이 제고된다. 둘째, 협력·공유의 측면에서 주민참여예산제도는 집단행동의 딜레마 극복과 거래비용 절감을 통해 협력과 공유를 용이하게 한다. 셋째, 네트워크 측면에서 주민참여예산제도는 정부와 시민사회 간의 거버넌스의 구축을 용이하게 한다는 것으로 정리할 수 있다.

주민참여예산제도의 정착방안

이는 우리나라에서 주민참여예산제도의 성공적인 정착을 위한 방안에 대해 묻는 질문이다. 현재 우리나라 주민참여예산제도는 주민참여예산제도는 2007년 지방재정법에 법적 근거가 마련되어 거의 대부분 기초자치단체에서 시행하고 있다. 정부의 예산은 국민 개개인이 내는 세금으로 편성되는 바, 대중이 관심을 가지고 지켜볼 사항임에도 불구하고 시민들의 관심이 부족하고 참여의 방식이 제한적이다. 이는 예산에 대한 정보가 폐쇄적이며 시민들의 전문성이 부족하기 때문이다. 예산에 대한 시민의 감시가 원활히 이루어지기 위해서는 예산에 대한 정보가 대중에 공개되어야 하고 쉽게 접근이 가능하게 제도화될 필요가 있다(본 서 제8장 본문 주민참여예산제도 참조바람). 따라서 주민참여예산제도의 성공적 정착을 위해서는, 첫째, 예산편성안 등의 재정정보의 공개 내실화 필요, 둘째, 제도에 대한 홍보강화를 통한 폭넓은 참여 유도, 셋째, 공무원 및 지방자치단체위원의 인식과 자세 변화, 넷째, 제도 초기에 생길 수 있는 역기능에 대한 통제, 다섯째 참여하는 시민단체의 역량 및 전문성 강화 등이 강조되어야 한다.

본 문제는 사회적 자본의 관점에서 접근하라는 구체적인 제시를 주고 있다는 점에서 전체 답안의 맥락이 사회적 자본을 중심으로 이루어져야 할 필요가 있다. 때문에 답안작성 시 주민참여예산제도의 의의와 필요성, 그리고 성공적 정착방안을 사회적 자본의 관점에서 충실하게 포함하는 것이 필요하다. 다만 현행 주민참여예산제도의 법률적 근거와 참여자(시민단체)의 대표성 문제에 대한 언급이 추가된다면 더 좋은 평을 얻을 수 있을 것이다(법우사, 테마사례행정 분석, 2013에서 수정). 예컨대, 현재 우리나라는 예산과정에 참여하는 시민단체들 간 네트워크가 제대로 운영되지 않으며, 재정적 능력과 정보화 능력면에서 많은 한계를 보이고 있다. 이와 함께 참여하는 시민단체들이 과연 시민사회를 제대로 대표하는가 하는 본질적 문제를 안고 있는 바, 이러한 문제에 대한 고찰도 함께 언급되면 더 좋은 답안이 될 수 있을 것이다(본 서 제8장 본문 주민참여예산제도 참조바람).

고시기출문제 다음 제시문을 읽고 물음에 답하시오[행정고시, 2017년].

> 정부재정은 재정건전성을 확보하는 것이 매우 중요하다. 재정건전성을 확보하는 방법은 크게 ① 재정수입을 증대하거나, ② 재정지출을 절감하는 방법이 있다. 재정수입이 주로 조세수입에 의해서 충당되고 있는 상황에서 조세정책에 대한 국민의 동의를 확보할 필요가 있으며, 재정지출의 절감을 위해서는 사업의 타당성에 대한 검증 제도가 적절히 작동될 필요가 있다.

(1) 증세의 기대효과를 경제적 후생의 분배와 경제활동 기회의 균등을 중심으로, 그리고 증세의 기대효과를 제약하는 요인을 누수효과와 조세저항 등을 중심으로 설명하시오. (10점)
(2) 사업의 타당성을 확보하기 위한 제도로서 운용되고 있는 현행 재정사업자율평가 제도의 문제점과 개선방안을 설명하시오. (10점)

답안작성요령

☝ 핵심개념

본 문제는 증세의 기대효과의 긍정적인 측면과 부정적인 측면을 묻고 있다. 재정건전성 강화를 위해서는 두 가지 조치가 필요한 바, 1) 조세수입을 늘이거나, 2) 재정지출을 절감하는 방법이 있다. 먼저 문제 (1)은 조세수입을 늘이는 경우에 나타날 수 있는 부작용에 대해 묻고 있다. 즉, 조세수입에 의존하는 경우, 증세는 경제적 후생의 분배와 경제활동 기회의 균등이라는 관점에서 긍정적 효과를 가져올 수 있으나, 조세저항과 함께 경제활동의 위축과 누수효과 등을 초래할 수도 있다.

누수효과란 흔히 '구멍 난 양동이'라고 비유할 수 있는데, 증세를 통해 아무리 세금을 채워도 국가의 세금 정책에 구멍이 있어 세금이 새는 것을 누수효과라고 한다. 또한, 조세저항이란 국가가 조세채무를 경제주체에게 부과하였을 때, 경제주체가 그 조세채무를 회피하려고 저항하는 행위이다. 즉, 세금을 내는 것에 대한 저항감을 뜻한다. 조세저항은 여러 가지 형태로 나타날 수 있는데, 탈세를 하거나, 세법을 연구하여 절세를 하는 경우도 여기에 해당된다. 또한, 증세는 부자에 대한 부당한 이념적 편 가르기라는 프레임을 제공하고 경기를 위축시킬 수도 있다는 문제점이 있다.

증세의 이러한 문제점으로 인해 (2)의 옵션도 중요하게 검토할 필요가 있게 된다. 즉, 재정지출을 절감할 필요가 있으며, 이를 위해 재정지출을 절감하기 위한 다양한 제도, 예컨대 재정사업자율평가제도의 실효성 확보 등이 중요한 문제도 대두되는 것이다.

재정사업자율평가제도의 개념과 배경

우리나라는 현재 재정사업자율평가제도를 도입하고 있다. 이 제도는 자체평가와 성과측정을 통해 사업의 효율성을 제고하고자 2004년부터 시행해오고 있다.

재정사업자율평가제도를 알려면 성과평가제도를 먼저 알아야 한다. 재정사업자율평가제도는 성과평가제도의 일환으로 시행되고 있기 때문이다. 우리나라의 성과평가제도는 2004년부터 시행되어왔고 2006년 국가재정법으로 정착된 3+1 개혁의 일환으로 도입되었는데, 3+1이란 top-down(총액배분자율편성), 국가재정운용계획(중기재정계획), 성과평가제도(BSC)와 디지털예산회계시스템(BAR)을 총칭하여 부르는 이름이다. 이 경우 성과평가제도의 일환으로 도입된 재정사업자율평가제도는 부처의 자율적 기능을 제고해 주기 위해 각 부처가 재정사업을 자체평가(자율평가)를 먼저하고 기획재정부는 상위평가만 하는 two track시스템을 말한다.

2008년 금융위기를 지나면서 재정 여건이 어려워지자, 3+1 개혁에 대한 총체적인 반성이 진행되고 있다. 무엇보다 top-down 방식, 국가재정운용계획 등은 이미 현실적으로 작동되지 못하고 있다는 반성도 제기되고 있다. 이에 반해 성과평가제도는 한국을 대표하는 행정 개혁 사례로 소개되고 있는 등 긍정적 측면이 많으므로 이러한 의미를 잘 살리기 위해서도 각 부처의 자율적 기능을 확보함으로써 재정사업자율평가제도를 잘 발전시켜나가야 할 것이다.

재정사업자율평가제도의 문제점과 개선방안

이를 위해서는 재정사업자율평가제도의 핵심인 자체평가가 내실화되어야 하는 바, 다음과 같은 문제점에 대한 개선방안이 필요하다.

첫째, 자체평가 목적에 부합하는 평가기준 및 지표를 피평가기관 스스로 발굴하여 적용하여야 한다.

둘째, 자체평가는 해당 업무 담당자를 비롯하여 조직 구성원 모두가 자신을 위해서 자신의 조직을 위해서 이루어지는 것임을 항상 상기해야 하며, "평가를 귀찮은 일쯤으로 여기는 평가(상위평가)를 받기 위한 평가(자체평가)로 여겨서는" 안 될 것이다(유승현, 2013).

셋째, 평가와 기회주의적 행동 통제는 성과평가가 인센티브 제도와 연계되는 경우 피평가자의 입장에서는 좋은 평가를 받기 위한 기회주의적 행동이 발생할 우려가 있다. 특히 평가자와 피평가자 사이에 정보 비대칭이 있는 경우 이를 통제하기도 어려운 바, 이를 위해서는 자체평가위원회의 객관성과 전문성 확보가 필요하다. 자체평가의 객관성을 확보하는 방안의 하나로 국무총리실이나 기획재정부가 인적 DB를 구축하고, 개별 부처는 이중에서 선택하여 위촉하는 방안 등을 검토해 볼 필요가 있다(박노욱, 2008).

고득점 핵심 포인트

본 문제는 정부재정의 건전성 확보를 위한 증세의 긍정적, 부정적 효과와 함께 이를 해소하는 한 제도로서 재정사업자율평가제도에 대해서 묻고 있다.

482

우리나라의 경우 개별 부처에 의한 자율평가와 기획재정부에 의한 상위평가를 어떻게 정착시키느냐 하는 문제는 매우 중요한 과제이다. 즉, 개별 부처에 의한 자율평가의 전문성과 객관성을 제고하는 노력을 하면서 동시에 기획재정부의 상위평가가 갖는 의미를 재설계하는 노력은 향후 재정사업 자율평가의 정착을 위해 매우 중요한 과제인 것이다.

성과측정을 통해 사업의 효율성을 제고하기 위해서는 끊임없는 시행착오를 필요로 하고 있다. 그런 의미에서도, 상기한 문제점과 대책을 명확히 지적해줌으로써, 2004년부터 실시해온 재정사업자율평가제도를 잘 발전시킬 필요가 있다는 점을 제시한다면 높은 점수를 받을 수 있을 것이다.

전자정부와 정보체계

KEY POINT

현대행정은 동태적 행정과정을 거쳐 실현된다. 동태적 행정과정의 시발점은 국가목표 및 정책결정이며, 이를 실현하기 위해 조직·인사·재무 등 조직화와 인간관·동기부여·리더십 등 동작화, 그리고 행정책임·행정통제·행정개혁·정부혁신 등 환류 및 학습이 필요하다. 앞에서 우리는 미래의 바람직한 상태의 실현을 의미하는 국가목표 및 국가정책이론에 대해 살펴보고, 조직화에서 필요한 조직, 인사, 재무이론에 대해 살펴보았으므로, 이 장에서는 조직화의 마지막 요소인 정보체계에 대해서 학습하고자 한다.

현대정보체계는 조직화에서 조직, 사람, 재원을 정보라는 매개체로 엮어서 정책결정과 문제해결능력을 최적화시키는 조직화의 핵심요소이다. 구체적으로 제9장에서는 현대행정학에서 요구하는 정보체계와 전자정부에 대한 이론들에 대해 학습하기로 하며, 이를 지식정보사회에 대한 이해, 지식정보사회의 국가행정논리, 지식정보사회의 국가정책논리, 지식정보사회와 국가혁신논리, 현대정보체계의 과제 등에 대해서 학습한다.

제9장의 키 포인트는 정보체계에 대해서 파악하는 것이다. 정보체계론/전자정부론은 행정학에서 자주 출제되는 분야이다. 지식정보사회와 국가혁신논리, 현대정보체계론의 과제 등에 대한 정리와 함께 최근 전자정부이론, 지식관리, 스마트 전자정부, 모바일 전자정부, 유비쿼터스 정부, 빅데이터, Web2.0. 전자정부3.0[1] 등에 대해서도 잘 파악해두길 바란다.

---

1 스마트 전자정부, 지식관리, 모바일 전자정부, 유비쿼터스 정부 등의 개념에 대해서는 졸저, 전자정부론(2012: 118-

제 1 절   지식정보사회의 이해: 동인, 실체 그리고 패러다임[2]

1. 지식정보사회의 도래

18세기 산업혁명의 에너지원을 증기기관의 발명에서 찾는다면, 19세기 말은 새로운 에너지원으로서 전기통신기술이 과학기술혁명을 선도하였다. 20세기 중반 이후에는 반도체 칩 기술, 마이크로프로세서 등 컴퓨터의 정보기술과 광섬유, 인공위성, 디지털 등 통신기술의 융합적 발전이 지식정보혁명을 주도하고 있다.

이러한 과학기술적 변화를 바탕으로 하여 지식정보사회에서는 개인, 지역, 국가, 세계가 네트워크되어 있으며, 언제 어디서나 손쉽게 의사소통할 수 있다. 정치적으로 전자민주주의 등 보다 직접적이고 참여적인 새로운 방식의 정치형태가 시도되고 있으며, 경제적으로는 서비스업과 컴퓨터, 유전공학 등의 지식산업군으로 산업의 중심이 이동하고 있다. 개성과 다양성에 대한 욕구를 충족시키기 위해 다품종 소량생산으로 생산체제가 바뀌어 가고 있으며, 사회적으로는 분권주의와 평등주의에 기초한 다양성과 창의성이라는 새로운 가치관이 대두되고 있다. 또한, 개인적으로는 자율성과 창의성이 존중받는 가운데 자아실현을 할 수 있는 기회가 보다 확대되고 있다.

정보통신기술이 만들어가고 있는 인간생활 전반의 변화는 시간, 속도, 불확실성의 특성을 기반으로 일어나고 있으며, 이에 따라 행정의 영역에서도 다양성, 창의성을 토대로 신뢰와 성찰을 추구하는 이념이 새롭게 강조되고 있다. 개인의 관점에서는 디지털 불평등에 대한 해소를 토대로 개인의식의 실현을 추구하며, 정부와 국가의 관점에서는 전자정부의 구현을 통한 정부 생산성 향상과 전자민주주의의 열린 정부를 실현하며, 사회의 관점에서는 진정한 신뢰(*trust*)와 등권(*empowerment*)을 토대로 열린 의사소통의 담론 형성 및 활성화가 구현되는 진정한 신뢰사회와 성숙한 사회를 구현하는 것이 현대정보체계론의 핵심과제이다.

132, 248-263, 294, 274) 등을 참조바람; 전자정부3.0, 정부3.0에 대해서는 본 서 제12장과 제13장 참조바람.
2 이 장에서 제시된 정보체계이론은 저자의 졸저, 『전자정부론』(박영사, 2007)과 『정보체계론』(나남, 2003)을 토대로 요약 정리된 내용이다.

2. 지식정보사회의 동인

1) 기술적 동인: Seeds(Supply, Push)

산업사회의 근간이 기계기술이었다면, 정보사회는 컴퓨터와 통신기술 등 정보기술을 근간으로 하고 있다. 정보기술의 핵심은 디지털 기술이다. 디지털 기술은 모든 정보들을 오직 0과 1만을 사용하여 수로 변환, 입력, 저장할 수 있는데, 이는 정보를 나르고 사용하는 데 현격한 차이를 나타낸다. 정보통신기술에 또 다른 혁신적 진전은 광케이블과 위성통신의 개발이다. 여기에 디지털 압축기술이나 전송시설의 기술향상까지 더해 보다 빠른 속도로 많은 양의 정보를 처리할 수 있게 해 주었는데, 이러한 디지털 기술들은 새로운 정보네트워크 사회를 이루는 기술적 기반을 제공하였다.

2) 사회적 동인: Needs(Demand, Pull)

산업사회가 진전되고 물질적 충족이 어느 정도 갖추어지면서, 현대인들은 생리적 욕구충족을 넘어서 더 고급욕구인 사회적 욕구와 자아실현의 욕구를 추구하는 사람들이 많아졌다(A. Maslow, 1954; A. Toffler, 1970; D. Bell, 1989). 이들은 대중매체에 의한 대량적, 획일적 정보를 거부하고 자기취향에 맞는 개성화된 정보를 선택하려고 한다. 또한 대량생산 되지 않은 자기만의 개성을 살린 다양화된 제품(*customized products*)을 선택하고자 한다. 이러한 정보통신 및 뉴미디어 등에 대한 새로운 욕구의 증대가 정보사회의 형성을 끌어당기는 사회적 요인이 된 것으로 볼 수 있다.

요컨대 컴퓨터와 디지털 그리고 전송기술 등 정보기술의 획기적인 발달은 정보사회의 기술적 동력을 제공하였으며, 여기에 사회구성원들의 통신 및 뉴미디어에 대한 욕구의 증대는 정보사회의 형성을 촉진시키는 사회적 요인이 되었다.

3. 지식정보사회의 실체: 산업사회와 정보사회의 관계

1) 전환론적 관점

Bell과 Toffler는 정보사회는 산업사회와는 분명히 구별되는 사회라고 주장한다. 그들은 정보사회가 인간의 사고·가치관·사회제도 등을 근본적으로 변혁시킬 수 있다고 본다(Bell, 1973; Toffler, 1970).

2) 지속론적 관점

Simon과 Giddens는 정보사회는 표면적 변화이며, 그 기본적 성격은 산업사회와 다르지 않다고 주장한다. 정보기술의 발전은 단순히 사회기술 변동의 한 사례에 불과하며, 사회구조의 새로운 변혁을 기대할 수는 없다는 것이다(Simon, 1987; Giddens, 1989).

3) 구조론적 관점

현대의 고도 정보기술이 혁명적이고 전환적이지만, 그 파장이 사회전반의 구조적 변화를 초래할 정도가 되지는 않는다고 한다. 위 두 관점의 중립적 입장이다.

4) 요약 및 결론

정보사회는 다층구조의 복합산물이므로 위의 견해처럼 단순한 패러다임적 비교는 적절하지 못하다. 정보사회의 핵심은 정보기술을 통한 사회변동의 의미나 산업구조의 변화라는 의미 이상의 의의를 지닌다. 즉, 정보사회는 무엇보다도 사회적 연계망(*social networking*)과 관련된 정보의 역할증대이며, 정보가 미래의 정치, 경제, 사회, 교육, 문화 등 시민생활의 제 방면에 걸쳐서 새로운 사회관계(*social relationship*)를 규정하는 데 핵심적인 역할을 하는 사회라고 정의할 수 있다. 복합적으로 상호작용을 이루는 여러 이슈들이 존재하고, 이러한 이슈들끼리는 서로 상충적인 관계를 형성하고 있다. 이것이 정보사회의 실체이다.

복합적 다층구조로 이루어진 정보사회의 실체를 제대로 파악하는 것은 매우 중요한 일이다. 정보사회의 특성과 평가는 자아구조, 정체성 및 윤리적 맥락, 문화 및 사회구조적 맥락 그리고 국가경쟁력 및 기업효율성의 맥락 등의 이슈에 따라 달라질 수밖에 없기 때문이다. 교육, 의료, 환경 및 문화의 공간에서 뉴미디어 기술이 가져다줄 새로운 서비스 영역과 이러한 영역의 추가 도입이 가져올 커뮤니케이션의 확장, 그리고 이에 따른 사회적 효율성 확대라는 측면들은 정보사회의 매우 긍정적인 영역이지만, 우리는 정보화가 초래할 인간소외 등의 윤리적 병폐에 대해서도 간과할 수 없는 것이다. 따라서 우리는 사회과학과 정보체계를 공부하면서, 정보사회가 지니는 3Es (Efficiency, Equity, Ethics: 효율성, 형평성, 윤리성) 등 여러 차원들에 대한 분석의 시각을 가질 필요가 있다.

4. 지식정보사회의 패러다임

사회적 효율성, 형평성 그리고 윤리적 맥락과 관련하여, 정보사회는 특히 다음과 같이 산업사회와 구별되는 특성적 패러다임을 지닌다.

첫째, 정보사회는 시간적·공간적 소멸이 가능한 사회이다. 산업과 물류를 생산기반으로 하던 사회가 정보와 정보유통으로 그 중심축이 이동하면서, '시간과 공간의 극복'이 이루어지고 있다. 정보기술과 정보고속도로의 구축은 기업 내에서 시간, 공간의 제약을 극복하고, 기업, 정부, 국민 간의 유기적 연결을 통해 국가사회의 전반적 거버넌스 시스템을 '지능화'시키고 있다.

둘째, 정보사회는 시간적, 공간적 거리의 소멸뿐만 아니라, 영역 간 경계의 소멸이 일어날 가능성도 예측되는 사회이다. 전자문서교환(EDI: Electronic Data Interchange)이나 전자상거래(EC: Electronic Commerce) 등의 도입과 응용은 부문 간, 조직 간, 산업 간 경계를 무너뜨리고 있다. 정보전달매체 간의 융합현상이 디지털 기술의 발달로 가능해지고 있으며, 이를 제도적으로 뒷받침하는 움직임이 빠르게 진행되고 있다.

셋째, 정보사회는 열린 사회인 동시에 경쟁사회이다. 정보사회의 근간이 되는 정보고속도로는 세계와 지역과 개인을 하나로 엮어, 이들 간의 자유로운 의사소통을 빛의 속도로 가능하게 한다. 전 시대적인 비밀과 폐쇄, 그리고 권위주의적인 닫힌 사회를 유지하기는 그만큼 어려울 것이다(서삼영, 1996: 25-26). 그러나 정보화는 사회구성원 간 또는 국가 간의 형평성을 높이는 역할보다는 상대적인 우위를 점하는 요소로서 작용하게 될 가능성이 더 크다. 지구적인 범위에서 부문과 영역이 소멸되는 형태의 무한경쟁이 치열하게 전개되면서 국가 간의 격차는 더 벌어질 것이며, 이는 국제사회의 중요한 쟁점 중의 하나가 될 것이다.

마지막으로, 정보사회는 윤리적 문제가 더욱 심각하게 제기되는 사회이다. 또한 이러한 윤리적 파장은 산업사회와는 질적으로 다른 형태를 띠는 것이 많을 것이다. 특히 우리는 불건전한 정보의 홍수 속에서 자아와 인성의 실체(*human integrity*)를 지키기가 점점 더 어려운 시대에 살고 있다. 자아와 인성의 실체, 익명성과 인간신뢰성의 문제, 인간의 컴퓨터화－이러한 문제들은 개인의 정체성을 위협하고 있으며, 정보사회에서의 생명과 인간의 의미 그리고 이와 관련된 윤리문제를 심각하게 제기하고 있다.

제 2 절   지식정보사회의 국가행정논리

1. 지식정보사회의 행정학 논의구조

1) 사회구조의 변화

정보기술, 즉 컴퓨터기술, 통신기술, 뉴미디어의 급격한 발전에 따라 정보의 중요성이 더욱 부각되고 있다. 정보기술 발전이 몰고 온 사회적 맥락을 이해하기 위해 정보화의 사회구조적 변화를 살펴보면 다음과 같다.

첫째, 정보통신혁명은 인간의 육체적 노동의 대부분을 자동화함으로써 점차 정신노동이 사회를 움직이는 힘이 되게 한다. 이른바 지식기반사회(*knowledge-based society*)가 되는 것이다. 따라서 인간은 정보, 기술, 지식의 창출과 관련된 정신적 노동에 종사하게 되고, 일을 통한 자아실현 욕구충족을 더욱 경험하게 된다.

둘째, 사회조직원리의 변화이다. 산업사회의 전형적인 조직원리가 관료주의적, 중앙집권적, 권위주의적, 획일성이라 한다면, 정보사회에서는 분권주의적이고 평등주의적이며 다양성의 원리가 지배한다. 정보사회에서는 인간의 자율성 신장을 기반으로 공동체적 삶의 진화가 중요해지고 있으며, 이에 따라 관료제적 원리는 점차 그 빛을 잃어가고 인간중심적 거버넌스 원리가 그 자리를 대신해 가고 있다.

셋째, 경제영역의 변화이다. 경제부문에서는 경제의 소프트화 현상이 가속될 것이다. 광통신, 광전자, 통신위성 등 정보통신기술의 비약적인 발전에 따라 산업구조는 제조업 중심에서 서비스산업 중심으로 개편되고 있으며, 다양한 인간욕구의 충족과 관련된 인간서비스업과 전문서비스업이 중심산업으로 자리를 잡고 있다.

정보통신기술의 발전에 따라 인간의 선택가능성은 증가되고, 이에 따라 인간의 자아실현 욕구를 충족시킬 수 있는 가능성은 커지고 있다.

하지만, 정보기술의 발달이 가져다주는 도전들(예컨대, 정보독점, 정보격차, 국제 정보종속, 실업문제, 인간소외문제, 프라이버시 보호문제 등)도 커다란 문제점으로 제기된다. 이러한 문제점들을 기존의 관료제적 조직원리로써 해결하는 데는 한계가 있으며, 그 대안적 요소로서 대화참가자들 사이의 신뢰와 평등, 자유로운 토론이 보장되는 거버넌스적 원리의 활성화가 강조되고 있다. 그리고 이러한 요소들은 21세기 정보사회의 행정학 및 조직학의 중요한 특성으로 반영되어야 한다.

2) 국가행정의 역할과 위상

정보통신기술의 혁신적 발전은 국가 간 관계를 크게 변화시키고 있다. 세계화의 진전은 국가 간 협력체제를 변화시키고 있을 뿐 아니라, 국가운영체제와 제도 간 경쟁도 초래하고 있다. 시민사회의 분화와 비영리사회조직의 가치에 대한 새로운 인식은, 국가-사회관계를 수직적 관계에서 수평적 관계로 전환시키고 있으며, 유일한 권력기관으로서 국가의 독점적 지위를 변화시키고 있다 (Toffler, 1990).

정보사회에서 국가의 역할구조는 직접 개입자에서 간접 유도자로, 직권 해결자에서 중재자로 전환될 것이다. 따라서 산업사회에서 형성되었던 '정부-시장-시민사회' 간 역할분담구도가 새롭게 정비되어야 한다. 즉, 사회에 대한 직접적 통제, 인위적 자원배분, 민간부분에 대한 독점권 행사, 불필요한 부분에서의 독점적 지위 유지, 중앙집권적 권한배분, 공식부문 위주의 행정처리 등은 바뀌어야 하며, 구체적으로 새로운 국가역할의 변화방향은, 1) 시민정신의 촉진자로서의 국가, 2) 거버넌스 관리자로서의 국가, 3) 정보화 시대의 새로운 인프라구축 창도자로서의 국가, 그리고 4) 사회변동 관리자로서의 국가가 되어야 한다(김광웅, 1995).

정보사회에서 발생할 수 있는 문제해결을 위해서는 거버넌스 원리 하의 참여와 민주성 이념이 강조되고 있다. 즉, 정보사회에서의 정부는 민주와 형평의 이념이 행정체제에 뿌리를 내리면서, 정보사회가 부과하는 도전, 예컨대 정보독점, 정보격차, 정보종속, 인간소외, 정보공개, 개인정보보호의 문제들을 해결해야 한다.

2. 행정학의 논의구조

1) 거시행정학

전통적 행정학의 논의구조는 조직, 인사, 재무, 정책, 비교행정, 도시행정 등 미시적 차원의 행정현상에 대한 분석에 치중되어 있다. 하지만 정보화 시대(*information age*)라고 불리는 현대의 소용돌이 체제에서는 이러한 미시적 차원의 분석틀이 적용의 한계를 드러내고 있다.

한국행정의 특수성을 이해하기 위해서는 세계체제 및 사회권력관계를 파악해야 행정의 구조적 맥락을 이해할 수 있다. 정보사회의 도래라는 급격한 행정환경의 변화라는 측면에서 국가의 역할과 새로운 행정모형을 수립하기 위해서는 거시적 관점의 분석틀이 필요하다.

2) 개방체제모형

현대행정학은 개방체제라는 시각에서 정부의 문제해결능력을 높여야 한다. 사회는 점점 다변화되고 그 속도도 빨라지고 있으므로 지금까지의 경직된 조직구조와 사고로는 이러한 빠른 사회변화에 적절히 대응하기 어렵다.

지식정보사회의 다원화·세계화·지방화의 추세에 행정이 제대로 대처하기 위해서는 변화에 효과적으로 대응할 수 있는 유연한 조직모형에 관한 연구가 필요하다. 학습조직이나 비전구동형 조직, 팀 조직, 네트워크 조직, 프로세스 조직 등이 대표적인 예이다.[3]

또한, 거버넌스 정부모형의 구현을 통해 다양한 참여의 확대가 이루어져야 한다. 미래 사회는 개성이 존중되고 가치가 다원화되는 사회이다. 이러한 다양한 요구를 수용할 수 있기 위해서는 정책과정이나 행정과정에서 참여와 민주성 확보가 필수적이다.

3) 인간중심의 행정학

전통적 행정학은 관리·능률중심의 경직된 계층제적인 조직구조와 통제·상의하달식의 대민행정 등의 모습으로서, 급변하는 환경변화에 대응하는 데 한계가 있다. 지금까지 행정의 주된 '논의의 틀'이 웨버-윌슨(Weber-Wilson)식의 능률주의·기능주의적 패러다임이었다면, 앞으로 미래 정보사회가 요구하는 행정 패러다임은 인간주의·가치지향적 패러다임이 되어야 한다. 하버마스(J. Habermas)는 실증주의를 현존의 산업체계를 긍정하는 이데올로기라고 하면서, 사실의 기술에만 그치고 언제나 현실을 받아들이며 변화에는 관심을 두지 않는다고 한다. 사회과학으로서의 행정학은 결국 생산수단으로서의 인간이 아니라, 생산의 주체로서 인간을 발견하여야 하는 당위론적인 요청에 직면해 있다.

4) 지식정보사회에서의 변혁적 리더십

20세기 후반의 변화는 개인들뿐만 아니라 인간조직에 있어서도 압도적으로 작용하고 있다. 정부조직은 자원의 빈곤, 정보기술의 발달, 시민들의 변화하는 역할, 세계체제의 변화와 같은 문제에 직면함은 물론, 이른바 조직의 '미래의 충격'(*future shock*)이라고 불리는 상황에 직면하고 있다. 이러한 도전과 과제들은 미래의 지도자들에게 변혁적 리더십을 요청하고 있다.

변혁적 리더의 출발점은 국가정책과 행정목표를 집합적으로 달성하기 위해 조직구성원들의 잠재력을 고양시키는 문제로부터 시작된다(전종섭, 1987; 김광웅, 1983). 즉, 변혁적 리더십은 잠재력

---

3 '학습조직'이란 조직이 변화에 적응하고 더 나아가 변화를 이끌어 가는 것을 의미한다. 학습조직은 최근 미국을 포함한 구미 기업들의 관심을 모으고 있는 일종의 경영혁신방법이다. 『학습조직의 이론과 실제』(삼성경제연구소, 1996) 참조.

과 자발성이 핵심이다. 지도자는 헌신과 신념을 통해 조직의 무기력을 타파하고, 비전과 목표의 제시를 통해 조직구성원들이 스스로 잠재력을 고양시키며, 자발적으로 비전을 향해 함께 뛰는 역할 모델을 제시해야 한다. 조직 외적인 측면에서 보면 정부의 변혁적 리더들은 시민들의 자발성과 잠재력을 고양시킬 수 있어야 한다. 시민 혹은 지역사회와 함께 밀접하게 협력하여 일하는 거버넌스 접근방법을 통해 시민들의 태도변화를 자발적으로 이끌어내고, 시민들의 잠재력을 개발할 수 있는 리더가 필요하다. 이러한 시민의 참여와 태도변화 그리고 덕성 있는 시민의 성찰적 자아실현을 사회환류 메커니즘(social feedback mechanism)으로 인식하고 정부혁신의 지향점으로 삼아야 한다.

3. 지식정보사회의 국가행정과제

1) 지식정보사회의 새로운 행정업무

(1) 현대행정의 변화

세계화, 정보화, 지방화 등 행정환경변화는 행정을 변화시킨다. 정보화가 요구하는 행정의 변화는 단순히 정보화가 행정에 미치는 영향으로서의 변화가 아니라, 행정과 정보화의 상호환류적인 성격을 띠고 있다. 전자정부는 업무처리의 자동화를 통해 절차의 간소화를 가져오고 이는 비용절감의 효과를 가져올 수 있다. 또한 정보수집능력과 의사결정 지원능력의 향상을 통해 정책역량을 강화하고, 효율적이고 국민요구에 신속하게 대응하는 고객지향적 행정을 수행할 수 있게 한다.

(2) 전자적 행정서비스의 동향

지식정보사회와 전자정부가 진전되면서 행정서비스의 제공방법도 변하게 되는데, 전자적 행정서비스의 동향을 살펴보면 다음과 같다.

첫째, 행정서비스의 변화에서 가장 확실한 동향은 창구서비스의 종합화, 일원화가 이루어지고 있다는 점이다. 전자정부의 발달로 인해 One-stop, Non-stop, Any-stop 정부가 실현되고, 이에 따라 민원행정의 종합창구 실현이 가능해지고 있다(종합창구화).

둘째, 행정서비스를 주민들이 보다 가까운 주변에서 받을 수 있게 된다는 점이다(인접지 혜택). 단말장치의 설치와 이것을 조작할 수 있는 사람이면 누구나 그 자리에서 주민등록증, 각종 증명서의 발행이나 행정정보의 제공이 가능해지고 있다. 이와 함께, 프라이버시 보호문제와 직원재배치, 그리고 재택근무 등 직장환경의 문제가 제기되고 있다.

셋째, 행정서비스의 동향 중에서 세 번째 동향은 인터넷을 이용한 정보제공 및 정보공개의 문제이다. 전자정부의 발달에 따라 투명한 행정정보의 공개가 점점 더 중요해지고 있으며, 온라인 형식의 정보제공이 필요해지고 있다.

(3) 전자정부의 새로운 행정업무형태

지식정보사회의 진전과 전자정부의 발전에 따라 행정업무형태도 변하게 된다.

첫째, 가정민원제도가 가능해진다. 정보사회에서는 각종 민원사항의 신고, 열람, 서류발부 등이 행정관서와의 내왕 없이 가정에서 인터넷을 통해 이루어지고 있다.

둘째, 통합고지서의 발행이 가능해진다. 정보사회에서는 각종 세금 및 공과금납부에 관한 고지서를 일원화하여 컴퓨터로 처리하게 됨에 따라, 일선 행정관료들의 업무가 보다 간소화될 수 있다.

셋째, 전자우편제도가 확충된다. 정보사회가 도래하면 컴퓨터와 통신기술의 발달로 가정과 가정에 직접 연결되는 전자우편제도가 완성된다. 더욱이 전 세계를 연결하는 인터넷 통신망을 이용하여 전자사서함, 다중화상회의 등이 가능해진다.

넷째, 무인행정사무실이 출현할 가능성이 높다. 예를 들면 파출소의 기능이 파출소에 근무하는 경찰관이 아닌 로봇에 의하여 수행된다는 것이다. 사실상 방범, 치안유지, 소방, 구급활동 등의 비상조치가 재래적인 인간중심의 사고방식에서, 정보의 수집과 처리 및 자동시설의 활용으로 대체될 가능성은 더욱더 많아진다. 이 같은 무인행정사무실의 등장으로 그 업무를 수행하던 경찰관, 소방관, 방범요원들의 수가 감소될 수밖에 없을 것이다.

다섯째, 새로운 행정서비스 업무가 개발될 것이다. 이는 전통적인 행정분야에서 소요경비의 과다지출 등의 이유로 포함되어 이루어지지 못한 업무들이 전자정부의 진전으로 새로 개발되거나 확장 보충될 것이라는 것을 의미한다. 예컨대, 지역사회활동을 위한 정보제공, 주민부재시의 행정업무 대행, 공공행정에 관한 질의응답 및 공공행정의 홍보 등을 들 수 있다.

2) 새로운 행정업무처리에서 오는 부작용

(1) 정보화 과정상의 문제점

㈎ 조직 내부의 저항

정보사회는 효율적인 정부를 요구하는데, 이러한 정부가 되기 위해서는 행정기능의 축소·이양·폐기가 수반된다. 전자정부의 발달에 따라 행정업무처리의 자동화를 통해 절차가 간소화되고 이는 비용절감의 효과를 가져올 수 있지만, 행정정보화를 통한 작고 효율적인 정부의 추구는 불가피하게도 인원을 삭감하는 방향으로 나아가게 될 것이므로 조직 내부의 저항에 직면하게 된다.

㈏ 인간관계의 악화 우려

전자정부는 컴퓨터 시스템과 분석적 기법들의 활용 증대로 공무원의 과학적 사고방식을 강화할 수 있으나, 컴퓨터 네트워크를 통한 기계적 연결이 증대됨으로 인해 '얼굴 없는 관계형성' 등 전통적인 인간관계가 약화될 우려가 있다. 또한 옆의 직장동료보다는 자신의 개인컴퓨터와 더 친숙해지고 신뢰하게 되어, '컴퓨터 = 제2의 자아'(*the second self*)라는 등식이 현실화될 가능성도 높게 될 것이다.

㈐ 인력관리의 불합리성

조직생산성의 향상을 위한 행정정보화의 중추를 담당하게 될 공무원의 채용상의 문제가 있다. 현재 우리나라의 공무원 채용에 있어 전산직 공무원은 하급직에 머무르고 있으며, 민간부문에 비해 보수 등 근무조건이 불리하여 전산관련 우수인력을 흡수하는 데 어려움을 겪고 있다.

(2) 정보화 관리정책상의 문제

㈎ 전자감독

전자감독은 구성원들의 업무결과와 업무실적에 관한 정확하고 객관적이며 일관성 있는 정보를 제공해 주는 동시에, 구성원 개개인에게 본인의 업무수행 결과에 대한 피드백 정보를 제공해 줌으로써, 조직관리에 긍정적인 측면이 있다. 그러나 컴퓨터에 입각한 '완벽한' 감독체제의 가동은 조직구성원들에게 심리적 부담을 주며, 사생활을 침해하거나 또는 직장생활의 질을 저하시킬 우려가 있다.

㈏ 정보시스템의 불안정성

정보는 항상 변하고 유동적이다. 따라서 정보는 어떤 매체에 의해서 통제되어야 한다. 이것은 기계일 수도 있고 통신망의 연결일 수도 있다. 만약 통신네트워크의 고장으로 인해 중앙통제장치가 작동이 안 될 때 그것과 연결된 네트워크는 모두 장애현상이 오며, 이는 많은 사회적 파장과 혼란이 야기된다.

4. 지식정보사회의 새로운 행정문화

1) 행정문화의 의의

행정문화는 한 국가의 행정관료들이 갖고 있는 공통된 의식구조, 사고방식, 태도, 신념 및 가치관을 포괄하는 복합적인 총합을 의미한다. 지식정보사회의 진전과 전자정부의 발달에 따라 도입되는 새로운 업무형태와 처리방식은 행정문화의 변화를 초래한다.

정보기술은 정부관료제적 문서처리 및 문제해결방식에 있어서 효율성을 증대시키면서 정책결정의 합리성을 제고시킨다. 긍정적 행정효과로는 행정업무의 비용절감, 정책지원효과, 전자적 행정서비스의 향상, 부정부패의 감소를 생각할 수 있으며, 반면 부정적 효과로서 개인정보침해와 안전에 대한 위험, 정보격차 발생, 정보화로 인한 심리적 불안 등을 들 수 있다.

2) 행정문화의 변화

전자정부의 발달로 전자적 행정서비스에 대한 욕구가 늘고 동시에 양질의 서비스 공급이 가능해지면서, 행정은 보다 서비스지향적이고 고객중심적이 될 것이 요구되고 있다. 고객중심의 행정이되기 위해서는 무엇보다도 구태의연한 관료의식을 버려야 하며, 행정이 최대의 서비스 산업이라는의식이 확산되어야 한다. 또한, 고객이 요구하는 서비스를 신속히 제공하기 위해서는 업무태도와절차가 개선되어야 한다. 권위적 태도와 통제위주의 절차가 존속하는 한 고객중심의 서비스 제공은 불가능하다. 정보기술이 행정업무와 긴밀히 연계되어 유용하게 활용될 때, 그리고 공무원들의정보화 능력이 배양될 때, 보다 봉사적이고 신속한 행정서비스가 가능해진다고 할 수 있을 것이다.

3) 행정문화의 변화 방향

(1) 고객중심의 행정

미래의 행정체제와 행정문화는 대국민적 태도에 있어서 기본적으로 인간의 기본권과 존엄성을존중하고 개인의 잠재력이 발휘될 수 있는 형태로 민주화되어야 한다. 사회 전반적인 분위기와 더불어 행정 내부적으로도 민주화되지 않는다면, 오히려 정보사회의 여러 가지 뉴미디어는 권위주의적 통제와 억압의 기구로 전락할 가능성이 크다. 다른 분야에서도 마찬가지이겠지만, 행정에 있어서도 정보화가 인간에게 이로운 것이 되기 위해서는 무엇보다도 우선 그것을 이용하는 행정인의의지라든지 태도가 권위적이지 않고 국민을 존중하며 국민을 위해 봉사하는 것이어야 한다.

(2) 열린행정: 개방적이고 접근이 용이한 행정

정보사회로 진행하면서 중요하게 대두되는 문제는 일반 국민들이 얼마만큼 정부에 쉽게 접근할수 있느냐 하는 것이다. 정보사회에서 보편화될 다수의 뉴미디어들은 정부와 국민 간의 상호 의사소통을 지금보다 훨씬 원활하게 해 줄 것이다. 따라서 정부에 대한 국민의 심리적인 벽을 낮추게끔유도하고, 그와 더불어 정보의 활용과 접근이 용이하도록 정부의 문을 개방함으로써, 국민의 정치참여를 증대시키고 행정에 대한 비판과 통제를 가능하게 하도록 해 주어야 한다.

개방성의 문제는 행정 내부에서도 중요하게 부각된다. 미래의 행정조직이 효율적으로 기능하고생존을 유지하기 위해서는 정부조직이 비계층적이고 개방적인 체제(*open system*)로 바뀌어야 한다.행정은 내부적으로는 물론 외부적으로 국민을 비롯한 행정환경과 긴밀히 교류하면서 유지되어 나가야 하는 것이다.

(3) 참여를 보장하는 행정

정보사회에서는 과거의 관료중심적, 폐쇄적인 행정을 탈피하여, 적은 비용과 간편한 절차로써 국민들을 참여시키는 행정이 되어야 한다. 국민의 교육 및 생활수준의 향상으로 행정에 대한 참여욕구의 증대와 행정에 대한 차원 높은 서비스 기대욕구가 증대되고 있기 때문에 과거와 같은 발상과 접근으로는 곤란하다. 정보사회에서 사용되는 뉴미디어들은 기존의 미디어와는 달리 상호작용성 또는 쌍방향성의 성격을 가진다. 앞으로의 행정은 이러한 커뮤니케이션 수단을 적절히 활용하여 국민들의 행정참여를 확대시키고 참여민주주의를 실현시킬 수 있어야 한다. 이러한 거버넌스적 접근은 정보사회에 있어서의 궁극적인 목표인 인간가치의 실현을 위해서 매우 중요한 전제조건이다.

(4) 자유로운 정보유통을 보장하는 행정

정보기술의 발전이 전체주의적 통제체제를 가져올지도 모른다는 부정적인 우려를 표명하는 학자들도 있다. 우선 기술적으로 정보의 정치적 악용이나 독점 및 조작의 가능성이 상존하며, 정보관리계층에 의한 권력의 강화 내지 집중화가 통제사회를 출현시킬 수도 있는 것이다. 또한 정보획득의 차별로 인하여 과거보다 더욱 엄격한 계층구조가 형성될 가능성도 있다. 모든 정보는 공개적이고 정확해야 하며 누구나 손쉽게 접근이 가능해야 한다. 특정 집단이나 세력에 의한 정보의 독점은 방지되어야 하고, 이를 위해서 정부를 포함한 정보를 관리하는 기관은 개인정보나 기업기밀 또는 국가기밀을 침해하지 않는 한 보유하고 있는 정보를 공개해야 한다. 그래서 정보공개주의가 정착되면 일부 세력에 의한 정보독점이 방지될 수 있고 정보유통의 불균형도 시정될 수 있을 것이다. 미래의 행정은 이러한 부정적인 가능성들을 최소한으로 줄이고 정보의 유통을 자유롭게 함과 동시에, 행정 내부적으로나 외부적으로 정보유통의 형평성을 확보해야 한다.

(5) 탄력적 행정

현대행정은 적극적이면서도 환경에 탄력적으로 대응할 수 있는 행정이어야 한다. 과거의 행정의 성격은 변화를 두려워하고 복지부동하며 정태적이었다. 그러나 미래의 정보사회에서는 이러한 행정은 살아남을 수가 없다. 미래 사회는 급격히 변화하는 사회가 될 것이다. 이러한 행정환경의 변화 속에서 살아남기 위해 현대행정은 탄력적이고 유연하게 대처해야 하며, 또한 그러한 행정환경에 끌려가는 것이 아니라 그러한 사회를 주도하는 발전의 동인으로서 작용해야 한다.

5. 지식정보사회의 새로운 행정윤리

1) 행정윤리의 의의

행정윤리란 행정을 행함에 있어서 최우선의 가치를 두는 궁극적 목표와 그 목표를 달성하는데 있어서 행정이 어떠한 태도와 행태를 취할 것인가에 대한 규범적 기준을 의미한다. 현대사회의 발전과정을 거치면서 사회적 형평이나 인간다운 삶의 질에 대한 국민들의 욕구가 강하게 등장하게 되었고, 이에 따라 현대행정이념도 기존의 능률과 성장우선주의로부터, 민주와 참여를 토대로 한 균형적 성장과 사회적 형평을 요구하고 있다.

2) 행정윤리의 방향

현대행정이 추구해야 할 궁극적인 목표는 '인간 존엄성(*human dignity*)의 실현'이라고 할 수 있으며, 이에 따라 현대행정은 민주 및 참여가치의 확대, 국민의 삶의 질 향상과 사회적 형평성 실현을 최우선가치로 삼아야 한다.

(1) 인간적인 행정

정보사회에서 가장 강조해야 할 문제의 하나로는 인간주의를 들 수 있다. 미래 사회에서 과학기술이 인간을 더욱 소외시키고 인간을 노예로 만들 가능성을 배제할 수 없다. 기술이 진정 인간을 위한 도구가 되려면 인간 위주의 가치에 바탕을 둔 행정이 실현되어야 한다. 미래 사회가 궁극적으로 실현하고자 하는 목표가 인간가치의 실현이라고 할 때, 인간 존엄성(*human dignity*)에 기초한 행정윤리에 대해서는 아무리 강조해도 지나치지 않을 것이다.

(2) 적극적인 행정

현대사회가 안고 있는 삶의 질 향상과 사회적 형평성이라는 과제에 있어, 현대행정은 적극적인 행정을 필요로 한다. 사회 각 구성원들이 제각기 능력에 따라 행정에 접근하여 자신의 몫을 확보하도록 한다면 진정한 사회적 형평은 이루어질 수 없다. 신행정학이 강조하는 바와 같이, 행정이 사회적 형평을 실현하는데 주체가 되어 적극적으로 나서야 하며, 이것이 사회발전의 원동력이 되어야 한다.

(3) 균형적인 행정

사회 각 부문의 다원성과 창의성을 인정하고 보장하면서도, 사회 어느 한 곳으로 치우치지 않는 균형감각 있는 행정이 되도록 해야 한다. '균형'이라는 문제는 형평과 삶의 질 확보에서 필수불가결한 요소이다. 균형에 기초한 행정윤리는 사회적인 평등을 획득하는 데에 무엇보다 중요하며, 나아가 미래 사회의 정의를 이룩하는 데에도 빼놓을 수 없는 요소가 될 것이다.

6. 요약 및 결론: 새로운 행정문화와 행정윤리

지식정보사회 및 전자정부의 발달 그리고 이에 따른 새로운 업무형태의 도입에 따라 행정문화에 많은 변화가 초래될 것으로 예상된다. 따라서 우리는 새로운 업무형태와 서비스 등장에 부응하는 가치관과 윤리의식 함양의 중요성을 인식해야 할 것이다.

전자정부를 이용하는 진정한 정보마인드의 양성과 이의 저변확대가 이루어진다면, 우리의 사회는 균형과 조화를 통해 보다 더 세련되고 효율성이 커지게 되겠지만, 그렇지 않고는 정보화의 미래를 결코 희망적으로 낙관할 수 없을 것이다.

정부공무원 스스로의 책임과 자율적인 통제를 위해서 윤리적 내용과 문화적 배경이 필요하게 되는데, 그 기준이 되는 것이 바로 행정윤리와 행정문화이다. 정보사회의 업무처리가 바람직한 방향의 행정윤리와 행정문화에 토대를 둘 때 비로소 행정의식과 행정문화의 선진화는 달성될 수 있을 것이다. 바람직한 행정의 지침으로서의 행정문화 및 행정윤리에 대한 탐구는 궁극적으로 이들 규범을 업무형태에 어떻게 걸맞게 변동시킬 수 있는가 하는 문제로 귀결된다. 행정이념은 국가와 시대, 정책과 기술의 변화에 따라 그 맥락성이 달리 나타나기 때문에, 결국 지식정보사회와 전자정부기술의 발달에 따른 새로운 행정윤리와 행정문화는 민주성과 참여성, 신뢰성과 형평성이라는 현대행정이념을 토대로 재조명될 수 있을 때, 21세기 정보사회의 국정관리는 바로 설 수 있을 것이다.

제 3 절   지식정보사회의 국가정책논리

1. 정보정책의 원칙

정보정책의 원칙은 1) 민간투자의 장려, 2) 경쟁의 증진과 보호, 3) 소비자에 대한 공개적인 접근 (*open access*), 4) 정보사회에서 가진 자와 못 가진 자 사이의 간격을 줄일 수 있는 보편적 서비스의 유지 및 향상, 그리고 5) 새로운 규제구조가 빠른 기술과 시장의 변화에 대응할 수 있도록 유연성을 확보한다는 것으로 요약된다.

정보화의 효율성을 저해하지 않으면서, 인간소외와 전통적 가치를 최대한 보존하는 일이 정보정책의 방향설정에서 중요하다. 정부생산성과 민간의 활력을 질식되지 않도록 하면서, 다른 한편으로 정보교육과 민주적 절차의 보장을 통해 대다수 국민들을 정보화 과정과 절차로부터 소외시키지 않는 일이 중요하다. 이를 위해서는 근본적으로 정보문화 및 정보윤리의 형성이 뒷받침되어야 한다.

2. 정보정책의 논리

1) 사회적 활력의 진작

정보기술이 우리 사회에 가장 큰 기여를 할 것으로 여겨지는 특장(特長)분야는 기업, 교육, 의료 및 환경영역이다. 시간과 공간 그리고 조직의 제약을 벗고 투자와 창의성이 효율을 발휘하는 일에 정보기술은 핵심적 역할을 하게 될 것으로 보인다. 새로운 디지털 기술은 기업과 기업 간, 산업과 산업 간의 경계를 제거하고, 부문별로 흩어져 존재하고 있는 자원들을 유기적으로 연결시켜 '국가 사회 차원의 시너지(synergy) 효과'를 극대화시키는 역할을 할 것이다.

(1) 정보기술의 개발 및 투자

기업은 시민이 원하는, 그리고 기업이 필요로 하는 정보기술(IT : Information Technology)의 개발에 박차를 가하여 정보화로 사회적 효율성을 제고시켜야 한다. 이러한 투자는 정부와 기업이 상호연대하여 원칙과 방향성을 설정하고, 정부가 이 원칙을 고수하며 기업이 이에 능동적으로 참여함으로써 활성화될 수 있을 것이다. 또한 정보화의 삶 속에서 하루 하루를 숨쉬며 살아가는 개인들은 정보기술 또는 기업의 정보화 활동의 '열린 구도' 속에 참여함으로써, 이러한 효율성은 더욱더 탄력이 붙을 것이다.

(2) 민간투자와 창의성의 제고

사회적 활력의 핵심은 민간투자와 창의성이 정부규제에 질식됨이 없이 제 가치를 발휘하는 일이다. 기업이 미래에 대한 확신이 서지 않고 투자의욕이 감퇴되면 고용이 안정될 리가 없다. 정부는 민간기업의 활력에 장애가 되는 정부규제를 최소화하고, 불확실성을 감소시켜 기업의 미래 인식(horizon)에 대한 영역을 최대한 확보해 주어야 한다. 이를 위해서는 정부정책의 투명성과 공정성이 제고되어야 하며, 민간의 참여를 활성화하여야 한다(Fields, 1994).

(3) 정부생산성의 제고

정보기술 및 네트워크의 공급과 수요의 창출 등이 제대로 이루어지기 위해서는 정부의 역할이 매우 중요하다. 정부부문의 생산성은 효율적인 기업활동에 중요한 환경요소가 된다.

정부의 역할수행방식의 변화를 질적으로 뒷받침하기 위해서는, 정부의 정책역량과 관리역량을 효율적인 체제로 재편되어야 한다. 경직된 계층제 조직과 정부운영체제로는 시장의 변화와 기술의 발달, 그리고 시민사회의 요구에 부응할 수 없으며, 이러한 환경에 적응에 나가기 위해서는, 무엇보다 과감하게 정부업무재설계(BPR: Business Process Reengineering) 등을 토대로 전자정부의 생산성을 제고해야 한다.

2) 인간적인 망의 건설과 공공가치의 보존

기업의 투자는 상업성과 영리성을 근간으로 하므로 근본적으로 공공성이나 비영리적인 공익과는 친하지 않다. 따라서 정부는 민간투자의 활력과 상업적 경쟁의 원칙이 사회의 공적인 가치(*public interest*)를 손상시키는 방향으로 진행되지 않도록 세심한 주의를 기울일 필요가 있다.

기술적인 문제들은 일단 진행되면 되돌리기 어려운 정명성이 있다. 따라서 정보정책관계자들은 정보사회를 진전시키기에 앞서 반드시 다음과 같은 문제들에 대해 고심해야 한다.

우리는 왜 정보고속도로를 건설해야 하는가? 국가사회 내 어떤 기관과 조직체들을 연결하고 그것은 무엇을 위해 필요한 것인가? 또 어떤 내용을 전달할 것인가? 그리고 무엇보다도 우리는 어떤 모습의 정보사회를 만들 것인가?

3) 사회적 형평의 제고

인간중심의 정보사회는 단순히 기술적으로 뛰어나고 경제적으로 여유 있는 계층만이 아니라, 모든 시민을 위해 열려 있어야 한다. 잘 살건 못 살건, 도시에 살건 시골에 살건, 나이가 많건 적건, 모든 사람이 차별 없이 정보에 접근하게 하는 것이 우리의 이상이다.

일반 국민들이 공유하지 않는 정보고속도로는 아무런 쓸모가 없다.

시장에 맡겨서는 점점 더 문제가 될 것이 확실시되는 정보사회의 사회적 격차문제를 위해 논의되는 중심개념이 보편적 서비스와 공개접속의 확대이다. 정보사회에서 정보는 언제 어디에서라도 접근이 가능해야 하며, 정보접근이 용이하도록 접근하는 비용이 저렴해야 한다. 또한 정보사회에서의 참여기회는 평등하게 열려 있어야 하며, 빈부의 격차가 정보이용의 장애요인이 되지 않도록 하여야 한다.

(1) 보편적 서비스(universal service)의 실현

보편적 서비스는 누구에게나 무료 혹은 싼 가격으로 정보서비스를 받을 수 있는 최소한의 정책적 기회를 의미한다. 남녀노소 그리고 계층 간 차별을 두지 않고 모든 사람이 이용가능한 요금으로 정보자원을 이용할 수 있도록 지원한다는 것이 보편적 서비스 개념이며, '정보가 곧 힘'이라는 등식 하에서 정부가 정보자원에 대한 동등한 접속보장을 책무화하는 것이다.

(2) 정보수용성(information literacy)의 제고

정보수용성은 정보기술을 활용할 수 있는 능력을 의미한다. 국가적으로 가정이나 직장에서 뉴미디어가 가져오는 생활양식의 변화에 적응하지 못하는 경우 문화지체현상이 우려된다. 그것은 국민 개개인이 정보활용기술에 익숙하지 못함으로써 야기되는 비능률과 불편, 낭비 등의 형태로 나타난다.

(3) 공개적 접근(open access)의 보장

정보에 대한 공개적 접근은 정보사회의 핵심적 요소이다. 이는 정보사회에서 제기되는 여러 형태의 문제발생 근원지이기도 하다(Craig, 1979; Nimmo, 1985). 모든 정보서비스 제공업자들이 저렴한 비용으로 아무런 차별없이 전송설비 및 네트워크 시설에 접속할 수 있는 환경조성이 필수적이다. 정보기반 구조에 자유롭게 접속할 수 있게 됨으로써 정보서비스의 유용성을 배가시킬 수 있기 때문이다. 또한 공개성은 정보의 누적성과 결합하여 컴퓨터 간의 연동을 통해 사회적 공익을 창출해낸다.

4) 가장 근본적인 문제들 : 정신적 가치의 문제

사실 정보사회의 유토피아론과 디스토피아론의 핵심적 분기점은, 평등 및 보편적 서비스 문제와, 공개적 접근 및 참여의 문제로 귀결된다고 해도 과언이 아니다(Bates, 1989: 24). 문명화된 정보사회를 만들기 위한 우리의 노력은 인간적인 망의 건설과 공공가치의 보존, 그리고 사회적 형평성의 문제에 많은 중점을 두어야 할 것이다. 그러나 이러한 모든 정책적 원칙의 뒷받침이 되는 것이 정보교육과 정보윤리의 문제이다.

(1) 정보교육

보편적 서비스가 컴퓨터 커뮤니케이션을 통해 어떻게 시민들의 정치, 경제, 사회, 문화적 참여를 북돋우고, 참여에 요구되는 정보를 습득하고 교육받을 권리를 신장시키는가 하는 데에 중점을 둔다면, 정보의 선택과 활용의 문제는 더욱 실질적인 교육과 훈련의 문제로 귀결된다. 이는 사용자들 스스로가 정보추구에 대한 필요성을 얼마나 인식하고 있는가, 필요성을 충족시킬 능력과 방법을 알고 있는가 하는 문제와 관련되어 있다.

(2) 정보윤리·정보문화

정보윤리란 정보사회 시민들이 정보기기 활용과 관련하여 준수해야 할 규범적 기준을 의미하며, 정보문화란 정보사회 시민들이 가지는 신념·태도·가치관의 총체를 의미한다.
정보윤리는 다음의 세 가지 관점에서 제기되고 있다.

첫째, 정보사회에서의 절도나 파괴행위이다. 정보의 비가시성으로 인해 정보에 대한 절도행위를 하는 컴퓨터 해커들은, 기존의 가치관 속에 특별한 죄의식 없이 범죄를 저지르게 된다는 것이다. 이것은 곧 인간성의 파멸로서 정보사회의 근본적인 문제점이 되고 있다.
둘째, 음란정보 및 원하지 않는 정보의 무차별적인 전파로 인하여, 미성년자의 정서발전을 저해하고 일종의 정보공해로서 인간들의 정서를 메마르게 한다.

마지막으로, 내용보안의 문제와 지적소유권의 문제이다. 정보의 범람과 전산화로 인하여 정보의 복제(*copy*)나 도용이 쉬워지고, 망(*net*)을 통해 중요정보에 대한 침입이 가능하므로 내용보안과 지적소유권의 문제가 제기된다. 이러한 문제점들은 정보사회를 모방사회(*mimic society*)로 전락 시킬 수도 있는 것들이다.

이상에서 논의된 주요 내용을 정리하면 〈그림 9-1〉과 같다.

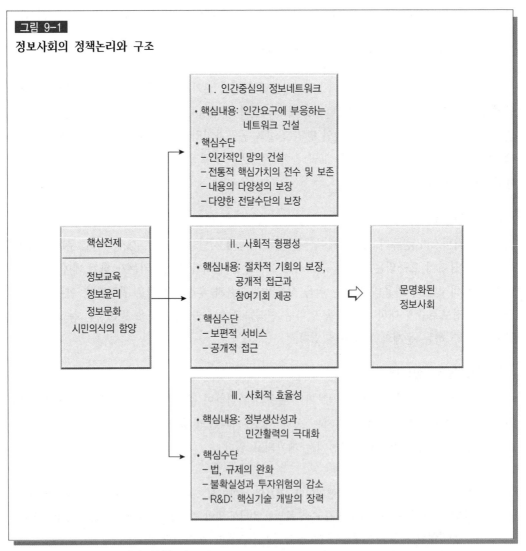

그림 9-1
정보사회의 정책논리와 구조

자료: 권기헌, 2003: 295에서 재인용.

3. 요약 및 결론 : 정신적 가치와 시민의식의 함양

정보사회가 진정으로 문명화된 사회가 되기 위해서는, 기술 위주가 아닌 인간의 요구에 바탕을 둔 인간적인 망의 건설이 필요하며, 정보망 위에 담게 될 정보내용의 다양성이 보장되어야 한다. 일반 국민들이 공유하지 않는 정보고속도로는 아무런 쓸모가 없다. 인간중심의 정보사회는 단순히 기술적으로 뛰어나고 경제적으로 여유 있는 계층만이 아니라, 모든 시민을 위해 열려 있어야 한다.

그러나 이러한 모든 정보사회의 핵심원칙들이 제대로 잘 실행되기 위해서는, 정보윤리의 확립과 이에 바탕을 둔 시민의식의 함양이 근본적이다. 정보화로 파생되는 부정적인 현상을 방지하고 정보화의 순기능을 유지하기 위해 건전한 정보윤리의 확립과 실행은 필수적이며, 이를 위해서는 정보교육의 강화가 무엇보다도 중요하다. 우리는 평소 상업성에 묻혀서 잘 들리지 않는 목소리를 경청할 필요가 있으며, 이러한 소외된 사람들의 접근가능성을 확대해 주어야 한다. 학생들에게 건전한 정보의식을 함양시켜 주는 일, 시민들의 문화의식을 고양시키는 일, 시민공동체의 정보요구에 부응하는 일 — 정보정책은 이러한 일들에 더 세심한 주의를 기울여야 한다.

제 4 절 지식정보사회의 국가혁신논리

1. 디지털 혁명시대의 3대 속성

디지털은 시간, 속도, 불확실성을 내포하고 있다. 디지털 시대의 조직은 시간과 공간의 압축혁명 속에서 생각의 속도로 변화해야 살아남는다. 빌게이츠는 『생각의 속도』에서 1980년대가 질(*quality*)을 추구하고, 1990년대가 리엔지니어링(*reengineering*)의 시대였다면, 2000년대는 속도(*speed*)의 시대라고 하였다. 생각의 속도로 움직이는 시대에 진정한 정부혁신을 이루려면 정부의 일하는 시스템이 바뀌어야 한다.

2. 지식정보사회의 정책이념

발전행정이론은 지난 20~30년 동안 물적·인적 자원이 빈약한 상황에서 사회발전을 이끄는 동력으로서 가치를 드높였으며, 능률성과 효과성이 정책이념으로 작동되었다. 관은 민을 일방적 시혜의 대상으로 파악하고, 그것도 계층에 따라 불평등한 처우를 해왔으며, 금융, 세제 및 허가의 특혜는 상층부에 집중되어 엘리트주의의 전형적 혜택을 누렸고 하층부에서는 나누어 갖지 못했으며, 결과적으로 다수의 국민은 사회 중층구조의 하부에서 발전과정으로부터 소외되는 현상이 발생되었다.

효과성과 능률성이라는 이름 하에 국민의 사회생활에 직접적 영향을 미치는 정책의 결정과정과 집행과정에서 국민의 참여를 구조적으로 배제함으로써, 정책대상집단의 만족과 유리된 정책성과까지도 발전과 성장으로 개념화하였다는 비판을 받았던 산업사회의 능률성과 효과성의 이념은, 지식정보사회의 도래에 따라 민주성과 참여성에 대한 강조로 재구성되고 있다. 새로운 패러다임 방향성의 핵심은 국민의 의사소통이 자율성을 토대로 활발히 전개될 수 있는 공공영역(*public space*)의 확대를 의미하며, 이를 통해 국민의 주체적 삶이 보장되어야 한다는 시대적인 요청으로 나타나고 있다.

정보사회에서의 정책이념은 매우 분명하다. 이제 국가정책은 폐쇄적 의미에서의 관료적 합의가 아닌 국민들과의 굴절되지 않은 의사소통을 통해 광범위한 합의에 기초한 정책문제해결이어야 한다는 것이다. 국가정책은 국민 개개인은 인간 존엄성 실현이라는 최선의 목표를 지향하면서, 인권·정의·형평이라는 이념 아래, 민주성과 참여성을 확대해 나가는 노력을 해야 한다.

3. 참여를 통한 민주성의 확보

정책이 국민들의 굴절되지 않은 의사소통을 통해 합의된 발전의 개념을 도출할 수 있으려면, 정책과정에 있어서 민주성, 특히 참여성, 숙의성, 합의성에 대한 중요성이 부각되어야 한다. 충분한 참여, 진정한 토의 그리고 거기에 따른 합의, 이러한 3가지 원칙이 아름답게 이루어지는 것이 민주주의다. 정책에 있어서도 마찬가지다. 새만금 정책, 천성산 정책, 사패산 정책, 부안 핵방폐장 정책, 디지털 지상파 TV같은 대형 국가정책들이 난항을 겪는 이유는 바로 정책형성과정에서 정책이해관계자들의 의사가 충분히 반영되지 못했기 때문이다. 즉, 민주성의 원리를 토대로 한 참여성·숙의성·합의성의 원칙이 지켜지지 않고 여전히 능률성 위주의 정책집행방식을 감행했기 때문이다.

천성산 사업의 경우만 해도, 정책형성과정에서 과학적인 환경영향평가가 이루어지고 주요 정책참여자 간의 진정한 협의 노력이 전제되었던들 3조원의 예산낭비는 막을 수 있었을 것이다. 부안 핵방폐장 정책의 경우에도 김종규 당시 부안군수가 군민들의 다수 의사를 묻지 않는 독단적인 정책집행이 없었던들 그렇게 불행한 사태를 초래하지는 않았을 것이다. 디지털 지상파 TV 전송방식 정책사례 역시도 미국방식과 유럽방식에 대한 현장 비교시험을 좀 더 일찍 허용했더라면, 7년간의 국가정책 집행표류라는 터무니없는 결과는 막을 수 있었을 것이다.

21세기에 들어오면서 현대사회는 점차 다원화된 이익집단과 이해관계가 복잡하게 얽힌 지식정보사회로 진입하게 되었다. 관료주의·권위주의·집권주의의 사회운영원리가 탈관료주의·탈권위주의·분권주의·평등주의 원리로 변하게 된 새로운 시대에서의 정책방향은, 중앙과 지방, 정부와 국민의 이분법적 사고에 바탕을 둔 Top-down 방식의 단순한 능률성 집행구조에서 벗어나, 다양성과 창의성 그리고 이에 기초한 효율성으로 변모되어야 한다. 그리고 이를 위해서 정책이념도 참여성, 숙의성, 합의성에 기초한 민주성과 투명성이 강조되는 성찰하는 정부의 모습을 보여주어야 할 것이다.

4. 지식관료와 혁신관리

지식관료란 불확실한 환경을 정확하게 인지하고 필요한 지식을 창조하여 국민을 만족시키는 관료라고 할 수 있다. 환경의 불확실성이 극히 높아진 행정환경에서는 그러한 환경에 대해 정확히 인지할 수 있는 능력이 적절한 대응을 위한 전제조건이다. 미래 사회에서는 주어진 문제에 대해 해결책을 찾는 것만이 능사가 아니라, 불확실성이 높은 환경을 정확하게 인지하여 무엇이 문제인가를 발견하는 것이 중요하다. 환경이 급변하는 상황에서는 따라야 할 모델이 만들어질 시간이 없기 때문에, 새로운 대응모델을 유연하게 구축해나가는 지식창조능력이 중요한 것이다.

즉, 지식관료는 불확실한 환경 속에서 문제의 본질을 파악하고, 따라야 할 선행모델이 없는 상황에서 새로운 대응모델을 구축하며, 지식창출을 통해 국민에게 부가가치를 제공하는 관료를 의미한다. 이때, 혁신관리는 문제의 본질 파악, 모델의 구축, 대안분석 및 결과제시를 통해 새로운 지식창출을 하는 분석적 노력인 만큼, 혁신관리역량은 정보사회의 지식관료에게 요구되는 가장 핵심적인 필수능력으로 부각되고 있으며, 이에 따라 정부혁신 및 혁신관리의 중요성은 점점 더 커지고 있다.

5. 지식정보사회에서의 국가혁신논리

속도와 불확실성을 특징으로 하는 21세기 조직환경 하에서 조직이 생존하고 성공을 거두기 위해서는 디지털 신경망 시스템(전자정부)의 도입을 통해 정부 내에 산재해 있는 정보와 지식을 공유하고 확산함으로써 학습이 지속적으로 일어나야 한다. 학습은 조직 외부환경에서부터 부단히 흘러 들어오는 신호에 명민하게 반응하게 함으로써 조직의 정책결정역량과 위기대응능력을 제고시킨다. 학습은 개인적인 차원과 조직적인 차원에서 모두 필요한 요소이다. 정보와 지식을 공유하려는 태도와 학습에 대한 열정이 조직의 성과 제고에 가장 중요한 요소이다.

지식공유에 대한 조직구성원의 태도나 학습에 대한 조직의 문화는 정보기술과 제도적 요소에 의해 영향을 받는다. 정보기술과 제도적 요소는 개인과 조직의 태도에 영향을 미치기 때문이다. 지식창출과 공유에 따른 강력한 인센티브 제도의 도입은 조직구성원의 학습이나 정보공유에 대한 태도를 개방적이고 적극적으로 변화시킬 것이다. 또한 전자메일 사용을 의무화하고 문서중심의 업무처리방식을 디지털로 의무화하는 것은 조직구성원의 태도와 나아가 조직문화를 바꾸게 될 것이다.

21세기 비선형적 환경 하에서 조직의 문제해결능력을 제고하기 위해서는 디지털 기술의 도입을 통해 정부 내에 산재해 있는 지식과 정보자원을 조직구성원들이 공유해야 하며, 이를 통해 조직학습이 지속적으로 일어나야 한다. 또한, 정보공유나 학습에 대한 개인과 조직의 개방적인 태도를 유도하기 위해서는 이들에 대한 인센티브의 변경이 필요하며, 이는 조직책임자의 강력한 리더십을 필요로 한다.

6. 요약 및 결론: 현대정보체계론(PMIS)의 과제

지식정보물결의 급속한 진전과 함께 국가경쟁력이라는 관점에서 국가혁신의 중요성이 대두되고 있다. 현대정보체계론은 국가와 정부를 인간의 신체와 같이 하나의 유기적 System으로 보며, 국가(정부)-시장(기업)-시민사회(NGO) 등을 하나의 수평적 네트워크로 접근하는 거버넌스적 입장을 취한다. 인체에서 혈액이 원활하게 순환되는 것과 같이, 정보체계의 과제는 정보시스템과 전자정부시스템을 통해 우리 사회에 필요한 정보와 지식을 적재적소에 배치함으로써 국가경영시스템이 원활히 작동될 수 있도록 하는데 있다.

이러한 관점에서 현대정보체계론의 핵심과제는 어떻게 하면 정보체계와 전자정부라는 수단을 토대로 정부의 일하는 시스템을 개선하고(생산성, 효율성), 시민(고객)에 좀 더 반응성(민주성) 높은 정부를 구현하며, 더 나아가 담론기능과 공공영역(*public space*)을 활용하여 보다 신뢰받고 성숙한 사회로 만드는 신뢰성(성찰성) 높은 정부를 구현할 것인가 하는데 있다.

이상의 논의를 토대로 현대정보체계론의 접근방식과 정책과제를 정리하면 다음과 같다.

첫째, 현대정보체계론은 국가와 정부를 하나의 유기적 시스템으로 보며, 국가(정부)-시장(기업)-
　　　시민사회(NGO) 등을 하나의 수평적 네트워크로 접근하는 거버넌스적 입장을 취한다.
둘째, 현대정보체계는 정책문제에 포함된 복잡 과다한 정보들을 체계적으로 정리해 줌으로써, 정책역량을
　　　제고하고 문제해결과 위기관리역량을 향상시킨다.
셋째, 따라서, 현대정보체계의 핵심과제는 정보시스템과 전자정부시스템을 통해 우리 사회에 필요한
　　　자원, 정보, 지식을 적재적소에 배치함으로써 국정운영시스템이 원활히 작동될 수 있도록 하는데
　　　있다.
마지막으로, 이 과정에서 핵심적 역할을 하는 것이 전자정부이다. 전자정부는 관료제 모형의 대안으로
　　　제시된 현대적 의미의 정책결정 메커니즘이다. 전자정부는 지식의 공유와 학습을 강조함으로

써 정부 내외의 혁신활동을 지원해 주는 역할을 하므로 효율성과 생산성을 추구한다. 또한 정부 외부의 다양한 이해관계자들이 참여할 수 있는 공공영역(*public space*) 및 공론의 장을 제공해줌으로써, 민주성과 성찰성을 강조하는 뉴거버넌스 형태의 정부조직모형이다.

제 5 절   전자정부이론

1. 정보사회의 행정학

행정은 인간이 사회공동체를 형성한 이래 다양한 형태로 존재해 왔다. 국가의 운명이 점점 더 복잡해짐에 따라 행정의 중요성은 더욱 심각하게 인식되기 시작했고, 행정은 '자기인식적'이 되었으며 규모면에서는 인간의 역사상 새로운 측면을 보여주었다(D. Waldo, 1980). 1887년 윌슨(W. Wilson)의 논문 "행정의 연구"(The Study of Administration)는 자기인식적인 행정에 가장 중요한 근원으로 간주되었다.

윌슨이 행정의 독자성을 규정한 이후 정치와 행정 그리고 행정과 경영 간의 갈등과 접근은 전통적이고 원리적인 행정이론의 정설을 구체화하였을 뿐만 아니라, 끊임없는 자극과 도전의 원인이 되기도 하였다. 이러한 시점으로부터 정설, 대립, 재구성이라는 테마로 행정학의 역사를 구성해 보면 다음과 같다(제갈돈, 1994).

첫 번째로 행정학의 정설이다. 윌슨은 정치적인 문제로부터 행정을 분리시키는 기준을 명확히 하지는 못했지만, 굿노우(F. Goodnow)는 정치와 행정 사이의 기술적인 분리를 시도하면서, 정치는 정책 혹은 국가의 의지를 표현하는 것이고, 행정은 이 정책을 집행하는 것이라고 주장했다. 이러한 시기의 주된 주장은 모두 정부의 능률적 수행을 전제한 정치·행정 이원론에 관심을 두었다. 이 모두는 공통적으로 업무의 단순화에 바탕을 둔 구조적 측면에 관심을 두었다. 특히 귤릭(L. Gulick)과 어윅(L. Urwick)은 행정의 일곱 가지 원칙을 POSDCoRB[4]라는 약자로 표현하였는데, 관리접근법에서 이와 같은 과학적 원리의 선택은 행정학의 정설을 형성하는 고전적, 전통적 행정연구의 가장 대표적인 업적으로 간주되고 있다.

---

4 POSDCoRB는 모든 조직에서 공통적으로 찾아볼 수 있는 관리기능을 설명하기 위하여 만들어낸 조어로서, Planning(기획: 효율적, 합리적, 목표달성과 정책집행을 위한 계획수립의 과정), Organizing(조직화: 인적, 물적 정보를 편제하는 과정), Staffing(인사: 조직 내 구성원을 배치하는 과정), Directing(지휘: 목표달성을 위한 지휘, 지시를 내리는 과정), Coordinating(조정: 행정통일을 이룩하도록 집단적 노력을 통제, 조정하는 과정), Reporting(보고: 보고하고 받는 과정), Budgeting(예산: 제반예산적 조치를 취하는 과정)의 머릿글자이다.

두 번째로 정설에 대한 도전이다. 인간의 행태적 측면 대신에 공식적·기술적 수준에서의 구조적 측면을 강조하면서 '원리'의 과학을 추구했던 행정학의 정설에 대한 도전은 1940년대 두 가지 측면에서 가시화되었다. 한 가지 도전은 정치와 행정은 어떠한 의미에서든 분리될 수 없다는 주장이고, 다른 한 가지 주장은, 행정원리는 관리의 합리성에 대한 하나의 표현에 지나지 않는다는 주장이었다.

뉴딜의 경험을 통하여 정부활동의 적정규모에 대한 의문은 굉장한 힘을 가진 정부조직을 탄생시켰고, 정부는 더욱 큰 책임과 기능을 가질 것, 정책기구를 창설할 것, 권력을 재분배할 것, 전문직업화할 것 그리고 조직을 개편할 것 등의 시대적 요청을 불러일으켰다. 따라서 이 당시에는 정치와 행정은 분리될 수 없는 것이며, 행정의 정치적 본질은 행정구조의 과학적 분석보다 훨씬 중요한 것으로 받아들여졌다. 제2차 세계대전 이후 사이먼(H. A. Simon)의 논문 "행정의 격언"(The Proverbs of Administration, 1946)은 전통적 행정이론에 대한 최초의 공격이었다. 그 이후 행태주의적 접근법은 사이먼의『행정행태론』(1947)에 의하여 체계화되었는데, 이 책에서 사이먼은 행정조직의 가장 중요한 부분이면서도 대다수가 소홀히 하고 있는 점은 행정조직의 행정행태이고 의사결정과정이라는 사실을 강조하고 있다. 사이먼의 업적은 논리실증주의적 접근을 행정에 도입함으로써, 새로운 과학의 지침으로서 가치-사실의 분리를 시도했으며, 이를 통해 행정이론의 과학화를 강화했다는 것이다.

세 번째는 행정과학의 수립이다. 마치(J. March)와 사이먼(H. A. Simon)의『조직론』이후에 쏟아져 나온 조직론에 관한 책들은 조직의 내부질서와 구조에 관심을 둔 전통적 접근법, 조직구성원인 인간의 행태에 관심을 가진 행태적 접근법, 그리고 조직외부의 활동에 초점을 두는 환경적 접근법을 포함하고 있으며, 이들은 새로운 행정과학접근법으로의 전환점이 되었다.

사이먼과 같은 행태과학자들은 의사결정, 기획, 의사소통 및 정보와 같은 조직 내의 행태적인 현상들에 관심을 가지면서 조직에 대한 연구에 중점을 두었다. 이들은 조직을 시스템으로 파악하면서, 이제까지 부분적으로 독립하여 강조되어 왔던 구조와 행태요소를 상호관련된 조직시스템의 하위 구성요소로 보았다.

하지만, 이러한 행정과학접근법은 구조론적 접근법, 행태론적 접근법, 환경론적 접근법의 완전한 재구성으로서의 의미는 성취하지 못하였으며, 오히려 과학적 관리이론에서처럼 '외부적 요소'와 '환경 혹은 정치적 요소'를 간과하고 있다는 비판을 받았다.

마지막으로, 행정과학에의 도전이다. 최근의 행정은 활동과 이론적 개념 사이의 혼합과 다양성으로 특징지을 수 있다. 이러한 행정연구와 행정실제의 범위와 내용은 정치학에서의 인간주의적 움직임과 공공정책의 기술적 분석에 의해 결정되고 있다. 전자는 관료적 구조와 권위의 변혁을 분석하는 과정에서 나타나고 있으며, 후자는 비능률적인 정책을 분석·평가·향상하려는 시도로 나타나고 있다. 이와 같은 인간주의적 행정의 움직임은 1960년대 말엽과 1970년대 초 사회적 혼란과 더불어 발전된 이른바 신행정(*new public administration*)과 밀접히 관련되어 있다.

　신행정학은 광범한 아이디어, 즉 윤리, 사회적 형평, 가치, 정부혁신, 고객중심, 참여, 반실증주의, 분권화, 개인의 성장 및 소용돌이 환경을 소개한 규범적·행동적 이론이었다. 신행정학은 현상학적 접근법으로 특징되며, 신행정학의 관심은 경험적 이론의 개발과 행정의 과학적 연구를 인도하기 위한 더 명백하게 생성된 규범이나 가치들 중의 하나라고 이해할 수 있다(Wamsley, 1976). 하지만 신행정학은 행정연구의 새로운 대안을 제시하지 못하였고, 오히려 이것은 행정이론과 실제의 현 상황에 대한 비판을 모은 것에 불과하다는 지적을 받고 있다.

　인간주의적 행정의 움직임은 참여적·민주적 관리의 개념으로 시작되었고, 후에 조직발전과 조직학습이론들과 결합하게 되었다. 이러한 행정의 현상학적 접근법은 실증주의와 행태주의 학파의 인식론과 방법론적 가정에 대한 반발에서 나오고 있다. 현상학 지향적인 이론가들은 과학적 방법의 엄격함은 현실적절성을 추구하는 행정의 이해에는 적합하지 않다고 지적하면서, 사회현실의 연구를 위하여 질적·해석적(*interpretive*) 방법을 강조하고 있다. 따라서 이 접근법은 행정환경 내에서의 가치, 의미 및 행동에 중점을 두고 행정의 인간적인 측면을 강조한다. 이러한 정설과 도전 그리고 재구성의 과정 속에서 행정학의 역사적 발전의 패턴이 이루어져 왔다.

　그러면 다음의 행정학의 재구성은 어떻게 이루어질 것인가? 지금까지 행정학에 대한 도전과 재구성의 과정은 제2차 세계대전이라든지 사회적 침체현상과 같은 환경변수가 촉매제 역할을 하고 있다(권기헌, 2007a; 2007b).[5] 그렇다면 정보기술의 혁명적 변화라는 새로운 환경변수가 어떻게 국가행정에 영향을 미칠 것인가, 그리고 이러한 변화하는 환경으로부터 행정학은 어떻게 재구성되어야 할 것인가 하는 문제는 우리의 중요한 관심사가 아닐 수 없다.

2. 행정학과 전자정부

1) 전자정부의 개념: 3차원의 개념구조

　전자정부는 관료제 모형의 대안으로 제시된 현대적 의미의 정책결정 메커니즘이다. 전자정부는 정부 내에 산재해 있는 지능(*intelligence*)을 한 단계 향상(*upgrade*)시킴으로써, 정부 내부의 문제해결능력과 정책결정역량을 제고시킨다. 또한 전자정부는 정보와 지식의 공유와 학습을 강조함으로써, 정부 내외의 혁신활동을 지원해 주는 역할을 하므로 효율성과 생산성을 추구한다. 또한 정부 외부와는 다양한 이해관계자들이 참여할 수 있는 공론의 장을 제공해 줌으로써, 민주성, 신뢰성, 성찰성을 강조하는 거버넌스 형태의 정부조직모형이다.

---

5 이 장에서 논의하는 전자정부는 저자의 졸저, 『정보체계론』(나남, 2004), 『전자정부론』(박영사, 2007), 『정책학』(박영사, 2008)을 토대로 정리한 것이며, 여기에서는 행정학적 관점에서의 의미를 추가하였음을 밝힌다.

즉, 전자정부의 개념은 총체적으로 접근할 때, 1) 효율성 차원, 2) 민주성 차원, 3) 성찰성 차원 등 세 가지 차원으로 정리할 수 있다.

(1) 효율성 차원

전자정부 개념의 첫 번째 차원은 정부 내부의 효율성(생산성) 제고라는 관점에서 고찰할 수 있다. 이는 정부개혁, 정부혁신, 정부생산성이라는 용어로도 불리는 차원으로서, 다시 다음의 네 가지 하위차원의 생산성 요소로 정리할 수 있다.

첫째, 민원인의 편의를 극대화하는 정부로서의 전자정부이다. 이는 One-Stop, Non-Stop, Any-Stop의 정부라는 용어로서 대변되는데, 국민들에게 각종 행정절차의 처리, 행정정보 획득 등을 단일창구에서 가능케 하는 종합행정서비스시스템을 구축하고, 관계기관 간 정보공동활용을 통해 민원의 일괄처리를 가능케 하는 등 민원인의 편의를 극대화하는 정부로서의 전자정부 개념이다.

둘째, 종이 없는 사무실로서의 전자정부이다. 이는 Paperless & Buildingless 정부로서, 정보기술을 이용하여 문서를 감축하며, 전자결재, 정책 DB의 구축, 행정업무재설계(BPR) 등을 통해 행정 및 정책의 효율화를 극대화하고, 비용을 절감하는 정부로서의 전자정부 개념이다.

셋째, 깨끗하고 투명한 정부로서의 전자정부이다. 이는 Clean & Transparent 정부로서, 전자입찰과 전자조달, 전자감사, 정보공개 등을 통해 부패를 근원적으로 차단하고 투명한 정책 공개를 구현하는 정부로서의 전자정부 개념이다.

넷째, 지식관리시스템에 의해 과학적이고 체계적인 정책결정능력을 뒷받침하는 전자정부이다. 이는 Digital 신경망 정부로서, 정책정보의 공동이용, 학습이 일어나는 정부, 정책의사결정흐름의 자동화 등을 통해, 지식의 창출과 축적, 공유와 학습, 활용과 확산 등 지식의 순환주기를 가속화하고, 나아가 정책결정역량을 강화하는 정부로서의 전자정부 개념이다.

이상의 네 가지 하위요소(민원인의 편의가 극대화되는 정부, 종이 없는 사무실, 깨끗하고 투명한 정부, 디지털 신경망 지식관리시스템에 의해 정책결정역량이 강화되는 정부)들은 정부 내부의 생산성을 극대화하는 정부로서의 전자정부의 개념을 구성하고 있다. 즉, 효율성(생산성) 차원으로서 첫 번째 차원의 전자정부 개념이다.

하지만, 전자정부의 개념은 단순한 의미에서 정부생산성을 증진시킨다는 차원에서 끝나지 않는다. 전자정부 개념의 두 번째 차원은 민주성과 연계되어 있으며, 세 번째 차원은 성찰성과 연계되어 있다.

(2) 민주성 차원

전자정부 개념의 두 번째 차원은 정부 외부와의 인터페이스 관점에서, 정부-국민 간의 정부권력의 전통적 관계를 민주적으로 복원시키는 의미에서 전자민주주의를 실현하는 정부로 규정지을 수 있다(민주성). 전자민주주의란 시민들이 정보통신기반을 이용하여 온라인 토론, 선거, 투표 등을 통해 직접 정부의 의사결정에 참여하고, 적극적인 정치활동을 가능케 하는 보다 직접적이고 참여적인 정보사회의 민주주의를 의미한다(김성태, 2003: 77). 따라서 전자민주주의를 실현하는 전자정부는 민주성을 증진시킨다고 할 수 있다. 또한 전자정부는 정책과정의 투명성과 참여성을 제고함으로써 정책의 민주성을 증진시킨다. 전자공간을 통한 의견수렴 및 정보공개 등은 정책의 민주성을 증진시킨다.

(3) 성찰성 차원

전자정부 개념의 세 번째 차원은 민주성과 밀접한 연관성이 있으면서도 보다 철학적인 지향점을 의미하는 성찰성의 개념과 관련지어 규정할 수 있다. 성찰성이란 민주성이 꽃 핀 상태이다. 정치적 민주주의와 정책의 민주주의를 통해 우리 사회 개개인들의 인권과 존엄, 정의와 형평이 실현되고, 자유와 창의, 자아실현과 자아완성의 가능성이 열린사회를 추구하는 개념이 성찰성이다. 이러한 고차원적 의미의 전자정부는 우리 사회에서 수직적, 수평적 의미의 열려 있는 의사소통을 활성화시킬 수 있는 정보공간의 정책수단을 통해, 그리고 담론형성기능을 통해 진정한 의미의 신뢰 사회와 성숙한 사회를 실현하는 사회공동체 구현 수단으로서의 정부라는 의미를 지닌다(성찰성).

3. 전자정부의 핵심요소: 3차원의 고려요소

전자정부가 지니는 이러한 세 차원의 개념구조를 토대로, 전자정부 추진 시 고려할 핵심요소를 정리하면 다음과 같다.

1) 효율성: 정부 내부의 효율성 극대화

정부 내의 정보기술의 도입으로 정부 내부의 운영방식은 크게 변화할 것으로 보인다. 그러나 이러한 내부 효율성의 극대화는 정보기술의 도입만으로 되는 것은 아니며, 정보기반기술이 행정업무 재설계 등 소프트웨어적인 행정개혁과 연계되어야 한다. 정부 내부의 효율성 제고를 위해서는 CALS나 EDI 등의 정보기술을 이용한 정보기반(*information infrastructure*)구축도 필요하지만, 리엔지니어링을 통한 관료제의 간소화, 업무표준화를 통한 정보의 공유 및 공동활용, 그리고 정보의 공개적 접근과 같은 고객감응성을 높이는 차원에서의 정부혁신(*government innovation*)이 필수적이다. 즉, 정부 내부의 효율성을 극대화하고 생산성을 증대시키는 전자정부 구현을 위해서는 정보기술 도입이 정부혁신과 함께 이루어져야 한다. 이를 위해 고려되어야 할 요소들에 대해서 간략히 제시하면 다음과 같다.

(1) 전자정부의 추진주체와 강력한 리더십의 문제

전자정부에 대한 뚜렷한 정책 청사진을 바탕으로 전자정부 추진의 주체와 핵심세력을 명확히 하고, 여기에 실질적인 정책조정 권한과 능력을 부여하는 것이 필요하다. 법률적으로는 국무총리가 위원장인 정보화추진위원회가 최종의사결정 주체이지만, 위원회의 속성과 우리나라 국무총리 제도의 한계로 인해 핵심 주체로서의 기능을 하지 못하고 있다.

(2) 전자정부와 정부혁신의 연계

우리 정부가 그 동안 추진해 온 행정정보화사업 및 전자정부사업의 성과를 재점검하고 이를 실질적인 정부혁신과 연계시키는 작업이 필요하다. 정보기술과 행정개혁을 연계시키는 방안, 예컨대, 1) 문서감축을 위해 구체적으로 노력하고, 정부부처 간 행정비용을 감축하는 방안, 2) 정보기술을 통한 리엔지니어링과 관료제를 간소화하는 방안, 3) 부처 간 업무의 표준화를 바탕으로 업무처리의 흐름과 행정과정을 재설계하는 방안 등이 모색되어야 한다.

(3) 업무 재설계

많은 학자들은 정부 내에 정보기술을 도입함에 있어서 전반적인 직무분석과 직무재설계를 할 것을 강조하고 있다. 이러한 직무분석이 뒷받침되지 않는 정보기술의 도입은 결국 기존의 조직에 정보부문이라는 새로운 조직을 추가하는 꼴밖에 되지 않으며, 이는 새로운 비효율을 낳는 요소이다. 이러한 프로세스 조직[6]의 도입을 위해서는 BPR(Business Process Reengineering)의 도입이 절실히 요구되며, 새로운 프로세스[7]를 조직하되, 과거의 조직의 장점을 잃지 않는 설계가 되어야 한다.

(4) 정보공유의 마인드

전자정부란 시간과 공간적 제약을 넘어 정부 정보에 대한 일반국민의 접근을 용이하게 하는 열린 정부를 의미한다. 따라서 전자정부의 구현이란 단순히 행정의 업무처리과정과 방식을 기술적으로 전자화 한다고 해서 되는 것이 아니고, 오히려 부처 간의 업무조정이나 공무원의 의식과 관행의 변화가 수반되어야 한다(송희준, 1996). 그 동안 관료제의 고질적 병폐로 지적된 부처 할거주의나 권위주의적 행정행태로는 행정정보의 공개나 공동활용, 더 나아가 대응성이 높고 고객지향성을 띤

---

6 프로세스 조직이란 리엔지니어링에 의하여 기존 경영조직을 근본적으로 다시 생각하고 재설계하여 획기적인 경영성과를 도모할 수 있도록 프로세스(process)를 기본단위로 설계된 조직을 말한다. 프로세스 조직은 다음과 같은 특징에서 관료제·계층제 조직과 구별된다. 프로세스 팀은 하나의 전체 프로세스를 수행하기 위하여 함께 작업하는 사람들의 집합을 말한다. 이러한 단위작업을 수행하기 위한 조직 최소단위의 프로세스 팀은, 종래의 기능별·부처별로 독립된 업무를 수행하였던 과거 조직에 비해 서로 다른 업무를 종합적으로 수행하는 조직원들로 구성된다.

7 여기서 프로세스란 일정한 투입물(*input*)을 측정가능한 산출물(*output*)로 전환하는 부가가치가 있는 일련의 활동을 말한다.

열린 정부의 구축은 요원할 뿐이므로, 이러한 의식의 변화를 전략적으로 유도하는 방안에 대해서도 함께 고려되어야 한다.

(5) 학습과의 연계

학습조직은 학습을 새로운 형태의 노동이며 생산적인 활동의 핵심으로 보며, 지식을 창출·획득·확산하는 데 능숙한 조직, 새로운 지식과 통찰력을 반영하여 행동을 수정하는데 능숙한 조직, 그리고 잘못된 지식을 폐기하는데 능숙한 조직을 말한다.

전자정부의 구축 이후의 활용의 문제에 있어서 학습조직은 의의가 있다. 전자정부 구축의 협의적인 해석은 우선 각종 네트워크와 데이터베이스(DB)의 구축을 뜻하는 것으로 볼 수 있으며, 이를 통해 기존의 조직 내의 지식이 유통(*flow*)되고, 확산, 활용, 축적(*stock*)되는 것이다. 이러한 유통·축적되는 지식은 조직의 생산성 향상을 위한 새로운 지식의 창출의 근원이 된다. 따라서 전자정부의 지속적인 효율성 향상을 위해서는 지식을 어떻게 관리하고, 창출하는가가 중요한 요인이 되며, 전자정부는 기술만을 적용하는 차원에서 벗어나, 지식의 관리·창출을 위해서 학습과 연계되어야 한다. 그러므로 전자정부가 추구해야 할 조직모형 중의 하나는 정보기술에 기반한 지식의 학습이 가능한 조직이라고 볼 수 있다.

2) 민주성: 정부 외부와의 인터페이스

전자정부는 기본적으로 네트워크를 전제로 하며, 전자적인 망은 특성상 시공의 개념을 초월하여, 정부 내의 연결과 함께, 정부와 정부의 고객인 국민과의 연결을 지향한다. 전자정부 구축을 통하여 정부와 국민과의 인터페이스(접점)가 확대되며, 정부는 국민의 요구에 민감히 반응하는 대응성이 높은 정부를 지향해야 한다. 이는 다시 말해 고객중심 정부를 지향해야 한다는 것이며, 이와 함께 국민이 정부의 의사결정에 참여할 수 있는 계기도 증가되어야 함을 말한다.

(1) 고객중심 정부

고객중심 정부라는 의미는 국민의 요구에 적절하게 반응한다는 뜻이 포함된다. 국민의 요구에 적절하게 반응한다는 것은 고객이 원하는 것을 제공해야 한다는 원칙으로, 과거처럼 국민들 사이에 아무런 상호의견교환도 없이 정부가 국민의 선호를 결정하는 것이 아니라, 국민의 선호가 반영되는 행정을 도모한다는 뜻이다. 미래의 행정은 정부가 지도적이고 선도적인 위치에서 국민의 요구를 알아서 해결하는 행정이라기보다는, 국민이나 고객이 자율적으로 문제를 해결할 수 있도록 조건을 형성하여 주고, 이를 지원하는 행정으로 탈바꿈해야 한다(이종범, 1996: 23).

(2) 전자민주주의

정보사회에서 시민의 역할은 중요하다. 시민은 Government(정부)의 민주주의 형태보다는 Governance(국정운영)의 민주주의 형태를 구현하는데 매우 중요한 역할을 하게 된다.

㈎ 공공영역의 장(public space)에 대한 개념

① H. Arendt의 공화주의(republicanism)

H. Arendt는 공공영역의 장(*public space*)의 원형을 고대 그리스 도시국가에서 찾고 공공영역의 장을 "도덕적, 정치적 아이디어를 다른 사람들에게 표시하고, 서로 교환하는 것"으로 파악하고 있다. 그녀는 정치적 영역에 대한 좁은 해석과 시장개념의 확대(이로 인해 경제적 이슈가 공공영역의 장에 점차적으로 침투)가 진행되면서, 공공영역은 축소되어 왔다고 주장한다. 그리고 그녀는 정보기술이 공공영역의 장의 회복에 일정한 기여를 할 것으로 본다.

② J. Harbermas의 숙의민주주의 모델

J. Harbermas는 숙의 및 참여를 오로지 정치적인 영역에만 국한해서는 안 되며, 사회, 문화적인 영역으로까지 확대되어야 한다고 주장한다. 그래야만 보다 다양화, 복잡화되고 있는 사회의 모든 국면에 적용될 수 있기 때문이다. 또한 민주사회에서 합법성을 확보하는 유일한 방법은 중립성에 대한 제약 하에서가 아니라, 실제적인 측면에서 공개적 토론(*public dialogue*)을 통해 이루어져야 한다고 주장한다.

㈏ 전자민주주의 모델로서의 숙의민주주의

Thorson(1998)은 Harbermas의 모델이 정보사회에서 가장 적절하다고 보고 있다. J. Harbermas는 민주사회에서 민주화가 참여자들 간의 자발적인 공공영역의 장(*public space*)에 대한 형성과 발전을 통해 이루어진다고 보고 있으며, 이는 복잡성을 띤 정보사회에도 적용될 수 있다는 것이다. 정보사회의 일반원리로서 Harbermas가 주장하는 '보편적 도덕성'(*universal morality*)과 '이타주의적 상호주의'(*egalitarian reciprocity*)의 존중을 채택할 필요가 있다. 또한 정보통신기반의 평등한 접근에 대한 보장이 중요한 원리이다. 정보의 개방성과 투명성 확보, 정보내용 및 정보전송에 대한 윤리성의 확립도 중요한 원리이다. 이를 통해 산업사회의 소극적 정부-시민관계를 극복하고, 정보사회에 적절한 정부-시민관계로 발전할 수 있는 것이다.

3) 성찰성: 성찰하는 전자정부

근대 이후 많은 계몽주의 철학자(*enlightenment thinker*)들은 자유, 평등, 박애가 이루어지는 "사회적 이상과 비전"(*social vision & dream*)의 실현을 꿈꾸어 왔다. Habermas는 이러한 미완성의 "근대성 프로젝트"가 현대사회에서도 지속적으로 추구되어야 함을 강조하면서, 그 근본가능성을 사회적 커뮤니케이션과 공공영역의 확대에서 찾고 있다.

저자는 여기서 이러한 철학적 논의가 정보기술과 접목되면서 전자민주주의의 이상 실현으로 연결되어야 한다고 주장한다. "사회 속의 구성원들 간의 진정한 신뢰와 인권을 전제로 개인의 자유와 주체성, 그리고 자아실현의 가능성이 살아있는 열린사회"야말로 전자정부가 지향하는 궁극적인 이상이 되어야 한다고 생각하기 때문이다. 이러한 사회의 실현을 위해서 전자정부는 "성찰하는 정부"가 되어야 할 것으로 보며,[8] 열린 사회의 실현을 위해 전자정부의 구상은 국가사회를 유기적으로 엮어내는 하나의 청사진이 되어야 할 것으로 생각한다.

전자정부는 정보기술의 이용을 통해 시민과 조직구성원들의 참여를 보장하고, 이를 통해 사회개혁의 가능성이 열려 있는 사회를 지향해야 한다. 이러한 과정과 노력을 통해 "열린 정부"와 "효율적인 조직모형"을 실현해야 하며, 이는 궁극적으로 개인들의 "창의성"과 "자아실현"을 지향해야 하며, 이러한 노력은 정부의 진정한 고민과 성찰을 전제로 한다.

자본주의·신자유주의 하에서 정부와 시장의 모습은 끊임없는 무한경쟁으로서의 시장과 이를 뒷받침하는 개별 국가 간의 모습이다. 이러한 무한경쟁과 시장개방의 역기능은 국가 간 빈부격차와 분쟁, 경제전쟁의 모습으로 나타나고 있다. 이러한 경쟁에서 개인은 자본주의의 체제의 일부분으로 시스템의 효율성을 위한 요소에 지나지 않으며, 이러한 소모적 상황은 개인과 세계에 대한 진지한 고민과 성찰의 부재에서 기인하는 것으로 볼 수 있다.

전자정부의 구현은 국가와 개인 간의 역할을 재정의 하는 모습으로 다가오고 있다. 정부에의 정보기술의 도입과 국민과 인터페이스의 확대, 그리고 전자민주주의 구현은 지금까지의 개인과 사회, 개인과 정부의 관계가 분명 달라질 것을 예고하고 있다. 문제는 이러한 관계의 변화에 대해 "주의 깊은 변화관리"가 필요하다는 점이다. 전자정부의 변화관리는 끊임없는 성찰과 반성을 전제로 하는 것이며, 그러한 성찰과 진지한 반성만이 무사고적·기계적 산업자본주의 하에서 겪었으며, 겪고 있는 병리현상들을 다시 새로운 변화의 와중에서 극복할 수 있게 해주는 항생제(*anti-biotics*) 역할을 해 줄 수 있을 것이다.

---

8 이러한 관점에서 전자정부의 구상은 다음과 같은 정책적 접근을 필요로 한다. 첫째, 정보화를 기술이나 네트워크 중심으로 접근할 것이 아니라 사회문화적 차원에서 접근할 필요가 있다는 점이다. 전화방이나 왜곡된 PC통신문화에서 보듯 개인의 '주체성' 확립을 위한 정보문화와 의식의 확립은 매우 중요한 정책과제이다. 정보사회구성원인 각 주체의 '개인성'과 '독립성'을 부양시키기 위한 정보문화적 차원의 노력을 강화해야 하며, 시민단체의 독립성 강화를 위한 정책이 필요하다. 둘째, 개인과 시민들의 정보주권을 전제로 사회적 의사소통의 가능성이 확대되어야 한다. 개인과 개인 간, 단체와 단체 간, 개인과 단체 간 할 것 없이 각 주체의 독립성과 상호신뢰를 바탕으로 굴절되지 않은 커뮤니케이션의 강화가 필요하다. 마지막으로, 이러한 커뮤니케이션의 확대를 통해 인간과 자연에 대한 성찰성(reflexivity)이 높아져야 하며, 공존과 공영을 추구하는 방향으로 조직과 사회개혁의 가능성이 열려 있어야 한다. 여기에서 성찰성이란 "한 사회가 사회 내부 및 외부에서 발생하는 사회관계, 그리고 그 사회가 존재하는 자연환경에 대해 끊임없이 관찰하고 분석하면서 그에 대응하는 경향"을 말하며, 이를 통해 조직과 사회는 사회에 대한 적응력을 높일 수 있다(윤영민, 1997: 4).

4) 요약 및 결론

전자정부의 논의는 '전자'라는 단어의 함의와 같이 단순히 기술적인 속성만을 지니고 있는 것은 아니다. 정보사회의 도래가 정보기술의 도입으로 인간의 생활양식을 바꾸어 나가고 있듯이, 정보기술의 도입에 의한 전자정부의 구축은 정부의 기능과 개념을 하나씩 바꾸어 나갈 것으로 예측되고 있다. 그러한 예로서 고객중심 정부와 뉴거버넌스 정부, 전자민주주의 등을 들 수 있는데, 정보네트워크의 발달에 따라 정부와 고객인 국민 간의 접점이 대폭 확대될 것으로 보이며, 쌍방향 인터페이스의 완성은 민주주의의 새로운 참여의 수단으로 인정받게 될 것이다.

그러나 농경사회에서 산업사회로 진입하면서 겪었던 수많은 병리현상을 정보사회·전자정부의 환경에서 겪지 않을 수 있을 지는 장담할 수 없는 일이다. 개인은 끊임없는 무한경쟁의 자본주의 세계에서 거대시스템 효율성을 위한 한 요소로 전락할 수 있다. 전자정부에 대해 인권이나 민주주의를 증진시킬 것이라는 기대와 찬사가 많지만, 전자정부의 구현에서 나타나는 '변화'에 대해 끊임없는 성찰과 반성이 이루어지지 않는다면, 인간소외현상과 같은 또 다른 문제가 발생할 것이다(권기헌, 2007a; 2007b). 따라서 전자정부라는 새로운 시대로의 진입을 위해서는, 전자정부와 시장, 시민사회에 대한 진지한 성찰을 끊임없이 해 나가야 할 것으로 생각된다.

4. 전자정부의 행정학적 쟁점

1) 이론적 함의

전자정부는 행정학에 대한 이론적 도전이라고 할 수 있다. 전자정부에 의한 전자민주주의의 실현은 행정학에서 중요시하는 효율성과 민주성의 딜레마나 적정성과 적시성 등의 한계를 극복하게 해주었다. Post-관료제 모형으로서의 전자정부는 국가(정부)-시장(기업)-시민사회(NGO) 사이의 유기적인 협력과 조정을 강조하는 문제해결방식으로서의 거버넌스적 패러다임과 이론적 맥을 같이 하며, 이러한 점에서 정책결정 메커니즘으로서의 전자정부가 현대행정이론에서 가지는 의미는 매우 크다고 할 수 있다.

전자정부는 관료제 모형의 대안으로 제시된 현대적 의미의 정책결정 메커니즘이다. 전자정부는 정부 내에 산재해 있는 지능(intelligence)을 한 단계 업그레이드시킴으로써 정부 내부의 문제해결 능력과 정책결정역량을 제고시킨다. 또한 전자정부는 정보와 지식의 공유와 학습을 강조함으로써 정부 내외의 혁신활동을 지원해 주는 역할을 하므로 효율성과 생산성을 추구한다. 또한 정부 외부와는 다양한 이해관계자들이 참여할 수 있는 공론의 장을 제공해 줌으로써, 참여성, 숙의성, 합의성 등 민주성을 강조하는 거버넌스 형태의 정부조직모형이다(권기헌, 2008: 542).

전자정부 개념은 대상범위, 행정이념, 시민들의 참여정도, 시민사회의 성숙정도 및 사회적 다원성 등에 따라 관료모형전자정부(*bureaucracy model e-government*), 정보관리모형전자정부(*information management model e-government*), 시민참여모형전자정부(*citizen participation model e-governance*), 거버넌스모형전자정부(*governance model e-governance*)로 분류할 수 있다(김성태, 2003: 18).

(1) 행정관료모형 전자정부

정부의 개별적 관료조직 내부와 공무원이 주된 대상으로 한 행정정보화에 중점을 두며 주된 행정이념은 조직 내부의 효율성에 주된 관심이 있다. 시민사회의 성숙도와 사회적 다원성이 매우 약한 환경에서 주로 나타나므로, 사회구성원의 정부의사결정에 대한 참여가 매우 낮은 수준이다.

(2) 정보관리모형 전자정부

정부로부터 일반시민에 대한 전자적 행정서비스 제공형태로 연계되며 행정조직과 시민사회가 연계된 효율성이 강조된다. 시민사회의 성숙도와 사회적 다원성이 약한 환경에서 주로 나타나므로, 사회구성원의 정부의사결정에 대한 참여가 낮은 수준이다.

(3) 시민참여모형 전자정부

입법, 사법, 행정을 포함한 범정부 대상 일반시민들의 정부의사결정에 대한 적극적인 참여를 통한 쌍방향적 교류가 보장되며 약한 민주성과 투명성이 강조된다. 시민사회의 성숙도와 사회적 다원성이 강한 환경에서 주로 나타나므로, 사회구성원의 참여정도가 강한 수준이다.

(4) 거버넌스모형 전자정부

입법, 사법, 행정을 포함한 범정부를 포함한 국민과 사회의 다원적 주체와 참여가 이루어지고 일반시민의 기본권이 강조되는 행정과 정치참여 기회가 전자정부의 대상으로 포함된다. 강한 민주성과 투명성이 강조되며 다양한 사회주체 간의 상호네트워크적 교류가 활성화 되고 시민사회의 성숙도와 사회적 다원성이 강한 환경에서 주로 나타나므로, 사회구성원의 참여정도가 아주 강한 수준의 사회여건에서 나타난다.

전자정부의 진화추이는 조직의 능률성을 중시하는 고전이론(과학적 관리론)과 신고전이론(인간관계론)에 밀접한 행정관료모형 전자정부와 정보관리모형 전자정부로 시작하여 신행정학, 뉴거버넌스 이론과 밀접하게 연관되어 있는 시민참여모형 전자정부, 거버넌스모형 전자정부로 진화하게 된다는 점에서 행정이론의 발전과정과 이론적 맥을 같이한다고 볼 수 있다(김성태, 2003: 19).

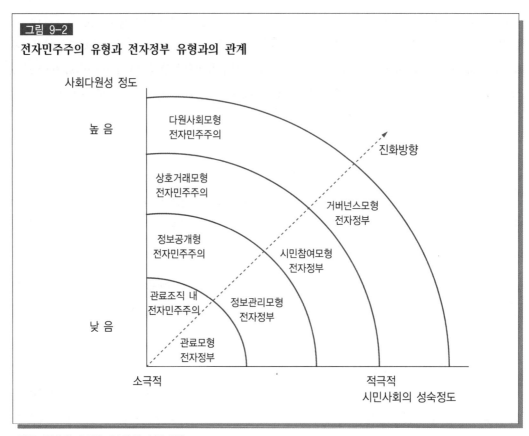

그림 9-2

전자민주주의 유형과 전자정부 유형과의 관계

사회다원성 정도

높음

다원사회모형
전자민주주의

진화방향

상호거래모형
전자민주주의

거버넌스모형
전자정부

정보공개형
전자민주주의

시민참여모형
전자정부

관료조직 내
전자민주주의

정보관리모형
전자정부

낮음

관료모형
전자정부

소극적

적극적
시민사회의 성숙정도

자료: 김성태, 2003: 88에서 수정 인용.

2) 행정적 함의

전자정부는 행정의 실천적 함의의 관점에서도 많은 영향을 미치는데, 여기서는 이를 1) 행정의 효율성 제고, 2) 행정의 민주성 제고, 3) 행정의 성찰성 제고로 나누어서 살펴보기로 한다.

(1) 행정의 효율성 제고

전자정부는 언제 어디서나 한 번에 민원을 해결하는 정부이다. 정보기술을 통하여 민원처리의 효율성을 제고하고 정부조직 내의 효율성 강화를 통해 기업의 인·허가, 세무 등의 정부업무처리의 신속성을 도모하며, 정부 내부의 네트워크의 개선과 정부네트워크와 개인 인터넷의 연결을 통해 정부와 민간부문의 생산성 및 효율성 증대를 기대할 수 있다(황성돈·정충식, 2002: 80). 이러한 형태의 전자정부 개념으로는 국민의 편의극대화(*one stop, non stop, any stop government*), 종이없는 사무실(*paperless & buildingless government*), 투명한 정부(*transparent government*), 지식정부(*digital nervous government*) 등을 들 수 있다.

(2) 행정의 민주성 제고

전자정부는 온라인의 쌍방향 기능을 통해 시민의 정책참여 및 전자민주주의를 용이하게 해준다. 전자투표, 전자게시판 등 사이버 공간에서의 공공영역의 장을 통해 담론기능을 활성화시킬 수 있으며, 이는 궁극적으로 직접민주주의의 실현을 가능하게 해준다. 또한 정부에의 정보기술의 도입은 조직 내부의 참여성과 민주성도 제고시키는 등 전반적으로 행정의 민주성을 강화시켜 줄 것으로 기대된다.

(3) 행정의 성찰성 제고

전자정부는 정보기술의 이용을 통해 시민과 조직구성원들의 참여를 보장하고, 이를 통해 사회개혁의 가능성이 열려 있는 사회를 지향할 수 있게 해 준다. 이러한 과정과 노력을 통해 전자정부는 "열린 정부"와 "효율적인 조직모형"을 실현해야 하며, 이는 궁극적으로 사회구성원들의 "창의성"과 "자아실현"을 지향해야 하는데, 이러한 노력은 정부의 진정한 고민과 성찰을 전제로 한다.

정부에의 정보기술의 도입과 국민과 인터페이스의 확대, 그리고 전자민주주의 구현은 지금까지의 개인과 사회, 개인과 정부의 관계를 다르게 규정시켜 준다. 문제는 이러한 관계의 변화에 대해 "주의 깊은 변화관리"가 필요하다는 점이다. 전자정부의 변화관리는 정부의 끊임없는 성찰과 반성을 전제로 하는 것이며, 그러한 성찰과 진지한 반성만이 무사고적·기계적 산업자본주의 하에서 겪었으며, 겪고 있는 병리현상들을 다시 새로운 변화의 와중에서 극복할 수 있게 해주는 항생제(*anti−biotics*) 역할을 해 줄 수 있을 것이다.

5. 전자정부의 최근동향: 스마트 전자정부

1) 스마트 전자정부[9]

(1) 스마트 전자정부의 개념 및 배경

스마트 전자정부(*smart gov*)는 "진화된 IT 기술과 정부서비스의 융·복합으로 언제 어디서나 매체에 관계없이 국민이 자유롭게 국민이 원하는 서비스를 맞춤형으로 이용하고, 참여·소통할 수 있는 선진화된 정부"를 의미한다.

행정안전부는 2010년 UN 전자정부 평가 1위 이후, 세계 최고의 전자정부의 위상을 지속하고 더 나아가 전 세계를 선도하는 리더십을 발휘하기 위하여 「스마트 전자정부(*smart gov*) 추진 계획」을 발표했다. 2010년까지 추진되었던 기존의 전자정부서비스는 컴퓨터 인터넷 환경을 기반으로 많은 행정서비스의 방식과 내용의 변화에 초점을 두었다면, 새로운 스마트 전자정부 정책은 모바

---

9 졸저, 『전자정부론』(박영사, 2013), 119–121쪽 수정인용.

일 환경으로의 급속한 변화와 첨단 IT 기술의 발전을 모두 반영한다는데 의의가 있다. 즉, 모바일을 통해 별도의 컴퓨터가 없더라도 언제 어디서든 다양한 인터넷서비스를 활용할 수 있는 현재 기존의 방식보다 더 똑똑한(*smart*) 전자정부서비스 제공에 초점을 맞추고 있는 것이다.

(2) 스마트 전자정부의 비전 및 전략

전자정부의 네 가지 비전, 즉 1) 국민의 편의가 극대화되는 정부, 2) 종이없는 정부, 3) 투명한 정부, 4) 디지털 신경망에 의한 지식정부는 매체의 진화 및 다양화에 의해 스마트 전자정부의 비전으로 발전되었다. 근본원칙은 그대로 유지되나, 이러한 원칙들은 스마트 기기 및 모바일 매체들에 다양하게 적용되면서, 다섯 가지 비전으로 진화된 것으로 이해할 수 있다.

표 9-1 스마트 전자정부의 비전

Seamless	부처별 서비스 연계·통합, 국민중심의 통합·맞춤형 서비스
Mobile	모바일 전자정부, 어디서나 편리한 서비스
Any time	국민이 원하는 시간에 언제나 이용가능한 서비스
Real time	국민수요에 실시간으로 반응하는 서비스 대응체계
Together	기업 상생, 소외계층 배려, 국민 참여·소통으로 서비스 선진화

스마트 전자정부는 공개(*open*), 통합(*integration*), 협업(*collaboration*), 녹색정보화(*green*)를 네 가지 추진전략으로 삼는다(행정안전부, 2011).

첫째, 공개(*open*)이다. 공공정보서비스의 공개 및 개방을 의미하는 "공개(*open*)"를 통해 민간분야에서도 공공정보를 자유롭게 활용할 수 있도록 공공정보 및 서비스를 단계적으로 개방한다. 나아가 국민의 정책 참여와 소통의 활성화를 위해 정부의 주요 정책과 서비스를 투명하게 공개한다.

둘째, 통합(*integration*)이다. 수요자 중심의 서비스 통합 및 다채널을 통한 "통합(*integration*)"은 수요자가 원하는 맞춤형 통합서비스 제공을 위해 정부서비스와 데이터를 수요자 중심으로 연계·통합하고, 스마트 폰, 태블릿 PC, 스마트 TV 등 다(多)채널 간 상호호환 및 연계·통합을 추진한다.

셋째, 협업(*collaboration*)이다. 조직, 부서 간 협업 및 정보 공유를 의미하는 "협업(*collaboration*)"은 국민중심의 선제행정, 맞춤형 행정, 현장행정, 융합행정 실현을 위해 행정기관 간 협업 및 공유 시스템을 구축하고, 조직·부서 간 협업 및 공유를 할 수 있는 문화 및 제도의 정착을 추진한다. 이때 중요한 것은 협업이란 정부기관뿐만 아니라, 지자체, 공공기관 나아가 민간까지 범위가 확대되는 것을 의미한다.

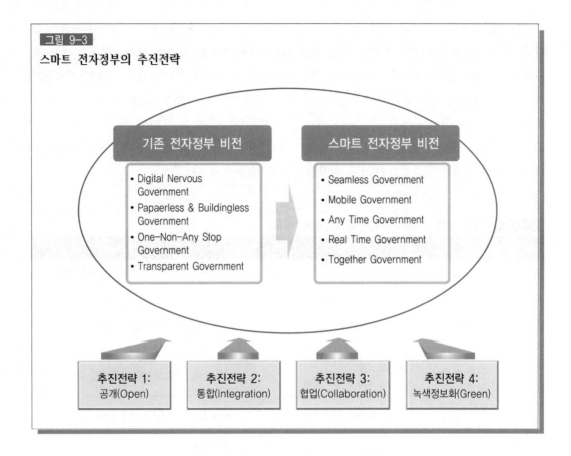

그림 9-3
스마트 전자정부의 추진전략

기존 전자정부 비전
- Digital Nervous Government
- Papaerless & Buildingless Government
- One-Non-Any Stop Government
- Transparent Government

스마트 전자정부 비전
- Seamless Government
- Mobile Government
- Any Time Government
- Real Time Government
- Together Government

추진전략 1: 공개(Open)

추진전략 2: 통합(Integration)

추진전략 3: 협업(Collaboration)

추진전략 4: 녹색정보화(Green)

넷째, 녹색정보화(*green*)이다. 친환경적 및 저비용 시스템을 구축하는 "녹색정보화(*green*)"는 그린 IT 제품을 사용하고 클라우드 컴퓨팅 등을 통한 IT 시스템의 그린화와 스마트 IT를 사회 각 분야에 적용하여 저탄소 녹색성장의 기반을 마련하는 것을 말한다.

2) 스마트 전자정부와 전자정부3.0

이명박 정부에서는 스마트 전자정부를 강조한 바 있다. 이는 스마트 기술을 바탕으로 기존의 전자정부의 운영모형을 한 단계 업그레이드 시킨다는 개념이다. 이에 스마트 정부는 1) 이음새 없는 정부, 2) 모바일 정부, 3) 상시방문 정부, 4) 실시간 정부, 5) 협업정부를 강조한다. 최근 박근혜 정부에서는 전자정부3.0을 강조하고 있다. 용어의 기원은 참여, 공유, 개방을 특징으로 하는 Web2.0에서 출발한다.[10]

여기에 한 단계 더 나아가 부처 간 칸막이 제거(협업) 및 다양한 형태의 스마트 기술을 토대로

---

10 정부3.0과 전자정부3.0의 개념, 내용, 특징, 한계 등에 대해서는 제13장 참조바람.

정부혁신을 추구하는 개념을 전자정부3.0이라고 할 수 있다. 여기에서는 빅데이터에 기반한 지식관리, 센서, RFID, 의미기반 온톨로지 및 알고리즘 기술에 기반한 무정형 의사결정의 진화를 강조한다. 즉, 전자정부3.0은 최근 강조되고 있는 빅데이터, 센서기술, 알고리즘에 기반한 정책방향의 설정 및 '변혁'을 강조하는 용어라고 할 수 있다. 전자정부1.0이 BPR, G2B, G2G, G4C 등을 활용한 정부 내부의 효율성을 강조하는 개념이고, 전자정부2.0이 Web2.0에서 강조하는 Open Platform(참여, 공유, 개방, 집단지성)을 기반으로 정부 외부와의 인터페이스를 강조하는 개념인데 대해 대응한 용어가 전자정부3.0으로 이해할 수 있다(황종성, 2013).[11]

표 9-2 기존 전자정부와 스마트 전자정부의 비교

구 분	유 형	기존 전자정부(~2010)	스마트 전자정부(2011~)
국 민	접근방법	• PC만 가능	• 스마트폰, 태블릿 PC, 스마트 TV 등 다매체
	서비스방식	• 공급자 중심의 획일적 서비스	• 개인별 맞춤형 통합서비스 • 공공정부 개방을 통해 국민이 직접 원하는 서비스 개발
	민원신청	• 개별 신청 • 동일 서류도 복수 제출	• 1회 신청으로 연관 민원 일괄 처리
	(지원금/복지 등) 수혜방식	• 국민이 직접 자격 증명 신청	• 정부가 자격요건 확인·지원
공무원	근무위치	• 사무실(PC)	• 위치 무관 (스마트 워크센터/모바일 오피스)
	(재난/안전 등) 일하는 방식	• 사후 복구 위주	• 사전 예방 및 예측

자료: 행정안전부 자료(2011. 3. 20).

---

11 황종성, "Gov3.0: 미래 전자정부 개념정립과 추진전략 모색," 『2013 한국정책학회 춘계학술대회 발표집』, 503-527쪽.

표 9-3 전자정부의 진화단계(전자정부3.0)

	전자정부 1세대 (ver. 1.0)	전자정부 2세대 (ver. 2.0)	전자정부 3세대 (ver. 3.0)
특 징	내부운영의 효율성	외부와의 인터페이스 강조 (Web2.0의 Open Platform, 참여, 공유, 개방, 집단지성 강조)	정책방향의 설정 '변혁' 강조 무정형의 데이터 분석 통한 정책결정(의사결정)의 지능화 강조
수 단	BPR, TQM, ERP G2B, G2G, G4C	Web2.0 Open Platform	빅데이터 협업·공유 스마트 기술(센서, RFID, 알고리즘, 시멘틱 웹) 기반 지식관리
이 념	효과성 능률성	참여성 투명성 민주성	신뢰성 성찰성

3) 모바일 전자정부(M-Government)[12]

(1) 개 념

21세기 정보화 사회를 맞이하여 정보통신서비스는 이동통신서비스의 등장 및 발전으로 기존의 고정된 유선통신망을 이용하는 개념에서 언제, 어디서나, 누구와도 통신할 수 있다는 개념으로 발전하고 있으며, 이동통신서비스가 대중화되고 무선통신기술이 발전함에 따라 필요한 때에, 필요한 곳에, 특정 상대와, 적절한 수단을 이용하여, 어떠한 내용의 정보라도 주고 받는다는 정보통신의 개인화로 발전되고 있다.

모바일 정부(*mobile government*)는 '국민과 기업, 정부가 무선 인터넷을 기반으로 한 휴대단말을 통하여 정부와 관련된 각종 업무 및 정보를 처리하는 미래 정부이다. 국민과 기업 및 정부에 이동성(*mobility*)과 휴대성(*portability*)을 보장하고, 정보 접근에 대한 편의성, 적시성, 보안성, 개인화를 제공하며, 정부와 사업자가 상호정보를 연계하여 무선 인터넷의 장점을 최대한 활용할 수 있는 특화서비스를 중심으로 이동대민서비스(G2C), 이동산업서비스(G2B), 이동행정서비스(G2G)를 제공한다(임수정 외, 2010).

(2) 모바일 정부서비스의 특징

모바일 정부서비스의 특징은 크게 네 가지로 제시될 수 있다.

---

12 졸저, 『전자정부론』(박영사, 2013), 248-252쪽 수정인용.

첫째, 저렴한 비용으로 수준 높은 서비스를 이용할 수 있도록 한다. 각 행정기관은 SMS·MMS의 메시지 발송요금을 이동통신 3사의 일관요금을 적용하고 있으며, 서비스 제공을 위한 별도의 자체 서비스 환경을 구축하여 질 높은 서비스의 제공이 가능하도록 하고 있다.

둘째, 철저한 시스템 보안관리이다. 통합센터와 이동통신 3사 간 전용선을 이용하여 정부기관의 철저한 보안관리가 작동되고 있다.

셋째, 지속적인 서비스 품질관리이다. 전문인력을 통하여 체계적이고 지속적으로 시스템을 유지 및 보수하고 있으며, 공통된 품질관리를 통하여 모바일서비스의 품질을 상향 평준화 하고 있다.

넷째, 다양한 서비스 활용 기반 제공이다. SMS·MMS 지원서비스와 이동민원 신고서비스의 도시 이용을 통하여 모바일 양방향 정보전달을 구현하고 있으며, 장·단문, 동영상 메시지 송·수신 등 다양한 서비스를 이용할 수 있도록 하고 있다.

특히 최근의 스마트 폰을 기반으로 하고 있는 전자정부서비스의 도입은 스마트 워크와 효율형 정부를 표방하고 있는데, 스마트 정부(*smart government*)는 온라인 어플리케이션을 통해 사람들에게 다양한 형태의 의사소통수단을 제공하고 있다. 국민과 적극적인 소통으로 진화하는 스마트 정부는 양방향 정부서비스를 구축하여 다양한 매체를 통하여 내가 원하는 행정서비스를 지역적 영역을 초월하여 서비스를 받는다. 과거 전자정부서비스가 국민중심의 서비스였다면, 모바일 전자정부서비스는 개인중심의 맞춤형 서비스라 할 수 있다.

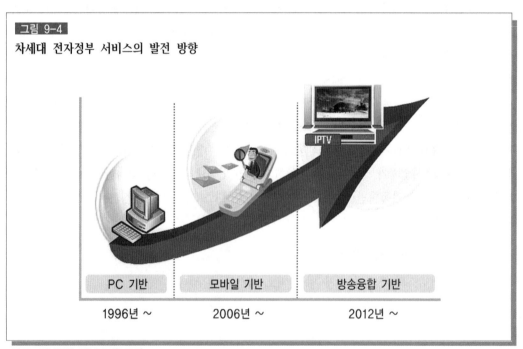

그림 9-4

차세대 전자정부 서비스의 발전 방향

| PC 기반 | 모바일 기반 | 방송융합 기반 |
| 1996년 ~ | 2006년 ~ | 2012년 ~ |

자료: 정부통합 전산센터(2010).

〈그림 9-4〉는 차세대 행정서비스의 발전 방향을 나타낸 것이다. 1996년부터 PC를 기반으로 한 행정서비스가 보급 및 확대되기 시작했고, 2000년대를 들어서면서부터는 점차 모바일을 기반으로 한 행정서비스가 보급되었다. 미래에는 스마트폰과 태블릿 PC, 그리고 스마트 TV의 확산으로 인해 방송통신융합을 기반으로 한 행정서비스가 전개될 것으로 보인다.

4) 유비쿼터스 전자정부(U-Government)[13]

(1) 유비쿼터스 전자정부의 개념

유비쿼터스 정부란 전자정부가 네트워크 환경을 의식하지 않는 상태에서 장소 및 기계에 구애받지 않고 자유롭게 원하는 서비스를 받을 수 있는 이른바 5 Any, 즉 Anywhere, Anytime, Anyplace, Anyadvice, Anynetwork 환경에서 실현되는 정부를 의미한다(정극원 외, 2006).

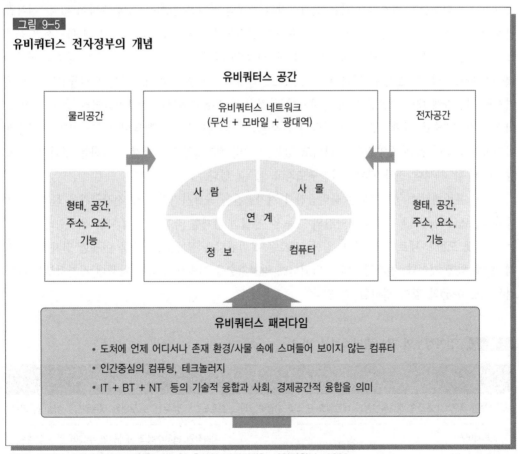

그림 9-5

유비쿼터스 전자정부의 개념

자료: 고정식, "유비쿼터스 지향형 지능형 홈산업 발전전략", 산업자원부, 2003.

---

13 졸저, 『전자정부론』(박영사, 2013), 253-262쪽 수정인용.

유선 인터넷 기반의 전자정부는 유비쿼터스 전자정부로 가는 초기단계로 파악할 수 있다. 유비쿼터스 전자정부는 모바일 단말기, DTV, KIOSK, 전화기 등으로 전자정부에 대한 접근매체를 다양화하여 접근성을 제고하는 방향 이외에도 이제까지 제공하지 못하였던 새로운 영역에서의 전자정부서비스 창출과 연계하여 언제, 어디서나 필요한 정부서비스를 제공받는 고도화된 전자정부의 모습이라고 할 수 있다.

(2) 전자정부와 유비쿼터스 전자정부

지금까지의 전자정부는 인터넷을 기반으로 전자공간 속에 사무실·쇼핑몰·도서관 등의 물리공간을 이주시킴으로써 물리공간이 갖는 시간적·공간적 제약점을 극복하고자 하였으며, 동시에 이러한 맥락에서 볼 때 지금의 전자정부 역시 인터넷 정보기술을 기반으로 하여 전자공간상에서 업무와 서비스를 제공하여 기존의 물리적인 제약을 극복하고자 하였다.

그러나 물리공간과 연계되지 않은 전자공간의 개척과 성장은 한계를 지닐 수밖에 없다. 전자공간은 실체가 없는 가상적인 공간이므로 불완전한 공간으로서 물리공간과 단절된 채 독립적인 공간으로 존재할 수 없다. 그러므로 물리공간과 전자공간의 최적 연계와 융합은 새로운 정보화 전략의 핵심과제라고 할 수 있겠다. 인터넷을 기반으로 급부상하고 있는 전자공간을 물리공간과 어떻게 연계할 것인가에 대한 새로운 방향을 제시하는 것이 바로 유비쿼터스 정보기술이라 할 수 있으며, 이러한 정보기술을 기반으로 하여 지금의 전자공간상의 서비스에 국한되어 물리공간과의 연계가 이루어지지 않아 많은 제약점을 드러내고 있는 지금의 전자정부의 한계를 극복하는 것이 향후 지향되어야 할 차세대 전자정부의 기본구도라고 볼 수 있다.

이러한 유비쿼터스 정보기술은 물리공간과 전자공간을 융합시키기 위해 전자공간을 물리공간에 통합시킴으로써 물리공간과 전자공간의 기능적, 본질적 한계를 극복하게 해준다. 유비쿼터스 정부는 무선 & 모바일 네트워크, 센싱, 칩 등 새로운 유비쿼터스 정보통신기술을 이용한 전자정부라고 해 볼 수 있을 것이다. 전자정부와 유비쿼터스 정보기술을 기반으로 하는 차세대 전자정부의 차이점은 〈표 9-4〉와 같이 정리할 수 있다.

표 9-4 전자정부와 유비쿼터스정부 비교

구 분	전자정부	유비쿼터스정부
기술적인 측면	초고속 정보통신망과 네트워크 인터넷 기술이 기반	브로드밴드와 무선 & 모바일 네트워크, 센싱, 칩 기반
정부서비스 전달방법의 측면	신속·투명한 서비스 제공	지능적인 업무수행과 개개인의 수요에 맞는 맞춤형 행정서비스 제공
업무방식의 측면	신속성·투명성·효율성·민주성	실질적인 고객지향성·지능성·형평성·실시간성

〈표 9-4〉에서 볼 때, 전자정부와 유비쿼터스 정보기술을 기반으로 하는 차세대 전자정부의 차이는 유비쿼터스 정보기술의 개발과 발달에 따른 새로운 서비스의 가능성 측면에서 이해를 할 수 있으며, 결국 이는 하나의 연장선상에서 그 개념적 의미를 파악할 수 있다고 생각된다.

(3) 유비쿼터스 전자정부에 대한 비판

유비쿼터스 전자정부에 대한 우려사항을 살펴보면 다음과 같다.

㈎ 프라이버시 침해

유비쿼터스 환경에서 개인은 언제 어디서든지 정보에 접근할 수 있지만, 반대로 항상 자신도 개방되어 있어야 한다. 특히 유비쿼터스 기술의 영향을 극대화 시켜줄 CRM 기술은 개인에 대한 정보가 축적되어 있는 것을 전제로 하며, 이러한 상황은 정보수집 주체의 마음먹기에 따라서는 언제든지 심각한 프라이버시의 침해가능성을 열어놓게 된다. 유비쿼터스의 핵심기술인 RFID는 개인의 위치를 항상 추적 가능하게 할 것이다.

㈏ 작지만 치명적인 오류

유비쿼터스가 추구하는 이상인 모든 사물의 커뮤니케이션은 모든 사물의 컴퓨팅과 네트워크에 의해 이루어진다. 머리끝에서부터 발끝까지 모든 것에 심어져 있는 컴퓨터에서 발생하는 사소한 소프트웨어의 오류는 치명적인 문제를 일으킬 수도 있다. 의도적으로 유포된 바이러스의 피해도 여태는 개인의 컴퓨터가 고장나는 선에서 그쳤지만, 유비쿼터스 환경에서는 상상도 할 수 없는 피해를 불러올 것이다(이인재, 2004).

5) 최근동향: 클라우딩 컴퓨팅

(1) 개 념

클라우딩 컴퓨팅(clouding computing)이란 정보가 인터넷상의 서버에 영구적으로 저장되고, 데스크톱·태블릿 컴퓨터·노트북·넷북·스마트 폰 등의 IT 기기 등과 같은 클라이언트에는 일시적으로 보관되는 컴퓨터 환경을 말한다. 즉, 이용자의 모든 정보를 현재와 같이 굳이 PC에 소프트웨어를 내장해 놓지 않고, 인터넷상의 서버에 저장하여 이 정보를 각종 IT 기기를 통해 언제 어디서든 이용할 수 있다는 개념이다. 또한 클라우딩 컴퓨터란 클라우딩 컴퓨팅 기술을 바탕으로 인터넷상의 데이터를 저장하고 불러오는 네트워크 통신망 기능을 담당하는 컴퓨터, 즉 클라우딩 컴퓨팅이 가능한 컴퓨터를 의미한다.

다시 말하면 구름(cloud)과 같이 무형의 형태로 존재하는 하드웨어·소프트웨어 등의 컴퓨팅 자원을 자신이 필요한 만큼 빌려 쓰고 이에 대한 사용요금을 지급하는 방식의 컴퓨팅서비스로, 서로 다른 물리적인 위치에 존재하는 컴퓨팅 자원을 가상화 기술로 통합해 제공하는 기술을

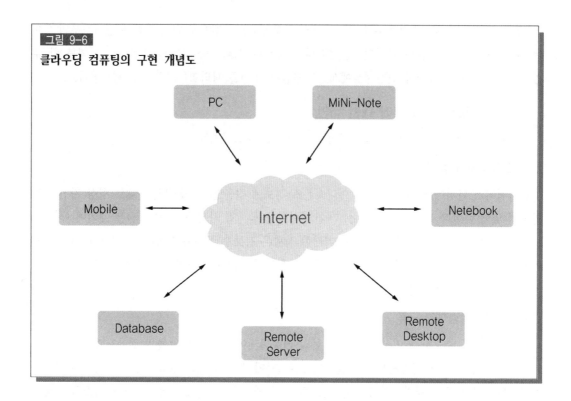

그림 9-6

클라우딩 컴퓨팅의 구현 개념도

말한다.

(2) 클라우딩 컴퓨팅의 장점

클라우딩 컴퓨팅의 장점은 다음과 같다.

첫째, PC에 자료를 보관할 경우 하드디스크 장애 등으로 인하여 자료가 손상될 수 있는 위험이 있는 반면, 클라우딩 컴퓨팅 환경에서는 외부 서버에 자료를 저장함으로써 안전하게 자료의 보관이 가능하다.

둘째, 저장공간의 제약을 극복할 수 있다.

셋째, 개인 저장매체에 기록을 남기지 않으므로 보안성을 유지할 수 있다.

넷째, 언제 어디서든 자신이 작업한 문서를 열람·수정할 수 있다.

다섯째, 비용을 절감할 수 있다.

(3) 클라우딩 컴퓨팅의 단점

클라우딩 컴퓨팅의 단점은 다음과 같다.

첫째, 서버가 해킹당할 경우 개인정보유출의 위험이 있다.
둘째, 서버에 장애가 발생할 경우 자료이용이 불가능할 수 있다.

제 6 절 지식정부이론[14]

1. 지식정부의 개념

1) 지식의 개념

OECD는 지식을 네 가지의 형태로 정의한다. 'Know-what'은 일종의 사실로서 우리가 흔히 정보라고 부르는 것이다. 이것을 얼마나 많이 가지고 있는가에 따라 전문가를 판별한다. 'Know-why'는 자연적 법칙이나 과학적 지식으로 연구기관 등에서 생산되는, 생산공정 등에 적용되는 일종의 조직적 지식이다. 'Know-how'는 어떤 일을 할 수 있는 능력을 의미하며, 'Know-who'는 누가 무엇을 얼마만큼 할 줄 아는가에 관한 지식이다(OECD, 1996: 12). 전자의 두 가지 지식(codified knowledge)은 책을 읽거나, DB에 접속하는 등의 방식으로 얻어질 수 있는 것이지만, 후자의 두 가지 지식(tacit knowledge)은 주로 실제 경험에 의해 얻어진다. 삼성경제연구소(1999)는 이러한 지식활동의 단계들을 창출-축적-공유-활용-학습의 과정으로 보고 있다.

이와 같이 지식활동을 활동단계별로 구분할 때, 정부 내에서의 지식활동은〈표 9-5〉와 같이 요약될 수 있다. 정부 내에서의 지식활동은, 물론 엄밀한 의미에서 개인과 조직의 지식활동은 상호분리될 수 있는 성질은 아니지만, 정부 조직차원에서의 조직적 지식활동과 공무원 개인의 지식활동으로 나누어 볼 수 있다. 조직의 지식활동이 행정부의 정책목표달성을 효과적으로 달성하기 위한 것이라면, 개인의 지식활동은 공무원 개인의 생산성 증대를 위한 것이다.

---

14 졸저, 『전자정부론』(박영사, 2013), 274-306; 149-154쪽 수정인용.

표 9-5 **정부 내에서의 지식활동**

지식과정	정부의 지식활동	
	조직의 지식활동	개인의 지식활동
창 출	정부부문의 R&D, 국민 니즈의 파악, 정책평가를 통한 지식의 창출, 감사과정에서 발생하는 지식	행정능률을 제고할 수 있는 개인의 노하우 (know-how)
확 산	전자정부 구현을 통한 정보의 공동활용	지식창고의 공개
활 용	정책결정에의 활용	확산된 지식의 활용으로 인한 생산성 제고
축 적	정부 내에서 생산된 문서(전자문서)의 분류 및 관리	지식창고에의 축적

2) 지식과 지식정부

위와 같이 정부 내에서의 지식활동의 의미를 음미해 보는 것은 지식정부의 모델을 정립하는 하나의 이론적 출발점이 될 수 있다. 지식기반사회에서 지식의 의미는 기업의 주요 자원인 무형자산으로서 지적 자본을 의미하기 때문이다.

이러한 관점에서 지식정부란 '국가사회시스템의 생산성을 극대화시키고 고객을 만족시키는 공공서비스를 보다 효율적으로 제공하기 위해 새로운 방식으로 지식이 창출·확산·응용될 수 있는 정부형태'로 볼 수 있다(권기헌, 1999). 이처럼 정부 내 지식이 창출·확산·응용될 수 있기 위해서는 다음 몇 가지 전제조건이 충족되어야 한다.

첫째, 조직 내부적으로 지식이 제대로 창출될 수 있도록 인센티브체계를 갖추어야 한다. 지식과 정보는 불확실성을 내포하고 있다. 불확실성을 극복하고 혁신을 가져오려면 위험이 수반된다. 책임과 복종을 엄격하게 강요하는 관료제적 계층구조 하에서, 그에 상응하는 보상체계 없이 지식을 창출하는 데 따른 노력과 희생을 감수할 공무원은 그리 많지 않을 것이다.

둘째, 창출된 지식이 축적되고 활용될 수 있기 위해서는 학습이 일어날 수 있는 조직분위기를 만들어야 한다. 지식은 무엇보다도 학습되어야 빛을 발한다. 사람도 학습할 수 있는 여건이 조성되어야 하고, 조직도 외부 환경변화에 신축적으로 적응하면서 학습이 상시적으로 일어날 수 있는 유연한 조직형태가 되어야 한다.

마지막으로, 이러한 내외부적 조건을 뒷받침해 줄 수 있는 정보기반 구축은 필수적이다. 학습된 지식의 물리적 통로로서의 정보네트워크의 구축과, 이를 실질적으로 정책에 활용할 수 있는 정보의 공유와 공동활용은 지식의 창출과 확산에 꼭 필요한 요소일 것이다.

3) 지식정부의 개념틀

지식정부의 구축조건을 이렇게 파악할 때, 이러한 지식정부 구성의 세 가지 기본요소는 그 동안 논의되어 왔던 ① 학습조직, ② 기업가적 정부, ③ 전자정부의 논의와 연계될 수 있음을 발견하게 된다. 즉, 지식정부는 ① 환경변화에 신축적으로 적응하면서 학습이 상시적으로 일어날 수 있는 조직체계, ② 인력 및 예산의 제약 속에서 공공서비스 향상을 위한 내부유인체계, 그리고 ③ 정책과정에서 정보의 공유와 활용, 조정과 통합이 잘 이루어질 수 있는 정보체계의 구축이 필요하다는 점에서, 지식정부의 개념은 ① 학습조직, ② 기업가적 정부, ③ 전자정부의 논의에 대한 공유점으로 파악할 수 있다(〈그림 9-7〉 참조).

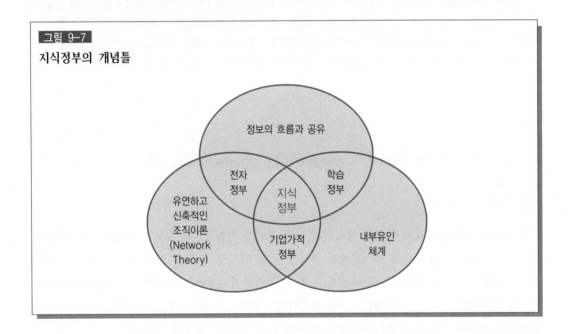

그림 9-7
지식정부의 개념틀

〈 사례 〉 21세기형 행정서비스: 지식정부의 구현례

"새로 보임받은 자리로 가보니 업무와 관련된 자료가 전혀 없더군요. 전임자가 남김없이 챙겨간 겁니다." 경제부처의 한 고참 과장이 지난 1994년 겪은 일이다. 인사발령으로 자리를 옮겼는데 전임자가 쓸만한 자료를 몽땅 들고가 업무파악에 애를 먹었다는 것이다.

중앙부처의 한 차관은 다른 경험을 토로했다. 과장시절 부하사무관이 여기저기 전화를 해대며 자료를 구하느라 애를 먹기에 뭔가 알아보니 전날 바로 옆자리 사무관이 자신에게 보고한 내용이더라는 것이다. 동료사무관이 뭘 찾는지 알면서도 모른 척 시치미를 떼고 있었다는 얘기다. 중앙부처의 국·과장급 공무원이라면 대부분 엇비슷한 경험에 고개를 끄덕일 언급이다. 심지어 옛 재무부에서는 자리를 옮길 때 자신이 쓰던 디스켓을 파손하는 것이 관례이기도 했다.

최근까지도 정부는 이처럼 개인마다, 부서마다, 기관마다 자기만의 정보를 꼭 움켜쥐고 이를 통해 '행세'하는 모습을 보여 왔다. 전임자의 업무를 파악하는 데 많은 시간과 비용을 들여야 하고 부처 간에는 기본적 통계조차 제때 주고받지 못하는 고비용행정이 수십 년간 답습됐다. 정보독점이 그만큼 승진과 출세, 그리고 기관의 힘에 절대적 영향을 미쳤던 까닭이다. 인터넷을 통해 온갖 정보가 국경을 넘나드는 지금 이처럼 닫힌 정부는 더 이상 '정부다운 정부', '효율적 정부'로서 기능하기 힘들다. 이런 시대 흐름에 맞춰 행정자치부와 정보통신부, 기획예산처 주도로 행정전산화와 지식정부 구축을 서두르고 있다. '시·군·구 행정종합정보화', '정부정보 소재 안내서비스', '전자문서 유통체계', '정부지식 관리시스템', '정부인트라넷' 등이 대표적 사례다. 이 시스템의 성패는 각자가 정보를 얼마나 자발적으로 내놓는가에 달렸다.

이를 위해 정부는 지식마일리지제도를 적극 활용할 방침이다. 개인별, 부서별로 정보제출 건수와 질을 따져 포상하는 제도다. 결재나 보고 때 관련 내용을 반드시 지식창고에 싣는 강제방안도 강구하고 있다. 최종찬(崔鍾璨) 기획예산처 차관은 "정보가 많은 공무원이 평가받는 시대는 갔다"고 단언한다. 조직에 유용한 정보를 얼마나 많이 제시하고 활용하느냐에 따라 공직자의 우열이 가려지는 시대가 왔다는 지적이다.

2. 지식관리시스템(KMS: Knowledge Management System)

1) 개념 및 의의

정보기술, 특히 인터넷의 발달은 지식의 공유와 관리가 가능하도록 도와주고 있다. 웹기반을 이용하여 중앙과 지방이 하나의 시스템에서 지식을 공유, 관리할 수 있을 뿐 아니라, 메일 등을 통해 필요한 자료의 전송이 가능하도록 지원하고 있다. 지식관리시스템은 이러한 정보기술을 활용하여 개인적인 차원의 지식공유와 관리가 아닌 조직적인 차원에서의 지식관리를 관리할 수 있도록 전체 조직원 입장에서 지식을 체계화(지식맵)하고 관리할 수 있도록 지원해 준다.

2) 지식관리시스템 구축단계

(1) 준비단계: 추진조직 구성

지식관리시스템은 그 준비단계부터 충분한 검토와 협의가 성공에 중요한 영향을 미친다. 따라서 준비단계에서는 전사적인 추진조직의 구성이 필수적이다. 추진조직에는 조직 전반의 현안 및 업무에 통찰력을 가지고 분석능력과 프로세스를 잘 이해하는 인력이 참여하여야 한다.

(2) 컨설팅 단계: 내부역량 분석 및 외부환경 분석

본격적으로 지식관리시스템의 모델과 추진전략을 수립하기 위한 단계로서, 여기에서는 내부현황에 대한 이해분석은 물론 외부환경분석과 내부지식자산과의 연계에 대한 검토가 필요하다.

(3) 개발 및 확산단계: KMS 시스템개발 및 피드백

개발 및 확산단계에서는 업무프로세스를 구조화한 KMS의 기본구조를 설계하고 어떤 정보기술을 도입할 것인지, 어떤 패키지를 사용할 것인지 여부 등을 결정한다.

(4) 고도화 단계: KMS 고도화

지식관리시스템은 조직의 목표와 대처하는 환경변화에 따라 함께 유기적으로 변화하는 시스템이다. 즉, 지식의 양적 증가와 수요층 증가, 조직의 비전변화 등에 따라 시스템의 고도화가 필요하다. 1차 개발과정에서의 피드백을 지속적으로 관리하고 새로운 정보기술을 도입해 변화관리의 확산과 정착을 수렴한 KMS 고도화가 진행된다.

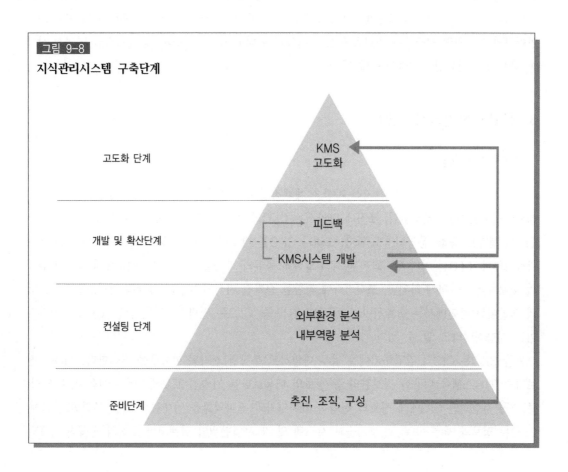

그림 9-8
지식관리시스템 구축단계

3) 지식관리시스템의 성공요인

KMS를 위해 가장 중요한 방법은 지식의 창조이다. 이는 조직구성원 개개인의 지식함양을 의미하는 것이 아니라, 조직적 지식(*organizational knowledge*)의 창출을 의미한다. 지식창조는 각 개인의 두뇌와 손끝에 체화되어 숨어있는 지식, 즉 암묵지를 조직이 공유할 수 있는 형식지로 전환시키는 과정으로 정의할 수 있다. 바로 이 점이 KMS를 좌우하는 핵심 성공요인으로 여겨진다.

우선, 지식을 공유하는 조직문화를 창출하는 것이다. 지식경영의 성공적 체제를 이룩하기 위해서는 개인은 물론이고 부서나 팀이 자기들의 업무결과로 얻어진 새로운 지식이 있다면 이것을 공유하기를 바라는 다른 팀이나 팀원들에게 기꺼이 제공해 주는 일이 무엇보다도 우선시되는 문화의 조성이 절실하게 요청된다.

둘째는, 지식을 효과적으로 발굴하고 활용할 수 있는 제도와 조직구조를 정비하는 것이다. 조직은 인사평가나 급여 또는 비급여적인 다양한 보상방안 등을 적극적으로 개발, 제도화하여 지식의 공유, 활용에 능동적 참여와 활동을 유도해 낼 수 있어야 한다.

마지막으로, 지식경영의 촉진제이자 실질적인 도구인 정보기술 인프라를 구축하는 것이다. 조직 안에서의 지식경영 시스템은 조직의 목표를 정확히 이해하고, 구조, 절차 및 제도적인 면에서 상당한 융통성이 반영된 시스템이어야 한다.

3. 최고지식관리자: CKO

1) CKO의 개념

조직 내에 흩어져 있는 각종 지적 자산을 체계적인 조직운영시스템에 의하여 발굴, 관리하려는 시도에서 CKO가 탄생하였다. 조직에 따라서는 CKO의 역할이 CLO(Chief Learning Officer), 또는 CIO의 형태로 축소, 운영되기도 한다. 그러나 CKO는 별도의 상시 조직책임자로서 존재하는 것이 바람직하다. CLO는 이미 형식화된 지식의 일반적 공유와 학습을 추구하고, 이를 통해 양성된 인력의 재배치를 가능하게 하지만, 조직전략에 적합한 숨겨진 지식의 발굴과 체계적 관리, 공유 시스템의 개발이란 측면에서는 실효성이 다소 떨어진다. 즉, CLO는 인력지향적인 반면, CKO는 전략적이고 지향적이라고 할 수 있다.

또한 CKO는 CIO가 감당하기에는 너무 다양하고 복잡한 전략적 이슈들을 처리한다. CIO는 정보기술(IT)시스템을 이용한 정보관리 등 정보의 내용보다는 기술적 프로세스에 관심을 갖고 있다. 즉, 기술지향적인 CIO에게 정보의 전략적 가치평가와 전파역할을 기대하는 것은 무리인 반면에, CKO는 정보와 재무, 인력, 정보기술과 시스템 및 각 사업단위와 연계되어 조직의 전략적 목표와

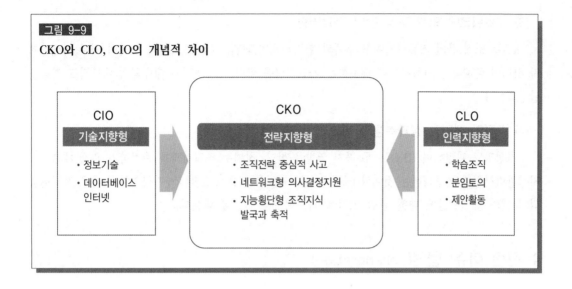

그림 9-9

CKO와 CLO, CIO의 개념적 차이

CIO
기술지향형
• 정보기술
• 데이터베이스
  인터넷

CKO
전략지향형
• 조직전략 중심적 사고
• 네트워크형 의사결정지원
• 지능횡단형 조직지식
  발굴과 축적

CLO
인력지향형
• 학습조직
• 분임토의
• 제안활동

비전에 적합한 지식을 발굴, 공유하여 체계화된 조직지식으로 변환하는 등 보다 전략적 마인드를 중요시한다. 〈그림 9-9〉는 CKO와 CLO, CIO가 기본적으로 추구하는 방향이 다르다는 측면에서 개념적 차이를 설명한다.

2) CKO의 역할

CKO의 역할은 4단계로 구분하여 정리할 수 있다. 첫째, 조직목표에 적합한 지식의 발굴과 공유, 둘째, 조직에 필요한 베스트 프랙티스를 중심으로 한 지식기반의 구축, 셋째, 네트워크에 의한 조직의 가교역할, 넷째, 조직의 전략적 성과측정과 피드백으로 나누어 볼 수 있다.

(1) 조직목표에 적합한 지식의 발굴과 공유

기업과 마찬가지로 정부조직도 급변하는 사회환경에 적응하기 위해 끊임없는 변신, 즉 조직혁신이 필요하다. 이러한 조직혁신은 명확한 조직목표의 설정과 그 실현에 필요한 지식에 대한 이해와 발굴, 그리고 공유 노력에 의해 성공 여부가 결정된다.

(2) 지식 인프라의 설계자이자 관리자

CKO는 조직 내 지식 인프라(자료실, 지식기반, 인적자원, 컴퓨터 네트워크, 연구센터 등)를 설계하고 관리 감독하는 책임자이다. 또한 조직 외부에 존재하는 지식의 획득과 전파역할도 하게 된다. 여기서 지식기반이란 조직역량을 대표하는 베스트 프랙티스(*best practice*)를 의미하며, 지식 인프라의 핵심요소이다.

(3) 네트워크에 의한 조직 간의 가교역할

CKO는 조직 간의 커뮤니케이션 부족과 협력관계의 괴리, 그리고 조직과 조직의 외부 이해관계자 사이에 존재하는 지식격차를 해소하는 가교역할을 한다. 즉, 조직의 대내외적 네트워크 기능을 활성화한다.

(4) 조직의 전략적 성과측정과 피드백

조직성과와 관련하여 CKO는 두 가지 역할을 한다. 첫째는 조직성과를 측정하기 위해 체계적인 지식관리시스템을 구축하는 것이다. 둘째는 성과측정을 기초로 조직 간 지식격차에 따른 정책결정의 문제와 해결방안에 대해 관련 조직에 피드백하는 기능을 맡는다.

4. 관련 이슈: 협업(Collaboration)

1) 협업의 의미

최근 들어 박근혜 정부에서는 부처 간 칸막이 제거(협업)을 정부3.0의 중요한 요소로서 강조하고 있다. 대통령 업무보고에서부터 여러 부서를 합동으로 묶어서 보고하게 한다든지 공동과제를 설정하여 의도적으로 협업을 성사시키기 위해 노력하는 모습을 볼 수 있다. 부처 간 할거주의를 극복하고 공동업무를 통해 행정의 창조적 기능이 활성화된다고 보고 있는 것이다. 또한 그것이 창조경제를 실현하는데 있어서 정부운영 관점에서 중요한 전제조건으로 보고 있는 것으로 이해할 수 있다.

협업이란 동일 생산과정이나 관련 있는 생산과정에서 다수의 노동자가 상호협력하여 행하는 작업형태를 말한다. 협업은 자본주의 이전의 생산양식에서도 흔히 찾아볼 수 있는데, 그것은 여러 생산조건을 공유하거나 공동체적 작업에 기초를 둔 것이었다. 자본주의 사회에서 협업의 특징은 다수의 노동자가 동시에 동일 생산과정에서 동일 자본가의 지휘·감독 아래 동일 상품을 생산하여 높은 잉여가치를 창출한다는 점에 있다. 협업은 다수의 노동자가 생산수단을 이용함으로써 생산수단의 절약을 가져오고, 개개인의 경쟁심을 자극하여 개별적 노동능력이 증대되는 이점이 있다.

2) 협업설계의 개념

협업설계는 지리적, 위치적인 제약을 해결하여 업무 프로세스를 원활하게 하고, 또한 개발기간과 비용을 단축하기 위한 방안 중의 하나이다. 기존의 문서나 전화, 팩스를 이용한 의사전달 또는 교환의 경우 내용의 오해를 가질 수 있는 부분이 크고 의사전달도 원활하지 않았다. 그리고 지리적으로 떨어져 있는 경우 회의를 하기 위해 방문해야 하는데 이러한 경우 시간적, 비용적 손실도 크다. 이러한 문제점들을 보완하고자 협업설계 시스템에 대한 연구가 활발하게 진행되고 있다. 협업설계의 핵심용어를 살펴보면 다음과 같다.

제 2 부　동태적 행정과정

(1) 공동작업

그 구성원들이 지적, 학구적, 실용적인 부문에서 서로 같이 공동으로 일을 하는 일종의 프로세스다. 과거에는 개개인 간의 서신 또는 전화를 통한 교류를 의미하였다.

(2) 전자적 공동작업

과거와는 다르게 각 개인들을 전자메일, 사설 네트워크와 같은 툴을 사용하여 연결하고 인터넷 상에서 서로 접근 가능하게 한다. 이는 협동참가자들이 시공을 초월하여 통신할 수 있게 함으로써 건물, 국가, 대륙의 서로 다른 부문에 있는 사람들도 서로 정보를 교환하고, 공유된 문서, 아이디어로 작업을 같이 수행·연구하고, 자신들만의 고유 경험을 일에 반영할 수 있도록 한다.

(3) 협 업

전체 제품 개발 프로세스 내에서 공동작업의 방법론과 기술들을 함께 사용함을 의미한다. 따라서 여기에는 설계그룹, 부서 및 개발팀 설계자들과 Product Definition Lifecycle 환경 내에서 같이 일을 하는 확장기업(*extended enterprise*) 내의 파트너사와 협력업체들을 모두 포함한다.

3) 협업형 정부모형

협업형 정부의 이상적인 모습은 다음 몇 가지 특징들로 정리될 수 있을 것이다.

① 협업형 정부는 문서를 디지털화하고 이에 따라 그것을 공개함을 원칙으로 한다. 이를 통해 정부에의 접근성을 높일 수 있다.
② 기관별 정보화에서 수평·수직적 스마트 전자정부을 구현해야 하며, 이를 통해 경계없는 행정업무 처리와 서비스가 가능해진다. 협업형 정부는 외부와의 연계성을 지님을 기본으로 한다. 그것은 내부와의 관계를 차단하는 것이 아니라 내부 업무 간의 연계성 위에 형성된다. 이에 벽이 존재하던 정부 간의 업무에 효율적인 교류를 가능하게 한다.
③ 차세대 전자정부는 고객관계관리(CRM)기법을 활용한 맞춤형 서비스와 민·관 통합서비스를 제공한다. 과거의 일방향적인 의견전달에서 온라인 포럼 등을 통한 쌍방향적인 국민참여가 확대되고 인터넷 투표, 온라인 선거운동 등 국민이 정책의사결정에 직접 참여하게 된다.
④ 정부와 민간의 정보네트워크가 상호연계되는 거대한 국가신경망체계가 구축돼 정부서비스를 받기 위해 별도로 정부를 방문할 필요 없이 현장에서 실시간으로 처리되는 '제로 스톱'(*zero-stop*) 서비스가 실현된다. 그만큼 정보화의 영향력과 정부효율성이 높아진다는 의미다.
⑤ 언제 어디서나 네트워크에 접속할 수 있는 유비쿼터스 환경이 구현되면 국민들은 모바일, 스마트 TV, 홈네트워크 등 모든 스마트 기술을 통해 전자정부서비스를 이용할 수 있다. 전자정부에 대한 정보접근성이 무한대로 확대되는 것이다.

4) 협업의 성공을 위한 정책과제

협업의 성공은 단순한 기술적 장치를 뛰어넘는 것이다. 이를 위해서는 인사, 예산, 보상, 성과, 문화 등 다양한 접근이 필요하다.

(1) 내부 지향 의식 타파

협업이 성공하려면 정부관료제의 내부 지향 의식 타파가 되지 않고는 불가능하다. 내부 지향 의식을 버리지 않고는 자기 부처의 할거주의를 뛰어넘는 글로벌한 사고가 불가능한 것이다. 또한 글로벌화의 진전, 지식시대 돌입 등 21세기 메가 트렌드에 효과적으로 대처할 수 없을 것이다.

(2) 기존의 관료적 제도나 문화, 조직체제의 장벽을 제거

다양한 전문능력과 기술을 가진 인재를 외부에서 흡수하여 조직 내 전문성과 다양성이 살아 숨쉬도록 유도할 필요가 있다.

(3) 조직의 부문이기주의와 관료주의적 타성의 불식

진정한 무경계 조직이 구축되도록 낡은 제도, 관행을 과감히 타파할 필요가 있다.

(4) 전문성을 강조

지식관료의 전문성을 강화하기 위한 인재충원정책을 고려해야 한다. 전문적 지식과 행동력을 가진 참신한 인재를 정부조직에 수혈하고, 계약제 임용방식의 확대 도입 등 개방형 공무원제를 정착시킬 필요가 있다.

(5) 지식창출형 조직문화

조직이 열심히 일하는 자세는 높이 평가하면서 아이디어나 제안에 대해서는 냉소적일 경우 구성원들이 새로운 지식의 창출에 관심을 갖지 않을 것이다. 또한 협업을 하기 위한 인센티브도 부족할 것이다.

협업형 지식정부를 구현하기 위한 지식창출형 조직문화는 다음에 초점을 맞추어야 한다.

첫째, 협업을 통한 창조적인 지식의 가치를 높이 평가해주는 문화의 형성이 필요하다. 규정중심의 업무 처리에 익숙해 있거나 선례답습적 태도는 지양되어야 한다. 효과적인 네트워크를 구축하고 있다 하더라도 조직 내·외부에서 생성된 지식을 획득하고 활용하는 데는 한계가 있다. 다른 조직이 특정 지식을 쉽게 제공하지 않을 뿐만 아니라 설사 제공한다 하더라도 그것을 자신의 특성에 맞게 해석하는 데 시간과 비용이 많이 든다. 이를 위해서는 지식창조를 중요시하는 조직문화가 형성 되어야 한다(전대성, 2000: 84).

둘째, 신뢰와 협력문화의 형성이 필요하다. 지식의 창조와 활용이 개인의 역할에 의존하기보다 조직 구성원들 간의 교류 및 협업에 의해서 더 많이 활성화된다면, 조직구성원들 간의 협력을 중요시하는 문화는 필수적이다(전대성, 2000: 85). 이러한 풍토가 조성되어야 자발적으로 각자가 보유하고 있는 지식과 정보를 조직 내의 다른 구성원들에게 신속하게 제공하게 되는 것이다. 이를 통해 새로운 지식이 활용되고 또 다른 새로운 지식을 창출하는 데 기여하게 된다. 따라서 조직 내의 지나친 경쟁분위기 조성은 지식의 흐름, 즉 공유를 중심으로 하는 지식의 핵심활동을 어렵게 하는 요인이 된다. 지식정부의 구현목적이 조직경쟁력을 향상시키는 데 있는 것이지만, 지식관리를 실현하기 위한 지식활동은 근본적으로 신뢰와 협력의 문화 속에서 협업이 이루어지고 이를 통해 창조적 정책이 창출될 수 있도록 하기 위함이다(김상묵·박희봉·강제상, 2001: 163-183).

셋째, 실수에 대한 인식을 바꿀 필요가 있다. 어느 누구도 실수하는 것을 좋아하지 않지만 실수는 있게 마련이다. 만약 자신이나 타인의 실수를 인정하지 않거나 숨기거나 비난하면 부정과 죄악으로 발전할 수 있지만, 공개하여 다 함께 원인을 규명하고 재발방지에 힘을 합칠 경우 결정적인 지식 창출의 장이 펼쳐지게 되는 것이다. 실수를 용납하지 않는 조직에서는 실험적이고 도전적인 시도가 나타나지 않는다(Marquardt & Reynolds, 1995: 101).

5. 최근동향: 스마트 워크(Smart Work)

1) 개 념

정보통신기술의 급격한 발달과 스마트 폰을 비롯한 다양한 매체의 등장은 기존의 업무방식을 탈피한 미래지향적인 업무환경을 요구하고 있다. 이러한 환경에서 등장한 개념이 스마트 워크(*smart work*)로서, 이는 "다양한 장소와 이동환경에 구애받지 않고 언제 어디서나 원하는 업무를 자유롭고 효율적으로 처리할 수 있도록 제공해주는 미래지향적 업무환경서비스"를 말한다. 이는 원격 협업을 통해 보다 실시간으로 의사소통이 가능하고, 문제해결을 신속하게 처리할 수 있게 해준다(정명수 외, 2011).

2) 특 징

스마트 워크는 단순하게 스마트 폰과 같은 기기의 도입으로 사무환경이 바뀌는 일시적인 현상을 의미하는 것이 아니다. 즉, 이는 휴대전화의 도입으로 인하여 사무실 전화 외에 이동 중에도 얼마든지 업무상의 전화를 받을 수 있는 것과 같이 단편적인 업무의 변화만을 의미하는 것이 아니라, 업무 전반, 예컨대 모바일 기기를 통한 이동 중 메일이나 메모보고, 전자결재 등과 같이 업무 전반에 걸쳐 근본적인 방식 자체가 변하게 됨을 의미한다(이재성 외, 2010: 80).

스마트 워크가 가능하기 위해서는 이를 뒷받침할 수 있는 기반시설 및 체제가 갖추어져야 한다.

표 9-6 스마트 워크의 유형과 장·단점

유 형	근무형태	장 점	단 점
재택근무	•자택에서 본사 정보통신망에 접속하여 업무 수행	•별도의 사무공간 불필요 •출퇴근시간 및 교통비 부담 감소	•노동자의 고립감 증가와 협동업무의 시너지 효과 감소 •고립감으로 직무만족도 저하 •보안성 미흡으로 일부 업무만 제한적 수행 가능
이동근무 (모바일 오피스)	•모바일 기기 등을 이용하여 현장에서 업무 수행	•대면업무 및 이동이 많은 근무환경에 유리	•스마트폰 등을 활용한 위치추적 등 노동자에 대한 감시통제 강화
스마트 워크센터 근무	•자택 인근 원격사무실에 출근하여 업무 수행	•본사와 유사한 수준의 사무환경 제공 가능 •근무실적 관리 용이 •보안성 확보 용이 •직접적인 가사·육아에서 벗어나 업무집중도 향상 가능	•별도의 사무공간 및 관련 시설 비용부담 •관련 법 및 제도 정비 필요 •관리조직 및 시스템 구축 필요

자료: 이재성 외(2010: 79)에서 수정.

예컨대 공공장소의 와이파이(Wi-Fi)나 광역무성통신망 등을 통해 원활한 통신이 가능해야 하며, 정보공동처리시스템 등이 마련되어야 스마트 워크의 실현이 가능하다.

스마트 워크는 사무실과 같은 물리적인 공간이나 시간에 얽매이지 않는다. 즉, 언제 어디서든 필요에 따라 업무를 처리할 수 있다. 따라서 업무담당자에게 업무처리의 재량이 주어지며 이는 업무의 효율성과 생산성 향상으로 이어질 수 있다.

6. 지식정부의 행정학적 쟁점

지식정부란 국가사회시스템의 생산성을 극대화시키고 고객을 만족시키는 공공서비스를 보다 효율적으로 제공하는 한편 민주적이고 성찰적인 공동체를 구현하기 위한 고민과 성찰을 담고 있는 국정운영시스템을 의미한다. 이 장에서는 지식정부에 대해서 논의하면서 그 근간이 되는 지식관리시스템의 정체성과 구현방안, 지식관리책임자(CKO)의 개념과 운영방안에 대하여 알아보았다. 관련이슈로서 협업 및 최근동향으로서 스마트워크에 대해서도 알아보았다.

지식관리시스템은 정부조직이 보유한 유형·무형의 가용지식을 공유하여, 정부의 업무처리 효율성과 생산성, 대민서비스 개발 및 문제해결능력을 높이는데 그 의의 및 중요성이 있으며, 이러한 활동은 조직책임자와 지식관리책임자의 강력한 의지와 지속적인 리더십에 의해서 가능하다. 또한 지식의 창출, 축적, 공유, 활용 등 지식의 선순환 사이클이 가속화되는 조직이 지식조직인 바, 이를 위해서는 기존의 관료형의 조직문화는 지식형의 조직문화로 탈바꿈해야 한다.

지식창출형 조직과 협업형 조직문화를 만들기 위해서는, 앞서 살펴보았듯이, 지식관리시스템과 CKO의 역할뿐만 아니라, 이를 뒷받침하는 인사제도, 보상제도, 조직문화에 대한 종합적 체계적 노력이 필요할 것이다. 이러한 기술적, 인적, 제도적 요소들이 모두 총체적 유기적으로 변모하는 모습을 보여줄 때 우리 정부의 지식관리도 한 단계 더 업그레이드될 수 있을 것이다.

제 7 절   4차 산업혁명[15]

1. 4차 산업혁명의 개념

4차 산업혁명은 산업과 산업간의 초연결성을 바탕으로 초지능성을 창출하며, 이를 미래예측을 통해 뒷받침하여 융합과 혁신을 이끌어낸다. 3차 산업혁명의 연장선상이라고 할 수 있지만, 근본적인 특성은 확연히 다르다. 1차, 2차 산업혁명은 동력 및 대량 생산 등으로 인한 오프라인(*off−line*) 혁명, 3차 혁명은 지식·정보, 인터넷 등으로 인한 온라인(*on−line*) 혁명이지만, 4차 산업혁명은 1차, 2차의 오프라인(*off−line*) 혁명과 3차의 온라인(*on−line*) 혁명이 하나로 연결되는 사이버 물리시스템(*cyber−physical system*) 혁명이라고 할 수 있다. 4차 산업혁명의 등장과 함께 신성장 동력으로 떠오르고 있는 IoT, 인공지능, 로봇, 나노기술, 바이오, 드론, 자율주행 자동차, 3D 프린터, 빅데이터 등 신기술을 기존 제조업과 융합해 생산 능력과 효율을 극대화시킨다. 현재 미국, 독일 등 선진국을 중심으로 세계적으로 4차 산업혁명이라 불리는 새로운 물결을 목격하고 있다.

2. 4차 산업혁명의 특징

4차 산업혁명은 VUCA, 즉 변동성(*volatility*), 불확실성(*uncertainty*), 복잡성(*complexity*), 모호성(*ambiguity*)으로 설명할 수 있다. 4차 산업혁명의 혁신적 기술은 산업간, 국경간, 심지어 현실과 가상의 세계까지 융합시킴으로써 삶의 범위를 무한히 확장시켰다. 그러나 이전과는 달리 변화의 속도가 빠르고 범위가 무한하여 노동시장의 붕괴(일자리 감소), 사회양극화(소득격차 확대) 등 많은 측면에서 위기의식이 증가하고 있다. "기술만으론 우리 미래를 예측할 수 없다. 4차 산업혁명에

15 권기헌(2018). 『정책학강의』. 박영사. pp. 642-648을 수정·보완하였음.

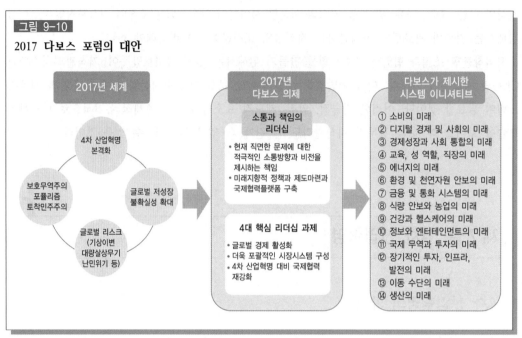

그림 9-10

2017 다보스 포럼의 대안

2017년 세계

- 4차 산업혁명 본격화
- 보호무역주의 포퓰리즘 토착민주주의
- 글로벌 저성장 불확실성 확대
- 글로벌 리스크 (기상이변 대량살상무기 난민위기 등)

2017년 다보스 의제

소통과 책임의 리더십

- 현재 직면한 문제에 대한 적극적인 소통방향과 비전을 제시하는 책임
- 미래지향적 정책과 제도마련과 국제협력플랫폼 구축

4대 핵심 리더십 과제

- 글로벌 경제 활성화
- 더욱 포괄적인 시장시스템 구성
- 4차 산업혁명 대비 국제협력 재강화

다보스가 제시한 시스템 이니셔티브

① 소비의 미래
② 디지털 경제 및 사회의 미래
③ 경제성장과 사회 통합의 미래
④ 교육, 성 역할, 직장의 미래
⑤ 에너지의 미래
⑥ 환경 및 천연자원 안보의 미래
⑦ 금융 및 통화 시스템의 미래
⑧ 식량 안보와 농업의 미래
⑨ 건강과 헬스케어의 미래
⑩ 정보와 엔터테인먼트의 미래
⑪ 국제 무역과 투자의 미래
⑫ 장기적인 투자, 인프라, 발전의 미래
⑬ 이동 수단의 미래
⑭ 생산의 미래

자료: WEF(2017). 현대경제연구원(2017: 9). 「2017년 다보스 포럼의 주요 내용과 시사점」; 정책학강의(2018: 646)에서 재인용.

대한 진지한 고찰이 필요하다"라는 캐나다 총리 쥐스탱 트뤼도(Justin Pierre James Trudeau)의 주장처럼 4차 산업혁명에 대한 정부의 역할에 대해 고찰해봐야 한다.

이를 반영하듯, 2016년 4차 산업혁명이라는 화두를 던진 다보스 포럼은 2017년 1월 "소통과 책임의 리더십"(*responsive and responsible leadership*)이라는 주제로 개최되었다. 다보스 포럼은 4차 산업혁명 시대를 맞이한 정부가 불안감과 좌절감을 느끼는 사람들에 대해 진솔하게 반응하고, 공정하고 지속 성장이 가능한 대안을 제공해야 한다는 책임감을 가져야 함을 강조했다. 이처럼 정부는 다양한 사회적 문제를 직면함에 있어 불안감과 좌절감을 느끼는 국민들에 대해 진솔하게 반응하고 적극적인 소통을 할 수 있는 역량과 단순히 표심을 위한 포퓰리즘적 정책이 아닌 지속 가능한 성장을 이룰 수 있는 미래 지향적 정책과 제도를 제시할 수 있는 역량을 가져야 한다.

3. 4차 산업혁명과 정부운영방식의 변화

정부는 4차 산업혁명의 초연결성, 초지능성, 초예측성을 기반으로 단순한 산업적 변화를 넘어 운영 방식과 정부를 둘러싼 민간의 관계 설정 방식 또한 변화시키고 있다. 기존 정부의 운영 방식은 PC 및 전자기기의 단순 활용 수준이었다면, 현재는 더 나아가 네트워크를 기반으로 집약된 빅데이터(*big data*)를 통해 공공서비스 수요자에 대한 맞춤형 서비스(*customized service*), 개인별 서비스(*personalized service*)를 제공하기 위해 준비하고 있다. 업무 방식에 있어서도 실시간 행정정보의 공개를 통해 과거 관료중심의 폐쇄적 업무 방식(비밀주의)에서 개방된 업무 방식으로 변화하고 있다. 그리고 국민의 공적토론의 활성화를 위해 구축된 온라인 플랫폼을 기반으로 헌법상의 민주주의를 실제 정책결정과정에 구현함으로써 투명한 행정으로 나아가고 있다.

그러나 이러한 긍정적 변화 이면에 정보의 격차, 이로 인한 권력의 집중 등 사회적 불평등을 더욱 심화시킬 것이라는 전망이 상존한다(과학기술정책연구원 미래연구센터, 2016). 정보통신기술의 발달이 모든 사회 문제를 근본적으로 해결할 것이라는 낙관론에만 치우치면 앞으로 4차 산업혁명이 가져오는 사악한 문제(*wicked problem*)를 피할 수 없게 될 것이다. 우리는 디지털 시대의 정치과정과 권력 작동 방식에 대한 순기능과 역기능을 이해해야 한다(과학기술정책연구원 미래연구센터, 2016).

세계경제포럼(WEF)은 『미래의 정부: 세계 각국의 경험으로부터 얻은 교훈(*the future of government:*

표 9-7 4차 산업혁명 시대의 정부모형: FAST모형

유연성(Flatter)	민첩성(Agile)
• 수평적 정책결정 구조를 통한 신속한 사회문제 해결이 가능한 유연한 정부 - Citizen engagement: SNS 및 모바일 디바이스를 활용한 국민의 정책결정 참여의 증대 - Administrative efficiency: 불필요한 행정적 절차(red-tape)를 축소를 통한 행정의 효율성 향상 - Decision-making process: 빅데이터 기반의 과학적 정책결정 및 협업 구조를 통한 수평적 정책결정 - Intergovenmental and cross-sectoral collaboration: 정부간(inter-governmental), 부서간(cross-sectoral), 주체(agent)간 네트워크를 통한 사회문제 해결	• 사회 문제의 특성에 따라 동원 자원, 조직, 프로세스 등을 스스로 조직화 할 수 있는 민첩한 정부 • 즉, 공공 및 민간의 네트워크를 통해 사회문제 해결을 위한 조직을 구성하되, 만약 사회문제 해결을 통해 더 이상 동 조직이 필요하지 않을 경우 스스로 탈 조직화(de-organization)하는 유연한 정부구조를 말함 • 공공부문은 광범위한 문제 해결 역량(broad problem-solving capacity building)을 갖춘 숙련된 지식근로자로 구성되어야 함 • 민간부문과의 네트워크를 활용한 관-민 비즈니스 관계의 초지능화(business intelligence)가 필요
슬림화(Streamlined)	기술역량(Tech-Savvy)
• 기술발전 및 노동시장의 재편을 통하여 슬림화된 정부 • 무조건적인 정부규모의 축소가 아닌 전자정부의 기술적 역량 및 네트워크 방식을 활용하여 정부 규모 대비 효율성을 제고하는 혁신적 방식	• 미래지향적 기술역량을 갖춘 정부 • 수평적 정부(flatter government), 민첩한 정부(agile government), 슬림화된 정부(streamlined government)로의 변화에는 반드시 이를 뒷받침할 수 있는 인프라가 구축되어야 함 • 이때 인프라는 기술역량 향상뿐만 아니라, 네트워크 환경에 적용 가능한 정책, 법률 및 제도 전반의 재설계를 모두 포함하며, 이를 통틀어 Tech-Savvy로 정의함

자료: World Economic Forum(Global Agenda Council), "Future of Government-Fast and Curious"(2012)에서 수정.

lessons learned from around the world)」을 통해 4차 산업혁명 시대의 정부모형을 FAST(flatter, agile, streamlined, tech-savvy) 정부가 되어야 한다고 제시하고 있다. 4차 산업혁명 시대의 정부는 1) 유연성(*flatter*): 수평적 정책결정 구조를 통한 신속한 사회문제 해결이 가능한 정부, 2) 민첩성 (*agile*): 사회문제의 특성에 따라 자원, 조직, 프로세스 등 스스로 조직화할 수 있는 민첩한 정부, 3) 슬림화(*streamlined*): 기술의 발전 및 노동시장 재편을 통한 슬림화된 정부, 4) 기술역량 (*tech–savvy*): 미래지향적 기술에 능통한 정부가 되어야 한다고 제시하고 있다. 즉, 정책 결정 및 정부서비스 공급 주체가 정부에 한정되지 않고, '누구나'로 확장되며, 사회문제 해결의 '즉시성'과 '기민성'이 정부역량의 판단 기준이 될 것이다. 이를 위해서는 무엇보다 정부가 정부 운영에 있어 4차 산업기술을 적극 활용할 수 있도록 기술 인프라가 구축해야 한다고 주장한다.

4. 최근동향: 국회미래연구원

4차 산업혁명은 바람과 같다. 손에 잡히지 않아도 느낄 수 있으며, 그 바람에 편승하여야만 하늘로 날아갈 수 있다. 4차 산업혁명의 실체를 보거나 만질 수는 없지만, 우리는 이미 그 한 가운데에 있으며, 이 바람에 올라타는 나라만이 미래를 선도할 수 있다.

이러한 4차 산업혁명의 바람 속에 세계적으로 국가미래비전 수립을 제도화하는 국가들이 많아지는 추세이다. 미국의 경우 미국평화연구소와 우드로 윌슨센터, 영국은 스코틀랜드 미래포럼, 핀란드의 경우 시트라·미래연구소 등이 운영되고 있다. 그리고 2018년 5월 28일 한국도 국회미래연구원을 수립했다.

국회미래연구원은 미래 환경의 변화를 예측·분석하고 국가 중장기 발전전략을 도출함으로써 국회의 정책역량 강화와 국가 발전에 이바지함을 목적으로 한다(국회미래연구원법 제1조). 국회미래연구원 이외에도 42개의 정부출연기관이 설립·운영되고 있지만 단기·현안 위주로 연구가 수행돼 국가 차원의 미래연구 기능은 사실상 부재한 상황이다. 또한 국회의 경우 정권 교체에 많은 영향을 받아 연속성·일관성이 있는 국가 중장기 발전전략을 수립하는데 어려움을 겪고 있었다. 이러한 상황 속에 국회 미래연구원은 지속적이고 일관성이 있는 국가 중장기 발전전략을 수립하는데 기반이 될 것으로 보인다.

핵심 Point !

Dynamic Process

◎ 지식정보사회의 동인
- 기술적 동인: Seeds(Supply, Push): 디지털 압축기술이나 전송기술이 기술적 동인
- 사회적 동인: Needs(Demand, Pull): 산업사회가 진전되고 물질적 충족이 어느 정도 갖추어지면 서 더 고급욕구인 사회적 욕구와 자아실현의 욕구를 추구

◎ 지식정보사회의 실체: 산업사회와 정보사회의 관계
- 전환론적 관점: Bell과 Toffler는 정보사회는 산업사회와는 본질적으로 구별되는 사회
- 지속론적 관점: Simon과 Giddens는 정보사회는 표면적 변화
- 구조론적 관점: 고도 정보기술이 혁명적이고 전환적이지만, 그 파장이 사회전반의 구조적 변화를 초래할 정도가 되지는 않는다고 봄
- 요약 및 소결
  ▶ 정보사회는 다층구조의 복합산물
  ▶ 정보사회는 무엇보다도 사회적 연계망(social networking)과 관련된 정보의 역할증대

◎ 지식정보사회의 패러다임
- 정보사회는 시간적·공간적 소멸이 가능한 사회
- 정보사회는 시간적, 공간적 거리의 소멸뿐만 아니라, 영역간 경계의 소멸이 발생
- 정보사회는 열린 사회인 동시에 경쟁사회
- 정보사회는 윤리적 문제가 더욱 심각하게 제기되는 사회

◎ 지식정보사회의 행정학 논의구조
- 거시행정학: 지식정보시대이라고 불리는 현대의 소용돌이 체제에서는 미시적 차원의 분석틀로는 현대사회의 종합적 문제해결에 한계
- 개방체제모형: 개방체제라는 시각에서 정부의 문제해결능력을 제고해야 함
- 인간중심의 행정학: 생산수단으로서의 인간을 다룰게 아니라, 생산의 주체로서 인간을 새롭게 발견해야 함
- 지식정보사회에서의 변혁적 리더십

- ▸ 변혁적 리더십은 잠재력과 자발성이 핵심
- ▸ 변혁적 리더십은 조직 내적 과제와 조직 외적 과제에 직면해 조직 내적으로 지도자는 헌신과 신념을 통해 조직구성원들의 잠재력 고양, 조직 외적인 측면에서 보면 정부의 변혁적 리더들은 시민들의 자발성과 잠재력을 고양

◎ 정보정책의 원칙
  - ◘ 민간투자의 장려
  - ◘ 경쟁의 증진과 보호
  - ◘ 소비자에 대한 공개적인 접근(open access)
  - ◘ 보편적 서비스의 유지 및 향상
  - ◘ 유연한 규제정책
  - ▸ 이를 요약하면 효율성(efficiency), 형평성(equity), 윤리성(ethics)의 조화

◎ 정보정책의 논리
  - ◘ 사회적 활력의 진작: 효율성의 제고
  - ◘ 사회적 형평의 제고: 형평성의 증진
  - ◘ 사회적 윤리의 제고: 윤리성의 진작
  - ▸ 정보사회에서의 절도나 파괴행위가 특별한 죄의식 없이 발생함
  - ▸ 음란정보 및 악성댓글 등 원하지 않는 정보의 무차별적인 전파
  - ▸ 내용보안의 문제와 지적소유권의 문제
  - ◘ 요약 및 소결: 정신적 가치와 시민의식의 함양
  - ▸ 정보사회가 진정으로 문명화된 사회가 되기 위해서는 효율성, 형평성, 윤리성에 대한 조화문제가 고려되어야 함
  - ▸ 특히 정보사회의 핵심원칙들이 제대로 잘 지켜지기 위해서는 정보윤리의 확립과 이에 바탕을 둔 시민의식의 함양이 근본적임
  - ▸ 정보교육의 강화와 함께 성찰적 시민이 되기 위한 시민 스스로의 자율(自律)규제와 자정(自淨)적 노력이 필요

◎ 지식정보사회의 국가혁신논리
  - ◘ 디지털 혁명시대의 3대 속성
  - ▸ 디지털은 시간(time), 속도(speed), 불확실성(uncertainty)을 내포
  - ▸ 1980년대가 질(quality)의 시대, 1990년대가 리엔지니어링(reengineering)의 시대라면 2000년대는 속도(speed)의 시대
  - ◘ 지식정보사회의 정책이념
  - ▸ 과거 전통적 행정학에서 중요한 역할을 하였던 발전행정이론은 능률성과 효과성을 정책이념
  - ▸ 현대사회는 점차 다원화된 이익집단과 이해관계가 복잡하게 얽힌 지식정보사회로 진입하게 되면서 민주성과 참여성이 강조되고 있음

- ▶ 새로운 시대의 효율성(실용성)은 참여성, 숙의성, 합의성, 즉 민주적 절차에 기초하여 정책수용성을 최대화 시킬 때 확보 가능
- ◘ 지식관료와 혁신관리
- ▶ 지식관료는 불확실한 환경 속에서 문제의 본질을 파악하고, 따라야 할 선행모델이 없는 상황에서 새로운 대응모델을 구축하며, 지식창출을 통해 국민에게 부가가치를 제공하는 관료
- ▶ 환경의 불확실성이 극히 높아진 행정환경에서의 지식관료는 따라야 할 선행모델이 없는 상황 하에서 새로운 대응모델을 구축하는 능력도 필요
- ◎ 현대정보체계론(PMIS: Public Management Information System)의 핵심과제
  - ◘ 현대정보체계론은 국가와 정부를 하나의 유기적 시스템으로 보며, 국가(정부)-시장(기업)-시민사회 (NGO) 등을 하나의 수평적 네트워크로 접근하는 뉴거버넌스적 입장을 취함
  - ◘ 현대정보체계는 정책문제에 포함된 복잡 과다한 정보들을 체계적으로 정리해 줌으로써, 정책역량을 제고 하고 문제해결능력과 위기관리역량을 향상시키고자 함
  - ◘ 따라서, 현대정보체계의 핵심과제는 정보시스템과 전자정부시스템을 통해 우리 사회에 필요한 자원, 정보, 지식을 적재적소에 배치함으로써 국가경영시스템이 원활히 작동시키는데 있음
  - ◘ 이 과정에서 핵심적 역할을 하는 것이 전자정부임
  - ▶ 전자정부는 관료제 모형의 대안으로 제시된 현대적 의미의 정책결정 메커니즘
  - ▶ 전자정부는 지식의 공유와 학습을 강조함으로써 정부 내외의 혁신활동을 지원해 주는 역할
  - ▶ 정부 외부의 다양한 이해관계자들이 참여할 수 있는 공론의 장을 제공
- ◎ 전자정부이론
  - ◘ 정보사회의 행정학
  - ▶ 행정학의 정설
  - ● 정치/행정이원론(Goodnow)
  - ● 과학적 관리론(Taylor)
  - ● 관료제(Weber)
  - ● 원리주의 행정(Gulick, Urwick)
  - ▶ 정설에 대한 도전
  - ● Simon의 격언
  - ● Dahl의 과학의 문제점
  - ● Waldo의 행정정치이론
  - ● 행태론과 환경론적 접근법
  - ▶ 행정과학의 수립
  - ● 조직론적 접근법
  - ● 정책분석
  - ▶ 행정과학에의 도전

- 신행정론
- 공공선택이론
- 현상학적 접근법
- ▣ 행정학과 전자정부
- ▶ 전자정부 개념의 세 가지 차원
- 생산성: 정부 내부의 효율성 극대화
- 민주성: 정부 외부와의 인터페이스-전자민주주의의 활성화
- 성찰성: 신뢰사회와 성숙한 시민공동체 구현수단으로서의 전자정부 외부와의 인터페이서
- ▶ 전자정부의 행정학적 쟁점
- 이론적 함의
  - 행정관료모형 전자정부
  - 정보관리모형 전자정부
  - 시민참여모형 전자정부
  - 거버넌스모형 전자정부
- 행정적 함의
  - 행정의 효율성 제고
  - 행정의 민주성 제고
  - 행정의 효율성 제고
- ▶ 전자정부의 최근동향 1: 스마트 전자정부
- 스마트 전자정부의 개념: 진화된 IT 기술과 정부서비스의 융·복합으로 언제 어디서나 매체에 관계없이 국민이 자유롭게 국민이 원하는 서비스를 맞춤형으로 이용하고, 참여·소통할 수 있는 선진화된 정부를 의미함
- 스마트 전자정부의 비전
  - Seamless: 부처별 서비스 연계·통합, 국민중심의 통합·맞춤형 서비스
  - Mobile: 모바일 전자정부, 어디서나 편리한 서비스
  - Any time: 국민이 원하는 시간에 언제나 이용가능한 서비스
  - Real time: 국민수요에 실시간으로 반응하는 서비스 대응체계
  - Together: 기업 상생, 소외계층 배려, 국민 참여·소통으로 서비스 선진화
- 스마트 전자정부와 전자정부 3.0: 전자정부 3.0은 최근 강조되고 있는 빅데이터, 센서기술, 알고리즘에 기반한 정책방향의 설정 및 '변혁'을 강조
- ▶ 전자정부의 최근동향 2: 모바일 전자정부
- 개념: 국민과 기업, 정부가 무선 인터넷을 기반으로 한 휴대단말을 통하여 정부와 관련된 각종 업무 및 정보를 처리하는 미래 정부
- 특징
  - 저렴한 비용으로 수준 높은 서비스를 이용 가능

- 철저한 시스템 보안관리
- 지속적인 서비스 품질관리
- 다양한 서비스 활용 기반 제공
▶ 전자정부의 최근동향 3: 유비쿼터스 전자정부
● 개념: 언제, 어디서나 필요한 정부서비스를 제공받는 고도화된 전자정부의 궁극적인 모습
● 유비쿼터스 정보기술 기반 차세대 전자정부서비스의 방향
- 빠른 접속이 가능한 서비스
- 상시 접속이 가능한 서비스
- 모든 곳에서 접속가능한 서비스
- 쉽고 편리하게 이용가능한 서비스
- 온·오프라인 연계서비스
- 지능화된 서비스
- 자연스러운 사용이 가능한 서비스
● 유비쿼터스 전자정부에 대한 비판: 프라이버시 침해문제, 사소한 소프트웨어 오류로 인한 작지만 치명적인
문제 발생
▶ 전자정부의 최근동향 4: 클라우딩 컴퓨터
● 개념: 정보가 인터넷상의 서버에 영구적으로 저장되고, IT 기기 등과 같은 클라이언트에는 일시적으로 보
관되는 컴퓨터 환경
● 장점: 자료의 안전성, 저장공간의 제약 극복, 보안성 유지 가능, 시공간의 제약없는 문서 열람·수정,
비용 절감
● 단점: 해킹의 위험, 서버의 장애 발생 위험
◎ 지식정부이론
▫ 지식정부의 개념: 국가사회시스템의 생산성을 극대화시키고 고객을 만족시키는 공공서비스를 보다 효율적
으로 제공하기 위해 새로운 방식으로 지식이 창출·확산·활용·축적될 수 있는 정부형태
▫ 지식관리시스템(KMS)
▶ 개념: 정보기술을 활용하여 조직적 차원에서 지식을 체계화(지식맵)하고 관리할 수 있도록 하는 시스템
▶ 지식관리시스템 구축단계
● 준비단계: 추진조직 구성
● 컨설팅 단계: 내부역량 분석 및 외부환경 분석
● 개발 및 확산단계: KMS 시스템개발 및 피드백
● 고도화 단계: KMS 고도화
▶ 지식관리시스템 성공요인
● 지식을 공유하는 기업문화
● 지식을 효과적으로 발굴/활용할 수 있도록 하는 제도
● 정보기술 인프라 구축

🔾 최고지식관리자: CKO
　　　▸ 개념: 조직의 정보기술과 컴퓨터 시스템 부문을 책임지며, 개인용 컴퓨터나 데이터 웨어하우스에 들어 있
　　　　　는 정보를 지식으로 변환시킬 수 있는 관리책임자
　　　▸ 역할
　　　● 조직목표에 적합한 지식의 발굴과 공유
　　　● 지식 인프라의 설계자이자 관리자
　　　● 네트워크에 의한 조직 간의 가교역할
　　　● 조직의 전략적 성과측정과 피드백
　　　🔾 관련 이슈: 협업(Collaboration)
　　　▸ 의미: 동일 생산과정이나 관련 있는 생산과정에서 다수의 노동자가 상호협력하여 행하는 작업형태
　　　▸ 협업형 정부의 특징
　　　● 문서를 디지털화하고 이에 따라 그것을 공개함을 원칙
　　　● 기관별 정보화에서 수평·수직적 스마트 전자정부을 구현
　　　● 고객관계관리(CRM)기법을 활용한 맞춤형 서비스와 민·관 통합서비스를 제공
　　　● 정부와 민간의 정보네트워크가 상호연계되는 거대한 국가신경망체계가 구축
　　　▸ 협업의 성공을 위한 정책과제
　　　● 내부 지향 의식 타파
　　　● 기존의 관료적 제도나 문화, 조직체제의 장벽을 제거
　　　● 조직의 부문이기주의와 관료주의적 타성의 불식
　　　● 전문성을 강조
　　　● 지식창출형 조직문화
　　　🔾 최근동향: 스마트 워크(Smart Work)
　　　▸ 개념: 다양한 장소와 이동환경에 구애받지 않고 언제 어디서나 원하는 업무를 자유롭고 효율적으로 처리할
　　　　　수 있도록 제공해주는 미래지향적 업무환경서비스
　　　▸ 스마트 워크의 유형
　　　● 재택근무
　　　● 이동근무(모바일 오피스)
　　　● 스마트 워크센터 근무
　◎ 4차 산업혁명
　　　🔾 4차 산업혁명의 개념: 4차 산업혁명은 1차, 2차의 오프라인(off-line) 혁명과 3차의 온라인(on-line) 혁명
　　　　이 하나로 연결되는 사이버 물리시스템(cyber-physical system) 혁명
　　　🔾 4차 산업혁명의 특징
　　　▸ 변동성(Volatility)

- ▸ 불확실성(Uncertainty)
- ▸ 복잡성(Complexity)
- ▸ 모호성(Ambiguity)
- ◑ 4차 산업혁명에 따른 정부운영방식
- ▸ 정부는 4차 산업혁명의 초연결성, 초지능성, 초예측성을 기반으로 단순한 산업적 변화를 넘어 운영 방식을 변화시키고자 함
- ▸ 맞춤형 서비스(Customized Service), 개인별 서비스(Personalized Service)
- ▸ 실시간 행정정보 공개, 온라인상의 국민 공적토론의 활성화 등 플랫폼을 구축함으로써 투명한 행정이 가능
- ▸ 세계경제포럼은 4차 산업혁명 시대의 정부모형으로 FAST(Flatter, Agile, Streamlined, Tech-Savvy)모형을 제시

◎ 지식정보사회의 동인에 대해서 정리해보자.

◎ 산업사회와 정보사회의 관계에 대한 전환론적 관점, 지속론적 관점, 구조론적 관점에 대해서 설명하라.

◎ 지식정보사회의 패러다임에 대해서 생각해보자.

◎ 정보사회의 행정학의 방향을 거시행정학, 개방체제모형, 인간중심의 행정학이라는 관점에서 생각해보자.

◎ 지식정보사회에서의 변혁적 리더십에 대해서 설명하라.

◎ 정보정책의 원칙에 대해서 설명하라.

◎ 정보정책의 논리를 사회적 활력의 진작, 사회적 형평의 제고, 사회적 윤리의 제고라는 관점에서 설명하라.

◎ 지식정보사회의 국가혁신논리를 설명하되, 지식정보사회의 정책이념에 대해서 언급하라.

◎ 현대정보체계론(PMIS: Public Management Information System)의 핵심과제에 대해서 설명하되, 전자정부의 역할에 대해서 언급하라.

◎ 행정학의 논의구조를 역사적 발전패턴 4가지로 나누어 구분하여 정리해보자.

◎ 전자정부의 세 가지 차원은 무엇이며, 이들이 전자정부 추진 시 어떻게 정책적으로 고려되어야 하는지 논하여라.

◎ 스마트 정부의 비전은 5가지, 즉 Seamless Government, Mobile Government, Any time Government, Real time Government, Together Government로 나누어 살펴볼 수 있다. 각각의 비전을 간략히 설명하고, 그에 따른 정책과제를 언급하라.

◎ 모바일 정부(M-Government)란 무엇인가? 전자정부와 모바일 정부는 어떠한 차이가 있는가?

◎ 유비쿼터스 정부(U-Government)란 무엇인가? 전자정부와 유비쿼터스 정부는 어떠한 차이가 있는가?

◎ 모바일 정부, 유비쿼터스 정부를 성공적으로 구현하기 위한 전략을 정리해보고, 향후 미래 전자정부가 나아가야 할 새로운 모형에 대해서 정리해보자.

◎ 지식정부의 개념은 무엇이며, 전자정부와의 차이는 무엇인가?

◎ 지식관리시스템은 무엇이고, 지식의 유형별로 지식관리시스템은 어떠한 역할을 하는가?

◎ 성공적인 지식관리시스템 구축을 위한 정책과제를 제시하라.

◎ 최고지식관리자의 개념과 역할은 무엇인가?

◎ 협업형 정부의 의미와 특징을 설명하고, 협업의 성공을 위하여 필요한 정책과제를 제시하라.

◎ 스마트 워크(Smart Work)란 "다양한 장소와 이동환경에 구애받지 않고 언제 어디서나 하는 업무를 자유롭고 효율적으로 처리할 수 있도록 제공해주는 미래지향적 업무환경서비스"를 의미한다. 이에 기초하여 스마트 워크의 유형과 장단점에 대하여 논하여라.

◎ 행정이 4차 산업혁명 시대의 비선형적 변화에 따라 융합정부를 추구하는데, 이를 제약하는 요인들은 무엇이 있으며 이의 극복방안으로는 어떤 것들이 있는지 정리하라.

전자정부와 정보체계의 경우 이제는 그 중요성에 대한 인식이 광범위하게 공유되어 있으며 국가적으로 상당한 수준에 도달해 있다는 평가를 받고 있다. 특히 현대행정에 있어서 전자정부나 정보체계는 그 기능과 역할에 있어서 이미 정부의 필수적인 요소로 인식되고 있다.

그럼에도 불구하고 관련 출제가 드문 실정이다. 정보체계론이라는 선택과목이 있어서 그렇겠지만 방심은 금물이다. 행정학의 내용적 다양성과 융합적 특성에 비추어 볼 때 출제가능성은 항상 상존하고 있으며, 준비하지 않고 있다가 출제될 경우 그 위험도는 크기 때문이다.

또한 전자정부에 직접 관련된 문제는 아니더라도 현대문명의 특징과 현대정부의 역할 그리고 정보기술의 발달이라는 측면에서 행정개혁과 정부혁신의 문제에 있어서도 전자정부적 관점을 기술해 준다면 더 좋은 답안이 될 수 있으리라 본다.

또한 정부와 국민과의 접점 및 소통방식의 변화라는 관점은 행정학의 다양한 영역에 포괄적으로 적용되므로 어떤 문제가 나오더라도 대안을 제시하거나 새로운 해결책을 제시할 때 필수적으로 언급해 주는 것이 좋을 것이다. 현대행정의 경우 분야와 방향을 막론하고 기본적인 플랫폼으로서 전자정부의 개념은 이제 피할 수 없는 핵심요소이기 때문이다. 2002년도의 입시에서 전자정부화 추세가 국회에 미칠 영향을 논하라는 문제도 이런 맥락에서 이해될 수 있다.

한편 전자정부론은 정보체계론과 병행하여 학습하는 것이 유리하다. 정보체계론의 경우 행정 일반과는 다소 동떨어진 내용이 많아 학생들이 어려움을 호소하는 경우가 많다. 매일 같이 양산되는 신조어와 공학적인 용어들을 암기하는데 상당한 노력을 투입하기 때문이다. 중요한 점은 정보체계론에서 활용되는 최신의 기술적 용어와 개념 그리고 관련 협약 등에 관한 세계적인 추세를 전자정부론의 이론적 내용과 현실사례에 접목해서 사고할 수 있어야 한다는 것이다. 정보체계론을 전자정부론과 별도의 과목으로 공부하게 되면 단편적인 최신개념의 수용에만 그칠 우려가 있다.

세계적으로 정부의 책임성(responsibility)과 투명성(transparency)이 크게 강조되고 있다. 정부에서도 정책실명제와 행정서비스실명제 등의 도입을 통해 행정 및 정책의 책임성과 투명성 확보를 통해 정부에 대한 국민의 신뢰를 높이고자 한다. 최근 박근혜 정부에서도 전 부처적인 정책실명제 도입을 표명하였다.

(1) 행정과 정책의 책임성과 투명성 측면에서 행정서비스실명제/정책실명제를 설명하시오.
(2) 행정서비스실명제/정책실명제의 장점과 한계를 서술하시오.
(3) 정부 신뢰의 측면에서 행정서비스실명제/정책실명제의 유용성을 서술하시오.

답안작성요령

☀ 핵심개념

본 문제는 행정 및 정책의 책임성과 투명성 확보를 통한 정부 신뢰 증진을 위한 제도적 방안에 대해서 묻고 있다. 행정서비스실명제란 해당 서비스를 담당하는 공무원의 이름을 공개해 책임감 있는 행정서비스를 수행하는데 목적이 있다. 이를 통해 안정된 서비스를 제공받고 서비스제공자로 하여금 책임감을 확보하도록 한다. 정책실명제 역시 정책을 주창하고 설계한 공무원 그리고 그 정책을 시행하고 감리한 공무원들의 이름을 확실하게 밝혀 그 정책의 성공과 실패에 대해 책임을 지게 하는 제도를 말한다(이종수, 2009). 특히 국책사업과 대규모 사업의의 경우 합리적인 정책결정으로 난개발과 과잉개발 등 정책실패를 방지하기 위한 것이 취지이다. 우리나라는 1998년에 도입되었다.

☀ 행정서비스실명제/정책실명제의 장점과 한계

행정서비스실명제/정책실명제의 장점은 다음과 같다. 1) 행정서비스 혹은 정책결정과정에 참여한 사람들의 실명을 남겨 책임소재를 명확하게 함으로써 정부의 책임성과 투명성을 제고한다. 2) 정책의 부실화를 막을 수 있다. 3) 정부의 재량권 남용을 막고 공무원의 부패방지에 기여한다. 하지만, 이는 다음과 같은 한계를 지닌다. 1) 정책 혹은 사업의 주체가 모호한 경우가 많다. 2) 중대한 과실이나 부실한 정책에 대한 평가의 객관적인 근거가 모호한 경우도 많다. 3) 담당자의 임기가 짧아 업무가 변경될 경우 엄밀한 책임소재 구분이 모호하다는 문제점이 있다(본 서 제13장 정책실명제 참조).

실 사례로 서울 용산 국제업무지구 개발사업을 들 수 있다. 용산 국제업무지구 개발사업은 서울시에서 시행된 민간투자사업으로, 서울시의 시행정책 중 정책실명제가 도입된 사례이다. 하지만 결국 자금난으로 3월 13일 디폴트(채무불이행)에 빠지게 되었고, 이에 따라 용산사업은 향후 청산절차에 들어갈 예정이다. 하지만 정부, 공공기관, 민간 등 다양한 주체가 참여하게 됨으로써 명확한 책임을 구분하기가 어려워 서로 책임을 전가하고 있는 실정이다.

☀ 행정서비스실명제/정책실명제의 발전방향

행정서비스실명제/정책실명제의 도입은 행정과 정책의 책임성과 투명성 확보를 통한 정부 신뢰 증진에 그 목적이 있다. 하지만 구체적인 근거와 제도가 확립되지 못한 상태에서의 운영이 한계로 지적된다.

따라서 다음과 같은 발전방향을 고려해야 한다. 첫째, 책임성, 투명성, 정부 신뢰의 차원에서 실명제가 실시되어야 하며, 업무의 특성에 따른 차이(ex. 민원행정 vs 대형국책사업)도 엄밀하게 구분되어 시행할 필요가 있다. 둘째, 주요 정책의 결정 및 결정과정에서 관련된 사항을 종합적으로 기록 보존하도로 해야 한다. 셋째, 문서의 생성 및 검토과정에 제기된 의견 등을 포괄하는 문서속성카드의 도입 등 문서제도를 개선해야 한다. 넷째, 정부업무관리시스템과 정책품질관리제도와 연계를 통해 정책에 대한 경로관리를 엄격하게 해야 한다(본 서 제13장 정책실명제 참조).

고득점 핵심 포인트

최근 서울 용산 국제업무지구 개발사업에서 보듯이, 실명제를 통한 책임성과 투명성에 대한 논란은 현실에서 중요한 이슈로 제기되고 있다. 하지만 민원행정과 정책의 경우 그 대상과 범위의 차이가 있기 때문에 엄밀히 같은 맥락에서 정답을 내리는 것은 피해야 한다. 따라서 이러한 문제에 대한 접근도 대상이 되는 행정과 정책의 특성에 따른 맥락에서 살펴볼 필요가 있다. 단순 민원행정의 문제와 대형국책사업의 관리를 구분하여 접근하고, 정책실명제의 기록카드 보관도 정책단계(의제설정, 결정, 집행, 평가, 환류)별로 세분화하는 등 정책실명제의 필요성 및 한계를 논리적으로 서술하는 것이 고득점 전략을 위해 좋을 것이다.

CHAPTER
10
Dynamic
Process

공공서비스의 전달

KEY POINT

현대사회는 다양성·복합성·동태성을 특징으로 한다. 다양한 사회적 수요와 정책문제가 발생하고 있고, 이를 해결하기 위한 정부의 노력도 다양화될 필요성이 증대하고 있다. 과거의 관료제 패러다임 하에서는 정부가 공공서비스를 독점적으로 제공해왔다. 하지만, 현대 거버넌스 환경 하에서는, 행정수요는 급증하는 반면 정부 혼자만이 해결할 수 있는 행정역량(재정역량)의 한계는 점점 더 커지고 있다. 정부-시장-시민 사회의 신뢰와 협력에 기초한 네트워크식 문제해결을 요구하고 있고, 공공서비스의 공급에 있어서도 시장 기제를 활용한 공급, 정부-민간의 협력적 공급 등 다양한 형태의 방식들이 등장하고 있다.

제10장에서는, 이러한 맥락에서, 공공서비스의 전달에 대해서 학습한다. 공공서비스의 의의로서 공공서 비스 개념과 공공서비스의 특징 및 유형에 대해 살펴본다. 또한 공공서비스의 제공주체와 제공방식의 다 양화 측면에서 다양한 형태의 공공서비스 제공방식을 검토해 보고, 특히 최근 유행하고 있는 BTO, BTL 방식에 대해서 논의한다. 더 나아가 공공서비스의 성과평가에 대한 필요성과 현실적인 한계점에 대해 간 략하게 살펴보면서 마무리하기로 한다.

제 1 절 공공서비스의 의의

1. 공공서비스의 개념

공공서비스에 대한 개념 정의는 공공서비스의 범주와 유형이 다양한 만큼 명확하게 정의내리기가 어렵다. 공공서비스 개념에 대한 논의나 인식이 시작된 것은 19세기 산업혁명 이후라고 볼 수 있다. 산업혁명 이후 형성된 도시는 발전과정에서 수많은 시민들의 사회적 수요와 요구에 직면하게 되었고, 국가가 이러한 시민들의 수요를 만족시키기 위한 서비스를 제공하게 되었는데, 이것이 공공서비스에 대한 논의의 시작이라고 볼 수 있다(Doherty & Horne, 2002). Lucy et al.(1977: 687)은 공공서비스를 시민(국민)의 문제를 해결하고 보다 바람직한 환경을 조성하기 위해 사회 내에서 편익을 배분하는 정부의 활동으로 정의하고 있다. 또한 Jones(1981)는 사회적 수요나 공공목적을 달성하기 위한 정부의 노력으로, Roth(1987)는 일반시민이나 국민이 사용할 수 있도록 국가에 의해서 제공되는 공공재화와 용역으로 보고 있다.

한편, 김인(1986: 59)은 공공서비스를 행정현상의 하나로서 시민의 문제를 해결하고 보다 바람직한 삶의 여건을 만들기 위해 사회 내 편익을 분배하는 정부의 활동으로 정의내림으로써 공공서비스의 기능적 시각을 보다 강조하고 있다. 좀 더 나아가, Sharpe(1990), 민경엽(2001), 박언서(1998)는 국민들의 삶의 질 제고를 위해 정부가 주체가 되어 제공하는 공공재화와 서비스뿐만 아니라, 비정부영역에서 제공하는 재화와 서비스까지도 포함하는 것으로 보았다.

공공서비스 개념에 대한 이상의 논의에서 국내외 학자별로 상이한 관점에서 접근하고 있음을 확인할 수 있지만, 이들의 논의를 종합한다면, 공공서비스란 시민들이 직면하고 있는 다양한 사회적 문제를 해결하고, 삶의 질을 향상시키기 위해 제공되는 공적 재화나 서비스를 의미하는 것으로 정의할 수 있다.

2. 공공서비스의 특징

공공서비스는 시민들의 생활에 직·간접적으로 영향을 미치게 되며, Savas(1987, 1999)의 재화유형에 의하면 공공재에 해당한다. 공공재는 비경합성($non-rivalry$)과 비배제성($non-excludability$)를 갖는 재화나 서비스[1]를 의미한다. 이에 따라 Ostrom(1990) 역시 공공서비스에서 제공되는 재화

---

1 비배제성이란 서비스나 재화의 공급으로 발생하는 편익(benefits)의 향유나 수혜에서 누구도 배제할 수 없는 특성을 의미하므로 편익(benefits)이 소수 혹은 특정인에게 집중되지 않는 보편성을 띠게 된다. 비경합성이란 서비스나 재화

표 10-1 공공서비스의 특성을 기준으로 한 공공서비스의 유형

구 분		공공서비스의 특성	
		배제 가능	배제 불가능
수요자 규모의 특성	개 별	사적재(private goods)	공유재(common pool goods)
	집 단	요금재(toll goods)	공공재(public goods)

자료: Savas(1987, 1999), Coullis & Jones(1998)에서 재구성.

나 서비스가 비배제성이나 비경합성을 갖는 것으로 보고 있다.

비경합성·비배제성과 관련하여 공공재의 개념을 논의한 Musgrave(1977)는 비경합성과 비배제성을 모두 만족시켜야 공공재로서의 성격을 갖는다고 하였고, Savas(1987, 1999)와 Cullis & Jones(1998) 역시 이러한 재화의 비경합성과 비배제성을 기준으로 서비스의 유형을 제시하고 있다.

공공서비스 공급과 관련하여 오늘날 두드러지게 나타나는 특성은 순수한 공공재보다는 공유재와 요금재와 같은 준(準)공공재의 증가라고 볼 수 있다(Savas, 1987, 1999). 이는 비배제성과 비경합성을 모두 만족시키는 전통적 의미의 순수공공재보다는 개별적으로 소비되지만 배제가 불가능한 공유재나 집단으로 소비되면서 배제가 가능한 요금재가 증가하고 있는 추세라고 할 수 있다(함요상, 2007: 4). 이러한 유형의 재화는 민간부분이 생산할 경우 이윤적 동기가 미흡하여 적정량을 공급하지 않게 되므로 정부가 최소한에 대해서만 공급하며, 그 이상은 정부 이외의 주체가 공급을 담당하게 하는 경우가 많다. 따라서 이러한 재화의 경우 정부가 어느 수준에까지 최소한의 공급을 할 것인가에 대한 판단이 매우 중요하다고 볼 수 있다.

3. 공공서비스의 유형

공공서비스의 유형은 많은 학자들의 다양한 분류기준에 따라 분류되고 있다. 그러나 일반적으로 사용되는 유형은 Savas(1987)를 비롯하여 특징적인 기준을 활용하는 O'Looney(1998), Johnston & Romzek(1999), Lucy et al.(1977) 등이므로 여기에서는 이 학자들의 유형 분류에 대해 살펴보기로 한다.

Savas(1987)는 성과기준 설정의 용이성에 따라 경성적 서비스(*hard service*)와 연성적 서비스(*soft service*)로 구분하고 있다. 물리적이고 상업적인 서비스로서 쓰레기 수거, 가로등 관리, 상하수도 등 성과기준이 용이한 경우는 경성서비스에 해당되며, 안전관련·인적 대상 서비스로서 치안, 소

를 이용하고자 할 경우, 한 개인의 이용으로 인해 서비스나 재화가 줄어들거나 다른 사람의 서비스 사용이 경합하지 않는 특성을 의미한다. 즉, 한계비용이 없다는 것을 의미한다.

방, 국방, 보건, 교육, 문화 등 성과기준이 추상적인 경우(따라서 용이하지 않은 경우)는 연성서비스로 분류한다.

O'Looney(1998)은 민간위탁으로 전환의 용이성을 기준으로 네 가지 서비스 유형을 제시하고 있다.

첫째 유형은 거래기반서비스(*services that are transaction based*)로서 일반 소비자가 대가를 지불하는 형태의 서비스로서 수탁자가 기회주의적 행위를 할 가능성이 높은 특징을 지니고 있다.

둘째 유형은 결과에 대한 평가가 용이한 서비스(*services whose adequacy is easily reviewed*)로서 계약의 성과를 조사하기가 용이하다는 특성이 있으며, 민간위탁이 가장 용이한 서비스라고 할 수 있다.

셋째 유형은 전문가제공서비스(*professional services*)로서 인간을 대상으로 하는 서비스이다. 이 유형의 서비스는 서비스의 질을 파악하기가 용이하지 않다는 특성을 지니고 있다.

넷째 유형은 주문서비스(*delivery of a unique or customized service*)로서 민간위탁이 가장 어렵다는 특성을 지니고 있다. 정보통신 분야에서 개발된 새로운 서비스가 대표적인 예가 될 수 있다.

Johnston & Romzek(1999)는 계약관리의 복잡성에 따라 전통적 서비스(지방서비스)와 사회서비스를 제시하고 있다. 전통적 서비스(지방서비스)는 계약관리가 쉽다는 특성을 지니고 있으며, 쓰레기 수거 등이 대표적이라 할 수 있다. 반면 사회서비스는 계약관리가 어려운데 공공의료, 복지서비스 등이 이에 해당된다.

마지막으로, Lucy et al.(1977)은 사회적 기능에 따라 크게 네 가지 유형의 서비스를 제시하였다.

첫째 유형은 일상적 서비스(*routine services*)로서 상하수도, 쓰레기 수거 및 처리 등 일상적으로 이용하는 서비스를 일컫는다.

둘째 유형은 보호적 서비스(*protective services*)로서 경찰, 소방, 재난통제 등과 같이 사람이나 재산으로 보호하거나 공공질서를 유지하기 위한 목적의 서비스가 포함된다.

셋째 유형은 발전적 서비스(*developmental services*)로서 교육, 도서관, 공원, 위락시설 등 개인의 육체적, 지적, 정신적 잠재력을 향상시키기는데 목적을 두고 있는 서비스를 의미한다.

넷째 유형은 사회적 최저수준 보장서비스(*social minimum services*)로서 공적부조, 직업훈련, 공공주택 등 개인의 최저생활 여건 보장과 관련되는 서비스를 의미한다.

일상적 서비스와 보호적 서비스는 기본적 공공서비스로서 폭 넓은 범위의 시민들을 대상으로 하여 혜택이 주어지지만, 사회적 최저수준 보장 서비스는 특정 시민계층에게만 직접적인 편익이

표 10-2　공공서비스의 유형

학　자	분류기준	서비스유형	특　성
Savas (1987)	성과기준 설정의 용이성 여부	경성서비스 (성과기준 설정 용이)	• 물리적·상업적 서비스 (쓰레기 수거, 가로등 관리, 상하수도 등)
		연성서비스 (성과기준 설정 곤란)	• 안전관련·인적 대상 서비스 (치안, 소방, 국방, 보건, 교육, 문화 등)
O'Looney (1998)	민간위탁 전환의 가능성	거래기반서비스	• 일반 소비자가 대가 지불 • 수탁자의 기회주의적 행위가능성
		결과에 대한 평가가 용이한 서비스	• 계약의 성과를 조사하기 매우 쉬움 • 민간위탁이 가장 용이한 서비스
		전문가제공서비스	• 인적 대상 서비스 • 서비스 질을 파악하기 어려움
		주문서비스	• 민간위탁이 가장 어려움 (정보체계 분야에서의 새로운 서비스 등)
Johnston & Romzek(1999)	계약관리의 복잡성	전통적 서비스/지방서비스	• 계약관리가 쉬움 (쓰레기 수거 등)
		사회서비스	• 계약관리가 어려움 (공공의료, 복지서비스 등)
Lucy et al. (1977)	사회적 기능	일상적 서비스	• 일상적으로 이용하는 서비스 (상하수도, 쓰레기 수거 및 처리 등)
		보호적 서비스	• 사람·재산보호, 공공질서 유지 (경찰, 소방, 재난통제 등)
		발전적 서비스	• 개인의 육체적, 지적, 정신적 잠재력 향상 (교육, 도서관, 공원, 위락시설 등)
		사회적 최저수준 보장서비스	• 개인의 최저생활 여건 보장 (공적부조, 직업훈련, 공공주택 등)

자료: 황혜신(2006: 34-37)·이종구(2011)을 바탕으로 재구성.

제공된다는 차이점이 있다. 그리고 발전적 서비스는 서비스 수혜 대상자의 기호나 선택에 의해 선별적으로 제공된다는 특성을 지니고 있다.

제 2 절 공공서비스의 제공

1. 공공서비스의 제공주체와 제공방식

공공서비스는 전통적으로 국가(정부)가 공급주체로서 시민의 공공수요를 충족시키기 위해 재화나 용역을 독점적으로 생산하여 공급하였다. 하지만 사회가 복잡해지고 다원화 현상이 가속화됨에 따라 나날이 다양해지는 시민의 요구를 충족시키는데 있어 정부의 독점적인 생산과 공급방식으로는 한계에 부딪히게 되었다. 따라서 이를 해결하기 위해 공공서비스의 생산과 공급에 있어서 주체 및 방식에서 새로운 방법을 모색하게 되었다.

공공서비스 제공주체에 따른 공공서비스 제공방식에 대한 논의는 서비스 제공의 결정자이자 궁극적인 책임자인 국가(정부), 서비스의 생산사 혹은 공급주체, 그리고 공급방식에 따라서 정부공급, 민·관 합동공급, 민간공급(민간위탁)으로 나누어 볼 수 있다(안국찬, 2000: 94-96에서 수정).

첫째, 정부공급은 국가 혹은 정부가 비용부담을 통한 직접적인 생산·공급활동을 하여, 국민이나 지역주민들이 필요로 하는 공공서비스를 제공하는 방법이다.

둘째, 민·관 합동공급은 민과 관이 공동으로 생산·공급하는 형태의 공공서비스 제공방식이다. 이 방식은 공공생산과 민·관 파트너십의 유형으로 다시 구분할 수 있는데, 사회적 기업, 자발적인 노동이 필요한 사업, 다른 사람의 복지와 후생을 촉진할 수 있는 사업의 유형에 적절하다.

셋째, 민간공급(민간위탁)은 정부가 민간에게 위탁하여 생산과 공급이 이루어지도록 하는 공급방식이다. 이 경우 공공서비스의 공급책임은 정부에 있지만 서비스의 생산은 민간부문에 의해 이루어지게 되는 것이다.

공공서비스 공급방식의 유형은 다양한 학자들에 의해서 논의되어 왔지만, 여기에서는 대표적으로 Savas(1999), Osborne & Gabler(1992)의 연구를 중심으로 살펴보기로 한다.

Savas(1999)는 공공서비스를 통한 재화와 서비스의 제공방식에 대한 논의를 생산자(*producer*), 배열자(*arranger*)로 구분하여, 이들의 조합을 통해서 공공서비스의 제공방식을 유형화 하였다.

첫째, 공공부문이 생산자인 동시에 배열자인 경우에 해당하는 공공서비스 제공방식은 정부서비스와 정부 간 협약을 들 수 있다. 정부서비스란 사회적 문제의 해결을 위해 정부가 소관부처의 공무원들을 통해 공공서비스를 직접 생산하고 공급하는 방식을 의미한다. 정부 간 협약은 특정 문제

표 10-3	Savas의 공공서비스 제공방식		
구 분		배열자(arranger)	
		공공(public)	민간(private)
생산자 (producer)	공공 (public)	• 정부서비스(government services) • 정부 간 협약(intergovernmental agreement)	• 정부응찰(government vending)
	민간 (private)	• 민간위탁(contract out) • 프랜차이즈(franchise) • 보조금(grant) • 바우처(voucher)	• 시장(market) • 자발적 서비스(voluntary service) • 자급자족(self-service)

자료: Savas(1999)·이종구(2011)를 토대로 수정·보완.

해결을 위해 한 정부가 또 다른 정부에게 공공서비스를 구매하여 제공하는 방식을 의미한다.

둘째, 공공부문이 생산자가 되고 민간부문이 배열자인 경우에 해당하는 공공서비스 제공방식은 정부응찰을 들 수 있다. 정부응찰방식은 특정 서비스를 제공하기 위해 민간부문이 정부를 선별하여, 해당 정부가 생산한 공공서비스를 구매한 후 대가를 지불하는 방식을 의미한다.

셋째, 민간부문이 생산자가 되는 형태의 공공서비스 제공방식은 수익형 민자사업(BTO)과 임대형 민자사업(BTL)을 들 수 있는데, 이는 다음 절에서 논의하도록 한다.

Osborne & Gabler(1992)는 미국정부가 실제로 운영하고 있는 공공서비스 제공방식의 유형을 전통적(*traditional*) 방식, 혁신적(*innovative*) 방식, 전위적(*avant-garde*) 방식으로 구분하여 제시하였다.

첫째, 전통적 방식에 따른 서비스 제공은 법규와 제재의 규범 제정, 규제 혹은 규제완화, 모니터링 및 조사, 인·허가제, 조세정책, 교부금, 보조금, 대부, 대출보증, 계약체결 등이 포함된다. 이러한 전통적 공공서비스 제공방식은 과거 국가(정부)에 의해 일반적으로 수행되었던 방식에 주로 해당된다.

둘째, 혁신적 방식은 프랜차이징, 민관(民官) 제휴, 공공기관 간 제휴, 준(準)공기업 혹은 민간기업, 공기업, 정부조달, 보험, 보상·시상·장려금, 공공투자정책의 변화, 기술지원, 정보, 알선, 자원봉사자, 바우처, 부담금, 비정부부문의 노력 촉진, 강력한 설득, 착수금 등이 해당된다. 이러한 혁신적 공공서비스 제공방식은 전통적 방식에 비해 보다 민간부문의 역할과 활용에 대한 비중이 높은 방식이라고 볼 수 있다.

셋째, 전위적 방식은 지분투자, 지원단체, 공동생산, 응분의 대가, 수요관리, 재산의 판매·교환·활용, 시장구조 재편과 관련이 된다. 이러한 전위적 공공서비스 제공방식은 선구적이고 실험적인 대안들이 제시되는 방식이라고 볼 수 있다(이종구, 2011).

표 10-4 Osborne & Gabler의 공공서비스 제공방식

구 분	전통적 방식(Traditional)	혁신적 방식(Innovative)	전위적 방식(Avant-Garde)
서비스 제공 방식	법규와 제재의 규범 제정, 규제 혹은 규제완화, 모니터링 및 조사, 인·허가제, 조세정책, 교부금, 보조금, 대부, 대출보증, 계약체결의 10가지	프랜차이징, 민·관 제휴, 공공기관 간 제휴, 준공기업 혹은 민간기업, 공기업, 정부조달, 보험, 보상·시상·장려금, 공공투자정책의 변화, 기술지원, 정보, 알선, 자원봉사자, 바우처, 부담금, 비정부부문의 노력 촉진, 강력한 설득, 착수금의 19가지	지분투자, 지원단체, 공동생산이나 자조, 응분의 대가, 수요관리, 재산의 판매·교환·활용, 시장구조 재편의 7가지

자료: Osborne & Gabler(1992: 31).

2. 공공서비스 전달방식의 다양화

1) 다양한 전달방식

사회가 다원화되고 복잡해짐에 따라 나타난 다양한 사회적 수요에 대응하여 시민의 만족도를 높이기 위해 정부의 공공서비스 전달방식 또한 다양화되어가고 있다. 특히 과거 전통적인 공공서비스 제공방식으로서 정부가 생산과 공급을 주도하는 형태의 서비스 제공방식에서 보다 효율적인 공공서비스를 생산·공급하기 위한 방안들에 대한 논의가 이루어져 왔으며, 공공서비스의 민영화가 가장 대표적으로 논의되고 있다고 할 수 있다.

Savas(1987)가 제시한 공공서비스 제공방식 중 민간부문이 생산자가 될 경우 가능한 제공방식들을 살펴보면, 민간위탁, 프랜차이즈, 보조금, 서비스 분할과 자산매각, 바우처, 자원봉사자, 공공-민간협력이 있다(Savas, 2000; Choi, 1999; Jensen, 1998, 이종구, 2011: 36-38).

첫째, 민간위탁은 지방자치단체 수준에서 가장 널리 이용되는 형태의 민영화이다. 민간위탁에 따른 공공서비스 제공방식에 따르면 정부는 공공재화나 서비스의 전부나 일부를 수요자에게 보다 효율적으로 제공하기 위해 민간영리 혹은 비영리기업, 다른 정부나 공공기관과 계약을 맺게 된다. 정부는 공공서비스 제공기준 및 품질에 대한 지침서를 정하고, 직접 계약자로서 민간기업에게 재정지원을 하게 된다.

둘째, 프랜차이즈 방식은 서비스 공급자 혹은 배열자로서 정부가 특정 민간부문에 독점적 영업권을 부여하고, 일정한 규제 방침을 정해놓음으로써 독점으로 인한 부작용과 문제점을 사전에 방지하는 방식이다. 이러한 공공서비스 제공방식에서는 민간사업자가 직접 생산한 서비스를 시장(*market*)에서 직접 판매하고 수익을 창출한다. 민간위탁과 프랜차이즈는 다소 유사한 측면이 많다고 볼 수 있으나, 프랜차이즈는 서비스 제공방식이나 해당 업무의 관할권 측면에서 정부가 민간부문에

의 영업권한 부여와 일정한 규제만을 가할 뿐, 민간위탁에서와 같이 해당 업무에 대한 관할권은 행사할 수 없다는 점에서 차이가 있다.

셋째, 보조금은 정부가 사회적으로 외부효과를 지닌 재화나 서비스에 대해 그 생산과 소비를 시장에서 이루어지는 수준보다 확대해주기 위해 생산자를 지원해주는 방식이다(황혜신, 2006: 38). 정부는 공공재화와 서비스의 제공을 촉진하기 위해 민간기업이나 개인에게 현금이나 현물을 제공해 줄 수 있다.

넷째, 서비스 분할과 자산매각이 있다. 서비스 분할은 정부가 특정 공공서비스의 양과 질이 더 이상 공익의 목적에 부합하지 않을 경우, 해당 서비스를 폐지하는 것을 말하며, 자산매각은 정부가 소유 중인 건물이나 시설, 회사 등을 매각하는 것을 의미한다. 서비스 분할의 경우 판매활동이 발생하지 않기 때문에 이로 인한 금전적 이익도 확보할 수 없게 되지만, 특정한 서비스에 대한 정부의 지출행위가 사라지게 된다. 반면 자산매각은 주요 자산에 대한 판매로 인해 수익이 발생하고, 이를 통해 타 용도의 자금조달이 가능하게 된다.

다섯째, 바우처는 정부가 개인들에게 특정 상품이나 서비스를 구입하는데 활용될 수 있는 일정한 화폐 가치가 있는 쿠폰을 제공하는 방식을 의미한다. 바우처를 통한 공공서비스 제공방식은 바우처를 소유한 시민들이 스스로 시간과 장소, 그리고 방법을 결정하여 공공서비스를 이용할 것인지에 대한 결정권을 부여해준다는 특징을 가지고 있다.

여섯째, 공공-민간 협력(PPP)방식은 정부가 공공재화나 서비스를 생산 혹은 제공하기 위해 민간부문에 출자하고 이를 경영하여 위험을 공유하는 방식이다. 이러한 방식은 일반적으로 지역사회의 모든 사람들이 원하는 사업에 사용되면 최근 많이 활용되는 방식이다(Moore, 2000).

2) 수익형 민자사업(BTO)[2]과 임대형 민자사업(BTL)[3]

최근 정부에 의한 독점적 공공서비스 공급의 한계를 보완하기 위하여 새로운 공급방식이 도입되고 있다. 비용과 편익의 분리로 인해 나타나는 공공서비스 전달의 비효율성을 극복하기 위해, 비용과 편익이 동일한 주체에 돌아가는 민간기업에게 공공서비스의 생산이나 공급을 맡기는 민간투자사업(이하 민자사업)방식이 그것이다.

민자사업이란 "민간부문이 제안하고 민간부문의 자금을 활용하여 사회기반시설을 건설하거나 운영하는 것으로, 전통적으로 정부가 책임졌던 사회기반시설을 민간이 대신해서 보다 효율적이고 창의적으로 건설, 운영하여 공공서비스를 제공하는 제도"를 의미한다. 이러한 민자사업은 BTO, BTL, BOT, BOO 등 다양한 방식이 있지만, 우리나라의 경우 대개 수익형 민자사업(BTO)과 임대형 민자사업(BTL)방식으로 이루어지고 있다.

---

2 건설(Build), 이전(Transfer), 운영(Operate) 순으로 이루어진다고 하여 BTO 사업이라고도 불린다. 민간기업의 자본으로 건설하여 소유권을 정부에 이전한 후 운영허가를 받아 투자자본을 회수할 때까지 민간기업이 운영한다.
3 건설(Build), 이전(Transfer), 임대(Lease) 순으로 이루어진다고 하여 BTL 사업이라고도 불린다. 민간기업의 자본으로 건설하고 소유권을 정부에 이전한 후 정부에게 관리운영권을 임대하고 임대수익으로 투자비를 회수하는 방식이다.

수익형 민자사업(BTO)방식은 민간이 시설을 건설하고 직접 운영하여 시설의 이용자로부터 사용료 등을 통해 수익을 창출하는 방식을 뜻한다. 이 방식은 사용료 등의 요금을 통해 자체적인 수익 창출이 가능한 시설(고속도로·철도·항만 등 주로 수익형 교통시설)을 대상으로 이루어지지만, 수익예측이 부정확한 경우와 같이 예상치 못한 변수가 있으면 투자비 회수에 있어 민간기업에게 위험부담이 있다.

이에 비해, 임대형 민자사업(BTL)방식은 민간이 시설을 건설하되 운영권은 정부가 소유하는 형태의 사업을 뜻한다. 자체적으로 수익 창출이 힘든 시설(학교건물, 기숙사, 도서관, 군인아파트 등 주로 생활기반시설)을 대상으로 이루어지며, 정부에 의해 적정한 임대료 수익이 보장되므로 위험부담이 적은 것이 특징이다.

요약하면, BTO와 BTL 방식은 공통적으로 민간자본에 의해 시설을 건설하고 민간기업에게 투자비 회수에 필요한 일정한 수익창출을 허용해주는 방식을 의미한다. BTO는 주로 고속도로·철도·항만 등 주로 수익형 교통시설을 대상으로, BTL은 학교건물, 기숙사, 도서관, 군인아파트 등 주로 생활기반시설을 대상으로 활용되고 있다. 수익형 민자사업(BTO: Build건설-Transfer이전-Operate운영)이란 민간자본으로 건설하고 일정기간 민간사업시행자가 시설자용자로부터 사용료를 받아 투자

표 10-5 **BTO와 BTL의 사업추진방식 비교**

추진방식	BTO	BTL
대상시설 성격	• 최종사용자에게 사용료 부과로 투자비 회수가 가능한 시설	• 최종수요자에게 사용료 부과로 투자비 회수가 어려운 시설
대상시설	• 고속도로, 항만, 경전철, 지하철 등 수익형 교통시설	• 학교건물, 기숙사, 도서관, 군인아파트 등 주로 생활기반시설
투자비 회수	• 최종이용자의 사용료(수익자 부담원칙) 　- 적정수익 미달 시 정부보조금 지급	• 정부의 시설임대료(정부재정부담)
사용료 선정	• 총 사업비 기준(고시, 협약체결시점 가격) • 기준사용료 산정 후, 물가변동분 별도 반영	• 총 민간투자비 기준(시설의 준공시점 가격) • 임대료 산정 후, 균등분할 지급
재정지원	• 건설기간 중 건설부담금 • 용지보상비 등	• 토지 무상제공 등(필요시 재정지원 가능)
사업리스크	• 민간이 수요위험 부담	• 민간의 수요위험 배제
시설소유권	• 정부, 지방자치단체	
시설운영권	• 민간사업시행자가 일정기간 소유	
사업제안	• 민간사업자, 정부	• 정부

자료: 김춘순(2012)을 토대로 재구성.

비를 회수하는 방식을 말하며, 임대형 민자사업(BTL: Build건설-Transfer이전-Lease임대)이란 공공시설에 대한 사회적 인프라 확충을 민간자본으로 건설하고 정부가 임대하여 사용하는 방식을 의미한다.

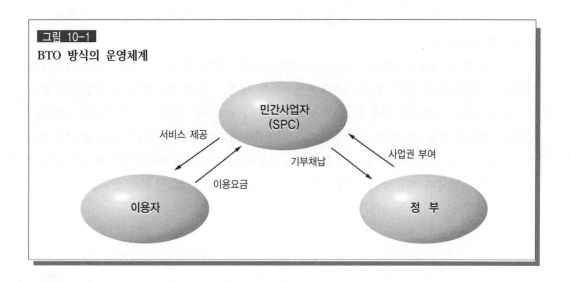

그림 10-1
BTO 방식의 운영체계

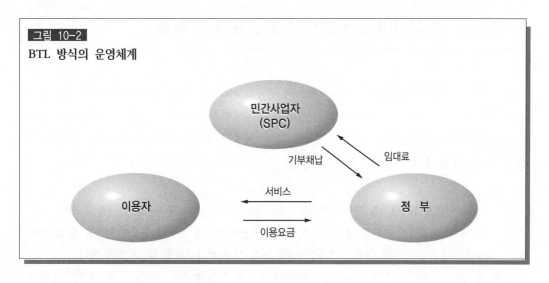

그림 10-2
BTL 방식의 운영체계

BTO는 민간이 수요위험 부담을 안게 되는데 반해, BTL은 정부가 임대하여 비용을 보장해주므로 민간이 수요위험 부담을 갖지 않게 된다. 즉, 민간의 입장에서 보면 BTL이 사업리스크는 적다고 할 수 있는 것이다. 하지만 BTO의 경우에도 계약에 따라 적정수익 미달 시 정부보조금을 지급하는 등 다양한 수익 보전방식을 취하게 된다. 또한 BTO의 경우 민간사업자가 과다하게 고속도로 톨 게이트비 혹은 지하철 요금 인상 등을 통해 사용자(시민)들에게 부과할 수 있어 이에 대한 적절한 규제가 필요하다.

지금까지 우리나라에서 시행된 대부분의 민간투자사업은 BTO 방식으로 시행되었다. 그러나 대기업들의 담합과 그로 인한 대규모 BTO 사업선정의 독점, 수요예측의 문제, 공사비 거품 방치, 정부의 감독 및 감시관리의 미흡 등 여러 가지 문제가 나타나면서, 최근에는 BTL 방식의 선호도가 높아지고 있다(김태진, 2013: 37-63). 다만 BTL 사업방식에 대해서도 지적이 나오고 있는데, 성급한 사업추진, 다수 입찰자의 난립 등의 문제점이 발생하였다. 이를 해결하기 위한 방안에 대한 연구가 계속되고 있으며, 따라서 향후에는 BTO 방식과 BTL 방식의 통합에 대한 논의도 지속적으로 이루어질 필요가 있다고 하겠다.

제 3 절   공공서비스 성과평가의 필요성과 한계

공공서비스에 대한 성과평가는 공공서비스의 질(*quality*)과 결과(*results*)에 관한 체계적인 평가이다(김시영·김규덕, 1996: 127-130). 이러한 정부의 공공서비스에 대한 성과평가의 필요성에 대해서 Epstein(1992)은 정책결정자의 의사결정상의 지원, 정부의 책임성 제고, 공공서비스 성과의 개선 등 크게 세 가지 측면에서 논의를 하고 있다.

첫째, 공공서비스의 성과평가를 통해 정책결정자들은 의사결정과정에서의 개선을 모색할 수 있다. 공공서비스의 성과평가를 통해 서비스의 효율적인 제공에 필요한 정보와 지식을 획득할 수 있으며, 이러한 정보와 지식을 통해 정책결정자들은 보다 나은 의사결정을 할 수 있게 된다.

둘째, 정부의 시민에 대한 책임성(*accountability*)을 확보할 수 있게 된다. 시민들은 공공서비스의 목표 달성도, 비용편익 대비 효율성, 주요 결과 등에 대해 정부에 요구할 권리가 있으며, 정부는 이러한 시민의 요구에 응할 책임성을 지니게 된다. 공공서비스의 성과평가를 통해 정부가 시민들에게 서비스를 제공하는 과정에서 나타난 비효율성, 비능률성 등은 없었는지에 대한 평가가 이루어짐으로써, 직·간접적으로 정부의 책임을 물을 수 있게 된다.

셋째, 공공서비스 성과평가를 통해 서비스 제공의 결과를 보다 개선시킬 유인을 갖게 된다. 성과평가를 통해 공공서비스 제공 전반에 관한 정보를 확인하고 문제점 및 개선방안을 도출하게 된다. 이러한 과정을 통해 서비스 제공과정에서의 합리적인 의사결정이 가능하게 하고, 관련 정보를 시민들에게 공개함으로써 행정의 투명성을 성공적인 공공서비스의 성과를 도출할 수 있게 된다.

하지만 공공서비스 성과평가가 기대한 수준만큼 성공을 거두기에는 여러 현실적인 한계점들이 존재하며, Rogers(1990)은 이러한 한계점을 크게 네 가지로 나누어 제시하고 있다.

첫째, 성과평가 기준과 관련한 주요 개념적 요소들의 정의가 어렵다는 점을 들 수 있다. 공공서비스의 성공과 실패 여부를 판단하기 위한 기준으로서 효과성, 능률성, 대응성, 형평성 등의 개념들이 사용되어 왔다. 하지만 이러한 개념들을 명확하게 구분하여 개념적 정의를 내리는 것은 쉽지 않으며, 성과평가와 관련한 이해관계자들의 다양한 시각과 관점으로 인해 실제 성과평가 과정에서 합의된 의견을 도출하기가 쉽지 않다.

둘째, 성과평가를 위한 자료의 수집과 자료의 유효성 문제를 들 수 있다. 공공서비스에 대한 객관적이고 명확한 평가가 이루어지기 위해서는 이를 위한 실효성있는 자료의 수집이 무엇보다도 필요하다. 예컨대 공공서비스의 제공으로 인한 효과성을 측정하기 위해 시민들을 대상으로 공공서비스에 대한 인식과 만족도 조사를 실시할 경우 조사준비 과정에서부터 조사실시 및 분석과정에 걸쳐 과학적인 분석방법과 절차를 충족시켜야 하는데 자료의 수집과 자료의 유효성 등의 한계가 있다.

셋째, 성과평가의 타당성 확보 문제를 들 수 있다. 이러한 타당성 문제는 평가를 실시하는 조사자와 평가관리자의 평가에 대한 차별적인 심리적 태도로부터 기인된다. 즉, 관리자는 계층제적 관리감독과 통제를 위한 기제로서 성과평가를 바라보고, 조사자는 성과평가을 진행하는데 일차 목적이 있기 때문에 이러한 인식과 태도의 차이로 인해 성과평가에 대한 타당성 문제가 야기될 수 있다(김시형·김규덕, 1996: 130에서 수정).

넷째, 성과평가 자료의 활용가능성을 들 수 있다. 성과평가 과정을 통해 산출된 평가결과들에 대한 정책담당자들의 무관심이나 불신이 존재한다면, 평가자료는 정책결정을 위한 정보로서 가치를 상실하게 되고, 이는 결국 내실있는 공공서비스 성과평가의 장애요인으로 작용할 수 있다.

제4절 요약 및 결론

본 장에서는 공공서비스의 전달이라는 주제를 다루고 있다. 과거에는 공공서비스 전달을 논의할 이유가 없었다. 정부가 독점적 공급자였기 때문이다. 하지만, 다양성·복합성·동태성을 특징으로 하는 현대사회에서 정부 혼자만이 공공서비스를 공급하는 것은 불가능해졌다. 이에 다양한 경로와 형태의 전달방식에 대한 논의가 이 장의 주된 내용이다.

공공서비스란 시민들이 직면하고 있는 다양한 사회적 문제를 해결하고, 삶의 질을 향상시키기 위해 제공되는 공적 재화나 서비스를 의미하는 것으로 정의할 수 있다. 공공서비스의 제공주체는 정부의 독점적인 생산에서 국가(정부), 서비스의 생산사 혹은 공급주체, 그리고 공급방식에 따라서 정부공급, 민·관 합동공급, 민간공급(민간위탁)으로 다양화되고 있다. 또한 공급방식의 유형측면에서도 정부서비스와 정부 간 협약, 정부응찰, 수익형 민자사업(BTO)과 임대형 민자사업(BTL) 형태로 새로운 방법이 모색되고 있다.

공공서비스의 전달방식에 있어서는 전통적 방식에서 보다 효율적인 공공서비스를 생산·공급하기 위한 방안으로 민간위탁, 프랜차이즈, 보조금, 서비스 분할과 자산매각, 바우처, 자원봉사자, 공공-민간협력이 등장하였는데, 특히, 최근 민자투자사업의 방식으로 중요하게 거론되고 있는 것이 수익형 민자사업(BTO)과 임대형 민자사업(BTL)방식이다. 그동안 가장 많이 활용되던 방식은 수익형 민자사업(BTO)방식이었으나, 대기업들의 담합과 그로 인한 대규모 BTO 사업선정의 독점, 수요예측의 문제, 공사비 거품 방치, 정부의 감독 및 감시관리의 미흡 등의 문제로 인해 최근에는 BTL 방식의 선호도가 높아지고 있으며, BTO 방식과 BTL 방식의 통합에 대한 논의도 지속적으로 이루어지고 있다. 한편, 위와 같은 공공서비스에 대한 성과평가에 대해 Epstein(1992)은 정책결정자의 의사결정상의 지원, 정부의 책임성 제고, 공공서비스 성과의 개선을 위한 필요성을 들어 그 중요성을 강조하고 있다.

앞으로 사회가 더 복잡해 질수록 다양한 형태의 공공서비스 공급주체와 방식에 대한 다양한 경로들이 논의될 것으로 생각되며, 따라서 뉴거버넌스와 네트워크에 기반한 공공서비스 공급방식은 계속 중요한 테마가 될 것이라 사료된다. 결국 중요한 점은 어떤 방식이 정부의 재정적 건전성을 유지하면서 동시에 시민들의 삶의 질에 직접적 영향을 미치는 공공서비스 전달을 효과적으로 잘 할 수 있을까의 문제로 귀결되며, 이에 대한 지속적 연구와 성찰이 필요할 것으로 생각된다.

핵심 Point !

Dynamic Process

◎ 공공서비스의 의의

　▪ 공공서비스 개념

　▶ 공공서비스에 대한 개념 정의는 공공서비스의 범주와 유형이 다양한 만큼 명확하게 정의내리기 어려움

　▶ 공공서비스란 시민들이 직면하고 있는 다양한 사회적 문제를 해결하고, 삶의 질을 향상시키기 위해 제공되는 공적 재화나 서비스를 의미

　▪ 공공서비스 특징

　▶ Savas의 재화유형에 따르면 공공재에 해당되며, 공공재는 비경합성과 비배제성을 갖는 재화나 서비스를 의미함

　• 비배제성: 서비스나 재화의 공급으로 발생하는 편익(benefits)의 향유나 수혜에서 누구도 배제할 수 없는 특성

　• 비경합성: 서비스나 재화를 이용하고자 할 경우, 한 개인의 이용으로 인해 서비스나 재화가 줄어들거나 다른 사람의 서비스 사용이 경합하지 않는 특성

　▶ 공공서비스의 특성과 수요자 규모의 특성에 따라 사적재, 공유재, 요금재, 공공재로 구분될 수 있음

　▪ 공공서비스의 유형

　▶ Savas: 경성서비스, 연성서비스

　▶ O'Looney: 거리기반 서비스 결과에 대한 평가가 용이한 서비스

　▶ Johnston & Romzek: 전통적 서비스/지방서비스, 사회서비스

　▶ Lucy et al.: 일상적 서비스, 보호적 서비스, 발전적 서비스, 사회적 최저수준 보장 서비스

◎ 공공서비스의 제공

　▪ 공공서비스의 제공주체와 제공방식

　▶ 공공서비스의 제공주체에 따른 제공방식

　• 정부공급: 국가 혹은 정부가 비용부담을 통한 직접적인 생산·공급 활동을 하여, 국민이나 지역주민들이 필요로 하는 공공서비스를 제공하는 방법

　• 민·관 합동공급: 민과 관이 공동으로 생산·공급하는 형태의 공공서비스 제공방식

- 민간공급: 민간에게 위탁하여 생산과 공급이 이루어지도록 하는 공급방식으로서 공공서비스의 공급책임은 정부에 있지만 서비스의 생산은 민간부문에 의해 이루어지는 것

▶ Savas의 공공서비스 제공방식

- 공공서비스를 통한 재화와 서비스의 제공방식에 대한 논의를 생산자(producer), 배열자(arranger)로 구분하여, 이들의 조합을 통해서 공공서비스의 제공방식을 유형화
- 공공부문이 생산자인 동시에 배열자인 경우에 해당하는 공공서비스 제공방식은 정부서비스와 정부 간 협약을 들 수 있음
- 공공부문이 생산자가 되고 민간부문이 배열자인 경우에 해당하는 공공서비스 제공방식은 정부응찰을 들 수 있음
- 민간부문이 생산자가 되는 형태의 공공서비스 제공방식은 수익형 민자사업(BTO)와 임대형 민자사업(BTL)을 들 수 있음

▶ Osborne & Gabler의 공공서비스 제공방식

- 전통적 방식에 따른 서비스 제공은 법규와 제재의 규범제정, 규제 혹은 규제완화, 모니터링 및 조사, 인·허가제, 조세정책, 교부금, 보조금, 대부, 대출보증, 계약체결 등이 포함
- 혁신적 방식은 프랜차이징, 민관(民官) 제휴, 공공기관 간 제휴, 준(準)공기업 혹은 민간기업, 공기업, 정부조달, 보험, 보상·시상·장려금, 공공투자정책의 변화, 기술지원, 정보, 알선, 자원봉사자, 바우처, 부담금, 비정부부문의 노력 촉진, 강력한 설득, 착수금 등이 해당
- 전위적 방식은 지분투자, 지원단체, 공동생산, 응분의 대가, 수요관리, 재산의 판매·교환·활용, 시장구조 재편과 관련

◘ 공공서비스 전달방식의 다양화

▶ 다양한 전달방식(Savas)

- 민간위탁: 지방자치단체 수준에서 가장 널리 이용되는 형태의 민영화이다. 민간위탁에 따른 공공서비스 제공방식에 따르면 정부는 공공재화나 서비스의 전부나 일부를 수요자에게 보다 효율적으로 제공하기 위해 민간 영리 혹은 비영리기업, 다른 정부나 공공기관과 계약을 맺게 됨
- 프랜차이즈 방식: 서비스 공급자 혹은 배열자로서 정부가 특정 민간부문에 독점적 영업권을 부여하고, 일정한 규제방침을 정해놓음으로써 독점으로 인한 부작용과 문제점을 사전에 방지하는 방식
- 보조금: 정부가 사회적으로 외부효과를 지닌 재화나 서비스에 대해 그 생산과 소비를 시장에서 이루어지는 수준보다 확대해 주기 위해 생산자를 지원해주는 방식
- 서비스 분할과 자산매각: 서비스 분할은 정부가 특정 공공서비스의 양과 질이 더 이상 공익의 목적에 부합하지 않을 경우, 해당 서비스를 폐지하는 것을 의미. 반면 자산매각은 정부가 소유 중인 건물이나 시설, 회사 등을 매각하는 것을 의미
- 바우처: 정부가 개인들에게 특정 상품이나 서비스를 구입하는데 활용될 수 있는 일정한 화폐가치가 있는 쿠폰을 제공하는 방식

- 공공-민간 협력(PPP) 방식: 정부가 공공재화나 서비스를 생산 혹은 제공하기 위해 민간부문에 출자하고 이를 경영하여 위험을 공유하는 방식
- ▶ 수익형 민자사업(BTO)와 임대형 민자사업(BTL)
- 민자사업: 민간부문이 제안하고 민간부문의 자금을 활용하여 사회기반시설을 건설하거나 운영하는 것으로, 전통적으로 정부가 책임졌던 사회기반시설을 민간이 대신해서 보다 효율적이고 창의적으로 건설, 운영하여 공공서비스를 제공하는 제도. 대표적으로 BTO와 BTL
- 수익형 민자사업(BTO)방식: 민간이 시설을 건설하고 직접 운영하여 시설의 이용자로부터 사용료 등을 통해 수익을 창출하는 방식
- 임대형 민자사업(BTL)방식: 민간이 시설을 건설하되 운영권은 정부가 소유하는 형태의 사업
- BTO와 BTL 비교
  - BTO는 고속도로·철도·항만 등 주로 수익형 교통시설을 대상으로, BTL은 학교건물, 기숙사, 도서관, 군인아파트 등 주로 생활기반시설을 대상으로 활용
  - 지금까지 우리나라에서 시행된 대부분의 민간투자사업은 BTO방식으로 시행되었지만, 대기업들의 담합과 그로 인한 대규모 BTO 사업선정의 독점, 수요예측의 문제, 공사비 거품 방치, 정부의 감독 및 감시관리의 미흡 등 여러 가지 문제가 나타나면서, 최근에는 BTL 방식의 선호도가 높아지고 있음
  - 향후 BTO방식과 BTL방식의 통합에 대한 논의도 지속적으로 이루어질 필요가 있음

◎ 공공서비스 성과평가의 필요성과 한계
  - ▪ 공공서비스 성과평가의 필요성
  - ▶ 정책결정자들의 의사결정과정의 개선
  - ▶ 정부의 시민에 대한 책임성 확보
  - ▶ 서비스 제공 결과의 개선
  - ▪ 성과평가의 성공에 대한 현실적 한계점
  - ▶ 성과평가 기준과 관련한 주요 개념적 요소들의 정의가 어려움
  - ▶ 성과평가를 위한 자료의 수집과 자료의 유효성 문제
  - ▶ 성과평가의 타당성 확보
  - ▶ 성과평가 자료의 활용가능성

핵심 Question !

Dynamic Process

◎ 공공서비스 전달방식의 다양화에 대한 이론적 배경을 정리해보자.

◎ 공공서비스 전달방식을 제공주체에 따라 분류해보라.

◎ 공공서비스 전달방식을 Savas의 견해를 중심으로 설명하라.

◎ 수익형 민자사업(BTO)과 임대형 민자사업(BTL)의 주요 개념 및 장단점을 비교하고, 향후 발전방안을 언급하라.

◎ 공공서비스 성과평가의 필요성과 현실적 한계점에 대해 설명하라.

현대행정은 최대의 서비스 산업이라는 표현이 있음에도 공공서비스는 최근까지는 그 중요성에 비해 별도의 각론으로 비중있게 다뤄지지 못하였다. 그러나 행정개혁 및 정부혁신의 일환으로서 정부가 독점해온 서비스를 시장과 공유하고 시장의 효율성을 정부에 도입하려는 NPM이나 거버넌스의 논리를 통해 새삼 부각되고 있다.

공공서비스가 행정학을 구성하는 별도의 각론으로 자리잡게 된 것에는 최근 민영화의 중요성과 지방자치의 본격화로 인한 것이다. 즉, 정부의 실패와 이로 인한 시장적 접근의 중요성 그리고 지방자치의 도입과 지방정부 간의 경쟁의 심화로 인해 이러한 논의의 중요성은 더욱 부각되었다. 관련된 내용에 대해서는 본 장의 내용을 통해 충분히 이해했을 것으로 전제하고 최근의 출제경향을 살피면 다음과 같다.

최근 출제경향을 살펴보면 행정서비스 헌장, 공공서비스의 대안적 전달방식, 공공서비스 민영화에 관한 문제 등으로 요약된다. 행정서비스 헌장에 관한 문제는 2002년도에 외시에 출제된 문제인 바, 이는 행정서비스(공공서비스)의 제공에 있어서 정부의 역할에 대해서 묻는 문제이다. 여기에는 정부역할의 낙관적 관점과 기대가 담겨있다.

이에 비해 2011년도와 2012년도에 연달아 출제된 문제는 공공서비스의 제공에 있어서 정부의 역할에 대한 실망과 비관을 전제로 시장과 정부 간의 관계에 관해 묻고 있다. 따라서 답안의 기술과 관련하여 출제된 지문상의 지시를 충실하게 이행하는 것도 중요하지만, 보다 중요한 것은 시장과 정부의 관계(relationship) 및 경계(boundary)에 있어 정부의 역할(role)과 그 결과에 관한 책임성(accountability)에 대해 기술해 주어야 한다는 점이다.

한편 공공서비스와 관련된 앞으로의 학습에 있어 조금 더 관심을 기울일 부분들은 크게 다음 세 가지로 보여진다. 우선 공공서비스에 있어서 시장과 정부라는 대립적 관계 외에 이를 중재 혹은 통합할 수 있는 시민사회라는 영역에 관한 것이다.

시민사회 혹은 시민공동체의 역할에 관한 고민은 시장과 정부라는 두 기제의 필연적 모순을 해소하는 대안이 될 수 있을 것이다. Ostrom의 저서인 '공유의 비극을 넘어'는 이러한 관점을 보여주고 있다. 정부의 실패, 시장의 실패라는 양 극단을 넘어서 합리적 선택 신제도주의 혹은 제도분석모형(IAD)에서 강조하듯이, 규범 및 신뢰의 공유를 통한 공동체의 역할이 중요해지고 있는 것이다.

다음으로 공공서비스의 제공에 있어서 결과로 전제되는 시장의 효율성이 과연 타당한 것인가에 관한 의문이다. 이러한 의문은 공공서비스를 통해 달성해야 하는 행정의 제반가치들 간의 양립을 보여주는 것이기 때문이다. 특히 현실에서 문제가 되는 민영화 사례는 시장가치의 효율성과 공공가치의 공공성 혹은 민주성 간에 자주 대립된다는 점을 보여주는 경우가 많은 바, 민간기업의 경영이 아닌 국가행정(국정관리)에서 공공성과 민주성은 훼손할 수 없는 행정가치임을 강조할 필요가 있다. 민주적 국정관리는 사기업 경영과는 다른 것이다.

마지막으로 공공서비스의 전달과 관련하여 공공서비스의 비용과 그 부담방식을 결정하는 방식(BTO/BTL 및 규제방식)에 관해서 추가적으로 학습하는 것을 권한다. 이에 관한 논의는 그 시의성이나 중요성에도 불구하고 관련 연구나 기존의 교재에서 경시되어온 측면이 있다. 일례로 최근의 원전 부품비리로 인해 발생하는 전력난에 대처하기 위해 정부가 도입하려는 다양한 형태의 규제들은 실제로는 공공서비스의 비용(가격)과 부담방식을 수정·통제하는 정책수단인 바, 이러한 최근동향에 대해서도 파악해 두길 바란다.

국내외적으로 신공공관리적 행정개혁이 강화되면서 적극국가(positive state)에서 규제국가 (regulatory state)로의 전환이 가속화되고 있다. 이에 따라 기존에 정부가 직영하던 상·하수 도, 철도, 공항, 병원 등 공공서비스의 민영화(자산매각+민간위탁) 시도가 자주 목격되고 있다 [2012년].

(1) 공공서비스 민영화 시도가 유발하는 유용성과 부작용을 설명하시오.
(2) 공공서비스 민영화의 부작용을 극복하기 위해 고안된 제도적 장치들을 국내외 행정현장의 실제 사례를 활용하여 설명하시오.

답안작성요령

핵심개념

본 문제는 공공서비스 공급방식 중 민영화를 묻고 있다. 민영화(privatization)는 공공서비스의 제공이나 이를 위한 재산의 소유에서부터 정부의 영역을 줄이고 민간의 영역을 늘리는 것을 의미한다.

민영화의 유용성 및 부작용

1998년 2월 김대중 정부는 1997년 12월 IMF 외환위기를 안고 출범하게 되었으며, 따라서 재정위기를 어떻게 극복하느냐가 초미의 관심사였다. 민영화, 민간위탁, 책임운영기관 등을 통해 재정적자 줄이기 노력은 신공공관리(NPM: New Public Management)적 접근방식을 통해 이루어졌다. 이에 따라 민영화는 공공부문의 비효율성을 제거하고 국민의 행정에 대한 만족도를 제고시키기 위해 폭넓게 추진되어 왔다. 민영화가 강조되는 일반적 근거는 정부개입(규모)의 축소를 통한 작은 정부의 구현이 가능하다는 점과 시장기능(자율성)의 확대, 민간부문의 자본/인력 유입을 통한 민간경제 활성화, 정부의 비용 절감을 통한 효율성 강화 등이 제시되고 있다. 반면, 정부와 민간업체 사이의 책임소재 불분명, 서비스 보편성 확보의 어려움, 이윤추구 확대에 따른 공공성 가치의 손실, 거대한 독점적 사기업의 출현 등이 문제점으로 지적된다(유훈·윤태범, 2010).

민영화 과정의 제도적 극복방안

극복방안	사 례	내 용
위원회제도	-	민영화에 적합한 종목을 분류, 기존 민영화 부문에 대한 지속 관리/감독
외국자본의 주식보유비율 상한제	인천공항공사	외국자본의 잠식 방지
단계적 민영화	멕시코 공기업 민영화	점진적 도입을 통한 외부적 저항 감소
가격 상한제	서울 지하철 9호선 요금 인상	국민들의 공공재 접근가능성 확보
황금주제도	영국 국영 통신사 민영화	단 한 주의 주식만으로도 거부권을 행사할 수 있도록 하는 제도

자료: 고시계 편(2013), 행시 2차 기출해설과 예상논점-행정학.

최근 인천국제공항공사와 KTX 민영화 논란에서 보듯이, 공공서비스 민영화는 현실 정치에서 뜨거운 감자로 제시되고 있다. 따라서 이러한 문제에 대한 접근도 현실 정치의 맥락에서 살펴볼 필요가 있다(김판석 외, 2013). 또한 민영화의 문제점과 극복방안을 연계하여 답안을 전개해 나가야 할 필요가 있다(자료: 고시계, 2013에서 수정). 민영화는, 언급되었듯이, 정부개입 축소를 통한 재정감축이 가능하다는 점과 시장기능(자율성)이 확대되는 유용성이 있지만, 민영화를 통한 공공서비스 공급은 국민을 주인으로 하는 민주행정에서 공공성 가치의 손실을 가져오므로 신중한 제도적 장치가 필요하다는 점이 핵심논점이다.

고시기출문제 최근 정부관료제에 의한 독점적 공공서비스 공급방식의 한계를 극복하기 위한 새로운 공급방식이 도입되고 있다. 그 대표적 사례로 민영화, 민간위탁, 공동생산, 공사협력(public-private partnership) 등이 있다[2011년].

(1) 최근 정부가 공공서비스 공급방식을 다원화하고 있는 배경과 목적을 구체적으로 설명하시오.
(2) 새로운 공공서비스 공급방식이 도입되면, 공공서비스 공급을 위한 정부(공공)부문과 민간부문 간 역할분담체계가 변하게 된다. 현재 우리나라에서 활용되고 있는 수익형 민자사업(BTO)과 임대형 민자사업(BTL)을 대상으로 정부(공공)부문과 민간부문의 역할분담체계를 비교하고, 그 차이점을 설명하시오.
(3) 공공서비스 공급방식의 다원화에 따른 책임성 확보방안을, 위에서 예시한 새로운 공공서비스 공급방식 중 하나를 선택하여 이를 중심으로 제시하시오.

답안작성요령

⚡ 핵심개념

본 문제는 공공서비스의 현상에 대한 이해, 분석, 응용능력을 파악하는 문제에 해당된다. 동시에 공공서비스가 지켜야 할 가치로서 책임성에 대한 인식과 그 확보방안에 출제의도가 있다. 이는 기본적으로 공공성의 개념과 취지, 실제 공공서비스의 제공에서 민간부문과 정부부문 간 역할설정에 대한 이해, BTO와 BTL의 비교분석능력 등에 대한 이해와 설명능력을 검증하고자 하는 것이다.

⚡ 공공서비스 공급방식의 다원화

문제(1)에서는 공공서비스 공급방식의 다양화의 배경으로는 과거와 비교할 수 없을 정도의 행정수요 증대와 이에 따른 정부역량의 부족(재정적 측면과 인적 측면 포함)을 들 수 있을 것이다. 협력적 거버넌스의 배경은 정부에 대한 요구는 급증하고 있는데 반해 정부의 대응능력은 떨어지고 있다는 점이다. 공공서비스 공급방식의 다원화의 목적으로는 업무의 분산을 통한 생산의 효율성 증대 및 재정분담의 완화 등을 서술할 필요가 있다.

✋ 수익형 민자사업(BTO)과 임대형 민자사업(BTL) 비교분석

문제(2)에서 수익형 민자사업(BTO: Build건설-Transfer이전-Operate운영)이란 민간자본으로 건설하고 일정기간 민간사업시행자가 시설자용자로부터 사용료를 받아 투자비를 회수하는 방식을 말하며, 임대형 민자사업(BTL: Build건설-Transfer이전-Lease임대)이란 공공시설에 대한 사회적 인프라 확충을 민간자본으로 건설하고 정부가 임대하여 사용하는 방식을 의미한다. BTO는 국가산업시설에 속하는 도로, 공항, 항만 등과 같은 시설물의 건설에 주로 작용된다. 이러한 시설은 준공(Build) 즉시 그 소유권은 국가에 귀속되며(Transfer), 개발사업주는 총소요자금의 범위 내에서 일정기간동안 운영권(Operate)을 얻어 그 시설물을 통해 수익을 취한다. 민자고속도로(인천공항고속도로), 지하철 9호선 등이 그 예이다. BTL은 학교건물, 기숙사, 도서관, 군인아파트 등의 개발에 활용되는 것인데, 민간이 자금을 투자해서 공공시설을 건설하고(Build), 시설의 완공시점에서 소유권을 정부에 기부채납의 방식으로 이전(Transfer)하는 대신 일정기간 동안 시설의 사용과 수익권한을 획득한다. BTO와 다른 점은 BTO는 운영권을 얻어 톨 게이트비 등을 통해 수익을 취하는데 반해, BTL은 민간이 시설을 정부에 임대(Lease)하고 일정기간 동안 정부의 임대료로 시설투자비를 회수하는 방식이다.

BTO는 민간이 수요위험 부담을 안게 되는데 반해, BTL은 정부가 임대하여 비용을 보장해주므로 민간이 수요위험 부담을 갖지 않게 된다. 즉, 민간의 입장에서 보면 BTL이 사업리스크는 적다고 할 수 있는 것이다. 하지만 BTO의 경우에도 계약에 따라 적정수익 미달 시 정부보조금을 지급하는 등 다양한 수익 보전방식을 취하게 된다. 또한 BTO의 경우 민간사업자가 과다하게 고속도로 톨 게이트비 혹은 지하철 요금 인상 등을 통해 사용자(시민)들에게 부과할 수 있어 이에 대한 적절한 규제가 필요하다.

✋ 수익형 민자사업(BTO)과 임대형 민자사업(BTL)의 관계 및 발전방안

지금까지 우리나라에서 시행된 대부분의 민간투자사업은 BTO 방식으로 시행되었다. 그러나 대기업들의 담합과 그로 인한 대규모 BTO 사업선정의 독점, 수요예측의 문제, 공사비 거품 방치, 정부의 감독 및 감시관리의 미흡 등 여러 가지 문제가 나타나면서, 최근에는 BTL 방식의 선호도가 높아지고 있다(김태진, 2013: 37-63). 다만 BTL 사업방식에 대해서도 지적이 나오고 있는데, 성급한 사업추진, 다수 입찰자의 난립 등의 문제점이 발생하였다. 이를 해결하기 위한 방안에 대한 연구가 계속되고 있는 바, 따라서 향후에는 BTO 방식과 BTL 방식의 통합에 대한 논의도 지속적으로 이루어질 필요가 있다고 하겠다.

본 문제에서 이와 같은 개념을 명시한 후 양자에 대해 ① 진행과정 ② 소유권 이전 여부 ③ 사업제안자 ④ 투자유치 방식 ⑤ 투자비용 회수 ⑥ 사업리스크 ⑦ 수요량 추정절차 등으로 일목요연하게 구분하여 비교분석하면 좋을 것이다.

✋ 공공서비스 도입방식의 다원화에 따른 책임성 확보방안

문제(3)에 대하여 예를 들어, 민영화를 중심으로 책임성 확보방안을 논하면 다음과 같다. 공기업 민영화는 민영화된 이후에도 책임성과가 민간기업과는 달리 불분명한 경우가 많이 있다. 따라서 i) 민간기업과 동일한 기업경영체제의 도입, ii) 내부경영시스템을 이윤목표 달성에 적합하게 설계하거나 직원의 성과를 최대한 객관적으로 평가할 수 있는 회계, 재무 등 정보시스템 마련 등을 들 수 있다. 또한 민영화가 된 뒤에도 새로운 규제기구 설립을 통해 서비스의 품질, 가격규제, 고객의 권익보호를 위한 규제의 검토도 책임성 확보를 위해 필요하게 된다.

　이 문제는 워낙 세부지식을 묻는 문제라 명료하게 알고 있는 것이 중요하다. 하지만, 정부독점의 관료제의 단독적 공공서비스 제공방식에서 사회가 다원화되면서 다양하게 제기되고 있는 공공서비스 제공방식의 다원화의 흐름을 분명하게 짚어주는 것이 중요하다고 하겠다. 공공서비스에 대한 요구의 증대와 능력의 한계에 따른 다양한 공공서비스 공급방식은 불가피한 일이나, 이에 따른 책임성 확보가 되지 못하면 재정적자의 증대 혹은 대형재난사고의 발생도 예상되는 문제점이다(최근 한전의 전기공급 중단사태, 한수원의 원자력 안전점검 부실사태 등). 따라서, 위에서 언급한 바와 같이, 이에 따른 규제지침을 통한 책임성 확보방안도 중요하게 언급되어야 할 것이다.

KEY POINT

　현대행정은 동태적 행정과정을 거쳐 실현된다. 행정은 국가목표-정책결정-조직화-동작화-환류 및 학습
이라는 동태적 과정을 거치면서, 행정인-행정구조-행정환경이라는 3대 행정변수가 상호역동적으로 교호작
용을 하면서 진행된다. 동태적 행정과정의 첫 시발점은 국가목표 및 정책결정이며, 이를 실현하기 위해
조직, 인사, 재무, 정보체계, 동기부여, 변혁적 리더십 등이 필요하다. 미래지향적 국가목표를 설정하고 이
를 정책기획하고 정책결정하게 되면, 조직화 하는 단계에서 인사, 조직, 재무, 정보체계 등을 통해 인력,
조직, 자원, 기술 등을 동원하여 행정집행을 위한 조직화를 하게 되는데, 실제로 효과적인 행정집행이 이
루어지게 하기 위해서는 동작화가 필요하다.

　동작화(동기부여)란 "일이 작동하게 만드는 근본적 동기부여"에 관해서 연구하는 것을 의미한다. 조직구
성원 개인과 집단의 미시적 행태와 상호작용을 파악하고, 이들을 효과적으로 조직목표를 향해 움직이게 하
려면 조직구성원들이 인간임을 염두에 두고 조직 내 인간의 속성과 본질에 대해 이해하는 것이 필요하다.

　제11장에서는 지식정보사회에 대한 이해를 바탕으로, 인간관, 동기부여, 의사소통, 리더십, 정책홍보 등
조직 내 구성원의 정책역량을 극대화하고, 정책의 수요자인 고객(시민)의 만족을 극대화하여 정책의 효과
성을 높이기 위해 필요한 내용들을 학습한다.

　이를 위해 먼저 인간관에서는 조직 내 인간, 즉 조직구성원들을 어떤 존재로 인식할 것인가에 관한 여
러 견해들을 학습하고, 동기부여에서는 제1절의 내용을 바탕으로 동기부여가 업무성과에 어떻게 영향을

미치는지에 대한 과정이론과 어떤 요인에 의해 동기부여가 되는지에 대한 내용이론에 대해 학습한다.

마지막으로, 리더십에서는 리더십이란 무엇이며 왜 필요한지, 그리고 자질이론에서부터 현대의 변혁적 리더십에 이르기까지 리더십이론의 발달과정을 살펴보고, 지식정보사회가 요구하는 변혁적 리더십은 무엇인지에 대해 살펴본다.

제11장의 키 포인트는 동기부여에 대해서 파악하는 것이다. 행정이 잘 움직이려면 인간관, 동기부여, 사기, 리더십 등에 대해 잘 이해해 두어야 한다. 변혁적 리더십, 정책홍보, 사기, 동기부여, 인간관 등은 행정학 분야에서 자주 출제되는 내용들이다.

제1절 인간관

인류 역사를 통해 제시되었던 가장 근본적 질문 중의 하나는 "인간의 본성이 무엇인가?"라고 하는 인간 본질에 대한 이해였다. 플라톤의 이성적 인간, 홉스의 이기적 인간, 순자의 성악설, 맹자의 성선설 등 동서양을 막론하고, 인간을 어떻게 바라볼 것인지는 인간관계를 비롯한 모든 사회관계의 핵심질문이 되어 왔다. 이는 정부부문의 조직이라는 다소 한정된 범위에서도 마찬가지다. 조직의 목표달성에 기여할 수 있는 인간행동은 무엇인가의 문제는 결국 인간관의 문제로 귀착된다. 조직구성원들로 하여금 높은 업무성과를 달성하게 하여 조직전체의 생산성을 높이기 위해서는 조직 내에서 인간이 어떠한지, 그리고 인간은 어떻게 행동하려고 하며, 어떠한 동기에 의해 자극을 받는 것인지에 대해 파악해야 한다. 여기에서는 D. McGregor를 비롯한 여러 학자들에 의해 소개된 조직 내 인간을 바라보는 관점에 대해 학습하기로 한다.

1. Theory X, Y(D. McGregor)

D. McGregor(1960)는 인간관을 바라보는 시각으로서 X이론과 Y이론을 제시했다.

1) X이론에 의한 인간관(X인간관)

X인간관은 인간은 본래 일을 싫어하고 책임회피적 성향을 갖고 있으며 명령이나 지시받는 것을 선호하므로, 조직목표 달성을 위해서는 강한 통제와 처벌 등의 강제적 수단이 필요하다는 것이다. 이러한 X이론은 A. Maslow(1954)의 욕구 5단계 가운데 주로 하위단계의 욕구를 중요시한 것이며,

582

전통적 조직이론의 이론적 토대를 제공하기도 했다.

2) Y이론에 의한 인간관(Y인간관)

Y인간관은 X인간관과는 반대로 인간은 적극적이고 책임감이 있으며 무엇인가 성취하려는 욕구가 있다는 것이다. 따라서 일을 위한 인간의 노력은 목표의 성취와 결부되어 자연스러운 것이며, 조직목표 달성을 위해서는 명령, 통제나 처벌보다는, 목표에 대한 강한 의욕과 책임을 갖고 스스로 노력할 수 있도록 해야 한다는 것이다.

2. Z이론에 의한 인간관(Z인간관)

X, Y이론이 단순한 형태로 인간을 바라봤다면, 보다 현실에 적합한 이론으로 Z이론이 대두되었다. Z인간관은 내용에 있어서는 학자마다 차이가 있으나, 체제론·상황론에 입각하여 인간은 복잡할 뿐만 아니라 고도의 가변성을 지닌 존재로 인식하며, 여러 종류의 관리전략에 대응할 수 있는 존재로 보았다. 대표적으로는 환경에 따른 D. Lawless(1973)의 상황적응형, 인간 자아의 객관적 성찰성을 강조하는 A. Ramos(1972)의 성찰형 인간, 후기산업사회에 있어 과학적인 태도를 갖고 진리를 추구하는 W. Bennis(1966)의 탐구형 인간 등이 이에 해당한다.

3. 시대적 변천에 따른 인간관(E. Schein)

X, Y, Z인간관이 조직 내 인간을 본질적 측면에서 바라보고자 했던 것이라면, E. Schein(1985)은 시대적으로 변천해 온 인간관을 다음과 같이 분류했다.

1) 합리적·경제적 인간관(Rational Economic Man): 과학적 관리론 시대의 인간관

과학적 관리론이 지배하던 시대의 인간관으로 대표적인 학자로는 F. Taylor, L. Gulick, L. Urwick 등이 있다. 인간은 1차적으로 경제적 유인에 의해 움직이며, 인간의 감정은 본질적으로 불합리한 것이므로 경제적 유인을 통해 조직구성원을 조작하고 통제할 수 있다는 것이다.

2) 사회적·행태적 인간(Social Man): 인간관계론 시대의 인간관

인간관계론·행정행태론 시대의 인간관으로 대표적인 학자로는 E. Mayo, F. Roethlisberg, C. Barnard, H. Simon 등이 있다. 인간은 기본적으로 경제적 유인에 의해서보다는 사회적 욕구에 의하여 움직이며, 사람은 감독자가 부하의 사회적 욕구를 충족시켜 주는 정도에 따라 관리층에 순응하게 되는 존재로 보아 조직의 부속품이 아닌 독립적 개체로 인식했다. 관리전략으로는 비공식집단과 같은 자생적 인간관계를 중심으로 근무의욕의 고취와 만족감, 인정, 귀속감, 참여 등 사회심리학적 동기요인을 충족시킬 것을 강조했다. 동기부여이론이 발전하게 된 계기가 되었으며, 조직행태론의 발전에 지대한 영향을 미쳤다.

3) 자기완성인(Self-Actualizing Man): 후기 인간관계론 시대의 인간관

후기 인간관계론의 등장과 더불어 C. Argyris, A. Maslow, D. McGregor 등의 학자들에 의해 조직 내 인간의 욕구가 분류되고 체계화 되었는데, 인간은 원래 자율성과 자제력이 있으며 단계적으로 욕구가 분리될 수 있다고 보았다. 또한 자기완성 의욕과 조직목표 달성 간에는 내재적 모순이나 갈등이 없다고 보았다.

4) 복잡한 인간(Complex Man): 체제론 · 상황론 시대의 인간관

체제론 · 상황론의 발전에 따라 대두된 인간관으로 대표적인 학자로는 D. Lawless, A. Ramos, W. Bennis 등이 있다. 인간은 복잡할 뿐만 아니라 고도의 가변성을 지닌 존재로 인식하며, 조직생활을 통해 새로운 동기를 습득할 수 있다고 보았다. 인간은 여러 종류의 관리전략에 대응할 수 있는 존재로 보았으며, 이러한 관점은 조직행태 중에서도 리더십과 조직문화의 발전에 많은 영향을 미쳤다.

4. 요약 및 결론

조직이란 인간이 모여 구성하는 사회적 유기체이므로 조직현상을 연구하는 사람들은 조직 속에서 활동하는 인간에 주의를 기울이고 그 본질을 파악하기 위하여 노력한다. 조직 속의 인간 속성을 이해하는 것은 조직현상을 설명하는 데 있어서 근본문제라 할 수 있으며, 인간관이란 조직의 관리자가 조직구성원을 다룸에 있어서 그들의 속성이 어떠하다고 생각하고 있는가에 관한 이론 또는 가정이라고 할 수 있다.

조직은 공동의 목표를 가지고 있으며, 이를 달성하기 위해 의도적으로 정립한 체계화된 구조에 따라 구성원이 상호작용하며, 경계를 가지고 외부환경에 적응하는 인간의 사회적 집단이다. 따라서 효과적인 조직관리를 위해서는 조직 내 인간의 본질을 이해해야 하며, 그들의 행위가 어떻게 이루어지는가를 파악해야 한다.

지식정보사회에서는 특히 조직관리에서 인간의 본질을 단순하게 획일화되고 보편적인 것으로 보아서는 안 되고, 인간의 욕구체계는 고도의 다양성과 변모성을 가진다는 것, 조직생활의 경험을 통해 새로운 욕구를 배울 수 있다는 것, 역할과 조직상황이 다르면 욕구도 달라질 수 있다는 것, 조직에 참여하는 이유가 되는 욕구는 사람에 따라 다를 수 있다는 것, 사람들은 그들의 욕구체계와 능력 및 담당업무가 다름에 따라 서로 다른 관리전략에 순응할 수 있다는 것 등 Z인간관에 입각한 복잡한 인간이 강조되는바, 이러한 인간관과 동기부여에 기초한 조직 혁신관리 및 변화관리가 요청되고 있다.

이하에서는 이러한 관점에서 조직인의 동기부여에 대해서 살펴보기로 한다.

제 2 절 동기부여(Motivation)

1. 의 의

행정조직에 있어서 업무성과(*job performance*)는 개인능력과 동기부여의 함수이다. 개인능력은 임용 당시의 능력과 임용 이후 능력발전으로 구성된다. 개인능력은 또한 지적능력(지식·기술·태도), 직무경험, 교육훈련으로 구성된다. 즉, 임용 당시의 지적능력(지식·기술·태도)과 임용 이후의 직무경험 및 교육훈련으로 구성된다.

현대사회에서는 지적능력 못지않게 동기부여의 중요성이 강조된다. 동기부여는 근무의욕과 관

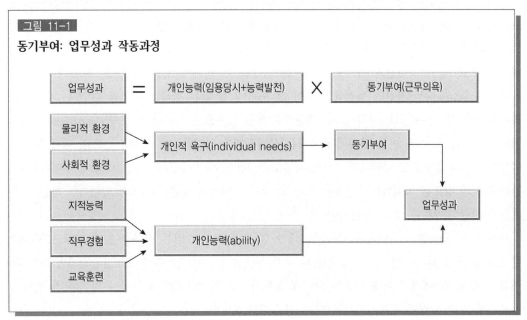

그림 11-1
동기부여: 업무성과 작동과정

자료: 박동서, 1978: 374에서 수정 인용.

련되는데, 다양한 인적자원의 근무의욕을 높이기 위해서는 근무의욕이 어떻게 작동하며 그 과정에서 핵심요소인 동기가 어떻게 작용하고 유발되는지를 이해해야 한다. 이와 관련된 이론을 동기부여이론이라고 한다. 전통적 행정이론에서는 조직관리에 있어서 통제만 잘하면 되는 것으로 생각하였으나, 동기부여이론이 발달할수록 업무성과에 미치는 비중이 능력보다 동기부여(근무의욕) 측면이 더 크다는 사실을 발견하게 되었다.

2. 동기부여의 과정이론

동기부여의 과정이론은 동기부여가 어떻게 이루어지는가에 관한 것이다. 이때 동기부여는 인간을 움직이게 하는 의욕·추진력을 의미하는데, "인간은 어떠한 경우에 열정적으로 조직목표 달성을 위해 움직여 주는가"에 대한 과정에 관한 것이다.

동기부여의 과정이론으로는 기대이론, 형평성이론, 학습이론 등이 있으며 대표적으로 기대이론으로는 V. Vroom의 기대이론(*expectancy theory*)과 Porter-Lawler의 업적만족이론(*outcome satisfaction theory*), 형평성이론으로는 J. S. Adams의 공정성이론, 학습이론으로는 B. F. Skinner와 E. L. Thorndike 등이 있다.

1) Vroom의 VIE이론(Valence-Instrumentality-Expectancy)

V. Vroom(1964)은 VIE이론(*valence-instrumentality-expectancy*)을 제시했는데, 동기부여는 유인(*valence*)×도구(*instrumentality*)×기대(*expectancy*)의 총합이라고 보았다. 그는 또한 첫 번째 단계의 성과와 두 번째 단계의 보상으로 구분하였는데, 노력이 성과로 이어지는 과정을 첫 번째 단계의 성과로 보고, 성과가 자신의 가치로 이어지는 과정을 두 번째 단계의 보상으로 보았다.

기대(*expectancy*)는 자신의 특정한 노력이 그 노력에 걸 맞는 성과로 이어질 수 있는 가능성을 의미하는데, "노력 → 성과, 내가 할 수 있을까?" 하는 질문으로 나타난다. 도구(*instrumentality*)는 성과와 보상(금전, 승진, 인정) 사이에 존재하는 상관관계를 의미하는데, "성과 → 보상, 내가 무엇을 얻는가?" 하는 질문으로 나타난다. 유인(*valence*)은 개인들이 보상(금전, 승진, 인정)에 부여하는 주관적 가치의 강도를 의미하는데, "보상 → 가치, 그것이 나에게 얼마나 가치가 있는가?" 하는 질문으로 나타난다(정우일, 2005: 445-447).

요컨대, Vroom의 기대이론은, 개인은 "내가 할 수 있을까?" 라는 질문을 통해 기대가 생겼을 때 노력을 하게 되며, "성과를 달성했을 때 내가 무엇을 얻는가?"에 대한 도구상관관계에 대한 확신의 정도 및 "나에게 주어질 보상이 나에게 얼마나 가치가 있는가?"에 대한 유인 강도가 얼마나 높은가에 따라 노력의 정도가 달라진다는 점을 제시하였다.

2) Porter-Lawler의 업적만족이론(Outcome Satisfaction Theory)

Porter-Lawler(1968)의 업적만족이론(*outcome satisfaction theory*)은 Vroom의 기대이론을 더욱 발전시켜, 노력, 업적, 보상, 만족, 동기부여라는 변수를 설정하고, 이들간의 인과관계를 구체화하였는데, 업적과 동기부여 간에는 업적 → 보상 → 만족 → 동기부여 순서로 인과관계가 존재한다고 보았다. 즉, 개인은 자신의 업적에 의해 보상을 받을 수 있으며, 그 보상에 대한 만족감에 의해 동기부여가 된다는 것이다.

이상의 내용들을 종합해 볼 때, 근무의욕의 작동과정은 일의 성과에 따른 보상의 이용가능성(*availability*)과 보상에 대한 매력으로부터 형성되는 기대(*expectancy*), 그리고 기대로부터 형성되는 동기(*motivation*)의 수준에 의해 가동된다고 볼 수 있다. 이용가능성(*availability*) → 기대(*expectancy*) → 동기(*motivation*) → 목표지향적 행동으로 이어지는 것이다.

3) J. S. Adams 형평이론

형평이론은 동기부여가 처우의 상대적 형평성에 대한 개인들의 지각과 신념에 의해 이루어진다고 보는 관점이다.[1] 주요 내용을 간략히 정리하면 다음과 같다(오석홍, 2013: 678-679).

첫째, 각 개인들은 직무수행에 대한 자신의 기여에 부합하는 공정하며 형평에 맞는 보상이 무엇인가에 대한 자신만의 기준을 형성하게 된다는 것, 둘째, 자신의 기여비율과 보상을 다른 사람과 비교한다는 것, 셋째, 타인과 비교하여 자신에 대한 처우가 공정하거나 형평에 맞지 않다고 생각되면 이를 바로잡기 위한 행동을 한다는 것이다.

형평이론은 조직구성원들에게 주어지는 공평한 보상에 대한 중요성을 일깨워준다는 점에서 그 의의를 인정받을 수 있다.

4) E. L. Thorndike 수단적 조건화이론

Thorndike는 강화요인(바람직한 결과)의 획득이 어떠한 행태적인 반응에 따른 결과일 때 강화요인을 얻기 위해서 그 행태적 반응을 보이게 된다고 하였다. 이를 효과의 법칙(*law of effect*)이라고 명명하였다. 이 법칙은 행태적 반응의 결과로 주어지는 자극이 강화요인인가 처벌인가에 따라서 행태적 반응이 달라지는 것을 말한다(오석홍, 2013: 680).

---

1 J. S. Adams, "Inequity in Social Exchange," in L. Berkowitz(ed.), Advances in Experimental Psychology (Academic Press, 1965).

5) B. F. Skinner 조작적 조건화이론

Skinner는 행동의 결과를 조건화하여 행태적 반응을 유발하는 과정을 설명하고자 하였다. 이 이론은 인간의 내면적·심리적 과정보다 행동의 변화에 초점을 맞추는 행태주의적 학습이론으로서 사람들의 욕구나 신념, 가치 등의 개념들을 인간행동의 설명에 사용하지 않으며 관찰가능한 인간의 행동 그 자체에 초점을 맞추고 '학습된 행동'과 행동의 결과로서의 '외적 자극'을 매우 중시한다.

이 이론에서 제시하는 행동의 결과·유인기제는 강화, 처벌, 중단 등의 세 가지이며, 선행자극과 반응행동의 연계를 강화하려면 적극적 강화 또는 소극적 강화[2]를 하고, 연계를 약화시키려면 중단 또는 처벌을 하도록 처방할 필요가 있다(오석홍, 2013: 682-683).

3. 동기부여의 내용이론

동기부여의 내용이론은 동기부여를 위한 유인들이 다양한 직무관련 욕구에 어떻게 부응하여 열정적으로 조직의 목표달성을 위해 움직이도록 할 수 있는가에 관한 것, 즉 동기부여의 내용(요소)에 관한 이론이다. 이러한 동기부여의 내용이론들은 Maslow, Alderfer, Herzberg, Argyris, McClelland 등의 학자들에 의해 다양하게 제시되어 왔다.

1) Maslow의 욕구 5단계이론

A. Maslow(1954)는 다양한 욕구에 대해 처음으로 이론화하였다. 그는 인간은 공통된 욕구를 갖고 있으며, 이 욕구들은 계층적으로 배열되어 있다고 보았는데, 계층상 높은 단계의 욕구는 낮은 단계의 욕구가 충족될 때까지 나타나지 않는다고 하였다. 욕구(needs)는 한 개인이 달성하려고 하는 목적상태를 의미하며, 불만족된 욕구에 의해 개인의 사고와 관심, 행태가 결정된다. 따라서 일단 욕구가 만족되면 더 이상 동기부여가 되지 않으며 행태를 결정하는 데 기여하지 못한다.

Maslow의 모델에서 다섯 가지 욕구수준은 1) 생리적 욕구(physiological needs), 2) 안전적 욕구(security needs), 3) 사회적 욕구(social needs), 4) 자기존중(self-esteem), 5) 자아실현(self-ac-tualization)이다. 이를 도식화하면 〈그림 11-2〉와 같다.

Maslow는 가장 하위 욕구인 생리적 욕구에서 자아실현 욕구에 이르기까지 계층적인 순서로 만족되고 다음 욕구수준으로 이동한다고 주장하였다. 즉, 생리적 욕구와 안전적 욕구가 충족되면, 사회적 욕구와 자기존중 욕구 등을 추구한다고 보았으며, 자기존중 욕구가 충족되면 자아실현 욕구로 나아간다고 보았다. 또한, 자아실현이 완성된 극소수는 자아실현 욕구마저 사라지는 소실점

---

2 적극적 강화는 행위자가 원하는 상황을 제공하는 것이고, 소극적 강화는 행위자가 싫어하는 상황을 제거해주는 것이다.

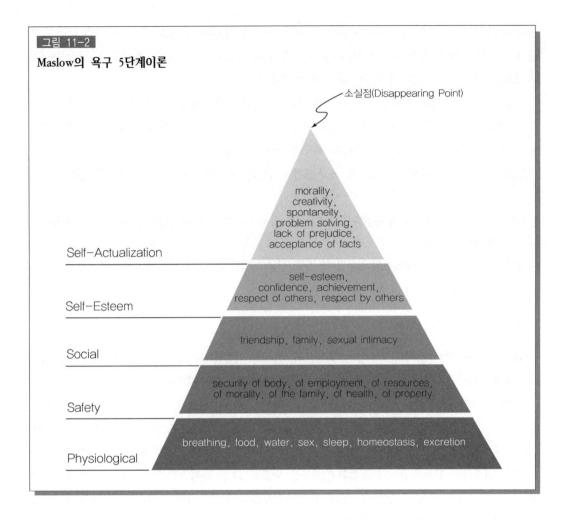

그림 11-2

Maslow의 욕구 5단계이론

소실점(Disappearing Point)

Self-Actualization — morality, creativity, spontaneity, problem solving, lack of prejudice, acceptance of facts

Self-Esteem — self-esteem, confidence, achievement, respect of others, respect by others

Social — friendship, family, sexual intimacy

Safety — security of body, of employment, of resources, of morality, of the family, of health, of property

Physiological — breathing, food, water, sex, sleep, homeostasis, excretion

(*disappearing point*) 단계에까지 이르게 된다고 보았다.

하지만, 그 뒤의 연구에 의하면 반드시 모든 사람들이 순차적으로 욕구단계를 충족시키는 것은 아니라는 사실이 밝혀졌으며, 하위 욕구가 충족되었다고 해서 반드시 다음 단계의 상위 욕구를 추구하는 것도 아니라는 사실도 밝혀졌다.

이러한 한계에도 불구하고, Maslow의 욕구 5단계이론은 인간 욕구의 단계를 최초로 이론화했다는 점과 인간 욕구의 단계에 대한 놀라운 통찰력을 제시해주었다는 점에서, 지금까지도 조직이론에 많은 영향을 주고 있다.

2) Alderfer의 ERG이론

조직에서의 인간의 욕구를 1) 생존(E: *existence*) 욕구, 2) 관계(R: *relatedness*) 욕구, 3) 성장(G:

growth) 욕구의 3가지로 설명하는 이론이다. 생존 욕구는 Maslow의 생리적 욕구 혹은 안전에 대한 욕구와 비교되며, 관계 욕구는 Maslow의 사회적 욕구 또는 자기존중과 관련되고, 성장 욕구는 Maslow의 자기존중 혹은 자아실현 욕구와 유사하다.

Alderfer(1969)의 ERG이론은 각 욕구수준마다 덜 만족된 욕구일수록 욕구가 커지며, 낮은 수준의 욕구에 대한 만족의 정도가 클수록 상위 욕구를 충족하려는 욕구가 커지고, 높은 수준의 욕구가 덜 만족될수록 하위 욕구를 충족하려는 욕구가 커진다고 본다.

Alderfer의 ERG이론과 Maslow의 욕구 5단계이론은 다음과 같은 점에서 차이가 있다.

첫째, 꼭 한 가지 욕구에 대한 불만족이 동기부여로 작용하는 것은 아니고, 동시에 여러 욕구가 작용할 수 있다는 것이다.
둘째, 상위 욕구에 대한 불만족의 정도가 큰 경우, 그보다 하위의 욕구에 대한 중요성이 커지면서 이에 대한 동기부여가 더 강해질 수 있다는 것이다.

3) Herzberg의 위생요인–동기요인이론

Herzberg(1968)는 조직의 두 가지 요인, 즉 위생요인(*hygiene factors*)과 동기요인(*motivation factors*)에 의해 동기부여가 영향 받는다는 것을 경험적으로 제시하였다.

위생요인(불만족요인)이란 적절히 충족되지 않는다면 조직구성원들의 불만을 초래하게 되는 요인들로써, 이들이 충족된다고 해서 업무에 대한 동기부여가 이루어지는 것은 아니나, 위생요인 충족으로 인한 불만의 해소가 없이는 높은 수준의 동기부여를 달성할 수 없다는 것을 말한다.

위생요인으로는 근무조건이나 작업환경(안전성, 위생성 등) 등 환경적인 것과, 보수나 지위 인간관계 등 조직 내적인 것을 예로 들 수 있다. 동기요인으로는 업적달성이나 성취감, 타인의 인정이나 업무를 수행하면서 얻게 되는 자기성장 등을 예로 들 수 있다. Herzberg는 특히 보수에 대해서는 위생요인이긴 하나, 성취에 대한 인정(동기요인)과 같은 포괄적 성격을 갖고 있다고 하였다.

4) Argyris의 성숙–미성숙이론

Argyris(1957)에 의하면, 조직갈등은 본질적으로 조직목표와 개인 욕구 사이의 괴리가 클수록 발생한다. 조직의 공식화가 진전될수록 조직의 세분화된 분업으로 인해 개인들은 부품화되는 경향이 있다. 또한, 조직은 적극적이고 자율적이며 다양한 행위양식을 갖고 장기적인 성장관점을 특징으로 하는 성숙인(*mature man*)보다는, 소극적이고 복종적이며 단순한 행위양식을 갖고 근시안적인 관점을 특징으로 하는 미성숙인(*immature man*)을 선호하게 된다. 따라서 그러한 조직환경에서 성숙하고자 하는 노력은 개인으로 하여금 갈등과 좌절을 겪게 하기도 한다.

Argyris의 이론은, 현대정부조직은 급변하는 행정환경 속에서도 그 실용성으로 인해 어떤 형태

590

로든 관료제를 유지하고 있으며, 이러한 관료제 조직환경 가운데 개인의 동기부여가 이루어지기 위해서는 개인이 가진 발전적 성향(성숙인)이 조직과, 어떻게 조화되어야 하는지에 대한 문제의식의 단초를 제공해준다는 점에서 의미를 찾을 수 있다.

5) McClelland의 인간유형이론

McClelland(2002)는 조직 내 인간이 갖는 대표적인 3가지 욕구, 즉 1) 성취 욕구, 2) 관계 욕구, 3) 권력 욕구를 경험적으로 제시하고, 인간 유형에 따라 동기부여가 달라진다고 주장한다. 즉, 성취 욕구가 강한 사람들은 성취감을 주는 상황을 선호하고, 자신의 능력과 노력의 정도에 따라 결과를 통제할 수 있는 과제를 주도적으로 수행하길 선호한다. 관계 욕구가 강한 사람들은 타인들로부터의 인정이나 우호적 관계 속에서 타인과의 상호작용을 추구하며 협력적인 업무를 선호한다. 권력 욕구가 강한 사람들은 경쟁자를 제거하거나 논쟁에서 자신의 의견을 관철시키는 등 타인의 정서나 행위에 영향력을 행사할 수 있는 권한이 많은 직위를 선호한다.

인도철학에서도 인간의 본성은 세 가지 기질(guna)을 포함하고 있는 것으로 본다. 그것은 1) 샤트와(satwa), 2) 라자스(rajas), 3) 타마스(tamas)라고 하는 기질인데, 샤트와(satwa)는 진리를 추구하는 밝고 고요한 속성이고, 라자스(Rajas)는 부와 명예를 추구하는 강한 열정적인 속성이며, 타마스(tamas)는 인간 욕망이 가진 어둡고 탁한 속성이다. 인간은 누구나 이러한 세 가지 속성을 가지고 있는데, 사람에 따라 그 비율만이 다를 뿐이라고 한다. 위에서 제기된 Alderfer(1969)의 ERG이론(생존, 관계, 성장 욕구)이나, McClelland(2002)의 인간유형이론(권력, 관계, 성취 욕구) 등은 이러한 인간의 속성들이 욕구의 형태로 나타난 것을 유형화한 것이라고 할 수 있다.

4. 요약 및 결론

조직목표 달성에 있어 조직구성원들의 근무의욕(동기부여)이 업무성과에 미치는 영향은 매우 중요하다. 이에 동기부여가 과정상 어떻게 업무성과에 연결되는지에 대한 과정이론을 살펴보고, 동기부여를 구성하는 개인차원에서의 욕구들이 어떻게 분류되고 어떤 내용을 가지고 있는지에 대한 내용이론들을 중심으로 검토하였다.

A. Maslow의 계층론이 시사하듯 인간의 욕구에는 분명 보다 상위의 욕구나 하위 욕구들이 존재한다. 그러나 Maslow가 말한 것처럼 꼭 단계적으로 충족되는 것은 아니며, 하위 욕구가 충족되었다고 해서 상위 욕구가 반드시 추구되는 것은 아니라는 점에서 Maslow의 계층론을 보완할 수 있는 다른 이론들이 의미를 지닌다.

F. Herzberg의 위생요인-동기요인이론이 제시하듯이, 조직에서 동기형성에 직접적인 영향을 미치는 동기요인의 충족도 중요하지만, 그렇지 못했을 경우 동기부여되지 않거나 그 정도가 약해지

는 위생요인의 충족에도 유념해야 할 것이다.

지식정보사회에서는 조직에서의 직무만족도(*job satisfaction*)도 높이고 직무몰입도(*job involve-ment*)를 이끌어내는 것이 중요하다. C. Agyris가 주장하듯이, 현대행정조직의 관료제 속에서 성숙인(*mature man*)들이 어떻게 지식창출을 하고 자기완성을 하며, 조직과 개인의 상호발전을 추구해나갈지에 대해서도 끊임없는 성찰과 탐구가 필요할 것이다.

제 3 절 커뮤니케이션: 조직 내 의사전달

1. 의 의

커뮤니케이션이란 전달자와 피전달자 간에 사실과 의견을 전달하여 인간에게 영향을 미치고 행동의 변화를 일으키는 상호작용이라고 할 수 있다.

Peter Drucker는 21세기를 이끌어가는 지도자가 갖추어야 할 특성 중 하나로 커뮤니케이션(*communication*)능력을 강조한다. 커뮤니케이션은 C. Barnard와 H. Simon에게 있어서도 핵심요소이다. 조직의 권위(*authority*)와 의사결정(*decision-making*)에 있어서 조직의 무차별권(*zone of in-difference*)[3]과 수용권(*zone of acceptance*)을 형성하는 데 커뮤니케이션은 중요한 역할을 한다.

행정학이론 발달의 관점에서 의사전달의 중요성은 H. Simon을 중심으로 한 행정행태론(새 이원론)에서 기원한다. 가치명제와 사실명제의 구분을 전제로 행정의 과학화를 주창했던 행정행태주의자들은 비공식집단, 갈등, 권위, 의사전달, 의사결정 등에 있어서 인간의 행태에 대해 연구하면서, 조직 내 갈등과 비공식집단의 역기능을 순기능으로 전환하는 데 있어서 리더십과 의사전달 등의 중요성을 강조하였다.

J. Habermas(1991)가 강조한 공론의 장은 공적인 주제에 대한 견해를 공유하고, 담론을 형성하고 참여가 이루어지는 열린 세계를 말한다. 조직 내에서도 조직구성원을 주체로 이들간의 이성적이고 비판적인 토론과 대화가 이루어지는 곳이 바로 공론의 장이라고 볼 수 있는데, 이는 정보와 의사전달의 과정을 통해 형성된다. 즉, 거버넌스적 정부운영원리의 토대가 되는 것이 바로 행정 커뮤니케이션인 것이다.

---

3 C. Barnard가 제시한 무차별권(zone of indifference)이란 상급자의 명령이나 의사전달이 아무 이의 없이 받아들여지는 범위를 말하는 것으로 권위의 수용범위를 말한다. 이때 상급자의 권위가 효과적으로 수용되기 위해서는 명확한 의사전달이 중요하다는 점을 강조했다. H. Simon도 권위의 심리적 범위를 수용권(zone of acceptance)이라고 표현했다.

M. Schudson(1997: 300)은 대화에는 두 가지 종류가 있으며, 대화를 목적 그 자체의 즐거움으로 보는 사교적 대화(*sociable talk*)와 좋은 정부라는 목적을 이루기 위한 수단으로 보는 문제해결적 대화(*problem solving talk*)를 제시했다. 커뮤니케이션 또한 마찬가지다. 이하에서는 합리적 선택과 정책결정을 위한 수단이 되는 문제해결적 커뮤니케이션(*problem solving communication*)이 어떤 과정과 원칙을 토대로 그 기능을 극대화할 수 있는지를 살펴보고, 조직 커뮤니케이션 유형과 이를 효율화하는 방안에 대해 알아본다.

2. 커뮤니케이션의 과정과 원칙

1) 과 정

커뮤니케이션의 이해를 위한 전제는 다음과 같다.

첫째, 커뮤니케이션은 사람들의 준거의 틀(*frame of reference*)에 의존한다.
둘째, 커뮤니케이션이 항상 합리적·기술적인 것만은 아니다. 즉, 감정이나 상징을 통해 다양한 의미로 해석될 수 있다.
셋째, 조직 내 권력관계에 의해 커뮤니케이션의 내용과 질이 달라진다.

이러한 전제를 바탕으로 정보의 흐름에 따른 의사전달과정과 이에 따른 구성요소를 도식화해보면 다음과 같다.

(1) 의사전달과정

정보자원을 토대로 전달자의 표현이 이루어지며, 이는 매체라는 수단을 통해 수신자에게 전달된다. 이때 수신자는 자신의 준거의 틀(*frame of reference*)을 토대로 전달받은 커뮤니케이션의 내용과 원칙에 대한 태도를 보이게 되는데, 이는 수령 혹은 거부의 반응으로 나타난다.

정보자원 ⇨ 전달자(표현) ⇨ 수단(매체) 및 내용(원칙) ⇨ 수신자(태도) ⇨ 반응(수령, 거부)

(2) 의사전달 구성요소

의사전달과정에 있어서 의사전달 구성요소로는 발신자, 암호화, 송신, 수신자, 해독, 환류, 잡음 등을 들 수 있다.

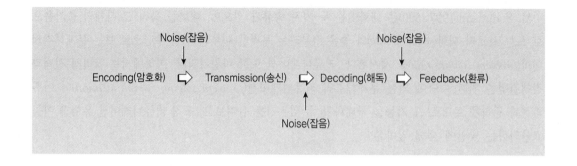

2) 원 칙

효과적인 커뮤니케이션을 위한 원칙들은 다음과 같다.

① 명료성(*clarity*): 커뮤니케이션에 사용되는 용어는 명료해야 한다.
② 일관성(*consistency*): 커뮤니케이션 내용의 전후에 모순이 없어야 하고 일관되어야 한다.
③ 적정성(*adequacy*): 커뮤니케이션에서 제공되는 정보는 적정한 분량이어야 한다.
④ 적시성(*timeliness*): 커뮤니케이션에서 전달되는 정보는 적시에 제공되어야 한다.

3. 기능 및 필요성

효과적인 커뮤니케이션은 조직 내 업무조정, 조직 내 정보의 흐름, 개인의 업무조정, 조직구성원의 동기부여 및 통제 등 조직행태의 모든 면에 영향을 미치게 되므로 중요하다.

효과적인 커뮤니케이션이 이루어질 때 조직구성원들의 능률과 효율이 향상될 수 있으며, 지도자는 그들의 부하에게 영향을 발휘할 수 있다. 또한 이직 등 부정적 조직이탈의 근본원인을 파악하여 이를 제거하는 데 핵심수단이자 해결책이 될 수 있다.

1) 업무조정을 위한 수단: 수평적 커뮤니케이션

커뮤니케이션은 조직목표 달성에 필요한 업무를 조정하는 역할을 한다. 조직구성원 간 상호보완적 측면이 강조되고, 상호의존성이 증가함에 따라 업무조정을 위한 커뮤니케이션의 필요성은 증가한다.

2) 합리적 정책결정을 위한 수단: 수직적 커뮤니케이션(하의상달)

합리적인 정책결정을 위해서는 정책결정에 필요한 정보가 하의상달을 통해 원활하게 공급되어야 한다. 정보는 "아래에서 위로, 밖에서 안으로" 흐른다. 경계조직(*boundary-spanning organization*)

의 창구로부터 조직의 귀중한 정보들이 이음새 없이(*seamless*) 제공될 때 정책결정역량은 제고된다.

3) 동기부여를 위한 수단: 수직적 커뮤니케이션(상의하달)

조직의 외부적 통제와 더불어 내적인 통제가 강조되는 시점에서 조직을 통제하는 수단으로서 커뮤니케이션의 역할은 중요하다. 또한 커뮤니케이션은 동기부여를 제시함에 있어 필수적인 수단이다. 효과적인 커뮤니케이션이 될 때 혁신의 비전이 공유될 수 있고, 변혁적인 리더십이 성공할 수 있다. 효과적인 커뮤니케이션이 되려면 조직구성원들에게 혁신이 어떠한 동기부여로 작용하는지에 대해 제대로 전달되어야 한다.

4. 유 형

커뮤니케이션의 형태와 기술은 조직의 활동범위와 조직구조, 조직구성원의 만족도·태도, 의사결정과 동기부여 등에도 영향을 주는 주요 요소이다.

1) 커뮤니케이션의 목적

공식적 커뮤니케이션(*formal communication*)과 비공식적 커뮤니케이션(*informal communica-tion*)으로 구분된다.

공식적 커뮤니케이션은 조직의 목표와 정책을 공유하고 전달하는 수단으로서 공식적인 정보가 사용되는 것을 의미하며, 비공식적 커뮤니케이션은 사적인 대화나 감정의 표현 등을 목적으로 행해지는 커뮤니케이션을 의미한다.

2) 커뮤니케이션의 방향

수직적 커뮤니케이션(*vertical communication*)과 수평적 커뮤니케이션(*horizontal communication*)으로 구분되며, 수직적 커뮤니케이션에는 상의하달(*top-down communication*)과 하의상달(*bottom-up communication*)이 있다.

3) 커뮤니케이션의 특정한 형태

(1) 고충처리

고충처리와 상담은 불만이나 고충(*grievance*) 등 업무성과에 부정적 영향을 미치는 문제가 될 요소들을 확대되기 전에 미리 제거하고, 더 효과적인 동기부여가 가능하도록 하기 위한 제도이다. 이는 Herzberg가 언급한 조직의 위생요인이다.

(2) 제안제도

제안제도는 정부생산성의 향상을 가져오기 위한 조직구성원의 참여제도로서, 정부의 각 부문과 영역에서 더 나은 행정이 되기 위해 아이디어를 수집하여, 이를 선별하고 실용화하려는 노력이다. 이것이 효과적인 제도가 되기 위해서는 제안제도에 따르는 효과적인 인센티브와 아이디어 창출에 적극적인 조직문화의 형성이 중요하다.

(3) 의견조사

제안제도와 혼동하기 쉬우나 제안제도가 장래의 변화를 위한 아이디어를 얻기 위한 것이라면, 의견조사는 기존의 시스템이나 제도 등 행정조직 내 전반적인 만족도 등을 측정하는 것이다. 이는 궁극적으로 조직의 사기를 높이고 분위기를 쇄신하기 위한 제도인데, 이것의 효과적인 운용을 위해서는 정보기술을 통해 타당성이 확보된 조사기법의 운용과 측정치에 대한 체계적인 분석이 필요하다.

5. 효율화 방안

커뮤니케이션의 효율화는 조직의 성과향상에 직결되는바, 이에 저해요인과 향상방안을 살펴보기로 한다.

1) 저해요인

(1) 인적 저해요인

커뮤니케이션 기술이 부족하거나 목표가 결여된 경우, 또는 대인관계에 있어 감수성이 부족하거나, 관계형성에 있어 신뢰가 바탕이 되지 못한 경우에 커뮤니케이션은 제 기능을 발휘하기 어렵다. 또한, 준거기준(*frame of reference*)의 차이를 비롯하여 자기방어적 기재가 작동하는 경우나 권위주의적인 성격 등의 요인도 효과적인 커뮤니케이션의 저해요인이 된다.

(2) 구조적 저해요인

조직구조상의 할거주의(*sectionalism*), 전문화로 인한 무능(*trained incapacity*), 전자정부시스템(PMIS)의 미비 등 조직구조적인 저해요인이 있다.

(3) 상황적 저해요인

커뮤니케이션을 위한 분위기가 제대로 형성되어 있지 못한 경우, 정보의 과중이나 시간적인 압박, 정보독점 및 지나친 간소화로 인한 누락, 이와는 반대로 정보과부하 등은 커뮤니케이션이 이루어지는 상황 자체에 결함을 가져오게 된다.

2) 향상방안

(1) 인적 향상방안

의사전달에 있어 명료성, 일관성, 적정성, 적시성의 원칙을 준수하고, 개인의 커뮤니케이션능력의 향상을 위한 교육이 충실화되어야 한다.

(2) 구조적 향상방안

조직 내 실질적인 커뮤니케이션 패턴(*pattern*)이라 할 수 있는 커뮤니케이션 네크워크(*communication networks*)가 형성되어야 한다. 정보사회의 커뮤니케이션은 다양한 커뮤니케이션 수단에 의한다. 정보네트워크(인트라넷)에서 이루어지는 커뮤니케이션과, 대면하여 이루어지는 커뮤니케이션(*face to face communication*)을 적절히 조화하여 활용할 필요가 있다.

(3) 상황적 향상방안

조직 내에서 직원 간의 회의와 토의, 그리고 하의상달이 쉽게 이루어질 수 있는 조직분위기가 조성되어야 한다. 지식정보사회에 들어 전자정부가 발달함에 따라 기술적 요인의 충족은 점점 더 이루어지고 있으나, 이에 따르는 조직문화나 분위기 형성은 쉽게 이루어지지 못하고 있는 실정이다. 자유롭게 의견을 개진하고 창의적인 의견전달은 학습조직의 전제조건인바, 앞으로는 자유로운 브레인스토밍, 학습동아리, 멘토-멘티제도,[4] 비공식조직의 활용 등을 통해, 조직 내 하의상달과 수평적 의견교환이 원활하게 이루어질 수 있는 조직분위기를 형성하는 일이 중요하다고 하겠다.

제 4 절   정책홍보: 조직과 시민 간 의사전달

앞에서 다룬 커뮤니케이션이 조직 내부의 의사전달을 다루는 주제였다면, 여기서 다루는 정책홍보는 조직과 시민 간의 의사전달을 의미한다. 이하에서는 이러한 의의를 가진 정책홍보가 과거의 일방적 PR 관계를 넘어서 지식정보사회에서 정부와 시민 간 쌍방향적 의사소통으로 어떻게 발전할 수 있는지에 대해, 정책마케팅, 정책품질관리, 정책고객관리 등의 개념적 도구들을 통해 알아본다.

---

4 교육인적자원부의 학습동아리, 병무청의 멘토-멘티제도는 조직학습과 조직문화를 혁신적으로 변혁시킨 성공사례로 꼽힌다. 이에 관한 자료는 http://www.innovation.go.kr를 참조할 것.

1. 정책홍보의 의의

1) 정책홍보의 개념

정책홍보란 정부가 수립하는 정책에 대해 국민들의 이해와 신뢰를 확보하고, 이를 토대로 협력을 증진시킴으로써 정책성공의 가능성을 올리는 정책관리활동이다.

정보사회는 홍보와 이미지의 사회이다. 정보사회에서의 상품의 가치는 실제적 기능보다는 상징적 이미지에 의해 결정되는 경우가 많다. 사람들이 외투를 살 때 얼마나 따뜻하고 방한효과가 있는가 하는 것도 관심사항이지만, 보기에 얼마나 멋있으며 유명 브랜드를 지니고 있는가 하는 것도 중요한 관심사항이 되고 있다. 시장에서 소비자들의 관심은 점점 더 물질적 가치로부터 상징적이고 이미지적인 가치로 옮겨가고 있으며, 이를 이용하여 제품회사들은 더욱더 패션에 민감한 광고 이미지를 창출하는 데 주력하고 있다. 홍보란 결국 제품의 이미지화 과정이라고 할 수 있다.

정부활동도 마찬가지다. 국민들은 이제 정책의 내용 못지않게 정책의 이미지를 중시한다. 자동차 번호판 정책이 초기에 타격을 입은 것도 그 정책내용이 가지는 취지(비용 절감, 지역감정 완화, 전국 단일번호판 사용 등)는 좋으나, 일방적으로 제시된 구태의연한 디자인에 대한 반감으로 인한 것이었다. 이는 정책의 이미지가 국민들 인식과 정서에 어떻게 각인되는가 하는 문제가 매우 중요해졌다는 점을 의미한다. 따라서 과거에는 행정 PR이라고 하여 일방적인 대국민관계 공보활동만으로 충분했으나, 이제는 정부와 국민들 간의 쌍방향적인 상호작용이 강조되는 정책홍보가 또 하나의 독립된 매우 중요한 개념으로 부각되었다. 정부에서도 이의 중요성을 인식하고 각 부처에 1급 상당의 정책홍보관리관제도를 신설, 운영하고 있다.

2) 정책품질관리와 정책홍보

정책품질관리는 정책구상-정책확정-정책발표 및 홍보-정책집행-평가 및 사후관리 등 일련의 정책단계별로 거쳐야 할 절차와 기준을 제시함으로써, 정책불량품의 발생을 사전에 예방하고 국민의 기대와 수요에 적합한 정책을 수립하기 위한 정부의 총체적 노력을 의미한다. 이러한 정책품질관리의 단계에서도 정책홍보가 독립된 영역으로 제시되고 있듯이, 정책홍보와 정책고객관리(PCRM: Policy Customer Relationship Management)는 시민의 요구(needs)에 충족될 수 있도록 정책품질을 관리하는 데 있어서 전략적 커뮤니케이션 도구로서 강조되고 있다.

3) 정책마케팅과 정책홍보

기업은 고객의 수요(needs)를 파악하는 마케팅(marketing) 조사활동을 통해, 시장과 고객을 세분화(*segmentation*)하고, 시장을 선정(*targeting*)하여 진입(*positioning*)한다. 또한 지속적인 조사활동을 통해 가격(*pricing*)을 형성하고, 고객의 상품만족도 및 가격만족도 측정 등을 통해(*feedback*), 고객요구에 보다 민감하게 대처해 나간다. 이러한 일련의 상품화 전략의 총체적 과정을 마케팅 전략이라고 한다. 이는 말 그대로 고객의 요구(*needs*)를 파악 내지는 형성하고, 제공될 상품에 대한 기대를 높여 고객의 마음 속에 이미지화(*imaging*)하며, 사전적 사후적으로 고객에 대한 데이터베이스(DB)에 근거한 고객관리(CRM: Customer Relationship Management)를 통해 궁극적으로는 고객만족이 고객 내부에서부터 일어나도록 하는 다분히 전략적인 접근을 의미한다.

정부활동도 과거의 산업화 시대에는 시혜적인 입장에서 정부가 국민을 위한 활동을 제시하고 일방적으로 집행하는 입장이었지만, 지식정보화 시대에서의 시민들은 수동적 정책고객으로 만족하지 않는다. 왜 이 정책이어야 하는지, 왜 지금 이 정책이 필요한지, 왜 이 정책이 더 나은지에 대해 자신들을 정확하게 설득시켜 줄 것을 요구하고 있다. 정책마케팅과 정책홍보가 그만큼 중요해졌다는 것을 말한다. 이러한 문제제기로부터 제시된 개념이 민간의 마케팅 개념을 차용한 정책마케팅이며, 정책홍보이다.

민간기업에서는 고객의 요구를 파악하는 단계에서부터 시장조사를 하고 고객을 세분화하고 접근전략을 달리하며, 상품에 대한 이미지를 브랜드가치화하여 광고이미지에 결합시킨다. 그리고 상품이 팔린 뒤에도 끊임없이 고객에 대한 사후관리를 통해 더 큰 가치창출을 위해 노력한다.

정부의 활동전략도 이처럼 되어야 한다. 즉, 정부정책도 국민의 민의를 파악하는 단계에서부터 정책구상을 하고 정책확정을 하고, 정책대상집단에 따라 설득전략을 달리하며, 정책에 대한 이미지를 브랜드가치화하여 정책홍보에 결합시키고, 더 나아가 정책이 결정-집행-평가된 뒤에도, 정책고객에 대한 사후관리를 통해 더 큰 공익이라는 가치창출을 향해 나아가야 한다. 이러한 철학이 담긴 일련의 총체적인 개념이 정책마케팅(정책품질관리)이며, 이러한 과정에서 전략적으로 강조되는 개념이 정책홍보와 정책고객관리(PCRM)이다.

2. 정책홍보의 중요성

1) 민주주의의 요청

진정한 민주주의는 참여(*participation*), 숙의(*deliberation*) 그리고 합의(*consensus*)를 토대로 한다. 정책도 마찬가지다. 최근 새만금 정책, 천성산 정책, 사패산 정책, 부안 핵방폐장 사태, 디지털 지상파 TV같은 대형국가정책들이 난항을 겪는 이유는 바로 정책형성과정에서 정책이해관계자들의 의사가 충분히 반영되지 못했거나, 환경영향평가 등 제대로 된 정책절차를 준수하지 못했기 때문이다. 즉, 참여, 숙의, 합의가 제대로 이루어지지 않고, 여전히 능률성 위주의 정책집행을 감행했기 때문이다.

현대사회는 점차 다원화된 이익집단과 이해관계가 복잡하게 얽힌 민주화 이후의 민주화 시대로 진입하게 되었다. 이런 때 일수록 행정학의 측면에서는 정책이해관계자들의 다양한 이해관계가 서로의 협의를 통해 상생의 결과를 얻을 수 있도록 하는 공익적 가치가 더욱더 중요해진다. 이에 따라, 행정운용방식도 단순한 능률성 위주의 Top-down식이 아닌 다양성과 창의성에 기초한 실용성이 추구되어야 한다. 또한 정책이념도 참여성, 숙의성, 합의성에 기초한 민주성과 투명성을 토대로 효율성과 생산성이 강조되는 성찰하는 정부의 모습을 보여주어야 한다.

정책홍보와 PCRM은 이러한 민주주의의 요청에 부응하는 정책적 도구들이다. 정책수요에 민감하게 반응하고, 이를 정책의제로 형성하여 진정한 참여와 담론을 이끌어내는 수단이 된다.

2) 이미지와 홍보의 중요성

정보사회는 이미지(*image*)의 사회이다. 지식정보사회에서는 각종 뉴미디어를 통해 정보가 전달되고 여론이 형성된다. 방송매체와 인터넷 등을 통해 형성되는 여론은 그 특성상 많은 경우 이미지화되고 이미지의 형태로 반응하는 경향이 있다. 이때 정책홍보는 정책에 대한 이미지를 형성하는 역할을 하게 된다.

3) 거래비용의 절감

비판의 상당부분은 본질에 대한 이해의 부족으로부터 발생한다. 또한 변혁에 대한 저항은 필수적이다. 정책홍보를 통해 형성된 기대와 정책에 대한 이해는 집행과정에서 발생하는 문제에 대한 비판과 저항을 줄여줌으로써, 결국 조정 및 합의에 도달하기까지 소요되는 비용, 즉 마찰적 거래비용(*transaction cost*)을 절감시켜주는 효과를 가져온다.

4) 정책순응의 확보

정책홍보를 통해 형성된 정책에 대한 긍정적 이미지는 여론형성에 주도적인 역할을 한다. 여론이 형성되는 과정에서 부정적 측면보다는 긍정적 측면이 부각되었을 때, 정책대상의 수혜와 부담의 주체 간 갈등과 긴장은 완화되며, 정책수용성은 증가하게 된다.

5) 정책투명성 강화

정책의 홍보과정에서 자연스럽게 이루어지는 행정정보공개는 정부정책에 대한 투명성 확보에 기여한다. 또한 정책홍보를 통해 형성된 관심과 기대는 정책대상집단의 정보접근성을 강화시켜, 별도의 정보공개를 위한 노력이 없이도 투명성을 확보할 수 있도록 도와준다.

3. 정책홍보와 정책대상집단

정책홍보는 정책대상집단과의 커뮤니케이션이다. 정책대상집단을 정책의 수요자인 고객으로 인식할 때 전문가(*policy community*), NGO, 정책이해관계자(*policy stakeholders*) 등 여론주도층(*opinion leaders*)을 중심으로 한 고객의 태도에 변화를 일으켜 긍정적 합의를 도출할 수 있다. 이를 위해서 효과적인 정책홍보와 개별적이고도 전략적인 정책고객관리(PCRM)가 이루어져야 한다.

정책대상집단(*target population*)은 태도를 기준으로, 1) 우호적 집단, 2) 적대적 집단, 3) 중간적 (상황가변적) 집단의 3유형으로 분류할 수 있다. 따라서 정책고객관리(PCRM)을 구체화하는 경우, 우호적 집단에게는 Push전략을 통해 조직이 추구하는 바를 적극적으로 전달하여 협력공중으로 확보함은 물론 지속적인 동의를 이끌어내고, 적대적 집단에게는 문제를 더욱더 확대 또는 악화시킬 수 있는 집단이므로 Pass전략을 통해 최소한의 신뢰구축을 위해 노력하는 한편, 언론, 시민단체, 잠재공중(*latent population*) 등 쟁점에 따라 상황적으로 변할 수 있는 중간적 집단에게는 적극적 홍보활동을 통해 협력적인 공중으로 전환시키는 Pull전략을 구사해야 한다. 중간적 집단의 대부분은 약간의 충격으로도 우호적 혹은 적대적 집단으로 변화될 가능성이 높기 때문이다.

4. 정책홍보의 과정

정책홍보의 과정은, 1) 정보투입(공청과정), 2) 전환(정책결정과정), 3) 정보산출(홍보과정), 4) 정보 환류의 4단계로 이루어진다.

정책홍보에서는 홍보의 주체 및 대상 파악, 홍보 핵심 메시지 검토, 홍보시기 및 대응논리 개발 등을 중점적으로 다룬다. 또한, 여론조사 및 상황분석, 홍보환경 분석의 결과를 토대로 왜(홍보목표·커뮤니케이션 목표설정), 누구를 대상으로(*audience targeting*), 무엇을 전달할 것인가(*creative development*)에 관한 전략을 바탕으로 한 홍보계획이 수립되고, 언론, 디지털매체(인터넷, 모바일 등) 등 상황별 매체별로 홍보전략을 달리할 필요가 있다.

또한, 정책홍보에 있어서는 정책과정별 세부지침 수립 시 애초부터 Target Population 세부리스트 확보 및 분석, Target Population별 접근 우선순위 검토, Target Population별 정책이해관계 분석, Target Population 이해관계지도 작성이 함께 수행되어, 정책홍보가 추상적·피상적·형식적으로만 이루어지는 것이 아니라, 실질적으로 고객의 요구를 충족시켜줄 수 있어야 한다.

5. 정책홍보와 정책품질관리

정책은 의제설정, 정책결정, 정책집행, 정책평가 및 환류의 과정을 거치면서 합리적인 목표설정, 체계적인 대안탐색, 과학적인 정책결정 등을 필요로 한다.

정책품질관리도 동태적 정책과정과 유사하게 1) 정책구상, 2) 정책확정, 3) 정책발표 및 홍보, 4) 정책집행, 5) 평가 및 사후관리의 과정을 거쳐 이루어진다. 이러한 정책품질관리제도가 효과적으로 작동하기 위해서는 정책유형별-정책단계별 성공요인과 실패요인에 대한 요인분석(*pattern finding*)과 더불어, 정책대상집단에 대한 정확한 분석을 토대로 객관적이고 과학적인 정책고객관리(PCRM)가 이루어지고, 목표대상집단별로 개별화된 전략에 따른 정책홍보가 이루어질 필요가 있다.

정책품질관리제도에서 고려되어야 할 정책홍보의 구체적인 체크리스트로는, 1) 관계부처 간 사전조정·협의를 하였는가? 2) 정책발표의 주체, 시기, 발언강도 등은 적절하였는가? 3) 정책발표 후 보도내용을 확인하고, 필요시 보도에 대해 제대로 대응하였는가? 등이 있다.

정책의 확정단계에서 정책이 본래 의도대로 실현되기 위해서는 정책내용을 국민에게 제대로 알려 동의와 지지를 얻는 것이 필요하다. 따라서 정책수립단계에서부터 정책홍보에 관한 계획이 고려되어야 한다.

정책발표 및 홍보단계에서는 정책이 일관성 있게 국민들에게 제대로 전달될 수 있도록 부처 간 사전협의를 실시하고, 발표창구 일원화를 통해 정책에 대한 혼선을 방지해야 한다. 또한 효과적인 정책발표를 위해서는 발표주체, 시기, 발언강도 등에 대한 고도의 홍보전략, 세련된 의사전달매너, 민첩한 대응력 등을 골고루 갖추고 있어야 한다. 정책의 발표 후에도 발표 및 보도에 대한 모니터링을 통해 정책의 초기 수용성 여부를 판단하고 대응방안을 모색해야 한다.

6. 우리나라 정책홍보의 문제점, 저해요인 및 개선방안

1) 문제점 및 저해요인

정책홍보의 중요성에도 불구하고 정책홍보의 효과성을 확보하기까지는 아직 문제점이 많은 실정이다. 이는 정책홍보 업무처리에 관한 기준이 모호할 뿐더러, 정책홍보 매뉴얼의 내용이 사실상 제대로 이행되고 있지 않다는 것 외에도, 정책홍보를 실질적으로 관리할 역량을 갖춘 전문가 확보가 미흡하고, 적극적인 PCRM이 이루어지기 보단 형식적인 관리에 그치고 있기 때문이다. 또한 정책홍보의 효과를 제대로 갖추기 위한 정책수요조사와 고객관리라기 보다는 스팸에 가까운 무분별한 전달 등 홍보에 대한 마인드가 제대로 형성되어 있지 못하며, 마인드가 있다 하더라도 이를 뒷받침할 전문적 역량이 부족한 점이 문제점으로 지적된다.

또한 미디어의 암시와 조작에 의하여 여론이 조작되거나 공중의 무기력화 현상, 국가기밀이나 직무상 비밀을 강조하면서 사실 및 실체에 대해 은폐하려는 성향 등은 실질적인 정보공개를 방해하며, 공개거부 내지는 오도하게 함으로써, 이후 이루어질 정책홍보의 영향력을 미리부터 반감시키는 결과를 야기한다.

2) 개선방안

(1) 정책대상집단에 대한 전략적 접근

정책홍보가 제대로 이루어지기 위해서는 사실상 정책구상단계에서부터 정책대상집단에 대한 PCRM 및 전략적 접근이 이루어져야 한다. 이를 통해 집단의 성향에 따른 구체적인 전략의 수립이 가능해지기 때문이다. 또한 여론이 형성되기 전에 여론을 주도하여 형성하는 것은 정부생산성 향상에도 매우 중요하다.

(2) 기대형성과 유인제공 전략의 필요

정책의 확정단계에서 동의와 지지를 얻기 위한 기대를 형성함에 있어서도 정책대상집단(*target population*)별로 다양한 접근이 필요하다. 쟁점에 대한 찬반 여부나 의견의 표명에 적극성을 갖도록 특성을 분석하여, 이를 표출할 유인을 제공해야 하며, 이를 바탕으로 개별적이고 구체적인 전략이 수행되어야 한다.

(3) 종합적 정책홍보방안 마련

정책대상집단에 대한 차별화된 이해에 따라 언론홍보 및 각종 매체를 통한 전술적 계획을 수립하고, 공청회 및 이벤트 실행계획을 세우며, 방송광고 및 홍보전략을 세우는 등 종합적 정책홍보 및 관리방안을 마련해야 한다.

(4) 성과평가와 인센티브설계

정책실행부서뿐만 아니라 관련되는 모든 부서와 연계되어 정책홍보가 이루어져야 하며, 그 성과에 대한 향유도 공유되어야 한다. 이는 홍보에 대한 성과평가가 객관적으로 이루어져 인센티브설계가 합리적으로 이루어져야 함을 의미한다.

(5) 전문성을 갖춘 인적자원 확보

정책홍보의 중요성이 대두되면서 정부도 정책홍보관리관제도를 신설하여 운영하고 있지만, 보다 전문성을 갖춘 인적자원 확보가 절실하며 그 위상에 대한 정립이 필요하다.

(6) 학습 및 지식관리

정책평가 및 환류단계에서는 홍보결과에 대한 분석평가 및 환류도 함께 이루어져, 그 방법과 시기의 적절성 및 효과 등이 객관적으로 측정되어야 하며, 평가의 내용은 정책사례와 마찬가지로 DB화하여 학습 및 지식관리가 이루어져야 할 것이다.

제 5 절   리더십(Leadership)

1. 의 의

1) 개 념

리더십(*leadership*)은 행정학에서 가장 중요한 변수이다. 정부혁신에 있어서 가장 중요한 요소는 조직책임자의 강력한 리더십과 의지이다. 조직책임자가 어떠한 비전과 목표를 통해 조직의 비전과 목표를 설정하고, 거기에 가치를 부여하며 조직구성원들에게 동기부여할 것인가 하는 리더십의 문제는 정부혁신의 핵심변수이다.

리더십이란 조직목표를 달성하는 데 있어 조직구성원의 자발적이고도 적극적인 노력을 유도하는 것을 의미한다. 정부혁신의 출발점은 혁신목표를 달성하기 위한 조직구성원들의 잠재력을 고양시키는 문제로부터 시작된다. 이를 위해서는 새로운 비전과 미션을 창출하고 기대를 초월하여 성과달성을 추구하는 리더십이 필요한데, 이러한 리더십을 변혁적 리더십(*transforming leadership*)이라 한다.

변혁적 리더십의 핵심 키워드는 에너지(*energy*), 동원(*mobilization*), 자발성(*spontaneous support*)이다. 변혁적 리더십은 개인적 성향에 관심을 기울이고 새로운 시각을 제시하면서, 조직구성원의 변화와 변혁을 일으키는 리더십으로서, 안정보다는 변화에 능동적으로 적응하거나 변화를 유도하는 리더십을 의미한다. 변혁적 리더는 카리스마를 가지고, 영감을 이용하며, 조직구성원의 지적 발전을 위한 자극을 준다. 변혁적 리더는 조직구성원 개인적 성향에 관심을 가지며, 조직구성원들의 잠재력을 고양시킨다. 이는 단순한 직권성(*headship*)과는 다르다.

2) 직권성(Headship)과의 구별

직권성은 1) 공식적 직위를 근거로 하여, 2) 일방적·강제성이 강한바, 3) 심리적인 것이 아니다.

반면 리더십은 1) 사람의 권위를 근거로, 2) 상호자발적인 과정을 통해 발휘되며, 3) 추종자의 수락을 통해 발휘된다.

3) 중요성의 대두

C. I. Barnard(1938)는 상관이 자신의 의사를 수용케 하는 능력을 권위의 본질로 보고, 부하가 자발적으로 권위를 수용하는 범위를 권위의 무차별권(*zone of indifference*)이라고 개념화하면서, 권위의 수용을 확장시키는 노력으로서의 진정한 리더십의 중요성을 강조하였다. 이는 행정학 초기의 과학적 관리론으로 대표되는 X-인간관 및 하향적 권위주의와, 이를 비판하며 등장한 1930년대 인간관계론의 Y-인간관 및 상향적 권위주의와 맥을 함께 한다.

H. Simon 등 행정행태주의(새 이원론)에서는 권위에 대한 부하의 수용 강조, 갈등의 순기능적 해결, 비공식집단의 인정 및 활용, 의사결정에 있어서의 인간행태연구 등을 통해 리더십의 실질적 중요성을 강조하였다. H. Simon은 이를 권위의 수용권(*zone of acceptance*)이라고 불렀다.

H. Simon(1945)은 권위를 상관의 의사결정을 따르게 하는 힘으로 보아, 권위수용의 근거로 신뢰성(*trust*), 동질성(*identity*), 정당성(*legitimacy*), 제재성(*coerciveness*)을 들고, 자아의식이 강화될수록 수용권이 좁아진다고 하였다. 또한, 리더의 역할은 부하의 조직에 대한 신뢰성과 동질성을 강화시킴으로써 권위의 수용권(*zone of acceptance*)을 넓이는 것이라고 보았다. 이는 리더십의 진정한 힘이 어디에 의존하며, 리더십의 근원이 어디로부터 출발해야 하는지(*how to mobilize energy from the deep heart?*)를 보여주는 단적인 예라고 할 수 있으며, 권위의 수용근거로서 부하직원의 자발적인 수용이 전제된 후에라야 리더십의 효과성을 이야기 할 수 있다는 점을 시사한다.

21세기 지식정보사회는 전자정부, 거버넌스, 국가혁신 등 새로운 정부모델을 필요로 한다. 권한의 위임은 물론 잠재력과 창의성 개발이 중요하며, 시민참여와 민주통제가 활성화되어 조직 내적·외적으로 구성원들의 신뢰에 기초한 자발적인 협력을 유도(*partnership*)하는 변혁적 리더십(*transforming leadership*)이 강조된다.

2. 리더십이론의 변천

1) 자질론적 접근(Traits Approach)

자질론적 접근은 리더십의 성공요소를 리더의 속성 혹은 자질이라 보아 그러한 자질들을 찾아내는 수단을 발전시키는 데 초점을 둔 접근방법으로, 대인관계와 같은 사회학적 고려가 행해지지 않은 한계가 있다. C. I. Barnard(1938)는 리더가 갖추어야 할 속성으로 활력과 인내, 결단성, 설득력, 책임성, 지적능력 등을, R. M. Stogdill(1948)은 신체적 특성, 사회적 배경, 지적능력, 성격,

과업특성, 사회적 특성 등을 들고 있다.

2) 행태론적 접근(Action-Behavior Approach)

행태론적 접근은 Hawthorne 연구(1924~1932)와 인간관계이론의 대두로 인한 행태론적 사고에 기초한 접근법이다. 행태론적 접근은 리더의 속성이 무엇인가 보다는 리더가 무엇을 하는가에 초점을 둔 접근방법으로, K. Lewin, R. Lippitt, R. K. White의 연구(1939)와 R. R. Blake and J. S. Mouton의 *The Managerial Grid*(1964)가 있다.

K. Lewin, R. Lippitt, R. K. White(1939)는 리더십 연구를 통해 민주적 리더십, 권위적 리더십, 자유방임적 리더십의 3유형 가운데, 민주적 리더십 하의 조직구성원의 사기와 생산성이 가장 높게 나타난다고 하였다.

R. R. Blake와 J. S. Mouton은 *The Managerial Grid*(1964)에서 조직구성원에 대한 배려(사람)와 조직생산성 향상(생산성)을 두 축으로 각각 9점 척도로 나눈 뒤, 평면상 위치에 따라 5개의 리더십 유형을 도출하였는데, 조직구성원에 대한 배려와 조직생산성이 모두 높은 리더십을 팀 리더십으로 보고, 둘 다 낮은 리더십을 무기력한 리더십이라고 하였다.

그러나 리더행태의 변화를 가져오는 상황변수를 고려하지 못한 점, 조직의 성질·목표·부하의 태도 등을 다각적으로 검토하여 여러 유형을 조화시킬 필요가 있다는 비판이 있다.

3) 상황론적 접근(Situational Approach)

자질론적 접근이 유행하던 시절, R. M. Stogdill(1948)은 많은 속성연구를 통해 리더인지 아닌지 구별할 일정한 특성이나 속성은 없었으며, 상황에 따라 요구되는 리더에 대한 요구도 다르다는 것을 강조했다.

이후 사회심리학자들의 연구들로 보편적으로 적절한 리더십 스타일은 존재하지 않으며, 상황적인 것으로 파악하게 되는데, 리더십 행사의 요건은 시간, 장소, 집단의 성격 등에 따라 달라진다는 입장을 취한다.

(1) 상황적합이론(F. E. Fiedler, 1964)

상황적합이론(1964)은 리더십의 상황을 결정하는 변수로, 권위(*position power*), 직무구조(*task structure*), 부하와의 관계(*relationship*)를 들고, 이러한 변수들에 의해 결정된 상황이 아주 나쁘거나 아주 좋은 경우 인간적인 리더십이, 상황이 다소 불리한 경우 과업지향적인 리더십이 효과적이라고 하였다. 또한 리더의 스타일을 변화하는 것이 아니라, 리더들이 불리한 상황변수를 인식하고 상황변수를 변화시킴으로써, 효과성을 높이도록 하는 리더훈련 프로그램으로 발전시켰다.

(2) 경로-목표이론(M. G. Evans, 1970; R. J. House, 1971)

경로-목표이론(1970, 1971)은 리더의 행동이 부하의 만족과 업무성과에 어떤 영향을 미치는지를 설명하는데, 이는 동기부여의 기대이론에 그 뿌리를 두고 있다. 리더는 그들의 노력이 업무성과의 향상을 초래할 수 있고, 이어 바람직한 보상이 주어질 것이라는 것을 조직구성원들에게 확신시켜 줌으로써 근로자의 동기부여를 증진해야 한다고 주장한다.

(3) 추종자 상황이론(P. Hersey and K. Blanchard, 1982)

추종자 상황이론(1982)은 리더십 스타일이 대상 집단의 성숙도에 적합해야 한다고 한다. 집단의 성숙도는 업무경험이나 업무관련 지식, 업무에 대한 이해 및 책임성, 조직에 대한 몰입도 그리고 성취동기와 같은 요소들과 관련되는데, 이들의 수준에 따라 1) Telling, 2) Selling, 3) Participating, 4) Delegating 으로 리더십 스타일을 구분한다. Telling은 업무달성도를 높이고 집단과의 관계를 향상하기 위한 과업중심적 리더십을 강조한다. Selling은 대상 집단의 성숙도가 일부 척도를 중심으로 향상된 반면, 전반적인 성숙도에서는 아직 낮은 수준인 경우로서, 과업중심 혹은 관계중심 리더십의 혼용이 필요하다. Participating은 과업중심보다는 관계중심을 강조하며, 가장 효과적인 리더십이다. Delegating은 성숙된 대상 집단을 대상으로 지시나 관계유지보다는 권한과 책임을 위임하는 것이 더 효과적인 리더십이다.

추종자 상황이론은 리더가 조직구성원의 특징이나 능력 등에 대한 개인적 속성을 잘 파악하고 있다는 전제 하에 가능한 것이며, 업무의 성숙도를 제대로 평가하기 위해서는 직무분석이 명확히 이루어져야 한다. 하지만, 업무경험이나 업무관련 지식에 대한 자료를 객관화하여 척도로 만들기 어렵다는 것과 사회의 다변화로 인해 일정한 행태(*pattern*)를 파악해내기가 어렵다는 점이 한계로 지적된다.

4) 현대적 리더십이론: 변혁적 리더십

현대적 리더십은 리더(*leader*)와 조직구성원들(*followers*) 사이에 상호작용을 강조한다. 리더(*leader*)와 조직구성원들(*followers*) 사이에 상호작용이 어떻게 이루어지며, 1) 상호작용을 촉진하는 것이 보상과 처벌 그리고 반응 간의 함수인지 자발성인지, 2) 동기부여요인을 물질적·정신적 욕구충족으로 보는지 비전과 성과에 대한 이해에서 비롯된 영감(*inspiration*)과 보다 상승된 동기수준으로 보는지, 3) 리더십이 근본적인 변화 없는 진화와 적응의 결과인지, 권한을 위임받은 조직구성원들의 잠재력과 창의성의 발현에 의해 형성된 조직문화의 결과인지에 따라 거래적 리더십과 변혁적 리더십으로 구분된다.

변혁적 리더십이론은 Burns(1978)가 거래적 리더십과 변혁적 리더십을 비교한 것으로부터 K. W. Kuhnert와 P. Lewis(1987), B. M. Bass(1989) 등 많은 학자들에 의해 연구되어 왔다(정우일,

2005: 595).

K. W. Kuhnert와 P. Lewis(1987)는 변혁적 리더십이란 리더에 대한 조직구성원들의 확고한 믿음을 유발시키고, 리더가 모델이 되며, 조직구성원들의 욕구에 대한 세심한 배려와 적절한 자극을 통해 조직 및 조직구성원들의 성과와 만족도를 제고할 수 있는 방향으로 이끌 수 있는 리더십이라고 하였다.

B. M. Bass(1990)는 리더십 설문지(MLQ) 개발 등 실증연구를 통해 변혁적 리더십의 네 가지 요인으로 1) 조직구성원에게 자긍심을 고취하며 존경과 신뢰를 얻기 위한 확고한 비전과 자기희생으로써 갖게 되는 카리스마, 2) 조직구성원들 각각에 대한 개별적 고려, 3) 지적 자극, 4) 영감적인 동기부여를 강조했다.

G. Yukl(1999)은 변혁적 리더십이 1) 보편성의 정도, 2) 리더십을 촉진하는 조건, 그리고 3) 사람들의 전형적인 반응에 있어서 카리스마 리더십과 차이가 있다고 한다. 변혁적 리더십은 조직구성원들에게 영감을 주고, 개발하며, 활력을 부여한다는 점에서 큰 의미를 지닌다.

3. 지식정보사회에 적합한 리더십

1) 지식정보사회와 정책역량

정보기술의 발달, 정보네트워크의 구축 등 산업사회에서 정보사회, 지식사회로의 변화와 더불어, 다국적 기업의 등장, 네트워크를 통한 국제 간 자본이동의 활성화 등 개방화·세계화로 인해 민간부문의 지원자로서 정부역할이 강조되고 있다. 정부의 효율성 제고를 위해 기존 정부의 업무가 대폭 민간으로 이관되고 있으며, 앞으로도 정부규모의 축소 및 기능 재조정은 계속 쟁점화될 것으로 예측된다. 또한 시장실패와 이를 시정하는 데 있어서의 정부실패로 시민사회가 대두되었고, 시민사회가 조직화되면서 시민사회의 영역도 점점 커져 이들의 진정한 참여를 이끌어내지 않고는 민주성을 제대로 확보하기 어렵게 되었다.

지식정보사회에서의 정부는 1) 지식창출을 통한 고객만족서비스의 공급자, 2) 각종 정책과정에서 얻어지는 지식들의 체계적 지식관리자, 3) 국가 내의 지식의 흐름을 원활하게 하고 구성주체들의 생산성을 높이기 위한 제도구축자, 4) 기술혁신 주체들이 연계하여 창조적 파괴의 혁신활동을 지속적으로 추진할 수 있도록 지원하는 혁신촉진자, 5) 지식의 활용성·실천성을 높이도록 방향을 제시하고, 다양한 이해관계를 합리적으로 조정하는 전략적 조정자로의 정책역량의 강화가 요구되고 있다.

정책역량의 강화를 위해서는 정부의 가장 중요한 구성요소인 공무원들이 먼저 지식으로 무장된 지식관료가 되어야 하며, 지식정보사회에 걸맞는 리더십을 발휘할 것이 요구되고 있다.

2) 지식정보사회와 지식관료

지식관료란 불확실한 환경 속에서 문제의 본질을 파악하고, 따라야 할 선행모형이 없는 상황에서 새로운 대응모형을 구축하며, 지식창출을 통해 국민에게 부가가치를 제공하는 관료를 의미한다.

지식관료는 1) 불확실성이 높은 환경을 정확하게 인지하여 무엇이 문제인가를 발견하는 환경인지능력, 2) 선행모형이 없는 상황에서 새로운 대응모형을 유연하게 구축해 나가는 지식창조능력, 3) 지식을 통해 국민에게 필요한 부가가치를 제공하는 고객만족능력이 요구된다.

또한 지식관료는 1) 여론수렴, 정부의 적정역할과 영역의 설정, 정책수단의 강구 및 효과편익 분석 등 문제를 정의하고 해결하기 위한 지식, 2) 지식창출을 위한 인센티브설계, 주체 상호작용 과정 등을 제도화와 시스템화할 수 있는 제도구축 및 운영에 대한 지식, 3) 리더십을 토대로 공유될 수 있는 비전을 설정하고 정부지식을 공유, 확산하며, 고객의 Needs를 파악하고 성과를 높이기위한 전략적 방안을 설정할 수 있는 지식 등 핵심지식을 갖춤으로써, 지식정보사회에 부응하는 리더십 역량을 구축하여야 한다.

이렇듯 지식정보화는 "지식혁명"이라 불릴 만큼 인간 생활의 많은 것을 변화시킨다. 특히 문제해결시스템의 핵심인 조직의 리더십에 대해 지대한 영향을 미치게 되며, 따라서 지식관료에게는 지식정보화에 부합하는 리더십이 강력하게 요구되는 것이다.

4. 요약 및 결론: 지식정보사회와 변혁적 리더십

지식정보사회에서는 조직의 생존과 경쟁력을 유지하기 위해서는 변화의 흐름을 인식하고, 이에 대한 지속적 학습과 새로운 지식의 습득이 요구된다. 전통적 조직에서는 한 번 습득한 기술이나 능력이 오랜 기간 조직의 경쟁력을 보장하였지만, 지식정보사회로의 환경변화는 조직이 새로운 기술과 관리능력에 대해 지속적으로 습득할 것을 요구하고 있다.

과거 계층제적 정부관료제에서는 전문가적 식견을 가진 관료들이 명확하게 부여된 기능을 수행하고, 명령체계를 따라 시민들에게 공공서비스를 제공하기만 하면 되었으므로, 권위적 리더십이나 과업지향적 리더십이 효과성을 발휘할 수 있었다.

그러나 정보와 지식패턴의 다양화, 고차원의 기술과 불확실성의 증대, 시민요구의 다양화 및 증가 등 지식정보사회로의 변화는 정부관료에게 환경인지능력, 지식창조능력, 고객만족능력과 더불어 정책역량 강화에 핵심지식을 갖춘 '지식관료'가 되길 요구하고 있다.

따라서 이들에게 요구되는 리더십은 과거의 단순과업지향이나 관계지향적인 리더십 혹은 환경변수의 특성에 따라 수동적으로 분류되는 리더십이 아니다. 부하들과 비전을 공유하고 잠재력을 일깨워 창의성을 발휘할 수 있는 조직문화를 유도하고, 학습을 통해 계속적인 지식의 자발적 창출이 가능하도록 지적 자극과 분위기를 조성하며, 부하들에 대한 개별적 배려를 통해 영감적으로 동기부여하는 새로운 형태의 리더십이 필요하다.

조직혁신의 성공적 달성을 위해서는 조직책임자의 강력한 의지가 있어야 달성될 수 있고, 혁신의 출발점은 혁신목표를 달성하기 위한 조직구성원들의 잠재력을 고양시키는 문제로부터 시작되어야 한다. 이를 위해서는 새로운 비전과 미션을 창출하고, 기대를 초월하여 성과달성을 추구하는 새로운 형태의 변혁적 리더십이 필요하다. 변혁적 리더십은 개인적 성향에 관심을 기울이고, 새로운 시각을 제시하면서 조직구성원의 변화와 변혁을 일으키는 리더십으로서, 안정보다는 변화에 능동적으로 적응하거나 변화를 유도하는 리더십을 의미한다. 변혁적 리더십은 카리스마를 가지고, 영감을 이용하며, 조직구성원의 지적 발전을 위한 자극을 준다. 또한, 변혁적 리더십은 조직구성원의 개인적 성향에 관심을 가지며, 조직구성원들의 잠재력을 고양시키는 것에 중점을 둔다.

핵심 Point !

Dynamic Process

◎ 인간관: 조직의 목표달성에 기여할 수 있는 인간행동은 무엇인가의 문제는 결국 인간관의 문제로 귀착

  ◘ McGregor의 Theory X, Y

  ▶ X이론에 의한 인간관(X인간관): 인간은 본래 일을 싫어하고 책임회피적 성향

  ▶ Y이론에 의한 인간관(Y인간관): 인간은 적극적이고 책임감이 있으며 무엇인가 성취하려는 욕구가 있음

  ◘ Z이론에 의한 인간관(Z인간관)

  ▶ 체제론·상황론에 입각하여 인간은 복잡할 뿐만 아니라 고도의 가변성을 지닌 존재로 인식

  ▶ D. Lawless(1973)의 상황적응형, A. Ramos(1972)의 성찰형인간, W. Bennis(1966)의 탐구형인간

  ◘ 시대적 변천에 따른 인간관(E. Schein)

  ▶ 합리적·경제적 인간관(Rational Economic Man): 과학적 관리론 시대의 인간관

  ▶ 사회적·행태적 인간(Social Man): 인간관계론 시대의 인간관

  ▶ 자기완성인(Self-actualizing Man): 후기 인간관계론 시대의 인간관

  ▶ 복잡한 인간(Complex Man): 체제론·상황론 시대의 인간관

  ◘ 요약 및 결론

  ▶ 조직이란 인간이 모여 구성하는 사회적 유기체

  ▶ 조직인은 자율적이며 자제력을 토대로 자기완성 의욕을 가지고 있으며, 조직생활의 경험을 통해 다양한 새로운 욕구를 배울 수 있는 복잡한 인간관으로 파악하는 것이 타당

◎ 동기부여(Motivation)

  ◘ 의의: 동기부여는 근무의욕이 어떻게 작동하며 그 과정에서 핵심요소인 동기가 어떻게 작용하고 유발되는 지에 대한 이론

  ◘ 동기부여의 과정이론

  ▶ Vroom의 VIE 이론(Valence-Instrumentality-Expectancy): 동기부여는 유인(Valence)×도구(Instrumentality)× 기대(Expectancy)의 총합이라고 보았음

  ▶ Porter-Lawler의 업적만족이론(outcome satisfaction theory): 업적과 동기부여 간에는 업적 → 보상 → 만족 → 동기부여 순서로 인과관계가 존재

- ▣ 동기부여의 내용이론
- ▸ Maslow의 욕구 5단계이론: ① 생리적 욕구(Physiological Needs), ② 안전적 욕구(Security Needs), ③ 사회적 욕구(Social Needs), ④ 자기존중(Self-Esteem), ⑤ 자아실현 (Self- Actualization)
- ▸ Alderfer의 ERG이론: ① 생존(E: existence)욕구, ② 관계(R: relatedness)욕구, ③ 성장(G: growth)욕구
- ▸ Herzberg의 위생요인-동기요인이론
- ▸ Argyris의 성숙-미성숙이론
- ▸ McClelland의 인간유형이론: ① 성취욕구, ② 관계욕구, ③ 권력욕구
- ▣ 요약 및 결론
- ▸ 조직목표 달성에 있어 조직구성원들의 근무의욕(동기부여)이 업무성과에 미치는 영향은 매우 중요
- ▸ C. Agyris가 주장하듯이, 현대행정조직의 관료제 속에서 성숙인(mature man)들이 어떻게 지식창출을 하고 자기완성을 하며, 조직과 개인의 상호발전을 추구해 나갈 지에 대해서도 끊임없는 성찰과 탐구가 필요함

◎ 커뮤니케이션: 조직 내 의사전달
- ▣ 의의
- ▸ 커뮤니케이션이란 전달자와 피전달자 간에 사실과 의견을 전달하여 인간에게 영향을 미치고 행동의 변화를 일으키는 상호작용
- ▸ 행정학이론 발달의 관점에서 의사전달의 중요성은 H. Simon을 중심으로 한 행정행태론(새 이원론)에서 기원
- ▣ 원칙
- ▸ 명료성(clarity): 커뮤니케이션에 사용되는 용어는 명료해야 한다.
- ▸ 일관성(consistency): 커뮤니케이션 내용의 전후에 모순이 없어야 하고 일관되어야 한다.
- ▸ 적정성(adequacy): 커뮤니케이션에서 제공되는 정보는 적정한 분량이어야 한다.
- ▸ 적시성(timeliness): 커뮤니케이션에서 전달되는 정보는 적시에 제공되어야 한다.
- ▣ 필요성
- ▸ 업무조정을 위한 수단: 수평적 커뮤니케이션
- ▸ 합리적 정책결정을 위한 수단: 수직적 커뮤니케이션(하의상달)
- ▸ 동기부여를 위한 수단: 수직적 커뮤니케이션(상의하달)
- ▣ 유형
- ▸ 커뮤니케이션의 목적에 따른 유형: 공식적 커뮤니케이션(formal communication)과 비공식적 커뮤니케이션(informal communication)으로 구분
- ▸ 커뮤니케이션의 방향에 따른 유형: 수직적 커뮤니케이션(vertical communication)과 수평적 커뮤니케이션(horizontal communicaiton)으로 구분

- 저해요인
  - 인적 저해요인: 기술 및 감수성 부족
  - 구조적 저해요인: 조직구조상의 할거주의(sectionalism), 전문화로 인한 무능(trained incapacity), 전자정부 시스템(PMIS)의 미비
  - 상황적 저해요인: 조직 분위기가 형성되어 있지 못한 경우임
- 향상방안
  - 인적 향상방안: 의사전달에 있어 명료성, 일관성, 적정성, 적시성의 원칙을 준수
  - 구조적 향상방안: 커뮤니케이션 네크워크(communication networks) 형성
  - 상황적 향상방안: 조직 내에서 직원 간의 회의와 토의, 그리고 하의상달이 쉽게 이루어 질 수 있는 조직분위기 조성

◎ 정책홍보: 조직과 시민 간 의사전달
- 정책홍보의 의의
  - 개념
    - 정책홍보는 정부가 수립하는 정책에 대해 국민들의 이해와 신뢰를 확보하고, 이를 토대로 협력을 증진시킴으로써 정책성공의 가능성을 올리는 정책관리활동
    - 정책홍보는 조직과 시민 간의 의사전달
  - 정책홍보와 정책고객관리(PCRM)
    - 정책홍보는 조직과 시민 간의 의사전달 정책대상집단에 따라 설득전략을 달리하며, 정책에 대한 이미지를 브랜드가치화하여 정책홍보에 결합
    - 이러한 과정에서 전략적으로 강조되는 개념이 정책홍보와 정책고객관리(PCRM)임
  - 정책고객관리(PCRM)와 정책대상집단
    - 정책홍보는 정책대상집단과의 커뮤니케이션
    - 정책대상집단별로 맞춤화된 홍보전략이 필요함
    - 즉, 효과적인 정책홍보를 위해서는 정책대상집단별로 개별적이고도 전략적인 정책고객관리(PCRM)가 이루어져야 함
- 정책홍보의 중요성
  - 민주주의의 요청
  - 이미지와 홍보의 중요성
  - 거래비용의 절감
  - 정책순응의 확보
  - 정책 투명성 강화
- 정책홍보과정의 4단계
  - 정보투입(공청과정)
  - 전환(정책결정과정)

▸ 정보산출(홍보과정)

▸ 정보환류

▢ 정책홍보와 정책품질관리

▸ 정책품질관리는 정책구상-정책확정-정책발표 및 홍보-정책집행-평가 및 사후관리 등 일련의 정책단계별로 거쳐야 할 절차와 기준을 제시

▸ 이때 정책홍보와 정책고객관리(PCRM: Policy Customer Relationship Management)는 시민의 요구(needs)에 충족될 수 있도록 정책품질을 관리하는데 있어서 전략적 커뮤니케이션 도구임

▢ 우리나라 정책홍보의 문제점 및 개선방안

▸ 문제점: 전문가 확보가 미흡하고, 적극적인 PCRM이 이루어지기보단 형식적인 관리

▸ 개선방안

● 진정성과 소통성

● 정책대상집단에 대한 전략적 접근

● 기대형성과 유인제공 전략의 필요

● 종합적 정책홍보 방안 마련

● 전문성을 갖춘 인적자원 확보

◎ 현대적 리더십(Leadership)

▢ 의의

▸ 개념: 리더십이란 조직목표를 달성하는데 있어 조직구성원의 자발적이고도 적극적인 노력을 유도하는 것을 의미

▸ 직권성(headship)과는 구별되는 개념: 직권성은 1) 공식적 직위를 근거로 하여, 2) 일방적·강제성이 강하며, 3) 심리적인 것이 아닌 반면 리더십은 1) 사람의 권위를 근거로, 2) 상호자발적인 과정을 통해 발휘되며, 3) 추종자의 심리적 수락을 통해 발휘됨

▢ 중요성의 대두

▸ H. Simon을 중심으로 한 행정행태주의(새 이원론)에 들어오면서 인간행태연구를 통해 리더십의 실질적 중요성이 강조됨

▸ 21세기 지식정보사회는 시민들의 신뢰에 기초한 자발적인 협력을 유도(partnership)하는 변혁적 리더십(Transformational leadership)이 강조

▢ 리더십 이론의 변천

▸ 자질론적 접근(traits approach): 리더십의 성공요소를 리더의 속성 혹은 자질로 봄

▸ 행태론적 접근(action-behavior approach): 인간관계이론의 대두로 인한 행태론적 사고에 기초한 접근법

▸ 상황론적 접근(situational approach): 리더십 행사의 요건은 시간, 장소, 집단의 성격 등 상황에 따라 달라지는 것으로 파악

● 상황적합이론(F. E. Fiedler, 1964)

- 추종자상황이론(P. Hersey and K. Blanchard, 1982)
- ▶ 현대적 리더십 이론: 변혁적 리더십
- 현대적 리더십은 리더(Leader)와 조직구성원들(Followers) 사이에 상호작용을 강조
- B. M. Bass(1990): 변혁적 리더십의 네 가지 요인
  - 조직구성원에게 비전을 제시하고, 자긍심을 고취하며 존경과 신뢰를 얻게 됨으로써 갖게 되는 카리스마
  - 조직구성원들 각각에 대한 개별적 고려
  - 지적 자극
  - 영감적인 동기부여를 강조
- ▣ 요약 및 결론: 지식정보사회와 변혁적 리더십
- ▶ 지식정보사회와 정책역량: 민간부문의 지원자로서 정부역할 및 시민사회의 진정한 참여를 이끌어내는 역량이 강조
- ▶ 지식정보사회와 지식관료
- 불확실성이 높은 환경을 정확하게 인지하여 무엇이 문제인가를 발견하는 환경인지능력
- 선행모델이 없는 상황에서 새로운 대응모델을 유연하게 구축해 나가는 지식창조능력
- 지식을 통해 국민에게 필요한 부가가치를 제공하는 고객만족능력이 요구
- ▶ 지식정보사회와 변혁적 리더십
- 지식정보사회에서는 급변하는 시장과 기술의 변화를 인식하고, 이에 대한 지속적 학습과 새로운 지식의 습득이 요구
- 지식정보사회로의 변화는 정부관료에게 환경인지능력, 지식창조능력, 고객만족능력과 더불어 정책역량 강화에 핵심지식을 갖춘 '지식관료'가 되기를 요구
- 따라서 이들에게 요구되는 리더십은 과거의 단순과업지향이나 관계지향적인 리더십이 아니라 부하들과 비전을 공유하고 잠재력을 일깨워 창의성을 발휘할 수 있게 만드는 새로운 형태의 리더십이 필요
- 변혁적 리더십의 핵심 키워드는 에너지(Energy), 동원(Mobilization), 자발성(Spontaneous Support)
- 변혁적 리더는 카리스마를 가지고, 영감을 이용하며, 조직구성원의 지적 발전을 위한 자극을 줌. 또한, 변혁적 리더는 조직구성원 개인적 성향에 관심을 가지며, 조직구성원들의 잠재력을 고양시키는 것에 초점을 둠

핵심 Question !

Dynamic Process

◎ McGregor의 Theory X, Y인간관에 대해서 설명하라.

◎ Z이론에 의한 인간관(Z인간관)에 대해서 설명하라.

◎ E. Schein이 제시한 시대적 변천에 따른 인간관에 대해 정리해보자.

◎ 동기부여(Motivation)의 과정이론과 내용이론에 대해 정리해보자.

◎ Maslow의 욕구 5단계이론을 설명하고, Herzberg의 위생요인-동기요인이론과의 차이점을 언급하라.

◎ Argyris의 성숙-미성숙이론을 설명하라.

◎ 조직 내 의사전달(커뮤니케이션)의 개념 및 필요성을 설명하고, 저해요인과 향상방안을 언급하라.

◎ 정책홍보의 개념 및 필요성을 설명하고, 우리나라 정책홍보의 문제점 및 개선방안에 대해서 언급하라.

◎ 리더십(Leadership)의 개념 및 필요성을 설명하고, 현대적 리더십이론으로서의 변혁적 리더십에 대해서 논술하라.

◎ 리더십(Leadership)이론의 변천을 설명하고, 변혁적 리더십이 지식정보사회에서 요청되는 변혁적 리더십에 대해서 논술하라.

본 장에서 다루는 행정통제와 행정책임, 행정개혁과 정부혁신은 행정고시의 단골 메뉴와도 같다. 행정통제는 행정책임(도의적 책임, 대응적 책임, 법적 책임)과 동전의 양면처럼 거론되는 이슈이다. 정책기획, 심사분석 등에 의한 내부통제와 함께 최근 NGO에 의한 통제에 대해서도 잘 검토해 두길 바란다.

행정개혁이 가치가 실린(value laden) 개념이라면, 정부혁신은 보다 최근에 광범위하게 사용되는 가치중립적(value neutral) 개념이다. 행정개혁이 조직개편 등 하드웨어적 개편에 초점을 두고 있다면, 정부혁신은 이러한 조직개편을 포함하여 조직변화의 아이디어, 절차, 방법 등의 도입을 통해 조직의 일하는 방식의 변화를 강조하는 개념이라는 점도 잘 인식해 둘 필요가 있겠다.

정부혁신은 과거 정부부터 현재에 이르기까지 항상 활발하게 논의되어 왔다. 과거 폐쇄적인 정부구조와는 달리 현대행정에서는 다양한 참여자가 존재하고 외부환경으로부터의 영향을 받기 때문에 정부조직도 지속적이고 심도있는 혁신과 개혁의 요구를 받기 때문이다.

정부혁신에 대한 문제는 크게 다음 세 가지 관점에서 접근해 볼 수 있다.

첫째, 단순히 관련 개념이나 이론적인 배경에 대한 질문보다는 처방적인 관점에서 우리나라 정부혁신에 대한 문제점을 도출하고 개선방안을 모색하는 방향에 주로 초점이 맞춰져 왔다. 다시 말해, 우리나라에서 실시되었던 정부혁신, 행정개혁의 문제점에 대해 비판적으로 논의하고, 이에 대한 창의적인 개선안을 도출할 수 있어야 한다. 논의의 타당성을 위해 해외 선진국의 정부혁신모형이나 성공 및 실패사례를 근거로 활용할 수도 있는 바, 해외사례에 대한 벤치마킹도 잘 준비해둘 필요가 있다.

둘째, 정부의 외부환경으로서 시장과 NGO가 공공부문 개혁과 변화에 미치는 영향은 크다. 이러한 시장지향적 개혁모형과 비정부기구(NGO)가 정부혁신과정에 미친 장단점과 한계 그리고 이에 대한 극복방안에 대해서도 심도있게 고민해 볼 필요가 있다. 국정관리의 주요 행위자를 정부-시장-시민사회로 대별해 보았을 때 과거의 전통적 정부중심의 관료제 모형(정부모형의 실패)을 개혁하기 위한 방안으로써 신공공관리에서는 시장지향적 개혁모형이 많이 거론되어 왔다. 신공공관리적 개혁방안이 지니는 성과에 대해서 분명히 정리해 둘 필요가 있다. 시장지향적 개혁모형이 가져온 작은 정부에 대한 비용절감적 성과와 함께 시민을 고객으로 전락시킨 행정의 책임성 문제 등이 그 한계로 거론된다(시장지향적 개혁모형의 실패). 이러한 관점에서, 이러한 NPM의 한계를 극복하고 시민을 단순한 경영학적 고객이 아니라 민주국정의 주권자(시민)로 복원시키기 위한 시민사회와 NGO의 역할에 대해서도 분명 인지할 필요가 있다. 시민참여를 통한 책임성의 강화, 민주적 국정관리에 대한 복원 등이 그 주요 논거이지만, NGO의 대표성과 전문성, NGO의 자생적 역량 강화의 필요성 등이 극복해야 할 과제라는 점도 잘 정리해 둘 필요가 있겠다(NGO실패 및 시민사회 참여모형의 한계문제).

제11장 동기부여

617

박근혜 정부의 국정홍보 슬로건이 "넓게 듣겠습니다. 바르게 알리겠습니다"로 확정됐다. 청와대는 이번 슬로건에 대해 "국민이 모르거나 받아들이지 않는 정책은 없는 정책이나 다름없다"는 박근혜 대통령의 국민소통 소신과 의지를 담아 만들었다고 밝혔다.

(1) 최근 국민소통의 강조배경 및 특징에 대해서 서술하시오.
(2) 국민소통에 관한 사례를 제시하고, 바람직한 발전방향과 함의를 제시하시오.

답안작성요령

핵심개념

문제(1)은 국민소통이 최근 대두된 배경 및 주요 특징에 대해서 묻고 있다. 따라서 답안작성 시 역사적 배경을 토대로 등장이유를 서술하고, 이에 기반하여 기존의 정책들과의 차별화된 특징을 제시해주어야 한다. 최근 우리 사회는 소통의 부재로 인해 심각한 사회갈등을 겪고 있으며 이에 대한 해결이 국정운영성과의 중요한 기준이 될 전망이다. 즉, 국민소통은 대한민국의 심각한 사회갈등해소와 더불어 더 큰 나라, 더 행복한 나라를 만들기 위한 중요한 정책수단으로 이해되어야 한다. 이를 위해 정부는 온라인, 오프라인 등 모든 수단을 강구하여 국민과의 대화의 장(공공영역의 장)을 진지하게 만들고, 이를 통해 얻어진 합의된 의견을 토대로 미래 비전과 수단을 강구해 나가야 한다.

기존에 이루어졌던 국민소통방식은 정부와 국민 간의 일방적인 정보전달이 주를 이루었고, 정부가 일방적으로 홍보하고 국민은 정보를 받아들이는 방식이었지만, 현대사회에서 국민소통은 다양한 방식을 통해 이루어질 필요가 있다. 국민과의 폭넓은 대화를 위해 스마트 폰, 태블릿 PC 등 스마트 기기에 기반을 둔 스마트 전자정부기술을 활용할 필요가 있으며, Twitter, Facebook 등 소셜미디어 기제를 활용한 소통방식도 고려해야 한다.

국민소통의 사례

국민소통의 사례로 제시할 수 있는 내용은 인터넷을 통하여 국민소통을 이뤄낸 예로 미국의 버락 오바마의 선거캠프, 우리나라의 온라인 국민참여포탈 '국민신문고' 등을 들 수 있다. 버락 오바마의 선거캠프는 공식홈페이지를 통해 국민들에게 명확한 메시지를 전달하고, 공식홈페이지를 국민의 참여와 소통을 이끌어 낼 수 있는 플랫폼 역할을 하도록 하였다. 또한 최근 유행하는 UCC동영상을 통해서 보다 친숙하게 젊은 세대들에게 접근하였다. 블로그와 소셜미디어 역시 국민과의 소통에 있어서 중요한 역할을 하였는데 기존에 일방적으로 전달되던 메시지가 아닌 쌍방향으로 메시지 전달이 가능하게 되었다. 트위터나 페이스북과 같은 소셜미디어의 영향으로 쌍방향으로 메시지 전달이 가능할 뿐만 아니라 시시각각 정보를 교환할 수 있도록 하면서 국민과의 소통이 원활하게 하는 전략을 취했다. 이를 통해서 국민의 참여를 이끌어내고 여론을 수렴하여 결과적으로 긍정적인 결과를 얻어냈다.

우리나라의 '국민신문고(e-people)'는 세계 최초로 구현된 국민참여포털로서 정책결정과정에 국민의 참여를 유도하고, 국민들의 불편한 사항이나 민원을 해결하는 플랫폼으로서 기능하게 되었다. 국민들의 의견수렴을 통하여 정책에 대한 투명성 제고 및 대국민 만족도 향상과 더불어 건전한 온라인 토론문화의 정착과 발전을 선도해 나가고 있다. 단순한 민원제기를 넘어 국민들의 다양한 정책아이디어나 담론을 수렴해 가는 새로운 국민소통의 기제로서 작용하고 있다는 점에서 매우 중요한 사례라고 하겠다.

🖐 바람직한 발전방향

본질적인 국민소통의 목표를 달성하기 위해서는 여러 분야, 여러 계층의 국민과 소통을 하여야 하고, 이를 위해 다양한 국민들의 참여가 필수적이지만, 실질적으로 참여가능한 계층과 분야는 한정되어 있다. 따라서 온라인을 이용한 국민소통만이 아닌 오프라인을 이용한 소통방안 역시 다양화할 필요가 있다.

또한 인터넷 이용이 가능하게 하도록 마을회관에서 컴퓨터 교육을 실시하는 것과 같은 서비스를 제공함으로써 노년층에게도 인터넷 이용이 가능하도록 하고, 인프라가 갖추어져 있지 않아 소외되는 지역은 컴퓨터, 인터넷을 제공하여 인프라 구축에 노력하여야 한다. 말하자면 보편적 서비스의 문제이다.

또한 우리나라에서 국민소통을 활성화 하기 위한 방안으로 SNS나 동영상을 이용하는 것에는 한계가 존재하므로 경계를 요한다. SNS(Social Network Service)와 UCC(User Created Contents)를 정치적으로 활용하는 것은 시민사회의 건강한 담론형성에 저해될 수 있다. 소통의 핵심은 진실성과 진정성이라는 점을 잊어서는 안 된다. 또한 소수의 일방적인 견해에 휘둘려 그릇된 사고가 대중에 영향을 미치고 정부와의 소통 또한 잘못된 방향으로 유도될 수 있다는 점도 경계해야 한다(김유향, 2011, "소셜미디어와 인터넷공간에서의 정치적 소통"에서 수정).

🖐 고득점 핵심 포인트

본 문제의 고득점을 위해서는 먼저, 과거 정부에서 하던 PR 방식과 새로운 국민소통수단으로서의 정책홍보의 개념에 대해 분명히 구분해 줄 필요가 있다. 과거와 같이 청와대나 정부부처의 홍보실에서 일방향적으로 정보를 뿌리는 식의 정책홍보는 더 이상 효과가 없기 때문이다. 새로운 방식의 정책홍보는 진정성이 담보되어야 한다는 점을 강조해 줄 필요가 있다. 국민이 지금 현재 원하는 것(정책수요)에 대한 명민한 깨어있음을 바탕으로 진지하게 접근해야 한다. 이러한 진정성을 토대로 온라인, 오프라인, 국민과의 대화, 소셜미디어, 스마트 기술 등 수단적 기제들이 논의되어야 한다. PCRM(Public Customer Relationship Management)이라고 불리는 공공고객관계관리 역시 이렇게 접근되어야 한다. 정책전문가라고 하여 메일링리스트만 만들고, 이들에게 정책에 대한 자료를 스팸메일처럼 일방적으로 뿌려주는 일은 정책홍보성과라고 하는 낯부끄러운 일을 해서는 안 될 것이다.

CHAPTER

환 류 및 학 습 **12**

Dynamic
Process

KEY POINT

    현대행정은 동태적 행정과정을 거쳐 실현된다. 동태적 행정과정의 첫 시발점은 국가목표 및 정책결정이며, 이를 실현하기 위해 조직·인사·재무 등 조직화와 인간관·동기부여·리더십 등 동작화, 그리고 행정 책임·행정통제·행정개혁·정부혁신 등 환류 및 학습이 필요하다. 미래지향적 국가목표를 설정하고 이를 정책기획하고 정책결정하게 되면, 조직화 하는 단계에서 인사, 조직, 재무, 정보체계 등을 통해 인력, 조직, 자원, 기술 등을 동원하여 행정집행을 위한 조직화를 하고, 실제로 효과적인 행정집행이 이루어지게 하기 위한 동작화를 하게 되는데, 행정발전이 제대로 이루어지기 위해서는 집행이 마무리된 후 올바른 평가와 학습, 그리고 이를 통한 환류 및 시정조치가 필요하다. 즉, 동태적 행정과정의 마지막 단계로서의 환류 및 학습은 매우 중요한 단계인 것이다. 여기에서는 이러한 의의를 지닌 행정통제, 행정책임, 행정개혁, 정부혁신에 대해서 학습한다.

    행정책임과 행정통제는 동전의 양면과도 같은 관계이다. 공무원이 자신의 역할에 대하여 충분히 인식하고 있고, 자율적이고 능동적으로 책임 있는 행정을 실현시켜 나갈 수 있다면 통제의 문제는 불필요할 것이다.

    행정개혁이 가치가 실린(value laden) 개념이라면, 정부혁신은 좀 더 광범위하며 가치중립적인(value neutral) 개념이다. 행정개혁이 조직개편 등 하드웨어적 개편에 초점을 둔 개념이라면, 정부혁신은 이러한 조직개편을 포함하여 조직변화의 아이디어, 절차, 방법, 기법 등의 도입을 통해 조직의 일하는 방식의 변

화를 강조하는 개념이다. 여기에서는 이러한 행정개혁과 정부혁신의 차이를 포함하여, 21세기 미래 정부
가 지향해야 할 바람직한 정부혁신의 방향에 대해서 학습한다.

　제12장의 키 포인트는 행정개혁과 정부혁신이다. 행정학 분야에서 단골메뉴처럼 출제되는 주제이다. 행
정개혁과 정부혁신의 차이를 잘 이해해 두고, 행정개혁과 정부혁신의 바람직한 방향에 대해서 파악해 두
길 바란다. 행정통제 역시도 자주 등장하는 주제이다. 행정책임과 행정통제의 관계, 효과적인 행정통제의
방법에 대해서도 숙지해 두길 바란다.

제 1 절　행정통제

1. 행정통제의 의의

　목표·정책·기획이 이상적으로 설정되었다고 하더라도 집행이 의도된 대로 움직여 지지 않는 것
은 기계가 아닌 인간으로 구성된 조직체의 특색이다. 따라서 목표·정책·기획에서 의도한 대로 움
직이게 하기 위해 환류와 학습의 과정이 필요하며, 이를 위해 행정통제가 중요해진다.

　행정통제는 행정책임을 확보하는 수단으로서 행정이 당초 목표대로 수행되고 있는가를 확인하고,
올바르게 이루어지지 않는 경우 잘못된 점에 대한 학습을 통해 다음의 정책결정과정에 환류
(*feedback*)하는 기능을 말한다. 〈그림 12-1〉에서 보듯이 1) 통제기준의 설정, 2) 성과에 대한 관찰,
3) 성과와의 비교평가를 통해 환류 및 학습하는 과정으로 이루어진다.

2. 행정통제의 중요성

행정통제의 중요성을 살펴보면 다음과 같다.

첫째, 행정인의 전문성·기술성의 증대로 인해 외부인이 행정의 내용을 잘 모르기 때문에 행정인의 결정
　을 따르는 경우가 늘어났으며, 현대사회가 고도로 산업화·분업화되면서, 행정기능 역시 세분화
　되어 전문화의 경향이 심화되었다. 일반 국민의 경우 전문화된 행정업무에 대한 지식이 없을 뿐
　더러, 적극적 관심을 가질 시간도 없어 공무원이 내릴 결정에 따를 수밖에 없는 현상이 발생하게
　되었다. 이는 행정의 국민에 대한 책임성을 약화시킬 위험성이 높아졌고, 이에 따라 행정책임을
　확보하기 위한 행정통제의 필요성은 증대되었다.

제12장　환류 및 학습　　621

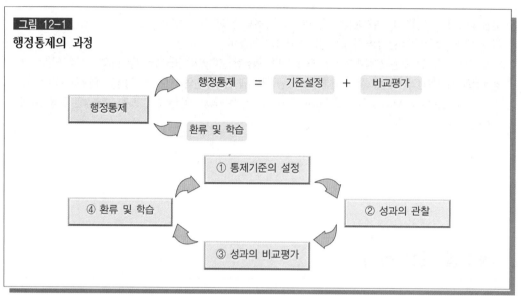

그림 12-1
행정통제의 과정

행정통제 = 기준설정 + 비교평가

행정통제

환류 및 학습

① 통제기준의 설정

② 성과의 관찰

③ 성과의 비교평가

④ 환류 및 학습

자료: 박동서, 1978: 489에서 수정.

둘째, 행정인의 재량권 확대로 인해 행정통제의 중요성은 증대되었다. 현대사회에서의 의회는 과거에는 정책과 행정목표에 대하여 명확하게 규정하였으나, 현대사회에서의 의회는 추상적인 기준을 규정하고, 세부적이고 구체적인 사항은 행정부에게 위임하는 경우가 증가하고 있다.

셋째, 행정인이 보유하는 막대한 예산권으로 인해 행정통제의 중요성은 증대되었다. 행정재량권의 확대 및 막대한 예산권으로 인해 국가 예산의 낭비와 오용의 가능성이 높아졌으므로 행정책임을 확보하기 위한 행정통제의 필요성이 증대되었다.

넷째, 행정권력의 우월성과 경제계의 예속화로 인해 행정통제의 중요성은 증대되었다. 현대행정국가가 등장하면서 행정부가 사회 모든 분야에 관련된 정책에 실질적으로 관여하면서 입법부·사법부보다 우월한 권력을 확보하게 되었으며, 행정권의 우월성은 경제계의 예속화를 초래하였다. 이러한 행정권력의 집중·강화현상은 민주주의에 위배되는 행위를 할 위험성이 높아졌고, 따라서 이를 방지하기 위한 수단으로 행정통제의 중요성은 증대되었다(박동서, 1978: 489).

3. 행정통제의 기준

민주국가에서 행정평가의 기준이란 일반적으로 공익, 국민의 기대, 법령, 조직의 목표 등이라고 할 수 있으며, 흔히 이를 총칭하여 행정책임이란 말로 표현할 수 있다. 행정책임은 그 수준에 따라 첫째, 민주적·정치적·도의적 책임(*responsibility*), 둘째, 고객의 여망에 부응해야 하는 대응적 책임(*responsiveness*), 셋째, 법적 책임(*accoutablity*)으로 나눌 수 있다.

민주국가에서 행정책임이란 국민의, 국민을 위한, 국민에 의한 행정을 기초로 국민에게 신뢰를 주는 행정, 국민을 위한 민주적 행정, 국민에게 효율적인 서비스를 제공하는 행정, 적법하고 공정하게 추진하는 행정을 의미한다. 따라서 이러한 행정책임의 기준으로는 행정이념에서 살펴보았듯이, 민주성, 성찰성, 효율성, 합법성, 공익성, 형평성 등 행정이념을 들 수 있다.

4. 행정통제의 요건

행정책임을 효과적으로 확보하기 위한 행정통제를 위해서는 바람직한 행정통제요건을 고려해야 한다.

1) 통제의 적합성

통제의 적합성이란 통제의 목적에 알맞은 최선의 통제수단을 선택하는 것을 의미하며, 최선의 통제수단은 통제목적 실현에 크게 기여한다. 따라서 최선의 통제수단의 선택문제는 행정인, 행정체제, 행정환경의 특성을 종합적으로 고려하여 신중하게 결정해야 한다.

2) 통제의 신축성

통제는 시행과정에서 예기치 못한 상황이나 오류 등 통제목적에 부적합한 요인이 발생할 수 있으므로 통제과정의 신축성(flexibility)이 필요하다. 이러한 신축성은 예상할 수 없거나 예상이 어려운 경우를 대비하여 각 상황에 맞는 대안을 마련함으로써 확보할 수 있다. 특히 현대행정통제의 기능은 소극적이고 제재적 기능이 아닌 적극적이고 예방적 기능을 중시하고 있다는 점에서 행정통제의 범위 및 수단 등은 신축성을 확보해야 할 것이다.

3) 효과성과 능률성

통제는 조직의 모든 구성원이 통제의 목적과 기준에 대한 충분한 인식과 이해가 있어야만 효과적이다(효과성). 또한 효율적인 행정통제는 행정통제의 소요시간과 투입비용(투입요소)이 최대한 절약적이어야 하며(경제성), 행정통제에 의한 효과나 실익이 행정통제의 소요시간과 투입비용보다 높은 것이어야 한다(능률성).

4) 행정의 자율성 및 적극성의 조화

통제는 사후적·소극적 통제(제재)보다는 사전적·적극적 통제(예방)가 더 효과적이다. 따라서 불가피한 경우를 제외하고는 결과에 대한 사후적·제재적 차원의 통제보다는 사전적·예방적 차원의 통제에 중점을 두어야 할 것이다. 강력한 행정통제는 민주주의 사회의 목적에 부합되지만 정도가 지나치면 행정의 자율성과 창의성을 저해할 가능성이 있다. 따라서 세부적 내용까지 통제하는 지나친 통제를 지양하고, 적정하게 통제가 이루어지는 조화와 균형이 필요하다.

5. 행정통제의 과정

1) 통제기준의 설정

통제기준(control point)의 설정은 행정통제실시를 위한 첫 단계로서, 목표이행에 대한 판단, 성과에 대한 판단, 측정 및 평가의 근거를 제공하므로, 행정통제과정에서 매우 중요한 과정이다.

모든 행정활동에 대한 통제기준의 설정은 자원, 능력, 시간의 한계가 있으므로, 효율적 통제를 위해서 전체의 행정활동을 파악할 수 있는 기준이 될 수 있는 통제의 '전략지점'을 설정할 필요가 있다.

행정통제의 '전략지점' 선택 시 고려해야 하는 요소는 다음과 같다.

첫째, 통제시기의 적시성(timing)이 고려되어야 한다. 즉, 중대한 과오와 차질을 적시에 발견할 수 있는 시점을 선택하여야 한다.

둘째, 통제내용의 효율성(efficiency)이 고려되어야 한다. 즉, 통제의 효과가 통제의 소요비용보다 더 큰 지점을 선택하여야 한다.

셋째, 통제범위의 포괄성(comprehensiveness)이 고려되어야 한다. 즉, 조직전체의 활동을 파악할 수 있는 포괄성을 지닌 지점을 선택하여야 한다.

넷째, 통제대상의 균형성(balance)이 고려되어야 한다. 즉, 통제대상의 한 측면에 편중되는 불균형이 초래되어서는 안 되며, 균형성을 지닌 지점을 선택하여야 한다.

2) 성과와의 비교·평가

통제의 두 번째 단계로서 성과와 관련된 자료와 정보를 수집·분석을 한 후 통제의 기준과 비교함으로써 기준과의 편차 유무를 확인·판단하는 단계이다.

행정통제의 기준과 비교되는 행정의 내용은 행정의 산출(output), 성과(outcome), 영향(impact)을 들 수 있다. 산출(output)은 가시적·계량적 단기 산출지표를 의미하며, 성과(outcome)는 비가시적·비계량적 성과지표를 포함한다. 영향(impact)은 행정의 실시결과 초래된 사회의 관련된 변화까지를 고려한 가장 장기적 지표를 의미한다.

행정통제의 본래의 목적을 달성하기 위해서는 객관적이고 공정한 측정과 평가가 중요하다. 이를 위해서는 다음과 같은 사항들이 전제되어야 한다.

① 수준 높은 정보: 행정성과에 대한 타당성 높은 정보의 확보가 필요하다. 자료와 정보의 타당성이 없다면 행정통제의 효과성은 확보될 수 없다.

② 조화와 균형: 행정통제를 통해 지나치게 가시적·계량적 목표만을 강조하는 경우, 공무원의 창의성과 적극적 활동은 저해되고 공무원이 외형이나 형식에 얽매이므로 적당한 범위에서의 조화와 균형이 필요하다.

③ 상황과 환경 고려: 공무원이 성과달성을 위해 노력하더라도 상황적·환경적 요건이 구비되지 않은 경우 더 나은 성과를 기대하기 어렵다. 상황과 환경이 따르지 않음에도 공무원에게 최적의 실적만을 평가기준으로 적용하는 경우에는 공무원의 의욕상실만을 초래하게 된다. 따라서 성과측정의 비교·평가시 공무원이 업무를 수행 당시의 상황과 환경을 고려한 행정통제가 필요하다.

3) 환류 및 학습(Feedback & Learning)

통제과정의 마지막 단계로서 평가결과 나타난 기준과의 편차를 통제기준에 적합하도록 시정·환류하는 단계이다. 행정활동에 대한 평가가 이루어졌다고 하더라도, 평가의 결과로 나타난 기준과의 편차를 시정하지 않거나 형식적인 시정조치만이 이루어진다면, 지속적인 행정발전은 이루어질 수 없다. 이때 학습의 중요성이 강조된다. 현대사회과학에서 학습(*learning*)이 지니는 의미는 매우 중요하다. 정책실패와 성공에 대한 정확한 기술과 설명 등을 담은 정책사례(*cases*)의 개발과 축적을 통해 지식관리의 양과 질을 풍부하게 하는 것은 다음 정책과정의 성공적 실현에 핵심관건이 된다. 따라서 환류조치는 행정통제의 실효성을 높이고, 행정성과를 향상시키기 위해 매우 중요한 단계라고 할 것이다. 환류조치를 하는 경우, 통제의 목적에 적정한 시점(*timing*)과 적절한 수준(*degree*)을 유지해야 하며, 공정성(*equity*)을 지녀야 한다.

6. 행정통제의 방법

행정통제는 외부통제와 내부통제로 구분할 수 있다. 근대입법국가 시대에서는 외부통제를 통한 합법성 유지를 강조하였다. 현대행정에 있어서 행정통제는 그 강조점이 바뀌고 있는데, 이는 외부통제를 통한 민주성 확보와 내부통제를 통한 합목적성 증진으로 나타나고 있다.

첫째, 현대행정에서는 내부통제를 통한 합목적성 증진이 중요하다. 현대행정이 고도로 전문화·재량화되면서 외부통제는 점점 실효성이 상실되고 형식화할 가능성이 늘어났다. 이러한 외부통제의 근본적 한계로 인해, 현대행정에 있어서는 내부통제를 통한 경제성·효과성·능률성 등 정책성과의 합목적성 증진이 매우 중요해지고 있다.

둘째, 하지만, 현대행정에 있어서도 외부통제를 통한 민주성 확보는 여전히 중요한 개념이다. 인터넷의 발달, 시민사회의 성숙, 거버넌스 개념의 강조 등 1990년대 현대행정환경의 변화로 인해, NGO,

언론, 여론 등 시민에 의한 외부통제가 중요해지고 있다. 이는 행정통제의 민주성 차원이다. 관료제는 그냥두면 기관 및 예산확장, 재량권의 확대, 자기 신분의 강화, 과두제의 철칙 등 자기 스스로 민주주의에 반하는 속성들을 많이 지니고 있다. 이것이 관료제와 민주주의와의 관계에서 우려사항으로 지적되는 부분들이다. 따라서 시민에 의한 민주통제, 국회 및 언론에 의한 민주통제 등 외부통제를 통한 관료제의 민주성 확보는 매우 중요한 개념이다.

1) 내부통제

내부통제는 행정조직이나 행정조직의 구성원에 의해 이루어지는 행정통제를 의미한다. 이러한 내부통제는 행정조직의 활동을 체계적으로 조정, 심사, 분석함으로써 불필요한 낭비를 예방하고, 효과적 행정성과를 산출하기 위해 필요한 통제이다.

내부통제에는 대통령에 의한 통제, 국무총리에 의한 통제, 중앙부처, 기획예산처 및 중앙인사위원회에 의한 통제, 감사원에 의한 통제 등이 있다.

(1) 정책 및 기획에 대한 통제

우리나라는 대통령실, 국무총리실, 국무회의 등에서 종합적인 정책 및 기획을 조정하고 통제하고 있다.

(2) 인사 및 예산에 대한 통제

기획재정부는 예산정책, 예산의 편성 및 집행관리, 중장기 재정운용계획의 수립, 기금과 재정개혁을 실행함으로써, 행정안전부는 정부의 인사정책을 수립·집행·조정·심의함으로써 행정에 대해 영향을 미친다.

(3) 행정절차에 대한 통제(행정절차법)

행정을 수행하는 절차인 보고제도·품의제도 등을 통한 통제를 의미한다. 과거 우리의 경우 민원서류에 대한 처리절차가 없어 행정절차법의 제정이 요구되었으나, 1996년 행정절차법의 제정으로 행정절차에 대한 통제가 제도적으로 뒷받침되었다.

(4) 기획과 업적의 심사분석

업무의 진행상황과 결과에 대한 심사분석·진도분석과 평가를 통하여 환류 조치하는 것으로써, 가장 포괄적이고 전반적인 통제방법이라 할 수 있다. 행정관리통제라고도 하며, 국무조정실에서 수행하는 심사분석이 가장 대표적인 예이다.

(5) 직업적인 윤리

행정인 자신들에 의한 직업윤리의 확립과 확립된 직업윤리에 의한 자발적 통제는 외부에서의 강압적 통제나 상부의 명령적 조치보다도 훨씬 효과가 있는 것이다.

공무원 자신이 자율적으로 행동강령을 설정하고, 공복(公僕)으로서의 사명감 아래에서 스스로의 자기를 규제하게 하는 것은 현대행정에서 가장 이상적인 통제방식이라 할 수 있다. 그러나 이러한 직업윤리의 확립을 위해서는 보수의 현실화, 인센티브제도의 합리적 운용과 같이 공무원 스스로가 자율적으로 일할 수 있는 여건이 마련되어야 할 것이다.

(6) 감사원 회계검사, 직무감찰, 성과감사

감사원에 의한 통제는 회계검사, 직무감찰, 최근에 강조되는 성과감사 등이 있다. 회계검사는 국가예산집행을 대상으로 지출의 합법성에 중점을 두어 회계책임을 확보하기 위한 통제수단이고, 직무감찰은 공무원의 비위를 방지하고 행정운영의 개선에 기여하기 위한 통제수단이다. 최근에 강조되는 성과감사는 공공부문 자원의 획득과 사용에 대한 효율성 문제가 대두되어 전통적인 합법성을 중시하는 감사 이외에, 공공부문 관리의 경제성(economy)·능률성(efficiency)·효과성(effectiveness)을 평가하는 것을 의미하며, 감사의 범위도 정책·사업 등으로 확대되고 자원의 효율적 사용과 국가목표 달성 등이 추가되었다.

2) 외부통제

(1) 사법통제

사법통제는 법원에 의한 통제와 헌법재판소에 의한 통제로 구분할 수 있다.

법원통제는 크게 두 가지 내용을 내포한다. 첫째는 국민의 권익이 행정부에 의하여 위법하게 침해된 경우 이를 구제하는 것이고, 둘째는 행정명령·처분·규칙의 위법여부를 심사함으로써 통제하는 것이다.

헌법재판소에 의한 통제는 헌법재판소가 위헌법률에 대한 헌법재판, 헌법위반 행위자에 대한 탄핵결정, 위헌적 공권력 행사에 대한 헌법소원 등을 통해 행정부의 권한에 대한 합법성을 통제하고, 기관 간 권한배분과 행사를 둘러싼 갈등을 조정하는 역할을 수행한다.

헌법재판소의 결정은 행정부를 실질적으로 구속하므로, 헌법재판소의 결정이 정부정책의 실질적인 심사 및 수정으로 이어지는 경우가 많다. 따라서 헌법재판소는 행정에 대한 법적 통제뿐만 아니라, 행정부의 정책형성과 집행에 상당한 역할을 하고 있다고 볼 수 있다.

그러나 사법통제는 다음과 같은 한계가 있다.

첫째, 행정이 이미 이루어진 후의 소극적 사후조치이다.
둘째, 비용과 시간이 많이 소요된다.
셋째, 행정이 전문화 되어 외부통제가 어렵다.

넷째, 사법통제는 합법성을 강조하므로, 위법행정보다 부당행정이 많은 현대행정 하에서는 효율적인
통제가 어렵다.

(2) 민중통제

민중통제란 국민이 여러 가지 방법을 통하여 직접·간접으로 행정기관을 통제하는 것을 말한다.
민중통제의 방법에는 선거에 의한 통제, 이익집단에 의한 통제, 정당·언론·여론에 의한 통제,
NGO에 의한 통제, 정책공동체에 의한 통제, 주민참여에 의한 통제가 있다.

㈎ 선거에 의한 통제

조직화 되지 않은 일반국민이 행사하는 방법이며, 선거권이나 투표권의 행사를 통해 행정을 간
접적으로 통제한다. 국민의 선거권과 투표권 등의 주권의 행사는 행정에 대한 유효한 통제수단이
될 수 있다.

㈏ 이익집단에 의한 통제

이익집단(*interest group*)이란 이해관계가 유사한 여러 개인들이 자발적으로 결사를 조직하고 활
동하는 집단을 의미한다. 정치나 행정에 대하여 자신들의 이익실현을 위해 압력을 행사하고자 하
는 점에서 압력단체라고도 하지만, 이익집단이 특정 이익의 실현에 중점을 둔다면, 압력단체는 정
치나 행정에 대한 압력을 행사하는 수단적 측면을 강조한다는 점에서 차이가 난다.

㈐ 정당·언론·여론에 의한 통제

여론이란 어느 정도 일치된 사람의 의견 또는 태도라고 할 수 있다. 현대 민주국가 존재의 정당
성은 국민에게서 나오는 것이므로, 정책에 대한 국민의 지지나 반대는 행정에 중대한 영향을 미친
다. 여론은 사회의 일부분을 대변하기도 하고, 특정 쟁점과 관련하여 찬성과 반대로 구분되기도
한다. 또한 외부로 표현되지 않고 내부에 잠재되어 있기도 하며, 이성적 여론이 형성되기도 하지만
감성적인 여론이 형성되기도 한다. 따라서 여론은 정확하게 파악되기도 여론 그대로 행정에 반영
되기도 어려운 특성을 지니고 있다. 이러한 민주사회의 여론을 행정에 반영시키는 창구로서 대표
적인 것이 정당과 언론이다.

언론은 입법부·사법부·행정부와 더불어 제4의 권부라 일컬어질 정도로 현대사회에서 중요한
역할을 한다. 특히 언론은 행정부의 과오를 감시하고 비판하며 공개하는 역할을 수행함으로써 행
정에 직접적 영향을 미치고, 국민의 판단을 도와주는 정보를 제공하여 여론형성에 기여함으로써
간접적으로 행정에 영향을 미친다.

정당은 정치적 신념을 같이하는 사람들이 자발적으로 모여 정치권력의 획득을 통해 그들의 정치
적 견해를 실현시키고자 하는 정치단체이다. 정당의 목적은 정칙권력의 획득에 있고, 이 목표를
달성하기 위해서는 국민의 반응에 민감할 수밖에 없다. 따라서 정당은 국민을 대신하여 행정을 감

시하고 비판하는 국민의 대리인 역할을 수행하고, 국민의 요구를 입법화시키거나 행정에 전달하는 매개체로서의 역할을 수행한다.

㈑ NGO에 의한 통제

NGO(Non Governmental Organization)란 정부로부터 독립하여 공익추구를 목적으로 하며, 시민들의 자발적 참여에 의하여 결성되는 비영리 시민단체이다.

NGO의 활동은 정부 부패 감시와 이에 대한 공개가 주요한 목표가 되어왔으며, 시민사회의 성장으로 인한 시민의식의 성숙과 정부에 대한 국민의 신뢰성이 저하되면서 그 역할이 중요해지기 시작하였다. 이를 언론에 이어 제5의 세력이라 지칭되기도 한다. 코피 아난 UN사무총장은 "21세기는 NGO의 시대"라고 천명하기도 하였다. NGO에 의한 행정통제를 정책과정으로 나누어 살펴보면 다음과 같다.

첫째, 정책의제설정단계에서 NGO는 다양한 시민들의 의견을 정책에 반영하고, 여론과 같은 정치적 지지를 확보하며, 문제해결을 위한 실현가능성 있는 정책대안을 제시하는 역할을 한다.

둘째, 정책결정단계에서 NGO는 사회문제해결을 위한 아이디어의 개발 및 이슈에 관한 정보를 수집·제공하고, 실현가능성 있는 정책대안의 개발과 자문 등을 통해 정책결정에 영향을 미친다.

셋째, 정책집행단계에서 NGO는 결정된 정책이 집행되는 과정에서 집행에 대한 감시자로서 그리고 비판자로서의 역할을 수행한다. 정책의 집행과정에서 공무원의 부패가 발생하였거나 의심이 있는 경우 감찰관의 역할을 하기도 한다.

넷째, 정책평가단계에서 NGO는 정부의 요청에 의한 각종 평가위원회에 참여하는 공식적 방식과 세미나, 포럼 등의 비공식적 참여방식을 통하여 평가과정에서 자신들이 주장하는 의견이 투영될 수 있도록 영향력을 행사한다.

㈒ 정책공동체에 의한 통제

정책결정에 필요한 전문지식은 전문가, 학자, 공무원들의 상호접촉과 의견교환에 의해 획득된다. 각 정책 분야별로 이러한 사람들의 접촉은 공식적인 학회나 자문회의를 통하거나, 비공식적인 의견교환을 통해서 이루어지기도 한다. 이러한 공식·비공식 접촉과 의견교환이 이루어지는 장소가 바로 정책공동체(*policy community*)이다.

정책공동체는 정책문제, 정책대안, 정책의 결과 등에 대해서 관심을 가지고 있는 사람들로 구성되어 눈에 보이지는 않지만, 계속적인 활동을 통해 행정에 영향을 미치는 일종의 전문가 공동체(*think tank*)라고 할 수 있다.

㈓ 주민참여에 의한 통제

현대행정기능이 확대되고 전문화·기술화되고, 행정부의 재량권이 확대됨에 따라 기존의 입법부·사법부의 통제 등의 행정통제만으로는 충분하지 못했고, 시민사회의 발달로 인해 시민참여 욕구가 확대되면서 등장한 것이 주민참여에 의한 통제이다.

주민참여에 의한 통제란 주민들이 일선행정기관의 행정에 참여함으로써 행정책임을 확보하는 데 초점을 두는 통제를 의미하는데, 주민의 부당한 권익침해를 방지하고 행정의 민주화와 자치의 활성화에 유익한 수단이라 할 수 있다.

주민참여에 의한 통제가 실효성을 거두기 위해서는 형식적 참여가 아닌 실질적 참여가 보장되어야 하고, 주민의 참여를 허용하는 행정환경이 조성되어야 한다. 우리나라의 경우 주민의 의견을 수렴하고 반영하는 제도로서, 공청회와 공개토론이 있고, 국가에 적극적 행위를 요청하는 청원제도와 행정기관에 특정 행위를 요구하는 민원처리제도 등도 시행되고 있다.

(3) 입법통제

입법부는 대통령과 함께 국민으로부터 공식적으로 위임받은 국민의 대표기관으로서, 행정이 민주주의 원칙에 합당하게 이루어지고 있는지에 대한 감시·통제 등의 권한을 가진다. 입법부가 행정부를 통제하는 수단으로서는 법률의 제정권 및 개정권, 예산심의권과 결산권 그리고 국정감사권 및 국정조사권, 국무위원 등 고위공무원에 대한 해임건의 및 탄핵소추권 등이 있다.

그러나 오늘날 행정기능이 확대되고 전문화·기술화되어 입법부의 전문성이 충분하지 못하고, 급속히 변하는 환경에의 기민한 대응성이 요구되면서 행정부의 재량권이 확대됨에 따라 효과적 통제를 하지 못하고 있다. 하지만, 역설적으로 행정부의 재량권이 확대됨에 따라 입법부를 통한 행정권의 민주통제는 더욱더 중요해진다고 할 수 있는바, 국회 사무처의 정책보좌 및 미래예측기능의 전문화 및 지원확대, 국회의원들의 전문성 강화 등을 통해 효과적인 입법통제의 방안을 강구해야 할 것이다.

(4) 옴부즈만 제도

㈎ 옴부즈만의 개념

옴부즈만(Ombudsman)이란 국가기관이나 공무원의 직무상 행위나 부작위에 의하여 권리의 침해를 받았다고 생각하는 국민이 그 구제를 호소하는 경우, 독립적 지위를 가진 사람(의회 또는 행정부에서 임명)이 일정한 권한 범위 내에서 조사를 하여 잘못된 점이 있을 때, 시정을 촉구·건의하거나 공표를 함으로써 국민의 권리를 구제하고자 하는 제도이다.

옴부즈만(Ombudsman) 제도는 입법부나 사법부가 행정통제의 기능을 제대로 못하게 되자, 이를 보완함으로써 보다 쉽게 적극적으로 국민의 이익을 보호하려는 취지에서, 1809년에 스웨덴에서 처음으로 창설된 제도이다. 옴부즈만은 각 국의 상황에 따라 차이가 있으나, 옴부즈만 제도의 원형인 스웨덴과 핀란드의 일반적 특징을 살펴보면 다음과 같다.

첫째, 옴부즈만은 의회소속의 기관이다. 의회소속 기관이지만 의회의 지휘·감독은 받지 않는 의회로부터 정치적으로나 직무상으로 독립된 기관이며 불편부당의 기관이다.

둘째, 옴부즈만이 고발할 수 있는 행위는 매우 다양하여 합법성뿐만 아니라 합목적성에 문제가 있는 행정행위도 조사의 대상이 된다.

셋째, 옴부즈만은 정부의 결정을 무효 또는 취소할 수 있는 권한은 없고, 다만 시정조치를 담당기관에게 건의할 수 있다.

넷째, 법원과는 달리 옴부즈만의 사건처리는 직접적이고 신속하다. 조사상 필요한 경우 행정기관에게 문서의 제출을 요구할 수 있으며, 판단결과를 청구한 시민에게 알려주어야 한다. 또한 법원에 의한 해결보다 비용이 저렴하다.

다섯째, 옴부즈만은 시민의 요구·신청 등에 의해서만 활동을 개시하는 것이 아니라, 신문이나 여론을 근거로 직권으로 조사활동을 할 수 있다.

옴부즈만 제도는 공무원과 국민 사이의 완충역할을 하고, 공무원에 대한 국민의 책임추궁의 창구역할을 하며 입법·사법통제의 한계를 보완하는 제도이다. 또한 조사의 신축성 및 공정성을 확보할 수 있는 장점이 있으나, 부족한 인력과 예산으로 인해 국민의 권익구제에 한계가 있다는 단점이 있다.

(나) 우리나라의 옴부즈만 제도

우리나라의 옴부즈만 제도는 중앙정부의 국민고충처리위원회와 지방자치단체의 시민 옴부즈만 제도 등이 있다.

중앙정부의 국민고충처리위원회는 국민의 민원사항에 대한 안내와 상담, 고충민원에 관한 조사·처리, 고충민원에 관한 조사에서 확인된 위법·부당한 처분 등에 대한 시정조치의 권고, 고충민원의 처리과정과 관련된 행정제도 및 운영의 개선이 필요하다고 판단되는 경우 이에 대한 감시와 의견 표명 등의 기능을 수행한다.

국민고충처리위원회는 다음과 같은 문제점을 가지고 있다.

첫째, 헌법상 기관이 아니고, 정부 내 대통령 소속으로 설치되어 있어서 정부로부터의 독립성 확보가 어렵다.

둘째, 행정작용을 취소하거나 무효화 할 수 있는 권한이 없어서 행정기관에 대한 구속력이 약하다.

셋째, 국민의 민원신청이 있는 경우에만 조사할 수 있고, 직권으로 조사할 수 있는 권한이 없다.

지방자치단체의 시민 옴부즈만 제도는 현재 서울시 등 10개 광역지방자치단체와 부천시 등 89개 기초자치단체에서 실시되고 있다. 서울시의 경우 외부 민간인으로 구성되고 감사권을 부여한 시민감사관제도를 실시하고 있으며, 부천시의 경우 부시장 직속의 옴부즈만실을 설치하고 직권 조사권을 부여하고 있다. 그러나 서울시와 부천시를 제외한 대부분의 시민 옴부즈만 제도는 유명무실화 되는 한계를 노정하였다.

옴부즈만 제도의 도입에서 가장 문제가 되는 것은 공무원의 기득권에 대한 집착과 변화에 대한 저항이라 할 수 있다. 따라서 이러한 저항을 극복하기 위해서는 최고 지도자의 옴부즈만 제도 실시에 대한 확고한 의지가 있어야 한다. 또한 NGO는 감시활동과 지역현안에 대한 올바른 시민의 여론을 전달함으로써, 정부-민간이 상호신뢰와 협동의 정신을 바탕으로 주민자치의 발전을 도모해 나가야 할 것이다.

7. 우리나라 행정통제의 문제점과 개선방향

행정통제는 행정책임을 확보하는 수단이다. 행정이 당초 목표대로 수행되고 있는가를 확인하고, 올바르게 이루어지지 않는 경우 잘못된 점에 대한 학습을 통해 다음의 정책결정과정에 환류(*feedback*)하는 기능을 말한다. 이러한 행정통제의 실효성을 확보하기 위한 개선방안을 살펴보면 다음과 같다.

첫째, 주인-대리인이론에 의하면, 행정부에 대한 국민의 통제가 어려운 이유는 정보의 비대칭성(*information asymmetry*)에서 발생한다. 따라서 행정부와 국민의 정보격차 해소를 위해 투명한 정보공개제도, 행정절차법 등의 활성화를 통해, 행정부와 국민 간에 존재하는 대리손실(*agency loss*)을 극소화 하여야 한다.

둘째, 시민의 참여기회가 제도적으로 확대되어야 하며, 지방자치에서 주민소환, 주민투표 등 주민의 직접적 통제를 통해 의회를 통한 행정통제의 부족한 부분이 보완되어야 한다. 또한 NGO와 정책공동체의 활용을 통해 다양한 이해관계자가 정책과정에 참여할 수 있도록 하여야 한다.

셋째, 준정부조직, 권력기관 등 통제의 사각지대를 제거하여 행정통제의 대상을 확대해야 한다.

넷째, 무엇보다도 공무원 스스로의 내부통제가 중요한바, 공무원 스스로의 행정윤리의 확보와 자발적 준수가 필요하다 할 것이다.

제 2 절   행정책임

1. 행정책임의 의의

행정책임은 행정통제의 기준이 되며, 행정통제를 통해 행정책임은 실현된다. 행정평가는 공익, 국민의 기대, 법령, 조직의 목표를 기준으로 이루어지는데, 이때 행정책임은 행정공무원이 직무를 수행할 때 이러한 행정평가의 기준에 따라야 할 책임을 의미한다.

행정책임은 그 수준에 따라 첫째, 민주적·정치적·도의적 책임(*responsibility*), 둘째, 고객의 여망에 부응해야 하는 대응적 책임(*responsiveness*), 셋째, 법적 책임(*accountability*)으로 나눌 수 있다. 민주적·정치적·도의적 책임은 가장 광범위하고 포괄적인 책임으로 국민이나 국민의 대표기관인 국회에 대하여 지는 책임을 의미하며, 대응적 책임은 고객에 대한 책임을 의미하며, 마지막으로 법적 책임은 구체적 법령에 따라야 하는 책임을 의미한다.

2. 행정책임의 중요성

현대행정국가에서 행정권은 국민의 생활의 질의 향상을 위하여 입법부나 사법부보다도 우월한 권력을 행사한다. 그러나 민주주의 국가에서는 권한과 책임이 동시에 부여되므로, 행정권의 확대는 그 만큼의 책임이 부여된다고 할 수 있다.

행정기능의 질적 변화 및 고도의 전문화로 인해 의회가 통법기구화 되어 행정재량권이 확대되었고, 이로 인해 행정권의 남용이 발생할 가능성이 높아졌다. 또한 행정부에게 막대한 예산편성권과 자원배분권이 부여되었고, 예산편성권과 자원배분권의 권리가 소수관료에 의해 좌우되므로 행정통제의 필요성이 증대되었다. 특히 우리나라와 같이 관권우위사상이 존재하고 경제발전을 정부주도로 하고 있는 국가에서는 시민의 자유 및 권리보호를 위해 행정책임을 확보해야 할 필요성이 높아지고 있다. 요컨대 국가행정의 성찰성과 민주성 확보를 위해서 뿐만 아니라, 최소한의 투입으로 최대한의 산출을 얻는 효율성 확보 차원에서도 행정책임은 확보되어야 한다.

3. 행정책임의 기준

민주국가에서 행정책임이란 국민의, 국민을 위한, 국민에 의한 행정을 기초로 국민에게 신뢰를 주는 행정, 국민을 위한 민주적 행정, 국민에게 효율적인 서비스를 제공하는 행정, 적법하고 공정하게 추진하는 행정을 의미한다. 따라서 이러한 행정책임의 기준으로는 행정이념에서 살펴보았듯이, 민주성, 성찰성, 효율성, 합법성, 공익, 형평성 등 행정이념을 들 수 있다. 또한, W. Dunn과 같은 학자는 적합성, 적정성, 효과성, 능률성, 형평성, 대응성 등으로 분류하기도 하였다.

행정책임의 기준은 법령에 명문화된 규정이 있는 경우에는 우선적으로 명문의 규정을 준수해야 한다. 법령에 명문화된 규정이 있는 경우에는 기준이 명확하고 구속력이 있어 행정책임의 실효성이 확보될 수 있다. 그러나 법령에 명문화된 규정이 없는 경우에는 공익, 국민의 기대, 조직의 정책목표 등을 기준으로 적용해야 할 것이다.

4. 행정책임의 유형

행정책임의 유형은 다음과 같이 구분할 수 있다.

1) 도의적, 대응적, 법적 책임

도의적(*responsible*) 책임은 공무원의 직무행위가 도덕적 규범에 위반했을 때 묻는 책임을 의미한다. 이는 국민의 수임자(受任者)로서 따르는 광범위한 책임을 묻는 것이다. 따라서 공무원의 그의 행동에 대하여 법적인 책임은 지지 않더라도 일정한 경우 광범위한 도의적 책임을 져야 한다(유종해, 1999: 162-163). 이는 정책의 국민에 대한 영향을 생각할 때 가장 높은 차원의 책임이며, 행정이념의 민주성, 공익, 성찰성 등에 부응하는 책임이다.

대응적(*responsive*) 책임은 국민이나 고객의 요구, 이념, 가치에 대한 대응성에 대한 책임이며, 행정이념의 대응성에 부응하는 책임이다.

법적(*accountable*) 책임은 의무를 이행하지 않았을 경우 법률상의 제재를 수반하게 되는 책임을 의미한다. 법적 책임은 공식적인 지위, 역할, 권한에 따르는 책임이며 행정책임 추궁의 1차적 대상이 된다. 이는 행정이념의 합법성에 부응하는 책임이다.

2) 내적 책임과 외적 책임

내적 책임이란 행정조직 또는 공무원이 상급기관, 상관 등에 대하여 지는 책임이며, 외적 책임이란 행정조직 또는 공무원이 입법·사법·국민 등의 외부적 환경에 대해 지는 책임을 의미한다.

정책사례

행정책임에 관한 H. Finer와 C. J. Friedrich 간의 논쟁

H. Finer는 "민주정부에 있어서의 행정책임"이라는 논문에서, 행정책임은 어떠한 조직·개인이든 간에 스스로의 행동에 대하여 심판관이 될 수 없다고 하여, 자율적 통제의 한계를 지적하면서, 사법·입법 등의 외부적 통제를 강조하는 외부적 접근방법의 입장을 취했다.

반면에 C. J. Friedrich는 "공공정책과 행정책임의 성질"이라는 논문에서, 진정으로 책임 있는 행위는 행정인 개인의 마음 속에 있는 책임감의 촉진을 통해서만 가능하다고 주장하여 내부적 접근방법을 강조하였다.

결국 H. Finer는 책임확보를 위해서는 공무원 개개인에 대한 외부 통제가 필요하다고 강조한 반면, C. J. Friedrich는 책임 있는 행위는 집행되기 보다는 유도되는 것이라는 자율적 내부통제를 강조한 것이다.

19세기 근대입법국가 시대는 외적 책임이 강조되었으나, 행정부의 재량권이 강조되는 20세기 현대행정국가가 진행되면서 외적 책임을 위한 통제도 중요하지만, 행정부의 전문성 심화로 인해 외적 책임은 한계가 있다는 지적이 늘어나고 있다. 즉, 현대행정에 있어서는 외적 책임을 위한 통제도 중요하지만, 결국 진정한 행정책임의 확보는 행정의 자율적 통제가 담보되어야 한다는 점에서 내적 책임의 중요성이 커지고 있다

자료: 김중규, 1999: 868-869.

5. 행정책임과 행정통제의 관계

공무원이 자신의 역할에 대하여 충분히 인식하고 있고, 자율적이고 능동적으로 책임 있는 행정을 실현시켜 나갈 수 있다면 통제의 문제는 불필요하다. 즉, 행정책임이 스스로 확보되면 행정통제는 불필요할 것이다. 그러나 현실에서는 공무원의 자율적이고 능동적인 책임의 이행에만 의존할 수 없게 만드는 다양한 요인들이 존재하며, 따라서 책임 있는 행정을 담보할 수 있는 통제가 필요하다. 즉, 행정책임과 행정통제는 동전의 양면과도 같은 상호밀접한 관계에 있다고 할 수 있다.

이상에서 논의한 행정책임과 행정통제에 대해서 정리하면 〈표 12-1〉과 〈그림 12-2〉와 같다.

표 12-1 행정책임과 행정통제

환류항목	행정책임	행정통제
의 의	• 행정평가의 기준의 준수책임	• 행정책임 확보수단 • 목표수행 여부의 확인, 잘못 수행한 경우 학습을 통한 환류
중요성	• 행정의 고도화로 인해 행정재량권 확대 • 행정의 성찰성·민주성·효율성 확보	• 행정의 고도전문화 ⇒ 행정책임의 약화 ⇒ 행정통제 필요성 증대 • 행정재량권 확대(위임입법, 예산권 확대) ⇒ 행정통제의 필요성 증대
기 준	• 행정이념: 민주성, 성찰성, 효율성, 합법성, 공익, 형평성 등 • Dunn: 적합성, 적정성, 효과성, 능률성, 형평성, 대응성 등	• 행정책임 　– 도의적 책임 　– 대응적 책임 　– 법적 책임
유 형	• 도의적 · 대응적 · 법적 책임 　– 도의적 책임: 공무원의 도덕적 규범 위반 시 묻는 책임 　– 대응적 책임: 국민의 요구·이념·가치에 대한 책임 　– 법적 책임: 공무원의 위법 시 묻는 책임	• 내부통제 　– 정책 및 기획에 대한 통제(대통령실, 국무총리실 등) 　– 인사 및 예산에 대한 통제(행정안전부, 기획재정부) 　– 행정절차법을 통한 통제 　– 기획과 업적의 심사분석(국무조정실의 심사분석) 　– 직업적 윤리(자발적 통제): 가장 효과적 　– 감사원의 회계감사·직무감찰·성과감사 • 외부통제 　– 사법통제(법원 · 헌법재판소에 의한 통제) 　– 입법통제 　– 민중통제(선거, 이익집단, 정당·언론·여론에 의한 통제) 　– NGO에 의한 통제 　– 정책공동체의 의한 통제 　– 주민참여에 의한 통제 　– 옴부즈만 제도
양자관계	• 행정책임이 스스로 확보되는 경우 행정통제는 불필요하나, 현실에서는 이러한 책임에 의존할 수 없게 하는 요인이 존재 ⇒ 책임 있는 행정을 담보할 수 있는 행정통제가 필요(동전의 양면과 같은 상호밀접한 관계)	

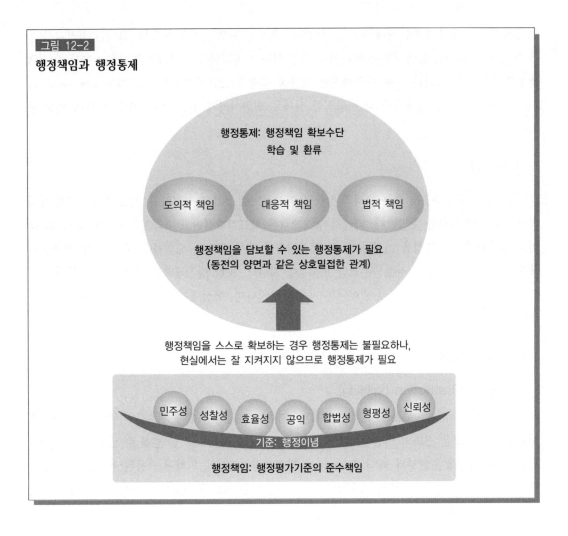

그림 12-2

행정책임과 행정통제

행정통제: 행정책임 확보수단
학습 및 환류

도의적 책임　　대응적 책임　　법적 책임

행정책임을 담보할 수 있는 행정통제가 필요
(동전의 양면과 같은 상호밀접한 관계)

행정책임을 스스로 확보하는 경우 행정통제는 불필요하나,
현실에서는 잘 지켜지지 않으므로 행정통제가 필요

민주성　성찰성　효율성　공익　합법성　형평성　신뢰성

기준: 행정이념

행정책임: 행정평가기준의 준수책임

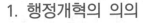

제 3 절　행정개혁

1. 행정개혁의 의의

1) 개　념

F. G. Mosher는 행정개혁이란 "행정부가 의식적으로 추구하는 계획된 변화"라고 했고, G.

Caiden은 "저항에 대하여 인위적으로 강행되는 행정적 변형"이라고 하였다. 그리고 정정길 교수는 "행정을 의도적으로 개선하는 활동이나 과정"이라고 정의하고 있다(정정길, 2006: 355). 이처럼 행정개혁에 대한 정의는 매우 다양하지만 이들을 종합적으로 살펴보면, 행정개혁(*administrative reform*)이란 "행정을 현재보다 더 바람직한 상태로 변화시키기 위한 계획적이고 의도된 변화"를 의미한다.

2) 특 성

행정개혁은 달성하고자 하는 미래의 상태를 의식적으로 목표로 설정하고, 목표달성을 위해 계획적이고 의도된 변화를 도입한다. 따라서 행정개혁은 목표지향적이고 미래지향적이며, 동태지향적이고 행동지향적인 특성을 가진다. 또한 행정개혁의 대상이 되는 요인들은 조직 내적·외적으로 복잡하게 연결되어 있어, 상호의존적인 포괄성을 지닌다. 또한 행정개혁은 행정 내부와 행정 외부 환경의 변화에 따라 지속적으로 일어나는 지속성을 지니며, 행정개혁 시 항상 변화에 대한 저항을 수반하는 특징을 가진다.

3) 유사한 개념

(1) 기관형성(institution building)

기관형성(*institution building*)이란 바람직한 국가목표의 달성을 위해 새로운 기관이나 제도를 형성함으로써, 새로운 변화의 이념을 확산시켜 지속적으로 환경의 지지를 받을 수 있도록 하는 것을 말한다. 1960년대 중반부터 M. J. Esman 등 발전행정학자들에 의해서 사용된 용어로서, 새로운 변화를 유도하고, 환경으로부터 지속적인 지지를 받을 수 있도록 새로운 기관이나 조직을 형성하는 것을 의미한다.

(2) 조직개편(organization restructuring)

조직개편(*organization restructuring*)이란 행정환경에 능동적으로 대처하고 행정목표를 효과적으로 달성하기 위해 인위적인 조직의 신설·폐지·재편 등 조직개편에 초점을 둔 개념이다. 정부조직 개편은 행정개혁에 비하여 좀 더 제한적이고 구체적인 의미로 사용된다(최창호, 1990: 303-304).

(3) 정부혁신(government innovation)

행정개혁(*administrative reform*)과 유사한 개념으로 정부혁신(*government innovation*)이라는 단어가 최근 유행하고 있다. 행정개혁이 가치가 실린(*value laden*) 개념이라면, 정부혁신은 좀 더 광범위하며 가치중립적인(*value neutral*) 개념이다. 행정개혁이 조직개편 등 하드웨어적 개편에 중점을 둔 개념이라면, 정부혁신은 이러한 조직개편을 포함하여 조직변화의 아이디어, 절차, 방법, 기법 등의 도입을 통해 조직의 일하는 방식의 변화를 강조하는 개념이다.

정부혁신은 많은 학자들이 연구하고 있고, 또한 정부혁신을 다양한 관점에서 접근하고 있다. 반드벤(Van de Ven)은 혁신을 "시간의 흐름에 따라 제도적 환경에서 새로운 아이디어의 발굴 및 실행"이라고 정의하며, 베리(Berry)는 정부혁신을 "정부정책 및 행정관련 문제를 인지하고, 정보 또는 지식을 발굴, 생산하여, 새로운 행정 프로그램이나 정책의 채택에 관한 것"이라고 정의한다.

(4) 조직발전(OD: Organization Development)

조직발전(*organization development*)이란 조직의 효과성과 건전성을 높이기 위해 조직구성원의 가치관·신념·태도를 변화시킴으로써, 급변하는 행정환경에 대응하는 능력과 문제해결능력을 향상시키려는 조직이론의 발전전략을 의미한다. 조직발전은 조직구성원의 가치관·신념·태도변화에 중점을 둔 조직구성원의 행태변화를 위한 교육훈련 전략을 지칭한다.

2. 행정개혁의 동기

1) 효과성 및 능률성의 제고

정부활동을 수행하는 데 활용될 수 있는 행정정보화와 전자정부의 발전은 다시 행정의 효과성과 능률성을 달성할 수 있는 최적의 조직의 등장을 요구하게 되었고, 이로 인해 조직의 기구축소, 인원감소, 예산절약, 기술혁신 등의 개혁을 요구하게 되었다. 여기서 주의할 점은 행정개혁이 조직의 감축만을 의미하는 것이 아니라, 불필요한 기능의 중복을 제거하면서도 행정환경에 기민하게 대응하기 위한 가외적인 기능의 신설을 통해 변화하는 행정환경에 동태적으로 대응하는 것도 행정개혁이라는 점이다.

2) 정치이념: 민주성의 제고

행정에서의 지배적 이념이나 목적이 변화하는 경우 이에 대응하는 행정개혁이 필요하다. 정치이념이 행정에 있어 민주성을 강조하는 경우 국민의 참여를 보다 많이 허용하는 방향으로 개혁하게 된다(박동서, 1978: 525).

3) 권력투쟁의 산물

민주주의 국가에서의 행정개혁 목표는 표면적으로는 행정의 효과성·능률성·민주성 등을 내세우지만 실제에 있어서는 다른 이유도 개입하게 된다. 정치·행정에 참여하는 사람들은 서로가 우월한 위치를 선점하기 위해 치열한 권력투쟁을 하고, 권력투쟁의 산물로서 행정개혁을 하게 되는 경우도 있다.

4) 관료적 이익

행정관료들도 자신의 이익의 확대를 위해 기구의 확대, 분화, 관료 인원의 증가 등을 추구하게 된다. 이 밖에도 국민의 행정개혁에 대한 강한 요구가 있는 경우와 사회환경의 변화로 인해 정부기능의 확대·축소가 필요하게 된 경우에도 행정개혁이 발생한다.

3. 행정개혁의 접근법

1) 개혁관의 개념

개혁관이란 행정개혁의 성공에 영향을 미치는 핵심 행정변수에 대한 관점이다. M. Weiss(1967)는 이러한 개혁변수에 대해 1) 구조, 2) 기술, 3) 인간, 4) 의사결정, 5) 종합으로 나누고, T. L. Whisler(1970)는 1) 합리적·관료제적 방법, 2) 참여·인간관계적 방법, 3) 문화·변화 등으로 나누었으며, A. L. Schiff(1966)는 1) 구조, 2) 이념(가치관), 3) 환경으로 나누었다. 이들을 종합하면, 개혁관은 첫째, 전통적 방법인 합리적·관료제적 방법(구조·기술), 둘째, 참여·인간관계적 방법(인간·참여), 셋째, 통합적 방법인 체제적·종합적 방법(환경·체제)으로 발전해 왔음을 알 수 있다(박동서, 1978: 529).

2) 개혁관의 변천과 행정개혁의 접근법

(1) 합리적·관료제적 방법(구조·기술)

전통적 방법인 합리적·관료제적 방법은 행정의 인간적 요인을 거의 등한시 하고, 행정의 기구·직제·절차를 간소화 하는 등 구조·기술을 중심으로 하는 과학적 관리론 시대의 접근방법이다. 행정개혁을 구조·기술중심으로 시도하게 되면, 행정인의 가치관·신념, 행정환경의 정치적 지지, 국민의 이해가 수반되지 않아 실패로 돌아가는 경우가 많다.

구조·기술적 접근방법은 공식적·합리적 조직에 중점을 두는 방법으로서, 조직의 건전한 원리(*healthy principles*)에 의거한 최적구조가 업무의 최적수행을 초래한다는 전통적 조직이론에 근거를 두고 있다. 따라서 기구의 간소화와 직제의 중복 제거, 행정절차의 개선 등을 통해 행정을 개혁하려는 접근방법이다. 따라서 구조적 접근방법은 행정의 기구·직제·절차 등을 대상으로 관리과학·OR·체제분석 등을 활용한다.

(2) 참여·인간관계적 방법(인간·참여)

참여·인간관계적 방법은 행정구조에 중심을 두는 것이 아니라, 행정의 행태면에 중점을 두는 것이다. 이는 행정개혁의 성공을 위해 구성원의 참여와 이들의 의견반영, 개혁의 목표와 개인의 목표의 일치, 그리고 조직의 중요 정책결정에 참여 등을 중요시 한다. 참여·인간관계적 접근방법은 행정인의 가치관·신념을 감수성 훈련 등을 통해 변화시켜 행정체제 전체의 개혁을 도모하려는 접근방법으로, OD(조직발전)나 TQM(총체적 품질관리) 등이 이에 속하는 전략이다.

이러한 방법은 구조중심의 방법에 비해 보다 인간에 비중을 두고, 이들의 참여를 통한 적극적인 동기부여를 유도할 수 있다는 점에서, 전통적인 방법에 비해서는 성공할 가능성이 많으나, 조직 외적인 환경과 체제에 관한 고려가 필요하다.

(3) 체제적·종합적 방법(환경·체제)

체제적·종합적 방법은 통합적 방법으로서 구조·인간·환경의 문제를 체제로서 파악하고, 이들 간의 유기적 상호관련성을 고려하는 행정개혁 접근방법이다.

구조·기술적 접근방법, 참여·인간관계적 접근방법은 행정의 구조·기술 혹은 인간·참여 중 하나의 요소에만 중점을 두는 접근방법이어서 한계를 지닐 수밖에 없었고, 행정의 구조·기술, 인간·참여는 서로 배타적인 것이 아니라 상호보완적 관계에 있으므로, 체제적·종합적 접근방법의 필요성이 증대되었다. 이러한 필요성으로 인해 등장한 것이 체제적·종합적 접근방법인데, 이 접근 방법은 구조·기술, 인간·참여뿐만 아니라, 조직을 환경과 동태적으로 교류하는 하나의 유기적 체제로서 파악하고, 이들간의 상호관련성을 고려하여 종합적으로 접근하는 방법이다.

행정개혁의 목표가 행정성과의 향상을 위한 의도적·계획적 노력이라면, 행정개혁의 성공을 위해서는 행정에 영향을 미치는 구조·기술, 참여·인간, 환경·체제 등 주요 행정변수들을 모두 고려한 체제적·종합적 접근법이 요구된다고 하겠다.

4. 행정개혁의 과정

G. E. Caiden은 행정개혁의 과정을 1) 필요성의 인식, 2) 목표 및 전략의 형성, 3) 시행, 4) 평가단계로 나누었는데(박동서, 1978: 534), 여기에서는 이를 개혁필요성 인식단계 → 개혁안 작성단계 → 개혁 실행단계 → 개혁평가 및 내재화 단계로 나누어서 설명하고자 한다.

1) 행정개혁의 필요성 인식단계

변화의 필요성을 인식하지 못하면 변화는 발생하지 않는다. 행정개혁 역시 행정개혁의 필요성 인식으로부터 출발한다. 행정조직은 본질적으로 보수적·현상유지적 경향이 있고, 행정개혁에 저항하는 경향이 있기 때문에, 행정조직 내의 병리가 있어도 이를 인식하지 못하거나 추진하지 못한다.

따라서 최고 지도자나 개혁의 추진주체는 조직 내 병리를 인식하고, 엄밀히 분석하여 개혁의 필요성을 설득·확산시킬 수 있는 능력을 가지고 있어야 한다. 이러한 능력을 높이기 위해서는 개혁 성공사례의 학습활동의 강화, 기존의 관료와는 다른 마인드를 가지고 있는 외부인사의 영입, 그리고 강력한 인센티브제의 도입 등 제도적 장치의 마련이 필요하다.

2) 행정개혁안의 작성단계

개혁안의 작성단계는 개혁의 목표를 정립하고, 개혁실현을 위한 전략과 행동방안을 수립하는 단계이다.

개혁안 작성과 관련하여 조직의 외부자의 주도로 이루어질 것인지 아니면, 조직 내부자의 주도로 이루어질 것인지에 대한 문제가 제기된다. 조직의 외부자의 주도로 이루어지는 경우 개혁안의 객관성, 종합성을 확보할 수 있는 장점이 있고, 조직의 내부자의 주도로 이루어진 경우에는 개혁의 실행가능성과 조직 내부 구성원의 협력을 이끌어낼 수 있는 장점이 있다. 따라서 조직의 내부자나 조직의 외부자 중 한 쪽만의 주도로 이루어지기 보다는 양자의 의견을 수렴하여 작성하는 것이 바람직하다고 할 수 있다.

행정개혁의 전략은 개혁에 따른 시행과 개혁의 실효성 확보를 위해 중요한 것으로서, 개혁의 우선순위, 개혁의 범위와 대상, 개혁의 강도와 빈도 등에 대한 내용을 포함하고 있어야 한다. 행정개혁의 전략은 개혁안의 작성단계부터 개혁의 여건과 실현가능성을 고려하여 선택하는 것이 바람직하며, 참여와 활발한 상호의사전달을 통하여 적실성 높은 전략 수립이 되도록 해야 한다.

3) 행정개혁의 실행단계

개혁 실행단계란 결정된 개혁안을 개혁 추진기구를 통하여 개혁을 실현시키는 단계이다. 개혁의 성공적 추진을 위해서는 집행단계의 상황이 고려되지 않은 개혁안 그대로 실행하는 것보다, 집행 당시의 상황을 고려하여 개혁의 근본적 목적이 손상되지 않는 범위 내에서의 수정·보완된 개혁안을 실행하는 것이 좋다. 왜냐하면 개혁안의 작성단계에서는 미래에 대한 불확실성을 가지고 있어서 개혁의 실행단계에서 발생할 수 있는 모든 장애요소들을 예측하는 데 한계가 존재하기 때문이다.

4) 행정개혁의 평가 및 내재화 단계

개혁의 평가 및 내재화 단계는 행정개혁이 원래의 목표대로 달성되었는지에 대해 분석하고, 개혁목표의 달성에 영향을 미치는 개혁요인들을 평가함으로써 개혁이 지속적으로 이루어질 수 있도록 내재화 하는 단계이다.

행정개혁에 대한 평가에서는 평가의 시점 및 평가의 기준 설정이라는 난점에 봉착한다. 행정개혁이 실행되었다 하더라도 행정개혁을 통해 기대하였던 효과는 개혁이 완료된 즉시 나타나기 어려우므로, 어느 정도의 시간을 두고 효과를 측정하는 것이 적절한지 결정하기가 어렵다(평가의 시점 문제).

또한 개혁의 평가를 위해서는 일정한 기준이 설정되어야 하지만, 평가의 기준이 다양하고 기준마다 평가의 결과가 달라질 수 있으므로 평가의 기준설정이 어렵다(평가의 기준설정 문제).

이와 같은 문제점을 극복하기 위해서는 정확하고 객관적인 기준의 설정이 필요하고, 신뢰할 수 있는 평가모델의 개발이 필요하다. 행정개혁은 그 효과가 국가조직 일부분에 국한된 것이 아니라 국가 전체에 영향을 미친다. 따라서 행정개혁의 평가에 있어서는 책임성과 공정성을 담보할 수 있도록, 평가과정에 조직의 구성원과 외부 전문가 그리고 시민 등을 참여시키는 것이 바람직하다.

행정개혁(*administrative reform*)이란 행정(행정체제)을 현재보다 더 바람직한 상태로 변화시키기 위한 계획적이고 의도적인 변화를 의미한다. 급변하는 사회에 대응하기 위해 행정은 환경의 변화 정도에 부응하여 바람직한 상태로 진화되는 것이 필요하다. 따라서 행정개혁은 단발적으로 끝나는 것보다는 지속적으로 이루어져야 한다. 지속적 행정개혁을 통해 개혁요소들이 조직체제 내에 내재화(*built-in*)됨으로써, 학습효과가 발휘되는 것이 중요하다. 개혁의 내재화를 위해서는, 개혁의 우수사례(*best practices*)를 전 구성원에게 공유하게 하고, 개혁을 통해 실현된 효과에 대해 적절한 보상을 시행함으로써, 개혁의 자발적 추진동력(*driving force*)과 내부 에너지(*internal energy*)를 확보할 필요가 있다.

5. 행정개혁의 전략

행정개혁 전략의 기본문제는 개혁의 범위와 속도를 결정하고, 정치·사회의 환경에 따라 적절한 전략을 선택하는 것이다. 개혁의 범위와 속도에 따라 1) 급진적·전면적 전략, 2) 점진적·부분적 전략으로 나눌 수 있고, 개혁의 추진방향과 특성에 따라 1) 명령적·하향적 전략, 2) 참여적·상향적 전략으로 나눌 수 있다.

1) 개혁의 범위와 속도에 따른 분류

개혁의 범위와 속도에 따라 행정개혁의 전략은 1) 급진적·전면적 전략, 2) 점진적·부분적 전략으로 나눌 수 있다.

(1) 급진적·전면적 전략

개혁의 속도와 폭을 급진적이고 전면적으로 실행하는 전략은 근본적인 변화를 일시에 달성하기 위해 사회 전반에 걸친 빠른 속도의 전략으로, 개발도상국에서 빠른 시일 안에 개혁의 효과를 빨리 달성하기 위하여 사용된다. 이 전략은 강력한 리더십을 지닌 최고 지도자가 있을 경우 신속한 변화

유도가 가능하다는 장점이 있으나, 저항세력의 반발을 유발하고 일관성 있는 개혁의 실행이 어려우며 조직과 사회의 안정성을 확보할 수 없는 단점이 있다.

(2) 점진적·부분적 전략

개혁의 속도와 폭을 점진적이고 부분적으로 실행하는 전략은 개혁이 사회에 미칠 영향과 이해관계자의 수용 정도 그리고 개혁에 동원가능한 인적·물적자원 등을 고려하여 점진적이고 지속적으로 개혁을 추진하는 전략으로서, 주로 선진국에서 사용되는 전략이다. 이 전략은 저항의 감소와 조직의 안정성 확보 그리고 개혁의 일관성을 확보할 수 있다는 장점이 있으나, 신속한 변화의 유도가 불가능하고 개혁이 원래의 목표를 상실하고 표류할 가능성이 있으며, 적극적 개혁이 아닌 소극적 개혁이라는 단점이 있다.

2) 개혁의 추진방향과 특성에 따른 분류

개혁의 추진방향과 특성에 따라 행정개혁의 전략은 1) 명령적·하향적 전략, 2) 참여적·상향적 전략으로 나눌 수 있다.

(1) 명령적·하향적 전략

개혁의 추진방향을 명령적(*directive*)이고 하향적으로 하는 전략은 조직 내부나 조직 외부의 참여 없이 상층부에서 추진하는 개혁으로서, 신속하고 근본적인 개혁이 필요하거나 최고 지도자의 강력한 리더십이 있는 경우 유리하다. 그러나 저항세력의 반발을 유발하고 개혁효과의 지속성을 담보할 수 없는 단점이 있다.

(2) 참여적·상향적 전략

개혁의 추진방향을 참여적(*participative*)이고 상향적으로 하는 전략은 조직 내부와 외부의 참여를 통해 의견을 수렴하고 개혁을 추진하는 전략으로, 구성원들의 사기를 높이고 책임성을 확보할 수 있다. 또한 조직구성원들이 개혁전략을 받아들이는 경우 지속적 효과가 담보되고 저항을 감소시킬 수 있는 장점이 있으나, 신속한 변화가 어렵다는 단점이 있다.

3) 요약 및 결론

정치·사회의 환경이 개혁에 유리하고 강력한 리더십을 가진 최고 지도자가 있는 경우에는 급진적·전면적 전략이 좋으나, 정치·사회의 환경은 유리하지만 강력한 리더십을 가진 최고 지도자가 없는 경우, 그리고 강력한 리더십을 지닌 최고 지도자는 있으나 정치·사회의 환경이 불리한 경우에는 점진적이고 부분적인 전략을 선택하는 것이 바람직하다. 또한, 전통적 접근방식인 명령적·하향적 전략은 과거 산업화 시대에 행정환경이 비교적 단순한 상황에서 효과를 발휘할 수 있었으나, 지식정보사회에 접어들면서 사회가 다원화되고 분권화된 거버넌스 상황 하에서는, 구성원들의 참여를 통해 의견을 수렴하고 합의를 토대로 개혁을 추진하는 참여적·상향적 전략이 바람직한 것으로 평가되고 있다.

행정개혁의 목표는 행정(행정체제)을 현재보다 더 나은 상태로 변화시키기 위한 계획적이고 의도적 변화를 의미하고, 행정개혁의 전략은 이러한 목표를 달성하기 위한 수단이다. 따라서 어느 한 전략만을 고집하는 것보다는 상황에 맞는 전략을 선택하여 행정개혁의 목표를 달성하는 것이 중요하다 할 것이다.

6. 행정개혁의 저항 극복

행정개혁의 방향이 올바르게 설정되고, 행정개혁안에서 개혁실현을 위한 적절한 전략과 활동이 이루어졌다고 하더라도, 개혁의 실행단계에서의 저항을 효과적으로 극복할 수 없다면 행정개혁은 실패하게 된다. 따라서 구체적 상황에 적합한 저항을 극복할 수 있는 관리방안 모색은 매우 중요한 의미를 지닌다.

행정개혁에 대한 저항은 항상 행정개혁에 부정적 영향을 미치는 것은 아니다. 개혁의 방향이 잘못된 경우 개혁에 대한 저항을 통해 잘못된 개혁을 바로잡는 학습의 계기를 제공함으로써 개혁에 순기능적으로 작용하기도 한다.

1) 저항의 원인

행정개혁에 있어서 저항의 원인을 살펴보면 다음과 같다.

(1) 변화에 대한 저항

행정개혁은 조직의 새로운 방식을 창조하거나 기존의 방식을 변경하므로 새로운 업무방식을 요구하게 된다. 따라서 기존의 방식에 얽매여 있고 새로운 업무수행방식이나 전문지식 혹은 자신감이 부족한 경우 행정개혁에 저항하게 된다. 관료제는 본질적으로 보수적·현상유지적 성향이 강하고, 관료제 내의 구성원은 자발적이기 보다 타성적으로 움직이는 경향이 강하다. 따라서 행정개혁을 통해 변화가 일어나는 경우 저항하게 된다.

(2) 기득권의 침해

행정개혁으로 인해 현재의 정책·조직·예산 등 행정공무원들의 기득권이 침해될 가능성이 있는 경우 행정개혁에 저항하게 된다. 또한, 행정개혁으로 인해 권한이 축소되거나 승진에 악영향을 미치는 경우 저항하게 된다. 행정개혁은 새로운 변화를 일으키는 것이고 이러한 변화를 위해서는 인적·물적자원 등 많은 자원이 동원된다. 만약 이러한 자원들이 적시에 대량으로 지원되지 않는 경우에도 저항하게 된다.

(3) 획일적인 추진

행정개혁이 대상기관의 특수성을 고려하지 않고 획일적으로 이루어지는 경우에는 저항을 유발할 수 있다. 또한 행정개혁이 강요적·집권적으로 이루어지는 경우에는 의사전달이 효과적으로 이루어지지 않아 저항을 유발한다.

(4) 임기응변식 개혁

행정개혁은 보다 나은 미래를 위해 실행하는 것이지만, 개혁의 시기와 타당성에 대해 국민과 관료들의 공감대가 형성되지 않는다면 저항을 유발할 수 있다. 우리나라의 행정개혁을 대부분이 근본적 변화를 추진하기 보다는 전시적이거나 당면 과제의 해결을 중심을 둔 임기응변식 행정개혁이 많았다. 따라서 국민이나 공무원은 행정개혁의 주체인 정부에 대한 믿음이 없었고, 개혁에 대한 공감대 부족으로 개혁에 저항하는 경우가 많았다. 개혁에 대한 홍보가 제대로 이루어지지 않아, 일반 국민들이나 공무원이 행정개혁의 내용에 대해 명확하게 이해하지 못하는 경우에도 저항하게 된다.

2) 저항의 극복방안: A. Etzioni의 순응확보 전략

A. Etzioni의 순응확보 전략에는 규범적·사회적 전략, 기술적·공리적 전략, 강제적·제재적 전략이 있다.

(1) 규범적·사회적 전략

규범적·사회적 전략은 행정개혁에 대한 저항의 원인을 근본적으로 해소하는 방법이다. 규범적·사회적 전략은 행정개혁에 대한 이해와 적극적 협조를 구할 수 있도록 참여를 확대하고, 개혁에 관한 정보를 제공하는 접근법을 취한다. 또한, 행정개혁의 목표와 필요성 그리고 예상되는 성과를 이해시키고, 이해관계자의 의견을 알 수 있도록 의사소통을 원활하게 하고, 행정개혁안에 대한 토론, 가치관의 변동을 위한 교육훈련을 실시한다.

(2) 기술적·공리적 전략

기술적·공리적 전략은 저항을 줄이는 데 효과적 전략이며, 상호호혜적 전략이다. 기술적·공리적 전략은 개혁을 기득권의 침해를 최소화 할 수 있는 것부터 실행하고, 구성원이 적응할 수 있도록 점진적으로 개혁하면서 사회적 환경이 유리한 시기를 선택하여 실행하는 전략이다. 또한 개혁안을 객관적이고 명확하게 제시하고, 개혁의 필요성(공공성)을 상징적으로 제시하며, 상황의 변화에 맞는 적절한 개혁의 방법 선택과 신분상의 불이익을 예방하는 적절한 인사조치, 그리고 조건부

지원과 보상(개혁에 순응하는 경우 받는 지원과 보상)을 전략으로 제시한다.

(3) 강제적·제재적 전략

강제적·제재적 전략은 의식적인 긴장감 조성과 물리적 제재나 불이익 같은 압력의 사용, 계급의 높고 낮음을 이용하여 저항을 억제하는 전략이다. 이러한 전략은 단기적으로 효과를 거둘 수 있으나, 장기적으로는 후유증이 발생하고 더 큰 저항을 유발하게 된다.

3) 요약 및 결론

행정개혁의 저항 극복을 위해서는 무엇보다도 참여 및 커뮤니케이션의 활성화를 통해 개혁과 관련된 이해관계자들의 동의와 공감대를 이끌어내려는 노력이 필요하다. 행정관료들의 주체적 공감대가 형성되지 않은 개혁은 실패로 돌아가기 쉽다. 행정개혁은 미래의 바람직한 상태로의 변화를 유도하며, 이러한 변화는 조직 내에 정착되고 조직구성원들의 의식 속에 내재화될 수 있을 때 성공할 수 있다. 따라서 개혁은 지속적 노력과 의식의 변화를 동반하는 것이어야 하는데, 행정개혁의 주체가 되어야 할 행정관료들이 개혁의 피동체로만 남게 된다면, 그 개혁은 진정으로 성공할 수 없을 것이다.

행정개혁의 추진에 있어서 개혁에 대한 저항을 약화시키고, 구성원들의 지지와 적응 기회를 확보하면서 자발적 참여를 유도하기 위해서는 급진적 개혁 보다는 점진적 개혁이 유리할 것이다. 하지만 중요한 것은 행정개혁의 공감대 형성과 이를 위한 구성원들의 자발적 참여, 자율·합의에 기초한 개혁의 추진이 필요하다는 점이다. 이와 함께, 행정개혁에 대한 국민적 지지와 공감대를 형성·확산할 수 있도록 정부·언론·시민사회·전문가들이 신뢰와 협동에 기초한 거버넌스 정신을 토대로 바람직한 행정개혁을 추진할 수 있는 정책네트워크를 형성할 필요가 있을 것이다.

7. 행정개혁의 성공요건

행정개혁의 성공요건을, 이상에서 논의한 내용들을 토대로, 정리하면 다음과 같다.

1) 강력한 리더십

행정개혁에 대한 뚜렷한 비전과 정책 청사진을 바탕으로 행정개혁의 주체와 핵심세력을 명확히 하고, 여기에 실질적 행정개혁 및 정책조정 권한과 능력을 부여함으로써 행정개혁에 대한 주체세력을 형성하는 것이 필요하다.

2) 의식과 행태의 변화

행정개혁의 진정한 성공은 행정관료들의 의식과 행태의 변화를 전제로 한다. 관료제의 고질적 병폐로 지적된 부처 할거주의나 권위주의적 행태, 변화에 대한 무조건적인 기피 등의 의식과 행태의 변화가 수반되지 않고는 행정개혁이 성공할 수 없다.

3) 전자정부와의 연계

우리 정부가 그동안 추진해 온 행정정보화 및 전자정부의 성과를 재점검하고, 이를 실질적인 행정개혁과 연계시키는 것이 필요하다. 행정개혁은 단순한 정부기구 개편과 같은 하드웨어적인 작업만으로 되는 것이 아니라, 소프트웨어적인 기능적 개혁이 수반되어야 한다. 이러한 관점에서 전자정부와 행정개혁을 연계시키는 방안, 예컨대, 1) 문서감축을 위해 구체적으로 노력하고, 정부부처 간 행정비용을 감축하는 방안, 2) 정보기술을 통한 리엔지니어링과 관료제를 간소화하는 방안, 3) 부처 간 업무의 표준화를 바탕으로 업무처리의 흐름과 행정과정을 재설계하는 방안 등이 연계적으로 모색되어야 한다.

정책사례

정부개혁의 방향: 전자민주주의와 전자정부

민주주의의 심화와 정부의 개혁은 상호 불가분의 관계에 있기 때문에 정보사회에 부합하는 새로운 정치질서를 창출하기 위해서는 전자민주주의와 전자정부가 동시에 균형적으로 추진되어야 한다. 그 이유는 민주주의의 발전이 뒷받침되지 않는 정부의 정보화나 정부의 발전이 뒷받침되지 않는 민주주의의 정보화는 결코 우리가 바라는 바람직한 정치사회를 만들 수 없기 때문이다. 또한, 전자정부 프로젝트가 민주성과 효율성을 균형적으로 발전시키지 못하고 어느 하나를 결여한다면, 전자민주주의를 위해 생산적인 정부가 희생되거나, 역으로 정부의 생산성을 위해 전자민주주의가 지체되는 현상이 나타날 수 있기 때문이다.

전자민주주의와 전자정부의 관계는 긴밀한 상호보완적 관계를 갖는다. 다만 이러한 상호보완적 효과가 실현되기 위해서는 전략적으로 고안되고 현실적으로 적합한 제도적 장치가 뒷받침되어야 할 것이다. 전자민주주의의 이상은 정보통신기술을 이용하여 국민들의 정치참여를 확대하는 것만으로 달성될 수 없고, 국민들이 정치적 의사소통과 결정과정의 중심에 위치하기 위해서는 이와 관련된 정치제도가 함께 변화되어야 한다.

토플러(1995)의 전자민주주의 하에서 정치제도의 변화방향

첫째가 소수세력(minority power)의 원칙이다. 다수결의 원칙은 현실정치의 낮은 참여율과

의제(agenda)의 다양성을 고려할 때, 문제점이 크다고 할 수 있다. 따라서 다수결의 원칙이 지속되는 한 가상공간에서 분출하는 다양한 정치적 요구가 정치영역에 반영될 수 없다. 이를 위해서는 소수집단의 의견이 투입될 수 있는 통로가 확보되어야 한다.

둘째로 준직접민주주의(semi-direct democracy)의 원칙이다. 정보통신기술이 국민들의 정치참여비용을 획기적으로 줄인 만큼 이제는 결정의 기회와 권한이 국민들에게 주어져야 한다.

마지막으로 결정권 분산(decision division)의 원칙이다. 결정의 권한이 중앙에 집중되면 될수록 결정권자의 문제해결능력이 크게 약화될 뿐만 아니라, 국민들의 요구가 투입될 수 있는 통로도 축소된다. 따라서 가상공간을 통한 민주주의가 실현되기 위해서는 결정의 권한이 분산되어, 국민들에게 다양한 접근점을 제공해 줄 수 있어야 한다.

이와 같은 토플러의 정치제도 개혁방향을 한마디로 요약해 보면 정치권력을 '정부에서 국민으로' 이전시키려는 것으로 집약할 수 있다.

자료: 앨빈 토플러, 1995.

4) 행정개혁에 대한 전략적 접근

전 세계적으로 추진되는 행정개혁의 방향은 크게 다음의 네 가지, 즉 1) 국가유지기능, 2) 과학기술 및 정보통신기능, 3) 경제산업기능, 그리고 4) 사회복지기능으로 나누어서 살펴볼 수 있다. 국가유지기능은 현재와 크게 달라지지 않고 있으며, 과학기술 및 정보통신기능은 부분적으로 재조정할 필요가 있으나 기능이 강화되는 방향으로 진행되고 있다. 경제산업기능은 전반적으로 조직과 기능은 축소되는 반면, 환경과 통상기능은 강화되는 경향이 있으며, 사회복지기능은 재정부담과 사회요구 등 각국의 사정에 따라 다소 다르게 나타나고 있다(Dertouzos, 1997; OECD, 1992, 1991, 1990).

정부조직은 성격상 한 번 만들어진 조직은 행정서비스의 필요성과 관계없이 점점 더 비대해지는 경향이 있으며, 이는 정부효율성 제고에 심각한 장애요인으로 작용한다. 또한 행정개혁의 최대 난관은 관료들의 부처 이기주의 현상이다. 여기에 효과적으로 대처하기 위해서는 장기적으로 국가전체적인 관점에서 추진할 정부기능 변화의 방향을 설정하고, 단기적으로 시급한 조치들을 파악하여 시행할 필요가 있다. 다만, 유념할 점은 조직개편만으로 정부가 제공하는 행정서비스가 달라지지는 않으며, 정부운영의 기본 틀이 바뀌어야 한다는 것이다. 즉, 행정개혁은 인사, 재무, 조직, 정책수립과 집행과정, 공무원의 의식 등의 변화와 병행되어야 하며, 보다 넓게는 국가사회 전반적 변화와 동시에 진행되어야 성공할 수 있다.

5) 단계적 사고

정부부처별 담당 기능을 핵심기능과 여타 기능 등에 따라 우선순위를 판단할 필요가 있다. 정당화의 근거와 변화가능성을 파악하기 위하여 각 정부기능을 다음의 네 가지 측면에서 분석해 볼 수 있다.

첫째, 해당 기능을 정부가 수행해야 하는가?
둘째, 정부 이외의 조직이 그 기능의 일부 혹은 전부를 수행할 수는 없는가, 혹은 다른 정부부처가 수행
　　　할 수는 없는가?
셋째, 미래사회에서도 그 기능이 정부기능으로 유지될 것인가?
넷째, 만일 변화가 필요하다면 거기에 따르는 저항과 부작용은 어느 정도일 것인가?

이러한 과정에서 정부기능의 민간위탁 및 외부발주, 민영화, 시민단체의 활용, 부처 간 기능조정, 부처 통폐합 등의 대안이 제시될 수 있을 것이다. 특히 이 과정에서는 일정한 기준에 따라 해당 정부기능에 대한 예측과 개혁방향을 분석하고 검토해 보는 "사고의 과정"이 필요하다. 이러한 과정에서 구체적인 기능의 조정, 조정시점, 사전 준비사항과 고려되어야 할 전제여건(법규 개정 작업) 등을 검토하고, 즉시 추진해야 되는 사안과 장기적 관점에서 변화가 도모되어야 할 부분을 나누어 접근해야 할 것이다.

8. 행정개혁을 위한 정책제언

마지막으로 행정개혁을 위한 변화방향 및 정책제언을 제시하면 다음과 같다.

1) 작은 정부

전통적 관료모형인 집권적이고 포괄적인 행정체계는 우리나라의 60~70년대의 개발정책의 수행에 있어서는 그 효용이 컸다고 할 수 있으나, 지금의 세계화와 지방화, 그리고 다양화의 시대에 있어서는 그 실효성이 역전될 수밖에 없다. 따라서 현재의 변화에 대응하기 위해서는 그 기능과 권력에 의존을 과감하게 떨쳐버리고, 작고 효율적인 정부를 지향해야 하며, 분권적 정부를 지향해야 한다.

작은 정부, 큰 경제

오늘날 세계 각국은 공공부문의 힘을 축소시키는 작은 정부, 규제완화, 그리고 민영화를 추진해 나가고 있다. 그러나 이것이 말처럼 그렇게 쉽지 않다. 이 같은 조치들이 모두 기득권을 뺏는 조치이기 때문이다. 그래서 공공부문의 힘을 축소하려는 사람들과 특권을 계속해서 누리려는 사람들 사이의 갈등이 끊임없이 발생하고 있는 것이 현실이기도 하다.

앞으로 정부의 크기를 줄이는 데 실패한 국가는 어떻게 될까. 세계화라는 현란한 구호가 사람들에게 장밋빛 미래를 제공하고 있지만, 희소한 자원을 나누는 세상살이는 엄연히 승자와 패자가 생겨나게 마련이다. 모두 승자가 되면 좋겠지만 그렇지 못한 것이 사람이 사는 삶이다.

비대한 정부나 공공부문을 갖고 높은 부가가치를 만들어낼 수 있는 나라는 없다. 공공부문이 큰 나라는 우선 경제주체들의 경제적 자유가 침해되기 때문에 부가가치를 만들어내는 양이나 속도가 줄어들 것이다. 여기에다 만들어진 부가가치 가운데 막대한 부가 비효율적인 공공부문을 유지하는 데 낭비되어 버릴 것이다. 생산이 잘 안 되고, 게다가 낭비가 심한 나라라면 장래가 어떻게 될지 너무나 명백한 일이 아닌가.

다음 세기를 제대로 준비하기 원하는 국가라면 공공부문의 크기를 줄이기 위해서 고심해야 한다. 이런 면에서 보면 우리도 예외가 아니다. 그러나 지금까지 작은 정부를 위한 우리의 노력은 초보적인 수준을 벗어나지 못하고 있다. 우리의 문제는 작은 정부에 대한 철학과 비전이 없고, 실행계획이 미흡하며, 이익집단들의 조직적인 저항이 심하고, 국민들의 지지가 취약하다는 점이다.

자료: http://wwwn.intizen.com/gong/book/book1/book_no2.html.

2) 효율적인 정부

작은 정부보다는 효율적인 정부가 더 중요한 개념이다. 규모보다는 기능이 더 중요한 개념이다. 비대화되어 효율성의 제고가 요청되는 불필요한 공공조직은 과감하게 민간에 이양하거나 민간위탁의 형태로 전환시키는 방법, 또는 민간과의 경쟁을 통해 보다 나은 서비스를 제공하는 방법 등을 모색하면서, 신공공관리가 가지는 문제점에 대해서도 지속적으로 보완해 나가는 정책적 지혜가 필요할 것이다.

3) 좋은 거버넌스(Good Governance)

Rhodes(1996)는 좋은 거버넌스(*good governance*)를 제시하고 있는데, 그는 정부의 신뢰성, 책임성, 투명성이 높을수록 좋은 거버넌스로 규정하였다. Rhodes(1996)는 이를 세 가지 차원으로 나누

제12장 **환류 및 학습**

651

어서 접근하고 있다.

첫째, 체제적 차원으로 이는 정부보다 넓은 의미로서 세계체제 차원에서의 거버넌스이다.
둘째, 정치적 수준으로 국가가 정당성(신뢰성)과 민주성(책임성)을 부여받고 국민으로부터 인정받는
   정부형태를 좋은 거버넌스로 본다.
셋째, 행정적 수준으로 정부가 효율적이고 투명하며, 대응성 높은 관리운영을 통해 효과적인 정책결정과
   집행 및 평가가 이루어지는 정부행정능력을 지니는 것을 의미한다.

4) 거버넌스 정신과의 연계

거버넌스는 무엇보다도 자기조직적 네트워크의 조정에 관한 것이라고, Rhodes(1996)는 주장한
다. 즉, Rhodes의 관점에서 보면 거버넌스는 스스로 조직하는 조직 간 네트워크에 관한 것이다.
네트워크는 조정메커니즘의 관점에서 시장과 정부계층제의 대안으로서 이해된다. Rhodes에 따르
면 네트워크는 스스로 조직한다는 것, 자율적이고 스스로 통치한다는 것이다. 만일 시장의 중요한
조정메커니즘이 가격경쟁이고, 계층제의 중요한 조정메커니즘이 관리질서라면, 네트워크를 접합하
는 것은 신뢰와 협동이다(Thompson 외, 1991: 15). 정부에 있어서 중요한 문제는 이러한 네트워크
에게 권한을 부여하는 것과, 협동의 새로운 형태를 찾는 것이다(Rhodes, 1996: 666). 행정개혁의
접근방식도 이러한 신뢰와 협동(Thompson 외, 1991), 참여와 네트워크(Rhodes, 1996) 등 거버넌스
정신을 토대로 추진될 때 성공가능성은 높아질 수 있을 것이다.

5) 전자정부와의 연계

전통적 관료제 중심의 정부조직은 엄격한 계층제의 형태를 띠고 있고, 행정관료들의 권위주의와
엘리트의식 때문에, 기획에서부터 추진하고 피드백을 받는 과정까지 불필요한 인력과 시간을 낭비
하였으며, 모든 점을 상부에서 결정하는 비민주적인 행태로 인하여 하위계층의 창의력을 살리지
못했다. 전자정부는 시간과 공간의 제약을 넘어 정부 정보에 대한 일반국민의 접근을 용이하게 하
는 열린 정부를 의미한다. 따라서 미래의 행정개혁은 이러한 전자정부의 철학과 연계하여, 불필요
한 문서감축, 행정계층단계의 축소, 권위적이었던 관료의식의 타파, 일선 공무원들에게 자율적인
결정능력 부여, 행정대응성이 높은 전자정부체제 발전 등 실질적인 행정개혁 조치들이 추진되어야
할 것이다.

용 어 해 설

전자정부의 형태

전자정부는 온라인 서비스 정부, 능률 정부, 지식 정부, 깨끗한 정부의 네 가지 개념요소로 요약할 수 있다.

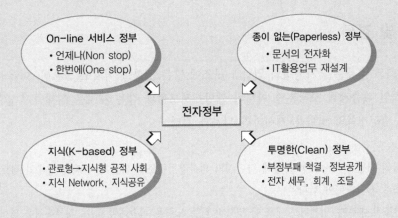

① 온라인 서비스(On-line Service) 정부

전자정부에서는 민원을 인터넷, PC 통신, 무인민원자동처리기(KIOSK) 등 정보통신기술을 이용하여 접수·처리하는 것이 가능하므로, 국민들은 기관을 직접 방문하지 않고 언제 어디서나 (Non-stop) 편리한 민원서비스를 받을 수 있다.

또한 기존 여러 부처가 관련된 민원처리나 민원처리에 필요한 서류를 구비하기 위해 여러 기관을 방문하였던 것도 기관 일회방문으로 한 번(One-stop)에 처리가 가능하게 된다.

② 종이 없는(Paperless) 정부

정부 내의 사무처리 업무도 종이 없는(paperless) 행정처리가 가능하도록 재설계하고, 각종 문서도 전자화하면 신속 정확한 행정처리가 가능하여 행정의 효율성 및 생산성이 향상될 수 있다. 또한 정보네트워크가 구축되어 국민과 공무원이 언제 어디서나 대화가 가능한 국민과 정부가 하나가 되는 시대가 구현된다.

③ 투명한(Transparent) 정부

업무처리의 전산·전자화과정을 통하여 정확하고 투명한 행정처리가 가능해지고, 공무원의 자의적인 처리나 처리기간 지연 등의 부정부패 발생소지를 척결할 수 있어 국민과 기업들로부터 신뢰받을 수 있는 정부가 될 수 있다

④ 지식(Knowledge-based) 정부

디지털 신경망 시스템을 활용하여 모든 생산된 문서는 컴퓨터에 분류·저장하고, 공무원 개

개인의 업무처리과정에서 습득한 지식은 공유가능 형태로 생성 · 보관하여 지식관리를 활성화함으로써 정책역량이 제고될 수 있다.

자료: 전자정부(http://www.reform.go.kr/html/hb.html).

9. 요약 및 결론

지식정보화의 추세는 국가행정의 역할과 구조에 많은 영향을 미치고 있으며, 이에 따라 조직모형도 전통적인 계층제적 조직뿐만 아니라 개방체제모형과 같은 새로운 형태들이 많이 논의되고 있다. 미래 행정개혁의 방향을 제시하면 다음과 같다.

첫째, 조직의 역할과 기능조정을 통해 다단계의 의사결정구조를 가급적 수평적 형태의 네트워크 조직구조로 개혁하여야 한다.

둘째, 정부조직 내부에 '인센티브 구조'를 명확히 하는 노력을 계속해야 하며, 정부독점을 완화하기 위한 여러 가지 방안이 강구되어야 한다.

셋째, 작고 효율적인 정부의 구현을 통해 행정과정에 있어서 정보의 흐름이 유기적으로 연계됨으로써 학습과 공유가 발생되어야 한다.

마지막으로, 무엇을 위한 행정개혁인가 하는 문제를 잘 생각해 보아야 한다. 21세기는 지식과 문화가 중요한 시민사회이며, 신뢰와 성찰이 중요한 행정이념으로 부상하고 있다. 과거와 같은 발상의 능률성 위주의 관료행정과 상의하달식 국가발전 전략이 더 이상 시민들에게 '주입'될 수 있을 것이라는 발상에서 벗어나, 정책의 투명성을 높이고 참여가 자유로운 열린 정부를 지향해야 한다.

효율적이고 일을 잘하는 정부는 강한 나라를 만들 뿐 아니라, 국민을 편안하게 해 주는 것이다. 그러나 정작 중요한 점은 과정에 있다. 조직이 변화에 대해 인식하고, 그 인식에 바탕을 둔 대안을 적용함에 있어 상하 전반에 걸쳐 폭넓은 지지를 담보할 수 있는 조직의 대내외적인 과정이 필수적이다. 국민적 의사를 수렴하고 조직화된 이해가 정책결정에 적절히 반영될 수 있어야 한다. 언제든지 변화할 수 있는 과정적 합리성을 조직 내에 내재화시키고, 의식 및 관행의 개선과 함께, 혁신적이고 유연한 제도를 개발하고 도입하려는 노력이 중요한 것이다.

제4절 정부혁신

1. 정부혁신의 의의

1) 정부혁신과 행정개혁

최근 들어 행정학에서는 행정개혁(*administrative reform*)이라는 단어 대신에 정부혁신(*government innovation*)이라는 용어가 강조되고 있다. 행정개혁이 가치가 실린(*value laden*) 개념이라면, 정부혁신은 좀 더 광범위하며 가치중립적인(*value neutral*) 개념이다. 행정개혁이 조직개편 등 하드웨어적 개편에 초점을 둔 개념이라면, 정부혁신은 이러한 조직개편을 포함하여 조직변화의 아이디어, 절차, 방법, 기법 등의 도입을 통해 조직의 일하는 시스템의 변화를 강조하는 개념이다. 행정개혁이 "상위-하향식"(*top-down*) 접근방법에 치중된 개념이라면, 정부혁신은 "하위-상향식"(*bottom-up*) 커뮤니케이션 활성화를 통해 학습이 자발적으로 축적될 수 있는 조직여건을 강조하는 개념이다. 행정개혁이 정부관료제를 하나의 폐쇄형(*closed system*)으로 보고 관료들에 대한 통제를 통해 개혁의 효과를 달성할 수 있다고 보았다면, 정부혁신은 정부관료제를 하나의 개방형(*open system*)으로 보며 관료들에 대한 통제보다는 합의에 기초한 접근방식을 강조하고 있다.

2) 정부혁신의 개념

Van de Ven은 혁신을 "시간의 흐름에 따라 제도적 환경에서 새로운 아이디어의 발굴 및 실행"이라고 정의하며, 베리(Berry)는 정부혁신을 "정부정책 및 행정관련 문제를 인지하고, 정보 또는 지식을 발굴, 생산하여 새로운 행정 프로그램이나 정책의 채택에 관한 것"이라고 정의한다.

Osborne & Plastrik는 정부혁신의 개념을 분명하게 하기 위해서 다른 부문의 혁신과의 차이점을 지적하고 있다.

첫째, 정부혁신은 선거 캠페인, 자금개혁, 의회개혁, 임기제한 등과 같은 정치체제상의 변화에 관한 것은 아니다.

둘째, 정부조직의 개편만을 의미하지 않는다.

셋째, 정부혁신은 행정상의 낭비, 남용 및 부정을 철폐하는 것만은 아니다.

넷째, 정부혁신이 정부의 다운사이징(*downsizing*)은 아니다.

다섯째, 정부혁신은 민영화와는 다른 개념이다. 자산매각, 민간위탁 등의 민영화 도구들은 혁신의 도구 가운데 일부에 지나지 않는다.

여섯째, 정부혁신은 단순히 정부를 좀 더 능률적으로 만들어주는 대용품은 아니다.

일곱째, 정부혁신은 총체적 품질관리(TQM) 혹은 리엔지니어링과 동의어는 아니다. 이러한 기법들은 전략적으로 사용될 경우, 정부혁신가가 성공할 수 있도록 도움을 줄 수 있는 도구 가운데 일부에 지나지 않는다(Osborne & Plastrik, 1998).

로저스는 "아이디어의 발굴과 실행은 이미 다른 곳에 존재하고 있더라도, 혁신에 관련된 활동이나 사항이 사람들에게 새로운 것으로 인지되면 혁신으로 간주된다"고 한다. 이것은 아무리 새로운 아이디어가 발견되더라도, 다른 사람들에게 인지되어 실행되거나 성공적으로 채택되지 못할 때는 혁신으로서 볼 수 없다는 의미이다(Swan & Newell, 1995). 따라서 정부혁신이란 "정부조직의 효과성, 능률성, 적응성, 개혁성을 극적으로 증대시키기 위해 정부조직을 근본적으로 변화시키는 것"을 의미하며(Osborne & Plastrik, 1998), 이러한 변화를 위해 새로운 아이디어, 절차, 방법, 기법 등을 도입하는 것을 말한다. 이러한 변화를 달성하기 위해서는 조직책임자의 확고한 의지 및 리더십, 기술적 요인(정보체계 및 지식관리), 제도적 요인(유인체제 및 조직구조), 태도적 요인(저항 극복), 문화적 요인(조직문화) 등 종합적·체제적 변화가 도입되어야만 한다.

2. 정부혁신의 배경

전통적 행정학은 내적 문제의 집행에 주안점을 두고 법의 집행절차와 능률의 문제에 관심을 두었으나, 현대행정학은 외부환경을 전략적으로 고려하였고 임무와 목표달성도를 강조한다. 이러한 전통적 행정학에서 현대행정학으로의 변화는 1990년대 정부혁신의 대두배경과 밀접한 관계가 있다.

정부혁신과 가장 유사한 단어의 등장은 1993년 미국 앨 고어 부통령의 NPR(National Performance Review: 국가성과위원회)에서 주도한 정부재창조(*reinventing government*)이다. 미국 앨 고어 부통령은 1990년대에 들어 두드러지게 등장한 정보화와 세계화의 물결에 대응하여 정부경쟁력 강화를 위한 일련의 기업가적 정부혁신 프로그램들을 제시하였는데, 이것이 정부혁신이라는 단어가 유행하게 된 계기이다.

1990년대는 정보화와 세계화가 두드러진 물결로 등장한다. 정보화와 세계화의 물결로 인해 정보기술의 급속한 진보, 시장에서의 치열한 무한경쟁, 사회의 다원화로 인한 다양한 시민욕구의 분출 등이 파생적으로 진행되었으며, 이로 인해 정부의 재창조와 혁신을 중심으로 한 정부경쟁력의 개념이 부각되었다(Hughes, 1994: 15-16). OECD에서는 다음과 같이 지적하고 있다.

정부부문과 민간부문은 매우 밀접히 상호연계되어 있다. 민간부문의 경쟁력은 정부서비스의 효율적인 제공과 밀접히 연계되어 있다. … 변화하는 세계환경 하에서 지속적인 경제성장을 하기 위해서 민간부문은 끊임없는 구조적 변혁을 모색해야 하며, 이 과정에서 정부부문의 경쟁력은 결정적인 역할을 한다 (OECD, 1990: 1; OECD, 1990a: v).

정부의 생산성 제고를 위해 선진국들은 정보화의 진전, 탈규제 및 자율화, 정부개입의 축소, 경쟁의 촉진 등을 통해 '좋은 거버넌스'(*good governance*)를 지향하고 있는데, 이는 '기업가적 정부,' '성과중심 정부,' '고객중심 정부,' '뉴거버넌스 정부' 등으로 표현되고 있다.

쉬어가는 코너

앨 고어 이야기

앨 고어Al Gore는 미국 정부혁신을 성공적으로 이끈 개혁가이자 정치가다. 그가 부통령으로 재직하던 1990년대 초반 당시 미국 연방정부는 많은 비능률과 문제점에 직면했다. 즉, 미국 정부는 시대적 조류인 정보화에 제대로 적응하지 못한 채 나태하고 집권적이며 관료적인 행동성향을 답습하던 실정이었다. 게다가 정부의 프로그램들은 독점적인 데다가 비능률적이기까지 하였다. 앨 고어의 고민은 이러한 시대적 배경에 기인하였으며 문제의식의 초점은 다음으로 정리할 수 있다.

미국 연방정부의 비대화, 행정의 관료제화를 해결할 수 있는 방안은 없을까?
고객중심의 행정이 아닌 관료중심의 행정을 어떻게 하면 타파할 수 있을까?
미국 연방정부의 기능을 재창조하여 혁신을 창발하는 방법은 무엇일까?
정부혁신의 성공모델을 위해 기업가적 관리방식을 도입할 수는 없을까?

고민 끝에 부통령 앨 고어는 먼저 자신의 정치파트너였던 클린턴 대통령으로부터 정부혁신에 관한 전권을 위임받아 "작고 효율적인 정부를 재창조"를 목표로 하여 NPR(National Performance Review)의 구성하여 정부혁신을 실행하였다.

앨 고어의 정부혁신의 핵심 키워드는 기업가적 정부다. 기업가적 정부Entrepreneurship Government는 정부부문에 시장원리인 '경쟁'competition을 도입하고, 사명감mission을 가지고 고객을 최우선시하는 기업가적 정신을 정부에 도입해 나갔다. 또한 정부운영에 시장원리가 도입되고, 경쟁Competition, 권한위임Empowerment, 책임Accountability 및 성과Performance 확보 등을 강조하였다. 그 결과 미국 정부가 정부혁신의 성공모델로 전 세계적으로 자리매김하게 되었으며, 이러한 기업가적 정부의 모형은 효율성을 대표하는 정부모형으로 평가된다.

자료: 저자의 졸저, 『행정학 콘서트』, 129쪽.

3. 정부혁신의 논리

정부혁신을 정당화하는 논리 및 근거는 무엇일까? 정부서비스의 혁신은 비용절감과 서비스의 질 향상에 의해 설명된다. 정부행정의 혁신을 통해 첫째, 비용부담은 줄이면서도 둘째, 서비스의 질은 더 높아진다는 믿음이다. 정부혁신을 지지하는 연구자들은 이것을 거의 절대적인 것으로 받아들이고 있다. 무엇보다도 정부혁신의 중요성을 주장하는 사람들에 있어서 비용절감 및 성공적인 혁신모델에 대한 기대가능성은 정부혁신의 첫 번째 관심이었다(Haunschild, 1993). 그러나 질 높은 정부행정 서비스 역시 이와 못지않게 중요한 것으로 평가되어 왔다(Collier & Messick, 1975). 대체로 양자 모두 정부혁신의 주요한 이유가 되고 있는 것이다(Haunschild, 1993).

이들을 종합해 볼 때, 연구자들에 따라 조금씩 차이가 나지만 정부혁신의 근거는 크게 세 가지로 정리해 볼 수 있다. 비용절감, 고객만족, 민간부문의 활용이 그것이다(Apperson & Wikstrom, 1997: 49-50; Silfvast & Quaglieri, 1994: 117-120; Vanagunas & Webb, 1994: 437-439; Osborne & Gaebler, 1992: 76-107, 166-194; 총무처 직무분석기획단, 1997: 3-8; 김병섭, 1996: 14-21).

1) 비용절감(Cost Savings)

정부혁신은 비용절감을 통한 수익추구와 서비스 질 확대에서 기인한다. 정부가 혁신을 도입하고 채택하는 것은 대부분 이러한 경우에 많은 편익을 기대해 볼 수 있기 때문이다(Grady, 1992: 157). 정부의 재정규모를 줄이는 것이 필요하다는 사실은 누구나 인정하고 있다. 그러나 정부 재정규모의 축소가 어려운 까닭은 정치, 관리적 요인과 더불어, 공공 부문의 수요가 새로이 발생하거나 계속적으로 늘어났기 때문이다. 재정적자와 공공부채를 줄이려는 목표 또한 정부혁신의 필요성을 증대시켰다.

2) 고객만족(Customer Satisfaction)

고객만족은 정부혁신과 정부 서비스 공급의 중심적 개념이 되어가고 있다. 정부행정에 있어서 고객지향적 시각이란, 정부가 이제 공공서비스의 이용자들을 시민이 아니라 고객으로 인식하고, 이들의 요구에 적극적, 효율적으로 대응하면서 서비스를 제공하며, 행정서비스에 관한 평가와 선택의 기회를 고객에게 부여한다는 것이다(김병섭, 1996: 14).

정부혁신이 고객만족에 의한 것임을 보여주는 연구는 적지 않다. 예컨대, 어피어슨과 윅스트롬(Apperson & Wikstrom)은 버지니아 주 정부의 행정전문가의 임명에 관련된 경험적 자료에 대한 분석을 통해 정부혁신에 대한 증거를 검증하였다. 이들은 이러한 정부혁신이 고객요구의 대응과 행정서비스 질 향상에 의한 것이었다고 결론을 내리고 있다(Apperson & Wikstrom, 1997:

50). 고객의 만족이 기대되는 정부혁신의 분야는 크게 확대되고 있다. 정부서비스의 분권화, 의사소통의 개선, One-Stop Service 조직, 행정서비스헌장제도(서비스 스탠다드 제도), 행정정보공개제도 등이 여기에 해당된다.

3) 민간부문(Private Sector)의 적극 활용

정부혁신에 의한 정부행정 서비스의 효과를 가져 올 것이라는 기대는 민간부문의 전문성 활용을 통해 그 가능성은 확대된다(Silfvast & Quaglieri, 1994: 117). 공공부문의 효율성이 민간부문에 비하여 뒤떨어진다는 인식이 높아짐에 따라, 공공부문도 민간기업처럼 바뀌어야 한다고 주장하는 목소리가 높아지고 있다. 또한, 정부 독점, 부적절한 인센티브 구조, 가격 없는 서비스 제공 등이 정부부문의 비효율성을 야기하는 주요한 원인으로 지적되고 있다(총무처직무분석기획단, 1997: 7).

정부혁신에 있어 비용절감, 고객만족이나 서비스 질의 향상은 추가적인 이익도 수반한다. 정부혁신의 편익은 비용절감이나 서비스 질의 향상 이외에도 정치적인 것도 있다. 혁신적인 공공서비스의 채택을 정부가 아닌 외부의 민간부문이 가지고 있는 지식, 기술, 노하우 등에 의존하는 것은 정부관료제의 독점적 권력을 억제하는 효과를 가져오기도 한다(Silfvast & Quaglieri, 1994: 118). 또 정부행정에 민간부문의 참여를 확대한다는 의미도 있다.

하지만, 정부혁신에 대한 지지 논의의 압도적 다수에도 불구하고, 부정적 결과에 대한 우려도 적지 않다. 비용절감이나 서비스의 질 향상이 정부혁신의 가장 중요한 이유로 언급되고 있으나, 정부혁신에 대한 지나친 강조는 정부 공무원의 창의성 결여, 조직의 안정성 저해 등의 부정적 결과들을 초래할 수도 있다는 점은 주의해야 할 것이다.

4. 정부혁신의 내용

정부혁신은 정부의 조직, 인사, 예산, 업무 프로세스를 혁신하는 동시에, 법과 제도는 물론 관행과 문화까지 새롭게 바꾸는 것으로 끊임없이 최적의 대안을 찾아내는 유연한 시스템을 구축하는 것을 포함하고 있다. 이러한 정부혁신의 기본 내용으로는 효율적인 정부를 만들기 위한 노력, 정부의 서비스의 질 향상과 민주적 참여성을 높이기 위한 노력으로 구분하여 설명할 수 있으며, 세부사항으로는 성과중심의 행정시스템 구축, 행정서비스 전달체계 개선, 행정의 개방성 및 투명성 강화, 시민사회와의 협치(거버넌스) 강화 등을 들 수 있다.

1) 효율적인 정부

효율적 정부를 구축하기 위한 혁신의 문제는 정부의 일회적이고 단편적인 기능분석과 부처 간 중복기능의 혼재, 형식적이고 경직적인 업무운영방식 등에 대한 것으로, 1) 성과주의 행정시스템 구축과 2) 정부기능과 조직의 재설계로 분류할 수 있다.

성과주의 행정시스템 구축을 위한 세부 내용으로는 평가 인프라 구축, 통합적인 성과관리체계 구축, BPR을 통한 일하는 방식 개선, 유연하고 탄력적인 조직문화 조성 등을 들 수 있다. 또한 정부기능과 조직의 재설계를 위한 세부 내용은 정부조직 재설계, 수평적 정책조정체계 강화, 분권형 조직설계 등을 들 수 있다.

2) 정부서비스의 질 향상

정부의 서비스 질 향상을 위한 혁신에 대한 문제는 공급자 중심의 서비스 제공이라는 측면과 각급의 민원기관 간의 연계 차원에 관한 것으로, 1) 행정서비스 전달체계 개선, 2) 고객지향적 민원제도 개선 측면으로 그 내용을 나누어 볼 수 있다.

행정서비스 전달체계 개선을 위한 세부 내용으로는 행정서비스헌장제도(서비스 스탠다드 제도) 추진, 사회적 약자에 대한 서비스 형평성 제고, 일선기관 서비스 공급역량 제고, 행정서비스 민간위탁 제도개선을 들 수 있다. 또한 고객지향적 민원제도 개선을 위한 세부 내용으로는 One-Stop Service 조직, 행정정보공개제도를 들 수 있다.

3) 민주성 · 참여성 제고

근래에 들어 정부혁신은 작은 정부, 효율성을 강조하는 신공공관리론의 패러다임에서 한발 더 나아가 뉴거버넌스로 불리는 새로운 패러다임으로 발전하여, 정부와 기업, 시민사회의 신뢰를 기반으로 네트워크(연결·조정)를 통한 거버넌스를 강조하고 있다. 즉, 새로운 거버넌스(협치)를 통한 정부혁신의 민주성과 참여성을 강조하며, 더 나아가 우리 사회를 좀 더 신뢰받고 성숙한 사회로 만들기 위한 시민의식의 강화 및 시민공동체 정신 등을 강조하는 신뢰성과 성찰성을 강조하는 방향으로 진행되고 있다.

이를 위한 정부혁신으로는, 1) 행정의 개방성 강화, 2) 행정행위의 투명성 제고, 3) 시민사회와의 협치 강화, 4) 공익활동 적극 지원 등을 들 수 있다. 행정의 개방성 강화를 위한 세부 내용으로는 정책실명제 및 주요 사안 기록의무화를 통한 국민의 알 권리 보장 등이 필요하며, 행정행위의 투명성 제고를 위한 세부 내용으로는 인터넷 민원서비스 확대, 행정절차의 투명성 강화, 재량행위의 투명화 등을 들 수 있다. 시민사회와의 협치 강화를 위한 세부 내용으로는 정부와 민간부문이 함께 정책공동체를 구성하고 이를 활성화 하는 것과 PCRM과 정책홍보 강화, 정책품질관리제도 활성화 등을 들 수 있다.

정부혁신의 민주성과 성찰성 차원을 실현하는 일은 결코 쉽지 않다. 이는 정부혁신의 궁극적 목적을 달성하는 것이기도 하다. 정부혁신을 통해 투명한 정부를 구축하고, 시민들의 참여를 통해 정책접근성이 강화되는 민주적인 정부를 구축하고, 더 나아가 우리 사회의 시민 개개인의 삶이 실

제 2 부 동태적 행정과정

현되고 고양되는 성숙한 시민사회를 만드는 것, 이것이야말로 정부혁신의 궁극적 지향점이기도 하다.

이러한 차원의 정부혁신은 정부혁신의 세부적 과제가 정해져 있다고 해서 쉽게 이루어지는 것이 아니다. 정부혁신의 성공적 정착을 위해서는 제도개혁과 함께 근본적으로 공무원 개개인이 혁신비전을 공유하고, 혁신의지를 지녀야 하며, 조직문화와 행태개선이 이루어져야 한다. 이러한 혁신을 위한 생각과 행동이 바뀌기 위해서는 열린 조직문화를 수반하는 혁신관리가 필요하다. 혁신에 대한 비전을 제시하고 공감대를 형성하며 성공사례의 발굴과 과감한 보상이 이루어져야 한다. 혁신 교육 전담요원의 선발과 교재 및 교육기법의 개발도 필요하다. 정부성과 측정이 쉽지 않지만 성과를 측정가능한 것으로 만들고, 행태와 문화의 혁신을 위해 자율과 책임, 경쟁풍토 조성, 정책품질에 대한 공정한 평가가 필요하며, 무엇보다도 정부혁신의 궁극적 지향점이 우리 사회를 보다 풍요롭고 성숙한 사회로 만드는 것이라는 목표의식과 비전을 공유하는 일이 중요하다.

5. 정부혁신의 단계

정부혁신의 단계는 현행 혁신상태에 대한 객관적 진단과 혁신점화, 혁신설계 및 실행, 혁신의 내재화 그리고 전 혁신과정에서 일어나는 저항을 관리하는 체계적인 저항관리로 구성된다.[1]

1) 혁신진단단계

혁신진단단계는 해당 부처의 혁신상태에 대한 객관적 진단을 수행하는 단계이다. 이는 혁신상태 진단과 혁신 이해관계자 진단으로 구성된다.

(1) 혁신상태 진단

혁신상태 진단의 목적은 해당 부처구성원들의 혁신에 대한 정서적 수용수준과 혁신실행능력을 객관적으로 분석하여, 이를 기초로 혁신추진 방향을 설정하는 데 활용하기 위함이다. 분석대상은 처음 혁신을 시도한 부처의 경우, 혁신에 대한 준비상태, 혁신실행 의지, 혁신실행에 필요한 역량 보유 정도를 진단하고, 이미 혁신을 실행한 부처의 경우, 혁신추진단계가 어느 정도인지 파악하는 것이다.

(2) 혁신 이해관계자 진단

혁신 이해관계자 진단의 목적은 혁신을 추진하는데 있어, 이해관계자는 누구이고 이해관계자별

---

1 여기에서의 혁신관리 자료는 정부 사이트인 http://www.gov-innovation.go.kr을 토대로 정리한 것이다. 또한 이하에서 제시된 정부혁신의 단계, 성공요인, 정책제언 등은 졸저, 『정책학』(박영사, 2008: 415-425)의 내용을 토대로 정리한 것이다.

주요 이슈사항을 파악하여, 이에 대한 수립과 실행을 통하여 혁신실행방안 수립에 활용하기 위함이다. 분석대상은 이해관계자 규명, 이해관계자별 혁신에 따른 손실과 이익요소 규명, 이해관계자별 혁신참여 수준 등을 파악하는 것이다.

2) 혁신점화단계

혁신점화단계는 현 상황에 대한 냉철한 상황인식과 기관장 주도에 의한 혁신점화, 혁신을 추진할 강력한 혁신 추진주체를 구성하는 단계이다.

(1) 냉철한 상황인식과 혁신점화

냉철한 상황인식의 목적, 혁신의 시작은 현실에 대한 냉철한 자성에서 출발해야 한다. 현상에 대한 막연한 낙관주의, 고객요구사항에 대한 무감각, 현재 관행이 통할 것이라는 막연한 추측은 혁신시도를 어렵게 한다. 이의 방법으로는 부처의 존재 의의에 대하여 의문을 제기하는 고객(국민)의 목소리와 불만을 가감 없이 구성원에게 전달하거나, 공공부문도 망할 수 있다는 강력한 메시지를 전달하는 방법이 있다.

혁신점화의 방법으로 중요한 것은 기관장에 의한 혁신점화이다. 많은 혁신 연구자료에 따르면 기관장의 상황인식이 안일하거나, 위기의식이 부족하여 위기전파자로서 역할을 수행하지 못할 경우, 혁신이 실패한다고 한다. 따라서 기관장이 솔선하여 위기전달자 역할을 수행하는 것이 중요하다.

(2) 강력한 혁신 추진주체 형성

혁신을 성공적으로 수행하기 위해서는 기관장과 한 몸을 이루는 강력한 혁신 추진주체를 형성해야 한다. 혁신 추진조직은 기관장의 변화의지, 변화방향과 비전을 철저히 공유하는 사람들로 변화를 위한 전략개발과 방법론을 제공할 수 있어야 한다.

3) 혁신설계단계

혁신설계단계는 해당 부처가 지향해야 할 비전을 창조하고 이를 전 구성원에게 전파하며, 비전 달성을 위한 혁신실행 과제를 도출하고 과제실행을 위한 종합적인 계획을 수립하는 단계이다. 여기에서는 비전 창조와 전파, 혁신과제 도출 및 실행계획 수립으로 구성되어 있다.

(1) 비전 창조와 전파

새로운 비전이 만들어졌으면 이를 전 구성원이 공감할 수 있도록 공유하는 것이 중요하다. 새로운 비전에 대하여 기관장을 포함한 일부 간부층과 비전을 전담하여 만들었던 변화추진요원들만 알고 있다면, 이는 죽어 있는 비전이다. 따라서 비전의 힘을 발휘하기 위해서는 전 구성원이 비전을 인지하고, 자신의 것으로 수용하도록 하는 것이 중요하다.

(2) 혁신과제 도출 및 실행계획 수립

핵심과제의 유형은 크게 중점과제(전략과제)와 개선과제(세부과제)로 구분할 수 있다. 중점과제(전략과제)란 '올바른 일을 하는 것'(*do right things*)과 관련된 과제로서 미션 달성을 위하여 부처의 시스템적 문제를 변화시키는 과제이다. 흔히 상층부가 중심이 되어 하향식(*top-down*)으로 과제가 선정된다. 개선과제(세부과제)는 '일을 올바르게 하는 것'(*do things right*)과 관련된 과제로서 현재 수행하고 있는 일을 보다 잘 하기 위한 변화과제를 의미한다. 실무자 계층이 중심이 되어 상향식(*bottom-up*)으로 과제가 만들어진다.

4) 혁신실행단계

혁신실행단계는 도출된 혁신과제를 실행시키는 단계이다. 혁신의 성공적 추진을 위해서는 집행단계의 상황이 고려되지 않은 혁신과제들을 그대로 실행하는 것보다, 집행 당시의 상황을 고려하여 수정 보완할 필요가 있다.

혁신실행단계에서는 혁신과제 성격에 따라 최적의 과제해결팀을 구성하는 것이 중요하다. 중점과제(전략과제)와 개선과제(세부과제)에 따라 과제해결팀의 구성을 달리한다. 중점과제(전략과제)는 부처의 대규모 시스템 변경과 관련이 많으므로, 부처가 독자적으로 혁신안 설계가 곤란하기 때문에, 외부 컨설팅기관의 도움을 받는 것도 과제해결의 좋은 방안이다.

5) 혁신 내재화 단계

혁신 내재화 단계는 우수혁신사례를 부처구성원 간에 공유하고, 혁신상태가 과거로 회귀하지 않도록 혁신결과를 제도화(평가제도 정비를 포함한 조직 운영제도 개선, 구성원의 역량 개방 등)하고 지속적으로 혁신이 일어날 수 있도록 하는 단계이다.

(1) 혁신우수사례(BP) 공유

혁신성공사례 공유를 위하여 BP(Best Practice) 대회를 개최하는 것이 바람직하다. BP 대회는 부처에서 발굴된 우수혁신사례를 부처 전 구성원에게 공유할 수 있도록 하는 계기가 된다.

(2) 혁신추진활동의 평가와 보상

혁신추진활동과 추진과제에 대한 개선효과를 기준으로 적절한 평가와 보상을 함으로써 지속적인 혁신추진 동력을 확보하는 것을 가리킨다. 이러한 평가와 보상은 부처 내 혁신활동과 새로운 혁신 내용에 대하여 공식적으로 정당성을 부여하는 것이다. 혁신추진활동에 대한 평가는 평가체계 및 지표 개발, 평가, 평가결과에 대한 보상의 3단계로 실시된다.

(3) 제도적 내재화

제도적 내재화란 새로운 혁신내용이 이전 상태로 회귀되지 않도록 제도적으로 뒷받침하는 것을 의미한다. 예를 들어 어떤 부처에서 만성적인 고객불만요인으로 지적되어온 민원 대기시간 축소 노력으로 대기시간을 60분에서 5분으로 줄이는 새로운 프로세스를 구축했다고 가정할 경우, 만일 개선된 업무절차가 제도적으로 내재화되지 않았다면, 민원 담당자의 기분이나 관리자의 관리중점 사항의 변화로 자칫 과거 업무방식으로 회귀하기 쉽다. 따라서 고객민원 대기시간을 기록하여 이를 평가에 반영하거나, 지속적인 교육을 통하여 체질화하는 등 내재화하는 노력이 요구된다.

6) 체계적인 저항관리

(1) 혁신저항의 개념

"저항"이란 혁신에 대한 심리적 반응으로서 혁신을 회피, 거부, 무시하는 모든 심리적 상태와 행동이다. 혁신에 대한 저항은 자연스러운 것이며 혁신과정에서 필연적으로 나타나는 현상이다. 따라서 혁신의 성공은 자연스럽고 필연적으로 나타나는 혁신저항을 어떻게 하면 회피하지 않고 적극적으로 관리할 것인가에 달려 있다.

(2) 저항의 발생원인과 극복수단

저항의 발생원인으로는 1) 인식적 차원의 저항 원인, 2) 감성적 차원의 저항 원인, 3) 이해관계 차원의 저항 원인, 4) 혁신에 대한 심리적 저항 원인 등이 있는바, 혁신과정에서 발생하는 저항극 복을 위한 수단에는 교육과 커뮤니케이션, 참여와 몰입유도, 촉진과 지시, 협상과 합의, 강압 등의 방법이 있다.

6. 정부혁신의 성공요인

정부혁신의 단계를 수행함에 있어서 필요한 정부혁신의 성공요인을 논의하면 다음과 같다.

1) 조직책임자의 강력한 리더십 및 추진의지

정부혁신에 있어서 효과적 리더십의 발휘여부는 성공과 실패를 결정하는 중요한 변수로 작용한다. 혁신도입에서부터 조직책임자의 확고한 의지와 관심이 혁신을 추진하기 위한 원동력이 되고, 혁신과정에서는 조직구성원들의 태도나 조직문화와 같은 혁신요인들을 관리할 수 있는 통제력으로 작용하게 된다. 따라서 조직의 리더는 조직의 목표, 사명, 핵심가치들을 명확히 하고, 조직구성원이 공유하는 미래에 대한 비전을 창조하며, 리더의 강력한 의지는 문제상황을 해결함에 있어서 기준과 같은 역할을 한다.

오늘날 거버넌스 모형에 있어서의 조직책임자의 리더십은 미래에 대한 비전과 통찰력을 가지고 조직에 대한 열정과 헌신을 통한 국정관리역량을 요구하는 한편, 시민사회와의 신뢰와 협력에 기초한 상호작용과 거버넌스 관리능력을 필요로 하고 있다. 그리고 국민 요구(*needs*)에 대응하기 위해서 공공서비스를 바르게 경영·관리할 책임을 가지고 있다. 오늘날의 국정관리는 조직책임자의 높은 수준의 역량을 요구하고 있으며, 이러한 국가경영 리더들의 자질과 역량에 따라서 정부혁신의 향방이 좌우된다고 할 수 있다.

2) 변화에 대한 저항극복

정부혁신이란 공공조직의 효과성, 능률성, 적응성, 개혁성을 극적으로 증대시키기 위해 공공체제나 정부조직을 근본적으로 변형하는 것을 의미한다. 이러한 변화는 기존의 구성원의 기득권을 침해할 수 있으며, 정부혁신을 통한 새로운 업무수행방식을 습득함에 있어 공무원의 능력이 부족하여 이에 대해 저항할 수 있다. 또한 관료제는 본질적으로 보수적·현상유지적 성격이 강하므로 정부혁신에 대하여 저항할 수 있다. 이를 극복하기 위해서는 조직이 살아남기 위해 혁신이 필요하다는 혁신의 필요성을 조직의 전 구성원에게 알리고 공감대를 형성하게 하여야 한다. 또한 정부혁신의 과정에서 발생이 예측되는 가능한 모든 장애요인에 대한 철저한 사전준비가 필요하다.

3) 권위적 관료의식의 타파

행정환경의 급격한 변화는 조직의 동태화를 요구하게 되었고, 기존의 관료제로서는 이러한 변화에 적응하기에는 한계가 존재한다. 특히 관료제 내의 권위주의적 의식은 조직이 급변하는 환경에 효율적으로 대응하는 데 있어 저해요인으로 작용한다. 따라서 효율적이고 체계적인 업무수행을 위해서 불필요한 계층단계를 축소하고, 대국민서비스에 있어서 보다 신속하고 편리하게 봉사하는 행정체계를 갖추는 것이 필요하다.

4) 학습조직으로의 변화

학습은 조직 외부환경에서부터 부단히 흘러 들어오는 신호에 명민하게 반응함으로써 조직의 정책결정역량과 위기대응능력을 제고시킨다. 학습은 개인적 차원과 조직적 차원에서 모두 필요한 요소이다. 정보와 지식을 공유하려는 태도와 학습에 대한 열정이 정부혁신의 중요한 성공요인이다.

5) 강력한 인센티브

정부혁신에서 가장 중요한 요인은 조직구성원의 참여이다. 조직구성원들의 참여를 위해서는 제도적인 시스템을 통해 자발적인 참여를 유도하는 것이 중요하다. 구성원의 성공적인 참여를 확보하기 위해서는 우수한 성과를 달성한 부서에 대한 표창을 실시하고, 특별휴가 및 해외연수 기회제공 등의 강력한 인센티브 제도를 도입해야 한다.

6) 핵심전략의 재조명

정부혁신은 지속적으로 이루어지는 것이므로 정부혁신의 과정에서 혁신의 목표가 변동될 수 있으며, 이러한 목표의 변동으로 전략이 변경될 수 있다. 따라서 목적의 명확성, 역할의 명료성, 방향의 일관성 등 핵심전략의 접근방법을 재조명하여, 조직이 수행해야 하는 업무를 체계적으로 정리할 수 있는 기틀을 만들어야 한다.

7. 정부혁신을 위한 정책제언

우리나라가 보다 미래지향적인 정부혁신을 실현하기 위한 정책제언들을, 위에서 논의한 내용을 토대로, 요약하면 다음과 같다.

1) 정부-시장-시민사회 거버넌스 구축

정부혁신을 효과적으로 달성하기 위해서는 조직 내외의 광범위한 참여가 필요하다. 참여를 통한 다양한 의견의 수용은 사회문제를 해결하는 데 중요한 역할을 한다. 조직 외부의 참여를 확보하기 위해서는 참여에 필요한 정보의 접근이 용이해야 하지만, 현실은 조직 내부의 정보에 대한 외부의 접근이 어려운 실정이다. 따라서 성공적인 정부혁신을 위해서는 시민들의 정책참여의 통로를 활성화하고, 문제해결에 적합한 정부-시장-시민사회의 거버넌스적 협력네트워크를 구축해야 한다.

2) 학습시스템 구축

학습조직은 지식을 창출·축적·활용·확산하는 데 능숙한 조직이며, 새로운 지식과 통찰력을 반영하여 행동을 수정하는 데 능숙한 조직이며, 잘못된 지식을 폐기하는 데 능숙한 조직이다. 정부혁신이 본질적으로 성공하기 위해서는 정부관료들의 학습이 "늘 상시적으로" 일어날 수 있어야 한다. 이를 위해서는 정부관료들은 1) 평소 직무수행에 있어 어디에 가장 유용한 정보가 존재하는지에 대해서 알아두어야 하고, 2) 어떤 정보가 정말로 중요한 정보인지 분석하는 법을 익혀두어야 하고, 3) 조직목표를 달성하기 위해 이러한 정보들을 어떤 방식으로 이용하는지에 대해 알아두어야 한다.

3) 인센티브와의 연계

조직 내 학습분위기가 조성될 수 있도록 하고 더욱 더 장려될 수 있도록 하기 위해서는 강력하고 효과적인 인센티브체제가 구축되어야 한다. 조직의 최고 책임자들은 지속적으로 학습이 이루어질 수 있도록 1) 교육훈련을 강화하고, 2) 구조적 유연성을 유지하고, 3) 관료조직을 수평적 형태로 전환하고, 4) 의사결정의 분권화를 촉진하여야 한다.

4) 미래지향적 통찰 및 실수에 대한 허용

학습은 늘 위험과 불확실성을 내포하고 있는 지식에 대해 배우려는 자세를 말하는 것이기 때문에, 실패를 수반하게 마련이다. 현대행정조직은 엄격한 권위와 통제에 기초한 전통적 관료제에 비해, 특성상 훨씬 더 복잡하고 불안정하며, 따라서 그 구성원들인 공무원들에게 훨씬 더 많은 위험을 안겨준다. 위험에 대한 관용이 보장되어 있지 않으면 창의적이고 혁신적인 기업가 정신은 살아날 수 없다. 의도하지 않은 실수에 대해 관대할 수 있어야 하고, 심지어 경우에 따라서 장려하지 않는다면, 학습의 경험이 축적될 수 없다. 따라서 정부혁신이 진정으로 성공하려면 정부가 당장 수행하고 있는 정책을 효율적으로 관리하는 것도 필요하지만, 보다 궁극적으로 어떤 결과를 가져올 것인가에 대한 미래지향적 통찰이 필요하다.

5) 강력한 의지와 변혁적 리더십

정부혁신의 성공적 달성을 위해서는 최고 지도자의 강력한 의지가 있어야 달성될 수 있고, 혁신의 출발점은 혁신목표를 달성하기 위한 조직구성원들의 잠재력을 고양시키는 문제로부터 시작되어야 한다. 이를 위해서는 새로운 비전과 미션을 창출하고, 기대를 초월하여 성과달성을 추구하는 리더십이 필요한데, 이러한 리더십을 변혁적 리더십(*transforming leadership*)이라 한다. 변혁적 리더십은 개인적 성향에 관심을 기울이고 새로운 시각을 제시하면서 조직구성원의 변화와 변혁을 일으키는 리더십으로서, 안정보다는 변화에 능동적으로 적응하거나 변화를 유도하는 리더십을 의미하는데, 정부혁신의 성공적 실현을 위해 꼭 필요한 요소이다.

8. 요약 및 결론

미래 조직에서는 조직구성원의 학습능력, 참여와 창의성 발현을 통한 경쟁력의 향상이 조직에 있어 중요한 관건이 될 것으로 예상된다. 지식정보사회에서는 조직의 생존과 경쟁력을 유지하기 위해서는 변화의 흐름을 인식하고, 이에 대한 지속적 학습과 새로운 지식의 습득이 요구된다. 전통적 조직에서는 한 번 습득한 기술이나 능력이 오랜 기간 조직의 경쟁력을 보장하였지만, 지식정보사회로의 환경변화는 조직이 새로운 기술과 관리능력에 대해 지속적으로 습득할 것을 요구하고 있기 때문이다.

21세기는 지식과 문화가 중요한 시민사회이다. 과거처럼 능률성 위주의 관료행정과 상의하향식 행정개혁은 더 이상 국가발전 전략으로 유효성을 상실하고 있다. 또한 관료들을 개혁의 피동체로 치부하는 행정개혁 전략은 더 이상 실효성을 상실하고 있다. 정책의 투명성을 높이고, 조직 내외적인 참여와 공감대 형성을 토대로 진정한 혁신을 지향하는 열린 정부가 필요한 시점이다.

행정개혁과 정부혁신은 현대행정학을 논의하는 최종 귀결점이라고 할 수 있는 정도로 중요성을 지닌다. 이 장을 마무리하기 전에 다시 한 번 지금까지 논의한 행정개혁과 정부혁신에 대해서 그림과 표로 정리하면 〈그림 12-3〉과 〈표 12-2〉와 같다.

그림 12-3
행정개혁과 정부혁신

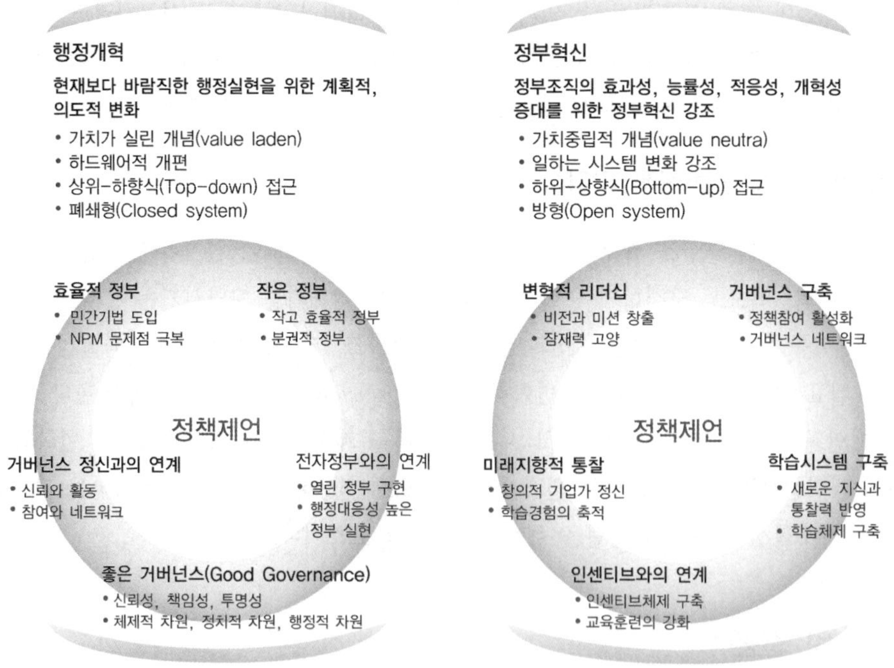

행정개혁
현재보다 바람직한 행정실현을 위한 계획적, 의도적 변화
- 가치가 실린 개념(value laden)
- 하드웨어적 개편
- 상위-하향식(Top-down) 접근
- 폐쇄형(Closed system)

정부혁신
정부조직의 효과성, 능률성, 적응성, 개혁성 증대를 위한 정부혁신 강조
- 가치중립적 개념(value neutra)
- 일하는 시스템 변화 강조
- 하위-상향식(Bottom-up) 접근
- 방형(Open system)

효율적 정부
- 민간기법 도입
- NPM 문제점 극복

작은 정부
- 작고 효율적 정부
- 분권적 정부

변혁적 리더십
- 비전과 미션 창출
- 잠재력 고양

거버넌스 구축
- 정책참여 활성화
- 거버넌스 네트워크

정책제언

거버넌스 정신과의 연계
- 신뢰와 활동
- 참여와 네트워크

전자정부와의 연계
- 열린 정부 구현
- 행정대응성 높은 정부 실현

미래지향적 통찰
- 창의적 기업가 정신
- 학습경험의 축적

학습시스템 구축
- 새로운 지식과 통찰력 반영
- 학습체제 구축

좋은 거버넌스(Good Governance)
- 신뢰성, 책임성, 투명성
- 체제적 차원, 정치적 차원, 행정적 차원

인센티브와의 연계
- 인센티브체제 구축
- 교육훈련의 강화

표 12-2   행정개혁과 정부혁신

학습 항목	행정개혁	정부혁신
의 의	• 현재보다 바람직한 행정실현을 위한 계획적·의도적 변화	• 정부조직의 효과성, 능률성, 적응성, 개혁성 증대를 위해 새로운 아이디어, 절차, 방법, 기법들을 도입하는 것

배경 및
접근법의 변천
	• 접근법의 변천
	  - 합리적·관료제적 방법(구조·기술)
	  - 참여·인간관계적 방법(인간·참여)
	  - 체제적·종합적 방법(환경·체제)
		• 대두배경
		  - 전통적 행정학(법의 집행절차와 능률중시)
		  - 현대적 행정학(임무와 목표달성도 중시)
		  - 클린턴 정부의 NPR이 주도한 정부재창조
		    (Reinventing Government)

필요성	• 행정의 능률성·효과성·민주성 제고	• 비용절감(cost savings) • 고객만족(customer satisfaction) • 민간부문(private sector)의 적극 활용
단 계	• 개혁의 필요성 인식단계 ⇒ 행정개혁안 작성단계(개혁목표 정립, 전략·행동방안 수립) ⇒ 행정개혁의 실행단계 ⇒ 행정개혁의 평가 및 내재화 단계(개혁의 지속성 담보)	• 혁신진단단계 ⇒ 혁신점화단계 ⇒ 혁신설계W단계 ⇒ 혁신실행단계 ⇒ 혁신내재화단계 • 혁신의 체계적 저항관리(모든 단계에 필요)

정책제언	• 작은 정부
	  - 작고 효율적 정부
	  - 분권적 정부
	• 효율적 정부
	  - 민간기법 도입 및 민간과의 경쟁
	  - NPM의 문제점 극복
	• 좋은 거버넌스(Good Governance, Rhodes, 1996)
	  - 신뢰성, 책임성, 투명성
	  - 체제적 차원, 정치적 차원, 행정적 차원
	• 거버넌스 정신과의 연계
	  - 신뢰와 협동(Thompson 외, 1991)
	  - 참여와 네트워크(Rhodes, 1996)
	• 전자정부와의 연계
	  - 열린 정부 구현
	  - 행정대응성 높은 정부 실현
		• 정부-시장-시민사회의 거버넌스 구축
		  - 시민들의 정책참여 통로 활성화
		  - 문제해결에 적합한 거버넌스 네트워크
		• 학습시스템 구축
		  - 새로운 지식과 통찰력의 반영
		  - 정부관료들의 학습체제 구축
		• 인센티브와의 연계
		  - 인센티브 체제 구축
		  - 교육훈련의 강화
		• 미래지향적 통찰
		  - 창의적이고 혁신적 기업가 정신
		  - 학습경험의 축적
		• 강력한 의지와 변혁적 리더십
		  - 새로운 비전과 미션 창출
		  - 조직구성원들의 잠재력 고양

양자관계
(차이점)
	• 행정개혁
	  - 가치가 실린 개념(value laden)
	  - 하드웨어적 개편
	  - 상위-하향식(Top-down) 접근
	  - 폐쇄형(Closed System)
		• 정부혁신
		  - 가치중립적 개념(value neutral)
		  - 일하는 시스템 변화 강조
		  - 하위-상향식(Bottom-up) 접근
		  - 개방형(Open system)

핵심 Point !

Chapter 12

Dynamic Process

◎ 행정통제
- ▣ 의의: 행정책임을 확보하는 수단
- ▣ 중요성
- ▶ 행정인의 전문성·기술성의 증대
- ▶ 행정인의 재량권 확대 및 예산관의 증대
- ▶ 행정권력의 우월성과 경계계의 예속화
- ▣ 기준
- ▶ 도의적 책임(responsibility)
- ▶ 대응적 책임(responsiveness)
- ▶ 법적 책임(accoutablity)
- ▣ 행정통제의 요건
- ▶ 통제의 적합성
- ▶ 통제의 신축성
- ▶ 자율성 및 적극성의 조화
- ▣ 행정통제의 과정
- ▶ 통제기준의 설정
- ▶ 성과와의 비교·평가
- ▶ 환류 및 학습(feedback & learning)
- ▣ 행정통제의 방법
- ▶ 내부통제
- • 정책 및 기획에 대한 통제
- • 인사 및 예산에 대한 통제
- • 행정절차에 대한 통제(행정절차법)
- • 기획과 업적의 심사분석

- 직업적인 윤리
- 감사원 회계검사, 직무감찰, 성과감사
  - ▶ 외부통제
- 사법통제
- 민중통제: 선거에 의한 통제, 이익집단에 의한 통제, 정당·언론·여론에 의한 통제, NGO에 의한 통제, 정책공동체에 의한 통제, 주민참여에 의한 통제
- 입법통제
- 옴부즈만 제도
  - ◗ 우리나라 행정통제의 문제점과 개선방향
  - ▶ 주인-대리인이론에 의하면, 행정부에 대한 국민의 통제가 어려운 이유는 정보의 비대칭성(information asymmetry)에서 발생한다. 따라서 행정부와 국민의 정보격차를 해소를 위해 투명한 정보공개제도, 행정절차법 등의 활성화가 필요
  - ▶ 시민의 참여기회가 제도적으로 확대되어야 함
  - ▶ 무엇보다도 공무원 스스로의 내부 통제가 중요

◎ 행정책임
  - ◗ 의의: 행정책임은 행정통제의 기준
  - ◗ 중요성: 행정기능의 질적 변화 및 고도의 전문화로 인해 의회가 통법기구화 되어 행정재량권의 확대
  - ◗ 기준: 합법성, 형평성, 효율성, 공익성, 민주성, 신뢰성, 성찰성 등의 행정이념
  - ◗ 행정책임의 유형
  - ▶ 도의적, 대응적, 법적 책임
  - ▶ 내적 책임과 외적 책임
  - ◗ 행정책임과 행정통제의 관계
  - ▶ 행정책임이 스스로 확보되면 행정통제는 불필요
  - ▶ 그러나 현실에서는 공무원의 자율적이고 능동적인 책임의 이행에만 의존할 수 없으므로 책임을 확보하기 위한 통제가 필요
  - ▶ 즉, 행정책임과 행정통제는 동전의 양면과도 같은 관계

◎ 행정개혁
  - ◗ 행정개혁의 의의
  - ▶ 개념: 행정을 현재보다 더 바람직한 상태로 변화시키기 위한 계획적이고 의도된 변화
  - ▶ 특성: 목표지향적이고 미래지향적이며, 동태지향적이고 행동지향적인 특성
  - ▶ 유사한 개념
  - 기관형성(institution building)
  - 조직개편(reorganizing government)

- 획일적인 추진
- 임기응변식 개혁
▶ 저항의 극복방안
- 행정개혁의 저항극복을 위해서는 무엇보다도 참여 및 커뮤니케이션의 활성화
- 행정관료들의 자발적 참여, 자율·합의에 기초한 개혁의 추진이 필요
- 행정개혁에 대한 국민적 지지와 공감대를 형성·확산할 수 있도록, 정부·언론·시민사회·전문가들이 바람직한 행정개혁을 추진할 수 있는 정책네트워크 형성 필요
◘ 행정개혁의 변화방향: 정책제언
▶ 작은 정부
▶ 효율적인 정부
▶ 좋은 거버넌스(Good Governance)
▶ 거버넌스 정신과의 연계
▶ 전자정부와의 연계
◘ 요약 및 결론
▶ 21세기는 지식과 문화가 중요한 시민사회이며, 신뢰와 성찰이 중요한 행정이념으로 부상
▶ 행정개혁의 목적은 강한 나라를 만들 뿐 아니라, 국민을 편안하게 해 주는 것임
▶ 행정개혁에 있어서도 국민적 의사를 수렴하고 조직화된 이해가 정책결정에 적절히 반영
▶ 무엇보다도 상시적으로 언제든지 변화할 수 있는 과정적 합리성을 조직 내에 체제화(embedded)시키고, 의식 및 관행의 개선과 함께, 혁신적이고 유연한 제도를 개발하고 도입

◎ 정부혁신
　◘ 개념: 정부조직의 효과성, 능률성, 적응성, 개혁성을 극적으로 증대시키기 위해 정부조직을 근본적으로 변화시키는 것을 의미(Osborne & Plastrik, 1998)
　◘ 정부혁신과 행정개혁
　▶ 행정개혁이 가치가 실린(value laden) 개념이라면, 정부혁신은 좀 더 광범위하며 가치중립적인(value neutral) 개념
　▶ 행정개혁이 조직개편 등 하드웨어적 개편에 초점을 둔 개념이라면, 정부혁신은 조직변화의 아이디어, 절차, 방법, 기법 등의 도입을 통해 조직의 일하는 시스템의 변화를 강조하는 개념
　▶ 행정개혁이 "상위-하향식"(Top-down) 접근방법에 치중된 개념이라면, 정부혁신은 "하위-상향식"(Bottom-up) 커뮤니케이션 활성화를 통해 학습이 자발적으로 축적
　▶ 행정개혁이 정부관료제를 하나의 폐쇄형(closed system)으로 보았다면, 정부혁신은 정부관료제를 하나의 개방형(open system)으로 간주
　◘ 정부혁신의 배경
　▶ 정부혁신과 가장 유사한 단어의 등장은 1993년 미국 클린턴 정부의 NPR(국가성과위원회: National Performance Review)에서 주도한 정부재창조(Reinventing Government)

▸ 1990년대는 정보화와 세계화가 두드러진 물결로 등장하면서 정부경쟁력의 일환으로 정부혁신 강조
▱ 정부혁신의 내용
▸ 정부혁신은 정부의 조직, 인사, 예산, 업무 프로세스를 혁신하는 동시에, 법과 제도는 물론 관행과 문화까지 새롭게 바꾸는 것을 의미
　▸ 정책과제
　● 기업가형 조직구조 개편
　● 성과중심의 시스템 구축
　● 고객중심의 행정서비스 전달체계 개선
　● 행정의 개방성 및 투명성 강화
　● 시민사회와의 협치(뉴거버넌스) 강화
▱ 정부혁신의 단계
▸ 혁신진단단계
▸ 혁신점화단계
　● 냉철한 상황인식과 혁신점화
　● 강력한 혁신 추진주체 형성
▸ 혁신설계단계
▸ 혁신실행단계
▸ 혁신 내재화 단계
▸ 체계적인 저항관리
▱ 정부혁신을 위한 정책제언
▸ 강력한 의지와 변혁적 리더십
▸ 미래지향적 통찰
▸ 학습시스템 구축
▸ 강력한 인센티브
▸ 정부-시장-시민사회 뉴거버넌스 구축
▸ 핵심전략의 재조명
▱ 요약 및 결론
▸ 미래 조직에서는 조직구성원의 학습능력, 참여와 창의성 발현이 핵심
▸ 21세기는 지식과 문화가 중요한 시민사회
▸ 과거처럼 능률성 위주의 관료행정과 상의하향식 행정개혁은 더이상 국가발전 전략으로 유효성 상실
▸ 조직 내외적인 참여와 공감대 형성을 토대로 진정한 정부혁신을 지향하는 열린 철학이 필요

◎ 행정통제의 개념, 기준과 방법에 대해서 설명하되, 우리나라 행정통제의 문제점과 개선방향에 대해 언급 하시오.

◎ 행정책임의 개념, 기준과 유형에 대해서 설명하되, 행정책임과 행정통제의 관계에 대해 언급하시오.

◎ 개혁관의 변천에 따른 행정개혁의 접근법을 설명하고, 효과적인 행정개혁의 전략 및 성공요건에 대해 논술하 시오.

◎ 정부혁신과 행정개혁의 차이를 설명하되, 성공적인 정부혁신을 위한 전략에 대해서 논술하시오.

본 장에서 다루는 행정통제와 행정책임, 행정개혁과 정부혁신은 행정고시의 단골 메뉴와도 같다. 행정통제는 행정책임(도의적 책임, 대응적 책임, 법적 책임)과 동전의 양면처럼 거론되는 이슈이다. 정책기획, 심사분석 등에 의한 내부 통제와 함께 최근 NGO에 의한 통제에 대해서도 잘 검토해 두길 바란다.

행정개혁이 가치가 실린(value laden) 개념이라면, 정부혁신은 보다 최근에 광범위하게 사용되는 가치중립적(value neutral) 개념이다. 행정개혁이 조직개편 등 하드웨어적 개편에 초점을 두고 있다면, 정부혁신은 이러한 조직개편을 포함하여 조직변화의 아이디어, 절차, 방법 등의 도입을 통해 조직의 일하는 방식의 변화를 강조하는 개념이라는 점도 잘 인식해 둘 필요가 있겠다.

정부혁신은 과거 정부부터 현재에 이르기까지 항상 활발하게 논의되어 왔다. 과거 폐쇄적인 정부구조와는 달리 현대행정에서는 다양한 참여자가 존재하고 외부 환경으로부터의 영향을 받기 때문에 정부조직도 지속적이고 심도있는 혁신과 개혁의 요구를 받기 때문이다.

정부혁신에 대한 문제는 크게 다음 세 가지 관점에서 접근해 볼 수 있다.

첫째, 단순히 관련 개념이나 이론적인 배경에 대한 질문보다는 처방적인 관점에서 우리나라 정부혁신에 대한 문제점을 도출하고 개선방안을 모색하는 방향에 주로 초점이 맞춰져 왔다. 다시 말해, 우리나라에서 실시되었던 정부혁신, 행정개혁의 문제점에 대해 비판적으로 논의하고, 이에 대한 창의적인 개선안을 도출할 수 있어야 한다. 논의의 타당성을 위해 해외 선진국의 정부혁신모형이나 성공 및 실패사례를 근거로 활용할 수도 있는 바, 해외사례에 대한 벤치마킹도 잘 준비해 둘 필요가 있다.

둘째, 정부의 외부 환경으로서 시장과 NGO가 공공부문 개혁과 변화에 미치는 영향은 크다. 이러한 시장지향적 개혁모형과 비정부기구(NGO)가 정부혁신과정에 미친 장단점과 한계 그리고 이에 대한 극복방안에 대해서도 심도있게 고민해 볼 필요가 있다. 국정관리의 주요 행위자를 정부-시장-시민사회로 대별해 보았을 때 과거의 전통적 정부중심의 관료제 모형(정부모형의 실패)을 개혁하기 위한 방안으로써 신공공관리에서는 시장지향적 개혁모형이 많이 거론되어 왔다. 신공공관리적 개혁방안이 지니는 공과에 대해서 분명히 정리해 둘 필요가 있다. 시장지향적 개혁모형이 가져온 작은 정부에 대한 비용절감적 성과와 함께 시민을 고객으로 전락시킨 행정의 책임성 문제 등이 그 한계로 거론된다(시장지향적 개혁모형의 실패). 이러한 관점에서, 이러한 NPM의 한계를 극복하고 시민을 단순한 경영학적 고객이 아니라 민주국정의 주권자(시민)로 복원시키기 위한 시민사회와 NGO의 역할에 대해서도 분명 인지할 필요가 있다. 시민참여를 통한 책임성의 강화, 민주적 국정관리에 대한 복원 등이 그 주요 논거이지만, NGO의 대표성과 전문성, NGO의 자생적 역량 강화의 필요성 등이 극복해야 할 과제라는 점도 잘 정리해 둘 필요가 있겠다(NGO 실패 및 시민사회 참여모형의 한계 문제).
이 밖에도 다양한 정부 외부 요인들이 정부혁신과 개혁과정에 영향을 미칠 수 있는데, 이러한 정부 내외부 환경을 진단하고 종합적인 문제점과 발전전략에 대한 고민을 해보길 바란다. 이를 위해 SWOT 기법이나 환경 스캐닝 기법 등을 활용하는 것도 논의의 타당성을 높여줄 수 있다.

셋째, 행정개혁을 성공적으로 추진하기 위해서는 정부조직의 내부 및 외부 환경을 고려하여 환경변화에 효과적으로 대응할 수 있는 전략기획(strategic planning)의 수립도 강조되고 있다. 정부의 성공적인 행정개혁(지방정부와 공공기관 제외) 추진을 위해, SWOT(Strength-Weakness-Opportunity-Threat) 기법을 적용하여 행정환경을 진단하고 대응전략에 대해서도 준비해 둘 필요가 있다.

환경변화는 끊임없는 행정기능의 변화를 요구한다. 하지만 행정개혁을 통한 행정시스템 및 기능의 변화는 많은 사회적 비용을 요구하기도 한다. 이러한 점에 비추어 우리나라 행정개혁의 전반적인 문제점을 검토한 후, 행정개혁을 효과적으로 추진하기 위한 바람직한 제도적 방안에 대하여 논하시오[2002년].

답안작성요령

🖐 핵심개념

본 문제는 행정개혁의 필요성과 한계에 대해서 묻는 질문이다. 행정기능의 변화를 적절히 반영시켜야 하는 행정개혁의 필요성이 있는 반면, 너무 잦은 행정시스템 및 기능의 변화는 문제점을 낳기도 한다.

정부의 행정개혁에 대하여 어떠한 관점으로 인식하는지에 따라 다양한 내용구성과 논점제시가 가능하기 때문에, 자신의 논리에 따른 일관성과 사례를 통한 설득력 있는 논거제시가 관건이 될 것이다.

🖐 행정개혁의 유용성과 한계

행정개혁은 행정기능의 변화에 따라 적절히 뒷받침되어야 한다. 불필요한 기능의 중복을 제거하고, 스마트 전자정부의 발달에 따라 조직의 기구축소, 인원감소, 예산절약, 기술혁신 등의 개혁이 필요하다. 이러한 행정개혁은 효과성과 능률성을 제고하는 한편 정치이념으로서 민주성을 제고한다. 하지만, 정권마다 이루어지는 행정개혁은 개혁의 피로감을 가져올 뿐만 아니라 많은 비용적, 심리적 부작용을 낳을 수 있어 주의를 요한다. 조직개편 시에 권력투쟁적 성격을 보이기도 하며, 관료적 이익이 반영되는 결과를 낳기도 한다. 이러한 행정개혁의 접근법을 개혁관의 변천에 따라 1) 합리적·관료제적 방법(구조·기술), 2) 참여·인간관계적 방법(인간·참여), 3) 체제적·종합적 방법(환경·체제)으로 나누어서 접근할 수 있다(본 서, 제11장 행정개혁 참조).

🖐 우리나라 행정개혁의 문제점

우리나라 행정개혁의 문제점은 1) 5년마다 이루어지는 조직개편의 비용문제, 2) 다양한 이해관계자들의 이익 충돌과 같은 문제, 3) 공무원의 변화저항과 같은 관료조직 행태의 문제 등을 들 수 있다. 또한 한국행정문화에 대한 충분한 문화유전자적 고려없이 이루어지는 졸속적 행정개혁이 한국행정과의 제도적·문화적 괴리를 초래한 경우도 문제점으로 들 수 있겠다. 예컨대, 신공공관리론적 개혁을 도입한 김대중 정부 이후 민영화에 대한 환상으로 많은 공공서비스 분야가 민간부문으로 이전되었으나, 이후 무분별한 민영화에 대한 비판의 목소리가 높아지고 있다. 비용의 절감에만 집중하다 보니 서비스의 질이나 서비스의 공익적 성격에 대해 소홀하게 되어 최근 사고가 많이 발생하고 서비스에 대한 불만이 높아지고 있는 112 콜센터 사례(콜센터의 기계적·획일적 인원감축으로 인해 여성 성범죄 신고에 적절하게 대응하지 못한 사례)와 수도권 전철과 철도의 잦은 정비 및 고장 등이 그 좋은 예가 될 수 있다.

🖐 바람직한 제도적 방안

행정개혁의 바람직한 제도적 방안을 위하여 어떠한 행정이념을 가지고 접근할 것인지에 대한 논의가 필요하다. 행정개혁의 전략으로서 급진적·전면적 전략을 취할 것인지, 점진적·부분적 전략을 취할 것인지, 혹은 명령적·하향적 전략을 취할 것인지, 참여적·상향적 전략을 취할 것인지에 대한 논의도 필요하다. 행정개혁에 대한 전략적 접근과 단계적 사고도 필요하다. 단순한 비용절감의 신공공관리론적 행정이념을 넘어 좋은 거버넌스가 무엇인지에 대한 행정의 공공성과 책임성에 대한 고민도 필요하다고 하겠다(본 서, 제12장 행정개혁 참조).

행정개혁의 방향성 측면에서는 국민의 지지확보와 개혁의 주요 대상인 정부 내부 관료의 행태의 긍정적 변화가 중요하다. 이를 위해 관료들에 대한 적절한 동기부여, 정부 내·외부적으로 분권화, 수평화 등을 통하여 전문성과 효율성을 추구함과 동시에 전자정부의 활용과 시민의 참여 확대를 통한 행정의 민주성·책임성, 공익성 증진이 이루어져야 함을 강조할 필요가 있다.

👆 고득점 핵심 포인트

정치·사회의 환경이 개혁에 유리하고 강력한 리더십을 가진 최고 지도자가 있는 경우에는 급진적·전면적 전략이 좋으나, 정치·사회의 환경은 유리하지만 강력한 리더십을 가진 최고 지도자가 없는 경우, 그리고 강력한 리더십을 지닌 최고 지도자는 있으나 정치·사회의 환경이 불리한 경우에는 점진적이고 부분적인 전략을 선택하는 것이 바람직하다. 또한, 전통적 접근방식인 명령적·하향적 전략은 과거 산업화 시대에 행정환경이 비교적 단순한 상황에서 효과를 발휘할 수 있었으나, 지식정보사회에 접어들면서 사회가 다원화되고 분권화된 거버넌스 상황 하에서는, 구성원들의 참여를 통해 의견을 수렴하고 합의를 토대로 개혁을 추진하는 참여적·상향적 전략이 바람직하다. 이처럼 행정개혁에 대한 전략적 사고를 통해 접근하는 것이 고득점 비결이라 생각된다.

또한, 정부조직은 성격상 한 번 만들어진 조직은 행정서비스의 필요성과 관계없이 점점 더 비대해지는 경향이 있으며, 이는 정부효율성 제고에 심각한 장애요인으로 작용한다. 또한 행정개혁의 최대 난관은 관료들의 부처 이기주의현상이다. 여기에 효과적으로 대처하기 위해서는 장기적으로 국가전체적인 관점에서 추진할 정부기능 변화의 방향을 설정하고, 단기적으로 시급한 조치들을 파악하여 시행할 필요가 있다. 다만, 유념할 점은 조직개편만으로 정부가 제공하는 행정서비스가 달라지는 않으며, 정부운영의 기본 틀이 바뀌어야 한다는 것이다. 즉, 행정개혁은 인사, 재무, 조직, 정책수립과 집행과정, 공무원의 의식 등의 변화와 병행되어야 하며, 보다 넓게는 국가사회 전반적 변화와 동시에 진행되어야 성공할 수 있다는 점을 강조하는 등 균형감각 있는 행정개혁에의 체제적 사고를 강조하는 것도 좋은 답안의 비결일 것으로 생각된다(본 서, 제12장 행정개혁 참조).

고시기출문제 | 우리나라의 행정개혁과정에서 시장지향적인 개혁모형과 비정부기구(NGO)가 끼친 영향은 크다. 이에 따라 행정개혁모형으로서 시장지향적인 개혁방식이 지니는 장단점에 대한 논란과 개혁과정에 참여하게 된 비정부기구(NGO)의 역할에 대한 논쟁이 제기되고 있다[2006년].

(1) 시장지향적 행정개혁이 지닐 수 있는 한계점에 대해 설명하시오.
(2) 우리나라의 행정개혁과정에서 비정부기구(NGO)의 참여에 따른 긍정적 측면과 부정적 측면에 관해 설명하시오.
(3) 우리나라의 행정개혁이 의도한 효과를 달성하는데 있어, 비정부기구(NGO)의 바람직한 역할에 대해 설명하시오.

핵심개념

문제(1)은 신공공관리론과 신자유주의적 행정개혁의 개념과 한계를 묻는 질문이다. 행정개혁의 본질과 특성에 대한 정확한 이해를 바탕으로 성과의 측정곤란, 시장가격기능의 문제점, 공익성 가치의 훼손, 조직역량의 감소 우려 등의 측면에서 접근이 필요하다.

문제(2)는 NGO의 본질과 기존의 행정개혁에서 어떠한 역할을 하였는지를 중심으로 그 효과를 분석해야 한다. 긍정적 측면으로는 정부에 대한 견제와 통제, 행정의 대응성 및 신뢰성 증진, 사회적 합의의 형성을 통한 거래비용의 감소 등을 들 수 있을 것이다. 부정적 측면으로는 무분별한 참여와 정부의 책임성 회피의 수단으로 활용, 행정의 전문성 저해, 조정비용 및 집행비용의 상승 등을 들 수 있다.

문제(3)은 이러한 문제점을 바탕으로 NGO의 바람직한 역할을 서술할 것을 요구하고 있다.

시장지향적 행정개혁의 한계

행정개혁은 정부부처의 통폐합, 불필요한 기구의 축소, 정부인력 감축 등을 통해 정부의 효율성을 증진하는데 목적이 있으며, 그 궁극적 방향은 국가 전체의 경제활력의 증대 및 국민의 삶의 질 증대이다. 정부부처를 통폐합하고, 민영화/민간위탁의 방식을 통해 불필요한 기구를 축소하는 방향의 행정개혁의 이론적 근거는 주로 신공공관리론과 신자유주의에 두고 있다. 이러한 시장지향적 행정개혁은 한국행정에 경쟁·성과·고객의 개념을 도입함으로써 행정의 효율성 증진에는 일부 기여한 바 있지만, 다른 한편으로는 공공성 가치의 침식, 지나친 경영논리의 강조, 민주성의 침해 문제 등이 한계로 지적되었다.

행정개혁과 NGO의 참여

거버넌스의 축은 정부-시장-시민사회이다. 시장지향적 행정개혁이 경영학/경제학적 관점에서 시장기제를 활용하여 행정개혁을 하려는 것이라면, 시민사회적 행정개혁은 그 대칭점에 있다. 즉, 정치학적 관점에서 시민참여를 통해 조정하고 감시기능을 강화하는 것이다. 시장지향적 행정개혁이 그 나름대로의 장점과 한계가 있듯이, 시민사회적(NGO 참여를 통한) 행정개혁 역시 장점과 한계가 있다. NGO를 통해 정부에 대한 견제와 통제가 가능하며, 시민사회의 합의형성기능을 통해 행정의 신뢰성이 증진되면 결국 거래비용이 감소된다는 점은 장점이다. 반면, 무분별한 참여는 또다른 집행비용의 상승을 가져오고, 정부가 시민사회의 참여를 빌미로 책임성 회피의 수단으로 활용할 가능성도 존재한다.

행정개혁과 NGO의 바람직한 역할

따라서, 행정개혁에 있어서 중요한 점은 그 본질을 다시 짚어보는 것이다. 결국, 정부와 시민사회는 개혁의 동반자가 되어야 하며, 시민사회를 통해 행정개혁의 대표성과 정당성은 확보될 수 있을 것이다. 그 과정에서 시장기제(민영화, 민간위탁, 책임운영기관, 정부축소를 통한 효율성 증진)이 활용될 수 있을 것이다. 하지만, 현재 우리나라의 현실은 NGO 역시 많은 개선을 요구하고 있다. 전문성이 많이 부족하고, 인적 능력, 재정능력, 정보화 능력의 미비라는 문제는 늘 고질적으로 따라 다니는 문제이다. 따라서 향후 정부는 제도적 다원주의를 인정하여 과거 관료제 중심의 발전행정의 접근방식에서 벗어나 정부와 시민사회와의 동반자관계를 형성하는 한편 NGO의 건강한 발전을 위해서도 지원을 아끼지 말아야 할 것이다.

본 문제는 최근 학계에 많은 관심을 불러일으키고 있는 행정개혁의 두 접근방식, 즉 시장지향적 개혁과 시민참여적 개혁의 장단점 및 발전방향을 균형감있게 작성하는 것이 관건이다. 정부는 시민사회와의 관계성 회복을 통해 진정성있는 신뢰형성이 필요하다. 이러한 노력이 뒷받침된다면 행정개혁의 정당성을 통한 민주행정의 책임성은 증진될 수 있을 것이다. 이는 결국 더 큰 국정관리의 민주성으로(또한 더 큰 효율적 국정관리로) 이어질 것이다.

미래의 바람직한 정부상

 KEY POINT

 현대행정은 동태적 행정과정을 거쳐 실현된다. 국가행정은 국가목표-정책결정-조직화-동작화-환류 및 학습의 동태적 행정과정을 거치면서 역동적으로 실행된다. 동태적 행정과정의 첫 시발점은 국가목표 및 정책결정이며, 이를 실현하기 위해 조직·인사·재무 등 조직화와 인간관·동기부여·리더십 등의 동작화, 그리고 행정책임·행정통제·행정개혁·정부혁신 등 환류 및 학습이 이루어지게 된다. 여기에서는 행정개혁 및 정부혁신을 좀 더 구체적으로 다루어 보는 의미에서 미래의 바람직한 정부상을 총괄적으로 학습하기로 한다.

 정부혁신의 기본방향을 담은 정부조직으로 제시되는 정부모형으로는 기업가적 정부, 성과중심 정부, 고객중심 정부, 뉴거버넌스 정부 등이 있다. 기업가적 정부, 성과중심 정부, 고객중심 정부가 거버넌스에서 제시하는 관리주의와 시장주의에 초점을 둔 신공공관리적 개혁(효율성)에서 비롯된 개념이라면, 뉴거버넌스 정부는 관리주의와 시장주의를 강조하는 신공공관리(협의의 거버넌스)를 토대로 참여와 네트워크를 강조하는 형태의 정부혁신 방향과 과제들을 의미한다.

 제13장의 키 포인트는 미래의 바람직한 정부상이다. 행정개혁과 정부혁신의 연장선상에서 현재 논의되고 있는 미래의 바람직한 행정개혁 혹은 정부상에 대해서 파악해 두길 바란다. 전통적 관료제 모형이 정부1.0, 기업가적 정부와 성과중심 정부에서 논의하는 신공공관리(NPM)모형이 정부2.0이라면, 가치중심의 거버넌스, 예컨대, 뉴거버넌스 혹은 네트워크 거버넌스모형을 정부3.0이라고 할 수 있다. 빅데이터, 센서,

알고리즘, 의미기반의 웹 등 현대 스마트 전자정부의 지식관리기법을 토대로 정부의 칸막이를 제거하는 등 협업을 증진시켜 국민 행복 중심의 가치를 창출하는 정부모형을 정부3.0이라고 할 수 있다. 이러한 내용과 최신동향들에 대해서도 잘 정리해 둘 필요가 있을 것이다.

제1절 개 관

미래정부의 조직에서는 조직구성원의 학습능력, 참여와 창의성 발현을 통한 경쟁력의 향상이 중요한 관건이 된다. 지식정보사회에서는 조직의 생존과 경쟁력을 유지하기 위해서 변화의 흐름을 인식하고, 이에 대한 지속적 학습과 새로운 지식의 습득이 요구된다. 정부혁신은 정부의 조직, 인사, 예산, 업무 프로세스를 혁신하는 동시에, 법과 제도는 물론 관행과 문화까지 새롭게 바꾸는 것으로, 끊임없이 최적의 대안을 찾아내는 유연한 시스템을 구축하는 것을 의미한다.

최근 들어 전자정부3.0 혹은 정부3.0이라는 용어가 회자되고 있다.[1] 전자정부3.0은 최근 강조되고 있는 빅데이터, 센서기술, 알고리즘에 기반한 정책방향의 설정 및 '변혁'을 강조하는 용어이다. 전자정부1.0이 BPR, G2B, G2G, G4C 등을 활용한 정부 내부의 효율성을 강조하는 개념이고, 전자정부2.0이 Web2.0에서 강조하는 Open Platform(참여, 공유, 개방, 집단지성)을 기반으로 정부 외부와의 인터페이스를 강조하는 개념이라는 것에 대응하는 용어라고 볼 수 있다(황종성, 2013).[2]

이에 반해 정부3.0은 패러다임이 더 큰 개념이라고 볼 수 있다. 정부3.0은 공공가치모형과 같이 가치중심의 정부서비스를 강조하는 개념으로서 뉴거버넌스 정부나 전자정부3.0을 포함하는 용어이다. 정부1.0이 관료제 모형으로서 명령과 통제에 기반한 계층제 중심의 국정운영을 강조하는 개념이고, 정부2.0이 NPM 모형으로서 시장과 경쟁에 기반한 가격기제의 활용을 강조하는 개념이라는 것에 대응하는 용어로 이해할 수 있겠다.

정부혁신의 방향은 시장원리의 응용, 성과중심, 고객중심, 정보화의 적극적인 활용, 개방성 지향, 투명성 지향, 참여성 지향 등이며, 정부혁신의 내용으로는 기업가적 조직원리의 응용, 성과중심의 행정시스템 구축, 고객중심의 행정서비스 전달체계 개선, 행정의 개방성 및 투명성 강화, 시민사회와의 협치(거버넌스) 강화 등을 들 수 있다. 세부 정책과제로는 정부규제 개혁, 인사 및 조직

---

1 정부3.0과 전자정부3.0의 개념, 내용, 특징, 한계 등에 대해서는 제14장 참조바람.
2 황종성, "Gov3.0: 미래 전자정부 개념정립과 추진전략 모색," 「2013 한국정책학회 춘계학술대회 발표집」, 503-527쪽.

관리 개혁, 예산제도 및 재무관리 개혁, 성과관리제도, 시민헌장제도, 정보공개, 정책홍보, 정책실명제, 정책품질관리, 참여성 강화를 위한 시민사회와의 협치 강화 등이 있다.

정부혁신의 기본방향을 담은 정부조직으로 제시되는 정부모형으로는 기업가적 정부, 성과중심 정부, 고객중심 정부, 뉴거버넌스 정부 등이 있다. 기업가적 정부, 성과중심 정부, 고객중심 정부가 관리주의와 시장주의를 강조하여 신공공관리적 개혁(효율성)에 초점을 둔 개념이라면, 뉴거버넌스 정부란 관리주의와 시장주의를 강조하는 신공공관리(협의의 거버넌스)를 넘어 참여와 네트워크를 강조하는 정부혁신 방향과 과제들을 의미한다.

이러한 관점에서 이 장에서는 기업가적 정부, 성과중심 정부, 고객중심 정부, 뉴거버넌스 정부혁신에 대해서 검토하고, 이러한 방향의 정부혁신을 실현하기 위한 제도들에 대해 학습하고자 한다.

제 2 절 기업가적 정부

미국 클린턴 행정부는 1993년 NPR(국가성과위원회: National Performance Review)을 통해 정부재창조에 시동을 걸었는데, 이때 정부혁신의 주축이 된 개념구조는 Osborne과 Gabler의 기업가적 정부모형이었다.

Osborne과 Gaebler는 *Reinventing Government*(1992)에서 관료적 정부와 기업가적 정부를 대비하고, 관료는 시간을 낭비하고 권력만을 추구하는 행정가인 반면, 기업가는 생산성과 효과성을 극대화하여 새로운 방법으로 자원을 활용하는 관리자이며, 미래예측과 기회창출을 지향하는 사람이라고 주장하였다(Osborne & Gabler, 1992: xix-xxi). 또한, Osborne과 Plastrick은 *Banishing Bureaucracy*(1997)에서, 기업가적 정부를 어떻게 창조할 것인가 하는 문제의식을 토대로 실천전략을 제시하였다.

1. 기업가적 정부의 의의

기업가적 정부란, Osborne과 Gaebler가 말한 것처럼, 정부의 운영에 있어 기업의 관리방식을 도입하여, 행정관료제의 비능률성을 타파하고 가치창출형 기업가적 관료로 유도할 수 있는 정부를 말한다.

관료적 정부가 행정(*administration*)을 의미하는 것이었다면, 기업가적 정부는 관리(*management*)를 의미한다. 행정(*administration*)이 법적 안정성과 통제 및 질서를 강조한다면, 관리(*management*)는 미래지향성과 지식 및 가치창출을 의미한다. 또한, 행정(*administration*)이 능률성에 초점

표 13-1 관료제 정부와 기업가적 정부의 비교

기 준	관료제 정부	기업가적 정부
정부역할	노젓기(rowing) 역할	방향잡기(steering) 역할
정부활동	직접 해줌(service)	할 수 있도록 해줌(empowering)
서비스 공급	서비스의 독점적 공급	서비스 제공에 경쟁 도입
관리방식	규칙중심 관리	임무중심 관리
예산제도	투입중심 예산	성과연계 예산
행정가치	관료중심	고객중심
	지출지향	수익창출
	사후치료	예측과 예방
행정주체	집권적 계층제	참여와 팀워크
행정방식	명령과 통제	협의와 네트워크 형성
주요 운영기제	행정메커니즘	시장메커니즘

자료: Osborne and Gaebler(1992).

을 두었다면, 관리(*management*)는 미래예측과 성과달성을 통한 효과성을 강조한다.

2. 기업가적 정부의 특징

1) 기업가적 정부의 특징

기업가적 정부(*entrepreneurship government*)는 정부 부문에 시장원리인 '경쟁'(*competition*)을 도입하고, 관료적 형식주의에서 벗어나 사명감(*mission*)을 가지고 고객을 최우선시하는 기업가적 정신을 정부에 도입해야 함을 강조한다. 정부 운영에 시장원리가 도입되면서 경쟁(*competition*), 권한위임(*empowerment*), 책임(*accountability*) 및 성과(*performance*)가 확보될 수 있다는 점을 강조한다.

2) 기업가적 정부의 11가지 정부 운영원리

Osborne과 Gaebler가 제시한 정부혁신의 방향은 '촉진적인 정부', '지역사회가 주도하는 정부', '경쟁지향적 정부', '사명지향적 정부', '결과지향적 정부', '고객지향적 정부', '기업가적 정부', '시장지향적 정부', '참여와 팀워크를 중시하는 정부', '미래를 예측하는 정부' 등이다.

첫째, 기업가적 정부는 '노젓기'에서 '방향잡기'로 정부의 역할을 변화시킨다. 정부가 기존처럼 국민에 게 서비스를 직접 제공하기 보다는, 정책의 관리·조정을 하는 조타수 역할을 하는 촉매제로서의 정부를 특징으로 한다.

둘째, '직접 해주는 서비스'에서 '권한부여'로 정부의 활동방식이 바뀐다. 중앙집권보다는 지방에 권한을 부여함으로써, 주민이 행정에 참여하는 지역공동사회 중심의 정부를 특징으로 한다.

셋째, '서비스의 독점적 공급'에서 '서비스 제고에 경쟁 도입'으로 서비스 공급방식이 전환된다. 서비스 제공에 있어서 경쟁체제를 도입함으로써 효율적인 행정체제를 확립하는 경쟁적 정부를 특징으로 한다.

넷째, '규칙중심 관리'에서 '사명중심 관리'로 관리방식을 전환한다. 규칙중심적 조직에서 사명중심적 조직으로 전환을 추구한다.

다섯째, '투입중심 예산'에서 '성과연계 예산'으로 예산제도를 전환한다. 투입이나 절차보다는 결과와 성과에 중심을 두는 결과지형적 정부를 특징으로 한다.

여섯째, 고객의 요구에 민감하게 대응하는 고객중심적 정부를 특징으로 한다. '관료중심'에서 '고객중심'으로 행정가치가 전환된다.

일곱째, '지출 지향'에서 '수익창출 지향'으로 전환된다. 정부수입을 중요하게 여겨 정부의 지출보다는 수익과 투자를 중요시한다.

여덟째, 문제가 발생하기 전에 미래의 예측을 통한 예방을 중시하는 예측적 정부를 특징으로 한다.

아홉째, '집권적 계층제'에서 '참여와 팀워크'로 행정주체의 조직방식이 전환된다.

열번째, '명령과 통제'에서 '협의와 네트워크 형성'으로 행정방식이 전환된다.

열한번째, '행정메커니즘'에서 '시장메커니즘'으로 행정 운영메커니즘이 전환된다.

3. 기업가적 정부의 전략

Osborne과 Plastrick는 *Banishing Bureaucracy*(1997)에서 기업가적 정부의 5가지 실천전략을 제시하였는데, 이 전략은 정부의 유전자를 바꾸는 유전자 리엔지니어링을 핵심으로 한다(오석홍, 2002: 873).

1) 핵심전략(Core Strategy)

기업가적 정부의 핵심전략은 정부의 목표 및 정책방향의 명료화를 추구하는 것이다. 이것은 정부의 핵심기능인 방향잡기 기능을 다루기 때문에 핵심전략이라고 한다. 즉, 정부가 수행해야 할 기능과 수행하지 말아야 할 기능을 지속적으로 체크하고 분리함으로써, 정부의 목표를 명확히 하는 것이다.

2) 성과전략(Performance Strategy)

성과전략은 업무유인의 향상을 위해 경쟁을 도입하고, 보상설계(*incentive design*)를 통해 정책의 성과관리를 추진하는 것이다.

3) 고객전략(Customer Strategy)

고객전략은 정부조직의 책임성 측면에서 고객에 대한 정부의 책임확보와 고객에 의한 선택의 확대를 추구하는 것이다. 이 전략은 국민이 주인이고 공무원은 공복(*public servant*)이므로, 시민수요에 대응하여 공공서비스의 질을 향상시키고, 지나친 규제를 개혁하여 시민의 만족을 극대화 하는 것이다.

4) 통제전략(Control Strategy)

통제전략은 권력의 분권화를 추구하는 것이다. 여기서 권력이란 정책결정의 권력을 말한다. 분권화를 추구한다는 것은 하급계층에 힘을 실어준다는 것(*empowerment*)이다.

5) 문화전략(Culture Strategy)

문화전략은 조직구성원들의 가치, 규범, 태도 그리고 기대를 바꾸려는 것이다. 이 전략은 기업가적 조직문화, 사명지향적 조직문화를 조직에 정착하게 함으로써, 관습을 타파하고 공무원의 사고와 행태를 변화시키고자 하는 전략이다.

4. 기업가적 정부실현을 위한 방안

기업가적 정부를 진정으로 실현하기 위해서는 1) 기업가적 마인드 구축, 2) 구조와 형태의 재설계, 3) 업무과정의 재설계, 4) 조직의 학습화가 필요하다.

1) 기업가적 마인드 구축

전통적 공무원은 자원을 효율적으로 이용하기 보다는 지원된 자원을 이용하여 목표를 달성하는데 중점을 두었다. 이에 반해 기업가적 공무원은 기업가적 마인드를 가지고 자원의 효율적 이용을 중요시한다.

기업가적 마인드란 자원을 효율적으로 이용하여 불필요한 자원의 투입을 막고 목표를 달성하려고 하는 지식관료의 마음가짐을 말한다. 이러한 마인드를 가진 공무원들은 정부의 자원은 한정되어 있으므로 자원의 효율적 활용이 중요하며, 따라서 정책과 사업의 시행 시 타당성 검증 등을 통해 불필요한 낭비를 최대한 막는 것을 말한다. 하지만, 이러한 기업가적 마인드가 그냥 형성되는 것은 아니다. 기업가적 마인드를 형성하고 이를 지속시키기 위해서는 앞서 언급한 기업가적 행태에 대한 동기부여와 유인설계를 강화해야 한다.

2) 구조와 형태의 재설계

미래의 바람직한 정부조직은 다양한 행정수요에 기민하게 대응할 수 있도록 각 부서의 업무성격에 따라 그에 알맞은 조직의 모습을 가져야 할 것이다. 이를 위해서는 조직을 업무특성에 적합하도록 간소화하고 다양한 형태의 조직유형의 활용이 필요하다.

구조와 형태의 재설계는 조직의 효과성과 능률성을 제고하기 위한 방안으로서 구조변혁을 의미하고, 규모의 축소, 기구의 통폐합, 계층의 조정, 새로운 조직모형의 도입 등을 말한다(이종범, 1995: 26). 기업가적 정부에서 추구하는 것은 1) 간소한 정부(streamlining), 2) 정부의 조직혁신, 3) 다양한 형태의 조직유형의 활용 등이다.

간소한 정부나 정부의 조직혁신은 기업가적 정부가 잘 운영될 수 있도록 정부의 불필요한 기능을 제거하고 행정수요에 기민하게 대응할 수 있도록 조직을 개편하는 것을 말한다. 또한, 현대행정의 환경은 동태적으로 급변하고 있고 기존의 조직으로는 급변하는 행정환경에 기민한 대응을 할 수 없으므로, 조직목적 실현을 위해서는 신축성 있는 다양한 형태의 조직을 활용해야 한다. 이를 위해서는 팀조직, 프로세스조직, 네트워크조직, 학습조직 등이 고려된다.

3) 업무과정의 재설계

업무과정의 재설계는 기존의 행정프로세스에 대한 조직진단을 통해 행정조직 내부의 권한을 재조정하고, 행정업무 처리과정에 있어서 유사업무, 중복업무, 과잉업무 등을 제거하고 불필요한 결재단계를 축소하는 것을 말하는데, 어느 단계에 어떤 정보기술을 활용하여 생산성을 높일 것인가에 대한 방법론을 의미한다. 업무과정의 재설계를 통해 문서의 낭비, 업무의 중복, 결재의 간소화를 기할 수 있으며, 이를 통해 대폭적 비용절감과 시간절약으로 생산성 높은 행정업무처리가 가능해진다(권기헌, 2003: 446-447).

4) 조직의 학습화

학습조직은 지식을 창출·축적·활용·확산하는 데 능숙한 조직이며, 새로운 지식과 통찰력을 반영하여 행동을 수정하는 데 능숙한 조직이며, 잘못된 지식을 폐기하는 데 능숙한 조직이다. 이를 위해서는 실수가 허용되고 새로운 아이디어의 적용이나 개발에 사명감과 보상제도가 뒤따라야 하며, 정책 실수나 오류에 대한 환류가 보장되어야 한다(권기헌, 2003: 577-578). 또한 최고 지도자는 지속적 학습이 지속될 수 있는 조직 내 분위기를 조성해야 한다.

5. 기업가적 정부의 적용한계

기업가적 정부는 행정서비스 제공의 효율성을 중요시하므로 민주성과 상충될 수 있고, 공공성을 중요시 하는 정부 부문에 이윤성을 추구하는 민간기업의 기법을 도입하는 데 한계가 있다. 또한 성과중심적 운영에 있어서 성과평가의 측정상의 어려움이 존재한다.

1) 민주주의와 기업가적 정부

기업가적 정부를 고객만족과 시민이 원하는 서비스를 효율적으로 제공하는 것을 목적으로 하는 점에서 볼 때, 이는 민주주의를 보완하고 촉진하는 역할을 한다고 할 수 있다. 그러나 기업가적 정부는 관리효율성의 추구라는 패러다임을 초점으로 하며, 이에 따라 법적 지배의 측면이 상대적으로 약화되는 결과를 초래할 수도 있다(Moe, 1994: 112-113). 따라서 지나친 효율 위주의 정책추진이 아닌 민주주의와 조화될 수 있는 기업가적 정부가 필요하다(이종범, 1995: 37).

2) 정부운영과 기업가적 정부

정부는 불특정 다수 국민을 대상으로 평등한 행정서비스의 제공과 빈곤층을 대상으로 한 무상의 서비스를 포함하는 등 공익을 추구한다. 그러나 기업의 경우는 대가를 지불하는 고객에게만 서비스를 제공하는 등 이윤을 추구하며, 최고의 고객에게는 최고의 서비스를 제공한다. 따라서 기업가적 정부 추진에 있어서는 이러한 정부 운영과 기업관리의 철학적 차이를 고려해야 한다.

3) 성과측정과 기업가적 정부

기업가적 정부가 기존의 법이나 규칙중심으로 운영되던 행정관행에서 성과와 결과중심으로 변해야 한다는 것은 정부 운영의 효율성 증진에 많은 도움이 된다. 하지만, 성과중심의 운영을 위해서는 행정성과에 대한 정확한 측정과 객관적 평가가 필요한데, 정부조직의 경우에는 조직목표의 무형성과 추상성으로 인해 성과중심적이고 결과중심적 평가가 어렵다는 한계가 있다.

4) 행정통제와 기업가적 정부

기업가적 정부는 민간에게 위탁할 수 없는 정부의 핵심기능은 정부가 수행하고, 그 이외의 부분은 정부 이외의 조직이 수행하게 함으로써 정부의 불필요한 재량권을 축소하는 정부이다. 따라서 기업가적 정부에서는 불필요한 규제 때문에 발생하던 정부의 비리와 부정을 방지할 수 있는 측면이 있지만, 또 한편으로는 민간위탁과 외부발주를 계약하고 관리함에 있어서 정부관료의 신축성과 재량권이 증가하는 측면도 존재한다. 기업가적 정부의 신축성과 재량권의 확대로 인한 부정과 비리를 방지할 수 있는 행정의 민주적 통제가 필요하다.

5) 참여와 거버넌스의 문제

기업가적 정부는 조직의 효율성을 추구한다. 하지만 대외적으로 시민사회의 참여와 거버넌스적 팀워크를 포함하고 있다. 사실 이 부분까지를 포함하면 효율성 위주의 신공공관리적 거버넌스 개념에 참여와 신뢰를 강조하는 민주성 포함의 뉴거버넌스 개념이 되는 것이다. Osborne과 Gaebler의 11가지 정부 운영의 원리에도 참여와 팀워크, 협의와 네트워크 형성은 포함되어 있다. 하지만, 기업가적 정부 제1의 주안점은 경쟁, 성과, 고객, 효율, 수익을 강조하는 기업가적 조직 운영원리에 초점이 맞춰져 있기에, 기업가적 정부를 협의의 거버넌스 개념으로 보는 것이 통례이다.

제 3 절   성과중심 정부

미국이나 영국 등 OECD 선진국은 급변하는 행정환경에 대응하고, 국가경쟁력을 높이기 위해 기존의 투입이나 과정에 중심을 둔 운영체제에서, 성과나 결과에 중심을 두는 운영체제로 변화하고 있다. 우리나라 역시 이러한 환경에 대응하기 위하여 기존의 투입이나 과정중심의 운영체제에서 성과나 결과에 중심을 두는 운영체제로의 변화를 추구하고 있다.

1. 성과중심 정부의 의의

성과중심 정부란 정부가 목표를 설정하고 이를 달성하기 위한 전략을 수립하는 등 결과에 중심을 둔 정부 운영체제를 강조하는 개념이다. 이러한 결과의 개념은 산출, 성과, 영향 등 3가지로 구분될 수 있다.

첫째, 산출(output)은 정책의 집행으로 나타나는 일차적인 결과이다. 즉, 영세민복지 프로그램에 의하여 수혜를 받는 인원이나, 범죄예방 프로그램에 의하여 적발된 범법자의 수 등과 같은 단기적이고 구체적인 산물이다. 이는 계량적 측정이 비교적 용이하여 정책을 평가하기에 쉽다.

둘째, 성과(outcome)란 정책대상자들에게 일어난 변화이다. 성과는 산출보다 다소 계량화하기가 어려운 효과이며 장기적인 효과이다. 예를 들어 영세민복지 프로그램의 집행으로 영세민들의 영양상태가 좋아졌거나, 프로그램 대상자들의 자활의욕이 높이진 것은 영세민복지 프로그램의 성과라 할수 있고, 범죄예방 프로그램으로 연간 각종 범죄발생건수가 감소한 것은 범죄예방 프로그램의성과라 할 수 있다.

셋째, 영향(*impact*)은 정책의 집행으로 사회에 나타난 변화이다. 예를 들어, 영세민복지 프로그램으로사회적 복지수준이 향상되거나 생활만족도가 높아졌다든지, 범죄예방 프로그램으로 질서의식이회복되고 치안상태가 그 이전보다 좋아져 야간에도 마음 놓고 외출할 수 있게 된 것 등은 정책의영향이라고 할 수 있다(노화준, 1995: 10) 정책영향은 성과보다 더 오랜 후에 나타나는 효과이다.일반적으로 정책의 집행과 정책의 영향 간에는 많은 시차가 있을 뿐만 아니라, 양자간의 인과관계의 규명에는 많은 어려움이 있으므로, 정책영향의 측정은 쉽지 않다(정정길 외, 2005: 56-69).

2. 성과중심 정부의 필요성

1) 행정의 효율성 제고

성과중심 정부는 정부가 추진하는 사업을 평가하여, 효율적이고 효과적인 계획을 수립하는데 필요하다. 또한 기존의 사업이나 서비스의 성과를 분석하여 기존 업무방식의 잘못된 점을 발견하고,이를 시정하는데 필요하다.

2) 행정의 책임성 확보

성과중심 정부는 성과의 결과에 대한 정보를 공개함으로써, 기존의 정부에서 확보하지 못하였던행정의 책임성을 확보할 수 있다.

3) 조직의 강렬한 동기부여

성과중심 정부는 성과를 달성하는 데 기여를 한 공무원에게 강력한 인센티브를 제공하므로, 공무원 조직에 동기부여를 할 수 있다는 면에서 필요하다.

3. 성과중심 정부의 주요 내용

1) 성과에 대한 강조

성과중심 정부는 조직이론에 있어서 투입보다는 산출을 강조한다. 정부가 단순히 공공서비스를제공하기 위해 존재한다는 차원이 아니라, 정부가 무엇을 위해 존재하고 어떤 일을, 얼마나 잘 수행하고, 누가 결과에 대해서 책임을 지는지 명확히 할 수 있어야 한다. 성과중심 정부에서는 "목표에 대한 성취"를 특히 강조하는데, 이를 위해 다섯 단계의 전략적 절차를 제시한다.

첫째, 조직은 먼저 조직 전반적인 전략(*strategy*)을 설정한다. 전략이 없는 조직은 방향타를 잃은 배와 마찬가지이다.

둘째, 조직전체의 전략에서 제시된 목표(*objective*)를 수행하기 위한 프로그램을 개발한다. 프로그램이란 목표를 성취하기 위한 단계별 과정이라고 할 수 있다. 전통적 행정이론에서는 이러한 형태의 프로그램이 명시적으로 제시된 바가 없었다.

셋째, 조직의 구조와 예산은 가능한 한 프로그램 단위로 구성한다. 조직의 과업은 가급적 프로그램(*programmes*)과 세부 프로그램(*sub-programmes*) 그리고 활동(*activities*)으로 구성하며, 이러한 구성을 토대로 예산과 인력을 배분한다. 전통적 행정이론에서는 품목별(*line-item*)로 예산배분이 이루어졌으므로, 프로그램별 성과예산이 구성되지 못했다.

넷째, 전략-목표-프로그램 단위의 조직구성은 성과측정을 가능하게 한다. 또한 직원 개개인에 대한 성과도 측정되며, 이에 따라서 상벌이 부여된다. 바로 이러한 점들이 전통적 행정이론과 다른 점들이다. 전통적 모형에서는 행정에 있어서 전반적인 성과측정은 그 특성상 매우 곤란한 것으로 주장되었으며, 아주 예외적으로 일선 사업부서에서나 가능한 것으로 간주되었다. 성과중심 정부에서는 성과측정을 원칙적인 과제로 보며, 이러한 측정자료는 최고 정책결정자의 조직운영에 있어 귀중한 정보로서 이용된다.

다섯째, 조직목표 달성에 대한 평가를 한다. 프로그램들을 평가하는 과정에서 조직 전반적인 목표가 효과적으로 달성되었는지, 조직전체 차원에서 자원의 분배와 이용은 효율적으로 이루어졌는지에 대해서 평가를 한다.

2) 인센티브 강조

성과에 대한 강조와 함께 인센티브를 강조한다. 성과중심 정부의 주요 강조점들을 보면, 조직에 있어서의 성과지표의 도입 및 이와 연계된 성과급과 연봉제의 도입, 관리자들에게 예산과 인력운용에 있어서 신축성과 함께, 책임 부과, 계약제 공무원 및 개방형 임용방식의 확대 등을 들 수 있다. 이러한 정책변화들은 경제학적 이론이 뒷받침되어 있는데, 그것은 "조직이나 개인이 최대한의 능력을 발휘하기 위해서는 인센티브체제가 잘 구축되어 있어야 한다"는 것이다.

3) 정부기능 재조정

성과중심 정부는 "정부가 기존에 해오던 활동을 모두 유지해야 하는가?" 하는 근본적인 질문을 제기하면서, 정부 활동범위가 너무 방대하게 늘어났다는 비판을 하고 있다. 이러한 관점에서 정부의 활동을 몇 가지 리트머스 시험지에 넣어 전면적인 기능 재조정을 해야 한다고 주장한다. 먼저, 정부의 활동을 과(課) 단위와 같은 기초단위에서 기능과 활동에 대해 정밀분석을 하고, 이러한 활동을 1) 시장에 맡길 때, 2) 지방자치단체로 권한이양을 했을 때, 혹은 3) 규제완화 및 규제철폐를 했을 때 어느 쪽이 더 비용효과적인지를 판단해야 하며, 시장에 맡기는 경우에도 1) 민간위탁이나 외부발주가 좋은지, 2) 민영화가 좋은 지, 혹은 3) 책임운영기관화의 형태가 좋은지의 여부를 판단할 필요가 있다는 것이다. 성과중심 정부는 이러한 판단과 평가를 기초로 정부기능 재조정이 이루어져야 하며, 이를 토대로 다시 조직 재설계와 인력 조정이 이루어져야 한다고 주장한다.

4. 성과중심 정부의 실현방안

성과중심 정부의 실현방안을 조직, 인사, 예산의 측면에서 살펴보면 다음과 같다.

1) 조직관리

조직의 측면에서 성과주의 정부를 실현하기 위한 방안은 시장성 테스트($market\ testing$)[3]를 통한 정부기능 재조정과 조직 재설계, 팀제의 운영 등 다양한 방안이 있다.

(1) 팀 제

㈎ 의 의

팀제($team-based\ organization$)는 조직 내의 수직적·타율적·기능적 경계를 허물고, 수평적·자율적·다기능적으로 운영되는 조직을 의미한다.

팀제는 자율성과 전문성을 필요로 하는 업무수행을 위해 만들어진 조직으로, 업무영역의 세분화보다는 특정 임무 달성을 위한 조직형태이다. 또한 구조적으로 수평적이고 유기적 조직이고, 관리적으로 참여와 팀워크를 중시하는 조직이다.

㈏ 필요성

팀제가 도입된 이유는 기존의 관료제로써는 급변하는 환경에 대응하기 어렵기 때문이다. 즉, 관료제의 병폐를 극복하기 위해서, 그리고 환경 변화와 고객의 요구에 기민하게 대응하기 위해 도입된 것이다.

팀제의 도입을 통해 조직의 유연성과 정책품질의 향상을 통해 조직의 경쟁력을 높일 수 있고, 조직의 성과를 제고할 수 있어, 이는 성과중심 정부 실현에서 중요하게 거론되는 조직모형이다.

㈐ 이론적 근거

팀제가 효과적이라는 근거는 다음의 두 가지 이론적 배경에 근거한다(김병섭·오시영, 2005: 414-415).

---

3 시장성 테스트(Market Testing)란 정부업무에 대하여 (1) 반드시 필요한 업무인가? (2) 반드시 정부가 책임져야 하는 업무인가? (3) 정부가 직접 수행하여야 하는 업무인가? (4) 정부가 수행할 경우 효율성 증대방안은 무엇인가? 등의 기준에 따라 재검토하여, 그 결과에 따라 민영화, 민간위탁, 책임운영기관 등 다양한 효율화 방안을 증대시키는 절차를 의미한다. 이는 위에서 검토한 정부기능 재조정을 의미한다.

첫째, 팀제에서는 팀원에게 부여된 자율성을 통해, 팀원들이 자기 목표설정과 같은 인지적이고 행동적인 기제로 자율적 행동을 촉진한다고 본다(Manz & Sims, 1987).

둘째, 팀제의 업무나 조직설계가 팀원들을 동기부여 시킨다는 것이다. 기술다양성, 업무자율성, 업무단일성, 업무중요성이 높고, 피드백에 수준이 높은 업무는 팀원들의 내적 동기화를 유발시키고 이는 다시 높은 직무만족과 수행을 가져오게 한다는 것이다(Hackman & Oldham, 1975).

⒧ 정부 팀제 도입의 주요 내용

2005년 4월부터 행정자치부는 정부기관 최초로 지난 수 십년간 유지해온 실-국-과 체제를 탈피하고, 본부제와 팀제를 전면 도입하는 조직개편을 단행하여, 총 5본부와 48팀제로 개편하였으며, 이어서 청소년위원회, 기획예산처, 조달청, 국정홍보처 등이 도입하였다. 이 같은 정부부처별 팀제의 도입목적과 지향은 각기 다르나, 조직의 성과향상과 급변하는 환경에 따른 탄력적 대응, 업무의 효율화와 자율적 책임행정의 구축을 지향한다는 공통점을 지니고 있다.

그러나 이명박 대통령 취임 이후 행정자치부는 조직의 개편이 확정되어 행정안전부로 편제를 변경하면서 기존의 소위 '대국대과' 체제로 회귀하였다. 이후 행정안전부는 2008년 5월초에 각 자치단체에 20~30명 이상의 과단위로 조직을 운영하라고 지침을 내려보내기도 하였다. 계급주의와 연공서열을 핵심으로 하고 있는 관료조직에서 팀제의 적용이 어렵다고 판단하여 실국제로 회귀한 것으로 해석할 수 있다. 그러나 팀제가 훌륭한 성과를 거두고 있는 경우도 있으며, 해당 조직의 업무성격에 따라서 보다 적합할 수도 있다는 점이 고려되어야 할 것이다.[4]

⒨ 주요 쟁점

정부조직에 팀제 도입 및 운용성과에 대한 평가는 향후 이루어지겠으나, 몇 가지 쟁점을 살펴보면 다음과 같다.

첫째, 우리나라의 경우 직장에서의 신분이 곧 사회적 신분으로 평가되고 있기 때문에, 이 둘이 연계되어 있는 이상 팀제의 도입으로 인해 직장에서의 직급의 폐지는 사회적 신분 상실감으로 확대될 가능성이 매우 높다. 이와 같은 맥락에서 보면, 결과적으로 팀제 때문에 자리가 박탈된 간부들이 권한 상실을 기득권 상실로 받아들여 사기의 저하가 일어날 수 있으며, 간부들의 권한 상실로 조직 내 위계질서나 기강의 해이가 일어날 우려도 전혀 배제할 수 없다(정삼철, 1998: 11).

둘째, 변화가 제대로 정착되지 않으면 조직관성에 의해 다시 이전으로 회귀하게 된다. 도입취지가 제대

---

4 강진군의 경우 시범적으로 '기업형 팀제'를 추진하고 있었는데, 행정안전부의 과 단위 조직 운영지침을 받은 후 팀제의 효과를 평가한 후 그 결과에 따르겠다고 행정안전부를 설득하였다(강진신문, 2008년 5월 23일). 2009년 2월 12일 취임한 30대 원세훈 국정원장은 팀제의 도입에 따라 기존의 연공서열이 무너져 조직일각의 많은 반발이 있었다는 지적에도 불구하고, 팀제 활성화를 통해 신축성 있는 조직 운영과 경쟁시스템을 강화할 필요가 있다고 강조하고 있다(조선일보, 2009년 2월 13일).

로 구현되도록 확실하게 제도를 정착시켜야 하며, 그동안 고착되어온 계층제적·계급제적 경직된 수직적 문화에서 빨리 탈피하도록 다양한 측면에서의 노력이 지속적으로 이루어져야 한다. 아울러 목표중심·성과중심의 진취적이고 합리적이며, 수평적인 조직문화 형성이 함께 이루어지도록 해야 할 것이다.

셋째, 장관을 비롯하여 본부장 및 팀장 등 관리자의 적극적인 리더십이 필요하다. 조직혁신의 성공여부는 관리자가 얼마나 제 기능을 수행하는가에 달려 있다. 관리자는 먼저 팀제 도입의 필요성을 충분히 공감하고, 정기적인 환류(*feedback*)를 통해 팀과 팀원의 업무수행을 점검하면서, 팀원의 태도와 행동이 조직의 목표와 가치로 수렴되도록 유도해야 한다. 또한, 조직 내 원활한 의사소통과 의사결정에의 참여 확대 등 보다 민주적이고 활기찬 조직분위기를 형성하는 데 주도적인 역할을 담당해야 한다(김상묵, 2005: 69).

(2) 책임운영기관(executive agency)

㈎ 의 의

책임운영기관이란 정부가 수행하는 사업 중 공공성을 유지하면서도 경쟁원리를 도입하여 운영하는 것이 바람직한 사업에 대해, 책임운영기관장에게 운영 및 예산의 자율성을 부여하고, 그 운영성과에 대해 책임을 묻는 제도를 말한다.

책임운영기관은 관료제의 계층제적 조직구조와 경직적 운영방식으로 발생하는 단점을 극복하고, 공공서비스를 탄력적이고 국민중심적으로 제공되도록 변화시켜 효율적 자원관리를 달성하려는 데 목적이 있다.

㈏ 배 경

책임운영기관은 민간기업의 방식을 도입하고, 정책결정과 집행기능을 분리하는 조직이원화 전략을 사용하며, 운영 및 예산사용에 대하여는 재량권을 부여하고, 책임을 강조하는 신공공관리론(NPM)의 조직원리에 따라 등장하였으며, 이는 성과중심 정부 실현의 한 방안으로 해석된다.

"책임운영기관의 설치·운영에 관한 법률"에 근거하여 2000년부터 시범사업이 실시되었으며 2001년에 13개 기관을 추가하여 2005년까지 23개를 운영하다 2006년에는 45개 기관으로 확대하였다. 최근에는 2008년 7월 기준으로 기업형 18개, 행정형 28개 등 총 46개 기관이 책임운영기관으로 운영되고 있다. 기업형은 의료기관(10개)과 시업형 사업기관(8개)으로 구분되며 행정형은 통계기관(12개)과 연구기관(8개) 그리고 행정형 사업기관(8개)으로 구분된다(책임운영기관제도종합평가보고서, 2001; 2005; 2006; 2008). 책임운영기관제도는 정부조직 운영에 있어 독립기관화를 통해 성과책임성을 확보하고자 하였다는 점에서 우리나라 정부조직제도의 발전에 있어 중요한 의미를 갖는다. 그러나 아직까지 책임운영기관들은 기관 운영의 자율성이 부족하며, 특히 고객중심의 성과책임성 확보가 아직까지는 미흡하다는 비판이 지속되고 있다(박희봉, 2007; 이남국, 2007).

㈐ 특　징

책임운영기관은 다음과 같은 특징을 지닌다.

첫째, 책임운영기관은 공공성 측면에서 민영화가 어려운 기능을 정부가 직접 수행하기 위한 제도이다. 따라서 이는 공공성을 유지하면서 신축성을 보완하는 제도이다.

둘째, 책임운영기관은 조직의 이원화 전략을 취한다. 정책결정과 집행, 통제와 서비스를 구분한 뒤, 집행과 서비스 제공기능을 중앙기관에서 분리 담당하는 제도이다.

셋째, 책임운영기관은 기관장을 계약직으로 공개 채용하고, 소속직원들은 공무원 신분유지하는 제도이다.

넷째, 책임운영기관은 매년 성과계획서와 성과보고서를 작성·제출하게 되며, 이를 위해 행정안전부에 별도의 평가위원회가 구성된다.

㈑ 평가와 한계

책임운영기관제도의 도입은 공공부문에 경쟁원리의 도입을 통해 기관운영의 효율성이 증진되고, 재정자립도가 향상되는 효과를 가져온다. 또한 성과관리방식의 채택을 통해 기관운영의 자율성이 확대되었고, 정책집행 시 탄력성과 효율성이 증대되며, 고객에 대한 서비스의 품질이 향상되었다는 긍정적인 평가를 받는다.

그러나 정책결정과 집행기능의 이분화로 인해, 정책집행 시 현장 정보의 환류가 차단되고 거래비용의 확대가 우려되는 단점이 있다. 또한 객관적인 성과평가제도가 확보되지 않는 경우 책임성 확보에도 문제가 발생할 수 있고, 지나친 민영화의 추진으로 인해 공무원의 사기저하가 문제될 수 있다. 마지막으로 시장원리에 대한 강조로 인해, 공공서비스의 형평성과 안정성이 저하될 가능성이 있다.

㈒ 개선방안

바람직한 책임운영기관제도의 정착을 위한 방안을 검토하면 다음과 같다.

첫째, 책임운영기관 기관장의 공개채용 활성화함으로써, "정실배제, 실적중시" 원칙이 지켜져야 한다.

둘째, 책임운영기관 기관장에 대한 책임기준을 명확히 하고, 일정한 성과를 달성하는 경우 인센티브를 보장해 주어야 한다.

셋째, 책임운영기관 조직 및 인사관리의 자율성이 확대되어야 한다. 책임운영기관에 대한 조직평가는 중앙행정기관에 설치된 운영심의회 및 행정자치부에 설치된 평가위원회가 이중으로 평가하는 등 성과평가체제가 이원화되어 있는 문제가 있다.

넷째, 책임운영기관 예산 및 회계관리의 자율성이 확대되어야 한다. 현재는 이용 및 전용범위를 매

회계연도마다 중앙행정기관의 장과 기획예산처 장관이 협의하여 결정하는 등 책임운영기관의 예산 및 회계관리의 자율성이 부족하다는 문제가 있다.

다섯째, 고객에 대한 공공서비스의 향상 정도를 지속적으로 체크하여야 하며, 고객만족 행정구현을 위한 기관 자체의 개편과 구성원의 인식제고 노력이 필요하다.

2) 인사제도

인사의 측면에서 성과중심 정부를 실현하기 위한 방안으로서, 총액인건비 제도, 전보제한 및 경력관리제도, 고위공무원단 제도에 대해 검토하도록 한다.

(1) 총액인건비 제도

총액인건비 제도는 각 부처가 정해진 인건비 한도 내에서 인력운영의 자율성을 극대화하기 위한 제도로서, 인력의 수와 직급, 기구의 설치 및 인건비의 배분까지 자율성을 보장하는 제도이다.[5] 이는 인사제도의 신축성과 융통성 확보를 통해 인사관리의 효율성을 증진하기 위한 제도이다. 우리나라의 경우 2005년도 하반기 시범실시 후, 단계적 준비를 거쳐 2007년 전면실시에 들어갔다.

우리나라의 경우 2005년 6월 행정자치부, 노동부, 농림부 등 8개 기관 및 23개 책임운영기관이 총액인건비제 시범운영 대상기관으로 선정되어 2005년 7월 시범실시가 이루어졌으며 그 후, 단계적 준비를 거쳐 2007년 1월 전 중앙행정기관에 전면 시행되었다.

중앙인사위원회의 경우 시간외 근무수당 인정시간을 월 67시간에서 50시간으로 낮추고 연가보상비를 3일씩 절감하여, 절감된 인건비로 인력 6명을 증원하여 운영하고 있다. 또한 공무원 보수는 그동안 관련 규정에 따라 경직되게 운영하였으나, 2007년부터 전 부처의 공통기준이 필요한 봉급, 정근수당 등 일부수당은 기본항목으로 분류하여 종전대로 운영하되, 특수업무수당, 위험근무수당, 초과근무수당 등 38종의 수당 및 실비변상 항목과 성과상여금, 성과연봉은 자율항목으로 분류하여 각 부처가 지급범위, 지급액 등 지급기준에 관하여 자율적으로 조정할 수 있도록 하였다.

총액인건비 제도는 1990년대 이후 영·미계 국가는 물론 북유럽 국가까지 채택하고 있는 제도로서, 일선 관리자에게 권한을 부여하고 인센티브를 제공하는 것이 관리자의 실질적 관리를 보장하고, 성과향상에 기여한다는 기본가정에서 시행된 제도이다.

총액인건비 제도는 자율성을 강조하고 있는데, 자율성은 인건비 총액 한도 내에서 인건비 배분의 수준과 결정을 자율적으로 하는 것과, 필요한 인력의 규모와 종류를 자율적으로 결정하는 것을 그 내용으로 한다.

(2) 전보제한 및 경력개발제도

경력개발제도(CDP: Career Development Program)란 "조직체에서 요구하는 인적자원과 조직구

---

5 총액인건비 제도에 대한 상세한 내용은 제7장 인사이론을 참고하길 바람.

성원이 희망하는 경력목표를 통합시켜 구성원의 경력경로를 체계적으로 계획, 조정하는 인사관리제도"를 말한다. 이는 인사제도의 전문성 강화를 통해 인사관리의 효율성을 증진하기 위한 제도이다. 우리나라의 경우 2005년 공무원의 전문성을 강화하기 위해서 전문분야별 보직관리제[6]를 운영하였고, 2006년부터 경력개발제도의 시행에 따른 운영매뉴얼을 발간하여 지속적으로 보완·발전시켜 나가고 있다. 여기에는 전문분야별 보직관리 형태의 경력재발제도와 개인주도형태의 경력개발제도가 운영되고 있는데, 전문분야별 보직관리 형태의 경력개발제도는 부처의 조직을 몇 개의 전문분야와 하나의 공통분야로 구분하고, 개인별로 전문분야를 지정한 후 지정된 전문분야 내에서 인사관리를 실시할 수 있도록 하는 것이다. 이에 반해 개인주도형태의 경력개발제도는 전문분야별 보직관리 형태의 경력개발제도와 달리 직원 개인이 경력목표와 희망보직경로를 설계한 후 이를 달성하기 위하여 꾸준한 자기개발을 진행함으로써 개인의 전문성을 함양시키는 것이다(행정자치부, 2007: 7).

우리나라의 인사제도는 계급제와 직업공무원제를 기본으로 하고 있어, 전문인력의 공직사회 유입과 충원이 어려워 공무원 사회의 전문성을 확보하기 어려웠다. 또한 기존의 공무원 역시 전문성을 확보하기 위한 체계적 프로그램이나 인사관리제도가 미비하여, 기존 공무원의 전문성 확보에도 어려움을 겪었다. 이러한 어려움을 타개하고 공직의 전문성을 확보하기 위한 제도로 등장한 것이 전보제한 및 경력개발제도이다. 즉, 경력개발제도는 독립적이고 새로운 제도라기보다는 인력계획, 교육훈련, 성과관리 등과 연관되어 있으며, 이러한 요소들을 합리적으로 연결·통합하는 제도라고 볼 수 있다. 따라서 경력개발제도라고 하여 경력개발의 통합적 시스템을 일순간에 수립하려고 하기 보다는 조직문화와 자원시스템의 수준, 그리고 HRD(Human Resource Development) 성숙여건 등을 고려하여 속도와 범위를 정하고 운영해야 할 것이다.

경력개발제도는 공무원 개인의 자아실현의 욕구와 잠재력의 증진을 중요시하면서, 조직에 필요한 인재를 육성하고, 이를 통해 조직의 성과 및 효율을 높이려는 제도이다. 따라서 경력개발제도를 성공적으로 운영하기 위해서는 우선적으로 공무원 조직이 처해 있는 현재의 상황을 면밀히 분석하고, 조직의 최고 책임자는 조직구성원들에게 비전을 제시하고 공감대를 형성하도록 노력하여야 한다. 또한 경력개발제도는 개인의 역량을 발전시키기 위한 제도이므로, 공무원 개인이 스스로 선택하고 책임질 수 있는 제도로 발전하여야 한다.

공무원의 전문성을 강화하기 위해서, 그리고 공무원 조직의 안정성을 보장하기 위해서는, 지나치게 빈번한 보직변경이 이루어져서는 안 되며, 이를 방지하기 위해서는 전보제한을 두는 것이 필요하다. 우리의 경우 2006년 경력개발제도의 도입과 함께 공무원 임용령을 개정(2006. 7. 1)하여 전보의 제한연수를 1년에서 2년으로 확대하여 현재까지 유지하고 있다. 이는 전보의 연수를 확대

---

6 전문분야별 보직관리제는 부처의 업무를 몇 가지 전문분야와 공통분야로 구분하여 개인의 전공, 특기 및 적성 등을 고려해서 분야별 보직경로를 설정하고 보직관리와 교육훈련을 연계하여 운영하여 특정 분야의 전문가를 양성하는 제도이다.

함으로써, 공직의 전문성을 강화하겠다는 취지를 살리는 것이다(정부, 2007b).

(3) 고위공무원단 제도

고위공무원단 제도란 정부의 상위직 1~3급 공무원을 중·하위직 공무원과 구분하여 정부 전체적 차원에서 통합관리하고, 개방성·이동성·성과성 등의 인사운영원칙을 통하여 고급 인력의 경쟁력과 정부 생산성을 높이고자 하는 제도이다.

우리나라의 고위공무원은 국정 운영에서 중요한 위치를 차지함에도 불구하고, 지금까지 체계적으로 관리되지 못하여 자기 부처 출신의 폐쇄적인 고위직 임용으로 인해 정부업무에 대한 전반적 이해가 부족하였고, 빈번한 보직의 변경으로 인하여 전문성을 확보하지 못하였다. 이러한 문제를 극복하고, 지식정보사회에서 요구하는 고위공무원 양성을 위해 정부는 2006년 7월 1일부터 고위공무원단 제도를 실시하였다.

고위공무원단 제도의 핵심요소는 첫째, 개방형직위제도·직위공모제를 통한 고위직의 개방과 경쟁을 제고하는 것이고, 둘째, 역량평가제, 교육훈련, 최소보임기간 설정 등을 통한 고위공무원의 능력발전을 도모하는 것이며, 셋째, 직무성과계약을 통한 고위공무원의 성과제고와 책임확보이며, 넷째, 고위직 인사교류를 통한 통합적인 시각을 가진 고위공무원의 양성이다.

따라서 고위공무원단 제도는 기존에 개별적으로 운용되던 1) 직위공모제, 2) 개방형 임용, 3) 고위직 인사교류, 4) 직무성과계약제 등 4가지의 제도들을 통합적 시각에서 운용함으로써, 고위공무원들의 개방과 경쟁, 능력발전, 성과제고, 통합적 시각을 향상시키기 위한 취지에서 도입된 제도라 할 수 있다.

(가) 직위공모제

직위공모제(*job posting*)는 정부 내 고급 인력을 효율적으로 활용하기 위해, 결원 발생 시 정부 내 공개모집을 통하여 적격자를 선발하는 임용제도를 말한다.

직위공모제의 도입은 인사권의 분화를 통한 성과의 증진에 기여하고, 고위공무원의 인사에 있어 능력과 실적 중심의 공정하고 객관적인 인사가 가능해지고, 인사교류를 통하여 부처 간 상호이해 및 정책조정을 강화하는 장점이 있다.

우리나라의 경우 2000년 11월 '공무원 직위공모에 관한 규정'이 제정되어 시행되었으나, 2006년 7월 고위공무원단 제도가 시행되면서, 직위공모제는 고위공무원단 제도에서 고위직 직위를 공모하는 활용수단으로 이용되고 있다.

직위공모제는 조직문화가 공무원 개인의 다양성을 인정하고, 서로 간 능력을 경쟁하는 열린 조직문화 속에서 성공할 수 있는 제도이다. 그러나 우리나라는 아직도 연공서열에 의한 승진과 임용이 잔재하고 있어 직위공모제의 운영에 있어 깊은 주의를 요한다.

(나) 개방형 임용

개방형 임용(*open career system*)은 공직의 모든 계급이나 직위를 불문하고 신규채용이 허용되는 인사체제이다. 공직의 개방에 따라 외부전문가나 경력자에게 공직의 문호를 개방하여, 새로운 지식과 기술, 참신한 아이디어를 받아들임으로써, 공직의 침체를 막고 공직을 새로운 기풍으로 진작시켜 정부조직의 혁신을 도모하는 의의를 갖는다.

우리나라에서 개방형 임용은 1999년 11월 개방형 인사제도 도입 당시 38개 기관, 129개 직위에 불과하였으나, 2007년 12월 현재 46개 기관 220개 직위로 확대 운영되고 있고[7] 그 중 충원 완료된 196개 직위의 민간인 및 타부처 공무원 등 외부임용률이 56.1%에 이르고 있다. 특히, 외부 응모와 임용이 활성화 되어 경쟁 분위기가 확산되는 가운데, 외부임용률이 국민의 정부의 19.5%에 비하여 참여정부의 임용률은 44.9%로 변화를 보여왔다.

개방형 임용은 공무원의 신분의 지나친 보장으로 인해 발생한 무사안일주의나 전문성 저하문제를 해결하기 위한 제도로 등장하였다. 개방형 임용은 폐쇄형 인사체제에서 발생하는 획일적 채용을 통해 확보할 수 없는 전문가를 임용할 수 있으므로, 조직의 전문성을 제고시킬 수 있고, 학습을 통해 조직 내 전문성을 축적할 수 있는 장점이 있다.

정부개방형 임용의 확대는 공직사회에 경쟁과 변화를 일으키고 있으며, 이는 우리나라 정부 운영 패러다임을 변화시키는 촉매제 역할을 하고 있다. 그러나 아직도 일부 직위에 있어서는 민간수준과의 보수격차, 임기만료 후의 신분불안 등으로 우수인재의 확보가 미약하다는 문제가 있는바, 향후 성과가 우수한 자에 대한 특별채용 확대 등을 통해 장기적 안목에서 개방형 임용제도의 장점을 살려나가야 할 것이다.

우리나라와 같이 직업공무원제도를 사용하는 국가에서 개방형 임용을 시행하는 경우, 기존의 내부 공무원의 승진이 저해되어 사기를 저하시킬 수 있으며, 객관적이고 공정한 공개시험을 통해서 임용되는 것이 아니기 때문에, 개인적 친분이나 정치적 신념 등 주관적 기준에 의해 임용될 우려가 존재한다. 또한 공무원의 신분이 한시적으로 적용되므로, 공무원 사회의 안정성을 저해할 가능성도 있어 주의깊은 운영이 요구된다.

(다) 고위직 인사교류

고위직의 인사교류(*senior service exchange*)는 정부운영의 핵심적 구성부분인 고위 공무원이 정부조직 전반에 대한 이해를 높이고, 넓은 시야를 갖게 하여 국민전체를 고려하는 범정부적 시각을 기초로 정책활동을 수행하기 위한 취지로 시행되는 제도이다.

지식정보사회에서 급변하는 사회환경은 다양하고 복잡한 문제를 양산하고 있으며, 이를 대응하

---

7 행정안전부 인사실(http://www.mopas.go.kr/gpms/view/korea/korea_index_vm.jsp?cat=bonbu/pers&menu=pers_07_02).

기 위해서는 정부 한 조직이 아닌 전 조직이 상호협력 하에 통합주의적 사고로 문제를 해결해야 한다. 그러나 기존의 인사제도는 자기 부처 출신의 폐쇄적 임용으로, 정부업무의 전반적 이해가 부족하여 타조직과의 연계가 어려운 실정이었다. 따라서 정부의 전반적 업무의 이해와 범정부적 정책조정을 위해 넓은 시야가 요청되며, 이를 위해 부처 간 고위직의 교류가 필요하게 되었다.

우리나라 고위직 공무원에 대한 인사교류방안은, 2003년 9월 중앙부처 간, 중앙·지방 간, 정부·민간 간 인사교류 활성화 방안에 대한 국무회의 보고에서, 고위 공무원에 대한 인사교류방안이 제시되면서 본격적으로 추진되었고, 2004년 1월 2일 대상 직위가 확정되어 2004년 1월 20일부터 국장급 교류가 시작되었으며, 2006년 7월 고위공무원단 제도가 시행되면서 개방형인사제도와 직위공모제도 등을 통합 시행하고 있다.[8]

고위직의 인사교류를 통해 얻을 수 있는 효과는, 공무원 개인의 차원, 관련 부처 차원, 정책 차원, 정부전체 차원을 나누어서 설명할 수 있다.

첫째, 공무원 개인은 고위직의 인사교류를 통해, 자신이 가진 기존의 전문지식에 다양한 경험과 통찰력, 리더십 등 고위직에서 필요한 역량들을 학습하고 개발할 수 있는 기회를 가질 수 있다.

둘째, 관련 부처는 고위직의 인사교류를 통해 조직의 폐쇄성을 탈피하고, 조직 간 인력의 균형성을 확보할 수 있으므로 탄력적인 조직운영과 관리를 가능하게 된다.

셋째, 정책은 어느 한 국민에 영향을 미치는 것이 아니라, 국민전체에 영향을 미치는 것이므로 정책의 효율성이 담보되어야 한다. 고위직의 인사교류는 정부 부문 전체에 전문인력을 균형적으로 배치하고, 정부전체적 활용이 가능해지므로 효율적 정책을 확보할 수 있게 한다.

마지막으로, 정부전체적 차원에서는 고위직의 인사교류를 통해 다른 부처의 지식이나 정보를 획득할 수 있고, 이를 상호공유, 확산, 활용함으로써 지식네트워크를 구축할 수 있고, 학습을 통한 정책 역량 극대화가 가능해진다.

우리나라에서 고위직의 인사교류를 통한 효과를 얻기 위해서는 합리적 고위직의 인사교류가 필요하지만, 그보다 시급한 문제는 다른 부처의 직원의 임용을 꺼려하는 인사권자와 관련 공무원들의 배타적이고 할거주의적인 행태와 폐쇄적 인사관행을 타파하는 것이다. 이를 위해서는 조직인사권자와 공무원 개인의 개방적이고 협력적 마인드의 양성과 열린 조직문화가 조성되도록 노력하여야 할 것이다.

⒧ 직무성과계약제

직무성과계약제(*job performance contract*)는 장·차관 등 기관의 책임자와 실·국장·과장 간에 성과목표 등에 관하여 성과계약을 체결하고, 그 이행 정도를 측정·평가하여 그 결과를 성과급, 승

---

8 중앙인사위원회 홈페이지(http://www.csc.go.kr/exchange/) 참조.

진 등에 반영하는 인사관리체제이다.

직무성과계약제는 종래의 성과에 대한 평가가 목표와의 연계성보다는 개별적인 산출이나 절차에 대한 평가에 중점을 두어 성과에 대한 평가가 어려웠고, 기존의 MBO가 공무원과 정부조직 간의 목표설정에 있어 대화 없이 설정됨으로써 유명무실화 되었던 배경에서 도입되었다.

직무성과계약제는 조직의 목표를 설정하고, 이를 바탕으로 개인의 목표가 설정되므로, 조직과 개인의 목표가 조직의 목표를 중심으로 긴밀하게 연결될 수 있고, 최고 관리자들의 조직성과에 대한 관심과 책임의식을 갖도록 유도할 수 있는 동시에, 조직구성원의 동기부여와 지원활동을 강화하는 데 기여할 수 있다. 또한 성과에 대한 평가를 통해 성공요인과 실패요인을 조직 내 지속적으로 축적함으로써 정책학습을 높일 수 있다.

직무성과계약제가 성공하기 위해서는 조직의 목표를 설정하는 단계에서 조직 내외의 다양한 주체의 참여를 보장하고, 조직 내외의 다양한 주체와 합의한 성과계약이 마련되어야 한다. 또한 성과측정을 위한 성과지표가 마련되어야 하며, 성과에 대한 객관적 평가와 조직에의 기여도, 성과향상을 위한 노력 정도 등을 종합적으로 평가함으로써, 평가결과를 학습할 수 있는 조직분위기를 조성하는 것이 필요하다.

3) 예산제도

예산 측면에서 성과주의 정부를 실현하기 위한 방안은 예산 운영의 신축성을 제고하고 시장원리를 적용하는 것으로써, 여기에서는 "3+1 개혁"이라고 불리는 국가예산제도 개혁의 내용에 대해 살펴보기로 한다. 즉, 국가재정운용계획(MTEF: Mid-Term Expenditure Framework), 총액배정·자율편성(top-down) 예산제도, 디지털예산회계시스템(BAR), 성과관리제도(BSC) 등에 대해서 살펴본다.

(1) 국가재정운용계획(MTEF: Mid-Term Expenditure Framework)

국가발전전략으로서 재정의 역할은 대내외 경제·사회여건 변화에 따라 그 중요성이 점차 증대됨에 따라 중기적 관점의 국가재정운용계획이 강조되고 있다.

우리나라는 1962년부터 경제개발 5개년 계획을 수립하여 국가발전의 비전과 목표를 제시함으로써, 눈부신 경제성장을 이룩한 바 있다. 또한 제5공화국 출범 이후 1982년부터 만성 재정적자를 해소하고, 중기적 시각에서 재정을 관리하기 위해 중장기 재정운용계획제도를 도입하여 운영해 왔다. 그러나 중기재정계획은 매년 연동계획 수립을 전제하고 있음에도 새 정부의 출범 등 특정한 해에만 작성되는 경향이 있었다.

현재까지의 중기재정계획은 개략적인 투자방향을 제시하는데 그쳤으며, 단년도 예산편성 및 기금운용계획 수립과의 연계도 미흡했을 뿐만 아니라, 대외적으로 공개되지 않고 내부 참고자료로만

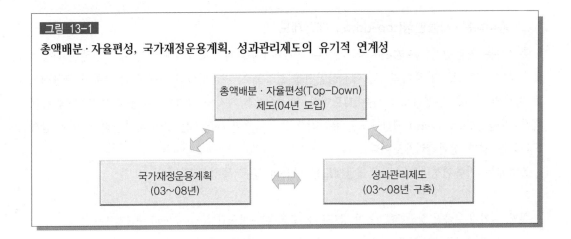

그림 13-1

총액배분·자율편성, 국가재정운용계획, 성과관리제도의 유기적 연계성

총액배분·자율편성(Top-Down)
제도(04년 도입)

국가재정운용계획
(03~08년)

성과관리제도
(03~08년 구축)

활용됨에 따라 그 실효성도 높지 않았다.

참여정부에 들어와서야 종래 중기계획과는 달리, 재정수지·국가채무 등 총량목표와 구체적인 재원배분계획을 제시하고, 단년도 예산 및 기금운용계획의 기본틀로 활용하기 시작하였고 계획의 포괄범위도 넓어져 종래 일반회계 등 예산중심에서 예산과 기금을 망라하는 통합재정기준으로 작성하고 있다.

참여정부는 예산과 기금을 포괄하는 통합재정기준으로 5년 단위 국가재정운용계획을 의무화하여, 중장기적 시계(*time horizon*)에서 정책에 기초하여 국가재원을 전략적으로 배분하고, 재정건전성을 유지하고 투명성을 제고해 나간다는 계획을 제시하였다. 이는 2008년 예산안에도 잘 나타나는데, 국가재정운용계획은 국가의 역할과 지원이 필요한 분야에 중점 지원한다는 것이며, 산출의 총 가치를 예상하여 정책의 우선순위를 정하기 때문에 자산의 실시간 감가상각과 동태적 자산측정을 측정하는 데 도움을 줄 수 있다는 것이다(정부, 2007a: 2). 즉, 국가 총 중점사업을 선정함으로써 나타나게 될 영향력을 총체적으로 고려한 후 얻어진다는 측면에서 산출예산제도(*new performance budget system*)의 한 형태라 하겠다.

이러한 국가재정운용계획이 도입되면서 1) 재정운용의 효율성, 2) 재정운용의 건전성, 3) 재정운용의 투명성 등의 효과를 기대할 수 있는바, 향후 국가재정운용계획상의 분야별 투자규모를 총액배분·자율편성(*top-down*) 예산제도의 부처별 지출한도로 활용하여 단년도 예산 및 기금운용계획과 연계하고, 예산편성과정에서 부처의 자율성과 전문성이 제고될 수 있도록 제도적으로 뒷받침하며, 5년 단위로 수립된 국가재정운용계획을 경제·사회여건 변화 등을 반영하여 매년 연동·보완해 나갈 필요가 있을 것이다.

(2) 총액배분·자율편성(top-down) 예산제도

총액배분·자율편성(*top-down*) 예산제도는 국가재정운용계획(MTEF)에 의해 미리 정해진 기준지출금액을 기준으로 각 부처의 1년 예산상한선을 설정하고, 지출상한선 안에서 각 부처가 자율적으로 자신의 예산을 편성하도록 하는 제도이다. 즉, 중기적 시각의 국가재정운용계획(MTEF)와 총액배분·자율편성(*top-down*) 예산제도는 유기적으로 연계되어 운영되는 것이 바람직하며, 이와 함께 고려되는 것이 성과관리제도이다.

총액배분·자율편성(*top-down*) 예산제도는 다음과 같은 특징을 지닌다.

첫째, 국가의 전략적 정책기획기능이 강화된다. 총액배분·자율편성(*top-down*) 예산제도는 종래의 부처별 예산요구를 받아 조정하는 Bottom-Up 방식이 아니라, 지출총액을 먼저 결정하고 분야별, 부처별 지출한도를 설정한 다음 사업별 계수에 착수하는 방식을 취한다. 따라서 지출총액 내에서 우선순위에 의해 부처 내에서 자율적으로 재원을 배분하여 전략적으로 사용할 수 있게 된다.

둘째, 부처의 자율과 책임을 강조한다. 총액배분·자율편성(*top-down*) 예산제도는 부처에서 예산총액 한도 내에서 자율과 책임을 갖게 된다. 정부 각 부처는 지출총액 내에서 자율적으로 예산의 이용을 할 수 있으며, 이를 위해 전략적으로 계획을 세우고 집행하게 되며, 그 성과에 대한 책임을 지게 된다.

셋째, 비교우위에 따른 역할분담이 가능하다. 총액배분·자율편성(*top-down*) 예산제도에서 중앙예산기구는 국가전체의 재원배분 전략을 수립 및 집행하고, 개별사업부처는 세부적인 집행업무를 담당한다. 비교우위(*comparative advantage*)가 있는 집단이 분업을 하고, 서로 교환을 할 때 전체적인 생산성이 훨씬 더 좋아진다.

넷째, 관계기관의 참여를 강조한다. 총액배분·자율편성(*top-down*) 예산제도를 전략적으로 활용하기 위해 국가재정운용계획을 만드는데, 이때 관계부처, 지방자치단체, 민간전문가의 광범위한 참여와 토론을 거치며, 최종적으로 국무위원 토론회에서 결정되는 분권적 절차를 거친다.

총액배분·자율편성(*top-down*) 예산제도를 도입하면 1) 정책의 안정적 추진, 2) 정책의 투명성 확보, 3) 낭비적 예산행태 감소 등의 효과를 기대할 수 있는바, 향후 총액배분·자율편성(*top-down*) 예산제도의 올바른 정착과 운용을 위해서는 예산편성과정에 예산주무부처, 지자체 등 이해당사자의 충분한 참여와 협의를 거쳐야 하며, 총액배분·자율편성(*top-down*) 예산제도에 대한 교육 및 홍보를 강화하여 인식제고 노력을 해야 할 것이다.

(3) 디지털예산회계시스템

디지털예산회계시스템(BAR: Budget & Accounting Reinvention System)이란 예산의 편성·집행·평가에 있어 성과와 책임을 중요시하는 성과중심형 예산시스템이다. 디지털예산회계시스템은 예산 사용내역을 투명·정확하게 기록하고 측정하여 보고하는 성과관리형이며, 중앙과 지방정부 등을 망라한 국가재정정보를 누구나 쉽게 이용하고 분석·가공할 수 있도록 하는 지능형 통합재정 정보시스템이다. 디지털예산회계시스템은 2007년 1월에 개설되었다.

디지털예산회계시스템(BAR)은 다음과 같은 특징을 지닌다.

첫째, 재정범위의 확대이다. 현행 재정범위는 중앙정부의 일반회계, 특별회계, 기금만으로 한정되어 전체 재정규모의 파악 및 관리가 곤란하지만, 디지털예산회계시스템이 도입되면, 지방정부, 국민 연금관리공단 등 산하기관, 한국전력 등 공기업을 포함한 공공 부문 전체로 재정범위를 확대하게 된다.

둘째, 성과중심 프로그램이다. 현행 품목별 예산제도는 개별 사업의 성과와 결과보다는 투입과 통제를 중심으로 하는 제도이지만, 디지털예산회계시스템이 도입되면 성과중심의 예산회계시스템으로 전환시킬 수 있다.

셋째, 발생주의·복식부기 회계제도를 도입한다. 현행 현금주의·단식부기 회계제도는 수입과 지출의 사실에 국한된 장부기록방식인데 비해, 디지털예산회계시스템에서 도입되는 발생주의·복식부기 회계제도는 수입과 지출 외에 이와 연결되는 자산과 부채의 변동, 원가정보까지를 포함한 과학적 인 장부관리방식이다.

넷째, 통합재정 정보분석시스템 구축이다. 현행 재정시스템은 중앙정부 중심으로 예산과 결산과정에서 의 단순 집계·처리기능 위주로 운영되고 있으나, 디지털예산회계시스템에서는 모든 공공 부문의 정보를 필요한 사람에게 신속하게 자료를 분석 제공하는 통합재정 정보분석시스템이 구축된다.

따라서 디지털예산회계시스템(BAR)이 도입되면, 1) 적정한 재정정책의 시행, 2) 성과중심 예산 제도의 집행, 3) 재정위험 예측가능, 4) 정보의 신속 제공 등의 효과를 기대할 수 있다.

(4) 성과증진을 위한 또 다른 노력, BSC

BSC(Balanced Score Card)란 "재무의 성과지표와 비재무적 성과지표를 통한 균형적인[9] 성과관 리 도구"라 정의할 수 있다. Robert Kaplan과 David Norton은 BSC를 혁신적인 관리철학이라 정의한다. 전통적 관리기법이 재무적 지표들을 관리하는데 비하여, BSC는 재무적·비재무적 지표 들을 모두 관리하는 것이고, 또한 BSC의 지표들 간에 인과관계가 담겨져 있으며 기업의 전략적 목표들과 지표들이 직접적으로 연관성을 가지고 있기 때문에, BSC는 혁신적인 관리철학이라 할 수 있다.

BSC는 재무적 관점, 고객 관점, 내부 프로세스 관점, 혁신 및 발전효과(학습 및 성장)의 관점들을

---

9 BSC에서 핵심이 되는 'Balanced'(균형잡힌)은 기술한 바와 같이 ① 재무적 지표와 비재무적 지표의 균형이라는 점 에서 출발하였으나 이에 더하여 ② 조직 내부 요소(직원, 내부 프로세스)와 외부 요소(주주, 고객) 간의 균형, ③ 선 행지표와 후행지표 간의 균형(BSC 안에 양자가 골고루 포함되어야 함)이라는 측면에서도 중요하다.

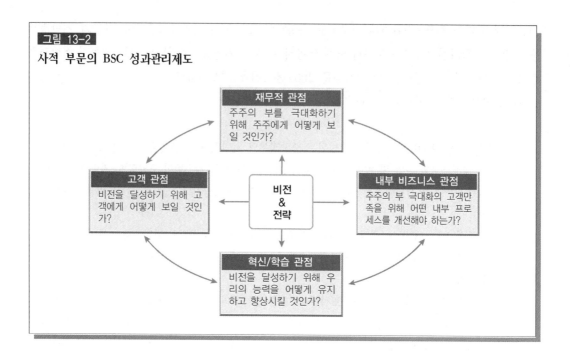

그림 13-2

사적 부문의 BSC 성과관리제도

재무적 관점
주주의 부를 극대화하기 위해 주주에게 어떻게 보일 것인가?

고객 관점
비전을 달성하기 위해 고객에게 어떻게 보일 것인가?

비전 & 전략

내부 비즈니스 관점
주주의 부 극대화의 고객만족을 위해 어떤 내부 프로세스를 개선해야 하는가?

혁신/학습 관점
비전을 달성하기 위해 우리의 능력을 어떻게 유지하고 향상시킬 것인가?

결합하여 단일 보고서에서 제시하여 많은 상호관계를 이해하는 데 도움을 준다. 또한 의사를 결정하고 문제를 해결하는 능력을 향상시켜 기존 성과측정시스템의 한계를 극복한다. 즉, 경영에 필요한 운영측정지표를 한꺼번에 제시하여 어떤 영역의 개선이 혹시 다른 영역을 희생하며 달성된 것인지를 파악이 가능하여 부분 최적화를 방지한다. 또 BSC는 뒤를 돌아보는 것이 아닌 앞을 내다보고 전진할 수 있게 하는 미래지향성을 강조한다.

BSC는 재무적 관점, 고객 관점, 내부 프로세스 관점, 혁신 및 발전효과(학습 및 성장) 등 비재무적 성과를 균형적으로 강조하는 성과관리시스템으로 그동안 민간 부문에서 강조되어 왔으나, 비재무적 성과를 강조하고 있다는 점에서 공공조직에 대한 적용가능성도 높다.

〈그림 13-2〉에서 보는 바와 같이 공적 부문의 BSC모형은 사적 부문의 모형과 다음과 같은 차이점을 갖는다.

첫째, 조직의 미션이 BSC의 최상층부로 옮겨간다는 것이다(〈그림 13-3〉 참조). 사적 부문의 BSC는 모든 측정지표가 재무성과의 향상에 초점을 맞추게 되므로 미션과 전략이 주주의 이익에 중심을 두지만, 공적 부문의 BSC는 미션과 전략 설정이 BSC의 최상층부에서 이루어진다는 차이점을 갖는다.

둘째, 고객 관점에서 미션이 도출된다. 사적 부문에서 미션이 도출 되는 것은 재무적인 이해관계자들인 주주로부터 출발하지만, 공적 부문에서 미션이 도출되는 것은 주주가 아닌 조직의 고객들을 통해

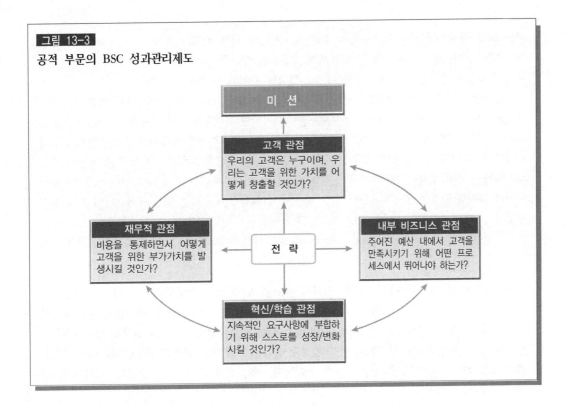

그림 13-3

공적 부문의 BSC 성과관리제도

미 션

고객 관점
우리의 고객은 누구이며, 우리는 고객을 위한 가치를 어떻게 창출할 것인가?

재무적 관점
비용을 통제하면서 어떻게 고객을 위한 부가가치를 발생시킬 것인가?

전 략

내부 비즈니스 관점
주어진 예산 내에서 고객을 만족시키기 위해 어떤 프로세스에서 뛰어나야 하는가?

혁신/학습 관점
지속적인 요구사항에 부합하기 위해 스스로를 성장/변화시킬 것인가?

서이다. 즉, 공적 부문의 BSC는 미션의 달성을 주주에 대한 재무적인 책임과 동일시하지 않고 누구를 위해 봉사하고 어떻게 그들의 요구사항에 부합할 것인가로 판단하게 된다는 차이점을 갖는다. 이에 따라 〈그림 13-3〉에서 보듯이 공적 부문에서는 고객 관점이 상층부로 옮겨지게 된다.

정책사례

행자부, '2007 BSC 명예의 전당' 2개 분야 수상
- 세계 공공분야 기관별 평가 및 공공·민간 부문 지역별 평가에서 동시 석권 -

1. 사례개요

행정자치부 BSC 성과관리시스템이 세계 BSC 협회(BSCol)에서 수여하는 '2007 BSC 명예의 전당'(BSC Hall Of Fame)시상식에서 세계 공공분야(Global Public Sector)와 아태지역분야(Asia-Pacific Sector) 2개 부문을 동시 수상하였다. 세계 공공분야와 지역분야에서 동시에 수상하는 것은 'BSC 명예의 전당' 제정(2000년) 이후 행자부가 처음이며, 정부기관으로서의 수상은 아시아에서는 최초이다.

BSC 명예의 전당(BSC Hall Of Fame)은 BSC 창시자인 로버트 카플란 하버드대 교수와 데이

비드 노턴 박사가 설립한 BSCol에서 수여하는 BSC에 관한 최고 권위의 상으로, 아시아·태평양, 유럽, 남미, 북미의 지역별 분야와 세계 공공분야 등 5개 분야에서 BSC 도입으로 탁월한 성과를 창출한 민간기업 및 공공기관을 매년 선정하여 수여하고 있다.

수상기관을 직접 심사, 선정한 카플란 교수는 시상식에서 "정부기관임에도 세계 일류 민간기업을 능가하는 성과를 보여준 행자부 사례를 높이 평가하여 유례없이 세계 공공분야(Global Public Sector) 및 아시아·태평양 지역분야(Asia Pacific Sector)의 2개 부문에서 수상기관으로 선정하였다"고 밝히면서, "행정자치부의 사례를 보면서 깊은 인상을 받았다. 그 이유는 이전의 다른 정부에서는 보지 못했던 행자부의 혁신적인 측면 때문이다. 우리는 과거 1970년대 일본으로부터 배웠던 것처럼 이제는 한국으로부터 민간 및 공공의 효율성을 높이는 법을 배울 수 있다"고 극찬하였다.

자료: http://cafe.daum.net/loveapat/II3B/16 행자부; '2007 BSC 명예의 전당' 2개 분야 수상.

2. 쟁점 및 시사점

정부조직은 조직구성원에게 새로운 혁신의 동기를 부여하고, 조직의 발전이 자신의 발전과도 연결된다는 점을 고취시키기 위해서 시스템적인 변화를 꾀하고 있다. BSC 시스템은 성과를 다면적이고 균형적으로 평가하고, 부서 및 개인의 목표를 기관전략에 포함하는 전략적 성과관리시스템이다. BSC를 통해 건전한 경쟁문화를 활성화시키고, 이에 따라 조직의 큰 목표를 보다 효율적으로 달성하는 데 기여할 수 있을 것으로 기대되며, 이를 통해 조직은 성과중심의 조직문화를 정착시킬 수 있을 것이다.

행자부는 2005년 7월 BSC 기반의 성과관리를 도입한 이후 꾸준히 공공기관에 적합한 모델로 발전시켜 왔다. 이는 BSC 성과관리를 단순히 성과평가시스템에 머무르지 않고 조직의 비전과 전략을 구체화하고 이를 달성하기 위한 이행과제를 효과적으로 관리하는 통합적 전략관리시스템으로 한 단계 발전시킨 것이다.

그 결과 행자부는 국제적으로 공인받을 만큼 높은 수준의 가시적 성과를 낼 수 있게 되었는데, 2006년도에 정부혁신지수(GII)로 UN 특별공공행정상을 수상한 바 있으며, 2년 연속 UN 전자정부 수준평가 결과 5위('04~'05), 미 브라운대 전자정부평가 세계 1위('06~'07)를 차지한 바 있다.

이러한 쾌거는 공공부문에서의 BSC 성과관리 도입의 대표적인 사례로서 정부의 대표적인 혁신기법인 성과관리가 국제적으로 인정을 받았다는 것을 의미한다. 앞으로 중앙행정기관은 물론 지방자치단체도 행자부의 경험과 노하우를 벤치마킹하여 공공기관의 성과관리가 올바르게 정착될 수 있도록 해야 할 것이다.

4) 규제개혁

규제의 측면에서 성과주의 정부를 실현하기 위한 방안은, 정부규제의 완화 및 철폐를 통해 정부의 성과를 제고하고, 생산성을 향상시킨다는 의의를 갖는다. 여기에서는 규제총량제도와 규제영향분석제도를 살펴보기로 한다.

(1) 규제총량제도

㈎ 의 의

규제총량제도란 정부가 규제 건수의 한도를 설정하고, 새로운 규제를 도입하면 비슷한 기존의 규제를 폐지하는 제도이다.

규제총량제도는 국민의 이익에 직접영향을 미치는 환경, 여성, 보건, 의료 등 사회적 약자의 보호를 위한 규제의 경우에는 지속적으로 보완·강화하는 반면, 민간기업의 활발한 활동을 저해하는 규제 등 과도하고 불합리한 기존규제를 집중 정리할 필요성에 의해서 도입되었다.

㈏ 규제총량제도의 과정

규제총량제도의 진행과정은 1) 법안초안 작성(실·국), 2) 법안 초안확정 및 입법예고(실·국), 3) 자체규제심사(기획관리실), 4) 규제개혁위원회의 심사, 5) 법제처 등의 심사 순으로 이루어지고 있다. 법안초안단계에서 규제총량제의 이행계획을 작성하고, 법안 초안확정단계에서 규제총량제의 이행계획이 보고되며, 규제개혁위원회 단계에서 규제총량제의 이행계획이 확정된다. 법제처의 단계에서 최종 재확인된다.

㈐ 규제총량제도의 내용

규제총량제도의 기본방향은 규제를 신설하거나 강화하는 경우에는, 이에 양적·질적으로 상응하는 기존규제에 대한 합리적 조치가 반드시 병행되도록 운영하는 것이다. 합리화 조치에는 규제폐지·완화, 규제방식 개선, 규제의 명확화·구체화 등 정책품질향상을 위한 모든 조치가 포함된다.

또한 행정규제기본법에서는 규제를 신설 또는 강화하는 경우에, 존속의 이유가 명백하지 않은 규제에 대하여는 목적달성을 위한 최소기간 내에서 존속할 기간을 설정하여 명시하고, 원칙적으로 5년을 초과할 수 없다고 규정하고 있으며, 공청회, 입법예고 등의 방법으로 행정기관·민간단체·정책이해관계자·연구기관·전문가 등의 의견을 충분히 수렴하도록 하고 있다.[10]

규제총량제도가 지속적으로 이루어지도록 하기 위해서는 사후관리를 필요하다. 사후관리에서는 규제총량제 이행실적의 주기적 평가를 통해, 운영상의 문제점 점검 및 개선방안을 마련하고, 우수한 부서 및 직원에 대하여 부서별·개인별 혁신평가 및 성과급 평가에 반영하는 등 포상 및 인센티브를 부여하고 있다.

㈑ 규제총량제도의 한계

규제는 시장실패를 치유하기 위해 정부가 개입하는 수단이므로 적극적·능동적 성격을 가진다. 그러나 규제총량제도는 적극적·능동적 성격의 규제를 통제하는 것이므로, 시장실패를 치유하려는 규제의 원래 취지를 저해할 수 있다는 비판이 있다. 특히 환경 분야의 경우 새집증후군, 환경호르

---

10 행정규제기본법 제8조, 제9조 참조할 것.

몬 등 새로운 환경문제가 등장하여 국민의 생명과 안전을 보전해야 함에도 불구하고, 규제건수에 얽매여서 적극적·능동적으로 대처할 수 없다는 지적이 있다.

또한 규제총량제에 대한 규제개혁위원회의 심사가 엄격함에도 부처 내에 규제심사를 강화하는 데 따른 불만이 존재한다.

㈎ 규제총량제도 한계 극복방안

규제총량제도의 한계를 극복하기 위해서는 우선 규제총량제도가 단순히 규제건수의 증감만을 맞추는 것이 아니라, 불합리한 기존 규제를 정비하려는 데 그 목적이 있음을 구성원에게 이해시켜야 한다.

또한 규제의 총량을 부처 전체를 기준으로 산정하여 부처 내 실·국 간의 규제총량을 거래할 수 있도록 하고, 신설규제에 대응하는 규제폐지가 없더라도 이에 상응하는 규제 합리화가 있는 경우 규제총량을 맞춘 것으로 인정해 주는 등, 규제총량제의 탄력적 운영이 필요하다.

하지만, 전체적으로 규제총량제는 규제 과다 남발을 방지하기 위한 매우 중요한 의의를 지니는 바, 규제총량을 평가하여 그 실적이 미진한 부서에 대해 이행을 촉구하는 등 부처기관장의 규제총량제도에 대한 강력한 의지와 지원이 필요하다고 할 것이다.

(2) 규제영향분석제도

㈎ 규제영향분석제도의 의미

규제영향분석제도란 규제로 인하여 예상되는 영향을 과학적·실증적인 방법으로 분석하여 규제정책결정의 객관적 근거를 마련하기 위한 제도이다. 행정규제기본법에서는 규제영향분석에 대해, '규제영향분석'이라 함은 "규제로 인하여 국민의 일상생활과 사회·경제·행정 등에 미치는 제반 영향을, 객관적이고 과학적인 방법을 사용하여 미리 예측·분석함으로써, 규제의 타당성을 판단하는 기준을 제시하는 것"으로 정의하고 있다.[11]

규제영향분석제도는 규제의 품질제고와 불합리한 규제남발을 억제하기 위해 도입한 것으로, 1997년 OECD 각료회의에서 회원국들에게 규제영향분석제도(RIA: Regulation Impact Analysis) 도입을 권고하였는데, 이러한 권고에 따라 OECD 회원국들은 규제영향분석제도를 도입하게 되었다.

㈏ 규제영향분석제도의 역할

규제영향분석제도는 신규 규제에 대한 과학적·체계적 분석을 통하여 규제가 유발하는 비용과 편익에 대한 정확한 측정과 비교를 통해 최선의 규제정책을 결정하는 데 도움을 준다. 또한 불합리한 규제정책의 실행에 있어 수반되는 비용은 숨겨진 세금(*hidden tax*)이라 할 수 있는바, 규제영향

---

11 행정규제기본법 제1조 참조할 것.

분석은 이러한 숨겨진 세금의 발생을 막고, 이미 이루어진 경우에는 이를 방지하는 역할을 하게 된다.

㈐ 규제영향분석제도에서의 검토요소

① 규제의 신설 또는 강화의 필요성

규제의 신설 또는 강화의 필요성을 검토하는 것은 불합리한 규제의 신설·강화를 사전에 방지하기 위해서이다.

② 규제목적의 실현가능성

규제목적의 실현가능성을 평가하는 이유는 규제의 정책적 목적이 이상향이 아닌 실제로 달성이 가능한지를 검토하여 규제의 순응비용을 최소화 하고, 규제가 의도하는 목적을 효과적으로 달성할 수 있는지 평가하기 위함이다.

③ 기존 규제와의 중복여부

기존 규제와의 중복여부에 대한 평가의 목적은, 국민의 권리를 제한하고 의무를 부과하는 내용의 규제를 가능한 명령, 지시 등의 규제적 수단보다는 정보제공, 경제적 유인 등의 비규제적 수단을 통하여 국민생활의 자유를 증진시키기 위함이다. 또한 유사 중복규제의 생산을 규제 입안과정에서 차단하고 규제가 확대 재생산되지 않도록 규제설계의 품질을 제고하는데 있다.

④ 규제의 비용과 편익의 비교분석

규제의 비용과 편익의 비교분석은 규제영향분석의 핵심적 평가항목으로, 규제가 규제 대상집단 및 경제전반에 미치는 효과를 계량적으로 하여 평가하는 규제의 경제적 합리성을 검토하는 단계이다.

규제의 비용과 편익의 비교분석의 목적은 규제안이 실행될 경우 그 결과에 대한 정확한 예측을 제공하기 위한 것이며, 규제안의 실행에 관한 정책적 결정에 과학적으로 기여하기 위한 것이다.

⑤ 규제내용의 객관성과 명료성

규제내용의 객관성과 명료성 평가항목은 규제영향분석서 작성 시, 일반국민이 쉽게 이해할 수 있도록 규제의 내용, 기준, 방법 및 절차, 존속기한을 객관적이고 일관성 있게 작성하도록 하기 위함이다. 이를 통해 행정기관의 남용, 일반국민이나 하급기관의 빈번한 유권해석 의뢰발생을 방지하고, 효율적인 규제집행이 가능하게 된다.

㈑ 외국의 규제영향분석제도

① 미국의 규제영향분석(RIA) 지침

1993년 말 클린턴 대통령은 정부혁신(*reinventing government*)운동의 일환으로 기존의 규제심사제도를 대치할 "규제기획 및 심사제도"(*regulatory planning and review*)를 도입하는 대통령령 (12866호)을 발표한 바 있다.

미국정부는 "미 국민에게 부담을 주고 피해를 미치는 규제체계가 아니라 미 국민의 이익을 우선적으로 고려하는 규제체계를 가질 권리가 있다"는 규제철학 하에, 정부는 1) 법률이 요구하는 경우에만, 2) 시장실패를 치유하고 예방하기 위하여 필요한 경우에만, 그리고 3) 가장 비용효과적인 방법으로 현명하고 신중하게 규제를 도입하고 집행해야 할 기본적 책임이 있음을 선언하였으며, 더 나아가 이러한 규제철학을 실천하기 위한 다음의 12가지 원칙을 규정하고 모든 행정기관이 이를 준수하도록 지시하였다.

① 행정기관은 시장실패(*market failures*)나 기존제도의 결함으로 인한 문제가 정말 심각하고, 규제를 통해서가 아니고서는 해결할 수 없는 경우에만 규제를 도입하여야 한다.

② 새로운 규제를 도입해 문제를 해결하고자 할 때에는 그 문제가 기존의 잘못된 규제나 법률 때문에 발생된 것이 아닌지를 반드시 검토해야 한다.

③ 직접적으로 규제하려고 하기 보다는 국민들이 올바른 판단과 선택을 돕기 위해 필요하고 적절한 정보를 제공하는 등 경제적 유인(인센티브)을 제공함으로써 문제를 좀 더 원천적으로 해결할 수 없는가를 검토해야 한다.

④ 행정기관은 국민의 안전을 위협하는 제반 위험의 본질과 심각성 정도를 면밀히 고려하여 규제의 우선순위를 설정해야 한다.

⑤ 규제수단의 선택에 있어서는 기술혁신의 유인, 일관성, 예측가능성, 정부기관·피규제집단·국민이 부담해야 할 규제집행 및 순응비용의 크기, 규제준수방식의 융통성, 분배 측면의 효과 및 공평성 등을 고려하여 가장 비용효과적인(*cost-effective*) 규제방법을 선택해야 한다.

⑥ 행정기관은 규제의 비용과 편익을 평가하여야 하며, 규제의 편익이 규제의 비용을 정당화(*justify*)할 만큼 큰 경우에만 정당하게 규제를 도입할 수 있다.

⑦ 규제를 신설할 때에는 규제의 필요성과 규제를 통해 얻을 수 있는 결과에 대한 최선의 과학적·기술적·경제학적 정보에 입각하여 합리적으로 결정해야 한다.

⑧ 피규제자로 하여금 특정 행동방식의 채택을 강요하는 이른바 전통적인 명령지시적 규제방법을 지양하고, 가능한 한 성과기준(*performance standards*)에 의한 규제방법을 사용함으로써 피규제자가 정해진 기준이나 목표를 가장 효율적이고 효과적으로 달성할 수 있는 방안을 선택할 수 있도록 최대한의 융통성을 허용하여야 한다.

⑨ 주정부 및 지방정부에 규제의무를 부과하는 경우에는 사전에 지방공무원들의 의견을 구하고, 연방정부의 규제명령이 주 및 지방정부에 미치게 될 영향, 특히 지방의 재원조달능력을 평가하여 그들의 부담이 최소화되도록 해야 한다.

⑩ 다른 규제와 불일치, 상충, 또는 중복되는 규제의 도입을 피해야 한다.

⑪ 중소기업 및 소규모 자치단체의 규제비용을 최소화할 수 있도록 충분히 배려해야 한다.

⑫ 가능한 한 규제안을 단순하고 이해하기 쉽도록 작성함으로써 규제내용의 불확실성과 그로 인한 소송제기 가능성을 최소화해야 한다.

② 호주의 규제영향분석 지침

㉠ 규제의 목적 검토

(1) 제기된 문제가 무엇인가?

(2) 이 문제의 해결을 위해 정부행동(*government action*)이 요구되는 이유가 무엇인가?

(3) 그런 정부행동의 목적은 무엇인가?

(4) 현재 그 문제와 관련한 규제나 정책이 있는가? 누가 담당하고 있는가?

㉡ 규제수단 검토

(5) 그 문제를 풀기 위해 현재 어떤 대안들이 고려되고 있는가?

(6) 각 대안을 부적절하게 만들 수도 있는 제약요인을 찾으라.

㉢ 영향분석

(7) 그 문제로 영향을 받고 있는 자는 누구이고, 제안된 규제로 영향을 받을 자는 누구인가?

(8) 각각의 제안된 규제대안이 기존의 규제와 관련규제기관의 역할에 미칠 영향은 무엇인가?

(9) 제안된 규제대안으로 기대되는 모든 효과를 예상편익과 예상비용으로 나누어 제시하라.

(10) 어떤 집단이 이런 편익과 비용을 경험하게 될 것인지, 그 크기가 각각 얼마만 할지를 계산하라.

(11) 규제로 인한 분배효과(*distribution effects*)를 찾아내고 그것을 영향집단별로 나누어 보라.

(12) 제안된 규제대안을 그것의 비용과 편익 그리고 분배효과에 따라 우선순위를 정하라.

(13) 이런 추계에 사용된 자료의 소스(*data source*)와 주된 가정(*assumptions*)을 밝혀라.

(14) 제안된 규제대안의 평가결과를 요약하고 왜 어떤 대안이 우월한지를 밝혀라.

㉣ 규제의 집행과 심사

(15) 선택된 대안은 어떻게 집행할 것인가?

(16) 선택된 대안은 명확하고, 일관성 있으며, 사용자들이 이해하고 접근하기 쉽게 되어 있는가?

(17) 선택된 대안의 효과성은 어떻게 평가할 것인가? 얼마나 자주 평가할 것인가?

(18) 선택된 대안의 집행을 위해 입법이 필요하다면, 해당 입법에 일정 기간이 지나면 그 법의 필요성을 재검토하거나 폐지할 것을 요구하는 규정이 담겨 있는가?(일몰법 제도를 말함)

㉤ 요 약

(19) 각 대안의 평가요지를 제시하라.

(20) 선택된 대안이 무엇이고 왜 그 대안을 선택하였는지를 밝혀라.

(21) 이런 결론이 기초하고 있는 가정(*assumptions*)을 간단히 소개하라.

③ OECD의 규제영향분석 지침

(1) 문제가 정확하게 정의되고 있는가?

(2) 해당 문제에 대한 정부행동(*government action*)이 정당화되어(*justified*) 있는가?

(3) 규제가 정부행동의 가장 적절한 형태인가?

(4) 규제의 법적 근거가 구비되어 있는가?

(5) 이런 행동을 취하기 가장 적절한 수준의 정부는 무엇인가?(중앙정부 vs 지방정부)

(6) 규제비용을 정당화할 수 있을 만큼 규제의 편익이 큰가?

(7) 규제로 인한 분배효과가 투명한가?

(8) 규제가 명확하고, 일관성 있으며, 사용자들이 이해하고 접근하기 쉽게 되어 있는가?

(9) 모든 이해당사자(집단)가 자신의 견해를 밝힐 수 있는 기회를 가졌는가?

(10) 규제에 대한 순응(compliance)이 얼마나 잘 확보될 것인가?

㈜ 요약 및 정리: 규제영향분석제도

한국과 선진 외국의 규제분석 내용들을, 지금까지 검토한 내용을 토대로 정리하면 〈표 13-2〉와 같다.

표 13-2 규제분석 내용 요약

검토항목	규제분석 내용			
	한 국	미 국	호 주	OECD
규제의 신설 또는 강화필요성 검토	• 문제정의와 내용기술 • 사회적 피해규모 및 문제의 심각성 • 문제발생의 원인 • 이해관계자와 전문가 자문 및 정보 수집 • 시장실패요인 검토 • 개인 간의 타협 통한 문제해결 가능성 • 규제기관의 판단과 개입의 적절성 검토 • 정부개입의 목표 제시 • 목표수준의 구체화	• 규제의 도입은 기존제도의 결함이나 시장실패로 인한 문제가 정말 심각하고 규제를 통해서만 가능한 경우에만 인정 • 규제신설 시 기존제도의 잘못에 의한 것인지 반드시 검토	• 제기된 문제는 무엇이 무엇인가? • 이 문제의 해결을 위해 정부행동이 요구되는 이유는 무엇인가? • 그런 정부행동의 목적은 무엇인가?	• 문제가 정확하게 정의되고 있는가? • 해당 문제에 대한 정부행동이 정당화 되어 있는가? • 모든 이해관계자가 자신의 견해를 밝힐 수 있는 기회를 가졌는가?
규제목적의 실현가능성	• 규제대상 이해관계자들의 의견 수렴 • 규제의 사회적 제약요소 평가 • 행정환경의 실현가능성	• 주정부 및 지방정부에 규제의무를 부과하는 경우 사전에 지방공무원들의 의견을 구하고 연방정부의 규제명령이 주 및 지방정부에 미치게 될 영향, 특히 지방의 재원조달능력을 평가하여 그들의 부담이 최소화되도록 해야 함	• 규제의 대안을 부적절하게 만들 수 있는 제약요인은 무엇인가?	• 규제에 대한 순응이 얼마나 잘 확보될 것인가?

규제 외 수단의 존재 및 기존규제와의 중복여부	• 기존규제로 대체가 가능한지 여부 • 규제 아닌 다른 방법으로 목적을 달성 수 있는지 여부 • 유사한 기존규제와 중복 여부 • 규제의 확대 재생산 여부 검토	• 직접적 규제보다는 경제적 유인을 제공하여 해결할 수 없는가를 검토 • 전통적인 명령지시적 규제보다는 가능한 성과기준에 의한 규제방법을 사용함으로써 규제대항집단에게 최대한의 융통성을 허용 • 다른 규제와 불일치, 상충 또는 중복되는 규제의 도입을 피해야 함	• 현재 해당 문제와 관련한 규제나 정책이 있는가?	• 규제가 정부행동의 가장 적절한 수단인가? • 규제를 실행할 가장 적절한 수준의 정부는 무엇인가?(중앙정부 vs 지방정부)
규제의 비용과 편익의 비교분석	• 규제안과 비규제안에 대한 사전적 검토 • 규제의 경제·사회적 비용분석 • 규제의 경제·사회적 편익분석 • 규제의 비용과 편익 최종검토	• 규제수단의 선택에 있어서는 기술혁신의 유인 등 가장 비용효과적인 규제방법을 선택해야 함 • 행정기관의 규제의 비용과 편익을 평가하여야 하며 규제의 편익이 규제의 비용을 정당화할 만큼 큰 경우에만 정당하게 규제를 도입할 수 있음	• 해당 문제로 영향을 받는 자와 제안된 규제로 영향을 받을 자는 누구인가? • 제안된 규제대안으로 기대되는 모든 효과를 예상편익과 예상비용으로 나누어 검토함 • 제안된 규제대안을 그것의 비용과 편익 그리고 분배효과에 따라 우선순위를 분석함 • 제안된 규제대안의 평가결과를 요약하고 왜 어떤 대안이 우월한지를 명백히 함	• 규제비용을 정당화 할 수 있을 만큼 규제의 편익이 큰가?
규제내용의 객관성·명료성 검토	• 규제기준과 절차의 명확성, 일관성, 이해용이성 • 규제의 법적 근거 및 존속기한의 타당성 여부	• 가능한 규제안을 단순하고 쉽게 작성함으로써 규제 내용의 불확실성과 소송제기 가능성을 최소화해야 함	• 선택된 대안은 명확하고, 일관성이 있으며 사용자들이 이해하고 접근하기 쉽게 되어 있는가?	• 규제의 법적 근거가 구비되어 있는가? • 규제가 명확하고 일관성이 있으며 사용자들이 이해하고 접근하기 쉽게 되어 있는가?

제4절 고객중심 정부

1980년대 이후 선진국은 경제적 위기상황으로 인해 복지국가 실현을 위한 정부의 적극적 개입에 회의가 제기되었고, 작은 정부를 통한 시장경제에 최소한의 개입과 공공 부문에서의 시장경쟁 원리의 도입이 강력하게 제기되었다. 더불어 영국 대처 수상과 미국 레이건 대통령 등 보수주의 정권의 등장은 신공공관리(NPM)에 토대를 둔 작은 정부의 도입을 더욱 더 부채질하였다. 이러한 작은 정부의 지향정책은 각국의 상황에 따라 상이하지만, 공통적인 현상은 고객을 중심으로 하는 새로운 행정관리로 변화하고 있다는 점이다.

1. 고객중심 정부의 의의

고객중심 정부란 고객인 국민에게 정부가 최적의 방법으로 질높은 서비스를 제공함으로써, 국민을 최대한 만족시키는 정부를 의미한다. 하지만 이는 단순히 국민과의 접점에서의 서비스 제공에 국한된 개념이 아니라, 국민에게 영향을 미치는 정책의 수립단계부터 적용되는 개념이다. 즉, 전략수립, 성과측정, 정보시스템, 지원프로세스 등의 모든 부분들에 있어서, 고객의 욕구와 기대를 잘 반영하고 고객의 가치창출에 초점을 맞추어야 한다는 것이다.

고객이란 개념은 아직은 공공부문에는 생소한 개념으로 인식되고 있다. 이러한 인식의 가장 큰 이유는, 민간기업은 경쟁적 환경 하에서 고객에게 관심을 기울이고, 고객을 만족시키는 방안을 마련해야만 기업이 생존할 수 있음을 정확히 인식하고 있으나, 공공 부문은 고객이 누구인지 모르고, 국민을 고객보다는 정책의 수혜자라고 인식하는 태도가 일반적이기 때문이다.

선진국의 경우 이러한 인식을 전환하기 위하여 고객중심 정부를 강조하고 있다. Osborne & Gaebler(1992)는 국민이 그동안 공공기관에 가진 불신을 극복하고, 국민에게 새로운 신뢰를 주어야 한다고 주장하였고, 클린턴 정부는 고객중심 정부를 실현하기 위해 다음과 같은 8가지 원칙을 시달하고, 정부 운영에 시장경쟁원리를 도입하였으며, 공공서비스에 대한 최종결정권이 고객에게 있다고 강조하였다(박중훈·김판석, 1996: 18).

클린턴 정부의 고객중심 정부의 실현원칙은 다음과 같다.

첫째, 각 행정기관은 자신들의 고객이 누구인지를 파악하라.
둘째, 고객을 상대로 고객만족조사를 실시하라.
셋째, 고객봉사기준을 공표하고 그 결과를 측정하라.

넷째, 민간의 최우수기관의 고객서비스 성과를 벤치마킹하라.

다섯째, 행정을 민간 최우수기관의 서비스처럼 만드는데 어떤 장애가 있는지에 대하여 일반직원들의 의견조사를 실시하라.

여섯째, 고객에게 선택의 폭을 넓혀 주라.

일곱째, 공공정보나 민원불평제도에 보다 용이하게 접근할 수 있도록 하라.

여덟째, 고객불평을 접수할 수 있는 공식적인 수단을 구축하라.

고객중심 정부의 원칙은 결국 고객의 존재를 강조하고 있음을 알 수 있다. 여기에서의 고객의 의미는 향상된 공공서비스의 공급을 받을 권리가 있는 고객이란 의미일 뿐만 아니라, 공공 부문의 서비스 제공이 만족스럽지 못할 경우에는 민간 부문에서 제공하는 공공서비스의 공급을 선택할 수 있는 적극적인 의미의 고객을 의미한다.

2. 고객중심적 정부의 대두배경

지식정보사회는 정부주도가 아닌 민간주도의 사회이며, 정부는 이를 뒷받침하는 제도와 기반을 지원해야 한다. 지식정보사회에서는 단순하고 정형화된 문제는 줄어들고, 고객의 이해관계나 욕구가 복잡하고 다양해지고 있으므로, 정부도 이에 대한 준비가 이루어져야 한다. 이러한 시대적 변화에 따라 행정관리에 있어서도 패러다임의 변화가 요구되었다. 즉, 국가의 사회환경이 1) 과거의 공급자 중심에서 수요자 중심으로, 2) 대량생산 중심에서 고객만족 중심으로, 3) 양 중심에서 질 중심으로, 4) 보호·통제중심에서 무한경쟁시대로 변화되면서, 이에 대응할 수 있는 이념과 실천관리 전략을 수립하는 것이 중요한 시대적 화두가 된 것이다.

전통적 행정의 목표는 투입-산출의 효율성(*efficiency*)의 증대에 있었으나, 현대의 행정은 총체적인 효과성(*effectiveness*)을 높일 수 있는 방향으로 가야 한다. 총체적인 효과성이란 정부의 존재목적인 국민의 욕구충족의 극대화를 의미한다. 이는 산업사회에서 지식정보사회로의 변화와 맥락을 같이하는 것으로서, 과거 산업사회 경제가 일정자본 투입에서 최대의 산출의 효율성을 추구하였다면, 지식정보사회는 생산적인 지식의 창출을 통해 고객의 만족을 창출해내는 것과 같다. 공공 부문에서도 정부 내의 생산적 지식창출을 통해, 고객(국민)만족 서비스의 공급자로서의 역할이 요구되는 것이다.

3. 고객중심적 정부의 실현방안

1) One-Stop Service 조직

높은 질의 행정서비스를 제공하고, 고객으로 하여금 만족감을 가지게 하기 위해서는 고객만족을 행정관리의 최고 이념으로 삼아 이를 지속적·중점적으로 추진하겠다는 최고 지도자의 의지가 중요하다. 또한 과거 조직의 설계원리는 업무를 세분화하고, 전문화된 기능을 수행하는 형태로 이루어져 있어서, 이용자인 국민이 쉽게 이해하기 어려운 명칭과 조직편제를 구성하고 있는 경우가 대부분이었다. 따라서 조직구조를 이용자인 국민편의 위주로 개편하여야 하는데, 이러한 조직개편의 방식 중의 하나가 One-stop service 조직이다.

One-stop service 조직은 과거 행정기능 위주로 분리되어 국민에게 서비스를 제공하던 조직들을 통합함으로써, 주민들이 일괄처리 서비스(*one-stop service*)를 제공받을 수 있도록 조직을 재편성함으로써, 민원업무를 한 번에 처리하여 이용자의 불편과 행정업무에 소요되는 시간을 최소화하는 조직을 의미한다. 이러한 일괄처리 서비스(*one-stop service*)는 모바일 서비스(*mobile service*) 및 유비쿼터스 서비스(*ubiquitous service*) 개념과 결부되어, 언제 어디서나 일괄처리 서비스를 제공받을 수 있는 고객중심 서비스 체제를 실현시키고 있다.

정책사례

국세청의 전자세정 구현을 통한 최일류 고객 서비스 제공

1. 사례개요

기존의 국세청 서비스는 세무서 방문에 따른 납세자의 부담 및 불편이 가중되었고, 대면 접촉을 통한 전근대적 문제해결 관행이 상존하였다. 이러한 문제해결을 위해 조직 내 회의적 반응을 극복하였으며, 기관장과 조직구성원의 상호협력을 통하여 HTS확립과 납세 서비스 패러다임의 전환을 이끌어내었다. 이 과정을 통해 국세청의 전자적 행정서비스가 고객중심 서비스로 개편됨으로써 큰 성과를 거두게 되었다.

자료: http://www.innovation.pa.go.kr.

2. 성공요인

(1) 고객중심의 혁신

고객을 세정의 핵심가치로 하여, 납세자의 편의를 도모하기 위해서 납세자 및 세무대리인 등에게 만족도 조사를 실시하였다. 또한 과거의 소극적인 '소품종 다량생산'의 정책에서, 개개의 납세

자의 편의에 맞춘 '다품종 소량생산'의 적극적인 정책실현에 노력을 기울였다는 점이 핵심 성공요인이다.

(2) 고객 및 이해당사자에게 적극적 홍보
'e-세정' 추진내용 등 정책집행 상황에 대해 보도자료, 홈페이지 등을 통해 국민 및 이해당사자에게 적극 홍보하였다.

(3) 전자세정 추진과정에 끊임없는 피드백
국세청은 전자세정 최고 의사결정자인 국세청장의 명확한 목표설정과 이를 달성하기 위한 일관성 있는 정책추진뿐만 아니라, 그 과정에서 발생하는 납세자들의 불편과 예상치 못한 문제를 극복하기 위해 끊임없이 홈페이지를 통해 국민들의 의견을 수렴하고, 일선 하위직 공무원들의 연구에 대한 성과보상을 활성화하여, 이를 정책수립·집행과정에 반영하는 노력을 계속해 왔다.

2) 고객만족도의 측정제도화

제공되는 행정서비스에 대한 고객만족도를 정기적·정량적으로 측정하는 것도 고객중심 정부 구현을 위한 방안이다. 고객만족도의 정기적·정량적 측정결과는 공공서비스의 직접적 수혜자인 국민이 공공서비스에 대하여 어떻게 느끼고 어느 정도 만족하는지를 나타내는 지표로서, 미진한 부분은 보완하고 잘된 부분은 학습과 공유를 통해 확산되도록 해야 한다. 현재 우리나라는 정부업무평가에서 고객만족도 조사를 시행하고 있으나 향후 좀 더 과학적 방법을 통해 통계적으로 신뢰할 수 있는 측정설계를 지속적으로 보완해 나가야 할 것이다.

3) 행정서비스 헌장제도

행정서비스 헌장제도는 행정기관이 제공하는 서비스의 기준과 내용, 제공방법 및 절차, 잘못된 서비스에 대한 시정 및 보상조치 등을 국민과 협의를 통해 구체적으로 정하여 공표하고, 이의 실천을 국민에게 약속하는 제도를 의미한다.

영국 등 선진국[12]의 경우 시민의 만족도 조사 및 서비스 제공자의 경쟁촉진으로 시민의 선택권을 확대하고, 잘못된 서비스에 대한 불만제기권 부여 및 시정 또는 보상조치를 마련하는 행정서비

---

12 영국은 시민헌장(Citizen's Charter, 1991; Service First programme, 1998년 명칭 변경), 미국은 고객서비스 기준(Customer Service Standards, 1993), 캐나다는 서비스 기준 정책(Service Standards Initiative,1994), 벨기에는 행정서비스 이용자헌장(Public Services User's Charter, 1992), 프랑스는 행정서비스 헌장(Public Service Charter, 1992), 덴마크는 서비스 공표(Service Declaration), 포르투갈은 행정서비스 질 향상을 위한 헌장(The Quality Charter in Public Services, 1993), 스페인은 행정서비스 질의 감시(The Quality Observatory, 1992) 호주는 행정서비스 기준(Administrative Service Standards, 1992), 싱가폴은 탁월한 행정서비스(Excellence in Public Service, 1995), 홍콩은 시민서비스(Serving the Community, 1995) 등으로 시행하고 있다.

스 헌장제도를 도입하였다.

우리나라에서는 1998년 6월 "행정서비스 헌장제도"가 마련되었으며, 참여정부부터 행정서비스 헌장제도를 보완하는 서비스 스탠다드 제도가 시도되고 있다. 서비스 스탠다드 제도란 개별 기관 수준에서의 고객권리와 직원의 의무를 명확히 규정하는 것을 넘어서서, 성과목표치 및 성과측정 메커니즘이 포함되는 성과관리체제의 관리적 요소를 강화시킨 제도이다.

현재 우리나라에서 시행하고 있는 민원행정서비스 헌장(2013. 3. 25)의 원칙은 다음과 같다.

민원행정서비스 헌장운영의 기본원칙
- 안전행정부 민원행정서비스헌장 운영규정 -

1. 고객(국민)중심의 원칙
   서비스 제공재(행정기관)의 입장에서 정하지 말고 고객(국민)의 입장에서 의견수렴
2. 서비스 기준 구체화의 원칙
   고객 누구나 알도록 구체적이고 계량화된 서비스 기준 마련
3. 최고 수준의 서비스 제공의 원칙
   우수기관, 민간기업 등을 벤치마킹하여 최고 수준의 서비스 제공
4. 비용·편익 형량의 원칙
   최소한의 비용을 투입하여 최대한의 행정서비스 생산 제공
5. 체계적 정보 제공의 원칙
   처리부서, 관계법령, 정보절차 및 경로 등을 상세하게 공지
6. 시정 및 보상조치 명확화의 원칙
   잘못된 서비스에 대한 고객불만 제기 및 건의방법 등 제시
7. 고객참여의 원칙
   서비스 기준 설정부터 만족도 평가까지 고객 여론수렴 반영

자료: 안전행정부(www.mospa.go.kr).

행정서비스 헌장제도의 시행으로 인해 고객서비스 수준의 지속적 향상을 가져왔고, 고객중심의 행정문화가 확산되었다. 또한 부처의 혁신과제에 서비스 스탠다드 개념을 적용한 성과평가를 실시하여 정부혁신 프로세스와 헌장제도의 연계를 가능하게 하였다.

행정서비스 헌장제도의 시행으로 많은 부분이 향상되었으나 아직도 미흡한 점이 많다. 무엇보다도 행정서비스 헌장을 민원업무에서 파생되는 지엽적·절차적 업무로 인식함으로써, 행정업무 전반의 가치창출을 위한 연계의지가 미흡하며, 기관장의 관심부족과 적극적 추진의지 역시 미흡하다는 점을 문제점으로 들 수 있다. 앞으로 행정서비스 헌장의 강력한 실천 및 추진동력 확보를 위해 기관장이 솔선수범하도록 하고, 이를 강력한 인센티브로 연계할 필요가 있다. 또한, 민간부문의 고객서비스 헌장을 벤치마킹하는 한편, 기관자체 우수헌장 선정 공표, 토론회, 워크숍 등의 개최를 통

한 내부고객 홍보와 온라인 또는 오프라인 발행 뉴스 등을 통한 외부고객 홍보를 강화할 필요가 있다.

4) 행정정보공개제도

(1) 행정정보공개제도의 의의

행정정보공개제도란 국가기관·지방자치단체 등 공공기관[13·14]에서 어떤 일을 하고 있고 예산을 어떻게 집행하고 있는지 국민들이 알 수 있도록 공공기관이 보유·관리하는 정보를 국민에게 공개하는 것으로 국민의 알권리를 보장함으로써 더 많은 정보를 바탕으로 국정운영에 직접적으로 참여할 수 있도록 하기 위한 제도이다.[15] 이는 헌법상 보장된 국민의 기본권으로서 현대민주주의를 실현하는 데 있어 매우 중요한 제도이다.

그러므로, 정보사회에서는 국민은 스스로가 정보의 가치를 중시하는 정보마인드(*information mind*)를 갖추어야 하고 정부가 보유·관리하는 정보, 즉 행정정보는 공공재산 내지 공유재산이라는 인식을 가져야 하며, 정부는 국민 개개인이 그렇게 가치 있는 정보를 기초로 국정에 관하여 올바른 판단을 할 수 있도록 정부가 국민과 관련하여 수집·보유·관리하는 행정정보에 대한 정보주체성을 인정해 주어야 한다(김승태, 2009: 483~484).

행정정보공개제도는 고객중심 정부의 중요 사항이라 할 수 있다. 정보공개를 통해 고객인 국민이 정부가 제공하는 서비스에 대한 정보를 정확히 알 수 있고, 행정서비스 제공에 대한 공론의 장에 참여를 유도하여 정부 제공 서비스의 질을 제고할 수 있으며, 최종적으로는 이에 대한 책임을 확보할 수 있기 때문이다. 특히 정보통신기술의 발달로 인한 전자정보공개제도의 도입으로, 기존의 직접 방문 및 문서위주의 정보공개를 온라인상에서 해결함으로써, 민원인에게 편의를 제공하고 정보를 적시(適時)에 제공하여 기존의 문서위주 정보공개제도의 단점을 보완하여 고객중심 정부의 실현이 가능하게 되었다.

---

13 공공기관의 정보공개에 관한 법률 제2조 3. "공공기관"이란 다음 각 목의 기관을 말한다.
　　가. 국가기관
　　　　1) 국회, 법원, 헌법재판소, 중앙선거관리위원회
　　　　2) 중앙행정기관(대통령 소속기관과 국무총리 소속기관을 포함한다) 및 그 소속기관
　　　　3) 「행정기관 소속위원회의 설치 · 운영에 관한 법률」에 따른 위원회
　　나. 지방자치단체
　　다. 「공공기관의 운영에 관한 법률」 제2조에 따른 공공기관
　　라. 그 밖에 대통령령으로 정하는 기관
14 정보공개법 시행령 제2조에는 그 밖에 대통령령으로 정하는 기관으로 다음과 같은 기관들을 예시하고 있다.
　　「유아교육법」·「초·중등교육법」·「고등교육법」에 따른 각급 학교 또는 그 밖의 다른 법률에 따라 설치된 학교, 「지방공기업법」에 따른 지방공사 및 지방공단, 지방자치단체의 조례로 정하는 기관으로 지방자치단체의 조례로 설립되고 해당 지방자치단체가 출연한 기관, 특별법에 의하여 설립된 특수법인, 사회복지사업법 제42조 제1항의 규정에 의하여 국가 또는 지방자치단체로부터 보조금을 받는 사회복지법인과 사회복지사업을 하는 비영리법인, 국가 또는 지방자치단체로부터 연간 5천만원 이상의 보조금을 받는 기관 또는 단체(다만, 정보공개 대상 정보는 해당 연도에 보조를 받은 사업으로 한정한다) 등이 규정되어 있다.
15 안전행정부 홈페이지(http://www.open.go.kr/pa/PARetrieveInfoDisclosureGuide.laf).

인터넷 정보공개 서비스 절차도

국민들의 알권리를 최대한 보장하고 편리하게 이용할 수 있도록 마련된 제도로서, 공공기관에 정보공개를 청구할 수 있음은 물론 '정보공개여부 결정통지'를 받아볼 수 있다.

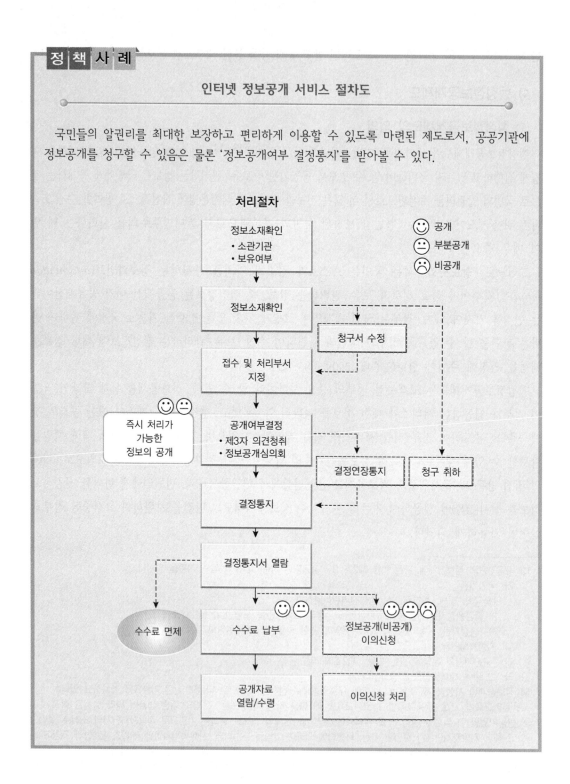

처리절차

정보소재확인
• 소관기관
• 보유여부

☺ 공개
😐 부분공개
☹ 비공개

정보소재확인

청구서 수정

접수 및 처리부서 지정

즉시 처리가 가능한 정보의 공개 ☺ 😐

공개여부결정
• 제3자 의견청취
• 정보공개심의회

결정연장통지

청구 취하

결정통지

결정통지서 열람

수수료 면제

수수료 납부 ☺ 😐

정보공개(비공개) 이의신청 ☺ 😐 ☹

공개자료 열람/수령

이의신청 처리

(2) 행정정보공개제도의 필요성

정보공개는 국민의 '알 권리'의 충족을 위하여 필요하다. '알 권리'는 개인의 인격형성을 위한 전제이며, 개인의 자아실현을 가능케 하는 헌법적 권리로서 인간의 존엄성 추구의 중요한 내용이 된다.

정보공개는 국민의 권리 및 이익을 보호하고 국민에게 봉사하는 행정을 실현하는 고객중심 정부의 실현을 위해서 필요하다. 현대사회의 국민은 여러 가지 복잡한 문제에 직면하고 있다. 기존의 정부는 문제해결 및 공공서비스의 제공에 있어 정부중심적이어서, 고객인 국민의 만족도나 수준 높은 서비스 제공을 고려하지 않아, 국민에게 다가가는 정부를 실현하지 못하였다는 비판을 받아 왔다. 정보공개제도는 고객인 국민의 정보접근을 용이하게 함으로써, 제공되는 서비스의 질 개선과 서비스의 만족도 향상을 통해 고객중심 정부의 실현을 가능하게 한다.

정보공개를 통한 고객중심 정부의 실현은 국정운영의 투명성을 확보하고, 민주적이고 공정한 국정 운영을 구현함으로써, 국정에 대한 국민의 신뢰성을 확보하게 하고 부정부패를 방지할 수 있다.

(3) 정보공개의 역기능

정보공개에 따른 역기능으로는 다음과 같은 우려가 있다.

첫째, 국가비밀이나 개인정보가 침해될 우려가 커지게 된다.

둘째, 경쟁상대가 되는 기업의 비밀을 탐지하기 위한 목적으로 악용될 소지가 있다.

셋째, 정보공개를 위한 문서목록 작성, 전담기구의 설치, 인력충원 등 행정부담이 증가된다.

넷째, 부실한 정보의 유통이나 조작된 정보가 공개될 우려가 있다.

다섯째, 정보접근능력이 있는 자만이 정보를 접함으로써, 정보접근능력이 있는 자는 결과적으로 정보접근능력이 없는 자보다 유리해져서 사회적 형평성을 저해할 우려가 있다.

(4) 우리나라 정보공개제도의 문제점과 개선방안

현재 시행되고 있는 정보공개제도는 몇 차례의 개선과 보완에도 불구하고 여전히 미흡한 점이 많다(김승태, 2010).

첫째, 정보공개 담당자의 잦은 이동으로 인해 업무처리에 대한 이해도가 낮아 제도의 정착과 서비스의 질이 향상되는데 장애요인이 되고 있다.

둘째, 비공개·부분공개 결정에 대한 법적 근거와 사유가 불명확하다. 2008년 행정안전부의 설문조사에서 참여 공무원 147명 중 104명(71%)은 긍정적인 답변을 한 반면, 비공개 또는 부분공개 결정을 받은 적이 있는 청구인 51명 가운데 38명(74%)은 부정적인 답변을 보였다. 이를 뒷받침하는 또 하나의 증거로는 연도별 비공개 사유 현황을 보면, 정보공개법에 명시된 비공개 사유가 아닌

'기타'에 해당하는 비율이 약 7%로 비교적 높다는 점도 들 수 있다.

셋째, 법정 처리기간의 미준수 비율이 높다는 것이다. 2009년의 경우 95%가 법정처리기간 10일 이내에 처리되었고 20일을 초과한 건수는 1%에 불과하지만, 전체 건수가 1,691건이라는 점을 감안하면 보다 적극적인 처리기간 준수가 요구된다고 하겠다.

넷째, 비공개 대상정보에 대한 취급이 기관별로 차이가 난다는 점이다. 2008년 행정안전부에서 담당 공무원을 상대로 한 설문조사에서 참여 공무원 147명 중 124명(85%)이 기관별로 차이가 있으며 개선이 필요하다고 응답했다. 이러한 현상은 비공개결정에 대한 청구인의 수용률을 떨어뜨리고, 불복할 가능성을 높이게 되며 정보공개제도 자체에 대한 불신으로 이어질 수 있다는 점에서 대책 마련이 요구된다.

마지막으로, 공공기관 스스로가 자발적인 정보공개 노력이 필요하다. 현 제도상으로는 사전적, 적극적으로 공개가 가능한 행정정보의 대부분이 청구가 있으면 공개여부 판단의 절차를 거쳐서 공개되고 있다. 물론 현행법상 정보공개법 제3조[16]에서 정보공개의 원칙과 제7조[17]에서 중요 행정정보의 공표를 규정하고는 있지만 공공기관의 사전적 자발적 정보공개는 매우 제한적으로 운용될 소지가 있으며, 법적으로는 공공기관이 국민의 청구가 없을 경우에는 공개할 법적 의무가 없는 것으로 해석될 여지도 많기 때문이다. 따라서 정부기관은 보유하고 있는 모든 정보가 그 공개에 있어서 청구-공개여부 판단의 절차를 필요로 하지 않지만 상당부분의 정보는 청구가 없어도 정부가 자발적으로 공개할 수 있으며, 이것이 사회 전체적으로도 커다란 편익의 증가로 이어진다는 사실을 인식할 필요가 있다(이근주, 2003).

법ㅣ률ㅣ사ㅣ례

공공기관의 정보공개에 관한 법률

① 정보공개제도의 법제화
② 국민이면 누구나 자기에게 이해관계가 있는지의 여부를 불문하고 공공기관 등이 지니는 정보의 공개를 법적으로 청구할 수 있는 권리를 갖게 됨

---

16 정보공개법 제3조(정보공개의 원칙) 공공기관이 보유·관리하는 정보는 국민의 알 권리 보장 등을 위하여 이 법에서 정하는 바에 따라 적극적으로 공개하여야 한다.

17 정보공개법 제7조(행정정보의 공표 등) ① 공공기관은 다음 각 호의 어느 하나에 해당하는 정보에 대해서는 공개의 구체적 범위와 공개의 주기·시기 및 방법 등을 미리 정하여 공표하고, 이에 따라 정기적으로 공개하여야 한다. 다만, 제9조 제1항 각 호의 어느 하나에 해당하는 정보에 대해서는 그러하지 아니하다.
  1. 국민생활에 매우 큰 영향을 미치는 정책에 관한 정보
  2. 국가의 시책으로 시행하는 공사(工事) 등 대규모 예산이 투입되는 사업에 관한 정보
  3. 예산집행의 내용과 사업평가 결과 등 행정감시를 위하여 필요한 정보
  4. 그 밖에 공공기관의 장이 정하는 정보
  ② 공공기관은 제1항에 규정된 사항 외에도 국민이 알아야 할 필요가 있는 정보를 국민에게 공개하도록 적극적으로 노력하여야 한다.

③ 공개 대상: 원칙적으로 공공기관이 보유하고 있는 모든 정보

- 정보공개의 예외가 되는 정보들
  - 법령에 의해 공개가 금지된 정보
  - 국가안전·국방·외교 등 국가이익의 침해우려가 있는 정보
  - 국민의 생명·신체·재산 및 공공의 안전·이익의 침해우려가 있는 정보
  - 의사결정 또는 내부검토 중인 정보
  - 개인 사생활의 침해 우려가 있는 정보
  - 영업상 비밀에 관한 정보
  - 특정인 또는 집단에게 부당한 이익을 주는 정보 등

④ 정보공개 요구에 대해 결정이 곤란한 경우: 정보공개심의위원회를 설치, 운영
  - 자의적 판단을 방지, 원활한 공개 절차를 이행

⑤ 정보공개제도 운영의 윤리적 딜레마

- 시민단체 등에서 행정기관의 행태를 감시하려는 의도로 정보공개를 청구하는 경우
  - 행정기관에게 불리하게 작용할지 모르는 정보를 스스로 공개해야 되기 때문에 비공개
    결정을 내리기 쉬움
- 법률적 하자는 없으나 윤리적으로 민감한 사안인 경우
  - 방어적인 자세로 대응하기 쉬움

자료: 정보문화센터, 「정보화 윤리」, 2002.

5) 요약 및 결론

우리는 지금까지 기업가적 정부, 성과중심 정부, 고객중심 정부에 대해서 살펴보았다. 정부혁신의 방향은 시장원리의 응용, 성과 지향, 고객 지향, 정보화의 적극적인 활용, 개방성 지향, 투명성지향, 참여성 지향 등이며, 정부혁신의 내용으로는 기업가적 조직원리의 응용, 성과중심의 행정시스템 구축, 고객중심의 행정서비스 전달체계 개선, 행정의 개방성 및 투명성 강화, 시민사회와의 협치(뉴거버넌스) 강화 등을 들 수 있다. 또한 세부 정책과제로는 정부규제 개혁, 인사 및 조직관리개혁, 예산 및 재무관리 개혁, 성과관리제도, One-Stop Service 조직, 고객만족도의 측정제도화, 행정서비스 헌장제도(서비스 스탠다드 제도), 정보공개제도, PCRM과 정책홍보제도, 정책실명제, 정책품질관리제도 등이 있다.

정부규제 개혁, 인사 및 조직관리 개혁, 예산제도 및 재무관리 개혁, 성과관리제도, One-Stop Service 조직, 고객만족도의 측정제도화, 행정서비스 헌장제도(서비스 스탠다드 제도), 정보공개제도가 기업가적 정부, 성과중심 정부, 고객중심 정부의 개혁제도라면, PCRM과 정책홍보제도, 정책실

명제, 정책품질관리제도 등 행정의 개방성 및 투명성 강화, 시민사회와의 협치(뉴거버넌스) 강화까지 포함한 부분이 뉴거버넌스 정부혁신에 해당된다. 또한 기업가적 정부, 성과중심 정부, 고객중심 정부가 관리주의와 시장주의를 강조하는 신공공관리적 개혁(효율성)의 개념이라면, 뉴거버넌스 정부혁신은 관리주의와 시장주의를 강조하는 신공공관리(협의의 거버넌스)를 배제하진 않지만 참여와 네트워크에 보다 초점을 두는 형태의 정부혁신이다.

다음에서는 이러한 관점에서 관리주의와 시장주의를 바탕으로 하되 참여와 네트워크에 초점을 두는 형태의 뉴거버넌스에 기초한 정부혁신 방향과 과제에 대해서 살펴보기로 한다.

제 5 절　뉴거버넌스 정부혁신

1. 거버넌스의 의의

국가중심의 통치능력은 약화되고 통치요구는 높아지는 상황에서 새로운 개념으로서 나타난 것이 거버넌스이다(Kooiman, 1993). 사회가 복잡성을 띠면서 나타나는 정치·경제·사회 분야에 있어서 탈산업화, 탈근대화 현상은 조정(coordination)과 연결(networking)을 통한 새로운 국가 운영 방식을 요구하게 되었다(Kooiman, 1993; Kooiman and Vliet, 1993). 이러한 배경에서 거버넌스 개념이 등장하였고, '정부에서 거버넌스로'(from government to governace)의 문제에 대해 중요한 공감대가 형성·확산되었다(March and Olsen, 1995; Peters, 1996; World Bank, 1994; Rhodes, 1996).[18]

거버넌스는 공동체 운영의 새로운 체제, 제도, 메커니즘 및 운영방식을 다루는 것으로, 기존의 통치(governing)나 정부(government)를 대체하는 것으로 등장하고, 그 개념도 점차 확대되는 과정에 있다. 행정학적인 시각에서 거버넌스를 뉴거버넌스로 보고, 기존의 신공공관리(NPM) 등의 개념들과 다음과 같이 비교하고 있다(정정길, 2000: 435-547).

　첫째, 협의의 거버넌스 개념은 인사나 예산 및 조직관리에 있어서, 권한위임, 분권화, 재량권 확대, 민
　　　간기법의 도입 등을 통한 행정내부의 변화로 보고 있다.

---

18 이 장에서 주로 참조한 책들은 다음과 같다. 김석준 외, 『뉴거버넌스 연구』, 대영문화사, 2000; 정용덕, 『현대국가의 행정학』, 법문사, 2001; 권기헌, 『정책학』, 박영사, 2008.

표 13-3 거버넌스 개념의 변화과정

1970년대	1980년대	1990년대	2000년대
• 정부(government)와 같은 의미로서 거버넌스를 이해 • 국가적 수준의 관리능력에 대한 관심 • 경제적, 사회적 발전동력으로서의 공공서비스 공급체계에 대한 관심	• 거버넌스에 대한 국제 사회의 관심 증대 • 국가차원의 사회 통합과 발전을 관리하는 능력에 초점 • 지역경제의 활성화를 위한 민관 파트너십 강조	• 시민사회를 포함한 참여, 합의 형성 등 거버넌스의 민주주의적 특성 강조 • NGO의 역할에 대한 인식 • 새로운 제도와 기능 및 과정의 개발필요성 강조	• 새로운 문제유형에 대한 대안적인 해결기제로 주목 • 다양한 주체들의 참여와 협력을 통한 문제해결 강조(환경거버넌스, 녹색 거버넌스)

둘째, 거버넌스의 일반적인 개념은 시장주의 또는 신제도주의 경제학의 경쟁원리와 고객주의를 공공부문에 도입하여 민간에게 많은 서비스 공급을 맡기고, 정부는 신제도주의 경제학적 유인책을 이용하여 방향잡기에 주력하는 것을 거버넌스로 보는 입장이다.

셋째, 광의의 거버넌스는 협의와 일반적 개념에 시장주의와 참여주의를 합친 것으로, 그 주요 내용은 방향잡기, 경쟁 도입, Mission 강조, 성과연계 예산, 고객중심, 수익창출, 예측과 예방, 참여와 팀워크, 협의와 네트워크 형성 및 시장메커니즘 등이다.

거버넌스의 개념은 거버넌스의 주체들인 국가, 시장, 시민사회 가운데 어느 것을 중심으로 이해하느냐에 따라 거버넌스의 내용이 달라진다. 국가(정부)중심적인 접근이 많이 논의되어 왔지만, 거버넌스가 등장한 기본원인은 정부실패나 정부의 통치능력 상실에 따른 새로운 대안으로 제기된 만큼, 국가(정부)중심적 접근 외에 거버넌스의 다른 주체들인 시민사회(NGO), 시장(기업) 그리고 사이버 공간과 네트워크의 역할이 새롭게 강조되고 있다. 그리고 이러한 배경에서, NGO 거버넌스(NGO *governance*), 시장중심 거버넌스(*market governance*), 사이버 거버넌스(*cyber governance: cybernance*) 등 다양한 개념적 정의를 포괄한다.

2. 거버넌스와 뉴거버넌스

1) 거버넌스 관계모형

(1) 국가중심 거버넌스

국가중심 거버넌스는 기본적으로 국가가 시장과 시민사회를 주도적으로 관리하는 입장을 지닌다. 대륙계 국가들이 영미계 국가들에 비해 시장과 시민사회에 깊이 개입하는 전통 위에 거버넌스가 이루어지는 것이 국가중심인 거버넌스인데, 전통적 국가중심 통치에 비해서는 국가가 시장이나 시민사회와 맺고 있는 관계가 더 민주적이고, 더 수평적인 성격을 지닌다. 즉, 전통적 관료제 중심의 통치방식이 과거에는 수직적이었는데 반해, 국가중심 거버넌스는 수평적인 네트워크나 파트너십을 더 많이 강조하는 차이점이 있다.

국가중심 거버넌스는 관료주의와 관리주의를 운영의 기본원리로 한다. 관료주의는 합리주의와 법치주의를 중심 가치로 삼고, 관리주의는 효과성과 능률성을 주된 가치로 지향하고 있다. 이렇게 볼 때, 국가는 스스로 효과성, 능률성, 합리성, 합법성 등을 정부 운영의 내부적인 가치로 삼는다.

이러한 국가중심 거버넌스이론의 유형으로는 학자들에 따라 신공공관리론, 기업가적 정부, 좋은 거버넌스, 신축적 정부모형, 탈규제적 정부모형 등을 거론한다.

(2) 시장중심 거버넌스

세계화가 진전된 상황에서 시장중심의 거버넌스는 신자유주의의 물결과 더불어 더욱 강화되고 있다. 시장중심 거버넌스는 경쟁의 원리와 고객만족을 근간으로 하는 시장의 원리를 기본원리로 한다. 시장중심 거버넌스의 유형에는 다음과 같은 모형이 있다.

첫째, 시장적 정부모형이 있다. 이는 정부관료제의 비효율성과 시장의 효율성에 대한 신뢰를 전제로 한다. 시장은 경쟁체제를 통한 자원배분의 효율성을 달성하고, 시장실패 또한 시장의 기제를 통해 해결하는 것이 바람직하다는 것이다. 시장적 정부모형은 정부 관료제가 가격시스템과 경쟁의 부재로 시장의 신호에 둔감하며, 계층제적 구조에 의한 통제로 행정의 비효율성을 초래한다고 하면서, 조직의 분권화, 민영화, 민간위탁, 권한위임 등을 강조한다.

둘째, 최소국가모형이다. 이는 사적 영역이 보다 높은 질의 공공서비스를 제공할 수 있다는 믿음을 가지고, 국가의 공공개입의 범위를 최소화하고, 공공서비스 공급에서 축소된 정부의 부분을 시장과 준시장의 활용으로 보완하고자 하는 거버넌스이론이다. 최소국가모형은 국가의 성격을 4가지 중요한 원칙에 따라 재정의하는데, 이는 1) 작은 정부, 2) 국제적인 비전과 융통성을 가진 정부, 3) 책임지는 정부, 그리고 4) 공정한 정부이다.

(3) 시민사회중심 거버넌스

시민사회중심 거버넌스는 다원화된 시민사회와 시민을 대변할 수 있는 정부를 구현하고, 시민사회의 역할을 증대시켜, 국민들에 의한 거버넌스를 지칭하는 것으로, 대표적으로 NGO를 통해 국민들이 직접적인 참여가 증대하는 NGO 거버넌스를 말하기도 한다.

시민사회중심 거버넌스의 기본원리는 참여주의와 공동체주의이다.

첫째, 참여주의는 내부 참여로서의 분권화와 외부 참여로서의 시민참여로 구성된다. 내부 참여로서의 분권화는 대내적으로 의사결정과정에서 부하들의 참여 및 권한위임을 강조한다. 외부 참여로서의 시민참여는 정책결정이나 집행과정에 정책대상집단이나 일반시민들의 참여를 강조한다.

둘째, 공동체주의는 사회공동체를 다시 구축하고, 공동문제를 구성원들이 직접 참여하여 해결해야 한다는 것이다. 공동체주의는 신우파의 자원봉사주의(*voluntarism*)와 신좌파의 시민주의(*civicism*)로 나뉘는데, 전자는 자원봉사자들의 활동을 기초로 공동체를 활용하여 국가기능을 분담시키고 작은 정부를 실현해야 한다고 주장한다. 이에 대해 신좌파는 시민들이 자원봉사자는 아니므로, 공동체의 공동문제해결에 자발적으로 직접 참여하지 않는다는 문제를 제기하고, 적극적인 참여를 위해 정부가 주도하여 시민의 덕성을 양성시켜야 한다는 것이다. 곧 덕성 있는 시민을 양성하면 공동체가 다시 부활하고, 시민에 의한 공동문제해결이 가능하다는 입장이다.

시민사회중심 거버넌스이론의 유형에는, 참여적 정부모형과 영미형 국가식의 시민중심 거버넌스, 자기조직적 네트워크이론이 있다.

(4) 국가·시장·시민사회 거버넌스의 관계모형

국가중심 거버넌스이론은 국가, 시민사회, 시장 및 국제체제와의 관계 속에서, 국가가 기본적으로 자신의 운영 논리인 관료주의와 관리주의를 어떻게 시장원리나 시민사회의 원리에 맞추어 조정하느냐의 문제에 관심을 두고 있다. 정부의 관료주의나 관리주의가 시장자본주의에 영향을 주고, 이것이 시민사회의 민주주의에 영향을 주면서 삼자 간의 결합체를 형성하게 된다.

2) 뉴거버넌스로의 통합

국가중심적 거버넌스는 기존의 국가중심의 통치모형(관료주의)에 기업가적 정부나 신공공관리를 도입하여, 관리주의와 시장주의를 조화시키는 것이 중요한 과제이다. 영미계 국가들의 경우에는 이미 자본주의 시장주의와 민주주의 원리가 정착되어 있어, 정부에 기업가 정신이나 민간기법을 적용하는 것은 큰 문제가 아니나, 대륙계 국가들의 경우, 정부의 기능을 부분적으로 대신할 수 있는 기업, 시장, NGO, 시민사회 등이 제 기능을 할 수 있을 정도로 자체적인 역량을 향상시킴으로써, 정부와 더불어 거버넌스의 체제와 네트워크를 구축하는 일이 매우 중요하다.

단순화 시켜보면, 국가중심적 거버넌스의 관리주의와 시장중심적 거버넌스의 시장주의가 조화롭게 이루어지는 것이 신공공관리론(효율성)이라 할 수 있고, 그에 시민사회중심적 거버넌스의 참여 및 네트워크를 부가한다면 뉴거버넌스(효율성+민주성)가 실현된다고 볼 수 있다. 즉, 뉴거버넌스는 관리주의, 시장주의, 시민사회주의를 통합한다는 관점에서 살펴볼 수 있는데, 이를 도식화하여 보면 〈그림 13-4〉와 같다.

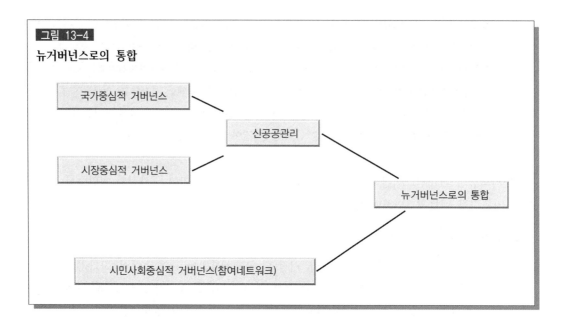

그림 13-4

뉴거버넌스로의 통합

국가중심적 거버넌스

시장중심적 거버넌스

신공공관리

뉴거버넌스로의 통합

시민사회중심적 거버넌스(참여네트워크)

3. 뉴거버넌스와 국가혁신

1) 국가혁신의 의의

국가혁신은 국가재창조의 기본틀에 관한 것으로 근본적으로 국가를 무엇으로 어떻게 바꿀 것인가의 문제와 관련된다. 이는 새로운 국가의 비전으로서 국가의 상을 설정하고, 국가가 기업과 시민사회 등과의 관계를 새롭게 정립하고, 나아가 세계 자본주의 경제나 국제정치 등 세계체제와의 관계를 새롭게 정립하는 것을 내용으로 한다.

뉴거버넌스에 따른 국가혁신의 과제들은 다음과 같다(김석준 외, 2000).

첫째, 국가의 상은 세계화·정보화라는 국내외의 역사적인 변화 속에서 정보화 국가 또는 문화국가 등으로 제시되고 있는바(Nye, 1990; Hukuyama, 1998), 전통적인 산업무역국가와 정보문화국가의 조화문제가 중요한 과제로 대두하고 있다.

둘째, 국가(관료주의), 시민사회(민주주의), 시장(자본주의)의 관계를 뉴거버넌스의 균형네트워크 모형에 따라 재정립한다. 영미형의 경우에는 역사적으로 자본주의가 먼저 발달한 뒤 그 필요에 따라 민주주의가 정립되고, 그 수요를 맞추기 위해 관료주의가 정착하게 된 모형이다. 대륙형의 경우에는 국가의 관료주의가 먼저 발전하고, 국가의 선택에 의해 자본주의를 선택 발전시키고, 그 뒤 민주주의를 도입하게 된 모형이다.

셋째, 국가기관 간의 관계 조정문제도 뉴거버넌스에 따른 국가혁신의 주된 내용이다. 국가기관(행정,

입법, 사법)들이 어떻게 권력과 기능을 배분하고, 나아가 중앙과 지방이 어떤 방식으로 분권화하고, 정부와 기업, NGO 그리고 제3섹터가 어떻게 수평적으로 협력할 것인지에 대한 선택이 있어야 한다.

2) 사회적 자본(Social Capital)으로서의 신뢰와 뉴거버넌스

(1) 사회적 자본으로서의 신뢰

신뢰는 그동안 이론적으로 문화적인 측면에서 접근하였지만, 지금은 그 자체를 정치경제적 실체인 사회적 자본(*social capital*)로 간주하고 있다. 신뢰는 정치행정학 연구의 오랜 주제였으나 최근 관심을 다시 받고 있다. 정치학의 많은 연구들은 참여적인 시민문화(*civic culture*)가 민주주의 제도를 뿌리내리게 하고, 반대로 민주주의 제도가 시민문화를 확산시키게 되는 연결고리를 발견함으로써 신뢰의 중요성을 확인하였다(Almond and Verba, 1963).

그 뒤 미국의 위기와 관련하여 강대국의 흥망에 대한 Kennedy와 Nye의 논쟁이 제기되면서, 신뢰를 포함한 문화의 실체적 존재가 다시금 부각되었다. P. Kennedy(1987)는 제조업 중심의 경제력과 군사력 등의 경성 권력(*hard power*)을 중심으로 볼 때 미국이 세계패권 국가에서 퇴조한다고 분석한 반면, J. Nye(1990)는 경성 권력 외에 문화력(신뢰)과 기술력 등의 연성 권력(*soft power*)이 21세기에는 더 중요하게 되어 미국이 계속 세계 강대국으로 남게 될 것으로 분석함으로써, 국가자산으로서의 신뢰의 개념을 부각시켰다.

(2) 신뢰의 확립과 뉴거버넌스

Fukuyama(1998)는 신뢰가 이데올로기 종언 이후의 가장 중요한 요소가 될 것으로 주장하면서, 한국과 일본의 향후 발전이 신뢰의 차이로 인해 다르게 나타날 것으로 예측하였으며, 미국 하버드 대학의 Jane Fountain 교수는 각국의 첨단산업단지의 성공모형을 연구하면서 지역의 대학, 기업, 정부 간 신뢰 및 네트워크 형성이 가장 중요한 독립변수라는 점을 강조하여 신뢰의 개념을 부각시켰다.

따라서 신뢰의 확립은 뉴거버넌스와 국가혁신의 중요한 주제로 대두된다. 국가혁신을 위해서는 정부, 기업, 시민단체, NGO, 제3섹터 등에 대한 종합적인 신뢰가 확보되도록 해야 하며, 이를 위해서는 이들에 대한 민주적 통제가 활발하고, 정보공개를 통해 투명성이 확보되며, 부패척결을 통해 깨끗한 국가와 기업 및 사회가 이루어져야 한다.

4. 뉴거버넌스와 정부혁신

정부혁신은 정부의 새로운 역할과 기능을 선택하고, 거기에 따라 정부조직의 장단기적인 개편방향, 정부조직의 기본성격 등을 재정립하는 것이다. 정부혁신에서 지향하는 정부조직은 기업가적 정부, 고객중심 정부, 성과중심 정부, 뉴거버넌스 정부 등을 검토해야 하며, 정부혁신의 정책과제의 경우에는 정부규제 개혁, 인사 및 조직관리, 예산제도 및 재무관리, 성과관리 등을 다루게 된다.

정부혁신은 정부조직의 개편과 정부기능의 혁신을 모두 요구한다. 이를 위해 여기서는 국가 재창조를 위한 정부 역할의 변화, 정부조직 개편의 방향, 정부혁신을 위한 정책과제로 나누어 살펴본다.

1) 국가 재창조를 위한 정부 역할의 변화

정부를 고객중심, 성과중심, 시장원리에 따른 조직으로 개편하고, 이에 따라 '국가경영'을 추진하면서 민주성과 신뢰성을 강화해야 한다. 이때 강화할 기능과 역할은 정보의 수집 및 분석관리기능, 정책조정기능, 인력개발기능, 과학기술개발기능, 사회간접자본 확충기능, 경쟁질서 유지기능, 통상외교 및 국제협력기능, 환경보전 및 지속가능한 개발 간의 조화유지기능, 복지확충기능 등이다.

또한, 정부 역할은 기존의 '통제위주 기능'에서 '조정위주 기능'으로, 그리고 '개발위주 기능'에서 '분배지향기능'으로 근본적인 기능이 전환되어야 한다. 정부의 역할이 종전의 직접개입에서 시민활동(사회활동) 촉진자로서의 변화가 요청되면서, 정부-민간 부문 간 역할분담의 재설계, 정부의 역할 수행방식의 전환, 정부의 전략적 기획기능(정보수집능력, 정책분석능력) 중시 등으로 기능전환이 요청되고 있다.

2) 정부조직의 기본성격 재정립

정부조직의 기본성격과 기능의 변화방향은 기업가적 정부, 성과중심 정부, 고객중심 정부, 뉴거버넌스 정부이다. 기업가적 정부, 성과중심 정부, 고객중심 정부가 관리주의와 시장주의를 강조하는 신공공관리적 개혁(효율성)을 강조하는 개념이라면, 뉴거버넌스 정부는 관리주의와 시장주의를 강조하는 신공공관리(협의의 거버넌스)에다가 참여와 네트워크를 강조하는 시민사회주의를 추가한 형태의 정부 운영모형이다.

첫째, 기업가적 정부조직은 고객우선주의, 유인 제공, 경쟁 강조, 성과 강조 등을 통해 정부 운영에 기업과 시장메커니즘을 도입하는 조직이다. 또한, 기업의 이윤동기를 정부조직에 적용하여 정부의 수입을 늘리는 여러 가지 방법을 사용하는 조직이다(Self, 1993).
둘째, 성과중심 정부조직은 투입보다 성과에 의해 정부조직의 업무성과를 측정하는데, 그 핵심은 정부 공공 분야에 경쟁의 개념을 도입한다. 조직 운영에 연공서열이 아닌 성과에 따른 보상과 승진 기회의 제공을 통해, 복지부동의 통제 및 질서 위주의 행정 공무원을 뛰면서 일하는 지식 및 가치

창출의 지식관료로 변화시키는 조직이다(Light, 1997; Schachter, 1995). 성과중심 정부조직이 성공하려면, 성과측정, 성과관리, 성과급에 따른 공정한 보상, 성과중심의 신축적 예산제도 도입 등이 필요하다.

셋째, 고객중심 정부조직은 시민을 고객으로 규정하여 선택의 권한을 부여하고, 국민들의 만족도를 극대화 시켜주는 조직이다. 고객중심 정부조직은 통제위주의 행정메커니즘보다 가격과 경쟁과 유인 위주의 시장메커니즘이 우월하다는 전제에 입각한다(Schmidt, 1995).

넷째, 뉴거버넌스 정부조직은 관리주의와 시장주의를 강조하는 신공공관리(협의의 거버넌스)를 토대로 참여와 네트워크를 강조하는 형태의 정부 운영모형이다. 예를 들어, 전자정부와 지식정부는 정책결정, 정책집행, 주민참여, 의견수렴 등이 정보통신기술을 이용해 이루어짐으로써, 민원인의 편의가 극대화되는 정부, 종이 없는 사무실, 투명한 정부 그리고 지식관리가 실현되는 디지털신경망 정부의 구축이 이루어지는 정부를 추구하는바, 정부 내부의 비능률 타파를 통해 효율성(생산성)을 제고하며, 민주적 참여와 투명성 강화를 통해 민주성과 성찰성을 지향하는 정부로서 뉴거버넌스 정부조직의 한 형태가 될 수 있다. 즉, 전자정부와 지식정부는 신공공관리적 기법의 도입과 정부문서의 디지털화(종이없는 사무실)를 통해 행정효율성을 제고하고, 시민들의 의견수렴 및 정책과정에의 참여 확대를 통해 민주성, 투명성, 성찰성을 증진시키는 뉴거버넌스 형태의 정부로 이해할 수 있는바, 단순히 기업, 성과, 고객 등 NPM적 사고를 넘어서 신뢰와 협동, 참여와 성찰을 강조하는 뉴거버넌스 정부조직 형태로 발전해 나가야 할 것이다.[19]

3) 정부혁신 정책방향 및 정책과제

정부혁신의 방향은 시장원리의 응용, 성과 지향, 고객 지향, 정보화의 적극적인 활용, 개방성 지향, 투명성 지향, 참여성 지향 등이며, 정부혁신의 내용으로는 기업가적 조직원리의 응용, 성과중심의 행정시스템 구축, 고객중심의 행정서비스 전달체계 개선, 행정의 개방성 및 투명성 강화, 시민사회와의 협치(거버넌스) 강화 등을 들 수 있다. 또한 세부 정책과제로는 정부규제 개혁, 조직 및 인사관리 개혁, 예산 및 재무관리 개혁, 성과관리제도, One-Stop Service 조직, 고객만족도의 측정제도화, 행정서비스 헌장제도(서비스 스탠다드 제도), PCRM과 정책홍보제도, 정보공개제도, 정책실명제, 정책품질관리, 참여성 강화를 위한 시민사회와의 협치 제고 등이 있다.

OECD 국가들은 조직개편이라는 하드웨어보다는 조직 내부의 경영혁신이라는 소프트웨어에 초점을 두고 있어서 정책적으로 시사하는 바가 많다. 주요 내용으로는 인적자원관리 혁신(예: 권한위임, 계약제 임용, 성과급, 팀제, 책임운영기관 운영), 예산 및 재무관리 혁신(예: 다년도 예산, 복식부기 및 발생주의 회계 등), 규제제도 개혁(예: 규제총량제도, 규제영향분석제도 등), 서비스 질 향상과 성과관리 혁신(예: 전략기획, BSC, 행정서비스 헌장제도(서비스 스탠다드 제도))이 있다.

이러한 내용들을 종합적으로 볼 때, 정부혁신을 위한 정책과제들은 다음과 같다.

---

19 전자정부와 지식정부의 구체적 내용에 대해서는 제2부 제9장을 참조바람.

첫째, 정부규제 개혁은 기존의 정부규제에 대해 전면적으로 규제철폐와 정부규제 완화가 이루어져야 하는데, 이를 위해서는 규제총량제도, 규제영향분석제도 등이 요구된다.

둘째, 조직 및 인사관리 개혁은 팀제, 책임운영기관, 성과관리제도(BSC), 부처단위의 인사권 강화와 정원통제권 위임(총액인건비 제도), 공무원들의 전문성 강화(전보제한 및 경력개발제도), 고위공무원단 제도(직위공모제, 개방형 임용, 고위직 인사교류, 직무성과계약제)의 합리적 운영 등이 요구된다.

셋째, 예산 및 재무관리 개혁방안은 '산출예산제도' 도입, '연도말 이월제도'를 통한 자율성과 신축성 확대로의 예산제도 개편, 중기계획 중심의 '다년도 예산제도'로의 개편이 필요하다.

넷째, 고객중심의 행정서비스 질 향상방안은 One-Stop Service 조직, 고객만족도의 정기적·정량적 측정제도화, 행정서비스 헌장제도(서비스 스탠다드 제도), 정보공개제도 등을 도입할 필요가 있다.

다섯째, 시민사회와의 협치(뉴거버넌스) 강화를 위해서는 행정 및 정책의 신뢰성을 제고하고, 행정 및 정책의 투명성 강화를 위한 PCRM과 정책홍보제도, 정책실명제, 정책품질관리제도 등이 필요하다.

4) 참여성 강화를 위한 시민사회와의 협치 제고방안

뉴거버넌스 정부혁신을 위해서는 기업가적 정부, 성과중심 정부, 고객중심 정부에서 논의되는 기업가적 조직원리의 응용, 성과중심의 행정시스템 구축, 고객중심의 행정서비스 전달체계 개선 등이 필요하며, 이에 더하여 행정의 개방성 및 투명성 강화, 시민사회와의 협치(거버넌스) 강화가 필요하다. 여기에서는 행정의 개방성·투명성 강화를 위한 시민사회와의 협치 제고방안에 대해서 PCRM과 정책홍보제도, 정책실명제, 정책품질관리제도 등을 중심으로 살펴보기로 한다.

(1) PCRM과 정책홍보제도

㈎ 의 의

CRM(Customer Relationship Management: 고객관리)은 시민의 요구(*needs*)에 충족될 수 있도록 정책품질을 관리하는 데 있어서 정책대상집단과의 전략적 커뮤니케이션을 강조하는 개념이다. 정부의 정책을 강조하는 정책의 경우에는 정책고객관리(PCRM: Policy Customer Relationship Management)라고 부른다. 이는 정책마케팅을 통한 고객맞춤형 서비스를 제공하기 위하여, 고객 (정책대상집단)의 수요에서부터 의견청취, 요구사항의 파악, 지속적인 피드백 등 원활한 의사소통을 통해 고객을 지속적으로 관리하고 참여를 유도하는 관리기법이다.

정책홍보제도는 홍보와 이미지의 중요성, 상징적인 가치가 강조되는 지식정보사회에 있어 정부가 수립하는 정책에 대해 국민들의 이해와 신뢰를 확보하고, 이를 토대로 정책성공의 가능성을 향상시키기 위한 정책품질관리활동의 일환이다.

과거의 정부는 시혜적 입장에서 정부가 국민을 위한 활동을 제시하고 이를 집행하였지만, 지식정보사회에서의 국민은 정책의 필요성, 정책집행 이후의 비전 등 정책 전반에 대해 이해를 시켜줄 것을 요구하고 있다. 이러한 뉴거버넌스적 시대 요구는 PCRM과 정책홍보의 중요성을 부각시키고 있다.

(나) 역할과 중요성

진정한 의미의 민주주의는 참여와 숙의 그리고 합의에 기초하여야 하며, 인간의 존엄성 실현을 목표로 하는 정부정책도 참여와 숙의 그리고 합의에 기초하여야 한다. 최근 부안 핵방폐장, 새만금 정책 등 대형 정책의 실패는 정책의 실행과정에서의 참여, 숙의, 합의가 이루어지지 않아 실패한 대표적 사례라 할 것이다.

현대사회는 다양한 이해관계자들이 복잡하게 연결되어 있는 사회이다. 이런 사회일수록 첨예하게 대립되는 이해관계자들 간의 갈등해결이 사회적으로 아주 중요하다. 따라서 갈등해결을 위한 참여, 숙의, 합의가 중요하며, 이를 실현하기 위한 방법으로서의 PCRM과 정책홍보제도는 진정한 참여와 담론을 이끌어내는 중요한 수단이라 할 것이다.

민간기업의 홍보제도와 CRM은 사전적·사후적 고객관리를 통한 이윤의 창출을 위한 제도이다. 그러나 정부 부문에서의 정책홍보제도와 PCRM은 이윤창출이 아닌 정책에 대한 이해당사자의 이해를 높이고, 이해당사자가 원하는 것이 무엇인지를 정확하게 파악하여 정책집행의 수용을 높이는 역할을 한다.

또한 행정정보공개제도에 의한 정보의 공개와 자연스럽게 연결되어 정부정책에 대한 투명성을 확보하는 역할을 한다. PCRM과 정책홍보를 통해 형성된 기대와 여론은 정책이해관계자가 정보의 접근을 강화하여, 정부정책에 대한 투명성을 더욱 강화시키고, 진정한 참여를 이끌어내어 시민사회와의 협치를 강화시키는 역할을 한다.

(다) 문제점과 개선방향

① 문제점

현대사회에서의 PCRM과 정책홍보의 중요성이 증가함에도 정책홍보의 효과성을 확보하려는 노력은 많이 부족한 실정이다. 정책홍보의 매뉴얼이 제대로 이해되고 있지 않으며, 정책홍보를 실질적으로 관리할 수 있는 역량을 지닌 전문가의 확보 역시 미진하다. 또한 PCRM이 실질적으로 운영되기 보다는 형식적으로 운영되어 진정한 의미의 정책고객관리는 많이 부족하다.

② 개선방향

효과적인 PCRM이 이루어지기 위해서는, 정책과 실질적인 관계가 있는 정책공동체 관계자들의 정보를 DB화하고, 이를 통한 분석을 통해 차별화된 PCRM이 이루어져야 할 것이다.

지식정보사회에 부응하는 정책홍보와 PCRM을 위해서는 보다 전문성을 갖춘 인적자원의 확보가 필요하다. 또한 정책평가 및 환류의 단계에서도 정책홍보와 PCRM에 대한 분석평가 및 환류가 이루어지도록 해야 하고, 평가결과를 DB화하여 학습 및 지식관리가 이루어지도록 해야 할 것이다.

(2) 정책실명제

정책실명제란 정책결정과정에 참여한 사람들의 실명을 남겨 책임소재를 명확히 함으로써 정책의 부실화를 막고, 투명성을 높이기 위한 제도를 의미한다. 우리나라에서는 행정부의 재량권 남용을 막고, 공무원의 부패방지를 위해 1998년에 도입되었다.

정책실명제는 일정 부문 행정의 투명성과 책임성의 확보에 기여하였지만, 대형 정책실패에도 불구하고 책임을 물을 수 있는 사람이 없는 등 정책실명제가 효율적으로 이루어지지는 않은 것으로 나타났다. 또한 국회에 제출한 2005년도 재정경제부 자료를 살펴보면 정책의 기안자와 결재자의 이름만 기록되고, 나머지는 서명만 한 것으로 나타났다.[20] 따라서 현재 운영되고 있는 정책실명제가 효과적으로 운영될 수 있는 방안이 필요하다고 하겠다.

정책실명제의 실효성을 확보하기 위해 정부에서는 2005년도에 주요 정책의 결정·결정과정에서 관련되는 사항을 종합적으로 기록, 보존하도록 하고, 문서속성카드의 도입[21] 등 문서제도를 개선하여 중간 검토의견을 활성화 하고, 정부업무 관리시스템과 정책품질관리제도와의 연계를 통하여 정책에 대한 경로관리를 하도록 하고 있다.[22]

(3) 정책품질관리제도

국가 정책의 목표는 국민이 잘 살 수 있도록 하는데 있다. 그러나 최근 새만금 건설, 부안 핵방폐장, 시화호 등 대형 국가정책의 실패는 막대한 예산의 낭비를 초래하였고, 더욱이 국민의 신뢰를 무너지게 만들었다. 정책실패의 원인은 정책이해관계자들의 의견수렴의 미비, 합리적 정책분석의 부재 등 정책 전반을 부실하게 관리하였기 때문인바, 이러한 정책실패를 예방하고자 등장한 것이 정책품질관리제도이다.

(가) 정책품질관리제도의 의의

정책품질관리제도란 정부정책의 품질을 체계적으로 관리하고 개선함으로써 정책실패 및 정책불량품을 방지하고, 정책우량품을 생산하기 위한 총제적인 정부의 노력 및 활동이다.[23] 정책품질관리제도를 통해 정부정책에 대한 투명성을 더욱 강화시키고, 진정한 참여를 이끌어내어 시민사회와의 협치를 강화시킬 필요가 있다.

---

20 시민의 신문, 2005년 3월 7일자 신문 참조.
21 문서의 생성 및 검토과정에 제기된 의견 등을 포괄하는 포괄적인 정보를 기록, 관리(내용속성, 절차속성, 관리속성)하는 것으로서, 결재문서가 완성되기까지의 경로가 일목요연하게 정리되어, 누구의 아이디어로 관련내용이 제안되었는지와 결재 전까지 관련부서와의 협의여부를 알 수 있다.
22 www.innovation.pa.go.kr 참고.
23 행정안전부는 정책품질관리제도를 "정부정책의 품질을 체계적으로 관리·개선함으로써, 정책실패 및 정책불량품을 방지하는 총제적인 정부의 노력 및 활동"으로 규정하고 있다(행정안전부 정책품질관리 매뉴얼 참고).

정책은 궁극적으로 인간의 존엄성 실현을 그 목적으로 한다. 따라서 정책은 시대적 흐름이 반영되어야 하고, 정책문제를 정확하게 분석하여 목표의 타당성과 정부규제의 정당성을 확보하여야 한다. 정책품질관리제도는 정책의 이러한 근본적 목적 실현을 위해, 정책내용의 품질향상과 정책과정의 품질향상을 도모하는 제도이다.

(나) 정책품질관리제도와 정책학습

지식정보사회에서 가장 중요한 요소는 학습이며, 정책학은 정책실패를 반복하지 않도록 하기 위한 학문이다. 따라서 정책품질관리제도의 핵심은 정책실패의 학습이라 할 수 있다. 이러한 학습이 일어나기 위해서는, 우선적으로 실패한 정책사례에 대한 DB화가 이루어져야 하고, 학습교육기법의 개발을 체계적으로 추진 관리함으로써, 국가지식창고의 구축 및 범정부적 차원의 지식관리가 이루어지도록 해야 한다.

(다) 정책품질관리제도의 단계별 요소

정책품질관리는 정부가 정책실패 및 부실정책을 방지하기 위하여 정책의 품질을 체계적으로 관리 개선하기 위한 노력의 일환으로써 정책실패를 방지하기 위한 제도이다. 정책은 전 과정을 체계적으로 검토하고 관리하는 것이 필요한데, 이에 정책품질관리제도는 정책구상단계, 정책홍보단계, 정책집행단계, 정책평가 및 환류단계로 나누어서 검토해야 할 체크리스트에 대해 제시하고 있다.

(라) 요약 및 결론: 정책품질관리와 뉴거버넌스

전통적 행정학이론은 시대의 물결에 따라 많은 발전을 거듭해 왔다. W. Wilson의 정치·행정 이원론에서부터 정치·행정 일원론, 행태주의, 비교행정론, 발전행정론, 후기행태주의, 신공공관리(NPM) 그리고 뉴거버넌스에 이르기까지, 시대적 상황과 필요에 따라 서로 다른 모습으로 행정학은 많은 발전을 거듭해 왔다.

지식정보사회를 살고 있는 현 시대의 흐름은 뉴거버넌스에 대한 강조로 나타나고 있다. 즉, 신공공관리에서 뉴거버넌스로의 변화를 강조하는 단계에 있다. 뉴거버넌스에서는 참여와 숙의를 강조하며, 신뢰와 협동을 강조한다. 또한 국민을 객체적 고객이 아니라 주체적 주인으로 간주하는 것이다. 국민을 주체적 주인으로 간주하는 뉴거버넌스론은 국민을 정부의 의제와 정책을 결정하는 능동적인 존재로 인정하는 것이고, 이에 따라 국민의 참여, 숙의, 합의 등의 민주성과 성찰성을 강조하는 개념이다.

정책과정의 합리성에 있어서 국민을 의제와 정책을 결정하는 참여적인 존재로 인정하고, 이에 대한 경로를 확보하는 것은 정책품질관리에서도 중요한 부분이다. 정책품질관리의 지향 이념이 단순한 형태의 효율성과 생산성을 넘어서서, 민주성과 투명성 그리고 더 나아가 신뢰성과 성찰성을 지향해야 하는 이유도 여기에 있다.

5. 요약 및 결론

한국은 새로운 미래를 지향하는 국가혁신과 거버넌스체제를 구축해야 하며, 이는 국가, 시장, 시민사회 간의 신뢰와 협동에 토대를 둔 뉴거버넌스 개념에 기초해야 한다. 이를 위해 제13장에서는 뉴거버넌스 정신과 국가혁신 그리고 정부혁신 과제들을 살펴보았다.

국가실패, 시장실패 및 시민사회 실패를 극복할 수 있는 21세기형 뉴거버넌스(국정관리의 새로운 틀)를 구축하는 일은 쉬운 일이 아니다. 그러나 국가, 시장 및 시민단체가 서로 자율성을 지니며, 신뢰와 등권을 전제로 한 상호긴밀한 네트워크를 구축하는 일은 매우 중요하고 시급한 일이다(신뢰, 등권, 공영의 정신).

뉴거버넌스의 내용과 대상은 정부혁신의 정부조직 차원에서 구체적으로 기업가적 정부, 고객중심 정부, 성과중심 정부, 뉴거버넌스 정부 등을 주된 내용으로 하며, 정부혁신의 정책과제는 효율성·투명성·민주성·신뢰성 등 행정의 가치와 분권화 제고, 조직·인사·재무·성과관리제도 등 조

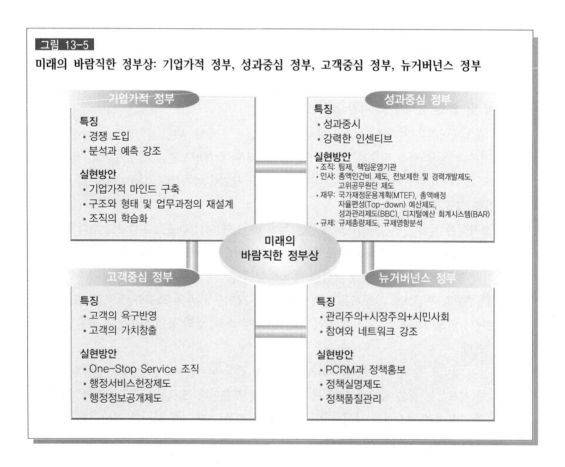

그림 13-5

미래의 바람직한 정부상: 기업가적 정부, 성과중심 정부, 고객중심 정부, 뉴거버넌스 정부

기업가적 정부

특징
- 경쟁 도입
- 분석과 예측 강조

실현방안
- 기업가적 마인드 구축
- 구조와 형태 및 업무과정의 재설계
- 조직의 학습화

성과중심 정부

특징
- 성과중시
- 강력한 인센티브

실현방안
- 조직: 팀제, 책임운영기관
- 인사: 총액인건비 제도, 전보제한 및 경력개발제도, 고위공무원단 제도
- 재무: 국가재정운용계획(MTEF), 총액배정 자율편성(Top-down) 예산제도, 성과관리제도(BBC), 디지털예산 회계시스템(BAR)
- 규제: 규제총량제도, 규제영향분석

미래의 바람직한 정부상

고객중심 정부

특징
- 고객의 욕구반영
- 고객의 가치창출

실현방안
- One-Stop Service 조직
- 행정서비스헌장제도
- 행정정보공개제도

뉴거버넌스 정부

특징
- 관리주의+시장주의+시민사회
- 참여와 네트워크 강조

실현방안
- PCRM과 정책홍보
- 정책실명제도
- 정책품질관리

직구조·의식과 행태·과정과 제도·관리기술 개혁·인원 감축 및 재조정을 핵심내용으로 한다.

국가, 시민사회, 시장 및 자본의 관계가 어느 한 쪽으로 기우는 영미형이나 대륙형 대신에, 이들 사이에 균형과 경쟁을 이루는 우리 자체의 거버넌스 모형을 실천하기 위해서는 국민적인 선택이 있어야 한다. 국가, 시장 및 시민사회의 기본관계 틀을 다시 형성하고, 거기에 적합한 국가의 개혁이 이루어질 때, 한국은 국가실패, 시장실패 및 시민사회실패를 극복하면서, 21세기의 진정 신뢰받고 성숙한 국가혁신을 실현할 수 있을 것이다.

마지막으로, 이상에서 논의된 기업가적 정부, 성과중심 정부, 고객중심 정부, 뉴거버넌스 정부의 개념, 특징, 내용, 제도 등에 대해서 종합적으로 정리하면 〈표 13-4〉와 〈그림 13-5〉와 같다.[24]

표 13-4 미래의 바람직한 정부상: 기업가적 정부, 성과중심 정부, 고객중심 정부, 뉴거버넌스 정부

정부상 분류	기업가적 정부	성과중심 정부	고객중심 정부	뉴거버넌스 정부
개 념	• 민간기업 관리 기법 정부 도입	• 성과중심의 정부운영	• 최상의 서비스 제공을 통한 국민(고객)의 만족	• 국가-기업-시민사회의 관계 재정립
특 징	• 경쟁의 도입 • 분석과 예측 강조	• 성과중시 • 강력한 인센티브	• 고객의 욕구반영 • 고객의 가치창출	• 관리주의+시장주의+시민사회 • 참여와 네트워크 강조
내 용	• Osborne & Gaebler 11가지 정부운영원리	• 성과와 인센티브 연계 • 성과관리 강조	• 고객중심으로의 개념 전환 • 고객의 만족 극대화	• 민주적 참여와 투명성 강화 • 시민의 의견수렴 및 정책과정에의 참여 확대
실현방안	• 기업가적 마인드 구축 • 구조와 형태, 업무과정 재설계 • 조직의 학습화	• 조직: 팀제, 책임운영기관 • 인사 - 총액인건비 제도 - 전보제한 - 경력개발제도 - 고위공무원단 제도 • 재무 - 국가재정운용계획(MTEF) - 총액배정·자율 편성(Top-Down)예산 - 성과관리제도(BSC) - 디지털예산회계시스템(BAR)	• One-Stop Service 조직 • 행정서비스헌장제도(서비스 스탠다드) • 행정정보공개제도	• PCRM-정책홍보(정책마케팅) • 정책실명제도 • 정책품질관리

---

24 여기 제13장 미래의 바람직한 정부상에서는 신공공관리적 모형과 뉴거버넌스적 모형을 대비하여 논의하는데 초점을 맞추기로 하고, 제14장 현대행정학의 이론적 패러다임에 가서는 본격적으로 미래지향적 국정관리모형을 효율적 국정관리, 민주적 국정관리, 성찰적 국정관리로 나누는 한편 국가혁신이론, 미래예측이론, 거버넌스이론, 갈등관리이론과 함께 전자정부이론과 지식정부이론을 토대로 좀 더 공식적 논의(formal discussion)을 하기로 한다.

뉴거버넌스 정책 성공사례
- 대포천 수질개선과 성공적 거버넌스 사례 -

1. 사례개요

김해시 상동면에 위치한 대포천은 부산시민의 상수원인 낙동강 물금취수장에서 약 300m 상류에 위치하고 있으며, 1970년대까지는 맑은 수질을 유지하였으나, 급격한 지역개발로 인한 공장폐수, 축산폐수 방류 등으로 오염되기 시작하여 1997년에는 4~5급수로 전락하였다.

4대강 수계특별법의 입법예고 후, 초기에는 상수원보호구역으로 지정이 불가피해진 김해시 상동, 생림, 한림, 진례면 전역과 진영 일부의 5개 읍·면 번영회를 주축으로 구성된 상수원특별법 반대추진위원회는 본격적인 반대투쟁을 전개하였다. 대포천 일대가 상수원보호구역으로 지정되면 지역주민의 생활에 많은 규제가 따를 뿐만 아니라, 토지가격의 저하 등 지역주민의 재산권에도 적지 않은 부정적인 영향을 주기 때문이다. 그러나 대안 없는 반대운동이 대다수의 주민들로부터 호응을 얻지 못하면서, 우선 대포천을 살리고 행정당국에 상수원보호구역 지정을 유예해 주도록 요구하자는 의견이 새로이 대두되었다(환경부, 2002. 4. 3).

다양한 오염원을 가진 대포천 유역의 수질개선을 위해서 주민들은 "상동면수질개선대책위원회"를 구성하여, 대대적인 수질정화운동에 나서 자발적으로 오염을 줄여나가기 시작했다. 수질개선 기금의 모금, 수계별 감시단의 조직화, 합성세제 덜 쓰기 운동, 수질자정능력 제고활동, 가정 및 식당의 오·폐수 저감장치의 설치, 범 면민 하천정화활동 등 주민들의 자율적이고 자발적인 노력으로, 대포천은 1998년 2월 이후 BOD 기준 1급수 하천으로 개선되었다. 수질개선으로 상수원 보호구역으로 지정하려던 계획은 수정되어, 정부-주민 간 "자발적 협약"을 체결하게 되었다. 협약체결 이후에도 1급수 수질유지 노력은 지속되었고, 그 결과 2003년 2월에 자연생태복원 우수사례로 지정되었고, 2004년 3월에는 "수질개선지역"으로 지정되어 수계법상 최초로 주민의 자율적 노력에 근거한 주민지원사업비 수혜조건을 취득하게 되었다.

2. 쟁점 및 시사점

위 사례는 김해시에 소재한 대포천이 4~5급수로 전락하여, 상수원보호구역 지정문제가 제기된 1997년부터 시작하여, 주민의 자발적 노력과 중앙정부, 지방정부의 지원과 협력 속에 수질을 1급수로 개선하는 데 성공한 사례로서, 거버넌스 패러다임의 핵심적인 문제해결 기제인, 수평적으로 연결된 네트워크의 구성을 통해 행위주체들이 공동의 문제(collective action problem)를 해결해나가고 있는 것을 잘 보여주고 있다. 자발성과 네트워크에 기반한 대포천 주민의 수질개선 사례는 주민의 자발적인 노력이 거둔 성과만큼, 중앙정부, 지방정부, 지역사회 등에 많은 관심과 이목을 끈 사례이다. 정부와 주민 간 문제해결방식은 자발성, 네트워크, 협력에 기초하였고, 주체 간 여러 형태의 협력구조를 형성하였다. 이러한 거버넌스적 문제해결구조는 적은 비용을 통해서 대포천을 1급수 수준으로 개선시켰을 뿐만 아니라, 이를 지속적으로 유지하도록 하였으며, 더 나아가 파괴되었던 대포천의 생태계도 복원되는 성과를 가져왔다.

이 사례에서 네트워크의 구성원은 환경부-김해시-수질개선대책위원회이고, 낙동강 상류의 물금취수장으로 유입되는 대포천의 수질개선이 이들이 성취하려고 하는 공동의 문제였다. 사회적 자본의 구체적 형태로 신뢰, 네트워크, 사람들을 한 데로 묶어주는 규범이 흔히 제시되는데, 대책위원회 활동의 초점은 바로 이러한 사회적 자본을 배양함으로써, 집단행동의 딜레마(collective action dilemma)를 극복할 수 있었던 것으로 해석된다. 또한, 구체적으로, 지역사회의 다양한 집단을 촘촘히 연결된 네트워크로 이어주고, 이렇게 구성된 네트워크는 정보와 의사소통 통로로서의 역할과 이탈행위를 억제하는 견제장치로서 작용하였던 바, 신뢰와 협동에 바탕을 둔 뉴거버넌스적 문제해결의 모범적인 정책성공을 보여주는 사례이다.

자료: 유재원 · 홍성만, 2004.

제6절 요약 및 결론

21세기에 진행되고 있는 엄청난 속도의 변화는 개인들뿐만 아니라 국가에게도 압도적으로 작용하고 있다. 모든 수준의 공공조직은 자원의 빈곤, 세계화의 압박, 정보화의 급진전, 시민들의 증대된 욕구, 국가재정 적자와 같은 문제에 직면함은 물론, 이른바 조직의 '미래의 충격'(future shock)이라고 불리는 상황에 직면하고 있다. 미래의 정부조직은 이러한 조직들의 변화에 대처하고, 문제를 해결하기 위한 더 나은 방법들을 개발해야 한다.

미래의 바람직한 정부상의 첫 출발점은 먼저 정부역량(governance capacity)의 강화이다. 정부역량은 정책역량(policy capacity), 관리역량(management capacity), 인프라역량(infra capacity)을 제고하는 것을 의미한다.

첫째, 정책역량은 분석(analysis)과 예측(foresight)을 중심개념으로 한다. 미래정부에서는 통상정책과 협상관리, 환경정책과 갈등관리, 정보정책과 과학기술 분야의 중요성이 증대될 것으로 예측되는데, 이러한 정책영역에서 특히 문제의 분석과 예측능력이 매우 중요하다.

둘째, 관리역량은 혁신(innovation)과 변혁(transformation)를 중심개념으로 한다. 미래정부에서는 정부 내부의 관리역량 증대를 위해 혁신관리, 성과관리, 지식관리의 중요성이 커진다. 또한 비용편익분석, 회귀분석, 시뮬레이션, BSC 등의 관리기법들을 토대로 조직관리의 과학화를 실현해야 한다. 다만, 정부3.0에서는 혁신의 과정에서 무엇이 옳은 방향인지에 대한 성찰을 게을리 하지 않는 변혁(*transformation*)이라는 개념이 강조된다.

셋째, 인프라역량은 기술(*technology*)과 신뢰(*trust*)를 중심개념으로 한다. 미래정부에서는 정보기술을 토대로 한 전자정부 및 지식정부의 중요성이 증대되고, 신뢰를 토대로 한 사회적 자산(*social capital*)과 시민사회역량(*citizen capacity*)을 강화시켜야 한다.

미래정부는 이러한 정부역량 강화를 통해 행정의 효율성을 제고하고, 더 나아가 민주성과 성찰성을 향상시켜야 한다. 정부 내부의 효과성(*effectiveness*)과 능률성(*efficiency*) 제고 등 효율성 증대를 토대로 정부 내부와 외부 간 인터페이스 관점에서 정책의 참여성(*participation*)과 대응성(*responsiveness*) 제고 등 민주성을 강화하고, 더 나아가 정부와 시장 그리고 시민사회를 아우르는 사회공동체 전체의 신뢰(*trust*)와 협동(*cooperation*)을 토대로 사회적 자본을 강화하는 등 성찰성을 강화해야 한다.

정부혁신을 위해 중요한 것은 개혁과 관련하여 바람직한 미래의 정부상을 구축하고, 이에 대해 국민들의 신뢰를 획득하는 일이다. 신뢰는 그 자체를 21세기 국가혁신의 요체로 삼을 정도로 중요한 일이다(Nye et al, 1998). 따라서 한국사회의 미래지향적 국정관리는 먼저 강한 국가, 강한 시장 및 강한 시민사회를 형성하고, 이들간에 신뢰와 균형된 파트너십을 바탕으로 강한 네트워크를 형성함으로써, 세계화와 정보화 시대에 적합한 사회공동체를 형성해야 할 것이다. 이를 바탕으로 구체적으로 정부, 기업, NGO, 제3섹터 등의 각 분야가 자율적이고 책임성 있는 성숙한 조직으로 발전하고, 이들 사이에 강한 네트워크를 구축해야 하며, 정부혁신 부문에서도 효율성·민주성·성찰성 등 본질적 행정이념을 확립하고, 이를 위해 조직·인사·재무·성과관리제도 등 조직구조·의식과 행태·과정과 제도·관리기술 개혁을 총체적으로 실천해 나가야 할 것이다.

◎ 미래의 바람직한 정부상
　■ 개관: 미래의 바람직한 정부상의 첫 출발점은 정부역량(governance capacity)의 강화
　▶ 정책역량은 분석(analysis)과 예측(foresight)을 중심개념
　▶ 관리역량은 혁신(innovation)과 관리(management)를 중심개념
　▶ 인프라역량은 기술(technology)과 신뢰(trust)를 중심개념
　■ 전자정부3.0과 정부3.0
　▶ 전자정부3.0: 최근 강조되고 있는 빅데이터, 센서기술, 알고리즘에 기반한 정책방향의 설정 및 '변혁'을
　　　　　　　　강조. 전자정부1.0이 내부효율성, 전자정부2.0이 고객의 참여에 기반한 Open Platform
　　　　　　　　(Web2.0: 참여, 개방, 공유에 기초한 집단지성)을 강조한 것에 대칭되는 개념임
　▶ 정부3.0: 전자정부 3.0보다 패러다임이 더 큰 개념으로서, 공공가치모형(Public Value Management)과
　　　　　　　같이 가치중심의 정부 서비스를 강조하며 뉴거버넌스 정부나 전자정부3.0은 그 한 유형이 될
　　　　　　　수 있음
　■ 미래의 바람직한 정부상의 정부모형
　▶ 정부조직: 기업가적 정부, 성과중심 정부, 고객중심 정부, 뉴거버넌스 정부
　▶ 정책방향: 시장원리의 응용, 성과 지향, 고객 지향, 개방성/투명성/참여성 지향
　▶ 정책내용: 기업가적 조직원리의 응용, 성과중심의 행정시스템 구축, 고객중심의 행정서비스 전달체계 개
　　　　　　　선, 행정의 개방성 및 투명성 강화, 시민사회와의 협치(뉴거버넌스) 강화

◎ 기업가적 정부
　■ 의의: 정부의 운영방법에 기업의 관리방법을 도입하여 가치창출형 관리방식을 지향하는 정부
　■ 운영원리: '촉진적인 정부', '지역사회가 주도하는 정부', '경쟁지향적 정부', '사명지향적 정부', '결과 지
　　　　　　　향적 정부', '고객지향적 정부', '기업가적 정부', '시장지향적 정부', '참여와 팀워크를 중시하
　　　　　　　는 정부', '미래를 내다보는 정부'

- ◘ 기업가적 정부의 전략
  - ▶ 핵심전략(Core Strategy): 목표 및 정책방향의 명료화를 추구
  - ▶ 성과전략(Consequence Strategy): 경쟁을 도입하고, 유인설계(incentive design) 강조
  - ▶ 고객전략(Customer Strategy): 고객에 의한 선택의 확대를 추구
  - ▶ 통제전략(Control Strategy): 분권화를 추구
  - ▶ 문화전략(Culture Strategy): 조직의 문화 유전화(DNA) 변화
- ◘ 실현방안
  - ▶ 기업가적 마인드 구축
  - ▶ 구조와 형태의 재설계
  - ▶ 업무과정의 재설계
  - ▶ 조직의 학습화
- ◘ 적용한계: 기업가적 정부는 행정 서비스 제공의 효율성을 중요시 하므로 민주성과 상충될 수 있음

◎ 성과중심 정부
- ◘ 의의: 결과에 중심을 둔 정부운영체제를 강조하는 정부
- ◘ 주요 내용
  - ▶ 성과에 대한 강조
    - 조직은 먼저 조직 전반적인 전략(strategy)을 설정
    - 조직 전체의 전략에서 제시된 목표(objective)를 수행하기 위한 프로그램을 개발
    - 조직의 구조와 예산은 가능한 한 프로그램 단위로 구성
    - 전략-목표-프로그램 단위의 조직구성은 성과측정을 가능하게 함
    - 조직목표 달성에 대한 평가
  - ▶ 인센티브 강조: 성과에 대한 강조와 함께 인센티브를 강조
  - ▶ 정부기능 재조정: 정부기능 재조정을 통한 정부혁신을 강조
- ◘ 성과중심 정부의 실현방안
  - ▶ 조직관리
    - 팀제
    - 책임운영기관(Executive Agency)
  - ▶ 인사제도
    - 총액인건비 제도
    - 전보제한 및 경력개발제도
    - 고위공무원단 제도
  - ▶ 예산제도
    - 국가재정운용계획(MTEF: Mid-Term Expenditure Framework)
    - 총액배분·자율편성(Top-Down) 예산제도

- 디지털예산회계시스템
- 성과증진을 위한 또 다른 노력, BSC
▶ 규제개혁
- 규제총량제도
- 규제영향분석제도

◎ 고객중심 정부
■ 의의: 고객인 국민에게 최적의 방법으로 높은 질의 서비스를 제공함으로써, 국민을 최대한 만족시키는 정부
■ 배경: 현대지식정보사회의 행정환경 변화는 과거 공급자 중심, 국가중심, 양 중심, 통제기능, 양 우선의 성장제일주의에서 수요자 중심, 고객중심, 질 중심, 지원기능, 질 우선의 인본주의로 전환
■ 실현방안
▶ One-Stop Service 조직: 주민들이 일괄처리 서비스(One-stop service)를 제공받을 수 있도록 조직을 재편성
▶ 고객만족도의 측정제도화
▶ 행정서비스헌장제도
▶ 행정정보공개제도

◎ 뉴거버넌스 정부
■ 의의
▶ 뉴거버넌스는 계층제 중심의 수직적 모형보다는 네트워크 중심의 수평적 모형을 강조
▶ 뉴거버넌스는 시장 및 시민사회와의 신뢰와 협동에 기초한 보다 많은 참여와 조정, 연결 및 네트워크를 강조하는 개념
■ 뉴거버넌스와 국가혁신
▶ 국가혁신의 의의: 국가혁신은 국가재창조의 기본틀에 관한 것으로 근본적으로 국가를 무엇으로 어떻게 바꿀 것인가의 문제와 관련됨
▶ 신뢰와 뉴거버넌스
- 신뢰는 그동안 이론적으로 문화적인 측면에서 접근하였지만, 지금은 그 자체를 정치경제적 실체로 간주하고 있는 사회적 자본(social capital)
- Jane Fountain 교수는 각국의 첨단산업단지의 성공모델을 연구하면서 지역의 대학, 기업, 정부 간 신뢰 및 네트워크 형성이 가장 중요한 독립변수라는 점을 강조
■ 뉴거버넌스와 정부혁신
▶ 정부혁신은 정부의 새로운 역할과 기능을 선택하고, 거기에 따라 정부조직의 장단기적인 개편방향, 정부조직의 기본성격 등을 재정립하는 것
▶ 정부조직은 기업가적 정부, 성과중심 정부, 고객중심 정부, 뉴거버넌스 정부

▶ 정책과제는 기업가적 조직원리의 응용, 성과중심의 행정시스템 구축, 고객중심의 행정서비스 전달체계 개선, PCRM과 정책홍보제도, 정책실명제, 정책품질관리제도 등을 다루게 됨

▣ 뉴거버넌스 정부의 실현방안

▶ PCRM과 정책홍보제도

● 의의
  - PCRM(정책고객관리)은 시민의 요구(needs)에 충족될 수 있는 정책품질관리를 위해 정책대상집단과의 전략적 커뮤니케이션을 강조하는 개념
  - 정책홍보제도는 정책에 대해 국민들의 이해와 신뢰를 확보하고, 이를 토대로 정책성공의 가능성을 향상시키기 위해 하는 홍보제도

● PCRM과 정책홍보제도는 진정한 참여와 담론을 이끌어 내는 중요한 수단이며, 진정한 참여가 이루어질 수 있을 때 뉴거버넌스 정부 실현은 앞당겨 질 수 있을 것임

● 문제점: 전문가의 확보가 미진하며, PCRM은 실질적으로 운영되기보다는 형식적으로 운영

● 개선방향: 효과적인 PCRM과 정책홍보를 위해서 가장 중요한 것은 정부의 진정성임. 국정 최고 책임자는 국민이 진정으로 필요한 정책이 무엇인지에 대한 고민을 토대로 국민과의 진정어린 소통을 시도해야 함

▶ 정책실명제

● 정책실명제란 정책결정과정에 참여한 사람들의 실명을 남겨 책임소재를 명확히 함으로써 정책의 투명성을 높이기 위한 제도

● 뉴거버넌스 정부는 참여와 네트워크 문제해결에 의한 민주적 책임운영의 원리를 강조하는 바, 정책실명제는 민주적 책임운영을 위한 전제조건

▶ 정책품질관리제도

● 정책품질관리제도란 정부정책의 품질을 체계적으로 관리하고 개선하려는 정부의 총체적인 노력

● 정책품질관리제도를 통해 정부정책에 대한 투명성을 더욱 강화시키고, 진정한 참여를 이끌어내려는 노력이야말로 시민사회와의 협치 강화를 위해 필요한 전제조건

▣ 요약 및 결론

▶ 21세기에 진행되고 있는 엄청난 속도의 변화는 개인들뿐만 아니라 국가에게도 압도적으로 작용

▶ 미래정부의 조직에서는 조직구성원의 학습능력, 참여와 창의성 발현을 통한 경쟁력의 향상이 중요한 관건

▶ 정부혁신을 위해 중요한 것은 개혁과 관련하여 바람직한 미래의 정부상을 구축하고, 이에 대해 국민들의 신뢰를 획득하는 것임

▶ 한국사회의 미래지향적 국정관리는 먼저 강한 국가, 강한 시장 및 강한 시민사회를 형성하고, 이들 간에 신뢰와 균형된 파트너십을 바탕으로 강한 네트워크를 형성해야 함

핵심 Question!

Dynamic Process

◎ 미래의 바람직한 정부상의 개념 및 요소에 대해서 정리해보자.

◎ 미래의 바람직한 정부상에서 요구되는 정부모형에 대해서 생각해보자.

◎ 기업가적 정부의 개념, 전략, 실현방법에 대해서 설명하라.

◎ 성과중심 정부의 개념, 전략, 실현방법에 대해서 설명하라.

◎ 고객중심 정부의 개념, 전략, 실현방법에 대해서 설명하라.

◎ 뉴거버넌스 정부의 개념, 전략, 실현방법에 대해서 설명하라.

◎ 한국의 미래지향적 정부혁신의 방향 및 전략에 대해서 논술하라.

미래의 바람직한 정부상은 국민의 수요에 대해 정부가 얼마나 책임감을 가지고 업무를 수행하고, 국민의 요구에 대한 대응성을 높여감으로써 정부의 신뢰성와 책임성을 높이는가와 관련된다. 과거 행정부 독재형태의 정책추진은 불가능하며, 정책주체로서 정부는 다양한 정책참여자들의 의견을 수렴하고 조율해 나감으로써 정책의 성공가능성을 높여 나가는데 보다 집중해야 할 것이다.

따라서 미래의 바람직한 정부상과 관련한 문제의 출제범위는 광범위하다고 볼 수 있다. 즉, 정부상이라는 것은 단일의 측면만을 통해 형성되는 것이 아니라, 정부의 기능과 역할, 정책과정, 조직구성, 인사 및 예산 등과 같은 복합적인 측면이 함께 고려되어 형성되기 때문이다.

본 장과 연계된 이슈들의 출제경향과 관련하여 주목할 만한 몇 가지 흐름은 다음과 같다.

첫째, 최근 강조되고 있는 정부신뢰 및 사회적 자본에 대해서 정리해 둘 필요가 있다.
둘째, 정보사회의 진입과 함께 새롭게 등장하고 있는 행정수요에 대한 검토를 토대로 정부의 바람직한 역할에
　　　대해서도 정리해 둘 것을 권한다. 이는 앞서 논의한 정보체계 및 전자정부와도 연계해 보길 바란다.
셋째, 우리나라 고위공무원단 제도의 개념과 특징, 성과와 한계는 인사이론과 함께 연계하여 정리해 두고,
　　　다양한 성과관리제 및 행정헌장제도 등 다양한 제도적 방안에 대해서도 정리해 둘 필요가 있다. 목표
　　　관리제(MBO: Management By Objectives), 전략기획(Strategic Planning), 균형성과표(BSC:
　　　Balanced Score Card) 등이 그 대표적 예이다.

이러한 미래의 바람직한 정부상 및 그 제도들을 논의함에 있어 민간기업과 구분되어 공익을 위한 정책을 수행하는 정부가 추구해야 할 가치, 정책의 주요 참여자로서 시민의 다양한 수요에 대한 행정의 책임성 확보, 급변하는 현대 지식정보사회에서 정부가 행해야 할 바람직한 역할 등을 그 중요한 핵심준거로 삼아 서술해 준다면 보다 완성도 높은 답안이 될 수 있을 것으로 생각한다.

최근 정부기능의 중요성이 커지고 있는 반면, 정부에 대한 신뢰는 오히려 낮아지고 있다는 주장이 있다. 관료제와 정부신뢰의 긍정적 관계와 부정적 관계를 설명하고, 정부신뢰의 확보방안을 서술하시오[2011년].

답안작성요령

핵심개념

본 문제에서 핵심개념인 정부신뢰란 '불확실한 상황 하에서 국민이 정부행정에 대하여 취하는 긍정적 기대나 심리적 지지 또는 정부가 국민들의 기대에 부응하여 운영되고 있는 가에 대한 국민들의 긍정적 평가·태도'라 할 수 있다. 오늘날 정부신뢰는 행정의 민주화·인간화를 이룩하고 아울러 진정한 능률성과 효과성을 가져올 수 있는 중요한 행정이념으로 인식되고 있다.

관료제와 정부신뢰의 긍정적·부정적 관계

서론에서 정부신뢰와 대비되는 정부불신의 사례를 우면산 사태, 원전(정전대란), 부안 핵방폐장, 동남권 신공항 백지화 등의 정책사례를 중심으로 제시하고, 정부불신의 원인과 관료제의 관계를 밝힐 필요가 있다. 정부 내부의 할거주의/책임회피(우면산), 정부 내부의 전문성 부재(정전대란), 협의/소통 부재(부안 핵방폐장), 국정의 신뢰/리더십 위기(동남권 신공항 백지화) 등으로 나누어 볼 수 있다(권기헌, 2012: 205).

다음으로 본론의 구성은 관료제의 특성을 일목요연하게 정리하고, 이러한 특성이 정부신뢰에 긍정적·부정적으로 어떻게 영향을 미치는 지 논리적으로 설명하는 방식을 취할 필요가 있다. 관료제와 정부신뢰의 긍정적 관계로는 관료제의 비정의성·책임성·효율성 등이 정부신뢰에 긍정적 영향을 미치며, 부정적 관계로는 분업화와 전문화로 인한 관료들의 할거주의와 부처이기주의, 관료제의 경직성 및 권력집단화 등이 정부신뢰에 부정적 영향을 미치게 된다.

정부신뢰의 확보방안

정부신뢰의 확보방안은 정부신뢰의 영향요인에 기초하여 일반적인 서술을 하고 그 후에, 본론에서 검토한 관료제와의 관계를 중심으로 설명할 필요가 있다. 확보방안으로는 행정구조측면에서 분권적 행정구조로의 개편, 정책결정과정에서의 비밀주의, DAD(Decide-Announce-Defense: 일방적 결정-공표-방어)방식을 벗어난 정책과정의 개선, 부패방지 거버넌스 확립, 정책의 책임소재 명확화를 통한 책임성 제고, 행정문화 및 윤리의 개선 등으로 기술할 수 있다.

고득점 핵심 포인트

본 문제에서 핵심적 부분은 정부신뢰의 확보방안이므로, 정부신뢰에 영향을 미치는 개념적 요소로서 정책의 투명성, 일관성, 전문성 등을 강화하기 위해 필요한 관료제의 개혁방안을 체계적으로 포함하면 더 좋은 답안이 될 것이다. 국정리더의 도덕적 책임감 확보 및 정부관료의 의식개혁과 함께 시스템 개선이 필요할 것이다. 시스템 개선으로는 전자정부 3.0에 기초한 협력적 거버넌스, e-거버넌스 등으로 투명성과 전문성을 강화하는 방안을 서술해 줄 필요가 있다(자료: 2010년도 행정고시 강평(김철회)에서 재수정함).

CHAPTER

현대행정학의 주요 이론

14

Dynamic
Process

KEY POINT

현대국정관리의 화두는 신뢰와 성찰이다. 과거 발전행정 시대의 전통적 행정학이 엄격한 계층제의 원리를 토대로 상의-하향(Top-Down)형태의 국가능률지상주의를 추구하였다면, 거버넌스 시대의 현대행정학은 신뢰와 네트워크의 정신을 토대로 거버넌스 형태의 참여와 민주주의를 지향한다. 현대행정학은 효율성 못지않게 참여성(participation), 숙의성(deliberation), 합의성(consensus)을 근간으로 하는 민주성을 지향하며, 거버넌스적 해결구조와 참여민주주의 및 숙의민주주의에 철학적 기초를 둔 성찰성을 지향한다.

제14장에서는 현대행정학의 주요 이론에 대해 학습한다. 현대행정학의 주요 이론들은 무수히 많지만 여기에서는 대표적으로 뉴거버넌스, 신제도주의, 갈등관리, 미래예측, 전자정부에 대해서 간략히 짚어보기로 한다.

제14장의 키 포인트는 뉴거버넌스와 신제도주의이다. 행정개혁과 정부혁신의 연장선상에서 현대행정학의 주요 이론 및 모형들을 정리해 둘 필요가 있다. 뉴거버넌스와 신제도주의를 잘 정리해 두고, 갈등관리, 전략적 기획과 갈등관리, 미래예측과 전자정부에 대해서도 잘 파악해 둘 필요가 있을 것이다. 특히 정부 3.0, 전자정부3.0, 딜레마이론, 시차이론, 성찰적 정책모형 등 행정학의 최신경향에 대해서도 잘 파악해 둘 필요가 있을 것이다.

750

제 1 절 개 관

  행정학은 정부에 관한 학문이다. 전통적 행정학은 행정이론을 토대로 정부의 인사, 조직, 재무, 정보체계 등 정부 내부 운영원리의 효율성 실현에 초점을 두고 연구한 학문이라면, 현대행정학은 정부 운영시스템에 대해 연구하는 정부학이며, 동시에 지식정보사회에서의 국가혁신에 대해 고민하는 국정관리학이다. 따라서 현대행정학은 관료제이론, 인사행정론, 조직행정론, 재무행정론 등 기존의 행정이론을 토대로, 최근에 제시된 국가혁신이론, 미래예측이론, 거버넌스이론, 갈등관리이론, 전자정부이론, 지식정부이론 등을 토대로 정부운영의 효율성, 합법성뿐만 아니라, 민주성, 신뢰성, 성찰성을 지향하는 학문이다.

  현대행정이론의 발전은 정치와 행정의 관계, 과학과 기술의 관계에 따라 변증법적으로 진화해 왔는데, 그 변증법의 한 축은 효율성이고 다른 한 축은 민주성이라고 할 수 있다. 행정이론의 효율성이 보다 더 강조되었을 때에는 행정의 경영적(효율성) 측면이, 민주성이 보다 더 강조되었을 때에는 행정의 정치적(민주성) 측면이 강조되어 왔다. 정치행정 이원론 시대에는 행정의 정치로부터의 독립성이 강조되어 행정의 능률성이 부각되었으나, 정치행정 일원론 시대에는 행정과 정치의 연계성이 강조되어 행정의 민주성이 부각되었다. 1980년대 신공공관리론(NPM) 시대에는 민간위탁·민영화·외부발주 등 민간 관리개념 및 시장주의 기법이 강조되어 효율성의 개념이 부각되었으나, 1990년대 이후 뉴거버넌스 시대에는 참여·신뢰·네트워크 등 수평적 관리와 민주주의 정신이 강조되어 민주성의 개념이 부각되고 있다.

  1990년대 이후 인터넷 기술의 급속한 발전(정보화), 시민사회의 성장(민주화), WTO 체제의 출범과 같은 신자유주의 물결의 확산(세계화) 등의 급진전으로 현대행정의 특성도 달라지고 있다. 전통적 행정학의 조직모형인 관료제에 대한 Post-관료제 모형으로 전자정부가 등장하고, 국가(정부)에 의한 일방적 통치가 아닌 국가(정부)-시장(기업)-시민사회(NGO)들 간의 신뢰와 협동을 강조하는 거버넌스가 강조되고 있다. 이와 함께 국가혁신과 미래예측을 강조하는 미래지향적 국정관리의 개념도 급속도로 확산되고 있다.

  현대행정은 행정을 일방적 통치(*governing*)가 아닌 국정관리(*governance*)로 파악하며, 정부관료제의 비능률을 타파하기 위한 민간경영 관리기법(*management*) 도입과 가격·경쟁·유인 등을 강조하는 시장메커니즘에 의한 국가혁신을 강조한다. 하지만 현대행정이 전적으로 신공공관리(NPM)만을 추구하는 것은 아니다. 행정에 민간경영 관리기법을 도입하는 NPM적 요소만큼이나 참여 및 민주적 가치를 중시하는 뉴거버넌스적 요소를 강조한다. 이는 현대행정이 국가혁신과 국정관리를 추구하면서 효율성 못지않게 민주성과 성찰성을 중시한다는 점에서 매우 중요한 의미를 지닌다.

현대행정학의 주요 이론들은 무수히 많지만 여기에서는 대표적으로 뉴거버넌스, 신제도주의, 갈등관리, 미래예측, 전자정부에 대해서 간략히 짚어보기로 한다.

제 2 절   거버넌스이론

1. 거버넌스 패러다임의 의의

거버넌스(*governance*)이론은 20세기에서 21세기로 넘어 오면서, 세계화와 정보화가 급속하게 진행되는 과정에 등장하게 된 새로운 사회과학 분야의 이론이다. '더 작은 정부, 더 많은 거버넌스'(Cleveland, 1972), '정부 없는 거버넌스'(Rosenau, 1992; Peters, 1998), 'Government에서 Governance로'의 구호는 정부와 거버넌스의 관계를 보여주는 것이다.[1]

거버넌스 개념의 핵심은 "사회체계의 대등한 관계에서의 조정"을 전제로 하고 있다(Pierre, 2000: 3). 거버넌스는 공동체 운영의 새로운 체제, 제도, 메커니즘 및 운영방식을 다루는 것으로, 기존의 통치(*governing*)나 정부(*government*)를 대체하는 개념으로 인식되면서, 그 개념도 점차 확대되는 과정에 있다(권기헌, 2007a; 2007b).[2]

그러나 이는 단순히 정부의 내부문제를 주로 다루는 전통적 행정을 대체하는 개념으로만 설명할 수 있는 것은 아니다. 세계화와 정보화라는 새로운 질서의 도래는 기존 국민국가와 산업화에 익숙한 통치방식과 시스템을 전면적으로 바꿀 것을 요구하고 있으며, 이에 부응하여 각 나라에서 공동체 운영의 기본 질서를 바꾸는 과정에서 등장한 것이 거버넌스이다.

거버넌스는 라스웰(Lasswell)이 인간의 존엄성을 강조한 민주주의 정책학을 주창한 이래 행정학이 계층제적 관료제의 도구로 전락된 것에 대한 반성과 성찰의 결과이다. 여기에서는 거버넌스이론에 대해서 거버넌스 개념의 행정학적 접근, 거버넌스이론의 유형, 뉴거버넌스이론, 뉴거버넌스의 행정학적 쟁점에 대해서 학습한다. 전통적 행정학은 다양한 의견의 투입이 원활하게 이루어지

---

1 이 장에서 주로 참조한 책들은 다음과 같다. G. Peters, *The Future of Governing*(1995); Peters & Pierre, *Governing Complex Societies*(2005); J. Newman, *Modernising Governance: New Labour, Policy and Society*(2001); Kooiman, *Governing as Governance*(2003); 김석준 외, 『뉴거버넌스 연구』, 대영문화사, 2000; 정용덕, 『현대국가의 행정학』, 법문사, 2001; 오석홍, 『행정학』, 나남출판, 2002; 졸저, 『정책학』, 박영사, 2008.

2 이 장에서 제시되는 거버넌스이론, 갈등관리이론, 정책품질관리이론 등은 저자의 졸저, 『정책학』(박영사, 2008)에서 소개한 이론적 블록들을 상당부분 빌려와 행정학적 관점에서 재조명한 것임을 밝힌다. 여기에서는 중복되는 내용들은 축약하고 행정학적 쟁점을 추가하고자 하였다.

지 못하고 행정의 효율성만을 추구한 결과 행정불응과 같은 또 다른 비효율성을 양산하고 있었다. 이에 대한 반성으로 대두된 거버넌스는 다양한 이해관계자들의 참여를 제도적으로 보장함으로써 행정의 민주성을 추구한다.

2. 거버넌스 개념의 행정학적 접근

행정학적인 시각에서 정정길(2000: 435-547)은 거버넌스를 신국정관리로 보고, 기존의 신공공관리(NPM) 등의 개념들과 비교하여 다음과 같이 정리하고 있다.

첫째, 협의의 거버넌스 개념은 인사나 예산 및 조직관리에 있어서, 권한위임, 분권화, 재량권 확대, 민간기법의 도입 등을 통한 행정 내부의 변화로 보고 있다. 즉, 인사나 예산 및 행정관리 등의 측면에서 분권화와 권한 위임 등을 통해, 행정의 내부통제를 대폭 완화하여 일선관리자들에게 재량권을 주고, 그들이 책임을 지고 성과를 향상시키며 고객을 만족시키도록 행정을 관리하는 것을 의미한다. 이는 정부의 내부적인 인사, 예산, 조직, 관리, 운영 등의 관리혁신을 주로 대상으로 한다.

둘째, 일반적인 거버넌스 개념은 시장주의 또는 신제도주의 경제학의 경쟁원리와 고객주의를 공공부문에 도입하여, 민간에게 많은 서비스 공급을 맡기고, 정부는 신제도주의 경제학적 유인책을 이용하여 방향잡기에 주력하는 것을 의미한다.

셋째, 광의의 거버넌스는 협의와 일반적 개념에 시장주의와 참여주의를 합친 것으로, 그 주요 내용은 방향잡기, 경쟁 도입, 미션 강조, 성과연계 예산, 고객중심, 수익창출, 예측과 예방, 참여와 팀워크, 협의와 네트워크 형성 및 시장메커니즘 등이다. 이때 정부는 내부운영체제가 새롭게 변모되고, 시장 및 시민사회와의 연계방식이 달라짐을 의미한다.

3. 거버넌스 개념의 다양성

거버넌스와 관련한 개념은 개별 학문 분야의 특성과 관심영역에 따라 다양하게 해석된다. 행정학 분야에서는 거버넌스를 새로운 국가통치행위 및 방식을 의미하는 국정관리로 정의한다(정정길, 2000: 433-546; 한국행정학회, 2000). 정치학에서는 다원적 주체들 간의 협력적 통치방식을 의미하는 네트워크 통치로 해석하며(조명래, 1999: 39), 사회학에서는 자기조직적 네트워크(Rhodes, 1996: 660)로 정의하고 있다(김석준 외, 2000).

거버넌스의 개념은 또한 거버넌스의 주체들인 국가, 시장, 시민사회 가운데 어느 것을 중심으로 이해하느냐에 따라 거버넌스의 내용이 달라진다. 이질적인 주체들이 공동체의 공공이익이라는 공동목적을 어떻게 잘 조화시킬 것이냐의 문제는 거버넌스체제가 제도화하고 작동하기 위한 중요한 과제인데, UNDP에서는 다음과 같은 거버넌스 정책과제를 제시하고 있다.

첫째, 능동적인 시민들이 성찰적인 개인이 되어 성숙한 시민이 되고,

둘째, 서로의 의사소통을 통한 경험과 이해관계를 공유하면서 의견을 공유하고,

셋째, 공동의 이슈화와 공론화를 통해 여론을 형성하고,

넷째, 자발적 참여와 협력, 합의도출과정에 대한 비공식적 제도화를 통해 여론형성 양식을 만들고,

다섯째, 반응성, 책임성, 투명성의 원칙을 근본으로 공식적인 제도화를 통해 정책형성 양식을 정착시키며,

여섯째, 제도설계, 제도 간 연계 및 조정을 통해 제도적인 질서와 균형을 유지하여 거버넌스체제 기능을 작동하게 하고,

일곱째, 공적 부문과 사적 부문, 정부와 시민사회 등의 주체 간 이분법을 극복할 수 있는 인식론적인 기반을 공유함으로써, 거버넌스가 체제, 제도 및 행위 양식으로서 동질성을 지니도록 해야 한다 (UNDP, 1997b).

이는 국가를 중심으로 접근하지 않고, 능동적 시민(성찰적 개인)을 출발점으로 하여 투명성과 신뢰성, 책임성과 성찰성을 강조한다는 점에서 매우 중요한 의미를 지닌다.

4. 거버넌스이론의 유형

1) G. Peters(1995)의 네 가지 모형

Guy Peters(1995)는 『미래의 국정관리』(*the future of governing: four emerging models*)에서 네 가지의 정부모형을 제시하고, 이들 간의 특징을 구분하여 설명하고 있다. 네 가지 정부모형은 시장모형, 참여모형, 신축모형, 탈규제모형인데, 이들은 모두 전통적 관료모형에 대한 대안으로 제시된 미래의 국정관리모형이다.

(1) 시장모형(market model)

시장모형은 전통적 관료모형의 비효율성을 극복하기 위해서 조직 내부에 인센티브를 부여해 시장원리에 의한 효율성을 제고하는 데 초점을 둔 정부모형이다. 즉, 시장모형의 핵심은 새로운 거버넌스를 통한 정부 효율성의 제고라고 할 수 있다. G. Peters는 전통적 관료모형의 비효율성은 정부관료제의 독점적 지위로 인해 내부경쟁이 발생하지 않는 것에서 기인하는 것으로 파악하였다. 이러한 시장모형에 기초한 거버넌스의 예로서는 행정조직의 분권화, 지방정부에의 권한 위임, 성과급 등 민간 부문의 관리기법 도입 등이 있다.

(2) 참여모형(participatory model)

G. Peters는 전통적 관료모형의 비효율성이 나타나는 또 다른 문제는 바로 계층제적 권위로 인한 참여부족으로 인식한다. 따라서 참여모형은 정치적이고 민주적인 방식으로 정부 효율성을 향상시키

고자 하는 것이다. 참여모형에서의 조직구조는 수평적 형태의 조직구조를 추구하며, 관리는 TQM과 팀제의 속성을 지니게 되며, 정책결정은 협의나 협상을 통해 이루어지는 등 참여와 협의를 강조한다.

(3) 신축모형(flexibility model)

전통적 관료모형의 중요한 특징 중 하나는 조직의 영속성이다. 즉, 장기적이고 지속적인 관료제에 기초한 통치모형이다. 그러나 신축모형은 정부의 인력 및 조직의 영속성이 정부 비효율성 발생의 근본 원인이라 생각한다.

신축모형에서는 영속적 조직에서 나타날 수 있는 타성과 변화에의 거부 등을 예방하는데 주안점을 둔다. 이를 위해서 신축모형은 기존 조직의 지속적인 폐지와 신설을 통한 신축적 운영이 필수적이라고 주장한다.

(4) 탈규제모형(deregulation model)

탈규제모형은 정부 내부의 규제를 철폐함으로써 공공 부문에 내재하고 있는 잠재력과 독창성을 분출시키는 데 초점을 둔다. 즉, 번문욕례 등의 내부제약요인을 제거함으로써 구성원들이 새롭고 창의적인 활동을 할 수 있도록 하여 효과적인 행정을 달성하고자 하는 것이다. 탈규제모형은 정부 내부의 규제를 철폐함으로써 관리자들의 관리능력을 향상시킬 수 있고, 구성원들의 창의성을 제고할 수 있다고 본다.

이들을 요약하면 〈표 14-1〉과 같다.

표 14-1 G. Peters의 네 가지 정부모형

구 분	시장모형	참여모형	신축모형	탈규제모형
진단기준	독점	계층제	영속성	내부규제
구 조	분권화	수평조직	가상조직	특정 제안 없음
관 리	성과급 민간관리기법	TQM, 팀제	임시적 관리	관리재량권 확대
정책결정	내부시장 시장유인	협의, 협상	예비실험 (임시성)	기업가적 정부
공 익	저비용	참여, 협의	저비용, 신축성	자율성, 창의성

자료: G. Peters,1995: 54-206.

2) G. Peters & J. Pierre(2005)의 다섯 가지 모형

G. Peters와 J. Pierre(2005: 11-12)는 그들의 최근 저서, 『복잡한 사회를 향한 거버넌스』(*governing complex societies*)에서 정부와 시민과의 관계를 중심으로 다음과 같은 다섯 가지 거버넌스 분석모

형을 제시하고 있다.

(1) 국가통제모형(étatiste model)

국가통제모형은 정부의 통치과정에서 사회적 행위자들의 참여가 배제되어 있는 모형이며, "정부 없는 거버넌스"(*governance without government*)를 반대하는 전형적 국가주의 모형이다. 이 모형의 주요 전제는 정부(*government*)가 모든 거버넌스 측면에서 가장 중요한 행위자이고, 사회적 행위자들에 대한 지배권을 가지게 된다는 점이다. 가장 강력한 형태의 국가중심성과 강한 정부역할을 상정하는 통치모형이다.

(2) 자유민주주의 모형(liberal-democratic model)

국가통제모형이 유럽형 국가주의 모형이라면, 자유민주주의 모형(*liberal–democratic model*)은 미국형 국정운영모형에 해당된다. 이는 정부의 강한 역할을 인정하는 것으로 전통적 다원주의 모형을 수정한 신다원주의 모형(*neo-pluralism*)에 가까운 것으로 이해할 수 있다. 여기에서는 사회행위자들이 국가(*state*)에 영향을 미치기 위해 다양한 형태로 경쟁하게 되지만, 이들 중에서 최종 선택할 수 있는 정책적 권리는 국가가 가지게 된다. 그러나 국가는 사회의 영향으로부터 완전히 자유로울 수 없다는 점에서 위에서 제시된 국가통제모형보다는 국가중심성이 느슨한 형태의 거버넌스 모형이다.

(3) 국가중심 조합주의 모형(state-centric corporatism model)

국가중심 조합주의 모형은 국가통제모형에서 설정하는 강력한 형태의 국가중심성이 사회쪽으로 약간 이동한 상태이며, 국가조합주의(*state-centric corporatism*)와 정형화된 국가-사회관계(*formalized state-society relationships*)의 다양한 형태들이 이 모형에 해당된다고 볼 수 있다. 국가가 정치과정의 중심에 있지만, 사회적 행위자들과 관련되어 제도화된다. 국가는 사회행위자 파트너들과의 관계에서 실질적인 권력(*substantial powers*)을 가지지만, 국가-사회 상호작용이 많이 강조되는 모형이다. 국가중심 조합주의(*state-centric corporatism*) 모형은 이러한 국정운영패턴의 원형으로 여겨진다.

(4) 사회중심 조합주의 모형(societal-centric dutch governance model)

사회중심 조합주의 모형은 국가중심 조합주의 모형보다 국정운영의 중심이 보다 사회쪽으로 이동한 상태이며, 네덜란드 학자들(*dutch scholars*)이 거버넌스에 접근하는 방식을 지칭한다(Kickert, 1996; Kooiman, 1993). 또한, 이것은 네덜란드 정치 속에 실재하는 사회중심 조합주의(*societal–centric corporatism*) 모형이다.

이 모형은 국정운영(*governing*)에 있어 사회적 네트워크의 역할에 크게 의존하며, 국가운영과정에 있어 다수의 행위자들이 수반되는 형태의 거버넌스이다. 이 접근방식에서 사회(*society*)는 더 강력한 행위자가 되는데, 사회적 네트워크는 국가의 권력을 면할 수 있는 자기조직화 능력이 주어지며, 그러한 자기조직화를 통해 스스로를 자율규제(self-regulation)한다.

(5) 자기조정 네트워크 모형(governance without government model)

마지막으로, 국가가 국정운영의 능력을 잃었으며, 따라서 개별 행위자들이 자신의 이익을 위한 자기조정(self-steering) 거버넌스를 창조하는 형태가 최선이라고 생각하는 학자들이 고안한 모형이다. 사회적 행위자들의 자기조정 네트워크를 강조하며, 이상에서 논의한 모형 중에서 국정운영의 중심이 사회쪽으로 가장 많이 이동해 있는 순수 사회중심형 거버넌스 모형이다.

쉬어가는 코너

피터스 이야기

피터스Guy Peters는 미국 피츠버그 대학의 거버넌스 연구 전문가이다. 특히 그의 초기 저서 『미래의 국정관리: 네 가지 모형』The Future of Governing: Four Emerging Models, 1995에서 제시한 네 가지 국정관리 모형은 거버넌스 연구의 원형으로 거론된다. 그는 정부와 시장, 그리고 시민사회 간의 관계에 대해 깊은 고민을 하면서 바람직한 거버넌스 모형을 탐구하였다.

전통적인 정부는 왜 실패하였는가?
정부의 직접적인 서비스는 왜 사람들의 만족과 행복을 높이지 못하는 것일까?
정부만이 행정서비스 전달의 독점적 행위자일까?
정부와 시민과의 관계에 따라 정부모형을 나눌 수 있을까?
정부와 시장과 시민사회가 연계된 서비스전달방식은 무엇일까? 이때 정부는 어떤 역할을 해야 할까?

이러한 고민에 대한 해답으로서 피터스가 제시한 해답의 핵심 키워드는 거버넌스이다. 그는 현대사회의 복합성에 대응하기 위해 거버넌스가 필요하다고 보았다. 이는 정부의 독점적 운영형태 보다는 정부, 시장, 시민사회가 서로 협력하여 공공문제를 함께 해결하는 새로운 국정운영방식을 의미한다. 즉, 공·사를 막론하고 어떠한 조직도 혼자의 힘으로는 해결할 수 없는 사회문제가 증가함에 따라, 사회구성원 간의 협조가 절실히 요구되고 있기에 공사 부문의 협력적 거버넌스와 네트워크 거버넌스의 중요성을 강조한 것이다.

자료: 저자의 졸저, 『행정학 콘서트』, 139쪽.

3) J. Newman(2001)의 거버넌스 유형

Janet Newman(2001)은 그의 저서, 『현대적 거버넌스』(*modernising governance: new labour, policy and society*)에서 거버넌스를 '집권화-분권화 정도'와 '혁신과 변화-지속성과 질서' 등의 두 가지 기준에 따라, 1) 계층제 유형(*hierarchical*), 2) 합리적 목표(*rational goal*), 3) 개방체제(*open system*), 4) 자치거버넌스(*self-governance*) 등의 4가지로 나누어 설명하고 있다.

(1) 계층제 유형(hierarchical)

전통적 정부통치방식인 관료제적 계층제를 통하여 정책의 결정 및 집행과정을 통제하는 올드 거버넌스 유형이다. 따라서 법률과 규정이 엄격하며, 집권화와 수직적 통합이 강조되며, 지속성과 질서가 강조된다. 변화에 대해서는 강한 저항이 있지만, 책임성에 대해서는 강점을 지니게 된다.

(2) 합리적 목표 유형(rational goal)

집권화와 수직적 통합을 지니지만 혁신과 변화를 추구하는 거버넌스 유형이다. 단기적 산출의 극대화를 이룰 수 있으며, 인센티브를 통한 보상 및 처벌이 이루어진다. 책임의 확보는 계약을 통해 이루어지며, 권력은 세부단위의 각 기관이나 조직에 부여된다.

(3) 개방체제 유형(open system)

분권화와 차별화의 네트워크 형태 속에서 혁신과 변화를 추구하는 거버넌스 유형이다. 네트워크 형태의 상호작용 및 반복작용이 발생하게 되는 유형으로 권력은 철저히 분산되고 분권화되며, 네트워크 거버넌스 형태의 속성을 가지게 된다.

이때 네트워크 관계는 역동적이고 새로운 과제와 수요에 따라 재형성되므로, 책임소재가 불분명해지는 단점을 지닌다.

(4) 자치거버넌스 유형(self-governance)

분권화와 차별화의 네트워크 형태 속에서 지속성과 질서가 강조되는 거버넌스 유형이다. 자치거버넌스 유형은 장기적인 시각에서 관계의 지속적 구축을 지향하며, 시민사회의 역할 강조에 비중을 둔다. 따라서 민관 파트너십이 중시되며, 정책결정 및 집행과정에의 참여에 있어 호혜적 책임성을 근간으로 하게 된다. 자치거버넌스 유형은 참여적 민주주의에 철학적 토대를 두고 있다.

이상에서 논의한 Newman의 거버넌스 유형을 도식화하면 〈그림 14-1〉과 같다.

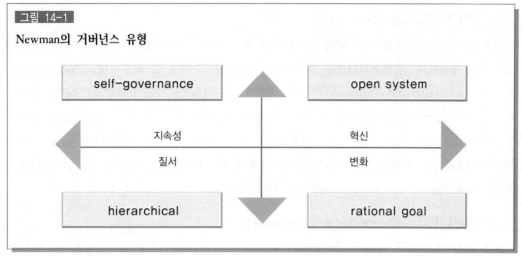

그림 14-1

Newman의 거버넌스 유형

| self-governance | | open system |

지속성   혁신

질서   변화

| hierarchical | | rational goal |

자료: J. Newman, 2001: 34.

4) J. Kooiman(2003)의 거버넌스 유형

Jan Kooiman(2003)은 『거버넌스로서의 통치』(*governing as governance*)에서 거버넌스의 유형을 국가-사회의 중심성을 기준으로, 1) 자치거버넌스(*self-governance*), 2) 협력거버넌스(*co-governance*), 3) 계층제거버넌스(*hierarchical-governance*)로 크게 세 가지로 구분하였다. 자치거버넌스는 순수하게 사회적 행위자들간의 자기조직적 네트워크 능력을 강조하는 개념이고, 계층제거버넌스가 국가관료제 중심의 계층제를 토대로 한 거버넌스적 국정운영을 강조하는 개념이라면, 협력거버넌스는 민관 협력(*public-private cooperation*)과 파트너십(*public-private partnership*)을 토대로 한 커뮤니케이션과 네트워크 조정을 강조하는 개념이라고 볼 수 있다.

(1) 자치거버넌스(self-governance)

자치거버넌스는 진화생물학에서 말하는 생명 그 스스로의 학습과 그것을 통한 발전이라는 개념을 조직의 탄력적 변화에 차용한 거버넌스이다. Ilya Prigogine(1984)이 말하는 생명의 자기조직화 능력(*self-organizing capacity*)을 사회과학에서 자기조정능력(*self-governing capacity*)이라는 개념으로 차용한 개념이라고 볼 수 있다.

자치거버넌스는 사회행위자들 간의 상호작용의 결과로서 사회의 자기조직적 네트워크가 생성된다고 파악하며, 국정운영의 관점에서도 사회적 행위자들 간의 상호작용과 자기조정능력을 중시한다. 자치거버넌스 모형에서는 개별 행위자가 스스로의 학습과 성장을 통해 보다 더 큰 사회조직을 이루어나간다고 보며, 여기에서 중요한 것은 개별 행위자들 각각의 능력보다는 사회전체적으로 이들 사이에 존재하는 관계네트워크 능력이라고 본다.

(2) 협력거버넌스(co-governance)

협력거버넌스는 정부와 민간의 협력을 토대로 양자 간의 긴밀한 의사소통과 네트워크 능력을 강조하는 개념이다. 협력거버넌스는 현대사회의 복잡성, 다양성 및 역동성에 주목한다(*societal diversity, dynamics, and complexity*). 이러한 사회에서는 사회행위자들이 복잡하고 다양하게 변화하고 있기 때문에 국정관리방식에 있어서도 정부와 민간의 다양한 형태의 협업(*collaboration*)과 네트워크 능력(*networking capacity*)이 필요하다는 점을 강조한다. 따라서 협력거버넌스는 정부와 민간의 상호존중의 원리(*principles of reciprocity*)에 기초한 협력관리(*co-management*)와 의사소통 거버넌스(*communicative governance*)를 중시하는 거버넌스 개념이라고 할 수 있다.

(3) 계층제거버넌스(hierarchical-governance)

계층제거버넌스는 국가관료제 중심의 계층제를 토대로 한 거버넌스적 국정운영을 강조하는 개념이며, 거버넌스적 국정운영의 수단에는 시장메커니즘과 시민사회와의 협력이 포함된다. 정부는 사회의 거버넌스 능력을 강화하기 위해 전통적 Marx-Weber식 관료제의 통제(*control*)보다는 사회운영에 있어 조정(*steering*)이라는 개념을 강조한다.

5) 요약 및 결론

거버넌스 유형은, 이상에서 보듯이 여러 학자들에 따라 다양하게 접근되고 있지만, 이들은 공통적으로 국가중심성 vs 사회중심성을 기준으로 국가통제모형과 자기조정 네트워크모형의 연장선상에서 파악하고 있다는 것을 알 수 있다. 또한, Kooiman이 분류한 3개의 유형과 Newman이 분류한 4개의 유형에서는 양자 간의 유사성을 발견할 수 있는데, 이들은 공통적으로 계층제 거버넌스와 자치거버넌스를 지적하고 있다. Kooiman과 Newman이 언급하는 계층제 거버넌스는 Peters & Pierre가 말하는 국가중심모형에 해당하며, 자치거버넌스는 자기조정 네트워크모형에 가깝다고 할 수 있겠다.

이러한 학자들이 언급하는 거버넌스의 공통점은, G. Stoker(1998: 17-28)가 말하는 거버넌스 5대 명제에서도 확인할 수 있는데, 우리는 이러한 명제들을 통해서 거버넌스 개념이 지니는 공통요인들을 발견할 수 있다.

첫째, 거버넌스는 정부 혹은 정부를 넘어서는 제도 및 행위자들과의 복합적인 상호작용의 집합물을 의미한다.
둘째, 거버넌스는 국가가 직면하는 사회문제를 해결하는 데 있어서 정부와 사회행위자들 간의 경계가 무너져가는 일련의 패턴을 지칭한다.
셋째, 거버넌스는 국가가 해결하고자 하는 집합행동(*collective action*)을 해결하는 데 있어서 정부와 사회행위자들 간의 연계된 권력관계를 포함한다.

넷째, 거버넌스는 정부를 넘어선 사회행위자들 간의 독립적이고 자치네트워크를 포함한다.

다섯째, 거버넌스는 수직적 정부권력에만 의존하지는 않는 또 다른 형태의 사회문제 해결방식을 지칭한다.

5. 뉴거버넌스이론

1) 뉴거버넌스의 개념

세계적인 정부혁신 논의와 노력들이 진행되면서, 전통적인 국가(정부), 시장(기업), 시민사회(NGO)라는 3분법의 경계가 점차 희석화되고 있고, 각 부문의 독자적인 기능과 역할이 강조되기보다는, 상호간의 협력과 경쟁을 강조하면서 새로운 대안들을 모색하는 경향이 나타나고 있다. 이런 대안적인 논의 중의 하나가 뉴거버넌스(*new governance*) 개념인데, 이는 전통적인 행정모형뿐아니라, 신공공관리와도 엄밀히 구분되는 새로운 패러다임으로 제기되고 있다(Salamon, 2002: 9-19).

2) 뉴거버넌스의 이론모형

뉴거버넌스의 개념은 논자에 따라 달리 접근될 수 있는 다양한 어의를 총칭하고 있다. 논의를 가장 단순화 시켜보면 국가중심적 거버넌스는 계층제 중심의 거버넌스이고, 신공공관리론은 계층제 중심의 운영에 관리주의적 기법(민간경영기법과 민간위탁관리)과 시장주의적 요소(가격, 경쟁, 유인)들을 도입한 것이라면, 뉴거버넌스는 계층제 중심의 수직적 모형보다는 네트워크 중심의 수평적 모형을 강조한다. 또한, 뉴거버넌스는 시장 및 시민사회와의 신뢰와 협동에 기초한 보다 많은 참여와 조정, 연결 및 네트워크를 강조하는 개념이다. 이러한 뉴거버넌스이론모형은, G. Peters와 J. Pierre 그리고 Rhodes의 표현을 바로 빌리자면, 시장과 시민사회와의 보다 많은 협력과 조정("*concert and coordination*"), 타협과 연결("*bargaining and networking*")을 강조한다(G. Peters and J. Pierre, 2006: 5; G. Peters, 1995; G. Peters & J. Pierre, 2005; Rhodes, 1990, 1996).

J. Kooiman(2003) 역시 뉴거버넌스의 의미를, 계층제를 강조하는 계층제 거버넌스 및 공사협력(민관협력)을 강조하는 협력거버넌스와 대비하여(이들을 배제하는 것은 아니지만), 다양한 행위자들 간의 신뢰와 협동을 바탕으로 참여와 네트워크에 기초한 문제해결방식을 강조하는 자치거버넌스 혹은 네트워크 거버넌스의 의미로 접근하고 있다. 이때 뉴거버넌스는 계층제 중심의 명령이나 통제에 기초한 '소수의 관료 지배'에 의한 조정방식도 아니고, 시장중심의 가격이나 경쟁에 기초한 '보이지 않는 손'에 의한 조정방식도 아닌, 신뢰와 협동에 기초한 참여와 네트워크에 의한 조정과 문

제해결방식을 강조하는 개념이다. 최근에 이러한 뉴거버넌스 개념은 자치거버넌스(*self-governace*, Kooiman, 2003; J. Newman, 2001), 자기조직적 네트워크(자기생명적, 자기형성적, 자기진화적 네트워크, Rhode, 1996; Ilya Prigogine, 1984), 자기조정 네트워크(G. Peters & J. Pierre, 2005) 등 다양한 형태의 네트워크 거버넌스로 지칭되고 있다. 이상의 논의를 간략히 표로 도식화하여 보면 〈표 14-2〉와 같다.

표 14-2 **거버넌스 유형에 대한 최근 논의**

기존분류		최근분류		특 징
운영주체 (Key Actors)		운영양식(Modes of Governance)		
기존연구		Guy Peters & Jon Pierre(2006)	Jan Kooiman(2003)	
국가	국가중심	• 국가통제모형 (Étatiste Model)	• 계층제 거버넌스 (Hierarchical-Governance)	• 올드거버넌스 (Old Governance)
사회	시장 및 시민사회 중심	• 자유민주주의 모형 (Liberal-democratic Model) • 국가중심 조합주의 모형 (State-centric Corporatism Model) • 사회중심 조합주의 모형 (Societal-centric Dutch Governance Model)	• 협력거버넌스 (Co-Governance)	• NPM적 거버넌스[3] (NPM Governance) - 공·사, 민·관 협력 강조 - 협업 강조
네트워크		• 자기조정 네트워크 모형 (Governance without Government Model)	• 자치거버넌스 (Self-Governance)	• 뉴거버넌스(New Governance) - 자율적 네트워크(참여, 연결, 조정) - 다양한 행위자 (신뢰, 협동)

3 뉴거버넌스의 핵심은 신뢰와 협동, 참여와 네트워크, 조정과 연결을 강조하는 개념이다. 하지만, 이를 〈표 14-2〉에서 구획짓고 있듯이, NPM적 거버넌스와 명확하게 구분짓기에는 다소 무리가 따르는 것이 사실이다. NPM적 거버넌스 역시 협업과 네트워크 관리를 포함하고 있기에 NPM 역시 네트워크의 조정능력을 포함하고 있다. 따라서 이 둘은 서로 명확히 대칭되는 개념이라기보다는 NPM의 발전선상에서 뉴거버넌스의 조정과 연결, 신뢰와 협동, 참여와 네트워크가 강조된 것으로 이해하여야 할 것이다.

6. 뉴거버넌스의 행정학적 쟁점

1) 이론적 함의

(1) 뉴거버넌스와 전통적 행정

뉴거버넌스는 전통적인 행정과 구분되는 특징을 가지고 있다

첫째, 전통적 행정조직의 관료적 계층제에 의한 정책추진모형에서 외부 이해당사자들의 조직적 네트워크에 의한 정책추진모형이다.

둘째, 공-사 구분이 엄격했던 정부주도적인 관계에서 공-사 구분이 모호해지면서 양 부문 사이의 공조에 의한 정책집행과 공공서비스 전달로 변화하였고, 정부의 지시와 통제에 의존하기보다, 정책 네트워크에 참여하는 이해관계자들의 협상과 설득이 주요 정책결정 스타일로 부각되는 정책추진모형이다.

셋째, 관료제의 내적 관리기술보다는 외부 네트워크 관계자들의 참여와 책임을 공유하는 정책추진모형이다.

(2) 뉴거버넌스와 NPM

NPM과 뉴거버넌스 간의 개념적 구분에 대해서는 많은 논란이 있다. 이는 뉴거버넌스의 개념에 대한 일관된 합의가 도출되지 않았고 이론적인 논의가 여전히 진행되고 있기 때문이다. 간혹 양자는 동일하거나 혹은 유사한 개념으로 이해되는 경우가 있다. 좋은 예로 거버넌스의 유형을 분류하면서 Rhodes(1993)는 NPM을 6가지 유형 중 하나로 분류하고 있으며, Peters(1995)도 시장적 정부라는 유사한 용어를 빌려 NPM을 포함시키고 있다.

그러나 양자는 여러 가지 면에서 차이를 보이고 있는데, 이를 보다 구체적으로 살펴보면 다음과 같다.

표 14-3 전통적 행정과 뉴거버넌스

전통적 행정	New Governance
기관과 프로그램	도 구
계서제	네트워크
공-사 구분	공-사 공조
지시와 통제	협상과 설득
관리기술	역량화 기술

자료: Salamon, 2002: 9.

첫째, NPM은 경쟁의 원리를 중시하지만, 뉴거버넌스는 시장주의에 입각한 경쟁보다는 신뢰를 기반으로 조정과 협조가 이루어진다는 점을 들 수 있다.

둘째, NPM은 행정기능의 상당부분이 국가의 역할보다는 민영화, 민간위탁 등을 통해서 민간에게 이양하였다. 그러나 뉴거버넌스에서는 국가의 역할을 부정하기 보다는 민간의 힘을 동원하고, 공동체 구성원들의 적극적 참여에 의한 공적문제 해결을 중시한다.

셋째, NPM은 국민을 공리주의에 입각하여 국정의 대상인 '고객'으로 보지만, 뉴거버넌스는 시민주의에 바탕을 두고 덕성을 지닌 '시민'으로 본다.

넷째, NPM은 시장논리에 따라 행정의 생산성이나 효율성을 중시하지만 뉴거버넌스는 구성원 간의 참여와 합의를 중시하므로 행정의 민주성 등에 초점을 두게 된다. 또한 NPM은 행정의 경영화에 의한 정치행정 이원론의 성격이 강하지만 뉴거버넌스는 담론이론 등을 바탕으로 한 다양한 구성원의 참여를 중시하므로 행정의 정치성(일원론)을 중시한다고 볼 수 있다. 즉, 이러한 차이의 원인은 앞에서도 살펴본 바와 같이 절차적 민주성의 확보를 중시하는 시민중심적 거버넌스의 참여·네트워크라고 할 수 있다(권기헌, 2007a; 2007b).

결국 NPM이 내부규제 완화와 경쟁원리 도입 등 조직 내부의 관리개혁을 강조하는 반면, 뉴거버넌스는 조직 외부와의 관계 변화를 통해 행정개혁을 강조한다는 점에서 양자는 구별된다고 볼 수 있다(최성욱, 2004: 253).

한편 NPM이 뉴거버넌스는 정부의 권한과 영역의 축소, 방향잡기(*steering*)의 강조, 민관협력의 중요성 인정이라는 점에서 비교해 보았을 때는 그 유사성 또한 지적할 수 있다. NPM에 입각한 정책적 기조나 하위 정책들이 결과적으로 민관의 네트워크를 강화하고 서비스 연계망을 급격하게 확대시켰다는 점에 주목하면 NPM이 뉴거버넌스의 착근에 중요하게 기여했다고 할 수 있다.

2) 행정적 함의

다원화·복잡화 되어 가는 현대사회의 정책과정에서 이해집단의 목소리는 점점 커져가고 있다. 정책집행에 있어서는 과거 고전 정책학에서 추구하던 효과성, 능률성뿐만이 아니라, 민주성, 대응성, 국민의 만족도까지 고려해야 한다. 또한 정책결정이 정부 단독의 의사뿐 아니라, 정책대상집단의 의사를 포함시키는 절차적 민주성이 충족되어야 하는 당위성도 높아지고 있다.

거버넌스이론의 성립 이전, 정책실패의 원인은 정부 내부의 문제로 인식되었고 상의하향(*top-down*)방식의 정책결정이 주류를 이루었다. 그러나 거버넌스이론의 등장은 정책과정이 국가정부의 범위를 넘어서 사회 전 범위에 광범위하게 퍼질 수 있는 기초를 마련하였으며, 신공공관리(NPM)의 국가중심, 시장중심 거버넌스를 넘어 시민사회 거버넌스의 개념을 포함한 뉴거버넌스는 그 이론적 의의를 가지고 있는 것이다.

그러나 뉴거버넌스 개념을 우리나라에 그대로 적용하기에는 아직 한계가 있다. 우리나라의 역사적 맥락을 살펴볼 때, 뉴거버넌스의 이념이 정착하기에는 국가적 인식과 제도 및 분위기가 완전치 못하다고 할 수 있다. 한국의 정부는 신공공관리(NPM)의 대두로 그 외형을 축소하고, 정부 부문의 기능을 이양하는 데에는 많은 시간과 비용을 투자했지만, 민주성을 확보하고, 국민의 의사를 적극적으로 반영하는 데에는 상대적으로 소홀해 왔다고 할 수 있다. 이러한 점을 보완하기 위해서는 시민사회의 활성화를 위한 비정부조직(NGO)의 강화나 시장기능의 자율적인 작동을 촉진시켜야 한다. 같은 맥락에서 정부와 시민사회 간에 신뢰(*trust*)가 구축되어야 한다. 사회구성원들 사이에 높은 신뢰적 관계가 구축되면 정부의 감시비용을 크게 줄이는 동시에, 자발적 순응을 확보할 수 있는 것이다. 즉, 시민단체와 국회, 정부, 정당, 기업, 언론 등이 서로 등권과 공영의 정신을 토대로, 경쟁과 협력 그리고 창조적 긴장관계를 적절하게 유지함으로써, 국가경영 자산으로서의 신뢰를 강화시켜 나가야 할 것이다.

제 3 절   신제도주의

1. 신제도주의이론의 대두

신제도주의는 1970년대 후반 이후 구미 학계에서 발전하기 시작한 사회과학의 새로운 패러다임 가운데 하나이다. 이는 1950년대를 전후해서 수십 년간 크게 영향력을 떨쳤던 행태주의(*behavioralism*)의 원자적 설명에 반대하고, 역사적 제도학파의 법적·기술적·정태적 설명에도 반대하면서 새로운 설명의 틀을 제시한 것으로 평가받고 있는 이론적 패러다임이다(염재호, 1994: 10-33; 정용덕, 1999: 3). 제도채택의 정통성, 제도유지의 배태성, 제도발전의 경로의존성 등 신제도주의에서 제시하는 개념적 도구가 많은 설득력을 얻으면서, 신제도주의는 정책학과 행정학, 사회학과 정치학 등 사회과학 전반에 걸쳐 점점 더 많이 인용되고 있다.[4]

하지만 신제도주의가 정확하게 무엇을 의미하는지, 다른 접근방법들과 어떻게 다른지, 어떤 전망과 문제점들을 제시하고 있는지에 대해서는 여전히 상당한 혼란이 있다. 이는 신제도주의의 주요 이론들이 학문분야별로 제각기 다른 뿌리에서 출발하여 발전해 왔기 때문이다. 정치학의 경우 Wilson, Willoughby, J. Ikenberry 등의 연구, 사회학은 Weber, Parsons, Meyer & Rowan 등의 연구, 경제학은 Coase, Williamson, E. Ostrom 등의 연구를 바탕으로 제도에 대한 관심을

---

4 이 장에서 논의하는 신제도주의이론은 저자가 『정책학』(박영사, 2008)에서 소개했던 내용을 수정보완한 것임을 밝혀 둔다.

제각기 형성하여 온 것이 오늘날 신제도주의의 이론적 기초와 발전의 토대를 제공하였다.

다음에서는 신제도주의의 주요 분파라 할 수 있는 합리적 선택 신제도주의, 역사적 제도주의, 사회적 신제도주의의 공통된 특징은 무엇인지를 살펴본 후, 신제도주의 각 분파의 이론적 배경과 주요 특징 및 주장, 그리고 그 한계가 무엇인지를 살펴보도록 한다.

2. 신제도주의이론의 개관

신제도주의는 인간의 행위와 사회적 현상을 설명하는 이론적 틀로서의 의미를 지닌다. 신제도주의는 제도를 중시한다는 점에서 구제도주의와 동일선상에 있지만, 사회현상에 대한 인과관계를 밝히려는 분석적 접근이라는 점에서는 행태주의와 방법론적 시각을 공유한다(염재호, 1994: 12-15). 따라서 신제도주의는 사회현상에 대한 인과관계를 밝히려고 노력하되, 행태주의에서 강조하는 원자적 설명에 대해 의문을 제기하며, 또한 구제도주의가 따르는 법적, 기술적, 정태적 접근방법에 대해서도 반대한다.

신제도주의는 사회과학현상을 설명하는 분석변수로서 제도를 중요시한다. 이때 제도는 정부 내 법, 규칙, 절차, SOP 등을 의미하는 수준으로서의 제도와 국가 내 행정부와 의회와의 권력관계 및 집권화 정도를 의미하는 수준으로서의 제도, 그리고 국가와 사회를 규정하는 이념적 규범으로서의 제도를 포함하는 개념이다(J. Ikenberry, 1988: 226- 227).

신제도주의는 무엇보다도 개인의 행위결과(*outcome*)가 개인의 선호체계(*preference*)의 직선적인 연장선상에 있다는 행태주의의 가정에 의문을 제기한다. 신제도주의는 행태주의에서 규명하고자 했던 개인의 선호체계와 개인의 행위결과 간의 직선적 인과관계, 그리고 이에 기초한 사회현상의 보편적 인과법칙의 추구에 의문을 제기하며, 선호체계에 따른 행위결과는 역사와 장소의 맥락에 따라 달리 나타날 수 있다는 점을 지적한다(Immergut, 1998: 6-7). 개인의 행위결과는 제도 및 유인의 규칙과 규범을 통해 변화될 수 있으며(합리적 선택 신제도주의), 조직의 행위결과는 조직의 절차와 규칙 및 규범을 통해 변화될 수 있고(사회학적 신제도주의), 국가의 행위결과는 국가의 제도와 헌법 및 규범을 통해 변화될 수 있다는 점을 명확히 한다(역사적 신제도주의).

신제도주의에서 분석변수로서 다루는 제도는 개인행위자들의 상호작용과 역학관계만을 중시하던 행태주의와는 달리, 정부 내 개인행위자들의 상호작용의 결과로서 나타나는 제도적 규범으로서 한 번 만들어지면 영속하려는 속성을 지닌다. 하지만 신제도주의는 인간행위의 결과로서 만들어지는 혹은 이미 역사적으로 만들어진 구조와 제도를 매개변수로 도입함으로써 사회현상의 인과관계를 탐구하는 분석적 접근이라는 점에서 사회현상을 실증적으로 밝혀보려는 행태주의와 방법론적 공통점을 지니고 있다(권기헌, 2007a).

J. Ikenberry(1988: 226-230)는 미국이 대외경제정책의 정책결과를 설명하는 사회(*societal*), 국가

(state), 국제(systemic)수준의 세 가지 분석수준을 들고, 국가(state)의 제도적 구조가 매개변수로 개입될 때 정책현상을 보다 잘 설명할 수 있다는 점을 예증한다. 대외정책이므로 국제(systemic 혹은 transnational)수준의 변수들, 예컨대 국제기구, 국제조약, 국제규범 등도 정책결과에 영향을 미치고 (이를 P. Gourevitch(1978: 881-912)는 "second image reversed"라고 표현하였다), 경제정책이므로 국내에 존재하는 이익단체(interest group), 계급(class) 등 사회적 관계(social dynamics)도 정책결과에 중요한 영향을 미치지만, 이러한 국내 사회작용의 요구(demand)나 역학(dynamics)이 정부(state)라고 하는 단순한 블랙박스(black box)를 통해 정책으로 나오는 것은 아니라는 것이다. 엄연히 정부 내 정책결정 규칙과 규범과 절차가 있고 정부 내 정책결정에의 접근가능성(open access), 의회와 정부와의 역학관계 등이 정책결과에 영향을 미친다는 것이다. 이러한 정책결정 규칙과 규범 및 절차는 하나의 구조적 형태(structural formation)를 띠게 되는데, 이는 경로의존적 속성(path-dependency)을 띠게 된다.

신제도주의적 접근에서는 국가의 정책을 통시적(longitudinal)으로 분석하게 되면 이러한 구조적 형태와 속성이 시기별로 어떤 변화(variation)가 있었는지를 알 수 있게 되는데, 따라서 제도와 구조의 형태 및 속성은 역사적 맥락(historical context) 속에서 형성되고 변화되어 오는 것임을 분명하게 제시하고 있다. 따라서 기존의 비교정치적인 시각에서 일률적으로 논의되던 강한 정부-약한 정부(strong state vs. weak state)의 논쟁은 큰 의미가 없고, 통시적으로 제도적 속성의 변화에 따라 정부의 정책능력(state capacity)이 어떻게 변화되어 왔는가를 밝히는 것이 더욱 중요하다고 주장한다. 예컨대, S. Haggard(1988: 12)는 1930년대 쌍무협정(bilateral trade agreement)과 특혜관세(preference schemes)가 막 설정되던 당시의 국제무역환경이 어떻게 미국정부의 정부협상능력(government capacity)을 보다 독립적이고 재량적으로 변화시켰는지를 설명하고 있다.

또한 신제도주의 학파에서는 역사적 전개(historical development) 속에서, 예컨대, H. Lasswell (1948: 262)이 말한 "행위에 심각한 충격을 주는 상황"으로서의 위기(crisis), 전쟁(war), 공황(depression)과 같은 역사적 사건들이 역사적 경로를 어떻게 바꾸고, 그러한 큰 틀 속에서 제도적 속성이 어떻게 변화되었으며, 그러한 제도적 변화가 정책의 변화에 어떤 영향을 미쳤는지도 중요한 관심사항이다. 예컨대, S. Krasner(1984: 234)와 같은 학자는 미국이 국제관계 속에서 국가 헤게모니를 유지하는 과정에서 국가(state)라는 변수를 중요하게 도입하면서, 전쟁과 위기와 같은 역사적 변수들이 어떻게 제도의 모습을 근본적으로 변화시키는 결정적 전환점(critical junctures)으로 작용했는지를 설득력 있게 보여주었다. 즉, 제도의 모습은 근본적으로 변화하는 결정적 전환점(critical junctures)을 기준으로 역사적 사건의 흐름이 단절적으로 나타나게 하며, 제도적 구조는 국내외적인 환경변화에 빠르고 유연하게 적응하고 변화해 가는 것이 아니라, 매우 급격하고, 간헐적으로 일어난다. 또한 결정적 전환점(critical junctures)을 통해 단절되었던 제도가 위기극복 이후 다시 제도적인 균형상태에 돌입하게 되는 현상을 S. Krasner는 '결절된 균형'(punctuated *equilibrium*)이라고 하였다(S. Krasner, 1983: 359-361; 1984: 223-246).

신제도주의에서 말하는 제도의 공통점은 다음과 같다(염재호, 1994: 18-19; 정정길 외, 2005: 871-872; DiMaggio & Powell, 1991).

첫째, 구제도주의에서는 제도를 정치제도의 정태적 측면을 서술하지만, 신제도주의에서는 제도들 간의 동태적 역동성(*dynamism*)을 분석대상으로 한다(역사적 신제도주의).

둘째, 구제도주의에서는 조직 내에서 사회화과정을 거쳐 개인의 가치에 내재화된 조직의 규범을 제도적 변수로 받아들이는 반면, 신제도주의에서는 개인의 규범뿐만 아니라 인지과정에서 당연한 것으로 받아들이는 규칙, 습관, 일상적 처리과정(SOP)까지도 제도로서 분석한다(사회학적 신제도주의).

셋째, 제도란 사회의 구조화된 어떤 측면을 의미하며, 정책현상을 설명할 때에는 이런 구조화된 설명 변수를 동태적으로 도입할 필요가 있다.

넷째, 제도는 개인행위를 제약하며, 제도적 맥락 하에서 이루어지는 개인행위는 규칙성을 띠게 된다. 따라서 신제도주의는 원자화된 개인이 아니라, 제도라는 맥락 속에서 이루어지는 개인행위에 초점을 맞춘다.

다섯째, 제도가 개인행위를 제약하지만, 개인 간 상호작용의 결과 제도가 변화할 수도 있다. 따라서 제도는 독립변수인 동시에 종속변수로서의 속성도 지닌다.

여섯째, 제도는 규칙, 법률 등 공식적인 측면을 지닐 수도 있고, 규범, 관습 등의 비공식적 측면을 지닐 수도 있으며, 더 나아가 개인이 인지과정에서 받아들이는 규칙, 습관, 업무처리과정(SOP)까지도 포함한다.

일곱째, 제도는 안정성을 지닌다. 일단 형성된 제도는 그때 그때의 상황이나 목적에 따라 쉽게 변화하는 것이 아니다. 즉, 경로의존성을 지닌다.

3. 신제도주의의 이론적 유형

1) 합리적 선택 신제도주의

(1) 이론적 주장

합리적 선택 신제도주의에는 Coase, Williamson, North, Ostrom 등이 대표적인 학자로 손꼽힌다. 이들의 연구는 대체로 다음과 같은 공통점을 지닌다(정정길 외, 2005: 874-875).

첫째, 신고전파 경제학에서의 완전한 합리성을 가진 행위자에 대한 가정 대신에, 좀 더 현실적이고 포괄적인 개념의 행위자를 상정한다. 예를 들어, Williamson은 Simon의 제한된 합리성을 수용한다.

둘째, 경제적 균형상태보다는 균형에 도달하는 과정에 연구의 초점을 두며, 경제체제는 행위자들의
학습을 반영하여 시간이 경과함에 따라 진화하는 것으로 인식한다. 신제도경제학자들은 경제
체제의 제도를 경제적 행위에 영향을 미치는 외생변수로 취급하기보다는 내생변수로 다루어 그
생성·유지·변화를 분석하는 데 주된 관심을 갖는다.

셋째, 경제적 행위의 조화는 단순히 시장메커니즘을 통한 거래로 달성되는 문제가 아니라, 다양한
제도적 구조의 영향을 받기 때문에 이에 대한 분석이 필요하다고 본다. 이는 Coase의 연구에서
비롯된 거래비용 접근법이라고 볼 수 있다.

(2) 주요 논의

합리적 선택 신제도주의의 논의를 경제학과 정치학으로 나누어서 설명하면 다음과 같다.

㈎ 경제학에서 합리적 선택 신제도주의의 주요 논의

합리적 선택 신제도주의는 그 뿌리를 신고전경제학에 두고 있으나, 신고전경제학의 제도적 진공
상태(*institution-free setting*), 즉 완벽한 정보와 거래비용의 부재 등과 같은 가정 하에서 완전경쟁
시장중심의 설명에 대해 의문을 제기하고, 제도적 제약이나 제도적 유형이 개인의 선택에 미치는
영향에 대해 중요성을 인식하면서부터 이론이 형성되기 시작하였다(장하준, 1996: 191-193; 이명석,
1999: 16-18).

제도의 제약이나 유형이 개인의 선택에 미치는 영향을 설명하는 좋은 예로는 '죄수의 딜레마
'(*prisoner's dilemma*)를 들 수 있다. 죄수의 딜레마모형은 두 명의 죄수가 왜 최종적으로 그들에게
최선의 선택을 하지 못하고, 최악의 상황을 피하는 차원에서 차선의 선택을 할 수밖에 없는지에
대해서 설명하는 도구이지만, 이때 이들 간의 게임의 규칙을 바꾸게 되면(예를 들면 둘 간의 대화를
허용한다든지 반복적인 상황을 허용하게 되면) 이들의 선택결과도 달라질 수 있다는 점을 잘 보여준다.
즉, 제도의 제약이나 유형이 개인의 선택에 중요하게 영향을 미치는 것이다(Immergut, 1998: 13).

경제학의 합리적 선택 신제도주의는 Coase의 "The Nature of the Firm"에서 시작되었다.
Coase에 따르면, 신고전학파 경제학에서 가정하는 완전경쟁의 세계에서는 인간들은 완전한 합리
성(*perfect rationality*)을 가지고 있고, 모든 정보가 완전하기 때문에 어떤 계약이든지 시장가격이
주는 신호에 따라 즉각적인 조정이 가능하지만, 그럼에도 불구하고 현실에서 기업이 여전히 존재
하고 중요한 역할을 하는 이유를 Coase는 거래비용(*transaction cost*)에서 찾았다. 즉, 시장중심의
분석의 한계성을 부각시키면서 합리적 선택 신제도주의에서 의미하는 제도의 변수적 역할과 중요
성을 제시한 것이다. 거래비용의 개념은 현대제도경제학의 중시조라고 할 수 있는 Williamson과
North 등에 의해 제도경제학의 핵심적 개념 중의 하나로 발전되었다(Williamson, 1975, 1985;
North, 1998; 장하준, 1996: 194).

Williamson은 Coase의 연구를 더욱 발전시켰는데, H. Simon이 제시한 '제한된 합리성'

(*bounded rationality*), '기회주의'(*opportunism*), 그리고 자신이 개발한 '자산특정성'(*asset specific-ity*) 등의 개념을 거래비용 개념과 결합시켜서 논의를 전개하였다. 거래비용의 크기는 1) 미래에 대한 불확실성, 2) 제한된 합리성, 3) 기회주의, 4) 자산특정성 등에 의해 결정된다고 주장하였으며, 이런 요소들에 따라 거래비용이 달라지고, 거래비용을 최소화시키는 다양한 유형의 경제제도가 나타난다고 본다. 즉, 1) 거래에 수반되는 불확실성이 높고, 2) 제한된 합리성의 제약정도가 심하고, 3) 기회주의적인 행태가 발생할 가능성이 높으며, 4) 거래대상의 자산특정성이 높을수록 시장보다는 기업내부조직을 통한 거래가 거래비용을 최소화할 수 있다는 주장이다(정정길 외, 2005: 881-886).

합리적 선택 신제도주의 학자로 빼놓을 수 없는 또 다른 학자는 E. Ostrom이다. 그는 공공재(*public good*)와 같은 집합적 선택(*collective action*)의 상황 하에서의 인간행위선택을 설명하려는 노력을 하면서, 제도라는 설명적 변수를 중요하게 다루었다. 그가 말하는 제도는 정보규칙(*information rules*), 보상규칙(*payoff rules*), 권위규칙(*authority rules*) 등으로 이루어진 하나의 복합적 규칙체계인데, 이러한 제도적 규칙들의 총합에 의해 집합적 상황 하에서 인간행위의 선택을 설명할 수 있다고 보았다. 즉, E. Ostrom은 제도의 성격, 결정상황의 속성(결정에 참가하는 사람 수, 상황의 복잡성, 의사소통의 가능성, 결과의 안정성 등) 등을 알면 개인이 어떻게 행동할 것인가를 예측할 수 있고, 이들의 행동이 어떻게 집합적으로 통합되는가를 설명할 수 있다고 봄으로써 합리적 선택 신제도주의이론을 더욱 발전시켰다(E. Ostrom, 1990: 197-200).

E. Ostrom(1982, 1992)이 개발한 제도분석틀(IAD framework: Institutional Analysis and Development framework)은 공유지의 비극(*tragedy of commons*)과 관련된 집합적 선택(*collective action*) 문제에 관심을 갖고, 1) 물리적 속성, 2) 공동체 속성, 3) 규칙적 속성(정책)이라는 세 가지 변수가 어떻게 '행동의 장'에 있어서 행위자의 행태적 속성 및 보상함수에 영향을 주고, 이러한 유인구조가 어떻게 행위결과에 영향을 줌으로써 집합적 선택문제를 해결할 수 있는가에 연구의 초점을 두었다.

또한, 제도분석틀은 제도의 중첩성을 강조하는데, 1) 운영선택수준, 2) 집단선택수준, 3) 헌법선택수준 등 세 가지 수준으로 나누고, 이러한 세 가지 수준에서 물리적 속성, 공동체 속성, 규칙적 속성(정책)이라는 세 가지 변수가 중첩적으로 정책행위결과에 영향을 미친다는 점을 강조한다(Kiser and Ostrom, 1982; E. Ostrom, 1990: 192-193).

쉬어가는 코너

오스트롬의 이야기

엘리너 오스트롬은 1933년 출생 이후 대공황과 제2차 세계대전으로 물자 부족에 시달리는 '공유재 비극'을 몸소 체험했다. 아마도 노벨 경제학상을 수상한 그녀가 공유재와 공유재의 부족에 관심을 가진 것은 이러한 그녀의 경험을 바탕으로 한다고도 볼 수 있다.

공유재란 무엇인가? 개인들 차원의 유인이 집합적 수준에서는 왜 그대로 적용되지 않는 것일까? 무임승차와 같은 공유재의 비극은 왜 발생하는 것이며, 이러한 공유재의 비극은 어떻게 해결할 수 있을까?

오스트롬은 '제도'의 중요성에 주목했다. 제도라는 것은 시간(시대)과 장소(국가)에 따라 다르지만, 더 좋은 국가가 될 수 있도록 만드는 정책과 그러한 사회가 되게 하기 위해 개인의 행동을 규제하는 모든 사회적인 틀을 의미한다. 결론적으로 말하자면, '제도를 올바르게 하는 것', 그래서 '현실상황에 적합한 제도를 설계하고 시행하는 것'이 바로 오스트롬의 주장이다.

이렇게 등장한 것이 합리적 선택에 기초한 IAD모형(Institutional Analysis & Development Framework)이다. 개인들은 제도라는 틀 속에서 자신의 행위를 합리적으로 선택한다고 보았다. 오스트롬은 특히 공유지의 비극문제를 해결하기 위해서 필요한 유인구조와 상황에 대한 연구를 진행하였는데, 이러한 유인구조는 1) 물리적 속성(장소), 2) 공동체 속성(규범), 3) 규칙적 속성(정책)이라는 세 가지 변수에 따라 달라지며, 1) 운영선택수준, 2) 집단선택수준, 3) 헌법선택수준 등 세 가지 수준에 따라 달리 설계되어야 한다고 강조하였다.

자료: 저자의 졸저, 『행정학 콘서트』, 149쪽.

(나) 정치학에서 합리적 선택 신제도주의의 주요 논의

정치학의 합리적 선택 신제도주의자들은 제도의 작동·발전과 관련하여 거래비용 등의 개념을 강조하는 경제학의 합리적 선택 신제도주의로부터 유용한 분석도구를 차용하였다.

주인(*principals*)이 대리인(*agents*)을 감시하고, 그들의 순응을 유도하는 제도적 메커니즘에 초점을 둔 주인-대리인이론(*principal-agency theory*)은 의회가 위원회와 그것이 감시하는 규제기관과의 관계를 어떻게 구조화하는지를 설명하는 데 유용하게 활용되었다.

정치학 분야의 합리적 선택 신제도주의에서는 의회제도에 대한 연구를 많이 하였다. 의회제도란 법안이 안정적으로 통과되도록 의원들 간의 교환과정(협상과정)에서 발생하는 거래비용을 낮추어주는 기능을 수행하며, 입법부가 직면하는 많은 집단행동의 문제(*collective action problems*)를 해결할 수 있게 한다(P. Hall & R. Taylor, 1996: 942-943).

정치학에서 합리적 선택 신제도주의의 대표적 학자는 K. Shepsle(1987, 1989), D. North(1998) 등이다. K. Shepsle(1987, 1989)는 사회적 선택이 개인적 선호와 더불어, 선택의 방법에 관한 유무형의 사회제도에 의하여 결정된다고 주장하면서, 만약 우리가 선호(*preference*)에 의해서만 사회선택을 논할 경우에는 불확실성(*uncertainty*)이 많이 작용하나, 선호(*preference*)와 더불어 제도(*institution*)를 함께 고려할 경우에는 안정적인 사회선택의 가능성이 있다는 논의를 제시하였다. 이때의 제도란, 의회의 의사결정의 경우, 기존 안은 제일 나중에 투표에 붙여지는 의사진행 규칙과 법안을 개별적으로 고려하는 심의방식 등을 들 수 있다.

정치학에서의 합리적 선택 신제도주의 연구는 의회에 국한되어 이루어진 것은 물론 아니며, 다양한 분야에 적용되고 있다. 유럽연합(EU)의 제도개혁이 주는 함의를 분석하였고, 다수의 국제관계 학자들은 합리적 선택 신제도주의의 개념을 이용하여, 국제레짐의 흥망, 국제기구의 책임유형, 국제기구의 형태 등을 설명하기도 하였다(정정길 외, 2005: 889-890).

(3) 한 계

합리적 선택 신제도주의는 제도와 개인행태 간의 관계를 보다 정확하게 개념화했으며, 체계적인 이론형성을 가능하게 하는 고도로 일반화된 개념들을 개발하였다. 합리적 선택 신제도주의 접근법의 옹호자들은 인간동기를 일련의 축약방정식(*a set of reduced-form equations*)에 비유하는 경향이 있는데, 이는 많은 한계를 지니고 있다. 왜냐하면 그런 모델이 산출한 예측은 편익체계(*payoff matrix*), 선호체계(*preference system*) 등과 같은 가정의 조그만 변화에도 민감하게 반응하기 때문이다(정정길 외, 2005: 891).

2) 사회학적 신제도주의

(1) 이론적 배경

사회학적 신제도주의는 사회학에서의 조직이론에서부터 출발한다. 사회학에서 제도에 대한 관심은 Weber, Parsons, Durkheim, Selznick 등 사회학의 주요 이론가들로부터 시작된다. M. Weber는 관료제적 구조가 현대사회에서 요구하는 각종 과업을 수행하기 위한 효율적인 구조라고 보았다. 사회학적 신제도주의는 1970년대 범세계적인 경제위기 이후 조직을 합리적이고 통제가능한 도구로 보았던 M. Weber의 관료제 모형에 대한 이론적 의구심에서 출발했다. 즉, 사회학적 신제도주의는 조직의 구조와 제도 그리고 절차는 경제학적 의미의 수단-목표의 효율성(*means-ends efficiency*)보다는 문화적 상황에서의 정당성(*culturally-constructed legitimacy*)에 의해서 채택된다고 주장한다(P. Hall & R. Taylor, 1996: 946).

Meyer & Rowan(1977: 340-341)이 주장하듯이, 조직이론의 신제도주의는 제도의 형성과정에서 사회적 정당성(*social legitimacy*)을 매우 중요하게 생각하며, 제도에 내재화된 규범(*norm*)과 신화(*myth*)의 역할을 강조하며, 더 나아가 개인이 인지과정에서 받아들이는 규칙, 습관, 업무처리과정(SOP)까지도 제도로서 분석한다.

제 2 부 동태적 행정과정

사회학적 신제도주의의 핵심을 이루는 조직이론의 신제도주의는 미국에서 H. Simon을 중심으로 한 카네기 학파에서 발전되어 왔다. 인간의 인지(*cognition*)에 초점을 두고 조직이론을 발전시켜 온 이 학파는 어떠한 조직상의 요인들이 조직에 있어서 완전분석적 합리성을 저해하는지에 대해서 많은 연구를 제시하였다. 예컨대, 조직에 있어서 표준운영절차(SOP)나 프로그램 목록(*program repertoire*)에 기초한 제약된 합리성(*bounded rationality*)이 조직의 정책결정에 어떠한 형태로 작용하는지에 대해서 많은 설득력 있는 분석을 제시하였다. 즉, 인간의 경제적 합리성보다는 인간의 인지적 과정에서 발생되는 제도 및 규범의 제약이 인간 및 조직의 결정에 중요한 변수로서 작용한다는 것을 보여준 것이다. 이러한 관점의 연장선상에서 조직이론의 신제도주의의 최근동향은 조직에 있어서의 인지, 역할, 상징적 코드, 규범 등이 조직행위의 정당성과 적합성을 규정하고, 이들이 더 나아가 조직의 결정 및 행태에 어떠한 작용을 하는지에 대해 분석하는 데 많은 노력을 기울이고 있다(Immergut, 1998: 14-15).

표 14-4 구제도주의와 신제도주의의 차이

	구제도주의	신제도주의
합리성이 제약받는 원인	기존의 복잡한 이해관계(vested interests)	정당성(legitimacy)의 추구
조직이 놓인 환경	지역사회(local community)	조직의 장(fields), 부분(sectors) 또는 사회전체(society)
배태성의 본질 (환경이 조직에 미치는 영향력)	적응적 흡수(co-optation)와 같이 명확하고 구체적인 형태	조직이 세상을 보는 관점 제공, 구성적 입장(constitutive)
제도화의 발생위치(locus)	개별 조직(organization)	조직의 장(fields) 또는 사회전체(society)
조직의 역동성	변화: 제도적 환경에 대한 조직의 적응과정	지속성: 조직들 간의 동질성과 제도화된 구성요소들의 안정성 강조

자료: 정정길 외, 2005: 906 수정.

(2) 주요 논의

(가) 제도의 배태성

제도의 배태성이란 본래 "어떤 현상이나 사물이 발생하거나 일어날 원인을 속으로 가진다"는 의미로서, 침윤(점차 배어들어가 퍼짐) 또는 착상(着床)이라는 용어로 대체되기도 한다.

사회학적 신제도주의자들은 개인의 행위가 고립된 상태에서 선택되는 것이 아니라, 사회적 관계에 의하여 영향을 받으며, 사회적 관계 속에서 지속적으로 맥락지어진다는 것을 의미하는 개념으로 배태성(*embeddedness*)이란 용어를 사용하고 있다(정정길 외, 2005: 910).

사회생활을 하면서 무엇이 중요하고 무엇이 중요하지 않은지를 배우게 되고, 정보수집 시 특정 정보에 더 주의를 기울이고 이를 더 깊게 생각하게 된다. 그 결과 경제적 합리성이 다소 떨어지더라도 사회관계에서 정당성이 있는 행동을 하게 된다(김병섭 외, 2000: 582).

(나) 제도화의 논리

① 제도채택과 사회적 정당성(legitimacy)

제도는 합리적 선택 신제도주의자들이 주장하듯이, 개인의 전략적 계산에 영향을 주기도 하지만, 각 개인들의 가장 기본적인 선호와 정체성에도 영향을 미친다. 사회학적 신제도주의에 따르면, 제도와 개인적 행위 사이의 관계는 상호작용적($interactive$)이며 상호구성적($constitutive$)이다. Meyer & Rowan(1977: 347)은 공식적인 조직구조가 조정과 통제를 통해 기술적 합리성을 달성하지 못한 경우에도 조직구조가 계속 유지되는 이유를 '정당성($legitimacy$)의 확보'에서 찾는다.

② 제도적 동형화(Institutional Isomorphism)

조직이 동질화되는 과정을 나타내는 개념이 동형화($isomorphism$)인데, 이는 조직의 장($organization fields$) 안에 있는 한 조직단위가 동일한 환경조건에 직면한 다른 조직단위들을 닮도록 하는 제약적인 과정($constraining process$)이다. 여기서 '조직의 장'($organization fields$)이란 유사한 재화와 서비스를 생산하는 조직들의 총체로서 동질적인 제도적 삶이 인지될 수 있는 분석단위($recognized area of institutional life$)를 의미한다(정정길 외, 2005: 915). 이는 사회학적 신제도주의에서 매우 중요한 개념으로서 제도적 동형화가 이루어지는 단위이다. 조직의 장($organization fields$)이 생성되고 구조화되는 것은 다양한 조직들의 활동결과이며, 일단 장($fields$)이 확립되면 기존 조직들뿐만 아니라 새로운 진입조직들까지도 동형화($isomorphism$)된다.

제도적 동형화($isomorphism$)는 다음과 같은 원천에서 발생한다.

첫째, 제도적 동형화는 복잡해진 환경요소와 상호연관성 및 불확실성에 대응하기 위해 발생한다(Meyer & Rowan, 1977: 346; Aiken and Hage, 1968; Thompson, 1967). 불확실성은 모방을 조장하는 강력한 힘이 된다. 조직의 행동과 환경의 반응 간의 인과관계가 불명확하거나, 조직의 목표가 모호할 때, 또는 환경이 불확실성을 야기할 때, 다른 성공적인 조직을 본받으려는 모방적 동형화가 일어난다. 새로운 조직들은 기존의 조직들을 모방하고, 관리자들은 서로간에 의지할 만한 모형을 찾고자 노력한다. 조직은 성공적이라고 인식되거나 더 정당하다고 판단되는 유사조직을 벤치마킹($benchmarking$)으로 삼는 경향이 있다(정정길 외, 2005: 915).

둘째, 제도적 동형화는 조직이 주관적 인식을 지닌 인간들의 사회적 인지구성물이기 때문에 발생한다(Meyer & Rowan, 1977: 346-347; Parsons, 1956; Emery & Trist, 1965). 이러한 제도적 동형화의 원천은 규범적인 것으로, 이는 전문화($professionalization$)에서 도출된다. 전문화란 직업구성원들이 그들의 작업조건과 작업방법을 정의하고, 직업적 자율성을 위한 인지적 토대와 정당성을 확립하려고 하는 집합적인 노력이다. 전문직의 자격조건을 충족시키는 사람들은 동일한 속성을 가진 표준적인 교육과정을 거치기 때문에 문제를 보는 시각이 비슷하게 된다. 그들은 주어진 정책, 절차, 그리고 구조를 규범적으로 정당화된 것으로 보며, 동일한 방식으로 행동하게 된다. 이런 각각의 제도적 동형화 과정은 그것이 내부적인 조직효율성(*efficiency*)을 증대시킨다는 증거가 없어도 조직정당성(*legitimacy*)의 획득이라는 맥락에서 나타날 수 있다(정정길 외, 2005: 915).

(3) 한 계

사회학적 신제도주의는 다음과 같은 한계를 지닌다.

첫째, 사회학적 신제도주의는 습관이나 상징뿐만 아니라, 태도나 가치와 같은 문화까지도 행동에 영향을 미치는 제도의 차원에 포함시키고 있다. 이는 그동안 소홀히 다루어졌던 문화에 대한 관심을 환기시켰다는 점에서 유의미한 시도라 생각되나, 제도 자체의 개념범위를 지나치게 확대하고 있어 문화결정론 내지 제도결정론을 야기할 수도 있다.

둘째, 사회학적 신제도주의자들은 경제적 효율성이 아니라, 사회적 정당성 때문에 새로운 제도적 관행이 채택된다고 주장하지만, 결국 사회적 정당성의 기반 자체도 문화를 비롯한 제도이기 때문에 순환논리(*tautology*)에 빠진다고 할 수 있다(정정길 외, 2005: 919).

셋째, 특정 조직의 제도채택을 신제도주의이론만으로는 설명할 수 없다는 점이다. 즉, 조직의 제도채택이 신제도주의이론이 아닌 다른 이론으로 설명될 수도 있으며, 신제도주의이론과 다른 이론에 의해 동시에 설명될 수 있다는 점을 무시해서는 안 될 것이다(Tolbert, 1985: 1-13; Mezias, 1990: 431-475; 배병룡, 1999: 134).

3) 역사적 신제도주의

(1) 이론적 배경

역사적 신제도주의는 정치학에서 1960년대와 1970년대에 이론적 주류를 이루던 집단이론(*group theory*)과 구조기능주의(*structural functionalism*)에서부터 출발한다. 정치과정에서 나타나는 집단들 간의 협력과 경쟁, 그리고 집합적 선택의 논리를 제도와 구조를 중심으로 설명하는 집단이론(*group theory*)과 이를 정치학적으로 좀 더 발전시킨 다원주의(*pluralism*)와 신자유주의적 제도주의(*neoliberal institutionalism*)가 역사적 신제도주의이론의 한 축이며, 다른 한 축은 사회현상과 정책결과를 정치의 구조(*structuralism*)와 기능(*functionalism*)으로 설명하려는 구조기능주의(*structural functionalism*)이다(P. Hall & R. Taylor, 1996: 937-938).

합리적 선택 신제도주의가 개인의 행위와 유인구조에 미치는 제도의 역할에 초점을 두고 있고,

사회학적 신제도주의가 조직의 장에서 발생하는 합리성의 인지적 한계 및 규범(제한된 합리성)에 초점을 두고 있다면, 역사적 신제도주의는 국가, 권력, 그리고 역사라고 하는 보다 거시적 테마에 초점을 둔다(Immergut, 1998: 16-17). 즉, 역사적 신제도주의는 국가적 행위와 구조적 맥락의 상호 작용에 초점을 맞춘다. T. Skocpol에 의하면, 제도주의는 "행위와 구조적 제약요인의 변증법적 관계"로 정의된다(Skocpol, 1984b: 4; 하연섭, 1999: 20). 즉, 역사적 신제도주의는 정치경제적 제도 가 집단행위를 구조화하고, 이러한 행위와 구조적 맥락의 상호작용 속에서 특정한 정책결과가 발생된다고 본다.

역사적 신제도주의에서 강조하는 '역사'란 단순히 '과거'를 의미하는 것이 아니라, 과거의 특정 시점에서 나타난 원인이 현재까지도 영향을 미친다는 역사적 인과관계(*historical causality*), 특정 시점에서의 선택이 미래의 선택을 지속적으로 제약한다는 경로의존성(*path dependency*), 그리고 사건의 발생시점과 순서(*timing and sequence*)가 사회적 결과에 중대한 영향을 미친다는 역사적 과정에 대한 강조를 의미한다(하연섭, 2003: 56).

(2) 주요 내용

역사학적 신제도주의에서 강조하는 주요 내용은 다음과 같다.

㈎ 제도적 환경과 맥락 강조

제도는 국가헌법질서의 제반규칙이나 관료제의 표준운영절차(SOP)에서부터 민간조직들의 행태 나 비공식 집단들을 규율하는 관행에 이르기까지 매우 다양하다. 역사적 신제도주의자들은 행위자 들의 이해관계에 영향을 미치는 동시에 행위자들 간의 권력관계를 구조화시키는 국가와 사회의 모든 상호작용 구조를 제도의 정의에 포함시킨다.

역사적 신제도주의에서 핵심개념은 제도적 환경(*institutional setting*)이라고 할 수 있는 역사적 맥락이며, 독립변수로서의 제도가 종속변수인 개인의 행위나 선택을 어떻게 형성하고 제약하는지 를 설명하고자 한다. 따라서 행위자의 이해관계와 권력관계를 설명할 때 역사적으로 형성된 맥락 의 중요성이 부각되는 것이다.

그러나 역사적 신제도주의는 개인이 제도에 의해 완전히 개조된다거나, 규범이 개인행동을 완전 히 결정한다는 결정론을 의미하지는 않는다. 제도가 행위를 결정하는 것은 아니며, 단지 행위자의 선택을 제약하는 맥락을 제공할 뿐이다.

역사적 신제도주의는 제도와 행위의 관계를 일방향적, 결정론적으로만 보지 않는다. 역사적으로 형성되는 국가와 사회의 제도적 구조가 개인과 집단의 이해관계와 능력을 형성하고 제약할 뿐 아 니라, 개인과 집단의 행위와 선택에 의해 제도변화가 유도되기도 한다.

제도가 정치를 제약하고 굴절시키기는 하지만, 제도만이 정치적 결과를 설명할 수 있는 유일한 요인은 아니다. 사상(*ideas*), 계급(*class*), 권력배분(*power structure*), 집단역학(*group dynamics*)과 같은 여타 변수의 중요성을 인정하고, 이러한 변수들의 상호작용에 의하여 형성되는 맥락을 중시한다.

(나) 제도의 지속성과 경로의존성 강조

역사적 신제도주의는 역사발전과정에서 동일한 원인이 어디서나 동일한 결과를 낳을 것이라는 가정을 받아들이지 않고, 과거로부터 전수되어 주어진 상황의 맥락적 특징들로부터 영향을 받는다고 본다. 즉, 경로의존적인(*path-dependent*) 사회적 인과관계를 강조한다.

역사적 신제도주의는 제도변화과정을 설명할 때도 기존 제도가 새로운 제도가 취할 모습을 제약한다는 경로의존성(*path-dependency*)을 강조한다. 역사적으로 형성된 제도는 새로운 환경의 요구에 적절히 부응하지 못할 수도 있으며, 문제해결에 오히려 역기능적으로 작용할 수도 있다. 따라서 당시의 상황과 조건에 맞는 최적의 적응(*optimal adaptation*)이 항상 가능한 것은 아니다.

이런 점에서 역사적 신제도주의는 제도의 변화와 발전을 설명할 때 제도의 지속성과 기존 제도에 의한 의도하지 않았던 결과들(*unintended consequences*), 그리고 제도의 비효율성(*inefficiencies*)을 특히 강조하며, 이는 합리적 선택 신제도주의의 주장과 대조를 이룬다.

(다) 제도의 급격한 변화에 대한 설명

역사적 신제도주의는 제도변화를 설명함에 있어서 사회관계와 제도를 재형성하는 역사적 전환점(*historical junctures*)에 주목한다.

제도의 모습이 근본적으로 변화하는 결정적 전환점(*critical junctures*)을 기준으로 역사적 사건의 흐름이 단절적으로 나타난다고 본다. 제도적 구조는 국내외적인 환경변화에 빠르고 유연하게 적용하고 변화해 가는 것이 아니다. 또 제도변화는 계속적이고 점증적으로 이루어지는 것이 아니라, 매우 급격하고, 간헐적으로 일어난다. S. Krasner는 이러한 현상을 '결절된 균형'(*punctuated equilibrium*)이라고 하였다(Krasner, 1984: 223-246; 정정길 외, 2005: 900-902). 따라서 역사적 신제도주의는 제도변화를 설명함에 있어서 정치적, 경제적 위기로 인해 사회제도가 재형성되는 역사점 전환점(*historical junctures*) 또는 결정적 전환점(*critical junctures*)에 주목하며, 이러한 제도변화의 계기를 통해 단절되었던 제도가 위기극복 이후 다시 제도적인 균형상태에 돌입하게 되는 '결절된 균형'(*punctuated equilibrium*)의 원리를 중요하게 다룬다(심상용, 2005: 225).

(3) 한 계

역사적 신제도주의는 다음과 같은 한계를 지닌다.

첫째, 보편적 분석방법의 결여가 문제시된다. 역사적 신제도주의는 개인과 집단행위를 제약하고 형성하는 거시적인 구조에 초점을 맞추고, 사회현상을 설명할 때 고려해야 할 변수들을 제시할 뿐, 검증가능한 엄밀한 이론적 논의를 제시하기는 어렵다(Ikenberry, 1988; Immergut, 1998; 하연섭, 1999: 32). 사회현상을 설명함에 있어서 역사적 제도의 중요성에 대해서 이론적 관심을 불러일으켰으나, 제도가 인과관계의 유일한 요인이라고 주장하기는 어려운 상황이다. 예컨대, Goldstein(1988: 179-217)은 미국 통상정책을 결정하는 데 있어서 제도적 구조의 중요성에 대해서 설명하고 있으나, 제도적 구조는 정책의 아이디어와 연계하여 통상정책결과에 영향을 미친다고 설명한다.

둘째, 역사적 신제도주의는 개인행위와 제도의 관계를 파악할 때, 계산적 접근과 문화적 접근 양자를 모두 포괄하는 절충주의(*eclecticism*)를 취하고 있는데, 절충주의를 택한 연유로 인해 제도와 행위 사이의 정확한 인과구조(*precise causal chain*)를 제시하지 못하고 있다(P. Hall & R. Taylor, 1996: 940).

셋째, '결절된 균형' 등과 같은 개념을 사용하여, 특정 제도가 급격한 변화에 의해 중단될 수 있는 가능성을 인정하고는 있지만, 무엇이 이러한 제도의 근본적인 변화를 초래하는가에 대해서는 제대로 정립된 이론이 없다(정정길 외, 2005: 903-904).

마지막으로, 제도적 요인들이 정책결과(*policy outcome*)에 어떤 영향을 미치며, 그에 따른 정책적 쟁점이 무엇인지에 대한 연구(J. Ikenberry, 1988: 219-243; S. Krasner, 1983: 359-361; 1984: 223-246; S. Haggard, 1988: 12-15)들은 역사적 신제도주의에 포함되어 그동안 집중 조명되지 못했으나, 정책학의 관점에서 제도의 속성(*attributes*), 제도의 형태(*configuration*), 제도의 규범(SOP) 등이 정책의 과정과 결과에 미치는 영향에 대한 정책학적 신제도주의에 대한 연구가 재조명될 필요가 있을 것이다(권기헌, 2007a: 140-141).

4. 신제도주의의 행정학적 함의

신제도주의이론에서 정책학 연구의 이론적 외연의 확장과 내포의 풍부함을 키워줄 수 있는 점이 무엇인지를 검토하는 것은 정책학 연구의 발전에 도움이 되는 의미 있는 작업이라고 할 수 있다(정정길 외, 2005: 920-926; 염재호, 1994; 정용덕 외, 1999; 김병섭 외, 2000: 582).

신제도주의이론이 행정학 연구에 주는 이론적 기여와 함의를 정리하면 다음과 같다.

첫째, 합리적 선택 신제도주의의 주요 특징으로는 방법론적 개인주의의 채택, 전략적 상호작용과 제도적 맥락 하에서 개인의 합리적 행태에 대한 가정 등을 들 수 있다. 합리적 선택 신제도주의의 관점에서 행정은 결국 행위자들이 제도 내에서 상호작용한 결과 발생하는 산물이며, 행정연구는 행위자들의 상호작용과정을 연구하는 것으로 이해된다. 합리적 선택 신제도주의의 이런 특징은 행정과정에 참여하거나 관련되어 있는 개별 행위자들의 상호작용과정의 원인과 과정을 분석하고 설명하는 데 많은 도움을 줄 수 있을 것이다.

둘째, 역사적 신제도주의는 방법론적 전체주의의 입장을 취하고 있다는 점, 분석수준이 중범위이론이라
는 점, 비교분석과 역사적 접근을 주된 분석의 방법으로 삼고 있다는 점을 그 특징으로 제시할
수 있다. 이런 방법론적 특징과 이론적 시각에서 보면 행정은 제도적 틀의 산물이 된다. 이 과정
에서 권력관계의 불균형성과 경로의존성이 중요한 분석변수가 되며, 동일한 제도적 구조를 갖고
집행된 정책이 각기 다른 상황에서 다른 결과를 양산하게 되는 이유를 설명하는 데 많은 도움을
줄 수 있을 것이다.

셋째, 사회학적 신제도주의는 문화까지도 제도의 개념 속에 포함시키는 매우 거시적 차원의 연구방법
을 택하고 있다. 이 접근방법에서는 주로 환경과 조직의 관계를 설명하는 데 초점을 맞추는데,
특히 독립변수로서 제도적 환경이 조직에 미치는 영향을 중요시한다(정정길 외, 2005: 920-
926). 이 과정에서 제도채택과 사회적 정당성(*legitimacy*), 제도유지와 조직의 배태성(*embedded-
ness*)이 중요한 분석변수로서 등장하게 된다. 또한, 제도존속의 과정에 있어서 같은 조직의 장
(*fields*) 안에서 조직단위들 간에 닮아가는 제약적인 과정(*constraining process*)으로서의 과정이
정책이 한 조직에 채택되고 존속되어가는 과정을 설명하는 데 중요한 설명변수로서의 역할을 할
수 있을 것이다. 특히 일단 조직의 장(*fields*)이 확립되면 기존 조직들뿐만 아니라 새로운 진입조
직들까지도 동형화(*isomorphism*)되는 개념은, 행정의 혁신, 유지, 승계, 종결의 과정을 설명하는
데 있어 매우 유용한 이론적 도구가 될 수 있을 것이다.

마지막으로, 행정학이론의 발전이라는 관점에서 제도주의 연구와 행정연구가 통합지향적으로 발전될
필요가 있다. 특히 제도적 요인들이 정책결과(*policy outcome*)에 어떤 영향을 미치며, 그에 따른
정책적 쟁점이 무엇인지에 대한 연구들은(J. Ikenberry, 1988: 219-243; S. Krasner, 1983:
359-361; 1984: 223-246; S. Haggard, 1988: 12-15) 그동안 역사적 신제도주의에 포함되어
집중 조명되지 못한 측면이 있었으나, 정책학의 관점에서 제도의 속성(*attributes*), 제도의 형태
(*configuration*), 제도의 규범(SOP) 등이 정책의 과정과 결과에 미치는 영향에 대한 정책학적 신
제도주의에 대한 연구와 이들을 하나의 공통된 시각으로 조명해 보려는 노력 등은 앞으로 정책학
도들의 중대한 과제로 남아 있다고 하겠다(권기헌, 2007a: 146-149). 국내 정치에 영향을 미치
는 사회적 관계(*social dynamics*)들이 정부의 구조적 특성에 어떠한 영향을 미치고, 또한 이러한
정부의 구조적 특성은 정책결정 규칙과 규범 및 절차 등과 같은 정책결정의 제도적 속성에 어떠
한 영향을 미치는지에 대해서도 앞으로 많은 연구가 필요할 것이다.

제 4 절 갈등관리

1. 갈등의 개념

Elton Mayo에 의하면, 갈등이란 조직 내에서 자연적으로 일어나고 있는 현상이며, 조직은 그 성격상 어쩔 수 없이 내재적인 갈등을 안고 있다고 본다. 이는 고전적인 조직이론가들(Weber, Taylor, Gulick & Urwick, Fayol)이 본 것처럼 갈등은 나쁜 것이고 조직의 효과에 언제나 부정적인 영향을 미친다고 가정한 것과는 다른 시각이었다. 더 나아가 현대조직이론의 통합된 시각은 갈등은 그 자체로서 중립적인 것이고 갈등의 결과는 부정적일 수도 있고 긍정적일 수도 있다고 본다. 즉, 어떻게 갈등을 관리하느냐에 따라서 갈등의 효과가 긍정적일 수도 있고 부정적일 수도 있는 것이다.

갈등관리는 민주적 국정관리의 핵심제도로 이해할 수 있다. 정책갈등관리의 기본전략으로는 정책갈등의 조기포착과 사전관리가 중요하며, 또한 정책집행에 따른 다양한 정책참여자들의 분석능력 제고 및 이해관계자의 참여와 갈등조정을 통한 거버넌스적 문제해결이 중요한바, 이러한 조기포착과 사전관리, 분석능력과 참여관리, 이해관계와 갈등조정 등은 민주적 국정관리의 핵심적 제도요소들이기 때문이다.

2. 갈등관리의 이해

국가와 시장 그리고 시민사회 간에는 다양한 상호작용이 이루어진다. 기본적으로 국가는 시장에 대해 규제를 부과하게 되고, 시장은 시민사회에 대해 효율성을, 그리고 시민사회는 국가에 대해 민주화를 요구한다. 한편 국가는 시민사회에 대해 공공선의 확립에 관한 책임을 지고 있으며, 시민사회는 시장에 대해 나눔의 원칙을 고수해야 할 책임이 있다. 시장은 국가에 대해 자유화에 기초한 시장원리의 작동에 관한 책임을 보유한다.

이렇듯 상호간에 복합적으로 연결되어 있는 세 영역은 다시 공공과 민간, 영리 및 비영리, 공식 및 비공식 부문으로 세분되며, 각 영역의 교차점에서 사회의 신뢰구조가 형성된다. 이 신뢰구조를 중심으로 공공선(public good)의 이해관계가 형성된다. 요컨대 세 가지 영역 군에서의 상호작용이 균형점을 가지고 있을 때, 갈등은 유기적으로 조정이 가능하며, 주요 행위자의 본래 기능과 사회적 책임이 제대로 작동하는 것을 필요로 하게 된다. 이때 공적 이익과 사적 이익 간의 명확한 구분과 공통분모의 형성과정이 관건이 된다.

갈등현상에 관한 고전적 정의는 이해관계의 제공자와 수혜자로 상정하였다. 양자 간의 거래관계는 갈등관계를 조정하고자 하는 제3자에 의해 삼각형 모형을 이루게 된다.

3. 정책갈등의 관리전략

1) 정책갈등의 개념

정책갈등이란 정책결정 환경의 각 수준 간 또는 각 수준 내에서, 집행, 평가, 환류과정에서 발생하는 갈등이다. 또한 정책갈등은 정부가 각종 정책이나 사업 또는 프로그램이나 프로젝트를 수행하는 과정에서 발생하는 갈등이다. 정책갈등은 정책결정 환경의 수준들과 각 수준의 하부수준들 차원에서 발생하며, 이는 다양한 원인들에 의해 발생한다.

2) 정책갈등관리의 기본전략

정책갈등관리의 기본전략으로는 정책갈등의 조기포착과 사전관리가 중요하며, 또한 정책집행에 따른 다양한 정책참여자들의 분석능력을 제고하고, 이해관계자의 참여 및 갈등조정을 통한 거버넌스적 문제해결을 통해 정책과정의 참여성, 숙의성, 합의성 등 민주성이 제고되어야 한다.

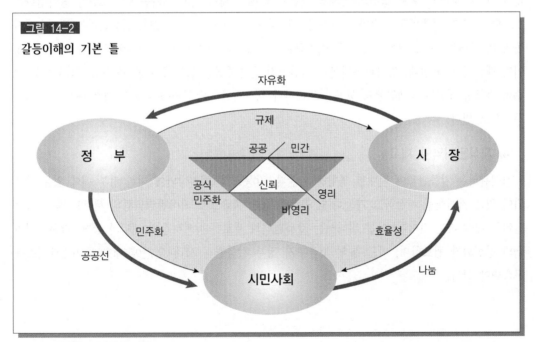

그림 14-2
갈등이해의 기본 틀

자료: 지속발전가능위원회, 2004.

(1) 조기포착과 사전관리

갈등관리에 있어서 조기포착과 사전관리는 갈등예방에 관련된 개념으로, 조기포착에 의해 발견된 발생가능한 잠재적 갈등의 요소들을 해결하는 것이 핵심적 사항이다. 조기포착과 사전관리는 정책에 대한 여론이나 개개인의 의견에 대한 적극적인 수렴의 형태로 이루어질 수 있다. 즉, 거버넌스적 시각으로 국민의 정책참여와 대국민 정책홍보를 강조하는 것이다.

(2) 정책대상집단에 대한 분석능력 제고

정책대상집단에 대한 이해도를 높이는 것은 정책대상집단이 요구하는 점을 정확하게 파악하여, 그에 따라 정책을 조율하고 갈등발생 시 각 집단들의 특성에 맞게 재빠른 갈등조정에 나설 수 있기 때문에 중요하다. 정책의 조율을 통하여 사전에 갈등을 예방·조정하거나, 갈등발생 시에 대상집단들의 성향을 알고 있어서 발빠른 대응을 할 수 있다면 갈등관리에 있어서의 효율성을 제고할 수 있을 것이다.

(3) 민주적 절차성 제고

정책과정에 있어서 다양한 이해관계자들이 참여한다는 것은 정책의 거부점(*veto point*)이 그만큼 많아진다는 것이고, 이는 정책의 잠재적 갈등과 함께 잠재적 실패의 가능성도 그만큼 높아진다는 것이다. 이러한 정책환경의 변화는 갈등관리의 중요성을 더욱 부각시켰다. 갈등관리는 정책참여자들 간의 이해관계를 조율하고 갈등을 예방하는 것이고, 이 과정에서 강조되는 것이 민주적 절차성이기 때문이다. 요컨대, 정책과정에서 거버넌스적 문제해결을 위한 참여성, 숙의성, 합의성 등 민주적 절차성 제고는 정책집행의 성공을 위해서나 효과적인 갈등관리를 위해서 매우 중요한 가치로 등장하고 있다.

(4) 지식관리역량 제고

지식관리는 갈등관리에 지대한 영향을 미친다. 갈등조정·해결방안에 대한 정부 내에 있는 산재되어 있는 지식들을 저장하고 가공하며, 공유를 통한 학습으로 지식관리역량의 제고를 통해 갈등관리를 해야 하는 것이다. 이를 위해서는 갈등관리의 새로운 메커니즘의 개발과 함께, 갈등조정기구의 상설화가 필요하며, 이를 통해 지금까지 정부 갈등관리 사례·안건에 대한 데이터베이스를 구축해야 한다.

4. 갈등관리의 행정학적 쟁점

1) 이론적 함의

(1) 조직행태론과 갈등관리

조직행태론은 현대의 복잡한 조직을 효과적으로 관리하기 위해서 조직 내 개인 및 집단 차원의 본질과 행태를 이해하기 위한 이론이다. 조직행태론의 조직관리의 연구에 있어서 갈등에 대한 관점은 꾸준히 변화되어 왔다. 1940년대 중반까지는 갈등을 부정적으로만 보고 이를 제거하는 것이 조직과 집단의 성과를 개선하는 길이라고 여겼지만, 그 이후 갈등은 필연적이며 때로는 조직의 성과를 향상시킨다는 관점으로 변화했다. 1970년대 중반 이후 상호작용적 관점은 갈등이 오히려 조직 내에서 하나의 추진력으로 작용할 수도 있다는 것을 강조하며, 갈등의 형태에 따른 관리를 주장했다(이종수 외, 2005: 402-403). 이러한 관점의 변화에 따라 조직행태론에서는 조직 내에서 발생하는 갈등을 여러 기준에 따라 유형별로 분류해 각각에 대해 관리방안을 제시하고 있다.

조직행태론은 조직에 대한 연구를 통해 조직의 갈등은 갈등관리를 통해 오히려 조직의 긍정적인 효과를 극대화시킬 수 있다는 점에서 갈등관리론과 맥이 닿아있다. 더욱이 현대사회가 정보화 사회로 이행함에 따라 전통적 피라미드 조직체계에서 수평적, 네트워크 조직으로 변화되는 과정에서 발생하는 여러 갈등을 효과적으로 관리하는 것은 궁극적으로 국가혁신을 이루는데 매우 중요하다고 할 것이다.

(2) 뉴거버넌스론과 갈등관리

갈등은 정부와 정부 간 뿐만 아니라 정부와 민간, 민간과 민간 사이에서도 상당수 발생한다. 정부의 정책집행 및 업무수행과정에서 정책의 영향을 받는 지역주민, 시민단체와 정부 간 갈등 또 정책수혜자 간 갈등도 있으며 노사갈등도 빈번한 사회문제가 되고 있다.

이러한 다양한 갈등은 다원주의 사회에서 당연한 일이지만 효과적인 정책집행을 저해시키고 사회적 비용을 발생시키는 등의 부정적 영향을 미친다. 따라서 이러한 갈등을 효과적으로 해소하고 긍정적인 방향으로 이끌어내기 위해 행정학이론인 뉴거버넌스적 접근이 필요하다고 할 수 있다.

뉴거버넌스는 국가(정부), 시장(기업), 시민사회(NGO)가 각자 독자적인 기능과 역할이 강조되기 보다는 상호간의 협력과 경쟁을 통해 국정운영의 새로운 대안을 모색하는 경향을 말한다(권기헌, 2008: 492). 뉴거버넌스이론은 갈등관리적 측면에서 정부와 민간, 그리고 시장이 서로를 협력자로 인정함에 따라 발생가능한 갈등을 미연에 방지하는 효과를 지니며, 갈등을 관리하는 과정에 있어서도 정부가 조정자적 입장에서 갈등해소 노력을 기울이는 것이 필요하다. 정부와 민간의 갈등에 있어서는 NGO가 이러한 갈등을 중재, 조정하는 역할을 하며, 주민을 설득하고 정책에 정당성을 부여하거나, 혹은 주민의 의사가 정책에 반영되도록 노력한다.

이와 같이 뉴거버넌스적 접근은 갈등관리에 있어서 정부의 역할만이 부각되는 것이 아니라 시민사회나 시장 등과 같이 서로 협력해 갈등을 상호조정, 중재하는 관계가 형성됨을 뜻하며, 이는 갈등관리의 효율성과 민주성 제고라는 의미에서 상당한 함의를 지닌다.

(3) 대표관료제와 갈등관리

대표관료제(*representative bureaucracy*)란 행정에 각계 각층의 사람들이 인구비례로 참여하는 관료제를 말한다(백완기, 1992: 73). 즉, 정부관료제에 한 사회의 인적구성을 반영하여 관료제 내에 민주적 가치를 주입시키려는 의도에서 발달된 제도이다(이종수 외, 2005: 433).

이러한 대표관료제는 국정운영과정에서 관료들의 재량권과 정책의 영향력이 강화되고 있는 상황에서 특정 집단이나 계층이 과다대표되거나 과소대표되는 것을 막고 집단 간 갈등을 방지 및 효과적으로 관리할 수 있다는 측면에서 갈등관리와의 연관성을 찾을 수 있다. 미국의 흑백갈등, 한국의 영호남 지역갈등, 성별갈등은 그 규모가 너무 방대하고 갈등당사자가 뚜렷하지 않아 갈등관리의 어려움이 있는데 대표관료제는 이러한 점에서 현실적으로 불가피하게 제기되는 갈등의 부정적 요소를 해소하려는 노력이라고 할 수 있다. 또한 이러한 노력은 현대사회구성원과 구성조직들의 분화가 다양하게 이루어짐에 따라 더욱 다양한 갈등관리 노력이 이루어져야 한다는 점을 시사한다.

2) 행정적 함의

갈등관리는 행정의 실천적 측면에서도 국정운영과정과 성과에 많은 영향을 미치고 있는데, 여기에서는 이를 창의적 행정의 구현, 민주적 행정의 구현, 조직의 거래비용 감소로 나누어서 살펴보기로 한다.

(1) 창의적 행정의 구현

전통적인 시각에서는 갈등을 제거의 대상으로 바라보며 이를 통제하려 했지만 현대에는 중립적인 시각에서 갈등의 부정적인 측면은 억제하고 긍정적 측면은 관리를 통해 이끌어 내야 하는 관리의 대상으로 바라본다.

현대사회의 다양한 이해당사자 간의 갈등의 발생은 기존의 행정과 정책결정방식에 대한 제동 혹은 이의제기로 이해할 수 있으며, 정부는 이를 능동적으로 관리함으로써 창의적 행정을 구현할 필요가 있다. 정부는 갈등관리의 일환으로 행정과 정책의 이해당사자들에 대한 대응성을 높이고 행정과 정책결정방식의 변화를 모색하는 적극적 노력을 기울일 필요가 있는데, 이러한 갈등관리의 과정은 기존 행정의 비융통성, 소극성, 경직성을 타파하고 창의적인 행정구현을 가능하게 한다.

(2) 민주적 행정의 구현

행정학적 측면에서 민주성(*democracy*)은 정부와 국민과의 관계, 정부조직 내부의 관계의 두 측면을 모두 포함한다. 정부와 국민과의 관계에서 민주성이란 행정이 국민의사를 존중하여 국민의 요구를 수렴하고, 이를 행정에 반영시킴으로써 대응성(*responsiveness*) 높은 행정과 책임성(*accountability*) 높은 행정을 구현하는 것을 말한다(이종수 외, 2005: 196).

갈등은 희소자원을 획득하기 위한 다양한 경쟁적 집단 사이의 투쟁이라는 점에서 갈등관리는 국민의 다양한 의사표시를 국정에 반영하여 행정의 대응성을 제고시키고, 집단 사이의 투쟁 대신 협력을 조성해 국정에 각각의 집단의 의견이 반영될 수 있도록 독려해야 한다. 또한 갈등을 조정하기 위해 특수 계층만의 행정이 아닌 각계 각층을 위한 행정으로 행정의 민주성을 제고시켜야 한다. 정부조직 내부의 관계 측면에서도 조직 간 갈등의 발생원인인 행정권력의 비대칭, 상의하달적 의사전달, 이해관계의 대립 등을 완화 또는 해소시키는 방향으로 갈등관리를 함으로써 조직의 대내 민주성을 증대시킬 수 있다.

이처럼 갈등관리와 행정의 민주성은 상호의존적 관계로 효과적인 갈등관리를 통해 행정의 민주성은 향상될 수 있으며, 민주성이 담보되었을 때 현대사회의 다양한 갈등은 보다 더 효과적으로 관리될 수 있게 된다.

(3) 조직의 거래비용 감소

현대사회의 행정과 정책은 다양한 이해당사자의 등장과 이들의 갈등으로 인해 원활한 집행에 어려움을 겪고 있다. 갈등은 기존의 행정, 정책결정에 제동을 걸게 되고 결정을 지체시키는데 이러한 기존 방식에 대한 제동, 즉 갈등은 이해당사자 간 조정을 요청하게 되어 궁극적으로 조직의 거래비용(*transaction cost*)을 증가시킨다(안성민, 2000: 147). 또한 이러한 행정과 정책에 제동이 걸림으로써 일관성의 저해와 사회의 불확실성이 심화되고, 이에 따라 사회제도 유지비용, 경제적 거래비용, 마찰비용 등이 추가로 소모되어 행정의 효율성 및 국정운영의 혁신을 저해하게 된다.

갈등관리는 이러한 갈등의 악의적, 부정적 요소를 해소하여 국정운영에 있어서 정책과 행정의 일관성을 증대시키고 불확실성을 줄이는 한편, 행정과 정책집행이 원활하게 이루어짐으로써 의사결정비용 및 갈등조정비용을 줄이는 등 조직의 거래비용을 감소시키는 효과를 가져온다.

제 5 절 미래예측

1. 미래예측의 의의

1) 미래예측의 개념

미래예측은 현대정부의 핵심역량이다.[5] 현대정부의 정책역량으로 관리(*management*), 분석(*analysis*), 예측(*foresight*)을 꼽는다면, 예측은 정책역량의 꽃(*prime*)으로 기능한다. 이처럼 분석과 예측기능은 미래지향적 국정관리의 핵심요소이며, 그 중에서도 특히 효율적이고 과학적 국정관리를 가능케 하는 효율적 국정관리의 이론 및 제도로서 기능한다.

미래는 불연속적인 변환이나 불확정적 단절로 특징지워지지만, 이러한 미래의 불확정성(*indeterminancy*)으로 인해 오히려 미래는 무한한 가능성과 함께 무한한 인간의 창조적 행위가 열려 있는 세계이다.

미래예측은 미래학에서 보는 개념과 정책학에서 바라보는 입장이 서로 다르다. 정책학의 입장에서 미래예측은 정책분석론에서 주로 다루어졌는데, 이때 미래예측의 의미는 정책대안 결과의 미래예측으로 국한되어 사용되었다. W. N Dunn에 의하면 미래예측이란 정책문제의 성격에 관한 정보를 토대로 하여 사회의 미래상태에 대한 사실적인 정보를 이끌어내는 방법이라고 보았다(Dunn, 1981). 또한 E. S Quade는 미래의 상태나 조건을 예상하거나 예측하는 행위이며, 주로 합리적인 연구나 분석에 의존한다고 보았다(Quade, 1982). 하지만, 미래예측의 개념을 최근동향까지 포함하여 고찰할 때, 미래예측은 기술, 시장, 조직, 정책 등의 분야에서 미래의 상황을 과학적으로 예측하고 일련의 전략을 제시하는 가치창조적 행위이다.

이상의 논의들을 종합하여 볼 때 미래예측(*foresight*)의 개념은 기술, 시장, 조직, 정책 등의 분야에서 미래의 상황을 과학적으로 예측하고 일련의 전략을 제시하는 가치창조적 행위이며, 단순한 예견(*foresee*)이나 예측(*forecasting*)을 넘어 미래가 어떻게 전개될지에 대한 다양한 시나리오를 토대로 바람직한 미래(*desirable future*)를 지향하기 위한 전략적 사고를 강조하는 과학적 예측이라고 할 수 있다.

---

5 이 장에서 논의하는 미래예측은 저자의 졸저, 『미래예측학』(법문사, 2008), 『정책학』(박영사, 2008)을 토대로 정리한 것이며, 여기에서는 행정학적 관점에서의 의미를 추가하였음을 밝힌다.

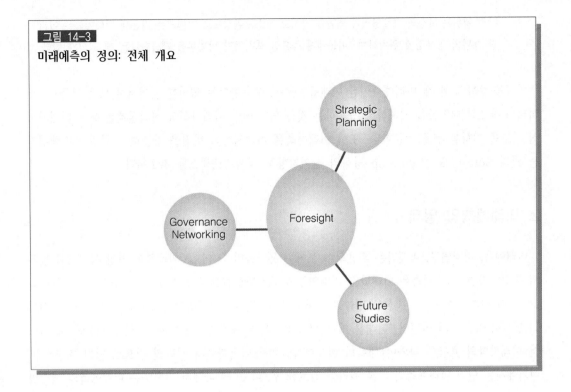

그림 14-3

미래예측의 정의: 전체 개요

Strategic Planning

Governance Networking

Foresight

Future Studies

2) 미래예측의 특성

미래예측은 전략기획(*strategic planning*), 네트워크 형성(*governance networking*) 및 미래연구(*future studies*)의 중심부에 위치한다. 이러한 특성적 요소들을 고찰하면 다음과 같다.

첫째, 전략기획(*strategic planning*)이란 정책설계(*policy design*)와 합리적 기획(*rational planning*)에 대한 믿음을 기초로 국가사회의 변화 및 역동성을 촉발시키는 전략적 개념이다.

둘째, 네트워크 형성(*governance networking*)은 정책연구가 과거 엘리트 주도형과 상의하달(*top-down*)방식에서 좀 더 넓은 참여형 접근방식으로 변화하고 있다는 믿음을 기초로 정책과정에 있어 민주성 및 투명성 증대에 대한 압력을 반영하여 보다 많은 정책행위자들의 참여를 기초로 미래 및 참여지향적 정책설계를 할 것을 주문한다.

셋째, 미래연구(*future studies*) 역시 조직의 상층부에서 미래의 비전과 목표를 일방적으로 제시하는 것보다는 정책형성과 연구프로세스에 있어서 조직 내에서 조직구성원들이 상시로 미래예측하려는 노력이 더욱 더 중요하다는 믿음을 기초로 미래지향적 사고와 비전 지향이 조직 내 상시적으로 체제화(*embedded*)될 것을 주문한다. 이러한 전략기획, 네트워크 형성, 미래연구의 방법론 핵심에 미래예측이 존재한다. 미래예측은 미래연구, 전략기획, 네트워크 형성을 대체하는 것은 아니며, 각각의 행위는 자신의 고유영역과 역할을 가지고 상호보완적으로 진행되는 가운데 미래예측은 이러한 개념의 공유점에 위치하며, 이들에게 중요한 핵심적인 방법론을 제공한다는 데 의의가 있다.

이상을 종합해 볼 때 미래예측이란 미래를 단순히 예측한다는 의미를 넘어서서 보다 적극적으로 미래의 창조적 대안들을 기획하고 창출하는 것을 의미하여, 미래기획과 정책설계를 통해 미래지향적 사고를 지향할 것을 주문한다. 또한 미래예측은 미래지향적 비전을 창출하기 위해 조직행위자들 간의 Bottom & Middle-up 방식의 참여지향적 정책프로세스를 강조한다.

2. 미래예측의 명제

미래예측, 미래연구, 미래학은 혼용되어 쓰이는 용어들이다. 이 중 미래학이 가장 광범위한 범위의 통칭이라면, 미래예측은 미래학과 미래연구의 핵심방법론으로서 기능한다. 따라서 미래학이라고 할 때 미래예측이라는 핵심을 빼놓고 거론하기는 어렵다. 미래학파의 전통은 고대 그리스 신전의 델파이(Delphi)의 어원인 "미래를 예견하는 자"로까지 올라가기도 하지만, 현대사회과학에 있어서 미래학파의 흐름은 하와이 대학의 미래학파인 마노아학파에서 시작된 것으로 많이 거론된다. 여기에서는 먼저 미래예측의 기본 원리를 검토한 후, 마노아학파에서 거론하는 미래예측의 핵심명제들을 살펴보기로 한다.

1) 미래예측의 기본원리[6]

(1) 연속성의 원리(the principle of continuity)

미래예측의 대상은 구체적 현상이 아니라, 미래의 어떤 시점에 대한 관념 또는 추정적 상태이다. 그러므로 과거, 현재, 미래를 하나의 시간 축 위에 연속되어 나타나는 현상이라고 보는 원리이다. 연속성의 원리에 입각하여 미래를 예측하는 방법을 외삽적 예측(*extrapolative forecasting*)이라고 한다. 이것은 과거로부터 현재에 이르기까지의 시계열 분석 자료에 입각하여 미래의 변화를 투사하는 것으로서, 미래예측의 가장 기본적인 방법이다. 외삽적 예측은 과거에 관찰된 유형이 미래에도 계속될 것이라는 지속성, 규칙성, 자료의 신뢰성과 타당성 등을 가정하는 것이다. 뒤에서 우리가 시계열 분석에 기초한 통계적 분석은 외삽적 예측에 해당된다.

(2) 인과성의 원리(the principle of causality)

모든 현상에는 발생의 인과적 연관성과 순서가 있으며, 제반현상 간의 인과관계 및 발생순서를 관찰하면 미래에 일어날 현상을 예측할 수 있다고 보는 것이다. 이처럼 유추의 원리를 이용하여

---

6 미래예측의 기본원리는 배규한, 『미래사회학』(나남출판: 2005; 10-22)을 토대로 수정하였음.

미래를 예측하는 방법이 바로 이론적 예측이다. 외삽적 예측이 귀납적 추론에 따라 미래를 예측하는 것이라면, 이론적 예측은 일반적 원리나 법칙에 의하여 미래를 추론하는 연역적 절차를 취하는 것이다.

(3) 창의성의 원리(the principle of creativity)

외삽적, 이론적 예측방법이 경험적 자료나 이론에 의존하는 반면, 창의적 예측은 전문가의 주관적 판단에 따라 미래를 추측하는 방법이다. 이것은 귀납법이나 연역법에 의한 추론이 아니라, 연구자의 통찰력에 의존하는 것으로서, 인간에게는 직관과 창의와 같은 창조적 예측력이 있음을 전제로 하는 것이다(배규한, 2005: 10-22).

2) 미래예측의 핵심명제[7]

(1) 미래는 단순히 예견하는 것이 아니다

"미래는 단순히 예견(foresee)하는 것이 아니다"라는 명제는 앞에서도 여러 번 언급된 바 있다. 즉, 미래예측의 연구초점은 단순히 과거의 데이터에 기반하여(그리고 과거의 직선적인 연장선상에서) 미래를 단순히 예견(foresee)하거나 예상(forecast)하는 것이 아니라, 다양한 가능성을 지닌 미래의 복선적 가능성을 예측(foresight)하고 창안(creative)하고 형성(form)해나가는 노력에 둔다.

계량경제학(econometrics)의 시계열 분석(time-series analysis)에서는 과거의 충분한 데이터를 토대로 적절한 분석만 이루어진다면 미래의 경제행태를 예상(forecasting)할 수 있다고 생각하나(실제로 소비행태나 주가변동이 비교적 정확하게 예상되기도 한다), 미래연구에서 생각하는 미래는 경제영역에서 이루어지는 일부 소비행태들보다 훨씬 더 복잡하고 다양하며, 불확실하며 불연속적인 패턴으로 다가온다는 것이다. 과거의 연장선상에서는 전혀 예측할 수 없는 새로운 행동양식들이 불연속적인 변환이나 불확정적 단절을 통해 빈번히 나타나고 있다. 미래연구가 미래변화에 대해 효과적인 단서를 제공함으로써 미래를 주도할 수 있는 기반을 제공할 수 있음에도 불구하고 계량경제에서 이야기하는 단순한 예상(forecasting)과 같이 과거자료에 의존하여 미래를 추정하는 연습정도로 과소평가해서는 안 될 것이다(음수연, 2006: 2).

(2) 미래란 하나의 단선적 세계가 아닌 다양한 가능성을 내포하는 복수의 영역으로 구성되어 있다

미래연구의 핵심 명제 중의 하나는 미래가 과거로부터 현재에까지 이르는 거대한 관성에 의해 지배받는 미리 결정된 운명(운명결정론)이나 계량적인 방법을 통해 기계적으로 예측할 수 있는 단순한 성격의 영역이 아니라는 점이다. 미래가 과거로부터의 일직선적인 연장선상에 위치해야 할 필연적인 이유는 없다고 보는 것이며, 이러한 의미에서 미래예측(foresight)은 단선적 차원의 예측

---

7 미래예측의 핵심명제는 박영숙·제롬 글렌·테드 고든, 『전략적 사고를 위한 미래예측』(교보문고: 2007; 29-42)을 토대로 수정하였음.

(*forecasting*)과는 다른 것이다.

미래는 단선적인 세계가 아니라 다양한 가능성을 내포하는 복수의 영역으로 구성되어 있기에 미래예측은 유연한 전략을 수립하기 위한 과정이라고 할 수 있다. 다양하고 포괄적인 개연성을 모두 고려할 때 미래의 전략은 유연해지는 것이다. 미래를 예측한다는 것은 우리가 사는 사회의 여러 영역이 얽혀 있는 복잡성을 염두에 두어야 한다. 모든 것이 복잡하게 얽혀 있는 미래사회의 모습을 볼 때 그 모습들 간의 인과관계와 연결관계를 찾아내고, 이를 토대로 미래에 벌어질 가능성을 예측하는 연구가 필요할 것이다(최항섭 외, 2006: 15-16).

(3) 미래예측은 '미래의 이미지'(images of future) 혹은 '미래의 생각'(future thinking)에 관한 연구를 중시한다

미래예측은 '미래의 이미지'(*images of future*) 혹은 '미래의 생각'(*future thinking*)에 관한 연구를 중시한다(박영숙·제롬 글렌·테드 고든, 2007: 30-31). 미래는 개연적 미래(*plausible future*), 규범적 미래(*normative future*), 잠재적 미래(*potential future*) 등 세 가지 형태가 존재한다. 과거와 현재의 연장선상에서 그냥 두면 나타날 가능성이 가장 높은 개연적 미래, 정책의 개입을 통해 미래를 바람직한 상태로 창조하는 형태인 규범적 미래 그리고 그 둘 사이에 다양한 형태로 존재하는 잠재적 미래 등 적어도 세 가지 형태의 미래가 존재한다. 미래예측에서 관심을 두는 영역은 과거와 현재의 연장선상에서 그냥 나타날 것으로 믿어지는(즉, 과거로부터의 거대한 관성에서 자유로울 수 없는 어떤 운명결정론적인) 미래에 대한 예상(*predict* 혹은 *forecast*)이 아니라, 개인이나 집단의 양태, 변화하는 사건과 인식 그리고 과학기술의 진보에 따라 다양한 형태로 변환될 수 있는 미래에 대한 이미지와 미래의 생각에 관한 가능성을 열어두는 미래연구이다. 따라서 미래연구는 가능성의 영역이고 탐구의 영역이다.

(4) 미래예측의 핵심은 새로운 미래(another future 혹은 desirable future)를 탐색하고 창조해나가는 것이다

미래란 하나의 정해진 단선적 세계(*linear future*)가 아닌 다양한 가능성을 지닌 다원적 세계(*multiple futures*)로 구성되어 있다. 미래의 세 가지 형태 중에서도 미래연구가 지향하는 바는 새로운 미래(*another future*)로서, 바람직한 미래를 찾아내고 원하는 방향으로 설계하고 지속적으로 수정해 나가는 노력을 중시한다. 또한 미래연구는 이 과정에서 개인이나 조직이 일상 업무에서 미래지향적 구상과 상시적으로 연결될 수 있도록 미래지향적 사고를 형성해 나갈 수 있도록 도와주는 교육훈련을 강조하며, 개인이나 조직이 그들이 원하는 미래를 구상하고 창조적 노력을 실행할 수 있도록 전략적 계획을 형성해 나갈 수 있는 전략적 기반의 조성을 강조한다.

그림 14-4

미래예측의 핵심명제

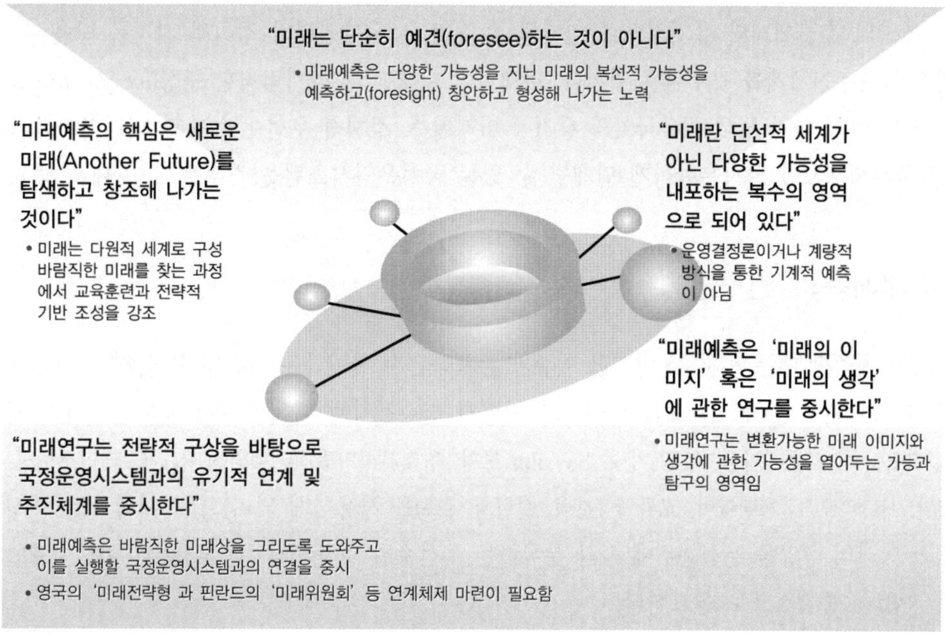

"미래는 단순히 예견(foresee)하는 것이 아니다"
- 미래예측은 다양한 가능성을 지닌 미래의 복선적 가능성을 예측하고(foresight) 창안하고 형성해 나가는 노력

"미래예측의 핵심은 새로운 미래(Another Future)를 탐색하고 창조해 나가는 것이다"
- 미래는 다원적 세계로 구성 바람직한 미래를 찾는 과정에서 교육훈련과 전략적 기반 조성을 강조

"미래란 단선적 세계가 아닌 다양한 가능성을 내포하는 복수의 영역으로 되어 있다"
- 운영결정론이거나 계량적 방식을 통한 기계적 예측이 아님

"미래예측은 '미래의 이미지' 혹은 '미래의 생각'에 관한 연구를 중시한다"
- 미래연구는 변환가능한 미래 이미지와 생각에 관한 가능성을 열어두는 가능과 탐구의 영역임

"미래연구는 전략적 구상을 바탕으로 국정운영시스템과의 유기적 연계 및 추진체계를 중시한다"
- 미래예측은 바람직한 미래상을 그리도록 도와주고 이를 실행할 국정운영시스템과의 연결을 중시
- 영국의 '미래전략형'과 핀란드의 '미래위원회' 등 연계체제 마련이 필요함

(5) 미래예측은 미래에 대한 전략적 구상을 바탕으로 국정운영시스템과의 유기적 연계 및 추진체계를 중시한다

미래연구는 바람직한 미래사회의 비전이나 목표, 미래변화에 대한 탐구와 대안을 제시하는 것이다. 이를 위해 미래예측은 미래에 대한 전략적 구상을 바탕으로 정책결정자들에게 보다 바람직한 미래의 원대한 이상을 그리게 도와주며, 그러한 미래구상을 실행할 수 있는 국정운영시스템과의 유기적 연결을 중시한다. 이는 기업의 미래예측(*corporate foresight*)에서도 마찬가지인데, 기업에서도 조직 내에서 미래비전과 미래구상을 실행시킬 수 있는 조직운영시스템을 설계할 것을 주문한다. 영국이나 핀란드와 같은 작은 국가가 몇 차례의 국가적 위기 상황에도 불구하고 오늘날 국정운영체계가 잘 실행되고 있는 것으로 평가받는 이유도 미래지향적 국정운영체계가 그들의 국정시스템 내에 체제화(*embedded*)되어 있기 때문인 것으로 분석되고 있다. 영국의 수상실 내 미래전략청(Prime Minister Office's Strategy Unit)은 '국정두뇌'(*in-house think tank*)를 구성하여 운영하고 있는데, 이곳에서는 현안문제는 다루지 않으며 국가의 중대사에 대한 장기적인 예측(*long-term perspective*)을 시행하는 것으로 정평이 나있다. 이들의 미래예측은 단순히 학술적인 예측과정으로

그치는 것이 아니라, 미래예측 주제별로 국가의 중요한 정책결정자(장관급)들이 참여하여 토의과정을 거치게 함으로써 예측과 실행의 유기적인 연계체계(*cross-cutting system*)를 갖추도록 해 두었다. 요약하면 미래예측에 국가의 중대한 정책우선순위를 도출하는 기능을 부여하고, 미래예측이 정책-기획-예산의 추진체계와 유기적으로 연계될 수 있도록 국가권력의 정치적 지지를 받을 수 있는 강력한 정책추진체계를 갖추어둔 것이다. 미래학이 미래에 대한 바람직한 구상(*wishful thinking*)으로 그치지 않게 하기 위해서는 국가의 장기적 미래예측, 정책적 우선순위 도출, 미래지향적 정책설계, 정책집행체제가 일사분란하게 연계될 수 있는 국정운영시스템을 갖추는 것이 매우 중요하다.

3. 미래예측의 연구방법

미래를 예측할 때는 먼저 1) 어떠한 이슈가 존재하는지 확인하는 이슈의 확인(환경스캐닝, 이슈서베이, SWOT 분석 등)과, 2) 그러한 이슈가 어떻게 진행될지에 대해서 추정해보기 위해서 통계적 분석(회귀분석, 시뮬레이션, AHP 기법, Baysian 모형, 형태분석기법)과 창의적 접근(브레인스토밍, 전문가패널, 시나리오, 정책델파이, 교차영향분석, 실현성 예측)을 사용하게 되며, 3) 마지막으로, 이상에서 추정한 미래의 상황을 우선순위에 따라 분류하는 우선순위 접근(핵심기술 우선순위 기법, 로드맵 우선순위 기법)이 종합적으로 필요하다.

Miles와 Keenan(2003) 역시 미래예측기법의 유형분류는 실제 미래예측의 과정에 따라 소개하고 있다. 다만, 이들이 제시한 용어나 분류는 다소 혼란스러운 점도 없지 않아 이를 다시 일정한 기준에 근거하여 재분류하였다. 〈표 14-5〉는 Miles와 Keenan이 제시한 미래예측의 기법들을 토

표 14-5 미래예측기법의 유형분류

Group	Method
이슈의 확인 (Identifying Issues)	환경스캐닝(Environmental Scanning), 이슈서베이(Issue Surveys), SWOT 분석
통계적 분석 (Quantitative Analysis)	회귀분석(횡단면분석: Cross-sectional Analysis, 시계열분석: Time-series Analysis), 시뮬레이션(Simulation Modelling), AHP 기법(Analytical hierarchy process), Bayesian 모형(The Bayesian model), 형태분석기법(Morphological analysis)
전문가 판단 (Expert Judgement)	브레인스토밍(Brainstorming), 전문가패널(Expert Panels), 시나리오기법(Scenarios), 정책델파이(Policy Delphi), 교차영향분석(Cross-Impact Analysis), 통찰적 예측(Genius Forecasting), 실현성 예측(Feasibility forecasting)
우선순위 선정 (Priority Setting)	핵심기술 우선순위 기법(Critical and Key Technologies), 우선순위 로드맵 기법(Technology Roadmapping)

자료: Miles and Keenan(2003)을 토대로 수정 보완함.

대로 위 논리에 맞추어 수정한 것이다.

4. 미래예측의 행정학적 함의

미래예측(*future foresight*)은 인간의 창조적 이성과 지식을 토대로 미래를 창조적으로 형성해가는 적극적인 의미를 지닌다. 미래는 '가치'가 담긴 내일의 모습이다. 정책연구는 미래예측과 함께 갈 때 바람직한 모습을 띠게 된다. 정책형성과 정책분석은 미래에 대한 열정과 의지로서 만들어가는 가치지향적 탐구이기도 하다. 미래예측은 과거 데이터의 연장선상에서 이루어지는 단순한 Forecasting을 넘어 미래의 창조적 의지와 실천적 열정이 담긴 Foresight라는 의미를 지닌다. 미래연구는 'Human & Governance'(인간과 거버넌스)에 대한 창조적 연구이다. 인간에 대한 정책연구는 인간과 사회, 정신과 문명에 대한 미래지향적 탐구로 나타나며, 거버넌스에 대한 정책연구는 미래(*future*), 분석(*analysis*), 관리(*management*)를 키워드로 하는 정책역량에 대한 미래지향적 분석으로 나타난다.

마지막으로, 미래예측(*future foresight*)이 던지는 행정학적 함의 및 쟁점을 정리하면 다음과 같다.

1) 조직역량의 강화

미래예측(*future foresight*)은 미래의 문제를 탐구하는 학문으로서, 미래의 대안에 대한 과학적 방법론을 체계적으로 모색하는 학문이다. 따라서 미래예측에 접근하는 기본적 사고의 패러다임은 시스템적인 사고와 탐색이라고 할 수 있다. 시스템이라는 용어는 조직을 구성하고 있는 상호연관된 부분들이 조직전체의 목적활동을 하기 위해 '하나의 유기체처럼 연합된 상태'를 의미한다. 기존의 사고방식이 기계론적 인과론에 중점을 두었다면, 시스템적인 사고방식은 조직의 각 부문들을 이해하기 위해 전체를 조망하면서 이들이 어떻게 유기적으로 연결되어 있는지를 살핀다.

미래예측의 패러다임인 시스템적인 사고는 다양한 측면에서 정부 내부의 행정관리 및 조직역량을 강화하는 데 도움을 주는데, 이를 살펴보면 다음과 같다.

첫째, 조직의 리더로 하여금 드러난 문제의 핵심을 파악할 수 있도록 도와주며, 발견된 문제의 핵심을 구성원들에 효과적으로 설득할 수 있게 해 준다.
둘째, 문제의 대안들에 대한 과학적 분석을 토대로 최적 대안을 도출하는 데 도움을 준다.
셋째, 조직 내의 인력 및 자원들을 가장 효율적으로 배치하고 관리할 수 있는 지혜를 제공해 준다.
넷째, 조직의 강점과 약점, 위기와 기회에 대한 분석을 통해 조직의 미래를 예측할 수 있도록 해 준다.

2) 과학적 정부시스템 구현

미래예측(*future foresight*)은 미래의 대안을 체계적으로 모색하고, 미래의 정책을 과학적으로 기획하는 학문이다. 이러한 연구는 정책학적으로 과학적 대안탐색을 가능하게 하며, 또한 행정학적으로 과학적 정부운영시스템을 가능하게 하는데 기여한다.

현대의 미래예측은 과거의 단순한 기술예측과는 달리 정치·경제·사회·문화 분야까지 영역이 확대되어 정부의 정책과 제도형성의 기반을 제공하므로 이는 과학적 정부운영시스템의 기반이 될 수 있다. 특히 국정운영시스템으로서 기능하는 미래예측은 국가적 관점에서 장기적인 정책아젠다를 개발하고 국가의 중장기적 발전전략을 마련하는 것이기 때문이다. 또한 미래예측은 한 번의 그럴듯한 정책기획을 마련하는데 그치는 것이 아니라, 정부운영의 미래지향적 사고와 접근이 조직에 체화(*embedded*)되기를 주문하고 있다. 미래예측이라는 사고의 패러다임이 조직에 정착되어 조직운영이 상시적으로 미래지향적이고 체계적으로 관리될 수 있다면 과학적 정부시스템 구현은 좀 더 쉽게 앞당겨질 수 있을 것이다.

3) 거버넌스 정신과의 연계

미래예측(*future foresight*)은 가치지향과 수행방법에 있어 공공성에 근거하여 활발한 참여 및 토론, 그리고 의견의 교환이 이루어지며, 지적네트워크가 형성되는 등 거버넌스적 접근을 강조하고 있다. 이는 미래예측이 단순한 예측(*forecasting*)과 통제(*control*)에 그치는 것이 아니라 참여와 네트워크를 강조하는 뉴거버넌스와 지향점이 같다는 것을 의미한다.

4) 미래지향적 국정운영시스템 실현

미래예측(*future foresight*)의 목적은 단순히 보다 나은 보고서를 생산하고 정책결과를 도출하려는 단편적인 목적에 있는 것이 아니다. 미래예측의 목적 가운데 하나는 국가혁신체제의 활성화하기 위한 목적을 가지고 정부, 기업, 시민사회의 다양한 행위자들이 모여 보다 향상된 사회적 네트워크를 확립하는 것이다. 이는 새로운 '미래예측 문화'의 확립을 지향하는 것이며, 지적자원과 거버넌스 네트워크 형성을 통해 미래지향적 국정운영시스템을 확립하는 것을 의미한다. 이는 미래예측의 사고와 과정을 정부의 정책과정 내부에 체화(*embedded*)한다는 것이 행정학적인 관점에서도 얼마나 중요한가를 말해 주는 것이다. 현대행정이론이야말로 미래지향적 국정운영시스템에 관해 연구하는 학문이기 때문이다.

제 6 절 최근의 경향

1. 정부4.0[8]

1) 개 념

정부4.0(제4세대 정부모형)이 필요한가에 대해서는 여러 가지 견해가 있을 수 있다. 정부1.0은 정부(관료제)를 중심으로 하는 정치모형이었고, 정부2.0은 정부와 시장을 중심으로 하는(시장기제를 정부에 도입하는 혹은 정부와 시장의 관계를 중심으로 하는) 시장중심모형이며, 정부3.0은 공공가치를 기반으로 하되 정부-시장-시민사회 3자 간의 관계 네트워크를 중심으로 하는 거버넌스 모형이었다. 4차 산업혁명이 도래하면서 제기되는 정부모형은 소통과 책임의 리더십, 신속하고 기민하게 문제를 해결하는 신속형 정부모형 등이다. 후자는 속도를 이야기하고, 전자는 윤리를 이야기 하고 있다. 관계망을 중심으로 분류하던 기존의 정부모형으로는 접근하기 어려운 문제들이 많이 발생하게 되는 것이다. 따라서 정부4.0이 등장한 것이다.

4차 산업혁명 시대에 행정환경이 직면하고 있는 비선형적 변화를 간략하게 고찰하면 다음과 같다.

첫째, 인더스트리4.0이다. 독일을 중심으로 산업4.0 움직임이 강하게 진행되면서 기존의 제조업의 경쟁력은 강하게 유지하면서도 농업2.0, 핀테크, e-헬스 등을 결합시키는 형태의 4차 산업혁명의 움직임이 일어나고 있다.

둘째, 아르바이텐4.0이다. 인더스트리4.0에 대응한 일자리와 노동환경 정책에도 변화가 일어나고 있다. 아르바이트4.0은 기계가 아닌 사람이 중심이 된다는 전제 하에 좋은 노동을 창출하는 것이다. 독일의 경우 인더스트리4.0을 추진하면서 나타나는 노동시장 변화에 대비하기 위해 마련한 정책이다. 유연한 노동력의 공급을 위해 노사정 체제를 구축하고, 노동의 질을 보장하기 위해 독일 연방노동사회부(BMAS)는 지방정부, 시민단체, 노동계, 재계와 함께 미래 일자리에 대해 토론하고, 그들의 의견을 수렴해 아르바이트4.0이라는 유기적인 프로세스를 만들었다. 이를 통해 근로자 재교육, 정보보호, 사회보장 시스템 구축 등에 대해 연구 및 추진하고 있다.

셋째, 디지털 변혁이다. 세계경제포럼의 2015년과 2017년 주제어이기도 하다. 디지털 기술로 인한 사회변혁에 대해서 다양하게 전망하고 있다. 웨어러블 인터넷, 유비쿼터스 컴퓨팅, 주머니 속 슈퍼

---

8 본 절은 저자의 졸저 『정부혁명4.0』(행복한 에너지). pp. 170-212와 『정책학강의』(박영사). pp. 646-649를 바탕으로 수정·보완하였음.

컴퓨터, 누구나 사용할 수 있는 저장소, 사물인터넷, 커넥티드 홈 등 다양한 변혁적 과제들이 전망되고 있다.

넷째, 디지털 사회이다. 이는 디지털 변혁과 연계되면서 좀 더 거대 담론들에 대한 주제를 다루고 있다. 스마트 도시, 스마트 그리드, 자율 주행차, 인공지능과 의사결정, 로봇공학과 서비스, 비트코인과 블록체인, 공유경제, 정부와 블록체인, 맞춤형 아기, 신경기술 등에 관한 논의이다.

다섯째, 후기 자본주의이다. 신자유주의를 기본으로 하는 승자독식의 자본주의 지속가능성에 대한 비판적 고찰을 토대로 새로운 형태의 자본주의에 대한 담론이 H. Mintzberg, A. Kaletsky 등 세계적 학자들을 중심으로 2016년 이후 중점적으로 제기되고 있다.

표 14-6 새로운 도전과 비선형적 환경변화

변 화	내 용
인더스트리 (Industrie 4.0)	• Industrie 4.0은 제조업 측면 • Agriculture 2.0, FinTech, eHealthcare
아르바이텐 4.0 (Arbeiten 4.0)	• 노동 4.0 녹서 2015년, 백서 2016년 • Industrie 4.0에 대응한 일자리 및 노동환경 정책 전망
디지털변혁 (Digital Transformation)	• WEF 2015년 2017년 다보스 포럼 • 디지털 기술로 인한 변혁
디지털사회 (Digital Society)	• 디지털 기술발전으로 인한 사회 변혁
후기자본주의 (Post Capitalism)	• 2016년부터 자본주의에 대한 대안 • H. Mintzberg, A. Kaletsky

이처럼, 4차 산업혁명 시대에 등장하는 행정문제들은 사악한(*wicked*) 혹은 거대한(*mega*) 복합문제(*complex problem*)들이 많다. 정부 한 두 부서의 노력으로 해결이 안 되거나, 문제의 해결책이 쉽게 보이지 않는 문제들이 많은 것이다. 또한, 기존의 정부1.0, 정부2.0, 정부3.0에서 보여주었던 문제의식, 즉 효율성, 시장성, 관계 네트워크 등의 문제해결방식으로는 풀기 어려운 비선형적 문제들이 급격하게 등장하면서 새로운 정부모형은 신속한 문제해결, 그리고 보다 더 높은 윤리의식에 기초한 책임지고 소통하는 리더십을 보다 더 강력하게 요청하고 있다고 하겠다(〈그림 14-5〉 참조).

말하자면, 독일의 인더스트리4.0, 인공지능, 미국 하버드 대학의 NBIC,[9] 불확실성이 고도화되는 행정환경이 속속 등장하고 있고, 이러한 급격한 행정환경 하에서는 기존의 접근방식으로 해결 불가능한 문제들이 많이 발생하고 있다(〈그림 14-6〉 참조). 융합이 필요하고, 속도가 필요하며, 정부의

---

9 최근 하버드대학교 케네디 대학원(KSG)에서는 NBIC 연구소가 발족되었다. NBIC란 나노(Nano), 바이오(Bio), 정보기술(IT), 인지 과학(Cognitive Science)를 결합한 용어로 네 분야의 첨단기술의 융합을 통해 시너지 효과를 창출하는 것을 의미한다. 이처럼 세계적인 일류대학을 중심으로 NBIC와 같은 융·복합적 학문이 대두되고 있는 추세이다.

윤리성이나 책임성이 그 어느 때와는 비교할 수 없을 정도로 높게 요구되면서 새로운 형태의 정부 모형에 대한 요청도 증가하고 있다.

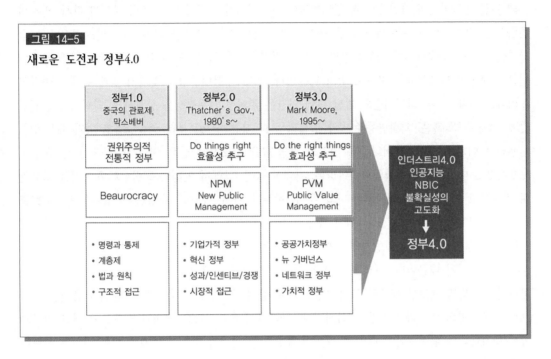

그림 14-5

새로운 도전과 정부4.0

그림 14-6

하버드대학의 NBIC와 제4세대 정부모형

2) 이 념

왜 지금 인간의 존엄성인가? 4차 산업혁명이라는 거대한 파고를 앞둔 지금 우리가 다시 '인간의 존엄성'을 거론하는 이유는 어디에 있을까? 그것은 급변하는 사회변동과 더불어, 날로 발전하는 첨단기술의 문명 속에서 4차 산업혁명의 시대는 정신문화와 물질문명의 불균형뿐만 아니라 철학의 빈곤과 문명의 한계점에 봉착하고 있기 때문이다. 이것은 현대문명의 갖가지 병폐 속에서 여실히 드러나고 있다. 또한, 과학기술의 발달 속에 인간은 주체성과 독립성을 상실하고, 과학기술의 권위 앞에 '물질주의' 혹은 '과학만능주의'라고 불리는 또 다른 신으로부터 종속당하고 있기 때문이다.

우리가 여기서 새삼 '휴머니즘과 인간의 존엄성'을 강조하려 함은, 변동성, 불확실성, 복합성, 모호성으로 대변되는 4차 산업혁명이라는 '거대한 물결' 앞에서 인간의 독립성과 창조성을 회복하여 자유롭고 평등한 인간의 시대, 나와 우리, 행복과 가치, 오늘과 내일을 바라보는 인간사회를 지향하는 방향을 제시할 필요가 있기 때문이다.

왜 지금 성찰성인가? 현대행정의 동태성은 환경변화가 행정의 구조와 행태에 영향을 미치고 상호작용하고 있기 때문이다. 그리고 이때 혁신이란 행정의 동태성을 의도적으로 도입하는 것이다. 환경변화는 법과 제도를 매개로 조직, 인사, 재무 등의 구조변동을 유발하고, 문화에 충격을 가함으로써 행정인의 인식과 태도를 변화시킨다. 따라서 현대행정학은 거버넌스 구조에 대한 연구와 함께 행정행태와 행정문화에 대한 연구를 통해 어떠한 전략과 변동이 환경에 대한 인식과 태도변화를 유발할 수 있는지에 대한 심층적인 성찰이 필요하다. 특히 현대행정의 복합성, 동태성, 변동성, 불확실성은 정책 네트워크 내에서 행위자들 간의 심각한 갈등을 유발하기 쉬운 구조이며, 이런 상황 속에서 그들의 관계망과 구조 그리고 행태 상호간의 성찰 속에서 이론을 발전시킬 필요가 있는 것이다.

3) 정부4.0과 리더십

4차 산업혁명의 혁신적 기술은 산업간, 국경간, 심지어 현실과 가상의 세계까지 융합시킴으로써 삶의 범위를 무한히 확장시켰다. 그러나 엄청난 변화의 속도, 범위, 시스템적 충격으로 인하여 세계는 불확실성의 위기에 빠지고 있으며, 전례 없는 변화는 전 세계를 아노미 상태에 빠지게 할 것이라는 위기의식이 증가하고 있다.

4차 산업혁명은 노동시장의 붕괴, 일자리 감소, 소득격차 확대, 사회양극화 등 많은 측면에서 불확실성이 증가할 것으로 예측되고 있다. 쥐스탱 트뤼도(Justin Pierre James Trudeau) 캐나다 총리가 말했듯이, "기술만으론 우리 미래를 예측할 수 없다. 리더십이 우리 미래를 결정할 것이다. 진정한 리더는 급격하게 변화하는 세상에서 모든 사람들이 기회를 찾을 수 있는 방향을 알려줘야" 하는 등 소통과 책임의 리더십이 필요하다.

이를 반영하듯, 2017년 1월 다보스 포럼은 "소통과 책임의 리더십"(*responsive and responsible leadership*)이라는 주제로 개최되었다. 즉, 4차 산업혁명 시대의 정부 리더십은 불안감과 좌절감을 느끼는 사람들에 대해 진솔하게 반응하고, 공정하고 지속 성장이 가능한 대안을 제공해야 한다는 책임감을 가져야 한다는 것이다.

이처럼 4차 산업혁명 시대의 정부모형은 다보스 포럼에서 제시한 바와 같이 다양한 사회적 문제를 직면함에 있어 불안감과 좌절감을 느끼는 사람들에 대해 진솔하게 반응하는 적극적인 소통을 할 수 있는 역량이 요구되며, 단순히 표심을 위한 포퓰리즘적 정책이 아닌 지속 가능한 성장을 이룰 수 있는 미래 지향적 정책과 제도를 위한 책임감 있는 정부여야 한다. 이러한 정부모형을 제4세대 정부모형이라고 부를 수 있다.

4) 정부4.0의 내용 및 특징

정부4.0을 구현시키기 위해서는 올바른 방향과 빠른 속도를 담고 있는 정책기획과 정부혁신이 필요하다. 정부4.0은 스마트한 정부혁신과 정부개혁을 담고 있는 모델로, 국가의 성장과 경쟁력을 이끌어 갈 수 있는 정부모델이 되어야 할 것이다(〈그림 14-7〉 참조).

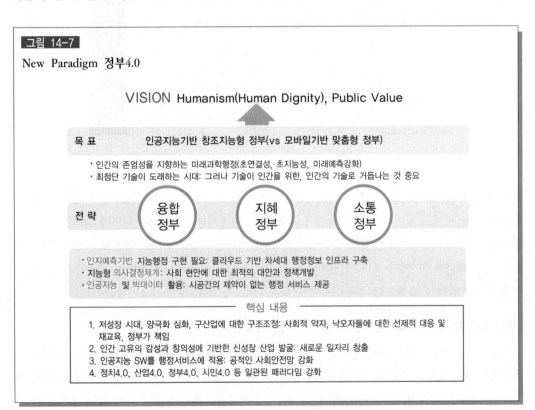

그림 14-7
New Paradigm 정부4.0

자료: 권기헌(2017: 182). 「정부혁명4.0: 따뜻한 공동체, 스마트한 국가」에서 인용.

정부4.0의 특징은 다음과 같다.

(1) 정부4.0은 일하는 방식이 변화하여야 한다

정부4.0은 시대정신에 부응하는 정부모형이 되어야 한다. 4차 산업혁명이라는 시대정신을 읽고 이를 효율적으로 추진하는 정부모형이어야 한다. 양극화 심화, 인공지능정부 및 드론정부, 플랫폼 자본주의, 기후변화, 국민욕구의 변화, 장생사회의 도래 등 새로운 행정수요에 능동적으로 대처하여 AI, 로봇, 바이오, 빅데이터 등 신기술에 대응하는 스마트한 정부모형을 구현해야 한다.

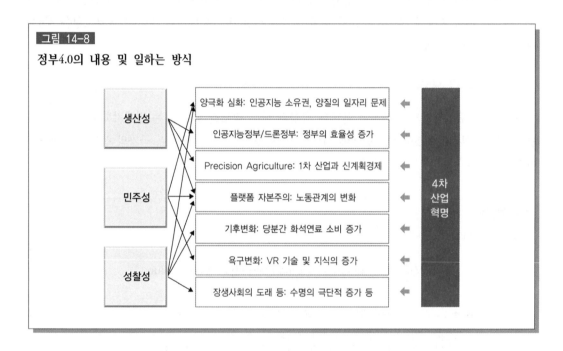

그림 14-8

정부4.0의 내용 및 일하는 방식

과거 정부3.0이 주로 모바일에 기반한 맞춤형 정부를 구현한 것이라면, 제4세대 정부모형은 융합과 소통을 지혜로 묶어내는, 인공지능에 기반을 둔 창조지능형 정부가 되어야 하며, 그 궁극적 철학은 국민들의 인간존엄성 실현에 두어야 한다. 휴머니즘(*humanism*)을 대전제로 창조변혁을 이끄는 정부 패러다임이어야 하며, 인공지능을 기반으로 하는 창조지능형 정부이면서 동시에 융합과 혁신을 뒷받침하는 스마트한 정부이어야 한다.

(2) 정부4.0은 정부의 정책방향 및 변혁을 강조한다

정부4.0은 정부의 방향성과 철학을 강조한다. 따라서 정부모형4.0을 제대로 하려면 정부4.0이 추구하는 국정철학의 이념과 가치를 먼저 분명히 정립할 필요가 있다. 새로운 정부에서 추구하고자 하는 정부의 철학적 가치가 무엇인지, 그리고 그 국정철학을 구현하기 위해 어떤 정책수단들을 동원하며 어떤 방식으로 달성할 것인지를 명확히 제시해야 한다. 가령, 협업이나 규제개혁을 한다

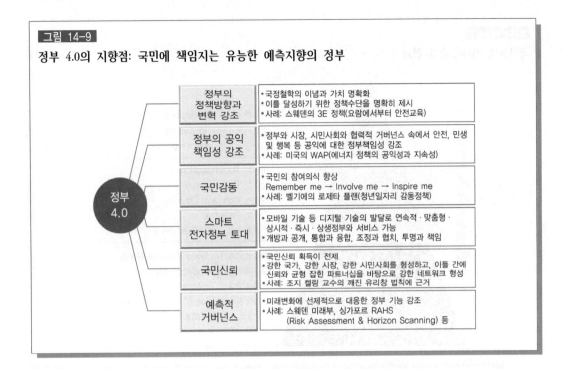

그림 14-9

정부 4.0의 지향점: 국민에 책임지는 유능한 예측지향의 정부

정부 4.0	정부의 정책방향과 변혁 강조	• 국정철학의 이념과 가치 명확화 • 이를 달성하기 위한 정책수단을 명확히 제시 • 사례: 스웨덴의 3E 정책(요람에서부터 안전교육)
	정부의 공익 책임성 강조	• 정부와 시장, 시민사회와 협력적 거버넌스 속에서 안전, 민생 및 행복 등 공익에 대한 정부책임성 강조 • 사례: 미국의 WAP(에너지 정책의 공익성과 지속성)
	국민감동	• 국민의 참여의식 향상 Remember me → Involve me → Inspire me • 사례: 벨기에의 로제타 플랜(청년일자리 감동정책)
	스마트 전자정부 토대	• 모바일 기술 등 디지털 기술의 발달로 연속적·맞춤형·상시적·즉시·상생정부와 서비스 가능 • 개방과 공개, 통합과 융합, 조정과 협치, 투명과 책임
	국민신뢰	• 국민신뢰 획득이 전제 • 강한 국가, 강한 시장, 강한 시민사회를 형성하고, 이들 간에 신뢰와 균형 잡힌 파트너십을 바탕으로 강한 네트워크 형성 • 사례: 조지 켈링 교수의 깨진 유리창 법칙에 근거
	예측적 거버넌스	• 미래변화에 선제적으로 대응한 정부 기능 강조 • 사례: 스웨덴 미래부, 싱가포르 RAHS (Risk Assessment & Horizon Scanning) 등

면 이는 보다 상위차원의 어떠한 이념과 연결구조를 지니는지를 체계적으로 정립해야 하며, 단순한 협업 건수에 치중해서는 안 된다.

또한 시대정신이 양극화를 극복하고 희망의 사다리를 복원시키는 따뜻한 공동체 구현에 있다면 이를 정부는 어떠한 정책수단들을 동원해서 효과적으로 실현할 것인지에 대한 전략적 실행체계를 갖추어야 한다. 행정학에서 제일 주의해야 하는 개념이 "목표와 수단의 도치현상"을 방지하는 것인데, 무엇이 목표인지, 무엇이 수단인지를 분명히 하여 수단이 어느새 목표처럼 돼버리는 현상을 방지해야 할 것이다.

(3) 정부4.0은 정부의 공익에 대한 책임성을 강조한다

정부4.0은 정부의 책임성(*accountability*)을 강조한다. 정부모형4.0은 정부와 시장, 시민사회의 협력적 거버넌스 속에서 좀 더 국민들의 안전과 민생 그리고 행복이라는 가치에 집중해 줄 것을 요청한다. 그리고 이러한 목적가치를 놓치지 않고 그럼 어떻게 하면 이러한 목적을 실현할 수 있을지 다양한 정책수단들을 배열해 보는 체계화된 작업이 필요할 것이다.

(4) 정부4.0은 국민들에게 감동을 주어야 한다

국민들도 진화하고 있다. 과거 정부1.0에서는 단순히 공공서비스를 더 많이 혹은 정확하게 제공받는 데 만족했다면, 정부2.0과 3.0에서는 참여하고 공유하려 했고 더 나아가 정부4.0에서는 이제

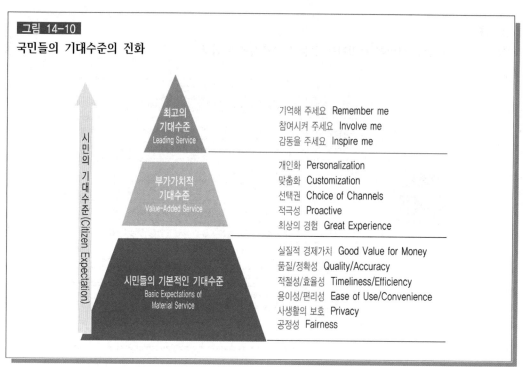

자료: Deloitte(2011)에서 수정.

국민들은 감동을 원하고 있다. 단순한 서비스 수혜자로서의 고객, 이용자, 소비자가 아니라 납세자와 유권자로서 국정의 주인으로 대우받고 싶어 한다. 그리하여 "나를 기억해 달라"(*remember me*), "나를 주체로 인식해 달라"(*involve me*)에서 더 나아가 "나에게 감동을 달라"(*inspire me*)로까지 진화하고 있다.

(5) 정부4.0은 스마트한 전자정부를 토대로 한다

스마트(*smart*) 정부는 최첨단 정보통신기술을 이용하여 국민들에게 최상의 서비스를 즉각적으로 제공하는 똑똑한 정부를 의미한다. 이는 1) 이음새 없는 서비스를 제공하고(*seamless*), 2) 모바일, 인공지능, 빅데이터를 이용하는 등 맞춤형 서비스를 제공하고(*mobile*), 3) 상시적 서비스가 가능하며(*anytime*), 4) 국민의 요구에 즉각적으로 반응하며(*responsive*), 5) 소외계층 없이, 양극화를 극복하는 상생(*together*)정부이다. 이를 실현하기 위해 정부는 1) 개방과 공개(*openness*), 2) 통합과 융합(*convergence*), 3) 조정과 협치(*collaboration*), 4) 투명과 책임(*accountability*)을 실행전략으로 삼아야 한다.

3차 산업혁명이 주로 PC 중심의 정보통신기술에 바탕을 두고 있다면, 4차 산업혁명은 인공지능, 사물인터넷, 클라우딩, 모바일 등을 융합하는 스마트 기술을 지향하고 있다. 정부모형4.0은 빅데이터와 인공지능을 결합하여 딥 러닝(*deep learning*)을 구현하는 정부운영시스템이 되어야 한다.

(6) 정부4.0은 국민의 신뢰를 얻어야 한다

국가혁신을 위해 중요한 것은 개혁과 관련하여 바람직한 미래의 정부상을 구축하고, 이에 대해 국민들의 신뢰를 획득하는 일이다. 신뢰는 그 자체를 21세기 국가혁신의 요체로 삼을 정도로 중요한 일이다(Nye et al, 1998). 따라서 한국사회의 미래지향적 국정관리는 먼저 강한 국가, 강한 시장 및 강한 시민사회를 형성하고, 이들 간에 신뢰와 균형 잡힌 파트너십을 바탕으로 강한 네트워크를 형성함으로써, 새로운 현대사회에 적합한 국가공동체를 형성해야 할 것이다.

이를 바탕으로 구체적으로 정부, 기업, 시장, 시민 등의 각 분야가 자율적이고 책임성 있는 성숙한 조직으로 발전하고, 이들 사이에 강한 네트워크를 구축해야 하며, 정부혁신 부문에서도 공익, 민주성, 성찰성 등 본질적 행정이념을 확립하고, 이를 위해 조직, 인사, 재무, 성과관리제도 등 조직 구조와 의식을 총체적으로 변혁시켜 제도와 관리기술뿐만 아니라, 행태와 정책과정까지도 총체적으로 혁신할 필요가 있다.

(7) 정부4.0은 예측적 거버넌스를 실행해야 한다

미래사회는 변동성과 불확실성을 특징으로 한다. 정부모형4.0은 4차 산업혁명이 몰고 올 격변적인(*turbulence*) 미래에 선제적으로 대응할 수 있는 미래예측 역량을 배양해야 한다. 영국의 미래전략청, 스웨덴의 미래부, 싱가포르의 미래위험평가부(RAHS: Risk Assessment & Horizon canning) 등 세계 선진 정부들은 미래예측 기능을 강화하고 있다. 우리나라도 과거의 대통령 직속 미래기획위원회와 같은 형식적인 미래예측에만 그칠게 아니라 본격적으로 세계적인 수준의 미래예측역량을 강화하기 위해 노력해야 할 것이다.

5) 결 론

'새로운' 행정학, 혹은 '새로운' 행정모형이 하나의 담론으로 끝나거나 허구로 치부되지 않으려면 향후 행정모형에 대한 치열한 토론이 필요할 것으로 본다. 개념적 전제, 이념과 철학, 모형과 리더십 등의 구성요건들에 대해서 치열한 논의가 필요할 것이다.

4차 산업혁명, 혹은 그것이 아니더라도 정부를 둘러싼 현대적 시대상황은 가히 격변(*turbulence*)이라 불러도 좋을 만큼 빠른 속도로 변화하고 있다. 국가의 사회문제를 해결하는 학문으로서의 행정학이 궁핍한 사유나 문제해결 능력이 뒤떨어진다는 비판에 직면하지 않기 위해서는 사회상황의 변화에 기민하게 대응하는 학문이 되어야 할 것이다.

더 나아가, 학계에서는 이러한 담론의 장을 토대로 이론적 전제조건들이 탐색되고, 학문의 인식론적 기초에서부터 미래의 방향설계에 이르기까지, 구조와 기능, 인간과 행태, 리더십과 철학의 구성요소에 대한 다양하고도 치열한 논의가 될 수 있도록 해야 할 것이다.

2. 사회적 자본

1) 개 념

사회적 자본이라는 용어는 Hanifan에 의하여 1916년에 처음 사용되었으며 본격적으로 사회적 자본개념이 출현한 것은 Bourdieu(1986)가 문화적 자본개념을 사용하기 시작한 데서 비롯된다. Bourdieu의 사회적 자본연구의 핵심은 네트워크라고 규정하였다.

Colemann(1988)은 사회적 자본을 단일한 실체가 아니라 보통 두 가지 이상의 요소가 포함된 복합체라고 보고, 복수의 사회적 자본은 사회구조의 몇몇 측면을 구성하면서 구조 내 행위자의 특정한 행동을 촉진시킨다고 하였다. 즉, 사회적 자본은 사회구성원(행위자)이 가용할 수 있는 특수한 종류의 자원이라고 보았다.

Putnam(1993)은 사회적 자본을 공동체의 사회적 생산성에 영향을 주는 사람 간의 수평적 단체 내 관계로 보았다. 즉, 사회적 자본이란 상호이익을 추구하고 촉진시키는 네트워크와 규범, 사회적 신뢰와 같은 사회조직의 특징이며, 사회적 자본의 원천으로서 사회적 연계망과 규범, 신뢰 등을 제시하였다.

Fukuyama(1995)는 사회적 자본의 핵심을 신뢰라고 분석하였다. Fukuyama는 사회적 자본이 그룹과 조직에서 공동목적을 이룩하기 위해서 함께 일하도록 하는 사람들의 역량이며, 이 역량은 집단의 회원들 사이에 공유된 신뢰라는 존재가 있기에 가능한 것으로 보았다.

사회적 자본의 개념을 제도까지 포함하는 것으로 확대시킨 학자는 M. Olson을 들 수 있다. M. Olson은 사회적 자본이 공식적인 제도를 변화시키고 사람들 간의 복잡한 교환에 있어 협동적인 해결을 위해 친밀한 환경을 구성하는 것이라고 하였다.

이를 종합해보면 사회적 자본이라 함은 경제학에서 사용되는 일반적인 자본의 개념이 확장된 것이며, 일반적인 물적자원과는 달리 사회구성원들이 같은 목표를 추구하고 더 효율적으로 달성할 수 있게 하는 원동력이라고 할 수 있겠다. 사회구성원들 간의 신뢰와 협력, 이를 통해 내재화된 규범 등을 포함하는 사회적 자산이라고 할 수 있으며, 이로 인해 네트워크, 협력, 공유, 가치 등을 공통적으로 강조하고 있음을 알 수 있다. 특히 이는 거버넌스적 문제해결이 강조되고 있는 현재의 사회과학적 흐름과 밀접히 연계된 개념이라고 할 수 있으며, 정부나 기업 혼자만의 힘으로 해결할 수 없는 '사악한 문제'(*wicked problem*)가 발생됨에 따라 신뢰와 협동을 통한 문제해결이 중요시되면서 사회적 자본의 중요성 역시 더욱 더 강조되고 있다고 할 수 있다.

2) 내 용

사회적 자본에 대한 구성요소 역시 학자들마다 다르게 생각하는 면이 많아 아직 합의되지 않은 상태이다. 그러나 앞서 살펴본 사회적 자본의 정의와 개념에 비춰 생각해본다면 다음의 4가지를 사회적 자본의 구성요소라 할 수 있다. 일반화된 신뢰, 규범 준수 및 호혜성의 믿음, 사회적 참여, 사회적 네트워크이다.

(1) 일반화된 신뢰

일반화된 신뢰는 다른 사람들 일반에 대해 얼마나 신뢰를 할 수 있는가 아니면 조심해야 한다고 생각하는가를 의미한다. 일반화된 신뢰의 수준과 함께 사회적 자본으로서 신뢰를 이야기 할 때 중요하게 논의되는 것이 "신뢰의 반경범위"(*radius of trust*)이다(Fukuyama, 1995). 신뢰의 반경범위란 개인을 기준으로 해서 동심원을 그려 볼 때, 가족이나 친구와 같이 긴밀한 인간적 유대와 연고를 지닌 사람들을 신뢰하는 것은 어찌 보면 당연하겠지만 직장동료나 이웃 혹은 전혀 모르는 타인에 이르기까지 동심원의 반경범위를 넓혀갈수록 신뢰가 얼마나 낮아지는가의 개념이다(Sztompka Piotr, 1999).

(2) 규범 준수 및 호혜성의 믿음

비공식적인 규범과 규칙에 대한 신뢰와 믿음도 사회적 자본의 축적에 필요하다. 특히 "곤경에 처한 사람을 도와주면 훗날 내가 곤경에 처했을 때 누군가가 나를 도와주리라"는 호혜성(*reciprocity*)에 대한 믿음이다. 호혜성이 존재할 때 우리는 타인에 대한 호의와 선의를 베풀 뿐만 아니라, 이러한 호혜성이 타인에게까지 확장되어 선의와 협동의 선순환이 생겨나고 그러함으로써 일반화된 신뢰가 높아질 수 있는 계기가 만들어질 수 있다.

(3) 사회적 참여

사회구성원들의 자발적인 사회참여 정도를 말한다. 시민사회에서 구성원들이 서로 긴밀하고 활성화된 네트워크를 유지하면서 적극적으로 자발적인 조직을 만들어 활동함으로써 사회가 유기적으로 통합될 뿐 아니라 긍정적 상호작용을 통해 신뢰를 만들어나갈 수 있도록 한다. 사회적 참여는 신뢰와 호혜성이 바탕이 될 때 활발하게 일어나는 경향이 크지만, 한편 참여가 활성화 될수록 사회전반의 신뢰와 호혜성이 높아질 수 있다.

(4) 사회적 네트워크

사회적 네트워크는 흔히 '인맥'이라 불리는 것과 유사하다. 사회적으로 알고 지내는 사람들 간의 연결망을 나타내며, 그 크기와 형태 및 특징은 개인마다 다를 수 있다. 사회적 네트워크는 크기,

밀도, 다양성 등의 성질을 갖는다. 사회적 네트워크의 크기는 평소 가깝게 지내는 사람들의 수를 의미하며, 사회적 네트워크의 밀도는 한 네트워크에 포함된 다른 사람들 간에 연결이 되어 있는 정도를 의미한다. 다양성은 네트워크 구성원이 연령별, 인종별로 얼마나 다양한가를 의미한다. 한 개인의 사회적 네트워크의 크기가 클수록, 밀도가 높을수록, 다양할수록 사회적 자본이 공고하게 형성되었다고 볼 수 있다.

3) 기 능

사회적 자본의 기능은 크게 3가지 정도로 정리될 수 있다.

첫째, 신뢰를 통해 거래비용을 감소시킬 수 있다. 앞서 말한 것처럼 신뢰도가 높으면 서면계약으로 포괄하기 어려운 사항들을 일일이 체크할 필요가 없는 만큼 거래비용을 감소시킬 수 있으며 법적 분쟁이 발생할 확률도 비교적 낮다.

둘째, 규범을 통해 효과적인 사회적 제재력을 가진다. 공동체안의 개인들이 사회적 규범을 잘 지키고 규범이 강화된다면 따르지 않는 사람들에게 제재를 가할 수 있는 여건이 만들어진다. 또한 도덕성 강화를 통하여 공동체 내에서 업무수행감시를 강화할 수 있고 규범을 통한 높은 신뢰를 통해 정책의 장기적인 예측가능성을 높여 추진력 있는 정책을 수행할 수 있다.

셋째, 정보소통의 통로기능을 들 수 있다. 정보는 개인 및 집단의 행동을 위한 토대로 사용되는데 사회적 자본이 잘 갖추어진 경우에는 그렇지 않은 경우에 비해서 상대적으로 쉽고 저렴한 비용으로 정보를 획득할 수 있다.

4) 특 징

사회적 자본은 일반적으로 비가시성, 사회적 중요성, 다의성 3가지 특성을 지닌다.

(1) 비가시성

사회적 자본의 철도, 도로, 항만과 같은 사회간접자본과는 다르게 눈에 보이지 않는 개념이다. 또한 사회적 자본을 정의하기에는 모호성이 많기 때문에 쉽게 특징을 파악하기도 어렵다. 신뢰, 공동체의식, 유대감, 호혜성, 참여와 같은 추상적이고 원칙적으로는 계량화하기 어렵다.

(2) 사회적 중요성과 깨진 유리창의 법칙

사회적 자본의 특성은 깨진 유리창의 법칙으로 설명된다. 깨진 유리창의 법칙(*broken windows theory*)은 1982년 제임스 윌슨과 조지 켈링에 의해 만들어진 범죄학이론으로, 유리창처럼 사소한 것들을 그냥 방치할 경우 더 큰 문제들로 이어진다는 논리이다(M. Levin, 2006). 사회적 자본은 깨진 유리창과 같이 아주 사소해 보일 수 있으나, 사회에 적정수준 만큼 존재하지 않으면 사회적으로 큰 혼란과 비효율을 초래한다. 사회적 자본의 대표적인 요소인 신뢰를 예로 들면, 신뢰가 무너진 사회의 경우에 신용을 이용한 금융거래나 투자가 불가능해 경제적 혼란을 초래하기도 하고, 범죄가 급증하고, 신뢰가 없어서 사용해야 하는 계약서와 같은 사회적 비용을 발생시키기도 한다.

(3) 다의성

사회적 자본은 상이한 차원에서 정의할 수 있는 다의적인 개념이다. 개인이나 집단의 수준에서 정의될 수 있고, 나아가서 지역공동체, 전체 사회나 국가 수준에서도 정의될 수 있는 개념이다. 즉, '사유재'의 특성과 '공공재'의 특성을 모두 포함하는 개념이다. 개인의 미시적인 차원에서 정의를 내린다면 사유재의 성격이 강조되고, 거시적 차원과 중시적 차원에서 정의를 하면 공공재의 성격이 강조되는 개념이다.

5) 한 계

(1) 사회적 자본의 역기능

사회적 자본이론의 내에서도 역기능이 존재하기도 한다(Portes, 1998: 1-24). 사회적 자본에 있어서 신뢰는 가장 기본적인 구성요소이다. 그런데 신뢰의 가장 기본적인 형태는 사람에 대한 신뢰이다. 문제는 낯선 사람의 의도까지 쉽게 믿을 수 있는 사람은 거의 없다. 또한 신뢰는 지속적인 상호작용이 필요하기 때문에 신뢰를 얻기 위해서 많은 시간과 일관성이 필요하다. 따라서 학연, 지연, 혈연 등의 연줄망과 같이 폐쇄적인 이익집단으로 변질될 우려가 많다. 또한 더 나아가 특정인들이 사적 이익을 추구하기 위해 파당을 형성하고 있다면 신뢰는 오히려 해로운 요소가 되기도 한다는 것이다(이재열, 1998).

사회적 자본은 집단구성원들에게 편익을 가져다주는 반면 외부인들의 접근은 차단하고 배제시킨다(박희봉, 2009). 네트워크 구성원들은 사회적 자본에 의해 효율성 증가 등의 혜택을 얻을 수 있지만 네트워크에서 배제된 사람은 그 만큼의 손해를 볼 가능성도 생긴다. 또한 네트워크를 기준으로 내부인과 외부인의 구분을 통해 강력한 집단 결속을 이루게 된다면 집단 내의 결속은 탄탄할지 모르지만 사회전체적인 통합을 저해하고 집단 간의 갈등을 유발시킬 가능성도 크다. 즉, 좁은 네트워크 사이의 신뢰와 협동수준은 강화시킬지 모르겠지만 지역사회 혹은 국가단위에서의 사회관계를 하락시킬 수도 있는 것이다.

또한 사회적 자본에서 규범 또한 중요 요소 중 하나인데 이 규범이 지나치게 강력해서 개인의 사생활이나 선택, 행동을 제한하는 경우가 발생할 수도 있다.

(2) 측정의 어려움

사회적 자본은 사회적으로 지속가능한 성장의 핵심에 위치하지만, 그 중요성에 비해 개념의 다양성 때문에 측정하기 어려운 한계가 있다. 일반적으로 신뢰나 규범이 사회적 자본을 대표한다고 이해하지만 이외에도 시민의식, 네트워크의 수준, 구성원의 자발성, 소득균형 등 협력을 촉진하는 사회구조 등 다양한 개념요소가 존재한다. 또한 사회적 자본은 무형의 자본이기 때문에 그 크기나 범위를 측정하기가 어렵다. 비교적 측정하기 쉬운 신뢰에 대한 데이터를 많이 사용하지만, 주로 설문조사에 기초하기 때문에 객관적이지 못한 한계가 있다.

6) 한국에의 적용

그렇다면 이 시대에 왜 사회적 자본에 투자해야 하는가. 신뢰의 관계망은 어떤 한 사안에 대한 거래비용을 줄여주고, 하나의 문제를 해결하기 위해서 정보를 공유하고 협력하는 분위기를 만들어 주어 궁극적으로는 국가의 경쟁력을 높여준다. 결국은 사람과 사람사이의 긍정적인 관계망이 하나의 사회적 자산이 된다는 것이다.

또한 사회적 자본의 수준이 높은 국가에서는 그 국민들이 행복하다. 덴마크, 스웨덴, 노르웨이 같은 북유럽 국가들이 그 좋은 예이다. 덴마크의 행복지수에는 신뢰와 협동, 평등이 기반이 됐다는 것을 생각해 보면 사회적 자본의 중요성을 더욱 잘 알 수 있다. 사회적 자본이 잘 정착된 사회의 사람들일수록 정치에 대한 관심이 높으며, 탈권위주의적인 태도가 강하고, 또한 타인에 대한 동조보다는 개인의 개성과 자존감에 대한 존중 경향이 두드러지며, 지역사회의 공동체성에 대한 기대가 높고, 타인과 일반인에 대한 신뢰가 높다는 점에서 바람직한 시민의식의 도덕적 덕목을 두루 갖추고 있다.

더불어, 사회가 복잡해짐에 따라 지역사회가 직면하는 것은 정부, 기업, 그리고 비영리조직이 문제해결을 위해 서로 긴밀하게 협조해야 한다. 따라서 지역사회의 사회자본을 증진시키는 것이 필요하며, 시민사회의 능력을 증진시키기 위해서는 조정과 협동하는 지역 거버넌스를 형성해야 한다(National Civic Laegue 1993; Potapchuk, Crocker & Schechter, Jr. 1997; Smith 1997; Briand 1998; Box 1999; Svara 1999).

이는 우리나라가 고령화 사회를 맞이함에 따라 더욱 더 그 의미가 커지고 있다(임우석, 2009). 현재 한국의 노인들의 사회적 자본 가운데 사회적 참여와 네트워크 수준이 매우 낮게 나타나고 있다. 한국사회가 점차 고령화 되어가면서 실버산업이나 실버보험, 국민연금 등은 비교적 그 추세를 따라간다고 볼 수 있으나, 사회적 자본면에서는 매우 취약하다고 볼 수 있다. 따라서 노인들의 지역사회 행사 등의 참여율을 올리고 더 나아가 노인들이 스스로 기획하고 진행하는 행사를 개발하는 등 노인들의 참여를 높이면서 노인들 간의 상호작용을 주선하여 사회적 자본을 축적하는데 도움이 될 수 있도록 해야 한다.

결론적으로, 도덕적이고 신뢰받는 성숙한 공동체로 나아가기 위해서 사회적 자본이 많은 긍정적인 역할을 할 수 있다. 국민들을 다양한 결사체 활동에 참여하도록 유도하며, 다양한 인맥을 기존의 파벌과 대립의 사회분열적인 역할에 동원하기보다는 건강하고 성숙한 집단 간 경쟁의 동원력으로 활용해야 한다.

또한 사회적 자본을 확충하기 위해서는 그 기본이 되는 '신뢰'를 우리 사회에 일상화하는 것이 우선이다. 무작정 서로 신뢰하자고 해서 이뤄질 일이 아니기 때문에 오랜 시간에 걸친 합의와 노력을 통해 신뢰하는 사회의 분위기가 먼저 조성되어야 할 것이다. 그리고 이를 위해서는 정부가 먼저 앞장서야 한다. 공공영역에서부터, 정직과 신뢰, 배려와 나눔의 가치를 실현해나가고, 사회적 자본의 확충을 위한 제도적인 뒷받침을 마련해야 한다. 한국의 인맥문화를 학연, 지연, 혈연 등의 좁고 폐쇄적인 관계가 아닌 호혜적이고 긍정적인 측면으로 이끄는 것도 함께 노력해야 할 것이다.

3. 딜레마이론

1) 개 념

정책결정이란 다양한 정책대안들이나 가치들 간의 우선순위를 고려하거나 그 중 하나를 선택하는 행위인데 이 정책대안들이나 가치들이 서로 충돌하여 우선순위(priority)를 정할 수 없을 경우 정책결정자는 고민에 빠지게 된다. 이러한 상황을 정책학적 관점에서의 딜레마라고 한다.

정책 딜레마는 두 가지 관점으로 구분하여 정의할 수 있다.

첫째, 정책이 가져오는 결과의 관점에서 정책 딜레마를 정의할 수 있다. 정책이 가져오는 결과의 관점에서의 정책 딜레마는 "두 개의 가치들이 선택상황에 나타났을 때 어느 한 가치의 선택이 가져오는 기회손실(opportunity loss)이 크기 때문에 선택이 곤란한 상황"을 의미한다. 여기에서 기회 손실이란 정책의 결과를 의미하는데, 두 정책 대안이 가져오는 기회손실이 유사하기 때문에 대안의 선택이 어려워지고 이로 인해 정책 딜레마가 발생한다는 관점이다.

둘째, 정책의 결과와는 관계없이 정책 딜레마를 규정할 수도 있다. 이는 "두 개의 가치들이 상호 비교될 수 없기 때문에 선택이 곤란한 상황"으로 정책 딜레마를 정의하게 되며, 정책의 결과가 아니라 정책 상황의 특성에 초점을 두었다는 특징을 지니고 있다. 이때에 상호 비교가 어려운 점에 대한 구체적 의미를 살펴보면 첫째, 기술적인 측면에서 상호 비교하기 어려울 수 있다. 한 사람의 가치가 어느 정도의 재화와 화폐단위로 비교될 수 있는지 알 수 없는 경우 등이다. 정책 대안 속에 있는 판단기준 사이의 비교가 불가능할 때 딜레마가 발생하는 것이다. 둘째, 규범적인 측면에서 상이한 가치 간의 비교를 허용하지 않을 수도 있다. 즉, 생명을 재화와 비교하는 것 자체를 허용하지 않을 때가 이에 해당된다.

2) 내 용

정책 딜레마의 개념적 구성요소는 크게 두 가지 대안, 대안 간 비교의 어려움, 선택의 불가피성, 큰 기회손실의 발생 등으로 나눠볼 수 있다. 위의 네 가지 구성요소가 동시에 존재하게 될 때 비로소 정책 딜레마가 발생하게 된다.

정책 딜레마의 발생조건은 다음과 같다.

첫째, 두 가지 대안의 조건을 충족시키기 위해서는 대안 간의 연속성이 부정되어야 한다. 연속성이 인정된다면 두 대안 사이에 절충적 대안들이 존재할 수 있기 때문이다. 이론적으로는 모든 대안들 간에 연속성이 존재할 수 있지만, 현실에서는 이러한 대안의 분절성이 많이 발생한다.

둘째, 따라서 딜레마가 성립되기 위해서는 대안 간 비교 불가능성이라는 조건이 필요하다. 왜냐하면 두 대안의 효용의 크기가 정확히 일치한다면 둘 중 어느 것을 선택해도 무방한 것이 되기 때문이다.

셋째, 두 대안 모두를 선택할 수도, 선택하지도 않을 수 없는 상황 속에서 선택의 불가피해야 한다. 즉, 어느 것도 선택하기 힘든 상황에서 어느 한 대안을 선택해야 한다.

넷째, 큰 기회손실의 발생될 것으로 예측되어야 한다. 기회손실로 인해 한 대안의 선택이 다른 대안의 포기로 인한 효용감소를 가져오게 된다.

3) 특 징

딜레마 모형이 가지는 특징은 정책결정의 모형 중 크게 세 가지 모형으로서 합리모형, 만족모형, 그리고 쓰레기통 모형과의 비교를 통해 살펴볼 수 있다.

앞선 정책결정모형들을 구분할 기준점을 찾자면 그것은 정보의 보유량이다.

첫째, 합리모형은 인간이 이성과 합리성에 입각하여 정책을 결정한다는 이론인데 그 전제조건으로는 완전한 정보를 가지고 최선의 대안을 선택할 수 있는 기준이 존재한다는 점이다. 완전한 정보만 있다면 가치들의 우선순위를 정할 수 있고 합리적 판단을 할 수 있다는 것이다.

둘째, 만족모형은 완전한 정보를 가지고 판단한다는 비현실성에 대한 비판으로 만족할 만한 수준에서 판단이 이루어진다는 모형이다.

셋째. 쓰레기통 모형은 정책이란 규칙에 의한 것이 아니라 뒤죽박죽 우연히 결정될 뿐이라는 모형이다.

위의 모형들과는 달리 딜레마는 정보의 보유량과는 독립적인 개념이다. 즉, 정보가 많고 적음에 따라서 딜레마가 되는 것이 아니라 그 선택지가 불러오는 기회손실에 관한 문제로서 다루어져야 하는 특징을 지니고 있다. 다음으로 딜레마 모형이 가지는 특징은 대안들을 서로 비교할 수 없고 그 중요성이 비슷하다는 점이다. 즉, 두 대안 간의 우선순위를 결정할 수 있는가의 여부가 기존의 정책결정모형과는 다른 차이점이자 특징이다. 딜레마 모형에 두 대안의 우선순위가 존재하지 않고, 한 대안의 만족은 다른 대안의 불만족과 비슷하기 때문에 선택이 곤란하다. 따라서 어느 대안을 선택해도 만족할 만한 결과를 얻기 힘들다. 또한 서로 비교할 수 없다는 것은 각 대안들의 충돌하는 가치가 어느 것이 더 중요한지 가릴 수 없다는 의미이다.

4) 한 계

(1) 정의의 범위문제

딜레마이론에서 정의하는 딜레마는 그 조건이 매우 까다로워서 실제로 그 정의가 그대로 사용된다면 딜레마이론 연구진행에는 많은 어려움이 뒤따를 것이다. 그러므로 현실 분석에 있어서는 이론의 정의보다 보다 완화된 개념이 사용되어야 한다는 주장도 나오고 있다. 하지만 이렇게 되면 개념정의는 무척 구체적인데 반하여, 현실 분석에 사용되는 정의는 완화된 정의를 사용하여 자가당착에 빠지는 경우가 발생한다. 즉, 이러한 자가당착에 빠지지 않게 하기 위해서는 현실적용력이 너무나 떨어지고, 정의를 완화하는 것은 기존이론에 어긋나는 모순이 발생하는 것이다.

(2) 적실성 문제

딜레마 개념은 개인의 인지에 너무 의존하는 개념이라는 점에서 적실성 문제를 가질 수 있다. 즉, 동일한 상황에 대한 판단이 주관에만 맡겨진다는 것으로 이는 과연 그 상황이 딜레마인지 아닌지, 정책결정자가 딜레마를 느꼈는지 아닌지, 대응행동이 과연 딜레마 대응인지 아닌지 등의 문제들에 관하여 비결정성(*indeterminacy*)을 초래한다(이종범, 1994). 그러므로 딜레마 개념을 이용한 여러 연구에서 과연 이것이 딜레마이론에 해당하는 것인지에 대한 적실성의 문제가 대두될 수밖에 없다.

5) 한국에의 적용

딜레마이론은 단순히 딜레마의 상황이 아니더라도 적용 가능하다. 즉, 어떠한 복잡한 정책결정 과정이라고 하더라도, 결국엔 두 가지 대안 중 하나를 선택해야 하는 상황으로 귀결되기 마련이고, 이 같은 상황에서 결정이 쉽지 않다면 딜레마이론을 생각해 볼 수 있다. 이처럼, 딜레마이론은 기존 선택이론이 설명하지 못했던 제3의 영역을 설명해 준다는 점에서 큰 의의를 가지고 있음을 확인할 수 있다.

또한 딜레마이론을 정책현상 등에 적용함으로써 얻을 수 있는 이점은 기존의 이론이 나타내지 못한 점을 보여줄 수 있다는 점이다. 인간의 결정과정은 합리적인 방향으로 진행된다는 기존의 이론에 비해 현실에서 반드시 그렇지만은 않다. 때문에 딜레마이론은 정보가 충분함에도 대안을 쉽사리 선택하지 못하는 형태를 보여준다. 일례로 공공시설의 입지결정방식에 따른 정책딜레마가 어떻게 형성되는지에 대하여 연구되고 있기도 하다(김영종, 2006).

우리는 정보가 충분하면 그 정보를 바탕으로 선택하지 못할 이유가 없다고 생각한다. 하지만, 실제로는 정보가 충분하다고 해서 바로 선택을 내리기 쉽지 않은 경우가 많이 있다. 우리가 주목해야 할 부분은 바로 이 부분이다. 기존의 결정을 내린다는 생각, 즉 어떻게 결정이 되는가를 설명하는 행태를 완전히 뒤집어 결정을 내리기 힘들다는 것을 설명하기 위한 딜레마이론은 앞으로도 많은 연구가 필요한 최신이론이지만, 그 의의는 결코 적지 않다는 것을 알 수 있다.

딜레마이론의 이 같은 의의 외에도 최신연구들은 딜레마이론을 중간집단, 즉 제3섹터라고 불리는 집단에 관한 연구, 변화 및 개혁에 대한 연구에 적용시켜 계속 발전해 나가고 있다.

4. 시차이론

1) 개 념

시차이론은 정책이 실제로 실행되는 타이밍과 정책의 효과가 나타나기까지 그것을 받아들이는 주체들의 학습시간, 정책의 요인들 간 발생 시간순서 등이 그 정책효과를 달리 할 수 있음을 의미한다. 시차이론 또는 시차적 접근(*time difference approach*)이란 변화 시작의 시간적 선후관계나 동반관계, 변화과정의 시간적 장단(長短) 관계를 사회현상연구에 적용하는 연구방법을 의미한다(정정길, 2005: 64). 즉, 사회현상을 발생시키는 주체(개인, 집단, 조직, 사회, 국가 등등)의 속성이나 형태가 시간적 차이를 두고 변화되는 사실을 사회현상연구에 적용하려는 연구방법이라고 정의하고 있다(정정길 외, 2005: 5).

현실의 정책 또는 제도 도입에 있어 정책의 목표달성에 타당하다고 생각되는 수단이 집행되었음에도 실제로 기대했던 효과가 나타나지 않고 다른 현상이 나타나 실패한 정책들이 많다. 이와 같은 문제에 대하여 기존의 정책학에서는 정책수단은 원인이고 그로 인해 사회문제에 영향을 받아 변화된 모습은 결과로서 정책결과라고 바라보았다. 또 그러한 관점에 의해 기초적인 인과법칙 내에서 정책수단을 적절히 발휘하기만 하면 의도했던 정책결과가 나올 것이라고 단순하게 생각하였고, 만약 그러하지 못하다면 정책이 잘못되었거나 수단이 적절하지 못했다고 진단을 내렸다. 또한 해결책으로서 저항극복에만 초점을 맞추었고, 정책과정에 있어 중요한 요소인 인과관계와 시간적 요소 간의 관계를 따로 떼어서 생각했다. 결국 이러한 상황에서, 새로운 정책의 도입이나 제도의 개혁이 의미 있는 결과를 얻지 못하고 지지부진한 이유를 피상적으로 기득권 세력의 저항에서만 찾았다.

이러한 문제의식 속에서 새롭게 등장한 접근방법이 시차이론이다. 시차적 접근방법은 정책과정에서의 인과관계에 시간적 요소가 중요하다는 인식 아래, 앞서 언급한 이들 시차적 요소들이 제도

제 2 부 동태적 행정과정

및 정책변화과정에 미치는 영향을 분석하는 것이다.

시차이론은 보다 더 정교하게 정책수단이 적절하게 발휘되었는데도 불구하고 정책이 의도한 결과를 즉각적으로 나타내지 못하는지에 대해 정책 실행의 타이밍, 정책을 받아들이는 주체들의 학습시간, 여러 정책 수단 간의 시간순서 등의 분석을 통해 보다 타당한 연구를 수행할 수 있도록 도와준다.

2) 내 용

시차이론의 핵심내용은 제도적 요소들의 도입 선후관계가 달라짐에 따라 그 결과가 엄청난 차이를 보인다는 것이다. 제도의 요소들을 원인변수로 하고, 우리가 의도하는 효과달성을 결과변수로 할 때, 원인변수들의 작동순서가 인과관계 자체를 완전히 좌우한다고 본다. 이는 원인변수들의 작동의 선후관계가 원인변수와 결과변수 간 인과관계에서 결정적인 영향을 준다는 것이다.

또한 시차이론에서는 원인변수와 결과변수의 변화과정과 성숙단계 등 역사적 요인이 이론적 인과관계의 강도뿐만 아니라 방향까지도 변화시킨다는 점을 강조한다. 다시 말해, 결과변수의 변화과정과 성숙단계에 따라 동일한 원인변수에 대해서도 상이한 결과가 나타나며, 동일한 원인변수들도 원인변수들의 변화과정과 성숙단계의 차이에 따라 결과변수에 미치는 영향은 크게 다르게 나타난다는 것이다.

다시 말해 정책이나 제도가 선택하는 수단의 선택시기와 순서, 수단의 조합방법, 그 변화과정에 따라 정책효과가 달라지므로 정책과정 내부에 대해 시간의 차원을 중시하여 정교하게 설계하는 것이 중요하다는 논의를 제기하는 것이다(이달곤, 2005: 145).

이러한 시간적 요소를 중시한 연구들은 제도개혁이나 조직행태를 설명하고 이해하는 데 새롭고 중요한 분석틀을 제시해 주고, 시간과 관련된 일련의 새로운 독립·종속변수에 대한 관심을 제고시키며, 인과관계 추정의 방법론을 더욱 정교하게 해준다는 점에서 그 의의를 찾을 수 있다(정정길·정준금, 2003: 177).

3) 특 징

시차이론의 주요 논리들은 다음과 같다(김상봉·강주현, 2008: 11-12).

첫째, 정책과 제도 수정의 '적시성'(*timing*)을 강조한다. 즉, 정책이나 제도의 도입 이후 변화과정상 어느 시점에 변경을 시도하여야 바람직한 결과를 가져올 것인가에 주목한다. 이는 곧 정책이나 제도의 일부를 변경시키기 위한 충격을 어느 시기에 주느냐에 따라 결과가 완전히 달라질 수 있다고 보았기 때문이다.

둘째, 장기와 단기로 변화요소를 구분한다. 제도 도입을 통해 변화시키고자 하는 변수 또는 제도관련

변수들을 변화에 소요되는 시간의 장단에 의해 구분하는 것이다. 제도관련 변수 중에는 상대적으로 단기간 내에 변화 가능한 것이 있는 반면, 변화에 장기간 소요되는 것도 있기 때문이다 (정정길·정준금, 2003: 183). 이때 고려되는 시간의 장단에 따라 제도 도입과정에 영향을 미치는 요소들이 다르기 때문에 파악해야 할 변수들이 달라지게 된다.

셋째, 숙성(*maturation*)이 필요하다. 정책이나 제도의 도입이 완전히 정착되어 소기의 효과를 얻기 위해서는 일정기간의 숙성을 거쳐야 한다는 것이다. 이때 제도 도입의 성공 여부나 효과를 판단하는 경우 제도 도입 이후 어느 시점에서 평가를 하느냐에 따라 그 결과는 완전히 달라질 수 있기 때문에 숙성기간을 어느 정도의 시점에서 파악하느냐가 문제가 된다. 따라서 정책이나 제도의 효과는 숙성기간이 어느 정도 경과한 이후에 평가하는 것이 보다 합리적이라고 주장한다.

넷째, 선후관계(*sequence*)를 중요하게 여긴다. 행정제도의 개혁이나 새로운 정책의 도입에는 여러 가지 다양한 요소들이 영향을 미친다. 여기에는 제도 내적 요소들도 있고 제도 외적 요소들도 있다. 따라서 제도의 도입과 개혁이 성공하기 위해서는 내용을 잘 구성하는 것과 더불어 이에 영향을 미치는 다양한 요소들의 시간적 배열 내지 우선순위 등을 정밀하게 고려하는 작업이 필요하다는 것이다.

다섯째, 정책일관성과 시계(*span of time*)를 고려한다. 정책 실패의 한 원인으로 지적되는 정책일관성 부족은 정책평가에 주목할 만한 기준이 되는데, 정책일관성에 있어 정책목표에 부응하는 집행이 아닌 포기, 중단, 지연, 변질 등으로 나타나는 현상에 대한 연구의 경우에는 일관성의 시간적인 측면을 정책과정과 결합하여 연구해야 할 필요가 있다.

4) 한 계

시차이론에 관한 논의는 현실의 적용 측면에서 몇 가지 한계점을 가지고 있다.

첫째, 시차이론에서 사용하는 개념들에 대한 객관적인 기준이 부족하다. 시차이론에서 사용되는 장기와 단기적 관점을 구분할 수 있는 객관적인 기준이 없으며, 어느 정도의 시간이 흐른 것을 숙성기간이라 할 수 있는지, 시간의 흐름에 따라 변하는 주체들의 신념 변화와 같은 문제를 객관적으로 설명할 수 있는 기준의 부족 등 개념들이 연구에 사용될 수 있도록 일관성 있고 종합적, 체계적인 개념정립이 되어 있지 않은 상태이다. 이는 연구자마다 주관적인 시간개념(질적 시간)[10]을 가지고 있기 때문에 시차이론에서 사용하는 요소들의 개념을 객관적으로 확립해 사용하기에는 한계가 존재하는 것을 의미한다.

둘째, 모든 개혁적인 제도 도입과 정책추진이 확실한 이론적 토대 위에서 추진되는 것은 아니다. 현실에서는 이론적 토대가 불분명한 구호성 개혁정책들이 다수 등장한다. 일례로 집권 초기에는 많은

---

10 김태룡(2007: 446)은 질적시간(qualitative time)이란 사람이나 조직에 따라 다양한 해석과 의미를 부여할 수 있는 시간이라고 설명한다.

문제를 일시에 해결해야 한다는 강박관념에 의하여 성급하게 이뤄진 결정들이 존재할 수 있다. 이처럼 이러한 현상의 원인에는 다양한 요인이 있을 수 있다.

셋째, 개혁추진주체들이 자신들의 능력의 한계를 인지하더라도 이론적 근거가 모호한 정책을 발표하지 않을 수 없는 경우가 많다. 개혁주도세력들은 자신들의 정책의 이론적 근거가 취약하여 문제해결의 실효성이 낮고, 현실적 집행가능성도 낮다는 점을 알면서도 정책을 추진한다. 왜냐하면 당장 문제해결은 힘들더라도 새로운 정부에 대한 국민들의 기대와 믿음을 충족시킬 수 있기 때문이다. 즉, 이는 정책주체들이 정책을 고려할 때 시차적 고려를 계획적으로 하기가 곤란한 경우가 현실에서는 많이 존재한다는 것을 의미한다.

넷째, 개혁적 제도나 정책이 도입되어 충분히 효과를 발휘하기 위해서는 시간의 경과가 필요하다. 따라서 도입초기의 혼란과 반발의 극복이 필요하며, 이를 위해서는 개혁추진주체, 특히, 국정 최고 책임자와 일반국민들의 지속적인 관심과 정치적 지지가 필수적이다. 그러나 정권출범 초기에 고조되었던 개혁의 열기는 일상적인 업무와 또 다른 정책이슈의 등장 속에 파묻히게 된다. 즉, 이는 개혁프로그램의 시차적 고려가 현실처방적 측면에서 그리 쉽지 않음을 의미한다.

5) 한국에의 적용

시차이론에 따르면, 행정개혁이나 정책평가의 실패는 사회과학적 인과법칙에서 중요한 비중을 차지하는 시차적 요소에 대한 적절한 고려가 배제되었기 때문에 발생한다고 본다(김준한, 2005). 우리나라에서 정책이 제대로 이루어지지 못하는 이유 중 하나로 사회과학적 인과법칙에서 중요한 비중을 차지하는 시차적 요소에 대한 적절한 고려가 배제된 점을 들 수 있다. 따라서 정책과정에서 정책들의 원인변수들 간의 선후관계나 적시성, 숙성효과, 속도와 안정성 등 다양한 시차적 요소들을 고려해야 한다.

또한 시차이론의 내용에서 중점적으로 얘기한 구성요소들 간의 상호모순이 없도록 내적 정합성의 확보가 필요하므로, 모순적인 정책을 집행할 때에는 시대의 흐름 속에 어느 것이 먼저 시행되어야 하는지에 대한 가치판단을 내리는 현명함이 요구되고 이에 맞게 변화전략을 시기별로 적절하게 사용하는 것이 필요하다.

더불어 적시성(timing)에 집중하는 시차이론의 내용도 연구를 통해 적용가능성을 높일 수 있다. 즉, 시간적 차이에서 오는 정책의 실패를 줄이기 위한 방안으로 변화를 추진하는 정책책임자들의 지적·정치적 능력과 더불어 시간적 우선순위를 고려한 책임성 및 리더십 역시 강조되어야 한다.

정책은 장기적 관점과 단기적 관점이 필요하다. 현재 정부도 장기적인 비전과 단기적인 비전을 세워 정책을 운영하고 있다. 하지만 정책 이슈에 따라 급하게 정책이 집행되는 경우도 존재하며, 대통령이나 국회의원의 경우 제한된 임기 안에 효과를 발생시켜 정치적인 이익을 추구하려는 경향이 있어 단기적인 효과에만 급급하는 경우도 있다고 생각된다. 이럴 경우 장기적 관점이 필요한 정책집행이 단기적인 관점으로 이루어져 결국은 정책의 효과성을 감소시킬 수 있다. 이러한 상황을 고려할 때, 업무완수에 필요한 시차를 고려하는 내용의 연구를 통해 한국에 적용한다면 정책의 효과성을 높일 수 있을 것으로 생각한다.

5. 성찰적 정책모형

1) 개 념

성찰적 정책모형이란 단순히 비용과 편익 및 비용과 효과성에 맞춘 기존의 양적 측면의 정책분석의 한계를 극복하고 보완하기 위해 나타난 새로운 모형이다. 다시 말해서 양적 측면의 정책분석요소 외에 질적 측면의 정책분석요소 중 최상위 가치 분석기준인 성찰성을 고려하여 정책 내용을 인간의 존엄성을 실현시키고 보다 존중하는 방향으로 이끌기 위해 제시된 정책모형이라고 말할 수 있다.

그렇다면 성찰성이란 무엇인가? '성찰적 정책모형'의 개념을 설명하기에 앞서 현대정책학의 시대정신이라고 할 수 있는 '성찰성'에 대한 논의를 우선적으로 하고자 한다. 성찰성은 라스웰(H. Lasswell)이 주장한 '민주주의 정책학'에 대한 이해에서부터 출발한다고 볼 수 있다. 라스웰의 민주주의 정책학이란 인간의 존엄성의 실현을 토대로 인간사회를 더 나은 방향으로 진보시키는 것으로 요약할 수 있다. 즉, 가장 중요시 되는 부분이 인간의 존엄성 실현이라고 할 수 있는데, 이때 인간의 존엄성은 '인류공동체적인 휴머니즘에 기초한 인류의 보편적 존엄성'이라고 보아야 한다(권기헌, 2012: 154).

성찰성이란 개념 또한 크게 다르지 않다. 성찰성은 최상위 가치에 대한 분석이념으로, 정책의 민주적 가치가 꽃 핀 개념이라고 할 수 있다. 이때의 성찰성은 특정 정책이 인간의 존엄성에 대한 실현 여부에 기여하는 정도에 대한 판단과 우리 사회를 좀 더 신뢰받고 성숙된 공동체로 구현하는 데 기여하는 정도에 대한 판단을 모두 포함한다. 인간은 모두가 인격적으로 그리고 육체적으로 존엄하기 때문에, 정책의 실현에 있어 인간을 단순히 도구적 수단으로 바라보아서는 안 될 것이다. 인간의 존엄성은 기본적인 인권의 보장으로부터 나오는 것이기에, 정책의 실현에 있어서도 인간의 기본적인 권리를 보장하는 것이 반드시 필요하며 이를 대변하는 개념이 성찰성이다(권기헌, 2012: 203).

성찰적 정책모형이란 성찰성을 바탕으로 한 정책분석모형으로 정책의 최종적 실현목표인 인간의 존엄성 실현을 위한 구체적 실현방안으로서 역할을 한다. 앞서 말했듯 성찰성은 정책결정에 있어 최상위의 위치에 있는 당위성 차원의 개념이다. 따라서 성찰성에 대한 명확한 분석이 없이는 본질적으로 올바른 방향의 정책이 나올 수 없는데, 성찰적 정책모형은 성찰성을 기반으로 한 정책모형으로 성찰성에 대한 보다 명확한 분석을 가능하게 한다. 특히 최근 정부3.0에서 강조되는 변혁이라는 개념도 일을 단순하게 잘하는 것보다는 옳은 방향으로의 정책설정을 강조하고 있는데, 이 역시 성찰성의 중요성과 궤를 같이한다고 하겠다.

성찰적 정책모형의 개념을 보다 쉽게 이해하기 위해 찰스 앤더슨(Charles Anderson)이 주장한 '민주주의 정책학'에 대한 내용을 생각해 볼 필요가 있다. 민주주의 정책학은 정책과정에 있어서 민주사회의 성찰적 시민들의 보다 많은 참여와 논증, 숙의와 담론을 강조하는 정책윤리와 정책토론을 강조한다. 그리고 보다 바람직한 공공가치와 보다 창조적인 미래를 추구하는 인간 내면의 실천적 이성에 대한 믿음에 기초한 열린 사고와 투명한 윤리는 민주주의 정책학을 실현하는 데 중요한 인식적 토대가 된다(권기헌, 2007: 174). 이처럼 민주주의 정책학이 말하는 내용은 대화와 숙의, 그리고 배려를 중시하는 성찰적 정책모형의 내용을 정확하게 뒷받침해 준다고 할 수 있다.

2) 내 용

성찰적 정책모형은 정책분석의 세 가지 기준인 성찰성, 민주성, 그리고 효율성 중에서 성찰성에 초점을 맞춘 정책모형이라고 할 수 있다. 그 구체적 분석내용은 1) 정책의 수요분석: 정책대상집단의 수요에 기반한(need-based) 정책설계(policy design)인가?, 2) 정책의 동기분석: 정책동기의 공익성과 정책의 수혜로부터 소외된 집단에 대한 '소통'과 '배려'가 있는가?, 3) 정책대상집단의 자각적 시민의식의 성숙과 민주적 정책네트워크에 대한 참여가 이루어지고 있는가로 요약할 수 있다(문상호·권기헌, 2009: 13-16). 위 내용을 보기 쉽게 나타내자면 〈표 14-7〉과 같다.

표 14-7 성찰적 정책모형의 필요조건

성찰성	인간의 존엄성 실현	〈제1조건〉 정책대상집단의 수요에 기반한 정책설계
		〈제2조건〉 정책동기의 공익성과 소외집단에 대한 소통과 배려
	신뢰받고 성숙한 공동체	〈제3조건〉 정책대상집단의 자각적 시민의식과 민주적 정책네트워크 참여

(1) 정책대상집단의 수요에 기반한 정책설계인가?

먼저 정책대상집단의 수요에 기반한 정책설계인가에 대한 내용은 정책수요에 기반한 정책설계는 성찰적 정책이 갖추어야 할 요건 중 수요 측면으로부터 요구되는 조건이다(성찰적 조건의 제1조건). 즉, 정책 분석에 있어 성찰성 기준은 먼저 정책의 수요 측면에서 해당 정책이 진정으로 정책대상집단의 필요에 부응하는가라는 물음을 제기할 것을 요구한다. 정책대상집단 전체가 진정으로 해당 정책을 필요로 하고 있는지 혹은 정책대상집단 중 일부만 필요로 하고 다른 일부는 미온적인지, 혹은 이에 더 나아가 반대의 입장을 지니고 있는지에 대한 정책수요조사가 필요하다. 만일 일부(주장집단과 이탈집단)가 반대하는 정책이라면 반대의 근거는 무엇인지, 그리고 객관적으로 그러한 반대의 근거가 얼마나 타당하고 조정가능한지 면밀히 살필 필요가 있다.

(2) 정책동기의 공익성과 소외집단에 대한 '소통'과 '배려'가 있었는가?

두 번째로, 성찰적 정책이 갖추어야 할 다음의 요건은 정책의 공급 측면에서 요구된다(성찰적 정책의 제2조건). 정책동기의 공익성과 소외집단에 대한 '소통'과 '배려'가 있었는가를 분석하는 단계는 수요가 아닌 '공급'에 초점이 맞춰진 단계라고 보아야 한다. 정책의 공급자가 자신의 이익을 위해 정책을 공급하는 것인지, 아니면 진정으로 정책대상집단의 요구를 받들어 그들의 후생을 증진시키려는 목적으로 정책을 공급하는 것인지를 가려내는 단계라고 할 수 있다. 다시 말해, 실현된 정책의 결과와 정책공급자의 목적 사이의 연관성을 분석해 내는 것을 말한다. 그리고 여기에 '성찰성'의 개념이 들어오게 되면 정책공급자에게 '공공의 형평적 유익을 구하는 사회적 조정자'로서의 역할을 할 것을 요구한다. 정책이 시행되면 필연적으로 그 정책의 수혜를 입는 집단과 그렇지 못한 집단이 나뉘게 되는데, 이때 정책의 실현에 따른 비용을 떠안게 되는 비수혜집단과의 '소통'이 정책과정 중에 있었는지, 그리고 그들에 대한 따뜻한 '배려'가 있었는지를 이 단계에서 확인하고 평가한다고 볼 수 있다.

(3) 정책대상집단이 성찰적 정책을 수용할 의지가 있는가? 그리고 고양된 인간의 존엄성과 성숙한 공동체의식을 지니는가?

마지막으로, 정책대상집단이 성찰적 정책을 수용할 의지가 있는지 고양된 인간의 존엄성과 성숙한 공동체의식을 지니는지를 묻는다(성찰적 정책의 제3조건). 즉, 신뢰받고 성숙한 공동체 실현의 조건으로서의 정책대상집단의 자각적 시민의식과 민주적 정책네트워크 참여단계는 정책과정의 합리성이 정책수용자의 입장에서 충분히 납득할 만한지 그리고 정책대상집단이 성찰적 정책을 수용할 의지가 있는지와 그들이 '인간의 존엄성'과 '성숙한 공동체의식'을 지니는지에 대해 묻는 단계이다. 이를 요약해 보자면, 먼저 정책이 앞의 두 조건을 만족한다고 하여도 정책대상집단 중에 무조건적인 반대를 하는 집단이 존재하면 아무리 성찰성이 뒷받침된 정책이라 하여도 성공하기 힘들다는 것이다. 이러한 반대집단은 '자각적 시민의식'이 결여된 상태이며 정책 성공을 방해하는 큰 요인으로 작용하게 된다. 그리고 정책대상집단이 거버넌스에 책임감 있게 참여하는 정부의 파트너로서의 의식을 가지고 있는지도 확인해 보아야 한다. 이는 정부가 정책대상집단을 배제한 채 독단적으로 정책운영을 하지 않는지에 대한 확인을 뜻한다. 또한 현재의 시대가치인 '거버넌스'의 이상은 자각된 시민의식으로부터 나오는 신뢰와 참여를 기초로 하는 사회자본의 토대 위에서 실현가능할 것인데 성찰적 정책모형의 마지막 단계는 이러한 '거버넌스'의 실현에 일조한다고 할 수 있다.

3) 특 징

제도가 아무리 정교해도 마음이 뒷받침되지 않으면 실패한다. 발전행정과 신제도주의, 그리고 절차적 민주주의의 한계인 것이다. 그동안 마음은 심리학적인 주제로서 행정학과 정책학에서 본격적으로 다루어지지 못한 측면이 많았다. 하지만 앞으로는 협력적 거버넌스의 성공조건으로서 협력하는 마음과 배려하는 마음, 그리고 여기에 바탕을 둔 문화인자의 문제를 중요하게 검토할 필요가 있으므로 성찰적 정책모형이 의미를 지닌다(권기헌, 2012: 78).

그렇다면 정책수용성에 있어서 성찰성에 기초한 접근은 어떠한 의미를 가지는 것일까? 정책수용이란 주어진 정책에 대해서 정책대상집단이 이를 받아들일 것인가 거부할 것인가의 태도를 결정하는 것으로서 어떤 정책과 국민 사이의 내면적 관계에 대한 주관적 표현이라고 정의할 수 있다.

정책수용성을 고려한다는 것은 효율성 위주의 공급중심 정책학에서 벗어나 성찰성을 정책성공을 위한 최우선 지표로 인식하고 정책수요자의 입장에서 충분히 합리적인지, 정책수용이 가능한지, 결과적으로는 원래의 의도대로 수요자의 자발적 수용에 의한 정책의 효과가 구현될 수 있는지를 주의 깊게 살핀다는 뜻인데 이러한 차원의 평가를 함에 있어서 성찰적 정책에서는 다음과 같은 기준들을 고려한다.

(1) 적합성(appropriateness)

적합성이란 정책에 내포된 가치성의 정도로서 '특정 정책이 지니고 있는 가치나 비전이 과연 현실적으로 어느 정도로 바람직한 규범성을 지니고 있는가에 대한 판단기준이다. 좋은 정책은 헌법이념과 시대정신에 부합하는 바람직한 가치성을 지니는 정책이어야 한다. 정책의 가치나 비전이 헌법이념이나 시대정신에 부합하는 바람직한 규범성을 지니는가를 판단하는 정책의 적합성 여부는 정책의 최상위 가치인 성찰성의 가장 중요한 판단기준이라고 할 수 있다.

(2) 적정성(adequacy)

적정성이란 문제해결의 적정성을 의미하며, 이는 적시와 적절의 의미를 포함하고 있다. 즉, 정책에 있어서 시기($timing$)의 적정성과 정책 정도($degree$)의 적정성은 중요한 의미를 갖는다. 좋은 정책은 정책의 타이밍을 놓쳐서는 안 되며, 처방 정도 면에 있어서도 적정해야 하며, 더 나아가 인권·정의·신뢰·성숙이라고 하는 정책의 최상위 가치 측면에서도 적절해야 한다.

(3) 형평성(equity)

형평성은 사회적 정의와 밀접하게 관련되어 있고 사회 내의 여러 집단 사이에 효과와 비용을 배분하는 것과 관련된 것이다. 소득, 교육기회, 공공서비스 등을 재분배하려는 정책이 효과적이고 능률적이라도 비용과 편익이 불공평하게 배분된다면 저항을 유발할 가능성이 높다. 정책대안의 비교·평가기준으로서 논의되는 형평성은 "정책효과와 정책비용의 배분이 사회정의로서 배분적 정의에 합치되는 정도"로 정의할 수 있다. 이러한 형평성은 수평적 형평성(*horizontal equity*)과 수직적 형평성(*vertical equity*)으로 의미를 구별할 수 있다. 수평적 형평성(*horizontal equity*)은 "동등한 여건에 있는 사람을 동등하게 취급"하는 것으로 정의되는 반면, 수직적 형평성(*vertical equity*)은 "동등하지 않은 여건에 있는 사람들을 동등하지 않게 취급"하는 것으로 정의된다.

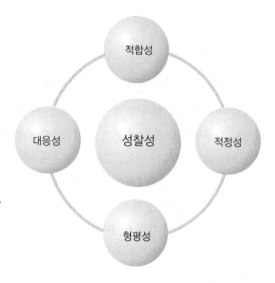

(4) 대응성(responsiveness)

대응성이란 정책집단의 요구·선호·가치의 만족화 정도로서, '특정 정책이 어느 정도나 정책수혜집단의 요구·선호·가치 등을 반영하고 있는가를 판단하는 기준'이다. 대응성을 측정하는 것으로는 정책이 시행되기 전에 실시한 시민들의 요구조사결과와 정책시행 후의 조사결과 간의 차이에 대한 비교측정방법을 들 수 있다. 정책이 시민의 요구·선호·가치에 민감하게 반응한다면 정책의 신뢰성은 제고되며, 이는 궁극적으로 정책의 최상위 가치인 성찰성에 기여하게 된다.

4) 한 계

성찰성 차원 세부측정지표는 인간의 존엄성 실현, 신뢰받고 성숙한 공동체 실현으로 정책의 성찰성이란 정책의 내용이 궁극적으로 인간의 실체적 존재가치를 존중하는 방향으로 이루어져야 함을 의미하는 것이며, 이를 통해서 우리 사회의 신뢰 구축과 사회공동체의 실현을 이룩하고자 하는 가치함축적인 의미라 할 수 있다. 그러나 어떠한 정책이나 프로그램이 인간의 존엄성과 신뢰받고 성숙한 공동체에 기여한 정도가 어느 정도인지는 양적으로 계량화하기가 쉽지 않고 정책의 성찰성 차원의 평가도 사실상 쉽지 않다. 왜냐하면 정책의 최상위 가치를 표현하는 이 차원은 매우 추상성이 높기에 어떤 한두 가지의 측정지표로 대변될 성질의 것이 아니기 때문이다. 따라서 어떤 정책의 경우에는 인간의 존엄성에 대한 평가가 주로 이루어지는 경우도 있고, 어떤 정책의 경우에는 신뢰받고 성숙한 공동체에 대한 평가가 주로 이루어지는 경우도 있게 되는데, 이를 위해서는 향후 심층적인 후속연구들이 필요할 것으로 보인다.

5) 한국에의 적용

사회가 다원화됨에 따라 사회 곳곳에서 갈등이 심화되는 한편 지역이나 계층적 주장들이 정제되지 못한 채 봇물처럼 쏟아져 나오고 있으며, 한편으론 정부나 공공기관의 관점에서도 공직자의 부패나 국민을 생각하는 사명감보다 자신의 편안함과 이익을 우선적으로 추구하는 공직자의 모습도 많은 문제점을 제기하고 있다. 한국이 급격한 사회발전으로 인해 민주화의 성숙이 완전히 자리 잡지 못한 시점에서 성찰성이라는 개념과 성찰적 정책모형은 우리 사회를 다시 한 번 되돌아볼 수 있게 한다는 점에서 그 학술적 의의를 찾을 수 있다.

양극화와 상대적 박탈감이 심화되는 현대한국사회에서 '소통'과 '배려' 그리고 '공감'으로 대표되는 성찰성과 그에 기반한 성찰적 정책모형은 충분히 그 규범적 함의를 지닐 것으로 생각된다. 가진 자와 못가진 자 사이에 따뜻한 공감과 이해를 바탕으로 소외받은 정책대상집단과의 상생발전과 공생발전을 고무하고 격려하는 정책은 인간의 존엄성 실현이라는 궁극적 목표에 한 걸음 더 다가 갈 수 있게 해 줄 것이기 때문이다.

지금까지 신자유주의의 흐름에 따라 효율성을 최우선적으로 생각하던 정책흐름을 다시 한 번 되돌아보고 반성하게 만든다는 점 또한 긍정적인 규범적 함의라고 할 수 있다. 과연 무엇이 정의로운 국가로 가는 길인가에 대한 해답을 찾는 과정에서 성찰모형은 새로운 사고의 기제를 제공해 준다는 의미도 있다. 삶에 대한 품격 있는 자세와 성찰, 진정성 있는 의식과 삶에 대한 책임 있는 자세로서의 덕이 필요하며 정부, 국민 할 것 없이 각자가 제자리에서 성찰하고 반성하는 삶의 자세를 가지는 것이 우선적으로 필요하기 때문이다(권기헌, 2012: 162).

하지만 앞서 언급했듯이, 성찰모형의 현실적 한계를 극복하기 위해 보다 심층적인 후속연구가 필요하다고 생각된다. 성찰성의 구체적 기준과 한계, 측정조건과 모형의 정교화와 함께 성찰적 정책모형이 얼마나 광범위한 설명력을 지니는지에 다양한 사례를 토대로 점검해 보는 학술적 후속노력이 필요할 것으로 사료된다.

핵심 Point !

Dynamic Process

◎ 현대행정의 주요 이론

- 기존의 행정이론: 관료제이론, 인사행정론, 조직행정론, 재무행정론 등
- 최근에 제시된 행정이론: 국가혁신이론, 미래예측이론, 거버넌스이론, 갈등관리이론, 전자정부이론, 지식 정부이론 등

◎ 거버넌스이론

- 거버넌스는 라스웰(Lasswell)이 인간의 존엄성을 강조한 민주주의 정책학을 주창한 이래 행정학이 계층 제적 관료제의 도구로 전락된 것에 대한 반성과 성찰의 결과
- 거버넌스에 대한 행정학적 접근
- 협의의 개념: 인사나 예산 및 조직관리에 있어서, 분권화, 재량권 확대, 민간기법의 도입 등을 통한 행정 내부의 변화
- 일반적인 개념: 시장주의 또는 신제도주의 경제학의 경쟁원리와 고객주의를 공공 부문에 도입하여, 민간 에게 많은 서비스 공급을 맡기고, 정부는 유인책을 이용하여 방향잡기에 주력하는 것
- 광의의 개념: 협의와 일반적 개념에 시장주의와 참여주의를 합친 것으로, 정부는 내부 운영체제가 새롭게 변모되고, 시장 및 시민사회와의 연계방식이 달라짐을 의미
- 거버넌스이론의 유형
  - G. Peters(1995)의 모형: 시장모형, 참여모형, 신축모형, 탈규제모형
  - G. Peters & J. Pierre(2005)의 모형: 국가통제모형, 자유민주주의 모형, 국가중심 조합주의 모형, 사회 중심 조합주의 모형, 자기조정 네트워크 모형
  - J. Newman(2001)의 유형: 계층제 유형, 합리적 목표, 개방체제, 자치거버넌스
  - J. Kooiman의 유형: 자치거버넌스, 협력거버넌스, 계층제 거버넌스
- 뉴거버넌스: 시장과 시민사회와의 보다 많은 협력과 조정("concert and coordination"), 타협과 연결 ("bargaining and networking")을 강조

◎ 신제도주의
- 신제도주의이론의 대두: 1950년대 전후 행태주의(behavioralism)의 원자적 설명에 반대하고, 역사적 제도학파의 법적·기술적·정태적 설명에 반대
- 개관
  ▶ 제도란 사회의 구조화된 어떤 측면을 의미, 개인행위를 제약
  ▶ 제도적 맥락 하에서 이루어지는 개인행위는 규칙성, 제도가 개인행위를 제약, 개인 간 상호작용의 결과 제도가 변화
- 신제도주의의 이론적 유형
  ▶ 합리적 선택 신제도주의: 경제학적 관점, 정치학적 관점
  ▶ 사회학적 신제도주의
  ▶ 역사적 신제도주의
- 행정학적 함의
  ▶ 제도주의 연구와 행정연구가 통합지향적으로 발전될 필요
  ▶ 국내 정치에 영향을 미치는 사회적 관계(social dynamics) 속 정부의 구조적 특성 파악
  ▶ 정부의 구조적 특성은 정책결정 규칙과 규범 및 절차 등과 같은 정책결정의 제도적 속성에 영향을 받음

◎ 갈등관리
- 갈등의 개념: 조직 내에서 자연적으로 일어나고 있는 현상으로 파악할 필요
- 갈등관리의 이해: 정책갈등관리의 기본전략으로 조기포착과 사전관리, 분석능력과 참여관리, 이해관계와 갈등조정
- 정책갈등의 관리전략
  ▶ 정책갈등: 정책결정 환경의 각 수준 간 또는 각 수준 내에서, 집행, 평가, 환류과정에서 발생하는 갈등
  ▶ 기본전략: 조기포착과 사전관리, 정책대상집단에 대한 분석능력 제고, 민주적 절차성 제고, 지식관리 역량 제고
- 행정학적 쟁점
  ▶ 이론적 함의: 조직행태론, 뉴거버넌스론, 대표관료제와 갈등관리
  ▶ 행정학적 함의: 창의적 행정의 구현, 민주적 행정의 구현, 조직의 거래비용 감소

◎ 미래예측
- 의의: 미래예측이란 미래를 단순히 예측을 넘어 보다 적극적으로 미래의 창조적 대안들을 기획하고 창출하는 것을 의미
- 명제
  ▶ 기본원리: 연속성의 원리, 인과성의 원리, 창의성의 원리
  ▶ 핵심명제
  • "미래는 단순히 예견(foresee)하는 것이 아님"

- "미래예측의 핵심은 새로운 미래(Another Future 혹은 Desirable Future)를 탐색하고 창조해 나가는 것"
- "미래예측은 미래에 대한 전략적 구상을 바탕으로 국정운영시스템과의 유기적 연계 및 추진체계를 중시"
- ▣ 연구방법
- ▶ 이슈의 화인: 환경스캐닝, 이슈서베이, SWOT 분석
- ▶ 통계적 분석: 회귀분석, 시뮬레이션, AHP 기법, Baysian 모형, 형태분석기법
- ▶ 창의적 접근: 브레인스토밍, 전문가패널, 시나리오, 정책델파이, 교차영향분석, 실현성 예측
- ▣ 행정학적 함의: 조직역량의 강화, 과학적 정부시스템 구현, 거버넌스 정신과의 연계, 미래지향적 국정운영 시스템 실현

◎ 최근의 경향
- ▣ 정부4.0
- ▶ 정부의 정책방향 및 변혁 강조
- 정부4.0이 추구하는 국정철학의 이념과 가치를 정립할 필요가 있음
- 정부4.0의 지향점: 유능한 예측지향의 정부
- ▶ 일하는 방식의 변화 필요
- ▶ 정부의 정책방향 및 변혁을 강조
- ▶ 정부의 공익에 대한 책임성을 강조
- ▶ 국민들에게 감동을 줘야 함
- ▶ 스마트한 전자정부를 토대로 함
- ▶ 국민의 신뢰를 얻어야 함
- ▶ 미래예측적 거버넌스 실행
- ▣ 사회적 자본
- ▶ 개념: 사회구성원들 간의 신뢰와 협력, 이를 통해 내재화된 규범 등을 포함하는 사회적 자산이라고 할 수 있으며, 이로 인해 네트워크, 협력, 공유, 가치 등을 강조
- ▶ 내용
- 일반화된 신뢰: 일반화된 신뢰는 다른 사람들 일반에 대해 얼마나 신뢰를 할 수 있는가 아니면 조심해야 한다고 생각하는가로 측정될 수 있다.
- 규범준수 및 호혜성의 믿음: 규범과 규칙에 대한 신뢰와 믿음도 사회적 자본의 축적에 필요
- 사회적 참여: 사회구성원들의 자발적인 사회참여 정도를 말함
- 사회적 네트워크: 사회적 네트워크의 크기는 평소 가깝게 지내는 사람들의 수를 의미하며, 사회적 네트워크의 밀도는 한 네트워크에 포함된 다른 사람들 간에 연결이 되어 있는 정도를 의미함
- ▶ 기능
- 신뢰를 통한 거래비용 감소
- 규범을 통한 효과적인 제재 확보

- 정보소통의 통로기능
▶ 특징
- 비가시성: 사회적 자본의 철도, 도로, 항만과 같은 사회간접자본과는 다르게 눈에 보이지 않는 개념임
- 사회적 중요성과 깨진 유리창의 법칙: 사회적 자본은 깨진 유리창처럼 아주 사소해 보일 수 있으나, 사회에 적정수준 만큼 존재하지 않으면 사회적으로 큰 혼란과 비효율을 초래함
- 다의성: 개인이나 집단의 수준에서 정의될 수 있고, 나아가서 지역공동체, 전체 사회나 국가 수준에서도 정의될 수 있는 개념임
▶ 한계
- 사회적 자본의 역기능: 학연, 지연, 혈연 등 사적 이익을 추구하는 경우 신뢰는 오히려 해로운 요소가 되기도 함
- 측정의 어려움: 개념의 다양성 때문에 측정하기 어려운 한계가 있음
▶ 한국에의 적용: 도덕적이고 신뢰받는 성숙한 공동체로 나아가기 위해서 사회적 자본이 많은 긍정적인 역할을 할 수 있음. 국민들을 다양한 결사체 활동에 참여하도록 유도하며, 다양한 인맥을 기존의 파벌과 대립의 사회분열적인 역할에 동원하기보다는 건강하고 성숙한 집단간 경쟁의 동원력으로 활용해야 함

◘ 딜레마이론
▶ 개념: 정책결정이란 다양한 정책대안 가운데서 이것을 평가하고 선택하는 행위인데 이 정책대안들이 충돌할 경우 정책결정자는 고민에 빠지게 됨. 이러한 상황을 정책학적 관점에서 딜레마라고 함
▶ 내용: 정책딜레마의 발생조건에는 두 가지 대안, 대안 간 비교의 어려움, 선택의 불가피성, 큰 기회손실의 발생
▶ 특징
- 정보의 소유량: 정보가 많고 적음에 따라서 딜레마가 되는 것이 아니라, 그 선택지가 불러오는 기회손실에 관한 문제로서 다루어져야 함
- 대안들을 서로 비교할 수 없고 그 중요성이 비슷하다는 점
▶ 한계
- 정의의 범위
- 적실성 문제

◘ 시차이론
▶ 개념: 정책이 실제로 실행되는 타이밍과 정책의 효과가 나타나기까지 그것을 받아들이는 주체들의 학습시간, 정책의 요인들 간 발생 시간순서 등이 그 정책효과를 달리 할 수 있음
▶ 내용
- 제도적 요소들의 도입 선후관계가 달라짐에 따라 그 결과가 엄청난 차이를 보임
- 원인변수와 결과변수의 변화과정과 성숙단계 등 역사적 요인이 이론적 인과관계의 강도뿐만 아니라 방향까지도 변화시킨다는 점을 강조

▶ 특징

- 정책과 제도수정의 '적시성(timing)'을 강조
- 장기와 단기로 변화요소를 구분
- 숙성(maturation)이 필요
- 선후관계(sequence)를 중요하게 여김

▶ 한계

- 현상의 원인에는 여러 가지 요인이 존재
- 정책주체들이 정책을 고려할 때 시차적 고려를 계획적으로 하기가 곤란한 경우가 현실에서 다수 존재

◨ 성찰적 정책모형

▶ 개념: 정책 분석요소 중 최상위 가치 분석기준인 성찰성을 고려하여 정책 내용을 인간의 존엄성을 실현시키고 보다 존중하는 방향으로 이끌기 위해 제시된 정책모형

▶ 분석 내용

- 정책대상집단의 수요에 기반한 정책설계인가?
- 정책동기의 공익성과 소외집단에 대한 '소통'과 '배려'가 있었는가?
- 정책대상집단이 성찰적 정책을 수용할 의지가 있는가? 그리고 고양된 인간의 존엄성과 성숙한 공동체의식을 지니는가?

▶ 특징

- 협력적 거버넌스의 성공조건으로서 협력하는 마음과 배려하는 마음, 그리고 여기에 바탕을 둔 문화인자의 문제를 중요하게 검토할 필요가 있으므로 성찰적 정책모형이 의미
- 정책수용성을 고려한다는 것은 효율성 위주의 공급중심 정책학에서 벗어나 성찰성을 정책성공을 위한 최우선 지표로 인식하고 정책수요자의 입장에서 충분히 합리적인지, 정책수용이 가능한지, 결과적으로는 원래의 의도대로 수요자의 자발적 수용에 의한 정책의 효과가 구현될 수 있는지를 주의깊게 살핀다는 뜻임
- 이러한 차원의 평가를 함에 있어서 성찰적 정책에서는 다음과 같은 기준들을 고려함
  - 적합성(appropriateness)
  - 적정성(adequacy)
  - 형평성(equity)
  - 대응성(responsiveness)

▶ 한계: 인간의 존엄성과 신뢰받고 성숙한 공동체 기여 정도의 양적인 계량화 어려움

▶ 한국에의 적용

- 사회가 다원화됨에 따라 사회 곳곳에서 갈등이 심화되는 한편 지역이나 계층적 주장들이 정제되지 못한 채 봇물처럼 쏟아져 나오고 있음
- 양극화와 상대적 박탈감이 심화되는 현대한국사회에서 '소통'과 '배려' 그리고 '공감'으로 대표되는 성찰성과 그에 기반한 성찰적 정책모형은 충분히 그 규범적 함의를 지닐 것으로 생각됨

- 하지만 앞서 언급했듯이, 성찰모형의 현실적 한계를 극복하기 위해 보다 심층적인 후속연구가 필요함. 성찰성의 구체적 기준과 한계, 측정조건과 모형의 정교화와 함께 성찰적 정책모형이 얼마나 광범위한 설명력을 지니는지에 다양한 사례를 토대로 점검해 보는 학술적 후속노력이 필요할 것으로 생각됨

◎ 행정학의 접근에 있어 신공공관리·거버넌스·뉴거버넌스의 차이를 설명하라.

◎ 합리적 선택 신제도주의·사회학적 신제도주의·역사적 신제도주의에 대해 비교 설명하라.

◎ 정책갈등은 다양한 원인들에 의해서 발생하는데, 이를 선제적으로 관리하기 위한 선제적 갈등관리의 기본방안에 대해서 설명하라.

◎ 미래예측의 개념을 설명하고 행정학적 의미를 사례를 들어 설명하라.

◎ 새로운 정부모형의 필요성을 정리하고, 현재 정부에서 실시하고 있는 정책이나 활동사례를 새로운 정부모형의 관점에서 논하라.

◎ 4차 산업혁명에 따른 정부4.0의 특징을 정리하고, 각자 자신이 생각하는 정부4.0이 추구해야 할 방향성을 논하라.

◎ 사회적 자본의 개념을 설명하고, 성공과 실패, 한국에 적용가능성을 사례를 들어 설명하라.

◎ 딜레마이론이 기존의 정책결정모형들과 비교하여 가지는 특징에 대하여 논하라.

◎ 시차이론이 가지는 특징 및 한계점에 대해서 설명하라.

◎ 성찰적 정책모형이 등장한 배경과 개념에 대하여 설명하고, 한국사회에서 지니는 정책적 함의에 대하여 논하라.

　본 장에서 제시한 내용들은 최근의 행정이론들 중 이론적 파급력과 현실적 적합성이 일정 수준 이상인 것으로 판단되는 것만을 선별하여 다룬 것이다. 행정학이 학문으로서 본격적으로 연구된 역사가 그리 길지 않다는 점을 감안하면 최근의 이론이라고 할지라도 전통적 이론과 시간적 차이가 그렇게 크지는 않다. 이는 전통적 행정이론과 현대행정이론이 여전히 충돌 중이며 끊임없는 상호자극을 통해 발전해간다는 것을 의미한다. 따라서 본 서의 초반부에서 제시되고 학습되었던 전통적 행정이론에 대한 기억을 현대행정이론과 비교하고 양자의 차이점을 발견하려는 노력을 기울일 필요가 있을 것이다.

　본 장에서 출제가능한 문제유형은 크게 세 가지로 나뉜다.

　첫째, 특정한 이론을 선별하여 제시한 후 그 개념과 행정 현실에서의 적용가능성을 타진토록 하는 것이다. 이 경우 해당 이론에 대한 이해가 선행되어야하며 관련된 사례에 관한 지식이 필요하다. 2009년도에 출제된 신제도주의에 대한 문제가 여기에 해당한다.

　둘째, 둘 이상의 이론을 제시하고 이론들 간의 비교우위를 질문하고 특정 사례에 대한 적용적합성을 평가하는 문제이다. 제시되는 이론들은 상호대립되거나 관점의 차이가 두드러질 가능성이 크다.

　셋째, 사례를 제시한 후 해당 사례의 인과구조를 설명하기 위한 이론을 제시하거나 사례가 담고 있는 문제를 해결하기 위한 대안을 특정한 이론적 근거에서 도출하라고 질문하는 경우이다. 이러한 문제가 나올 경우 인과구조를 설명하기 위해 단일한 이론을 취하기보다는 복수의 이론을 통하는 것이 답안작성에 유리하다. 특히 대안이나 해결책을 제시해야 하는 경우 단일한 이론에 근거할 경우 제도적 보완의 필요성이 요구되기 때문이다.

　아울러 아직 출제되진 않았지만 본 장과 관련하여 예상되는 문제로서 정부3.0, 전자정부3.0, 선제적 갈등관리, 협업, 경제민주화, 창조경제에 대해서도 잘 정리해 둘 필요가 있다. 최근 새정부에서 특히 강조하는 개념들이기 때문이다. 또한 시차이론, 딜레마이론, 성찰적 모형의 경우에는 그 기본 개념이라도 잘 숙지해 두길 권한다.

최근 새정부의 출현과 함께 다양한 정책기조들이 제시되고 있다. 특히, 정부는 국정운영의 발목을 잡을 수 있는 사회적 갈등요소들을 선제적으로 관리하기로 했다. 국무조정실은 국정운영에 지장을 초래할 수 있는 69개의 갈등과제를 선정하고 국무조정실과 관계부처 사이의 협력을 통해 이를 조기에 해결하겠다고 밝혔다. 이를 위해 정부는 주요 정책과 사업의 갈등징후를 주시하면서 조기경보체제를 통해 미리 잠재적 갈등요인을 제거하기로 했다.

(1) 선제적 갈등관리의 대두된 배경 및 개념에 대하여 서술하시오.
(2) 선제적 갈등관리가 이전의 갈등관리와 비교하여 가지는 특징에 대하여 서술하시오.
(3) 선제적 갈등관리가 우리 사회 속에서 나아가야 할 바람직한 발전방안에 대해 논하시오.

답안작성요령

☝ 핵심개념

문제(1)은 최근 이슈화되고 있는 선제적 갈등관리의 배경 및 개념을 묻는 질문이다. 공공갈등은 발생이 되어 원만히 해결되지 못하고 갈등악화(conflict escalation)를 겪을 경우에는 갈등과정에서 비용과 시간의 손실뿐만 아니라 감정적으로도 서로 간에 상처와 불신을 남기게 된다. 이러한 문제점의 지적과 비판에 의하여 새롭게 등장한 개념이 선제적 갈등관리이다. 선제적 갈등관리란, 갈등이 사회적 문제가 되기 전에 미리 갈등을 예상하여 해결하는 것이라고 할 수 있다. 만약 어떤 정책에 대해서 사회적 갈등이 예상된다면, 이 갈등이 표출되어 사회적으로 논의되기 전에 선제적인 대응책을 강구해 나가는 것이라고 할 수 있다(권기헌, 2012: 442-450).

☝ 이전의 갈등관리와의 비교를 통한 선제적 갈등관리의 특징

문제(2)는 선제적 갈등관리가 대안적으로 등장한 맥락적 요소를 바탕으로 이전과의 다르게 가지는 특징에 대하여 서술해 주어야 한다. 선제적 갈등관리의 핵심적 특징은 사전 관리와 조기포착이다. 갈등이 이슈화된 다음에야 비로소 해결에 착수하는 것을 바로 기존의 갈등해결이라고 한다면, 선제적 갈등관리는 잠재적 갈등이 쟁점화 되기 전에 포착하고, 그에 대한 해결책을 모색하는 것이다. 즉, 갈등예방이라고 할 수 있는데, 조기포착에 의해 발견된 잠재적 갈등의 요소들을 사전에 해결하는 것이 바로 선제적 갈등관리의 핵심이라고 할 수 있다. 이외에도 이전의 갈등관리방법과 비교하여 지식관리, 부처 간 협업, 정책품질관리 등을 서술할 수 있다.

☝ 선제적 갈등관리의 바람직한 발전방안

문제(3)은 우리 사회 속에서 선제적 갈등관리가 참된 대응방안으로 자리잡기 위해 필요한 방안에 대하여 묻고 있으므로, 현재 우리나라 갈등관리의 특징 및 문제점을 생각하고 이를 개선해 나갈 수 있는 방안을 제시해주는 것이 좋다. 현재 우리나라 정책갈등의 특징 및 문제점은 1) 사회주체가 공공기관인 점, 2) 갈등이 커다란 사회문제가 되기 전에 제기된 다양한 문제제기가 충분히 고려되지 않은 점, 3) 권한과 권위있는 조정기구가 없는 점, 4) 갈등당사자들 사이의 조정과 이에 대한 수용이 잘 이루어지지 않은 점 등이다. 따라서, 이러한 문제를 해결하기 위해서는 우리나라의 갈등해결시스템을 새롭게 구축하는 것이 필요하다. 정책갈등의 조기포착과 사전관리가 중요하며, 또한 정책집행에 따른 다양한 정책참여자들의 분석능력을 제고하고, 이해관계자의 참여 및 갈등조정을 통한 거버넌스적 문제해결을 통해 정책과정의 참여, 숙의, 합의 등 민주성이 제고되어야 한다(권기헌, 2008: 444).

선제적 갈등관리는 최근에 갈등관리방안으로 새롭게 강조되고 있으므로, 개념 및 특징에 대하여 이전의 갈등관리 방안과의 일목요연한 비교설명을 통해 대두된 배경 및 특징을 기술할 필요가 있다. 바람직한 발전방안에 대해서는 기존의 갈등관리가 지적받고 있는 한계를 중심으로 이에 대한 개선방안을 논리적으로 기술하는 것이 고득점 전략을 위해 좋다. 조기포착과 사전 관리를 강조해 주고, 이를 위해 신뢰와 합의형성이 중요하다는 점이 강조되어야 한다. 또한, 신뢰와 합의형성을 위한 사회적 합의형성절차와 시스템 개선이 필요하다는 점도 언급하는 게 좋다(자료: 홍준형(2008), 홍성만·김광구(2008)에서 재수정함).

고시예상문제 최근 새정부의 출현과 함께 다양한 정책기조들이 제시되고 있다. 특히, 박근혜 정부는 국민행복이라는 정부3.0의 이념적 가치를 내걸고 이를 실현하기 위한 전략으로써 '부처 간 칸막이'를 걷어내기 위한 협업과제 발굴에도 적극 나서고 있다.

(1) 협업의 개념 및 대두배경을 설명하시오

(2) 우리나라 협업의 사례를 통해 협업의 성공적 추진전략을 설명하시오

답안작성요령

핵심개념

부처 간의 업무협력은 최근에서야 등장한 개념이 아니다. 하지만 민주주의의 발달과 거버넌스를 통한 다양한 참여자의 등장, 정보통신기술의 발달 및 복합적 성격의 정책문제, 과거에는 경험하지 못한 새로운 문제 상황의 발생 및 이를 조정하는 기구의 부재 등 최근에 그 어느 때보다 협업에 대한 논의가 뜨겁게 이루어지고 있다. 따라서 협업에 대한 단순한 개념정의보다는 그동안 부처 간 업무협력이 이루어지지 못한 이유를 설명하고(부처할거주의 등 관료제의 병폐), 왜 2000년대에 이르러 협업에 대한 관심이 증대하게 되었는지를 논리적으로 서술해야 한다.

협업의 사례

사 례	필요성	내 용	효 과
기상· 강우레이더 공동활용	기상 및 강우에 대한 국민의 관심이 높아짐에 따라 적중률을 높여야 한다는 목소리가 강해짐	레이더의 운영체계를 표준화하고, 관측자료도 실시간으로 공동활용하여, 부처가 더욱 신속하게 공동대처하여 국민의 생명과 재산보호에 이바지하고자 하는 내용을 담은 기상-강우 레이더 공동활용을 위한 업무협약(MOU)을 기상청 국가기상센터에서 체결	기상청의 초단기 기상예보의 적중률이 강화, 국토해양부의 홍수예보 선행시간 확대, 정확도 향상을 통한 홍수대응태세 강화, 국방부의 군 비행안전 및 각종 재난재해로 인한 군 전력손실 방지 및 레이더 신설 및 예산절감 효과

	국민 소득증대와 주 5일 근무제 정착으로 매년 해양레저 수요, 해수욕장 피서객 수가 지속적으로 증가함에 따라 각종 안전사고 발생사례 증가하는 반면, 기관별로 소규모 인력과 장비를 독자 운영함으로써 이에 대한 효율적인 대처가 미흡한 상황	해수욕장 안전관리 관계기관들이 통합적으로 근무할 수 있는 시설을 갖추도록 하고, 기관별 분리하여 운영하는 지휘, 통신체계를 일원화하여, 상황발생에 따른 각종 정보를 공유하도록 함. 해변순찰, 망루감시, 장비운용, 구급·후송 등 업무특성에 따라 합동근무조를 편성·운영함으로써 인력 및 장비운영의 효율을 기함	안전사고 발생 시 구조시간이 크게 단축될 것으로 예상 및 해수욕장 치안질서 유지에 큰 성과
해수욕장 안전관리			

고득점 핵심 포인트

다양한 개념(거버넌스, 전자정부, 정보공유 및 학습, 부처할거주의 및 이기주의 등)을 설명함으로써, 협업의 필요성 및 한계, 발전방안 등을 입체적으로 드러내야 한다. 특히 관료제의 병리현상으로서의 할거주의와 관료의 행태로서의 부처이기주의를 논의한 후, 스마트 전자정부에서 내세우는 정보공유, 공동활용, 협업 등의 수단적 기제만으로는 왜 협업이 성공할 수 없는지에 대해서 논리적으로 설명하여야 한다. 관료의 행태변화(의식)를 토대로 조직문화를 변혁시키려는 변혁적 리더십과 함께 종합적 전략의 마련이 필요함도 강조되어야 할 것이다.

고시예상문제 경제민주화라는 용어는 19세기 말 영국의 산업민주주의, 정치학자 달(R. Dahl)의 '작업장 민주주의'와 1980년대 경제학자 보울스(S. Bowls) 등의 '민주적 기업'이라는 말이 어원이며, 제2차 세계대전 후 미군에 의해 단행된 일본의 재벌개혁, 농지개혁, 노동개혁에서 처음 사용한 바 있다. 우리나라는 그동안 압축성장의 과정을 밟아오면서 대기업 중심의 경제구조 속에서 양극화의 심화, 골목상권의 침해 등의 비난을 받아왔다. 자본주의4.0이라는 새로운 주장도 나오듯이 대기업과 중소기업의 상생과 협력 속에서 가진 자와 못가진 자의 간극을 줄여나가는 노력도 해야 할 상황이다.

(1) 경제민주화의 개념 및 특징에 대하여 서술하시오.
(2) 경제민주화의 장점과 한계에 대하여 서술하시오.
(3) 경제민주화의 한계를 극복할 수 있는 바람직한 발전방안을 사례를 통해 제시하시오.

답안작성요령

핵심개념

문제(1)은 최근 이슈화되고 있는 경제민주화의 개념을 묻는 질문이다. 경제민주화에 대한 명확한 정의가 이루어지고 있지 않은 상태이다. 특히 이는 서로 다른 두 가지 개념('경제', '민주화')이 조합된 개념이기 때문에 어떻게 각각의

개념을 조화시킬 것인지에 대한 고민이 필요할 것이다(ex. 사유재산권과 현대적 소유권 개념의 조화 등)

또한 경제민주화의 내용 및 특징에서는 경제민주화의 주요 내용 및 유사개념과의 차이를 비교해주어야 한다. 예컨대, 경제적 평등의 구분, 경제민주화와 사회민주화의 차이, 경제민주화에서 경제성장과 경제안정과의 관계 등을 통하여 경제민주화의 개념 및 특징을 구체화시켜야 한다.

경제민주화의 사례

경제민주화와 관련된 법률사례로는 개정 하도급법을 들 수 있다. 개정 하도급법은 중소기업 보호가 핵심이다. 개정안은 징벌적 손배 대상을 기존 기술유용 행위뿐 아니라 부당한 단가 인하나 발주 취소, 반품 행위로 확대했다. 납품단가 후려치기로 피해를 본 중소기업은 소송을 통해 피해액의 3배까지 배상받을 수 있다. 최근 '갑'의 횡포가 사회문제화되고 있기에 주목할 만한 대목이라고 여겨진다. 피해구제 못지않게 예방효과도 기대된다. '을'인 하청업체를 대신해 중소기업협동조합이 단가 조정을 협의할 수 있도록 협상력을 높인 것도 주목할 만하다.

하지만, 시행과정에 보완할 점도 있다. 징벌적 손배제는 국내 기업만 해당돼 역차별 해소가 관건이다. 국내 부품업체들이 애플을 비롯한 다국적 기업의 납품단가 후려치기에 속수무책으로 당하고 있지만 이는 규제대상이 아니다. 최근 대형마트와 기업형 슈퍼마켓(SSM)에 대한 출점 제한조치가 있은 뒤, '트라이얼 마트', '바로 마트'와 같은 일본 SSM이 우후죽순 생겨난 것도 같은 맥락이다.

경제민주화의 바람직한 발전방안

경제민주화가 명확하게 이루어진 단계는 아니기 때문에 명확하게 이에 맞는 사례를 찾기보다는, 경제민주화의 이념 속에서 설명할 수 있는 사례를 찾는 것이 중요하다(ex. 국민행복기금 등). 이를 통해 해당 사례가 어떠한 측면에서 경제민주화의 이념을 실현하고 있는지를 위에서 제시한 특징 등에 비추어 설명해야 한다.

경제민주화의 바람직한 발전방안을 설명하기 위해 우선 경제민주화의 한계에 대하여 논해야 한다. 현재 경제민주화에 대한 논의가 어떠한 측면에서 쟁점이 되고 있는지(ex. 경제민주화의 개념적 차원의 한계 및 실현가능성 측면의 한계 등)를 고찰해야 한다. 이러한 한계를 해결할 수 있는 우리나라에 적합한 경제민주화를 정착하기 위한 발전방안을 제시한다.

고득점 핵심 포인트

경제민주화는 아직 논쟁의 대상이 되는 개념이기 때문에 어느 하나의 측면에 옳다라는 식의 정답을 내리는 것은 피해야 한다. 따라서 논란이 되는 입장을 중립적인 시각에서 제시한 후, 특정 사례 등에서 어떠한 측면이 강조되어야 하며 그 사례에서의 필요성에 비추어 설명하는 것이 필요하다. 특히 정책분석의 기준(효율성, 능률성, 형평성, 대응성, 적합성, 적정성 등)에 따라 세분화하여 분석하여 경제민주화의 필요성을 논리적으로 도출하는 것도 고득점 전략을 위해 좋을 것이다.

PART
03

요약 및 결론
- 논점 및 함의 -

요약 및 결론
- 논점 및 함의 -

3

> 21세기 인류사회가 당면한 문제는
> 어떻게 하면 개인의 가치가 존중되는 사회를 실현할 수
> 있을까 하는 국가경영의 지혜로 귀결된다.
>
> Peter Drucker

본 서에서 제시된 주장과 논점, 분석과 함의에 대해서 요약하면 다음과 같다.

1. 주장과 논점

1) 현대행정이론: 문제의식

현대는 대단히 빠른 속도로 변화하고 있으며, 미래의 불확실성(*uncertainty*)과 불확정성(*indeterminancy*)은 더욱 더 증가하고 있다. 이에 따라 현대행정의 조직관리에 있어서도 거버넌스이론(*new governance theory*), 신제도주의이론(*new institutionalism theory*), 갈등관리이론(*conflict management theory*), 미래예측이론(*future foresight theory*), 전자정부이론(*electronic governance theory*) 등이 매우 중요하게 대두되고 있다.

전통적인 행정이론과 최근 등장하고 있는 국가혁신, 미래예측, 거버넌스, 갈등관리, 전자정부,

지식정부 등의 개념 및 제도들은 어떻게 연계되어 있는가? 전통적 이론과 현대적 제도를 유기적으로 연결시킴으로써 좀 더 발전된 현대행정이론의 개념적 토대를 구축할 수는 없을까?

본 서는 이러한 문제인식을 토대로, 전통적인 행정학이론의 외연적 확장을 통해, 본래의 이론이나 가치를 손상시키지 않으면서도, 현대적인 제도로 대두되고 있는 거버넌스, 제도주의, 갈등관리, 미래예측, 전자정부 등의 개념 및 제도들을 함께 고찰하였다.

현대행정학은 정부 운영시스템에 대해 연구하는 정부학이며, 동시에 지식정보사회에서의 국가혁신에 대해 고민하는 국정관리학이다. 현대행정학은 동태적 과정으로 이루어진다. 국가목표-정책결정-조직화-동작화-환류 및 학습이라는 동태적 과정을 거치면서, 현대행정학은 궁극적으로 우리 사회 내에 존재하는 국민 개개인의 인간존엄성 실현을 목표로 한다. 즉, 현대행정학은 정부 내부 운영의 효율성(효과성, 능률성)을 토대로, 시민의 정책참여와 민주통제를 통해 민주성(참여성, 숙의성, 합의성)을 강화하며, 더 나아가 우리 사회 공동체 구성원들의 신뢰성과 성숙성을 지향하는 성찰성 구현을 목표로 한다.

이러한 관점에서, 본서에서 염두에 둔 현대행정학의 문제의식은 다음과 같다.

① 정부 내부 운영의 비능률을 타파하고, 정부 운영의 효율성을 극대화 시킬 수 있는 조직원리 및 운영 방안은 무엇인가?
② 이를 위해 가장 적합한 조직형태(관료제 vs 전자정부)와 관리방안(인사, 조직, 재무, 정보체계)은 무엇이며, 이러한 방안들은 지식정보사회에 부응하기 위해 어떠한 방향으로 진화되어야 하는가?
③ 정부관료제를 민주적으로 통제할 수 있는 방안은 무엇인가? 조직 내부적으로 민주성과 투명성을 제고하는 방안은 무엇이며, 조직 외부적으로 시민들의 정책참여를 강화함으로써 민주성 및 투명성을 제고하는 방안은 무엇인가?
④ 정부는 어떤 정책 및 행정 서비스를 통해 우리 사회의 신뢰성과 성찰성을 제고할 수 있는가?

2) 현대행정이론: 미래의 바람직한 정부상

미래의 바람직한 정부상의 첫 출발점은 정부역량(*governance capacity*)의 강화이다. 정부역량은 정책역량(*policy capacity*), 관리역량(*management capacity*), 인프라역량(*infra capacity*)을 제고하는 것을 의미한다.

첫째, 정책역량은 분석(*analysis*)과 예측(*foresight*)을 중심개념으로 한다. 미래 정부에서는 통상정책과 협상관리, 환경정책과 갈등관리, 정보정책과 과학기술 분야의 중요성이 증대될 것으로 예측되는데, 이러한 정책영역에서 특히 문제의 분석과 예측능력이 매우 중요하다.

둘째, 관리역량은 혁신(*innovation*)과 변혁(*transformation*)를 중심개념으로 한다. 미래 정부에서는 정부 내부의 관리역량 증대를 위해 혁신관리, 성과관리, 지식관리의 중요성이 커진다. 또한 비용편익분석, 회귀분석, 시뮬레이션, BSC 등의 관리기법들을 토대로 조직관리의 과학화를 실현해야 한다. 다만, 정부 4.0에서는 4차 산업혁명으로 인해 어려운 비선형적 문제들이 급격하게 등장하면서 신속한 문제해결, 그리고 보다 더 높은 윤리의식에 기초한 책임지고 소통하는 리더십을 추구한다.

셋째, 인프라역량은 기술(*technology*)과 신뢰(*trust*)를 중심개념으로 한다. 미래 정부에서는 정보기술을 토대로 한 전자정부 및 지식정부의 중요성이 증대되고, 신뢰를 토대로 한 사회적 자본(*social capital*)과 시민사회역량을 강화시켜야 한다.

미래 정부는 정책 성공을 극대화하고 정책 실패를 극소화할 수 있는 정책역량을 갖춘 정부가 되어야 할 것이다. 근본적 문제를 발굴하고 문제해결능력을 제고함으로써 H. Lasswell이 말한 정책지향성(*policy orientation*)을 강화함으로써 인간의 존엄성을 실현해야 할 것이다. 정책역량이 없이 거버넌스적 네트워크나 수평적 문제해결방식만을 강조하는 것은 속빈 강정처럼 공동화(空洞化)된 정부를 초래할 위험이 있기 때문이다. 이러한 관점에서 본 서에서는 정책이론과 정책모형을 특히 강조하였다.

Allison모형, Kingdon의 정책흐름모형, Sabatier의 ACF모형과 함께, Ostrom의 IAD모형, Birkland의 정책학습모형, Zahariadis의 다중흐름모형(*multiple stream model*), Schneider, Ingram & deleon의 사회적 구성(*social construction*)모형, 복잡계 모형과 카오스이론, 성찰적 정책모형 등 정책학의 최신모형에 대해서도 논술하고자 하였다.

미래 정부는 관리역량에 있어서도 혁신(*innovation*)과 변혁(*transformation*)을 강조한다. 단순한 효율적 관리를 넘어 옳은 방향으로의 변혁과 성찰을 추구한다. 본 서에서 강조된 인사행정의 최근 흐름은 그러한 방향을 강조하고 있다. 전략적 인적자원관리, 대표관료제, 인사제도의 다양성 관리(유연근무제, 가족친화적 편익프로그램, 선택적 복지(맞춤형복지)제도와 같은 최신동향들은 인사제도의 단순한 효율성을 넘어 정부구성원들의 삶의 질을 강조하며, 더 나아가 인간의 본질적 존엄성과 연결된다. 대표관료제 역시 인사의 효율성 보다는 보다 본질적인 민주주의 이념을 제도에 반영시키려는 제도라고 할 수 있다.

재무행정에 있어서도 본 서에는 최근 강조되고 있는 성인지예산제도, 예산국민감시제도 등을 중요한 흐름으로 주목하였다. 이들은 예산의 효율성을 넘어 양성평등 및 재원배분의 합리성을 추구하는 더 큰 개념, 즉 민주성, 투명성, 성찰성과 같은 더 큰 개념을 지향하고 있다고 보여진다.

미래 정부는 무엇보다도 신뢰(*trust*)와 성찰(*reflexivity*)이 강조된다. 또한 정부 4.0에서는 공익에 대한 책임성(*accountability*)을 기반으로 국민들에게 감동과 신뢰를 줄 수 있도록 스마트한 전자정부로써 미래예측적 거버넌스 실행을 강조한다. 이러한 관점에서 본 서에는 정부 4.0을 좀 더 명료하게 논술하고자 가치(*value*)가 무엇인지, 공공가치(*public value*)가 무엇인지, 국민행복(*people's happiness*)이 무엇인지, 그리고 이를 어떻게 하면 실현시킬 수 있는지에 대해 논의하고자 하였다. 이러한 가치지향성을 위해 수단적 기제로 활용되는 것이 네트워크 거버넌스와 스마트 전자정부이다.

특히 스마트 전자정부는 최근 스마트 혁명에 기초한 스마트폰, 모바일기기, 태블릿PC와 함께 트위터, 페이스북 등 SNS에 기반한 소셜네트워크가 융합하면서 진화하고 있다. 방송과 통신이 융합하면서 컴퓨터와 영화, 게임, 교육 등이 융합하고 있다. 이들은 창조경제의 주요 주춧돌들이다. 정부는 협업·공유·소통을 토대로 전자정부4.0을 이루고, 이러한 내부기제를 역동적으로 활용하여 창조경제를 일으키는 한편 국민행복을 실현시키기 위해 노력해야 할 것이다.

마지막으로 미래 정부에서 강조하고 싶은 단어는 학습이다. 학습이야말로 변혁과 창조의 핵심이라고 생각된다. 조직의 생존과 경쟁력을 유지하기 위해서는 변화의 흐름을 인식하고, 이에 대한 지속적 학습과 새로운 지식의 습득이 요구된다. 정부혁신은 정부의 조직, 인사, 예산, 업무프로세스를 혁신하는 동시에, 법과 제도는 물론 관행과 문화까지 새롭게 바꾸는 것으로, 끊임없이 최적의 대안을 찾아내는 유연한 시스템을 구축하는 것, 즉 끊임없이 성찰하고 모색하고 학습하는 것을 의미한다. 이러한 관점에서 본 서는 미래의 정부혁신모형으로서 NPM(New Public Management)과 PVM(Public Value Management)으로 나누고, NPM관점에서는 기업가적 정부, 성과중심 정부, 고객중심 정부를, PVM패러다임의 예로서 뉴거버넌스(네트워크 거버넌스), 스마트 전자정부를 살펴보았다. 정부4.0모형과 전자정부4.0모형에 대한 비교론적 논의와 함께 사회적 자본, 시차이론, 딜레마모형, 성찰적 정책모형 등에 대해서도 그 강조점을 담고자 하였다.

3) 현대행정이론: 미래지향적 국정관리모형

현대는 대단히 빠른 속도로 변화하고 있으며, 미래의 단절(*discontinuity*)과 불확정성(*indetermination*)이 더욱 증가하고 있다. 이에 따라 현대행정의 조직관리에 있어서도 생각의 속도로 움직이는 전자정부(*e-governance*)와 미래예측(*future foresight*)이 중요해지고 있으며, 국정관리의 차원에서도 국가혁신(*nationalinnovation*)과 거버넌스(*new governance*)가 매우 중요해지고 있다.

현대사회의 이러한 시대적인 흐름에 미래 정부가 제대로 대응하려면, 현대행정이론은 시대의 새로운 흐름에 부응할 수 있는 새로운 제도와 개념, 이념과 가치, 즉 패러다임을 제공해 줄 수 있어야 하는데, 본 서에서는 이러한 미래지향적 국정관리의 과제를 위에서 논의한 내용을 토대로 세 차원의 국정관리모형에 따른 핵심이념, 핵심역량, 핵심과제, 그리고 이론 및 제도로 정리하였다(〈표 1〉 참조).

표 1 미래지향적 국정관리모형: 유형 및 이념·역량·제도

이념·역량·과제·이론·제도 / 국정관리유형	핵심이념	핵심역량	핵심과제	핵심이론	핵심제도	미래정부상
효율적 국정관리	효과성, 능률성	관리역량 (혁신, 변혁)	• 행정관리의 효과성 제고 • 행정관리의 능률성 향상	국가혁신이론 (혁신관리, 지식관리, 성과관리) + 미래예측이론의 관리적 역량	• 총액인건비제도 • 전보제한 및 경력개발제도 • 총액배정자율편성 (Top-down) 예산제도 • 성과관리제도(BSC) • 디지털예산회계시스템(BAR)	기업가적 정부 성과중심 정부
민주적 국정관리	민주성, 대응성	관리역량 (혁신, 변력) 정책역량 (분석, 예측)	• 정책관리의 민주성 확보 • 정책관리의 대응성 고양	거버넌스이론 + 갈등관리이론 + 정책관리이론의 정책적 역량	• 행정정보공개제도 • 행정서비스헌장제도 • 정책갈등관리제도 • 정책품질관리제도	고객중심 정부
성찰적 국정관리	성찰성, 신뢰성	관리역량 (혁신, 변혁) 정책역량 (분석, 예측) 인프라역량 (기술, 신뢰)	• 정부-시장-시민사회 간의 신뢰, 협동 • 정부-시장-시민사회 내부의 사회적 자본 강화 • 정부-시장-시민사회 간의 성찰성 강화	전자정부이론 + 지식정부이론의 성찰적 역량	• PCRM과 정책홍보제도 • 정책실명제 (정책커뮤니티 형성) • 공공영역의 장 (온라인 담론형성) • 지식커뮤니티 형성	뉴거버넌스 정부

첫째, 효율적 국정관리는 효율성과 생산성을 핵심이념으로 하며, 이를 위해서는 관리역량(혁신, 변혁)의 강화를 필요로 한다. 핵심과제로는 정부 내부 조직관리의 효과성 및 능률성 제고가 필요한데, 이를 실현시키기 위한 이론 및 제도적 요소로는 혁신관리, 지식관리, 성과관리 등 국가혁신이론과 미래예측이론을 중심으로 하는 분석적 국정관리의 강화를 들 수 있다. 효율적 국정관리를 위해서는 국가혁신이론에서 제시하는 관리적 요소들을 토대로 하면서 미래예측이론에서 제시하는 과학적 토대의 관리적 역량을 필요로 한다.

둘째, 민주적 국정관리는 민주성과 참여성을 핵심이념으로 하며, 이를 위해서는 관리역량(혁신, 변혁)과 함께 정책역량(분석, 예측)의 강화를 필요로 한다. 핵심과제로는 정부 외부와의 인터페이스 관점에서 정책관리의 참여성 및 대응성 제고가 필요한데, 이를 실현시키기 위한 이론 및 제도적 요소로는 거버넌스이론, 갈등관리이론을 중심으로 하는 민주적 국정관리의 강화를 들 수 있다. 민주적 국정관리를 위해서는 거버넌스이론에서 제시하는 민주적 요소들을 토대로 하면서, 갈등관리이론과 정책품질관리이론에서 제시하는 정책적 역량을 필요로 한다.

셋째, 성찰적 국정관리는 성찰성과 신뢰성을 핵심이념으로 하며, 이를 위해서는 관리역량(혁신, 변혁), 정책역량(분석, 예측)과 함께 인프라역량(기술, 신뢰)의 강화를 필요로 한다. 핵심과제로는 정부 내부-정부 외부(시장, 시민사회) 전체를 아우르는 사회공동체라는 관점에서 신뢰와 협동이 필요한데, 이를 실현시키기 위한 이론 및 제도적 요소로는 전자정부이론, 지식정부이론을 중심기제로

하는 성찰적 국정관리의 강화를 들 수 있다. 성찰적 국정관리를 위해서는 전자정부이론에서 제시하는 성찰적 요소(전자공간의 공공영역의 장과 담론을 활용)들을 토대로 하면서, 지식정부이론에서 제시하는 신뢰 및 시민사회역량 강화를 필요로 한다.

현대행정의 이론 및 제도들인 국가혁신이론, 미래예측이론, 거버넌스이론, 갈등관리이론, 전자정부이론, 지식정부이론을 좀 더 심층적으로 분석해보면, 혁신관리, 지식관리, 성과관리를 요체로 하는 국가혁신이론과 미래예측이론은 현대행정학의 효율성 측면을 뒷받침해주는 역할을 하며, 거버넌스이론과 갈등관리이론은 현대행정학의 민주성 측면을 강화시켜주는 역할을 하며, 전자정부는 효율성과 민주성을 연결시키는 현대정책결정 메커니즘의 로커스(locus)로서의 성찰성을 담보시켜주는 기능을 한다.

미래 정부는 정부역량 강화를 통해 행정의 생산성(효율성), 민주성(참여성), 신뢰성(성찰성)을 제고해야 한다. 정부 내부의 생산성 증대를 토대로 정책의 참여성(participation)과 대응성(responsiveness) 제고 등 민주성을 강화하고, 더 나아가 정부와 시민 간의 신뢰(trust)와 등권(empowerment)을 토대로 사회적 자본(social capital)을 강화해야 한다.

21세기 국정관리의 화두는 신뢰와 성찰이다. 국가혁신을 위해 중요한 것은 개혁과 관련하여 미래의 바람직한 국정관리의 틀을 구축하고, 이에 대해 국민들의 신뢰를 획득하는 일이다. 신뢰는 그 자체를 21세기 정부혁신의 요체로 삼을 정도로 중요한 일이다. 따라서 미래의 국정관리는 강한 국가, 강한 시장 및 강한 시민사회를 형성하고, 이들 간에 신뢰와 균형된 파트너십을 바탕으로 강한 네트워크를 형성함으로써, 세계화와 정보화 시대에 적합한 국가공동체를 형성해야 할 것이다.

2. 에필로그

현대행정이론의 궁극적 목적은 인간의 존엄성을 실현하는데 있다. 변화와 단절, 속도와 불확정성으로 대변되는 미래사회의 위기와 불확실성에 직면하여 어떻게 하면 인간의 존엄(dignity)을 실현하고 인간의 가치(value)를 고양시킬 수 있을지에 대해 고민하고 성찰하는 학문이 현대국정관리학이다.

정보화와 과학기술이 급속도로 진행되고 있는 현 시점에서, 오늘날 인류는 전례를 찾아보기 힘들 정도의 변화와 단절, 그리고 대변혁의 과정을 겪고 있다. 생활양식의 급격한 변화를 초래시키고 있는 정보기술, 환경오염, 자원궁핍 그리고 이들로 인한 가치관의 혼란, 안전한 삶을 위협하는 온갖 두려움과 공포의 증대 등 우리가 지금껏 경험해 보지 못한 전대미문의 가능성을 현실로 경험하고 있다. 사회변동의 정도는 혁명적이라 할 만큼 급격한 것이라서, 기존 사회질서에 거대한 도전을 초래하고 있으며, 국가운영에 있어서도 지금까지 존속되어 왔던 학문체계로는 대처할 수 없을 정도로 커다란 변화를 몰고 오고 있다. 국정관리는 이렇게 변화하는 사회를 총괄하고 조정할 책무가 있다. 즉, 국가행정의 역할과 임무도 변화하는 사회만큼이나 변화해야 하고, '새로운 문명과 새로운 개혁'을 이끌어낼 수 있어야 한다.

현대사회의 이러한 시대적인 흐름에 현대행정학이 제대로 대처하여, 행정학 본래의 문제지향성과 실용지향성을 살려 나가려면, 행정이론은 지식정보시대의 이러한 변화에 부응할 수 있는 새로운 패러다임을 제공해 줄 수 있어야 한다.

현대행정학, 즉 국정관리학의 새로운 패러다임의 정립은 바로 토마스 쿤(T. Kuhn)의 말대로 '지평의 전이'(*paradigm shift*)라고 할 수 있다. 국가혁신과 정부혁신을 통해 차세대의 국정 청사진을 제시할 수 있어야 하며, 이들이 국민의 가치 및 행동체계 속에 뿌리 내릴 수 있도록 정책과 행정에 대한 구체적인 개혁방안이 실현되어야 한다. 새로운 국정관리의 과제는 급속도로 발달하고 있는 전자정부 및 지식정부를 활용하여 국민의 자율적인 의사소통을 증진시키는 성찰적 거버넌스체제를 구축하고, 그에 걸맞는 정책운영방식 및 행정관리형태를 갖추는 방향으로 전개되어야 한다. 이러한 정책지향성에 과학적 토대를 제공해 주는 것이 국가혁신이론과 미래예측이론이다. 이것이 이 책에서 논의를 전개한 기본적인 인식구조이다.

우리는 잠시 이곳에 머무를 뿐 영원한 지구의 주인은 아니다. 존속가능한 지구, 문명화된 지식사회의 실현 그리고 인간화된 국정관리를 위한 논리와 정책의 모색은 21세기를 당면한 우리의 끊임없는 테마가 될 것이다. 미래의 정부는 21세기 사회의 소용돌이적 변화에 명민하게 대응하면서, 뉴 프런티어(*new frontier*) 정신으로 공적인 부문을 조정 관리해야 한다. '지평의 전이'(*paradigm shift*)라는 문구처럼, 기존의 사고와 전제여건들을 혁파하고, 새로운 사고와 새로운 논리로 성찰하면서 창조적 탐색을 계속해 나가야 할 것이다.

참고문헌

1. 단행본

강근복(2000, 2002). 『정책분석론』. 서울: 대영문화사.

강근복 외(1999). 『지식정보사회와 전자정부』. 서울: 나남출판.

강내희(1998). 『전자적 기록과 원형감옥』. 서울: 문학과학.

강신택(1976). 『정책학개론』. 서울: 법문사.

강영기(1987). 『행정학의 이론과 역사』. 서울: 대왕사.

강제명(2001). 『정보체계론』. 서울: 문성.

_____(2003). 『정보체계론』. 서울: 문성.

_____(2006). 『행정학(한국행정현실과 과제)』. 서울: 도서출판 해인.

거버넌스 연구회(2002). 『거버넌스의 정치학』. 서울: 법문사.

고재학(2002). 『정보사회와 행정』. 서울: 이한출판사.

곽동훈·김시무 역(1996). 『현대사상가 50』. 존 레흐트 저. 서울: 현실문화연구.

곽수일(1994). 『국가사회 정보화 촉진방안에 관한 연구』. 서울: 서울대학교.

곽효문(1998). 『정책학원론』. 서울: 학문사.

권기헌(1997). 『정보사회의 논리』. 서울: 나남출판.

_____(2003a). 『정보체계론: 정보사회와 국가혁신』. 서울: 나남출판.

_____(2003b). 『전자정부와 정부혁신』. 커뮤니케이션북스.

_____(2004a). 『정보화 시대의 네트워크 정부모형』. 경희대학교 출판국.

_____(2004b). 『전자정부의 이론과 실제』. 경희대학교 출판국.

_____(2007a). 『정책학의 논리: Lasswell 정책학의 현대적 재조명』. 서울: 박영사.

_____(2007b). 『전자정부론: 전자정부와 국정관리』. 서울: 박영사.

_____(2008a). 『정책학: 현대정책이론의 창조적 탐색』. 서울: 박영사.

_____(2008b). 『미래예측학: 미래예측과 정책연구에 관한 방법론 서설』. 서울: 법문사.

_____(2012). 『정의로운 국가란 무엇인가』. 서울: 박영사.

_____(2014). 『행정학 콘서트』. 서울: 박영사.

권기헌·박승관·윤영민(1998). 『정보의 신화, 개혁의 논리』. 서울: 나남출판.

권기헌·최병선(2004). 『공공정책의 품질 향상 방안에 관한 연구』. 행정자치부.

권상탑(2000). 『최신정보화용어사전』. 서울: 홍익재.

권해수 외(2002). 『전자정부를 통한 부패통제-이론과 사례』. 서울: 한울아카데미.

김광웅(1983). 『행정과학서설』. 서울: 박영사.

_____(1996). 『행정과 나라만들기』. 서울: 박영사.

김 구(2005). 『지식정부 구축을 위한 지식행정의 이해와 활용』. 서울: 조명문화사.

김규정(1996). 『행정학연구』. 서울: 법문사.

김만기 편(1998). 『2000년대에 대비한 정부조직의 혁신』. 서울: 대영문화사.

김병섭·박광국·조경호(2000). 『조직의 이해와 관리』. 서울: 대영문화사.

김석준 외(2000). 『뉴거버넌스 연구』. 서울: 대영문화사.

_____(2001). 『뉴거버넌스와 사이버 거버넌스 연구』. 서울: 대영문화사.

김성태(1999). 『행정정보체계론』. 서울: 법문사.

_____(2003a). 『전자정부론』. 서울: 법문사.

_____(2003b). 『전자정부론 이론과 전략』. 서울: 법문사.

김수행(1988). 『정치경제학 원론』. 서울: 한길사.

김승진(1995). 『정책학개론』. 서울: 박영사.

김신복(1991). 『발전기획론』. 서울: 박영사.

김영민 역(1987). 『자본 1-1』. 칼 맑스 저. 서울: 이론과 실천.

김영석(1997). 『멀티미디어와 정보사회』. 서울: 나남출판.

김영순·이영우(1988). 『국가이론』. 서울: 한길사.

김용정 역(1994). 『엔트로피 II』. 제레미 리프킨 저. 서울: 안산미디어.

김용정·김동광 역(1998). 『생명의 그물』. 프리쵸프 카프라 저. 서울: 범양사 출판부.

김유향(2011). 『소셜미디어와 인터넷공간에서의 정치적 소통』.

김인수(1991). 『거시조직이론』. 서울: 무역경영사.

김중규(1999). 「뉴밀레니엄 행정학」. 서울: 성지각.

김창민(1996). 『정보화와 새로운 문화의 도래』. 서울: 정보문화.

김춘순(2012). 『국가재정』. 서울: 박영사.

김판석·김행범·하혜수·김철회(2013). 『테마 사례행정 분석』. 서울: 법우사.

김해창(2003). 『환경수도, 프라이부르크에서 배운다』. 서울: 이후 출판사

노나카 이쿠지로(1994). 『지식창조의 경영』. 서울: 21세기 북스.

노시평·박희서·박영미(1999). 『정책학』. 서울: 학현사.

노정현·박우서·안용식(1995). 『행정개혁론 이론과 실제』. 서울: 나남출판.

노화준(1989, 2003). 『정책분석론』. 서울: 박영사.

_____(1995). 『정책학원론』. 서울: 박영사.

_____(2001, 2003). 『정책평가론』. 서울: 법문사.

민 진(2004). 『조직관리론』. 서울: 대영문화사.

_____(2005). 『행정학의 이해』. 서울: 대명출판사.

박광국 외(2007). 『참여정부의 정부혁신-이론적 접근』. 서울: 대통령자문 정부혁신지방분권위원회.

박내회(1989). 『조직행동론』. 서울: 박영사.

박대견(1995). 『앨 고어 정보초고속도로: 21세기를 여는 비밀 열쇠』. 서울: 길벗.

박동서(1978, 1981, 1993). 『한국행정론』. 서울: 법문사.

_____(1990). 『인사행정론』. 서울: 법문사.

박성복·이종렬(1998). 『정책학원론』. 서울: 대영문화사.

박세정(1995). 『세계화시대의 일류행정』. 서울: 가람.

박수영 외(1995). 『지방의 도』. 서울: 홍문사.

박승관(1997). 『드러난 얼굴과 보이지 않는 손: 한국사회의 커뮤니케이션 구조』. 서울: 전예원.

박연호(2003). 『행정학신론』. 서울: 박영사.

박영숙(2007). 『전략적 사고를 위한 미래예측』. 서울: 교보문고.

박영희·김종희(2006). 『신재무행정론』. 서울: 다산출판사.

박용남(2002). 『꿈의 도시 꾸리찌바』. 서울: 이후출판사.

박재호(1994). 『고객감동으로 가는길』. 서울: 현대미디어.

박재희 역(1988). 『독일이데올로기』. 칼 맑스·프리드리히 엥겔스 저. 서울: 청년사.

박지연 역(2001). 『IT용어사전』. Daiwa Soken 저. 서울: 영진.com.

박홍수·김영석(1995). 『뉴미디어와 정보사회』. 서울: 나남출판.

배동인(1992). 『한국의 국가와 시민사회』. 서울: 한울.

배득종 외(2006). 『행정학 헤드스타트』. 서울: 박영사.

백기복(1996). 『조직행동연구』. 서울: 법문사.

백승기(2001). 『정책학원론』. 서울: 대영문화사.

백완기(1995). 『한국의 행정문화』. 서울: 고려대학교 출판부.

삼성경제연구소(1995). 『국내 정보통신산업 현황분석과 발전전략』. 서울: 삼성경제연구소.

_____(1999). 『지식경영과 한국의 미래』. 서울: 삼성경제연구소.

삼성경제연구소 역(1994). 『정부혁신의 길』. 데이빗 오스본·테드 게블러 저. 서울: 삼성경제연구소.

삼성경제연구소 편(1996). 『학습조직의 이론과 실제』. 서울: 삼성경제연구소.

서순복(2002). 『지식정보사회와 전자행정』. 서울: 대왕사.

성하운 역(1985). 『과학의 역사: 사회경제와 과학의 발전사』. 버날 저. 서울: 한울.

송상호 외(1995). 『어떻게 조직변화에 성공할 것인가』. 서울: 명진.

신무섭(2001). 『재무행정학』. 서울: 대영문화사.

쓰보타 도모미(1994). 『멀티미디어 조직혁명』. 서울: 가람기획.

안문석(1992). 『정보체계론』. 서울: 학현사.

안해균(1995). 『정책학원론』. 서울: 다산출판사.

양영유·조상희 역(1994). 『멀티미디어 조직혁명』. 쓰보타 도모미 저. 서울: 가람기획.

양영철(2007). 『주민투표제도론』. 서울: 대영문화사.

오석홍(1990, 1993). 『조직이론』. 서울: 박영사.

_____(1995). 『행정개혁론』. 서울: 박영사.

_____(2002, 2006, 2007). 『행정학』. 서울: 나남출판.

_____(2005). 『행정학의 주요이론』. 서울: 법문사.

_____(2013). 『행정학』. 서울: 박영사.

오철호(2002). 『정보통신기술과 행정』. 서울: 대영문화사.

유민봉(1997). 『인사행정론』. 서울: 문영사.

_____(2001). 『한국인사행정론』. 서울: 문영사.

_____(2005, 2006). 『한국행정학』. 서울: 박영사.

유지성 외(1996). 『정책학원론』. 서울: 대왕사.

유 훈(1995). 『정책학원론』. 서울: 법문사.

_____(2003). 『재무행정론』. 서울: 법문사.

유 훈 외(1983). 『정책학』. 서울: 법문사.

윤순봉 외(1999). 『지식경영과 한국의 미래』. 서울: 삼성경제연구소.

윤영민(1996). 『전자정보공간론: 컴퓨터 네트워크의 사회학적 탐색』. 서울: 전예원.

윤영수·채승병(2005). 『복잡계 계론』.

윤영진 외(2004). 『새 행정학』. 서울: 대영문화사.

이경옥(1995). 『정책평가개론』. 서울: 도서출판 한울.

이광희 외(2006). 『정책평가와 성과관리』. 서울: 대영문화사.

이규행 역(1980). 『제3의 물결』. 앨빈 토플러 저. 서울: 한국경제신문사.

_____(1989). 『미래쇼크』. 앨빈 토플러 저. 서울: 한국경제신문사.

_____(1990, 1995). 『권력이동』. 앨빈 토플러 저. 서울: 한국경제신문사.

_____(1996). 『미래로 가는 길』. 빌 게이츠 저. 서울: 도서출판 삼성.

이만우(1997). 『공공경제학』. 서울: 법문사.

_____(2004). 『신 공공경제학』. 서울: 율곡출판사.

이무영·우영제(1994). 『정보사회와 인간관계론』. 서울: 백산.

이문영·윤성식(2003). 『재무행정론』. 서울: 법문사.

이순철(1999). 『지식경영의 이해』. 서울: 삼성경제연구소.

이언오 · 김선빈 역(1996). 『선진행정의 길』. 마틴 A. 레빈 · 메리 B. 생어 저. 서울: 삼성경제연구소.

이영호 역(1996). 『노동의 종말』. 제레미 리프킨 저. 서울: 민음사.

이윤식(2006). 『정부성과관리와 평가제도: 주요 선진국 사례를 중심으로』. 서울: 대영문화사.

이윤직(2003). 『행정정보체체론』. 서울: 법영사.

이윤희 · 이현희 역(1991). 『포스트 모더니티』. 안토니 기든스 저. 서울: 민영사.

이재형 역(1993). 『지구는 우리의 조국』. 에드가 모랭 저. 서울: 문예출판사.

이정배 역(1996). 『생명권 정치학』. 제레미 리프킨 저. 서울: 대화출판사.

이종수(1997). 『새 행정학』. 서울: 대영문화사.

_____(2009). 『행정학사전』. 서울: 대영문화사.

이종수 · 윤영진 외(2001). 『(새) 행정학』. 서울: 대영문화사.

_____(2005, 2007). 『새 행정학』. 서울: 대영문화사.

이종엽 외(2004). 『신 행정학 개론』. 서울: 이화출판사.

이진규(2004). 『전략적 윤리적 인사관리』. 서울: 박영사.

이진우 역(1996). 『현대성의 철학적 담론』. 위르겐 하버마스 저. 서울: 문예출판사.

이철성(1996). 『정치재정학』. 서울: 법문사.

임도빈(1997). 『지방조직론』. 서울: 법문사.

임창희(2005). 『조직행동』. 서울: 학현사.

임창희 · 가재산(1996). 『한국형 팀제』. 서울: 삼성경제연구소.

전종섭(1987). 『행정학』. 서울: 박영사.

정보문화센터(2000). 『정보화 역기능 실태조사 보고서』.

_____(2002). 『정보화 윤리』.

정용덕(2006). 『현대국가의 행정학』. 서울: 법문사.

정용덕 외(1999a). 『신제도주의 연구』. 서울: 대영문화사.

_____(1999b). 『합리적 선택과 신제도주의』. 서울: 대영문화사.

정우일(2005). 『공공조직론』. 서울: 박영사.

정정길(1988). 『정책결정론』. 서울: 대명출판사.

_____(1997, 2000, 2003, 2004). 『정책학원론(개정판)』. 서울: 대명출판사.

_____(2006). 『행정학의 새로운 이해』. 서울: 대명출판사.

정정길 외(2005). 『정책학원론』. 서울: 대명출판사.

정충식(1997). 『전자정부론』. 서울: 녹두.

조석준(1986). 『한국의 행정문화』. 서울: 박영사.

조선일(1995). 『정책학개론』. 서울: 학문사.

조의설 편(1971). 『문명의 탄생』. 서울: 현암사.

주성수(2004). 『공공정책 가버넌스』. 서울: 한양대학교 출판부.

차의환(2002). 『정책평가의 이론과 실제: 기관평가제 접근모형과 전략』. 서울: 한울아카데미.

채경석(2005). 『정책학원론』. 서울: 대왕사.

천대윤(2005). 『갈등관리와 협상전략론』. 서울: 선학사.

최봉기(2004). 『정책학』. 서울: 박영사.

최정민(2007). 『공공시설의 설치 및 관리에 관한 법적 고찰』.

최종태(1988). 『현대경영참가론』. 서울: 경문사.

최창호·정세욱(1990). 『행정학(개정판)』. 서울: 법문사.

최충식(1998). 『정보사회와 정보화정책』. 서울: 나남출판.

최홍석·주재복·홍성만·주경일(2004). 『공유재와 갈등관리』. 서울: 박영사.

하미승(1996). 『행정정보체계론』. 서울: 법문사.

한국정책학회(1996). 『21세기 한국의 미래와 정보화정책』.

한상진 역(1996). 『현대성의 새로운 지평』. 위르겐 하버마스 저. 서울: 나남출판사.

행정학용어표준화연구회(2010). 『이해하기 쉽게 쓴 행정학 용어사전』. 서울: 새정보미디어.

허 범(1984a). 『정책학의 정책문제 지향성』. 성균관대 사회과학 연구소 편.

_____(1984b). 『한국 공공정책론』. 성균관대 사회과학 연구소 편.

_____(1995). 『창조적 정책개방의 실천적 접근』. 충남대학교 행정대학원 최고관리자과정교재.

홍준형(2008). 『공공갈등의 관리, 과제와 해법』. 서울: 법문사.

황성동·정충식(2002). 『전자정부의 이해』. 서울: 다산출판사.

2. 논 문

강구영(1998). "지식정부와 CKO". 「행정과 전산」.

고선규(2006). "전자민주주의: 전자투표 제도의 효과와 향후 과제". 한국지역정보개발원.

곽태원(2000). "2000년대의 조세정책 방향". 「재정포럼」.

권기헌(1999). "창조적 지식정부". 「창조적 지식국가론」. 서울: 산업연구원.

_____(2000). "지식정부의 이론적 모형과 평가틀". 「정보와 사회」. 1: 28-47.

_____(2002a). "IMF 경제위기가 비영리조직의 재원조달에 미친 영향: 문화예술단체를 중심으로". 「한국행정학보」. 36(2): 249-268.

_____(2002b). "비영리조직의 자율성과 자원의존성에 관한 실증연구". 「한국정책학회보」. 12(1): 127-149.

_____(2004). "한·카나다 통상분쟁 정책사례연구". 「한국정책학회보」. 13(5): 217-229.

_____(2005a). "외국인 과학기술 고급인력 국내 유치, 활용을 위한 정책대안의 분석 및 평가: 주

거, 자녀교육, 의료지원 분야를 중심으로". 「한국정책학회보」. 14(2): 79-108.

_____(2005b). "디지털 지상파 방송정책: 정책결정과 정책갈등, 쟁점 및 함의". 「한국정책학회보」. 14(4): 331-360.

_____(2006a). "과학기술 경쟁력 제고를 위한 대형연구시설 투자우선순위 분석". 「한국정책과학학회보」. 14(2): 101-125.

_____(2006b). "지식공유의 영향요인에 관한 실증연구: 평가, 보상, 지식품질, 지식공유의 인과관계 모형검증". 「한국행정연구」. 15(2): 127-156.

_____(2007a). "정책학의 정향과 과제: 정책이론, 신제도주의, 그리고 거버넌스". 「국정관리연구」. 2(1).

_____(2007b). "정부개혁의 방향과 과제: 정부혁신, 행정개혁, 그리고 거버넌스". 「국정관리연구」. 2(2).

권석균(1996). "조직학습의 이론과 논쟁". 「학습조직의 이론과 실제」. 27-70. 서울: 삼성경제연구소.

권태준(1997). "과학적 실천이란 무엇인가". 「현대사회와 과학문명」. 서울: 나남출판.

김경동(2011). "공공갈등과 방폐장 입지사례연구: IAD를 통한 경주와 부안의 비교분석". 동국대학교 석사학위논문.

김경한(2004). "목표관리제의 운영실태 및 효과성 평가연구". 「한국정책학회보」. 13(1): 39-62.

김관보·이선영(2010). "화장장건립 분쟁 사례에 대한 제도론적 고찰: IAD 분석들의 '부천·화장장 게임상황'을 중심으로". 「한국행정학회보」. 44(4).

김광웅(1995). "정보화 정부론: 21세기 정보화사회의 행정을 이해하기 위한 기본구도". 행정논총. 33(1): 1197-1218.

_____(1998a). "김대중정부 초기정부조직개편에 관한 비판적 성찰". 「한국행정학보」. 32(2): 97-111.

_____(1998b). "전자민주주의와 미래의 정부". (재)한국의회발전연구회 동계학술대회 발표논문집.

김국현(1996). "제28차 ICA정기총회 참석결과 보고". 「행정과 전산」.

김길수(2004). "부안핵 방폐장 정책사례". 「한국정책학회보」. 13(5): 159-184.

김내헌·방인홍(2003). "협업 환경에서 CAX운용 전략 개발". 「대한설비관리학회지」. 8(2): 125-142.

김동식·황정임(2001). "성인지 예산제도에 대한 일반인 및 전문가 조사". 「한국여성정책연구원」.

김동욱(1995a). "공공기관간 정보이용 제고방안 연구". 「행정논총」. 33(2): 2183-2210.

_____(1995b). "정책정보 공동이용을 위한 공공부문의 정보화". 「정보화정책」. 2(4).

_____(1996). "정보공동활용의 효율적인 추진방안". 「정보화정책」. 3(2).

김명환(2005). "사회적 형성주의 관점에서의 정책연구: 대상집단의 사회적 형성이론과 적용". 「한국정책학회보」. 14(3): 32-56.

김민호(2009). "행정정보 공동이용의 범위와 한계에 대한 이론적 고찰 및 정책과제". 「토지공법연구」. 43(1): 563-592.

김병섭(1996). "기업가적 정부혁신의 길". 「한국정책학회보」. 5(2): 11-30.

_____ (1999). "정보화와 정부기능의 재설계". 「공공정책연구」. 5: 135-163.

김병섭·오시영(2005). "정부조직의 팀제: 신화와 현실". 「행정논총」. 43(4): 411-436.

김상묵(2005). "행정자치부 팀제 전면도입에 대한 짧은 생각". 「Kapa@포럼」. 111: 67-69.

김상묵·박희봉·강제상(2001). "지적자본 형성 및 효과: 조직내 사회자본과의 관계를 중심으로". 한국행정학회 학술세미나 발표논문집.

김상욱(1999). "전자정부 구현을 위한 발전전략". 자치정보화재단 창립 1주년 기념 제2회 자치정보화 세미나 논문집.

김상현(1996). "인터넷 영어 독점을 깨라". New+. 5월.

김석주(2000). "전자지방정부 추진방향". 「지방자치정보」. 113.

김석준(1988). "전환기 한국행정의 새로운 패러다임 모색". 「한국행정학보」. 22(2): 431-459.

김선경(2003). "U-Government의 등장과 서비스 방향". 「디지털 행정」. 특집 유비쿼터스와 전자정부. 행정자치부 정부전산정보관리소.

김선호·이석조(2003). "협업 비즈니스프로세스의 연구동향". 「한국전자거래학회지」. 8(1): 15-33.

김성태(1998). "전자정부 조기 구현을 위한 행정정보 공동활용 저해요인 분석: Fish-bone Analysis의 적용". 「정책분석평가학회보」. 8(1): 199-221.

_____ (2003). "전자정부의 새로운 개념 모형과 전자민주주의 전자거버넌스 구현". 「디지털 행정」. 25(4): 19-37.

김승태(2009). "한국의 정보민주주의 현황과 평가-정보공개제도를 중심으로". 「21세기 정치학회보」. 19(2).

_____ (2010). "정보공개제도의 운영성과 평가". 「한국지역정보화학회지」. 13(4).

김영래(1999). "비정부조직(NGO)과 국가와의 상호작용 연구: 협력과 갈등". 「국제정치 논총」. 39(3): 79-98.

김영종(2006). "공공시설 입지갈등과 정책딜레마 형성에 관한 연구". 「한국정책과학학회보」. 10(4): 19-40.

김영평(1994). "행정의 경쟁력, 맥락 그리고 새로운 패러다임". 「세계화와 국가경쟁력」. 서울: 나남출판.

김영희(1996). "우리나라 유전자 치료의 가능성". 「포럼 21」. 한백연구재단.

김윤권(1991). "우리나라 정책변동요인에 관한 연구". 서울대학교 행정대학원 석사학위논문.

김웅천(1994). "미국의 통신산업 구조변동과 통신사업자의 전략분석". 정보통신부.

김 일(1993). "한국공무원 윤리관의 정립방안에 관한 연구". 「학술논총」. 16(1): 85-104.

김정수(1994). "거시행정학의 체계정립을 위한 시론: '개방시스템' 관점에서 그려본 습작". 「한국행정학보」. 28(1) : 3-20.

김종면(2006). "다년도 예산제도 고찰". 「재정포럼」. 115: 6-21.

김주연(2000). "3M의 학습조직". 아스팩국제경영교육컨설팅.

김철회·조만형·김용훈(2006). "정부부처에 대한 BSC 적용사례와 시사점". 「한국사회와 행정연구」. 16(4) : 66-88.

김태영(2005). "카오스 이론을 활용한 관광정책 이해관계자의 갈등관리 방안에 관한 연구-새만금 사업을 중심으로-". 「관광연구논총」. 17: 107-130.

김태영·김봉준(2010). "제도분석틀(IAD)를 활용한 신규등록토지 분쟁 연구: 부산·경남간 공유수면 매립지를 중심으로". 「한국지적학회보」. 26(2).

김판석(2002). "한국 인사행정의 발전방향: 전환기의 담론". 「한국행정연구」. 11(1) : 54-89.

김한창·황성원·권용수(2007). "정부혁신에 의한 조직문화변화의 실증 분석: 문화이론을 중심으로". 「한국행정논집」. 19(4) : 987-1008.

김현구(2006). "「정부업무평가 기본법」의 논리와 과제: 평가성공의 제도적 요인 분석". 한국행정학회 추계학술대회 발표논문집.

김형렬(1993). "국제화에 대응한 정치, 행정의 역할". 한국정책학회 '93 정책토론회 자료집.

김흥국(2000). "경력개발제도의 설계". 「서울대노사관계연구」. 11: 139-169.

나태준·이남국(2005). "성과관리제도 도입의 명암: 교육인적자원부 성과목표체계 개발사례를 중심으로". 한국행정학회 2005년도 춘계학술대회 발표논문집.

남궁근·서원석(2005). "팀제와 참여정부 인사개혁의 정합성 검토: 팀제, 고위공무원단, 총액인건비, 전보제한 및 경력개발프로그램을 중심으로". 「행정논총」. 43(4) : 437-458.

남궁근·황성돈(2001). "김대중 정부 행정개혁 3년 평가". 한국행정학회 춘계학술대회 발표논문집.

남영호(2009). "디지털컨텐츠산업의 서비스혁신 패턴 분석: 온라인게임 사례를 중심으로" 「기술혁신연구」. 119-148.

노진덕(2009). "한국의 성과관리예산제도의 평가와 발전방안 모색". 「한국정책연구」. 9(3) : 469-484.

노화준(1996). "정보사회에 있어서 행정의 세계역량확충". 「행정과 전산」.

노화준·노유진. "새마을운동의 추진논리와 발전전략의 재음미". 「정책분석평가학회보」. 20(4) : 269-299.

류지창(1996). "인터넷, 앞으로 어떻게 될까?". 「포럼 21」. 한백연구재단.

류혜연(2003). "카오스이론을 적용한 지방자치단체의 전자정부 구현에 관한 연구". 「지방과 행정연구」. 15(1) : 39-58.

명승환·허철준(2012). "스마트사회 전환에 따른 Gov3.0기반의 전자정부 개념과 패러다임 변화". 「한국정책학회 춘계학술대회 논문집」. 325-341.

목진휴·최영훈·명승환(1998). "정보기술이 정책결정과정에 미치는 영향: 주요 광역자치단체를 중심으로". 「한국행정학보」. 32(3) : 35-54.

문상호·권기헌(2009). "한국정책학의 이상과 도전". 「한국정책학회보」. 18(1).

문태현(2005). "지역혁신을 위한 문화정책거버넌스의 성공요인분석: 안동국제탈춤페스티벌 집행위원회를 중심으로". 「한국행정논집」. 17(2): 337-359.

박경문·이용탁(1999). "경력개발을 통한 인적자원개발에 관한 연구". 「경성대논문집」. 20(2): 147-165.

박동서(1992). "한국행정의 개혁을 위한 접근". 「한국행정연구」. 1(1): 1023-1032.

박문수·문형구(2001). "지식공유의 영향요인: 연구동향과 과제". 「지식경영연구」. 2(1): 1-23.

박상규(2002). "정부조직 부서간 창발적 공동체 전략". 「한국행정학보」. 36(2): 19-39.

박상찬(1997). "해외 정보화 기술 동향". 「지역정보화」. 1: 94-101.

박 성(2001). "행정조직의 지식관리전략". 「한국행정논집」. 13(4): 765-783.

박성진·문교봉(1998). "분산객체 컴퓨팅과 ERP서버". 「정보학회지」. 16(11): 29-37.

박승진(2008). "주민조례청구제도의 성공요인 연구 –성남시립병원 사례–". 「아주대 석사학위논문」.

박영기(1992). "정보사회와 행정". 「행정과 전산」. 14(2).

박정택(1993). "새로운 국제행정 개념의 탐색". 「한국행정학보」. 27(1): 255-270.

박종수(2008). "정책수단이 정책효과에 미치는 영향요인에 관한 연구: 조세지출의 정책수단으로서 소득공제제도에 대한 분석을 중심으로". 「고려대학교 석사학위논문」.

박해육(2004). "신공공관리 시대의 성과 계약관리". 「지방행정연구」. 18(3): 55-77.

박희서·임병춘(2001). "지방공무원들의 효율적 지식관리를 위한 인과모형 검증". 「한국정책학회보」. 10(2): 111-133.

배순훈(2000). "지식기반사회로 발전". 「한국행정연구」. 9(1): 225-234.

배용수·주선미(2004). "민영화 정책의 결정과정 분석: Zahariadis 모형의 KT 적용을 중심으로". 「한국정책학회보」. 13(1).

백완기(1987). "한국적 행정이론의 성립가능성". 「한국정치학회보」. 21(2): 153-174.

_____(1992). "행정의 갈등관리능력 제고방안". 「지방행정」. 41: 467-471.

_____(1994). "행정문화의 현주소와 방향". 「국책연구」. 33: 40-49.

변성완(2005). "행정자치부 팀제 도입 이후의 성과와 변화상". 「지방행정」. 54(625): 29-40.

사재명(2002). "지방공무원의 지식관리에 관한 인식분석". 「한국지역정보학회지」. 5(2): 81-106.

서범석(1995). "한국의 광고 시민운동 사례 연구". 경희대학교 정치학과 박사학위논문.

서삼영(1996). "고도정보사회구축을 위한 정보통신정책의 방향 모색". 「정보화와 정부·언론의 역할」. 한국언론학회·한국행정학회 공동심포지엄.

서진완(1997a). "후기 산업사회 생산방식과 사회정의". 「현대사회와 과학문명」. 서울: 나남출판.

_____(1997b). "19세기 이상과 21세기 기술의 접합은 환상인가?". 「국가사회정보화포럼」. 서울: 크리스찬아카데미.

서홍석 (2001). "무선인터넷 활성화정책". 「디지털 행정」. 85: 66-74.

성경륭 (1999). "정부혁신의 주요실천과제". 「정부혁신 어떻게 할 것인가」. 서울: 제2의건국범국민추진위원회.

소병희 (1996). "공공선택론의 이해와 정책학 분야에의 응용". 「한국정책학회보」. 5(2) :267-292

손태완 (1998). "기업식 정부에 대한 기대". 「한국행정연구」. 7(2) : 66-88.

손호중 (2001). "전자정부 구축전략의 우선순위 결정에 관한 연구". 영남대학교 석사학위논문.

송충근 (2000). "지역정보화와 전자정부 전망과 과제". 「지방자치정보」. 113.

송희준 (1996). "한·미·일의 전자정부 구축사례에 대한 국제비교". 「정보화정책」. 3(3).

신승호·오재인·김영춘 (2007). "공공부문 BSC 운용이 조직성과에 미치는 영향 연구". 한국경영정보학회 춘계학술대회발표논문집.

신홍현 (2005). "민원행정서비스에 대한 시민만족도 제고방안: 공주시를 중심으로". 공주대 경영행정대학원 석사학위논문.

심상용 (2005). "과거 성장전략의 경로의존성과 혁신주도 동반성장의 과제에 대한 연구". 「한국정책학회보」. 14(4) : 223-399.

심영진 (1996). "초고속 정보통신망에서의 서비스 및 응용기술". 「네트워크 타임스」. 2월호.

_____ (1996). "초고속 정보통신망으로의 진화방안". 「네트워크 타임스」. 3월호.

안국찬 (2003). "지방자치단체간 갈등의 해소방안에 관한 연구: 전라북도의 행정감사업무를 중심으로". 한국행정학회 추계학술대회발표논문집.

안문석 (1996). "차세대 행정정보화 사업의 추진방향". 「행정과 전산」.

_____ (1997). "정보화 추진체계 및 과정에 대한 평가". 국가정보화추진과 시민사회의 참여 연구포럼 발표논문.

_____ (1998). "정부개혁의 이슈". 「한국행정연구」. 7(2) : 5-19.

안병영 (1979). "한국의 행정현상과 행정학 연구의 주체성". 「한국정치학회보」. 13: 49-66.

안병철·이계만 (2009). "정책실패에 관한 연구경향 분석". 「한국정책과학학회보」. 13(2) : 1-19.

안성민 (1999). "갈등관리의 제도화". 한국행정학회 동계학술대회 발표논문집.

양승해 (2002). "시민단체의 예산감시운동에 관한 연구: 네트워크형 운동방식을 중심으로". 「서울대학교 석사학위논문」.

염재호 (1994). "국가정책과 신제도주의". 「사회비평」. 11호.

_____ (2007). "정부혁신을 통한 국가경쟁력 강화방안". 한국정책학회.

오석홍 (1988). "행정정보관리체제에 관한 연구". 「행정논총」. 26(2) : 294-339.

_____ (1993). "미국의 대표관료제: 정부관료제의 대표성 제고를 위한 노력". 「한국행정학보」. 27(2) : 323-342.

_____ (1994). 미국의 행정개혁. 「한국행정연구」. 3(1) : 5-26.

_____ (2002). "위원회 조직에 더 많은 관심을". 「행정포커스」. May/June: 6-9.

오을임 외(2001). "지식관리의 중요성과 CKO의 역할". 「사회과학연구」. 22(1): 49-65.

오택섭(1997). "인터넷 연구의 영역과 현황 및 과제". 「사이버커뮤니케이션학보」. 1: 6-28.

원숙연(2005). "일-가정양립지원정책을 둘러싼 수사(修辭)와 현실: 출산휴가 및 육아휴직을 중심으로 한 탐색적 사례연구". 「한국정책학회보」. 14(2): 157-189.

유영달·정명수(1999). "공공부문 정보자원조사의 행정개혁적 함의". 「한국행정연구」. 8(1): 89-113.

유재원(2004). "정책과정에서 비정부기구(NGO)의 역할변화". 「행정논총」. 42(4): 77-105.

유재원·홍성만(2004). "정부의 시대에서 꽃핀 Multi-Level Governance: 대포천 수질개선 사례를 중심으로". 「한국정치학회보」. 39(2): 171-195.

유평준(1996). "전자정부에서의 행정서비스". 「국가기간전산망저널」. 3(3).

윤건영·임주영(1993). "조세지원제도의 현황과 개선방향". 「한국조세연구원」.

윤영민(1996). "전자정부의 구상과 실천에 관한 비판적 접근". 「정보화저널」.

_____(2005). "전자선거: 민주적 과정의 재설계". 「전자투표 국제컨퍼런스」. 중앙선거관리위원회.

윤영훈(1996). "PC통신과 통신망". 「행정과 전산」.

윤우곤(1998). "행정과 경영의 비교 연구: 행정과 행정학의 미래". 「한국행정학보」. 32(4): 1-18.

윤은기(2003). "캐나다 정부 혁신과 특별운영기관의 분석을 통한 신공공관리론의 적실성에 대한 연구". 한국행정학회 2003년도 추계학술대회 발표논문집.

음수연(2006). "미래를 주도하기 위한 전략적 사고: 대안적 시나리오를 이용한 미래예측 방법". 「정보통신정책」. 18(18): 1-29.

이경호(1996). "전산망 보안대책 시급하다". 동아일보. 1996. 4. 30.

이계식·문형표(1995). "선진국의 전략과 교훈". 「한국개발연구원」.

이광숙(2004). "정부혁신을 위한 전자정부 구축방안". 대진대 법무행정대학원 석사학위논문.

이규환(2003). "지방정부의 자본예산제도 도입 방안". 「국가정책연구」. 17(1): 1-20.

이근주(2003). "정부투명성과 정보공개 활성화 방안". 한국행정학회 2003년도 세미나 발표논문집.

이남국. "우리나라 예산성과금제도의 활성화 방안". 「지방정부연구」.

이동규(2012). "Birkland의 재난 사건관련 정책변동(EPC) 이론과 모형 검토: 기존의 정책과정 이론과 모형과의 비교". 「한국위기관리논집」. 8(2): 1-27.

이두한(1999). "공기업 민영화 정책의 과제와 방향". 「한독사회과학논총」. 9: 133-150.

이명석(2002). "거버넌스의 개념화: 사회적 조정으로서의 거버넌스". 「한국행정학보」. 36(4): 321-339.

_____(2011). "네트워크 거버넌스와 정부의 역할 – 복잡계이론을 중심으로". 「국정관리연구」. 6(1): 1-31.

이미숙(2002). "행정정보 공동활용에 영향을 미치는 요인과 활성화 전략에 관한 연구". 숙명여자대학교 석사학위논문.

이병길(1992). "정책변동의 요인과 과정에 관한 연구". 서울대학교 박사학위논문.

이상호(1998). "예산효율성의 제고를 위한 시설공사 조달방식의 전환". 「한국행정학보」. 32(3) : 233-248.

_____(2005). "총사업비 관리제도의 실태와 문제점 –해외사례를 중심으로–". 「건설경제」. 44: 52-62.

이서행(1994). "한국의 행정문화와 공직윤리". 「배달문화」. 12: 127-141.

이선혜(2005). "일선관료의 재량권 행사의 필요성과 문제점". 「고시연구」. 32(8).

이영범·허찬행·홍근석(2008). "정책대상집단의 사회적 형성과 정책설계: IPTV도입정책을 중심으로". 「한국정책학회보」. 17(3) : 1-33.

이용훈(2012). "지역개발분야의 공공갈등 원인과 해결과정에 관한 연구 – 오스트롬의 제도분석들(IAD Framework) 적용을 중심으로". 「인하대학교 박사학위논문」.

이윤식(2007). "우리나라에 있어서 성과관리를 위한 평가의 개선방안에 관한 연구". 「정책분석평가학회보」. 17(3) : 1-30.

이윤식·김판석·오철호(1997). "21세기 우리나라 정보통신정책의 방향과 과제". 한국정책학회·한국행정학회 공동주최 1997 정보통신정책세미나 PROCEEDINGS.

이윤희(1996). "정보사회에서의 통제양식의 변화". 한국사회학회 심포지움 논문집.

이종범(1995). "기업형 정부의 구현방안". 「한국행정연구」. 4(1) : 20-45.

이종수(2002). "공무원의 전문성 향상방안으로서 경력개발제도(CDP)에 관한 연구: CDP의 시각에서 분석한 한국 인사행정체계의 문제점과 개선방안". 「한국행정연구」. 11(4) : 149-175.

이종열·손영배(2012). "Birkland의 정책학습 모형에 따른 학습과정과 정책변화에 관한 연구: 대구 지하철 화재 사례를 중심으로". 「행정논총」. 50(3) : 263-293.

이종수·유평준·최흥석(1997). "21세기 우리나라 정보통신 관련 정부조직의 개편방안 연구". 한국행정학회 1997년도 정보통신정책세미나 PROCEEDINGS.

이종렬·손영배(2012), "Brikland의 정책학습 모형에 따른 학습과정과 정책변화에 관한 연구: 대구 지하철 화재 사례를 중심으로". 「행정논총」. 50(3) : 263-293.

이혜훈(1998). "기업식 정부의 개념·목표·전략". 「한국행정연구」. 7(2) : 20-40.

장세영(1996). "미래정보사회에서의 공공행정모델 구축을 위한 습작". 경희대학교 행정정책연구회. 12월.

장하준(1996). "제도경제학의 최근 동향". 「경제학연구」. 44(1) : 1191-1221.

전기택·김경희·정가원·이연지(2011). "지방자치단체 성인지 통계". 「한국여성정책연구원」.

전대성(2000). "지식행정을 통한 지방정부의 경쟁력 제고방안". 「논문집-경북전문대학」. 18(1) : 67-91.

전석호 외(1995). "정보정책 체계정립 및 대응과제 도출에 관한 연구". 한국전자통신연구소.

전정환(1991). "지역개발을 위한 전산정보체계의 방향". 「한국사회와 행정연구」. 2: 88-101.

정광호·최슬기·장윤희(2009). "정책실패의 연관요인 탐색 – 중앙일간지 사설의 내용분석을 중심으로". 「한국거버넌스학회보」. 16(1) : 1-29.

정교일·박한나·정부금·장종수·정명애(2012). "빅데이터와 정보보안". 「한국정보기술학회지」. 10(3) : 17-22.

정병걸·염재호(2007). "정부혁신·정부경쟁력·국가경쟁력". 한국행정학회·한국정책학회 2007년도 하계공동학술대회 발표논문집.

정삼철(1998). "행정조직상 팀제 도입의 문제점과 해소전략". 「정책연구」. 98(8) : 1-41.

정창수(2002). "시민단체의 예산감시운동 연구: 「밑빠진독상」을 중심으로". 「경희대학교 석사학위논문」.

제갈돈(1994). "행정학의 패러다임과 비판적 행정이론: 새로운 패러다임 구성을 위한 시도". 「대구경북행정학회보」. 6: 149-168.

조선주·김영숙·정가원·황정임·김동식·이선행·이연지·손정민·권희정(2001). "성인지 예산 분석 평가 사업". 「한국여성정책연구원」.

주정민(2005). "IPTV의 방송통신융합적 특성과 도입정책에 관한 연구". 「사이버커뮤니케이션학보」. 15: 161-197.

최길수(2007). "지방정부 정책품질관리 평가체제 구축에 관한 연구: 주요 국가 품질대상(National Quality Award)의시사점". 「지방행정연구」. 21(1) : 153-182.

최무현(2001). "대표관료제 이론과 그 적용에 관한 연구". 「연세사회과학연구」. 7(1) : 143-166.

최봉수(2000). "전자정부 구축과 운영실태". 「지방자치」. 142: 12-16.

최선규(1992). "국제전화 경쟁도입 후 1년". 「정보통신정책ISSUE」. 4(1) : 1-35.

최창현(2008). "복잡계 이론과 행정". 「한국행정포럼」. 123: 77-80.

클리포드 스톨(1996). "인터넷은 만병통치약인가". 「녹색평론」. 28: 28-56.

하미승(1992). "정보사회가 행정체제에 미친 영향". 「한국행정연구」. 1(3).

하혜수·정정화(2001). "신공공관리론적 지방행정개혁의 성과평가". 한국정부학회 2001년 추계학술대회 발표논문집.

한상철·김우준(2010). "복잡계 이론을 활용한 범죄연구 가능성 고찰". 「한국행정학회 추계학술대회」.

한세억(1998). "정보정책의 현상과 실제에 관한 연구". 최성모 편. 「정보사회와 정보화정책」. 서울: 나남출판.

_____(1999). "지식행정에 대한 탐색적 연구". 「한국행정학보」. 33(3) : 1-19.

_____(2000). "지식사회의 행정조직관리패러다임: 지식관리의 이해와 실천". 「한국행정연구」. 9(3) : 125-127.

_____(2001). "행정지식관리시스템의 이해와 접근: 행정정보시스템의 진화가능성 모색". 「한국행정연구」. 10(2) : 228-259.

한창섭(2007). "책임운영기관의 성과관리체제에 대한 제도주의적 분석". 한국정책학회 2007년도 하계공동학술대회 발표논문집.

허　범(1982). "가치인식과 정책학". 성균관대학교 사회과학연구소 편. 「현대사회과학의 이해」. 275-291. 서울: 대왕사.

_____(1985). "정책학 개론 교과 내용에 대한 토론". 「한국정책학회보」. 19-2: 83-89.

_____(1988). "공공정책의 형성과 집행". 성균관대학교 사회과학연구소 편. 「행정학개론」. 74-101. 서울: 대영문화사.

_____(1992). "정책윤리분석의 구조와 기준". 중앙공무원교육원 연구논집. 12: 165-187.

_____(1997). "대통령 선거정책공약의 설계를 위한 개념적 틀과 지도지침". 「한국정책학회보」. 6(2): 11-41.

_____(1999a). "개혁정책의 탐색과 설계". 성균관대학교 행정대학원 편. 21세기 강좌교재. 1-23.

_____(1999b). "정책학의 패러다임에 관한 연구: 개념전제에 입각한 해석을 중심으로". 한국정책학회 1999년도 동계학술대회 발표논문집.

_____(2002). "정책학의 이상과 도전". 「한국정책학회보」. 11(1): 293-311.

_____(2006). "공직자의 삶과 윤리". 정책학이론세미나 강의자료.

홍성만·김광구(2008), "공공갈등관리기구의 운영과 실효성에 대한 탐색적 연구: 정부간 갈등관리를 중심으로". 「한국공공관리학보」. 22(4): 1-17.

홍승현(2012). "재정투명성에 관하여". 「재정포럼」. 31-32.

황보열(2003). "전자정부의 의의와 추진실적 및 향후 과제". 「기록관리학회지」. 3(1): 141-158.

황상주(2006). "공공기관 혁신수준향상 방안에 관한 연구: 한국철도공사사례". 부경대 산업대학원 석사학위논문.

황종성(2013). "Gov3.0: 미래 전자정부 개념정립과 추진전략 모색". 「한국정책학회 춘계학술대회 발표집」. 503-527.

황지욱(2004). "델파이기법을 활용한 남북한 지방자치단체의 교류·협력 전망과 접경지역의 기능변화". 「국토계획」. 39(1): 155-167.

황혜성·권기헌·문상호(2008). "광역자치단체의 평생학습정책 효율성 분석: DEA와 Post-DEA의 연계적 활용". 「한국행정학보」. 42(4): 211-235.

3. 연구보고서

강인재·이원희·임도빈(1998). 「새로운 제도와 한국관료문화와의 적합성에 관한 연구」. 서울: 한국행정연구원.

김병국·김필두(2006). 「지방자치단체 정책품질관리제도 도입 및 정착방안」. 서울: 한국지방행정연구원.

김은주(1991). 「OECD의 ICCP 위원회 활동 및 한국의 대응방안」. 서울: 통신개발연구원.

김재윤(2000). 「인터넷: 경제이상이 실현되는가?」. 서울: 삼성경제연구소.

김준모(1999). 「일하는 방식에 대한 실태조사」. 기획예산처 용역과제. 서울: 한국행정연구원.

남궁근 · 박천오 외(2005). 「고위공무원단 도입에 따른 문제점 분석과 개선방안 연구: 주요국가 사례연구」. 서울: 한국행정연구원.

노화준 외(1996). 「초고속 정보통신기반 구축사업 활성화 및 평가방안에 관한 연구」. 서울: 정보통신부.

문신용(1996). 「전자정부 구현을 위한 행정서비스 발전방안」. 서울: 한국행정연구원.

_____(1997). 「제2차 행정전산망사업의 효과분석에 관한 연구」. 서울: 한국행정연구원.

박재희(1996). 「중앙부처의 정책결정역량 제고방안」. 서울: 한국행정연구원.

서삼영(1995). 「초고속정보통신기반구축과 비용절감 효과분석」. 서울: 한국전산원.

서진완(1997). 「정보기술을 활용한 행정업무과정의 혁신지침」. 서울: 한국행정연구원.

이선 · 장석인 · 권기헌 · 강구영 · 양병무(1999). 「창조적 지식국가론」. 서울: 산업연구원.

이용화(1996). 「2005년의 기술과 유망사업 예측」. 서울: 삼성경제연구소.

이종수(2003). 「정부위원회의 효율적 운영방안」. 서울: 한국행정연구원.

이헌수(1998). 「행정에 관한 공무원의 인식과 태도」. 서울: 한국행정연구원.

최창수(2003). 「성과계약관점에서 본 목표관리제의 재평가와 개선방안 모색」. 서울: 한국행정연구원.

하상묵(1996). 「공무원 성과급(특별상여수당) 제도의 합리적 운영방안」. 서울: 한국행정연구원.

황성원(2006). 「정부혁신이 행정문화와 공무원 행태에 미친 영향」. 서울: 한국행정연구원.

황인수 · 배응환 외(2004). 「고위공무원단 핵심역량 강화를 위한 교육훈련 프로그램 개발」. 서울: 한국행정연구원.

4. 정부간행물 및 기타

과학기술정책관리연구소(1995). 「소프트웨어산업의 장기발전을 위한 기술혁신전략」.

국가경쟁력강화민간위원회(1995). 「국가사회정보화 민간종합계획」.

국무조정실(2005). 「정책품질관리매뉴얼」.

국정홍보처(2004). 「정책품질관리매뉴얼」.

국토연구원(1999). 「도로사업 투자분석 기법정립」.

국회예산정책처(2009). 「총사업비관리제도 평가」.

기획예산위원회(1998a). 「국민과 함께 하는 국가경영혁신」. 대통령 업무보고. 1998. 4. 13.

_____(1998b). "정부부문 정보자원조사".

기획재정부(2009). 「2009년도 예비타당성조사 운영지침」.

디지털 타임스. 2002년 4월 15일.

_____. 2002년 5월 3일.

_____. 2002년 6월 3일.

전자정부특별위원회 (2003). 「전자정부백서」.

정보통신부 (2002). 「정보통신분야 정책성과」.

정부 (2007a). 「2008년 예산안 개요」. 예결산정부시스템 심사정보자료.

_____ (2007b). 「공무원 인사개혁백서」. 참여정부 백서.

지속발전가능위원회 (2004). 「갈등관리시스템 구축방안 연구보고서」.

초고속정보통신기반연구반 (1994). 「21세기의 한국과 초고속정보통신」.

총무처 직무분석기획단 (1997). 「신정부혁신론」. 서울: 동명사.

한국개발연구원 (2000). 「예비타당성조사 수행을 위한 일반지침연구 (개정판)」.

_____ (2012). 「새만금 동서2축 도로건설」.

한국과학기술기획평가원 (2005). 「미래사회 전망과 한국의 과학기술: 과학기술예측조사 (2005~ 2030) 제1권 미래사회 전망과 우리사회 니즈」. 과천: 과학기술부; 서울: 한국과학기술평가원.

한국산업훈련연구소 편집부 (1995). 「BPR에 의한 업무혁신」.

한국소프트웨어진흥원 (2007a). 「DC산업 육성정책 성과체계 개선연구」.

_____ (2007b). 「디지털콘텐츠산업백서」.

한국전산원 (1993). 「차세대 전산망서비스 개발에 관한 연구」.

_____ (1995). 「1995 국가정보화백서」. 서울: 한국전산원.

_____ (1996a). 「인터넷 현황 및 정책방향 (안)」. 서울: 한국전산원.

_____ (1996b). 「초고속 정보통신기반구축과 비용절감 효과분석」. 서울: 한국전산원.

_____ (1998). 「국가정보화백서」. 서울: 한국전산원.

_____ (2002a). 「국가정보화백서 2002」. 서울: 한국전산원.

_____ (2002b). 「무선/모바일 전자정부 서비스 촉진」. 서울: 한국전산원.

한국전산원 (1996a). 「미래 정보사회의 공공행정모델」. 용인: 한국전산원.

_____ (1996b). 「전자정부」. 용인: 한국전산원.

_____ (1996c). 「정보기술을 이용한 정부서비스: 미국 GITS 작업반 성과보고서」. 용인: 한국전산원.

_____ (1997). 「전자정부의 문서유통」. 용인: 한국전산원.

한국정보문화센터 (1996). 「초고속 정보통신」.

한국정보보호센터 (2000). 「정보화 역기능 사례집」.

함께하는 시민행동 (2001). 「전자정부구현을 위한 방안과 과제」. 제3회.

행정자치부 (1998a). 「전자정부 구현을 위한 전자문서유통 활성화」. 1998. 8.

_____ (1998b). 「전자정부의 비전과 전략」.

_____ (2001). 「전자정부법의 이해와 해설」. 2001. 7.

_____ (2004, 2005). 「정책품질관리매뉴얼」.

_____ (2007). 「경력개발제도 매뉴얼」.

KDI 공공투자관리센터(2011). 「예비타당성조사 제도 및 쟁점」.

5. 국외문헌

Alderfer, C. P. (1969). "An Empirical Test of a New Theory of Human Need." *Psychological Review.*

Allee, V. (1997). *The Knowledge Evolution: Expanding Organizational Intelligence.* Boston: Butterworth Geinemann.

Almond & Verba(1963). *The Civic Culture: Political attitudes and democracy in five nations.* Prinston Univ. Press.

Amitai Etzion(1964). *Modern Organization Englewood Cliffs.* N. J.: Prentice-Hall.

Anderson, Charles W. (1990). *Pragmatic Liberalism.* Chicago: University of Chicago Press.

_____ (1993). "Recommending A Scheme of Reason: Political Theory, Policy Science, and Democracy." *Policy Science,* 26(3): 215-227.

Apperson, B. & Wikstrom, N. (1997). "The Professionalization of Virginia County Government: An Application of Diffusion Theory." *Public Administration Quarterly,* 28-53.

Argyris, C. (1957). *Personality and Organization.* New York: Harper and Row.

_____ (1977). "Double Loop Learning in Organizations." *Harvard Business Review.* September-October.

Ascher, W. (1986). "The Evolution of Policy Sciences: Understanding the Rise and Avoiding the Fall." *Journal of Policy Analysis and Management,* 5: 365-373.

Atkinson, Michael M., and William D. Coleman(1992). "Policy Networks, Policy Communities and the Problems of Governance." *Governance: An International Journal of Policy, Administration and Institutions,* 5(2): 154-180.

Barber, Benjamin(1984). *Strong Democracy: participatory politics for a new age.* Berkeley: University of California Press.

Barber, James D. (1975). "Complexity, Synopticism, Incrementalism and Real Questions." Reprinted in Robert Golembiewski and Jack Rabin (eds.), *Public Budgeting and Finance.* Itasca: Peacock.

Barnard, C. I. (1968). *The Functions of the Executive.* London: Cambridge Univ. Press.

Bass, B. M. (1985). "Leadership: Good, Better, Best." *Organizational Dynamics,* 13(Winter).

_____ (1985). *Leadership and Performance beyond Expectation.* New York: Free Press.

_____ (1990). "From Transformational to Transactional Leadership: Learning to Share the Vision." *Organizational Dynamics,* 18(Winter).

Beer, M. (1980). *Organization Change and Development: A Systems View.* Santa Monica, C. A.: Goodyear

862

Beer, M. & Walton, E. (1990). "Developing the Competitive Organization: Interventions and Strategies." *American Psychologist*, 45(22).

Behn, R. D. (1997). *Innovation in American Government*. The Brookings institution.

Belinda, P. (1996). "Gender Relations in Post-industrial Society." *Royal Melbourne Institute of Technology*. Paper delivered in the Symposium on Empowering Women in the Information Era.

Bellah, Robert N. (1983). "Social Science as Practical Reason." In Callahan, Daniel & Bruce Jennings (eds.), *Ethics, The Social Science, And Policy Analysis*. New York: Plenum Press, 37-68.

Bell, D. (1973). *The Coming of the Post-industrial Society*. New York: Basic Books.

_____(1989). "Communication Technology: For Better or for Worse?" In J. L. Salvagio (ed.), *The Information Society: Economic, Social & Structual Issues*. Hillsdale, N. J.: Lawrence Erlbaum Associates, Publishers.

Bennis, W. (1993). *The Condition of a New Leader*. N.Y.: The Free Press.

Bennis, Warren G. (1966). *Changing Organizations*. New York: McGraw-Hill

Berry, F. S. (1994). "Innovation in Public Management: The Adoption of Strategic Planning." *Public Administration Review*, 54(4): 322-329.

Berry, F. S. & Berry, W. D. (1990). "State Lottery Adoptions as Policy Innovations: An Event History Analysis." *American Political Science Review*, 84(2): 395-415.

Bhatt, G. D. (2000). "Organizing Knowldege in the Knowledge Development Cycle." *Journal of Knowledge Management*, 4(1).

Blake, R., and Mouton, J. S. (1964). *The Managerial Grid*. Houston: Gulf.

Blau, P. M. (1955). *The Dynamics of Bureaucracy: A Study of Interpersonal Relations in Two Government Agencies*. Chicago: University of Chicago Press.

Bourdieu, P. (1986). The forms of capital. In J. G. Richardson (ed.), *The and book of theory: Research for the sociology of education*. New York: Greenwood Press.

Brewer, G. & deLeon, P. (1983). *The Foundation of Policy Analysis*. Homewood, Ⅲ. The Dorsey Press.

Brunner, R. D. (1991). "The Policy Movement as Policy Problem." *Policy Sciences*, 24: 65-98.

_____(1996). "A Milestone in the Policy Science." *Policy Sciences*, 29(1): 45-68.

Bunge(1973). "*The basic building block of organizing world structure.*" 제2부 제6장.

Burke, W. W., and Litwin, G. H. (1992). "A causal model of organizational performance and change." *Journal of Management*.

Burnham, D. (1984). *The Rise of the Computer State: A Chilling Account of the Computer's Threat to Society*. New York: Vintage.

Burns, J. M. (1978). *Leadership*. New York: Harper & Raw.

_____(1985). *Leadership and Performance Beyond Expectation*. New York: Free Press.

Busuttil, S. et al. (eds.). (1990). *Our Responsibilities to Future Generations*. Malta: Foundation for International Studies.

Carothers, T. (2000). "Civil Society." *Foreign Policy*, Winter: 18-29.

Castells, Manuel (1996). *The Rise of Network Society*. Oxford: Blackwell.

Cater, D. (1981). "Human Value in Information Society." In C. C. Rochell (ed.), *An Information Agenda for the 1980s*. Chicago: American Library Association.

Churchman, C. West (1968). *Challenge to Reason*. New York: McGraw-Hill.

Cleveland, H. (1993). *The Birth of a New World*. San Francisco: Jossey-Bass.

Coleman, William D., and Grace Skogstad (1990). "Policy Communities and Policy Networks: A Structural Approach." In William D. Coleman, and Grace Skogstad (eds.), *Policy Communities And Public Policy in Canada*. Toronto: Copp Clack Pitman.

Collier, D. & Messick, R. E. (1975). "Prerequisites Versus Diffusion: Testing Alternative Explanations of Social Security Adoption." *The American Political Science Review*, 69: 1299-1315.

Craig, A. (1979). "Information and Politics: Towards Greater Government Intervention?" *International Journal*, 34(2).

Crandall, R. W. (1991). "Liberalization without Deregulation: U. S. Telecommunication Policy during the 1980s." *Contemporary Policy Issues*.

Crane, B. (1967). *A History of Civilization*. New Jersey: Prentice-Hall.

Dahl, Robert (1982). *Pluralist Democracy: Autonomy versus Control*. New Haven: Yale University Press.; 신윤환 옮김(1992). 「다원민주주의의 딜레마」. 서울: 도서출판 푸른산.

Danziger, M. (1995). "Policy Analysis Postmodernized: Some Political and Pedagogical Ramifications." *Policy Studies Journal*, 23(3): 435-450.

Davis, R. H. (1982). "The Impact of Organizational and Innovator Variables on Instructional Innovation in Higher Education." *The Journal of Higher Education*, 53.

DeLeon, P. (1981). "Policy Sciences: The Discipline and the Profession." *Policy Sciences*, 1(13): 1-7.

_____(1988). "Advice and Consent: The Development of the Policy Sciences." New York, N. Y.: *Russell Sage Foundation*, 23(3): 435-450.

_____(1990). "Participatory Policy Analysis: Prescriptions and Precautions." *Asian Journal of Public Administration*, 12: 29-54.

_____(1994a). "Reinventing the Policy Sciences: three steps back to the Future." *Policy Sciences*, 27: 77-95.

_____ (1994b). "A Theory of Policy Termination." In J. U. May & A. B. Wildavsky (eds.), *The Policy Cycle*. Beverly Hills: Sage Publication.

_____ (1997). *Democracy and The Policy Sciences*. Albany, N.Y.: State University of New York Press.

_____ (1998). "Models of Policy Discourse: Insights vs. Predition." *Policy Studies Journal*, 26(1, Spring).

_____ (1999). "The Stages Approach to the Policy Process: What Has It Done? What Is It Going?" In Sabatier, Paul A. (ed.), *Theories of the Policy Process*. Boulder, Colorado: Westview Press.

DeLeon, P., and Martell, C. R. (2006). "The Policy Sciences: Past, Present and Future." In G. Peters & J. Pierre (eds.), *Handbook of Pubic Policy*. SAGE Publicactions: London.

Denhardt, Robert B. Denhardt Janet Vinzant., and Aristigueta, Maria P. (2002). *Managing Human Behavior in Public & Nonprofit Organizations*. Sage Publications, Inc.

Denis, Loveridge (2005). *Technology Foresight Methods*. Working Paper. PREST, Manchester, UK.

Dertouzos, M. L. (1997). *What Will be*. San Francisco: HarperEdge.

DiMaggio, Paul J., and Powell, Walter W. (eds.). (1991). *The New Institutionalism in Organizational Analysis*. Chicago: The University of Chicago Press.

Dobuzinskis, L. (1992). "Modernist and Postmodernist Metaphors of the Policy Process: Control and Stability vs. Chaos and Reflective Understanding." *Policy Sciences*, 25(4): 355-380.

Doren, Gideon. (1992). "Policy Sciences: The State of Discipline." *Policy Studies Review*, 11: 303-309.

Dror, Y. (1970). "Prolegomena to Policy Sciences." *Policy Sciences*, 1: 135-150.

Drucker, P. F. (1993). *Post-Capitalist Society*. New York: Harper Collins Inc.

_____ (1999). *Management Challenges for The 21st Century*. New York: Harper Collins Inc.; 이재규 옮김(2002). 「21세기 지식경영」. 서울: 한국경제신문사.

Dryzek, J. S. (1982). "Policy Analysis as a Hermeneutic Activity." *Policy Sciences*, 14(4): 309-329.

_____ (1989). "Policy Sciences of Democracy." *Polity*, XXII-1, 99-118.

_____ (1990). *Discursive Democracy: Politics, Policy and Political Sciences*. N.Y.: Cambridge Univ Press.

_____ (1992). "The Democratization of the Policy Sciences." *Public Administration Review*, 52(2): 125-129.

_____ (1993). "Policy Analysis and Planning: From Science to Argument." In F. Fischer and J. Forester (eds.), *The Argumentative Turn in Policy Analysis and Planning*. Durham,

N. C.: Duke University Press.

Dunn, William N. (1981). *An Introduction to Public Policy Analysis.* N. J.: Prentice Hall.

Durning, Dan (1993). "Participatory Policy Analysis in a Social Service Agency: A Case Study." *Journal of Policy Analysis and Management,* 12: 231-257.

Dutton, W. H. & J. G. Blumer (1989). "A Comparative Perspective on Information Societies." In J. L. Salvaggio (ed.), *The Information Society: Economic, Social & Structural Issues.* Hillsdale. N. J.: Lawrence Erlbaum Associates, Publishers.

Dye, Thomas (1981). *Understanding Public Policy.* Englewood Cliffs, N. J.: Prentice Hall Press.

Elinor, Ostrom. (1986). "An Agenda for the Study of Institutions." *Public Choice,* 48: 3-25.

_____ (1990). *Governing the Commoms: The Evolution of Institutions for Collective Action.* New York: Cambridge University Press.

_____ (1992). *Crafting Institutions for Self-Governing Irrigation Systems.* San Francisco: ICS Press.

Emery, F. E. & Trist, E. L. (1965). "The Casual Texture of Organizational Enviorments." *Human Relations,* 18.

Evans, J. (1983). "The Worker and the Workplace." In G. Friedrichs & A. Schaff (eds), *Microelectronics and Society: A Report to the Club of Rome.* New York: Mentor.

Eztioni, Amitai (1961). *A Comparative Analysis of Complex Organizations.* New York: Free Press.

Ferré, F. (1988). *Philosophy of Technology.* New Jersey: Prentice Hall.

Fiedler, F. E., and Garacia, J. E. (1987). *New Approach to Leadership: Cognitive Resources and Organizational Performance.* New York: John Wiley.

Fiedler, F. E., and Martin M. Chemers (1974). *Leadership and Effective Management.* Glenview, I. L.: Scott, Foresman.

Fields, C. I. (1994). "Information Infrastructure and Economic Vitality." In U. S. Dept. of Commerce, *20/20 Vision: The Development of a National Information Infrastructure. National Telecommunications and Information Administration (NTIA).*

Firestone, C. M. & K. Kopp (1994). "Sustainable Democracy." In U. S. Dept. of Commerce, *20/20 Vision: The Development of a National Information Infrastructure. National Telecommunications and Information Administration.*

Fischer, F. (1980). *Politics, Values and Public Policy: the Problem of Methodology.* Boulder, Colorado: Westview Press.

_____ (1993). "Policy Discourse and the Politics of Washington Think Tanks." In F. Fischer and J. Forester (eds.), *The Argumentative Turn in Policy Analysis and Planning.* Durham, N. C.: Duke University Press.

_____ (1995). *Evaluating Public Policy. Chicago*: Nelson-Itall.

_____ (1998). "Beyond Empiricism: Policy Inquiry in Postpositivist Perspective." *Policy Studies Journal*, 26(1): 129-146.

Fischer, F. & J. Forester (eds.). (1993). *The Argumentative Turn in Policy Analysis and Planning*. Durham, N.C.: Duke University Press.

Fisher, F. D. (1994). "Open Sesame! How to Get to the Treasure of Electronic Information." In U. S. Dept. of Commerce, *20/20 Vision: The Development of a National Information Infrastructure. National Telecommunications and Information Administration.*

FOREN (2001). *Practical Guide to Regional Foresight*. Brussels: European Press.

Forester, J. (1993). *Critical theory, Public Policy and Planning Practice: Toward a Critical Pragmatism*. Albany, N.Y.: SUNY Press.

Frank, J., and Trumbo, A. (1976). *Psychology of Work Behavior*. Homewood, Ill.: Dorsey Press.

Frederickson, H. George (1980). *New Public Administration. Alabama.* The University of Alabama Press.

French. W., Bell. C. H., Zawacki. R. A. (1999). *Organization Development and Transformation: Managing Effective Change.* McGraw-Hill.

Friedman, Milton (1962). *Captalism and Freedom.* University of Chicago Press.

Fukuyama, F. (1995). *Trust: The Social Virtues and the Creation of Prosperity.* New York: The Free Press.

_____ (1997). *The end of history and the last man.* Harpercollins.

_____ (1999). *Trust.* New York: The Free Press.

Gates, B. (1996). *The Road Ahead.* Penguin Books USA Inc.

_____ (1999). *The Speed of Thought.* Warner Books: A Time Warner Company.

Gerstein, D. R. (1984). *Towards the Prevention of Alcohol Problems: Government, Business and Communist Action.* Washington, D.C.: National Academy Press.

Giddens, A. (1989). *Sociology.* Cambridge: Polity Press.

_____ (1990). *The Consequences of Modernity.* Cambridge: Polity Press.

_____ (1991). *Modernity and Self-identity: Self and Society in the Late Modern Age.* Stanford: Stanford University Press.

_____ (1994). *Beyond Left and Right: The Future of Radical Politics.* Oxford: Blackwell Publishers.

Gore, Al. (1993). "From Red Tape to Results: Creating Government that Works Better and Cost Less." *Report of the National Performance Review.*

Gourevitch, P. (1978). "Second Image Reversed." *International Organization, 32* (Autumn).

Green, Richard T. Lawrence F. Keller and Gary L. Wamsley(1993). "Reconstituting a Profession for American Public Administration." *Public Administration Review*, Nov/Dec.

Habermas, J. (1971). *Knowledge and Human Interests*. Translated by J. Shapiro, Boston, M.A.: Beacon Press.

_____(1979). *Communication and the Evolution of Society*. Translated by J. Shapiro, Boston, M.A.: Beacon Press.

_____(1984). *The Theory of Communicative Action: Reason and the Rationalization of Society*. Boston: Beacon Press.

_____(1987). *The Philosophical Discourse of Modernity*. Translated by F. Lawrence, Cambridge: MIT Press.

_____(1989). *The structural transformation of the public sphere: An inquiry into a category of bourgeois society*. Cambridge: MIT Press.

_____(1991). "The public sphere." In C. Mukerji & M. Schudson (eds.), *Rethinking popular culture: Contemporary perspectives in cultural studies*. Berkeley: University of California Press.

Haggard, S. (1988). "The Institutional Foundations of Hegemony: Explaining the Reciprocal Trade Agreements Act of 1934." In G. John Ikenberry, David A. Lake,, and Michael Mastanduno (eds.), *The State and American Foreign Economic Policy*. Ithaca: Cornell University Press.

Hajer, Maarten A., and Hendrik Wagenarr (eds.). (2003). *Deliberative Policy Analysis: Understanding Governance in the Network Society*. Cambridge, N.Y.: Cambridge University Press.

Hall, P. A. (1986). *Governing the Ecoinomy: The Politics of State Intervention in Britain and France*. New York: Oxford University Press.

Hart, David K. (1974). "Social Equity, Justice and the Equitable Administrator." *Public Administration Review*, 34(1).

Haunschild, Pamela R. (1993). "Interorganizational Imitation: The Impact of Interlocks on Corporate Acquisition Activity." *Administrative Science Quarterly*, 38.

Hays, Steven W., and Richard C. Kearney(1995). "*Promotion of personnel: Career advancement.*" Jack Rabin (eds.), *Handbook of public personnel administration*. New York: Marcel Dekker, Inc.

Helco, Hugh(1978). "Issue Networks and the Executive Establishment." In *The American Political System*, Anthony King (eds.), Washington: American Enterprise Institute.

Herschel, R. & Nemati, H. (2000). "Chief Knowledge Officer: Critical Success Factors for Knowledge Management." Information Strategy. *The Executive's Journal Summer*, 37-45.

Hersey, P., and Blanchard, K. (1982). *Management of Organizational Behavior* (4th ed.). Englewood Cliffs, N.J.: Prentice-Hall.

Herzberg, Frederick (1968). "One More Time: How Do You Motivate Employees?" *Harvard Business Review,* 46.

Hogwood B., and L. Gunn (1984). *Policy Analysis for the Real World.* N. Y.: Oxford University Press.

Hughes, O. E. (1994). *Public Management and Administration.* New York: St. Martin's Press.

Ikenberry, G. J. (1988). "Conclusion: An Institutional Approach to American Foreign Economic Policy." In G. John Ikenberry, David A. Lake, and Michael Mastanduno (eds.), *The State and American Foreign Economic Policy.* Ithaca: Cornell University Press.

Ikenberry, G. J., D. A. Lake, and M. Mastanduno (1988). "Introduction: Approaches to Explaining American Foreign Economic Policy." In G. John Ikenberry, David A., Lake, and Michael Mastanduno (eds.), *The State and American Foreign Economic Policy.* Ithaca: cornell University Press.

Immergut, E. M. (1998). "The Theoretical Core of the New Institutionalism." *Politics & Society,* 26 (1): 5-34.

Ingram, Helen & Mann, Dean (1980). Policy Failure: An Issue Deserving Attention, in Why Policies Succed or Fail (ed.), *Beverly Hills. Sage.*

Ingram, Helen & Schneider, Anne. (1991). The choice of Target Populations. *Adminstration & Sociey,* 23 (3): 333-356.

Jantsch, Erich (1970). "From Forecasting and Planning to Policy Sciences." *Policy Sciences,* 1 (1): 31-47.

Jenkins-Smith, Hank C., and Paul A. Sabatier (1993). "The Study of Policy Process." In Paul A. Sabatier and Hank C. Jenkins-Smith (eds.), *Policy Change and Learning.* Boulder, C. O.: Westview Press. Chap. 1.

Jessop, B. (1998). "The Rise of Governance and the Risks of Failure: The Case of Economic Development." *International Social Science Journal,* 155. UNESCO.

Jones, M. G. (1994). "The Promise of the NII: Universal Service is the Key." In U. S. Dept. of Commerce, *20/20 Vision: The Development of a National Information Infrastructure. National Telecommunications and Information Administration.*

Joseph, Tiffin (1952). "*Industrial Psychology.*" New York: Prentice-Hall.

Judis, J. (1993). *The Jobless Recovery.* The New Republic.

Kahin, B. (1993). *Building Information Infrastructure.* McGraw-Hill.

Kaplan, A. (1963). *American Ethics and Public Policy.* New York: Oxford University Press.

Kaplan, R. S. (1999). "The Balanced Scorecard for Public-Sector Organization." *Balanced Scorecard Report.*

Kaplan, R. S. & David P. Norton (1992). "The Balanced Scorecard: Measures That Drive

Performance." *Harvard Business Review,* 1(January).

Kapor, M. (1994). "Building Open Platforms: Public Policy for the Information Age." In U. S. Dept. of Commerce, *20/20 Vision: The Development of a National Information Infrastructure. National Telecommunication and Information Administration.*

Kay, A. (1995). "Global Village or Global Civilization?" In K. Schwab (ed.), *Overcoming Indifference.* New York: New York University Press.

Kelley, H. H. (1973). "The Process of Casual Attribution." *American Psychologist,* 28.

Kelley, H. H., and Michela, J. L. (1980). "Attribution Theory and Research." *Annual Review of Psychology.*

Kellner, D. (1990). *Television and the Crisis of Democracy.* Boulder: Westview Press.

Kelly, Rita Mae (1986). "Trends in the Logic of Policy Inquiry: A Comparison of Approaches and A Commentary." *Policy Studies Review,* 5(3): 520-529.

Kennedy, P. (1993). "Preparing for the Twenty-first Century." Seoul: *The Korea Economic Daily(Korean edition).*

Kennedy, Paul (1987). *The Rise and Fall of the Great Power.* New York: Random House.

Ken Tobioka (1997). *SENKEN-RYOKU WO TSUKERU.* Nihon Keizai Shimbun, Inc.

Kettl, Donald F. (1994). "Managing on the Frontiers of Knowledge: The Learning Organization." In P. W. Ingraham, and B. S. Romzek (eds.), *New Paradigms for Government: Issues for the Changing Public Service.* San Francisco: Jossey-Bass Publisher.

Key, Jr. V. O. (1940). "The Lack of a Budgetary Theory." *American Political Science Review,* 34(6): 1137-1144.

King, G. Keohane. R. O. & Verba, S. (1993). *Designing Social Inquiry.* Princeton: Princeton University Press.

Kingsley, J. Donald (1944). *Representative Bureaucracy: An Interpretation of the British Civil Service.* Yellow Springs: The Antioch Press.

Kiser, L., and E. Ostrom (1982). "The Three World of Action: A Metatheoretical Synthesis of Institutional Approaches." In Elinor Ostrom (ed.), *Strategies of Political Inquiry.* London: Sage Publication, 179-222.

Kooiman, Jan. (1993). "Social-Political Governance: Introduction." In J. Kooiman, *Modern Governance: New Government-Society Interactions.* London: Sage Publications.

_____ (2003). "Modes of Governance." in J. Kooiman, *Governing as Governance.* London: Sage.

Kornhauser, W. (1959). *The Politics of Mass Society.* New York: The Free Press.

Kotter, John P. & Cohen, Dan. S. (2002). *The Heart of Change: real-life stories of how people change their organization.* Boston, M.A.: Harvard Business School Press, 15-36.

Krantz, Harry(1976). *The Participatory Bureaucracy: Woman and Minority in A More Representative Public Service.* Lexington, M.A.: Lexington Books.

Krasner, Stephen D. (1983). "Regimes and the Limits of Realism: Regimes as Autonomous Variables." In Krasner (ed.), *International Regimes.* Ithaca: Cornell University.

_____ (1984). "Approaches to the State Alternative Conceptions and Historical Dynamics." *Comparative Politics.* January, 223-246.

Krugman, P. & R. Lawrence(1994). *Trade, Jobs and Wages.* Scientific American.

Kuhnert, K. W., and Lewis, P. (1987). "Transactional and transformational leadership: A constructive/destructive transformational Leadership: A constructive/destructive analysis." *Academy of Management Review*, 12(4).

Küng, H. (1995). "A Global Ethic as the Alternative to the Clash of Civilizations." In Klaus Schwab (ed.), *Overcoming Indifference.* New York: New York University Press.

Lasswell, H. D. (1943a). "Memorandom: Personal Policy Objectives(October 1)." Archieved at Steering *Library. Yale University, New Haven,* C.T.: New Haven Press.

_____ (1943b). "Proposal: The Institute of Policy Sciences(October 1)." Archieved at Steering Library. Yale University, *New Haven,* C.T.: New Haven Press.

_____ (1948). "Attention Structure and Social Structure." In Lyman Bryson (ed.), *The Communication of Ideas.* New York: Harper.

_____ (1949). *Power and Personality.* New York: Norton.

_____ (1951). "The Policy Orientation." In. H. D. Lasswell, and D. Lerner (eds.), *Policy Sciences.* Stanford, California: Standard Univ. Press, 3-15.

_____ (1970). "The Emerging Conception of the Policy Sciences." *Policy Sciences,* 1: 3-14.

_____ (1971). *A Pre-View of Policy Sciences.* New York, N.Y.: Elsevier.

Lasswell, H. D., and Myres S. McDougal. (1992). *Jurisprudence for a Free Society: Studies in Law, Science and Policy(Vol. 2).* New Haven, C.T.: New Haven Press.

Lawless, David J. (1973). "Effective Management: Social Psychological Approach." *Journal of Business,* 46.

_____ (2003). "Modes of Governance." In J. Kooiman. *Governing as Governance.* London: Sage.

Lawlor, Edward F. (1996). "Book Review." *Journal of Policy Analysis and Management,* 15(1, winter).

Lee, Robert D, Jr., and Ronald W. Johnson(1983). *Public Budgeting System.* Gaithersbury, M.D.: Aspen Publishers, Inc.

Lerner, Daniel(1975). "From Social Science to Policy Science: An Introductory Note." In Stuart

S. Nagel (ed.), *Policy Studies.* Lexington, Mass: Lexington Books, 1-7.

Levitt, B. & March, J. G. (1988). "Organizational Learning." *American Review of Sociology,* 14.

Likert, R. (1961). *New Pattern of Management.* New York: McGraw-Hill.

_____ (1967). *The Human Organization: Its Management and Value.* New York: McGraw-Hill.

Loader, Brian D. (1998). "How Democratic Can Informatics be in Reality?: A Strategy for Political Inclusion?" Paper presented for 1998 *Korea Association for Public administration(KAPA)* International Symposium on Electronic Government. Hotel Shilla(Oct. 17. 1998).

Longino, H. E. (1993). "Economics for whom?" In M. Ferber & J. Nelson (eds.), *Beyond Economic Man.* Chicago, IL & London: University of Chicago Press, 158-168.

Lovelock, J. E. (1987). *GAIA: A New Look at Life on Earth.* Oxford: Oxford University Press.

Lynn, Laurence E., Jr. (1999). "A Place at the Table: Policy Analysis, Its Postpositive Critics and the Future of Practice." *Journal of Policy Analysis and Management,* 16(3).

Madec, A. (1982). *Les Flux Transfrontieres de donnees.* Paris: La Documentation Francais.

Marcuse, H. (1964). *One Dimentional Man.* Boston: Boston Press.

_____ (1968). "Industrialization and Capitalism in the Works of Max Weber." In *Negotiations: Essays in Critical Theory.* trans. J. J. Shapiro: Boston.

Marquardt, M. J. & Reynolds, A. (1994). *The Global Learning Organization.* Irwin. Inc.; 송경근 옮김(1995). 「글로벌 학습조직」. 서울: 한국언론자료간행회.

Marsh, D., and Smith, M. (2000). "Understanding Policy Network: Towards a Dialectical Approach." *Political Studies,* 44: 4-21.

Marshall, J., and Peters, M. (1985). "Evaluation and Education: the Ideal Learning Community." *Policy Sciences,* 18: 263-288.

Martin-Lof, J. (1984). "Some Policy Issues in the International Debate." In L. Bannon. U. Barry & O. Holst (eds.), *Information Technology: Impact on the way of Life.* Dublin: Tycooly International Publishing.

Maslow, A. (1954). *Motivation and Personality.* N.Y.: Harper & Row.

Masuda, Y. (1981). *The Information Society as Post-industrial Society.* Bethesda. M.D.: World Future Society.

_____ (1982). "Vision of the Global Information Society." In L. Bannon. U. Barry & O. Holst (eds.), *Information Technology: Impact on the way of life.* Dublin: Tycooly International Publishing.

McClelland, D. C. (1967). "Business Drive and National Achievement." In G. D. Bell (ed.), *Organization and Human Behavior.* Englewood Cliffs, N.J.: Prentice Hall, Inc.

McGregor, Douglas(1960). *The Human Side of Enterprise.* N.Y.: McGraw-Hill.

Mehrotra, R. (1995). "Religion and Modern Value Systems." In K. Schwab (ed.), *Overcoming*

Indifference. New York: New York University Press.

Menichelli, K. & A. Blau(1994). "Philanthropy and the Agenda for Action." In U.S. Dept. of Commerce, *20/20 Vision: The Development of a National Information Infrastructure.* National Telecommunications and Information Administration.

Messerlin, P. A. & K. P. Sauvant(1990). *The Uruguay Round: Services in the World Economy.* The World Bank Washington D. C.

Meyer, J. W., and B. Rowan(1977). "Institutionalized Organizations: Formal Structure as Myth and Ceremony." *American Journal of Sociology,* 83: 340-363.

_____(1978/1983). "The Structure of Educational Organizations." In John W. Meyer, and W. Richard Scott (eds.), *Organizational Environments: Ritual and Rationality.* Beverly Hills, Cali.: Sage, 71-97.

Michael, D. (1972). "Enriched or Impoverished? Master or Servant?" In *Information Technology: Some Critical Implication for Decision Makers.* New York: The Conference Board.

Michael, Keenan(2004a). *Technology Foresight: An Introduction.* PREST, University of Manchester.

_____(2004b). *Using Experts and Stakeholder Panels in Technology Foresight: Principle and Practice.* PREST, University of Manchester.

Milbrath, L. (1989). *Envisioning a Sustainable Society.* New York: SUNY Press.

Miles, and Keenan(2003). *Handbook of Knowledge Society Foresight.* PREST, Manchester, UK.

Miles, R. I., H. Turner & Bessant(1988). *Information Horizons: The Long Term Social Implication of New Information Technologies.* England: Elga.

Miller, A. G. (1971). *The Social Psychology of Psychological Research.* New York: Free Press.

Minus, P. M. (1995). "Toward an Ethic for the Twenty-First Century." In K. Schwab (ed.), *Overcoming Indifference.* New York: New York University Press.

Moe, Ronald C. (1994). "The Reinventing Government Exercize: Misinterpreting the Problem, Misjudging the Consequences." *Public Administration Review,* 54(2): 111-122.

Moltmann, J. (1965). *Mensh.* Stuttgart: Krewz.

Morin, E. & K. A. Brigitte(1993). *Terre-Patrie.* Seoul: Moonye Publishing Co. (Korean edition).

Mosco, V. (1982). *Pushbutton Fantacies.* Norwood: Ables Press.

Mosher, F. C. (1982). *Democracy and the Public Service* (2nd ed.). New York: Oxford University Press.

Mumby, Dennis K. (1988). *Communication and Power in Organizations: Discourse, Ideology and Domination.* Norwood, New Jersy: Ablex Publishing Corporation.

Myers, P. (1996). *Knowledge Management and Organizational Design.* Butterworth-Heinemann.

Naisbitt, J. (1988). *Megatrends.* N. Y. : Random House.

Needleman, J. (1995). "There Is No Such Thing as a Purely Material Crisis." In K. Schwab (ed.), *Overcoming Indifference.* New York: New York University Press.

Newman, Janet (2001). *Modernising Governance: New Labour, Policy and Society.* London: Sage.

Nonaka, I. & H. Takeuchi (1995). *The Knowledge-Creating Company: How Japanese Companies Create the Dynamics of Innovation.* New York: Oxford University Press.

North, Douglass C. (1998). "Economic Performance Through Time." In Mary C. Brinton, and Victor Nee (ed.), *The New Institurionalism in Sociology,* 247-257. New York: Russel Sage Foundation.

NPR (1995). "The Vision Takes Hold." *National Performance Review.* September.

Nye, Joseph Jr. (1990). *Bound to Lead: The Changing Nature of American Power.* New York: Paris Books.

OECD. (1990a). *Survey of Public Management Development.* Paris: OECD.

_____ (1990b). *Financing Public Expenditures through User Charges.* Paris: OECD.

_____ (1991). *Survey of Public Management Developments.* Paris: OECD.

_____ (1996). *Knowledge Based Economy.* Paris: OECD.

_____ (1997a). *National Innovation System.* Paris: OECD.

_____ (1997b). "Regulatory Management and Reform: Current Concerns in OECD Countries." *Public Management Occasional Papers.* Regulatory Management and Reform Series No. 1. Paris: OECD.

Oldham, G. R & A. Cummings (1996). "Employee Creativity: Personal and Contextual Fators at work." *Academy of Management Journal,* 39 (3).

Olve, N. G, Roy & M. Wetter (1998). *Performance Drivers.* John Wiley & Sons Ltd.

Osborne, D. & Gaebler, T. (1992). *Reinventing Government: How the Entrepreneurial Spirit Is Transforming the Public Sector.* Reading. M. A. : Addison-Wesley.

Osborne, David & P. Plastrik (1997, 1998). *Banishing Bureaucracy: The Five Strategies for Reinventing Government.* Reading. M. A. : Addison-Wesley Publishing Co.

Ostrom, E. (1990). *Governing the Commons: The Evolution of Institution for Collective Action.* Cambridge: Cambridge University Press.

Painter, M., and Pierre, J. (ed.). (2005). *Challenges to State Policy Capacity.* N. Y. : Palgrave Macmillan.

Paisley, W. (1983). "Computerizing Information: Lessons of a Videotex Trial." *Journal of*

참고문헌

Communication.

Paris, David C., and James F. Reynolds (1983). *The Logic of Policy Inquiry.* New York: Longman.

Penrose, R. (1989). *The Emperor's New Mind: Concerning Computers, Minds and the Laws of Physics.* Oxford: Oxford University Press.

Peters, G. (1995). *The Future of Governing.* University Press of Kansas.

Peters, G. & Pierre, J. (2005). "Toward a Theory of Governance." In Peters G. & Pierre J. *Governing Complex Societies Governance: New Government-Society Interactions.* Palgrave: Macmillan.

_____ (2006). "Introduction." In Peters G. & Pierre J. (ed.), *Handbook of Public Policy.* SAGE Publications: London.

Pierre, J. (2000). "Introduction: Understanding Governance." In J. Pierre (ed.), *Debating Governance.* Oxford: Oxford University Press.

Portes, A. (1998). Social Capital: Its Origins and Application in Modern Socialogy. *Annual Reviews,* 24: 1-24.

Prigogine, I. & Stengers, I. (1984). *Order out of Chaos: Man's New Dialogue with Nature.* New York: Bantam Books.

Putnam, R. (1992). *Making Democracy Work.* Princeton: Princeton University Press.

_____ (1993). "The Prosperous Community: Social Capital and Public Life." *The American Prospect,* 13 (spring).

Quinn, J. B., P. Anderson & S. Finkelstein (1996). "Professional Intelligence to Create Value." *Harvard Business Review,* March-April.

Rada, J. F. (1980). "Microelectronics and Information Technology: A Challenge for Research in the Social Sciences." *Social Science Information,* 19 (2).

Ramos, Alberto Guerreiro (1972). "Models of Man and Administrative Theory." *Public Administration Review,* 32.

Rheingold, H. (1993). *"The Virtual Community: Homesteading on the Electronic Frontier."* Reading. Mass.: Addison-Wesley Publishing Co.

Rhim, K. J. (1995). "The Revolution of Value System." *The 6th Handbook International Conference.*

Rhodes, R. A. W. (1990). "Policy Networks: A British Perspective." *Journal of Theoretical Politics,* 2.

_____ (1996). "The New Governance: Governing Without Government." *Political Studies,* 44 (4): 652-667.

Riesman, D. (1966). *The Lonely Crowd.* New York: The Free Press.

Rifkin, J. (1994). *Entropy II*. Washington: Jeremy P. Tarcher, Inc.

_____ (1996). *The End of Work*. Washington: Jeremy P. Tarcher, Inc.

Roberts, Nancy C. (1999). "Innovation by Legislative, Judicial and Management Design: Three Arenas of Public Entrepreneurship." In Frederickson, H. G., and J. M. Johnston (ed.), *Public Management Reform and Innovation*. The University of Alabama Press.

Rochefort, David A. & Roger W. Cobb. (1994). *The Politics of Problem Definition: Shaping the Policy Agenda*. Lawrence, Kansas: University Press of Kansas.

Ronald, Coase (1998). "The New Institutional Economics." *American Economic Review,* 88(2): 72-74.

Rosnay, J. (1995). "The Digital Revolution." In Klaus Schwab (ed.), *Overcoming Indifference*. New York: New York University Press.

Ruete, E. (1995). "The Need for Standards of Conduct in Government and Business." In Klaus Schwab (ed.), *Overcoming Indifference*. New York: New York University Press.

Ruggles, R. (1998). "Knowledge Management and Intellectual Capital." *Human Systems Management,* 19: 39-48.

Ruggles, R. & Holtshouse, D. (1999). *The Knowledge Advantage,* 97-136. Capstone Publishing Ltd.

Sabatier, Paul A. (1993). "Policy Change over a Decade or More." In Paul A. Sabatier, and Hank C. Jenkins-Smith (ed.), Policy Change and Learning. Boulder, C.O.: Westview Press.

Sabatier, Paul A. (ed.). (1999). *"Theories of the Policy Process."* Boulder, Colorado: Westview Press.

Salamon (2002). *The Tools of Government: A Guide to the New Governance*. London: Sage Publications.

Salvaggio, J. L. (ed.) (1989). *The Information Society: Economic, Social & Structural Issues*. Hillsdale. N. J.: Lawrence Erlbaum Associates. Publishers.

Scharpf, Fritz (1990). "Games Real Actors Could Play: The Problem of Connectedness." *Kln: Max-Planck-Institute for Gesellschaftsforschung,* Paper 90/8.

Schechter, M. (1999). *The Revival of Civil Society: Global and Comparative Perspectives*. New York: St. Martin's Press.

Schein, Edgar H. (1985). *Organization Culture and Leadership*. San Francisco, C.A.: Jossey-Bass.

Schement, J. R. (1989). "The Origins of the Information Society in the United States: Competing Visions." In J. L. Salvaggio (ed.), *The Information Society: Economic, Social & Structural Issues*. Hillsdale. N. J.: Lawrence Erlbaum Associates. Publishers.

Schick, Allen. (1971). *Budget Innovation in the States.* Washington, D.C.: The Brookings

Institution.

Schiller, H. I. (1989). "Information for What Kind of Society?" In Salvaggio. L. Jerry (ed.), *The Information Society: Economic, Social & Structural Issues*. Hillsdale. N. J.: Lawrence Erlbaum Associates. Publishers.

Schindler, C. & G. Lapid(1989). *The Great Turning: Personal Peace and Global Victory*. Santa Fe. New Mexico: Bear.

Schneider, A. & Ingram, H. Social construction of target populations: Implications for politics and policy. *American Political Science Review*, 87(2): 334-347.

Schneider, Anne & Ingram, Helen. Behavioral Assumptions of Policy Tools. *Journal of Politics*, 52(2): 510-529.

Schneider, Anne, Ingram, Helen & DeLeon, Peter. Social Construction and Policy Design. In Sabatier, P. A. (ed.), *Theories of the Policy Process*. Colorado: Westview Press, 93-126.

Schudson, Michael(1997). "Why conversation is not the soul of democracy." *Critical Studies in Mass Communication*, 14.

Schwab, K. (1995). "Conclusion." In K. Schwab (ed.), *Overcoming Indifference*. New York: New York University Press.

Scott, W. R. (1992). *Organization: Rational Natural and Open System* (3rd ed.). Englewood Cliff. N. J.: Prentice Hall.

Scott, W. R. & Mitchell, T. (1976). *Organization Theory: A Structural and Behavioral Analysis*. Homewood: Irwin.

Selznick, P. (1957). *Leadership in Administration: A Sociological Interpretation*. Harper & Row.

Silfvast, R. O. & Quaglieri, P. L. (1994). "Management Skills Transferability and the Public and Private Sector Manager." *Public Personnel Management*, 23: 117-126.

Simon, H. A. (1945). *Administrative Behavior*. New York: Macmillan.

_____ (1987). "The Steam Engine and Computer: What Makes Technology Revolutionary." *Computer and Society*.

Skocpol, T. (1984a). "Emerging Agendas and Recurrent Strategies in Historical Sociology." In Theda Skocpol (ed.), *Vision and Method in Historical Sociology*. Cambridge University Press.

_____ (1984b). "Sociology's Historical Imagination." In Theda Skocpol (ed.), *Vision and Method in Historical Sociology*. Cambridge University Press.

_____ (1985). "Bringing the State Back In: Strategies of Analysis in Current Research." In P. Evans, D. Dietrich, and T. Skocpol (ed.), *Bringing the State Back In*. Cambridge: Cambrige Univ. Press, 3-43.

Skok, James E. (1995). "Policy Issue Networks and the Public Policy Cycle." *Public Administration Review,* 55(4) : 325-332.

Smythe, D. (1985). *A Historical Perspective on Equity: National Policy on Public and Private Sector in the U.S.A.* Paper Presented to the Thirteenth Annual Telecommunications Policy Research Conference. V.A. : Airlie House.

Stahl, O. G. (1976). *Public Personnel Administration* (7th ed.). N.Y. : Harper & Row, Publisher.

Stephen, Krasner(1984). "Approaches to the State: Alternative conceptions and Historical Dynamics." *Comparative Politics,* 16(2) : 223-246.

Stogdill, R. M. (1948). "Personal factors associated with leadership: Survey of literature." *The Journal of psychology,* 25.

_____(1974). *Handbook of Leadership: A Survey of the Literature.* New York: Free Press.

Stoker, G. (1998). "Governance as Theory: Five Propositions." *International Social Society Journal,* 50(1).

Stone, Deborah(1997). *Policy Paradox: The Art of Political Decision Making.* New York: W. W. Norton & Co.

Swan, J. A. & Newell, S. (1995). "The Role of Professional Associations in Technology Diffusion." *Organization Studies,* 16(5) : 847-875.

Sztompka, P. (1999). *Trust: A Sociological Theory.* Cambridge University Press.

Tannenbaum, R., and Schmidt, W. H. (1958). "How to choose a leadership pattern." *Harvard Business Review,* 36.

Taylor, Paul W. (1961). *Normative Discourse.* Englewood Cliffs. N.J. : Prentice-Hall.

Theobald, R. (1981). *Beyond Despair: A Policy Guide to the Communications Era.* Cabin John, M.D. : Seven Locks Press.

Throgmorton, J. A. (1996). "The Rhetorics of Policy Analysis." *Policy Sciences,* 24(2) : 153-179.

Toffler, A. (1970). *Future Schock.* New York: Random Hause.

Torgerson, D. (1985). "Contextual Orientation in Policy Analysis: The Contribution of Harold D. Lasswell." *Policy Sciences,* 18: 241-261.

_____(1992). "Priest and Jester in Policy Sciences: Developing the Focus of Inquiry." *Policy Sciences,* 25: 225-235.

_____(2003). "Democracy through Policy Discourse." In Maarten A. Hajer, and Hendrik Wagenaar (eds.), *Deliberative Policy Analysis: Understanding Governance in the Network Society.* Cambridge: University Press.

Toulmin, Stephen(1958). *The Uses of Argument.* Cambridge: Cambridge University Press.

참고문헌

Toulmin, Stephen & R. Rieke, and A. Janik(1979). *An Introduction to Reasoning.* New York: Macmillan.

Turkle, S. (1984). *The Second Self: Computers and the Human Spirit.* New York: Simon & Schuster.

Ughes, Owen E. (1994). *Public Management and Administration.* M: St. Martin's Press.

U. S. Dept. of Commerce(1994). *20/20 Vision: The Development of a National Information Infrastructure.* National Telecommunications and Information Administration.

Vanagunas, S. & Webb, J. (1994). "Administrative Innovation and the Training of Public Managers." *Public Personnel Management,* 23(3): 437-446.

Van de Ven. (1986). "Central Problems in the Management of Innovation." *Management Science,* 32(5): 590-607.

Westin, A. (1982). "Home Information System: The Privacy Debate." *Datamation,* 28(1).

Williamson, O. (1985). *The Economic Institution of Capitalism.* New York: The Free Press.

Winter, Soren(1986). "How Policy-Making Affects Implementation: The Decentralization of the Danish Disablement Pension Administration." *Scandinavian Political Studies,* 9(4).

World Bank(1998). *Knowledge For Development.* Washington D. C.: World Bank.

Yukl, G. (1999). "An Evaluation of Conceptual Weakness in Transformational and Charismatic Leadership Theories." *The Leadership Quarterly,* 10.

사항색인

인명색인

저자약력

한국외국어대 행정학과 졸업(행정학 학사)
서울대 행정대학원 졸업(행정학 석사)
미국 하버드대 졸업(정책학 석사, 정책학 박사)
제26회 행정고시 합격
상공부 미주통상과 근무
미국 시라큐스 맥스웰 대학원 초빙교수
행정고시 및 외무고시 출제위원 역임
성균관대학교 국정관리대학원장 역임
제23대 한국정책학회 회장 역임(2015)
국무총리 정부업무평가위원 역임
現 성균관대학교 국정전문대학원장
    성균관대학교 행정학과 교수

수상

국무총리상 수상(제26회 행정고시 연수원 수석)
미국정책학회(APPAM) 선정 박사학위 최우수논문 선정
한국행정학회 학술상 수상
미국 국무성 풀브라이트 학자(Fulbright Scholarship) 선정
대한민국 학술원 우수학술도서 선정(정보체계론, 나남)
대한민국 학술원 우수학술도서 선정(정책학의 논리, 박영사)
문화체육관광부 우수학술도서 선정(정책학, 박영사)

주요 저서

《정책학의 향연》《정책학 콘서트》
《정부혁명 4.0》《대한민국 비정상의 정상화》
《행정학 콘서트》《정의로운 국가란 무엇인가》
《정의로운 공공기관 혁신》《행정학강의》《정책학강의》
《E-Government & E-Strategy》《정책분석론》
《정책학의 논리》《미래예측학: 미래예측과 정책연구》
《전자정부론: 전자정부와 국정관리》
《정보체계론: 정보사회와 국가혁신》《정보사회의 논리》
《전자정부와 행정개혁》《과학기술과 정책분석》《정보정책론》
《창조적 지식국가론》《시민이 열어가는 지식정보사회》
《정보의 신화, 개혁의 논리》《디지털 관료 키우기》
《포기하지마! 넌 최고가 될거야》등

전정판
행정학강의

초판발행	2014년 3월 7일
전정판발행	2018년 10월 31일

지은이	권기헌
펴낸이	안종만

편 집	김효선
기획/마케팅	정연환
표지디자인	김연서
제 작	우인도·고철민

펴낸곳	(주) **박영사**
	서울특별시 종로구 평동 13-31번지
	등록 1959. 3. 11. 제300-1959-1호(倫)
전 화	02)733-6771
f a x	02)736-4818
e-mail	pys@pybook.co.kr
homepage	www.pybook.co.kr
ISBN	979-11-303-0650-6 93350

* 잘못된 책은 바꿔드립니다. 본서의 무단복제행위를 금합니다.
* 저자와 협의하여 인지첩부를 생략합니다.

정 가   39,000원